월경越境하는
지식의 모험자들

혁명적 발상으로 세상을 바꾸는 프런티어들

월경越境하는
지식의 모험자들

강봉균·박여성·이진우 외 53명 공동집필

한길사

월경越境하는 지식의 모험자들

지은이 ■ 강봉균 박여성 이진우 외 53명 공동집필
펴낸이 ■ 김언호
펴낸곳 ■ (주) 도서출판 한길사
등록 ■ 1976년 12월 24일 제74호
주소 ■ 413-830 경기도 파주시 교하읍 산남리 파주출판정보산업단지 17-7
www.hangilsa.co.kr
E-mail : hangilsa@hangilsa.co.kr
전화 ■ 031-955-2000
팩스 ■ 031-955-2005

상무이사 박관순 | 영업이사 곽명호 | 편집주간 강옥순 | 편집 이현화 정희경 | 기획 고원효
전산 이옥선 | 마케팅 및 제작 이경호 | 관리 이중환 문주상 장비연 양미숙

출력 (주)써니테크 21 | 인쇄 현문인쇄 | 제본 경일제책

제1판 제1쇄 2003년 6월 16일
제1판 제2쇄 2003년 6월 30일

값 35,000원
ISBN 89-356-5464-7 03300

· 잘못된 책은 구입하신 서점에서 바꿔드립니다.

진지하고 유쾌한 지성의 모험

강봉균 · 박여성 · 이진우

　자본주의 체제가 엄청난 속도로 급변하면서 현대사회의 복잡성이 21세기 인간의 살을 파고든다. 이미 두 세기 전에 마르크스가 비판했듯이 "단단한 모든 것은 대기 가운데 녹아 사라지고 신성한 모든 것은 불경해지는" 근대 자본주의 체제는 그 특유의 무서운 잡식성으로 기존 가치관과 세계관을 야금야금 잠식해버렸다. 당분간 그것을 대체할 마땅한 대안도 없는 것이 사실이다.

　우리는 이제 예전과는 사뭇 다른 풍경 속을 거닐게 되었다. 마차가 아닌 승용차를 타고, 식물성 위주로 꾸려지던 식단은 피자, 스파게티, 햄버거 같은 패스트푸드와 온갖 기름진 음식으로 바뀌었다. 세계 각국의 다양한 방송이 지구화 시대를 사는 우리의 안방으로 가시광선을 쏘아댄다. 우리는 우리의 안방에서 많은 것을 보고 느끼며, 지구라는 행성에 함께 거주하는 다종다양한 사람의 생활에서 야릇한 일체감을 형성한다. 누구와 만남을 가지더라도 육성을 내는 경우는 드물다. 자신의 목소리로 하는 말은 순식간에 사그라지고, 온갖 미디어들이 떠들어대는 음향만이 확성기를 거쳐 나오듯 윙윙거리며 확대 재생산된다.

　21세기 물질문명은 전례없는 물량공세와 시뮬라크룸의 확산을 통하여 빠른 속도로 지구의 표면을 뒤덮어버렸다. 이제 지구 전체가, 아니 개개인조차도 복잡한 거미줄에 얽혀

옴짝달싹할 수 없는 형국이다. 여행공간의 거리를 하루 안으로 줄여버린, 세계 각지로 이어진 쾌속도의 항공망, 도시와 농촌을 가리지 않고 뻗어나가 이리저리 얽힌 땅위의 도로망, 심지어 실재와 가상의 경계를 허물어뜨리는 사이버공간 속에도 접속된 자들의 그물이 광대하게 펼쳐져 있다. 21세기에 이르러 인간은 기계와 더불어 진화해나간다는 '인간과 기계의 공진화(共進化) 현상'이 거스를 수 없는 대세로 여겨지는 오늘날, 얼굴과 얼굴을 맞대는 관계조차 기계를 매개로 이루어지고 있다.

근대 자본주의 사회에서 재화를 이끌어내고 세상을 바꾸는 가장 중요한 요소는 인간의 노동이었다. 이것이 오랫동안 자본주의 사회의 한복판에 있었다. 인간의 노동과 그것을 대체하는 기계의 소유권을 둘러싼 갈등과 투쟁이 근대 산업사회의 커다란 쟁점이었으니 말이다. 그러나 정보기술이 중시되는 현대사회에서는 '노동과 노동주체의 소멸'을 전제하며, 지식이 노동의 위상을 대신한다. 그 결과 국가정책으로 지식기반사회 프로젝트를 시행할 만큼, 지식과 정보를 어떻게 생산·가공·분배할지가 중요 현안으로 대두되었다.

지난 20세기가 '사회'의 실체를 규명하는 데 바쳐진 시대였다면, 우리 눈앞에 펼쳐진 21세기는 '문화'의 실체와 그 양상을 살피고 미래상을 점치는 시대라 할 수 있다. 이 문화의 시대에는 테크놀로지의 이해가 필수적이다. 여기서 테크놀로지의 이해란 기계라는 생산수단에 의지하던 지난 시대의 지루한 반복이 결코 아니다. 재화의 창출에 있어, 근대 사회가 인간의 노동력을 바탕으로 했다면 탈근대 사회는 인간의 지적 능력을 바탕으로 새로운 상징자본을 끊임없이 확대 재생산하기 때문이다. 이 맥락에서 보자면, 지식기반사회의 전제인 노동의 퇴조는 곧 '물질문명의 소강상태'를 의미한다. 다가올 시대의 생산수단은 사회·문화적인 무형의 것, 다시 말해 '지식'이란 것임을 새삼 깨닫는다.

어느 누구도 지구상에 얼마나 많은 사람이 사는지, 날마다 얼마나 많은 사건이 발생하는지 낱낱이 알 수 없다. 아무리 견고하고 입체적으로 구축된 지식체계라 할지라도 그것은 한정된 범위에 머물 수밖에 없다. 이를테면, 자주 거론되는 근대성(modernity)이란 개념의 사용에서도 이런 문제가 드러난다. 일반적으로 근대성을 언급할 경우에 대체로 우리는 머릿속으로 서구의 접근방식을 보편적인 모델로 상정하는 경향이 있다. 하지만, 서유럽에서조차 근대성이란 것이 모든 지역에서 동일한 방식으로 전개되지는 않았다. 설령 그랬을지라도 세계 전체에서 조망해보면 서유럽 역시 한 지역에 불과하다는 사실이 풀어야 할 과제로 남는다. 막스 베버가 추구하려던 서구적 합리성의 환상이 철저하게 부서진 곳도 다름 아닌 유럽이 아니었던가!

복잡다단하게 얽힌 현대세계를 한꺼번에 이해한다는 것은 실로 어려운 일이다. 일단은 지식체계의 내적 한계를 먼저 깨끗이 인정한 뒤, 자기 분야와 교감을 이루는 인접 분야를 탐구하는 것이 성숙한 자세일 것이다. 이렇듯 현대세계를 이해하는 수많은 관점과 방법이 있을 수 있음을 인정한다면, 자기만의 관점과 분석방법을 동원해 세계를 이해하려는 노력은 그 자체가 모험이 아닐 수 없다. 이 모험의 망망대해로 진출한 '지식의 모험자'들이란 현실을 초월한 이상주의자들이 아니라 오히려 냉엄하게 현실을 직시하고, 상황을 있는 그대로 파악하고 이해하려는 현실주의자들이다. 이들은 다른 견해를 주의 깊게 듣고 자신의 의견을 개진한다. 이들의 지적 탐구가 자극을 주는 것은 이런 이유에서이다.

『월경越境하는 지식의 모험자들』은 2002년 한길사에서 펴낸 『지식의 최전선』의 후속편에 해당한다. 지난 2002년 한길사에서 출간한 『지식의 최전선』은 만화경처럼 다채롭게 펼쳐진 지적 세계의 풍경을 구석구석 보여주어 큰 호응을 얻은 바 있다. 『지식의 최전선』이 대전환의 시대에 지식과 학문은 과연 무엇을 할 수 있는가, 변화를 수용하고 이를 적극적으로 해명하는 통찰, 기존의 관념틀을 벗어나 그것에 대적하는 용기, 그리고 새로운 세계를 기획할 수 있는 대안의 모색 등을 포괄적으로 다루었다면, 이 책은 그야말로 지식의 '최전선'에서 활동하는 세계적인 인물에 초점을 맞추고 그 삶과 사상을 꼼꼼히 다루었다. '지식의 현장'에서 맹활약중인 '인물'에 초점을 맞춤으로써 더욱 심화된 내용으로 각 분야의 최근 성과를 밀도 있게 소개하고자 한 것이다. 한마디로 이 책은 한 인물의 사람됨에서 어떠한 사상이 태어나고 성장하며 전개되는가를 상세히 다룬 '세계의 지성인 백과사전'이라 할 수 있다.

『지식의 최전선』서문에서 밝힌 것처럼, 이 책 역시 오늘의 세계를 이해하고 미래의 세계를 전망하는 퍼즐 조각처럼 나름의 문제의식을 던져준다. 그리고 각각의 작은 그림들을 하나하나 모아 맞추면 큰 그림을 그릴 수 있다. 이 작업을 해본 사람이라면 분류하기와 연관짓기의 묘미를 잘 알 것이다.

각 분야들을 가로막은 인위적인 장벽을 넘어, 56명의 필자가 33분야에 걸쳐 소개한 76명의 활력 넘치는 인물들이 펼치는 진지하고 유쾌한 모험의 감행! 국내에 이미 소개된 사람도 더러 있지만, 이 책을 통해 처음 소개되는 사람이 훨씬 많다. 우리가 익히 들어왔던 인물부터 새롭게 각광받고 있는 다크호스까지, 현대사회에 끊임없이 정신적인 활력을 제공하는 사람들이 한데 모여 있다. 오늘의 지적 담론을 풍요롭게 하는 지성들이다.

현대세계에 자기만의 방식으로 참여하고 있는 이들을 분야에 따라 네 범주로 구분해 묶었다. 첫번째 범주로 테크놀로지를 중심에 놓고 자신의 지적 작업을 수행하고 있는 인물들을 한데 모았다. 예술과 상업성이라는 두 마리 토끼를 거머쥐며 일본 애니메이션의 영웅으로, 세계적인 창작자로 인정받는 미야자키 하야오를 비롯해 독창적인 미술 전시기획자 하랄트 제만, 디지털 영화의 미래를 실험하고 있는 하모니 코린 등 모두 17명의 예술 관련 인물들을 이곳에서 만날 수 있다. 이들의 공통된 문제의식은 욕망을 불러일으키는 현대사회의 인간이 어떤 방식으로 그것을 표출하고 통제하는가 하는 것이다.

다음 범주에는 인정투쟁의 철학을 전개한 프랑크푸르트 학파의 계승자 악셀 호네트, 중국 전통미학을 재발견하고 새로운 가치를 부여한 중국철학자 리쩌허우, 프랑스 철학에 새로운 기운을 불어넣고 있는 알랭 바디우 등을 비롯한 24명의 인문학자들이 들어 있다. 정신분석학의 앙드레 그린과 디디에 앙지외, 그리고 장 라플랑슈, 종교학의 웬디 도니거와 마크 테일러, 기호학의 움베르토 에코와 롤란트 포스너 등은 매력적인 담론을 전개하여 여전히 인문학의 미래가 건재함을 증명한다.

또한 NGO, 법학, 정치학, 경제학, 국제관계학, 스포츠학 등과 같은 인간의 대외활동과 사회 영역을 전문적으로 탐구하는 인물의 소개는 냉정한 눈으로 현실을 직시할 것을 촉구한다. 이 범주에는 체계이론의 완성자로 알려진 니클라스 루만, 비정부기구 활동가인 아이린 칸과 헬무트 안하이머를 비롯해 현실주의 정치이론으로 국제관계를 분석하는 존 던, 로널드 드워킨 등 모두 15명의 지성이 포함되어 있다.

마지막으로 19명의 인물이 등장하는 물리학, 화학, 뇌과학, 생물학, 생태환경학, 천문학, 수학 등에서는 상상력과 합리성이 결합된 과학의 드넓은 세계로 항해를 떠날 수 있도록 안내한다. 특히 미셸 칼롱과 브뤼노 라투르 등의 과학지식사회학자들이 주장한 '과학은 사회적으로 구성된다'는 내용의 논쟁적인 담론은 과학이란 순수하고 가치중립적인 초험적 체계라는 그간의 고정관념에 도전하는 야심찬 기회를 제공할 것이다.

이 책에 소개된 모든 인물들은 우리 지식인의 붓으로 씌어졌다. 그들의 붓은 외래 사상을 곱씹어내는 소화기관이자 우리가 마실 수 있도록 걸러내는 여과장치이기도 하다. 단순한 호기심이나 맹목적인 비판만으로는 인식의 소득을 얻기가 어렵다. 중요한 것은 이 열정이 가득한 지식의 모험자들이 어떠한 삶을 살고, 어떠한 생각을 지켜나가고 펼쳐나갔는지 차분하게 들여다보는 일이다. 그리고 그들을 우리/자신의 조력자로 삼는 일이다. 우리의 눈과 손으로 걸러낸 그들의 삶과 사상이, 우리의 몸을 거쳐 새로운 삶과 사상을 낳는 계기가 되기를 바란다.

인간은 과거를 만들어내지 못한다. 과거는 생산의 결과로만 남아 있을 뿐이다. 인간에게는 오로지 두려운 미래만 눈앞에 놓여 있다. 공포를 안겨주는 미래라는 시간의 도래, 불확정적이고 혼돈에 휩싸인 듯한 이상한 덩어리의 풀림! 그러나 그러기에 지식의 모험자들은 미래를 선택했다. 열려 있지만 언제 어디서 무슨 일이 벌어질지 모르는 위험이 도처에 도사리고 시간의 영역. 현대문명은 위험을 감수하면서 모래밭에 서 있는 성채와 같다. 성난 파도가 몰려와 성채를 단숨에 무너뜨릴 수도 있고 한 입에 덥석 성채를 쓸어버릴 수도 있다. 두려워하는 자에게 미래는 절대로 빛살로 둘러쳐진 밝은 문을 열어주지 않는다. 지식의 모험자들은 창조적인 발상과 능동적인 실천력으로 미래의 시간을 앞당겨 받아들인다. 그들이 보여주는 미래의 그림을 엿보면서 각자가 드넓은 세계를 향해 내딛는 도전적인 발걸음을 기대한다.

월경 越境하는 지식의 모험자들 · 차례

005 　진지하고 유쾌한 지성의 모험

1 나는 욕망한다, 고로 창조한다

026 　미야자키 하야오 | 따뜻한 영상이데올로기를 담는다 … 한창완

038 　미야케·골티에·카라얀 | 21세기 패션계의 3인방 … 이주현/박선형

060 　하랄트 제만 | 상상 속의 미술관, 세상 밖으로 … 박경미

072 　매튜 바니 | 성기에 더이상 편집하지 않는 신체 … 송미숙

086 　백남준 | 비디오, 또 다른 커뮤니케이션 … 강태희

096 　하모니 코린 | 디지털 시대 영화의 시체를 응시하기 … 유운성

108 　데이비드 핀처 | 악마성, 고통만이 관객을 유혹한다 … 김봉석

120 　스와 노부히로 | 사건으로서의 영화, 거짓말을 만드는 시스템일까 … 홍성남

130 　마샤 헌던 | 사람을 느끼고 세상을 듣는다 … 주성혜

144 　주디스 윌리엄슨 | 당신은 이미 상품의 공간에 들어와 있다 … 마정미

156 　안드레아스 구르스키 | 사진기는 무자비하게 비낭만적이다 … 윤준성

164 야수마사 모리무라 | 미술관은 미술 작품의 무덤이다 … 윤준성

174 신디 셔먼 | 신화화된 여성이미지를 타파하라 … 윤준성

182 존 마에다 | 인간의 테크놀로지화인가, 테크놀로지의 인간화인가 … 김지윤

192 조르제토 쥬지아로 | 자동차 디자인, 예술과 과학이다 … 이명기

2 인문학은 여전히 변혁의 원천이다

208 악셀 호네트 | 불확실성의 고통과 인정투쟁 … 이진우

218 리쩌허우 | 중국 젊은이들의 영혼을 개혁한 철학자 … 황희경

230 존 맥도웰 | 현대철학의 불안을 해명한다 … 이승종

242 알랭 바디우 | 철학, 생산된 진리를 사유하는 것 … 강대일

252 피터 싱어 | 새 시대의 생명윤리를 향하여 … 배국원

264 앙드레 그린 | 정신분석학을 격자 밖으로 … 맹정현

274 디디에 앙지외 | 자아는 피부다 … 맹정현

282 장 라플랑슈 | 성욕은 무의식에 속하지 않는다 … 이수련

290   웬디 도니거 | 신화 속에 위대한 진실이 있다…최화선

304   마크 테일러 | 경계를 넘어 해체하자…배국원

316   롤란트 포스너 | 기호학은 21세기의 물리학이다…박여성

328   움베르토 에코 | 내가 쉴 곳은 책이 있는 구석방…박여성

342   알프 뤼트케 | 거시 역사학을 해부하는 일상사 연구…최호근

352   로제 샤르티에 | 디지털 텍스트, 독자를 해방시킨다…백종률

360   나탈리 데이비스 | 역사학의 영역, 어디까지 넓힐 것인가…조한욱

376   안드레아 드워킨 | 나는 섹스한다, 고로 존재하지 않는다…정희진

388   주디스 버틀러 | 도대체, 누가 여성일까…정희진

400   레지스 드브레 | 매체를 통해 사상은 존재한다…이재룡

410   치누아 아체베 | 흑인, 이 지혜롭고 당당한 존재를…이석호

420   응구기 와 씨옹오 | 썩지 않는 언어, 기쿠유어의 수호자…이석호

430   칼 사우어 | 지리학은 본능적인 흥미에서 출발한다…홍금수

444   아르준 아파두라이 | 탈지역화가 새로운 지역화를 만든다…오명석

454 마셜 살린스 | 유럽인의 신화만들기를 타파하라… 한건수

464 장-피에르 베르낭 | 유물 연구를 넘어 상징이미지 분석으로… 우성주

3 사회공동체, 열린 세계를 향하여

474 니클라스 루만 | 나는 하버마스로부터 얻은 것이 별로 없다… 이남복

494 아이린 칸 | 전장에서도 인권은 한사코 존중되어야 한다… 조효제

504 헬무트 안하이어 | 우리는 지구시민사회를 꿈꾼다… 조효제

514 존 던 | 머릿속으로 정치적 유토피아를 그리지 말라… 김비환

524 로널드 드워킨 | 소수의 폭정이 다수의 폭정보다 낫다… 김비환

534 조지프 나이 | 미국의 힘이 영속되리라는 보장은 없다… 전재성

546 배리 부잔 | 카멜레온처럼 변해야 살 수 있다… 김태현

560 스타인 로칸 | 자기 언어를 가지는 정당만이 존립할 수 있다… 강명세

570 에스핑-앤더슨 | 복지국가는 탈상품화로부터… 강명세

580 로버트 루카스 | 경제의 동력은 인간자본이다… 조하현

592 크리스 아지리스 | 나는 전문가들이 왜 실패하는가를 문제삼는다 … 황희영

602 윌리엄 브락 | 시장을 움직이는 카오스를 읽어낸다 … 조하현

616 허버트 사이먼 | 경제인은 결코 능수능란한 행위자가 아니다 … 황희영

626 첼라두라이 | 스포츠를 마케팅하라 … 장경로

634 로버트 슈츠 | 스포츠는 통계학이다 … 엄한주

4 경계를 뛰어넘는 모험자들

646 미셸 칼롱 | 나는 인간과 비인간이라는 이분법을 거부한다 … 김환석

656 브뤼노 라투르 | 과학은 판도라의 희망인가 … 김환석

668 이블린 폭스 켈러 | 과학 속에 페미니즘이 존재한다 … 정혜경

680 도나 해러웨이 | 나는 사이보그에서 인류의 희망을 본다 … 정혜경

690 에릭 칸델 | 기억의 물질적 원리를 밝혀낸다 … 강봉균

702 머레이 북친 | 자유가 극대화된 자치공동체를 꿈꾼다 … 문순홍

712 앙드레 고르 | 노동기반사회로부터 탈출하라 … 문순홍

724 반다나 시바 | 자본주의는 인간의 몸까지 정복하고 있다 … 문순홍

732 린 마굴리스 | 성의 진화는 악마와의 거래인가 … 홍욱희

742 스티븐 굴드 | 철저히, 진화론을 수호하라 … 홍욱희

752 에드워드 윌슨 | 지식의 대통합을 열망한다 … 홍욱희

764 마틴 리즈 | 은하들은 어떻게 생겨났는가 … 안상현

774 조지 화이트사이즈 | 나비는 이 꽃 저 꽃을 옮겨다닌다 … 최인성

786 로버트 랭어 | 사람의 몸속에 마이크로칩을 심는다 … 최인성

798 피터 슐츠 | 생명과학의 난제를 퍼즐게임처럼 풀어낸다 … 신인재

806 제럴드 브라운 | 블랙홀을 향한 끝없는 도전 … 이창환

816 리처드 스몰리 | 제3의 탄소는 축구공이다 … 이성훈

830 로버트 래플린 | 전자들과 함께 춤을 … 문경순

842 에드워드 위튼 | 고전역학 이론에서 검은 구멍의 존재까지 … 이기명

854 앤드류 와일즈 | '페르마의 마지막 정리'를 정복한 사나이 … 김명환

866 찾아보기
872 글쓴이 소개

1 나는 욕망한다, 고로 창조한다

미야자키 하야오 宮崎 駿

따뜻한 영상이데올로기를 담는다

한창완 세종대 교수·만화애니메이션학

애니메이션 패러다임을 변화시킨 영상의 혁명

애니메이션은 1908년 프랑스 에밀 꼴(Emile Cohl)이 개발한 새로운 촬영방식의 인식체계로부터 혁명적으로 탄생한다. 실제 당시 촬영되고 있던 다양한 실사영화의 실험적 촬영방식에서도 애니메이션은 존재하고 있었다. 그러한 부분적 트릭(trick)의 개념을 '고몽영화사'의 에밀 꼴이라는 작가가 애니메이션으로 정의하며 탄생시킨 것이다. 결국 영상은 새롭게 실험하고 도전하는 작가들에 의해 새롭게 재정의되고 이해된다.

1928년「증기선 윌리」라는 최초의 유성 애니메이션을 통해 월트 디즈니는 상업애니메이션이라는 새로운 시장을 형성했다. 작가주의에 갇혀 있었던 애니메이션, 그래서 상업적 영역으로는 광고영상 정도였던 애니메이션에 과감한 영화적 기술을 적용하여 관객들이 즐겨찾을 수 있는 애니메이션 장르로 개발한다. 1937년 12월 24일 최초의 극장용 장편 애니메이션인「백설공주」가 개봉되면서 애니메이션의 역사는 새롭게 재탄생한다. 당시로서는 최고의 제작비와 최고의 제작기간을 기반으로 만들어진「백설공주」는 역사적 기록을 남기며 대성공을 거두게 되고, 이후 1966년 월트 디즈니의 사망까지 미국 할리우드를 중심으로 한 상업적 애니메이션의 역사는 어린이를 위한 영상장르로 특화된다. 유럽과 아시아에서도 대개 어린이들을 위한 영화로 한정되면서, 초기 새로운 시장을 형성하기 위해 시도되었던 아이디어가 역설적으로 애니메이션 자체에 대한 한계조건으로 압박해오기 시작한다.

디즈니의 애니메이션조차 어린이를 위한 장르적 한계 때문에 주제의식이

> **미야자키 하야오는 애니메이션의 새로운 패러다임을 변혁해내면서 성인도 즐겨볼 수 있는, 할리우드와의 차별적 담론개발에 성공한다. 그의 이러한 실험정신은 결국 실사영화를 넘어선 성공사례로 인정받게 된다.**

나 소재의 발굴에 있어서 항상 어려움에 직면하게 되었고, 동화적 환상에 갇힌 매너리즘은 성인관객들에게 외면당하게 된다. 그래도 그 시장의 변혁이 어려웠던 것은 지속적으로 성장하는 어린이들의 끊임없는 시장변화가 기존 작품들의 재상영과 수익을 보장해주었기 때문이다. 결국 디즈니를 중심으로 한 할리우드 애니메이션 이외에는 전세계에 다른 대안이 없던 시절이 있었다. 그런데 1970년대부터 할리우드를 모방하며 출발했던 일본 애니메이션에서 보이지 않은 변혁이 일기 시작한다.

할리우드 애니메이션의 대표적인 소비자는 어린이였으며, 결국 주소비자를 대상으로 한 주제와 이야기는 한정적인 캐릭터만을 만들어낼 수밖에 없었다. 어린이를 대상으로 한 애니메이션 장르의 절정은 다른 엔터테인먼트 산업의 발전이 본격화되기 전까지는 가능했다. 그러나 1970년대 후반부터는 애니메이션을 보고 자란 세대가 애니메이션 캐릭터를 본격적으로 구입하는 팬시세대로 확대 재생산되면서, 애니메이션은 더이상 어린이를 대상으로 한 상품으로 국한되지 않게 된다. 애니메이션의 기존 한계점을 극복하는 대안이 모색되고, 결국 다양한 문제의식이 공유된다. 어린이와 유아층만 좋아하는 장르적 한계와 소구대상층의 고정된 인식체계가 새로운 이야기구조의 필요성을 역으로 제시하게 된다. 애니메이션을 보고 자란 세대가 성인이 되어서도 즐겨볼 수 있는 애니메이션이 절대적으로 필요하게 된 것이다. 가족이 함께 볼 수 있는 애니메이션, 그리고 그러한 애니메이션의 순수한 상상력이 실사영화의 한계를 넘어서서 새로운 시장을 만들어낼 수 있다는 가능성으로 연계된다.

어린 두 자매 메이와 사츠키가 숲의 요정 토토로를 만나 신비한 모험을 하는 「이웃집 토토로」의 한 장면.

　성인들이 접근하기에는 문제점을 많이 내포하고 있던 애니메이션의 문제점들, 천편일률적인 이야기, 재미없고 유치한 내러티브, 상상력의 한계로 보이는 매너리즘, 시나리오의 식상함, 캐릭터의 단순함, 주제의식의 평이함, 그림의 실제감 부재, 영화음악(OST)의 한계 등 여러 가지 문제점들이 대두되면서, 할리우드 애니메이션을 중심으로 새로운 대안을 모색하게 된다.
　미야자키 하야오 감독은 1960년대부터 1970년대까지 어린이를 대상으로 한 TV시리즈 애니메이션 제작에 주력했다. 그러나 1980년대 초 극장용 애니메이션에 도전하면서부터 영화적 화법에 이데올로기를 과감하게 도입하기 시작한다. 이러한 시도는 초기 관객들로부터 외면을 당하기도 한다. 애니메이션의 순수성과 기존의 패러다임에 대한 대도전이었기 때문이다. 그러나,

「이웃집 토토로」는 숲의 아름다움, 동화적 상상, 따뜻하면서도 환상적인 영상으로 관객을 사로잡는다.

그의 혁명적인 패러다임 전환은 애니메이션 시장의 새로운 가능성을 가져오기 시작한다. 어린이와 성인이 함께 웃고, 고민할 수 있는 감성 애니메이션의 지형, 휴머니즘 애니메이션으로 표현되는 미야자키 하야오식 이데올로기는 11가지의 변혁적 특징을 갖고 있다.

무한공간이 불러일으키는 상상의 아름다움

하늘과 비행을 통한 공간의 극대화(공간이데올로기의 확대), 숲을 중심으로 한 자연의 애정(환경이데올로기의 재생산), 여성을 중심으로 한 초인간적인 신비주의(젠더이데올로기의 붕괴), 사람에 대한 끊임없는 애정(휴머니티이데올로기의 심화), 고전주의와 SF의 과감한 접목(시간이데올로기의 붕괴), 동화의 현실적 체현(리얼리티이데올로기의 초현실성), 캐릭터의 고정배우 이미지화(캐릭터이데올로기의 반복성), 유러피안과 오리엔탈을 연계하는 고정관념의 붕괴(지역이데올로기의 탈피), 일본의 전설 및 민담의 추적(테크노이데올로기의 대안), 선과 악의 구별지대 희석화(진실이데올로기의 비판), 아날로그와 디지털의 간극이용(디지털이데올로기의 역설지대) 등으로 표현되는 이데올로기의 장치들은 애니메이션의 볼륨감을 극대화시키며, 실사영화에서 찾아볼 수 없었던 심화된 상상력을 자연스럽게 관객들에게 전이시킨다.

일본이라는 지역적 특성, 즉 한정적인 섬나라의 한계를 통해 미야자키 하야오는 공간이데올로기를 기존의 패러다임식으로 표현하지 않는다. 다양하게 제시되는 비행기와 프로덕트 등을 통해 하늘과 비행을 통한 공간의 극대화를 모색한다. 그의 작품에서는 하늘과 바다가 구름과 파도로 가득 차면서 영상공간의 심도를 확장시킨다. 끝없이 깊은 하늘, 수평선이 멀리 보이는 바다, 그리고 지나쳐도 계속 스쳐가는 뭉게

「미래소년 코난」. 코난은 수많은 역경을 극복하고 신대륙에 도달한다. 여전히 코난은 어린이들에게 꿈과 희망의 상징이다.

구름과 집채만한 파도의 지속적인 물보라까지 그의 작품에 등장하는 공간은 한계가 없다. 그래서 관객은 풍요롭다. 실사영화의 컴퓨터그래픽은 기계냄새 속에서 인위적인 느낌이 들지만, 애니메이션의 색채감으로 표현되는 미야자키 하야오의 공간이 따뜻한 이유는 바로 여기에 있다.

또한 대학재학 중의 좌익운동에서 비롯되어, 졸업 후 본격적으로 뛰어든 환경운동의 영향은 그의 작품에서 푸른 숲으로 등장한다. 하늘에 떠다니는 '라퓨타'의 전설과 산더미만한 숲나무에서만 사는 '토토로'의 귀여운 고함소리까지, 그의 숲에 대한 찬사는 작품 여기저기에 살아 숨쉰다. 숲을 중심으로 한 자연의 애정은 관객들에게 숨쉴 수 있는 여유와 산소 같은 반가움을 준다. 그는 환경이데올로기의 끊임없는 재생산을 통해 관객들을 모두 숲의 정령으로 바꾸어 놓는다.

미야자키 하야오의 작품에서는 대부분 여성이 주인공으로 등장한다. 약한 여성캐릭터는 항상 초인적인 힘을 발휘하며, 그러한 힘은 진실로부터 비롯된다. 남성에 대한 상대적 약자로서의 여성을 사랑과 진실의 축으로 강화시키며, 그는 기존 할리우드와 일본애니메이션이 중독되어온 가부장제적 이념을

「원령공주」. 미야자키 하야오의 작품에서는 대부분 여성이 주인공으로 등장한다. 약한 여성 캐릭터는 항상 초인적인 힘을 발휘하며, 그러한 힘은 진실로부터 비롯된다.

재구성하기 시작한다. 결국 젠더이데올로기는 붕괴되고, 새로운 여성상은 여전히 강한 남성의 새로운 대안으로 등장한다.

'사람만이 대안'이라는 구호, '사람이 꽃보다 아름답다'는 가사처럼 미야자키 하야오의 작품에서는 인간에 대한 끊임없는 애정이 강하게 투영되어 빛난다. 휴머니즘 애니메이션의 강화된 이데올로기는 그래서 '프랑스식 정원'의 인위성처럼 애니메이션의 상상력을 극대화시키는 요소로 작용하기도 한다. 사람에 의한 문제를 사람으로 해결해가는 자연스러운 내러티브는 미야자키식의 감동을 뒷받침해주는 주된 장치이다.

무한시간이 엮어내는 초현실적 리얼리티

미야자키 하야오의 애니메이션에는 정확한 시간이 존재하지 않는다. 이야기는 과거인데 정서적 분위기는 현재이고, 현재의 상황이면서도 전통적인 배경이 채택되기도 한다. 극도의 고전주의와 치열한 SF영상을 과감하게 접목시키며, 미야자키 하야오는 장르영화가 주장하는 시간이데올로기의 정형성을 붕괴시켜 버린다. 그래서 그의 작품은 관객에게 숨겨진 통쾌함을 준다. 새로운 형식을 통해 기존의 형식을 보기좋게 허물어버리는 실험성이 미야자키 하야오의 혁신적인 기술이다.

애니메이션은 실재하는 영상을 직접 그려서 그림으로 표현하기 때문에 실

「센과 치히로의 행방불명」. 이 영화는 일본의 토속정령문화를 생생하게 보여줌으로써 현대 일본인들에게 향수와 추억을 불러일으켰다는 평가를 받았다.

사영화보다 기본적인 리얼리티가 부족하게 된다. 그래서 애니메이션 영상을 구성할 때마다, 과장되고 확대된 리얼리티를 구축하게 된다. 바로 이러한 리얼리티는 초사실주의로 표현되는데, 미야자키 하야오의 작품에서는 특히 원작동화를 현실적으로 체현하며, 기존 리얼리티이데올로기를 초현실적으로 강화시킨다. 그래서 그의 작품에 등장하는 '토토로'와 '고양이버스'가 대표적인 일본의 캐릭터상품으로 관광기념품이 되었고, 한동안 모든 사람들이 하늘을 올려다보며 떠다니는 숲을 찾았다는 '라퓨타 신드롬'의 사회적 현상도 가능하게 된 것이다.

대개 애니메이션에서는 작품마다 새로운 캐릭터 디자인이 등장한다. 할리우드 애니메이션에서도 작품마다 새로운 캐릭터와 마스코트가 등장하여 작품의 정체성을 구성해낸다. 그러나 미야자키 하야오의 작품에서는 지난 작품에 등장했던 캐릭터가 다른 배역으로 항상 반복하며 캐스팅된다. 배역과 이름은 다르지만, 캐릭터의 표정에서 읽히는 성격과 행위양식은 유사성을 내포한다. 고정된 이미지 캐릭터의 순환캐스팅은 캐릭터의 고정이미지를 축적시키며 관객에게 내러티브에 대한 상상력을 확대시킨다. 결국 캐릭터이데올로기의 혁신을 통해 그는 캐릭터의 반복적 위험도를 관객에게 작품이해의 잠재적인 서비스로 제공한다.

미야자키 하야오의 극장용 초기작품들은 대개 유러피안 휴머니즘으로 표현될 정도의 유럽적 배경을 기반으로 한다. 19세기 말과 20세기 초 이탈리아 도시들을 모델로 한 미야자키 하야오의 유러피안 컨셉트는 할리우드 애니메이

「마녀우편배달부 키키」. 카코노 에이코 원작의 아동문학을 애니메이션화한 작품. 자유롭고 고급스러운 미야자키의 비행묘사를 마음껏 즐길 수 있는 작품이다.

션으로부터 쉽게 탈출할 수 없는 관객들의 허구성을 부분적으로 붕괴시키는 요소로 작용한다. 그의 작품이 지속적으로 발표되면서, 유러피안 배경은 가장 토속적인 오리엔탈 배경으로 연계되고, 결국 동일한 캐릭터를 통해 투영되는 상이한 배경은 한정된 지역이데올로기를 파기시키게 된다.

90년대 이후 일본애니메이션의 주요한 패러다임은 'SF사이버펑크' 장르를 앞장세운 '테크노 오리엔탈리즘'의 상상력으로 마니아층의 관객형성을 주도한다. 그러나 미야자키 하야오는 이러한 패러다임에 대칭되는 새로운 시도를 모색하게 된다. 결국 원로감독이 갖는 정중동(靜中動)의 카리스마는 일본의 전설과 설화, 민담을 심도 있게 추적한다. 결국 일본의 옛이야기로 표현되는 은유적 스펙터클은 기존 테크노이데올로기의 기계적 정서를 극복하는 새로운 대안으로 등장한다.

또한 이러한 흐름은 기존 작품들이 보여주던 할리우드식의 선과 악을 구별하지 않는다. '진실의 가장 큰 단점은 자신 이외의 모든 사실을 거짓으로 정의 내린다'는 역설적 서술처럼, 진실의 진정한 의미를 고민할 수 있도록 관객의 선택적 공간을 부여하는 것이 또 다른 미야자키 하야오식 영상의 즐거움이다. 그는 선과 악의 구별을 모호하게 함으로써 이분법적으로 구별짓는 구별지대를 희석화시키고, 진실이데올로기의 비판적인 지대를 작품 속에 구성한다. 미야자키는 서사를 통해 선천적으로 악은 없고, 항상 악에 대한 응징보다는 악을 통해 선을 다시 재탄생시키는 내러티브를 구성함으로써 모든 선과

악이 공존할 수 있는 두터운 담론을 작품 내에 표현한다.

디지털 패러다임이 새로운 가능성과 대안으로 표현되는 현실에서도 미야자키 하야오는 작품 속에 아날로그와 디지털을 병행시켜 표현하는 방식을 고수한다. 즉 아날로그와 디지털의 간극을 적절하게 이용한다는 것이다. 이는 곧 디지털이데올로기의 한계를 미리 설정하면서도, 디지털 개념의 효율적 형상화를 적절한 방법론으로 제시하고 있음을 보여준다.

미야자키 하야오는 애니메이션의 새로운 패러다임을 변혁해내면서, 성인도 즐겨볼 수 있는, 할리우드와의 차별적 담론개발에 성공한다. 그의 이러한 실험정신은 결국 실사영화를 넘어선 성공사례로 인정받게 된다.

2002년 국내 개봉되어 250만 명의 관객을 동원했던 「센과 치히로의 행방불명」은 일본 현지에서 2,500만 명이라는 천문학적인 흥행을 기록했고 세계 유수의 국제영화제에서 실사영화와 동등한 입장으로 평가받으며, 최고의 영화가 된다. 그의 실험은 성공했지만, 그의 작업은 지금도 계속된다. 애니메이션의 새로운 장르실험을 통해 실사영화의 매너리즘을 극복해내는 이데올로기의 개발은 미야자키 하야오의 상상력 속에서 항상 현실로 다시 투영된다.

한창완 서강대학교 신문방송학과를 졸업하고, 같은 대학 신문방송학과 대학원에서 석사 · 박사 과정을 마쳤으며, 전공 분야는 미디어경제학 및 영상미학이다. 현재 세종대학교 만화애니메이션학과 교수로 있으면서, 게임애니메이션산업연구소 소장 및 학내 벤처기업인 (주)세종에듀테인먼트 대표이사도 맡고 있다. 관심연구 분야는 출판만화, 애니메이션, 게임, 캐릭터비즈니스 등의 산업구조분석 및 기초이론 연구이며 주요 저서로는 『한국만화산업연구』, 『애니메이션 경제학』, 『저패니메이션과 디즈니메이션의 영상전략』 등이 있다.

용어와 개념 풀이

휴머니즘 애니메이션
인간중심주의의 애니메이션을 말하며, 인간다움을 존중하는 대단히 넓은 범위의 세계관을 가지고 있다. 즉, 끊임없이 자기를 초월함으로써 자기를 실현해나가는 휴머니즘의 본질을 내포하고 있는 애니메이션을 뜻한다.

심도
2차원 화면에서 화면의 볼륨감을 극대화하기 위해 영상의 깊이를 입체감 있게 표현하는 Z축을 의미한다. Z축의 심도가 극대화될수록 2차원 화면의 한계를 극복하고 관객으로 하여금 현실감을 공감함으로써 작품의 리얼리티가 확대된다.

젠더이데올로기
사회적인 의미의 성 이데올로기. 대등한 남녀간의 관계를 내포하며 평등에 있어서도 모든 사회적인 동등함을 실현시켜야 한다는 인간·자연·사회에 대해 품는 현실적이며 이념적인 의식의 제형태.

프랑스식 정원
감상의 효과를 높이기 위해 인공적으로 자연을 조작한 정원형태를 의미한다. 자연 그대로의 모습으로 조화를 유도하는 영국식 정원과는 다르게 각종 예술품을 놓아 자연과 인공이 함께 결합되어 있는 정원 형태이다.

장르영화
일정한 형식과 내러티브를 반복적으로 표현하는 영화의 형식 자체가 장르화되었다는 의미에서 장르영화라고 하며, 대개 할리우드의 대중영화를 일컫는 용어이다. 월트 디즈니 애니메이션의 대부분의 형태가 할리우드 장르영화의 기반을 제시하고 있는 것으로 분석되기도 한다.

리얼리티
현실적인 이미지를 영상화함으로써, 영상을 보는 관객들의 공감을 이끌어내기 위한 장치를 의미한다. 애니메이션의 경우, 현실화면이 아니기 때문에 더욱 리얼리티를 강화하여 과장되게 묘사하게 되는데, 이러한 형태를 초사실주의라고 한다. 초사실주의는 세밀한 묘사, 마술적 리얼리즘 등 어느 시대에나 존재하였던 극단적인 사실주의의 형태이다.

테크노오리엔탈리즘
낭만주의의 한 경향인 이국취미(異國趣味)를 대표하는 것으로 오리엔트, 즉 동방세계에 대한 동경을 표현상의 동기 또는 제재(題材)로 삼은 기술이다. 대개 서양의 시각에서 평가한 오리엔탈리즘을 일본식 미래문명지향적 관점으로 재해석한 영상이데올로기 형태를 의미한다.

SF사이버펑크
20세기의 통신 및 제어 이론인 인공두뇌학과 기존사회에 반항적 성향을 띤 펑크의 합성어로서 첨단과학시대의 기술을 기반으로 한 공상과학 애니메이션을 의미하는 장르적 용어이다.
대개 미래사회의 기술문명에 대해 비판적인 시각으로 기술지향주의에 저항하며, 사이보그와 슈퍼컴퓨터를 중심으로 한 네오휴머니즘을 간접적으로 비판하기도 한다.

- 만화영화를 만드는 건요, 뭔가 대단한 것을 얘기하는 사람이 되는 것이 아니고, 여러 가지 속박으로부터 해방된 인간이 되는 것이라고 생각합니다. ─아니도 간행의 애니메이션 마니아 잡지 『FILM 1/24 별책 미래소년 코난』 수록된 인터뷰
- 어린이들은 애니메이션을 보는 것보다 들판에서 노는 편이 더 좋습니다. 늘 밖에서 뛰어노는 아이가 일 년에 몇 번 애니메이션을 보고 '와, 재미있다!'라고 기뻐해주는 것이 가장 좋습니다. ─『쇼가쿠이치넨세』 1988년 6월호
- 어린이용이라는 건 어른이 이 세상에서 느끼고 있는 최상의 것을 보여주는 것이라고 생각합니다. ─『Animage』 1989년 5월호
- 하늘을 날면 자신이 살고 있는 공간을 실감할 수 있습니다. 항상 똑같은 시선으로 보면 세계는 변하지 않습니다. 그렇지만 시점을 바꾸면 세계는 좀더 유연한 것이 되고, 받아들이는 사람에 따라서 갖가지 모습을 보여준다는 것을 알게 됩니다.
  ─『TELEPAL』 1989년 7월 15일호
- 자연이라는 현상을 그릴 경우에, 예를 들어 공기라는 것도 그렇고 식물도 빛도, 전부 정지상태로 있지 않고 시시각각 변하면서 움직이는 상태로 존재하고 있는 것이에요. 그것을 보고 있는 자신도, 걷고 있는 자신도, 그 감수성도 시시각각 변화하지요.
- 플라잉 머신은 하늘 높이 날아서 구름을 넘을 수도 있지만 저는 구름 봉우리 사이를 날게 하고 싶었습니다. 그것이 정말 하늘을 나는 것이 아닐까 생각해요.
- 가공의 세계라고 해도, 누가 물건을 만들고 누가 무엇을 먹을까라는 것을 머릿속에 설정하고 나서 만들지 않으면 안 된다고 생각합니다.
- 제 입장에서 볼 때 진정한 만화영화의 재미는, 하나의 세계를 창조해 그 공간을 충분히 사용해서 기승전결로 끝내고 그렇게 하는 것이 가장 보기에 재미있고 자신에게도 적극적인 의욕이 일어나는 세계입니다.
- 진정한 개그라는 것은, 무언가에 열심인 사람이 순간적으로 자신을 잊은 상태로 일상적인 행동을 할 때 생기는 어떤 것입니다. ─『월간 그림책 별책 애니메이션』 1979년 3월호 「잃어버린 세계에 대한 향수」 중에서
- 부모와 이별한 내 자신이 어둠 속에 있는 것 같은 느낌, 스스로의 눈으로 보고 생각해서 걸어가야 한다고 마음먹었을 때 역시 사회주의라는 것은 마주하지 않으면 안 되는 커다란 벽이었습니다. ─「구로사와 아키라, 미야자키 하야오, 기타노 타케시: 일본의 3인의 연출가」 수록 인터뷰
- 대체적으로 인간과 자연의 이분법 따위는 사람이 머리로 생각한 것에 지나지 않는다. ─『나의 생명을 구해주지 않은 에바에게(산이치쇼보)』에 수록된 「에바를 따르는 그대들에게」 중에서

더 읽어야 할 책들

박정배 · 강재혁 지음,『아니메를 읽는 7가지 방법』, 미컴, 1999.
윤지현 글, 김광성 그림,『일본 만화영화의 신, 미야자키 하야오』, 사회평론, 2002.
스튜디오 본프리 지음,『황의웅의 세계명작극장-센과 치히로의 행방불명』, 2002.
황의웅 지음,『아니메를 이끄는 7인의 사무라이』, 시공사, 1998.
_____,『미야자키 하야오는 이렇게 창작한다』, 시공사, 2000.
_____,『미야자키 하야오의 세계』, 도서출판 예솔, 1997.
이나바 신이치로 지음, 정윤아 옮김,『미야자키 하야오의 나우시카를 읽는다-유토피아란 무엇인가』, 미컴, 1999.
키리도시 리사쿠 지음, 남도현 옮김,『미야자키 하야오론』, 써드아이, 2002.

〈미야자키 하야오 작품목록〉
「미래소년 코난」, 1978.
「루팡 3세-카리오스트로의 성」, 1979.
「명탐정 홈즈」, 1982.
「바람계곡의 나우시카」, 1984.
「천공의 성 라퓨타」, 1986.
「이웃의 토토로」, 1988.
「마녀우편배달부 키키」, 1989.
「붉은 돼지」, 1992.
「On Your Mark」, 1995.
「귀를 기울이면」, 1995.
「원령공주」, 1997.
「센과 치히로의 행방불명」, 2001.

미야케 · 골티에 · 카라얀 *Issey Myake / Jean Pual Gaultier / Husesin Chalayan*

21세기 패션계의 3인방

이주현 연세대 교수·의류학 | 박선형 연세대 박사과정·의류학

21세기 패션계의 젊은 파워

본 장에서는 21세기의 세계 패션산업계를 이끌어갈 패션 디자이너 3인방, 이세이 미야케(Issey Myake), 장 폴 골티에(Jean Paul Gaultier), 후세인 카라얀(Hussein Chalayan)을 소개하고자 한다. 선정 기준은, 결코 패션계 안에서만 통용되는 특정 디자이너의 영향력이라든가, 언론 매체를 통한 유명세라든가, 그에게 투자된 자금 규모라든가, 그의 이름을 내건 브랜드의 연 매출액의 규모라든가 하는 따위는 아니다. 널리 이름이 알려져 있으면서 현재 활동 중인 패션 디자이너들 중에서 선정하기는 하였으나, 외면적인 지표보다는 그 디자이너의 디자인 특성이나 활동 등을 통해 판단할 수 있는, 각 디자이너의 문화적인 영향력이나 중요도 측면에 기초하여 이들을 선정하였다. 여기에서 문화적인 영향력 등을 선정 기준으로 삼은 것은, 첫째 패션을 거대한 문화적 흐름의 한 부분 또는 한 단면이라고 보는 시각과, 둘째 '현대 사회에서 일어난 다양한 변화 중 가장 압도적인 영향을 현대 패션에 미쳐온 것은 문화'라는 패션 분야의 공감대와, 셋째 '21세기는 곧 문화의 시대'라는 예견 등에 기초를 두었다.

돌이켜보면, 지나간 20세기는 과거의 그 어느 시대보다도 패션 트렌드가 빠르고 변덕스럽게 변화했을 뿐 아니라, 그 어느 시대보다도 널리 많은 사람들에게 대중화된 시대였다. 이러한 20세기 패션의 흐름은 20세기의 사회경제적 배경뿐 아니라, 20세기 특유의 문화적 배경으로부터 영향을 받아 전개되었다. 위에서도 말한 것처럼, 20세기 특유의 문화적 흐름은 패션계에 미친

이세이 미야케　　　　장 폴 골티에　　　　후세인 카라얀

영향이 실로 '거대하다'라고 표현할 수 있을 만큼 지속적이면서도 지배적으로 전개되었으며, 이러한 패션과 문화의 관계는 이미 21세기 패션의 방향타 구실을 톡톡히 하고 있다.

여기서 잠시, 앞으로 전개할 내용에 대한 이해를 돕기 위해 20세기 이래의 현대문화의 요체에 대해서, 그리고 그것이 패션에 영향을 미쳐온 양상에 대해서 설명을 해두고자 한다.

요컨대 20세기 현대 문화는, '모더니즘'(Modernism)과 '포스트모더니즘'(Postmodernism)이라는 두 가지의 커다란 흐름으로 구성되어왔다. 본디 이러한 문화적 양대 흐름은, 적어도 조형 관련 분야에서는 회화나 조소와 같은 순수예술 분야부터 이른바 '혁신'이니 '낡은 틀을 깨는 새로운 시도'니 하는 개념으로 시작된 후 인접 분야로 확산되었고, 종국에는 문화계에 별반 관심을 가지지 않은 일반인들의 사고방식이나 태도에도 서서히, 그러나 '거대한' 영향을 미쳤다. 그 영향을 받은 인접 조형분야들 중 일반인들에게 가장 가까이에서 영향을 미친 분야는 건축이나 실내장식, 패션과 같은 생활미술적 또는 상업적 특성을 띤 장식미술 분야들이었는데, 이들 분야에서 현대문화의 양대 흐름이 추구하는 이상향에 따른 스타일이 창출되었고, 일반인들은 이 스타일을 자신들의 생활 속에 받아들이는 방식으로 문화적 변화를 흡수하였다. 20세기 초에서 현재에 이르는 패션의 주요 변화는, 언뜻 보기에는 방향성도 없이 변덕스럽거나 지나치게 변화무쌍한 듯 보이지만, 자세히 들여다보면 패션 변화는 이러한 문화적 양대 흐름 중 어느 한 가지와 번갈아 조우하면서 그때그때의 사회경제적 배경과 요인과 혼합되어 나타난 결과였음을 알 수 있다.

　이러한 현대 문화의 양대 흐름 중 하나인 '모더니즘'이란, 기계문명, 기계문명에 기반을 둔 합리주의 사고와 단일론적 논리, 산업 미학적 미감 등을 받아들이는 문화적 활동이나 관점, 사조 등을 말하는 것으로, 이러한 흐름은 20세기가 시작되면서 등장하기 시작했다. 좀 극단적으로 표현하자면, 모더니즘의 요체는 기계문명의 발달을 낙관적으로 생각하고 심지어 기계문명을 발달시킴으로써 인간은 유토피아를 실현하게 될 것이라고 믿으며, 이러한 사고와 직접 연관되어 있거나 그 부산물적 성격을 띤 스타일들을 수용하는 태도를 의미하는 것이었다. 독자 여러분이 거장 피카소(Picasso)를 통해 이미 잘 알고 있는 입체파(Cubism) 회화—사실 피카소는 입체파의 시조가 아니며, 입체파의 실질적 시조는 브라크(Braque)로 평가되지만—라든가, 마티스(Matisse) 등의 야수파(Fauvism) 회화 등은 이러한 모더니즘의 흐름 속에서 탄생한 스타일들이며, 좀더 극단적인 회화 장르의 사례를 든다면 '하드에지'(Hard edge) 화풍—여러분은 한번쯤, 몇 개의 단순한 네모꼴 등으로만 화면이 구성된 하드에지 스타일의 현대 회화를 본 적이 있을 것이다—을 들 수 있다. 이와 같이 20세기 초에 순수예술 분야에서 시작된 모더니즘 사조는 기능적이면서 간결한 것을 아름답다고 보는 현대인의 미감을 형성시키는 결실을 보았으며, 오늘날 기능적이며 간편한 패션스타일이 대중에게 받아들여지는 데 초석을 마련하였다. 또한 거기서 더 나아가 최근에는, 모더니즘은 장식과 기본적 신체 보호 등 의복 본연의 기능 외에 특별한 성능이 포함된 의상들—예를 들면 형상기억형 의복—을 대중이 수요하는 데 중요한 기반이 되었다.

　반면 현대 문화의 또 다른 흐름인 '포스트모더니즘'이란, 모더니즘의 입장이나 시각에 상당히 반기를 드는 문화적 입장으로서, 기계문명에 대한 낙관론을 부정하고 합리주의를 추구하지 않는 대신, 인본주의적 시각과 태도를 우선시하는 사조이다. 또한 이 사조는 모더니즘이 추구하던 단일 논리를 부정하고 다원주의(Pluralism)적 관점을 취하며, 인공적인 것과 간결함을 중요시하던 모더니즘의 산업 미학적 미감을 고집하는 대신, 고전적이며 자연주의적 미감과의 크로스오버(cross-over)를 중요시한다. 포스트모더니즘이 지닌 또 한 가지의 특징은 이른바 '해체주의'적 경향으로, 종래의 장르 구분 방식을 더 이상 고집하지 않고, 장르와 장르를 혼합하는 방식을 통해 새로운 세계의 구성을 지향한다. 이러한 포스트모더니즘의 영향이 반영된 장식 미술 스타일들은 각종 절충적 표현 방식을 통해 다양하고 새로운 미감을 창출한 것들이 주류를 이루어왔는데, 예를 든다면 동양과 서양의 스타일을 믹스한 스타일이라든가 현대풍과 전통적 요소를 뒤섞은 스타일, 또는 사회적인 비주류에 속하는 하위문화의 전형적 스타일—이를테면 펑크 스타일 같은 것—이 주류문화 또는 고급문화에서 차용되는 경우, 여러 장르의 기술을 혼합함으로써 만들어진 신종상품 등을 들 수 있다. 아마도 현대인이라면 누구나, 동양에 근원을 둔 젠(Zen) 스타일이 서구 사회에서 크게 유행하는 경우나, 클래식 음악 연주가가 대중음악을 연주하는 경우, 일부러 저급하게 메시지를 표현한 광고, 가구처럼 디자인된 가정용 전자기기를 흔히 보아왔을 것인데, 이를 받아들이는 대중의 태도 또는 대중이 받아들일 것이라고 예견하고 미리 이를 기획하는 사람들의 사고에는 포스트모더니즘이라는 문화에 대한 시각이 그 바탕에 깔려 있는 것이다.

이처럼 20세기 내내, 모더니즘은 현대 패션에 '기능성의 추구'과 '단순성의 미감'이라는 키워드로 반영되어온 반면, 포스트모더니즘은 '다양한 장르의 혼합', '전통과 현대의 만남', '세계주의'(Cosmopolitanism) 등을 중심으로 현대 패션에 영향을 미쳐왔다. 이 문화적인 양대 사조는 약 10~15년을 주기로 서로 교체되면서 패션에 지배적인 영향을 미치다가, 1980년대부터는 양자가 패션에 교대로 미치는 영향의 주기가 약 5년 정도로 단축되는 경향을 보여왔다. 또한 디지털 기술이 대중화되고 본격적인 디지털 시대가 전개되기 시작한 1996~1998년 무렵부터는, 문화적 양대 사조는 같은 시기의 패션에 동시에 영향을 미치기 시작했을 뿐 아니라 패션에 반영된 양상도 더욱 심화되어서, 디지털 기능을 내장한 의복이 세계적인 패션쇼 무대에 등장하는가 하면(이것은 주로 모더니즘의 영향으로 보인다), 때에 따라 가방이나 의자로도 사용할 수 있는 다기능형 의류제품이 시판되기에 이르렀고(이것은 양대 사조로부터 모두 영향을 받은 것으로 해석된다), 포스트모더니즘의 영향을 받아 4, 5개 민족의 상징적 장식요소가 한 스타일 내에 복합된 의상이 유행하기에 이르고 있다.

미야케, 동서양을 혼합하고 전통과 현대의 만남을 주도하다

이세이 미야케는 일본에서 출생한 세계적인 패션 디자이너로, 주로 유럽과 일본에서 디자인 활동을 전개하면서 디자인을 통하여 동양과 서양의 혼합,

전통과 현대의 만남을 끊임없이 시도해온 포스트모더니스트다. 그러나 반대로 내면적으로는 현대 의상의 중요한 요건인 기능성과 단순성을 자신의 디자인에 충실히 담고자 꾸준히 노력해온, 다분히 모더니스트적 태도를 겸비한 디자이너로서도 평가된다.

그는 1938년에 히로시마에서 출생하여, 대학에서 그래픽 디자인을 공부했다. 본래 패션 학도가 아니었던 미야케는 대학을 졸업하면서 개최한 일종의 퍼포먼스와 같은 컬렉션('A Poem of Material Cloth and Stone': 1964, 도쿄 개최) 때부터 의상에 관심을 가지기 시작하고, 1965년부터 파리 의상조합학교에서 패션 디자인을 공부하였다. 파리에서의 패션 수학을 마친 후 그는 유명 브랜드 지방시(Givenchy) 등에서 디자인 스태프로 근무하면서 유럽 패션의 흐름을 익혀나갔다.

1983년 열린 'Body Works' 전시회. 서구의 미감기준으로부터 탈피하여 새로운 미감을 창출하게 되는 전환점이 되었다.

미야케가 지닌 패션 디자이너로서의 재능과 문화에 대한 통찰력은 이미 이 때부터 그 진가를 발휘하기 시작했던 듯하다. 파리에서 굴지의 패션 브랜드에 근무하던 그는 서구 패션계의 관점에 대해 다음과 같은 이견을 제시하기 시작했다. 즉 그것은 당시 서구 패션계가 인체―특히 여성의 신체―와 의복의 미를 평가하는 시각이 대단히 편협하게 경직되어 있다는 지적이었다.

그는 서구 패션계가 가지고 있는 미에 대한 개념은 엘레강스(elegance)라는 기준에 편중되어 있으며, 파리의 고급 패션계가 만들어내는 패션은 지나치게 무겁고 이지적인 것들이라고 생각하였다. 서구 패션계의 한계점에 대한 그의 이러한 생각은, 이후 그가 전개해나간 패션 디자인의 본질에 중요한 기

'Body Works' 전시회에 전시했던 작품, 「Rattan body」. 이는 1988년부터 그가 전개하기 시작한 'Pleats Please' 프로젝트의 진원지가 되었다.

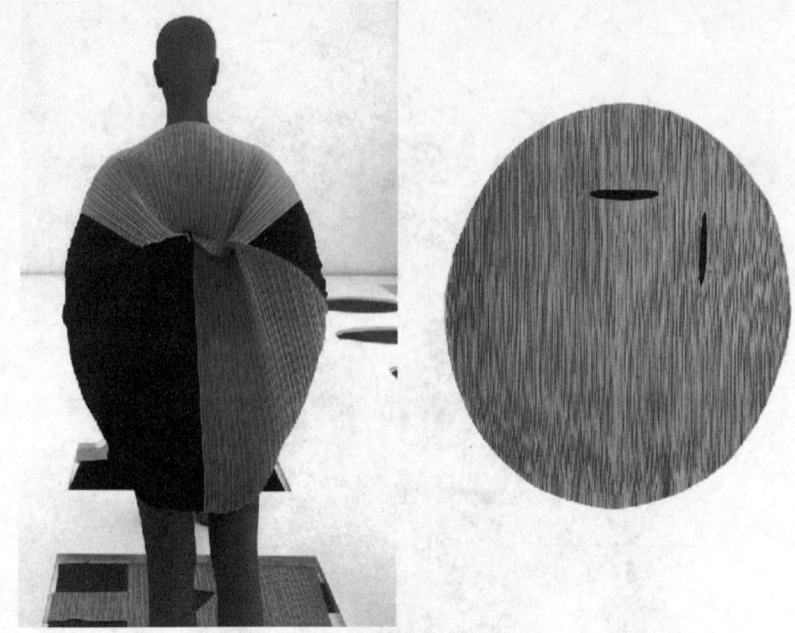

폴리에스터 플리츠 저지 소재를 사용함으로써 입체적인 인체를 속박하지 않으면서도 구조적으로는 단순하고 평면적인 의상을 만들 수 있었다.

반이 되었을 뿐 아니라, 훗날 그의 디자인이 서구 패션계에 큰 영향을 미치게 되는 출발점이 되었으며, 그의 디자인 세계가 현대문화의 맥락에서 중요한 위치를 차지하게 되는 데에도 중요한 영향을 미쳤다. 이 시기부터 서구 패션의 틀을 벗어난 스타일을 동경하기 시작한 미야케는, 1969년에 미국의 뉴욕으로 건너가서 패션디자이너로서의 경력을 쌓다가 1970년에 도쿄로 귀환하여 새로운 패션 생애를 열어가기 시작했다.

도쿄로 귀환한 후 미야케는, 일본 문화의 본질을 그의 디자인의 근원으로 삼고, 일본 역사의 다양한 상징(Symbol)들을 재구성한다는 개념으로 디자인을 전개하기 시작했다. 그는 이 시기부터 일본의 전통문화에 뿌리를 두고 패션 디자인을 전개했을 뿐 아니라, 그의 패션 철학—즉 의복은 착용자의 신체를 속박해서는 안 되며, 의복을 착용함으로써 착용자의 신체는 더욱 자유로워져야 한다는—을 확고히 다지고 이에 기초하여 디자인 활동을 전개해 나아갔다. 즉 그는 의복을 '제2의 피부'(the second skin)라고 보고 의복 형태는 착용자의 신체형태에 따라 달라져야 한다고 생각했다. 서구 패션계가 천편일률적으로 추구해왔던 경직되고 무거우며 이지적인 이미지 일색으로부터 탈피하여 가볍고 활기차면서도 자유로운 자신만의 독특한 디자인을 추구하였다.

이세이 미야케의 디자인 세계는, 전반적으로 볼 때 종래의 서구 중심의 미감 기준을 해체하고 거기에서 과감히 벗어나 일본의 전통문화를 현대 서구 패션의 요소와 접목시킴으로써 현대문화의 흐름을 반영한 새로운 스타일과 미감을 창출하는 방향을 모색해왔다.

이러한 시도를 줄기차게 펼쳐온 그의 과정과 방식은 다음과 같다. 미야케는 1970년에 자신의 이름을 내건 디자인 전문회사 '미야케 디자인 스튜디오'(Miyake Design Studio)를 설립하고, 일본의 전통문화를 현대의 서구패션과 접목시키기 위한 다양하고 실험적인 시도를 전개하기 시작했다. 가장 먼저 손을 댄 일은 직물디자인 부분이었는데, 그는 일본의 전통 장식이나 전통 직물에 많은 관심을 가지고 전통과 현대, 동양과 서구의 믹스를 전개하였다. 그는 그 첫 시도로 1970년에 개최한 자신의 첫번째 패션쇼에서 문신(tatoo)에서 영감을 받아 디자인한 직물과 그것으로 만든 의상을 선보였다. 이 디자인은 일본 야쿠자들이 몸에 새기는 전통 문신과 서양의 유명 가수였던 재니스 조플린(Janis Joplin), 히피 기타리스트로 유명한 지미 헨드릭스(Jimi Hendrix)의 얼룩 문신을 혼합한 것으로서, 이른바 '동서양이 조화된' 직물 디자인이었다. 또한 그는 일본의 전통적 소재를 현대에 맞추어 리메이크하는 작업을 전개하기도 했는데, 그 첫 작업으로 8세기경 나라시대의 북부 일본 농촌에서 노동복으로 사용되었던 소재—면 직물을 일정하게 누빈 것—를 리메이크하여 개발한 후 이것을 그의 패션에 사용하기도 하였다. 또한 그는 일본의 전통 복식 소재뿐 아니라 다양한 문화의 상징들을 혼합 또는 절충하여 한 스타일 안에 담는 세계주의적 디자인을 창작하기도 했는데, 예를 들어 1977~78년 시즌을 위한 패션쇼에서 그는 모로코 전통 복식의 요소를 활용한 디자인을 선보였다.

직물에 대해 다양한 시도를 전개하는 한편, 1970년대 중반부터 미야케는 의복의 형태와 구조를 중심으로 새로운 시도를 활발히 전개하기 시작했다. 앞에서 이미 언급한 바와 같이, 그는 서양 복식—특히 파리 고급 패션계의 패션—의 형태는 지나치게 완벽하고 복잡, 정교하며 인체를 속박한다고 보고, 여기에서 탈피하여 새로운 의복의 형태를 개발하고자 노력하였다. 이를 위해서 초기에는, 기존 의류의 형태를 단순화시키거나 기존의 의류가 담고 있는 프로포션을 재창조하는 작업을 수행했다. 이때 그가 많이 사용한 방법은 단순한 사각형 천 1장을 몸판으로 하고 거기에 소매만 붙인다거나, 기존

의복의 형태에 커다란 손수건 같은 사각 천을 붙인다거나 하는 식으로, 주로 입체적 형태를 중요시하는 서구 의복의 구조와 평면성을 중요시하는 동양 의복의 구조를 접목시킨 것들이었다. 1978년 그는 그때까지 자신이 새롭게 시도한 내용을 담은 저서『동양과 서양이 만나다』(East meets West)를 출간했는데, 이 책의 제목만 보아도 미야케가 어떤 의도에서 이러한 시도들을 전개했는지를 짐작할 수 있다.

1980년대부터 미야케는 그의 디자인을 두 갈래의 방향으로 나누어 새롭게 전개하기 시작했는데, 그 두 방향 중 하나는 포스트모더니즘의 해체주의적 시도들을 전개한 것으로서, 주로 소재를 사용하여 새로운 미감을 창출하기 위한 시도를 다양하게 수용하는 것인데 반해, 두번째 방향은 모더니즘적 입장에서 실용적이고 단순한 의상을 만들어내는 것이었다.

그 중 첫번째 방향에 대해 먼저 얘기한다면, 그는 이 시기부터 대단히 해체주의적인 태도로 새로운 의복 형태를 창조해 나아가기 시작했다. 1983년에 그는 'Body works' 전시회를 열었다. 여기에서 그는 주로 일본 사무라이가 전통 갑옷을 착용한 모습을 현대적으로 각색하고, 대나무나 등나무 같은 소재를 사용해 만든 다양한 육체(body)들을 보여주었는데, 이 전시회는 그가 그동안 추구해온 바와 같이, 서구의 미감 기준으로부터 탈피하여 새로운 미감을 창출하게 되는 전환점이 되었다. 즉 그가 이 전시회에서 보여준 사무라이 풍의 육체들은, 그가 그동안 추구하던 바대로 서구적 미감의 기준이 되어 온 서양인의 이상적 인체 프로포션을 부정하고, 일본 전통문화의 상징—사무라이의 과장된 육체—으로부터 이상적 신체의 기준을 다시 찾아내고, 이를 중심으로 새로운 미감을 창출하려 노력한 결과물들이었다.

그가 전개한 두번째 디자인 방향, 즉 기능적이며 단순한 의상을 만드는 활동은 1988년에 그가 개최한 전시회 'A-UN collection' 때부터 본격화되었다. 'A-UN collection'에서 그는 'Body works'에서처럼, 철사, 등나무, 케이블 등으로 만들어진 과장된 바디들을 선보였다. 이때부터 그는 이러한 실험적 시도를 그저 시도에 그치게 하지 않기 위해, 갑옷을 착용한 사무라이의 모습과도 같이 과장된 육체를 새로운 미감의 기준으로 삼고, 이 새로운 육체에 자유와 활기를 불어넣을 수 있는 패션디자인의 방법을 연구하기 시작했다. 그는 과장된 육체를 속박하지 않으면서도 실용적이고 단순한 의상을 디자인하기 위해, 먼저 적절한 소재를 실험하였다. 이를 위해 그가 처음 시도한 것은 신축성 있는 소재를 가지고 만든 일종의 바디스타킹이었는데, 얼마 동

1990년 도쿄에서 'Pleats Please' 전시회가 대성공을 하고 그 결과를 바탕으로 캐주얼웨어라인 'Pleats Please'를 런칭하였다.

안 시도한 후 그는 이러한 신축성 소재의 바디스타킹은 매우 한정된 마켓에서만 판매가 가능하다는 점을 알고, 이 시도를 중단했다. 그후 미야케는 과장된 육체를 속박하지 않으면서도 활기차고 단순하고 실용적인 디자인을 가능케 하는 소재로, 플리츠(pleats) 저지—접힌 주름이 많이 잡혀 있는 저지 천—에 주목하기 시작했다.

사실상 미야케가 플리츠 저지에 주목한 것은 이때가 처음은 아니었다. 'Body works' 전시회에 그가 전시했던 작품들 중 「Rattan body」에 착용된 스커트는 넓은 저지 천에 수많은 잔주름을 잡아 만든 것으로, 커다란 신체를 전혀 속박하지 않는 소재와 형태로 만들어져 있었으며, 이는 1988년부터 이세이 미야케가 전개하기 시작한 'Pleats Please' 프로젝트의 진원지가 되었다. 그는 폴리에스터 플리츠 저지 소재를 사용함으로써 입체적인 인체를 속박하지 않으면서도 구조적으로는 단순하고 평면적인 의상을 만들 수 있었다. 이 플리츠 의상들은 그가 창안한 새로운 이상적 육체에도 무리없이 적용되었을 뿐 아니라, 가볍고 세탁하기에도 편리한 의상으로 평가받았다.

1990년에 미야케는 도쿄에서 'Pleats Please' 전시회를 열고 이 프로젝트의 결과를 발표하였는데, 이 전시회는 대성공을 거두었고 이후 그의 플리츠 의상은 전세계적으로 널리 인정받기에 이르렀다. 그 이후 그는 'Pleats

Please' 프로젝트의 결과를 바탕으로 하여 기존의 브랜드들과는 매우 색다른 캐주얼웨어 라인 'Pleats Please'를 런칭하였다. 플리츠 기법을 울이나 린넨, 면 등의 다양한 소재에 확대적용하여 전개하였고, 플리츠 기법을 변형한 트위스트(twist) 기법——주름을 잡되 손으로 구기거나 일부를 변형시키는 가공을 하는 기법——을 개발하여 현재까지 디자인에 적용해오고 있다.

이세이 미야케는 자신의 디자인이 일본의 전통문화에 그 뿌리를 두고 있으나 더이상 일본적인 디자인이 아니며 세계적인 것이라고 말한다. 한편, 전통을 현대화할 수 있는 유일한 수단은 테크놀로지를 사용하는 것이라고 말하기도 하였다. 이러한 그의 말에서 엿볼 수 있듯이, 이세이 미야케는 현대문화와 패션을 가늠하는 문화의 양대 흐름 중 포스트모더니즘에 상당한 비중을 두면서도 어느 한쪽만을 고집하기보다는 양대 흐름 간의 적절한 균형이 반영된 패션을 추구해온 것으로 보인다. 그러나 무엇보다 중요한 것은, 미야케가 말했듯이, 그가 추구해온 장르 구분의 해체와 새로운 스타일의 창출은 21세기에도 지속될 것이며, 이는 테크놀로지를 통하여 더욱 심화되고 가속화될 것이라는 전망이다.

사회의 규범을 비웃고 깨뜨리는 디자이너, 골티에

쟝 폴 골티에는 프랑스 출생의 세계적인 패션 디자이너다. 1971년에 유럽의 유명 패션 브랜드인 장 파투(Jean Patou)에 입사하여 패션 디자이너의 인생을 시작한 후 1978년에 처음으로 자신의 이름을 내건 컬렉션을 개최함으로써 유럽의 패션계에 본격적으로 데뷔한 이래 승승장구해왔다. 그의 이름을 내건 여성복 및 남성복 브랜드와 향수도 또한 전세계적으로 유명하다. 이 장의 서두에서 언급했던 현대문화의 양대 흐름이라는 시각으로 보면, 골티에는 단연 포스트모더니즘의 영향을 받은 패션 디자이너라 할 수 있다. 이유는 다음과 같은 그의 디자인의 특징에 있다.

전반적으로 볼 때 골티에의 디자인 특징은, 쉽게 표현해서 '좋지 못한' (bad) 또는 '점잖지 못한'(disgrace) 패션을 창조해내는 재주에 있다. 한마디로, 그는 매우 해체주의적인 사고를 저변에 깔고 사회의 엄격한 규범이나 금제 같은 것들을 비웃는 태도로, 패션을 통해 자신의 생각을 표출할 수 있는 모든 방식을 취하는 것처럼 보인다.

골티에의 해체주의적인 디자인 세계를 자세히 들여다보면 다른 디자이너

골티에의 해체주의적 디자인 세계의 가장 두드러진 특징은 다름아닌 '페티시즘' 이다.

들과 분명히 구분되는 몇 가지의 특징들을 찾아낼 수 있다. 그 가운데서 가장 두드러진 특징은 페티시즘(Fetishism)적인 디자인 경향이다. 본래 사전적인 의미에서의 페티시(fetish 또는 fetich)란 '물신숭배' 또는 '성욕도착의 대상'을 의미하는 것으로, 심리학적 의미에서의 페티시즘이란 이성의 신체 일부나 옷 따위에서 만족을 얻는 변태심리를 의미한다. 패션에서의 페티시즘 또는 페티시즘 패션이란, 노출하거나 강조하는 것이 사회적으로 규제되어 있는 신체 부위를 디자인을 통해 오히려 강조함으로써 역설적이면서도 새로운 미감을 부여하는 방식이나 스타일을 의미한다.

이러한 페티시즘은 거슬러 올라가면 펑크(Punk)에까지 관련된다. 여기에서 잠깐 펑크와 펑크 패션을 소개하자. 1970년대 영국이 본산지인 펑크 문화는 본디 주류 사회의 금제나 엄격한 규범 등을 부정하고 이를 무너뜨리기 위한 메시지를 다양한 방식으로 표현하기 원하는 집단의 하위문화였으며, 이른바 펑크족들은 자신들의 가치나 사고방식을 통해서만이 아니라 헤어스타일, 화장, 옷차림, 생활용품 등 라이프스타일에 관련된 것들을 통해서도 자신들의 메시지를 표현하였다. 즉 그들의 의복이나, 화장, 헤어스타일 등은 주류 사회가 좋아하지도 인정하지도 않는 소위 '안티'(anti) 풍의 이미지를 주는 것들이었는데, 여기에는 특히 섹스(sex)에 관련된 사회적 금제를 비웃는 스타일들이 많았다. 이러한 펑크 패션은 1980년대에 들어서면서부터 그 강도가 희석되어 주류 패션에 영향을 미치는 인플루언스의 하나가 되었다. 즉 펑크 패션은 '섹스(sex)에 관련된 사회적 금제를 부정하는 스타일의 추구'라는 점에서는 페티시즘 패션의 원조격인 셈이다. 하지만 펑크 패션이 한 하위문화 그룹의 스타일이나 그와 유사한 스타일을 가리키는 말이라면, 그에 반해 페티시즘 패션은 성적 표현에 대한 억압을 타파하는 패션 코드를 의미하는 것으로, 보다 개념화된 용어라 하겠다.

다시 장 폴 골티에의 페티시즘 패션 경향으로 돌아가서 보면, 그는 다음과 같은 페티시즘 계열의 룩들을 끊임없이 창작해왔다. 섹시함의 상징이라 불리는 가수 마돈나가 입고 공연을 해서 유명해진 일명 '콘 브라'(cone bra) 시리즈는 여성의 성적 상징 부위인 가슴에 뾰족한 뿔 모양의 브라를 사용하여 가슴을 더욱 강조함으로써, 표현에 대한 규제를 허물고 역설적인 미감을 만들어 냈다. 또한 그는 여성용 속옷의 한 가지인 코르셋을 디자인 아이

골티에는 착용자가 알몸 상태인 것처럼 보이게 하는 cat suit(온몸에 달라붙는 일종의 바디스타킹 같은 의상)를 만들기도 했다.

디어로 응용한 코르셋 드레스(corset-inspired dress) 등을 여성용 의상으로서 뿐 아니라 남성용 의상으로 만들어내기도 하였다. 그런가 하면 역시 속옷인 팬티(under-pants)를 디자인 아이디어로 활용한 겉옷을 창작하였으며, 착용자가 알몸 상태인 것처럼 보이게 하는 cat suit(온몸에 달라붙는 일종의 바디스타킹 같은 의상)를 만들기도 했다.

골티에 디자인의 두번째 특징은 진정한 의미에서의 양성적(androgyny) 패션을 지향한다는 것이다. 그는 여성복 라인뿐 아니라 남성복 라인도 성공적으로 전개해왔는데, 특히 그의 남성복 라인에는 기존의 남성복에서는 볼 수 없었던 파격적인 스타일들을 심심찮게 등장시켜왔다. 즉 그는 성별 구분과 성 역할에 따라 전통적으로 성립되어온 기존의 남성복 코드—예를 들면 일반적으로 남자는 스커트를 입지 않는다든가 하는—를 무시하고 양성화된 남성복 스타일들을 다양하게 제시하였다. 1985년에 그는 '남성을 위한 클래식한 스커트'를 발표하기도 하였고 이후로도 이 같은 경향의 남성복을 꾸준

1985년에 그는 「남성을 위한 클래식한 스커트」를 발표하기도 하였고 이후로도 이 같은 경향의 남성복을 꾸준히 전개하여, 남성복의 소프트화에 기여하였다.

그의 디자인들 중 가장 많은 사람들로부터 대중적인 인기를 얻은 것은 세번째 특징을 강하게 내포한 디자인들인 것 같다. 세번째 특징이란, 각 민족의 고유문화를 상징하는 민속풍을 키치적인 컨셉트와 잘 섞어서 만들어 낸 골티에 특유의 에스닉 룩(ethnic look)들이다. 패션에 있어서 키치(kitsch)란 고급문화의 상징과 저급문화의 상징을 의도적으로 뒤섞는 표현을 의미하는 것으로, 고급스러운 패션을 일부러 저급하게 표현하여 새로운 미감을 의도하는 경향을 의미한다.

1978년에 파리 패션계에 본격적으로 데뷔한 골티에는, 1980년대 말까지는 위에서 말한 것처럼 페티시즘 패션과 양성적 패션을 중심으로 자신의 디자인 세계를 엮어내다가 1990년대에 들어오면서 '에스닉 룩+키치'를 주된 컨셉트로 삼는 쪽으로 전환하였다. 이러한 새로운 스타일 경향은 1990년대 중반에 들어서면서 절정에 달했는데, 예를 들면 1994년에 골티에는 '문신'(Les Tatouages)이라는 제목의 여성복 컬렉션을 열고, 모델들이 옷을 입은 것이 아니라 알몸 또는 속옷만 걸친 몸에 문신만 한 것 같은 스타일들을 발표하였다. 이 스타일에 대해 단순히 에스닉하기만 한 디자인이라기보다는 무엇인가 의도적으로 저급하게 표현되었다는 느낌, 어쩐지 펑크 스타일을 닮은 구석이 있다는 생각을 하게 되는데, 바로 이것이 골티에 고유의 에스닉+키치 풍의 디자인 경향이다. 그는 이후에도 각 민족의 민속문화의 상징을 한데 혼합하면서도 특유의 키치적으로 풀어내는 스타일을 전개함으로써 1990년대 중반의 세계 패션계를 제패하는 스타가 되었다.

이와 같이 장 폴 골티에는 사회적 규범이나 금제를 타파하는 패션 코드를

1994년에 골티에는 '문신'이라는 제목의 여성복 컬렉션을 열고, 모델들이 옷을 입은 것이 아니라 알몸 또는 속옷만 걸친 몸에 문신만 한 것 같은 스타일들을 발표하였다.

제시하고, 문화권과 문화권의 경계뿐 아니라, 고급문화와 저급문화의 경계까지도 무너뜨리며 새로운 스타일을 제시하는 방향으로 디자인 활동을 전개해 왔다. 이러한 디자인 경향으로 인해 해체주의 패션 또는 포스트모더니스트 패션의 대부로 지칭되고 있다. 오늘날 우리가 매일매일 입고 생활하는 의상들 거의 대부분이 20세기 초까지는 이 세상에 존재하지도 않았거나 또는 매우 저급한 스타일로 분류되었던 것을 돌아본다면, 새로운 패션 코드를 제시해온 골티에가 21세기의 패션에 어떻게 기여할 것인가에 대해 다시 한번 생각하게 될 것이다.

난해하고 이지적인 디자이너 카라얀

후세인 카라얀은, 앞서 언급한 다른 두 디자이너에 비한다면 데뷔한 지 얼마 되지 않은 신예 디자이너라 할 수 있다. 그에게 있어서 디자인 컨셉트는 의상 그 자체보다 중요하다. 그래서 그는 난해하고 이지적인 디자이너라고 불리기도 한다. 그는 컬렉션을 기획할 때 역사와 철학을 연구하여 현존하는 종교의 문제나 민족의 고립과 압제에 영감을 얻어 디자인을 전개한다. 만일 그의 디자인들이 급진적이라고 평가된다면 그것은 그의 디자인들이 아방가르드(avant-garde) 사조와 같은 것에 근원을 두고 있기 때문일 것이다.

후세인 카라얀은 1970년 사이프러스의 수도인 니코시아(Nicosia)의 터키인 가정에서 태어났다. 그는 어린시절부터 자신이 속한 지역사회가 그리스인 기독교 사회와 터키인 이슬람 사회로 대립되는 것을 보면서, 또 다른 측면에서는 남자와 여자로 양분되어 대립되어 있는 것을 보면서 자랐났다. 12살 되던 해인 1982년에 부모가 이혼을 하자 그는 아버지를 따라 영국으로 이주하게 된다. 처음에 그는 건축을 공부하려 했으나, 인체와 어우러지는 제품을 만드는 데 관심이 생겨 의상을 만드는 일로 진로를 바꾸게 되었고 결국 1989년 런던의 성마틴예술대학(Central St. Martin's College of Art and Design)에 입학하여 패션을 공부하게 된다.

그곳에서 그는 패션 디자인을 공부하는 다른 학생과는 대조적인 모습을 보였다. 패션 잡지를 보지 않았으며, 옷 그 자체와 그것을 만드는 일보다는 아이디어에 더 많은 관심과 노력을 쏟았다. 그의 졸업작품은 옷이 망가지는 모습을 보여주는 것이었는데, 땅 속에 옷을 파묻어 닳고 헤어지게 만들었으며, 그 위에 쇠부스러기까지 뿌린 것이었다. 이 작품은 런던 패션을 이끌어가는 패션 하우스(fashion house) 중 하나인 브라운스(Brown's)의 쇼윈도에 전시되었다.

졸업 후 잠시 에버레스트(Timothy Everest)와 일했던 그는 1994년 자신의 이름을 내건 브랜드를 런칭하였고, 이듬해 그는 London fashion design award에서 수많은 경쟁자들을 물리치고 'Absolut'라는 회사로부터 자금을 끌어들이게 되었고 1995년 '런던 패션 주간'(London Fashion Week)에 참가하게 되었다. 카라얀은 그의 컬렉션에서 사진이 인쇄된, 빨 수 있는 종이와

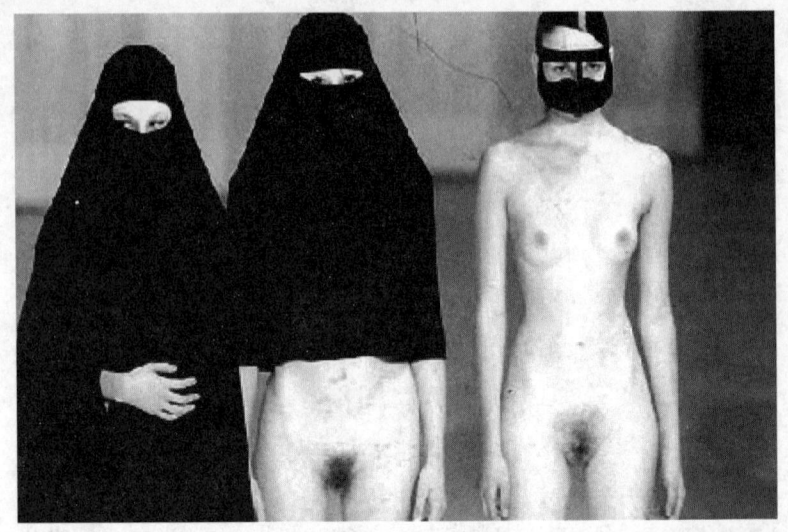

1998년 S/S 컬렉션인 'Between'에서 카라얀은 자신의 종교에 대한 관심을 보여주었는데, 모델들에게 나무로 깎은 헬멧 형태의 얼굴 가리개를 쓰게 했으며 쇼의 마지막에 머리에는 이슬람의 전통의상을 뒤집어쓰고 하체는 벗은 채 모델들을 도열하게 하였다.

같은 혁신적인 직물로 만든 옷이라든지, 흙 속에 묻어 두었던 텍스타일을 사용하여 고정관념을 파괴하는 의상을 발표하였다.

후세인 카라얀의 패션쇼는 보편적인 캣워크(Catwalk: 패션쇼)라기보다는 퍼포먼스(Performance)나 설치미술 쪽에 가깝다. 아이디어를 중요하게 생각하는 그는 그의 컬렉션을 발표하는 형태도 자신의 생각을 표현하는 이벤트로 만들어낸다. 1998년 S/S 컬렉션인 'Between'에서 그는 자신의 종교에 대한 관심을 보여주었는데, 모델들에게 나무로 깎은 헬멧 형태의 얼굴 가리개를 쓰게 했으며 쇼의 마지막에 머리에는 이슬람의 전통의상을 뒤집어쓰고 하체는 벗은 채 모델들을 도열하게 하였다. 쇼에서의 이러한 충격적인 장면을 통해 그는 이슬람 여인의 삶과 그들의 전신을 감싸고 있는 규제를 형상화하였다. 그는 종교적인 사람은 아니지만 이처럼 종교가 사람들의 인생에 미치는 영향에 큰 관심을 보이는데, 이는 그의 어린시절과 관계가 있다. 한 잡지사와의 인터뷰에서 그는 "난 여자를 사랑합니다. 나의 어머니가 자라난 환경에서는 어머니가 여자였기 때문에 기회가 주어지지 않았고, 그것이 내게 기회에 대한 열망을 불어넣었죠"라고 말한 바 있다. 무대 위에서의 그러한 이벤트를 벌임으로써 그는 사람들에게 사회에서 종교와 신체, 그리고 여성의 위치를 생각하도록 만들고 있는 것이다.

공간에 대한 개념 역시 그의 작품세계에서 빼놓을 수 없이 중요한 위치를

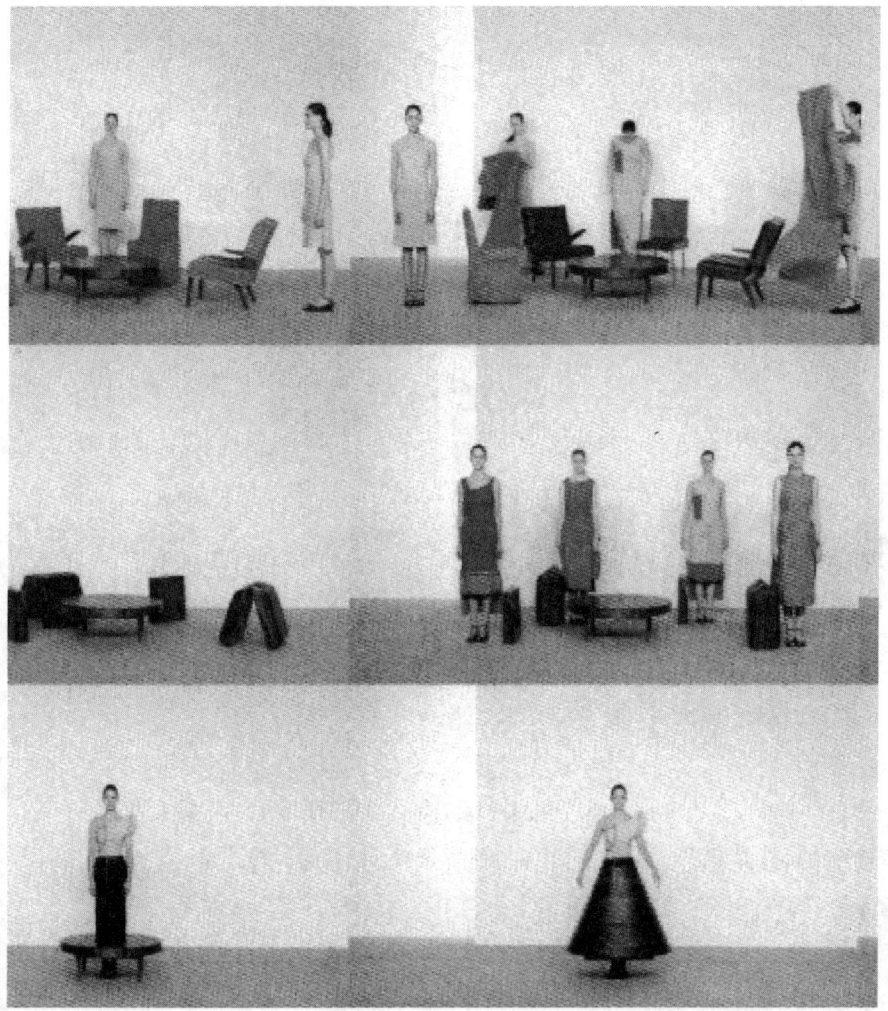

2000년 S/S 컬렉션인 'After Words'에서 문화와 기술이 자연에 작용하듯 공간 역시 시간과 상호작용한다는 점을 보여주고 있다.

차지한다. 의복은 인체를 감싸는 작은 공간을 조성하며, 건축이나 실내환경은 인간을 감싸고 있는 더욱 큰 공간이다. 그는 이러한 공간의 경계를 허무는 시도를 하였다. 2000년 S/S 컬렉션인 'After Words'에서 그는 덮개가 씌워진 가구가 놓인 무대──마치 거실과 같은──를 기획하였다. 모델들은 무대로 나와 가구 덮개를 벗겨 드레스로 변형하여 입었고, 탁자는 스커트로 변형되었다. 즉 여기에서 그는 문화와 기술이 자연에 작용하듯 공간 역시 시간과 상호작용한다는 점을 보여준 것이다.

후세인 카라얀은 옷을 자신의 생각을 형상화하는 매개체로 간주하고 있으

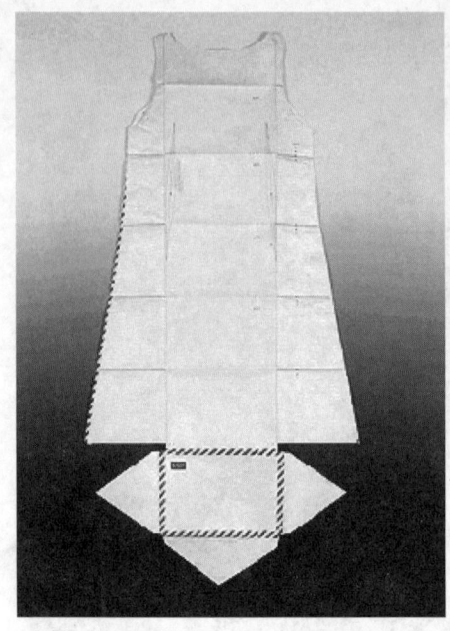 

의상을 봉투 형태로 접어서 우편으로 부칠 수도 있는 「Airmail Clothing」(2000).

며, 그의 디자인들은 이전의 옷에 대한 인습과 관념을 벗어나 그의 아이디어를 표현하는 데 충실해야 한다고 생각한다. 그 결과 그의 작품에는 다른 디자이너나 역사적 영향이 전혀 반영되지 않았다. 트렌드를 추종하지 않고 철학자이자 사색가로서 그는 자신의 디자인을 기획했으므로 그의 디자인은 색다른 경향을 띠게 되었다. 의상을 봉투 형태로 접어서 우편으로 부칠 수도 있는 「Airmail Clothing」(2000)이나 리모컨(remote controller)에 의해 차문짝처럼 들어올려지는 「Motorized Airplane Dress」(1999)와 같은 디자인들은 이러한 그의 뛰어난 아이디어를 보여주는 구체적 사례들이다.

카라얀의 '혁신적 패션 스타일'들이 주목받는 진정한 이유는, 그의 스타일들이 문자 그대로 혁신적이기 때문이라기보다는, 20세기 패션의 흐름을 잇는 일종의 '문화적 진보'로 여겨지기 때문일 것이다. 덧붙이자면, 그의 패션 스타일들은 물론 혁신적이기는 하지만, 그것들은 모더니즘의 영향을 받은 실험적 태도를 반영하는 동시에, 의류와 산업기기라는 두 이질적 장르가 혼합되는 포스트모더니즘적 속성도 내포하고 있으며, 20세기를 이끌어온 양대 문화적 흐름이 교차하여 새로운 패션 코드로 출현한 것이기 때문에 주목을 받는 것이라 할 수 있다.

다시 말해 카라얀의 패션 스타일들은 21세기 패션의 한 맥락을 이어갈 '의

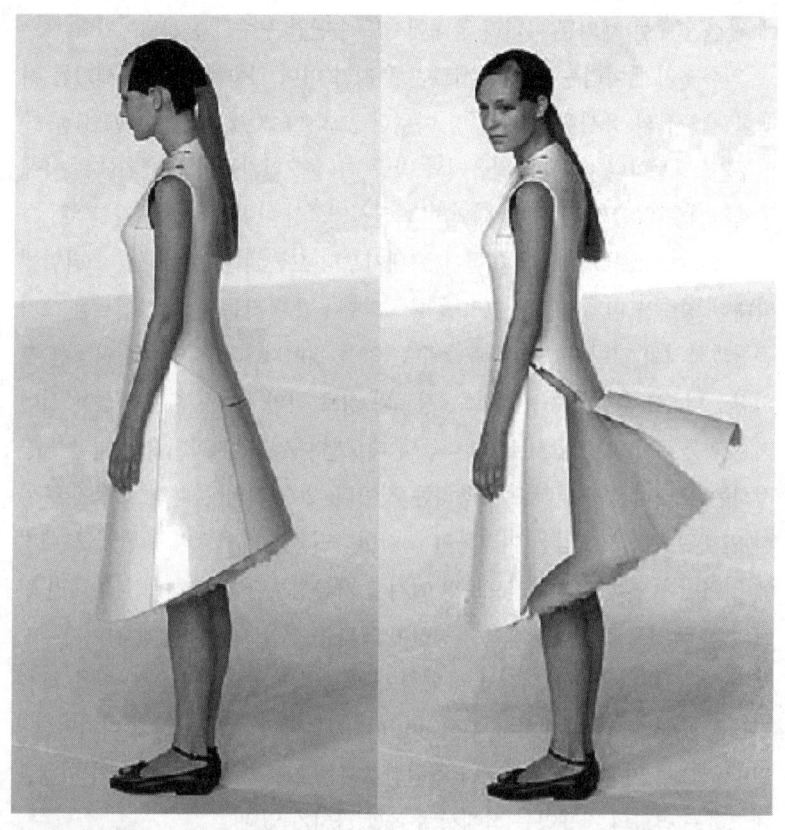

리모컨(remote controller)에 의해 차 문짝처럼 들어올려지는 「Motorized Airplane Dress」(1999).

류+기계'라는 신종 의류의 출현을 예고하는 신호탄이라는 점에서 주목할 만한 가치를 지닌다. 카라얀이 시도해온 '의류+기계' 형의 신종 의류는 '착용형 컴퓨터, 웨어러블 컴퓨터(wearable computer) 또는 디지털 패션(digital fashion)'이라는 이름으로 세계의 도처에서 연구되어왔으며, 1990년대 후반부터는 본격적으로 개발되고 있다. 1990년대부터 웨어러블 컴퓨터를 본격적으로 개발하기 위해 선봉에 나선 연구 집단은 미국 MIT대학과 조지아 공과대학, 카네기 멜론대학의 연구소들이며, 2000년 경에는 리바이스사와 필립스사가 공동으로 개발한 「Industrial clothes」(의복+휴대전화+MP3 플레이어)가 발표되기도 했다. 그리고 최근에 들어와 2002년 10월에는, 컴퓨터 관련 기술을 출품하는 국제 박람회에서 Infinion technology사와 독일의 패션 스쿨간의 협업에 의해 개발된 일반 의류형 웨어러블 컴퓨터(겉모습은 남성 수트 등 일반 의복과 구분이 가지 않지만 PDA, 안경 타입의 모니터 등을 내장한 착용형 컴퓨터)가 선보여 지대한 관심을 모았다. 그리고 웨어러블 컴퓨터에 관한 연구는 해외뿐 아니라 국내에서도 수년간 꾸준히 전개되어왔다.

'의류+기계'이라는 신종 컨셉트는 우리가 이미 익숙해 있는 20세기를 지배한 제품류와 유사한 것은 분명 아니다. 그러나 20세기를 지배한 제품 중 일부인, 자동차나 비행기, 컴퓨터와 각종 미디어 기기들이 19세기에는 아예 존재하지도 않았거나, 또는 대단히 혁신적인 '신종'이었음을 생각할 때, 그리고 그러한 20세기의 '신종'들이 20세기부터 오늘에 이르는 패션 스타일에 막대한 영향을 미쳐왔음을 고려할 때, '의류+기계'라는 신종 컨셉트를 그저 공상과학적인 것이라고만 일축할 수는 없을 것이다. 더구나 앞서 지적한 것처럼, '의류+기계'라는 컨셉트는 장르와 장르 간의 절충·혼합을 통해 시너지 효과를 추구하는 포스트모더니즘의 태도뿐 아니라, 과학기술의 발달을 긍정하는 모더니즘적 시각도 수용하는 것이다. 20세기의 문화적 흐름에 충실히 연계된 패션코드임을 여러분이 생각한다면, 이 컨셉트의 출현이 21세기에 일어난 돌연변이적 사건으로만 여겨질 가능성보다는, 오히려 문화적인 진보의 한 국면으로 받아들여질 가능성이 크다는 점을 수긍하게 될 것이다.

포스트모더니즘과 모더니즘의 영향이 주도해온 현대 패션의 방향은 21세기에는 분명 또 다시 선회하게 될 것이며, 지금까지 소개한 현대 디자인의 3인방은 그들 자신의 혁신성이나 탁월함보다는 그들의 활동이 패션의 미래를 예고하는 변화의 지표라는 점에서 주목할 가치가 있다.

이주현 서울 출생. 뉴욕시 소재 He-Ro group 산하 Bill Blass사 등 디자인실 근무, 현 연세대학교 의류환경학과/인지과학 협동과정 부교수, 이학박사. 의류환경학과에서는 의류디자인 및 의류상품기획 분야를 담당하며, 인지과학 협동과정에서는 디자인과학 분야를 담당하고 있으며, 연세대학교 웨어러블 컴퓨터 리서치 콤플렉스에서 웨어러블 컴퓨터를 연구 개발하고 있다.

박선형 서울 출생. 숙명여자대학교 의류학과를 졸업하고, 연세대학교 대학원에서 석사를 받았다. 석사 논문은 「웨어러블 컴퓨터 개념을 기반으로 한 의류상품 디자인의 가능성 탐색」. 현재는 연세대 의류환경학 박사과정 중에 있다.

더 읽어야 할 책들

Gerda Buxbaum (eds.), *Icons of Fashion the 20th cenyury*, prestel.
Trudy Schlachter, Roberta Wolf, *millennium mode*, Rizzoli international Publications, Inc.
Mark Holborn, *Issey miyake*, taschen.
Farid Chenoune, *UNIVERSE OF FASHION Jean Paul GAUTIE*, universe publishing.

〈장 폴 골티에 작품전〉
Jean-Paul Gaultier retrospective in Los Angeles, in aid of AIDS research, AMFAR.
Jean-Paul Gaultier retrospective in Vienna, Austria, in aid of AIDS research, Life Ball.

〈이세이 미야케 작품전〉
Body and Soul in Cloth show, at invitation of Holland Art Directors' Club, Amsterdam.
Issey Miyake Spectacle Bodyworks exhibition, La Forêt likura Museum, Tokyo:Otis/Parsons Gallery, Los Angeles and San Francisco Museum of Modern Art.
Issey Miyake A-UN exhibition Musée des Arts Décoratifs, Paris.
Issey Miyake Meets Lucie Rie exhibition, Sogetsu Gallery, Tokyo and the Museum of Oriental ceramics, Osaka.
Issey Miyake Pleats Please exhibition, Touko Museum of Contemporary Art, Tokyo.
Ten Sen Men exhibition, Hiroshima City Museum of Contemporary Art on the occasion of the first Hiroshima Art Prize.

〈후세인 카라얀 관련도서〉
Claire Wilcox, *Radical Fashion*, V&A Publications, London, 2001.
Gerda Buxbaum, *Icons of Fashion the 20th century*, Prestel Verlag, Munich, 1999.
Francois Baudot, *A Century of Fashion*, Thames & Hudson Ltd., London, 1999.

하랄트 제만 *Herald Szeemann*

상상 속의 미술관, 세상 밖으로

박경미 PKM 갤러리 관장

새로운 전시개념의 개척자

현대미술은 특히 전세계 곳곳에서 끊임없이 벌어지는 수많은 국제적 비엔날레와 다양한 주제의 기획전들로 특징지어진다. 그리고 이 수많은 비엔날레와 기획전에는 반드시 그 전시를 기획하고 이끌어가는 중심역할자인 전시기획자(큐레이터)가 있다.

정보가 넘쳐나는 오늘날의 미술계에서 다양한 아이디어를 전개하고 작가를 발굴해내며 특정 주제와 맥락이 설정된 전시를 기획함으로써 복잡한 현대미술의 흐름을 이끌어가는 큐레이터의 역할은 더욱더 중요시되어 간다. 수많은 대형 기획전들이 세계 각처에서 열리고 있는 요즘 큐레이터의 역할이 그 어느 때보다도 부각되고 있다. 큐레이터는 전시의 또 다른 주체가 되고 있는 것이다.

소장품이나 스튜디오에서 나온 작품들의 단순한 나열이 아니라 기획자 자신이 갖고 있는 정보와 지식, 철학 등이 바탕이 되어 개념이 살아 움직이는 총체적 예술작업을 추구하는 오늘날 현대 전시기획의 주된 경향은 바로 60년대 유럽 미술계에 새로운 방식의 기획전으로 돌풍을 일으킨 스위스 출신의 세계적 전시기획자 하랄트 제만으로부터 비롯되었다고 할 수 있다.

하랄트 제만은 1933년 스위스 베른 태생으로 파리와 베른 등지에서 수학하였으며 미술사, 고고학, 저널리즘으로 박사학위를 받았다. 1956년 그 자신이 배우이자 무대 디자이너이며 화가로서의 역할을 동시에 수행하는 1인 극장(One Man Theatre)을 열었고 이듬해엔 큐레이터로서 첫번째 전시인

" 전시의 주제 설정, 작가의 선별, 작품의 설치, 인쇄물의 편집 등 전시의 완결을 향한 모든 과정을 하나의 총체적 예술행위로 간주하는 하랄트 제만! 모든 과정을 스스로 해결하기 위해 집중력을 쏟아붓는 이 열성적 '완벽주의자'의 끝없는 실험적 탐구정신은 동서를 막론하고 전세계의 많은 전시기획자들에게 더욱더 가까이 다가가야 하는 하나의 희망이다. "

©Niklaus Stauss

'Painters Poets/ Poets Painters'전을 스위스에서 기획하였다. 그는 1961년 28세의 젊은 나이로 베른 쿤스트할레의 관장이 된 이후 1969년 독립큐레이터로 나서기까지 전시기획자로 그 이름을 널리 알리게 되었다.

특히 무대 예술가로서의 경험과 해박한 인문학적 지식을 토대로 열정을 쏟아 미술품을 단순히 나열하는 기존의 정적인 전시 방식이 아닌 해프닝, 음악회 등이 함께 어우러진 매우 복합적이고 생동적인 구성으로 1년에 10여 회가 넘는 전시를 기획하며, 베른 쿤스트할레를 유럽과 미국의 예술가들이 반드시 들러야 하는 새로운 미술의 메카로 만들었다.

여기서 전시기획자로서의 하랄트 제만의 예술세계에 대한 이해는 그와 세대를 같이하며 유럽 미술계의 흐름에 커다란 영향을 미친 작가 요제프 보이스의 예술세계에 대한 이해를 우선 필요로 한다.

마르셀 뒤샹 이후 60년대 서구 미술계는 기존의 문맥을 강하게 부정하면서 새로움을 추구하는 에너지로 충만해 있었다. 마르셀 뒤샹은 전시장에 자신이 직접 제작한 미술품이 아닌 기성 제품인 변기를 출품함으로써, 예술작품이 갖는 고유의 아우라와 저자(Author)로서의 예술가(Artist)의 통념적 역할을 전복시키는 혁명적 제시를 통해 서구 미술계에 충격적 화두를 던졌다.

이후 60년대 미국의 미술계는 팝아트와 미니멀아트가 현대미술의 새로운 정체성으로 대두되었고 대표적 팝아티스트 앤디 워홀은 대중 스타의 이미지, 인스턴트 식품의 용기 등 고상한 주제가 아닌, 일상생활 속에 편재하는 소비사회의 대중적 이미지를 기계적 실크스크린 기법으로 화면 속에 등장시킴으로써 기술에 의해 대량생산과 복제가 가능한 시대의 문화적 코드를 작품에 상징적으로 담아내며 새로운 미술의 아이콘이 되었다.

한편 이 당시 독일 작가 요제프 보이스는 전통적 형태의 미술작품과 이를 제작하는 작가의 역할에 의미를 두는 것이 아니라 어떤 대상에 대해 자신의 삶의 경험이 필연적으로 관계하는 개인적 역사와 상징성을 대입시키고 끊임없이 유동적인 아이디어의 전개과정 자체를 예술행위로 간주함으로써 이의 진화상태를 '사회조각'(Social Sculpture)이라 일컬으며 그러한 개념적 탐험 자체에 의미와 목적을 둔 혁명적 발상의 비물질적 조각을 추구하였다.

당시 요제프 보이스가 주장한 예술의 개념에 대한 새로운 정의와 이의 추구는 유럽 미술계에 커다란 반향을 일으켜서 동 세대 작가들의 많은 공감을 얻어내며 플럭서스 등의 집단 미술운동으로 이어졌다.

「Forbidden City」(금지된 도시), 체리 삼바와 바바라 크루커 작품을 배경으로 한, 돌로 만들어진 왕진의 설치 작품. 'Money and Value/The last Taboo' (돈과 가치/마지막 금기) 전, 2002, 스위스은행 파빌리온.

이러한 당시 유럽 미술계의 시대적 분위기 속에서 하랄트 제만은 1967년 요제프 보이스의 전시를 관람하고 큰 암시를 받는다. 요제프 보이스와의 운명적 만남을 통해 하랄트 제만은 오브제로서의 미술보다는 다양한 학제적 시도를 통해 살아 있는 아이디어의 교류를 추구하는 '총체적'이고 '살아 움직이는' 창조작업으로서의 '전시'라는 방향성에 확신을 갖게 된다. 하랄트 제만의 이러한 전시에 대한 비전은 오늘날 전세계의 많은 미술 전시기획자들이 중요하게 받아들이며 지향하는 기본 틀이 되었다.

그러나 60년대엔 하랄트 제만을 제외하고는 전시 기획자의 역할이 전반적으로 두드러진 것은 아니었다. 당시 서구 미술계는 주로 작가-평론가의 관계항 속에서 비평의 역할이 미술계의 움직임에 큰 영향력을 미쳤고, 70~80년대엔 화상들의 작가에 대한 프로모션이 미술계의 파워를 주도했다면, 80년대 말 이후 세계화의 물결을 타고 수많은 국제 비엔날레와 기획전시 무대에서 비로소 큐레이터들의 역할이 급속하게 부각되었다. 그리고 오늘에 이르

「Platform of Thought」(사유의 정거장), 설치, 하랄트 제만, 2001, 베니스 비엔날레.

기까지 이들 큐레이터들이 새로운 작가를 발굴해내며 국제적 미술계의 주된 흐름을 이끌고 있는 상황이다.

이러한 역사적 맥락에서 볼 때, 이미 1960년대에 독립 큐레이터로서 살아 움직이는 개념을 추구했던 하랄트 제만의 전시기획에 대한 관점은 오늘날 보편화된 전시 기획 개념의 선구이자 수십 년이 지난 지금에도 여전히 신선하게 꿈틀거리는 현재 진행형의 생명력을 갖는다. 사실 그의 '비물질적인', 정신 지향의 예술행위는 미술시장의 논리에는 상반되는 것이지만 그의 이상과 작가주의의 추구야말로 아이러니컬하게도 그를 반세기 가까이 치열한 예술현장 속에서 살아남아 있게 한 원동력이기도 하다.

열린 사고, 새로움을 향한 끊임없는 열정

하랄트 제만이 1969년에 기획한 '태도가 형식이 될 때'(When Attitudes Become Form)는 그의 예술관과 전시철학을 극명하게 드러낸 기념비적 전시였다. 요제프 보이스, 리처드 세라, 로렌스 위너 등 당시 전통 예술에 반기를 든 반예술적 작업을 추구하는 작가들로 구성된 이 전시는 전시 타이틀이 암시하듯 작품 자체보다는 예술의 의미에 대해 작가가 사고하는 과정, 아이디어의 교류 자체에 가치를 두는 개념미술의 현장이었다.

이듬해엔 플럭서스와 1960년대 행동양식으로서의 새로운 미술로 등장한 해프닝을 조명하는 '해프닝과 플럭서스'전을 개최하였다. 이 전시는 볼프 포스텔, 알란 카프로, 조지 마츄나스, 조지 브레히트 등 당시 전위 예술가들의 거대한 양의 액션과 무대와 음악으로 이루어진 전시였다.

그후 하랄트 제만은 1972년 독일 카셀 도쿠멘타의 큐레이터로 임명되면서 이 전시행사의 개념에 또 다른 혁신을 꾀하였다. 그는 원래 100일간 지속되는 이 전시행사를 100일간의 이벤트로 바꾸어 요제프 보이스, 브루스 나우만, 비토 아콘치 등 개념주의 작가들을 초대하여 회화, 조각뿐만 아니라 퍼포먼스, 해프닝, 관중과의 대화 행사를 100일간 지속적으로 진행함으로써 기존의 도쿠멘타 전시 양식을 뒤엎었다.

참가 작가였던 요제프 보이스는 전시장을 찾은 관객들과 100일간의 열띤 논쟁을 벌였고 100그루의 참나무 작업 심기라는 거대한 퍼포먼스를 벌였다. 그러나 하랄트 제만의 전시에 대한 이런 혁신적인 실험은 보수적인 카셀 시 당국과 커다란 갈등을 일으키게 했고, 그는 이 행사 이후 카셀 시로부터 소송을 당하는 등 많은 정신적 어려움을 겪게 되었다.

이 전시의 후유증을 계기로 하랄트 제만은 어떤 물리적인 힘에 의해서도 제약을 받을 필요 없이 자유롭게 자신의 아이디어를 펼칠 수 있는 '상상 속의 미술관'(Imaginary Museum)을 세우기로 결심하고 그 미술관을 '집념의 미술관'(Museum of Obsessions)라고 명명하였다.

이 '집념의 미술관'은 그야말로 실체가 없는 상상 속의 미술관인 까닭에 어떤 형태나 고정관념에 얽매일 필요가 없으며 늘 무한히 새로움을 추구하는 자유를 누릴 수 있는 미술관이다.

하랄트 제만은 아직까지도 이 미술관의 주인으로 그의 사무용 페이퍼(Letterhead)엔 지금도 항상 'Museum of Obsessions'라는 명칭이 영어, 독어, 불어, 이탈리아어 등의 4개 국어로 찍혀 있다. 하랄트 제만은 이 '상상속의 미술관'의 전시 아이디어 작업을 수행하기 위해 국제적 차원의 '정신교류국'(Agency of Spiritual Guestwork)을 세우고 다양한 학제적 지식과 정보의 교류를 통해 단일하거나 혹은 보편적인 주제들을 독창적 방법으로 전개시키는 전시를 꿈꾸었다.

그는 백과사전적인 방대한 지식으로 무장하여 현대미술의 닫힌 영역을 넘어서 우리 시대를 사로잡은 역사적 사건들에 대해 관심을 가짐으로써 여러 장르를 뒤섞고 역사적 자료들을 미술품과 함께 전시하는 학제적 성격의 전시를 많이 시도하였으며 미술사를 명작 중심의 역사가 아닌 강렬한 의도(Intense intention)에 근거한 미술의 역사로 보는 독특한 비전을 제시하였다.

아페르토 섹션을 개설하다

항상 개방된 의식과 머무르지 않는 새로움을 추구해온 그는 1980년 세계의 가장 대표적 미술 비엔날레인 베네치아 비엔날레에서 처음으로 젊은 작가

「We are fishing the time」(우리는 시간을 낚는다) 에네스토 네토, 설치, 하랄트 제만, 2001, 베니스 비엔날레.

들을 대거 소개하는 '아페르토'(Aperto=open) 섹션을 개설하고 이를 베네치아 비엔날레 전시 전체 구성의 새로운 하나의 축으로 자리잡게 했다. 이후 이 아페르토 섹션은 90년대 후반까지 지속되었다. 또한 그는 1993년 파리의 퐁피두 센터에서 그의 구루(Guru)와도 같았던 요제프 보이스의 사후 대규모 회고전을 기획하였다. 요제프 보이스와 가장 가까이에서 지내며 정신적 교감을 나누고 함께 작업해온 한 사람으로서 자신의 예술관에 결정적으로 영향을 미쳤던 이 대가의 사후 회고전을 통해 끊임없는 영혼의 촉발을 꿈꾸었던 작가의 생전의 메타적 예술언어들을 관객 앞에 다시 풀어 내보였다.

그런데 20세기 서구 미술의 산 역사라 할 하랄트 제만이 한국과 첫 인연을 맺은 것은 불과 몇 년 전의 일이다. 1997년 제2회 광주 비엔날레 5개의 본 전시 중에서 '물/속도'전을 맡아 기획하게 된 것이다. 또한 이 전시회 준비를 위해 1996년 잠시 내한했을 때 마침 서울에서 열린 요제프 보이스의 전시 개막식에 우연히 참석하여 자신과 가장 가까웠던 작가를 한국 땅에서 회고하는 기회도 가질 수 있었다.

이탈리아의 베네치아 비엔날레 당국은 베네치아 비엔날레를 통해 지나간 20세기를 정리하고 21세기 새로운 예술의 비전을 제시하기 위한 상징적 제스처로 전세계 큐레이터계의 대부이며 이미 1980년도에 아페르토 섹션을 창설한 바 있는 하랄트 제만에게 20세기의 마지막 비엔날레인 1999년 베네치아 비엔날레와 21세기의 첫 비엔날레인 2001년도 베네치아 비엔날레의 예술감독직을 연이어 맡아줄 것을 제의하였다.

하랄트 제만은 이에 대해 자신이 1980년 당시 젊은 작가들을 위한 아페르토 섹션을 만들어 부분적으로 사용했던 전시공간인 아르세날레(베네치아 해안의 거대한 옛 무기창고)의 전체를 완전히 개방하여 전시공간으로 사용하는 조건으로 감독직을 수락하였다. 그는 1999년 전시를 '모든 이에게 열린'

(Apertuto)이라는 확장된 개념으로 전개시켜, 글자 그대로 모든 이에게 열린 철저한 개방성을 표방하였다. 그리하여 이 전시는 그 이전까지의 베네치아 비엔날레가 거의 백인 중심으로 작가 인선이 이루어졌던 것과는 달리, 하랄트 제만 자신이 '현대미술에 대한 또 다른 전복적 에너지'를 발견한 중국 작가들을 대거 소개함으로써 국제 무대에 알려지지 않았던 중국 현대미술을 집중 조명하였다.

또 다른 소수집단으로서는 지금까지 미술계의 주요 흐름에서 역시 소외되어왔던 여성작가들에게 초점을 맞춤으로써 많은 여성 작가들이 국제적으로 부상할 수 있는 주요 계기를 마련해 주었다. 한국의 여성작가로는 이불, 김수자가 소개되어 세계적 작가로 발돋움하는 기회를 얻게 되었다. 2001년도 베네치아 비엔날레는 새로운 세기를 맞이하는 희망으로 '인류의 고원'이라는 주제를 선보였다. 하랄트 제만은 '인간'에게 초점을 맞춤으로써 인류 전체가 주인이 되는 그런 무대를 꿈꾸면서, 또 다른 제3세계인 아프리카와 남미의 작가들을 한꺼번에 소개하는 자리를 마련하였다.

두 번에 걸친 베네치아 비엔날레를 통해 하랄트 제만은 여전히 고정관념과 안주를 거부하고 끊임없이 아이디어를 방류시키며 모든 것을 포용하는 거대한 바다와 같이 출렁이는 무대를 만들어낸 것이다. 또한 그가 가장 최근에 기획한 전시는 '돈과 가치/ 마지막 금기'(Money and Value/The last taboo)라는 주제전으로, 자본주의 사회가 제시하는 '가치'의 유효성과 그것의 시간적 지속성에 대한 비판적 물음을 전시공간 속에서 매우 다이내믹한 시각적 이미지로 전이시킴으로써 삶의 본질과 시대의 허구가 복잡하게 교차하는 현실을 은유하였다.

열성적 완벽주의자의 영원한 탐구

하랄트 제만은 지금 스위스 소도시 루가노에서 한참 떨어진 마지아라는 작은 마을에서 산다. 만년설과 형형색색의 꽃들이 한꺼번에 눈에 잡히는 너무나 아름답고 소박한 주거마을에 겸손하게 자리한 그의 박스형 주택을 그는 '파라다이스'라 부른다. 정원에 나서는 순간 정원과 산의 경계가 사라지고 하나의 자연으로 만나는 곳, 이 진정한 천국은 거장 큐레이터가 1년의 3분의 2 이상을 세계의 미술현장을 누비고 다니기 위해 에너지를 재충전하는 생명의 공간이다. 그가 사무실로 사용하는 집 근처의 허름하고 작은 공장 건물은 그가 평생 수집해온 방대한 자료더미들로 둘러싸여 웬만한 도서관을 방불케 한다.

　이 소박하지만 알찬 공간 속에서 그는 비서도 없이 요즘도 일일이 우편물과 팩스에 정성어린 답장을 쓴다. 전시의 주제설정, 작가의 선별, 작품의 설치, 인쇄물의 편집 등 전시의 완결을 향한 모든 과정을 하나의 총체적 예술행위로 간주하는 하랄트 제만! 그 모든 과정을 스스로 해결하기 위해 집중력을 쏟아붓는 이 열성적 '완벽주의자'의 끝이 없는 실험적 탐구정신은 동서를 막론하고 전세계의 많은 전시 기획자들에게 뛰어넘어야 할 산이 아니라 더욱더 가까이 다가가야 하는 하나의 희망이다.

박경미　이화여대 영문과와 같은 학교 대학원 순수미술학과를 졸업(M.F.A.)한 후 일리노이 주립대학원(UIC) 회화과 수학. 1989~99 국제 갤러리 디렉터. 제49회 베네치아 비엔날레 한국관 커미셔너(2001). 현재 PKM 갤러리 대표. '구림마을 프로젝트' (2000), '요제프 보이스 전' (1996), '세계의 환경 조각전' (1995) 등 국내외 작가 전시 70여 회 기획.

용어와 개념 풀이

마르셀 뒤샹 Marcel Duchamp, 1887~1968
인상파·후기 인상파·야수파 등의 영향을 받으면서 입체주의 그룹에 참여한 뒤샹은 미술에 대한 개념 자체에 혁신을 가져온 미술가이다. 1913년 '계단을 내려가는 나체'를 뉴욕의 '아모리 쇼'에 출품하여 센세이션을 불러일으켰으며 이후 뉴욕을 중심으로 이른바 '반예술적' 작품을 발표하여 현대 미술에 큰 영향을 끼쳤다. 눈에 보이는 사물이나 풍경을 그림으로 옮기는 미술에서의 '재현' 행위를 전면 부정하고 예술가가 예술이라고 말하는 어떤 것이든 예술이 될 수 있다는 뒤샹의 반전통적인 사상은 미술에서 '레디메이드'(ready-made)란 용어와 개념을 탄생시켰다.

팝아트 Pop Art
1960년대 초기에 미국에서 발달하여 미국 화단을 지배했던 구상 회화의 한 경향으로 통속적인 이미지, 다시 말해서 일상생활에 범람하는 기성의 이미지에서 제재를 취했던 미술경향이다. 1950년대 초부터 리처드 해밀튼, 에두아르도 파올로치 등의 작가들이 모여 대중 사회의 문화, 예술, 매스 미디어와 같은 문제들을 토론하고 전시회를 개최함으로써 팝 아트라는 명칭을 얻게 되었다.

요제프 보이스 Joseph Beuys
백남준과 함께 20세기 미술의 혁신을 추구한 작가로 꼽히는 보이스는 예술의 역할이 단지 예술이라는 제한된 영역 속에서 물질화된 어떤 대상을 생산해내는 일이 아니고 거대한 사회구조의 짜임과 흐름 속에서 보다 인간적인 삶을 이루기 위한 각 구성원들간의 상호소통을 촉진시키는 것으로 정의하였다. 따라서 정신과 물질 사이를 넘나들었던 보이스 예술 사상의 중심은 자유, 평등, 박애에 입각한 휴머니즘의 실현에 있었으며 실제로 그는 자신의 예술적 생애를 통해 이러한 개념을 온몸으로 실천하려 했던 이상적 행동주의자였다고 말할 수 있다.

사회 조각 Soziale Plastik
보이스의 작품에 등장하는 개념 중의 하나인 "사회 조각"은 거대한 전체와의 관계 또는 소통 속에서 그 충실한 의미를 갖는다고 할 수 있다. 예를 들면, 피아노와 같은 조각 작품뿐만 아니라 자질구레한 오브제, 드로잉, 유리 진열장 등을 암시적이고 논리적 관계로 사용함으로써 의미와 느낌을 전달시키는 동시에 에너지를 전달하고 차단시키는 그의 작품은 하나의 사회 조각이라 할 수 있다.

플럭서스 Fluxus
'플럭서스'는 흐름, 끊임없는 변화, 움직임을 뜻하는 라틴어로 1960년부터 1970년대에 걸쳐 일어난 국제적 전위예술운동이다. 이 용어는 1961년 뉴욕의 갤러리 A/G에서 행한 일련의 강연회를 알리는 초청장 문구에서 조지 마츄나스가 처음 사용하였다. 플럭서스 미술은 대중문화에 의존하지 않고 아방가르드 미술가와 음악가와 시인들이 창조해나갈 새로운 문화를 추구하면서 성적 충동과 무정부주의를 보여주는 게릴라 극장과 거리 공연, 전자음악 연주회 등의 형식으로 나타났다.

독립 큐레이터 Independent Curator
'전시 기획자'로 번역되는 큐레이터란 기획은 물론, 진행 홍보 마무리까지 전시에 관한 모든 일을 전담하는 직업을 일컫는다. 화랑이나 미술관에 소속되지 않고 전시 프로젝트 별로 일을 맡아 미술 전반에 대한 미시적 거시적 이해를 바탕으로 작가를 선정하는 일부터 작품을 전시공간에 배치하는 일까지 책임지는 프리랜서를 '독립 큐레이터'라 칭한다.

카셀 도큐멘타 Kassel Documenta
독일 카셀에서 개최되는 유럽의 대표적 미술전람회인 카셀 도큐멘타는 서구 미술계에서 가장 중요한 미술 축제 중 하나로 손꼽히고 있는데 이 행사는 최초 1955년 카셀 아카데미의 교수인 아놀드 보데에 의해 추진된 것으로 알려져 있다. 초창기 2차 세계대전의 혼란기 속에서 청년 작가들에게 모더니즘 양식을 알리기 위해 시작된 이 미술 행사는 혁신적이고 진취적인 것으로 인식되고 있다.

베니스 비엔날레 La Biennale di Venezia
격년제라는 의미로, 미술의 분야에서는 2년마다 열리는 전람회 및 그 밖의 행사를 가리키는 비엔날레 중에서 가장 역사가 길고 권위가 있는 것으로 알려진 것이 바로 베니스(베네치아) 시에서 짝수 해마다 개최되는 베니스 비엔날레이다. 국제적인 행사로서 각국의 예술가들이 모여 솜씨를 겨루는 대결장이 되고 있으며 현대 미술의 발전에 커다란 자극을 주고 있다.

쿤스트할레 Kunsthalle
독일의 실험적 미술관인 쿤스트할레는 소장품 없는 미술관으로서 미술관의 주요 기능인 수집, 분류, 복원, 관리 등의 활동을 수정 또는 삭제한다는 측면에서 전통적인 미술관과 차별성을 갖는다.

개념미술 Conceptual Art
미니멀 아트 이후의 현대 미술의 한 경향으로 언어에 의한 기술(記述) 혹은 종래의 예술가적 의식을 버리고, 완성된 작품 그 자체보다는 사진이나 도표로 드러나는 제작의 아이디어나 과정이 바로 예술이라고 생각하는 반미술적 제작 태도를 가리킨다.

하랄트 제만은 말한다

- 예술 작품의 형식을 연다는 것, 그것이야말로 내가 언제나 내 활동 속에서 시도하고 있는 것이다. 내가 베른의 미술관 감독이 되었던 이래로 늘 그래왔다.

- 오늘날의 작가들은 그들의 고유한 정체성에 대한 일회적인 긍정을 요구받지 않는다. 오히려 호소력은 인류에게 영원한 그 무언가에 의해 만들어진다. 또한 지난 세기 내내 벌어졌던 구상과 추상 사이의 갈등은 결정적으로 끝난 것처럼 보인다. 시간과 공간에 대한 인식, 시간을 생성하는 공간에 대한 인식은 공통적인 지식이 되었다. —2001년 7월호 월간 『아트』와의 인터뷰 중에서

참고사항

〈주요 개인전〉
Francis Picabia(1962), Louis Nevelson(1964), Giogio Morandi(1965), Constant(1966), Roy Lichtenstein(1968), Soto(1968), Sigma Polke(1984), Cy

Twombly(1987), Piet Mondrian(1989), Richard Serra(1990), Walter de Maria(1992), Wolfgang Leib(1992), Joseph Beuys(1993), Bruce Nauman(1995), Yve Klein(1999), Marcel Duchamp(2002) 등.

〈주요 단체전〉

Light and Movement: Kinetic Art(1965), White on White(1966), 12 Environments(1968), When Attitudes Become Form: Live in Your Head(1969), Happening and Fluxus(1970), The Thing as Object, Art of Seventies(1980), Aperto 80(1980), Unexpected Swiss(1992), d'Apertutto (1999), Plateau of Humankind(2001) 등.

〈주요 테마전〉

Painters Poets/Poets Painters(1957), Science Fiction(1967), Grand Father (1974), Bachelor Machines(1975), Monte Verita-Mountain of Truth(1978), In Search of Total Art Work(1983), Visionary Switzerland(1991), SPEED/Water (1997), Money and Value/The last taboo(2002) 등.

「사이보그 W3와 사이보그 W2」, 이불, 설치 하랄트 제만, 1999, 베니스 비엔날레 ⓒ이재영

매튜 바니 Matthew Barney

성기에 더이상 편집하지 않는 신체

송미숙 성신여대 교수·서양화

포스트휴먼, 변화하는 21세기 미술

21세기에 접어든 미술계의 관심은 급변하는 현대문명사회에서의 정체성 문제로 집약된다. 이 정체성 문제는 초고속으로 발전하고 있는 디지털 테크놀로지의 영향으로 시간과 공간의 경계가 와해되어 세계화, 지구촌화 되어가고 있는 세상에서 개인이 속한 국가적, 역사적, 지리적, 문화적인 전통과 그 범주를 어떻게 정의하고 보존해나갈 것인가라는 문명비판적 주제의식으로 나타나기도 하지만 복합적인 문화환경과 현실상황에 속해 있는 개인의 정체성에 대한 의문으로 표현되기도 한다.

정체성의 개념은 주로 소외된 변방국가나 소수 인종 출신의 문화이론가들에게는 강요된 세계화에 대한 저항과 비판의 보루이자 해제의 대상이지만 사회철학자들에게는 보다 근원적인 권력, 타자, 성, 신체(몸), 젠더를 규명 혹은 해체하는 중심축이자 잣대이기도 하다. 특히 컴퓨터과학과 생명·유전공학의 눈부신 발전은 다윈의 진화론에 새로운 국면을 시사할 뿐 아니라 자신의 정체성과 사회적 행위에 대한 새로운 정의를 요구한다.

오늘날 상당수의 창조적인 예술작업이 인체에 대한 새로운 개념들과 접근을 시도하고 있으며 이러한 경향은 바로 신체(몸)와 자기정체성에 대한 새로운 관심의 반영에 다름 아니다. 그러나 이 인체에 대한 새로운 관심은 전통적인 그림이나 조각에서 발견되지 않는다. 오히려 영감의 원천인 사회적 과학기술의 경향들과 보조를 같이하며 형식보다는 개념 중심적이다. 따라서 새로운 인체예술은 회화의 전통을 빌리거나 복원하는 차원이 아니라 1960년대

> 매튜 바니의 퍼포먼스 작품에서 욕망은 자위적이다. 그가 뚫린 구멍을 바셀린이나 타피오카로 막고 있는 행위는 들뢰즈와 가타리가 말하는 '성기가 없는 몸' 즉 성기의 충족감과 성취감에 더 이상 편집하지 않는 신체를 제시하고 있는 것이다.

사진: 마이콜 제임스 오브라이언

후반에서 1970년대에 풍미했던 퍼포먼스, 신체(몸), 그리고 개념예술의 수단과 계통을 따르고 있다.

이 새로운 인체를 소재로 다루는 미술가들은 작품을 통해 현대사회철학자들과 마찬가지로 젠더, 성, 자기정체성이라는 전통적인 개념들에 대한 회의와 의문을 제기하고 있다. 상당수의 새로운 인체예술이 '실재' 세상을 묘사하며 그에 반응하고 있지만 그들이 표현하고 있는 '실재'의 모형(들)은 개인에 따라 다르며 다분히 인공성과 조작이 개입된 것이다.

실재 모형의 복수성(multiplicity)을 인정하고 인공성을 포용함으로써 표현된 해체된 실재의 개념을 전개하는 데 있어 자연 형상을 있는 그대로 재현하는 과거의 사실주의는 더이상 보편성을 획득하지 못한다. 그런 의미에서 새로운 인체예술은 사실주의로의 복귀라기보다는 오히려 종말을 의미한다. 이 새로운 인체예술이 지향하고 있는 상황을 제프리 다이치(Jeffrey Deitch)는 '포스트휴먼'이라 이름붙이고 있다.

총체예술에 가까운 비의적 퍼포먼스

미국 샌프란시스코에서 출생한 매튜 바니는 고교시절에는 미식축구선수로 활약했고 아이비리그 가운데 하나인 예일대학교에서 미술과 의학을 전공했다. 대학시절 미식축구선수로 활동하다 잠시 패션모델로도 일한 바 있는 바니는 이미 졸업전시 발표 때 퍼포먼스로 주위의 이목을 끌기 시작했다. 시초부터 다방면에 걸친 그의 경력이 작업에 면면히 배어 있음을 찾기는 어렵지

「크리매스터 1」(Cremaster1, 1995), 세트사진: 마이콜 제임스 오브라이언. 30년대 댄스 음악과 무희들, 미식축구 경기장, 제복차림의 비행기 여승무원, 포도알 등의 친숙한 것과 무희들의 복장, 축구경기장을 덮은 파란색, 테이블 밑의 여자, 그 여자 한쪽 구두 밑창에 달려 있는 나팔관처럼 생긴 이상한 장식 또는 배출구 등 낯선 것들이 혼재되어 있다.

않다. 운동선수로서의 신체 훈련과 할리우드 스타 뺨치는 연기와 카리스마에 인체해부학뿐 아니라 고전과 중세신화에 대한 지식, 정확하고 현란하면서도 세련된 디자인과 색채 감각이 총체예술에 가까운 그의 비의(秘儀)적 퍼포먼스의 시각적 흥미를 증강시킨다.

 1991년에 첫 개인전을 가져 경력으로 치자면 올해로 겨우 12년밖에 되지 않지만 오늘날 미국 현대미술을 선도하고 있을 뿐 아니라 상당수의 아류를 배태해내고 있는 미술가 가운데 하나인 매튜 바니의 드로잉과 액션시리즈, 1994년부터 8년간 제작해온 '크리매스터'(Cremaster) 사이클 영상작업의 일관된 소재는 신체(몸)이다. 그 자신이 분장한 염소귀를 가진 반인반수의 사티로스, 세 개의 다리를 가진 클론과 같은 기괴한 인체형상에 대한 남다른 관심으로 인해 그를 '포스트휴먼'작가로 분류하기도 하지만 그의 이러한 신체는 첨단 유전공학의 조작 혹은 컴퓨터 테크놀로지의 발전과는 무관한 극히 개인적인 성에 관한 인식에서 파생된 것이다.

 남성과 여성으로 분류되는 젠더의 사회적, 정신적 의미보다는 '크리매스터'라 불리는 남성 생식기선 근육의 성행위(sex act) 시의 신진대사 메커니즘의 가상 세계의 창조에 바니는 주목한다. 그의 젠더에 대한 궁극적인 인식은 남성과 여성의 성적 구분이 없는 혹은 동시에 공존하는 성, 안드로기니

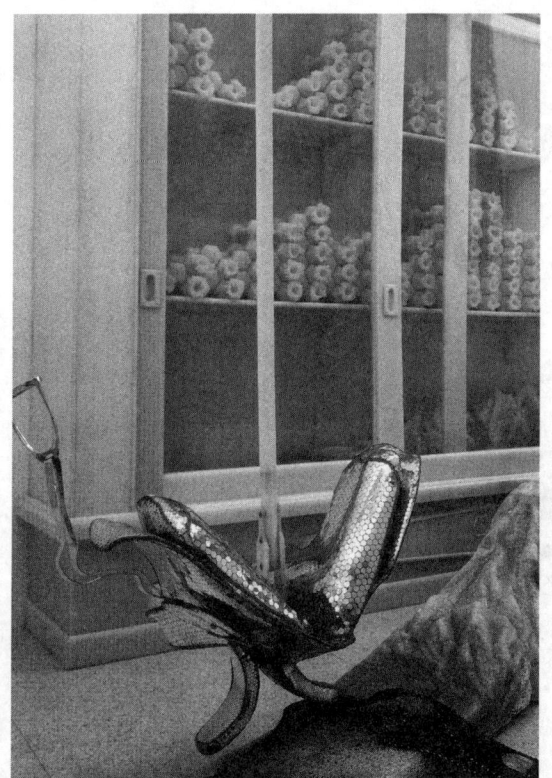

「수벌의 박람회」(The Drone's Exposition, 1999). 조각(세부). 미네아폴리스: 워커 아트센터, 샌프란시스코, 로마.

(androgyne)의 세계이며 변형의 세계다. 그가 특히 주목하는 지점은 성기가 형성되기 이전의 상태(pregenital state)의 모형이며, 분화되지 않은 성의 체계(undifferentiated sexual system)다.

1번은 1995년, 2번은 1999년, 3번은 2002년, 4번은 1994년, 5번은 1997년 제작된 '크리매스터' 사이클은 36mm 영화형식이며 짧은 것이 40분 30초, 2002년에 개봉된 3번은 장장 3시간이 넘는 장편영화—작가 자신은 영화라는 말보다는 프로젝트란 말로 부르며 이는 이 사이클이 결론과 끝이 없는 작업이라는 의미로 해석된다—이며 이들 프로젝트의 번호가 제작년수와 일치하지 않는 것은 의도적이다.

시나리오, 플롯과 장면연출, 무대(장소)의 선택, 소품, 음향효과와 카메라 작업들은 치밀하게 계산된 영화법과 디자인감각으로 연출되어 시각의 성찬을 제공하지만 내러티브와 각 행위와 요소들이 상징하는 의미는 극히 난해하고 비의적이어서 의미를 파악하거나 언어로 옮기기가 쉽지 않다. 이 5부작의 영웅시 같기도 하고 동화 같기도 한 영화들이 어떻게 작용하는가에 대해서는 여전히 포착하기 어려우나 이 또한 애초부터 면밀한 의도와 계산에 의한 것이다.

바니 자신에 의하면 1번은 일종의 문(입구)이고 2번은 체계의 최초의 거부, 3번은 프로젝트의 중앙에서 등을 마주 댄 일종의 거울과 같으며, 4번은 불가피한 하강의 면전에서의 공포를, 5번은 일종의 거짓 하강의 주제를 지닌 에피소드들로 구성하였다고 한다. 주역배우로 등장하는 바니 자신은 때로는 탭 댄서(4번), 때로는 천하의 살인마인 게리 길모어(2번)로, 또는 한때 섹스

ARC/MUSÉE D'ART MODERNE DE LA VILLE DE PARIS
dossier de presse

MATTHEW BARNEY
THE CREMASTER CYCLE

「크리매스터 4」(Cremaster 4, 1994), 사진: 마이클 제임스 오브라이언. 매튜 바니의 작품은 언제나 매우 신중하게 균형을 조절하고 있는 통속적이고 비교적인 요소들, 그리고 누구나 인식하고 즐길 수 있는 요소들과 해독하기 어려운 난해하고 비교적인 기호들과 개인적인 신화의 완벽한 결합에 있다.

심벌이었던 영화배우 어슐라 안드레스가 분한 사슬에 묶인 여왕의 상대역인 낭만적인 애인(5번), 일종의 남성 음경의 상징적 마천루인 크라이슬러 빌딩에서 일하는 잡역인부/청소부(3번)로 등장한다. 사이클 중 가장 현란하고 아름다운 첫번째 작품, 4번을 보도록 하자.

크리매스터 4, 남성을 말하는가

드럼이 울리며 바위와 초록색으로 덮인 풍경으로부터 한없이 긴 잔교가 튀어나와 있는 장면이 시작된다. 백파이프의 저음에 맞춰 크리매스터의 로고——켈트족의 문장으로 양끝이 굴려진 긴 중심축에 짧은 수평선이 가로지르고 있는——가 빠르게 지나가면 바니 자신(클로톤 켄디데이트 [Clougton Candidate]란 이름의)이 모습을 드러낸다.

그의 얼굴은 사람이라기보다는 염소와 같이 큰 귀를 지닌 동물이며 그의 눈부신 빨강머리는 무대공간, 그의 정장옷과 단추구멍에 꽂혀 있는 겨우살이의 백색과 대비를 이룬다. 빗으로 머리를 빗는 사이로 한때 그의 뿔이 있었던 자리에 두 개의 이상한 구멍이 나 있는 것이 보인다.

방은 해안과 도로를 연결하고 있는 1마일은 됨직한 잔교 맨 끝에 위치한 정자다. 세팅은 아일랜드와 스코틀랜드 경계에 위치한 해안선에 위치한 섬, 'Isle of Man'으로 이 섬은 사람이 거의 살지 않아 변환과 변이가 경이롭지 않을 것 같은 장소다. 백색 정자의 백색 방에 3명의 발가벗은 통성(通性)의 엄청난 근육질 요정들이 나타나 주인의 욕정을 채워주려 한다. 거울 앞에서 그가 서서히 탭댄스를 추기 시작하면 이 요정들은 기대감으로 그 주위에 몰려든다.

다음 순간 카메라는 섬으로 방향을 선회하여 각각 밝은 청색과 노랑 가죽 옷을 입은, 2명씩 짝을 이룬 2팀이 모터사이클과 경주용 사이드카에 시동을 걸고 있는 모습을 포착한다. 나란히 반대방향을 주시하며 이들은 출발신호가 떨어지기를 기다린다. 출발 바로 직전, 카메라는 급상승해 그들의 결합형태——2개의 캡슐 모양의 경주용차가 가운데 좁은 수평선에 교차하고 있는——가 크리매스터 로고의 선과 일치함을 보여준다.

다음 순간 놀라운 생동감으로 로고 위에 Isle of Man을 상징하는 3개의 다리를 지닌 도상이 얹혀진다. 이 상징은 회전하며 경주가 시작함을 알린다.

3명의 시녀(요정)들은 무언가 일어나기를 기다린다. 그들의 주인이 춤을 추는 동안 그들은 슬그머니 기어가 그의 주머니에 무언가를 찔러넣는다.

한편 레이스 팀들의 노랑과 파랑색 가죽옷 안에서 이상한 일이 벌어진다. 자동차가 스피드를 내며 긴장이 고조되자 미끌미끌한 형태들이 그들 재킷 주머니에서 꾸물거리며 나와 한 그룹은 위로 다른 그룹은 아래로 움직이기 시작한다. 부둣가로 카메라가 자리를 옮기면 이전에 보이지 않던 2개의 구부러진 빈 경사면이 리허설 공간 반대편에 잡히고 있다. 레이스트랙에서는 노랑색 팀에 문제가 발생했는데 커다란 웅덩이가 앞에 패 있어 더이상 진전을 못하고 반대편으로 방향전환을 한다.

길게 난 도로 한편에서는 급유 지점에 서 있는 인물이 마치 요정들과 같은 모습으로 타이어를 바꾸기 위해 기다리고 있다. 모든 것이 정지되었는가 하면 다음 순간 갑자기 굉장한 사건이 벌어진다.

탭 댄스를 추던 염소인이 리허설을 하는 방의 바닥에 나 있던 구멍 속으로 빨려들어가 해안과 부두 끝 사이의 바다 속으로 떨어진 것이다. 다시 카메라는 인적이란 찾아볼 수 없는 외딴 도로로 옮겨지는데 여기서는 차 한 대가 기름을 넣기 위해 멈추고 급유소의 인물은 타이어를 즉각 갈아끼우는 대신 피부색깔의 타이어로 대치할까 맞추어 보다가 다시 통상적인 검은 타이어로 갈아끼운다. 피부색깔의 타이어는 이상하게 2개의 젖꼭지 모양의 부속품이 수평을 깨뜨려 달리기가 어렵기 때문이었다. 이 이상한 일이 벌어진 후에 의기양양한 급유소 인물의 표정으로 미루어 드디어 레이스 경주가 본 궤도에 도달했음을 짐작할 수 있다. 반면, 노랑색 팀은 또 다시 난관에 봉착하고 이제 차는 절벽에 충돌한다. 레이서는 낭떠러지에 간신히 매달려 있는 상태로 그의 면장갑에 닿는 얼음이 그를 그 자리에 얼어붙게 하는 모습이 잡힌다.

마치 무언극의 여주인공처럼 툭 불거져 부푼 스커트를 입은 3명의 시녀들이 부두를 떠나 가까운 절벽 위에서 안식을 취하며 염소인이 돌아오기를 기다리는 모습이 보인다. 그들의 기다림은 무언가가 그들 가운데로 던져지며 일순간 동요된다. 깊은 수면에 그들의 주인은 무엇인가를 찾는 모습으로 나타난다. 드디어 그는 도망출구를 찾았으나 그 길은 험난하기만 하다. 그의 몸은 온갖 이상하고 각기 다른 공간 속을 따라 헤매게 되는데 그 과정에서 그의 방향감각은 온통 뒤죽박죽 혼란스럽다. 계속해서 녹아내리며 그의 진로를 방해하는 하얀 혈구들을 통해 몸을 비틀어 나오면 번쩍거리는 과자 자르는 기계와 같은 모양의 좁은 공간을 통해 기어나오다 다시 해안을 가로질러 터널을 통해 나오는가 하면 두더지같이 끈적끈적한 물질로 덮인 두덩을 계속해서 파올라와 드디어 탈출한다.

자유를 얻은 모습을 본 노랑 옷을 입은 3명의 시녀들이 조그만 종들을 울리며 그의 탈출을 축하하면, 그의 주머니에 있던 분홍색의 기분 나쁘게 생긴 유동의 물체가 서서히 움직이기 시작한다. 갑자기 그는 자유로워지며 작은 틈을 통해 그는 도로 위를 감시하는데 거기에는 체크무늬의 리본으로 장식한 빨강색으로 염색해 마치 군대나 악단의 마스코트와 같은 염소 한 마리가 눈에 들어온다. 잔교에는 모터사이클이 2개의 흰 경사면에 전시되어 있고 갑자기 정적이 내린다. 빈 도로.

다음 순간 드럼이 울리기 시작하며 백파이프음악이 배경에 깔리면 마치 텐

「크리매스터 3: 거인의 둑길」(Cremaster 3: The Giant's Causeway, 2002), 사진: 크리스 윈지

트로 향한 입구와 같은 그 어떤 것이 보이며 실로 묶은 텐트의 광목천은 서서히 잡아당겨지며 무엇인가를 드러내고 있다. 산더미같이 꽉 들어찬 살덩어리가 우리의 시선을 채우는데 그 색깔은 거의 선홍빛 자주색이며, 피부는 단단히 당겨져 있다. 마침내 벌어진 남자의 두 다리 사이로 포착된 두번째 장면은 백파이프의 저음관통이 주름진 피부에 매달려 있는 모습이다.

3개의 다리를 가진 남성

트로피 모터사이클 경주가 열리는 Isle of Man은 남성성에 대한 영화를 찍기에는 매우 적절한 장소임에 틀림없다. 그러나 바니의 영화가 남성성에

「크리매스터 3」(Cremaster 3, 2002), 세트사진: 크리스 윈지

관한 것인가? 동종번식은 기괴한 변태를 만들어낸다. 그러면 어디서 3개의 다리를 가진 남성이 오는 것일까? 3개의 다리는 성기가 들어설 자리를 남겨두지 않는다. 「크리매스터」의 염소는 바니의 사티루스의 원시적인 모형이다. 매끄럽고 멋이 넘치지만 동물적인 매력은 결여된.

마지막 장면에서 하나의 쌍은 긴장으로 딱딱하게 부풀어 솟아올랐고, 빌개진 다른 쌍은 축 늘어지고 수축되어 주름이 잡힌 2개의 쌍의 진짜 성기, 불알을 전시하고 있는데 이것은 백파이프—이 스코틀랜드의 악기는 모양도 모양이지만 주로 스커트를 입은 남자들이 연주한다—의 등장뿐 아니라 3명의 요정들이 레이서들에게 주는 기이하고 미끌미끌한 행운의 부적물 (공, 즉 'balls'는 남성성기의 은어이기도 하다), 즉 전통적으로 남성성과 관련된 용기와 배짱, 남자다움의 실재다.

상징은 비단 영화에 등장하는 스포츠와 성형의학, 인체 생물학과 관련된 기물과 소품, 또 재료에서뿐 아니라 색깔의 상징 즉 파랑색은 내려가는 진행, 곧 하강의 운동을 상징하고 노랑색은 올라가는 운동을, 섬의 초록색은 이 2개의 색깔의 합으로 통합, 또는 질서와 균형을 상징한다고 한다. 바니가 분한 주인공인 클로톤 켄디데이트와 로톤 염소(마지막 장면에 나오는 물들인)는 세번째의 극을 상징하며 켄디데이트 머리의 4개의 끼우는 구멍(머리빗을 때 의도적으로 이 부분을 드러내 보인다)과 염소의 4개의 뿔들은 올라가는 상황과 내려가는 상황 둘을 합친 것으로 2개의 상황 보존을 의미한다고 한다.

바니의 해석에 의하면 켄디데이트의 뿔이 없는 구멍은 상실된 것이 아니라 자라지 않음을 의미하며 여기서 이름인 켄디데이트는 문자 그대로 염소가 되기 위한 후보자임을 뜻한다. 물에 빠지는 것은 일종의 세례의식으로 어느 신화에서도 세례의식은 바니의 Isle of Man의 세팅과 같이 좁고 닫힌 공간에서 이루어진다.

경험과 인식을 해부학적으로 드러내다

매튜 바니의 퍼포먼스 작품에서 욕망은 자위적이다. 그가 뚫린 구멍을 바셀린이나 타피오카로 막고 있는 행위는 다름 아닌 들뢰즈와 가타리가 말하고 있는 '성기가 없는 몸' 즉 성기의 충족감과 성취감에 더이상 편집하지 않는 신체를 제시하고 있는 것이다. 형태학상으로 복합적인 변태의 이미지를 보여줄지라도 항상 바니의 젠더 인식은 어린아이의 성과 같이 항상 끝이 열려 있고 탐색적이며 리비도 자체와 같이 기본적으로 비(非)-성(性)적이며 젠더가 주어지지 않은 모델에 관심을 갖는다.

그의 시나리오는 하나의 단일한 생식체계는 끊임없이 자신을 분절하여 다른 요소들을 배태하지만 그들은 모두가 같은 형태의 부분이라는 것, 따라서 에피소드는 이들 사이의 관계와 무관하다는 것, 「크리매스터 4」의 가상의 이중구조는 그들 외의 어떤 것하고도 아무 관계가 없다는 것을 의미한다. 또한 외형상의 긴장은 프레임 중앙에 놓인 생식기에 대한 관심 때문이다.

바니의 작품은 언제나 매우 신중하게 균형을 조절하고 있는 통속적이고 비교적인 요소들, 그리고 누구나 인식하고 즐길 수 있는 요소들과 결코 해독하기가 어려운 난해하고 비교적인 기호들과 개인적인 신화의 완벽한 결합에 있다.

위에서 장황하게 묘사한 「크리매스터 4」도 예외는 아니다. 시각적인 유혹이 있는가 하면 다음 순간 비밀스런 세계가 펼쳐지며, 매혹이 있는가 하면 곧 당혹스러움으로 채워진다. 그는 사회비평가나 문화이론, 혹은 기호학자들의 담론에서 영향을 차용한 현실의 정치적으로 정직한 설치작업이나 퍼포먼스에는 관심이 없다. 오히려 그가 주목하고 있는 바는 미식축구선수로서, 의예과 학생으로서, 모델로서, 미술가로서의 자신의 경험과 인식을 해부학적으로 드러내는 데에 있다. 그런 의미에서 그는 '포스트'라는 레이블을 달가워하기보다 단순히 모더니스트로 불리기를 원하는지 모른다.

이미 이제는 역사속의 인물이 된 세기의 마술사였던 후디니(Hudini)와 그의 손자인 길모어, 오클랜드 레이더축구팀의 전설적인 짐 오토(Otto)—쿼터백으로 명성을 날리던 중 다리 부상으로 한 다리를 절단한 후에도 의족으로 경기장에서 선전했던 전설적인 인물—에서 어떠한 신체적인 억제나 감금도 이겨냈던 초인적인 의지를 읽어내는 것도 모더니즘 계보학에 대한 그의 관심을 반영하는 것이리라.

송미숙 한국외대 불어과를 졸업하고 오레곤대학교에서 미술사 석사(1971년), 펜실베이니아 주립대학교에서 미술사 박사학위(1980년)를 받았다. 석사논문에서는 20세기 초현실주의 계열의 신낭만주의작가 첼리체프(Tchelitchew)의 다중상 연구를, 박사논문에서는 19세기 미술행정가이자 비평가인 샤를 블랑(Charles Blanc)의 미술론을 연구했다. 1982년 성신여대에서 조교수로 시작해 현재에 이르고 있고, 2003년 3월부터 성신여대 박물관장을 맡고 있다. 공간, 계간미술, 월간미술, 가나아트, 미술세계 등에 상당수의 비평문을 게재해왔으며 1987년에 문예진흥원과 서울신문사 주최 문화예술평론가상을 수상했다. 또한 '바우하우스의 화가들', '암스텔담 스테델릭미술관 소장품', '사진예술 160년사', '한국현대미술—시간' 등 다수의 전시를 기획했다.

용어와 개념 풀이

포스트휴먼 Post Human

1992년 제프리 다이치(Jeffrey Deitch)가 기획한 전시의 제목이자 주제로 상당한 반향을 일으켰다. 여기서 '포스트'란 접두어는 모더니즘/포스트모더니즘의 양분구조와 마찬가지로 이전의 인체미술을 '휴먼'의 상황이라면 20세기 말 특히 할리우드 스타들의 성형의 일반화, 컴퓨터 칩 테크놀로지와 생명·유전공학의 급속한 발전으로 인한 불안한 징후들을 내용으로 한 새로운 인체예술의 양태를 추적한 전시였다.

포스트휴먼적인 인체예술의 양태는 가까운 미래의 '포스트휴먼' 상황이 결코 아름답지도 평화롭지도 않고 오히려 불안하고 변태적이며 동물적 잔인성으로 점철된 충격적인 인간상의 모습으로 표현된다. 로버트 고버(Robert Gober)는 신체의 일부분, 특히 발이라든가 손목과 같이 사지의 끝부분을 몸통에서 절단, 끊어진 부분들을 그대로 제시해 내재한 폭력성과 절단된 감각들의 새롭고 무시무시한 현실을 제시하고 있으며 조지 라파스(George Lappas)는 신체의 부분들을 해체한 다음 재조립하여 보여주어 일종의 공시적 시간 개념을 드러내고 있다. 마이크 켈리(Mike Kelly)의 인체는 인체와 동물을, 찰스 레이의 인체와 마네킨, 폴 메카시는 인간과 기계를 용접하고 있어 인공성과 천진성, 동물성이 혼합된 불안한 '포스트 휴먼'상의 비전을 그려내고 있다. 메카시가 제시하고 있는 '포스트휴먼'들의 낙원은 모든 인간적인 열정이 결여되어 오직 제어할 수 없는 성욕적 편집에 사로잡혀 있는 로봇 껍질에 불과한 사이보그의 세계다. 여성작가인 키키 스미스(Kiki Smith)의 여체는 대변을 질질 흘리고 있는 가죽이 벗겨진 신체의 모습으로 플라스틱 표면(성형) 아래 곪은 상처에서 비롯한 감정적 신체적 파멸의 예시에 다름 아니다. 여기서 미술가들은 그들이 전망하고 있는 포스트휴먼 상황에서의 현실은 테크놀로지의 발전을 압도할 비이성적인 전도된 감정들의 저장고가 도사리고 있다는 무서운 경고를 우리에게 제시하고 있는 것이다. 한편 카렌 킬림닉(Karen Kilimnik), 제프 쿤스(Jeff Koons)나 매튜 바니는 환상과 픽션, 신화와 실재를 혼용하거나 자신의 모델과 유명인의 모델을 중첩시켜 보여줌으로써 개인의 정체성의 복합성과 나아가 자아의 재창조를 시도하고 있다.

크리매스터 Cremaster

근육이름으로 매튜 바니의 영화 사이클의 타이틀이기도 한데 이것은 남성생식기, 불알의 높이를 조절하는 근육으로서 온도의 변화에 따라 변화한다. 가령 몸 온도가 올라가면 이 근육도 올라가고 내려가면 같이 내려가는 식이다. 말하자면 외계의 온도가 차가우면 이 생식기의 근육은 자신을 따뜻하게 하기 위해 몸통에 달라붙는다.

매튜 바니는 말한다

- 미식축구에 대해, "나는 반대방향으로 움직이는 사람들로 가득차 복잡하고 혼란한 필드에서 질서가 형성되는 방식을 좋아한다. 그 오리무중 속에 어떻게 구멍을 뚫어내는가 하는 것은 진짜 아름답다."

- 자신의 비디오(영화)에 대해, "나는 항상 이들 비디오가 그 공간에서 어떤 얘기가 일어날 수 있을까 라는 가능성을 제시하는 것으로서만 생각한다: 진실이라기보다는 제안으로서 말이다. 내게 그것은 마치 관객에게 등을 돌리고 바위 위에 과장된 '콘트라포스토'——상체의 무게중심을 한쪽 다리에 주어 다른 쪽 다리를 편하게 하는 자세로서 전형적인 이상화된 고전 자세——로 그 앞에 펼쳐지고 있는 장대한 계곡을 내려다보며 서 있는 실루엣의 남자가 있는 카스파 다비드 프리드리히(Caspar David Friedrich) 그림인 '안개 속의 방랑자'와 같다. 그 그림은 일종의 정지의 상태를 보여준다. 결국 그 남자는 몸을 돌려 무대를 움직이게 할 것이나 일순간 잠세의 상태에 갇혀 있는 것이다. 고전 '콘트라포스토'는 묘한 포즈법인데 그것은 마치 오만과 어떤 억제된 전능 사이에 놓인 문턱 위에서의 흔들리는 떨림과 흡사하다. 경탄스런 모든 것, 강력한 내면의 이야기들이 바로 그 문턱에서 일어날 수 있다."

- 기호화된 형태들에 대해, "내게 형태들이란 그것들이 '먹혀진'(eaten) 후에야, 즉 서술적인 구성을 통해야 진실로 생명을 가진다."

- 작업에 대해, "나는 종종 3단계 도식에 대해 생각하곤 했다: 상황, 조건, 제작/생산 상황이란 순수한 열정의 영역이고 이 때로는 쓸모없는 욕구는 방향과 지도를 필요로 하며 훈련과 소화의 채로 걸러져야할 필요가 있는데 그것이 바로 다음 영역, 즉 조건이다. 제3의 영역은 제작/생산으로 일종의 형태의 항문적, 구강적 생산이다. 이 생산의 과정을 건너뛰면 흥미로운 일이 벌어진다: 머리가 엉덩이로 가는 지점에서, 그리고 순환과정이 상황과 조건 사이에서, 훈련과 욕망 사이에서 떨리듯 진동하는 것이다. 만일 이러한 양상이 충분히 반복되면 어떤 포착하기 어려운 것이 빠져나올 수 있다. 형태를 가진 형태나 너무 결정적이지는 않은 그런 형태다."

- 작업에 자주 등장하는 반인반수의 사티루스에 대해, "나는 '팬'(pan)이 (공포, 당황, 혹은 공황으로 번역되는) '패닉'(panic)의 어원이라는 사실이 재미있었다. 왜냐하면 팬은 바커스신으로 이어지며 그는 당신 자신을 내버리기 이전의 불안의 순간과도 연관된다……오토샤프트(Ottoshaft, 매튜 바니 비디오 영상의 주인공 이름)는 팬파이프에서 유래한 백파이프의 형태를 띠며 그는 수벌들이 가득 들어 있는 백(주머니)을 메고 있다. 그러나 사티루스는 더 깊은 의미가 지닌다. 마르시아스(Marsyas) 사티루스는 아폴로신에게 음악경시를 할 것을 도전, 결국 그의 오만 때문에 껍질을 벗겨 죽임을 당한 그러한 의미말이다. 이 모든 것들이 (나의) 사티루스의 기용을 뜻한다."

참고사항

'The CREMASTER Cycle' Museum Ludwig, Koeln, 2002~2003.
'CREMASTER 4 and CREMASTER 2', 2000.
'Media Art 2000, Media_City Seoul 2000 Inaugural Exhibit, Seoul', 2000.
'CREMASTER 2: The Drones' Exposition', Walker Art Center, Minneapolis, 1999.

'CREMASTER 5', Fundacio La Caixa, Barcelona, 1998.
'CREMASTER 5', Portikus, Frankfurt, 1997.
'Transexuals and REPRESSIA', 'CREMASTER 1 and CREMASTER 4', San Francisco MoMA, San Francisco, 1996.
'CREMASTER 4', Barbara Gladstone Gallery, New York, 1995.
'Portraits from CREMASTER 4', Regen Projects, Los Angeles, 1994.
'APERTO 93', 45th Venice Biennale, Venice(Prize), 1993.
'Matthew Barney: New Work', San Francisco Museum of Modern Art, 1991.
'Field Dressing', Payne Whitney Athletic Complex, Yale University, New Haven, 1989.

백남준

비디오, 또 다른 커뮤니케이션

강태희 한국예술종합학교 교수·서양미술사

적절한 시기의 의미 깊은 만남들의 결실

　백남준은 한때 염라대왕 앞에 가서도 큰소리를 칠 수 있다고 호언장담한 적이 있다. 그 이유는 세계 최초로 위성중계 비디오쇼를 제작한 공로로 최소한 지옥은 면할 수 있기 때문이라는 것이다. 위성 비디오쇼에 대한 그의 자부심은 이만큼 대단한데, 일찍이 단일 작품이 동시에 그토록 수많은 다국적 관중에 의해서 감상된 예는 없었고 한 사람의 미술가가 이루어낸 업적으로서 그것은 유례를 찾기 힘든 큰 성취였다. 내용적으로도 그는 이들을 통해 불변, 불후의 '완성된' 오브제로서의 미술개념을 타파하고 고급미술과 대중미술의 벽과 각기 다른 장르간의 경계를 간단히 허물어버렸으며 미술을 전시장에서 끌어내어 만인의 안방까지 전송한 놀랄 만한 전과를 올린 것이다. 한마디로 그는 전통적인 미술의 개념을 근본부터 흔들어놓은 원맨쇼의 장본인이었던 셈이다.

　백남준이 누구인가는 새삼 부연이 필요없으리라. 우리에게는 생소했던 비디오라는 매체로 그가 일반대중과 친숙해진 지도 한참이 되었다. 그러나 백남준의 명성에 대해서 익히 알고 있는 사람들도, 그가 이룬 것이 얼마나 대단하며 그것이 어떻게 쌓여졌는지는 잘 알지 못하는 경우가 많다. 그가 이 시대 미술계의 한 프런티어가 된 데에는 물론 그만의 탁월한 예지력과 재능과 노력이 바탕이 되었겠지만, 그 스스로는 자신의 미술은 "적절한 시기의 의미 깊은 만남들의 결실"이라고 겸손하게 정의한 바 있다. 수많은 후배 비디오 작가들에게 자신의 공을 내세우지 않는 관대한 선배로 널리 알려진 그는 역

> 비디오에 대한 철저한 연구는 말에 대한 연구와 함께 시작해야 하는데 왜냐하면 전화가 발명되기 전까지 말이 가장 빠른 통신수단이었기 때문이다. 뉴턴적 세계의 공고한 구조와 영원한 결별을 고한 이 두 가지 사건이 동시에 발생했다는 것은 의미 있는 일이다.

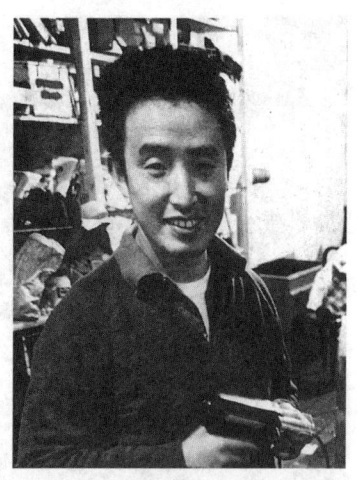

으로 자신이 만났던 중요한 인물들의 영향을 누구보다 솔직히 인정하고 강조해왔다. 많은 미술가들이 자신만의 독창성을 내걸고 타인으로부터의 영향을 부정하는 관행과는 거리가 먼 것이다. 단기필마로 건너간 이국 땅에서 누구의 도움도 없이 쌓아올린 과업이 자타가 공인하는 비디오의 아버지이자 서양 현대미술사의 새로운 한 장을 연 대역사(大役事)로 기록된 그의 작업들이 어찌 타인과의 만남의 결실일 뿐일까만 백남준 특유의 넉넉함은 다시 한번 그의 만남을 되돌아보게 한다.

백남준은 특이하게도 작업과 인생의 주요 고비에 후에 미술계의 거물이 된 인물들을 많이 만났다. 아니 그보다는 그 만남을 소중하게 음미하고 적절하게 교훈으로 삼았다는 것이 더 정확한 표현일 것이다. 그가 가장 큰 의미를 두고 있는 만남을 꼽으라면 지금은 모두 타계한 전위음악가 존 케이지(John Cage)와 미술가 요제프 보이스(Joseph Beuys)가 될 것이다.

케이지는 백남준이 독일 다름슈타트의 '새 음악을 위한 국제 하기코스'에 등록하며 알게 되었고(1958), 보이스는 뒤셀도르프에서의 제로그룹(Zero Group)의 오프닝에서 처음 만나게 되었는데(1961), 전자는 아직 전위음악가로서 발판을 굳히기 전이었고, 후자 역시 거의 무명으로 그 유명한 모자 쓴 이미지가 알려지기 전이었다. 케이지는 백남준의 퍼포먼스 현장에서 넥타이와 셔츠를 위협적인 커다란 가위로 싹둑 잘리는 '봉변'을 당했고, 보이스는 백남준의 세계최초의 TV전에 나타나 느닷없이 전시 중인 피아노 작품을 도끼로 박살 낸 인연을 가지고 있다. 또한 초창기 백남준에게 미술가로서의 방향 전환에 결정적인 영향을 끼친 것은 케이지이며, 크리미아 반도의 타타르

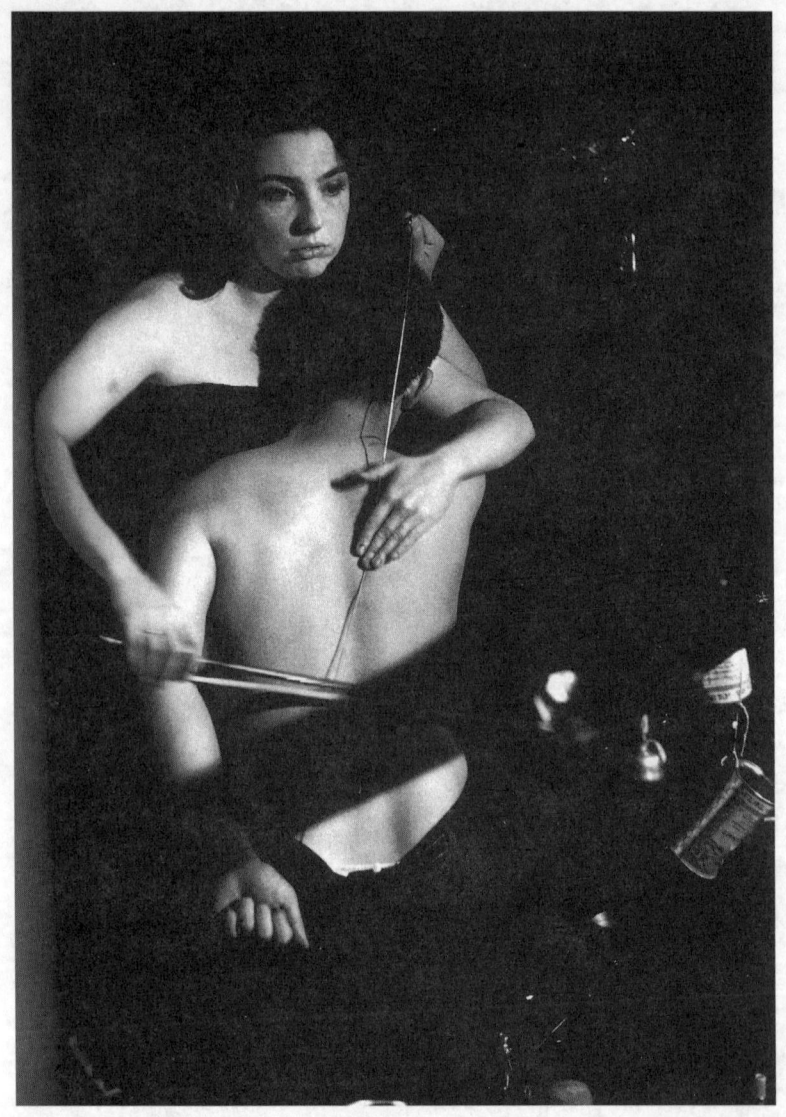

「존 케이지의 현악 연주자를 위한 26분1」. 1499초(1995)를 해석, 연주하는 백남준과 샬로트 무어만, 카페오 고고, 뉴욕, 1965년 10월 4일. ⓒ Peter Moore/VAGA, NYC.

인에게 구조되어 목숨을 건지고 그들의 무속에 매혹된 보이스는 동서양의 교류문제를 문화인류사적인 관점으로 조명하는 후기작과 관련이 있다.

현대 음악사의 한 위대한 거목인 케이지는 인생과 예술에 대한 신선하고도 충격적인 사고로 젊은 백남준을 압도했다. 케이지는 일본의 선(禪)사상을 체득하여 인생과 예술 사이의 구분을 인정하지 않음은 물론, 더 나아가 인생이 예술보다 더 우수하다고 믿었던 사람이다. 그에게 예술은 살아 있음에 대한

왼쪽 | 「케이지」(1990). 구형 텔레비전 케이스, 피아노 선, 장난감 피아노 건반, 9대의 모니터로 만든 단일 채널 비디오 조각; 컬러, 무성; 228.6×182.9×61cm. 개인 소장. 한국. 사진: Chris Gomien.

오른쪽 | 「로베스 피에르」(1989). 9대의 모니터, 구형 텔레비전 및 라디오 케이스와 실을 사용한 2채널 비디오 조각; 컬러, 무성; 300×200×50cm. 베니스 보부르그 갤러리 제공.

일종의 경축행위였던 것이다. 그가 1959년경에 싹트기 시작한 해프닝과 후의 플럭서스(Fluxus)의 성립에 결정적인 영향을 끼친 것은 미술사가 기록하고 있거니와 그와의 만남을 계기로 백남준은 전통의 속박을 벗고 미지의 불확실한 세계로 과감히 진입할 수 있었던 것이다. 백남준의 일본에서의 학사학위 논문이 아놀드 쇤베르크(Arnold Schonberg)에 관한 것이었는데 공교롭게도 케이지의 스승이기도 했던 쇤베르크는 현대음악사의 또 하나의 개척자이다.

원래 음악 지망생이었던 백남준이 자신의 작품에서 처음으로 TV세트를 사용하기로 계획을 세운 것은 행위음악(action music)을 위한 새 작곡을 위해서였다. 1963년의 첫 TV전 뒤 그는 자신의 TV를 '물리적 음악'(physical music)이라고 칭했고, 1965년 말 미국에서 자신의 첫 비디오 테이프를 친구들에게 보여주면서 전자 TV의 새 시대가 전자음악의 시대를 뒤따르는 것은 역사적 필연성이며, 자신의 전자 TV는 전자음악을 미술분야에 맹목적으로 적용하는 것이 아니라 반대로 고정되고 결정된 경향을 보이는 전자음악에 대조되는 것이라고 주장했다. 이처럼 그의 TV로의 관심 전환은 전자음악에 대한 경험이 그 전제가 되었음을 알 수 있는데, 당시 도래하는 전자시대에 대한 그의 선각이 음악과 TV를 결합할 수 있는 파격으로 이어진 것은 케이지의 교훈을 자신만의 것으로 소화한 결과이다.

당시 그가 파악한 새로운 전자 매체의 의미는 첫째, 새로운 전자회화(electronic painting)는 고갈된 회화의 전통과 현대의 사이버네틱한 사회에 대한 유일한 가능한 대안이다. 둘째, 전자의 끊임없는 변신은 미술에 비결정성과 다양성을 부여한다. 셋째, 전자는 시간의 요소가 도입된 일회적 회화를 창조하고 그것은 TV세트의 조작을 통한 관람자의 참여를 도모한다는 것 등으로 이들은 세기가 바뀐 현재의 관점으로 보아도 무리가 없는 예견들이다.

백남준은 퍼포먼스 작가로 미술계에 데뷔한 뒤 1960년대 후반에 일대 유행을 이루었던 미술과 과학기술의 결합 전시들을 계기로 새로운 매체로 주목받던

「광합성 II」(1993). 구형 텔레비전 케이스, 18대의 모니터 및 알루미늄 받침대로 된 2채널 비디오 조각; 컬러, 무성; 284.5×198.1×55.9cm. 칼 솔웨이 갤러리, 신시내티. 사진: Chris Gomien

비디오 작가로 인정받기 시작했는데, 이때 그는 TV 방송 프로그램을 이용하여 이를 방해, 변형시키는 다다적인 공격을 일삼거나 수신 이미지를 변형시키는 등의 관객참여를 유도하는 작업을 했다. 그의 이러한 영상의 변형 또는 궁극적인 전유(appropriation)의 원칙은 그의 유명한 발명품인 비디오 합성기(Video Synthesizer, 1970)에서도 적용이 되었다. 이것은 다른 유사한 합성기와는 달리 스스로 영상을 만들어내는 것이 아니라 기존의 영상을 조작하는 기계이기 때문이다. 이러한 작업방식은 그가 영상의 창조보다는 기존의 현실의 조작에 더 큰 관심이 있는 것으로 평가되기도 했다.

1973년작 싱글 테이프 비디오 「지구의 축」(The Global Groove)은 그의 비디오 작가로서의 기법, 특성, 관심, 신념 등이 총체적으로 표현된 작품이다. 이것은 그의 예술활동의 극점이라고 할 수 있는 80년대의 위성 비디오 아트 「안녕하세요, 오웰씨」(Good Morning, Mr. Orwell, 1984), 「키플링이

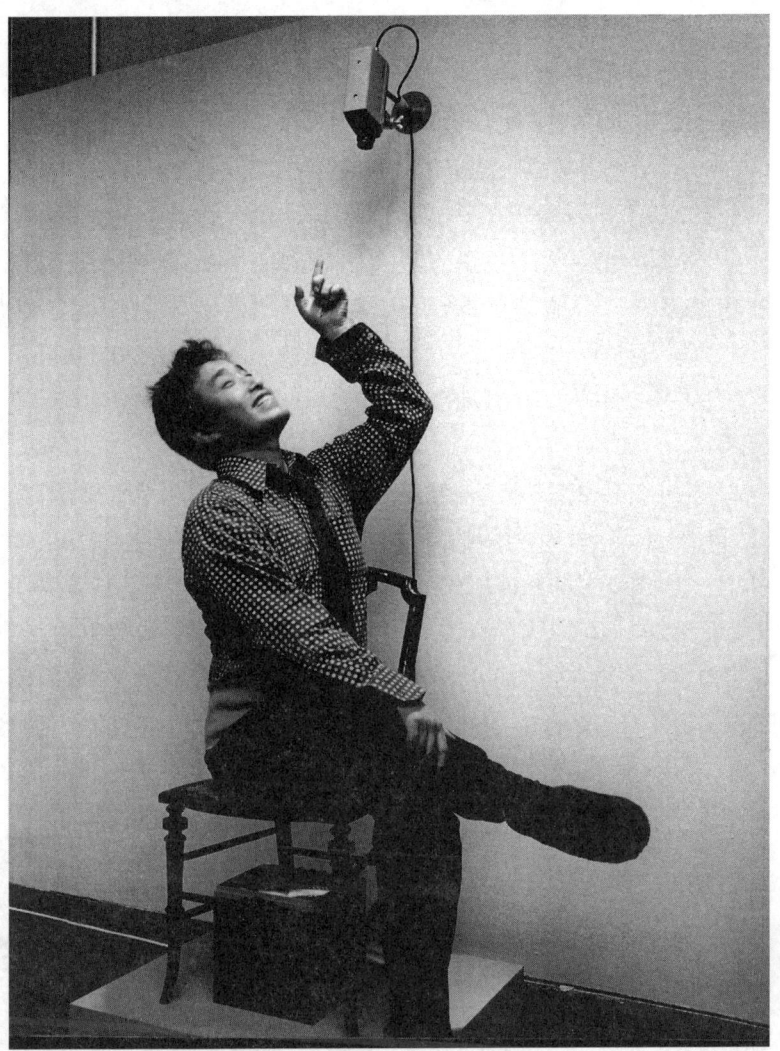

「TV 의자에 앉아 있는 백남준」(1976), 사진: Friedrich Rosenstile.

여 안녕」(Bye Bye Kippling, 1986), 「세계를 하나로 묶어라」(Wrap around the World, 1988) 들을 예고하는 모든 요소들이 배태되어 있다. 「지구의 축」의 주제는 마샬 맥루한(Marshall McLuhan)의 지구촌(global village) 개념에 연관된 문화적 교환과 커뮤니케이션이다. 백남준에 의하면 축(groove)이란 음악의 지구적 언어로서의 절대적 힘을 나타내는 것인데, 이 작품을 통하여 그는 음악과 무용의 비언어적인 의사소통에 중점을 두고 비디오 매체를 통한 전 지구촌의 문화교류의 가능성을 제시한 것이다.

백남준보다 앞서, 1970년대에 이미 비디오에 위성을 사용하여 또 다른 의미의 커뮤니케이션을 시도했던 비디오 작가 더글러스 데이비스(Douglas Davis)와는 달리 그는 비디오를 작가와 관객간의 사사로운 일대일 소통으로 보지 않고, 보다 대중적이고 보편적인 관객의 개념 아래 가능한 한 많은 사람들에게 접근하려는 대조적인 관점을 보인다. 그의 이런 생각은 비디오가 근본적으로 전달매체라는 점, 그리고 예술가의 작업이란 서로 다른 문화권 사이의 문화교류를 떠맡는 문화사절이라는 신념에서 비롯되는데, 이는 일찍이 1970년에 그가 기획한 'VISA시리즈'로부터 시작된 역사 깊은 작업인 것이다. 그는 특히 동서양간의 커뮤니케이션의 힘과 중요성을 강조해왔고 이질 문화권이 서로 이해한다면 세계평화에 큰 도움이 되리라는 것을 믿어 의심치 않는다.

80년대의 위성 쇼들은 한결같이 동서양의 문화교류의 가능성을 타진하고 있으며, 이런 작업의 성과는 예술의 통로를 통하여 백남준이라는 작가의 메시지가 전세계에 널리 전파되었다는 결코 가볍지 않은 사실이다. 예를 들어 비슷한 시도로 로버트 라우센버그의 80년대의 로키(ROCI : '라우센버그 해외 문화교류'의 약자로 작가가 현대미술이 잘 전달되지 않는 세계의 오지들을 순회하며 작품을 제작, 전시하고 그곳의 문화와 예술을 서구에 소개하는 작업) 시리즈가 있는데 라우센버그가 전통적인 회화나 콤바인 작업에 의존한 반면 백남준의 작업은 비디오 매체의 특성 때문에 그 파급효과는 비교할 수 없을 정도였다.

70년대 초중반에 비디오 아트가 우여곡절 끝에 미술계에 안착한 뒤 백남준은 비디오 조각과 인스털레이션, 비디오 퍼포먼스 등 비디오 아트의 모든 영역을 개척하고 섭렵했으며 이런 공로로 1982년의 휘트니 미술관에서 역사적인 대규모 회고전을 가지게 되었다. 이 전시는 백남준 개인의 영광이자 비디오 아트라는 장르가 제도권 미술의 아성을 공략한 것으로 그 미술사적 의의는 자못 크다. 또한 90년대 중반 이후에는 레이저 아트에 몰두해서 자신의 작업영역을 부단히 실험하고 넓히는 노력을 게을리 하지 않고 있다.

1992년 국립현대미술관에서의 회갑전을 기하여 그는 한국과 아시아의 풍속에 깊은 관심을 보이고 있으며 그 이후 우리나라에 보다 널리 알려지게 되었다. 미술계에서의 그에 대한 또 한번의 헌정은 뉴욕 구겐하임 미술관에서 이루어졌으며(2000년) 당시 미술관의 중앙 공간에 쏘아 올린 레이저 작품은 세간의 화제가 되었다. 최근의 구겐하임 빌바오 전시에서는 관객이 바닥에 누워서 감상하도록 한 환상적인 「레이저 콘」(Laser Cone)을 발표해 그간의 레이저 아트의 성과를 집대성해서 보여주기도 했다.

　백남준이 비디오 아트라는 전혀 새로운 매체를 창조하는 데 가장 중요했던 것은 미래에 대한 앞서가는 비전과 그 비전을 실천시킬 수 있는 실력의 연마에 있다. 또한 이미 살펴본 것처럼 인생의 소중한 만남들의 의미를 흘러보내지 않고 자신의 자산으로 축적한 것도 중요한 요인이다. 마지막으로 작가 백남준에 대한 평가에 빠질 수 없는 것으로 그의 촌철살인의 에세이들이 있다. 그는 평생 미술작품에 결코 뒤지지 않는 훌륭한 에세이들을 써왔는데 이들은 한결같이 인생과 역사에 대한 깊은 통찰과 해학으로 가득 차서 그가 어떻게 훌륭한 미술가가 될 수밖에 없었는지를 말해주고 있다.

　세상 대부분의 사람들이 한 곳에 얽매인 삶을 살고 있을 때부터 그는 단신으로 세계를 떠돌며 자신의 꿈을 단련해왔다. 그는 아담한 체구의 소유자이지만 커다란 가슴으로 세계를 품었고 만남이 세계를 하나로 이어줄 수 있다는 믿음을 포기하지 않는다. 현재 거동이 불편하지만 이에 굴하지 않고 작업을 놓지 않고 있는 그는 진정 한국이 낳은 이 시대의 거인이다.

강태희 미국 플로리다주립대에서 서양미술사로 학위를 받고 현재 한국예술종합학교 미술원 교수로 재직 중이다. 저서로는 『현대미술의 문맥 읽기』, 『프랭크 스텔라』, 『미술, 진리, 과학』(공저) 등이 있다.

용어와 개념 풀이

비디오 아트
1960년대 후반에 백남준에 의해 주도되고 1970년 중반에 확립된 미술양식으로 텔레비전과 비디오 이미지를 주로 한 전자 미술로서 다양한 하부 장르가 있음.

비디오 인스털레이션
비디오 이미지가 하드웨어인 TV세트나 여타 설치적인 환경에서 재현되는 미술 형식.

플럭서스
1960년대 초반에 미국과 유럽에 기반을 둔 작가들을 중심으로 형성된 느슨한 미술그룹으로 반예술적이고 다다적인 이벤트와 행위미술을 주로 함. 조지 마츄너스가 중심 인물이며 존 케이지의 영향을 받은 미술가들이 행위를 음악으로 해석하면서 우연과 부조리 또는 지루함의 미학을 선보임.

백남준은 말한다

- 'TV 가이드'가 맨해튼의 전화전호부만큼 두꺼워지는 미래를 상상해보라.

- 내 생애의 하나의 행운은 그가 대가이기보다는 아직 하루살이로 여겨졌을 때 존 케이지를, 그리고 아직 뒤셀도르프에 있는 은자였을 때 보이스를 만난 것이다. 해서 나는 이들이 스타덤에 올랐을 때 이들과 동급에 설 수 있었다.

- 비디오에 대한 철저한 연구는 말(馬)에 대한 연구와 함께 시작해야 하는데 왜냐하면 1863년—모네가 인상주의를 창시한 해이기도 하다—전화가 발명되기 전까지 말이 가장 빠른 통신수단이었기 때문이다. 뉴턴적 세계의 공고한 구조와 영원한 결별을 고한 이 두 가지 사건이 동시에 발생했다는 것은 의미 있는 일이다.

- 모스크바의 현 경제적 어려움은 파리에 살고 있던 카를 마르크스가 독일의 부퍼탈에 있는 엥겔스와 전화통화를 할 수 없었다는 사실에 그 원인이 있다. 그러면서도 그는 자신을 '과학적 사회주의자'라고 불렀다. 아도르노는 전화의 중요성을 인정하지 않았다. 전화는 약 100년간을 존속해오고 있다. 그럼에도 불구하고, 하버드대학의 카스 칼바에 의하면, 이 기간 동안 이 중요한 물건에 대한 논서가 단지 4편만 저술되었을 뿐인 반면, 마야어나 바빌로니아어와 같은 사장 언어에 관해서는 수없이 많은 연구가 행해졌다.

- 지금 우리는 비디오-비다-비디올로지-비디오 멍청이(video-vida-videology-vidiots)의 '영광스러운' 시대를 살고 있다. 다음에는 무엇이 나올 것인가? 가장 강력한 통신력은, PSI 즉 심령력이다. 자국의 목표를 위해 이 능력을 이용할 수 있는 국가는 지상에서 가장 강력한 국가가 될 것이다. 그러면 누가 22세기의 최강국이 될 것인가? 분명한 대답은 불가리아이다. 불가리아는 인구 중 집시가 차지하는 비율이 가장 높은 나라이다. 그 PSI 지수 때문에 집시들은 지난 세기 독일 루르 지방의 석탄이나 오늘날 우라늄이 갖는 것과 같은 효과를 가질 것이다. 따라서 PSI의 속성에 관한 과학

적 탐구는 불가리아가 가장 앞서 있다. 그리고 세계적으로 유명한 불가리아인 친구인 크리스토는 레오나르도나 워싱턴만큼이나 찬양받을 것이다.

더 읽어야 할 책들

Bonino, Alfred, ed., *Electronic Art I*, New York: Galeria Bonino, 1965.

―――, ed., *Electronic Art II*, New York: Galeria Bonino, 1968.

―――, ed., *Electronic Art III*, New York: Galeria Bonino, 1971.

Cladders, Johannes, *Museum Moderner Kunst: Sammlung Hahn*, Vienna: Musum Moderner Kunst, 1979.

Connor, Russel, ed., *Vision and Television*, Boston: Brandeis University, Rose Art Museum, 1970.

Falk, Lorne, ed., *The Second Link: Viewpoints on Video in the Eighties*, Toronto: Art Metropole, 1983.

Hanhardt, John, ed., *Nam June Paik*, New York: Whitney Museum of American Art, 1982.

―――, ed., *The Worlds of Nam June Paik*: Guggenheim Museum, 2000.

Haskell, Barbara. Blam! The Exposition of Pop, Minimalism, and Performance 1958~1964. New York: Whitney Museum of American Art, 1984.

Hendricks, Jon, ed. Fluxus etc. Michigan: Cranbrook Academy of Art Museum, 1981.

―――, ed. Fluxus etc., *Addenda I*, New York: INK, 1983.

―――, ed. Fluxus etc., *Addenda II*, Los Angeles: Baxter Art Gallery, 1983.

Herzogenrath, Wulf, ed, *Nan June Paik: Werke 1946~1976 Musik-Fluxus-Video*, Cologne: Kolnkscher Kunstverein, 1977.

Hulten, K. G. Pontus, ed., *The Machine As Seen at the End of the Mechanical Age*, New York: Musum of Modern Art, 1968.

Livingston, Jane, and Marcia Tucker, *Bruce Nauman: Work from 1965 to 1972*, New York: Preager, 1973.

Mignot, Dorine, ed., *The Luminous Image*, Amsterdam: Stedelijk Museum, 1984.

Miller, Marc, ed., *Television's Impact on Contemporary Art.*, New York: the Queens Museum, 1986.

Rathke, Ewald, ed., *Dada: Dokumente Einer Bewegung*, Dusseldorf: Dusseldorf Kunsthalle, 1958.

하모니 코린 Harmony Korine

디지털 시대 영화의 시체를 응시하기

유운성 영화평론가

본드 중독자들의 장 뤽 고다르

1990년대 미국영화 메인스트림 바깥에서 새로이 데뷔한 감독들 가운데, (약간 때이른 호들갑인지는 몰라도) 하모니 코린은 뒤늦게 나타났지만 가장 큰 주목을 요하는 감독 가운데 하나로 꼽을 만하다. 사진작가 래리 클락이 감독한 영화 「키즈」(Kids)의 각본을 썼던 하모니 코린은 감독 데뷔작 「검모」 (Gummo)와 그 뒤를 이은 여섯번째 도그마 영화 「줄리앙: 동키-보이」 (Julien : Donkey-Boy)로 주목받는 동시에 격한 비난 또한 감수해야 하는, 그야말로 논쟁을 불러일으키는 작가의 대열에 들어서게 되었다. 베르너 헤어초크-하모니 코린은 헤어초크의 1970년도 작품 「난쟁이도 작게 시작했다」 (Even Dwarfs Stared Small)를 생애 최고의 영화 가운데 하나로 꼽은 바 있다-구스 반 산트, 그리고 베르나르도 베르톨루치 등과 같은 감독들은 그를 열렬히 지지했던 반면, 미국 내 몇몇 비평가들은 코린에게 극도의 적대감을 나타냈다. 몇 가지 예를 들자면, 「검모」에 대해 조너선 로젠봄은 "시카고 사람들은 이 영화가 아직 여기서 상영되지 않고 있다는 사실에 감사해야 할 것"이라고 말했으며, 심지어 자넷 매슬린은 이 영화를 1997년 최악의 영화로 선정하기도 했다. 또한 짐 호버만은 하모니 코린에게 "본드 중독자들의 장 뤽 고다르"라는 경멸적인 별칭을 붙여주었다.

토마스 엘새서는 「디지털 시대의 영화」 서문에서 디지털 시대의 영화에 대한 그 자신만의 개인적인 견해를 피력하는데, 그에 따르면 디지털은 "새로운 방식으로 영화를 만들기 위한 도구가 아니라, 새로운 방식으로 사유하는 도

> " 나는 영화나 다큐멘터리에 리얼리즘이나 100퍼센트의 진실 같은 것이 있다고 생각하지 않거든요. 결국 영화란 거짓인 것이고, 당신이 훌륭한 거짓말쟁이라면 거짓말은 좋은 거지요. "

구"로 간주된다. 거기 덧붙여 이렇게 말할 수도 있을 것이다. 디지털 영화제작자들은 사유를 새로운 방식으로 촉발시킨 새로운 매체를 감싸안으면서, 응당 자신의 손을 거쳐 생산되는 텍스트 속에 그 사유의 흔적을 새겨넣어야 할 것이라고 말이다. 즉 디지털은 영화-두뇌를 재조직하고 이는 새로운 방식의 사유를 생산하며 생산된 사유는 매체와 함께 다시 재조직의 과정에 참여한다. 1990년대 후반 이후, 이미 많은 수의 디지털 영화들이 만들어져왔고 또 만들어지고 있지만 과연 그 영화들이 얼마만큼이나 이러한 요구에 응답하고 있었는가를 자문해보면 솔직히 다소 실망스러운 결론에 이르게 된다. 나는 여기서 그동안 새로운 영화가 존재하지 않았다고 말하려는 것이 아니다. 차라리 이렇게 말하고 싶다. 일찍이 발터 벤야민이 지적했던 기계복제 시대의 예술작품으로서의 영화에서 광범한 아우라(Aura)의 소멸은 아직 완수되지 않았으며 디지털이라는 새로운 매체의 발명과 함께 그 자신이 사유의 퇴행을 이끄는 억압적인 과거, 환영, 아우라가 되어버렸다고 말이다.

아무런 아우라도 없는, 대상에 대한 즉물적인 응시만이 남은 프레임을 생산해낸 우리 시대의 위대한 작가로 응당 장 뤽 고다르를 떠올릴 수 있을 것이다. 초기의 작품 「미치광이 피에로」(Pierrot le fou, 1965)와 같은 영화를 통해 고전주의의 폐허 위에서 기이한 낭만성을 끌어냈기도 했던 그는, 1982년 작품 「열정」(Passion)에서는 예의 유물론적인 차가운 응시를 통해 회화의 역사를 가로지르며 영화라는 기계장치가 왜 끝내 예술에 대한 반역, 자신의 이미지에 대한 부정으로밖에 남을 수 없는 것인지를 질문한다. 「열정」에, 그리고 「리어 왕」(King Lear, 1987)에 반복해서 등장하는 인용구 하나, "이미지는 그것이 무자비하거나 비현실적이기 때문이 아니라 관념들 간의 연합이 거리를 둔 것이고 적절하기 때문에 강력하다." 이 말은 진정 디지털 시대의 창조적인 영화제작의 예라 할 하모니 코린의 작업을 설명하는 데에도 약간의 도움을 줄 것이라 생각되는데, 정말이지 숨가쁘게 영화매체의 역사를 질주하면서 사유의 갱신을 자극해왔던 고다르의 영화들을 특징짓는 몇몇 요소들을 하모니 코린의 영화에서 다시 발견하는 것이 그리 어려운 일은 아니다.

보다 자세히 논하기 전에, 이제 갓 서른도 되지 않은 이 젊은 작가의 이력에 대해 잠깐 살펴보는 것도 도움이 될 것이다. 그는 1974년에 볼리나스라는 작은 마을에서 태어났고 10대 시절에 고향마을을 뛰쳐나와 뉴욕에 와서 그의 할머니 조이스 코린과 함께 살았다(조이스 코린은 「줄리앙: 동키-보이」에서 줄리앙의 할머니 역으로 출연하기도 했으며 그녀의 집 또한 촬영장소로 활용되었다). 그는 PBS의 지방 퍼블릭 액세스 프로그램 다큐멘터리 제작자였던 아버지 솔 코린을 따라 영화관을 찾기도 했는데, 그때 헤어초크의 「난쟁이도 작게 시작했다」를 보고 깊은 인상을 받았다고 한다. 그가 선호했던 영화작가들로는 헤어초크, 고다르, 그리고 라이너 베르너 파스빈더 등이 있고 찰스 로튼의 「사냥꾼의 밤」(Night of the Hunter, 1955)과 장 외스타슈의 「엄마와 창녀」(The Mother and the Whore, 1972) 또한 특별히 좋아했던 영화들로 꼽힌다. 배우 찰스 로튼이 감독한 유일한 영화였던 「사냥꾼의 밤」에서 드러나는 미국 내 작은 마을에 대한 불길하면서도 시적인 묘사는 「검모」에서 일부 감지되며, 하모니 코린이 각본을 쓴 「키즈」에서의 적나라하고 생생한 대사의 운용은 분명 외스타슈에게 빚지고 있는 것이다.

스케이트보드를 타고 친구들과 어울려 다니던 한 소년, "내가 내 자신의 삶과 모험에 대해 이야기할 수 있는 유일한 방법은 직접(그것에 대해) 쓰는 것"이라고 생각하는 하모니 코린은, 뉴욕의 한 공원에서 사진작가였던 래리 클락을 만나 「키즈」의 시나리오를 쓰게 되었다. 하모니 코린의 자전적인 경험을 토대로 한 「키즈」는 뉴욕 10대들의 충격적인 삶의 양상을 무엇보다 '말의 힘'을 통해 도발적이고 적나라하게 묘사하여 그가 악명을 떨치게 되는 계기가 되었지만, 사실 이 영화를 통해 하모니 코린이 얻은 가장 큰 수확은 칸 영화제에서 저명한—특히 레오 카락스의 「소년, 소녀를 만나다」(Boy Meets Girl, 1984), 「나쁜 피」(Mauvais Sang, 1986), 그리고 「퐁네프의 연인들」(Les Amant du Pont Neuf, 1991)로 잘 알려진—촬영감독 장 이브 에스코피에를 만나게 된 것, 그리고 제작자 캐리 우즈—래리 클락의 「키즈」, 하모니 코

「검모」의 줄거리를 요약한다는 것은 불가능한 일이다. 곳곳에 삽입된 이미지들은 상처를 현재 안으로 재기입시키는 역할을 한다.

린의 2편의 영화 외에도 구스 반 산트의 「드럭스토어 카우보이」(Drugstore Cowboy, 1989), 웨스 크레이븐의 「스크림」(Scream, 1996) 등을 제작했다—의 관심을 끌게 되었다는 것이라고 해야 옳을 것이다.

「키즈」가 발표되고 나서 2년 뒤, 하모니 코린은 자신이 유년기를 보냈던 테네시주 내슈빌 근교의 작은 마을에 돌아가 몇몇 전문배우들과 자신의 애인 클로에 세비니, 그리고 친구들을 데리고 만든 놀랄 만한 데뷔작 「검모」를 공개하게 된다. 이 영화의 무대는 몇 년 전에 불어닥친 토네이도로 인해 많은 사람들이 죽어나간 오하이오의 제니아(Xenia)라는 마을이다. 사실 이 영화의 이러한 설정 자체가 매우 흥미로운 것으로 여겨지는데, 영화는 그 역사를 거치면서 조금도 새로워지는 모습을 보여주지 못했다는 과감한 발언을 일삼은 하모니 코린이, 매체의 혁신을 실험할 무대로 온전히 스스로의 개인사의 뿌리가 되는 시·공간을 선택하고 있기 때문이다. 실제로 오하이오의 제니아라는 마을은 1974년에 불어닥친 토네이도로 인해 심각한 피해를 입었으며, 그해는 바로 코린 자신이 출생한 해이기도 하다. 또한 그해에 정치적으로는 워터게이트 사건으로 인해 구설수에 올랐던 닉슨 대통령이 마침내 사임했고, 경제적으로 미국은 심각한 경기침체에 시달렸다. 「검모」의 로케이션 장소에 대한 제작자 캐리 우즈의 말도 새겨들을 만한 것이다. "내슈빌 중심가로부터 불과 5분 거리에 있는 곳, 바로 미국의 중심부에서 우리는 그러한 것들을 보게 된다." 그러나 단지 이러한 것이 「검모」를 의미 있는 영화로 만드는 것은 아니다.

「줄리앙: 동키-보이」. 이 영화는 미국영화에서 매우 낯선 아버지상을 제시하면서 정면으로 가족 내부로 미끄러져 들어간다.

맥락이 없고 줄거리가 없다면?

나는 앞에서 디지털 시대의 영화란 응당 새로운 방식으로 사유를 가능하게 만들어야 한다는 엘새서의 말을 인용한 바 있다. 「검모」는 바로 그것이 어떠한 방식이 되어야 하는 것인가를 예시하는 영화다(물론 이를 보다 명확하게 드러낸 영화는 하모니 코린의 두번째 영화인 「줄리앙: 동키-보이」다). 잠시 「디지털 시대의 글쓰기」 앞부분에서 논의된 문자와 역사의 관계에 대한 빌렘 플루서의 고찰을 영화 안으로 끌어들여보자. 영화의 서사란 으레 몇 개의 혼돈을, 혹은 엔트로피를 제시하고 그것을 다시 '정신'의 힘에 의거하여 질서로 나아가게 하는 과정이다. 이것은 매우 비자연적인 과정이지만 문자적 사고의 유산을 이어받은 영화가 하나의 역사를 구축하는 방식이기도 한 것이다. 반면 하모니 코린은 「검모」에서 기이한 행태를 보여주는 여러 인물 군상들—공기총으로 주인 없는 고양이를 쏘아죽여 팔아먹는 터믈러와 솔로몬, 부모를 살해하고 자신들끼리 '행복한' 생활을 누리는 스킨헤드 형제, 풋풋이라는 고양이를 키우는 헬렌, 다트, 다비 자매, 식물인간이 된 할머니를 부양하는 게이 소년, 스케이트 보드를 가지고 다니며 마을을 배회하는 토끼소년, 그리고 헤어초크와 파스빈더 모두에 대한 기괴한 오마쥬처럼 보이는 난쟁이 혹인 게이 등등—을 제시하고 이들이 벌이는 몇몇 사건들을 삽화적으로 배치함으로써 서사를 극도로 분산시키지만 끝내 그 인물들과 삽화들을 관통하는 중심축을 제시하지 않는다. 그런 까닭에 「검모」의 줄거리를 요약하는 것

「줄리앙: 동키-보이」. 이 영화는 가족들을 하나하나 소개하면서 다시금 중심 없는 분산된 서사로 서서히 흩어져간다.

은 불가능하기도 하거니와 전혀 의미 없는 일이 되고 만다. 이러한 특징은 분명 하모니 코린이 고다르에게서 배운 것으로서 로브트 알트만의 「숏 컷」(Short Cuts, 1993)이나 폴 토마스 앤더슨의 「매그놀리아」(Magnolia, 2000)가 영화 말미에 배치된 재앙(지진, 개구리비)이라는 커다란 사건을 통해 관객에게 정서적인 통합—그것이 냉소적인 심판이든 카타르시스이든 간에—을 제공하는 것과 비교해보면 그 차이가 더욱 두드러져 보인다. 나는 여기서 굳이 그 영화들의 가치를 평가절하하기 위해 알트만과 앤더슨의 영화를 끌어들인 것이 아니다. 「검모」에서 재앙은 최후에 등장하는 거대한 무엇이 아니라 이미 오래 전에 벌어진 사건(토네이도)이다. 여기엔 어떠한 심판도, 치유의 과정도 존재하지 않는다. 영화 말미에 제니아 마을에 내리는 비는 그저 풍경을 조금 더 쓸쓸하게 만들 뿐, 터블러와 솔로몬은 여전히 공기총으로 고양이를 쏘아대고, 토끼소년은 죽은 고양이의 시체를 들고 와 우리의 눈 앞에 보란 듯이 갖다댄다.

「검모」곳곳에 삽입된 핸드헬드로 찍힌 거친 비디오 이미지들은 과거의 재앙이 현재에 남긴 상처를 기록함과 동시에 상처를 현재 안으로 재기입시키는 역할을 하고 있다. 왜냐하면 필름으로 찍혀진 이미지들 사이로 아무런 맥락 없이 불쑥 삽입되곤 하는 이 이미지들은 삽시간에 현재를 과거의 재앙 속에 포개버리면서 과거의 사건이 언제라도 망각의 틈을 비집고 솟아나올 수 있음을 강조하는 것이기 때문이다. 특히 도입부에서는 노스탤지어적인 회고담과는 거리가 먼 이미지들 위로 초현실적인 느낌을 환기시키는 과거에 관한 내레이션들이 겹쳐진다. 이때 하모니 코린은 묵시론적인 비전을 보여준 몇몇 헤어초크 영화를 독특한 방식으로 전유하고 있다(사실 「검모」에서는, 헤어초크의 「난쟁이도 작게 시작했다」뿐 아니라 「파타 모르가나」(Fata Morgana, 1970)와 같은 다큐멘터리, 그리고 기이한 배우 브루노 S.가 출연한 「슈트로첵」(Stroszek, 1977)의 영향 또한 두드러져 보인다). 「검모」의 도입부에 나오는 솔로몬의 내레이션을 일부 옮겨보았다.

몇 년 전, 토네이도가 이곳을 강타했다. 그것은 곳곳의 사람들을 죽음으로 몰고갔다. 개들이 죽었고, 고양이들이 죽었다. 집들은 박살이 났고…… 나뭇가지들에 걸려 있는 목걸이들을 볼 수 있었다. 사람의 다리와 목뼈들이 튀어나오고 있었다. 올리버는 그의 지붕 위에서 다리 하나를 발견했다. 여러 사람의 아버지들이 토네이도에 의해 죽어갔다. 나는 공중으로 날아가는 한 소녀를 보았다. 그리고 그녀의 스커트를 올려다보았다. 그 애의 머리통은 박살이 났다. 그리고 몇몇 아이들이 죽었다. 이웃집 사람은 집 안에서 죽었다. 그는 더러운 자전거와 삼륜차를 몰고다니곤 했다. 사람들은 그의 머리를 찾지 못했다. 난 언제나 그것이 우습다고 생각했다.

하모니 코린의 「검모」는 그 내부적으로 하나의 역사를 구성하지는 않지만, 그 불완전하고 거친 이미지들 및 그 이미지들 위로 들려오는 이접적(disjunctive) 내레이션을 통해 현재에 생채기를 내는 방식으로 일종의 대항-역사(counter-history)를, 노스탤지어 없는 불온한 사적(私的) 기억을 '퍼뜨린다'.

과격한 형상파괴주의자를 위하여

「검모」에서 하모니 코린이 활용한 비디오 이미지들은 덴마크의 이른바 '도그마 95' 그룹의 관심을 끌게 된다. 그는 다른 이의 추천에 이끌려 뉴욕 필름 페스티벌에서 첫번째 도그마 영화인 토마스 빈터베르크의 「셀레브레이션」(Celebration, 1998)을 보고 매우 마음에 들어했는데, 그 영화를 보고 난 지 일주일 후 빈터베르크로부터 이미 라스 폰 트리에와도 이야기가 되었으니 도그마에 합류하지 않겠느냐는 전화연락을 받게 된다. 하모니 코린은 동의했고 자신이 「검모」에서 실험했던 비디오의 미학을 보다 확장시켜보고자 하는 야심을 품었다. 그는 비디오 매체가 자신을 가장 흥분시켰던 이유로 그것의 '친밀성'(intimacy)을 꼽은 바 있는데, 디지털 영화 「줄리앙: 동키-보이」는 그러한 관념을 거의 극단으로 몰아간 영화로 간주될 수 있을 것이다 (여기서 그는 30대의 디지털 카메라를 한꺼번에 사용하기도 했다). 또한 「키즈」와 「검모」가 아버지가 배제된 공간에서 펼쳐지는 사악한 아이들의 드라마였다면, 「줄리앙: 동키-보이」는 미국영화에서 매우 낯선 아버지상을 제시하면서 정면으로 가족 내부로 미끄러져 들어간다. 여기에 아버지 역으로 베르너 헤어초크가 캐스팅된 것은 더할 나위 없이 적절한 선택으로 보여진다. 또한 하모니 코린은 줄리앙의 할머니 역으로 자신의 친할머니인 조이스 코린을, 줄리앙의 여동생이자 그의 아이를 임신한 펄 역에 여자친구인 클로에 세비니를 캐스팅하고, 줄리앙 역을 맡은 배우 이웬 브렘너를 자신의 삼촌 에디가 입원해 있는 정신병원에서 6주간 일하도록 했다. 그리고 「줄리앙: 동키-보이」는 바로 그 삼촌 에디에게 헌정되었다.

「검모」에서 토끼소년이 카메라를 향해 고양이 시체를 들이댄 것과 유사하게, 「줄리앙: 동키-보이」는 정신병자 줄리앙이 거북이를 가지고 놀던 한 소년을 때려죽이는 장면, 사실 카메라 그 자체를 가격하고 때려 눕히는 장면으로 시작한다. 이후 영화는 줄리앙의 가족들을 하나하나 소개하면서 다시금 중심 없는 분산된 서사로 서서히 흩어져간다. 방 안에서 방독면을 쓰고 음악을 듣는 아버지, 그 아버지에게서 '진짜 남자'이자 '승리자'가 되라는 훈계를 들으며 강박적으로 레슬링 연습에 힘쓰는 줄리앙의 동생 크리스, 무용 연습과 하프 연주가 취미이며 줄리앙의 아이를 밴 펄, 강아지 데리고 노는 것 말고는 하는 일이 없는 할머니가 줄리앙의 가족들이다. 그런데 하모니 코린은 이러한 각각의 캐릭터들을 점점 발전시키고 그들 간의 갈등을 추적하는 대신, 줄리앙의 친구인 맹인들의 볼링장면이나 기괴한 파티장면, 교외와 도심을 배회하는 줄리앙과 펄의 모습, 흑인교회에서의 열정적인 예배장면, 발로 드럼을 치는 팔 없는 드럼 주자와 그 앞에서 춤추는 뚱뚱한 흑인여자가 나오는 장면 등으로 자꾸 서사의 진행을 차단시킨다. 또한 극단적인 클로즈업 촬영과 후반작업 처리를 통한 형상의 완전한 붕괴까지 덧붙여져 영화의 전통적인 미학적 양식들은 거의 찾아볼 수 없게 되어버린다(평론가 로저 에버트의 표현을 빌리면 「블레어 윗치」(Blair Witch) 스태프들에 의해 찍힌 「프릭스」 (Freaks, 토드 브라우닝, 1932)). 이때 우리는 하모니 코린에 대한 영향관계를 추적하기 위해 간혹 불려 나오는 존 카사베테스나 스탠 브래키지를 떠올려볼 수도 있을 것이다. 심지어 어떤 장면에서는 이미지 상의 점프 컷과 더불어 사운드 트랙 상에서도 단절이 이루어져 아예 인물들이 주고받는 대사를 알아들을 수조차 없게 되는 경우도 있다. 한마디로 하모니 코린은 도그마 그룹의 그 누구보다도 가장 '도그마다운' 영화를 만듦과 동시에 한편으로는 도그마의 이상—이른바 "순수의 서약"—자체를 조롱거리가 되게 해버린 것이다(그가 도그마의 계율을 지키기 위해 영화 촬영 전 그의 애인 클로에 세비니를 실제로 임신시켜보려 했으나 잘 되지 않아 어쩔 수 없이 할머니 집에 있는 베개를 사용해야 했다고 밝힌 것은 그저 농담이라 치부해버리기엔 좀 날카로운 구석이 있다. 그래도 그 베개는 현장에서 구할 수 있는 소품을 쓴 것이었으니 계율을 크게 어긴 것은 아니라고 덧붙인다). 하모니 코린은 이 영화 제작 이후 구스 반 산트와 가진 대담에서 영화미학에 대한 자신의 견해를 다음과 같이 제시한다.

나는 「줄리앙: 동키-보이」가 영화에서의 리얼리즘 개념을 끝장내버리기를 원했어요. 왜냐하면 나는 영화나 다큐멘터리에 리얼리즘이나 100퍼센트의 진실 같은 것이 있다고 생각하지 않거든요. 결국 영화란 거짓인 것이고, 당신이 훌륭한 거짓말쟁이라면 거짓말은 좋은 거지요. 베르너(헤어초크)와 나는 이에 대해 많은 이야기를 나누었어요. 영화에는 기본적으로 진실 이상의 훨씬 대단한 무언가가 있는 거예요. 한 편의 영화 위를 배회하는 일종의 시적 진실(poetic truth), 거의 신적인 무언가가 있는 거예요. 내게 있어서, 위대한 예술작품들이란 당신이 거기서 감독이나 예술가가 관념들을 따라잡는 것을 알아볼 수 없는 어떤 수준에 존재하는 거예요. 어떤 면에선 일종의 성서적인(Biblical) 부분을 취하는 것이죠. ……(중략)……「사냥꾼의 밤」이나「잔다르크의 열정」(The Passion Of Joan Of Arc, 1928)을 볼 때……(중략)……그건 흡사 하늘에서 떨어진 영화처럼 보여요. 나는 그런 종류의 느낌을 지닌 영화를 만들고 싶었어요. 그리고 나는 그 영화를 다른 수준으로 가지고 가길 원했어요. 그래서 난 여러 대의 카메라를 사용했고, 몰래 카메라를 가지고 배우들을 다루는 것에 대해 곰곰 생각해보기 시작했죠.

이는 헤어초크적인 관념—이를테면 '시적 진실' 같은—에 일부 물들어 있는 것으로, 그래서 다소 소박하고 신비적인 측면이 깃들어 있는 것으로 여겨지기도 한다. 그러나 한편으로는 구스 반 산트가 하모니 코린의 영화는 관객을 단순히 관음증적인 위치에 머물게 하지 않고 하나의 참여자로 만든다고 지적하면서 언급한 "인물들 사이에 있는 무언의 존재"를 떠올리게 만든다는 점에서 흥미롭다. 서사의 진행과 캐릭터의 발전에 대한 거부, 친밀함을 넘어 때로 거의 폭력적인 느낌까지 불러일으키는 클로즈업과 줌 렌즈의 사용, 육체와 사물을 산산이 흩어진 채 스크린을 부유하는 입자들로 전환시켜버리는 디지털의 질감 등 사실상 하모니 코린은 흔히 회피되어야 할 것, '영화적' 아우라를 파괴하는 것으로 여겨져왔던 거의 모든 요소들을 끌어들여 일종의 반(反)미학으로 향한다. 그러니까 「줄리앙: 동키-보이」를 감싸고 있는 묘한 아름다움과 슬픔은 마침내 디지털 시대에 다다른 영화의 시체로부터 마지막으로 빠져나오고 있는 독한 향내에 다름 아닌 것이다. 마치 어머니의 자궁 속으로 돌아가듯 이불 속에 들어가 누운 줄리앙이 안고 있는 죽은 아기의 시체로부터 풍겨나오는 죽음의 냄새. 한 가지 덧붙이자면, 옥타비오 파스는 현대의 예술은 우리에게 육체에 대한 이미지를 제공하지 않는다고 말하면서, 또한 육체의 이미지는 창조되는 것이 아니라 세계라는 실체의 한 열매처럼 움트고 시작되는 것이라고 보았다. '육체와 세계는 서로 포옹하거나 떨어지며, 서로 반사되거나 거부되는 것'이기에, 실체를 지니지 못한 우리에게 하모니 코린의 영화는 그에 상응하는 육체의 이미지를 제시하는 묵시적인 악몽처럼 나타난 것이다.

「검모」와 「줄리앙: 동키-보이」 사이에 하모니 코린은 소설 「A crackup at the race riots」(1998)를 발표하였고, 최근에는 래리 클락의 신작 「켄 파크」(Ken Park)의 각본작업에 참여하였다. 이제 갓 서른이 되어가는 이 젊은 작가가 앞으로 어떠하리라는 것에 대해 말하기는 너무 이르다. 다만 기대를 안고 기다릴 수 있을 뿐이다. 마지막으로, 다음과 같은 벤야민의 말은 흡사 이 과격한 형상파괴주의자를 위해 준비된 것인 양 보인다. "파괴적 성격은 인생이 살 값어치가 있다는 감정에서 사는 것이 아니라 자살할 만한 값어치가 없다는 감정에서 살아가는 것이다."

유운성 서울대학교 물리교육과를 졸업했으며 재학시절 '영화연구회 얄라셩'에서 활동했다. 2001년 제6회 『씨네21』 영화평론상 공모에서 당선된 후 영화평론가로 활동하고 있다. 현재는 한국예술종합학교 영상원 영상이론과에 재학 중이며 영화사 및 영화이론을 공부하고 있다.

용어와 개념 풀이

도그마 영화
덴마크 영화감독 라스 폰 트리에와 토마스 빈터베르크가 1995년 3월에 이른바 '순수의 서약(the vow of chastity)'을 발표하고 영화 본연의 순수성을 되찾기 위해 영화창작에 있어서 이를 엄수할 것을 공표하면서 시작되었다. 이 서약은 다음과 같은 조항들로 이루어져 있다. 촬영은 반드시 로케이션을 통해 이루어져야 하며, 사운드는 이미지와 분리되어서는 안 되고, 삼각대 없이 촬영되어야 하며, 옵티컬 작업과 필터 사용을 금한다 등등. 토마스 빈터베르크의 「셀레브레이션」과 라스 폰 트리에의 「백치들」이 1998년 칸 영화제를 통해 동시에 공개되면서 세간의 주목을 끌게 된다.

미장-카드르 mise-en-cadre
프랑스어로 여기서 'cadre'는 액자, 틀 등의 뜻인데, 화면에 보이게 될 것을 선택하고 구성하기 위한 프레이밍(framing)을 의미한다.

핸드헬드 hand-held
카메라를 삼각대 위에 고정시키지 않고 손으로 들고 찍는 촬영방식을 지칭하는 영화용어.

이접적 내레이션 disjunctive narration
화면에 보이는 이미지들을 직접적으로 설명하거나 그들과 관련을 맺지 않는 내레이션. 이때 관객은 이미지와 사운드(내레이션) 사이의 부조화 내지는 불일치, 충돌로부터 실제로 '보여지는/들려지는 것' 이상의 의미를 구성할 수 있을 것으로 가정된다.

하모니 코린은 말한다

- 나는 「줄리앙: 동키-보이」가 영화에서의 리얼리즘 개념을 끝장내버리기를 원했어요. 왜냐하면 나는 영화나 다큐멘터리에 리얼리즘이나 100퍼센트의 진실 같은 것이 있다고 생각하지 않거든요. 결국 영화란 거짓인 것이고, 당신이 훌륭한 거짓말쟁이라면 거짓말은 좋은 거지요.

- 만일 바그너가 지금 살고 있었다면, 그는 아마 음악 대신에 영화로 작업을 했을 것이다.

- 내가 영화의 역사—말하자면, D.W. 그리피스에 의해 만들어진 초기의 상업적인 내러티브 영화들—를 살펴볼 때, 그리고 지금의 영화들이 놓여 있는 자리를 바라볼 때, 나는 영화들이 만들어지고 보여지는 방식에 있어서 거의 진보를 찾을 수 없는데, 난 그런 게 지겹다. 영화는 훨씬 더 대단한 것이 될 수 있다.

- 나는 사건들이 거기서 막 발생하고 있는 일종의 극도로 카오스적인(ultrachaotic) 환경을 창조해내고 나서, 그런 것에 아랑곳하지 않은 채 그 사건들을 담아내기를 바란다.

참고사항

「키즈」(Kids, 1995)
감독: 래리 클락/각본: 하모니 코린/제작: 캐리 우즈/촬영: 에릭 앨런 에드워즈
편집: 크리스토퍼 텔프슨/출연: 레오 피츠패트릭, 클로에 세비니, 로사리오 도슨

「켄 파크」(Ken Park, 2002)
감독: 래리 클락, 에드워드 라흐만/각본: 하모니 코린/제작: 키스 커샌더, 장 루이 필
촬영: 래리 클락, 에드워드 라흐만/편집: 존 드미오
출연: 제임스 랜슨, 티파니 리모스, 스티븐 재소

「검모」(Gummo, 1997)
감독, 각본: 하모니 코린/제작: 캐리 우즈/촬영: 장-이브 에스코피에
편집: 크리스토퍼 텔프슨/출연: 제이콥 시웰, 닉 서튼, 제이콥 레이놀즈, 클로에 세비니

「줄리앙: 동키-보이」(Julien: Donkey-Boy, 1999)
감독, 각본: 하모니 코린/제작: 캐리 우즈, 로빈 오하라, 스코트 맥콜레이
촬영: 안소니 도드 맨틀/편집: 발디스 오스카스도티르
출연: 이웬 브렘너, 클로에 세비니, 베르너 헤어조크

데이비드 핀처 *David Fincher*

악마성, 고통만이 관객을 유혹한다

김봉석 영화평론가

할리우드에서 예술적 욕망을 그려내다

할리우드의 목표는 단 한 가지, 높은 수익을 올리는 영화를 만드는 것이다. 예술 영화를 지향하는 제작자나 독립 프로덕션이 있기도 하지만, 할리우드를 좌지우지하는 메이저 스튜디오의 단 한 가지 동력은 수익률이다. 예술영화도 수익을 올릴 때 가치가 있다는 것이 할리우드의 불문율이다. 할리우드에서 살아남는 방법은 위대한 영화를 만드는 것이 아니라, 많은 돈을 벌어들이는 영화를 만드는 것이다. 위대한 걸작으로 칭송되는 「블레이드 러너」(Blade Runner, 1982)를 만든 리들리 스코트(Ridley Scott) 감독은 연출한 영화들의 연속된 실패로 한동안 침묵을 지키다가 「글래디에이터」(Gladiator, 2000)로 재기한 후 "앞으로는 대중들이 좋아할 영화를 만들 것이다"라고 공언했다. 「시계태엽 오렌지」(A Clockwork Orange, 1971), 「2001 스페이스 오딧세이」(2001: A Space Odyssey, 1968), 「샤이닝」(The Shining, 1980) 등 영화사에 남을 걸작을 만들어낸 스탠리 큐브릭(Stanley Kubrick)은, 톰 크루즈의 개인적인 야심으로 제작된 「아이즈 와이드 셧」(Eyes Wide Shut, 1999)을 만들 때까지 10여 년 간 할리우드로 돌아오지 못했다. 자신의 예술적 욕망을 일관되게 구현한 영화를 할리우드에서 만든다는 것은 쉬운 일이 아니다. 할리우드 내에서 자신의 영화를 마음대로, 정말 자신의 의지와 욕망대로 만들 수 있는 감독은 스티븐 스필버그(Steven Spielberg)와 제임스 카메론(James Cameron) 등 손에 꼽을 정도다. 그 누구도 제작자의 요구와 시장의 검열에서 벗어나기는 힘들다. 미리 두 개의 엔딩을 찍어놓고 시사회 반

> 문명의 행복과 안정에 물들어 있는 우리가 야수의 매력을 찾아내는 가장 빠른 방법은, 야수의 룰에 동참하는 것이다. '고통 또한 희열'이라는 것에 동의만 한다면, 핀처의 영화는 극단적이지만 황홀한 기쁨을 안겨준다. 그것은 또한 고통이다. 핀처의 영화에는 시각적인 충격이 던져주는 아찔한 아픔이 있다.

응에 따라 하나를 결정하는 경우도 허다하다. 할리우드에서 예술가는 살아남기 힘들다. 그것은 진리다.

그러나 데이비드 핀처의 경우는 다르다. 「에이리언 3」(Alien 3, 1992)로 데뷔한 데이비드 핀처는 「세븐」(Seven, 1995)으로 할리우드를 뒤집어 놓았다. 「세븐」시나리오를 보았던 할리우드의 제작자와 감독들은 절대 성공할 수 없을 것이라고 생각했다. 지독하게 음울한 이야기이고, 비극적이며 절망적인 엔딩은 할리우드 상업영화의 모든 공식에서 벗어나 있었다. 누구나 뛰어난 시나리오라는 것에는 동감했지만, 「세븐」은 수많은 제작자의 손을 떠돌 수밖에 없었다.

아놀드 코펠슨(Arnold Kopelson)이 마침내 제작을 결정했을 때에도, 「세븐」이 많은 수익을 올리리라고는 생각하지 않았다. 「세븐」은 모든 것에서 일탈적이었다. 백인 주인공은 연애를 하지 않고, 흑인은 백인의 조수가 아니라 스승이다. 사건은 점차 증폭되는 것이 아니라 빗물에 쓸려나가듯 희미해지고, 반전은 엉뚱하게 범인이 자수하면서 일어난다. 결말은 할리우드가 극단적으로 싫어하는 비극, 그것도 도저히 끝을 볼 수 없는 절망이다. 어떤 희망이나 설레임도 가질 수 없는 극단적인 절망. 하지만 「세븐」은 북미에서만 1억 달러를 넘는 흥행기록을 세웠고, 평단에서는 '네오 누아르'의 시작이라며 극찬을 보냈다.

「세븐」은 데이비드 핀처의 예술적 욕망을 그대로 재현하면서 관객의 호응까지 얻은 보기 드문 영화가 되었다. 세기말에 만든 「파이트 클럽」(Fight Club, 1999) 역시 논쟁은 극심했지만, 데이비드 핀처와 관객 그리고 평론가까지 행복하게 공유할 수 있었던 걸작으로 탄생했다. 「파이트 클럽」은 할리우드 스튜디오 시스템에서 탄생할 수 있는 극히 드물지만, 최상의 결과물이 된 것이다.

내 안에는 악마가 살아 있다

데이비드 핀처의 영화를 보는 일은, 고통의 시간으로 들어가는 것이다. 핀처의 영화는 육체와 영혼의 고통으로 가득하다. 「세븐」과 「파이트 클럽」의 인물들은 상처받고, 빼앗기고, 좌절한다. 어디로든 도망칠 곳이 없다. 지독하고 잔인한 운명의 굴레에서 누구도 벗어날 수 없음을 비극적으로 드러내는 범죄물 「세븐」과 주먹에 맞서서 이빨이 부러지고

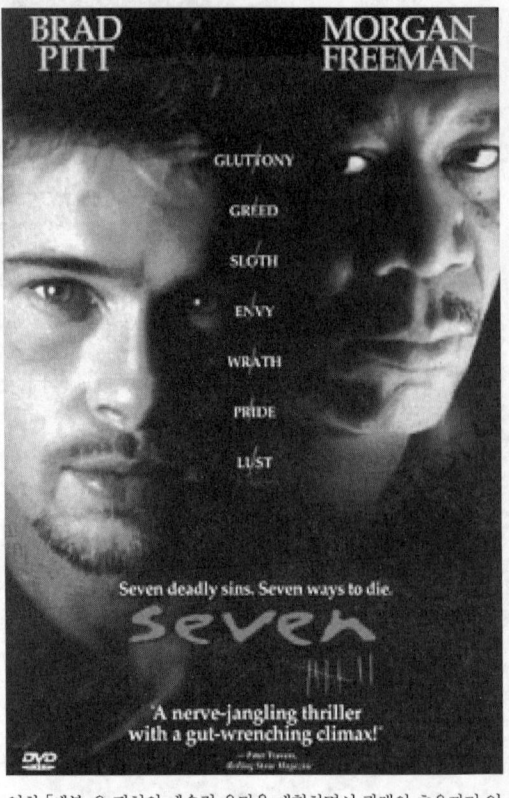

영화 「세븐」은 핀처의 예술적 욕망을 재현하면서 관객의 호응까지 얻은 보기 드문 영화가 되었다.

선지피를 토해내는 성인들의 과격한 동화 「파이트 클럽」은 가장 암울하고, 지나치다는 생각이 들 정도로 폭력적이다. 핀처는 자신의 영화를 보러오는 관객에게 통상의 오락영화가 안겨주는 즐거움을 담은 생각 같은 것은 아예 하지 않는다. 그는 스스로 "나에겐 결코 당신이 상상하지 못할 악마가 있다"고 태연하게 말하는 사람이다. 그 '악마성' 덕택에 핀처는 현재 가장 미래를 촉망받는 할리우드 감독이며, 스튜디오 시스템이 배출해낸 이상한 작가가 되었다. 할리우드에서는 거의 찾아볼 수 없는 정글의 '야수'(野獸)가 급작스럽게 튀어나온 것이다.

문명의 행복과 안정에 물들어 있는 우리가 야수의 매력을 찾아내는 가장 빠른 방법은, 야수의 룰에 동참하는 것이다. '고통 또한 희열'이라는 것에 동의만 한다면, 핀처의 영화는 극단적이지만 황홀한 기쁨을 안겨준다. 그것은 또한 고통이다. 핀처의 영화에는 시각적인 충격이 던져주는 아찔한 아픔이 있다. '이미지의 시인'이라고 불리는 데이비드 핀처의 영화는 우리들 인간의

고통 또는 희열이라는 것에 동의한다면 핀처의 영화는 극단적이지만 황홀한 기쁨을 안겨준다.

감각에서 아직 미지의 영역을 찾아내고, 자극하고, 확장한다. 관객의 기대를 충족시키고, 뒤섞어버리고, 이내 부숴버린다. 사상이든, 테크닉이든 데이비드 핀처는 언제나 첨단과 경계의 아슬아슬한 스릴을 즐긴다. 데이비드 핀처는 어디에도 속하지 않고, 누구의 비난과 칭찬에도 구애받지 않는 천재적인 무정부주의자다. 「세븐」과 「파이트 클럽」은 할리우드 영화만이 아니라, 영화라는 예술 장르의 극한에 서 있는 영화이다. 사상적으로는 극단적인 무정부주의와 비관주의를 드러내고 있고, 기술적으로는 현실의 어둠을 가장 예리하게 담아내면서 촬영과 조명의 기술적 한계를 돌파해냈다. 데이비드 핀처의 영화는 사상적으로 극단적이고, 기술적으로도 기존의 한계를 뛰어넘기 위하여 모든 시도를 아끼지 않는다.

촬영 스태프에서 일급 흥행 감독으로

데이비드 핀처는 1962년 덴버에서 태어났다. 영화계로 뛰어든 것은 18살. 1981년부터 83년까지 조지 루카스(George Lucas)가 설립한 특수효과 회사 ILM에서 일하며 「스타 워즈 에피소드 6: 제다이의 귀환」의 미니어처와 시각효과에도 참여했다. 한때 조지 루카스 이외에 「스타워즈」 시리즈를 만들 가능성이 있는 감독들이 거명되었을 때, 데이비드 핀처의 이름이 오른 것은 그 경력 때문이다. 1984년에는 볼프강 페터슨의 「네버 엔딩 스토리」, 스티븐 스필버그의 「인디아나 존스」 등에서 매트 촬영 스태프(푸른색의 매트를 뒤에 두고 배우들의 연기를 담은 실사촬영분과 그림이나 모형으로 만든 특수효과를 촬영하여 합성하는 일)로도 일했다.

영화사의 특수효과 부서에서 주로 일하던 데이비드 핀처는 1980년대 후반 광고와 뮤직 비디오 제작사로 들어간다. 후일 영화판에서 같이 일하게 된 도미닉 세나(「칼리포니아」와 「60세컨즈」의 감독), 나이젤 딕(B급영화인 「죽음의 음모」와 「라이트 아웃」의 감독), 그렉 골드 등이 당시의 동료다. 이 시기에 데이비드 핀처는 나이키, 코카 콜라, 버드와이저, 하이네켄, 펩시, 리바이스, 샤넬 등의 상업광고와 마돈나, 스팅, 롤링 스톤스, 마이클 잭슨, 에어로스미스, 조지 마이클, 이기 팝, 월플라워스 등의 뮤직 비디오를 찍었다. 광고에서는 클리오 상을 받고, 뮤직 비디오에서도 열렬한 찬사를 받는 등 데이비드 핀처의 도발적인 영상감각은 실험

영화 「파이트 클럽」의 한 장면. 마초이즘과 파시즘의 경계에 아슬아슬하게 놓여 있는 이 영화는 한 남자의 자기분열적 욕망과 초월에 관한 이야기다.

적인 영상이 얼마든지 가능한 광고와 뮤직 비디오에서 활짝 피어났다. 데이비드 핀처는 스토리에 구애받지 않고, 자신이 원하는 '영상'을 자유롭게 표현할 수 있는 뮤직 비디오를 지금도 끊임없이 만들고 있다.

광고와 뮤직 비디오를 만들면서 인정받은 데이비드 핀처는 1992년 「에이리언 3」의 감독에 발탁된다. 리들리 스코트에 이어 제임스 카메론이 2편을 찍으며 최고의 프랜차이즈로 떠오른 「에이리언」 시리즈의 감독으로 신인이 발탁된 것은 이례적인 일이다. 데이비드 핀처의 발탁은 우선 뮤직 비디오에서 보여준 영상 감각이 탁월했고, 특히 마돈나의 「보그」와 「익스프레스 유어셀프」 등에서 여성의 신체를 '파워풀'하게 잡아낸 것이 이유였다. 제작사인 20세기 폭스는 여전사 리플리와 에이리언의 '전투'를 그려내는 최적의 감독이 데이비드 핀처라고 판단한 것이다.

정작 만들어진 「에이리언 3」는 묘하다. 에이리언과의 전투를 마치고 수면에 들어갔던 리플리는 감옥행성 플로리나 161에 불시착한다. 함께 도망친 동료들은 우주선에 숨어 들어온 에이리언 때문에 모두 죽어 있다. 리플리만 살

아 있는 것은, 그녀가 에이리언의 숙주가 되었기 때문이다. 영화의 배경인 플로리나는 어둡고, 척박하고, 음울하다. 벌레 때문에 모두 머리를 밀어야 하기 때문에 시고니 위버도 대머리로 나온다. 「에이리언 3」는 지나치게 우울하고, 관객이 좋아하는 액션도 별로 없고, 리플리는 에이리언의 아이(원죄)를 몸속에 품고 자살하는 최악의 엔딩이다. 표범을 모델로 다시 디자인한 형상의 에이리언이 좁은 동굴을 쏜살같이 달려가는 장면은 핀처의 영상 감각을 훌륭하게 드러내는 것이지만, 호쾌하거나 신나는 게 아니라 우울하다. 그러나 역으로 그 모든 '우울함'을 핀처가 의도한 것이란 점에서 「에이리언 3」는 의미를 갖는다. 핀처의 극단적으로 절망적인 세계관은 「세븐」 이전에 이미 데뷔작인 「에이리언 3」에서 시작된 것이다. 데이비드 핀처는 데뷔작부터 일관되게 비관적이고 우울한 지옥도를 그려낸다.

우아하면서도 정신병적인

「에이리언 3」로 불안한 출발을 했던 데이비드 핀처는 「세븐」으로 전인미답의 영토에 발을 들여놓는다. 언제나 비가 내리고, 형사들이 집 안에 들어서면 전등이 아니라 플래쉬를 켜는 이상한 도시. 시간과 공간이 멈추어버린, 전진이나 변화가 절대 불가능한 것처럼 느껴지는 눅눅한 도시. '네오 누아르'라고 명명된 「세븐」의 영토는 이전의 어떤 영화에서도 감히 경험하지 못했던 현실의 지옥도다. 그런데 보고 있으면 그 도시가, 지금 우리가 살고 있는 도시라고 착각하게 된다. 데이비드 핀처는 현실이라고는 도저히 믿기지 않는 도시에서, 우리가 일상을 살고 있음을 일깨워준다. 시나리오 작가 케빈 앤드류 워커가 쓴 「세븐」은 지독하게 가라앉은 암울한 정서와 극단적인 엔딩 때문에 메이저에서 제작하기는 힘든 영화였다. 예를 들어 케빈 앤드류 워커의 시나리오 「8밀리」는 조엘 슈마커 연출로 만들어졌지만, 암울하고 비관적인 결말은 해피 엔딩으로 바뀌었다. 대부분의 할리우드 제작사와 감독은 앤드류 워커의 '비극'을 받아들이지 않는다. 데이비드 핀처만이 그의 의도를 훌륭하게 살려내면서, 위대한 걸작으로 승화시켜냈다.

「세븐」의 '힘'을 감지한 제작자 아놀드 코펠슨은 「세븐」의 제작을 결정했고 과감하게 인기 스타인 브래드 피트를 영입했다. 단지 잘생긴 미국 남자에 불과했던 브래드 피트도 「세븐」과의 만남으로 그림자를 얻었고, 진정한 연기에 눈을 뜨게 되었다.

"우리 시대에는 불황도 없었고 전쟁도 없었어. 우리의 전쟁은 영적인 것이고 우리의 불황이 우리의 삶이지.",「파이트 클럽」중에서.

일곱 가지 대죄를 저지른 사람을 찾아, 성경의 말씀대로 살인을 저지르는 남자. 그 죄악이란 게으름, 질투, 탐욕, 폭식처럼 우리 모두가 일상에서 저지르는 것이다. 그러니 우리 모두가「세븐」의 희생자들이 되어야 할 이유는 충분하다. 데이비드 핀처는 우리들이 고통받아야 한다고 생각한다. 관객들이 고통받고, 그 고통의 의미를 느끼기를 간절하게 원한다. "영화가 꼭 사람을 즐겁게 해야 한다고 생각하지 않는다. 관객에게 과자를 던져주는 것에는 흥미가 없다." 데이비드 핀처는 관객이 불편하고, 영화를 보면서 피를 흘리기를 원한다. "나는 영화가 남겨주는 상흔에 더 관심이 있다. 내가「죠스」를 사랑하는 이유는, 그 영화를 보고 난 후 절대로 바다에서 수영을 하지 못하기 때문이다."

데이비드 핀처의 말처럼「세븐」은 시종일관 관객을 괴롭힌다. 단지 극단적인 내용만이 아니다. 데이비드 핀처는 자신만의 영상을 원한다. 새로운 테크닉을 과감하게 도입하여, 새로운 영상을 만들어낸다. 핀처의 영화에서는 카메라가 거의 신처럼 움직인다.「파이트 클럽」에서는 사람의 피부와 내장 속을 자유롭게 활보하고,「패닉 룸」에서는 벽과 기둥을 마구 넘나들고 열쇠구멍을 통과하기도 한다. 인간이 볼 수 없는 것을 보여주는 핀처의 카메라에서 인간이란 제한되고 나약한 존재다. 핀처의 종횡무진하는 카메라는, 그 자체로 감독 자신의 철학을 증명한다.「세븐」은 보는 것만으로 절망감이 몰려든다. 인간이란 결코 도망칠 수 없는 존재라는 것을, 내용이 아니라 영상을 보면서 직감한다. 기껏 도착한 오아시스가 인간의 시체들로 끔찍하게 더럽혀져 있는 광경을 목격한 듯한 기분이다. 데이비드 핀처는「패닉 룸」에 대해 "어떤 초자연적인 힘이 사람을 공포로 몰고가는 것이 아니라, 집 안에서, 스스로 최악으로 끌어간다"고 말했다. 그 말은, 그의 모든 영화에 적용된다. 우리를 공포로 몰아가는 것은, 바로 우리 자신 혹은 운명이다. 결코 핀처의 영화와 우리가 살고 있는 현실에서 도망칠 수 없고, 데이비드 핀처는 잔인한 신이 되어 우리들을 괴롭게 한다.

「세븐」의 다음 작품인「더 게임」(1997)은 조금 이상하다. 음모에 말려든 백만장자. 누구도 믿을 수 없고, 나 자신마저 믿을 수 없는 상황은 결말에 가서 단지 하나의 '게임'이었음이 밝혀진다. 그렇다면 핀처의 암울함도 단지 게임에 불과한 것일까? 하지만「더 게임」은 그냥 영화, 핀처 식으로 말한다면 '무비'였을 뿐이다. 다음 작품인「파이트 클럽」은 '필름'이다. "필름과 무비는 큰 차이가 있다. 무비는 관객을 위해서 만들고, 필름은 관객과 창작자 모두를 위해서 만든다.「더 게임」은 무비이고,「파이트 클럽」은 필름이다.「파이트 클럽」은 모든 부분을 합한 것 이상이 존재하지만,「패닉 룸」은 부분들의 합 그 자체다." 핀처의 말처럼, 근작인「패닉 룸」도 무비다. 관객을 고려하여 적당히 가볍고, 적당히 해피엔딩으로 만들어낸다.

하지만 '무비'를 만들 때에도 단지 관객의 기호와 요구에만 복종하여 영화를 만드는 것은 아니다. 핀처 자신의 원칙이 있다.「패닉 룸」에 처음 캐스팅했던 니콜 키드먼이 부상을 당하여 조디 포스터로 바뀌자, 핀처는 영화의 분위기 자체를 바꿨다. "만약 니콜 키드먼이 계속 찍었다면 그레이스 켈리를 기용한 히치콕의 작품처럼 되었을 것이다. 우아하면서도 정신병적인. 그러나 조디 포스터란 배우는 분명히 정치적으로 보인다. 오랜 세월 동안 그녀가 쌓아온 이미지가 있다. 그녀는 누구의 애완동물도, 전시용 부인도 아니다." 그 결과「패닉 룸」은 강인한 여성의 치열한 전쟁터가 되었다. '가정이 붕괴하는 이야기이고, 원하는 것과 실제로 가질 수 있는 것의 차이가 얼마나 되는지에 대한 이야기'인 것은 변함없지만 단지 배우가 바뀐 것만으로 영화의 톤 자체가 바뀐 것이다. 데이비드 핀처는 무비와 필름을 자유롭게 넘나든다. 핀처는 명명백백한 작가이지만, 상품의 질과 특성에 따라서 자신의 역할을 분명하게 조정할 수 있는 장인이기도 하다. 작가이건, 장인이건, 어떤 경우에도 핀처는 적당히 물러서지 않는다. 핀처는 자신이 생각하는 목표에 도달하기 위해서 모든 것을 쏟아 붓는다.

데이비드 핀처의 걸작 하나를 꼽아야 한다면,「파이트 클럽」이다. 여전히 어둡고, 여전히 심오한 묵시록의 세계. 「파이트 클럽」은 스파이크 존스의 「존 말코비치 되기」와 함께 지난 10년 간 메이저 스튜디오에서 만들어진 가장 논쟁적이고, 위대한 작품 가운데 하나로 꼽힌다. 「파이트 클럽」은 한 남자의 자기분열적인 욕망과 초월에 관한 이야기다. 불면증에 시달리던 남자는 불치병에 걸린 사람들의 모임에서 '고통'을 느끼려 한다. 하지만 그건 진짜 고통이 아니다. 그는 무정부주의자이며 도시의 게릴라인 타일러라는 남자를 만나고, 그의 매력에 흠뻑 빠져든다. 진짜 '고통'을 느끼는 파이트 클럽을 알게 되는 것이다. 일 대 일로 싸우며, 한쪽이 패배를 시인할 때까지 주먹으로 치고 받는 파이트 클럽. 파이트 클럽에서 비로소 자신을, 세상을 만난 남자들은 세상의 질서를 비웃으며, 조직적인 테러에 들어간다. 그들은 안전과 평화로움을 과시하는 문명의 위선을 혐오한다. 「파이트 클럽」이 '마초이즘과 파시즘의 경계'에 놓여 있는 것은 분명하다. 핀처는 "남자다움에 대한 우리들의 혼란과 복잡함에 대한 공격, 그리고 세련된 라이프 스타일을 추구하는 사람들에 대한 비난'이라고 말한다. 혹자는 '놀랍도록 무책임한' 영화라고도 평한다. 그렇게 「파이트 클럽」은 격렬하게 비난하고 싸운다. 선과 악을 판정할 수 없는 경계에서, 자신의 손가락을 베는 것을 두려워하지 않는다. 입 속에 총알을 쑤셔놓고 살아난 그 남자는, 역경을 헤쳐온 연인과 함께 마천루가 즐비한 야경을 바라본다. 후기 자본주의의 상징인 금융회사의 건물들이, 9·11의 무역센터처럼 하나둘 허물어져내리는, 그 황홀한 광경을.

「파이트 클럽」의 마지막 장면을 보고 나면, 사상적으로나 표현 방식으로나 이토록 극단적인 영화가 할리우드의 스튜디오에서 만들어졌다는 점이 믿기지 않는다. 데이비드 린치가 그토록 조롱하는 몽상의 세계는 바로 그가 일하는 할리우드인 것이다. 핀처는 할리우드의 중심에서 극단적인 운명론을 설파하면서, 상업적 성공을 거두어 온 것이다. 한 가지 이유를 찾자면, 데이비드 핀처가 게임 자체를 거부하지 않는 자세에서 비롯된다. 핀처는 상업주의의 첨단인 광고와 뮤직 비디오를 만들며 성장해왔다. 「파이트 클럽」의 인상적인 장면 하나는 에드워드 노튼이 자신의 아파트를 거닐며 독백을 하면 카탈로그에 있는 상품들이 설명과 함께 자리를 잡는 환상적인 풍경이다. 우리가 상품들로 이루어진 거대한 환영의 세계에서 살고 있음을 보여주는 직접적이고도, 가장 파격적인 장면이다. 「파이트 클럽」은 우리의 삶을 조작하는 상품을, 잘 꾸며진 라이프 스타일을 공격한다. 1980년대의 핀처는 바로 그, '광고'를 만들어왔다. 잘 꾸며진 라이프 스타일을 선전하는 광고를 통해 대중을 현혹시

영화 「패닉 룸」은 주인공이 니콜 키드먼에서 조디 포스터로 바뀜으로써 강인한 여성의 치열한 전쟁터가 되었다.

킨 것은 바로 핀처 자신이었다. 데이비드 핀처는 그런 전력을 부인하지 않는다. 다만 한 마디만 덧붙인다. '뛰어난 광고는 상품을 초월한다'는 한 마디.

그 고통에서 자신을 찾는다

데이비드 핀처의 명성은 '상품'을 만들면서 더욱 드높아졌다. 할리우드 영화는 기본적으로 상품이다. '블록버스터를 만드는 작가'의 경지에 오른 핀처는 '필름'인 「세븐」과 「파이트 클럽」으로 흥행에서 탁월한 성공을 거두었다. 리들리 스코트처럼 '이제는 관객이 좋아하는 영화를 만들겠다'고 허리를 굽히지도 않는다. 그는 '주류이면서도 개인적이었던' 히치콕의 영화 같은 작품을 원한다. 핀처는 '나는 내가 원치 않는 것은 결코 한 적이 없다'고 자신 있게 말하는 종류의 인간이다. 데이비드 핀처는 경계와 비난을 두려워하지 않는다. 그의 영화는 철학적, 사회적 경계와 기술적 경계에서 흔들리지 않고 자신의 자리를 잡고 있다. 그것은 완벽주의 성향 덕에 더욱 빛을 발한다. 「파이트 클럽」은 일반 영화의 세 배인 1,500릴의 필름을 사용했다. 한 장면을 10번 촬영하는 것은 기본이고, 「패닉 룸」에서는 100번이 훨씬 넘는 장면도 있었다. 배우들의 부상도 잦다. 「세븐」에서 브래드 피트가 팔에 감고 나오는 붕대는 진짜다. 촬영 중에 당한 부상 때문에, 실제로 깁스를 하고 찍었다. 「패닉 룸」의 니콜 키드먼은 다리 골절 때문에 중도하차했다. 「패닉 룸」의 한 배우는

'핀처는 배우들을 실제로 공포에 질리게 한다'고 말할 정도다.

완벽주의적으로 만들어지는 핀처의 영화는 불특정 다수의 관객을 사로잡는다. 동시에 소수에게도 열광적인 찬사를 받는다. 핀처의 영화는 감각을 뒤흔들어놓는 도발적인 영상이 관객에게 조응한다. 하지만 단지 영상만이 아니다. 근저에 깔려 있는 에너지가 과격하게, 동물적으로 분출한다. "날 것의, 도발적인 폭력의 양상을 좋아한다"는 말처럼 데이비드 핀처의 영화는 폭력적이고 관객을 불편하게 만든다. 하지만 그것은 꼭 필요한 일이다. '감독이란 자학적인 노력'이란 말처럼, 영화를 찍는 일 역시 불편한 것이고 고통이기 때문이다. 핀처가 좋아하

핀처의 의도된 '우울함'이 에이리언을 품고 자살하는 최악의 엔딩으로 표현된 영화 「에이리언 3」.

는 영화도, 「차이나타운」처럼 그를 불편하게 만들었던 영화다. 그 불편함에서, 그 고통에서 핀처는 자신을, 세계를 찾아간다. 「파이트 클럽」의 사내들이, 육체의 고통에서 자신을 발견했던 것처럼. 육체의 고통을 넘어서면 어느 순간 가해자와 희생자가 구분되지 않는 「세븐」과 「파이트 클럽」의 세계가 찾아온다. 매혹적이고 황홀경을 느끼면서도 불편하고 기분이 우울해지는 영화. 할리우드 메이저에서 만들어지는 가장 논쟁적인 영화는 앞으로도 데이비드 핀처의 몫일 것은 분명하다.

김봉석 대학 졸업 후 가극 『금강』의 대본을 쓰는 등 잡다한 글을 쓰는 자유기고가로 활동. 이후 영화잡지 『시네필』을 시작으로 『씨네21』, 『한겨레』의 기자로 일했다. 일본의 대중문화에 관심을 가져 공저로 『클릭! 일본문화』, 『18금의 세계』를 냈고, 현재 예스24의 웹진 '부키앙'과 '코믹플러스' 등에 일본만화 칼럼을 쓰고 있다. 일본의 영화, 애니메이션, 만화, 대중소설, 대중음악 등을 꾸준하게 즐기면서 지켜보고 있는 중이다. 현재 『씨네21』, 『스크린』 등에 기고중이며, 중앙일보에 영화음악 칼럼을, 시사저널에 영화 리뷰를 연재하고 있다. 주된 관심 분야는 대중문화 전반이고 특히 호러와 SF, 스릴러 등 대중 장르에 대해 연구하고 있다.

데이비드 핀처는 말한다

- 나는 사람들에게 엔터테인먼트를 제공하는 것, 쿠키를 제공하는 것에 별 관심이 없다. 세상에는 여러 종류의 영화가 있다. 난 관객을 불편하게 만드는 영화가 좋다. 난 전혀 영웅적이지 않은 영웅이 좋다.

- 스튜디오는 언제나 같은 방식으로 일한다. 스튜디오는 대중을 즐겁게 하기 위해 존재한다. 오늘날 스튜디오들은 훌륭한 레스토랑이 아니라 맥도널드를 모델로 삼고 있다. 그들은 대중의 소비성향을 좇고, 패스트푸드를 추종하며, 마이애미에서 맛보는 빅맥이나 비엔나에서 먹는 빅맥이 똑같다는 말을 듣고 싶어한다.

- 우리는 사냥꾼으로 태어나도록 되어 있었다. 그런데 지금은 쇼핑을 하도록 되어 있다. 더이상 죽일 것도 싸울 것도 극복할 것도 탐색할 것도 없는데.

- 데이비드 핀처의 걸작 「파이트 클럽」의 대사들
  ─우리 시대에는 불황도 없었고, 전쟁도 없었어. 우리의 전쟁은 영적인 것이고, 우리의 불황이 우리의 삶이지.
  ─싸우지 않으면 어떻게 너 자신에 대해 알지?
  ─자기 개발은 마스터베이션이다. 자기 파괴만이 정답이다.

참고사항

「에이리언 3」(Alien 3, 1992)
감독: 데이비드 핀처/제작: 고든 캐롤, 월터 힐, 시고니 위버/각본: 데이비드 가일러, 월터 힐
촬영: 알렉스 톰슨/편집: 테리 롤링스/출연: 시고니 위버, 찰스 더튼, 랜스 헨릭슨

「세븐」(Seven, 1995)
감독: 데이비드 핀처/제작: 아놀드 코펠슨/각본: 앤드류 케빈 워커/촬영: 다리우스 콘지
편집: 리차드 프랜시스 브루스/출연: 브래드 피트, 모건 프리먼, 케빈 스페이시

「더 게임」(The Game, 1997)
감독: 데이비드 핀처/제작: 스티브 골린, 숀 채핀/각본: 존 브란카토, 마이클 페리스
촬영: 해리스 사비드스/편집: 짐 헤이굿/출연: 마이클 더글라스, 숀 펜, 데보라 웅거

「파이트 클럽」(Fight Club, 1999)
감독: 데이비드 핀처/제작: 로스 그레이슨 벨, 숀 채핀/각본: 짐 울스 제프 크로넨워스
편집: 짐 헤이굿/출연: 브래드 피트, 에드워드 노튼, 헬레나 본햄 카터

「패닉 룸」(Panic Room, 2002)
감독: 데이비드 핀처/제작: 숀 채핀 각본 데이비드 코엡/촬영: 콘래드 W 홀, 다리우스 콘지/편집: 짐 헤이굿/출연: 조디 포스터, 포레스터 휘태커, 드와이트 요캄

스와 노부히로 諏訪敦彦

사건으로서의 영화, 거짓말을 만드는 시스템일까

홍성남 영화평론가

영화적 모험은 아직 가능한가

스와 노부히로의 영화「듀오」(Duo, 1997)와「엠아더」(M/Other, 1999)의 크레디트를 유심히 살펴보면 재미있는 사실 하나를 발견할 수 있다.「듀오」의 경우에는 두 남녀 주연 배우들의 이름이 다이얼로그에도 올라 있고 「엠아더」의 경우에는 주연 배우들의 이름이 스토리에도 올라 있는 것이다. 이건 이 영화들에서 출연 배우들이 영화의 스토리 구성에 긴밀히 관여했음을 알려준다. 여기서 알 수 있듯이, 스와의 첫 두 영화들은 배우들의 영화에의 능동적 참여가 상당한 비중을 차지한 것들이었다. 이 영화들은 영화의 전모를 보여줄 수 있는 미리 짜여진 설계도로서의 시나리오가 존재하지 않는 상태에서 시작되었다. 대신 스와는 배우들에게 대략적인 상황만을 미리 알려준 후 그들로 하여금 자기 캐릭터를 만들어나가는 데 능동성과 즉흥성을 적극 발휘할 것을 요구했다. 그렇게 해서 불안정한 하나의 과정이 펼쳐지게 되는데, 거칠게 말하자면 카메라로 그 과정을 따라가면서 기록한 것이 곧 스와의 영화가 된다. 영화란 것이 점점 더 통제 가능한 공정 과정을 거친 상품으로만 인식되어가고 있는 지금 상황에서 스와의 방식은 어쩌면 영화에 대한 일반적 사고와 태도를 감히 거스르는 '모험적 시도'라고 부를 만한 것이다. 그러니까 스와 노부히로는 영화와 모험적 시도 사이의 관계가 점점 희박해지는 이 시점에 영화적 모험이란 것이 아직도 가능하다는 것을 보여주는 용감한 영화감독이라고 말할 수 있겠다.

1960년에 태어난 스와 노부히로가 영화만들기에 뛰어들겠다고 생각한 것

> 그의 영화는 시나리오가 없기에 인물들의 미처 예상할 수 없는 행로들을 따라가는 '추적의 영화'다. 자신의 영화를 가리켜 스와 감독 자신은 '사건'을 담는 영화, 또는 '사건으로서의 영화'라고도 정의한다.

은 꽤 오래 전으로 거슬러올라간다. 그는 고등학교 다닐 때부터 이미 영화를 만들겠다는 생각을 가졌고 실제로 그 당시에 그런 생각을 현실로 옮기기도 했다. 고등학생인 스와는 대단한 영화광이었던 아버지에게 어느 날 영화를 만들고 싶다는 희망을 피력했다. 그런 아들에게 아버지가 해준 대답은 스와의 어깨를 떨구게 할 만큼 잔인한 것이었다. "영화를 만들려면 개성이 있어야 하는데 넌 개성도 없고 너무 평범해." 이것이 스와의 아버지가 아들에게 해준 조언이었다. 그러나 당시 스와가 영화에 매력을 느끼게 된 직접적인 동기를 들어보면 이 소년이 영화란 것에 대해 흥미를 가졌음직한 또래의 다른 소년들에 비해 결코 평범하지 않은 특별한 눈을 가졌음을 짐작할 수 있다. 소년 노부히로는 미국의 실험 영화 감독 조나스 메카스(Jonas Mekas)가 쓴 영화 비평문들을 모은 책을 읽고 자신이 알지 못하던 '다른 영화'의 세계가 존재한다는 것을 알게 된다. 그것이 스와가 스스로 영화를 만들어보겠다는 생각을 하게 된 시발점이었다. 그리고 나서 그가 만들어본 영화들도 극영화가 아니라 극히 사적(私的)인 실험영화였다니 스와가 일찍부터 전통적인 양식의 영화와는 멀찌감치 벗어난 길에서 무언가 범상치 않은 것을 모색하던 소년이었음은 틀림없어 보인다.

그후 미술대학에 들어갔지만 여전히 스와의 머릿속에는 미술 도구보다는 오히려 카메라를 통해 무언가를 찾고 싶다는 강력한 의지가 떠나지 않았다. 그는 야마모토 마사시, 나가사키 슈니치, 이시이 소고 같은 인디펜던트 감독들을 만날 기회를 갖게 되었고 그들의 작업을 도와주면서 영화를 만든다는 일에 본격적으로 조금씩 깊게 발을 내딛게 되었다.

많은 뛰어난 영화감독들이 그래왔듯이 스와 역시 비평가들의 이목을 끌기에 모자람이 없는, 대단히 인상적인 장편 데뷔작으로 영화감독의 길에 성공적으로 진입했다. 스와의 데뷔작인 「듀오」는 배우가 되고 싶은 꿈이 있지만 그게 자기 뜻대로 풀리지 않는 케이와 부티크에서 일하는 유, 작은 아파트에서 동거하고 있는 이 두 청춘 남녀의 이야기를 그린 영화다. 어느 날 단 두 마디의 대사밖에 없지만 그것만이라도 열심히 외우던 단역 배우 케이가 촬영장에서 갑자기 자기 역할이 없어져버렸다는 통고를 듣고 허탈해져버린 다음, 케이는 유에게 청혼을 한다. 케이가 느닷없이 프로포즈를 하고 이에 유가 흔쾌히 응하지 않은 뒤로 케이와 유, 둘의 관계는 예전에 비해 영 어색해져버리고 결절점을 향해 다가가게 된다.

「듀오」는 타인을 알아간다는 것의 어려움(이건 현재까지 스와가 만든 3편의 장편영화 모두를 관통하는 중요한 주제 가운데 하나다)을 마치 현실의 한 단면에서 베어낸 듯 아주 리얼한 방식으로 이야기하는 영화다. 이 영화가 간직하고 있는 다큐멘터리적인 리얼리티라는 것은, 대부분 앞서 짧게 지적한 바 있는 스와 감독의 독특한 작업 방식에서 유래한다. 배우들은 자신들에게 맡겨진 캐릭터들을 스스로의 자발성과 즉흥성을 최대한 살려내는 방식으로 현장에서 체현해내고 카메라는 그들을 따라간다. 충실히 따라가야 할 시나리오도 없고 또 카메라의 위치도 미리 정해져 있지 않았기 때문에 말 그대로 공간을 부유하는 카메라는 정말이지 전혀 예상 못했다는 듯 종종 인물들의 움직임이 있고서야 뒤늦게 그들을 따라가기도 한다. 그렇게 해서 스와는 「듀오」를 픽션과 다큐멘터리라는, 도무지 대립적인 것처럼만 보이는 두 양식이 교차하는, 대단히 흥미로운 영화를 만들어낸다.

작업 방식 면에서 서로 유사한 『듀오』와 『엠아더』는 굳이 이름 붙이자면, 시나리오가 없기에 인물들의 미처 예상할 수 없는 행로들을 따라가는 '추적(pursuit)의 영화'다. 이런 식의 자신의 영화를 가리켜 스와 감독 자신은 '사건(event)을 담는 영화', 또는 '사건으로서의 영화'라고도 정의한다. 스와의 설명에 따르면 전통적인 의미에서의 시나리오란 이미 쓰여 있는 것, 즉 과거에 속한 것이기 때문에 그걸 토대로 만들어진 영화란 이미 행해졌던 어떤 것을 불러오는 영화라고 볼 수 있다. 반면 스와의 영화는 카메라를 들이대는 바로 그 순간에 일어나고 있는 지금(현재의 어떤 것을 기록하는 영화) 현재에 대한 영화라는 것이다. 스와는 그처럼 현재진행의, 예측할 수 없는 상황에 카메라를 들이대면서 그로부터 무언가 '발견'을 해내려 고심한다. 그런 면에서

「듀오」는 타인을 알아간다는 것의 어려움을 마치 현실의 한 단면에서 베어낸 듯 아주 리얼한 방식으로 이야기하는 영화다.

스와의 영화는 '발견의 영화'라고 부를 수도 있을 것이다.

스와의 영화처럼 일단 카메라를 돌리기 시작하면 어쨌든 그것에 담을 만한 일이 생기고야 만다는 컨셉트를 갖고서 만들어지는 영화란 물론 영화사에서 그 유례를 결코 찾을 수 없는, 완전히 새로운 종류의 것이라고는 말할 수 없다. 예컨대 프랑스의 누벨 바그(Nouvelle Vague) 세대들이 이미 그런 식으로 영화를 만들었고, 또 그보다 이전에는 누벨 바그 감독들이 존경해마지 않던 장 르누아르(Jean Renoir) 같은 영화감독이 자신을 둘러싼 환경에 적극적으로, 그리고 자발적으로 대처하는 방식으로 영화를 만들기도 했었다. 당연하게도 스와는 자기가 만드는 영화가 누벨 바그의 연장선 위에 놓여 있는 것이 될 거라고 말한다. 적지 않은 수의 평자들은 스와의 영화가 혹 미국의 영화감독 존 카사베티스(John Cassavetes)의 직접적인 영향 아래 있는 것은 아닐까, 라고들 말하곤 한다. 그러나 미국의 저명한 영화평론가 조너선 로젠봄(Jonathan Rosenbaum)은 「듀오」에 대한 리뷰에서 이런 지적은 카사베티스의 영화들이 즉흥성에 기초해 만들어졌다는 명백한 '오해'로부터 비롯된 것이라고 쓴 적이 있다. 그러면서 로젠봄은 언젠가 스와에게 프랑스 누벨 바그 세대의 멤버 가운데 하나인 자크 리베트(Jacques Rivette)의 이름을 거론했더니 그가 수긍하더라고 썼다. 하지만 2001년 광주국제 영화제에서 만난 스와는 자크 리베트 한 사람만이 아니라 누벨 바그 자체가 자기 영화와 연관된다고 분명히 말했다. 누벨 바그 멤버들이 그랬던 것처럼 스와는 영화란 단지 (배우와) 카메라만 있으면 얼마든지 만들어질 수 있다고 생각하는 사람이다. 스와가 보기에 카메라 앞의 세계는, 그 앞에서 벌어지는 것들은, 그 자체가 놀라운 연속이다. 그러니 그가 굳이 이 놀라운 세계를 제쳐두고 미리 예정된, 그래서 흥미가 덜한 허구의 세계를 카메라에 담을 필요는 없는 것이다.

분명히 스와는 기존의 관례적인 영화 제작 방식을 과감하게 거부하는 지적

스와가 보기에 카메라 앞의 세계는, 그 앞에서 벌어지는 것들은, 그 자체가 놀람의 연속이다. 그러니 그가 굳이 이 놀라운 세계를 제쳐두고 미리 예정된, 그래서 흥미가 덜한 허구의 세계를 카메라에 담을 필요는 없는 것이다.

인 영화감독이다. 일례로 그의 영화는 두 사람 사이의 행위와 그 반응을 스크린 위에 담는 데 있어서 숏-리버스 숏(shot-reverse shot)의 방식으로 구축되는 전통적인 방식을 회피한다. 대신 「듀오」의 한 장면에서 보듯 예컨대 스와는 긴 하나의 숏 안에다가 한 사람의 표정만을 잡고 다른 한 사람은 내내 뒤통수만 보여주는 식으로 장면을 구성한다. 두 사람 사이의 대화를 포착하는 관례적인 영화적 방식은 한 사람의 모습을 보여주고 난 다음 카메라의 위치를 바꿔 다른 사람의 모습을 보여주는 것이다. 만약 영화를 처음 보는 사람이라면 이걸 보면서 두 사람이 서로 마주 보고 있다는 생각을 가질까? 결코 그렇지 않다는 것이 스와의 생각이다. 그래서 그는 이런 식으로 영화를 만드는 것은 단지 영화적인 습관일 뿐이며 더 심하게 말하자면 어쩌면 거짓말을 만드는 시스템일지도 모른다고 생각한다. 그런 방식의 영화 만들기는 픽션에 가담하는 것이라고 생각한다는 스와는 감연히 "내 카메라는 픽션에 가담할 생각이 없다"고 말한다.

스와는 전작에서 이미 이용해보았던 방식을 보다 발전적으로 이어받아 감히 걸작이라고 평할 수 있는 두번째 영화 「엠아더」를 만들어냈다. 레스토랑을 운영하는 한 중년의 이혼남 테츠로, 그와 동거하고 있는 디자이너 아키, 그리고 이들의 삶 속에 불쑥 끼어들게 된 테츠로의 아들 슌스케(테츠로의 전부인과 살고 있던) 사이의 이야기를 통해, (영화의 제목이 엄마와 타인을 조합한 것이듯) 엄마처럼 친밀한 관계를 맺을 수도 있는 사람과 영영 타인이 될 수밖에 없는 사람 사이의 깊지 않은 간극을 세밀하게 그려낸 이 영화는 칸영화제에서 국제 비평가상을 수상하면서 본격적으로 스와를 비평적 스포라이트 안에 들게 해주었다. 한편으로 일본에서 이것은 스와의 관례적이지 않은 작업 방식 때문에 논란을 불러일으키기도 했다. 「엠아더」는 2000년 초 마이니치(每日) 신문이 주최한 마이니치 영화 콩쿠르에서 시나리오 상을 받았는데, 정해진 시나리오도 없는 이런 영화가 시나리오 상을 받았다는 게 과연 '정당한' 처사인가를 두고 찬반 논란이 벌어졌던 것이다(2000년 가을호 『영화예술』에서는 '시나리오는 영화 이전에 존재하는가, 영화가 완성된 뒤에 존재하는가'라는 특집기사를 실었다). 여기서 반론을 편 이들이, 사람들이 흔히 생각하듯, 시나리오를 독립된 하나의 작품이라고 본다면 스와는 그렇지 않다고, 시나리오란 영화를 만들기 위한 과정에 불과한 것이고 영화 제작에 소용되는 것이라고 생각한다. 그래서 그는 이렇게까지 말한다. "극단적으로 이야기하자면 (쓰여진) 시나리오 자체는 제도적인 습관의 산물일지도 모른다."

「듀오」와 「엠아더」만을 보면 혹시 스와가 제도적인 방식의 영화 만들기를 거부하지만 그런 한편으로 자기 식의 영화만을 고집하는 또 다른 유형의 교조주의자가 아닐까, 하는(다분히 정당하지 않은) 의심을 가질 사람들이 있을지도 모르겠다. 하지만 그는 처음부터 스스로에게 이런저런 제약을 부과해놓고 영화를 찍는 도그마(Dogma) 그룹의 작업 방식에 대해 그건 너무 바보같고 그런 건 그저 블랙 조크일 뿐이라고 단호하게 말하는 사람이다. 그는 어떤 틀 안에 무턱대고 갇히기를, 그 안에서 유희하면서 안심하고 있기를 거부하는 영화감독인 것처럼 보인다. 앞선 두 영화와는 다소 상이한 작업 방식으로 만들어진 스와의 세번째 영화 「H 스토리」(H Story, 2001)는 스와의 그런 '유연성'을 보여주는 사례가 될 만하다. 스와 자신의 말에 따르면 「H 스토리」는 촬영 당시에 일어난 즉흥적인 일들을 어느 정도 포용했음에도 불구하고 기본적으로는 텍스트와 연기에 기초해서 만들어진 영화다. 그리고 이것은 타자들 사이의 관계라는 스와의 기본적인 관심사를 끌어들이면서 그 안에 보다 복잡한 관계망들을 그려보려는 노력이라는 점에서도 스와의 '새로운 영화'라 평가할 만한 작품이다.

「H 스토리」는 자기가 태어난 도시 히로시마에 대한 영화를 만들면 어떤 영화가 될 것인지에 대해 스와가 고민한 끝에 나온 산물이다. 스와는 히로시마에 대한 영화를 생각하면 할수록 알랭 레네(Alain Resnais)의 「히로시마 내 사랑」(Hiroshima mon amour, 1959)으로 돌아갈 수밖에 없었다고 말한다. "내가 생각하기에 레네의 이 영화는 현실 그대로의 히로시마를 묘사하데 성공한 유일한 영화이다." 그래서 스와는 자기 영화 속에 정말로 레네의 영화를 끌고 들어와 버린다. 「H 스토리」는 스와 자신이 프랑스 여배우와 일본인 남자 배우를 데리고 레네의 「히로시마 내 사랑」을 대략 40년이 지난 후 그대로 리메이크하려 하는 것을 보여주면서 시작하고는 결국에는 그렇게 옛 것을 그것 그대로 복원하려는 시도가 불가능하다고 말하는 듯한 장면으로 끝을 맺는다. 그 사이에다가 스와는 기억이 불가능하게 되어버린 세대, 또는 역사적 기억을 상속받지 못한 세대가 응당 가질 수밖에 없는 기억의 불가능성, 영화 만들기의 실체 등과 같은 이런저런 이슈들을 흩뿌려 놓는다.

　스와 감독의 지극히 개인적인 방식으로 역사와 기억과 영화, 그리고 커뮤니케이션 등에 대해 질문을 던지는 「H 스토리」는 어찌 보면 아주 당혹스런 영화이고 또 어찌 보면 그래서 오히려 매혹적인 영화이기도 하다. 그리고 이것은 그 모든 질문들을 요령있게 관련을 짓지 못하는 '불완전한 영화'처럼 보이기도 한다. 「H 스토리」의 불완전해 보이는 면모에 대해서는 스와 감독 스스로가 아주 재미있는 예화를 들려주었다. 그가 이 영화의 레퍼런스가 되는 「히로시마 내 사랑」을 만든 레네에게 「H 스토리」의 비디오 테이프를 보내주었을 때, 레네는 왜 완성된 영화를 보내지 않았냐고 얘기했더라는 것이다. 앞으로 시간이 더 지나면 또 어떤 평가를 받을지 알 수 없지만 어쨌든 현재까지만 보자면 스와의 새 영화 「H 스토리」는 평자들로부터 대체로 너른 찬사를 받지는 못하고 있는 편이다. 그럼에도 「H 스토리」가 스와의 예전과는 다른 모험적 시도를 보여주고 있는 건 분명해보인다. 「H 스토리」에 이르러 자기 영화 인생의 한 사이클을 마쳤다는 스와의 다음 사이클에 속하는 영화들이 기대되는 건 무엇보다도 그가 이후로도 계속해서 모험적 시도들을 해나갈 것이라는 생각이 들기 때문이다.

홍성남　연세대 신문방송학과와 중앙대 영화학과(석사)를 졸업했다. 현재 『씨네 21』을 비롯해 여러 매체에 영화 관련 글을 쓰고 있는 영화평론가이다. 엮은 책으로는 『로베르 브레송의 세계』와 『오슨 웰스』가 있고 그 밖에 『알랭 레네』, 『베르너 헤어조크』, 『장 르누아르』, 『구로사와 아키라』 등의 집필에도 참여했다. 영화의 역사에 특별한 관심과 애정을 갖고 있다.

용어와 개념 풀이

조나스 메카스 Jonas Mekas, 1922~
리투아니아 출생으로 독일에서 교육을 받고 1949년 뉴욕에 도착한 조나스 메카스는 그후 여러 면에서 미국 아방가르드 영화의 중심 인물 역할을 톡톡히 해낸 인물이다. 그는 1955년 '미국 인디 영화 잡지'인 『필름 컬처』(Film Culture)를 창간했고 1970년에는 인디 영화들을 상영하고 보관하는 역할을 하는, 뉴욕 아방가르드 영화의 중심인 앤솔로지 필름 아카이브(Anthology Film Archive)를 창설했다. 1960년대 초반부터 실험적인 영화들을 만들었으며 최근까지도 인디펜던트 영화 작업을 해오고 있다.

누벨 바그 Nouvelle Vague
'새로운 물결'이란 뜻을 가진 누벨 바그는 1950년대 후반에 등장해 대략 1960년대 중반까지 지속된 프랑스에서의 새로운 영화적 경향을 일컫는다. 영화사의 이 중요한 한 순간을 주도한 것은 프랑수아 트뤼포(Francois Truffaut, 1932~84), 장 뤽 고다르(Jean-Luc Godard, 1930~), 에릭 로메르(Eric Rohmer, 1920~), 자크 리베트(Jacques Rivette, 1928~), 클로드 샤브롤(Claude Chabrol, 1930~) 같은 젊은 영화감독들이었는데, 이들은 내러티브 구조화 방식의 개방성을 적극 확대하고 기존의 관례적인 형식을 의식적으로 벗어나는 식의 영화들을 만듦으로써 영화사에 '현대 영화'(modern cinema)라는 개념을 본격적으로 끌고 들어오게 된다.

장 르누아르 Jean Renoir, 1894~1979
많은 영화감독들이나 영화평론가들이 영화사상 가장 위대한 영화감독 가운데 하나로 주저않고 꼽는 인물. 유명한 인상주의 화가 오귀스트 르누아르(Auguste Renoir)의 아들로 태어난 장 르누아르는 「위대한 환상」(La Grande illusion, 1937), 「게임의 규칙」(La Regle du jeu, 1939) 등을 비롯해 다수의 걸작들을 만들어냈다. 지치지 않는 혁신에의 열정과 인간에 대한 애정 어린 관심을 보여준 그는 특히 누벨 바그 감독들의 영화적 아버지 같은 존재라고 할 수 있다.

존 카사베티스
John Cassavetes, 1929~1989
미국 인디펜던트 영화의 아버지라고 불리는 영화감독. 그의 첫 영화인 「그림자들」(Shadows, 1960)이 스와 노부히로의 영화에 영향을 미친 것 같다고 보는 사람들이 있는데, 사실 그건 카사베티스의 영화가 즉흥성에 기초해 만들어졌다는 오해에서 비롯된 것이다. 실제로 우리가 현재 볼 수 있는 「그림자들」은 널리 퍼져 있는 오해와 달리, 완전히 즉흥성에 기대 만들어진 영화는 아니다. 실은 1957년에 촬영되고 그 다음 해 말에 공개된 러닝타임 60분 가량의 최초 버전만이 즉흥성에 기대어 만들어진 것이다. 지금은 완전한 형태로 존재하지 않는 그 버전에 카사베티스는 매우 불만스러워했다. 그래서 1959년 중반쯤에 그는 시나리오를 가지고 더 찍은 45분 정도의 필름을 최초 버전에서 가져온 40분 정도의 필름에 붙여서 재편집을 했다. 1959년 말에 공개된 그 재편집본이 우리가 현재 볼 수 있는 「그림자들」이다.

자크 리베트 Jacques Rivette, 1928~
프랑스 누벨 바그 멤버 가운데 하나로 현재까지도 녹슬지 않는 창작력을 보여주는 거장 영화감독. 리베트의 영화들은 무대와 연기를 중심에 두고서 예술 창작의 과정과 삶의 비밀에 대해 탐구하는 경우가 많다. 「파리는 우리의 것」(Paris nous appartient, 1960)이 데뷔작이며 대표작으로는 「수녀」(La Religieuse, 1965), 「셀린느와 줄리 배 타러가다」(Celine et Julie vont en bateau, 1974), 「오 바 프라질」(Haut bas fragile, 1995) 등이 있다.

알랭 레네 Alain Resnais, 1922~
프랑스의 거장 영화감독인 알랭 레네는 주로 시간과 기억을 중심 주제로 삼은 영화를 만들어 이름을 얻은 인물이다. 그는 장편 데뷔작인 「히로시마 내 사랑」(Hiroshima mon amour)으로 이미 영화 역사의 중요한 분기점을 이뤄냈다는 평가를 받았다. 즉 영화 만들기의 새로운 자의식을 보여준 이 영화를 가지고 레네는 사운드 영화 시대에 처음으로 '현대영화'를 만들어냈을 뿐 아니라 영화사에서 거의 최초로 영화라는 매체가 '사고'(think)할 능력이 있음을 보여주었다는 것이다.

스와 노부히로는 말한다

- 대개 감독들은 영화의 전반에 대해 알고 있다. 배우들조차도 영화는 감독의 세계라고 생각하는데, 난 그렇게 영화의 전부를 알고 있는 사람이 아니다. 난 아무것도 모른다. 난 배우들로 하여금 생각하게 만드는 상황을 만들어내는 사람이다. 그러니까 '여기서 나는 어떻게 하면 좋을까?' 하고 생각하게 만드는 상황 말이다. 예를 들어 「듀오」에서 주연을 맡은 남자 배우는 '이런 장면에서는 금붕어를 키우고 싶은데 괜찮겠냐?', 아니면 '이런 장면에서는 베란다에서 세탁기에 기대어 잠을 자도 좋냐?'고 물어오는데, 내 입장에서는 그게 아주 재미있다.
영화 만들기의 전통적인 방법에서는 우선 카메라 포지션을 정하고, 그 다음에 조감독이나 다른 사람들이 나와서 먼저 움직임을 해보고 그게 결정이 되면 배우들을 불러서 '여기에 서서 이렇게 움직여주세요' 하고 얘기하는 식이지만 내가 배우라면 그건 재미없을 것 같다. 그래서 우리가 영화를 찍을 때는 배우들이 연기하는 걸 일단 죽 본다. 그러다가 '아, 여기가 재밌겠다' 하는 생각이 들면 거기에다가 카메라를 놓는다. 그래서 카메라 포지션이 나중에 결정된다.

- 20세기를 통해서 영화는 대중을 만들어왔다. 예를 들어 마릴린 먼로는 모두가 섹시하다고 생각하는 쪽으로 말이다. 모두가 영화에 대해 똑같은 체험을 하는 식으로 지금까지 온 것이다. 그런 영화는 앞으로도 계속 있을 것이고, 영화가 원하는 것이 어쩌면 그런 것일지도 모른다. 어떤 의미에서는 그게 영화가 사람들에게 주는 위안일지도 모르겠다.
하지만 나는 관객들이 돈을 주고 영화관에 들어가서 자기를 제로 상태로 만들고 영화가 주는 것을 그대로 받아들이고, 하는 식은 다양성 자체를 없애는 것이라고 생각한다. 만드는 입장이 위대해서 뭔가를 의도하고 있으니까 그 의도를 보라는 것, 관객은 '저 감독이 무얼 의도하고 만들었을까?' 하고 생각하는 것, 이런 건 이미 너무 고전적이지 않나? 나는 감독이란, 영화를 만드는 사람이란 뭔가 위대한 걸 생각하는 사람이라기보다는 영상을 이어가는 사람이라고 생각한다. (……)요즘의 관객들은 의미나

의도가 무엇인가를 찾아내서 납득하고 싶어하고 그렇게 찾아진 의미 안에서 안심하고 싶어하는데, 오히려 한 편의 영화 안에서 불안정한 상태를 얻는 게 더 좋지 않을까.

나는 하나의 영상이 이어지고 또 이어지는 것이 계속되면서 보이는 것 자체는 그렇게 중요하지 않다고 본다. 영상들이 이어지면서 거기서 보이지 않았던 무언가가 보여지는 게 더 중요하다고 생각한다. 지금의 영화는 뭐든 다 보여주니까 관객들은 보는 힘을 점점 잃어가고 있다. 「듀오」에서는 몇 번 검게 된 화면들이 나오는데 보이지 않는 것에서 사람들은 그 보이지 않는 것에서 무엇을 볼까, 또 케이의 뒤통수를 찍을 때 보이지 않게 된 그의 얼굴을 통해서는 무엇을 볼까, 나는 그런 생각들을 많이 한다.

- 나의 영화는 '사건'이라고 할 수 있다. 과거는 돌이킬 수 없고 미래는 아직 없는 것이다. 하지만 현재는 또 금세 과거가 되어버린다. 시나리오는 쓰여진 것이기 때문에 이미 과거가 되어버린다. 난 돌아갈 수 없는 과거가 아니라 현재-지금, 영화 속의 현재와 지금을 찍고 싶다. 물론 이건 단순히 리얼한 해프닝을 목표로 하는 건 아니다. 난 인간에게 존재하는 어떤 진실을 보고 싶다. ─광주 국제영상축제 당시 인터뷰 내용

참고사항

「듀오」(Duo, 1997)
감독: 스와 노부히로/각본: 스와 노부히로, 니시지마 히데토시, 유애리
촬영: 다무라 마사키/출연: 니시지마 히데토시, 유애리

「엠아더」(M/other, 1999)
감독: 스와 노부히로/각본: 미우라 토모카즈, 스와 노부히로, 와타나베 마키코
촬영: 이노모토 마사미/출연: 미우라 토모카즈, 와타나베 마키코

「H 스토리」(H Story, 2001)
감독: 스와 노부히로/각본: 스와 노부히로/촬영: 카롤린 샴프티에
출연: 베아트리스 달, 마치다 고

마샤 헌던 *Marcia A. Herndon*

사람을 느끼고 세상을 듣는다

주성혜 한국예술종합학교 교수 · 음악학

음악이란, 곧 사람들의 이야기

　미국 워싱턴 D.C의 근교 메릴랜드주 칼리지 파크시, 작은 중국음식점이었다. 아주 짧게 자른 머리에 덩치가 큰, 언뜻 보기에 백인이라 여겨지는 오십대 중반쯤의 여자가 들어오는 것을 보았다. 그였다. 수년 동안 나를 짓눌러 온 학문적 외로움을 단숨에 어루만지고 외롭다 못해 가슴 가득 쌓아가던 나의 절망과 분노를 한 순간에 희망과 용기로 바꾸어 놓을 사람이 그때 내 앞으로 다가오고 있었다. 마샤 헌던(Marcia A. Herndon). 그를 만나야겠다고 결심하고 난생 처음 미국행 비행기를 탔던 그때가 1996년 여름이었다.

　15년 전 음악학 공부에 첫발을 디딘 이래로 내 관심은 언제나 한국을 향해 있었다. 화성학이 너무도 재밌어 보여 시작했던 작곡공부, 조스켕 데 프레와 모차르트와 쇤베르크를 낳은 유럽음악의 역사, 그 역사적 사실들을 배태한 당대의 사상과 문화를 섭렵하는 공부들에 열중하면서도 나는 언제나 그런 나를 둘러싸고 있는 한국의 문화현실, 나의 환경에 대한 호기심으로 되돌아왔다. 나에게 음악학은 나의 존재를 설명해주는 통로였고 나와 내 주변사람들의 관계를 이해하는 도구였다.

　나는 쇼팽의 음악이 지닌 위대한 구조를 설명하기보다 루빈스타인의 피아노 연주 앞에서 졸고 있는 그 흔하디 흔한 한국사람들을 이해하고 싶었다.
　그리고 음악학이 그 일을 할 수 있다고 믿었다. 음악적 경험이란 경험의 대상이 되는 악곡이나 연주의 축조기술 못지 않게 경험의 주체가 되는 사람의

> **무대는 두 개의 컨텍스트가 공존하며 만들어진다. 연주자의 마음 안에 있는 컨텍스트와 청중의 마음 안에 있는 컨텍스트다. 이 두 개의 컨텍스트는 전혀 다른 것일 수 있다.**

마음과 귀에 의해 좌우되는 것이기에 음악적 경험이 음악학의 연구대상이라면 악곡과 음악가만큼이나 음악수용의 주체와 그 경험의 통로 또한 음악학의 대상이 되어야 한다. 그래서 나는 작품으로서의 음악 못지 않게 문화로서의 음악을 공부하고 싶었다.

그러나 음악을 종이 위에 그려진 악보로부터 끄집어내기란 쉽지 않았다. 우리 사회에서 음악은 오선지에 그려진 음표들의 의미를 파악하고 손가락을 구부렸다 돌렸다 하며 피아노치는 기술을 익히는 것을 통해 교육되는 지식이고, 그래서 음악을 잘 아는 사람이란 작곡가와 연주가의 이름, 명곡의 주제선율을 줄줄 꿰는 사람이다. 이곳에서 음악학은 작품의 구조를 연구하고 작품의 역사와 작곡가의 미학을 탐구하는 것이었고 그 작곡가와 작품을 받아들이는 청중 사회의 생각과 반응은 음악평론의 참고자료 정도로만 가볍게 취급되었다. 나는 생각을 주고받으면서 믿음을 건강하게 키우고 그로부터 실천을 함께 싹틔우고 가꾸어갈 동지가 필요했다. 돌이켜보면 그다지 길지도 않았는데 나에게는 왜 그 방황의 시간이 그리도 괴롭고 절망적이었는지 모르겠다. 머리카락이 하얗게 세기 시작한 것도, 심한 편두통과 요통으로 병원을 들락거리게 된 것도 모두가 그 방황 때문이라고 믿을 만큼 나는 외로웠다.

그런 내게 어느 날 책 한 권이 찾아왔다.『문화로서의 음악』(*Music as Culture*). '음악이란 생물학적이자 문화적으로 꼴을 갖추는 패턴화된 소리'라는 그 책의 한마디가 나의 가슴을 두근거리게 했다.

마오리족의 바카(baka)라는 전쟁춤은 외치면서 발을 구르고 동작을 이어가는데 그 외침에는 리듬은 있지만 음높이가 없다. 우리 귀에 그 소리는 그저 외침인 듯하지만 그들의 외침은 음악이다. 그들이 그것을 음악이라고 간주하기 때문이다.

쿠나 인디언들은 목소리를 이용하는 3가지 표현법을 구분해놓고 있다. 외지인(서양인)이 듣기에는 영락없이 노래를 하는 것인데도 그들은 그것을 3가지의 말하기 방법 중 하나라고 여기면서 결코 노래하기라고 하는, 말하기와 구분되는 인간행위로 생각하지 않는다.

(우리 귀에는) 무슬림은 코란을 서로 다른 음높이들로 이어지는 선율을 붙여서 노래한다. 그러나 무슬림의 종교는 노래를 금지하고 있다. 코란은 노래되는 것이 아닌 것이다. ―『문화로서의 음악』 중에서.

사람들에 대한 이해 없이는 음악의 이해가 불가능함을 역설하고 있는 마샤 헌던의 『문화로서의 음악』.

그 책은 음악이란 사회의 구성원들이 합의한 가치체계이기에 그것을 향유하는 사람들에 대한 이해 없이는 음악의 이해가 불가능함을 역설하고 있었다. 내 앞에 놓인 음악은 곧 나와 함께 이 세상을 살아나가는 사람들의 이야기였다. 책에는 '사람들의 이야기'로서의 음악의 정체를 탐구하는 방법론이 다루어지고 있었다. 종이에 쓰인 악보 대신 소리나는 공연이 그 탐구의 매개로 전제되어 있었다.

나는 책을 쓴 헌던이라는 학자를 만나야 한다고 생각했다. 그를 만나면 행여 내가 가진 관심사가 학문적이라는 동의를 얻을 수 있지 않을까, 나와 관점을 공유하는 학자들의 세계가 있어서 그들에 대한 안내를 받을 수 있지 않을까 하는 간절한 심정이었다.

한번도 만나본 적 없이 먼 땅에서 살아온 그가 나의 말에 귀를 기울였다.

신기한 경험이었다. 나와 함께 세상을 살아가고 있는 사람들의 음악적 삶에 대한 공부, 그것이야말로 음악학이라 믿는 그는 내가 한국에서 좀처럼 만날 수 없었던 바로 그 공부를 위한 동지였고, 마침내는 스승이었다.

문화를 연구하는 음악학

당시 헌던은 메릴랜드 주립 칼리지 파크대학의 음대 교수였다. 학부과정에서 피아노와 오르간, 성악을 공부한 그는 독일어로 석사학위를 받은 뒤 1971년 미국 툴레인대학의 인류학과에서「노래부르기와 정치학: 몰타(Malta) 섬 주민들의 음악과 음악가들」이라는 제목의 연구로 박사학위를 받았다. 인류학 학위를 받은 그해 텍사스 주립 오스틴대학의 인류학과 조교수가 된 헌던은 1978년 캘리포니아 주립 버클리대학의 미국원주민연구(Native American Studies) 학과장으로 자리를 옮겼다. 사회과학계의 인류학과 교수로 재직한 그는 1990년부터 메릴랜드 대학 음대 음악학 교수진에 합류했지만, 인류학과에서 음악학과로의 자리이동이 헌던의 학문적 변신을 의미하는 것은 아니었다. 그는 언제나 음악학자였고 또한 인류학자였다.

우리는 때로 서구의 제반 인문사회과학이 서구중심주의적 시각으로 구성, 명명되고 있음을 본다. 사회학과 인류학의 영역 구분도 다분히 그러한 시각의 영향을 받는 한 예가 될 수 있겠는데, 음악학의 경우도 비슷하다. 서구사회에서 음악학자(musicologist)란 서구고전음악을 연구하는 사람들을 일컫는 경우가 대부분인 반면, 비서구사회의 음악을 연구하는 사람은 종종 그와 구별되어 음악인류학자(anthropologist of music) 또는 종족음악학자(ethnomusicologist)라 불린다. 그래서 지중해에 떠 있는 작은 섬 몰타의 사람들과 체로키(Cherokee)를 비롯한 미국 원주민들의 음악을 연구의 주요 대상으로 삼았던 헌던은 음악학자 가운데서도 음악인류학자 또는 종족음악학자로 알려져 있다.

온통 한국문화의 정체성에 대해 관심을 쏟던 내가 인류학적 방법을 사용하는 이 음악학자에게 호기심을 가지게 된 것은 그의 연구가 성취한 비서구문화에 관한 정보 때문이 아니라 문화를 연구하고 음악에 접근하는 그의 관점 때문이었다. 헌던은 미국의 원주민들과 몰타인들의 음악에 대한 전문가였지만, 그는 특정 지역의 비서구 음악과 문화에 대한 정보를 서구사회에 알리는 것이 자신의 연구가 지닌 궁극적 목표라 간주하지 않았다. 이는 비서구문화가 지닌 이국적인(exotic) 면모들에 대한 정보를 제공하는 것이 인류학의 주된 소임이라 간주해온 다수 서구인들의 편견과 대조적인 태도이다.

헌던은 서구인의 문화적 눈과 귀에 보이는 타문화의 낯설고 기이한 면에 대해 정보를 축적하고 그 정보를 다른 서구인들에게 전하는 일에 흥미를 가졌다기보다 타문화권의 인간활동과 그들의 삶을 이해하고 그 이해를 통해 자신을 되돌아보고자 하는 사람이었다. 특정 지역연구로부터 얻은 지식은 그저 재미난 의외의 정보가 아니라 인간활동으로서의 음악에 관한 개념을 확장하는 데 기여하는 정보였다.

서구인에게는 '외침'에 불과한 타문화의 소리현상이더라도 그것이 그 사회의 인식 형식과 가치를 표현하는 문화적 퍼포먼스라면 그들에게 그것은 음악이라는 점이 헌던에게는 소중했다. 그는 음악의 가치를 결정짓는 것은 그 음악을 수용하는 사회 구성원들의 합의 내용이지 서구인들이 흔히 음악의 절대요소로 간주하는 음정변화와 리듬, 화성의 꼴이 지닌 질이 아니라고 판단했다. 그는 사회에 따라 전혀 다른 형태의 문화적 퍼포먼스가 존재한다고 믿었고 거기에 약속된 인간의 소리활동이 얽혀 있는 순간(musical occasion)은 언제나 음악학자의 연구대상이 될 수 있다고 생각했다.

소리현상의 물리적 구조보다 그 구조에 연관된 인간행위와 사고를 연구하여 음악활동의 사회적 의미와 기능을 탐색하는 것, 그리하여 음악연구의 관점과 범위를 수정하고 넓히는 이론화 작업이 헌던에게는 중요했다. 그의 저술들 가운데는 특정 사회의 음악행위와 사고에 관한 것 못지 않게 노래와 음악활동의 일반적 성격을 논하고 그에 따라 연구방법론을 재구성하는 글과 책이 많다. 몰타인도 체로키인도 아닌 한국인들의 삶에 대해 공부하고자 하는 내가 그에게 관심을 갖게 된 것은 이 때문이었다.

서구인들의 과거를 붙들고 그 시절의 역사적 사실들을 발굴하고 나열하는 일에 관심을 쏟아온 많은 음악학자들과 달리, 그는 서구의 그것과는 다른 고유한 삶이 세계 곳곳에 있음을 늘 염두에 두고 있었고 그 곳곳의 음악적 삶을 가능한 편견 없이 이해하는 자신의 눈을 형성하는 일에 노력을 쏟고 있었다. 그 눈으로 바라보는 한국인의 삶은 어떤 모습일까? 베토벤의 위대함을 웅변하고 대위법과 화성법의 진화론을 믿는 사람들, 몇 백 년 전의 악보를 복원하고 고서를 해독하는 것이 음악연구의 최선이라 믿는 사람들이 보는 한국과는 아주 다른 한국이 그 눈앞에 있다고 나는 믿었다.

자문화를 연구하는 인류학

인디언이자 백인인 동시에 인디언도 백인도 아니었던 마샤 헌던. 그는 불평등한 사회제도에 맞서 싸운 행동가인 동시에 학문 전통이 유지해온 편견에 맞서 싸운 학자였다.

1960년대를 전후하여 인류학계에서는 소위 에틱(etic)과 에믹(emic) 접근법의 논쟁이 뜨거웠다. 음성학자 파이크(Kenneth L. Pike)에 의해 1940년대에 처음 제기된 언어학의 개념, 포네틱(phonetic)과 포네믹(phonemic)의 구별을 받아들이면서 인류학의 연구관점을 수립하는 데 기여한 에틱 옹호론과 에믹 옹호론의 대립은 요약하자면, 문화연구에서의 객관적·절대적 관찰을 중요시하는 연구태도와 특정문화권 내의 고유한 의미를 읽는 것이 문화연구라고 하는 입장이 일으킨 갈등이다. 1980년대 이후 에틱과 에믹 간의 연구자질 논쟁은 지면상에서 그 기세가 한풀 꺾였다고 할 수 있다.

그러나 서구학자들 사이에서 벌어졌다고 할 수 있는 이 논쟁은 합의된 결말이 있어 막을 내린 것이 아니었다. 남을 관찰하여 자신과 견주고 지구상의 인류가 지닌 공통점과 차이점을 논하겠다는 낭만적 포부로 출발한 서구인들의 학문세계에 그들의 연구대상이 되어온 현지 출신의 학자들이 급격히 증가하면서 이 논란은 오히려 심각해졌다. 타문화연구로 알려진 서구인류학에 자문화연구자들이 참여하면서 학자들의 문화적 혈통이 연구자로서의 자질에 영향을 미친다는 생각이 대두되었고 이른바 아웃사이더(outsider)와 인사이더(insider) 중 누가 문화연구를 더 잘하겠는가 하며, 이른바 학문적 자질을 앞세운 정치적 갈등이 벌어졌다. 특정 문화권의 외부에서 자라난 외지인이 '객관적인 관찰'을 더 잘할 수 있다는 주장과 그 문화권 내에서 자란 현지 학자가 내부의 사정을 더 잘 이해하고 접근할 수 있다는 주장이 팽팽히 맞섰다. '비서구'로 분류되는 우리 사회를 연구하고자 하는 소위 인사이더 학자로서 내가 이 갈등에 자못 흥미를 느낀 것은 당연했다.

1993년, 헌던은 저널 『Ethnomusicology』에 이 논쟁에 관한 자신의 생각을 실었다. 「내부인과 외부인: 우리의 한계를 인식하기, 우리의 앎에 한계를 짓기」(Insiders, Outsiders: Knowing Our Limits, Limiting Our Knowing)라는 글이었다. 그는 학자의 자질이 지리적·문화적 혈통과 연관될 수 없다는 자신의 견해를 피력하며 중요한 것은 그 혈통과 무관한 다른 것임을 주장했다.

체로키를 비롯한 북아메리카 원주민 음악을 연구한 헌던은 다수의 백인 학자들이 기억하기로 '인디언'이다. 그는 체로키의 후손과 독일-영국-아일랜드계 백인을 부모로 둔 혼혈(half-breed)로 태어나 북부 캐롤라이나의 동부 체로키 집단거주지역 인근에서 성장했다. 인사이더와 아웃사이더 논쟁의 이분법으로 보자면 백인들의 눈에 비친 헌던은 인디언 조부모와 긴밀한 유대관계를 가지며 체로키 문화전통의 영향 아래 성장한 체로키 인사이더였다. 그러나 정작 체로키 사회에서 그는 유럽과 전통을 공유하는 미국의 대학으로부터 훈련받은 눈으로 그들의 문화를 바라보는 아웃사이더였다.

백인 학계에서는 아웃사이더가 아니었고 체로키 사회에서는 인사이더일 수 없었던 자신의 정체성을 면밀히 되돌아보면서 헌던은 아웃사이더와 인사이더의 학문적 자질에 관한 논쟁에 대해 생각을 꺼내놓았다. 음악과 문화를 연구하는 사람이 자신이 훈련받은 관점을 모두 벗어던지고 연구의 대상이 되는 문화에 완전히 동화된다는 것은 있을 수 없는 일이고, 그렇다고 객관적 관찰과 분석을 외치며 대상에 대한 이해를 등한시하는 일도 문화연구를 가능하게 하지 못한다고 그는 보았다. 지리적·문화적 혈통이 학자의 자질을 결정하는 것이 아니라 자신의 앎에 한계를 짓는 조건임을 자각하고 그 앎의 한계를 조금씩 넓혀가는 학문적 반성이 학자의 길이라는 것이 그의 결론이었다.

백인의 눈에는 인디언이었지만 한쪽 조상을 백인으로 둔 그의 외모나 미국에서 태어나고 자라난 그의 교육환경으로나 한국사회에서 바라보면 영락없이 서구학자로 여겨지는 헌던에게 인류학은 타인에 대한 연구라기보다 인간의 삶을 돌보는 학문이었다. 그에게 세상의 모든 문화는 자신과 같은 인간들의 유기적 활동이었고 타인에 대한 이해는 그들과 닮은 자신, 그들을 바라보는 자신에 대한 이해이고 공부였다. 남과 나를 구별하기보다 남을 이해함을 통해 자신을 관찰하고자 노력했고, 그래서 그에게 타문화연구와 자문화연구의 구별, 아웃사이더와 인사이더 연구관점의 구별은 중요하지 않았다.

자신이 태어나 자란 사회의 문화를 연구하고자 하는 나와 닮은 우리 사회의 많은 이들에게도 그래서 이 인류학자는 의미있는 선배가 된다. 그는 서구인들의 문화와 관련된 신념이 절대적 진리가 아니라 특정한 경험을 통해 형성된 사회적 구성물이라는 포스트모더니즘적 반성과 더불어, '학문은 객관적 진리의 발견'이라는 실증주의의 상상을 훌훌 털고 학자는 끊임없는 자성을 통해 세상을 새롭게 해석할 수 있다는 믿음으로 일찍이 자신을 무장했던 사람이었다.

확장되는 음악학의 지평: 공연 그리고 젠더

그는 인디언이자 백인이었다. 동시에 그는 인디언도 백인도 아니었다. 미국사회에서 소수민족의 후손으로 태어나 자신의 정체성을 고민하며 자라야 했던 그는, 서구인이기도 하고 비서구인이기도 한 연구자로서의 자신에 대해 많은 생각을 했다. 백인 남성들에 의해 유지되어 왔다고 해도 과언이 아닌 인류학과 음악학의 전통 안에서 그는 '엉뚱한' 고민과 관심을 지닌 '인디언 여자', 낯선 사람이었다.

텍사스 오스틴에서 1978년 버클리대학의 미국원주민연구 학과로 자리를 옮긴 헌던은 인디언 인권운동에 합류하여 학내 문제에 맞서 싸우다가 1985년 교수직을 사임했다. 그는 미국이라는 자신의 조국 안에 존재하는 서로 다른 목소리들을 들었고 그 소리들 간의 갈등이 쉽사리 낭만적인 해결을 볼 수 없다는 것을 깨달았다. 대학을 떠나 그가 벌인 일은 음악연구소(the Music Research Institute)를 세워 독립학자들의 연구를 지원하는 것이었다. 미국사회에 대한 대중음악의 영향, 가사검열의 문제, 관현악단의 사회적 기능 등, 오늘날의 음악적 경험에 초점을 맞춘 연구주제들이 '죽은 자들에 관한 연구'(1996년 여름의 첫 만남에서 헌던은 서양음악사에 매달린 음악학자들의 다수 논문과 관점을 이렇게 표현했다)를 밀어내고 이곳에서 활발히 논의되기 시작했다.

그의 연구는 서구의 과거사를 탐험하는 일반적인 서구음악학은 물론이고 비서구를 대상으로 삼아 이국적 정보를 서구사회에 공급하던 음악인류학의 대세와도 거리가 멀었다. 뉴 올리언즈와 오클랜드 심포니 오케스트라의 정치경제, 십대들의 록 음악 수용, 마르디 그라스 인디언의 재즈 장례식, 마틴 루터의 기독교 찬송가, 텍사스의 도시 인디언들, 파우와우 인디언에 관한 비교연구, 스위스의 티베트 난민촌, 미국 미학 등이 체로키, 몰타 사회의 노래와 함께 그의 관심사였다. 서구고전음악을 역사적 사실이 아닌 사회적 산물로 논의하고, 음악학에서 외면당하던 대중문화를 토론의 주제로 끌어당기고, 서구백인사회와는 다른 미국의 고유한 문화적 정체성에 물음을 던지는가 하면 뉴올리언즈의 흑인, 조국을 탈출해야만 했던 불행한 사람들 등 다수의 그늘에서 살아가는 소수의 삶이 어떤 문화적 소리를 생산하고 어떻게 그 소리와 역동적으로 대화하며 진행되는지를 궁금해했다. 그에게 음악은 결코 물화된 소리현상이 아니라 삶의 한 방식이자 표현이었고, 서구와 비서구라는 주체와 객체의 인류학적 전제는 백인 학계가 구축한 학문적 계급으로서 버려야 할 미신이었다.

헌던은 투사였다. 그는 불평등한 사회제도에 맞서 싸운 행동가였고 학문전통이 유지해온 편견에 맞서 싸운 학자였다. 문화적 정체성에 관한 인류학의 이분법적 편견을 깨고 자문화의 일부로서 미국의 원주민사회와 대중문화, 서구고전음악계를 연구의 대상으로 선택했던 그는 천재적인 전문가에 의해 축조된 음악작품과 양식이 음악연구의 주 대상일 수 없다고 판단했다. 그는 '공연'(performance)을 선택했고 이 새로운 음악학적 대상에 대한 접근법의 이론화를 꾀했다. 1975년 그가 텍사스 오스틴에서 개최했던 인류학자와 음악학자의 심포지엄(Symposium on Form in Performance, Hard-Core Ethnography)은 그러한 맥락에서 이루어진 것이다. 음악학자의 연구 범위를 설정하고, 하나의 학문분야로서 음악학자들이 보여주는 공통된 방법론을 정리하고, 음악학자들 간의 기본 가설을 이론화하는 목표를 가진 그의 작업이 이후에 출간된 『음악공연의 인류학적 글쓰기』(*The Ethnography of Musical Performance*, 1980), 『종족음악학을 위한 현장조사방법 입문』(*Field Manual for Ethnomusicology*, 1983), 『문화로서의 음악』(*Music as Culture*, 1980, 1990) 등의 저술을 통해 꾸준히 계속되었다.

그런데 흥미롭게도 음악학자들 간의 공통된 기반을 찾아보자는 헌던의 작업은, 목표를 위해 여러 학자들의 연구대상과 방법을 탐색하면 할수록 그 공통점을 발견하기가 '불가능하리만치 어렵다'는 답을 얻었다. 다같이 '음악학자' 또는 '종족음악학자'라 불리면서도 그들의 음악에 대한 연구는 무수히 다양한 양상을 보여준다는 것을 헌던은 주목했다. 음악학의 기준과 근거를 마련하고자 하는 애초의 목적 대신 그는 새로운 결론을 얻었다. 음악은 문화적으로 마음에 품어지고 문화적으로 창출되고 문화적으로 감지되는 어떤 소리 유형이기에 세계 곳곳의 음악을 모두 포괄하는 음악의 보편적 정의와 가치는 특정 문화, 서양의 음악역사가 지금껏 구축해온 용어들로 구체화할 수 없다는 것, 그래서 사회마다 고유하게 지닌 종교, 미학, 인식의 맥락에서 음악은 저마다 다르게 접근되고 다르게 정의되어져야 한다는 것이 그의 결론이었다.

　작품 대신 공연을 음악학의 대상으로 삼는 그의 태도는 이러한 연구궤적과 긴밀하게 맞닿아 있다. 그는 세상에는 작곡가와 연주가라는 분화된 음악전문가를 필요로 하지도 않고 원하지도 않는 사회가 많다는 것에 관심을 가졌다. 구성원 모두가 음악가인 사회가 있는가 하면 쌓은 지식으로 즐기는 감상의 대상이 아니라 사람을 치료하고 조상과 대화하는 통로를 음악의 중요한 존재이유로 삼는 사람들이 있음을 고려했다. 작곡가 한 사람의 천재성과 그에 보조적으로 영향을 주고받았을 사회적 현상을 궁금해하는 대신 그는 사람의 삶과 음악이 만나는 현장, 특정사회가 품은 세계관을 읽어내는 현장으로서의 음악행위를 자신의 대상으로 삼고자 했고, 그것이 공연이었다.

　학창 시절, 이미 그는 그러한 음악과 음악학의 가치관을 구축해가고 있었던 것으로 보인다. 그의 은사이자 많은 연구를 함께 했던 동지 맥클로드(Norma McLeod)가 강의한 대학원에서의 음악분석수업에서 헌던은 채보를 통한 음악분석의 한계를 고민했고 악보로부터 해방된 음악읽기의 아이디어를 마침내 1974년, 저널 『Ethnomusicology』에 발표했다. 「분석: 성우(聖牛) 살찌우기?」(Analysis: the Herding of Sacred Cows?)는 기존 음악학계에 엄청난 충격을 던졌다. 음악과 문화를 연구한다는 내로라하는 음악학자들의 분석법을 요약, 열거하고 각 분석법을 마다가스카르의 노래에 대입시켜 서구중심적 문화분석의 성스러움을 단번에 부수어버린 다분히 공격적인 이 젊은이의 글은 당시 거물급학자 콜린스키(Mieczyslaw Kolinski)의 반박문을 끌어냈고 다시 이에 대한 헌던의 답글이 발표되었다. 이들의 논쟁은 지금도 대부분의 미국 대학 음악인류학 분석수업시간에 필독문으로 채택되고 있다.

　공연과 함께 헌던의 음악학이 보듬었던 또 하나의 주제는 사회적 성, 젠더(gender)다. 백인 학계의 인디언으로서의 자신을 돌아보며 인류학자의 태도를 궁리했던 그는 남성 세계의 여성으로서 자신을 인식하며 음악의 정체를 탐색했다. 그는 남자와 여자라는 성적인 구분은 사람이 자신의 정체성을 정립함에 있어서 혈연관계보다도 우선적으로 고려하는 기본적이고 역동적인 자아구성체계(self-organizing dynamic system)라 확신했다. 따라서 '생물학적·문화적으로 꼴을 갖춘 소리 패턴이 음악'이라는 그의 음악관에서 생물학적 성(sex)에 따라 역할을 구분해놓은 사회적 성(gender)이라는 것은 음악활동 주체로서의 인간을 한정짓는 기초적인 문화적 한계의 하나였다.

음악학계 젠더 연구의 선구자 중 한 사람이었던 그는 1987년부터 10년간 국제전통음악협회(International Council for Traditional Music)의 음악과 젠더학회 (Music and Gender Study Group)에서 모이살라(Pirkko Moisala)와 함께 공동의장을 맡으면서 젠더와 관련된 두 권의 책을 편집하고 여러 편의 논문을 발표하면서 수차례의 학술대회를 주관했다. 기존의 젠더 관련 음악연구들이 남성중심의 사회에서 그늘에 가려진 소수의 여성음악가를 발굴하고 특정 작품 속에 나타난 남성중심적 가사나 화성진행을 찾아내는 일 등에 관심을 가졌던 것과는 대조적으로, 헌던의 젠더 연구는 서구사회를 비롯한 세계 곳곳의 문화연구에서 사회적 성의식과 음악활동의 관계를 탐구하는 기본적인 접근법을 이론화하는 것이었다.

2000년에 출간된 한 책의 말미에서, 그는 인류학이 그동안 수행해온 사회적 성에 대한 연구를 정리하고 음악학의 젠더 연구를 위한 조사와 분석의 방법을 제안했다. 여성의 성에 대한 사회적 통제가 어떻게 일어나는지, 사회활동의 개인적 혹은 공공의 공간과 여성의 힘이 어떤 관계를 맺고 있는지, 그리고 여성이라는 사회적 성의 존재를 돌아보는 페미니스트 글쓰기가 어떤 전략과 관점에서 이루어지는지 등이 그간의 인류학적 연구에서 주된 경향이었다고 언급하면서 그는 최근 5년 사이에 일어나고 있는 변화를 또한 주시했다. 비서구 사회 사람들이 자신들의 언어로 구성하고 있는 사회적 성의식과 그것의 개인적 변형, 성의 개념을 사회적으로 정의하고 가치를 부여하는 중요한 요소로서의 종교, 대상을 바라보는 해석자로서의 자신 등이 새로운 연구의 주제로 떠오르고 있음이 그의 시야에 들어와 있다. 성의식이란 모든 인간에게 영향을 미치는 문화적 가치체계라고 확신하는 그는 이러한 인류학적 접근법들이 서구와 비서구를 가릴 것 없이 사람들의 음악활동을 연구하는 데 유용하게 활용될 수 있다고 보았다.

헌던은 급진기독교파인 미국 초교파 가톨릭 교회(The Ecumenical Old Catholic Church of America)의 주교이기도 했다. 종교와 성의식의 관계에 관심을 가졌던 그는 게이와 레즈비언 성직자를 임명하고 동성애자들의 결혼을 집행했다. 남성 세계의 여성이었던 그는 언제부터인가 남성과 여성이라는 이원적 성개념이 지배하는 세계에서의 자신의 존재를 바라보고 있었다. 모든 인간은 저마다 존중되어져야 할 존재라 믿은 그에게 제3의 성이 간직한 음악적 삶은 기존의 체제에서 존중받는 다른 삶보다 의미있는 연구 대상이었다.

동행

나는 한국에서의 사회적인 모든 이익을 포기하고서라도 그에게로 가는 것이 내가 행복해지는 길이라 생각했다. 아이들이 부르고 들으며 춤추는 노래, 뉴올리언즈 마르디 그라스 축제에서 인디언 분장을 하는 흑인들이 장례식을 치르며 흐드러지게 한판 벌이는 재즈, 지방교향악단이 잘 유지되지 않는 이유, 이런 것들이 궁금한 음악학자, 특정 정보보다 지식의 이론화와 철학적 반성을 끊임없이 계속했던 문화연구가, 그의 시각이 나는 좋았다.

그러나 마침내 결심한 내가 메릴랜드에 도착하기 두 달 전, 1997년 5월 어느 날, 마샤 헌던은 세상을 떠났다. 유방암이었다. 한국을 공부하기 위해 더 없이 좋은 스승이 되어줄 것이라 믿었던 그 인디언 학자를 나는 다시는 만날 수가 없었다.

음악은 악보 속에 존재하는 것이 아니라 경험 속에 존재한다. 진정한 음악가는 위대한 작곡가가 아니라 들리는 소리를 느끼고 그것에 의미를 부여하는 이름없는 청자들이다. 그래서 대가의 작품 축조술 못지 않게, 마음 한켠에 음악을 품고 사는 많은 이들의 삶이 음악의 정체를 설명하고 음악에 감동을 부여하고 음악이 들리게 한다. 그 삶이야말로 대가의 작품에 생기를 불어넣는 진짜 음악의 필요조건이다.

보이지도 들리지도 않는 그와 대화를 나누는 일은 즐겁다. 음악을 개인의 사회적 삶의 산물로 여기고 음악 안에서 사람을 느끼고 세상을 이해하고자 했던 사람. 나는 학문과 사회의 거대한 전통과 권위에 맞서 고군분투했던 그의 삶을 닮고 싶다. 외로웠던 그의 삶에 내가 위로가 될 수 있을지 한가닥 희망을 품는다.

주성혜 한국예술종합학교 음악원 음악학과 부교수. 1981년 서울대학교에 입학하면서부터 음악사 공부를 시작했다. 시대마다 사람들은 하필이면 왜 그런 음악을 좋아했는지 알고 싶어 서울대 대학원 석사·박사과정 동안 음악미학 공부에 관심을 쏟았다. 하지만 이 공부들을 통해 오늘의 한국 음악이 왜 이런 모습으로 내 앞에 있는지에 대해 답을 얻기는 어려웠다. 미국 메릴랜드대학에서 음악인류학 박사과정을 다시 밟았다. 『음악읽기 세상읽기』, 『음악원아이들의 한국문화읽기』라는 두 권의 책을 펴냈고 「음악인류학의 동아시아 연구, '번역'을 넘어서」, 「조수미, 김덕수, 서태지, 그리고 나」 등의 다수의 논문과 평문, 시론이 있다.

용어와 개념 풀이

문화연구로서의 음악학

음악학은 19세기 후반 유럽에서 태어났다. 당시 활발했던 역사주의와 문화적 진화론, 음향학의 영향을 받아 서양음악의 역사를 알 수 있는 사료발굴과 음악의 진화경로, 음악적 소리의 물리적 정체를 탐색하는 것이 초기 음악학의 주된 관심사였다.

이후 음악학은 서양음악의 역사를 연구하는 음악사학과 비서구음악의 이해를 위한 종족음악학(음악인류학)을 두 가지 큰 축으로 하여 역사적 음악학과 체계적 음악학이라는 두 개의 방법론적 영역을 발전시켜 왔다고 평가된다. 그러나 각 문화권의 정보가 세계화되고 음악을 사회문화적 합의가 낳는 실체로서 간주하는 관점이 설득력을 얻으면서 서구와 비서구라는 연구대상의 이분법과 방법론의 분화가 낳는 연구의 한계가 지적되고 있다.

문화연구로서의 음악학은 기존의 음악학이 보여온 문화적 제국주의의 면모와 소리구조 분석 중심의 연구를 지양하고 사회현상으로서의 음악문화 연구를 강조하는 최근 음악학의 대표적 경향이다.

국제전통음악협회 The International Council for Traditional Music

1947년 영국에서 민속음악을 연구하는 학자와 음악가들이 결성한 모임(The International Folk Music Council)이 출발점이었다. 유네스코가 인정하는 비정부기구(NGO)이자 종족음악학회(Society for Ethnomusicology)와 함께 미국 종족음악학 또는 음악인류학 분야의 최대 학회로 인정받는 ICTM은 현재 민속음악뿐 아니라 세계 곳곳의 음악과 춤 전통, 대중음악과 도시문화 등에 관하여 광범위한 학문적 토론의 장을 제공하고 있다. 연례적인 국제학술대회와 세부화된 하위 스터디그룹들, 콜로키움 등이 이 협회의 주관 하에 이루어지고 있다. 웹사이트: http://www.ethnomusic.ucla.edu/ICTM

콜린스키 Mieczyslaw Kolinski 1901. 9. 5~1981. 5. 8.

폴란드 출신의 캐나다 작곡가이자 종족음악학자. 현대음악의 협화음과 불협화음을 연구하고 화음분류에 대한 체계적 접근의 필요성을 제기했던 그는, 1950년대 이후 조성과 선율구조, 리듬, 빠르기, 조율의 근본적 문제를 분석하는 방법을 제시함으로써 유명해졌다. 19세기 말에서 20세기 초반에 활동했던 유명한 독일 음악학자 혼보스텔(Erich von Hornbostel)과 미국 문화인류학의 아버지로 일컬어지는 보아즈(Franz Boas)의 연구를 보조한 경력을 가진 그는 사모아와 뉴기니, 수리남, 서아프리카, 아이티, 브리티시 콜롬비아 북부 해안 등으로부터 음악 2,000여 곡을 채보하여 분석자료화 작업을 하기도 했다. 1951년 뉴욕으로 이주한 뒤 1955년 미국의 종족음악학회 Society for Ethnomusicology를 설립하는 동인이 되었고 1958년부터 이듬해까지 학회 회장직을 맡았다. 1966년부터 토론토대학에서 종족음악학을 강의했고 1974년에는 캐나다로 국적을 바꾸었다. 1976년 은퇴 후에도 세상을 떠날 때까지 명예교수로서 강의를 계속했다.

마샤 헌던은 말한다

- 인간활동으로서 음악은 문화를 이루는 필수적 부분이다. 음악의 형식과 양식, 표현, 지속성, 수용, 평가, 이 모두는 인간의 사고가 문화적으로 꼴을 갖추는 중요한 장소다. ―『문화로서의 음악』 중에서

- 무대는 두 개의 컨텍스트가 공존하며 만들어진다. 연주자의 마음 안에 있는 컨텍스트와 청중의 마음 안에 있는 컨텍스트다. 이 두 개의 컨텍스트는 전혀 다른 것일 수 있다. ―『Proceedings of a Symposium on Form in Performance, Hard-Core Ethnography』 중에서

- 음악은 문화를 형성하는 데 필요조건이고 음악전통이 그것을 생산해내는 사회와 어떤 관계를 맺고 있다는 단언은 오래 전부터 있어왔다. 음악인류학자들은 자신들이 곧 문화 안의 음악, 문화로서의 음악을 연구하는 사람들이라고 한다. 그러나 이러한 단언들이 충분하게, 납득할 만큼 논의되고 궁리된 적은 없다. ―『The Ethnography of Musical Performance』 중에서

더 읽어야 할 책들

Herndon, Marcia, and Susanne Ziegler, eds, *Women in Music and Music Research*, Special Issue of World Music 33, no. 2, 1991.

_____, eds, *Music, Gender, and Culture*. New York: C. F. Peters Corporation, 1990.

_____, *Field Manual for Ethnomusicology*, Norwood: Norwood Editions, 1983.

_____, *Music as Culture*, Darby: Norwood Editions, 1980.

_____, *Singing and Politics: Maltese Folk Music and Musicians*, 1971.

Herndon, Marcia, and Norma McLeod, *Music as Culture* (2nd edition), Richmond: MRI Press, 1990.

McLeod, Norma, and Marcia Herndon, eds, *The Ethnography of Musical Performance*, Norwood: Norwood Editions, 1980.

Herndon, Marica, and Roger Brunyate, eds, *Proceedings of a Symposium on Form in Performance: Hard-Core Ethnography in 1975*, Austin: Office of the College of Fine Arts, University of Texas, Austin, 1976.

Herndon, Marcia. *Native American Music*. Darby: Norwood Editions, 1982.

주디스 윌리엄슨 *Judith Williamson*

당신은 이미 상품의 공간에 들어와 있다

마정미 광고평론가

광고도 읽어야 하나?

최근 많은 기호학자들이 광고에 관심을 보이고 있다. 한국기호학회에서 발간되는 『기호학연구』에도 광고기호학은 단골메뉴로 자리잡아가고 있고 기호학연대의 『기호학으로 세상읽기』라는 근간을 보아도 이들이 현대사회의 대표적 프로파간다인 광고의 기호학에 관심을 기울이고 있음을 알 수 있다. 물론 해당 학문인 광고학과 커뮤니케이션 학계에서는 일찌감치 대중매체의 기호학과 광고기호학에 관한 저작과 논문들이 꽤 축적되어 왔다.

그러나 한국사회에서 광고기호학이나 광고비평이 시작된 역사는 그리 오래 되지 않았다. 정치적 격변기를 넘어 1990년대에 들어서 한국사회에서는 어느새 포스트모더니즘 문화현상이 범람하기 시작했고, 대중문화의 중요성이 부각되면서 문화담론이 융성하기 시작했다. 바야흐로 대중문화가 하나의 텍스트로 인정받고, 대중문화 비평이 시도되면서 광고비평도 시작되었다. '광고도 비평해야 하는가?'라는 질문은 이미 우문이 되었다.

그러나 한편으로는 여전히 '광고도 읽어야 하는가?'라는 시각과 'so what?' 그래서 어쨌다는 것이냐'라는 시각들이 존재한다. 그것은 영화와 같은 문화상품과 달리 광고는 상품을 알리는 커머셜 메시지에 지나지 않을 뿐이라는 관점 때문이다.

그러나 마케팅 프로모션의 일환인 광고는 그 독특한 형태로 인하여 그 사회의 산업구조를 반영할 뿐 아니라 한 사회가 안고 있는 사회적 강박, 스테레오타입, 집단적 무의식, 주요 담론 등이 중첩된 결정체다. 그러므로 광고를

> 윤택하고 매끈하고 아름다운 광고 속의 모습은 소비자에게 결핍을 느끼게 한다. 욕망은 이상적 자아와 현실의 자아를 일치시키려는 노력이다. 광고는 그것이 광고에 등장하는 상품으로 채워질 수 있다고 암시한다. 결핍을 메우려는 일치의 노력, 즉 욕망은 광고의 원동력이고 자본주의의 원동력이다.

통해 현대사회를 읽어내는 작업은 당대의 다양한 모습과 무의식, 당대의 표현 양식에 주목하는 일이다.

광고인 캘킨스(Calkins)는 "우리는 광고를 통해서 사회학적 역사의 흔적을 추적하게 될지도 모른다. 유행과 열광의 일어남과 스러짐을, 음식과 의복 분야에서 관심과 기호의 변화를, 오락과 악습을, 또한 당대 삶의 파노라마를 들여다볼 수 있게 될지도 모른다"고 했다. 그의 말처럼 산업사회의 문화와 풍속은 소비와 그 전령인 광고와 불가분의 관계에 있다. 때문에 보드리야르 (Baudrillard)의 『소비의 사회』나 매크래켄(McCracken)의 『문화와 소비』 같은 저서는 소비와 광고를 현대사회의 주요 문화이자 정체성을 찾는 기제로 짚어내고 있다.

이는 광고를 '현대 자본주의의 공식적 예술'(official art)이라고 정의하고 원시사회에 주술적 신비체계가 존재하듯 현대광고의 본질은 '신비체계'라는 레이몬드 윌리엄스(Williams)의 견해나, 광고를 '사회통제기제'로 간주한 버만(Berman), 자본제적 생산에서 필연적인 소비의 확대와 광고의 발달을 언급하며 현대광고는 '상품판매와 문명화'라는 이중적 목적을 제시한다는 유엔(Ewen)의 논지를 통해서도 반복되는 문제제기다. 동시대인을 설득하기 위한 광고는 지배적인 이데올로기를 담게 마련이고 역설적이게도 그에 대한 반동의 모습도 광고에 드러난다. 많은 사람들에게 회자되는 광고 카피가 있다면 그것은 동시대인의 욕망과 멘털리티를 자극하는 부분이 있기 때문이다. 광고는 은연중에 동시대의 계열적인 모습과 시대정신을 담게 된다.

광고가 한 시대의 문화를 투영한다고 전제한다면, 광고를 읽는다는 것은 한 시대의 다양한 스펙트럼을 읽어낼 수 있고, 또는 그 시대에 깔려 있는 욕망을 읽어낼 수 있는 것이라고 할 수 있다.

바르트를 이은 광고 기호학의 전통

최근 소수이기는 하지만 '광고비평'이 활성화되고 있는 것은 광고가 마케팅 체계로서뿐 아니라 대중 텍스트로 확장되고 있음을 보여준다. 광고를 상업적 메시지에서 종합예술을 담은 대중적 텍스트로 보기 시작한 역사는 그리 오래되지 않지만 텍스트 비평이

『광고의 기호학』. 바르트의 명맥을 이어 가장 효과적인 광고분석을 시도한 윌리엄슨의 저작.

대중문화 영역으로 확대되고, 광고비평의 필요성이 공감대를 형성하고 있는 것이다. 광고비평은 여타의 미디어 비평과 마찬가지로 문예비평의 틀, 영국의 문화연구 전통과 후기구조주의이론, 기호학적 이론이 원용된 텍스트 분석이 주를 이루고 있으며, 매체적 근접성 때문에 텔레비전 비평방법론이 주로 활용된다.

무엇보다 광고비평에 기틀을 제공한 사람은 기호학을 사진, 광고 등과 같은 대중문화 분석에 도입한 롤랑 바르트다. 바르트는 '판자니' 광고와 잡지 '파리마치'의 표지사진 분석을 통하여 기호의 의미작용을 예시하고 외연적 의미(denotation)와 내포적 의미(connotation)라는 기호의 2차적 의미작용을 거쳐 신화(myth)가 형성된다고 주장했다. 바르트의 신화 개념은 사회에 널리 퍼져 있는 지배적인 사상, 지배적인 이데올로기를 뜻한다. 바르트가 있었기에 이미지의 수사학이 시도되었고 광고의 기호학이 발달할 수 있었다. 그리고 광고의 기호학 분야에 길이 남을 명저인 주디스 윌리엄슨의 『Decoding Advertising』이 있다. 이 책은 바르트의 명맥을 이어 가장 효과적인 광고분석을 시도한 책이다. 국내에, 『광고의 기호학』(박정순 옮김)이라는 제목으로 번역되어 있는 이 저서에서 윌리엄슨은 기호학적 텍스트분석

의 진수를 보여주고 있는 것이다. 단지 기호들의 의미작용 방식 설명뿐 아니라 현대 소비사회 혹은 소비자 문화에서 광고가 구체적으로 어떤 방식으로 지배적 이데올로기 기능을 하는지를 효과적으로 보여준다. 이 책은 미국과 유럽 대학에 개설되는 문화론 강좌에 빠지지 않고 리딩 텍스트로 들어가는 필독서이다. 현대사회와 문화의 이해에 있어 광고의 이해는 필수적이기 때문이다.

주디스 윌리엄슨은 저널리스트이자 영화제작자로서 런던 시티대학의 방문교수로 활동하기도 했다. 처음 이 책은 버클리, 캘리포니아대학의 대중문화 과정을 위해 준비되었다고 한다. 광고물과 분석으로 구성된 교과과정의 분석에서 나온 결론들이 이론의 기초가 되었다. 20대에 출간하여 학계의 주목과 찬사를 얻은 『광고의 기호학』 이후 윌리엄슨은 『Consuming Passions, Deadline at Dawn』이라는 비평집을 냈다. 이 두 책은 영화, 사진 등의 대중문화에서 소비문화가 페미니즘과 정치적 요소를 어떻게 반영하는지를 보여준다. 볼프강 하우크의 상품미학 비판이 지나치게 유물론적인 결론을 내리고 있다면 윌리엄슨의 책은 좀더 광고언어와 대중문화 산물에 대한 세밀한 분석이 돋보인다.

주디스 윌리엄슨의 공과

윌리엄슨의 『광고의 기호학』은 제1부 '광고의 작업—그 의미작용'과 제2부 '이데올로기의 성채—지칭체계'로 나누어져 있다. 첫번째 부분은 광고가 어떻게 메시지를 전달하는가에 대한 것이다. 이를 위해서 주디스 윌리엄슨은 상품의 의미를 만들어내는 광고의 구조와 더불어 이 구조가 어떻게 소비자로 하여금 의미생성 과정에 자발적으로 개입하게 만드는지를 보여준다. 그녀에 따르면, 광고의 의미교환 구조는 상품을 기호로 만들고, 다시 기호로서의 상품과 사람을 교환하도록 만든다. 우리는 광고에 의해 '주체'로서 '호명'되며, 스스로 기호와 자신을 교환함으로써 이데올로기의 재생산 과정에 적극적인 참여자가 되는 것이다. 상품의 소비는 계급과 성을 포함한 집단 창조의 수단으로 작용하지만 한편으로는 우리의 진정한 의식을 가리는 덫이 된다. 이 덫은 이데올로기이다. 이 덫은 자발적으로 개인의 자유의지에 의해 상품을 구입하고 소비한다는 자유주의적 아이디어의 환상을 통해 이루어지기 때문에 의식되지 않는다.

제2부 '이데올로기의 성채'는 광고 메시지의 진정한 내용이 무엇인가를 말하고자 한다. 이를 위해 광고가 현실세계의 사물들을 기호로 재사용하는 과정에서 새로운 상징체계가 만들어지는 이데올로기적 맥락을 해석학과 광고의 사

모바일 광고의 예. 광고는 한 시대의 문화를 투영한다. 우리는 광고를 읽음으로써 그 시대의 욕망 또한 읽을 수 있다.

례분석들을 통해 제시한다. 광고의 기호는 현실세계의 사물들로부터 채택되고 도용됨으로써 그것들이 갖는 궁극적인 의미는 이미 존재하는 우리의 사전지식체계로부터 만들어져 나올 수밖에 없다. 이것은 광고의 지칭체계로서 이것이야말로 상품의 함축적 부가의미를 만들어내는 '이데올로기의 성채'인 것이다.

이 책을 통해 주디스 윌리엄슨은 광고가 어떻게 현실에 대한 우리의 진정한 관계를 은폐하고 왜곡시키는가를 보여준다. 광고에 사용되는 핵심적인 여러 가지 지칭체계—자연, 과학, 마법, 시간 등—가 광고에 의해 '텅 빈' 기호표현으로 도용됨으로써 현실에 대한 우리의 진정한 관계는 은폐되고 왜곡, 표상된다. 그러나 우리는 그것들을 자연스럽고 당연한 것들로 받아들인다. 거친 피부는 스킨크림으로 다듬어지고 '요리'되어 '자연스러운' 피부로 빛나게 되며, 초콜릿은 우리에게 사랑을 가져다 준다. 광고는 마법의 세계에 대한 우리의 지식도 지칭체계로 이용하는 것이다. 광고의 이데올로기적 설득효과는 여기에서 시작된다.

사이몬 프리스(Simon Frith)라는 비평가의 말을 빌면 "윌리엄슨은 텍스트의 세밀한 독해에 있어서 강점을 가지고 있다. 그녀의 기호학과 같은 해석적 접근은 위트와 정밀도를 지닌 진지한 관점을 제공한다. 포스트모더니즘의 매력에 저항하는 선량한 사회주의자이자 인본주의자인 그녀는 사람들의 욕구와 욕망은 결코 충족되지 않지만 소비재에 의해 잠시 충족된다는 것을 명백히 보여준다."

호명의 기제와 욕망

10대들의 소비심리를 유발시키는 모바일 서비스 광고의 예. 광고가 우리에게 던지는 미끼는 다름 아닌 욕망이다.

윌리엄슨의 빛나는 공과 중의 하나는 광고가 '호명'(interpellation)이라는 기제를 통해 소비자를 부르고 소비시민으로 구성한다는 이론이다. 알튀세르(Althusser)와 라캉(Lacan)의 이론을 광고에 도입한 것이지만 현대 사회의 어떤 사례보다 '호명의 기제'를 정확하고 명징한 결과로 보여주는 것이 바로 광고다. 소비자가 적극적인 소비주체로 나서게 주체를 형성하는 것은 광고가 여러 형태로 소비자를 부르기 때문이다. 광고는 우선 '당신'이라는 호명으로 욕망의 공간, 주체가 비어 있는 '광고'의 공간으로 소비자를 초대한다. '대한민국 1퍼센트', '당신은 특별한 사람'이고, '당신이 사는 집이 당신을 말해주고', '당신의 아기는 다르다'. 광고에서 당신을 부르면 소비자는 바로 자신의 초대에 응하고 주체로서 광고 안의 스타나 상품에 결합된다.

윌리엄슨은 화폐는 교환을 위해 주체를 요구한다고 주장한다. 화폐가 교환가치로 전이되듯, 기호(광고)도 교환가치로 전이된다는 것이다. 샤넬 향수의 모델로 등장한 카트린느 드뇌브가 그렇다. 광고는 토테미즘처럼 어떤 속성으로, 사람으로 소비자를 규정해주고 그것은 광고의 상품에 의해서 어떤 부류의 사람으로 창조된다. 이는 다른 상품과 차별화시켜주는 상품과 자신의 개성을 동일시키는 것이며 '오직 당신만을 위해'라고 이름 붙여진 상품으로 소구한다. 사실 대량생산품을 개인에게 의미있는 상품으로 소구하기 위한 방법에 지나지 않지만 소비자는 호명에 의해 자신의 개성을 찾고 정체성의 환상을 가진다. 또한 이를 위해 광고는 부재의 공간을 남겨두고 소비자를 초대한다.

  윌리엄슨은 라캉의 광고와 거울단계 이론을 들어 주체는 태어나는 것이 아니라 형성된다는 것을 설명하고 있다. 광고는 가장 명징하게 주체형성의 과정을 보여준다. 자아-이상(ego-ideal)의 채워지지 않는 허구적 욕망을 만들어내고 광고의 완벽한 모습과 당신의 실제 모습 간의 간극을 보여준다. 당신이 잃어버린 자아를 찾기 위해 제품 구매를 유도하는 것이다.

  왜 소비자는 이러한 광고의 부름에 대답하고 광고 안에 들어가 기꺼이 광고의 주체가 되고자 하는가? 광고가 우리에게 미끼를 던지는 것은 다름 아닌

최근 함축적·상징적 이미지로 화제가 되었던 이동통신 회사의 광고.

욕망이다. 소비자가 광고를 보면서 느끼게 되는 것은 현실 속의 자신과 광고 속의 가치들 사이의 간극이다. 윤택하고 매끈하고 아름다운 광고 속의 모습은 소비자에게 결핍을 느끼게 한다. 욕망은 이상적 자아와 현실의 자아를 일치시키려는 노력이다. 광고는 그것이 광고에 등장하는 상품으로 채워질 수 있다고 암시한다. 결핍을 메우려는 일치의 노력, 즉 욕망은 광고의 원동력이고 자본주의의 원동력이다. 때문에 윌리엄슨의 논의가 욕망이론으로 진행되고 라캉의 이론이 제시되는 것은 지극히 순차적이다.

  라캉은 인간은 태어난 후 바로 결핍의 세계에 돌입한다고 한다. 인간이 궁극적으로 추구하는 것은 결핍이 있기 전의 세계, 돌아갈 수 없는 파라다이스이며, 아이가 엄마와 일치감을 느끼던 시기라는 것이다. 그것은 이미 존재하지 않는 것이고 돌아갈 수 없는 낙원이기 때문에 인간은 대체물을 통해 자신을 위로한다.

텍스트와 컨텍스트의 조화

윌리엄슨의 책이 출간된 것은 1978년. 그러나 우리나라에서 광고기호학, 광고비평이 시작된 역사는 일천하다. 기존의 광고비평은 광고제작자들의 크리에이티브를 평가하고 광고의 퍼블리시티 효과를 위해 행해졌다. 그런 의미에서 광고비평이라기보다는 산업적 편의를 위한 광고평가 정도에 머물렀다는 지적이 맞을 것이다. 광고비평의 또 하나의 축은 광고의 진실성과 허위성을 따지는 윤리적 차원의 광고비평이다.

그러나 1980년대 이후 광고학과 소비자 연구 분야의 실증주의 패러다임에 대한 대안적 접근방법으로 주목받기 시작한 기호학은 그 유용성에도 불구하고 한계 또한 지니고 있다. 우선 기호학은 너무 이론적이고 지나치게 추론적이며 객관적이고 과학적인 계량적 자료를 입증하려 들지 않고 자신의 이론을 예증하는 데 사용하는 증거들이 매우 선별적이라는 비판을 받는다. 특히 실증주의적, 경험주의적 연구가 강세인 광고학계에서는 기호학 이론이 보여주는 특정 텍스트의 해독이 지극히 주관적이며 일반화시키기 어려운 해독이라는 입장이다.

그러한 비판과 또 다른 측면에서 제기되는 또 하나의 문제는 광고기호학이 소수의 학자에게만 유용한 엘리트주의적 학문일 수 있다는 점이다. 광고 텍스트에서 함축적 의미의 생산이란 것이 어떻게 이루어지는지 일반 수용자들은 읽어내기 어려운 경우가 대부분이다. 체계적인 미디어 교육이나 기호학적 해독의 훈련을 받지 않은 수용자들은 텍스트의 외연적 의미만 인상주의적으로 읽어내는 것이 고작이다.

또한 텍스트 분석은 그 텍스트가 생산, 유통, 소비되는 사회적·문화적·역사적·경제적·정치적 맥락과 조건을 무시하는 비평에 그쳐왔다는 것이 한계로 꼽힌다. 하나의 광고가 의미를 갖는 것은 기호작용을 통해 이루어지지만 특정 시대의 신화나 의미체계, 사건들과 교직되어 파생되는 의미작용이기도 하다. 특히 제품과 서비스라는 유형, 무형의 상품에서 비롯되는 의미작용이라는 점에서 광고는 한 시대의 사물들과 사건들로부터 파생되는 의미이다.

레이몬드 윌리엄스는 경제적, 사회적 문화적 사실들 사이에 얽혀 있는 관계를 통합적으로 고려하는 분석방법을 개발해야만 광고에 대한 정확한 이해를 할 수 있다고 주장한다. 다시 말해 윌리엄스는 광고를 단순히 경제제도나 마케팅 도구 또는 하나의 설득 커뮤니케이션 형식이나 심지어 문화적 텍스트로 축소시킬 수 없음을 분명하게 지적하고 있는 것이다.

텍스트의 생산 유통소비를 둘러싼 맥락에 충실한 연구들이 활성화될 때 비로소 광고의 기호학은 단순한 실증주의의 극복이나 개별 텍스트 분석에 경도된 학문이라는 현재의 위상을 탈피하여 소비자 문화, 미디어 문화, 대중문화를 관통하는 핵심적 지점으로서 광고를 이해하고 접근하는 폭넓은 시각을 제공하게 될 것이다.

마정미 광고평론가·문학평론가로, 경희대학교 연구교수로 재직하고 있다. 주요 저서로 『최진실 신드롬』, 『광고, 거짓말쟁이』, 『지루한 광고에 도시락을 던져라』 등이 있다.

용어와 개념 풀이

호명 interpellation

알튀세르의 「이데올로기와 이데올로기적 국가장치」에 의하면 호명(interpellation)은 이념적 기구가 개별 '주체'를 불러내는 과정이다. 등뒤에서 누군가 '이봐, 당신'이라고 부를 때 돌아선다는 것은 이미 부름에 응한 것이고 그 순간 주체로 형성된다. 학생으로서, 군인으로서, 아줌마로서, 부름에 응하면서 자신의 주체를 인식하고 그에 걸맞는 행동을 하는 것이다. '주체'는 옥스퍼드 사전에 의하면 '의식이 있는 자신'이다. 그러나 알튀세르와 라캉은 주체가 선험적인 존재라기보다는 사회적으로, 언어적으로 형성되는 것이라고 주장한다. 모든 이데올로기는 주체의 범주기능을 통해서 구체적인 주체로서 개인들을 부르거나 호명한다. 이데올로기는 호명의 작용을 통해 개인들 사이에서 주체를 불러모으는 방식으로, 또는 개인들을 주체로 변환시키는 방식으로 작용하거나 기능한다.

외연적 의미 denotation

외연적 의미란, 사전에 정의된 대로의 말의 일반적 의미를 말한다. 다시 말하면 외연은 사전적 의미로서 객관적으로 공인된 의미를 말한다. 외연은 성질상 개관적인 지시의 정확성을 강조하게 되므로 지시된 언어에 의해서 환기될 수 있는 함축적 표현, 태도나 정서적 감도의 효과를 철저하게 제거한다. 바르트의 분류에 의하면 1단계 의미작용에 의한 지시 의미를 표면적으로 드러내는 것이 외연적 의미이다. 2단계 수준의 의미작용에 의한 부가의미를 내포적 의미, 부가 의미라고 한다.

내포적 의미 connotation

내포적 의미란, 어떤 특정한 문맥 속에서 독자가 외연적 의미 이외에 파악·감지하도록 되어 있는 의미들을 말한다. 말의 일상적, 사전적 의미가 아니라, 그 단어, 어구가 강조하는 일종의 분위기 또는 감화적인 의미를 가리킨다. 외연(denotation)의 반대어이다.

외연적 의미를 표시적 의미로, 내포적 의미를 함축적 의미라는 말로 바꾸어 보면 더 알기가 쉬울 것이다. 한 낱말이 단일한 의미만을 나타내도록 쓰여졌을 때, 그 의미는 그 낱말에 의하여 표시되었다고 볼 수 있다. 즉, 한 낱말의 외연이란 바로 그 낱말이 표시하고 있는 가장 기본적인 의미인 여기에서 나아가 한 낱말이 문맥상으로 보아 동시에 다른 여러 뜻을 암시하거나 내포할 때, 즉 함축할 때에 이를 내포하는 것이다.

신화 myth

바르트(Bartes)에게 신화는 사회적 통념이나 가치, 신념 또는 이데올로기 등과 같이 한 문화가 그것이 갖는 사회적 현실을 이해하고 설명하는 방식을 말한다. 신화의 개념을 레비스트로스에게서 빌려온 것인데, 레비스트로스에 있어서 신화는 무의식의 전언내용을 전달하는 집단의 기호체계였고, 또 인간존재의 모순을 상상적으로 해결하려는 시도인 것이다. 신화는 환상적인 동화가 아니며 현존하는 삶과 죽음, 자아와 타자, 문화와 자연, 시간과 영원 등 일상경험의 대립과 모순을 상징적으로 해결하는 하나의 방편 또는 집단적 계략이었던 것이다. 바르트는 바로 이러한 계략을 부르주아 이데올로기와 동일시한다.

원시사회의 신화가 천지창조의 신들과 하늘과 땅, 불과 물, 동물과 사람, 선과 악에 관한 것이라면 보다 세련된 현대의 신화는 부와 명예, 출세, 남성적인 것과 여성적인 것, 가족, 결혼, 행복, 국가 경창 등에 대한 가치 체계나 믿음, 신념 등과 같은 것으로 바뀌었을 뿐이다.

상품미학 warenaesthetik

볼프강 하우크(Wolfgang Fritz Haug)가 『상품미학비판』이라는 책에서 논의한 개념으로, 예술미와 반대되는 상품의 미학을 다루고 상품미학의 첨병인 디자인과 광고를 비평한다. 심층적인 미적 체험을 불러일으키는 예술미와 대량생산되는 상품을 둘러싼 상품미의 등장을 유물론적으로 접근한다. 기술복제와 대량생산의 발달로 등장한 상품미학은 좀더 신선하고 충격적인 이미지를 전달하는 환상산업이다. 하우크는 상품미학의 등장을 인간 욕구체 사용가치와 교환가치의 모순에서 출발하였으며 상품의 가치가 교환가치에 의해 기능적으로 결정된다고 지적한다. 상품미학의 영역은 상품, 상품의 전시와 연출, 판매 장소의 디자인, 건축, 조명, 색채, 음향, 향기, 판매원과 그의 외관 및 행동거지, 판매행위까지 포괄하며, 시, 음악, 미술, 무용, 영화, 드라마 등 모든 예술형식과 환상산업을 혼합, 모조하거나 패러디한다고 한다.

컨텍스트 context

모든 문학과 예술작품이 그렇듯이 수용자는 텍스트를 해독해 그것의 의미와 재미를 자신의 일부로서 재생산한다. 수용자가 재생산한 의미와 재미는 텍스트에 기반한 것이지만, 그렇다고 그것이 텍스트 생산자가 애초에 의도한 것과 반드시 일치하지는 않는다. 그것은 수용자의 사회적 위치(계급, 성, 소속집단, 사회경제적 지위 등등), 욕망과 욕구, 텍스트 해독 능력, 수용 당시의 구체적 상황, 상품 자체의 사회적 의미, 기구성된 상품의 사회적 의미들(1, 2, 3차 의미) 등등 맥락에 따라 수용자는 상이한 해독을 하게 된다. 텍스트 해독은 컨텍스트 해독과 병행되어야 한다는 것이 학자들의 공통적인 견해다.

주디스 윌리엄슨은 말한다

- 모든 광고는 반드시 특정한 관객을 상정하고 있다. 광고는 광고 속 요소들 사이의 관계라는 관점에서 만들어진 상상적인 사람을 그 앞의 공간으로 투영한다. 당신이 광고를 들여다봄에 따라 당신은 이 공간으로 들어선다. 그럼으로써 '관객이 되는 것'이다. 당신이 느끼기에 '이봐, 당신!'은 정말 그렇게 특별히 당신에게 적용되는 것처럼 보인다. 광고 속의 당신은 항상 복수로 전달되지만 우리는 그것을 단수로 받아들인다. 비록 그 목표는 상품과 다수 대중을 연결시키기 위한 것이며, 상품과 대중을 집단으로 동일시하기 위한 것이라고 하더라도, 이것은 오직 그들을 하나하나 개인으로 상품과 연결시킴으로서만 이루어질 수 있다. 따라서 우리는 이미 상품과 연결된 일정한 종류의 사람으로서 호칭된다. 개인으로서 상품과 연결된다는 것은 사실상 우리가 '토템적 정체성'(totemic identity)를 갖게 됨을 뜻하는 것으로, 우리는 우리 자신의 개인성에 의해 상품에 의미를 부여한다. 광고는 좀더 미묘하게 '토테미즘'이 이데올로기의 한 부분이 되는 '이미 그런 것'을 바탕으로 작용한다. 당신은 단순히 상품이 표상하는 집단의 일부가 되기 위해 상품을 사지 않는다. 당신은 이미 자연스럽게 그 집단에 속해 있다고 느끼기에 그 상품을 사게 된다.

더 읽어야 할 책들

강준만·박주하·한은경 옮김,『광고의 사회학』, 한울.
김경용,『기호학의 즐거움』, 민음사, 2001.
김영찬,「광고의 기호학: 컨텍스트(context)에 충실한 텍스트(text)비평을 향하여」, 광고학보, 2001.
김홍탁,『광고대중문화의 제1원소』, 나남.
마정미,『광고로 읽는 하이브리드문화-지루한 광고에 도시락을 던져라』, 문예출판사, 2000,『광고, 거짓말쟁이』, 살림, 1997.
주디스 윌리엄슨, 박정순 옮김,『광고의 기호학』, 나남, 1998.
박정순,『대중매체의 기호학』, 나남, 1995.
볼프강 F. 하우크, 김문환 옮김,『상품미학 비판』, 이론과 실천.
아더 아사버거,『대중매체비평의 기초』, 이론과 실천.
앤드류 밀너,『우리 시대 문화이론』, 한뜻.
이냐시오 라모네,『소리없는 프로파간다』, 상형문자, 2002.
원용진,『대중문화의 패러다임』, 한나래.
원용진,『광고문화비평』, 한나래, 1997.
Judith Williamson, *Decoding Advertisments: Ideology and Meaning in Advertising*. London: Marion Boyars, 1978.
_____, *Consuming Passions: The Dynamics of Popular Culture*, London: Marion Boyars, 1986.
_____, *Deadline at Dawn*, Marion Boyars, 1993.

안드레아스 구르스키 *Andreas Gursky*

사진기는 무자비하게 비낭만적이다

윤준성 숭실대 교수·미디어학

다큐멘터리 사진과 상업사진의 창조적 결합

구르스키는 1955년 독일의 라이프지히(Leipzig)에서 상업사진가의 아들로 출생했다. 에센(Essen)에서 다큐멘터리 사진을 공부한 후, 1987년 뒤셀도르프 미술대학(Fotografiestudium Kunstakademie Düsseldorf)에서 다시 사진을 공부하고, 줄곧 왕성한 작품활동을 벌이고 있는 사진가다. 2001년 뉴욕의 현대미술관(The Museum of Modern Art, New York)에서 대형사진 60여 점을 선보인 개인전을 가졌으며, 유럽과 아시아에도 그의 작업이 지속적으로 소개되고 있다.

그의 사진은 '다큐멘터리 사진의 날카로운 관찰력과 상업사진의 현란함을 효과적으로 포용한 사진'이라는 평을 받았다. 그는 기록으로서의 사진이라는 전통적인 측면을 결코 간과하지 않고, 상업사진의 섬세함과 세련미를 부가하여, 현대적인 재현의 의미를 재고하게 만든다.

'무조건 1,000원'이라고 해석하는 것이 적절한 「99cent」(1999)는, 제목이 없어도 무조건 1,000원짜리 물건들을 파는 할인매장의 사진이라는 것을 알 수 있다. 1999년의 물가를 알려줄 뿐만 아니라, 잡다한 기호 식품들의 목록을 살필 수도 있다. 많은 사진가들이 사진이 발명된 이래로, 일상의 생활, 또는 사라져가는 도시의 모습이나 사람들을 기록하여 후대에 귀중한 정보를 제공하고 있다. 이렇듯 당시의 사회적, 문화적 상황을 직설적인 방법으로 보여주는 것은 다큐멘터리 사진의 전통이라 할 수 있다. 따라서 구르스키의 직설적인 사진 방법은 이러한 다큐멘터리 사진의 가치를 갖는다.

> " 구르스키가 사진을 촬영하고, 그것을 관객이 바라볼 때, 세상이 구성되는 장소는 구르스키의 영역이고, 구르스키의 사진이 구성되는 장소는 그것을 바라보는 관객의 영역이다. 이 관계 속에서, 그 주체의 위치가 변할 때마다, 위치를 빼앗긴 주체는 그 주체성을 소멸한다. "

구르스키는 이러한 전통적인 사진의 역할에 또 다른 가치를 부여한다. 그것은 상업사진에 대한 일반적인 편견을 화려함으로 변환시켰다는 점이다. 상업사진에서 사용하는 색조와 조명의 다양한 기법은 그의 사진 속에서 더욱 힘을 발하여, 정돈된 상품들의 원색적인 배열 속에서, 천장에 반사된 상품들은 채도가 떨어진 상태로, 다양한 색의 계조를 보여준다.

그의 사진은 기록사진과 상업사진의 관계를 현대적인 입장에서 바라보고 있다. 즉 사진의 전통적인 경향인 기록사진에 편중하기보다는, 상업사진을 기록사진으로 변화시키는 재치를 보인다. 구르스키의 사진은 다큐멘터리 사진의 날카로운 관찰력으로, 그가 만들어낸 허구를 드러내고 상업사진에서 보이는 현란함으로 기록의 효과를 보여준다.

사진, 의심을 불러일으키는 현실의 재현

구르스키의 사진이 보여주는 효과는 단지 이 사진가의 탁월한 능력에서만 연유하지 않는다. 무엇보다도 그의 사진은 그것을 바라보는 이와의 관계 속에서 더욱 큰 의미를 드러낸다. 구르스키의 사진, 「싱가포르 증권시장」(Singapore Stock Exchange, 1997)은 현실 그대로의 재현으로 보기에는 너무나 과도하다. 면밀하게 짜여진 구성의 이미지는 너무도 현실 같지 않아서, 도리어 사진이 현실에 행하는 역습으로 생각된다. 일련의 사진들에서 구르스키는 현실의 재현조차 믿을 수 없는 광경으로 착각하게 만드는 실험을 한다. 구르스키가 간간이 사용하는 디지털 기술 때문에 이러한 의심이 배가

1988년 The Citibank Private Bank Prize 수상작. 그의 커다란 판형의 사진들은 규모가 웅장하고, 현대적인 풍경의 안팎에서 펼쳐지는 광활한 무대에 초점을 맞춘다.

되기도 하지만, 모든 이미지는 세상에서 사진으로 옮겨진 것들이다.

그럼에도 불구하고, 그의 사진은 현대의 관객에게 있어서는 의심스러운 재현이다. 사진 발명 초기에 많은 화가들은 종종 인물사진을 보면서, 얼굴에서 각 부분의 비율이 제대로 되어 있지 않기 때문에, 사진은 초상을 위한 적절한 매체가 아니라는 비판을 하곤 하였다. 현재의 입장에서는 어불성설일지언정, 당시의 사람들은 그러한 의심을 진지하게 받아들이곤 하였다. 그러나 현재에 이루어지는 의심은 그 정황이 사뭇 다르다.

1982년 2월호 『내셔널지오그래픽』(National Geographic)은 잡지 크기에 맞는 편집을 위해, 디지털 기술을 사용하여, 이집트의 피라미드를 이동하여 서로 가깝게 만들었다. 이 사실이 알려지면서, 한동안 기록사진에 관한 문제가 거론되기도 하였다. 세계 각지의 모습과 알려지지 않은 오지의 상황과 장면을 소개하는 이 잡지의 전통과 성격을 고려할 때, 사진의 조작은 당시에 용납될 수 있는 정황이 아니었다. 여하튼 이제는 조작된 사진에 대해 사람들이 알고 있고, 사진의 진실 여부를 따지는 상황이 있다는 것을 고려할 때, 현재의 의심은 사진이 현실을 그대로 재현하지 않을 수도 있다는 것에 그 초점이 있다.

전통적인 사진의 신화에 종언을 고함

우리가 실재라고 인정하는 과학적인 사실조차도 우리의 인지와는 거리가

작품명: 「99Cent」. 무조건 99센트짜리 물건을 파는 할인매장의 사진. 1993년의 물가를 알 수 있을 뿐 아니라 잡다한 기초식품들의 목록을 살필 수도 있다.

생기며, 결국 보는 것을 믿는 것은 인정이라기보다, 차라리 일종의 믿음일 수밖에 없는 상황이 되었다. 스톤(Allucquere Rosanne Stone)은 이러한 정황을 아래와 같이 제시한다.

    우리는, 우리가 '현실'이라는 이름에 의해 알게 되는 것들을 부르면 부를수록, 우리가 그 현실로부터 점점 더 멀어지고 있다는 모순적인 현상을 발견하게 된다. 점점 더 정교해지는 도구와 시간 때문에, 현실은 점점 더 지적인 것—원자 내 입자들의 충돌, DNA 나선구조, 신경세포 단위 내 이온의 움직임 등, 우리가 결코 직접 경험하지 못할 사건들의 이미지가 스크린 위에 보여지는 것처럼—이 되고 있다. 세계와 자연에 관한 우리의 이해는, 실제로 일어나는 것에서 이야기 같은 간접적인 것으로 점점 변해간다.

    스톤이 이야기하는 '현실이라는 이름에 의해 알게 되는 것들'은 라캉(Jacques Lacan)이 설명한 실재(the real)라고 생각된다. 라캉의 설명에 따르면, 우리가 경험하는 현실은 일종의 이미지(image)로서 실재와 우리 사이를 가리고 있는 스크린(screen)이다.
  이 스크린을 통해 우리는 간접적으로 실재를 경험하고, 혹은 이 스크린을 통해 우리 자신이 투사한 현실을 건설한다. 이것은 마치, 곡면으로 형성된 모양과 형태의 면적과 부피를 계산하기 위해 수학적으로 취하는 미적분 방식과 유사하다. 이 수학적인 방법은, 곡면과 유사하도록 사각형이나 사각기둥을

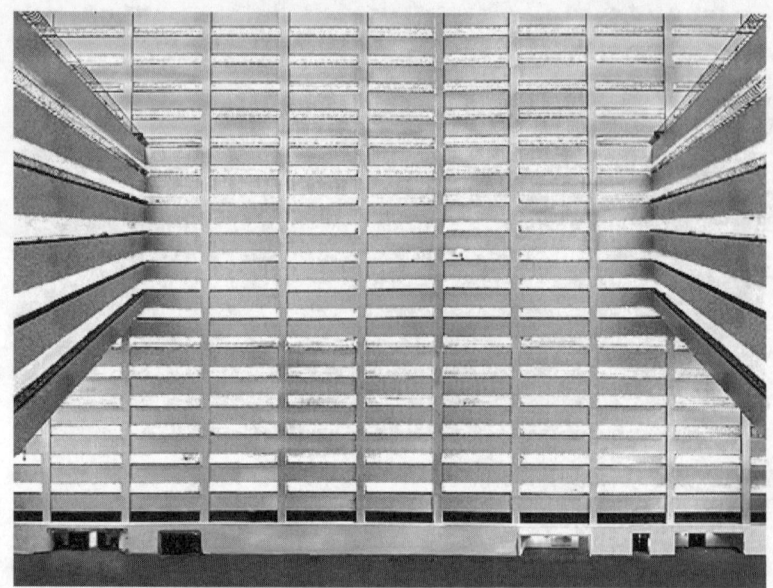

뉴욕시 중심부의 '타임스 광장'(times square)을 찍은 사진. 무한정 뻗어나갈 것처럼 보이는 단순한 형태가 극사실적인 효과를 창출해낸다.

세운 뒤, 그 크기를 무한히 얇은 상태로 가정하여, 곡면이 만드는 면적이나 부피를 계산한다. 그러나 계산된 면적이나 부피는 결코 실재의 면적이나 부피와 동일하지 않다. 다만 실재에 무한히 접근할 뿐, 그 실재에는 절대 다다를 수가 없다. 이것이 수학적인 계산상에서 상정된 한계이다.

만일 이러한 설명이 실재와 현실의 관계 속에서 부언된다면, 아마도 적절한 적용이 될 것이다. 우리는 결코 실재를 잡을 수 없고, 주체인 우리와 실재는 너무 멀면서도, 너무나도 가까운 상태가 된다. 재현은 '이야기같이 간접적인 것'—라캉의 '현실'(reality)—에 의해 구성되고, 재현을 통해 우리는 실재와 점점 더 멀어지거나 더 가까워진다.

이러한 관계는 구르스키의 사진에서 변증법적으로 드러난다. 구르스키가 사진을 촬영하고, 그것을 관객이 바라볼 때, 세상이 구성되는 장소는 구르스키의 영역이고, 구르스키의 사진이 구성되는 장소는 그것을 바라보는 관객의 영역이다. 이 관계 속에서, 그 주체의 위치가 변할 때마다, 위치를 빼앗긴 주체는 그 주체성을 소멸한다. 재현을 행하는 주체는 대상의 주체를 소멸하고, 재현을 행하는 주체는 다시 소멸되어, 재현을 바라보는 주체가 그 정반합을 채운다. 즉 구르스키는 대상을 재현함으로써 그 대상과 멀어진다.

그러나 그의 사진과 멀어지는 것은 구르스키가 아니고 그것을 바라보는 관

시카고 증권거래소는 선물계약과 상품거래가 세계에서 가장 광대하고 활발한 곳이다. 구르스키의 이 사진은 미국의 주요 무역연구소의 사진가들이 자주 거론하는 작품 가운데 하나다.

객이다. 따라서 명확하고 직설적인 사진일지라도, 그것은 실재와 동일할 수 없다. 무엇보다도, 한 사람이 촬영된 사진이 그 사람 자체일 수는 없기 때문이며, 사진가가 투영한 이미지가 그 속에 담겨 있기 때문이다.

재현이 실재와 다르다는 것이 전통적인 회화를 통해 주장되었듯이, 사진을 이용한 재현 또한 실재와 같을 수 없다. 전통적인 관념과 믿음이 끌어온, 사진에 관한 신화는 더이상 그 효력을 발하지 못한다. 바르트(Roland Barthes)가 주장한 '지시대상의 발산'으로서의 사진이나 손택(Susan Sontag)의 '발자국이나 사자(死者)의 가면같이 실재에서 껍질을 벗겨낸 것'으로서의 사진은 애초부터 존재하지 않았다. 이들의 논의는 현재까지도 지속적으로 반복되고 있고, 여전히 사진의 재현에 관한 문제는 현실과 연관되어 있는 신화를 탈피하지 못한 경우가 허다하다.

구르스키의 사진어법이 갖는 의미

구르스키의 사진은, 단지 직설적인 사진 어법이 현재의 환경에 의해 다르게 해석되고 있다는 것에 한정되지 않는다. 합성사진과 조작사진이 컴퓨터 기법을 통해 무수히 행해지고 있는 현 시점에서, 직설적인 사진에 관한 믿음을 시험하는 그의 사진은, 재현의 본질적인 기능이 반복된 실재의 현시가 아니라, 다시 보여지거나 다르게 다시 제시된 실재라는 것을 알려준다. 그리고 모든 사진은 실재를 투영하여 만든 현실이라는 이름을 갖는다는 것을 드러낸다. 아마도 이러한 적용은 사진이라는 단어가 한 번만 명시된 라캉의 저술이 현대의 예술이론에 영향을 미치는 일례가 될 것이다. 이러한 상황은 동양철학에서도 이미 예시된 바 있으며, 현대영화를 통해서도 다층적으로 다루어진 바 있다.

현실에 대한 의심은, 실재를 강하게 긍정하는 증거이고, 유동적인 현실을 감지하게 만든다. 이러한 맥락에서 구르스키의 대형사진이 보여주는 현실은 지극한 미궁으로 관객을 밀어넣는다.

바쟁(Andre Bazin)이 "최초로 창조적인 인간의 개입이 없이, 세상의 이미지가 자동적으로 형성된다"라고 강조했던 사진에 관한 선언은 이제 더이상 성립되지 않는 문구이다.

사진을 비롯한 시각적인 재현은 그것이 작가이건 관객이건 인간의 개입 없이는 결코 보여지지도, 읽혀지지도, 형성되지도 못하는 것이다. 디지털 기술이 세상을 뒤덮기 시작하면서, 일상생활의 변화가 오기 시작했다. 단지 예술 분야에만 한정되어 있는 것이 아니라 사회와 문화의 전반적인 분야에 그 영향을 끼치고 있다.

보이지 않는 것에 대한 전통적인 숭상이 점점 더 그 효력을 발생하여, 우리가 만들고 지켜온 법 또한 그 개정이 필요한 상황이 되었다. 그러나 디지털 기술이 출현하면서, 사진은 재탄생의 기회를 맞이했다고 생각된다. 왜냐하면 디지털 사진의 출현으로 인한 기술적인 측면뿐만 아니라, 이와 연관된 그 담론의 장이 확장되고 있기 때문이다. 현대의 사진은 우리가 생각하는 신화 속의 사진이 더이상 아니다. 그리고 우리가 생각해왔던 재현은 더더욱 아니다.

윤준성 윤준성은 숭실대학교 정보과학대학 미디어학부 교수이다. 첨단 멀티미디어를 사용하는 현대예술매체의 비평/문화이론 적용과 사이버네틱스에 관한 공학적인 실험을 토대로 정보과학과 사진을 비롯한 현대예술의 유기적인 관계를 유도하기 위한 연구를 한다.

용어와 개념 풀이

디지털기술 Digital Technology
컴퓨터를 기반으로 하는 기술을 통칭한다. 이 글에서는 주로 Adobe Photoshop을 사용한 사진의 조작과 변형에 관한 것으로 쓰였다.

샌디 스톤
Sandy Stone=A. Rosanne Stone
현재 텍사스대학교 교수이다. 퍼포먼스 작가이며 설치작가이고 소설가이기도 하다. 신체와 성에 관한 문제, 재현에 관한 문제, 성전환의 문제 등이 그녀가 다루는 소재다. 예술과 기술문명에 관한 연구를 진행하고 있다.

수잔 손택 Susan Sontag
1970년대에 미국 문화에 지대한 영향을 끼친 작가로 연극을 연출하고 영화를 감독하기도 하였다. 근대문화와 포르노그래피, 파시스트 미학, 사진, 혁명 등이 그녀가 다루는 소재이다. 저서 『사진론』 (*On Photography*), 『은유로서의 질병』 (*Illness as Metaphor*) 등이 있다.

안드레아스 구르스키는 말한다

- 나는 나의 풍경사진에 어떤 종류의 추상이 존재한다고 믿습니다. 나는 여기에 나오는 인간들의 형상이 움직이는 것을 보이려 하지 않습니다. 일반적으로 나는 그들이 무엇을 하는지 묻지 않습니다. 사진기와 이들 사이에 있는 커다란 거리감은 그들이 더이상 개별화되어 있지 않다는 것을 의미합니다. 나는 개개인에게는 관심이 없습니다. 차라리 그 환경 안에 있는 인간 종족에게 관심이 있을 뿐이죠. ―『ARTE review』의 인터뷰에서

- 사진기는 무자비하게 비낭만적입니다. ―『XL Photography』의 인터뷰에서

더 읽어야 할 책들

Zdenek Felix(ed.), Rudolf Schmitz, *Andreas Gursky: photographs, 1984~1993: Deichtorhallen Hamburg, 4 February-10 April 1994, De Appel Foundation, Amsterdam, 20 May-4 July 1994*, Munich: Schirmer Art Books, 1994.

Andreas Gursky, *Fotografien 1994~1998: Kunstmuseum Wolfsburg*. Wolfsburg: Kunstmuseum Wolfsburg; New York, N.Y., 1998.

Peter Galassi, *Andreas Gursky*, New York: Museum of Modern Art, 2001.

Lynne Cooke, Rupert Pfab and Marie Luise Syring, *Andreas Gursky: photographs from 1984 to the present*. New York: TeNeues, 2000.

야수마사 모리무라 森村泰昌

미술관은 미술 작품의 무덤이다

윤준성 숭실대 교수 · 미디어학

예술 역사의 딸, 모리무라

일본 작가 모리무라는 자신이 직접 할리우드의 여배우로 분장하여 사진을 촬영하거나 서양의 유명한 그림 속에 자신의 이미지를 끼워넣는 작업을 보여 주목을 받아왔다. 1951년 일본 오사카에서 출생한 모리무라는 1978년 교토 미술대학을 졸업하고, 1985년부터 국제적으로 작업을 확장시켜나갔다.

모리무라의 1988년 작업「Futago」는 에두아르 마네(Edouard Manet)의 1863년 그림「올랭피아」(Olympia)를 재해석한 작업이다. 제목인 'Futago' 는 일본어로 , 쌍둥이(ふたご)를 의미한다. 이 작품에는「올랭피아」에서처럼 꽃다발을 든 흑인 여인과 그녀의 응시를 받으며, 벌거벗은 채로 침대에 누운 여인이 묘한 긴장을 자아낸다. 이 작품 속에 등장하는 나체의 여인이 바로 모리무라이다.「Futago」는 'Daughter of Art History'(예술의 딸)이라는 제목을 가진 시리즈 가운데 한 작품이다. 이 시리즈에서 모리무라는 렘브란트, 마네, 고흐 등 미술사적으로 잘 알려진 작가들의 작업을 선택해서 모방하였다.

1996년부터 모리무라는 유명 여배우와 흡사하게 분장한 자신의 모습을 촬영하여, 마릴린 먼로(Marilyn Monroe), 오드리 헵번(Audrey Hepburn), 브리짓 바르도(Brigitte Bardot), 비비안 리(Vivien Leigh), 조디 포스터 (Jodie Foster) 등으로 탈바꿈한 사진을 보여주었다.

이후에도 다양한 매체를 사용하여, 자신의 사진을 이세이 미야케(Issey Miyake)의 옷에 옮긴다든지 자신이 출연하는 영상물을 제작한다든지 하는

> 모리무라가 사용한 '딸'의 의미는, 사회적인 성과 문화를 사용하여, 맹점을 만들기 위한 방법이다. 모리무라가 여성으로 변신한 것은, 자연스럽게 일본의 전통극 가부키(歌舞伎)에서 여성 역할을 대신하는 남자배우인 온나가타(女形)를 연상시킨다.

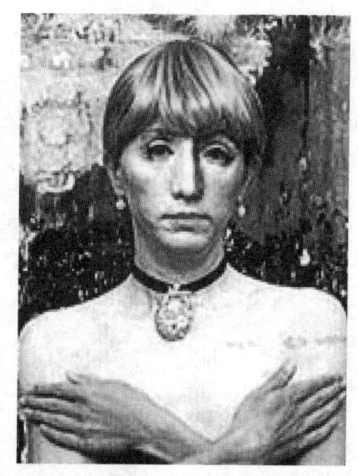

기발한 작업을 꾸준히 진행하고 있다.

모리무라의 개인전이 1996년 일본 니시다 갤러리에서 열렸다. 그 전시회의 제목은 한자(漢子)를 교묘하게 바꾼 것이었다. 앙드레 말로(Andre Malraux)의 저서 『le musee imaginaire』(the imaginary museum)를 번역하면, '공상미술관'(空想美術館, Kusho Bijutsukan)이 된다. 그러나 모리무라는 일본어의 발음에서 나타나는 혼돈을 이용하여, '상'(想)이라는 글자를 '장'(裝)으로 교묘하게 바꾸어, 자신의 전시 제목을 '空裝美術館'으로 쓴다. 일본어로는 다 같은, 'sho'의 발음이 나는 것을 이용한 것이다. '裝'의 의미가 '옷 입다, 모양을 갖추다, 변장하다'라는 것을 알면, 그의 작업과 제목이 한결 가깝게 와닿는다. 즉 옷 입기와 변장을 이용하여, 모리무라는 자신을 유명 서양 회화들 속으로 삽입하고, 유명 여배우로 변신한다.

오리엔탈리즘과 옥시덴탈리즘 모두를 뛰어넘어

노만 브라이슨(Norman Bryson)은 모리무라를 '문화비평가'라고 칭하면서, 모리무라가 19세기의 오리엔탈리즘(東洋主義, Orientalism)에 상응하는, 옥시덴탈리즘(洋夷主義, Occidentalism)을 불러일으키고 있다고 지적한다.

브라이슨은 오리엔탈리즘을 "서양이 만들어낸 상상의 동양이며, 앵그르(Jean-Auguste-Dominique Ingres), 들라크루아(Eugene Delacroix), 제롬(Jean-Leon Gerome) 등과 같은 화가들에 의해 만들어진 '타자'에 대한

1988년 작업 「Fufago」는 에두아르 마네의 「올랭피아」를 재해석한 작품이다. 'futago'는 일본어로 쌍둥이를 의미한다.

복합적인 환상이 자리한 곳"이라고 정의한다.

　브라이슨의 지적은 오리엔탈리즘과 옥시덴탈리즘의 관계가 대칭적이지 않으며, 서양에 의해 주도되고 있다는 것이다. 이러한 브라이슨의 생각은 모리무라의 사진이 왜 동서양의 문제를 불러일으키고 있는지를 설명해준다. 모리무라의 작업에서 서양인들은 비로소 서양인들 자신이 어떻게 비추어지는지, 어떻게 느껴지는지를 알 수 있게 된다.

　모리무라가 시도하는 유명 서양회화에 관한 해석은 전통적인 미술사적 해석과는 차이가 있다. 발(Mieke Bal) 또한 클라크(T. J. Clark)와 번하이머(Charles Bernheimer)의 올랭피아에 관한 해석에 대해 반문하고 있다.

　클라크(T. J. Clark)는, 「Futago」에 등장하는 흑인 여인을 하녀로 설명하였다. 반면, 모리무라는 이 흑인 여인을 하녀로 제시하고 있지 않다. 이 흑인 여인의 머리장식은 그림에서는 평범한 것인데 반해, 사진에서는 고급 머리장식으로 바뀌어 있다. 그리고 그 옷차림도 평범한 것에서 화려한 것으로 바뀌어 있다. 또한 원작 「올랭피아」에서는 흑인 여인이 올랭피아를 부드럽게 바라보고 있는 것에 반해, 사진에서는 마치 무엇인가를 요구하는 듯한 냉랭한 미소를 띄우고 있다.

　「Futago」에서, 흑인 여인은 하녀가 아니다. 클라크가 제시한, 올랭피아가 관기(官妓) 아니면 창녀일 것이라는 해석을 따르더라도, 이 흑인 여인은 하

모리무라는 과거의 명작에서 빌려온 이미지를 사용해 새로운 시각적 상황을 연출한다.

녀가 아닌 손님 또는 포주일 것이다.

결국 모리무라는 앞서 말한 오리엔탈리즘에 편중된 옥시덴탈리즘의 간섭이 없는 상태로 자신의 인식을 보여준다. 서양의 오리엔탈리스트(Orientalist) 화가들이 그들의 그림을 주로 서양의 관객에게 소개한 반면, 모리무라의 작업은 동양 관객에만 한정되어 있지 않다.

그가 일본에서 전시를 하였을 때, 많은 일본의 평론가들은 모리무라의 작업을 혹평하였다. 심지어는 '일본의 수치'라고까지 표현하며, 모리무라의 작업이 외국으로 소개되는 것에 반대했다. 그럼에도 불구하고, 모리무라는 1988년 베니스 비엔날레의 젊은 작가 초대전, 'La Biennale Di Venezia, Aperto '88'에 선발되는 영광을 안았다.

일본 미술관들은 모리무라가 서양에서 명성을 얻은 이후에야 그의 작업에 관심을 가지기 시작했다. 이러한 상황은 동서양의 비대칭적인 관계를 우화적으로 설명해준다. 즉 일본인들이 유명해진 모리무라의 작업에서 보는 것은, 오리엔탈리즘에 의해 이미 검증된, 색다른 옥시덴탈리즘인 것이다.

모리무라가 1988년에 작업한 「Shounen I, II, III」은 마네의 1866년 작품 「The Fifer」를 모방한 작업이다. 이 사진은 순간적으로 「The Fifer」를 연상시킨다. 모리무라는 조심스럽게 이 그림을 모방하여, 서양의 군복과 유사한 배경을 사용했을 뿐만 아니라 이 그림의 명성을 이용하였다. 그러나 광택이 나는 사진은 이것이 그림이 아닐 뿐더러 「The Fifer」도 아니라는 것을 알게 한다. 또한 이 사진은 그림의 복제도 아니다. 더욱이 이 작업의 작가는 프랑스 화가 마네가 아니고 모리무라이다.

이 작업을 통해 모리무라는 동/서 라는 이분법의 관계가 보여주는 문제점들을 제시한다. 그리고 질문은 계속된다. 이 사진은 동양작가에 의해 만들어졌기 때문에, 동양의 작업인가? 누가 동양의 작가이고, 누가 서양의 작가인가? 모리무라의 작업과 자신의 정체는 이러한 중첩된 상황을 보여준다. 마네의 「The Fifer」는 일본 판화에 영향을 받은 작업이다. 19세기 중반에 이루어진 사진의 발명은 현실의 재현을 위한 도구로서의 회화의 기능을 어느 정도 자유롭게 하였고, 화가들은 새로운 소재와 구성을 찾을 수 있게 되었다. 특히, 인상파 화가들은 일본의 목판화

「붉은 마릴린」 1996. 모리무라는 앤디 워홀과 비슷하게 마릴린 먼로의 이미지를 차용해 자화상을 만들어냈다.

가 보여주는 평이한 배경과 단순화된 색의 처리에 영향을 받아 '공기원근법'(chiaroscuro) 같은 기법을 탈피하려고 하였다. 반대로, 일본의 목판화는 18세기 유럽의 판화에서 보이는 민중의 생활, 대중오락 등의 주제에 영향을 받았다.

「Shounen」은 동양미술에 영향을 받은 서양의 회화와, 현대예술을 주도하는 서양에 영향을 받은 동양미술의 접점을 보여준다. 그의 작업은 서양의 그림으로부터 얻어진 배경과 그 그림 속에 삽입된 모리무라 자신의 몸으로 이루어지고, 동/서의 분리된 실오라기가 사진 속에서 함께 엮어지고 있다.

모리무라의 사진 자화상에 함축된 의미

데리다(Jacques Derrida)는, 그림은 그리는 순간 한 물체와 그 재현 사이의 거리에 의해 맹점이 생긴다고 설명한다. 그는 『맹인의 기억』(The Memoirs of the Blind)에서, 이 거리를 기억이라고 말한다.

그림을 그리는 이는, 그리는 물체와 그리고 있는 재현을 동시에 볼 수 없다. 왜냐하면 펜이나 붓이 그리고 있는 재현을 가리고, 그림을 그리는 이는 그리

「하얀 마릴린」 1996. 마릴린 먼로를 등장시킨 모리무라의 자화상 시리즈는 팝 아트적인 요소가 매우 강하다.

기 위해 물체로부터 눈을 떼야 하기 때문이다. 데리다의 주장은 드로잉(drawing)이 단순히 형상적(iconic, 물체와 재현이 똑같은)이지 않고, 독립성을 갖는다는 것이다. 이 관계는 그가 역설했던, 로고스(logos)와 텍스트(text)의 관계와 연관되어 있다. 로고스에 상응하는 진실이 없듯이, 물체에 완벽하게 상응하는 재현은 없다.

그러나 사진에서는 재현의 과정이 빛에 의해 이루어지고, 기억의 기능이 카메라에 속해 있다. 만일 데리다의 설명이 사진에 적용되면, 사진을 촬영하는 순간은 맹점일 수 없다. 왜냐하면 사진을 촬영할 때, 사진가는 그가 촬영하는 피사체(물체)로부터 눈을 뗄 필요가 없고, 카메라가 재현을 가리지도 않기 때문이다. 하지만 사진가와 피사체가 동일할 경우, 사진가는 사진가로서의 자리, 그리고 피사체로서의 자리를 동시에 차지할 수 없다. 사진을 촬영하는 순간, 사진가는 자신을 볼 수 없다. 사진 자화상에서는 사진가로서의 존재와 피사체로서의 존재가 카메라의 앞과 뒤에서, 시간적으로 공간적으로 서로 가려지고 분리되어 있다. 그래서 사진 자화상에서는 사진가와 피사체 사이에 맹점이 생긴다.

그러나 모리무라의 사진 자화상에서 나타나는 맹점은 인공적으로 만들어진 것이다. 모리무라의 맹점은 사실 그에게는 맹점이 아니다. 왜냐하면 피사체가 자기 자신이기 때문이다. 더불어 그의 사진 자화상은 맹점을 가질 수 있다. 왜냐하면 모리무라는 그가 인식하지 못한 요소가 포함될 수 있는, 여성으로서 또는 서양인으로서의 인간을 재현하고 있기 때문이다. 발터 벤야민(Walter Benjamin)에 따르면, 사진은 사진가조차도 촬영 순간 알아채지 못한 요소들을 포함하고 있다. 벤야민은 이러한 상황을 '시각적 무의식'(optical unconscious)으로 설명하였다.

그렇다면 시각적으로 무의식적인 요소들이 모리무라의 사진 속에도 포함될 수 있다. 다시 말해 인식되지 못한 요소들이 모리무라에게는 맹점이 되는 것이다. 그리하여 모리무라의 맹점들은 인공적으로 만들어진 맹점과 혼합되어, 맹점이라는 이름으로 비맹점의 역할을 수행한다는 것이다.

모리무라의 1998년 작업 「To My Little Sister: For Cindy Sherman」은 신디 셔먼의 1981년 작업 「Untitled #96」을 모방한 작업

「종잡을 수 없는 미인」 1995. 모리무라가 작품 속에서 여성 이미지에 자신을 투사하는 것은 여러 의미를 함축한다.

이다. 모리무라가 사용한 제목에서 알 수 있듯이, 모리무라가 셔먼에게 친밀감을 느끼고 있다. 아마도 그가 사용하는 여성 이미지, 그리고 사진이라는 매체 때문일 것이다. 모리무라가 사용한 '여동생'의 의미는 그의 사회적인 성, 젠더가 성공적으로 이전되기를 바란다는 의미이다.

모리무라, 그림과 사진 속의 온나가타

그의 전시회 제목은 'Daughter of Art History'이었다. 여기서 아들이 아닌 '딸'은, 모리무라가 남/녀의 이분법에서 타자인 '여성'을 택하고 있음을 암시한다. 그러나 '딸'은 여성과 다른 의미를 갖는다. 또한 아들의 의미도 남성만큼 강하지 않다. 하지만 동양 사회의 가족에서 아들은 상당히 중요하다. 이러한 전통에서 남성은 한 가족의 우두머리인 아버지라는 이름으로 중요하며, 그 아들 역시 명백한 승계자이므로 아버지만큼이나 강력하다.

모리무라가 사용한 '딸'의 의미는, 사회적인 성과 문화를 사용하여, 맹점을 만들기 위한 방법이다. 모리무라가 여성으로 변신한 것은, 자연스럽게 일본의 전통극 가부키(歌舞伎)에서 여성 역할을 대신하는 남자배우인 온나가

타(女形)를 연상시킨다. 가부키란 17세기에 상인계급의 출현으로 발전된 극이다. 1629년 이후, 극장과 유흥가 주변에 창궐하던 매춘을 막고자 여성이 극에 나오는 것조차 금하였다. 그 뒤로 여성 역할은 온나가타라는 남성 배우가 담당했다.

일본에서는 극중에서 남성이 여성 역할을 하는 것이 역사적으로 행해졌고 오래 전부터 관행으로 굳어져 있었던 것이 사실이다. 온나가타는 일본 판화에도 자주 등장하는 소재로, 일본의 미술사가인 카오리 치노(千野香織)는, 에도(江戶)와 교토(京都) 문화에 익숙한 사람들이라면, 남성이 여성 역할을 대신하는 것이 이상한 것이 아님을 잘 안다고 서술한 바 있다.

이 온나가타처럼 모리무라는 완전히 사라지지 않고 남성과 여성의 경계를 넘나든다. 그래서 그의 작업에서 '완전히 여성도 남성도 아닌 그 무엇'이 느껴지는 것이다.

모리무라의 여성 역할은 완전한 맹점도 아니고 비맹점도 아니다. 'Daughter of Art History'를 살펴보면, 회화와 사진은 마치 아들과 딸의 관계처럼 보인다. 모리무라의 작업은, 회화가 미술사의 아들이고 사진은 그 딸인 것을 시사한다. 나아가 회화와 사진의 관계는 동/서, 남/녀라는 이분법을 얼싸안는 관계로, 모리무라의 사진에서 변증법적인 관계를 드러낸다. 또한 모리무라의 사진은 관습적인 이분법인 동/서, 남/녀의 경계에 위치한다.

모리무라는 신디 셔먼처럼 딸일 수 있다. 왜냐하면 그의 매체가 사진이고, 그의 태생이 동양으로, 어떤 면에서 보면, 모두 비특권화된 측에 속하기 때문이다. 한편으로 모리무라는 비특권화된 입장에서 동서의 문화적 문제를 재고하고 극복하면서, 다른 한편으로는 남성이라는 특권화된 입장에서 사회적인 성의 문제로 접근한다. 이러한 양면화된 위치를 사용한 그의 사진은 관습화된 이분법을 흐리게 하는 효과를 일으킨다.

모리무라는 그의 사진에서 문화적, 사회적인 성적 영역을 넘나든다. 아니, 더 정확히 말하자면, 모리무라는 이러한 이분법의 경계에 자신을 위치시켜, 현대의 문화 속에서 자신의 정체성을 뒤흔들고, 이항대립적인 전통적인 구분을 넘나들고 있는 것이다.

윤준성 윤준성은 숭실대학교 정보과학대학 미디어학부 교수이다. 첨단 멀티미디어를 사용하는 현대예술매체의 비평/문화이론 적용과 사이버네틱스에 관한 공학적인 실험을 토대로 정보과학과 사진을 비롯한 현대예술의 유기적인 관계를 유도하기 위한 연구를 한다.

용어와 개념 풀이

앙드레 말로 André Malraux
프랑스의 소설가, 미술사가, 문화부 장관으로 다양한 활동을 하였다. 수많은 글을 남겼으며, 이 글에서는 그가 1952~54년에 집필한 글 『상상의 박물관』(the imaginary museum)을 언급하였다.

노만 브라이슨 Norman Bryson
현재 런던대학교 교수이다. 시각 예술 전반을 폭넓게 연구하고 있다. 저서로는 『Vision and Painting: The Logic of the Gaze』, 『Word and Image: French Painting of the Ancient Regime』 등이 있다.

오리엔탈리즘 Orientalism, 東洋主義
동양숭배라고 해석될 수 있으나, 사실은 유럽 강국들과 연관되어 뒤얽혀진 동양에 대한 이데올로기적인 담론을 말한다. 미술사에서는 이러한 담론을 가시화한 작가들을 오리엔탈리스트 화가라고도 부른다. 동양에 관한 인물이나, 사물들을 서양인의 구미에 맞는 형태로 변화시켜 환상화시키는 경향이 특징이다.

옥시덴탈리즘 Occidentalism, 洋夷主義
오리엔탈리즘과 대응하여, 서양에 대한 담론이라 할 수 있다. 그러나 일반적으로는 서양을 숭배하는 경향을 말한다.

명암대조법과 공기원근법
chiaroscuro/sfumato
명암법, 또는 명암대조법으로 번역되는 chiaroscuro는 공간감과 입체감을 표현하기 위한 원리다. 반면, 공기원근법 또는 대기원근법이라고도 번역하는 Sfumato는 색채의 농담, 명암을 이용하여 대상의 거리감을 표현하는 방법을 말한다. 멀리 있는 풍경이 공기 중의 먼지나 수증기에 의해 흐릿하게 보이는 현상을 그림에 사용한 것이나, 물체와 공간과의 관계에서 자연스럽게 번지는 효과를 말한다. 그러나 입체적인 효과를 위해 사용한다는 점에서 이 글에서는 혼용하였다.

야수마사 모리무라는 말한다

- 내가 일본인인데 서양의 작업을 다루는 것은 서양의 작업들이 일본 미술품보다는 더 친근하게 느껴지기 때문입니다. 만일 내 주제를 표현하기 위해 캔버스를 사용했다면 그것은 서양 언어의 부분만을 보여줄 뿐입니다. 그러나 제가 생각하기에 사진은 일본의 것도 서양의 것도 아닙니다. 사진은 내가 이 두 세계의 사이에서 존재한다는 느낌을 드러냅니다. ─「Gaining Face: Japan's Artists Emerge」, 『Artnews Mar』 중에서

- 미술관은 아마도 미술품의 무덤일 것입니다. 이러한 생각에서, 나는 '부활된 무덤'으로서의 공상미술관을 불러내고 싶은 것입니다. 나의 목적은 발굴된 것과 부활한 것의 진정한 논리적 관계에 대하여 생각하고자 하는 것입니다. ─『Morimura Yasumasa: Self-Portrait as Art History』 중에서

- 나는 남성으로 태어났습니다. 그러나 나는 여성으로 태어날 수도 있었죠. ─『Yasumasa Morimura, Actor/Actress』 중에서

더 읽어야 할 책들

Yasumasa Morimura, *Morimura Yasumasa ten: bi ni itaru yamai: joyu ni natta watakushi (The Sickness Unto Beauty)*, Yokohama-shi: Yokohama-shi Bijutsukan, 1996.
_____, *Appearance*, Bologna: Charta, 2000.

〈야수마사 모리무라 작품목록〉
「Actress Series」(1996~1998)
「Art History Series」(1985~1998)

신디 셔먼 Cindy Sherman

신화화된 여성이미지를 타파하라

윤준성 숭실대 교수·미디어학

다양한 작품활동으로 인기를 누리는 신디 셔먼

셔먼은 1976년부터 사진작업을 선보이기 시작한 여성작가이다. 셔먼은 1954년에 뉴저지의 글렌리지에서 태어나, 롱아일랜드(Long Island)에서 성장하였고 버팔로(Buffalo) 소재, 뉴욕주립대학교에서 미술을 공부했다. 1976년 대학을 졸업하고 뉴욕에 정착하면서 본격적으로 작업을 선보이기 시작했다. 셔먼은 'Untitled Film Stills'라는 제목으로 자신이 등장하는 흑백사진을 촬영하여, 영화의 한 장면과 같은 분위기를 자아내는 작업으로 유명하다. 이후 컬러사진을 사용한 다양한 작업을 전시하면서부터 현대예술에서 사진의 등장과 여성 작가의 등장에 있어 중요한 위치를 차지하게 되었다.
1980년부터 그녀는, 'Rear-Screen Projections'이라는 시리즈로 투사된 영상을 배경으로 자신의 모습을 촬영한 작업을 발표하고, 1981년에는 아트포럼(Artforum)으로부터 위탁을 받아, 'Centerfold'시리즈를 만들기도 했다.
1985년부터 1989년까지는, 'Disasters'와 'Fairy Tales'시리즈에서 기괴한 분위기의 사진작업을 발표했는데, 이것은 자신의 몸을 사용하지 않은 사진들로서, 작업에 변화를 꾀한 것이었다. 1988년부터 1990년까지, 셔먼은 자신의 작업이 세상에 널리 알려진 상황 속에서, 'History Portraits'시리즈를 발표하여 자신이 역사 속의 인물로 분하여 구성한 사진을, 1992년부터는 'Sex Pictures'시리즈를 발표하면서 마네킹의 신체 일부를 재구성한 사진을 선보였다.

> **셔먼의 사진은 우리가 일상적으로 생각하는 여성이 어떠한가를 그대로 드러내어, 무엇인가 앞과 뒤가 바뀌어 있음을 예시한다. 이것은 우리가 일반적으로 생각하는 방법론을 뒤집는 결과를 낳고, 결코 사진은 세상에 기반을 둔 든든한 증거물이 더 이상 아니라는 것을 드러낸다.**

또한 1997년에는 「Office Killer」라는 공포영화를 감독하여 자신의 매체가 사진에 머무르지 않는다는 가능성을 시사하기도 하였다. 셔먼의 작업은 2~5만 달러에 이르고, 1999년 크리스티 경매에서는 'Untitled Film Stills' 중의 한 사진이 19만 달러를 호가할 정도였다.

1997년에는 뉴욕현대미술관(Museum of Modern Art, New York)에서 69장의 흑백사진인 'Untitled Film Stills'를 모두 구입하여, 회고전을 열기도 하였다.

신디 셔먼이 등장한 1970년대의 문화적 환경

무엇보다도, 셔먼이 등장한 1970년대는 뉴욕에서 사진이 본격적으로 거론되기 시작한 시기였고, 이러한 상황은 여성작가의 등장, 제3세계 작가들의 등장과 맞물려 있다. 노클린(Linda Nochlin)의 글, 「Why Have There Been No Great Women Artists?」(1971)는 여성에 관한 당시의 상황을 정치적, 문화적, 심리적인 단계에서 논하고 있다.

"왜 위대한 여성 작가가 없었는가?" 이 질문은 소위 여성문제에 관한 대부분의 논의의 배경에서 수치스러운 경종을 울린다. 그러나 다른 많은 페미니스트 논쟁거리 중에 포함된 질문들처럼, 이 질문은 문제 자체를 동시에 왜곡하여, 잠행적으로 그에 답한다. 즉 "위대한 여성 작가는 없다. 왜냐하면, 여성은 위대함을 수행할 능력이 없기 때문이다."

피해자적이고 수동적인 여성의 고정된 포즈를 보여줌으로써 기존의 여성 이미지를 고발한다.

노클린은 남녀의 이중구조 속에서 상정된 남성중심의 사고방식에 문제가 있음을 지적한다. 이 구조는 어떠한 논의나 질문을 시작하기 이전에 존재하는 것으로, 답을 위해 노력하면 노력할수록 그 구조의 함정에 빠지게 되는 모순이 있다. 당시의 많은 미술사가들은 역사 속에 묻혀 있는 여성작가를 찾아내어, 그 작업을 호평하는 방법론을 택하였고, 이러한 방법론은 결정적으로 부족한 여성작가의 수를 강조하는 결과를 낳곤 했다. 따라서 1970년대에 사진이 예술계에서 논의되기 시작한 때에는, 사진처럼 비기득권적인 측면, 또는 주변화되어 있던 요소들이 그 등장을 연계하기 시작한 시기였다.

셔먼의 작업은 여성에 관한 고정관념이 담긴 포즈를 제시함으로서, 문화적으로 형성된 여성의 이미지를 그 내부의 의미와 함께 다루고 있다. 특히, 「Untitled Film Stills」라는 작품에서 셔먼은 사랑하는 이로부터 버림받은 모습, 거울 속에서 혼자 만족하는 모습, 큰 도로에서 어디로 갈지 몰라 헤매는 모습 등 수동적이며 피해자적인 여성의 모습을 보여준다. 이 사진들이 영화 속의 어떤 특별한 장면에서 기인한 것은 아니지만, 전체적인 분위기는 B급 영화라고 불리는 예술영화, 또는 우수에 젖은 영화의 한 장면을 쉽게 연상시킨다. 기존의 문화에서 제시되어온 여성의 이미지는 너무도 깊숙이 뿌리 박혀 있어서, 이제는 한 장의 사진이 보여주는 여성의 이미지에서 여성성(femininity)을 찾는다는 일은, 작가의 영역에서가 아니라 차라리 그 이미지를 바라보는 관객의 영역에서 이루어지고 있다.

윌리암스(Judith Williams)는 셔먼의 「Untitled Film Stills」에서 우리가 접하는 것은 어떤 '시각적인 스타일'이며, 동시에 '여성성의 한 형태'라고 지적한다. 즉 우리가 바라보는 사진은 그 표면일 뿐이며, 그것이 단지 하나의 표면이라는 것을 인식하지 못하게 하는 무엇인가가 존재한다. 따라서, 셔먼의 사진은 여성의 이미지에 관한 '기발한 패러디'나 '자아의 추구' 이상의 의미를 가진다.

세상이 사진 속에서 그 바탕을 찾는 듯한 역전현상의 연출

셔먼의 작업이 갖는 의미는, 자신의 몸을 작업에 사용하는 방법을 통해 자신을 찾아가는 의미와 함께, 현대에 넘쳐나고 과거로부터 이어진 여성의 이미지를 하나의 표면으로 보여주는 것에 있다.

자신의 정체성에 관한 문제는 기존 사회에서 인식되어온 여성의 지위와 깊은 관련이 있고, 셔먼의 사진에 대한 논의는 페미니스트들에 의해 빈번히 거론되었다. 먼저 셔먼이 제시한 수동적이고 두려워하는 여성의 자태가 기존의 여성 이미지에 순응하여, 여성에 관한 기존관념을 반복하는 것이 아닌가 하는 비판이 나왔다.

이러한 경향은 1970년대 당시까지의 영화산업과 대중매체에서 반복적으로 강조된 여성의 연약함과 열등성에 깊은 관련이 있었다. 그러나 이러한 비판은 셔먼이 사용하는 흑백사진 속에서 그 실체를 드러낸다. 즉 기존의 사진이 현실의 모습을 보여주어 세계가 사진의 바탕으로 작용하는 것에 반해, 셔먼의 사진은 꾸며진 상황 속에서, 마치 세상이 셔먼의 사진에서 그 바탕을 찾고 있는 듯한 역전을 보여주기 때문이다.

셔먼의 사진은 우리가 일상적으로 생각하는 여성이 어떠한가를 그대로 드러내어, 무엇인가 앞과 뒤가 바뀌어 있음을 예시한다. 기존의 일반적인 생각에 대한 시각적인 나열은, 마치 전반적인 인식의 조사를 행한 것 같은 느낌을 자아내고, 일련의 나열 속에서 우리는 현실의 상황이 결코 그 조사 결과와 일치하지 않음을 감지한다. 이것은 우리가 일반적으로 생각하는 방법론을 뒤집는 결과를 낳고, 결코 사진은 세상에 기반을 둔 든든한 증거물이 더이상 아니라는 것을 드러낸다.

반신화론자로서의 사진작가

사진의 기능이 단지 세상을 옮겨내는 것이라는 관점에서, 어떠한 대상을 이상화시키는 기능으로 변화해왔다는 것은, 굳이 사진기 앞에서 멋있는 자세를 취하는 우리의 모습을 예로 들지 않더라도, 분명해진다. 그리고 이러한 과정 속에서, 여성은 드러나기보다는 더욱 그 화면의 뒤쪽으로 멀어져 있다는 것을 알 수 있다. 실버만(Kaja Silverman)은, 셔먼이 이미지를 이상화시키는 사진의 기능에 자신을 위치시킴으로서, 바로 이러한 기능에 맞서고 있다고 해석한다.

이러한 해석은 사진의 기능이라는 면에서, 또한 기존의 여성 이미지에 관한 비판이라는 면에서도 유용한 방법론을 제시한다. 속절없이 드러낸 셔먼의 이상적인 여성 이미지는 관객이 그토록 익숙하게 보아온 것들이고, 예전에는 찾으면 쉽사리 드러나는 것이었으며, 감추면 상정되는 것들이었다. 따라서 크라우스(Rosalind Krauss)가 셔먼을 'demythographer'라고 지칭한 것은 지극히 타당한 것이다.

이 칭호를 통해, 크라우스는 여성에 관한 관념이 하나의 신화이고, 그 신화를 이어온 기존의 문화에 반하여, 셔먼은 신화를 해체시켜 나간다는 것을 시사한다. 신화는 사실 그렇지 않은 것을 그렇다고 믿고 있는 개념이고, 다양한 허구의 예를 지니고 있다. 셔먼의 사진은 이러한 허구적인 예를 하나씩 조사하여 그 실체가 거짓임을 증명하고자 하는 것이다.

현대문화에 끝없는 활력을 제공하는 신디 셔먼의 작품세계

셔먼의 사진이 처음 소개되었을 때, 일부 비평가들은 그녀가 제시한 제목, 'Untitled Film Stills'에 현혹되어, 흑백사진을 일일이 분석하여 기존의 영화 장면과 연결을 시키려고 노력하였다. 그러나 셔먼의 사진은 실재 영화와는 관련이 전혀 없다. 셔먼의 사진은 오리지널이 없는 사진이다. 오히려 그녀의 사진이 오리지널이고, 우리가 그 사진을 통해 그려내는 기존의 이미지가 복제인 셈이다. 나아가 사진의 속성과 연결하여 볼 때, 셔먼의 사진은 바로 '오리지널이 없는 복제'이다.

또한 영화에서 보여지는 여성의 이미지라는 표면적인 요소가 아니라 그 상황적인 배경과 서술의 요소가, 셔먼의 사진을 구성하는 요소로 작용하여, 표면에 드러난 기존의 여성이 실은 하나의 신화임을 보여준다. 이러한 상황은, 영화 속에 나타나는 여성 역할과 그 여배우 자신이라는 구분이 엄연히 존재하는 것처럼, 여성의 이미지가 역할 속에서 전개된 표면인 반면, 여성 그 자체는 아니라는 단순한 구분을 통해서도 드러난다.

셔먼의 작업은 1970년대부터 시작된 여성에 관한 담론을 활발하게 만드는 기폭제가 되었고, 대중매체와 연관된 여성과 그 이미지라는 담론을 이끌어낸 계기가 되었다. 수많은 계기 속에서도, 셔먼의 작업은 이미지 뒤편에 존재하는 여성을 전경(前景)으로 내세우는 기회를 제공하였고, 이와 연관된 사진매체에 관한 담론을 활성화시키는 자료가 되었다. 여성과 그 이미지라는 관계는 실재(the real)와 재현(representation)이라는 이론적인 연구와 연루되어, 현대의 비평이론과 문화이론에 다양한 동기를 제공하였다. 셔먼의 작업은 1970년대라는 시대적 상황에 맞물려, 여성과 제3세계의 작가와 문화를 등장시키는 의미를 갖는다.

윤준성 윤준성은 숭실대학교 정보과학대학 미디어학부 교수이다. 첨단 멀티미디어를 사용하는 현대예술매체의 비평/문화이론 적용과 사이버네틱스에 관한 공학적인 실험을 토대로 정보과학과 사진을 비롯한 현대예술의 유기적인 관계를 유도하기 위한 연구를 한다.

용어와 개념 풀이

아트포름 Artforum
뉴욕에서 매월 발간되는 국제적인 미술 잡지로서 1963년부터 발간되기 시작하였다. 수많은 미술 비평가들과 작가들이 이 잡지를 통해 소개되었고 현재에도 미술계에서는 가장 영향력 있는 간행물이다.

린다 노클린 Linda Nochlin
현재 뉴욕대학교의 교수로서, 1972년 출판된 저서, 『Sex Object: Studies in Erotic Art』로 미술사와 미술비평에 페미니즘을 기반으로 한 관점을 소개한 것으로 유명하다.

카야 실버만 Kaja Silverman
현재 버클리 소재 캘리포니아주립대학교 교수이다. 현상학, 정신분석학, 페미니즘, 사진 및 시각 예술 전반에 걸친 연구를 한다. 주요 저서로는, 『The Subject of Semiotics』, 『Male Subjectivity at the Margins』, 『The Threshold of the Visible World』 등이 있다.

로잘린 크라우스 Rosalind Krauss
현재 컬럼비아대학 교수이다. 20세기 미술을 연구하고 있으며, 주요 저서로는, 『The Originality of the Avant-Garde and Other Modernist Myths』가 있으며, 미술 비평과 전시 기획을 다양하게 벌인다. 1960년대에 아트포름의 편집부에서 활동하였고, 1975년 이후 MIT대학에서 출판하는 비평전문지 『October』를 담당하고 있다.

신디 셔먼은 말한다

- 나는 작가가 자신의 작업을 설명해야만 한다고 생각하지 않습니다. 그것은 왜 세상에 비평가와 저널리스트가 존재하는가에 대한 답입니다. 나는 만들고, 그 작업 자체가 말을 하게 만들고, 다른 사람들이 그것을 알아내게 합니다. ―1997년 12월 8일 Glen Helfand와의 인터뷰

- 내가 사진을 위한 어떤 캐릭터를 찾는 것은, 나의 성에 관한 양방향적인 경향을 보여줍니다. 나는 여성의 표준적인 역할을 배우며 자라왔고, 이 역할들이 내가 사용하는 캐릭터처럼 대부분 영화 속의 여성들 속에서 얻어왔습니다.

더 읽어야 할 책들

Sherman, Cindy, *Cindy Sherman*(with an introduction by Peter Schjeldahl; and an afterword by I. Michael Danoff). New York: Pantheon Book, 1984.

_____, *Cindy Sherman: untitled film stills*(with an essay by Arthur C. Danto). New York: Rizzoli, 1990.

Krauss, Rosalind E. *Cindy Sherman, 1975~1993*(text by Rosalind Krauss; with an essay by Norman Bryson). New York: Rizzoli, 1993.

New York, N. Y.: Museum of Modern Art, Circulating Film Library(distributor), c1981~1982. 1 videocassette (ca. 23 min.): sd., col.; 1/2 in.
Sherman, Cindy. Cindy Sherman: specimens(editor in charge, Edit deAk). Kyoto: Kyoto Shoin International, 1991.

⟨신디 셔먼의 시리즈 목록⟩
'Untitled, Film Stills'(1977~80)
'Centrefolds'(1981~83)
'Fashion'(1983~84)
'Disgust, Bulimia'(1987~91)
'History Portraits'(1988~90)
'Sex Dolls'(1993~)

존 마에다 *John Maeda*

인간의 테크놀로지화인가, 테크놀로지의 인간화인가

김지윤 건국대 교수·디자인학

컴퓨터는 표현의 매체이자 도구이다

급속히 발전하는 뉴 미디어와 정보기술 분야에서 MIT 미디어 랩은 세계적으로 인정받는 독보적인 연구소로서 명성을 얻고 있다. 미디어 랩은 MIT 건축공학과 교수 니콜라스 네그로폰테와 MIT 총장이며 케네디 대통령의 과학자문을 역임한 제롬 위즈너에 의하여 1985년 가을에 설립되었다.

통신산업의 급속한 성장을 에너지로 하여 컴퓨터와 출판, 방송 등의 인간사회의 모든 커뮤니케이션 미디어에 거대한 융합 현상이 일어날 것을 예견한 그들의 생각은 이제 현실이 되었다. 미디어 랩은 디지털 기술을 이용하여 인간의 사고와 표현, 그리고 커뮤니케이션을 확장시킬 수 있는 다양한 방법들을 연구하고 개발하는 데 역점을 두고 있다.

인지과학, 전자음악, 그래픽 디자인, 비디오, 홀로그래피, 그리고 컴퓨터와 인간의 상호작용에 이르기까지 연관성이 없이 독자적으로 존재하던 분야들이 미디어 랩을 통해서 서로 연결되고 융합되어 시대를 앞서가는 새로운 패러다임을 생산해내고 있다.

존 마에다는 MIT 미디어 랩의 교수로서 컴퓨터를 표현의 매체이자 도구로 이용하는 디자이너이며 아티스트이고, 또한 컴퓨터 공학자로 세계적인 명성을 얻고 있다.

그는 또한 미디어예술과 과학분야의 소니경력개발교수(SCDP)로서, 미학과 계산그룹(Aesthetics and Computing Group)을 지도하며, 컴퓨터 공학과 그래픽 디자인의 자연스러운 결합을 통해 사용자와 상호작용할 수 있는

> *소프트웨어는 다양한 기능을 제공하는 것처럼 보이지만 사실은 이미 만들어진 기능에 작가의 상상력을 가두고 있으며 결과적으로 표현의 한계에 다다르게 된다. 컴퓨터는 이전의 붓과 물감을 대신하는 것이 아니라, 그 자체가 새로운 상상력을 자아낼 수 있는 매체가 되어야 한다.*

작품 창작에 몰두하고 있다.

미학과 계산그룹은 1996년 뮤리엘 쿠퍼 교수의 시각언어 워크숍을 모태로 만들어진 실험적인 연구 스튜디오이다. 짧은 기간 동안 미학과 계산그룹은 다양한 실험적인 프로젝트들을 선보여 여러 공모전에서 수많은 상을 수상하였다. 미학과 계산그룹은 컴퓨터 기초기술을 소개하는 이벤트와 워크숍을 통한 미술과 디자인 커뮤니티의 확장에 심혈을 기울이고 있다.

지금까지 그는 그림 물감들이 공간에서 날아다니는 것을 표현한 '타임 페인트'나 마이크를 통해 받아들여진 관람객의 음성을 이용한 그래픽의 변화를 모티브로 한 '반응하는 광장들'과 같이 관객과 작품간의 인터렉티브한 관계를 보여주는 다양한 작품을 발표해왔다.

또한 포스터 등 인쇄매체의 디자인에도 기존의 정형화된 디자인 기법을 탈피한 창조적인 발상과 표현기법으로 주목받고 있으며, 디지털 콘텐츠와 다양한 재료를 이용한 공예품과 가구도 제작하였다.

테크놀로지는 모방이 아니라 창조이어야 한다

1966년 미국의 시애틀에서 이민온 두부 장수의 아들로 태어난 마에다는 어릴 때부터 수학과 그림에 뛰어난 재능을 보였지만, 엔지니어가 되기를 원했던 아버지의 뜻에 따라 1984년 MIT에 입학하여 컴퓨터공학을 전공하여 석사학위를 받았다.

MIT 미디어 랩에서 박사과정으로 연구를 시작했던 그는 폴 랜드와의 만남으로 일생의 전환기를 맞이하게 된다. 폴 랜드로부터 영감을 얻은 그는 컴퓨터공학을 연구하던 MIT를 떠나 그래픽 디자인을 공부하기 위하여 일본의 작은 미술대학으로 떠난다. 도쿄 근교의 츠쿠바대학에서 직접 손으로 그리고 쓰며 디자인과 예술을 공부한 그는 디지털 매체와 인쇄물을 위한 실험적이고 상업적인 작업들로 수많은 디자인상을 수상하였다. 1996년 가을 MIT로 다시 돌아온 그는 미디어 랩의 디자인 담당 교수로 '미학과 계산그룹'을 지도하게 된다.

DBN으로 제작한 화면 디자인.

존 마에다가 디자인과 예술 분야에서 세계적으로 주목받는 핵심적인 이유는 그가 예술과 디자인, 그리고 테크놀로지를 근본적으로 개념화하여 융화시키는 몇 안 되는 인물 가운데 하나라는 사실 때문이다. 지금까지 테크놀로지는 비인간적이며 예술은 인간적이기 때문에 예술과 테크놀로지는 상반되는 개념으로 인식되어온 것이 사실이다. 예술과 테크놀로지의 관계를 상호 독립적으로 생각하는 경향은 1930년대 독일에 만연해 있던 예술의 반기술적 개념에 대한 발터 벤야민의 『기술복제시대의 예술작품』에서 찾아볼 수 있다. 그는 예술에서 기술의 문제를 무시하고 예술을 단지 정신적인 작용의 영역으로만 보는 반기술적 개념을 비판하였다. 사진을 예로 들자면 광학, 화학, 기계공학 등 테크놀로지의 발전을 그대로 함축하여 발전하는 분야로서, 이러한 발전이 감각의 의미와 변화에 직접적인 영향을 미치게 되는 것은 분명한 것이다.

사실 현대의 멀티미디어 디자이너들은 최첨단 컴퓨터와 다양한 소프트웨어들을 사용하지만 테크놀로지의 개념에 대해 생각하는 디자이너는 많지 않다. 소프트웨어에 대한 관심은 유행처럼 번지고 있지만 그것의 기초가 되는 테크놀로지에 대한 관심이 없는 상태에서 소프트웨어에 열광하는 것은 허망한 것이다.

존 마에다는 디지털 미디어와 테크놀로지의 발달로 인하여 디자이너의 상상력이 위축된다고 주장한다. 그는 사람들이 컴퓨터 테크놀로지의 발달이

디자인에 혁신을 가져다줄 것이라고 믿지만, 오늘날 DTP(Desk Top Publishing) 시스템을 통해서 디자인되고 출판되는 책과 잡지가 컴퓨터가 없던 시대에 나왔던 것들과 다르지 않으며, 컴퓨터는 디자이너의 도구를 변화시켰을 뿐, 새로운 그 무엇도 창조하지 못했다고 말한다. 오늘날 디자이너들이 가장 널리 사용하고 있는 소프트웨어 중 하나인 포토샵과 일러스트레이터를 이용한 결과물이 기존의 사진이나 그래픽 이미지와 달라진 것은 없고 사진합성은 예전에도 있었으며 단지 간편해졌을 뿐이라고 말한다.

『뉴욕 타임즈』 표지 디자인, 1999.10

존 마에다는 컴퓨터의 한계를 지적하며 대부분의 디자이너들이 소프트웨어를 사용하여 작품을 제작하는 것에 반대한다. 소프트웨어는 다양한 기능을 제공하는 것처럼 보이지만 사실은 이미 만들어진 기능에 작가의 상상력을 가두고 있으며 결과적으로 표현의 한계에 다다르게 된다는 것이다. 또한 이미 요리된 인스턴트 식품을 먹는 것처럼 소프트웨어를 사용하는 것은 프로그래머가 만든 상상력의 세계 안에서 헤엄치는 것과 같다고 강조한다.

그는 컴퓨터가 이전의 붓과 물감을 대신하는 것이 아니라, 그 자체가 새로운 상상력을 자아낼 수 있는 매체가 되어야 한다고 생각한다.

존 마에다는 자신의 디자인 철학을 일본의 목조건물을 예로 설명한다. 고대 일본의 절을 짓는 궁목수를 '미야다이쿠'(みやだいく)라고 불렀는데, 현대 목조건물이 50년을 채 버티지 못하는 것에 반해, 이들이 나무를 사용해 지은 절은 천 년이 넘도록 그 위용을 자랑하며, 오늘날 세계에서 가장 오래된 목조건물이 되었다. 천 년을 지탱하는 절을 지을 수 있는 기술의 비밀은 재료에 대한 이해에 있었다. 궁목수는 절을 지을 나무를 직접 고르는데, 남쪽 벽에 쓸 나무는 산의 남쪽에서 자란 나무를 쓰고, 서쪽 벽을 지을 나무는 산의 서쪽에서 자란 나무를 쓰는 것처럼 건물의 각 부분에 쓰일 나무를 나무의 본성을 잘 살려서 적재적소에 사용하는 것이 중요하다고 한다. 이와 마찬가지로 디자이너도 재료를 충분히 숙지했을 때만이 진정한 창작활동이 가능한 것이라고 마에다는 말한다.

존 마에다는 오늘날 디자이너들이 컴퓨터로 생각하고 예술을 창조하는 것이 가능하다는 것을 깨닫지 못하고 있다고 지적한다. 디자이너들은 프로그래밍이 매우 어렵고 불가능한 것으로 생각하고, 프로그래머들은 자신들은 결코 디자이너가 될 수 없다고 생각한다. 그는 컴퓨터를 단지 사용하기 쉽고 시간절약을 위한 편리한 기능을 제공하는 도구로만 이용하지 말고, 재료로서 그 성질을 올바로 잘 살펴 사용할 것을 강조한다.

'수를 이용한 디자인'(Design By Numbers, 이하 DBN)은 시각디자이너와 예술가를 위한 컴퓨터 연산 디자인의 기초 학습을 목적으로 만들어졌다. 이것은 디자이너와 예술가에게 컴퓨터 연산의 개념을 교육하기 위한 존 마에다의 지속적인 노력의 결실이라고 할 수 있다. 그는 미디어 아트와 디자인의 질적 향상은 오직 디자인과 기술 두 분야를 통합적으로 가르칠 수 있는 교육 시스템의 구축을 통해서만이 달성될 수 있다고 주장한다.

초보자도 쉽게 무료로 사용할 수 있는 시스템을 구축하고 영어로만 만들어진 모든 컴퓨터 프로그래밍 언어를 세계 각국어로 제공하기 위해서 그는 완전히 새로운 컴퓨터 언어를 만들었다. DBN은 프랑스와 독일어에 이어 곧 한국어로 만들어진 버전도 제공될 것이라고 한다.

마에다는 복잡하고 난해한 디자인 소프트웨어보다는 자신이 이해하기 쉽

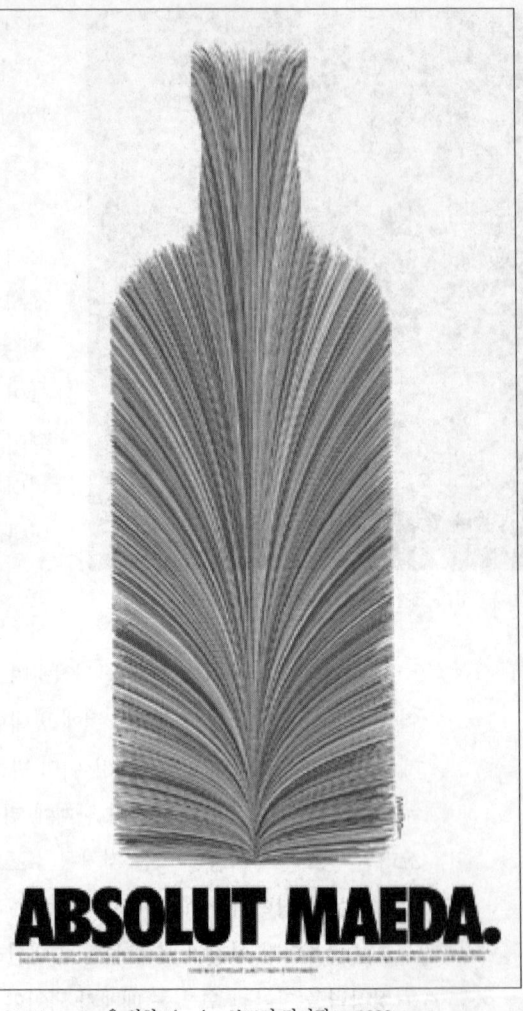

I.D. Magazine을 위한 Absolut 보드카 잡지광고, 1999.

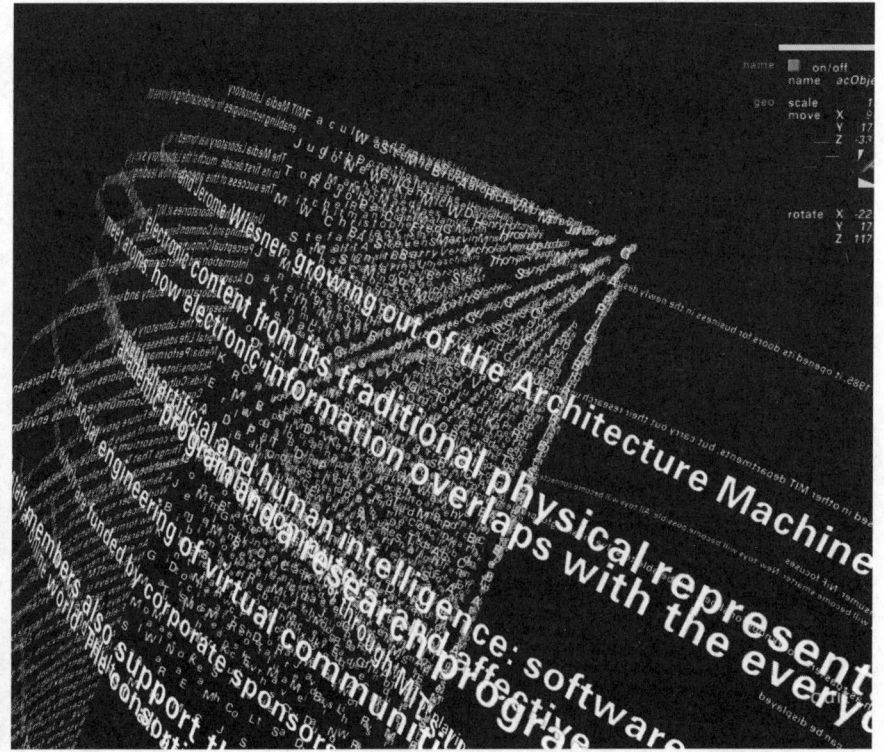

DBN을 이용한 그의 작품들은 움직이는 선들, 여러 가지 점과 면으로 구성된 다양한 도형들과 숫자와 문자들의 반복과 연속에 의해 만들어지는 예기치 못한 시각적 경험을 관객에게 보여준다.

고 사용하기 편리한 단순한 것을 원하는 디자이너를 위하여 쉽게 사용할 수 있는 프로그램을 디자인한 것이다.

컴퓨터와 인간의 감각 상호작용

DBN은 C나 JAVA와 같은 일반적 목적을 가진 프로그래밍 언어가 아닌, 컴퓨터의 기초개념에 친숙해지도록 디자인되었다. DBN은 무료이며 다양한 운영체제에서 사용할 수 있고, 초보자도 이해하기 쉬울 뿐만 아니라 웹에서 즉시 사용할 수 있는 장점을 가지고 있다.

DBN은 프로그래밍 언어뿐만 아니라 프로그래밍 환경도 포함하고 있다. 프로그래밍 환경은 프로그램을 작성하고 작동시켜볼 수 있는 독특한 공간으로 구성되며, 프로그래밍 언어는 드로잉에 필요한 컴퓨터 프로그래밍의 기초개념을 소개한다. 변수와 조건문으로 이루어진 컴퓨터 공학적 창의력은 점,

선, 면과 같은 시각 요소를 엮어서 이미지를 생산해낸다.

DBN 시스템은 세 부분으로 구성되는데 그 첫번째 구성 요소는 DBN 소프트웨어이며, 웹에서는 물론 개인용 컴퓨터에 다운로드 받아볼 수 있는 완전한 DBN 환경을 제공한다. 두번째 구성 요소는 MIT출판사에서 간행된 DBN 서적으로 DBN 언어를 단계별로 학습할 수 있을 뿐만 아니라 예제와 상세한 설명도 곁들이고 있다. 세번째 구성 요소는 DBN 코스웨어로 디자인 교육에 DBN을 사용하고자하는 교육자를 위해 제작된 확장성이 뛰어난 웹사이트 제작도구이다.

DBN을 이용한 그의 작품들은 움직이는 선들, 여러 가지 점과 면으로 구성된 다양한 도형들과 숫자와 문자들의 반복과 연속에 의해 만들어지는 예기치 못한 시각적 경험을 관객에게 보여준다. 이는 관객의 상상력을 자극하고 움직임의 기본 원리를 이해하고자 하는 동기를 유발하게 된다.

마에다는 그래픽 연산의 가장 기초적인 개념인 반복성과 연속성을 통해 그의 상상력을 표현하고 있다. 그의 작품들은 소프트웨어를 사용한 작업들과 달리 복잡하거나 난해하지도 않으며 가볍고 유쾌하기까지 하다. 웹이나 멀티미디어에 관한 전문지식이 없는 일반사람들이나 어린아이까지도 마우스를 움직이며 즐거워한다.

그의 작품에서 쉽게 찾아볼 수 있는 점, 선, 면과 문자들의 수많은 복제와 반복, 그리고 연속은 발터 벤야민의 『기술 복제시대의 예술작품』을 떠올리게 한다. 발터 벤야민은 디지털 테크놀로지의 새로운 문화혁명의 핵심인 복제는 비트의 반복되는 기호라고 이야기하는데, 마에다 교수의 작품도 이러한 비트의 반복에 의한 복제로서 해석될 수 있으며, 이러한 반복되는 기호들은 커뮤니케이션의 소통체계로서 의미를 지닌다.

마샬 맥루한이 인간과 다양한 자극을 주고받을 수 있는 새로운 테크놀로지의 가능을 이야기했던 것처럼, 존 마에다는 그의 작품에서 컴퓨터와 인간이 서로 공유할 수 있는 감각의 상호작용성에 주목하고 있다.

과거의 디자인이 재현에 머물렀다면, 현대의 디자인은 재현의 양식을 넘어섰고, 지금 우리 곁에 새롭게 다가오는 멀티미디어 디자인은 적극적으로 세상을 이해해나가는 하나의 방식이고, 세상을 구성해가는 작업이다. 멀티미디어 디자인은 전통적인 디자인의 틀에서 벗어나 많은 것들을 실험해나간다. 다양한 미디어와 테크놀로지를 접목시키고, 사용자를 적극적으로 개입시키며, 공간적 한계에서 벗어나 새로운 경험을 창출해낸다.

끊임없이 변화해나가는 디지털 테크놀로지 환경 속에서 언제까지나 인간의 테크놀로지화라는 비관론과 테크놀로지의 인간화라는 낙관론 사이에서 혼란스럽게 방황할 수는 없다. 이제는 멀티미디어 디자이너로서 더이상 테크놀로지로부터 도피할 곳도 없다. 폭력적으로 쏟아져나오는 소프트웨어의 기술적 노예가 되지 않기 위해서는 컴퓨터와 소프트웨어의 환상에서 벗어나야 한다. 컴퓨터를 디자인의 재료로 이해하고 사용할 수 있는 힘을 길러야 한다. 마에다처럼 컴퓨터를 가지고 놀아보자.

김지윤 한양대학교 응용미술학과와 같은 대학 대학원을 졸업했다. 로체스터공과대학 디자인대학원에서 멀티미디어디자인으로 석사학위를 받았으며, 정보기술대학원에서 인터렉티브 멀티미디어 전문자격증을 취득하였다. 현재 건국대학교 디자인문화대학 디자인학부 교수로 있다. 저서로는 『웹디자인』,『디지털 영상 편집』이 있다.

용어와 개념 풀이

발터 벤야민
Walter Benjamin, 1892~1940
베를린에서 태어났다. 좌익 학생운동을 하였고 나중에 시오니즘운동에 관계하였다. 교수 자격 취득을 위한 박사학위논문「독일 비극의 기원」(1928)이 프랑크푸르트대학에서 거부됨으로써, 교수를 단념하고 문필생활로 들어갔다. 보들레르, 프루스트에 심취하여 그들의 작품을 번역하는 한편, 1925년부터 마르크스주의 연구에 몰두하였다. 매우 개성적인 그의 사상은 당시의 현상학(現象學)과 신(新)헤겔주의와는 현저한 대조를 이루고 있었으며, 그의 유저(遺著)인『역사철학의 테제』에는 종말론적 역사관이 보인다. 나치스에게 쫓겨 망명 도중 자살하였다. 저서로『괴테의 친화력』(1924~25),『복제기술(複製技術) 시대에 있어서의 예술작품』(1936),『계몽』(1961) 등이 있다.

마샬 맥루한
Herbert Marshall Mcluhan, 1911~80
1911년 7월 캐나다 앨버타주의 에드먼턴에서 태어났다. 캐나다 대학에서 영문학자로 강단에 선 뒤부터는 미디어 이론가 및 문화비평가로 변신하여 미국 미디어팝 문화의 대부로 불리고, 학자로서는 예외적으로 시사전문지「뉴스위크」의 표지인물로 나오기도 했다. 1955년 미국 교육방송협회 미디어프로젝트 주임을 지냈으며, 1963년 토론토대학교 문화기술연구소 소장으로 취임해 1980년까지 활동했다.
1964년『미디어의 이해』라는 저서를 통해 '미디어는 메시지다', '미디어는 인간의 확장'이라는 견해를 밝혀 현대 미디어 이론에서 사용하는 '미디어'라는 단어와 가장 근접한 개념을 제시하였으며, 미디어의 발전과 인간존재의 관계를 연구하여 근대의 인쇄혁명과 TV로 대표되는 전자 미디어가 서구문명에 미칠 영향을 예견하여 오늘날 미국을 비롯한 서구에서 그에 대한 새로운 평가작업이 활발히 진행되고 있다.

폴 랜드 Paul Rand, 1914~1996
미국의 그래픽 디자이너로 뉴욕에서 출생하였다. 플랫 인스티튜트 등에서 공부하고, 23세 때『에스콰이어』지의 아트 디렉터가 되어 두각을 나타내었다. 제2차 세계대전 후에는 독자적인 밝은 작풍에다 바우하우스의 합리성을 가미해 미국 그래픽 디자인의 황금시대를 구축하였다. 1956년부터 예일대학 교수가 되어 디자인 교육에도 공헌하였다. 저서에는『디자인 사고』(Thoughts on Design, 1947)가 있다.

존 마에다는 말한다

- 나는 미래의 예술가들은 기술을 통제하는 방법을 가르쳐주는 지금의 예술학교보다는 좀더 나은 곳에 가야한다고 생각합니다. MIT도 하나의 선택이 될 수 있습니다. 내가 MIT에 들어간 이유 가운데 하나는 공학이 21세기의 인문학이 될 수 있다는 생각에서였습니다. 나는 이 세계에 인문주의적 공학자를 위한 여지가 있다고 믿습니다.

- 간단한 코드(code) 하나가 조각만큼 품위있고 아름답다.

- 오늘날 컴퓨터 이용 디자이너(computer-aided designer)와 디자이너 이용 컴퓨터 (designer-aided computer)를 구별하는 것은 쉽지 않다. 전세계의 모든 디지털 디자이너는 한 디렉터 밑에서 일하고 있다. 그의 이름은 알파벳 'A'로 시작한다.
- 테크놀로지는 우리의 상상력을 멈춰버릴 것이다. 나는 그것이 두렵다.
- 나는 항상 변화하려고 한다. 나는 특정한 스타일로 규정지어지는 것을 싫어한다.

더 읽어야 할 책들

John Maeda, *Design By Numbers*, MIT Press, 1999.
_____, *"John Maeda: MAEDA@MEDIA"*, London ICA, 2001.

〈존 마에다의 작품목록〉

「John Maeda: Paper and Computer」, *Ginza Graphic Gallery 123rd Exhibition*, 1996.
「John Maeda: Post Digital」, *Cristinerose Gallery*, 2000.
「John Maeda: Coded Blue」, *CCAC Logan Galleries*, 2001.
「John Maeda: Towards Post Digital」, *NTT InterCommunication Center*, 2001.

조르제토 쥬지아로 *Giorgetto Giugiaro*

자동차 디자인, 예술과 과학이다

이명기 세종대 교수 · 자동차디자이너

디자인이 생활을 만든다

빠르게 변화하는 사회구조와 생활환경 속에서 다양해진 소비자의 욕구를 충족시키고 제품이 갖는 독특한 캐릭터를 창출하기 위해서, 현대의 디자이너들은 보다 새로운 아이디어를 지속적으로 시도해야만 했다.

지난 20세기는 기술의 획기적인 진보와 더불어 산업화로 인한 다양한 측면에서 디자인의 성장이 이루어졌고, 시대의 흐름에 따라서 그 의미와 스타일이 각기 다른 양상으로 변화되어왔다.

오늘날의 삶과 문화적 환경은 거의 모든 것이 디자이너에 의해 창조되고 만들어진 세계 속에 둘러싸여 있다고 해도 과언이 아니다. '바늘에서 우주선까지' 그 어느 것이라도 디자인을 배제하고 생각할 수 없는 시대, 디자인을 떠나서는 모든 산업의 성장을 기대할 수 없는 시대가 온 것이다.

건축을 비롯한 각종 생활제품에 이르기까지 실용적 생활을 위한 다양한 디자인을 통한 제품조형의 추구는, 과거 단순한 기능 위주의 디자인에서 점차 보다 풍요로운 삶과 여유를 가져다주는 개념으로 인식의 변화가 이루어지고 있다. 다시 말해 지난 150여 년의 디자인 역사를 비추어보면, 초기의 100여 년 간은 부가장식으로서의 디자인 개념이 일반적이었고, 다음으로는 기능적 표현형태로서의 디자인, 1930년대의 양식(스타일)으로서의 디자인, 1980년대는 사회적 기술로서의 디자인, 21세기 초기 현재는 글로벌 마켓 경쟁 속에서 경영전략과 비즈니스로서의 디자인으로 그 의미와 역할의 개념이 변화되어왔다.

> 현재까지의 나의 작품을 평가하는 것이 당연하다고 생각한다. 그러나 나의 캐릭터는 내 과거보다는 미래에 대해 말하는 것이 더 적합하다. "

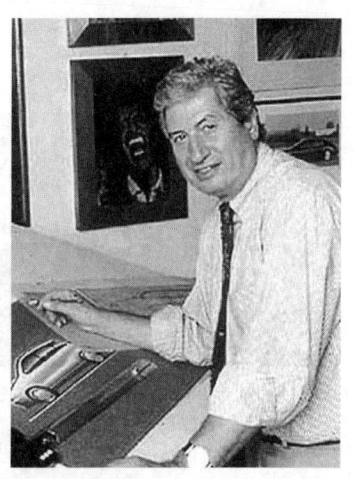

자동차 디자인의 흐름

 이와 같은 맥락에서 자동차 디자인은 지난 100여 년의 역사 속에서 시대적 사회적 변화와 요구(Need)에 따라 다양한 스타일로 변화되어왔다. 초기의 말 없는 마차의 단순하고 기능 위주의 기계적 이미지에서 점차 기술발전에 의한 구조 개선으로 외형의 변화를 이루어 1940년대를 전후로 철판 프레스 공법으로 스피드를 위한 유선형의 스타일이 가능해졌다. 이후, 1950년대 세계대전 이후 미국의 '크롬도금의 시대'로 일컫는 호사스러운 장식의 시대를 거쳐 1960년대 들어서는 기술의 발전에 따른 성능의 향상과 함께 과장되고 과시적인 것을 제거한 효율적인 디자인을 추구하였다.
 1970년대는 두 차례의 에너지파동(Oil Shock)을 겪으면서 에너지 절약 및 환경, 안전을 강화하는 경제성을 고려한 자동차 디자인의 새로운 전기를 맞이하여 이른바 '소형자동차 전쟁'의 양상으로 점차 실용적 디자인이 연구되었다. 1980년대는 미국 및 유럽국가가 주도했던 자동차 개발 선진국에 일본이 추가되어 세계 자동차시장이 새로운 양상을 띠기 시작했다. 스타일에 있어서 공력학 개념의 에어로다이나믹 스타일링이 주도되었으며 부드럽고 유연한 형태로 디자인되어 1970년대의 딱딱한 이미지에서 점차 조형적 유연성을 갖추게 되었다.
 1990년대에 들어 전세계적으로 전기, 전자를 비롯한 IT(Infomation Technology) 기술력의 비약적 성장에 힘입어 자동차 스타일은 과거에는 기술적인 문제로 시도하지 못했던 컨셉트카(Concept Car) 개념의 디자인

1968년 10월 쥬지아로는 자동차를 비롯한 산업디자인 전반에 걸친 디자인을 수행하기 위해 이탈 디자인 이라는 회사를 토리노에 설립한다.

을 적용하기 시작하였고, 스타일에 있어서는 디자이너의 의지가 많이 반영된 자유곡면을 이루는 근육질과 같은 유기체적 형상이 자유롭고 광범위하게 적용되었다. 1990년대 중반부터는 전반적인 자동차 디자인의 트랜드가 샤프(Sharp)한 에지라인(Edge Line)과 자연스런 곡면이 조화된 스타일로 변화되었다. 또 과거 1950~60년대의 화려했던 유행의 스타일이 복고풍(retro)의 이미지로 재생산 및 재적용 되어 최근 스타일의 대표적 트랜드로 자리잡고 있다.

코치빌더, 쥬지아로의 출현

이탈리아 코치빌더(Coachbuilder)들은 1945년 이후부터 20여 년 간 꾸준히 지속해왔으나 1970년대 에너지파동(Oil Shock) 이후 점차 쇠퇴하였다. 당시 소규모의 자동차 생산업체들은 거의 피아트(Fiat)의 통제 하에 들어갔고, 대량생산 자동차만이 스타일리스트의 유일한 디자인 대상이었다.

쥬지아로는 당시 이러한 상황에서 초창기 선배 스타일리스트들이 이루지 못했던 공백을 채우게 되었다. 그는 5년 간의 베르토네(Bertone)와 2년 간의 기아(Ghia)에서의 실무 디자인 경험을 통하여 이탈리아 코치빌더의 실무를 익힘으로 디자인 컨설턴트로의 전환 방법을 알게 되었고 자동차 디자인 연구에 있어서 다분히 차의 외관을 미적으로 아름답게 꾸미는 스타일리스트가 아닌 기술적 연구를 동반한, 근본적으로 새로운 형태를 추구하는 디자인 접근방법의 필요성을 깨닫게 되었다. 그는 선구자적인 노력과 연구로 현존하는 최고의 자동차 컨설턴트로 성장했으며 세계적인 명성을 얻게 되었다.
한국 최초의 독자 모델 포니 개발

쥬지아로의 공헌은 기술을 바탕으로 한 스타일링의 추구로 예술적인 미와 과학을 잘 혼합시키는 디자인 방법에 있다고 하겠다. 일찍이 미술전문학원과 이공계 기술학교를 수학한 그는 두 분야의 지식을 통한 합리성에 근거를 둔 보편성 있는 조형적 디자인의 추구로 오늘날 전세계 자동차 디자인계에 있어서 빼놓을 수 없는 인물 가운데 가장 중요한 위치를 차지하고 있다. 1999년 말 미국 라스베이거스에서 있었던 세기의 차 선정위원회에서 '20세기 최고의 카디자이너'로 선정되는 영예를 누렸던 그는 우리나라 최초의 독자 모델인 현대 포니(Pony1)의 디자인을 맡아 한국의 자동차 디자인 발달에 결정적인 영향을 주었던 인물로 기억된다.

쥬지아로는 1938년 8월 7일 이탈리아 토리노 근교의 가레시오(Garessio)에서 태어났다. 프레스코기법의 화가였던 할아버지(Luigi)와 역시 화가였던 아버지(Mario)로 이어지는 예술가 집안에서 자라나 어려서부터 자연스럽게 예술적 감성과 감각을 익히며 성장했다. 화가였던 집안의 영향으로 순수미술을 전공하던 쥬지아로는 튜린(Turin)의 미술학교와 기술학교(technical design)를 수학하였고, 17세가 되던 1955년 국립예술 아카데미를 졸업함과 동시에 피아트의 스타일링 센터에 입사했다. 피아트의 디자인 책임자였던 '단테 지아코사'(Dante Giacosa, 초대 피아트 설계자)가 졸업작품전에 내놓은 쥬지아로의 자동차그림을 보고 그를 불러들인 것이다. 자동차에 대한 지식을 쌓아가며 본격적인 디자인을 시작할 준비를 하던 그는 1959년 말 수많은 코치빌더들을 양성, 배출한 자동차 디자인의 명가(名家) 베르토네(Bertone)의 디자이너로 자리를 옮겼다. 21세의 나이에 '누치오 베르토네'(Nuccio Bertone, 1914~1997)에게 전격 발탁되어 재능을 인정받게 된 것이다. 여기서 그는 1960년 그의 공식 첫 작품인 고든 GT(Gordon GT, 양산차 이름은 Gordon Keeble)를 비롯하여 1963년 그의 최초의 드림카(Dream Car)라고 할 수 있는 알파 로메오 테스투도(Testudo)를 내놓으면서 점차 명성을 얻게 되었다. 이후 줄리아 GT, 페라리 250 등을 선보였다.

그의 나이 27세 되던 1965년에는 기아(Ghia)의 스타일링 센터와 프로토타입(Prototype) 부문 책임자로 자리를 옮겨 경영에도 참여하였다. 1966년

튜린모터쇼에 출품한 데 토마소(De Tomaso)의 망구스타(Mangusta), 마세라티(Maserati)의 기블리(Ghibli) 모델은 단순화한 커브와 세련된 라인처리로 쥬지아로가 새롭게 강조한 단순화한 조형미의 특징을 보여주었으며 관람자들의 이목을 집중시켜 깊은 인상을 주었다. 그는 새로운 디자인에 대한 정

쥬지아로는 자동차 디자인 연구에 있어서 다분히 차의 외관을 미적으로 아름답게 꾸미는 스타일리스트가 아닌 기술적 연구를 동반한 새로운 디자인 접근법을 깨닫게 되었다.

열로 기아에서 2년간 13대의 차를 디자인하였고 상품화된 것은 5대였다.

1967년 회사의 경영권이 아르헨티나 출신의 데 토마소(De Tomaso)에게로 넘어가자 독립을 한다. 그 당시 쥬지아로는 자동차구조 제작에 있어서 보편적 방식인 이미 만들어진 샤시시스템(Chassis System)에 차체를 얹는 설계디자인 방식에 의문을 품고 차체(Body)와 샤시(Chassis)가 하나로 구성되는 새로운 설계방식의 자동차 디자인을 구상하게 되었다.

1968년 10월 쥬지아로는 베르토네에서 같이 근무했던 엔지니어이며 현재까지도 파트너로 일하고 있는 '알도 만토바니'(Aldo Mantovani), 비즈니스 매니저인 루치아노 보시오(Luciano Bosio)와 함께 자동차를 비롯한 산업디자인(Industrial Design) 전반에 걸친 디자인을 수행하기 위해 이탈디자인(Ital Design)이라는 회사를 토리노(Torino)에 설립한다. 컨셉트카 및 양산차 디자인은 쥬지아로가 책임을 맡고 엔지니어링은 만토바니가 맡는 튼튼한 공조체제 속에서 그의 독특한 디자인 연구는 지속적으로 꽃피우게 된다.

본질적으로 쥬지아로 디자인 방법의 독창성은 차체외형의 한계가 있는 자동차 실내디자인(Interior Design)에서 스페이스와 편안함과의 상관관계나 에어로다이나믹과 조형성 등의 조화를 통한 라디에이터그릴과 같은 부수적인 것에서부터 전체적인 것에 이르기까지 '문제해결'의 양상에 초점을 두었다. 그가 수행한 각각의 프로젝트들은 이러한 문제해결을 위한 논리를 각 차의 성격에 부합하는 디자인 컨셉트를 적용하여 수행하였다. 특히 그는

지아로의 공헌은 기술을 바탕으로 한 스타일링의 추구로 예술적인 미와 과학을 잘 혼합시키는 디자인 방법에 있다고 하겠다.

자동차 유리창(Glass Area)의 면적이나 철판의 두께, 라인(line)이 만나는 부위의 처리, 눈에 잘 띄는 계기판 디자인 등 합리성을 추구하는 기능적 디자인이 되도록 하여 디자인이 단지 겉모양의 아름다움의 차원을 넘어선 생산의 한 수단으로의 역할을 실천하였다.

1970년대 에너지 파동을 겪으면서 쥬지아로는 연비 효율이 우수한 성능의 경제성 및 제조기술을 향상시킬 수 있는 모델개발을 추구하여 당시로는 매우 혁신적 스타일인 알파로메오 카이만, 마세라티 부메랑과 같은 쇼카(Show Car)는 에어로다이나믹을 적용한 쐐기형(Wedge Style)디자인을 추구하여 자동차 전면의 유리창(Windshield)의 경사각을 작게 하여 그에 따른 자동차 앞부분의 모양도 쐐기형으로 함과 동시에 지면으로부터 아주 낮게 디자인하였다. 쥬지아로가 독립하여 진행한 첫 프로젝트인 1971년 디자인의 알파수드(Alfasud)는 모든 부위를 세심하게 합리성을 고려한 에어로다이나믹 스타일의 훌륭한 걸작으로 통한다.

1968년 비자리니(Bizzarini) 만타(Manta), 1969년에는 첫 양산차인 스즈키(Suzuki) 캐리(Carry), 1972년에는 007영화에도 등장하였던 스포츠카인 로터스(Lotus) 에스프리(Esprit)를 디자인하였는데 1974년에는 쥬지아로의 명성을 전세계에 알린 그의 최대 성공적인 대표작 폴크스바겐(VW) 골프(Golf)를 디자인했다. 이어서 1980년 피아트 판다(Panda)와 우노(Uno)를 히트시키며 산업디자인계의 최고 영예인 영국의 골든콤파스(Golden Compass)상을 수상하였다. 피아트 판다는 '차를 처음 구입하는 사람(First-car Buyer)을 위한 값싸고 편안함을 주는 디자인'의 컨셉트를 창안하여 차량외부 디자인은 단순미와 개발비용의 절감을 실현한 반듯한 라인의 조형을 기초로 한 평면유리창을 적용하였다. 판다디자인에 있어서 실내디자인에 특히 초점을 둔 그의 독창적 디자인은 사용자의 다양한 용도에 따라 쓸 수 있는 가변성 있고 이동시킬 수 있는 좌석을 비롯한 복잡하지 않고 심플한 기능과 미를 갖춘 편리한 실내 기기 디자인을 실현하였다.

1970년대 후반부터는 산업디자인 분야에서도 명성을 떨쳐 유명한 니콘 F3와 F4 카메라를 디자인하였고, 전자제품은 물론 화장품 용기와 음식에 이르기까지 다양한 것을 디자인하여 1981년부터는 자동차를 비롯한 다양한 운송시스템 및 산업제품 디자인 등을 디자인하는 쥬지아로 디자인(Giugiaro Design)이라는 독립회사를 설립, 전세계적으로 디자인 컨설팅을 확대하여 오늘에 이르고 있다. 1984년 7월에

컨셉트카-Formula Hammer, Turin, 1996

쥬지아로는 그의 지난 40여 년간의 전세계를 무대로 한 산업디자인 발전에 큰 영향을 끼친 공로를 치하하여 유럽 최고의 디자인 교육 대학원이며 자동차 디자인교육 분야에서 명성을 떨치는 영국의 왕립예술원(Royal College of Art)으로부터 명예박사 학위를 받았다. 또한 이탈리아 디자인협회 (Association of Italian Design, AID)로부터 그의 폭넓은 디자인 업적을 기리는 두번째 골든콤파스 상을 수상하였다.

1998년 이탈 디자인 설립 30주년을 기준으로 공식적인 기록만 하더라도 전세계 유명 모터쇼의 컨셉트카 출품을 포함한 양산자동차 디자인이 약 160여 대이며 200여 건의 각종 유명 산업디자인 제품을 디자인하여 20세기를 주도한 가장 대표적인 자동차 및 산업디자이너로 평가받고 있다.

한국 메이커와도 각별한 인연을 가지고 있는 이탈 디자인은 1969년 현대자동차 및 1995년 제네바 국제모터쇼에 출품된 컨셉트카인 'Bucrane'을 필두로 대우자동차와도 디자인 개발 협력관계를 맺은 바 있다. 1974년 발표된 현대 포니 1을 시작으로 스텔라(1983년), 엑셀/프레스토(1985년), 쏘나타(1988년)까지 현대자동차의 독자모델 제작의 기틀을 잡아주었으며, 대우는 1996년 11월에 선보인 독자모델 라노스(Lanos)세단형을 시작으로 레간자(1997년), 마티즈(1998년), 매그너스(1999년) 등을 디자인하였다. 현

피아트-Panda offroader. 1980.

재 이탈 디자인은 3개의 생산라인을 갖추고 연간 150대의 프로토타입(Prototype)을 만들 수 있다. 최근에는 스페인과 미국 캘리포니아에 디자인 스튜디오를 더 세웠으며 현재 두 사람의 아들인 '파브리치오 쥬지아로'(Fabrizio Giugiaro)와 '마르코 만토바니'(Marco Mantovani)가 뒤를 이어 이탈 디자인의 경영에 관여하고 있다.

이탈 디자인, 기술적 활용과 예술적 아름다움의 결합

1968년 2월13일에 설립된 후 쥬지아로가 중심이 되어 이끄는 이탈 디자인 연구소는 한국 최초의 독자모델인 포니(Pony-1)로부터 최근의 대우 마티즈, 레간자, 매그너스 등을 컨설팅한 성공적인 디자인 센터로 창업 이래 세계무대에서 항상 시대를 리드하는 디자인을 선보였고, 급변하는 자동차 업계에서 현재 최고의 코치빌더(Coachbuilder 또는 Carocceria)로 디자인 업계를 이끌고 있다.

지난 30여 년 간 수많은 명차들을 탄생시키며 디자인 업계의 견인차 역할을 해온 이탈 디자인은 그들만의 확고하면서도 차별화된 사업을 전개하여 자동차, 상용차, 농기계, 건설기계 등 제조사에 독특한 제안을 해왔다. 아울러 자기들만의 체제를 확립하면서 디자인에서 자동차 공학으로까지 영역을 넓혀 나갔고, 지금은 프로토타입 제작부터 자동차에 관련된 모든 프로젝트를 취급하고 있다. 또한 이탈 디자인은 그들의 이론적 해석과 기술을 바탕으로 세련된 서비스 제안을 했고, 자신들만의 색깔을 지켜나가며 항상 진보된 디자인을 선보여 왔다.

1980년대 초 이탈 디자인은 시대의 흐름에 따른, 정보전자화하는 컴퓨터화된 디자인을 위해 디자인 연구기술, 설계를 비롯한 전라인의 장비들을 첨단 시스템으로 교체하여 CAS(Computer Aided Styling), CAD(Computer Aided Design), CAE(Computer Aided Engineering), 그리고 CAM(Computer Aided Manufacturing)과 같은 장비들을 전체적으로 언제든지 운용할 수 있게 빈틈없이 갖추었다. 이런 기술적 진보에 의한 이탈 디자인의 성과는 1986년부터 나타나기 시작했고, 1997년에 새로 건립된 신사옥에는 보다 첨단화된 컴퓨터시스템의 디자인 장비(Computer-Integrated System)를 갖추어 단지 기술적인 면만이 아닌 조직 전체가 체계적이고 유기적인 시스템으로 재정비됐다. 이와 함께 진보의 과정 속에 종합적인 프로젝트를 관리·경영하는 능력까지 향상시켜, 이전까지는 공급자에 의해 선택의 여지가 없었던 부분에도 고객이 참여할 수 있는 양방향성을 띠게 되었다.

이명기 1955년 출생. 서울대학교 미술대학 응용미술학과 공업디자인 전공 졸업(학사). 영국 런던 소재 왕립예술원(Royal College of Art) Industrial Design Department의 운송기기디자인(Vehicle Design Course) 전공 졸업 (석사). 쌍용자동차 디자인실 실장역임(무쏘, 뉴 코란도, 이스타나, 체어맨 및 모터쇼 컨셉트 모델 디자인 등 디자인 총괄). 「자동차 디자인의 미래트랜드 예측에 관한 연구」, 「Retro Design 동향고찰」, 「소형 SUV 컨셉트카 디자인연구」 등의 연구논문과 『디자인 원리』(도서출판국제)를 번역했다. 현재 세종대학교 예체능대학 디자인학과 교수로 몸담고 있으며, 한국디자인학회 및 한국디자이너협회 정회원으로 활동 중이다.

용어와 개념 풀이

에어로다이나믹(공기역학) Aerodynamic
물체가 움직이면 공기저항을 받거나 공기의 흐름으로 양력(차가 공중으로 뜨려는 힘)이 생기게 하는 현상을 해소하는 학문. 이와 관련해서 공기저항을 적게 받는 스타일의 디자인 및 에어댐, 프런트·리어 스포일러, 언더 커버 등이 개발되고 있다.

카로체리아 Carrozzeria
일명 코치빌더(Coachbuilder)라고도 부르며 자동차 디자인, 엔지니어링 용역뿐 아니라 스포츠카, 컨버터블 등의 소량생산도 하는 소규모 자동차 회사를 말함. 20세기 초 이탈리아의 자동차공방에서 유래한 말로 자동차 제작업자들의 호칭이었다. 이후, 자동차 제작이 대기업화되며, 거대자동차 회사들이 가질 수 없는 보다 유연하면서도 창의적인 아이디어를 제시하는 디자인업체의 형태로 바뀌어 갔다.
현재 페라리 디자인으로 유명한 피닌파리나, 쥬지아로가 이끌고 있는 이탈 디자인, 베르토네 등이 유명하다.

베르토네 Bertone
이탈리아 카로체리아 중 가장 오래된 90여 년의 역사와 전통을 자랑하며 카로체리아의 신화를 만들어 왔던 베르토네는, 1912년 이탈리아의 피에몬테주 토리노에 지오바니 베르토네에 의해 마차와 자동차 차체 제조 및 정비회사로 설립되었다.
프랑코 스칼리오네, 조르지오 쥬지아로, 마르첼로 간디니와 같은 세계적인 디자이너를 배출한 자동차 디자이너의 사관학교와도 같은 곳으로 현재는 디자인센터인 스틸레베르토네, 자동차 생산시설인 그루글리아스코공장, 자동차 디자인을 담당하는 테크노디자인, 부품 공급과 자동차 및 건물용 유리를 생산하는 SOCAR I.C.S 등 4개 계열사에 총 1,500여 명의 직원들이 있으며 각 회사는 독립적으로 운영되고 있다.

프로토타입 Prototype
시험제작 차량을 말하는데 새로운 모델의 차의 설계가 완료되었을 때 그 차의 스타일링, 성능, 인간공학적 요소, 생산성 등을 검토하기 위해 만드는 차이다. 이 시작차에 의한 각종 검토 및 개선과정을 거쳐서 대량생산에 옮겨진다. 설계디자인 완료시점에서 대량생산에 앞서서 각종 테스트를 위한 목적의 차를 말함.

크로스오버 비클 Crossover Vehicle
최근 점차 보급률이 급격히 증가하고 있는 인기 차종으로 서로 다른 아이템이나 스타일을 조합한 차를 말한다. 세단, 픽업, SUV, RV, MPV 등 서로 다른 2가지 개념 및 기능 및 형상을 접목시킨 복합개념차를 말함.
일명 '퓨전차량'이라고도 불리우는 크로스오버차량은 승용차, 트럭, 미니밴, 스포츠 유틸리티차량의 컨셉트를 허물어 기존의 분류 체계로는 구분하기조차 힘든 새로운 기능과 성능을 보이고 있다.

익스테리어 Exterio
자동차의 외관. 외장의 바깥쪽을 장식하여 이미지 향상을 도모하고 부가가치를 높이는 부위의 총칭. 차에서는 범퍼, 라디에이터 그릴, 사이드몰딩, 가니쉬, 마크 등의 것을 말한다.

레트로 디자인 Retro Design
1930~1960년대 과거에 유행했던 자동

차의 고전적인 스타일이나 이미지를 기본으로 현대 디자인의 새로운 기술이나 조형성을 적용하는 최근의 디자인 트랜드의 하나.

뉴에지 디자인 New-Edge Design
1990년 이후부터 시도되고 있는 자동차 외관 스타일 트랜드를 지칭하는 말로 풍만한 볼륨을 기본으로 한 전반적 스타일에 면과 면이 만나는 부위를 샤프한 조형적 스타일을 적용한 각지고 간결한 이미지의 디자인을 말함.

원 박스 타입 One box type
엔진룸 실내, 트렁크 룸을 1개의 박스로 디자인한 것.

RV Recreation Vehicle
Leisure Vehicle이라고도 하는데 그 정의가 명확한 것은 아니다.
1970년대 초 구미에서 발달한 auto-camp용으로 개발된 캠핑카가 RV의 대표적인 것이지만 근래에는 레저문화의 다양화에 따른 One-box-Cab over Type 차나 픽업 트럭, 4wd MPV 등도 다용도의 특성으로 RV의 범주에 포함시키기도 한다. 실용가치만을 추구해서 만들어진 것과는 다른 외관, 내장, 내장품 등 다양한 기능의 옵션으로 디자인되어 있다.

스타일링 Styling
디자인 컨셉트가 결정된 후 차의 외형 및 내장을 구성하는 디자인작업으로 공학적 설계나 기술보다는 미적조형성, 기능적 디자인의 측면이 강하다. 생산 기술적 측면과 시장 또는 소비자의 추세와 요구, 설계개념과의 부합 등을 고려하여 계획, 기본설계, 선행설계와 밀접한 관련을 가지며 그 과정은 대개 다음과 같다.

디자인컨셉트→ 아이디어스케치→ 렌더링→ Tape drawing 및 렌더링(1/1 또는 2/5축소 스케일)→ 축소형 Clay 모델제작→ 1/1 Clay모델제작→ 3차원측정→ 하드모델제작(FRP 또는 Resin)→ styling결정.

MPV
Multi Purpose Vehicle의 약자. 다기능 차.

SAV
Sports Activity Vehicle의 약자.

SUT
Sports Utility Truck의 약자.

SUV
Sports Utility Vehicle의 약자.

밴 Van
주로 짐 싣는 기능 위주로 만든 차로 지붕이 고정된 상자 모양의 화물칸을 구비하고 있는 트럭.

쐐기형 Wedge Shape
차를 옆에서 보았을 때 앞부분이 쐐기처럼 뾰족하거나 낮게 처리되어 공기역학적으로 유리하고 스피드한 이미지를 주는 형상.

컨버터블 Convertible
지붕(roof)을 임의대로 덮거나 접을 수 있는 자동차를 말한다. 지붕이 부드럽고 질긴 캔버스천이나 가죽 등으로 되어 개폐가 가능함으로 소프트 톱이라고도 불린다. 유럽에서는 카브리올레라 부르며, 로드스터(roadster)는 컨버터블 전용으로 디자인되어 있다.

로드스터 Roadster
2~3인승 자동차로 지붕을 컨버터블로 디자인한 자동차. 스포츠카라고도 부르는데 스포츠카와 모양이 비슷해서 그런 이름이 붙여졌다.

컨셉트카 Concept car
자동차를 만든 회사의 철학이나 이미지 등이 담겨 있는 미래형 자동차. 기술적인 문제나 비용 등을 생각하지 않고 만들어 현실성이 없는 차들도 많다. 모터 쇼 등에 선보일 자동차로서 한 대밖에 만들지 않는 경우도 있다.

컴팩트카 Compact car
간결하게 제작된 소형자동차를 말한다.

드림카 Dream car
새로운 메커니즘이나 디자인을 갖춘 차를 미리 시작(試作)해서 일반에 공개하여 반응을 조사하기 위한 시작차(experimental car).

스포츠카 Sportscar
스포츠카는 편리함이나 경제성보다 달리기 성능을 위주로 만든 차로서 쿠페나 컨버터블형이 많다.

스포티카 Sportycar
스포츠카를 본딴 모델로 모양이나 성능은 일반차보다 날렵하지만 스포츠카보다 성능이 떨어진다.

박스형카 Boxstyle
소형 버스형태의 자동차가 주로 여기에 속하며 하나의 상자 형태로 생긴 차를 말한다. 변형된 형태로 1박스카, 1.5박스카가 있다.

해치백 Hatchback
세단이나 쿠페의 뒷부분에 문을 단 승용차로 트렁크 부분의 뒷문을 열면 바로 실내와 연결되어 여러 용도로 쓸 수 있으나 대부분은 칸막이를 두어 뒷좌석을 트렁크로 쓴다.

세단 Sedan
3박스형으로 고정된 지붕과 앞뒤로 1열의 좌석을 갖추고 칸막이가 없으며 2~5개의 도어가 있으며 4~6명 정도의 승객이 탈 수 있는 일반적인 승용차를 말한다. 세단의 주된 목적이 승객의 수송이므로 형태의 정의는 그다지 엄밀하지 않다. 일반적으로 2도어, 4도어, 5도어 등 도어의 수로 전체의 모양을 나타낸다.
세단은 미국에서의 이름이며 영국에서는 살롱. 독일에서는 리무진, 프랑스에서는 베르리느, 이탈리아에서는 베르리나라고 불린다.

리무진 Limousine
운전석과 뒷좌석 사이를 유리로 칸막이한 VIP용 호화차. 미국에서는 스트레치드 리무진(Stretched Limousine) 또는 줄여서 리모(Limo)라 하며, 독일에서는 풀만(Fullman)이라 부른다. 참고로 독일에서는 세단을 리무진이라 부른다.

쿠페 Coupe
전후 2열의 좌석이 있고 좌우에 각각 대형 도어를 갖는 스타일로 뒷좌석의 천장을 짧고 경사지게 만들고 앞좌석의 기능을 중심으로 한 차로서 세단 가운데에서도 엔진파워나 차량성능을 향상시키고 뒷부분을 바꾸어 쿠페로 만든 것이 있다. 모양상으로 트렁크가 있는 노치드 쿠페와 끝부분까지 가파르지 않게 되어 있는 패스트 백 쿠페가 있다.

캐드/캠 Cad/Cam
Computer Aided Design/Computer Aided Manufacturing의 약어로 금형과 차체개발에 있어서 컴퓨터를 이용하여 개발기간을 단축하고 개발공수를 절감시키는 것이다. 설계관련 CAD는 디자인 부문에서 작성한 차체디자인데이터로 설계검토와 구조설계작업을 도와서 설계도면을 작성한다. 또한 차체형상정보는 생산준비부문에 전달되어 프레스 금형의 NC가공, 마스터모델 등의 제작에 도움을 준다.

조르제토 쥬지아로는 말한다

- 현재까지의 나의 작품을 평가하는 것이 당연하다고 생각한다. 그러나 나의 캐릭터는 내 과거보다는 미래에 대해 말하는 것이 더 적합하다.

- 나는 내가 디자인한 제품의 첫번째 고객이 되기를 원한다.

- 디자인하는 과정은 더 명확한 인식을 얻기 위해 마음 속에 존재하는 생각들을 질문과 대답을 통해 이끌어내는 소크라테스의 산파술과 유사하다.

- 결정을 내리는 힘은 소수의 손에 달려 있다. 결론적으로 결단은 신속해야 한다.

- 나는 다양한 목적들(Sports car appeal, 공기역학, 다목적, 엘레강스, Vans, 공공교통, City car 등)을 위해 개발된 많은 드림카(Dream car)들에 깊은 애정을 가지고 있다.

- 제품디자인은 자동차 디자인보다 훨씬 더 복잡한 수준의 연구와 개발 시간이 요구된다.

- 디자이너는 회사의 의사결정 구조 안에서, 신제품을 고안해내는 것이 타당한지, 만약 그것이 소비자의 마음에 어필한다면 그 제품이 논리적으로 적합한지를 물어볼 용기가 있어야만 한다.

- 디자이너는 자신의 역할의 중요성을 강력히 주장해야만 한다. 그것은 어려운 일이지만 불가능한 일은 아니다. 나는 디자이너뿐 아니라, 주택에 영향을 주는 건축가와 도시재개발을 주도하는 도시 계획자(town planner) 들이 큰 기여를 해야 한다고 믿는다.

- 디자이너의 역할이 부족하게 보일지는 모르지만, 디자인 매니저나 디자인 훈련을 받은 제품 매니저들에 의해 그 영향력이 더 커졌다고 할 수 있다.

- 산업디자이너란 복잡하고 종합적인 주제이며, 그것은 소비자에게 직접 영향을 주는 대량생산을 결정하기 위해, 기술적, 인간 환경공학적, 경제적인 약속에 의해 영향을 받는다.

- 디자이너의 역할은 디자인을 요구하는 제품이나 물품을, (사람의 마음을 끌고, 설득하여 효율적인) 제품으로 만드는 데 도움을 주는 것이다. 제품의 형성은 그 본질성

과 관련이 있다. 그 품질을 명백히 표현하여 대다수의 사람들을 만족시킬 수 있는 아름다운 제품으로 만드는 것이 매우 중요하다.

- 내가 처음 디자인 작업을 시작했을 때와 비교해볼 때, 현대의 작업은 훨씬 쉬워졌다. 왜냐하면 산업 디자이너와 패션 디자이너 양쪽 다 훨씬 더 다양한 도구와 재료들을 사용할 수 있기 때문이다. 일반적으로 나는 디자인 작업에 컴퓨터의 사용이 매우 유익하다고 생각한다.

- 새로운 형태를 추구하는 욕망이 자동차를 만드는 사람들과 차를 구입하는 사람들 양쪽 진영에 다 존재한다는 것은 분명한 사실이다. 나는 그 필요성이 라인(line)에서 발생하고 있으며, 트랜드(trend)의 변화가 중요원인 중의 하나라고 믿는다.

더 읽어야 할 책들

Giorgetto Giugiaro, *Car Styling*, GIUGIARO DESIGN. San'ei Shobo Publishing Co. 1985.

_____, *Car Styling*, GIUGIARO DESIGN II. Car Styling Publishing Co. 1997.

2 인문학은 여전히 변혁의 원천이다

악셀 호네트 *Axel Honneth*

불확실성의 고통과 인정투쟁

이진우 계명대 교수·철학

비판부재 시대의 비판이론

'새로운 것'을 허용하지 않을 정도로 급변하는 21세기는 어떤 의미에서 철학에 적대적이다. 21세기를 상징하는 '속도의 시대'는 한편으로 철학적 사유의 필수조건이라고 할 수 있는 반성의 여유를 허용하지 않기 때문이며, 다른 한편으로는 현재를 비판적으로 조명할 수 있는 미래를 불투명하게 만들기 때문이다. 만약 우리가 지금 무엇을 위해 무엇으로부터 해방되어야 하는지를 모른 채 스스로를 역사적 과정에 내맡기고 있다면, 21세기는 철학은커녕 어떤 비판적 사회이론도 용납하지 않는 것처럼 보인다.

철학이 현실을 포착하지 못할 때, 철학은 종종 특정한 이론과 학파의 발전과정을 정리함으로써 스스로를 골동품으로 만드는 경향을 보인다. 한때 철학적 사유 자체를 비판적 행위로 활성화시켰던 '비판이론' 역시 새로운 시대가 출현함으로써 현대의 고전으로 분류되어 이미 과거 속으로 사라지고 있는 것처럼 보인다. 프랑크푸르트 학파를 세웠던 호르크하이머(M. Horkheimer), 아도르노(Th. W. Adorno), 마르쿠제(H. Marcuse)와 같은 1세대 비판이론가들의 지적인 업적들은 이제 역사적 기억 속에서나 간신히 명맥을 유지하고 있으며, 그들에게 이론적 성찰의 계기를 제공하였던 문제의식과 역사적 경험들은 점차 망각되고 있다.

오늘날 그들과 우리 사이를 가로지르는 역사적 이질감은 그들이 당시 독일 관념론의 마지막 대변인들에 대해 느꼈던 것과 비교될 수 있다. 전화와 영화의 첫 세대라고 할 수 있는 1세대 비판이론가들이 후기 셸링의 사진을 바라

> **호네트는 비판이론의 내부적 결함을 명쾌하게 분석함으로써 비판적 사회이론의 가능성을 탐색하고 있다. 호르크하이머와 아도르노는 인간의 활동을 '자연지배'의 도구적 차원으로 축소시킴으로써 사회의 내면적 관계를 올바르게 포착하지 못하였다는 것이다.**

보면서 혼란스러운 감정을 가졌던 것처럼, 컴퓨터로 검색하는 과정에서 빌헬름 2세 시대의 실내장식을 배경으로 한 청년 호르크하이머의 사진과 맞닥뜨리게 되면 우리는 똑같이 당황하게 될 것이다. 낯설게 느껴지는 그들의 얼굴에서 잊혀진 역사적 경험들의 흔적을 읽어낼 수 있는 것처럼, 그들의 이론과 사상 속에는 과거의 전제조건들이 훨씬 더 강하게 남아 있다.

호르크하이머에서 하버마스(J. Habermas)에 이르는 모든 비판이론가들은 한결같이 '역사 속에서 작용하는 하나의 이성'을 신뢰하였다. 그렇기 때문에 세계화와 세속화의 과정에서 문화적 다원성을 경험한 새로운 세대들에게 사회비판을 철학적으로 정당화하려는 비판이론보다 더 낯설게 느껴지는 것도 없을 것이다.

문화적 다원성이 이미 이성의 다양성을 함축한다면, 어떻게 비판이론처럼 합의를 이끌어낼 수 있는 하나의 이성을 전제할 수 있단 말인가? 그뿐만 아니라 사회적 발전과 합리성의 연관관계가 불투명하다면, 이성의 진보가 사회의 자본주의적 장치에 의해 봉쇄되고 단절된다는 주장은 더 이상 사회비판의 동기가 되지 않는다. 비판과 억압으로부터의 해방을 추구하였던 비판이론의 '해방적 관심'은 이미 낡은 이념이 된 것처럼 보인다.

이러한 상황에서 2세대 비판이론가인 하버마스에게서 프랑크푸르트대학 철학과 교수직을 물려받은 악셀 호네트(Axel Honneth)는 3세대 비판이론가로서 두 가지 과제에 직면하고 있다. 하나는 후기 자본주의 사회의 변화된 여건에서도 어떻게 사회비판이 가능한가를 보여주는 것이며, 다른 하나는 하버마스가 끊임없이 추구한 비판이론의 규범적 토대를 어떻게 마련할 것인가

하는 것이다. 이러한 과제들은 결국 '다원주의 시대에 사회비판이 무엇을 해야 하며 또 무엇을 할 수 있는가?' 하는 물음으로 압축된다.

비판이론의 창조적 계승

비판이론이 변화된 시대적 환경에서도 여전히 타당한가를 검토하는 작업은 필연적으로 비판이론 자체에 대한 반성을 요구한다. 악셀 호네트는 『권력의 비판』(1985)에서 비판이론의 내부적 결함을 명쾌하게 분석함으로써 비판적 사회이론의 가능성을 탐색하고 있다. 그에 의하면 호르크하이머와 아도르노는 『계몽의 변증법』에서 인간의 활동을 '자연지배'의 도구적 차원으로

호네트는 대표작 『인정투쟁』에서 푸코의 '투쟁 모델'과 하버마스의 '상호이해 모델'을 결합시켜 인정투쟁 이론을 발전시킨다.

축소시킴으로써 사회의 내면적 관계를 올바르게 포착하지 못하였다는 것이다. 자연을 파괴함으로써 자연의 강압을 분쇄하려는 모든 시도는 더욱 깊이 자연의 강압 속으로 빠져들어간다는 1세대 비판이론가들의 역사철학적 인식은 사회적 지배형식들마저 자연지배에서 파생하는 것으로 파악함으로써 사회가 조직되는 방식을 바르게 인식하지 못하였다는 것이다. 이런 관점에서 호르크하이머와 아도르노에 대한 호네트의 비판은 '사회적인 것의 배제'라는 간단하고 명료한 명제로 요약된다.

호네트는 1세대 비판이론가들이 간과하였던 사회를 구성하는 '사회적인 것'을 행위이론의 관점에서 재구성함으로써 비판적 사회이론의 토대를 구축하려고 시도한다. '사회적인 것의 재발견. 푸코와 하버마스'라는 이 책 2부의 제목이 말해주는 것처럼, 그는 푸코가 발전시킨 '투쟁'의 패러다임과 하버마스가 발전시킨 '상호이해'의 패러다임을 결합시킴으로써 한편으로는 비판이론의 사회학적 결함을 극복하고, 다른 한편으로는 사회를 비판할 수 있는 규범적 척도를 발전시키고자 한다. 간단히 말해 호네트는 비판이론을 '사회행

위'의 관점에서 재구성하고 있는 것이다.

호네트는 물론 비판이론의 근본정신을 수용한다. 이 정신에 의하면 비판이론은 단순한 이론이 아니라 인간을 억압하고 굴종시키는 모든 사회적 관계의 변혁을 추구하는 사회적 실천이다. 이런 관점에서 호네트는 비판이론이 다양한 관점과 경향에도 불구하고 세 가지 공통분모를 가지고 있다고 분석한다. (1) 사회적 병리현상은 합리성의 결함과 관련이 있다, (2) 사회비판은 사회적 합리성의 결함을 야기한 역사적 과정을 분석하는 것이다, (3) 비판이론은 이 결함에서 기인하는 사회적 고통을 지양하는 비판적 실천이다. 그에 의하면 비판이론은 이처럼 '사회적 병리학과 합리성의 연관관계', '합리성 결함의 역사적 과정', '이론과 실천의 유기적 관계'로 압축된다는 것이다.

첫째, 비판이론은 항상 사회의 병리적 현상으로부터 출발한다. 사회의 병리현상들은 좁은 의미에서는 사회의 정의 원칙들을 침해하기 때문에 부정적으로 인식되지만, 넓은 의미에서는 '좋은 삶'과 '잘 이루어진 삶'을 불가능하게 만들기 때문에 부정적으로 인식된다.

호르크하이머가 말하는 사회의 '비이성적 장치', 아도르노의 '관리된 세계', 마르쿠제의 '일차원적 사회', 그리고 하버마스가 말하는 '생활세계의 식민지화'는 모두 우리가 극복해야 할 사회 병리적 현상을 지칭한다. 그러나 어떤 이론이 사회의 부정적 현상을 분석한다고 비판이론이 되는 것은 아니다. 호네트에 의하면 비판이론의 첫번째 특징은 이러한 사회적 병리현상은 근본적으로 합리성의 결여에서 기인한다는 인식에 있다. 사회발전을 통해 축적된 이성의 잠재력이 충분히 실현되지 않을 때 사회적 병리현상은 발생한다는 것이다. 비판이론은 이처럼 사회적 합리성의 결여가 자본주의 사회의 병리현상들을 야기한다고 분석한다.

둘째, 비판이론은 이러한 합리성의 결여가 역사적으로 형성된 것이라고 본다. 사회적 병리현상은 사회가 발전된 이성의 잠재력을 억압할 때 비로소 발생하지만, 사회의 구성원들은 이런 상태를 좀처럼 문제삼거나 비판하지 못하는 경향이 있다. 그것은 사회적 병리상태와 비판의 부재 사이에는 일종의 인과적 관계가 존립하기 때문이다. 마르크스가 일찍이 분석한 것처럼 자본주의적 병리현상을 산출하는 사회적 여건들은 동시에 이러한 현상을 은폐하는 구조적 특성을 가지고 있다. 비판이론이 이러한 현상을 은폐하도록 만드는 역사적 과정을 설명하고자 하는 까닭이 여기에 있다. 그렇기 때문에 비판이론은 사회 병리현상으로부터 출발한다는 점에서 '사회 병리학'이며, 이러한 병리현상의 역사적 형성과정을 해명한다는 점에서 '사회 병인론(病因論)'이다. 인간의 이성이 역사적 학습과정을 통해 발전한다면, 우리는 합리성의 결함이 어떻게 발생하였는가를 역사적으로 해명함으로써 사회적 고통을 극복할 수 있다는 것이다.

셋째, 비판이론은 이론과 실천의 유기적 연관성을 강조한다. 비판이론은 헤겔 좌파의 전통을 계승하여 사회적 병리현상의 극복을 실천적 과제로 설정한다. 만약 사회적 합리성의 결여가 여러 병리적 징후들을 야기한다면, 우리는 행위 주체의 고통으로부터 사회적 상태를 추론할 수 있

호르크하이머의 고유한 점으로는 비판적 이론의 위상에 관한 규정, 심리적 요소를 포함시킴으로써 예리해진 역사와 현재에 대한 시각, 철학적 문제들에 대한 사회이론적 해석을 꼽을 수 있다.

다. 많은 사람들이 일반적이고 공동체적인 목표의 상실에 고통을 당한다면, 즉 불확실성으로 고통을 당한다면, 그것은 사회적 병리현상을 야기할 것임에 틀림없다. 모든 사람들이 동의할 수 있는 사회적 합리성의 결여는 결국 자기실현의 가능성을 축소시킬 것이기 때문이다. 이렇게 우리가 주관적으로 경험하고 또 객관적으로 서술할 수 있는 사회적 고통은 이러한 고통으로부터의 해방을 동시에 산출한다. 호네트는 우리가 이성적 의사소통을 통해 파괴되지 않은 합리성을 회복할 때에만 비로소 이러한 해방이 실현될 수 있다고 말한다. 이성에 대한 관심이 이러한 고통의 경험을 통해 산출된다는 것을 만약 우리가 증명할 수 없다면, 비판이론의 기획은 21세기에 지속될 수 없을 것이라고 호네트는 단언한다.

왜 현대인은 자기실현을 하지 못하는가

호네트는 21세기의 현대인들이 겪는 사회적 병리현상이 '불확실성으로 인한 고통'으로 압축된다고 진단한다. 왜 많은 현대인들은 자신들에게 주어진

프랑크푸르트 학파의 거장들. 호르크하이머를 프랑크푸르트 학파의 수장으로, 가운데 아도르노를 비판이론의 중심인물로 그렸다.

법적 자유와 도덕적 자유를 가지고서도 자기실현을 하지 못하는가? 우리가 자유를 통해 우리의 삶을 구체적으로 실현하기보다는 우리의 자유가 단지 형식적으로, 추상적으로만 보장되어 있다고 느낀다면, 무엇이 자기실현에 기여할 수 있는 이성의 잠재력을 억압하는 것인가? 호네트는 우리의 자유가 내용적으로 규정되어 있지 않았기 때문에 발생하는 고통을 헤겔의 의미에서 '불확실성으로 인한 고통'으로 규정한다. 만약 우리가 불완전한 법적 자유 또는 도덕적 자유를 자유 자체로 이해한다면, 그것은 주체들의 자기관계 및 상호관계에 심각한 결과를 초래한다는 것이다.

호네트는 이러한 사회적 병리현상을 진단하고 분석하고 극복하기 위하여 그의 대표작인 『인정투쟁』(1992)에서 푸코의 '투쟁 모델'과 하버마스의 '상호이해 모델'을 결합시켜 인정투쟁 이론을 발전시킨다. 그는 헤겔의 '이성적 일반자의 이념', 즉 모든 사람이 이성적으로 실현할 수 있는 일반적인 것이 있다는 관점으로부터 출발하여 이러한 이념은 오직 협동적 자기실현을 통해 성취될 수 있다고 주장한다. 그에 의하면 공동체의 구성원들은 공적으로 실천된 인륜적 관습 속에 각자의 특수성이 상호주관적으로 표현되어 있음을 인식할 수 있다는 것이다. 하버마스는 의사소통적 행위만이 사회구성원들의 자율적 자기실현의 기회를 증대시킨다는 관점에서 이성의 절차적 합리성을 강조하지만, 호네트는 사회적 행위가 근본적으로 협동적 자기실현을 목표로 한다고 강조함으로써 칸트보다는 헤겔에 의지한다.

사회의 구성원들은 이미 인륜적으로 상호결합되어 있기 때문에 구성원들 사이의 실천적 투쟁은 만인에 대한 만인의 '생존투쟁'이 아니라 저급한 인륜성의 상태에서 더 성숙한 인륜적 관계로 나아가는 '인정투쟁'이다. '인정'은 자기 자신에 대해 동시에 타자로 존재할 수 있는 능력을 가지고 있는 인간에게 자기 자신에 대한 긍정적 의식을 가지게 하는 정체성의 심리적 조건이자, 자신의 삶을 협동적으로 실현시킬 수 있는 정의의 사회적 조건이다.

호네트는 헤겔이 인륜성의 발전과정으로 파악한 '가족', '시민사회', '국가'의 도식에 따라 인정관계를 미드(G.H. Mead)의 사회심리학에 따라 '사랑', '권리', '연대'의 세 모델로 재정립한다.

첫째, 인정관계는 주체들이 서로를 필요한 욕구의 존재로 인정하게 되는 '사랑'이다. 타자와 정서적으로 결합하는 사랑의 관계에서 중요한 것은 공생을 위한 자기포기와 개인적인 자기주장 사이의 긴장을 어떻게 상호주관적으로 해결하는가 하는 것이다.

둘째, 인정관계는 모든 구성원이 도덕적 판단능력을 가지고 있다는 가정에서 출발한 '권리'의 동등한 인정이다. 주체는 권리인정을 통해 스스로를 담론적 의사 형성과정에 참여할 수 있는 인격체로 간주하게 된다.

셋째, 인정관계는 타인의 특수한 능력과 가치를 인정하게 만드는 '연대'이다. 연대는 개인들의 차이를 상호주관적으로 표현할 수 있는 매체를 보장한다는 점에서 개인에게 사회적 가치를 부여하지만, 보편적인 목표설정과 관련하여 자신들의 가치와 생활방식을 부각시키기 위한 상징적 수단을 둘러싼 영원한 투쟁 아래 놓여 있다.

인정투쟁은 두 측면에서 진행된다. 행위주체의 내면적 관점에서 보면, 인정투쟁은 개인화의 주체인 '주격 나'와 사회화의 산물인 '목적격 나'의 갈등으로 진행된다. '주격 나'가 나의 모든 현재적 행위의 규정되지 않은 원천이라면, '목적격 나'는 타인이 가지고 있는 나에 대한 상이다. 따라서 정체성은 한편으로는 나에 대한 타인의 관점이 내면화되고, 다른 한편으로는 일반화된 타자에 끊임없이 주격 나의 요구를 제시함으로써 이루어진다. 호네트에 의하면 주체들은 이렇게 투쟁을 통해 자신에게 상호주관적으로 보장된 권리의 범위를 지속적으로 확장하고, 이를 통해 개인적 자주성의 정도를 고양하려 한다는 것이다.

사회적 관점에서 보면, 인정투쟁은 상호인정의 내재적 규칙들을 훼손함으로써 발생한다. 호네트에 의하면 인정관계와 마찬가지로 인정의 유보나 박탈을 표현하는 '무시' 역시 세 가지 양태로 나타난다.

첫번째 무시형태인 '신체적 학대'는 사랑을 통해 형성된 한 개인의 기본적인 자기믿음을 파괴한다. 두번째 무시형태인 '권리 부정'은 도덕적 판단능력이 있는 주체로 인정받으려는 상호주관적 기대를 훼손함으로써 개인의 자기 존중을 파괴한다. 세번째 무시형태인 '가치 부정'은 개인에게서 그들 자신의 고유한 능력에 사회적 가치를 부여할 수 있는 가능성을 박탈한다. 이러한 무시 경험들은 결국 개인에게 분노와 수치심의 심리적 반작용을 일으키게 한다. 그뿐만 아니라 개인적 무시경험이 한 집단 전체의 전형적인 핵심 체험으로 해석될 때에는 인정관계의 확장에 대한 집단적 요구로 발전할 수 있다는 것이다.

오늘날 우리가 겪고 있는 가장 커다란 고통 가운데 하나는 협동적 자기실현을 보장하는 공동체적 인륜성의 파괴에서 기인한다. 현대사회는 모든 개인에게 분명 법적 자유와 도덕적 자율성을 보장한다. 그러나 우리가 원자화된 개인의 관점에서 자유를 이해하는 한, 현대사회는 개인에게 협동적 자기실현의 가능성을 충분히 보장하지 못한다. 현대사회에서는 도덕적 자주성뿐만 아니라 개인의 자기실현이 문제되고 있는 것이다. 개인들은 자기실현을 통해 타인의 자기실현에 윤리적으로 어떻게 기여할 수 있는가? 그것은 인정투쟁 모델의 이론적 문제일 뿐만 아니라 사회적 투쟁을 통해 그 윤곽을 드러낼 미래의 문제일 것이다.

이진우 1956년생으로 연세대학교 독문과를 졸업했다. 1981년 독일 아우크스부르크대학으로 유학을 떠나 독문학을 주전공으로, 철학과 사회학을 부전공으로 택하여 공부하던 중 '독문학자로서의 삶'에 회의를 느끼게 되었고, 주전공을 철학으로 바꾸게 된다. 1985년 '마키아벨리 정치사상에 나타난 권력과 이성'으로 철학 석사학위를, 1988년 '허무주의의 정치철학: 정치학과 형이상학의 관계에 관한 니체의 재규정'이라는 논문으로 박사학위를 취득했다. 1989년부터 계명대학교 철학과 교수로 재직하고 있다. 지은 책으로는 독일어로 출판된 석사 및 박사학위 논문 외에 『탈이데올로기 시대의 정치철학』, 『탈현대의 사회철학』, 『도덕의 담론』, 『녹색 사유와 에코토피아』, 『이성은 죽었는가』, 『한국 인문학의 서양 콤플렉스』, 『이성정치와 문화민주주의』, 『도덕의 담론』 등이 있다. 옮긴 책으로는 『책임의 원칙』, 『현대성의 철학적 담론』, 『인간의 조건』, 『도덕의 상실』 등이 있다.

생활세계의 식민지화
Kolonialisierung der Lebenswelt

하버마스는 현대화 과정을 생활세계와 체계가 분리되는 과정으로 서술한다. 예컨대 화폐와 권력이라는 자본주의적 매체의 제도화를 통하여 점차 생활세계로부터 분리되는 과정이 현대화라는 것이다. '생활세계'는 본래 자유롭고, 상호주관적이고, 왜곡되지 않았을 뿐만 아니라 타당성 청구에 의해 합의에 이를 수 있다는 점에서 의사소통적 성격을 띠고 있다면, 경제나 국가 행정과 같이 보다 복합적이고 형식적으로 조직된 '체계'는 억압적이고, 명령적이고, 강제적이고, 타당성 청구를 허용하지 않는다. 이런 관점에서 '생활세계의 식민지화'는 경제와 행정을 지배하는 논리와 이성이 점차 생활세계에 침투해들어감으로써 생활세계의 의사소통적 성격이 축소되거나 파괴되는 것을 의미한다.

일차원적 사회
Die eindimensionale Gesellschaft

마르쿠제(Herbert Marcuse)는 그의 대표저작인 『일차원적 인간』(1964)에서 고도로 발전된 자본주의 사회에 내재하고 있는 억압적 경향을 '일차원적 사회'라는 개념으로 서술하고 있다. 마르쿠제에 의하면 개인들의 욕구를 조직하고 충족시키는 산업사회의 기술논리는 정치적, 정신적 획일화를 수반한다. 일차원적 사회는 기존 현상을 유지하는 범위 안에서만 정치적 반대를 허용하기 때문에 '비판의 마비', '반대가 없는 사회', '억압적 관용', '순응주의' 등으로 특징지을 수 있다.

프랑크푸르트 학파

1914년 프랑크푸르트 대학의 사회연구에서 호르크하이머(Max Horkheimer), 아도르노(Theodor W. Adorno), 마르쿠제(Herbert Marcuse) 등이 주축이 되어 형성된 사회철학적 방향을 가리킨다. 프랑크푸르트 학파는 마르크스의 정치경제학적 접근방식을 프로이트의 정신분석학과 결합시킴으로써 자본주의 사회를 고찰할 수 있는 비판이론을 발전시켰다. 프랑크푸르트 학파는 실천적 관점에서는 자본주의 논리에 의해 전체적으로 관리되고 있는 사회를 자유로운 사회주의의 방향으로 변혁하려고 하였으며, 방법론적 관점에서는 전통적 형이상학과 실증주의를 모두 배척하였다.

해방적 관심
Emanzipatorisches Interesse

하버마스의 초기 대표작인 『인식과 관심』에서 개진된 개념으로써 전체적으로 비판이론의 실천적 방향을 대변한다. 하버마스는 모든 인식은 '인식을 주도하는 관심'과 필연적으로 결합되어 있다는 전제에서 출발한다. 인류가 스스로를 구성하고 재생산하는 가장 기초적인 조건들은 하버마스에 의하면 '노동'(Arbeit)과 '상호작용'(Interaktion)이다. 이 두 가지 행위를 수반하는 인식관심은 유기체로서 주위환경에 적응하는 것이거나 아니면 순수 이성존재로서 행하는 삶을 반성적으로 성찰하는 것이다. 하버마스는 인식을 위한 인식이 자기반성을 통해 해방에 대한 관심과 일치한다고 말한다. 즉 이성은 '해방적 인식관심'을 따른다는 것이다.

호네트 Axel Honneth

호네트는 독일의 공업지역인 에센에서 태어나 본, 보쿰, 베를린대학에서 철학, 사회학, 독문학을 공부하였고, 1983년 베를린대학에서 훗날 『권력비판』이라는 제목으로 출간된 논문으로 박사학위를, 1990년 프랑크푸르트대학에서 교수자격을 취득하였다. 호네트는 1992년 위르겐 하버마스에게서 프랑크푸르트대학 철학과 교수직을 물려받고, 2001년부터 사회연구소(Institut für Sozialforschung) 소장으로 활동함으로써 1세대인 호르크하이머와 아도르노, 2세대인 하버마스의 뒤를 이은 3세대 프랑크푸르트 학파의 대표자로 부각되고 있다.

그는 사회존재론, 체계이론, 자유주의와 공동체주의처럼 오늘날 등장하고 있는 새로운 이론들과 비판적으로 대결함으로써 비판적 사회이론을 창조적으로 계승하려는 노력을 하고 있다. 이 과정에서 호네트는 1세대 비판이론가들에 의해 '노동'으로 축소, 이해되었던 인간의 '행위'를 철학적 인간학의 관점에서 재조명함으로써 사회이론의 규범적 토대를 구축한다.

악셀 호네트는 말한다

- 자연상태를 특징짓는 사회적 상태에 우리가 필연적으로 덧붙여 고려해야 하는 사실은 주체들이 갈등을 할 때조차도 어떤 방식으로든 서로를 인정할 수밖에 없다는 점이다.
- 투쟁은 자신의 목적이 개인적 의도의 지평을 넘어 집단적 운동의 토대가 될 수 있을 정도로 일반화될 수 있는 경우에만 '사회적' 성격을 띨 수 있다.
- 주체들은 자신들이 어느 정도 인정받는다고 경험할 때에만 서로 의사소통을 할 수 있다. 그들에게 이러한 인정이 유보된다면, 그들은 상처를 받았다고 반응한다. 이것이 나의 '인정투쟁 이론'의 근본이념이다.

더 읽어야 할 책들

Axel Honneth, *Kritik der Macht: Reflexionsstufen einer kritischen Gesellschaftstheorie*, 1985.
_____, *Die zerrissene Welt des Sozialen*, 1989.
_____, *Kampf um Anerkennung, Zur moralischen Grammatik sozialer Konflikte*, 1992.(문성훈, 이현재 옮김, 『인정투쟁. 사회적 갈등의 도덕적 형식론』)
_____, *Desintegration: Bruchstucke einer soziologischen Zeitdiagnose*, 1994.
_____, *Das Andere der Gerechtigkeit*, 2000.
_____, *Leiden an Unbestimmtheit: Eine Reaktualisierung der Hegelschen Rechtsphilosophie*, 2001.
_____, Urs Jaeggi, Axel Honneth, *Theorien des Historischen Materialismus*, 1977.
Axel Honneth, Hans Joas, *Soziales Handeln und menschliche Natur*, 1980.
Axel Honneth(Hrsg.), *Pathologien des Sozialen: Die Aufgaben der Sozialphilosophie*, 1994.
Axel Honneth, Hans Joas, *Kommunikatives Handeln*, 2002.

리쩌허우 李澤厚

중국 젊은이들의 영혼을 개혁한 철학자

황희경 영산대 교수·중국철학

중국사상계의 덩샤오핑

중국에서 문화혁명이 종결되고 이른바 신시기가 열리면서 정치적으로는 개혁 개방의 총설계사 덩샤오핑이 오뚜기처럼 세 번의 실각을 딛고 화려하게 등장했다면, 사상계에서는 리쩌허우(李澤厚)가 혜성처럼 나타났다. 사실 그는 일찍이 50년대 말기에 미학과 사상사 방면에서 두각을 나타냈다. 계급투쟁으로 점철된 '혁명'의 시기를 외로운 사색으로 통과한 그는 관변철학(교조적 마르크시즘)과 다른 참신하면서도 대담한 시각과 유려한 문체로 집필한 『비판철학의 비판』(1979), 『미의 역정』(1981), 그리고 『중국근대사상사론』(1979), 『중국고대사상사론』(1985), 『중국현대사상사론』(1987)과 같은 일련의 저작을 내놓으면서 많은 젊은이들의 영혼을 '개혁 개방'하였다. 그는 80년대 중국사상계의 '덩샤오핑'이었다.

리쩌허우는 호북성(湖北省) 무한(武漢)에서 우체국 고급직원이었던 아버지와 소학교 교사였던 어머니 사이에서 장남으로 태어났다. 생활은 비교적 윤택하였으나 그의 나이 12살 때 아버지가 돌아가시고 얼마 후 집마저 화재로 소실되자 가세는 급격히 기울었다. 그와 형제들을 어렵게 키우던 홀어머니도 40세라는 젊은 나이에 세상을 하직하였다. 그때 그의 나이는 19세였다. 어머니는 그가 평생 가장 사랑하고 숭앙하는 인물이었는데 항상 밭가는 일에 힘쓰고 수확에 연연하지 말라고 가르쳤다고 한다.

어려운 가정환경 속에서도 성적이 우수해서 호남성에서 가장 유명한 성립일중(湖南省立一中)에 합격하였지만 돈이 없어 다니지 못하고 학비가 없는

> " 그는 자신의 철학을 '역사가 이성을 건립하였고, 경험이 선험으로 변하였으며, 심리가 본체로 변화한다'는 말로 압축하고 있다. 이성에서 출발해서 감정으로 귀결된 그의 철학은 거시적으로 보면 덩샤오핑의 시대를 상당부분 이론적으로 뒷받침한 것처럼 보인다. "

성립제일사범학교에 진학하였다. 그러나 보수적 학풍에 만족하지 못하여 일요일이면 시내 서점에 가서 철학이나 사회과학에 관한 다양한 서적을 탐독하면서 자기 스스로 판단하는 능력을 배양하는 과정에서 주동적으로 마르크스주의를 받아들였다고 한다.

그의 회고에 따르면 이 시기 그는 마오쩌둥의 문건을 전달하는 작은 혁명활동에 가담하기도 하고 공산당에 가입하려고 했으며 또 그럴 기회도 있었으나 모친상을 당하는 바람에 결국 가입하지 못했다고 한다.

그는 자신과 비슷한 어린 시절을 보낸 루쉰의 작품을 아주 즐겨 읽었는데 이를 통해 세계를 냉정하고도 비판적이며 분노하는 태도로 대하는 방법을 배웠다. 신중국 성립 전에 시골에서 소학교 선생을 잠시 하다가 1950년 북경대학 철학과에 입학한다. 이때 런지위(任繼愈)의 근대사상사 강의를 듣게 된 것을 계기로 탄쓰통(譚嗣同)과 캉유웨이(康有爲)에 관한 연구를 하게 된다. 당시 북경대학에는 중국철학사로 유명한 펑여우란(馮友蘭)이 있었으나 강의가 허용되지 않았다.

졸업 후 이런 저런 사정과 폐병 탓에 대학에 남지 못하고 막 성립된 사회과학원 철학연구소에 배치되어『철학연구』의 창간 작업을 담당하기도 한다. 한편 이 시기에 그는 저명한 문학잡지에 중국고대 서정시의 인민성 문제에 관한 논문을 발표하는 등 문학, 사상사, 철학(미학)의 분야에 걸쳐 영향력 있는 논문을 발표하여 주목을 받는다. 모두 리쩌허우, 그의 나이 30세 이전의 일이다.

1950년대, 미학 대토론을 이끈 리쩌허우

특히 「미감, 미 그리고 예술을 논함」이라는 논문은 그의 이름을 드날리게 만들었다. 중국에서는 특이하게도 50년대와 80년대에 미학 붐(美學熱)이라고 할 정도로 미학이 크게 유행했는데 이는 미학이 다른 학문 분과에 비해 상대적으로 정치와의 연관성이 비교적 멀기 때문이었다. 이 글은 1956년 당시 미학 관련 대토론이 벌어졌을 때, 미의 주관성을 강조하는 주쾅치엔(朱光潛)의 자본계급의 미학사상을 비판하기 위해 씌어진 것이었다. 그러나 당시 정치 분위기상 주쾅치엔의 이론은 저절로 무너질 수 밖에 없었기에 리쩌허우가 자신의 이론을 확립하기 위해서는 차이이(蔡儀)의 유물주의 미학을 극복해야만 했다. 차이이는 인식론의 입장에서 미학 문제에 접근했는데 그에 따르면 미란 객관사물의 객관 속성(전형성)이었으며 미감은 우리의 의식이 이러한 전형성을 반영한 결과라는 것이다. 따라서 미와 미감 중에 어느 것이 일차적이고 어느 것이 이차적인 것이냐가 문제의 핵심이 된다.

이렇게 되면 의식이 얼마나 정확하게 객관 속성을 반영하느냐의 각도에서 심미활동을 분석하게 되어 인간의 지위와 기능이 마음의 지위와 기능의 문제로 대치되어버린다. 그 결과 심미활동 중에서 인간의 능동적 지위를 강조하게 되면 주관주의로 흐르는 폐단이 있게 되고, 주관주의를 극복하려고 하면 항상 기계적 반영론의 함정으로 빠져버리는 병폐를 낳게 된다.

그런데 리쩌허우가 생각하기에 개체로서의 인간이 심미적 각도에서 자연을 감상할 수 있는 이유는 유(類)로서의 인간(인간 전체)의 실천이 자연과 인간의 관계를 변화시켜 본래 인간과 대립적이었던 자연을 어느 정도 이른바 '인간화된 자연'으로 변화시켰기 때문이다. 이처럼 그가 주체와 객체의 교량으로서 실천이라는 범주를 미의 본질에 관한 사고 속으로 끌어들인 것은 커다란 공헌이었다. 그에 따르면 미의 본질에 대한 고찰은 반드시 미의 역사적 생성과정으로 나아가야 했다. 따라서 미와 관련된 인간의 지위는 단순히 감상자나 인식자라는 피동적인 지위에 머무는 것이 아니라 역사를 창조하는 실천자로 승격되어야 하는 것이다.

이러한 그의 생각은 70년대 중반 이후 칸트 철학에 대한 비판적 연구를 통해 '주체성 실천철학'으로 발전한다. 이는 과거 자신이 중시한 실천이라는 범주에 내포되어 있던 주체성의 의미를 돌출시킨 것이다.

'주체성' 개념은 두 가지 이중적 내용과 함의를 포괄하고 있는데 첫번째

오늘날의 중국은 마르크스주의의 교조화, 중국사상의 골동화, 서양사상의 모방화라는 곤경과 마주하고 있다.

이중적 의미는 외재적인 의미 즉 공예(工藝)-사회구조의 측면(여기서 공예는 생산기술을 말하며, 나중에는 이를 공구본체〔工具本體〕라고 명명하였다)과 내재적인 의미 즉 문화-심리구조의 측면(나중에 이를 정감본체〔情感本體〕라고 하였다)을 함축하고 있고, 두번째 이중적 의미는 인류 전체와 개인을 말한다.

이 가운데에서 전체 인류의 공예-사회구조의 측면 즉 생산력과 생산관계가 구성하는 사회의 물질적 기초의 측면이 결정적 작용을 한다고 보지만 그가 밝히고자 하는 것은 문화-심리구조의 측면이다. 그는 개체의 각도에서 주체성의 주관적 방면의 문화-심리구조를 주체성 철학의 주제로 삼아 지성, 정감, 의지를 포괄하는 인간 본성의 구체적 양태를 매우 강조한다. 이러한 주체성 관념의 의의는 심미활동에 내재된 인간의 자유로운 본성을 명확히 한 점에 있으며 중국미학이 오랫동안 철학과 문예사회학의 울타리에 머물고 있던 국면을 타개하여 인류학, 문화학, 역사학, 심층심리학과 같은 학과로 개방시킨 점에 있다. 주체성 관념의 돌출에 따라 실천에 대한 해석도 변화한다. 과거 50년대의 실천 개념이 자연과 인간 자신을 개조하는 물질적 역량으로서의 거대한 가능성에 착안한 것이라면 이제 그는 실천이 체현하고 있는 자유로운 선택과 우연성이라는 개체적 측면을 강조하기에 이른다.

침적설, 중국문화의 미학적 파노라마

그렇다면 인류 전체의 총체적인 주체적 실천은 어떻게 구체적인 사회구성원의 내재적 문화-심리구조에 영향을 미칠 수 있는가. '침적'(중국말로는 積澱, 이는 그가 누적〔累積〕과 침전〔沈澱〕을 줄여 만든 용어다)은 이렇게 해서

리쩌허우를 통해 중국 전통은 경탄과 찬미의 대상으로 다시금 화려한 변신을 하게 된다.

제출된 것이다. 이는 이성적인 것, 사회적인 것, 그리고 역사적인 것이 어떻게 감성, 개체, 그리고 심리 속에 표현되는지에 대해 연구하다가 창안한 개념으로 이를 통해 사회적, 이성적, 역사적인 것은 일종의 개체적, 감성적, 직관적인 것이 된다는 것이다. 이러한 침적설은 개인의 지위와 작용을 충분히 긍정한 것이다. 이러한 그의 주체성 실천철학은 감성과 이성, 개체와 군체, 자연과 필연 등이 이율배반의 상태로 남아 있던 칸트 철학을 역사유물론적으로 개조한 것이라고 말할 수 있다.

유명한 『미의 역정』(美的歷程, 1981)은 침적설을 중국 미학사상에 적용한 간략한 중국미학사상사라고 할 수 있는데, 원시시대부터 명·청시대까지 각 시기별 고전 문예(조각, 회화, 문학, 서예 등)의 핵심적 특징을 중심으로 박물관의 시대별 코너를 순례하듯 경쾌하게 서술한 책이다.

5·4운동에서 비롯되어 문화혁명 때 정점에 달했던 반전통적 분위기 속에서 살아온 보통의 중국인들에게 전통은 부정의 대상이거나 텅 빈 황무지와 같이 받아들여졌는데 그의 붓끝에서 전통은 이제 경탄과 찬미의 대상으로 화려하게 변신하게 된 것이다. 더구나 50년대 이래 끝도 없이 계속된 미학의 기본문제에 대한 이데올로기적 논쟁에 식상한 많은 사람들에게 이 책은 겨울 끝자락에 봄을 알리는 한 송이 매화였다.

일반적 미학 관련 책이 이론을 앞세워 문예창작물의 생동감을 죽여버린다

분열과 혁명으로 점철된 중국의 20세기는 가장 극심한 변화의 시대였다.

든지, 문학 따로 예술 따로의 서술방식을 취하는 것에 반해 이 책은 중국문화의 파노라마를 보는 듯한 종합적 심미감을 안겨준다. 한 젊은 문학평론가에 따르면 당시 많은 학생들이 이 책을 읽고 단숨에 그의 숭배자가 되었다고 한다. 그의 스승인 펑여우란은 '죽은 역사를 살려낸' 대저작이라고 극찬해 마지않았다.

그에 따르면 이 책은 중국미학과 미술사이며 동시에 중국문학사이고 중국철학사이자 중국문화사라는 것이다. 다만 이 책에서 진나라 이전인 선진시기의 이성주의만을 다루고 송명이학(宋明理學)을 언급하지 않은 것에 아쉬움을 표시하고 있다.

한편 사상사 방면에서도 그는 아주 중요한 업적을 남겼다. 사상사 3부작이 바로 그것이다. 제일 먼저 씌어진 『중국근대사상사론』(1979)은 50년대에 수행했던 탄쓰퉁, 캉유웨이에 대한 연구를 근대사 전반으로 확대하여 완성한 것이다. 몇십 년 동안 비판받아왔던 왕궈웨이(王國維), 량치차오(梁啓超)를 최초로 긍정한 것은 특기할 만한 일이다. 『중국고대사상사론』(1985)은 『미의 역정』을 저술하면서 구상한 침적설을 고대사상사에 적용하여 중국인의 전체적 주체성으로서의 독특한 문화-심리구조의 형성과 전개과정을 탐색한 저작이라고 할 수 있다.

그 중에서도 이 책의 첫머리를 장식하고 있는 「공자재평가」(1980년에 발표)는 국내외적으로 광범위한 반향을 불러일으킨 글이다. 그에 따르면 공자의 인학구조(仁學構造), 즉 공자를 비롯한 선진 유가(儒家)의 인(仁)에 관한 사상은 혈연기초(血緣基礎), 심리원칙(心理原則), 인도주의(人道主義), 개체인격(個體人格)이라는 네 가지 구성요소로 이루어진 하나의 전체적 구조 혹은 시스템이다.

여기서 혈연기초는 공자가 수호하려고 했던 주례(周禮)가 혈연을 기초로 하여 등급질서를 체계화한 주(周)나라의 씨족 통치질서였음을 말한다. 심리원칙은 통치질서와 사회규범으로서의 예(禮)를 공자가 강조하면서도 그것을 인간의 자연적 정감이나 심리의 내재적 요구에 기초해서 확립하려고 했음을, 인도주의는 원시씨족 체제가 구비하고 있었던 민주성과 휴머니즘을, 개체인격은 인학사상에 내재한 개체인격의 능동성과 독립성을 말하는 것이다.

캉유웨이. 무술변법의 중심적 지도자로서 변법자강책을 주장하는 등 근대 정치개혁자이자 사상가였다.

이 중에서 심리원칙을 가장 강조하고 있는데 공자의 인학사상은 이러한 네 가지 요소가 상호제약하면서 하나의 유기적 전체를 이루게 되면서 '실용이성'적인 특징을 드러낸다는 것이다. 이것은 중국 민족의 문화-심리구조의 원형이면서 중국 문화사에서 일찍이 해체된 적이 없으며 거대한 융합 기능을 하는 자족체이다. 다시 말하면 공자의 인에 관한 사상은 사상이나 습속, 사고, 생활양식에 역사적으로 침적되어 중국 민족의 문화-심리구조라는 하나의 문화 패턴을 이루었다는 것이다. 그리하여 중국인들이 인생과 생활에 대해 긍정적 자세를 견지하고, 사변보다는 실용적인 것을 중시하며, 귀신의 문제보다는 인간사를 중시하고 일상생활 속에서 정욕의 만족과 평형을 유지하며 반이성적인 것에 광적으로 추종하지 않는다는 것이다.

이렇듯 공자를 보수 반동적 인물로 매도하던 문혁이 종결된 지 얼마 지나지 않은 시점에서 공자를 '중국 문화의 대명사'라고 재평가한 것은 상당히 획기적인 일이었다. 다른 한편 전통에 대한 이런 보수적 접근은 근대사상사론에서 계몽을 주장하던 태도에서 미묘하게 후퇴한 것이다.

계몽을 외치고 계몽을 뛰어넘어라

그러나 『중국현대사상사론』(1987)에서 그는 다시 계몽을 강조한다. 이러한 주장이 가장 잘 드러난 글이 「계몽과 구망(救亡)의 이중변주」이다. 그에 따르면 도덕혁명과 문학혁명을 구호로 내걸었던 신문화운동은 실질적으로 탄쓰퉁, 옌푸(嚴復), 량치차오의 계몽운동의 연속이었으며 고유한 전통과 철저히 결별하고 서양문화를 전반적으로 수입하자는 것이었다.

이러한 계몽적인 신문화운동이 얼마 지나지 않아 제국주의에 반대하는 애국운동과 합류하게 되자 처음에는 서로를 보충하고 생성하는 관계였다가 점차 정치 구망—망해가는 나라를 구한다—을 목적으로

장제스와 마오쩌둥. 장제스의 국민당은 마오쩌둥의 공산당에 밀려났지만, 새로운 중국을 만들어낸 사상가라는 점에서 이 두 인물은 그대로 근대 중국의 역사이다.

하는 집단주의적 주제가 사상계몽의 개인주의적 주제를 압도하게 되었다는 것이다. 중국적 마르크주의가 역사적 유물론—그는 이것이 마르크스주의의 핵심이라고 파악한다—에서 벗어나 도덕주의적 색채를 강하게 띤 것이나 세계에서 그 유례가 없는 문화혁명이 출현하게 된 것은 모두 이와 연관된다는 것이다.

요컨대 중국현대사에서 굴절되고 좌절된 계몽이 다시금 철저하게 요청된다는 것이다. 논란의 여지가 많은 서체중용(西體中用)을 주창한 것도 이 때문이다. 그러나 견결한 루쉰 옹호파인 그는 루쉰의 사상을 '계몽을 제창하고 계몽을 초월한다'로 개괄하고 있는 것처럼 단순히 계몽을 제창하는 데 머물지 않고 초월할 것을 지향하고 있다.

이와 연관하여 그는 80년대 말부터 점차 정감본체—정감이 일체의 근원이고 최후의 실재다—를 중시하기 시작한다. 이 개념은 과거에 사용하던 문

화-심리구조라는 용어가 비록 개인의 감성을 부정한 것은 아니었지만 여전히 공예-사회 구조(도구본체)의 직접적 확장에 머물고 있었던 것을 보완한 것이다. 이는 사회의 생산력 발전과 현대화된 생활수준의 향상에 따라 개체의 정신적 생존의 측면이 중요해진 것을 반영하고 있는 것이기도 하다. 쉽게 말하면 먹어야 살지만 먹는 문제가 해결되면 인간은 정 때문에 산다는 것이다. 정은 성(性: 도덕)과 욕(欲: 본능)이 사람마다 다양하게 배합된 것으로 결코 체계화할 수 없는 것이지만 바로 거기에 삶의 참 의미와 존재의 진실이 담겨 있다는 것이다.

이는 송명이학이나 현대신유가(現代新儒家)가 강조한 리(理)나 성은 모두 권력이 작동하고 있는 지식과 도덕의 체계를 벗어나지 못하고 있다는 점을 비판하고 있는 것이기도 하다.

그가 보기에 이것은 두 개의 세계(지상과 천상)가 아니라 하나의 세계를 가지고 있는 중국의 정신에도 부합한다. 매우 중국적이면서도 서양의 실존주의 특히 하이데거 사상의 영향이 보이는 이러한 주장은 90년대 중반에 자신의 철학의 뼈대를 정리한 『철학탐심록』(哲學探尋錄)(『世紀新夢』에 재수록됨)에 잘 드러나 있다.

미래 중국철학을 향한 끝없는 여정

오늘날의 중국의 사상계를 비판적으로 일별한다면 다양화와 전문화의 화려함 뒤에 가려진 마르크스주의의 교조화, 중국사상의 골동화, 서양사상의 모방화라는 곤경과 마주하게 된다. 이 점을 고려할 때 리쩌허우가 걸어온 사상적 역정은 단연 돋보인다.

한편에서는 자유주의를 주장하고 마르크스주의에 반대한다는 비판을 받는 동시에 다른 한편에서는 보수적이며 마르크스주의를 사수한다는 비판을 받기도 하지만, 긍정 부정의 평가를 떠나 그가 적어도 마르크스주의의 교과서를 앵무새처럼 반복하지 않았고 현실적 문제의식과 연결시켜 전통사상을 새롭게 해석하였으며 서양사상을 나름대로 소화하여 자기 철학의 독립성을 관철시켜왔음을 인정하지 않을 수 없다.

1992년 이후 미국에서 객원교수 생활을 하면서도 '개량을 해야지 혁명을 해서는 안 된다'고 하면서 혁명과의 고별을 주장하기도 하고(『告別革命』 1995), 뚜웨이밍(杜維明)의 유학의 심성론적 전통만을 중시한 유학 3기설에 반대하여 순자(荀子)나 한대(漢代)의 경세론적 유학의 전통을 강조한 유학 4기설을 제창하였으며, 유학이 종교를 대체한 중국의 정교(政敎) 합일의 비밀과 실용이성의 근원을 무술(巫術)의 이성화(理性化)라는 무사(巫史) 전통에서 탐색하였다. 또한 신좌파와 자유주의 논쟁에 대해 나름대로 평가를 가하는 등 그의 철학적 민감성을 여실히 드러내고 있다(『己卯五說』, 1999).

최근에 생의 마지막 저작으로 내놓은 책에서 자신의 철학을 '역사가 이성을 건립하였고 경험이 선험으로 변하였으며, 심리(心理)가 본체로 변화한다'는 말로 압축하고 있다(『歷史本體論』, 2002). 이성(인류, 역사, 필연)에서 출발해서 감정(개인, 우연, 심리)으로 귀결된 그의 철학은 거시적으로 보면 덩샤오핑의 시대를 상당부분 이론적으로 뒷받침한 것처럼 보인다.

덩샤오핑의 구상이 대체적으로 현실화된 이때 리쩌허우 자신이 인정하고 있듯이 그의 낙관적 철학의 운명은 다소 비관적이다. 그럼에도 불구하고 중국사상의 동일성을 유지하면서도 현대성을 갖추고자 끊임없이 노력한 그의 철학적 여정은 미래 중국철학의 새로운 탐색에 귀중한 밑거름이 될 것이다.

황희경 성균관대 유학과를 졸업하고 동 대학원에서 석사, 박사과정을 수료하였다. 한문 공부의 필요성을 절감하고 학부와 대학원을 다니는 중에 민족문화추진회의 국역연수원에서 연수부와 연구부를 마쳤다. 1980년대 말에 한국철학사상연구회에 가입하여 사회 철학적 분위기를 호흡한 것과 루쉰을 좋아하게 된 것을 계기로 중국 근현대 철학을 전공하기로 한다. 1992년 중국과 수교한 직후 중국으로 건너가 인민대학에서 고급진수과정을 다녔다. 귀국 후 대학따라 시간따라 강호를 떠돌다 현재 영산대 초빙교수로 부산에 우거(寓居)하고 있다. 중국철학의 정체성과 중국문화에 관심을 가지고 있다. 저서로는 『현대 중국의 모색』, 『우리들의 동양철학』, 『중국철학문답』, 『몸으로 본 중국철학』, 『삶에 집착한 사람과 함께 하는 논어』 등이 있다.

용어와 개념 풀이

문화-심리구조 文化-心理構造
심리가 문화에 영향을 미치는 것이 아니라 문화가 심리에 영향을 미친다는 문화의 작용을 강조하기 위해 사용한 용어다. 인간은 제 사회관계의 총체가 아니라, 감성적 개체로서 그를 둘러싸고 있는 문화적 작용을 접수하면서 능동성을 갖는다는 점을 드러내기 위해 structure가 아니라 formation으로 번역하고 있다.

실용이성
낙감문화(樂感文化), 하나의 세계(一个世界)와 함께 그가 중국의 전통사상의 특징으로 자주 거론하는 중요한 용어다. 원래 실천이성이라고 했지만 나중에 칸트의 개념과의 혼동을 피하기 위해서 실용이성이라고 고친 것이다. 실용이성은 유가사상이 강조하는 윤리적 실천이나 행위만을 지칭하기 위한 것이 아니라 서양의 사변적 사유도식의 형성과 대비하기 위해 사용한 용어다. 유용성을 진리의 기준으로 삼는 듀이의 실용주의와 유사점이 있으나 천도(天道)나 천명(天命)과 같이 객관적 기준이나 질서를 인정하는 점은 다르다.

무사전통 巫史傳統
무(巫)가 일찍이 사(史)를 통해 이성화(理性化)되어버린 전통을 말한다. 유학이 종교를 대체한 중국의 정교(政教) 합일의 비밀도 여기에 있다고 본다. 유학이 반철학(半哲學)이나 반종교(半宗教)에 머문 것이나 중국문화의 특징으로 거론하고 있는 실용이성, 낙감문화, 하나의 세계관은 모두 무(巫)에서 유래한다고 본다. 왜냐하면 무는 1. 주로 왕의 정치활동에 복무했기 때문에 세속성과 실용성이 강했고, 2. 매우 복잡한 기교적 규범을 가졌으며, 3. 강한 주동성과 예견성을 갖추고 있으며, 4. 이성이나 인지성이 분명한 활동이기는 하지만 정감적 요소를 포함하고 있기 때문이다.

리쩌허우는 말한다

- 전통은 살아 있는 현실적 존재이며, 일종의 표면적인 사상적 겉옷에 지나지 않는 것도 아니다. 그것은 내던지고자 해서 내던질 수 있는 것도, 보존하고자 해서 보존할 수 있는 외재적인 것도 아니다. 따라서 전통 속에서 자신을 발견하고 인식하여 자신을 바꾸어가는 수밖에 없다. ―『중국현대사상사론』에서

- 마오쩌둥(그의 사상과 개성)이 없었다면 문혁은 없었다. 문혁은 매우 우연적이고 필연성이 없다. 그러나 문혁이 발동되고 그것도 대단한 기세로 전개된 것은 또한 모의 사상과 개성만으로 이룩할 수 있는 일이 아니며, 역사적이고 사회적이며 심리적인 필연적인 요소가 있다. ―『역사본체론』에서

- 도(度)는 중국철학 특히 중국 변증법의 특징이며 주요범주이다. ―『논어금독』에서

- 경제적이며 정치적으로 또한 문화상에 있어 중국과 같이 거대한 땅과 인구를 가진 국가가 만약 과거의 사회주의도 아니며 오늘날의 자본주의도 아닌 새로운 길을 참으로 제시할 수 있다면 그것의 가치와 의미는 헤아릴 수 없는 것이며 인류에 대한 최대

의 공헌이 될 것이다. ―『세기신몽』에서

더 읽어야 할 책들

리쩌허우, 『미학논집』(美學論集), 상해문예출판사, 1979.
_____, 『비판철학의 비판』(批判哲學的批判-康德述評), 인민출판사, 1979.
_____, 『중국근대사상사론』, 인민출판사, 1979.
_____, 『미의 역정』(美的歷程), 문물출판사, 1981.
_____, 『중국고대사상사론』, 인민출판사, 1985.
_____, 『중국현대사상사론』, 동방출판사, 1987.
_____, 『중국미학사』(劉綱紀와 공저), 중국사회과학출판사, 1984(1권), 1987(2권).
_____, 『세기신몽』(世紀新夢), 안휘문예출판사, 1998.
_____, 『논어금독』(論語今讀), 안휘문예출판사, 1998.
_____, 『기묘오설』(己卯五說), 中國電影出版社, 1999.
_____, 『역사본체론』(歷史本體論), 北京 三聯出版社, 2002.

존 맥도웰 *John McDowell*

현대철학의 불안을 해명한다

이승종 연세대 교수·철학

포스트 분석철학의 도래

존 맥도웰은 철학의 세계적 명문인 미국 피츠버그대학의 철학과 교수이자 그 대학 최고의 석학에게 수여되는 유니버시티 교수(University Professor)로 재직하고 있다. 박사학위도 없는 그가 이런 지위에 오를 수 있다는 사실은 간판이 모든 것을 말해주는 우리 사회의 실정에서 의아스러울지도 모르겠다.

맥도웰이 옥스퍼드대학에서 행한 존 로크 강연을 근간으로 1994년에 출간한 『마음과 세계』(*Mind and World*)는 콰인, 데이비슨, 퍼트남 이후의 이른바 포스트 분석철학 시대의 도래를 알리는 중요한 이정표로 평가되어왔다. 로티를 위시한 저명한 영미 철학자들이 앞다투어 이 책에 대한 논문을 발표했으며, 올해에는 이 책에 관한 논문집 『Reading McDowell: On Mind and World』가 출간되었다. 현존 철학자가 최근에 출간한 단일한 저서를 주제로 하는 논문집이, 그것도 저서가 출간된 지 10년도 되기 전에 간행된다는 것은 보수적인 철학계에서 유례를 찾기 힘든 일이다. 이는 맥도웰의 책이 철학계에 미친 반향을 입증하기에 충분한 근거가 된다.

맥도웰은 분석철학이 주도해온 20세기 영미철학의 지형도에 칸트, 헤겔 등의 유럽 사상가들의 프리즘을 접목해 새로운 형태의 관념론적 경험론, 또는 칸트적 분석철학을 주창하는 학자로 평가된다. 우리는 맥도웰을 지난 세기 후반기의 분석철학을 주도해온 콰인 및 데이비슨과 대화시키는 것으로 이야기를 시작하려 한다.

> 맥도웰의 경험론과 그에 의해 재해석된 헤겔의 절대적 관념론은 우리로 하여금 '텍스트 바깥에는 아무 것도 없다'는 데리다의 해체주의를 연상시킨다. 맥도웰에 의해 부활되는 이성중심주의는 언어의 편재성을 강조했다는 점에서 아이러니컬하게도 이성중심주의 비판자의 철학과 닮은꼴이다.

첫번째, 콰인, 데이비슨, 맥도웰

콰인의 철학은 전체론, 경험론, 자연주의, 이렇게 세 국면으로 이루어져 있다. 전체론은 일정한 언어체계를 구성하는 개별 문장이 그 체계에 속하는 다른 문장과 서로 정합적으로 밀접하게 연관되어 있다는 견해이다. 전체론에 의하면 개별 문장은 그것을 포섭하는 언어체계 전체의 내적 정합성에 의해 의미와 진리치를 부여받는다.

경험론은 모든 문장의 의미와 진리치가 궁극적으로 외부 세계에 대한 경험과의 대응에 의해 결정된다는 견해이다. 경험론에 의하면 모든 문장의 발생론적 근거와 정당화의 근거는 한결같이 경험에 있다.

일견, 언어체계 내적 정합성을 문장의 의미와 진리의 기준으로 삼는 전체론과, 문장과 외부 세계 경험 사이의 대응을 문장의 의미와 진리의 기준으로 삼는 경험론은 양립하기 어려운 것처럼 보인다. 철학사적으로도 전체론과 경험론은 의미와 진리의 정합론과 대응론이라는 이름으로 서로 경합을 벌여왔다.

콰인은 정합론적 전체론과 대응론적 경험론을 통합시키는 다음과 같은 방안을 제시한다. 전체론이 강조하는 정합성은 언어체계 내에서의 문장들 사이의 정렬에 적용되는 자율적 이념이지만, 그 자율성도 궁극적으로는 역시 경험과의 대응에 의해 제한받아야 한다. 그런데 언어체계를 이루는 문장들이 정합성에 의해 전체론적으로 얽혀 있기 때문에 "외부 세계에 관한 우리의 진술은 개별적으로가 아니라 전체적으로 경험의 판관에 직면한다."

판관으로 묘사된 경험은 문장의 진위를 판정하는 정당화의 근거 내지는 기준의 역할을 수행한다. 그러나 콰인은 다른 한편으로 경험을 '감각기관의 자극'으로 이해한다. 자극으로 묘사된 경험은 진술이라는 반응과 자극-반응의 인과관계 아래 놓이게 된다. 경험과 진술 사이에서 형성되는 진위 판정의 정당화 관계와 자극-반응의 인과관계는 같은 것인가? 전통적으로 전자는 인식론의 문제로, 후자는 자연과학의 문제로 구분되어왔다. 그러나 인식론의 자연화를 주창하는 콰인은 이러한 구분을 인정하지 않는다. 전자가 후자로 환원된다는 것이 그의 철학의 세번째 국면인 자연주의이다.

콰인은 정합론적 전체론과 대응론적 경험론을 통합시키고 인식론의 자연화를 주창하며, 경험과 진술 사이의 관계를 구분하지 않았다.

데이비슨은 콰인의 철학에서 한편으로는 경험론과 자연주의를 차례로 제거하면서 다른 한편으로는 전체론의 입지를 강화하는 쪽으로 콰인의 철학을 수정한다. 우선 그는 콰인이 경험에 부여했던 판관의 지위를 박탈한다. 데이비슨에 의하면 경험과 진술의 관계는 인과관계 그 이상도 이하도 아니다. 진술의 진위는 그 진술과 연관되는 경험과의 대응 여부에 의해서가 아니라 다른 진술과의 정합성에 의해서 판정된다. 콰인의 자연주의가 부정했던 정당화 관계와 인과관계 사이의 구분은 데이비슨에 의해 부활된다.

정당화 관계가 언어체계를 구성하는 문장과 문장 사이의 언어 내적인 합리적 관계라면, 언어체계와 그 바깥의 경험 사이의 안팎의 관계는 자연적 인과관계라는 것이다. 데이비슨의 작업은 정당화의 문맥과 인과의 문맥, 합리성의 차원과 자연의 차원을 다른 범주로 설정함으로써 콰인의 철학을 보다 분명한 방식으로 정리했다고 평가될 수 있다.

맥도웰에 의하면 언어와 경험을 서로 완전히 갈라져 있는 별개의 영역으로 구분하고 있다는 점에서는 데이비슨은 콰인과 보조를 같이 한다.

그들에게서 언어는 닫혀 있는 원의 모양을 하고 있다. 그리고 경험은 원의 바깥에서 원의 둘레, 즉 한계선상에서만 접촉할 뿐이다. 맥도웰은 셀라즈의 용어를 빌려 데이비슨이 상정하고 있는 언어체계의 안쪽과 둘레를 각각 이성의 논리적 공간과 자연의 논리적 공간으로 규정한다.

데이비슨은 콰인의 철학에서 경험론과 자연주의를 제거하고 반면에 전체론을 강화한다. 데이비슨에 의하면 경험과 진술은 인과 관계일 뿐이다.

원의 안쪽에 놓이는 것은 지식의 본질을 이루는 정당화의 규범적·평가적 문맥이고, 원의 둘레에 놓인 것이 자연과학의 명제에 해당하는 경험적 서술로 이루어진 서술적 문맥이다. 셀라즈는 두 문맥을 혼동하는 것은 평가적 문맥과 서술적 문맥을 혼동한다는 점에서 자연주의적 오류를 범하는 것이라고 말한다. 콰인의 자연주의는 바로 이러한 오류를 범하고 있는 것으로 지적된다.

그러나 맥도웰의 입장에서 보자면 경험론이 지녔던, 언어와 경험 사이의 정당화 관계에 관한 애초의 문제의식은 데이비슨에 의해서 만족스럽게 해결을 보지 못한 것 같다. 그 문제의식은 데이비슨이 경험론을 폐기하는 과정에서 오히려 실종된 느낌이다. 과연 외부 세계에 대한 우리의 믿음과 진술의 진위 판정이 외부 세계의 경험에 대한 참조 없이 이루어질 수 있을까? 문장과 문장 사이의 언어체계 내적 정합성이 그러한 정당화의 필요충분 조건일 수 있을까? 데이비슨의 정합론에 대한 이러한 의혹은 맥도웰로 하여금 경험론을 다시금 재고하게 한다. 외부 세계에 관한 우리의 믿음과 진술의 진위를 판정하는 정당화 작업에 외부 세계에 관한 우리의 경험을 효과적으로 개입시키는 방법은 없는가?

맥도웰, 칸트, 헤겔

맥도웰의 야심작 『마음과 세계』는 이러한 문제에 답하려는 새로운 시도이다. 맥도웰이 직면하고 있는 철학의 지형도는 칸트가 직면했던 철학의 지형도와 닮은 점이 있다. 칸트가 영국의 경험론과 대륙의 이성론의 한계를 깨닫고 양자를 발전적으로 종합함으로써 그 각각의 한계를 극복하려 했던 것처럼, 맥도웰도 콰인의 경험론과 데이비슨의 이성론의 한계를 노정시키면서 양

칸트(왼쪽), 헤겔(오른쪽). 맥도웰은 칸트의 인식론을 수용하지만 경험적 세계와 실재 세계의 구분을 거부한다는 점에서 오히려 헤겔과 닿아 있다.

자를 통합하려는 기획을 전개한다. 맥도웰이 자신의 기획 모델로서 칸트를 원용하는 것은 이러한 이유에서다.

맥도웰에 의하면 콰인의 경험론과 데이비슨의 이성론의 공통된 문제점은 언어와 경험을 서로 완전히 갈라져 있는 별개의 영역으로 명확히 구분했다는 데 있다. 맥도웰은 언어와 경험에 관한 콰인과 데이비슨의 이러한 구도에 칸트의 인식론을 수혈한다. 언어라는 원의 안쪽은 칸트의 용어를 빌리면 오성과 자발성의 영역이고, 원의 둘레는 감성과 수용성의 영역이다. 그런데 칸트에 있어서 수용성의 영역은 닫혀 있지 않다. 열린 공간으로 직관이 기능하고 이로 말미암아 경험이 수용된다. 맥도웰은 칸트에 있어서 경험적 지식이 자발성과 수용성의 협력에 의해 형성됨에 주목한다.

이 협력 관계는 "내용 없는 사유는 공허하고, 개념 없는 직관은 맹목적이다"라는 칸트의 명제로 요약된다. 맥도웰은 칸트에게서 발견한 이 협력관계를 원용해 경험에 대한 재해석을 시도한다. 맥도웰은 우선 칸트가 말하는 자발성을 개념적 능력에 연관된 것으로, 그리고 직관을 비개념적인 소여(the Given)의 수용에 불과한 것이 아니라 이미 개념적인 내용을 지니는 사건으로 각각 해석한다. 그로부터 맥도웰은 직관에 의해 수용되는 경험에 이미 개념적인 내용이 내재해 있다는 명제를 끌어낸다. 경험에 내재한 내용은 예컨대 사물이 이러이러하다는 형식을 지닌다.

이렇게 해석된 경험의 내용은 문장의 내용과 다르지 않으므로 하나의 문장이 다른 문장들과의 정합성에 의해 정당화된다는 데이비슨의 정합론은 맥도웰에 이르러 문장과 경험의 관계로까지 확장된다. 하나의 문장은 준문장(semi-sentences)으로서의 경험과의 정합성 여부에 의해 정당화되기 때문이다. 콰인과 데이비슨이 구분했던 언어의 안팎, 언어와 경험의 구분은 와해된다. 언어의 안팎, 혹은 언어와 경험은 모두 정합성을 이념으로 하는 정당화 관계로 엮어진다. 따라서 외부 세계에 대한 우리의 믿음과 진술의 진위가 외부 세계에 관한 우리의 경험에 의해 판정된다는 경험론의 취지는 새로운 형태로 부활한다.

맥도웰에 의해 경험론은 부활되었지만 사실 진정으로 부활된 것은 이성론, 혹은 그것의 무제약적 형태인 절대적 관념론이다. 언어와 경험의 경계가 철폐됨으로써 확장된 것이 언어의 지평이다. 맥도웰에 의해 부활된 경험론에서는 경험에조차 언어가 각인되어 있기 때문이다. 따라서 맥도웰이 보는 세계는 경험이라는 언어로 짜여진 텍스트의 세계이다. 칸트는 경험적 세계를 물자체의 실재 세계와 구분하였지만 경험론자 맥도웰은 이 구분을 거부한다. 따라서 맥도웰에 있어서 진정한 영웅은 칸트가 경험적 세계에 대해 우위를 두었던 물 자체의 세계를 부정함으로써 개념적 영역의 한계를 철폐한 절대적 관념론의 완성자 헤겔이다.

맥도웰의 경험론과 그에 의해 재해석된 헤겔의 절대적 관념론은 우리로 하여금 "텍스트 바깥에는 아무 것도 없다"는 데리다의 해체주의를 연상시킨다. 맥도웰에 의해 부활되는 이성중심주의는 언어의 편재성을 강조했다는 점에서 아이러니컬하게도 이성중심주의 비판자의 철학과 닮은꼴이다.

두번째, 콰인, 데이비슨, 맥도웰

이제 지금까지의 논의를 바탕으로 콰인, 데이비슨, 맥도웰의 견해를 구체적인 사례를 놓고 비교해보기로 하자. 우리에게 프톨레마이오스의 천동설, 코페르니쿠스의 지동설, 그리고 티코 브라헤의 관측기록이 있다고 하자. 콰인의 입장에서 이를 설명해 보면 다음과 같을 것이다.

프톨레마이오스의 천동설과 코페르니쿠스의 지동설은 각각의 내적 정합성을 지닌 전체론적 언어체계이다. 이에 반해, 티코 브라헤는 자신의 천문대에서 천체 망원경을 통해 태양계 별들의 위치와 운동을 기록한다. 이때 티코 브라헤의 경험과 그의 관측 기록 사이의 관계는 자극-반응의 인과 관계이다. 티코 브라헤의 기록은 프톨레마이오스의 천동설보다 코페르니쿠스의 지동설과 더 완벽한 정합성을 이룬다. 따라서 코페르니쿠스의 지동설이 티코 브라헤의 기록에 의해 참인 이론으로 정당화된다. 그런데 이는 궁극적으로는 코페르니쿠스의 지동설이 태양계의 별들의 운동에 대한 경험과 대응함을 시사한다. 결국 이 경험이 코페르니쿠스의 지동설에 대한 정당화의 최종 근거인 것이다.

데이비슨은 콰인의 설명을 거의 전적으로 수용할 것이다. 다만 콰인의 설명 중 마지막 두 문장은 불필요할 뿐더러 불합리한 것으로 거부한다. 대응에 경험과 관측기록 사이의 인과관계 이상의 의미를 부여해서는 안 된다. 지동설에 대한 정당화의 최종 근거는 관측기록일 뿐이다.

맥도웰은 데이비슨의 설명에서 경험과 관측기록 사이의 관계가 인과관계에 불과한지를 의심한다. 관찰과 실험에서 얻어지는 경험의 이론 의존성은 쿤을 위시한 과학사가들과 과학철학자들이 누누이 지적하는 사항이 아닌가. 경험의 이론 의존성은 경험에 이미 이론적 개념이 매개되어 있기 때문에 발생하는 현상이다. 관찰한 바를 기록하는 단순 행위에서조차도 이미 관찰자의 세계관을 이루는 기본적 개념과 그 틀이 개입한다. 관찰 경험을 통한 정당화는 설령 관찰 경험이 인과관계를 골자로 하는 자연현상의 하나임을 인정한다 해도 무효화되지 않는다. 관찰 경험이 문장에 준하는 내용을 지니고 있기 때문이다. 결국 관찰 경험에 의한 정당화는 문장에 의한 정당화와 그 종류에 있어서 크게 다르지 않은 셈이다.

경험에까지 개념이 개입된다는 언어 편재성 명제를 매개로 경험이 정당화의 궁극적 토대라는 경험론을 복권시키는 맥도웰은 경험 자체의 오류 가능성에 대해서는 여지를 두지 않는 것인가? 두 선 〈────〉와 〉────〈 에 대해 우리의 시지각이 후자의 길이가 더 길다고 오판하는 뮐러-라이어(Müller-Lyer) 착시현상에서처럼 우리의 경험은 언제나 오류 가능성에 노출되어 있지 않은가? 맥도웰은 경험의 오류 가능성을 인정한다. 그러나 이를 지나치게 강조하거나 두려워할 필요는 없다. 경험의 오류는 또한 경험에 의해 시정될 수 있기 때문이다. 뮐러-라이어 착시현상은 우리가 문제의 두 선분의 길이를 자로 측정하고 비교, 판단하는 경험에 의해 바로잡힌다.

결국 칸트가 이성의 오용과 무제약적 남용을 바로 그 이성에 의해 비판하려 했듯이, 그리고 비트겐슈타인이 언어의 오용과 남용을 바로 그 언어에 의

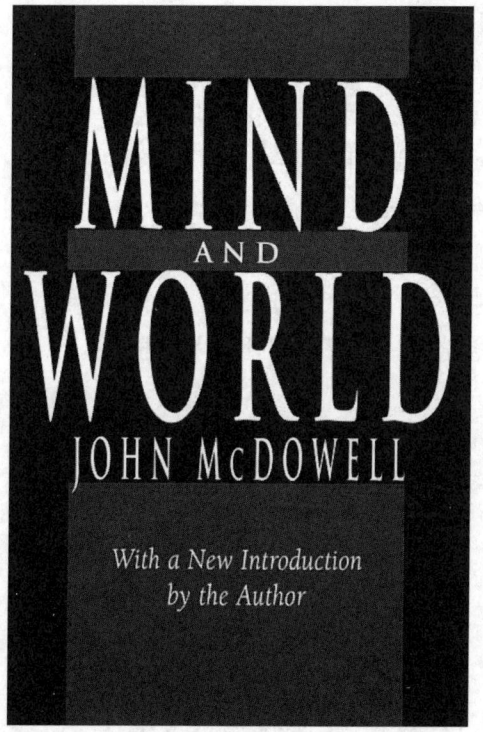

쾨인, 데이비슨, 퍼트남 등이 전개한 분석철학을 뛰어넘어 새로운 장을 연 맥도웰의 대표 저작.

해 비판하려 했듯이 맥도웰은 경험에 그러한 자기비판 능력을 부여함으로써 언어의 편재성에 깃든 이성중심주의에 제동을 걸 수 있는 브레이크를 장착하는 것이다.

콰인과 데이비슨에 있어서 정당화 관계와 인과관계는 각각 인식적(epistemic) 차원과 존재적(ontic) 차원으로 그 논의의 차원이 달리 설정되어 있는 것처럼 보인다. 사실 현재 분석철학의 여러 분야에서 진행되고 있는 실재론/반실재론 논쟁은 논쟁이 문제삼고 있는 각 주제를, 각각 존재적 차원과 인식적 차원에서 볼 때 생겨나는 견해 차이에서 비롯되는 것일 수 있다.

맥도웰은 소여의 신화를 비판하는 셀라즈와 함께 외부 세계에 대해 인식적 차원에서 독립된 존재적 차원의 논의가 허용될 수 있는지를 의심할 수 있다. 언어와 경험 사이의 자연적 인과성은 콰인과 데이비슨에 있어서 일종의 소여처럼 무반성적으로 전제된 감이 있다. 언어와 경험 사이의 관계를 정당화 관계로 보는 맥도웰의 입장은 언어와 경험 사이의 관계를 존재적 차원이 아닌 인식적 차원에서 보는 시각 조정일 수 있다. 인과성을 오성의 범주로 보는 칸트의 입장 역시―비록 지나치게 선험주의적 색채를 띠고 있기는 하지만―자연적 인과관계를 인식적 차원에서 보려는 시도의 하나로 여겨진다.

맥도웰 비판을 넘어서

맥도웰은 과연 20세기 분석철학의 지형도에서 근대에 칸트, 혹은 헤겔이 이룩해낸 수준의 종합을 성공적으로 수행하고 있다고 볼 수 있는가? 이에 대한 평가는 다음과 같은 몇 가지 이유에서 유보적이다.

(1) 맥도웰의 입장에서 보자면 콰인과 데이비슨이 언어와 경험 사이에 설정한 자연적 인과관계에도 개념적인 요소가 개입되어 있다고 말할 수 있다. 맥도웰이 모델로 삼고 있는 칸트의 인식론에서도 인과성은 오성의 범주 가운데 하나이다. 이는 인과관계에 관한 경험적 서술이나 법칙문도 자연의 논리적 공간이 아닌 이성의 논리적 공간에 속한 것으로 보아야 함을 의미하는가? 그렇다면 결국 자연의 논리적 공간은 개점 휴업상태에 들어가게 되며 두 공간 사이의 구별도 무의미해진다. 맥도웰은 이에 대해 애매한 태도를 취하고 있다. 한편으로 그는 두 공간 사이의 구별을 수용하는 편에 서면서 다른 한편으로는 이 구별을 의심한다.

맥도웰이 칸트를 빌려 이성과 자연의 대립을 부정하면서도 양자 사이의 대립을 강조하고 있다는 점은 혼란을 가중시킨다. 맥도웰은 "자연이 법칙의 영역이고 따라서 의미의 영역이 아니며", "자연과학은 의미에 연관된 종류와 구별되는 특별한 종류의 이해를 노정한다"고 말한다.

요컨대 맥도웰은 자연과 자연과학에 대해서만은 예외적으로 실재론적, 존재적 태도를 취하고 있다. 그리고 그 까닭에 대해서는 자연과학의 권위에 의거해 이론의 여지가 없는 것으로 여기고 있다. 이는 지나치게 단정적인 태도일 뿐 아니라 맥도웰이 견지하는 인식적 태도, 혹은 칸트적 구도와도 어울리지 않는다. 필자는 맥도웰이 자연의 위상을 둘러싼 포퍼와 쿤 사이의 과학사 논쟁, 과학적 지식의 위상에 관한 반 프라센과 그 반대자들 사이의 실재론 논쟁, 법칙문의 성격에 대한 굿만, 포더, 김재권 교수 사이의 논쟁 등 아직 끝나지 않은 과학철학의 논의들을 충분히 염두에 두었어야 한다고 본다.

(2) 경험에 개념이 내재한다는 명제로부터 경험이 정당화의 근거가 된다는 명제가 바로 연역될 수 있는 것은 아니다. 경험에서 명제적 내용을 확인하는 작업은 기껏해야 경험에 의한 정당화 가능성의 필요 조건일 수 있을 뿐이다. 칸트의 경우 경험에 오성과 감성이 협력한다는 명제와 인식에 오성과 감성이 협력한다는 명제 사이에는 매우 정교한 이론적 작업이 매개되어 있다. 맥도웰의 『언어와 세계』에는 이에 준하는 작업이 눈에 띄지 않는다. 따라서 그가 강조하는 경험에 의한 정당화는 그 가능성을 승인하는 수준을 넘기 어렵다. 구체적으로 그 정당화가 어떻게 이루어지는지에 대한 상세한 설명이 결여되어 있기에 맥도웰의 논의는 공허하게 여겨진다.

아울러 맥도웰은 개념과 오성의 연관에 대해서 분명한 입장을 정리하지 못하고 있다. 한편으로 그는 오성의 "'자발성'이 단지 개념적 능력의 연루에 관해 붙여진 이름"이라고 말하고 있지만, 다른 한편으로는 "세계가 개념의 공간 바깥에 있지는 않지만 자발성의 발동 바깥에 있다"고 달리 말하고 있다. 이러한 혼란은 맥도웰에 있어서 경험에 개념이 내재한다는 입장과 경험이 정당화의 근거가 된다는 입장 사이의 매개 작업, 즉 경험에 오성과 감성이 협력한다는 입장과 인식에 오성과 감성이 협력한다는 입장 사이의 매개 작업이 제대로 이루어지지 않은 데서 기인하는 것 같다.

(3) 콰인에게 있어서 언어와 경험의 관계는 느슨한 편이다. 이 느슨함으로부터 콰인은 의미와 번역의 불확정성, 지시체의 불가투시성, 이론의 미결정성 등 자신의 철학의 핵심을 이루는 주요 명제들을 이끌어낸다. 이 명제들은 분석철학의 흐름에서 콰인 이전과 이후를 명확히 경계짓는 이정표이기도 하다. 콰인의 철학에서 경험론과 자연주의를 제거하는 데이비슨도 이 명제들은 그대로 수용하고 있다.

그는 이 명제들이 콰인의 경험론과 자연주의 없이도 언어와 경험 사이의 느슨한 인과 관계와 정합론적 전체론, 이렇게 두 전제만으로부터도 모두 온전히 추론됨을 논증하고 있다. 콰인의 주요 명제들 가운데 데이비슨이 받아들이지 않는 유일한 명제는 존재론적 상대성 명제이다. 데이비슨의 입장에서 볼 때 이 명제는 개념 틀과 세계 사이의 이원론이라는 독단에 근거해 있기 때문이다.

이에 반해 맥도웰에 있어서 언어와 경험의 관계는 서로 분리가 불가능할 정도로 지나치게 밀접하다. 언어와 경험이 불가분리로 밀착되어 있는 덕택에 의미의 단위는 콰인이 등장하기 이전의 언어철학이 그러했던 것처럼 개별 문장의 수준으로 되돌려지고, 그로 말미암아 의미와 번역은 확정적이 되고 지시체는 투명하게 된다. 이론의 타당성은 경험에 의해 확정될 수 있게 되며 콰인, 듀앙이 주창했던 전체론의 운신의 폭도 축소된다.

문제는 맥도웰 철학의 이 모든 귀결이 우리 시대의 분석철학의 정서 및 성과와 어긋난다는 데 있다. 맥도웰의 시도는 반시대적이라는 점에서 일단 영웅적일 수 있다. 그러나 시대를 뛰어넘는 비전과 설득력을 제시하지 못할 때 그의 시도는 시대착오적인 것에 불과했다는 비난에 봉착한다.

맥도웰의 철학은 언어와 경험 사이의 관계가 느슨하다는 전제에서 끌어낸 콰인의 일련의 명제들 및 이로부터 얻어지는 가시적 성과들과 양립할 수 없다. 맥도웰은 자신의 입장에 대한 나름의 근거를 제시하고 있지만 그의 입장과 비전이 지닌 근대성은 콰인 이후의 분석철학이 노정하는 해체적, 탈근대적 양상과 화합하기 어려운 것으로 여겨진다.

이승종 연세대 철학과와 같은 학교 대학원을 졸업한 후, 미국 뉴욕주립대학(버팔로) 철학과에서 철학 박사학위를 받았다. 현재 연세대 철학과 교수로 있으며 저서로 『비트겐슈타인이 살아 있다면』, 뉴턴 가버와 같이 쓴 『데리다와 비트겐슈타인』이 있다. 페리 논문상과 우수업적 교수상을 수상한 바 있다.

용어와 개념 풀이

전체론
일정한 언어 체계를 구성하는 개별 문장이 그 체계에 속하는 다른 문장과 서로 정합적으로 밀접하게 연관되어 있다는 견해.

경험론
모든 문장의 의미와 진리치가 궁극적으로 외부 세계에 대한 경험과의 대응에 의해 결정된다는 견해.

자연주의
경험에 대한 진술이 경험에 의해 그 진위가 판정된다는 정당화 관계가 경험이라는 자극과 진술이라는 반응의 인과 관계로 환원된다는 견해.

소여의 신화
감각에 직접적으로 주어진 비언어적인 소여가 확고부동한 것으로서 오류 가능성이 없이 모든 인식의 기초가 된다는 믿음. 셀라즈는 모든 인식이 언어적인 것이므로 이러한 믿음이 타당하지 않다고 주장하면서 이를 비판적으로 이름붙여 '소여의 신화'라고 하였다.

존 맥도웰은 말한다

- 나의 목적은 마음과 세계의 관계에 집중된 현대철학의 어떤 특징적 불안을 진단하고 해명하려는 것이다. 계속 의학적 은유를 빌려 우리는 만족스런 진단은 치료를 지향해야 한다고 말할 수 있다. ─『Mind and World』 중에서

- 우리가 경험적 내용의 가능성을 이해할 수 있으려면, 경험은 판단과 합리적으로 관련을 맺어야 한다. 우리는 개념의 공간과 이성의 공간 사이의 평형의 문맥에서만 경험과 판단 사이의 합리적 관계를 이해할 수 있다. 우리가 생각하는 사람이 된다는 것은 우리가 이성의 공간에 익숙해진다는 것을 의미한다는 오직 그 이유 때문에, 생각은 경험적 실재와 연관을 맺을 수 있다. 그리고 이성의 공간에 익숙해진다는 것은 단지 이것 혹은 저것에 대해 우리의 심리적 입장을 바꾸는 경향성의 모음에 연관되는 것이 아니라, 우리가 이것 혹은 저것을 설득력 있는 것으로 보아야 하는지에 대한 문제가 제기되는 반성적 입장에 설 잠재력에 연관된다. ─『Mind and World』 중에서

더 읽어야 할 책들

John McDowell, *Mind and World*, Cambridge, Mass: Harvard University Press, 1996.

_____, *Meaning, Knowledge, and Reality*, Cambridge, Mass: Harvard University Press, 1998.

_____, *Mind, Value, and Reality*, Cambridge, Mass: Harvard University Press, 1998.

알랭 바디우 *Alain Badiou*

철학, 생산된 진리를 사유하는 것

강대일 파리 8대학 박사과정·철학

바디우 철학을 열어보기 전에

이 짧은 지면을 통해 바디우를 자세히 소개하는 것은 말 그대로 불가능하다. 모든 철학이 그러하듯이, 그의 철학은 일면적으로 파악될 수 없으며, 그의 이론적 영역은 글을 통하여 독자가 확인할 수 있듯이 여러 분야로 뻗어 있다.

그의 철학의 핵심인 존재론은 집합 이론을 기반으로 펼쳐지는 『존재와 사건』에서 자세히 전개되고, 사랑에 대한 그의 논의는 라캉의 이론을 파악한 후에야 가능하며, 예술에 대한 그의 논의는 문학에서 영화까지 일곱 가지의 전체 예술 분야에 걸쳐 있다는 사실이 그것을 증명한다. 또한 바디우는 자신의 입장을 더욱 구체화할 존재와 사건의 제2권을 준비 중이다. 나는 여기서 국내에 이미 번역, 소개된 그의 저작 『철학을 위한 선언』(*Manifeste pour la philosophie*, Seuil, 1989)에서 전개된 내용을 중심으로 바디우의 이론을 소개할 것이다.

이 저작은 바디우의 사상체계의 윤곽을 잘 드러낸 책으로 정평이 나 있다. 이로써 철학전공자가 아닌 독자의 바디우에 대한 호기심을 어느 정도는 충족시키리라 생각한다. 이 글은 철학 논문도 아니고 철학 전공자를 위한 글도 아닌 것이다. 이 글은 바디우 철학의 일단을 교양 수준에서 소개할 뿐이다. 그러므로 이 글을 통해 바디우의 철학을 제대로 파악할 수 있다고 생각하는 것은 순수한 오해이다.

> *사건을 계기로 생산되어 잠시 나타난 진리는 지식을 통하여 사후적으로 표상될 뿐이다. 이때 진리를 생산해낸 각각의 절차는 스스로 그것이 진리인지 말할 수 없다. 그들은 고유한 활동에 전념할 뿐, 진리에 무관심할 수밖에 없다. 절차들은 진리를 모른다. 그 진리의 명명작업을 해내는 것, 그렇게 다른 곳에서 생산된 진리를 사유하는 것, 바로 그것이 철학의 작업이다.*

철학의 종말과 철학의 조건

사회주의를 포함한, 인간 이성으로 수립된 모든 프로젝트의 부정과 어느덧 인간에게 등을 돌린 것으로 간주된 과학에 대한 불신이 우리 시대를 특징짓는 징후라는 것은 부인하기 힘든 사실이다. 서구를, 나아가서는 세계를 지배했던 합리주의는 스스로의 수명을 다하고 역사의 뒤안길로 퇴장하고 있는 것처럼 보인다. 철학에서도 이러한 경향은 1980년대 이래로 지배적인 담론이 되었다. 일찍이 료타르는 건축술로서의 철학, 즉 시스템으로서의 철학의 종말을 선고하였고, 많은 철학자들이 플라톤 이래로 부차적인 것으로 간주된 시학(詩學, poetique)의 문제로 돌아가고 있는 것이다. 이른바 거대담론은 더 이상 매력적이지 않고, 전통적인 철학의 근본적인 질문으로서 진리의 문제는 더 이상 제기되지 않는다. 철학은 이제 더 이상 과학을 거울로 기능하지 않으며, 시학을 비롯한 예술에 자신의 지위를 양도한 채 그 안에서 자신의 존재근거를 발견하려 한다. 철학사는 부정되거나 실패의 역사가 되고 이제는 플라톤에 의해 추방되었던 시인들이 그 자리로 되돌아오고 있다.

이러한 경향에 강력히 저항하는 한 철학자가 바로 프랑스의 알랭 바디우다. 바디우는 모든 현대철학의 지배적 경향인 시스템으로서의 철학이 종말을 맞았다는 것에 반대한다. 예컨대 이른바 종말이라는 페이소스는 철학의 새로운 출발점이 결코 아니다. 거대담론의 종말을 이야기하는 것은 이른바 '거대담론'만큼이나 거창한 이야기일 뿐이다. 철학은 존재할 수 있고 우리 시대에는 그 조건이 갖추어져 있다는 것이 바디우의 주장이다.

철학이 항상 존재하는 것은 아니다. 철학은 항상 불연속적이었고, 철학을 가능하게 하는 조건 또한 다양한 방식으로 존재해왔다. 하지만 철학과 그 조건들이 가지는 관계에서 변화할 수 없는 요소가 있다면 그것은 바로 진리이다. 진리라는 테마만이 철학과 그 조건이 되는 여러 사유를 연결짓는 요소이다. 그런데 이러한 조건들은 철학에 대해, 진리를 생산하는 절차(공정, procedure)로서만 존재한다. 말하자면 이 조건들은 각자의 개별적 특성에 기반하여 진리를 생산해내는 것이다. 철학은 스스로 진리를 만들어내지 않는다. 다만 조건들이 생산한 진리를 개입(intervention)을 통해 명명(nomination)해낼 뿐이다. 바디우는 이런 진리 산출의 유적 절차(공정, procédures génériques des vérités)를 네 가지 정도로 분리해낸다. 정치, 과학(그 중에서도 수학), 사랑, 예술(시학)이 그것이다.

『철학을 위한 선언』. 바디우의 사상체계의 윤곽이 잘 드러나는 저술로 독자들에게 그를 이해하는 첫 단추의 역할을 할 것이다.

철학의 봉합과 탈봉합

그러한 네 가지 진리의 공정은 그 시대의 진리를 생산하는 사건적 형태 속에서 공히 가능하다는 점을 사유하는 것이 바로 철학의 모습이다. 문제는 이 네 가지 공정이 모두 진리를 생산한다는 데 있다. 바디우는 이 점을 아주 중요시하여 '봉합'이라는 개념을 만들어낸다. 그 동안의 철학은 이러한 공가능성(compossibilite, 여러 가지 조건이 각자의 영역에서 모두 진리를 생산하는 가능성)을 인정하지 않았다. 오로지 다른 조건들이 가지는 진리 생산의 가능성을 인정하지 않고, 그 중 하나 또는 일부에 대해서만 진리의 가능성을 인정한 것이다. 이것을 바디우는 봉합이라고 명명한다. 예를 들어 19세기는 철학이 과학적 실증주의에 봉합된 시기였고, 영미권의 아카데믹 철학은 아직도 이 봉합에서 벗어나지 못하고 있다. 마르크스 주의는 철학을 정치와 과

알랭 바디우는 모든 현대철학의 지배적 경향이 시스템으로서의 철학이 종말을 맞았다는 것에 반대하며 철학은 존재하고 우리 시대에 그 조건이 갖추어졌다고 주장한다.

학에 동시에 봉합시켰다. 이러한 이중봉합의 복잡한 구조를 스탈린은 철학, 또는 변증법적 유물론이라고 부른다. 하이데거는 과학에 반대하여 철학을 시학에 봉합시킨 것으로 간주된다. 실증주의나 마르크스주의는 이미 많은 비판을 통하여 화석화된 봉합일 뿐이고, 이제는 제도적이거나 아카데미적인 봉합이지만, 하이데거를 그 축으로 하는 시학(예술)에의 봉합은 우리 시대의 지배적인 봉합 형태이고 전혀 검토된 적이 없는 봉합이다.

철학이 과학과 정치에 봉합되어 있을 당시, 시학은 철학의 역할을 수행하였고 마침내 시인의 시대가 열렸다. 그러나 여기서 바디우가 말하는 시학은 모든 시와 시인을 가리키는 것은 아니다.

그 시대는 횔덜린(Hölderlin)에서 파울 첼란(Paul Celan)에 이르는 시기이며, 문제가 되는 것은 진정한 사유의 모습을 보여주는 시인과 시일 뿐이다. 하이데거가 우리에게 보여주듯이, 시학이 행한 것은 시에 의한 존재의 문제에의 접근이었다. 시인들의 공헌은 대상의 범주를 해체함으로써 탈객관화──주지하듯이 객관화는 과학의 미덕이다──를 실현해낸 데 있다.

이제는 하이데거의 철학 역시 객관성의 철학에 대한 비판과 객관적 철학의 시학적 해체를 결합시켜냄으로써 엄청난 강점을 획득한다. 그러나 하이데거는 수학과 시학의 이율배반을 지식과 진리의 대립, 또는 '주체/대상'과 '존재'(Etre)의 대립으로 엮어냄으로써 문제의 본질을 호도하고 있다. 그러나 랭보, 또는 로트레아몽의 예에서 볼 수 있듯이, 시학은 항상 수학과 사유를 공유하고 있음을 의식하고 있었다. 시인들은 수학에 대상이 없다는 사실을 잘 알고 있었던 것이다. 이렇듯 대상의 범주를 해체하고 첼란에 이르러 시인의 시대는 막을 내린다. 첼란은 횔덜린을 완성하는 것이다. 철학이 완전한 탈봉합으로 나아갈 수 있는 가능성은 시인의 시대가 끝남과 더불어 열리게 된다.

사건의 진리

이제는 진리가 어떻게 생산되는가를 살펴볼 수 있다. 앞서 말했듯 진리는 진리 생산의 네 가지 절차 속에서 생산된다. 그러나 이 네 가지 절차가 항상 진리를 생산해내는 것은 아니다. 진리는 사건을 통해서만 나타난다. 이 사건의 진리야말로 바디우 철학의 핵심이다. 우리는 각각의 절차에서 드러난 상이한 사건들을 볼 수 있다. 역사를 살펴볼 때 정치에서의 사건은 언제나 상이한 형태──18세기 말에 일어난 프랑스 혁명과 20세기 초에 일어난 러시아 혁명의 형태는 동일한 것이 아니다──로 나타났다. 우리 시대에 국한시켜 보자면 정치적 사건은 1968년에서 1980년에 이르는 역사적 시기에 집중되어 있는데, 그 예로는 프랑스의 1968년 5월혁명과 중국의 문화혁명, 이란혁명, 그리고 폴란드 연대노조에 의해 주도된 노동운동을 들 수 있다. 이 사건들은 새로운 명명이 필요한 사건들이다.

폴란드의 노동운동을 제외하면 그들 정치적 사건은 그 내용의 새로움과는 유리된 낡은 사상체계에 의해 표현되고 있었기 때문이다. 예를 들어 문화혁명은 마르크스-레닌주의를 표방하고 있었으며, 이란혁명은 이슬람으로의 복귀, 즉 옛것으로의 복귀라는 형태를 띠고 있었다. 이 사건을 명명하는 철학적 개입(intervention)은 아직 완수되지 않았다. 이 정치적 사건은 우리가 동원할 수 있는 지식체계를 교란시키는 것이기에 사건이고, 진리를 생산할 수 있지만, 그것의 명명은 아직 철학의 과제로 남아 있는 것이다.

칸토르에서 폴 코헨까지의 현대 집합이론은 수학에서의 사건이다. 이 집합이론은 식별 불가능한 다수성(multiplicité indiscernable)에 대한 개념을 수립해낸다. 이로써 집합 이론은 존재-로서의-존재(Etre-en-tant-quêtre)에 대한 합리적 사유와 언어 사이의 문제를 해결한다. 식별 불가능한 다수성의 존재를 증명함으로써, 기존의 지식체계를 규정하는 언어체계를 벗어난, 즉 기존의 언어로 규정할 수 없는 존재가 있음이 드러난 것이다. 바로 진리가 이러한 존재 형태를 갖는다고 바디우는 역설한다. 진리는 지식에 구멍을 내는 것이며, 따라서 진리에 대한 지식은 있을 수 없다. 진리는 단지 생산될 뿐이다. 그러므로 진리는 유적(類的, 산출적, generique)이며 '유적'이라고 번역할 수 있는 'generique'라는 말은 논리학적으로 비결정성을 가리킨다. 다시말해 하나의 개별 원소가 '유적'일 때 우리는 그 원소가 어떠한 구분에 속하는 것인가만을 알 뿐 동일한 구분에 속해 있는 다른 개별 원소와 어떻게 구분되는지는 알 수 없다. 그 개별 원소는 항상 개별적이면서 일반적인 가치를 갖는다.

기존 언어를 통한 지칭에서 벗어나 있는 것이다. 진리는 항상 기존 언어에서 벗어나 있는 부분이다. 이러한 부분은 언어로 결정할 수 없는 부분으로서 기존의 언어에 비추어 초과분(excés)이 된다. 우리는 그것의 확실한 정체를 알 수 없다. 바디우는 『존재와 사건』에서 집합이론을 통해 이 사실을 잘 증명해내는데 이는 '방황하는 초과분'의 존재를 증명해내는 것이고 이것은 진리가 존재하는 방식이 된다.

이 결과를 둘러싸고 그 초과분을 사유하는 입장은 크게 세 가지로 나뉜다. 첫번째는 유명론적 사유로서 이 입장은 이러한 결과를 거부한 채 명명 가능한 것의 존재만을 받아들인다. 이는 보수적인 입장이다. 두번째 입장은 초월적 사유로 잠정적으로 식별 불가능한 것을 용인하는 입장이다. 이 입장은 초과분의 존재를 존재의 법칙으로 받아들이지는 않는다. 현재의 몇몇 지상의 다수(multiple suprême)에 대한 무지로 인해 그것을 알 수 없을 뿐이다. 이 입장은 언젠가는 지금은 식별 불가능한 것을 설명할 수 있는 좀더 완성된 언어를 갖기를 원한다. 이는 예언자적 입장이라고 볼 수 있다. 세번째 입장인 유적 사유는 식별 불가능한 다수를 진리의 존재 형태로 받아들이고, 초과분의 방황을 존재의 실상으로 인정한다. 이 사유에 따르면 모든 진리는 사건에 근거하고, 기존 지식체계에서 벗어나 있으며, 이 사건에 충실한 주체들의 활동을 통해 결정되는 무한한 생산일 뿐이다. 결국 유적 사유는 투쟁적인 사유인 것이다.

시인의 시대를 통틀어 볼 때, 시에서의 사건은 파울 첼란의 작품이다. 데리다나 가다머 또는 라쿠-라바르트(이들은 바디우의 철학적 대화 상대자이면서 동시에 그의 주요한 논적이다)와 달리 바디우는 첼란의 시에서 시는 그 자체로 충분치 않다는 고백을 읽어낸다. 그의 시는 봉합에서 벗어나기를 바라고, 시의 권위에서 자유로워진 철학을 원한다. 말하자면, 첼란은 그의 작품을 통하여 우리 시대의 개념적 전유를 다른 영역과 공유하기를 원하는 것이다. 바디우는 이러한 시도를 시인의 시대의 종막을 시의 형태로 정식화한 것으로 파악한다. 첼란은 시의 철학적 물상화가 가져온 것을 자유롭게 실험할 수 있었다. 그러한 유래없는 성찰을 통해 그의 작품이 보여주는 심오함은, 우리를 그러한 물상화로부터 자유롭게 하고, 시를 철학이 그 시대에 행해온 사변적 기생으로부터 해방시키며, 시를 진리의 나머지 절차들과 공존하게 함으로써 시에게 자신의 자리를 돌려주는 데 있다. 이것이 첼란이 행한 시의 사건의 핵심적 내용이다.

『사랑의 사건』은 라캉의 저작이다. 여기에는 쟁점이 있다. 어쩌면 사랑이라는 테마는 라캉이 명시적으로 서명한 저작의 핵심 부분이 아닐 수도 있다. 그러나 바디우의 눈에는 플라톤(『향연』에서의 플라톤)의 사랑에 대한 이론 이래로 라캉의 이론만큼 심오한 사랑의 이론은 없었다. 라캉의 사랑이론은 하나(l'Un, the One)의 지배를 파괴하고 둘(le Deux, the Two)의 문제를 사고했다는 점에서 사건이다. 라캉은 성에서의 둘을 논리적으로 연역해낸다. 이로써 남성(손상된 전체[Tout]의 벡터)과 여성(비-전체[pas-toute])은 서로 전혀 다른 둘이라는 사실이 밝혀진다. 두 개의 성은 전혀 다른 입장에서 서로 분리되어 있는 것이다. 만남이라는 사랑의 사건을 통해 둘은 일자(하나, l'Un)의 법칙을 초과하는(넘어서는) 끝없고 완성될 수 없는 경험을 꾸며낸다. 이것을 바디우는 성차에 대한 진리, 사랑에 빠진 당사자들의 지식에서 벗어나 있는 진리가, 이름없는 또는 유적인 다수성으로 도래하는 것으로 파악한다. 사랑이란 만남이라는 사건을 통한 '둘'에 대한 진리의 생산인 것이다.

위의 예에서 보았듯 사건은 진리를 생산해냄으로써 지식(savoir)의 망을 교란시키고(구멍을 내는 것이다), 곧 지식 속으로 사라진다. 진리의 흔적은 그 진리에 충실한 주체(sujets fidèles)를 통해서밖에는 파악되지 않는다. 그런 점에서 주체는 진리의 담지자라고 볼 수도 있다. 하지만 모든 존재가 주체인 것은 아니듯, 주체는 그 충실성을 잃고 배반으로 나아갈 수도 있다. 예를 들어 프랑스의 1968년 5월혁명의 많은 주체들은 그 사건이 생산해낸 진리에의 충실성을 잃고 그 진리를 배반하였고, 중국의 문화혁명도 같은 길을 걸었다. 때로는 환영(simulacre)을 사건으로 착각하여 그 환영에 충실하기도 하는데, 파시즘의 예가 그 좋은 예이다.

그렇게 사건을 계기로 생산되어 잠시 나타난(présenter) 진리는 지식을 통하여 사후적(事後的)으로 표상될(représenter) 뿐이다. 이때 진리를 생산해낸 각각의 절차는 스스로 그것이 진리인지 말할 수 없다. 그들은 고유한 활동에 전념할 뿐, 진리에 무관심할 수밖에 없다. 그 절차들은 진리를 모른다. 그 진리의 명명작업을 해내는 것, 그렇게 다른 곳에서 생산된 진리를 사유하는 것, 바로 그것이 철학의 작업이다. 예컨대, 철학은 이미 다른 지점에서 생산된 진리에 대해 사유하는 것이 철학의 임무인 것이다. 이제 철학은 본연의 위치로 돌아갈 수 있다. 네 가지 유적 절차들에서 생산된 진리를 사유하고 명명함으로써 바디우가 원하는 철학적 행동(acte philosophique)은 이제 가능해진 것이다.

강대일 알랭 바디우의 지도 아래 파리 8대학 철학과 박사과정을 밟고 있으며 2003년 11월 박사학위 취득 예정이다. 1995년 파리에서 열린 제1회 국제 마르크스 대회를 취재하여 『이론』지 13호에 개재했다. 제이슨 바커(Jason Barker)가 저술한 『Alain Badiou-Critical Introduction』을 번역 중이고 바디우의 대표작인 『Conditions』과 『L'etre et l'evenement』을 번역할 예정이다. 현재 파리에서 바디우가 소속된 l'Organisation Politique에서 활동 중이다.

용어와 개념 풀이

진리의 네 가지 유적 절차들 Quatre procédures génériques des verites
바디우는 전통적인 철학의 작업 대상이라고 간주할 수 있는 네 가지 절차를 구분해낸다. 그것은 정치, 예술, 과학, 사랑의 네 가지 모습을 띠고 있는데, 이는 진리를 생산한다는 점에서만 닮아 있고 그런 의미에서 '유적'(類的)이다. 그것이 진리를 생산하는 방식은 서로 다르고 시대에 따라 생산하는 진리의 내용과 양상도 사뭇 다르다. 예를 들어 플라톤 시대의 과학적 사건은 기하학의 형태를 띠지만 20세기의 사건은 집합론의 형태를 띠고 있는 것이다.

일자와 다자, 하나와 다수 l'Un et le multiple
일자와 다자는 전통적인 존재론의 테마다. 예를 들어 플라톤의 존재론은 이데아라는 일자(하나)의 지배로 특징지을 수 있고 스피노자의 신도 일자의 형태를 띤다. 바디우는 일자를 인정하지 않는다. 존재하는 것은 모두 다수이며 하나는 상황 속에서 작용으로서만 기능한다. 실재하는 것은 다수일 뿐 하나의 존재는 없다.

식별 불가능 l'indiscernable
식별 불가능한 것은 이미 존재하고 있는 지식체계를 벗어나는 것으로서 일종의 초과분이라고 볼 수 있다. 그것은 기존의 지식체계를 벗어나 있으므로 지식을 지탱하는 언어체계를 통하여 표현할 수 없다. 사건은 기본적으로 식별 불가능한 성격을 지닌다. 식별 불가능한 것에 개입함으로써 사건은 사건으로 드러난다.

봉합 Suture
봉합은 철학에 관계된 개념이다. 진리의 네 가지 절차를 서로 독립적인 가치를 지니는 것으로 판단하지 않고, 그 중 어느 하나를 독점적이고 배타적인 방식으로 진리를 생산하는 특권적인 절차로 판단할 때 철학은 그 절차에 봉합된다. 그 결과, 철학은 다른 절차를 무시하게 되고, 다른 절차에서 생산되는 진리를 볼 수 없게 된다. 예를 들어 실증주의 내지는 과학주의적 경향은 다른 절차에서 생산되는 진리를 파악할 수 없다.

시인의 시대 L'age des poetes
휠덜린에서 파울 첼란까지의 시기를 가리킨다. 이 시대의 시인들은 과학주의에 봉합된 철학 대신에 철학의 역할을 행하였다. 시를 통해 시인들은 대상의 범주를 해체하고 탈객관화를 이루어낸다. 시는 존재의 취약함을 드러냄으로써 존재로 가닿는 통로를 열어놓았다. 하이데거의 공헌은 이러한 시인들의 통찰을 파악해내고 존재의 문제를 철학의 문제로 제기한 데 있다.

알랭 바디우를 말한다

- 1937년 모로코의 라바에서 태어난 프랑스인인 알랭 바디우의 철학적 도정은 언뜻 보기에 무척 복잡하다. 수학과 철학을 전공하고 한때 사르트르에 경도되었던 그는 알튀세를 만나 그의 작업에 동참하였다. 1968년에 있었던 잘 알려진 '과학자를 위한 철학 강의'에서 '모델의 개념'이라는 제목의 강연을 행하였고, 「변증법적 유물론의 새로운 출발」이라는 논문을 발표하기도 하였다. 그러나 1968년 프랑스를 휩쓴 5월혁명이 일

어나자, 이에 침묵하고 공산당을 지지하는 알튀세에 반대하며 독자적인 길을 걷기 시작한다. 70년대에는 프랑수와 발메(françois Balmée), 실뱅 라자뤼스(Sylvain Lazarus), 나타샤 미셸(Natacha Michel) 등과 마오주의 그룹인 '예난'을 조직하여 활동하였다. 그러나 80년대의 목전에 모든 혁명적 기획이 그 수명을 다할 무렵, 진지한 자기반성과 함께 새로운 길을 모색하게 되고 이러한 노력은 1988년에 『존재와 사건』을 출판함으로써 그 결실을 보게 된다. 이후 오늘까지 바디우의 철학은 『존재와 사건』의 연장선상에서 전개되고 있다.

그는 단순히 철학자만은 아니다. 그는 1985년에 조직된 새로운 정치운동 조직인 '정치조직'(Organisation Politique)에서 활동하고 있으며, 약 7편의 소설과 희곡을 출판하였고, 프랑스 연극계의 거성이자 사상가인 앙투안 비테즈(Antoine Vitez)와 공동 작업을 통해 그의 희곡을 연극으로 상연하기도 했다. 파리 8대학의 창립 멤버이기도 한 그는 1969년부터 1999년까지 파리 8대학에서 재직하였고 1999년 가을부터 현재까지 프랑스 국립고등사범학교(ENS, rue d'Ulm)의 철학과 교수로 있다. ─알랭 바디우에 관하여, 강대일이 기술함.

더 읽어야 할 책들

Alain Badiou, *Le Concept du modele*, Maspero, 1969.
_____, *Theorie de la contradiction*, Maspero, 1975.
_____, *De l'ideologie*, en collaboration avec F. Balmes, Maspero, 1976.
_____, *Le Noyau rationnel de la dialectique hegelinne*, en collaboration avec L. Mossots et J. Bellassen, Maspero, 1977.
_____, *Jean-Paul Sartre*, Editions Potemkine, 1980.
_____, *Theorie du sujet*, Seuil, 1982.
_____, *Peut-on penser la politique*, Seuil, 1985.
_____, *L'Etre et l'Evenement*, Seuil, 1988.
_____, *Manifeste pour la philosophie*, Seuil, 1989.
_____, *Le Nombre et les nombres*, Seuil, 1990.
_____, *D'un desastre obscur. Droit, Etat, Politique*, Editions de l'aube, 1991.
_____, *Conditions*, Seuil, 1992.
_____, *L'Ethique*, Hatier, 1993.
_____, *Deleuze. La clameur de l'Etre*, Hachette, 1997.
_____, *Saint Paul. La fondation de l'universalisme*, PUF, 1997.
_____, *Abrege de metapolitique*, Seuil, 1998.
_____, *Court Traite d'ontologie transitoire*, Seuil, 1998.
_____, *Petit Manuel d'inesthetique*, Seuil, 1998.
_____, *Rhapsodie pour le theatre*, imprimerie nationale, 1990.
_____, *Bekette. L'increvable desir*, Hachette, 1995.
_____, *Almagestes*. Prose, Seuil, 1964.
_____, *Portulans. Roman*, Seuil, 1967.
_____, *L'Echarpe rouge. Romanopera*, Maspero, 1979.
_____, *Ahmed le subtil. Farce*, Actes Sud, 1994.
_____, *Ahmed philosophe suivi de Ahmed se fache. Theatre*, Actes Sud, 1995.
_____, *Les Citrouilles. Comedie*, Actes Sud, 1996.
_____, *Calme Bloc ici-bas. Roman*, POL, 1997.

피터 싱어 *Peter Singer*

새 시대의 생명윤리를 향하여

배국원 침례신학대 교수·종교철학

영혼과 인간성의 통로, 실천윤리의 등장

우리 시대 테크놀로지의 놀라운 발달속도는 모두의 경탄을 자아내기 충분하다. 테크놀로지 예찬론자들은 기술문명이 오랫동안 인류가 꿈꾸어왔던 천국 곧 테크노피아를 조만간 실현시킬 수 있으리라고 장담한다. 반면 테크놀로지 비관론자들은 기술문명에 의해 인간의 고유한 가치가 상실된 사실상 지옥(dystopia)과 같은 미래가 닥치지 않을까 걱정한다. 이런 극단적인 입장을 제외하고라도 대부분의 사람들은 눈부신 테크놀로지의 발달을 지켜보며 가끔은 우화 속의 아프리카 짐꾼들과 같은 심정을 나누게 된다. 언젠가 아프리카에서 어느 백인 선교사가 흑인 짐꾼들을 고용해서 먼길을 가게 되었다고 한다. 그런데 한동안 부지런히 달리던 짐꾼들이 갑자기 더 이상 가기를 거부하는 것이었다. 그 이유를 물으니 "몸이 너무 빨리 달려 영혼이 쫓아오지 못할까봐 기다려야 된다"고 답했다는 이야기다.

오늘날 테크놀로지가 너무나 빨리 발달하기 때문에 누구든지 그 무엇인가가 뒤쳐지고 있는 듯한 일말의 불안감을 지울 길이 없는 것처럼 보인다. 종교인이라면 영혼을, 휴머니스트라면 인간성을 거론할 수 있겠지만 역시 우리 모두 공통으로 지적할 수밖에 없는 것은 바로 윤리라고 생각된다. 인간이 사회적 삶을 영위하는 한 윤리와 도덕은 필수적인데 새로운 테크놀로지를 위한 윤리는 마냥 늑장을 피우는 듯한 인상이 짙기 때문이다. 과학의 발달속도를 윤리학이 도저히 따라잡고 있지 못하는 것 아닌가? 아직도 도덕적 정언명령 등 고색창연한 논의로 점철된 윤리학 교과서를 보면서 일반

> 보다 효과적으로 보다 많은 생산을 얻기 위해서 인간이 동물에게 가하는 학대는 상상을 초월한다. 우리의 풍성한 식탁이 야말로 동물학대가 시작되고 끝나는 곳이다. 동물 고기는 필요가 아니라 사치이다.

인들이 윤리학이란 "결코 지키지 못하지만 그럴 듯한 도덕적 정답"에 관한 학문이라는 인상을 갖게 된 것도 무리는 아니다. 한 마디로 말해 기존 윤리학은 21세기 우리의 삶과 유리된 상아탑 학자들의 직업적 담론으로 전락하게 되었는지 모른다.

이른바 실천윤리학은 이러한 단점을 보완하고 살아 있는 문제에 대한 살아 있는 답변을 제시하는 학문으로서, 윤리학을 다시 한번 정립하자는 움직임이라고 할 수 있다. 급격하게 변하는 현대사회에서 발생하는 낙태, 안락사, 환경오염, 독점자본 등 엄청난 문제들에 대해서 더 이상 근엄한 학자적 침묵만 지키고 있을 수 없다는 상황인식에서 비롯된 것이다. 즉 실천윤리학이란 이름 그대로 이론적 탐구에 그치는 윤리가 아니라 실행 가능한 구체적 윤리를 제시하려는 학문이다. 특히 의료윤리, 환경윤리, 기업윤리 등 현대인의 삶과 직결되는 중요한 주제들에 대한 윤리적 탐구를 수행하는 새로운 분야이다. 비록 그 자신이 실천윤리학을 창시한 사람은 아니지만 이 분야의 세계적 거장으로 우뚝 선 사람이 바로 프린스턴대학교 철학과의 생명윤리 교수인 피터 싱어다. 싱어는 생명-의료윤리, 경제-소비윤리, 환경-보존윤리 등 세 가지 큰 주제로 나뉘는 실천윤리학 전반에 걸쳐 치밀한 문제분석과 파격적인 대안을 제시하는 왕성한 활동을 벌이고 있다. 특히 싱어는 낙태와 안락사 등 사회적으로 민감한 문제들에 대하여 자기 자신의 입장을 분명하게 표명함으로써 실천윤리학의 주도적 학자로 떠오르게 되었다.

피터 싱어가 누구인지를 말하기 위해 빼놓을 수 없는 것이 바로 그를 하루 아침에 유명하게 만든 『동물해방』(*Animal Liberation*)이라는 책이다. 싱어가 29세 되던 해인 1975년에 출판했던 『동물해방』은 무려 40만 권이 넘게 팔렸으며 9개 언어로 번역되었다. 동물권리수호운동의 '바이블'이라고 일컬어지는 이 책은 싱어라는 이름을 유명하게 했을 뿐만 아니라 전세계적으로 동물해방운동을 본격적으로 결성하게 하는 기폭제가 되었다. 싱어가 소득분배, 환경오염 등 실천윤리학의 다른 주제들에 대해서도 중요한 업적을 많이 남겼음에도 불구하고 그의 이름은 무엇보다 먼저 동물해방과 더불어 기억될 것이다.

그러나 피터 싱어라는 이름이 유명한 만큼 악명을 떨치고 있다는 사실도 빼놓을 수 없다. 특별히 낙

피터 싱어는 소득분배, 환경오염, 동물해방운동 등 실천윤리학을 삶으로 만들어가고 있다.

태, 불구유아와 불치병 환자의 안락사를 적극적으로 지지하는 싱어는 거센 반대여론의 집중포화를 맞아왔다. 싱어의 명성만큼이나 그에 대한 비판도 세계적이라는 사실은 1989년에 일어났던 이른바 '싱어 사건'(Singer Affair)을 통해 여실히 증명된다. 독일 마르부르크(Marburg)에서 열리는 '생명공학, 윤리학, 정신지체아 문제'라는 세미나의 발표자로 참석하기로 되어 있던 싱어가 독일 신체장애인협회의 반대운동으로 인해 결국 입국을 거부당한 사건이다. 독일어로 번역된 싱어의 실천윤리학에 실린 안락사 찬성 의견이 마치 아돌프 히틀러의 인종청소만큼이나 비인간적이고 파시스트적이라는 것이 주된 이유였다. 싱어의 입국금지에 대한 논란은 결국 1992년 독일 지식인 100여 명이 싱어에 반대하는 성명을 발표하면서 일단락되었다. 그후로 싱어의 강연이 독일, 오스트리아, 스위스 등 독일어권 국가에서 공식적으로 금지되고 있는 실정이라고 한다. 1999년 프린스턴대학으로 옮길 때에도 또 한 차례 거센 반대여론에 직면해야 했던 싱어는 유명세만큼 악명세도 호되게 치르는 철학자라고 할 수 있다.

이해평등의 원칙과 종차별주의

싱어의 윤리관을 잘 정리하고 있는 저서는 그의 『실천윤리학』이다. 1979년에 초판이 발행된 이후 무수히 재판을 거듭하였고 1993년에 증보판이 나온 후에도 벌써 열 번에 걸쳐 다시 찍을 만큼 명실공히 실천윤리학의 기본 교재로 자리잡은 저서이다.

『실천윤리학』은 여러 다양한 주제들에 대한 싱어의 견해를 일목요연하게 보여준다는 점에서도 중요하지만 무엇보다 그의 윤리적 방법론을 살펴볼 수 있어 많은 도움이 된다.

『하나의 세계』. "윤리적 삶이란 적극적으로 목적을 선택하고 그것을 이룰 수 있는 수단을 모색하는 삶이다."

먼저 싱어는 전통적 윤리학이 추구해왔던 윤리의 기초와 정당성의 근거를 따지는 방법론 논쟁이 무의미하다고 일축한다. 윤리학에서 제일 큰 논란은 바로 윤리의 보편성을 확보해 줄 수 있는 기초를 확보하는 일이었다. 그러나 싱어에 따르면 전통윤리학의 실패원인은 바로 이 잘못된 전제에 놓여 있다. 즉 그들은 보편적 기초를 발견할 수 있을 때 윤리의 정당성이 보장된다고 생각했던 것이다. 그러나 확실한 기초 혹은 규칙(rules)을 확보하는 것 대신 차라리 확실한 목표(goals)를 먼저 확보하는 것이 더욱 생산적일 수 있지 않을까?

이처럼 싱어는 규칙 대신에 거꾸로 목표 혹은 성취결과를 우선적으로 설정하는 윤리학 방법론을 제시한다. "윤리적 삶이란 적극적으로 목적을 선택하고 그것을 이룰 수 있는 수단을 모색하는 삶이다." 이것이 바로 그가 말하는 결과주의(consequentialism)의 핵심으로서 밀(Mill)과 벤담(Bentham)이 말했던 공리주의(utilitarianism)로부터 영향을 받았음을 분명히 밝히고 있다.

결과주의를 주장하는 싱어에게 있어 가장 중요한 사항은 과연 무엇을 목표로 설정할 것이냐는 문제이다. 싱어가 상정하는 윤리의 목표는 '평등'(equality)이다. 여기서 그가 말하는 평등이란 "인간은 누구나 평등하게 태어났다"라는 선언적 의미가 아니라는 점에 유의할 필요가 있다.

우리의 삶은 사실 지독한 불평등으로 점철되어 있다는 현실을 싱어는 거듭해서 강조한다. 그렇

『동물해방』은 싱어의 이름을 전세계에 알렸을 뿐만 아니라, 전세계에 동물해방운동을 일으킨 도화선이 되었다.

다면 이미 엄청나게 불평등한 현실을 과연 어떻게 평등하게 조율할 수 있는가? 싱어가 착안하는 점은 사람들이 모든 면에서 불평등하지만 단 한 가지 면에서 평등할 수 있다는 사실이다. 그것은 곧 개개인이 각자의 '이해'(interest)를 추구한다는 보편적 사실 앞에서는 평등하다는 것이다. 그래서 싱어는 각자 '이해에 대한 평등고려의 원칙'(principle of equal consideration of interests)을 그의 윤리학의 목표로 내세운다.

'이해평등 고려원칙'은 싱어의 윤리철학 전체에 흐르는 핵심원칙이다. 그런데 싱어가 말하는 이 원칙의 의미를 가장 극명하게 드러내는 의제가 바로 동물에 관한 토론이다. 이해평등 고려원칙이 동물들에게도 똑같이 적용되어야만 된다는 사실은 "너무 당연해서 이 원칙의 의미만 제대로 파악한다면 곧 이해될 정도로 당연하다"고 강조한다. 동물들도 당연히 자신들의 '이해'를 가지고 있다. 고통을 느끼고 즐거움을 느끼는 능력을 가진 사물들은 모두 각자의 이해를 가지고 있는 존재들이다.

그러나 문제는 사람들이 동물들의 이해와 권리를 당연한 것처럼 부정한다는 사실이다. 사람과 동물은 당연히 구별되기 때문에 차별이 있을 수밖에 없다는 논리다. 그러나 이처럼 내가 속한 집단과 다른 집단이 다르다는 이유만으로 차별을 정당화할 수 있다는 논리는 곧 흑백차별주의, 남성우월주의 등의 해악을 낳았던 논리였다. 다른 인종(race)을 차별하는 사람들을 인종차별주의자(racists)라고 한다면, 다른 종(種, species)이라고 동물차별을 정당화하는 사람들을 종차별주의자(speciesists)라고 칭할 수 있다.

그는 최근까지도 역사, 종교, 문화 등 인간의 총체적 삶을 통해 생명과 윤리의 문제를 파헤치고 있다.

20세기에 들어 인종주의, 남성 우월주의 등이 차례로 무너진 이후로 이제 인류가 극복해야 할 마지막 편견은 바로 인간우월주의 혹은 종차별주의(speciesism)라고 싱어는 역설한다.

싱어가 역설하는 실천윤리학의 가장 두드러진 특징은 동물들의 이해도 인간의 이해와 똑같이 보호받을 권리가 있다는 점이다. 싱어는 격정적으로 종차별주의라는 편견이 얼마나 무서운 결과를 얼마나 광범위하게 가져왔는지를 고발한다.

가령 동물실험의 경우를 보면 의학지식을 증가시킨다는 명목 아래 동물들에 대한 온갖 잔인한 실험들을 무자비하게 행하고 있다. 과학자들에게 동물들은 오직 '실험도구'일 뿐 다른 어떤 고려의 대상도 아니다. 그러나 더욱 광범위하게 자행되는 동물학대 현장은 바로 동물사육 농장이다. 보다 효과적으로 보다 많은 생산을 얻기 위해서 인간이 동물에게 가하는 학대는 상상을 초월한다.

따라서 동물학대의 진짜 주범은 맛있는 고기를 탐하는 우리 모두라는 것이 싱어의 결론이다. 우리의 풍성한 식탁이야말로 동물학대가 시작되고 끝나는 곳이다. "동물 고기는 필요가 아니라 사치이다"라고 싱어는 단정짓는다. 사람들은 곡물섭취만으로도 얼마든지 생존에 지장없이 살 수 있는데 오로지 고기 맛을 즐기기 때문에 육식을 선호한다는 것이다.

인격적 생명의 신성함

대규모 농장에서 자행되는 동물사육에 얽힌 잔인성을 고발하는 싱어의 목소리는 많은 청중들에게 큰 설득력을 발휘하였다. 그러나 싱어의 채식주의에 공감하게 된 사람들일지라도 그의 낙태와 안락사 찬성 의견을 접하면 못마땅해하는 경우가 많다. 그렇지만 싱어는 낙태와 안락사 문제는 동물학대 문제와 다르지 않고 똑같은 논리의 연장이라고 주장한다. 과연 인간의 죽음과 동물의 죽음은 동일한 논리로 설명할 수 있는 것인가. 바로 여기에서 싱어의 유명함과 악명 높음이 갈라지는 분기점이 생겨난다.

싱어 자신도 이 문제의 심각함을 인식하고 이해평등의 고려원칙이나 종차별주의 이상의 논리가 필요하다고 인정한다. 그는 그 돌파구를 '인간'에 관한 재해석을 통해 찾으려고 한다.

동서고금을 통해 생명의 신성함(sanctity of life)이라는 생각은 잘 알려져 있다. 그러나 여기서 말하는 생명이란 거의 언제나 '인간 생명'만을 뜻한다. 따라서 보다 정확히 말한다면 '인간생명의 신성함'이라고 할 수 있을 것이다. 그렇지만 생물학적으로 인간 종(種)의 일원으로 태어난 지체의 생명만이 신성하다고 생각한다면 그것은 종차별주의적 사고의 발상이라고 싱어는 반박한다. 그래서 이 시점에서 우리에게 필요한 것은 '인간이란 무엇인가?'라는 문제를 열린 마음으로 새롭게 검토하는 일이라고 싱어는 강조한다. 그에 따르면 전통적으로 사람(person)이라고 생각되어왔던 단어에서 가장 중요한 요소는 합리성(rationality)과 자아의식(self-consciousness)이다. 다시 말해 'person'이란 다름 아닌 이성적 자아의식을 가진 존재라는 것이다. 새롭게 해석된 이 단어를 가지고 싱어는 파격적인 주장을 개진한다. "우리 인간 종의 일원이 아니면서 person일 수도 있고 인간 종의 일원이지만 person이 아닐 수도 있다." 따라서 이제 person은 반드시 '사람'일 필요가 없고 차라리 '인격체'로 해석되어야 한다.

싱어에게 있어 새롭게 정의된 '인격체'(person)가 지니는 의미는 너무나 중요하다. 전통적인 생명의 존엄성 개념은 이제 '인격적 생명의 신성함' (sanctity of personal life)으로 수정되어야 한다. 이 말이 뜻하는 바는 어떤 동물의 생명이 어떤 사람의 생명보다 더 가치 있을 수 있고 더 존중되어야 한다는 의미라고 싱어는 해석한다.

그 이유는 어떤 동물이 완전한 '인격체'인 반면에 어떤 사람은 전혀 '인격체'가 아닐 수 있기 때문이다. 단정적으로 말해서 싱어가 보는 관점에서 성인 돼지는 충분한 인격체인 데 반해 인간 태아는 절대로 인격체가 아니다. 결과적으로 낙태는 윤리적이지만 돼지를 도살하는 일은 비윤리적이라는 것이다. 이제 왜 싱어가 그렇게 논란의 중심에 서 있으며 왜 그토록 격렬한 반대여론에 직면해야 되는지를 이해할 수 있다.
　반대자들의 눈에 비친 피터 싱어는 "아픈 애는 죽이고 살찐 돼지는 살리자"라는 미친 구호를 신봉하는 정신나간 사람이기 때문이다.
　그에게 쏟아지는 모든 비난과 공격에도 불구하고 싱어는 자신의 '인격적 생명의 신성함'이라는 해석이 현대인들에게 중요한 윤리적 결단의 계기를 제공한다고 확신한다. 지금 우리 시대는 생명과 죽음의 의미에 관하여 지독한 혼란에 빠져 있다. 그 이유는 전통적 윤리관이 더 이상 유효하지 않음에도 불구하고 사람들은 그 사실을 인정하기 두려워하기 때문이다.
　가령 뇌사(brain death)를 사망의 기준으로 미국의사협회가 받아들인 지 20여 년이 지난 이 시점에서도 아직 수많은 의사들과 간호사들은 심장이 계속 뛰는 뇌사환자들로부터 인공호흡기를 분리할 때 가책을 받고 주저한다. 지난 2천 년 간 '인간의 생명'은 무조건 존중되어야 한다고 가르쳤던 종교적, 도덕적 교훈이 남긴 중압감이 그만큼 큰 까닭이다. 그러나 지금은 낡은 도덕관을 벗어던지고 새로운 생명관을 정립해야 하는 기회의 시간이기도 하다.
　이와 같이 '인격체'(person)의 정의는 그의 생명윤리관을 가늠하는 중요한 잣대가 되고 있다. 안락사 문제에서도 역시 자아의식을 가진 인격체인가 아닌가의 기준이 가장 핵심사항으로 등장한다.
　싱어는 안락사를 타의적 안락사, 자의적 안락사, 비자의적 안락사의 세 가지 유형으로 분석한다. 마지막 비자의적 안락사란 자신이 죽음을 선택하거나 거부할 수 있는 의식이 없는 상태, 즉 비인격적 상태를 뜻한다. 이 가운데서 싱어는 타의적 안락사에는 반대하지만, 자의적 안락사와 비자의적 안락사에는 찬성을 표한다.
　이 두 가지 안락사는 고통을 멈추는 훌륭한 윤리적 선택이 될 수 있다는 것이다. 특히 논란이 되는 문제는 싱어가 비자의적 안락사의 범주에 유아, 불구아, 정신지체자 등을 포함시키고 그들의 안락사를 지지한다는 사실이다. 그것도 소극적 안락사가 아니라 적극적 안락사를 추천한다고 과감하게 밝히고 있다. "만약 어린아이를 그냥 죽어가게 하는 것이 용납된다면 왜 죽이는 것은 허용될 수 없는가? 죽게 놓아두는 것과 죽이는 것 사이에는 아무런 본질적(intrinsic) 차이가 없는 것이다."
　인간 중심의 사고에 익숙해져 있는 우리들의 귀에 '인격체'의 논리를 앞세운 싱어의 발언은 대단히 충격적으로 들린다. 싱어의 윤리관이 충격적인 만큼 그에 관한 비판도 여간 뜨거운 것이 아니다. 예를 들면 싱어의 윤리철학의 가장 큰 특징이라고 할 수 있는 종차별주의 타파에 대한 반박이 만만치 않다. 물론 반대의견의 대다수는 인간의 생명과 다른 생명체가 질적으로 구분될 수밖에 없다는 데 초점을 맞추고 있다. 그러나 어떤 이는 싱어가 말하는 '인격적 생명의 신성함' 개념이 오히려 지나치게 폐쇄적이라고 공격하기도 한다. 자아의식의 존재여부를 인격체의 기준으로 삼는 싱어는 사실상 포유류-고등동물 중심주의에 사로잡혀 있다는 비난이다.

이 세상에 존재하는 수많은 생물들 가운데 불과 5퍼센트도 안 되는 그런 동물만을 '인격체'라고 한다면 어떻게 전지구를 위한 진정한 생태계 윤리를 수립할 수 있겠느냐고 반문하는 것이다.

결론적으로, 그를 둘러싼 많은 논란에도 불구하고 싱어는 자신의 발언을 통해 사람들에게 21세기 삶의 현안들에 대한 윤리적 반성을 촉구하는 철학자다. 더 이상 교과서에 안주하는 윤리학이 아니라 생생한 삶의 현장에서 부딪치는 문제들을 해결하는 윤리학이 될 수 있도록 계속 충격요법을 던져주는 우리 시대의 중요한 실천윤리학자라고 할 수 있다.

초인적인 저술활동과 대중매체의 화제적 인물

프린스턴대학교 철학과 교수인 피터 싱어는 실천윤리학의 세계적인 거장이다. 1946년 호주의 유대인 이민 가정에서 태어난 싱어는 멜버른대학을 거쳐 옥스퍼드에서 박사과정을 수료하였으며 1977년부터 호주 모나쉬대학에서 가르치다가 1999년에 프린스턴대학교의 생명-의료윤리 교수로 자리를 옮겨 활동하고 있다.

비록 실천윤리학을 시작한 창시자는 아니지만 싱어가 아니었으면 오늘날 실천윤리학이라는 학문이 이룩한 성과를 말할 수 없을 정도로 그의 공로는 지대하다. 그동안 싱어가 보여준 활동은 대단한 것이었다.

불과 26세에 불과했던 1972년에 발표하여 이 방면의 필독논문으로 자리 잡은「기아, 풍요, 그리고 도덕」을 시작으로 현재까지 80편이 넘는 학술논문을 발표하였으며 27권의 저서를 집필 또는 편집하는 초인적인 저술활동을 보여주고 있다. 이외에도 신문과 잡지 기고문, TV 방송출연 활동 등은 셀 수도 없을 만큼 많다.

특히 싱어가 신문, 방송 등 대중매체를 적극적으로 활용할 줄 아는 학자라는 사실은 실천윤리학을 더욱 효과적으로 알리는 데 많은 도움을 주었다. 각계각층 사람들의 이해가 상충되는 복잡한 현안을 명쾌히 분석하고 전문적 용어 대신 평이한 서술을 통해 분명한 선택을 제시할 수 있는 싱어의 능력은 실천윤리학자에게 제일 어울리는 자질이 아닐 수 없다.

활발한 기고와 강연활동을 통해서 자신의 윤리적 견해를 거침없이 피력해온 싱어는 현재 활동하고 있는 철학자들 가운데 일반인들에게 가장 널리 알려진 사람 가운데 하나라고 할 수 있다.

배국원 연세대학교 철학과 및 미국 남침례교신학대학원을 졸업하고 하버드대학 종교학과에서 종교철학 전공으로 박사학위를 받았다. 현재 침례신학대학교에서 종교철학 교수로 재직하고 있으며 대학원장직을 맡고 있다. 『현대종교철학의 이해』와 『Homo Fidei』를 저술하였고, 『신의 역사』(카렌 암스트롱 지음), 『가톨릭 교회』(한스 큉 지음) 등을 번역하였다. 이외에도 「사이버스페이스의 기독교적 의미」, 「반기초주의와 신학」 등 다수의 논문이 있다.

용어와 개념 풀이

밀 John Stuart Mill, 1806~1873

영국의 경험주의 철학자이며 사회개량주의 사상가였던 밀은 19세기의 가장 영향력 있는 자유주의 사상가였다. 역시 철학자이자 경제학자였던 아버지 제임스 밀(1773~1836)에 의해 아주 어릴 때부터 체계적 인문교육을 받은 것으로도 유명한 그는 이미 여섯 살에 플라톤의 『대화』를 원문으로 읽었다고 전해진다. 인식론에 관한 저술인 『논리의 체계』와 윤리학 저서인 『공리주의』 및 『자유에 관하여』가 유명하다.

벤담 Jeremy Bentham, 1748~1832

영국 공리주의 윤리학의 창설자였던 벤담은 "최대 다수의 최대 행복"을 달성하는 것이 정당한 행동과 윤리의 목적이라는 유명한 공식을 발표하였다. 원래 법학을 공부했던 그는 사회계약설 등과 같은 전통적 추상적 법이론에 대한 강한 불신을 갖게 되었고 보다 구체적 행복을 확보하는 실용적 대안을 모색하였다. 그는 제임스 밀, 존 스튜어트 밀 부자에게 심오한 영향을 발휘하였다.

공리주의 utilitarianism

벤담, 밀 부자, 시지위크 등에 의해 주장된 윤리이론으로서 인간의 행동과 삶에 관한 정당한 기준은 다름 아닌 효용(utility)과 행복의 극대화라고 강조하는 이론이다. 제임스 밀의 표현처럼 "과연 얼마만큼 행복을 증진시키느냐에 따라 어떤 행동이 정당한 행동이 되고 반대로 얼마나 행복을 감소시키는가에 따라 어떤 행동이 부당한 행동이 된다"는 것이다. 이처럼 결과를 중시하기 때문에 결과주의(consequentialism)라고 칭해지기도 하고 행복을 지나치게 강조한다고 해서 쾌락주의(hedonism)라고 비난받기도 하였다.

종차별주의 speciesism

인간과 다른 종(species)이라는 이유만으로 다른 종의 동물들을 차별한다는 의미를 가진 새로운 용어이다. 자신과 인종(race)이 다른 사람을 차별하는 것을 인종차별주의(racism)라 부르고, 성(sex, gender)이 다른 이유로 상대방을 억압하는 것을 성차별주의(sexism)라고 부르는 것에서 유추한 단어임을 알 수 있다.

피터 싱어는 말한다

- 서구 사람들이 생각하는 좋은 인생이란 한 마디로 접시마다 스테이크 조각이 올라와 있는 식단을 포함한다. 이러한 욕구를 충족시키기 위해서는 전적으로 새로운 형태의 영농방식을 도입하지 않을 수 없었다. 그 결과 돼지, 닭, 소들은 일생 동안 들판에서 제대로 걸어보는 것은 물론이고 햇빛조차 보지 못한 채 가축사육장 안에 갇혀 풀 대신 위에 적합하지도 않은 사료를 먹어야 한다. 이제 동물들은 우리와 같이 지각력을 갖춘 존재로 여겨지지 않게 되었다. 그들은 오히려 싼 곡물을 고가의 육류로 전환시키는 기계처럼 취급받게 된 것이다. 가축사육장의 소는 790킬로그램의 식물성 단백질을 소비하여 50킬로그램 미만의 동물성 단백질을 만들어낸다. 결국 쇠고기에 대한 엄청난 식욕은 더 많은 땅과 자원을 요구하게 만드는 독특한 소비형태 중 하나일 뿐

이다. 좋은 인생을 식탁 위에 고기가 오르는 삶과 동일시했기 때문에 지금 지구상에는 인간보다 세 배나 많은 수의 가축이 존재하게 되었다. 지난 30여 년 간 중앙 아메리카 산림의 25퍼센트가 목장을 만들 목적으로 제거되었다. 전세계적으로 볼 때 대기중에 방출되는 메탄가스의 20퍼센트가 가축들 탓이다. 결국 엄청나게 많은 동물을 먹임으로써 우리는 지구를 뜨겁게 하는 데 일조하고 있는 것이다.

- 문제는 대부분의 사람들이 윤리적인 삶을 산다는 것에 대해 단지 희미한 생각만을 가지고 있다는 사실이다. 사람들은 윤리를 어떤 일을 금지하는 규칙체계라고 이해한다. 윤리를 어떻게 살아야 하는가에 대한 사유의 토대라고 생각하지 않는다. 윤리적으로 반성적인 삶을 산다는 것은 무엇을 해야 하고 무엇을 하지 말아야 한다는 일련의 규칙을 엄격히 준수하는 것과는 다르다. 윤리적으로 산다는 것은 우리들 각자가 지닌 삶의 양식에 대해 반성하는 것이다. 그리고 그 반성의 결과에 따라 행위를 부합시키고자 노력하는 것이다. 우리는 더 이상 비윤리적으로 살거나 오늘날 세계 도처에 존재하는, 있어서는 안 될 고통에 대해 무관심하게 살아갈 수는 없다.

더 읽어야 할 책들

Peter Singer, *Democracy & Disobedience*, Oxford, 1973.
_____, *Animal Liberation*, Scribner, 1975.
_____, *Expanding Circle: Ethics & Sociobiology*, Farrar, Straus & Giroux, 1981.
_____, *The Reproduction Revolution: New Ways of Making Babies*, Oxford, 1984.
_____, *Making Babies: The New Science & Ethics of Conception*, Scribner, 1987.
_____, *Practical Ethics*, 2nd. ed. Cambridge, 1993.
_____, *How Are We To Live: Ethics in an Age of Self-Interest*, Prometheus Books, 1995.
_____, *The Great Ape Project: Equality Beyond Humanity*, St. Martin's, 1995.
_____, *Rethinking Life & Death: The Collapse of Our Traditional Ethics*, St. Martin's, 1996.
_____, *Marx: A Very Short Introduction*, Oxford, 2000.
_____, *A Darwinian Left: Politics, Evolutions & Cooperation*, Yale, 2000.
_____, *Hegel: A Very Short Introduction*, Oxford, 2001.
_____, *Writings on an Ethical Life*, Ecco Press, 2001.
_____, *Unsanctifying Human Life*, Blackwell, 2002.
_____, *One World: The Ethics of Globalization*, Yale, 2002.
_____, *Applied Ethics*, Oxford, 1986.
_____, *In Defense of Animals*, Harper Collins, 1986.
_____, *Embryo Experiment*, Cambridge, 1993.
_____, *A Companion to Ethics*, Blackwell, 1993.

앙드레 그린 *Andrea Green*

정신분석학을 격자 밖으로

맹정현 파리 8대학 박사과정 · 정신분석학

억압된 것의 회귀

"무의식은 언어처럼 구조화되어 있다"는 말은 라캉의 정신분석학의 테제를 한 마디로 정리해주는 대표적인 명제로 알려져 있다. 하지만 이는 라캉의 작업을 대표하는 언술을 넘어서 한 시대의 분위기를 집약하는 명제로서 기능하기도 한다. 그 명제는 구조주의 시대를 예감하는 분위기 속에서 언어와 구조를 통해서 인간의 심층적인 무의식을 탐사하고자 하는 한 시대의 열망을 담고 있다는 것이다. 라캉의 정신분석은 바로 그러한 열망의 선두에서 인간의 내면에 자리잡은 불변의 구조에 대한 탐색으로서 특징지을 수 있는 한 시대의 결정체인 것이다.

50년대에서 60년대 중반에 이르는 이른바 구조주의의 시대가 인간의 유한한 육체 속에서 초월적인 언어를 발견하는 시대였다면, 60년대 말부터 시작되는 또 하나의 역사는 언어의 초월적 구조라는 기치 아래 사장되었던 주변적인 것들이 다시 역사의 한복판에 되돌아오는 형국을 보여준다. 구조주의적 열망에 의해 억압되었던 '육체'와 '힘'이라는 이질적인 요소가 회귀하며, 급기야는 구조를 지탱하는 하부구조로서 재발견되고 담화의 전면에 배치되기에 이른 것이다. 불변의 구조에 대한 탐색을 추동하던 열망은 대략 68년을 기점으로, 구조의 이면에 감추어진 심층적인 역학을 탐색하는 작업으로 고스란히 재투자되기 시작했다.

이러한 경향은 정신분석학에 있어서도 예외가 아니다. 정신분석학이 현대 사상의 한 가지 중요한 축을 이루는 이상, 사상사적인 전환과 더불어 이론의

> *사실 라캉에 대한 비판은 그의 이론에 대한 완전한 폐기가 아니다. 그린에게 있어 정동을 이론의 전면에 제시한다는 것은, 단순히 라캉의 이론을 뒤집는 것이 아니라 정동을 포용할 수 있는, 라캉의 이론을 대체할 만한 메타심리학적인 표상이론을 완성하는 것이다.*

변곡점을 낳았다는 것은 지극히 당연한 사실일 것이다. 실제로 구조주의의 후퇴는 정신분석학의 관심사를 이른바 상징적인 것(le symbolique)으로부터 실재적인 것(le réel)으로 이동시켰으며, 라캉으로 하여금 이른바 초기 라캉에서 후기 라캉으로 이동하도록 만드는 계기가 되었다.

죽음이 아닌 삶, 정신분석의 회생을 위하여

이러한 상황에서 후기 라캉과 더불어 68년 이후의 새로운 조류의 정신분석학, 이른바 '후기구조주의적'인 정신분석을 대변하는 이가 있다면 우리는 단연 앙드레 그린(Andre Green)을 꼽을 수 있다. 앙드레 그린은 시니피앙의 연쇄(chane signifiante)로 축소되어버린 무의식 개념, 언어처럼 구조화된 무의식 개념보다는 좀더 생동감 있는 무의식을 제시함으로써 정신분석의 '구조주의화'에 반대하는 데 앞장섰던 인물이다. 그는 이른바 구조주의 조류에 의해 점차 건조하게 변질되어가는 정신분석에 대항해 정신분석과 제반 인문과학에 살아 있는 정동(affect)을 도입함으로써 무의식을 '죽음'이 아닌 '삶'의 측면에서 접근했다. 그에게 무의식은 죽어 있는 '텅 빈 사슬'이기에 앞서 무엇보다도 주체가 느끼는 '정동'과 '감정'의 양태였던 것이다.

이집트 카이로에서 출생해 40년대에 프랑스로 이주한 앙드레 그린은 원래 정신과 의사 출신이면서도, 철학, 현상학, 문학 등의 인문과학에 심취했고 항상 새로운 지식에 대해 갈망했다는 점에서 라캉의 모습과 닮았다. 그는 동시대 정신과 의사들이 그렇듯이 라캉의 명성과 영향력 속에서 정신분석으로 마음을 돌렸던 세대에 속한다. 자신의 친구이자 라캉의 1세대 제자였던 로졸라토(Rosolato)의 권유로 라캉의 세미나에 참석했고 그로부터 많은 것을 배웠다. 하지만 놀랍게도 그가 궁극적으로 자신의 터전으로 선택한 곳은 라캉의 학파가 아니라 국제정신분석학회(IPA) 산하의 파리 정신분석학회(APP)였는데, 이는 라캉의 교조주의적인 제자들처럼 그의 품안에 안주해서 정신분석을 박제화된 언술로 만드는 것이 아니라, 항상 자신으로부터 거리를 두도록 만든 라캉 자신의 비판적인 정신을 따라서 정신분석을 살아 있는 과학으로서 회생시키기 위함이었다.

라캉 사후, 프랑스 정신분석학계, 더 나아가서는 국제정신분석학계를 대표하는 독창적인 사상가로 성장한 앙드레 그린은 파리 정신분석협회 회장, 국

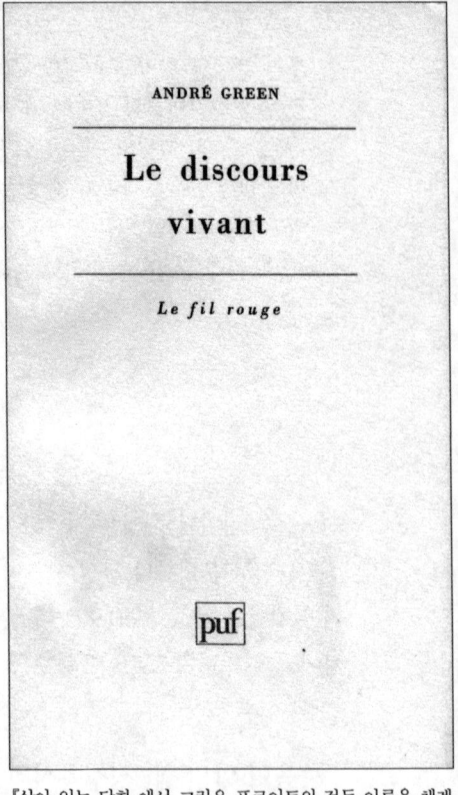

『살아 있는 담화』에서 그린은 프로이트의 정동 이론을 체계적으로 제시하고 그것에 의거한 임상이론을 제시했다.

제정신분석학회 부회장 등을 역임하며 막강한 영향력을 과시하고 있으며, 현재 가장 역동적인 사유를 펼치는 정신분석가 가운데 한 명으로 손꼽히고 있다. 프랑스 정신의학계의 대부인 앙리 에(Henry Ey)의 총애를 마다하고, 험란한 정신분석의 길을 고수한 그는 환자를 이미 규정된 격자 속으로 환원시키는 죽어 있는 지식에 불과한 정신의학을 비판하고, 정신분석의 핵심은 바로 구체적이고 역동적인 체험 자체에 있다고 보았다. 그는 정신분석학이 죽어 있는 이론이 아닌 항상 살아 있는 이론이 되기를 열망했다.

정신분석학이 항상 '살아 있는 이론'이 되기를 바라는 그의 열망은 그로 하여금 항상 중용의 길을 선택하도록 만들었다. 그는 영미권의 정신분석학과 라캉의 정신분석 진영 사이에서 벌어지는 줄다리기에서 어느 한쪽을 편들지 않고 중도적인 길을 걸어왔다. 라캉을 읽지 않는 국제정신분석학회의 회원들에게는 라캉의 독서를 역설하고, 라캉과 그의 제자들에게는 사고의 경직성에 대해 충고하는 등, 항상 살아 있는 이론을 강조했다. 그는 한편으로는 무의식

을 시니피앙의 사슬로 축소하고 주체를 그러한 사슬의 틈새 속에 위치시켜 버린 초기 라캉을 비판하고, 다른 한편으로는 프로이트의 메타심리학과 표상 이론에 대해 무지하고, 정신분석을 사회 순응의 도구로 축소시킨 영미의 발생론적, 심리주의적 정신분석가들을 비판했던 것이다.

정동의 언어, 그 살아 있는 담화

앙드레 그린의 작업이 이론적으로 학계의 주목을 받기 시작한 것은 1970년 『살아 있는 담화』(Discours vivant)란 제목으로 정동에 대한 보고서를 발표한 것을 통해서다. 그 보고서는 언어학과 인류학을 선구적인 과학으로 구조와 언어를 전면에 내세웠던 50~60년대로부터 벗어나, 육체와 힘의 시대로 막 도약하는 70년대를 열었던 선구적인 작업으로 평가되고 있다. 여기에서 그는 그동안 구조주의의 열풍에 의해 기억에서 잊혀져버린 프로이트의 정동 이론을 체계적으로 제시하고 그것에 의거한 임상이론을 제시했다. 그는 시니피앙이 아닌 정동을 나침반으로 하여 임상범주들을 체계화했다.

그린의 작업이 프로이트의 작업에 하나의 중요한 축을 이룸에도 불구하고 라캉의 작업에서 빠져버린 정동을 다시 프로이트의 작업 속에 복권시키는 것으로서 요약될 수 있다면, 그에게 가장 필요한 것은 그러한 복귀를 가능케 하는 표상이론을 마련하는 것이라 할 수 있다.

사실 라캉에 대한 비판은 그의 이론에 대한 완전한 폐기가 아니다. 그린에게 있어 정동을 이론의 전면에 제시한다는 것은, 단순히 라캉의 이론을 뒤집는 것이 아니라 정동을 포용할 수 있는, 라캉의 이론을 대체할 만한 메타심리학적인 표상이론을 완성하는 것이다. 무의식을 시니피앙의 연쇄로 축소시키는 표상이론이 아니라, 무의식은 살아 있는 담화임을, 정동의 담화임을 보여줄 수 있는 표상이론을 필요로 했던 것이다.

이런 맥락에서 앙드레 그린은 억압(refoulement)은 정동에 대한 것이 아니라 '표상', 즉 '기표'에 대한 것이며, 따라서 무의식은 정동을 포함하지 않는다는 라캉의 초기 이론에 대항해 충동의 심적 표상은 충동에 대한 표상자를 포함하며, 억압과 관련해서도 억압은 표상에 대해서뿐 아니라 정동에 대해서도 일어난다는 점을 강조했다. 물론 정동은 심적 장치에 대해 이질적이기 때문에 사유를 마비시키는 트라우마의 효과를 초래할 수 있다. 이것이 바로 이른바 일차과정이며, 그 양상이 바로 죽음 충동이다. 하지만 정동은 억압과 더불어 무의식 속으로 한 발을 들여놓음으로써 그러한 일차과정의 속성을 상실하고 조직적인 성격을 띨 수 있다는 것이 바로 그린의 주장이다.

앙드레 그린은 정동과 언어 사이의 완벽한 분리를 전제하는 라캉과 달리, 언어 외적인 요소들을 언어 내부에 포함하는 언어의 '이종적(異種的) 구성'을 강조하고, 이러한 이종적 구성을 가진 언어적 형식을 담화(discours)라고 불렀다. 그린에게 있어 담화란 사유, 표상, 환상, 정동, 육체 등과 같은 다양한 표상적 활동을 수행하는 복합적인 심적인 재료들을 말한다. 담화는 박물화된 기표들의 연쇄, 코드화된 체계가 아니라, 자신의 감각을 가지고 살아 있는 '몸'이다. 단순히 차이에 의해 의미효과(signification)를 발생시키는 그 자체는 텅 비어 있을 뿐인 추상적인 시니피앙, 다시 말해 죽어 있는 시니피앙과 달리 항상 살아 있는 언어, '몸'의 언어인 것이다. 그리고 여기에서 주체는 시니피앙들의 간극 속에서 간신히 목숨을 보존하고 있는 반신불수의 주체가 아니라, '담화'라는 육신을 통해서 살아 숨쉬고 있는 삶의 주체이다.

1983년 정신분석과 언어의 관계에 관한 엑상 프로방스의 한 콜로키움에서 발표된 『정신분석에 있어서의 언어』에서 앙드레 그린은 한 걸음 더 나아가, 언어가 가지고 있는 역설적이고 이중적인 기능들에 주목해 '살아 있는 담화'를 보다 정교하게 체계화했다. 정확히 라캉의 53년 보고서인 로마 담화(Discours de Rome)에 대한 반박문으로 제출한 이 보고서에서 그린은 언어가 가지고 있는 세 가지 수준에서의 이중성을 지적한다.

그에 따르면, 첫번째로 언어는 이중적인 기표작용(signifiance)을 한다. 언어는 코드화된 기표들의 체계로서 의사소통을 가능케 하지만, 또한 동시에 마치 시적(詩的)인 언어에서와 같이 그러한 기표들의 파열(破裂)로서 의미와 정동의 효과를 초래한다. 그리고 언어는 이중적인 표상작용(representance)을 한다. 언어는 언어적으로 구성된 심적인 장치일 뿐 아니라 언어 외부의 것, 다시 말해서 심적 장치를 넘어선 사물과 정동과도 접속되어 있다. 이중적인 표상작용이란 언어는 언어 자신을 표상하면서 동시에 사물을 표상한다는 것이다. 이 밖에도 언어는 또한 이중의 참조성(reference)을 갖는다. 이는 언어가 심적인 현실을 참조하는 동시에 외적인 현실을 참조한다는 것을 뜻한다.

이러한 이중성의 요체는 언어가 언어 자체로 자기 충족적일 뿐 아니라 또한 언어의 외부와 긴밀히 연관성을 가지고 있다는 데 있다. 특히 그린은 이러한 이중성을 구성하는 각각의 축들은 절대적인 거리 속에서 외따로 고립되어 있는 것이 아니라, 간극과 조응의 놀이 속에서 상호작용을 한다고 주장한다. 그는 언어는 한쪽 극단에서 다른 한쪽의 극단을 왕복하면서 상호작용을 수행하며, 바로 이러한 상호작용을 통해서 창조적인 속성을 갖게 된다고 역설한다. 창조적 속성이란 곧 이러한 상호작용을 통해서, 정동과 침묵이 들어오고 표상 속에 각인됨으로써 담화를 살아 있는 것으로 만든다는 것을 뜻한다.

이렇게 정동을 통해서 정신분석의 한가운데 죽음이 아닌 삶을 들여놓는 것이 앙드레 그린의 일차적인 목표였다면, 이러한 목표가 그러한 삶이 어떻게 우리의 삶 속으로 들어오는지를, 간단히 말해서, 삶의 근원이 어디에 있는지를 파헤치는 것으로 확장되리라는 것은 지극히 당연한 일이라 할 수 있다.

삶의 근원을 찾아서

그는 1986년 발표되었고 1994년에 책의 형태로 출간된 『부정태의 작업』(travail du negatif)에서 삶이 어떻게 죽음을 통해서 가능한가를 보여주고자 했다. 그는 부정적 환각(hallucination negative), 백색 정신병(psychose blanche), 경계선 장애(etats-limites) 등과 같은 현대 정신분석학의 핵심적인 과제에 대한 연구를 통해서, 우리에게 이미 주어져 있는 것처럼 보이는 삶의 터전이 실은 부정태(不定態)의 작업을 통해서 마련되는 것임을 보여주고자 했다. 여기에서 '부정태'란 곧 표상의 한계, 표상의 불가능성을 말하며, '부정태의 작업'이란 이러한 표상의 한계를 표상의 긍정적 토대로 전환시키는 생산적인 작업을 말한다.

가령 정신병리학에서 '부정적 환각'이란 외부에 실재하는 것을 부정하는 환각, 가령 눈 앞에 버젓이 있는 사물을 의식과 감각으로부터 지워버리는 환각을 말한다. 그런데 앙드레 그린에게 있어 이러한 부정적 환각은 '긍정적 환각'(외부에 부재하는 것을 존재하도록 느끼는 환각)의 전도가 아니다. 부정적 환각은 보다 근본적으로 이후에 다양한 표상들이 자리잡을 수 있도록 해주는 표상의 틀을 가능케 하는 부정적 메커니즘이다.

앙드레 그린은 여기에서 라캉이 차용했던 집합론을 그대로 계승한다. 부정적 환각은 아무것도 표상하지 않는다는 점에서 영점(零點)이라고 할 수 있다. 그것은 곧 표상의 제로(zero)인 것이다. 그런데 이러한 제로는 표상을 가능케 하는 조건으로서, 표상의 틀을 만들어낸다. 다시 말해서, 부정성의 공간, 표상의 제로는 표상의 내용물을 담는 용기(contenant)가 된다는 것이다.

가령 유아는 현존하는 것을 부정하는 힘을 가짐으로써, 다시 말해 대상을 이미지로부터 도려냄으로써 이미지가 구성되는 정신적인 틀을 만들어내며, 바로 이러한 틀을 통해서 자기 보존의 가능성을 열게 된다는 것이다. 이러한 틀이 가능한 한, 유아는 자신의 육체를 끊임없이 파괴하고자 하는 죽음 충동을 삶의 원천으로 끌어올리게 되는 것이다.

물론 앙드레 그린에게 있어 이러한 부정태의 작업에 대한 관심사는 단순히 이론적인 것이 아니다. 그것이 정신분석의 한계를 각인하는 심적 구성의 한계에 대한 과학적인 탐구로서 분명한 가치를 갖는다는 점에서는 이의의 여지가 없다. 하지만 중요한 것은 무엇보다도 그러한 탐구를 통해 우리는 우리에게 주어진 삶의 근원을 이해함과 동시에 정신분석으로 하여금 이론에 의해 제한된 실천의 한계를 넘어서도록 끊임없이 부추긴다는 데 있다. 이것이 바로 앙드레 그린의 작업을 항구적으로 특징짓는 주된 특징이다. 우리는 바로 이런 맥락에서 그의 앞으로의 작업들을 가늠해볼 수 있을 것이다.

맹정현 파리 8대학 정신분석학과 박사 과정 중에 있다. 옮긴 책으로는 『라캉과 정신의학』, 라캉의 『세미나 I권: 프로이트의 기술에 관한 저술』, 『세미나 XI권: 정신분석의 네 가지 기본 개념』 등이 있다.

왼쪽은 라캉, 오른쪽은 프로이트. 그린은 라캉의 영향으로 정신분석의 세계에 들어섰지만 박제화된 언술에 묶여 있는 라캉의 학대를 벗어나 독창적인 사상가로 성장한다. 그후, 자신만의 이론의 체계화로 주목받은 저서 『살아 있는 담화』에서 프로이트의 작업 속에 '정동'을 복권시킨다.

용어와 개념 풀이

국제정신분석학회 IPA
1910년 3월 30일 프로이트와 산도르 페렌치의 주도 아래 뉘른베르크에서 창설된 국제적인 정신분석학회이다. 프로이트에 의해 창설되었다는 점을 들어 정통성을 주장하지만, 학설적으로는 다양한 학파들이 공존하는 형태로 구성되어 있다. 현재는 라캉주의를 실천하는 세계정신분석학회(AMP)와 더불어 정신분석학계의 양대 산맥을 이룬다.

부정적 환각 hallucination negative
현실적으로 존재하지 않는 것을 지각하는 긍정적 환각과 반대로, 현실적으로 존재하는 것을 지각으로부터 지워버리는 환각을 지칭하는 정신병리학적인 용어.

경계선 장애 Etats-limites
정신병과 신경증의 경계선에 자리잡은 질환으로서 진단학적으로 매우 모호한 상태를 지칭한다. 전통적으로, 완전한 정신병적인 구조로 발전되진 않았지만, 정신병적인 성향을 잠재적으로 간직하고 있는 신경증적인 성격을 지칭하다가, 하인츠 코헛과 오토 컨버그의 작업을 통해서 하나의 고유한 병리적 구조로서 정립되었다. 이후, 현대 정신분석학의 가장 큰 논쟁거리로 자리잡았다.

상징적인 것 le symbolique
통상 언어의 영역에 속하는 것을 지칭하나, 정신분석학에서는 라캉에 의해 보다 엄밀하게 언어의 질서, 단어들의 분절법칙, 한 마디로 상징적인 질서를 지칭하기 위해 사용되었다. 인간은 말을 하는 존재란 점에서, 상징적인 질서를 따라야 한다는 점에서 상징적인 것은 주체에 대해 초월성을 갖으며, 주체를 결정짓는 작용을 한다.

실재적인 것 le réel
논리적으로, 언어와 이미지가 가능성과 필연성의 세계를 구성한다면, 실재적인 것은 불가능성의 세계를 구성한다. 즉 언어와 이미지라는 허구에 의해 환원되지 않는 것을 지칭한다. 시니피앙과 이미지는 항상 타자에 의해 보증되어야 한다는 점에서 허구적인 반면, 실재적인 것은 그러한 타자의 비존재를 전제한 개념이란 점에서 허구적인 것이 아닌 말 그대로 실재적인 것이다. 이러한 실재적인 것은 정신분석의 경험과 관련해서는 언어와 이미지의 질서로 환원되지 않는 것, 가령 향유, 충동, 성적인 것 등을 가리킨다.

앙드레 그린은 말한다

- 프로이트의 두번째 토픽에 의거한 정동의 분석은 여기에서 정동에 대해 자아가 차지하는 특별한 위치를 드러낸다. 정동은 육체와 의식 사이에 자리 잡는다. 자아의 자기 보존적인 활동은 육체적인 운동과 그 변화의 특질로서 풀이되는 변화를 등록시킨다. 이쪽에는 생명에 대해선 살아 있지만 의식에는 죽어 있는 침묵 속의 육체가 있다. 저쪽에는 정동에 대한 첨예한 의식이 있다. 하지만 만일 체험이 일정한 강도에 도달하면, 의식은 자신의 등록 능력이 초과됨을 보게 된다. 일정 문턱까지는, 쾌락 속에서든 불쾌 속에서든 정동은 의식을 일깨우고 그 의식의 장을 확장시킨다. 그러다가 문턱

을 넘게 되면 정동은 의식을 혼란시킨다. "열정에 눈이 멀게 되는" 것이다. 어떤 문턱의 아래쪽에선 방출에 정동이 수반되지 않으며 그 정동을 등록하지도 않는다. 그런데 문턱 위쪽으로 가면 정동이 의식 활동을 침몰시키게 되며, 결국 주체는 해리되고 심지어는 의식을 잃게 된다. 정동에 대한 의식은 두 개의 무의식과 접해 있다. 그렇다면 무의식은 어디에 있는가?

육체와 의식이라는 정동의 두 경계선을 이렇게 부각시키면서 우리는 아마도 무의식은 정동의 체험에 이질적인 것이라고 믿을 수도 있을 것이다. 하지만 임상적인 경험 전체는 이와 정반대임을 보여준다. 심적 과정의 흐름 속에서 나타나는 정동의 현상들은, 관에서 벌떡 일어난 귀신처럼 정동이 용솟음치는 곳이 바로 우리가 무의식의 부름을 지각하는 곳이라는 점을 지속적으로 보여준다. 주체의 조직을 흩트리고 억압의 장벽을 깨트리는 것으로서 풀이되는 무엇인가가 내부, 또는 외부에서 활성화되었던 것이다. 정동을 통해서 무의식은 자아를 포착하고, 호명하고, 질문하고, 복종시키는 것으로 나타난다. ―『살아 있는 담화』 중에서

더 읽어야 할 책들

F. Duparc, F. Quartier-Frings, M. Vermorel, *Une theorie vivante; l'oeuvre d'Andre Green*, Delanchaux & Niestle, 1995.

F. Duparc, *Andre Green*, PUF, 1996.

A. Green, *Un oeil en trop*, Minuit, 1969.

_____, *Le discours vivant. La conception psychanalytique de l'affect*, PUF, 1970.

_____, *Narcissime de vie, narcissisme de mort*, Minuit, 1983.

_____, *Le langage dans la psychanalyse*, in Langages, les Belles Lettres, 1984.

_____, *La folie privee; psychanalsye des cas limites*, Gallimard, 1994.

_____, *Le travail du negatif*, Minuit, 1993.

_____, *La causalite psychique; entre nature et culture*, Odile Jacob, 1995.

_____, *Propedeutique*, Champ Vallon, 1995.

디디에 앙지외 *Didier Anziey*

자아는 피부다

맹정현 파리 8대학 박사과정·정신분석학

평생을 반라캉 운동에 몸담다

정신분석이 탈현대적인 담화의 선두에 서 있다고 한다면, 이는 그것이 전통 철학의 고색창연한 대전제인 자아의 선험성을 뒤집어 그 자아를 육체에 복속시켰다는 점 때문일 것이다. 정신분석학에 있어 '나'는 태어나기 이전에 주어져 있는 선험적인 실체가 아니라, 유아기의 일정한 상황을 거치면서 만들어지는 형성물이다. 그리고 그러한 형성은 신(神)과 같은 초월적인 존재나 객관적인 지식을 통해서 이루어지는 것이 아니다. 정신분석을 통해서 인간이 자신에 관해서 깨닫게 된 비밀이 있다면, 이는 바로 '나'는 육체와 육체의 감각을 통해서 형성되는 봉합된 이미지에 불과하다는 사실이다. 이런 맥락에서 프로이트는 자아는 '육체적'이라고 말했고, 라캉은 타인의 이미지를 통해서 구성된 '거울 이미지'라고 말했던 것이다.

디디에 앙지외는 한 걸음 더 나아가서 "자아는 피부(皮膚)다"라는 주장을 한 현대 프랑스 정신분석가다. 인간에게 있어 피부와 외피의 기능에 대해 천착했던 그는 고전철학에서 말하는 '자아'라든가 '사유'는 인간의 내밀한 '깊이'에서 연유한 것이 아니라 가장 바깥에 있는 '표피'에서 구성되는 것임을 주장함으로써 자신의 선배 정신분석가들이 닦아놓은 정신분석의 초석을 한층 더 심화시킨다.

물론 앙지외는 그의 동시대인들이 그랬듯이 라캉 정신분석학의 자양분을 섭취하며 성장한 라캉 이후의 정신분석가이면서도, 그를 계승하기보다는 그로부터 거리를 두고 오히려 프랑스의 정신분석과 영미권의 정신분석을 잇는

> *인간에게 있어 피부와 외피의 기능에 대해 천착했던 그는 고전철학에서 말하는 '자아'라든가 '사유'는 인간의 내밀한 '깊이'에서 연유한 것이 아니라 가장 바깥에 있는 '표피'에서 구성되는 것임을 주장함으로써 자신의 선배 정신분석가들이 닦아놓은 정신분석의 초석을 한층 더 심화시킨다.*

가교를 건설하는 데 중점을 두었던 인물이다. 1991년 유럽인으로서는 미국 정신분석협회(APA)에서 수여하는 시고니 상(Sigourney Award)을 수상한 최초의 인물이었던 디디에 앙지외는 라캉과는 정반대로, 정신분석을 심리학화하고 정신분석을 대학제도에 맞게 건설하는 데 관심을 쏟았다. 라캉의 동료였으나 그와는 전혀 다른 길을 걸었던, 프랑스 정신분석학계의 또 한 명의 스승인 다니엘 라가슈(Daniel Lagache)의 '심리학에 봉사하는 정신분석학' 모델을 받아들여 정신분석학을 대학에 정착시키는 데 주력했던 앙지외는 파리 5대학(르네 데카르트)과 10대학(낭테르)을 임상심리학의 메카로 키웠고, 명실공히 프랑스 임상심리학계의 대부로 추앙받고 있다.

하지만 그의 이러한 명성의 이면에 가려져 있는 그의 독특한 개인사적 이력은 그의 사상적인 맥락을 암시한다는 점에서 주목할 만하다. 고등사범학교(ENS) 출신의 엘리트로서, 그는 자신의 경력을 당시 모든 지식인의 선망의 대상이었던 라캉의 분석 수련생으로서 시작했지만, 자신이 라캉의 박사 논문의 연구대상이었던 그 유명한 정신병자 에메(Aimee)의 아들이라는 사실을 알고는 자신의 분석가인 라캉을 떠나게 되고 평생을 반라캉적인 운동에 몸담게 된다. 그리고 이러한 가족사적인 비밀은 일생 동안 그와 라캉의 관계를 그늘지게 만드는 그림자가 된다. 그는 상상적인 것에 대한 라캉의 초기 작업에 근접해 있으면서도 동시대인들의 관례와는 달리 영미의 정신분석에 눈을 돌렸고, 그의 작업은 그가 보기에 지극히 형식적이라 할 라캉에 구체화하고 살을 붙이는 것으로 시작되었다.

환상을 거쳐야 인간으로 태어난다

그의 학문적인 이력은 다니엘 라가슈의 권유로 프로이트의 자기분석(auto-analyse)에 대한 연구로 박사학위를 받으면서 시작한다. 그는 프로이트에게서 정신분석이 탄생하는 기원을 그의 꿈분석, 그리고 더 나아가 빌헬름 플리스(Wilhelm Fließ)와의 전이적인 관계에서 찾는다. 그는 주로 환상과 환영의 기능에 대한 관심을 가지고 있었으며 그의 초기 저작은 투사기법과 집단분석에 대한 연구에 집중되어 있다. 그는 라캉의 '상상적인 것'(l'imaginaire)이라는 개념을 한 걸음 더 밀고나가 그것을 개인이 아닌 집단에 적용하며 '집단적 환영'(illusion groupale)이라는 개념을 제시했다. 라캉의 상상적인 것은 '이자적인 관계'(relation duelle)에 기초한 '몰인식'의 구조이자 리비도적인 구조이다. '집단적 환영'이란 바로 이러한 상상적인 관계에 기초해 집단의 구성원들이 집단 자체에 리비도를 투자함으로써 하나의 매끄러운 봉투를 만들어내는 특수한 환영을 말한다. 이러한 환영을 통해 집단이 리비도의 대상으로 자리잡고, 집단 구성원은 '하나'로 결속된다.

그러다가 앙지외가 정신분석학계에서 국제적인 명성을 얻기 시작한 것은 74년 퐁탈리스(Pontalis)가 주간한 『신프랑스정신분석학지』(*Nouvelle revue de psychanalyse*)에 「피부로서의 자아」라는 논문을 발표하면서부터이다. 그 논문에 근거해 1985년 출간된 동일 제목의 저서는 현재 정신분석학과 임상심리학 분야의 고전으로서 널리 읽히고 있다.

집단적인 환영에 관심을 기울인 것과 마찬가지로 앙지외의 항구적인 관심사는 환상과 환영의 중요성이다. 라캉, 그리고 보다 앞서 멜라니 클라인에 대한 독서를 통해 앙지외는 무(無)에서 유(有)로의 이동을 가능케 하는 매개장치로서의 '환영'(illusion)에 대해 천착한다. 그는 '나'가 없는 곳에서 '나'가 나타나도록 만드는 것이 무엇인지를, 다시 말해 내가 어머니 속에 함몰되어 있는 곳에서, 나의 '개별성'이 탄생하도록 만드는 것이 무엇인지를 묻는다. 다시 말해, 자연으로서의 신체로부터 어떻게 '나'라고 불릴 수 있는 인간의 신체가 태어나는지, 몸으로부터 어떻게 '나'라는 것이 탄생하는지를 주목한다는 것인데, 인간은 그러한 탄생의 첫 발자국으로서 다름 아닌 환상을 거쳐야 한다는 것이 바로 앙지외의 주장이다.

근원적 환상으로서의 '피부로서의 자아'

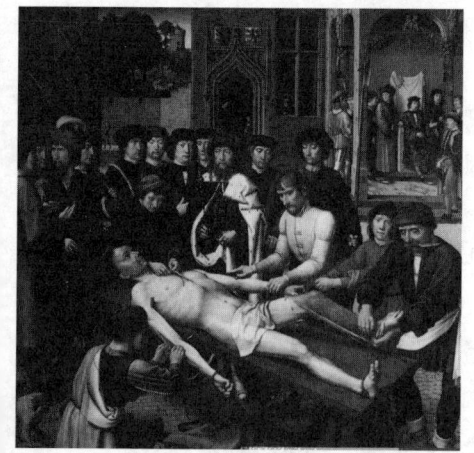

앙지외는 주체 탄생에 있어 근본적인 환상은 '피부로서의 자아'에 대한 환상이라고 여겼다.

그는 주체 탄생에 있어 가장 근본적인 환상이 바로 '피부로서의 자아'에 대한 환상이라고 여겼다. 라캉에게서 자아가 시선의 교차 속에서, 보임과 바라봄의 역학 관계 속에서 탄생한다면, 앙지외에게 있어서 자아는 피부 감각의 교차, 만져짐과 만짐의 변증법 속에서 탄생한다. 라캉이 시각을 자아 탄생의 중요한 계기로 보았다면, 앙지외는 모든 감각의 기저에서 촉각(觸覺)을 발견한다. 갓 태어난 아기는 엄마의 시선에 앞서 엄마의 손길을 느낀다. 시선의 거리와 공간의 감각이 자리잡기 이전에 먼저 촉각을 통해 자신이 뭔가에 감싸여 있음을 피부로 느낀다는 것이다. 공간은 자신이 어떤 봉투 속에 담겨 있음을 느낀 다음에야 비로소 얻어지는 부수적인 산물이다. 이는 이러한 봉투가 해체되었다고 느끼는 정신병자의 경우에 공간의 감각이 무너짐을 통해서 반증된다. 이렇게 시각을 포함한 다른 감각들은 바로 이러한 촉각을 중심으로 전개된다.

그렇다면 이러한 촉각은 어떻게 '나'를 뿌리내리도록 하는가? 이에 답하기 위해서는 먼저 촉각이 가지고 있는 이중성에 주목할 필요가 있다. 무엇보다 촉각은 이중적이다. 가장 원초적인 수준에서의 촉각, 그러니까 '나'라는 관념(선입견)에 의해 지배되지 않는 촉각은 주체와 대상의 구별을 불식시킨다. 가령 손이 나의 코를 만질 경우, 만지는 것은 손인가 나의 코인가? 촉각에서는 능동성과 수동성이 교차하며, 중도적인 지대를 만들어낸다. 이러한 촉각을 통해, 엄마가 아이를 안아주고 보듬어주는 과정에서 엄마와 아이 사이에 얇은 피막, 일종의 중도적인 피부가 형성된다. 그것은 엄마와 아이에게 공통인 피부로서 그 둘의 공생적 관계를 구성하는 물질적 구성물이다. 엄마가 아기를 만져줄 때, 아기는 그러한 손길을 따라 자신이 만져지는 것인지 만지는 것인지를 알지 못하면서도 뭔가에 감싸여 있는 중간 지대를 형성하게 된다. 바로 이러한 이중성, 모호함이 아이로 하여금 엄마와 아이를 하나로 봉합하는 피부를 만들어내는데, 이것이 바로 모성적 봉투이다. '모성적 봉투란 엄마와 아이가 하나의 공통의 피부에 의해 감싸여 공생적인 관계에 있는 것을 말한다.

그런데 핵심은 바로 이러한 모호한 공생성에 의해 나의 분리에 대한 안전한 토대가 마련된다는 것이다. 이러한 모성적 봉투를 통해서, 차츰 나의 고유한 껍질과 피부가 형성된다. 이는 정확히 앙지외가 위니콧(Winnicot)을 따르고 있는 지점이다. 위니콧은 아이가 커나가는 과정에서 엄마가 아이를 안아주고 잡아주는 과정에 주목한 바 있다. 아이가 엄마로부터 독립적인 존재로서 성장하기 위해서는 아이가 엄마의 품에 기대어 분리의 불안을 견딜 수 있는 충분한 쉼터를 마련해야 한다는 것이다. 아이는 따뜻한 엄마 품에서야 비로소 안전하게 엄마로부터 분리하고 홀로설 수 있는 기회를 얻게 된다는 것이다.

결국 '자아'란 바로 이러한 이와 같이 안전한 모성적인 봉투 속에서 아이가 점차 획득해나가게 되는 자신의 고유한 '피부'를 말한다. 이는 멜라니 클라인의 업적을 내용물과 용기(容器)의 측면에서 재구성해낸 영국의 정신분석가인 비온(Bion)의 논의를 보다 발전시킨 것이라 할 수 있다. 정신분석과 구별되는 철학을 한 마디로 규정하자면, 그것은 내용물에 대한 분석이다. 나를 분석하면서 '나'라는 관념을 분석하는 것이다. 하지만 디디에 앙지외는 '나'는 그러한 내용물이 아니라 그 내용물을 담는 그릇임을 역설한다. 이는 내용과 형식이라는 전통적인, 추상적인 이분법과는 무관하다. '나'는 어떤 관념, 감정, 감각 등과 같은 내용물의 조합이 아니라, 그 내용물들을 담는 물리적인 용기이다. '나'라는 것은 나에게 귀속된 내용이 아닐 뿐더러 그것의 (선험적인) 형식이 아니다. 그것은 한 마디로 지형학적인 표면이라고 할 수 있다. 마치 피부가 우리의 육체를 감싸고 있는 것처럼 자아는 심적 장치를 감싼다. 다시 말해서, 자아는 충동의 저장소인 이드를 감싸 그것이 외부로 흘러나오지 않게 봉합한다.

따라서 이러한 피부, 자아의 봉투는 또한 '유지'(維持)의 기능을 수행한다. 그것은 나의 내부와 외부의 경계선을 확정지어줌으로써 나의 내부를 '지켜준다'. 나의 '내부'가 먼저 있고 그것이 '외부'를 규정하는 것이 아니라, '사이'의 경계선에 의해서 내부와 외부가 구분된다. 그리고 바로 이런 경계선을 통해서 나의 '개별성'이 탄생한다. 마치 우리 신체의 실제 피부가 우리의 몸을 타인의 이질적인 몸과 구분시켜주듯이, 자아의 심리적인 피부는 '나'라는 개체로서의 자기 개별성을 확보하도록 해준다는 것이다. 이러한 자아의 피부는 물론 촉각의 작용으로부터 시작하지만, 또한 다른 감각들이 기록되는 표면이기도 하다. 심리적인 피부로서의 자아에는 다른 감각들이 교차할 수 있으며 그러한 감각들의 기관이 각인될 수도 있다. 그런데 무엇보다 중요한 것은 이러한 피부는 쾌락원칙을 따른다는 점이다. 다시 말해서, 자아의 피부에 리비도의 투자가 이루어진다는 것이다. 앙지외는 프로이트의 나르시시즘 개념에 리비도의 투자가 이루어지는 피부를 결부시키고, 이러한 피부의 기능이 결손될 경우에 벌어지는 리비도와 불안의 역학관계에 따라 임상적인 범주들을 도출시킨다.

정신분석은 나르시스적인 애착에서 벗어나도록 도와주는 것

물론 자아는 단순히 감각의 원초적인 기능에만 머물지 않는다. 자아는 또한 '생각하는 자아'이기도 하다. 하지만 앙지외에게 있어 자아의 사유는 선험적인 기능이 아니다. 그것은 앞서 구성된 자아의 원초적인 봉투로부터 도출되는 이차적인 기능이다. 그렇다면, '감각적 자아'로부터 '사유하는 자아'로의 이동은 어떻게 이루어지는가? 어떻게 자신의 피부에 집중된 나르시즘으로부터 타인을 '생각'할 줄 아는 나로 이동하는가? 다시 말해, 어떻게 쾌락원칙으로부터 현실원칙으로의 이동이 가능한가?

그가 사유의 탄생, 생각하는 '나'의 탄생과 관련해서 제시하는 대답은 바로 금지이다. 물론 오이디푸스적인 금지가 아니라, 보다 근본적으로 '만지는 것에 대한 금지'이다. 만지기를 금한다는 것은 곧 피부의 나르시시즘적인 투자로부터 거리를 둔다는 것을 뜻한다. 이러한 거리는 곧 언어적인 공간의 가능성이다. 매끄러운 피부에 대한 거리는 그것을 대체하는 상징적 등가물이 자리잡음으로써 완성된다는 것이다. 결론적으로, 디디에 앙지외의 정신분석은 주체에게 바로 이러한 상징적인 등가물을 만들어주는 작업이다. 주체로 하여금 언어라는 타자를 통해서 마음의 질병의 근원인 나르시스적인 애착으로부터 벗어나도록 해주는 것이 바로 정신분석인 것이다. 그리고 어쩌면 이곳이 바로 앙지외가 라캉으로부터 나와서 다시 라캉으로 귀화하는 지점이라고도 말할 수 있을 것이다.

맹정현 파리 8대학 정신분석학과 박사과정 중에 있다. 옮긴 책으로 『라캉과 정신의학』, 라캉의 『세미나 I권: 프로이트의 기술에 관한 저술』, 『세미나 XI권: 정신분석의 네 가지 기본 개념』 등이 있다.

용어와 개념 풀이

멜라니 클라인 Melanie Klein
오스트리아 출신의 아동 정신분석가. 프로이트 사후 국제정신분석학회에서 안나 프로이트와 양대 산맥을 이루었다. 1917년 프로이트와 만났고 2년 후 헝가리 정신분석학회에서 「아동의 발달」이라는 논문을 발표함으로써 정신분석학계에 데뷔했다. 주로 유아의 초기 단계에 대해 연구했는데, 특히 그녀는 유아에게 있어서 전이신경증이 가능하다고 봄으로써 안나 프로이트와 대립했다. 환상의 중요성을 강조하고, 또한 그러한 환상에 있어 대상(좋은 대상과 나쁜 대상)의 기능에 주목함으로써 대상관계 이론의 선구자로 평가된다. 안나 프로이트의 일직선적인 '단계론'에 맞서, '편집분열적 태도'와 '우울증적 태도' 등으로 이루어진 '태도론'을 주장했고, 유아의 발달 단계에 있어 전오이디푸스적인 초자아의 존재를 주장했다.

마르그리트 에메 Marguerite Aimee
본명은 마르그리트 앙지외. 1932년 라캉이 자신의 박사학위 논문에서 발표한 정신병 사례의 주인공이다. 안나가 프로이트에게 있어 정신분석의 탄생을 가능케 했다면, 에메는 라캉의 사유의 진원지를 이루는 인물로서 평가된다. 색정광증과 자기처벌적 편집증을 앓았던 그녀는 당대의 유명 배우였던 위겟트 뒤플로부터 박해를 받는다고 믿었고, 급기야는 그녀를 살해하고자 기도했다. 라캉은 그녀의 편집증적인 구조에 대한 연구로 박사 학위를 받았고, 이를 계기로 그녀는 세상에 알려지게 되었다.

윌프레드 비온 Wilfred Bion
인도 태생의 영국 정신분석가 겸 정신과 의사. 집단치료의 선구자로서, 전쟁 중에 군의관으로서 집단 심리 연구를 통해 정신분석에 입문했다. 그에 따르면 집단은 개인들과 그들의 욕망을 담는 '용기'(容器)의 역할을 한다. 특히 그는 개개인 내부에 비정신병적인 부분과 공존하는 정신병적인 부분이 있다고 주장했으며, 정신분석 실천을 좌표화하기 위한 격자들을 고안해냈다. 이러한 형식화의 노력은 라캉과 비견되기도 한다.

도널드 위니콧 Donald Winnicot
영국 출신의 정신분석가. 원래는 소아과 의사로 출발했으나, 인간에 대한 치료는 심리에 대한 이해가 없이는 불가능하다는 생각에 정신분석가의 길로 들어섰다. 그는 엄마와 유아의 관계의 중요성을 역설했고, 이에 의거해 유아기와 정신병을 이해했다. 그는 유아가 대상으로부터 자신을 분별하기 위해서, 다시 말해 개별성을 획득하기 위해서는 유아와 엄마 간의 관계가 유아에게 유익한 환경을 형성해야 한다고 보았다. 그렇지 않을 경우, 정신병적인 우울증이나 자아를 외부에 의존하도록 만드는 '허구적인 자기'가 나타난다고 보았다. 그가 제시한 '중간 대상'과 '중간 지대'는 유아가 홀로 설 수 있도록 지탱해주는 엄마와 유아의 중도적인 매개물이다.

상상적인 것 l'imaginaire
라캉이 거울 단계의 이자적인 질서를 지칭하기 위해 사용한 용어. 즉 자아가 거울 속에 비친 이질적인 이미지를 통해서 구성되는 것이 거울 단계라면, 상상적인 것은, 이러한 단계의 중요한 구조로서, 상징적인 것이나 실재적인 것과 달리 환영과 속임수에 의해 좌우되는 몰인식적인 구조를 말한다.

■ '자아-피부'라는 말로서 내가 지칭하고자 하는 것은, 발달의 이른 단계들에서 육체의 표면에 대한 경험으로부터 출발해 자기 자신을 자아로서 표상하기 위해 유아의 자아가 사용하는 외형이다. 이는 조작적인 수준에서 심리적 자아가 육체적 자아와 변별되면서도, 외형적인 수준에서는 그것과 혼동된 채로 남아 있는 시점과 일치한다. 타우스크(Tausk)는 특히 영향 기계(l'appareil influencer)의 증후군이 이러한 두 자아의 구별을 통해서만 이해될 수 있다는 사실을 특히 잘 보여주었다. 주체는 심리적 자아가 자기 것임을 계속해서 인정할 수 있는 반면(또한 이 자아는 위험한 성적 충동들에 대한 방어 메커니즘을 작동시키고 자신에게 주어진 감각적인 자료들을 논리적으로 해석한다), 육체적 자아는 더 이상 자신에게 귀속된 것처럼 인정하지 않는다. 후자에서 유래하는 성적인, 피부의 감각들은 유혹자-박해자의 기계장치에, 기계적인 활동에 귀속된다. 모든 심적 활동은 생물학적인 기능에 의탁해 있다. 자아-피부는 피부의 세 가지 기능에 의탁한다. 그 첫번째 기능은 피부는 그 안에 수유, 보살핌, 애정 어린 말들이 축적해놓은 충만한 것과 좋은 것을 담아내는 봉투가 된다는 것이다.

두번째 기능은 피부는 외부와의 경계선을 각인하고 외부를 바깥에 유지시키는 표면이 된다는 것이다. 피부는 사람이든 대상이든 모든 타자에게서 유래한 탐욕과 공격성을 막아내는 장벽이 된다는 것이다. 세번째 기능은, 피부는 입의 기능을 한다는 것이다. 피부는 적어도 입처럼 타인과의 교류를 위한 원초적인 수단이자 장소가 된다는 것이다. 이러한 표피적, 자기수용적 기원으로부터 자아는 이중의 가능성을 물려받는다. 즉 한편으론(심리적 방어 메커니즘이 되는) 장벽들을 세우고, 다른 한편으로는(이드, 초자아, 외적 세계 등과의) 교류를 여과시키는 것이다. 내가 보건대, 루케가 자아의 통합적인 약동(躍動)이라고 부른 것이 나타날 수 있는 토대가 젖먹이에게 마련되는 것은, 일찍부터 충분히 만족된, 애착의 충동을 통해서이다. ─『자아-피부』중에서

더 읽어야 할 책들

D. Anzieu, *Le psychodrame analytique chez l'enfant*, PUF, 1956.
_____, *L'auto-analyse*, PUF, 1959.
_____, *Le groupe et l'inconscient*, Dunod, 1975.
_____, *Le Moi-Peau*, Dunod, 1985.
_____, *L'epiderme nomade et la peau psychique*, Apsygee, 1990.
_____, *Le penser, du moi-peau au Moi-pensant*, Dunod, 1994.
_____, *Didier Anzieu*, PUF, 1996.

장 라플랑슈 *Jean Laplanche*

성욕은 무의식에 속하지 않는다

이수련 파리 8대학 박사과정 · 정신분석학

스승 라캉을 비판하며

장 라플랑슈라 하면 우리는 정신분석학을 제반 인문과학의 화두로 등장시키고 더 나아가 사회 문화적인 현상으로까지 부상시킨 자크 라캉의 이름을 연상시키지 않을 수 없을 것이다. 이는 라플랑슈가 라캉의 가장 뛰어난 제자 가운데 한 명으로 알려져 있고, 그의 저서가, 영미권에서 라캉의 이름이 아직 알려지지 않았던 시절에 라캉주의에 입각해 프로이트를 읽는 방법을 체계적으로 제시함으로써 라캉의 사상을 세계적으로 보급시킨 전환점으로 평가되는 것과 무관하지 않다. 특히 그가 1968년에 퐁탈리스와 함께 저술한『정신분석 용어집』(*Vocabulaire de psychanalyse*)은 학파를 막론하고 프로이트 이후 정신분석학사의 가장 영향력 있는 고전 가운데 하나로 통한다.

하지만 우리가 주목해야 할 것은 정신분석학계 내에서 라플랑슈는, 이러한 외부의 평가와는 대조적으로 자신의 작업을 라캉의 대척점으로 삼아 정신분석이 경직된 교조주의에 빠지지 않도록 노력했던 인물이라는 것이다. 고등사범학교 시절 푸코의 동급생이었으며 라캉의 분석 수련생으로 출발하였던 라플랑슈는 1960년, 본느발(Bonneval) 대회에서 스승인 라캉을 대변하는 대신 그를 비판하고 나섬으로써 세상 사람들을 놀라게 했다. 라플랑슈에게 "무의식은 언어처럼 구조화되어 있다"는 라캉의 명제는 무의식을 언어적인 것과 동일시함으로써 정신분석학을 언어학에 종속시키게 될 것으로 여겨졌다. 라플랑슈는 정신분석학의 초석은 언어학이 아닌 자기 자신, 즉 분석 경험 자체에 있으며 무의식은 언어의 산물이기보다는 오히려 언어의 조건이라고 보

> *무의식은 인간의 현상에 속하는 것임이 자명하지만, 성욕은 그렇지 않다. 가령 인간은 구두와 같은 하찮은 물건에서 성욕을 느낄 수 있다는 것인데, 이것이야말로 인간이 동물이 아닐 수 있는 존엄성을 보장해주는 것이 아닐까.*

앉기 때문이다.

이렇게 그는 라캉주의에 어떤 생동적인 힘을 불어넣고자 했는데, 이러한 그의 시도들은 서로 간의 오해 속에서 결별로 이어지고, 결국 라플랑슈는 1964년, 라캉의 또 다른 제자들인 퐁탈리스, 앙지외 등과 더불어 프랑스 정신분석협회(APF)를 창설하기에 이른다. 또한 그는 라캉의 동료이자 주된 논적 중 한 명이었던 다니엘 라가슈의 뒤를 이어 프랑스에서 가장 영향력 있는 PUF 출판사의 정신분석학 총서의 책임자를 역임하였으며, 1968년 이후에는 라캉이 이끄는 파리 8대학 정신분석학과에 대응해, 파리 7대학에 분석학과를 설립해 학과장으로 재직하면서 과학으로서의 정신분석학을 대학 내에서 직접 실험해왔다.

정신분석학, 본래의 토대를 바로 세우기 위해

라플랑슈의 작업은 한 마디로 정신분석의 초석을 마련하는 것이라고 요약될 수 있을 것이다. 정신분석학 연구의 장은 외양적으로는 무척이나 풍요롭게 비쳐지지만, 현대의 조류에 맞춰 양산된 저작들의 그와 같은 양적인 풍요로움은 토대의 부실함을 낳았고 종국에는 정신분석 본래의 취지를 훌쩍 뛰어넘어 그 과학적인 토대를 변질시켜버렸다. 이러한 상황에서 라플랑슈의 작업은 꼼꼼하고 충실한 원전에의 탐색과 더불어 정신분석의 이론적인 초석을 확고하게 세우는 방향으로 일관되게 나아가는데 이는 정통성 있는 정신분석학 사전을 간행하는 일에서부터 파리 7대학에서 열린 박사과정 세미나, 프로이트의 불어판 전집을 간행하는 작업 등으로 구체화된다.

그의 세미나는 『문제틀』(problematique)이라는 표제 아래 프로이트의 텍스트들을 논평하고 프로이트가 탐구했던 일련의 문제들과 그의 딜레마들을 진단하는 자리였다. 이때 그의 해법의 독창성은 프로이트의 텍스트 안에서 어떤 매끄러운 해결책을 이끌어내어 정신분석학의 독트린을 완결된 형태로 제시하기보다는 프로이트의 언술 속에 가려져 있는 모순점들이나 불균형을 탐색하고, 바로 거기에서 정신분석의 탄생을 가능하게 해준 생생한 정신을 발견하고 그것을 계승한다는 데 있다. 『정신분석 용어집』에서 단초를 보여준 라플랑슈의 이러한 입장은 그의 세미나뿐만 아니라 프로이트 전집을 번역하는 작업으로 이어진다.

성욕의 기원을 찾아서

정신분석학사에서 라플랑슈가 가장 크게 공헌한 바인 이러한 정신분석의 초석에 대한 탐구를 이론적으로 간략하게 정리해보자면, 우리는 무엇보다 성욕의 근원에 대한 탐구를 강조할 수 있을 것이다. 정신분석의 대전제가 있다면, 그것은 바로 무의식의 존재이다. 무의식이 존재한다는 것의 의미는 우리들 안에 의식이 포섭할 수 없는 어떤 지식이 있다는 것이다. 그런데 이때 무의식은 억압된 것이란 점에서 그 억압의 근원에 대한 또 다른 전제를 요청하는데, 그것이 바로 성욕의 편재성(遍在性)이다. 무의식은 성적인 것이기 때문에 억압되어 무의식화된 것이다. 결국 성욕과 무의식은 억압이라는 고리를 통해서 결착되어 있다고 할 수 있다.

그런데 여기서 우리가 잊지 말아야 할 것은 무의식은 인간의 현상에 속하는 것임이 자명하지만, 성욕은 그렇지 않다는 것이다. 무의식이 언어를 사용하는 인간에게 속한 독특한 현상이라는 사실은 이미 인정된 것으로서 누구나 동의할 수 있는 사실이지만, 대개 성욕은 이와는 정반대로 인간이 완벽한 이성적 존재가 아니라 동물의 세계에도 속해 있음을 보여주는 증거라고 여겨진다. 정신분석학이 범성욕주의(pansexulaisme)라는 오명과 함께 인간의 권위를 실추시켰다고 오인되었던 것은 바로 이런 맥락에서라고 할 수 있다.

하지만 정신분석이 인간의 성욕을 부각시킨 것은 인간을 동물의 영역으로 추락시키기 위한 것이 아니다. 오히려 정신분석이 말하고자 하는 것은 인간의 성욕이 자연으로부터 얼마나 멀리 떨어져 있는가이다. 라플랑슈는 인간의 성욕이 동물의 본능(instinct)과는 전혀 다른 질서에 속해 있으며 본질적으로 탈선적이라는 사실을 강조했다. 도착증(perversion)에 관한 프로이트의 연구가 보여주듯이, 인간의 성욕은 근본적으로 도착적이다. 이는 인간의 성욕에는 고유하게 규정된 대상이 없다는 것, 다시 말해, 어떤 특별한 조건만 주어진다면 인간은 모든 것에서 성욕을 느낄 수 있다는 것이다. 가령 인간은 구두와 같은 하찮은 물건에서 성욕을 느낄 수 있다는 것인데, 이것이야말로 인간이 동물이 아닐 수 있는 존엄성을 보장해주는 것이 아닐까. 게다가 성욕에 의해 야기된 정신적 질환에서 드러나는 독특한 시간적 구조, 다시 말해 사후 작용(apres coup)은, 인간의 성욕이 일직선적인 자연의 질서를 따르지 않는다는 것을 보여준다.

그런데 바로 여기에서 라플랑슈 작업의 출발점을 이루는 기본적인 의문이 시작된다. 즉 인간에게 있어서 자연적인 성욕조차도 문화적인 질서를 따른다고 한다면, 어떻게 인간은 자연으로부터 문화로 이행하게 되었을까? 인간이 다른 동물과 똑같이 자연으로부터 자신의 피와 살을 얻는다면, 어떻게 그의 육체가 문화로 이행하는 것이 가능하게 되었을까? 요컨대 인간의 성욕은 어떻게 문화에 의해 구조화된 것일까? 바로 이것이 라플랑슈가 초기부터 일관되게 천착했던 문제이다. 그리고 이에 대해 제시되는 해법들은 프로이트에 대한 그의 고유한 독법이 발전되어감에 따라 다양한 변화를 거치며 전개된다.

우선 라플랑슈는 1970년에 출간된 『정신분석에서의 삶과 죽음』(la vie et la mort en psychanalyse)에서 프로이트가 제시한 '의탁(依託) 이론'을 지지한다. 이는 인간에게 성(性)은 자기 보존의 본능을 만족시키는 과정에서 파생된 부수적인 산물이라는 주장으로서, 여기서 의탁이란 인간의 경우 문화적인 성이 구성되는 과정이 생물학적인 것에 의지해서 발생한다는 의미이다. 예를 들어 설명하자면, 가령 구강 충동은 식욕이라는 욕구를 만족시키는 과정에서 벌어지는 부수적인 효과라는 것인데, 하지만 이러한 이론으로는 과연 무엇 때문에, 어떻게 해서 충동의 대상이 끊임없이 재투자되는지가 해명되지 않는다.

결국 라플랑슈는 이러한 의탁 이론을 재검토하고, 보다 근본적인 해결책을 찾게 되는데, 그것이 바로 '일반화된 유혹설'이다. 유혹설은 원래 프로이트가 1896년 히스테리 환자의 유년기 기억 속에서 성인이 가한 유혹과 성적 폭력을 발견하고 그것을 신경증의 원인으로 제시하면서 전개한 이론이다. 그러나 프로이트는 환자가 언술한 유혹이라는 것이 실제로 과거에 발생한 사건이 아니라 그 환자의 환상에 지나지 않는 것이라는 주장으로 우회하며 초기의 유혹설을 포기하게 된다. 프로이트의 이러한 설명이 바로 신경증의 병인론으로서의 환상설이다. 물론 환상설의 단초는 프로이트가 유아에 구조적으로 내재하는 성욕의 진리를 발견한 것에 있다. 유아는 자신의 성욕에 의거해서 세계를 해석한다는 것인데, 충동, 본원적인 매저키즘, 환상 등에 관한 프로이트의 후기 작업은 바로 여기서 연유한다.

일반화된 유혹설

프로이트가 유혹설을 포기한 것은 심리질환의 병인에서 주체의 성적 충동이라는 요소의 중요성을 강조하기 위해서였다. 그러나 문제는 이러한 충동이 어떻게 발생하는지를 여전히 해명할 수 없다는 사실이다. 프로이트는 의탁에 대한 가설을 세우지만 이 또한 그다지 만족스러운 결과를 일구어내지 못한다.

이에 대한 라플랑슈의 해법은 다시 유혹설로 거슬러올라가 그것을 환상설과 교차시켜 이해하는 것이다. 라플랑슈는 프로이트의 유혹설과 환상설이 서로 단절되어 불연속적인 관계에 있는 이론들이 아니라고 보았다. 프로이트가 환상설을 선택했다고 해도 이는 그가 유혹설에서 완전히 등을 돌렸음을 의미하지는 않는다는 것이다. 좀더 넓은 시각에서 접근한다면 환상설은 유혹설의 변형된 판본으로 이해될 수 있기 때문이다. 이러한 맥락에서 라플랑슈가 제안하는 이론이 바로 '일반화된 유혹설'이다.

일반화된 유혹설은 프로이트의 유혹설이 제한적이고 불충분하다는 전제에서 출발하고 있다. 프로이트의 유혹설은 그것이 전제하고 있는 제약들로 말미암아 실패에 빠질 수밖에 없다는 것이 라플랑슈의 설명이다. 라플랑슈는 그러한 제약을 두 가지로 정리하는데, 첫번째 제약은 프로이트가 유혹설의 핵심에 대한 탐구를 병리적인 것에서 시작했다는 점이고, 두번째는 유혹을 사실과 사건의 측면에서만 접근했다는 것이다. 즉 프로이트는 적어도 유혹설과 관련해서는 정상인과 비정상인, 심적 현실과 외적 현실을 이분법적으로 구분하는 오류를 범했다는 것이다.

라플랑슈는 프로이트의 유혹설이 정당한 가치를 지니기 위해서는 프로이트가 전제했던 이러한 제약을 뛰어넘어야 한다고 역설한다. 그는 유혹에서의 관건은 어떤 특별한 외상적인 사건이 아니라는 것을 강조한다. 엄마의 보살 핌조차도 유혹이 될 수 있기 때문이다. 모성적인 돌봄이라는 것은 물론 아이를 위한 것이지만, 문제는 아이가 그것을 수용할 수 있는 능력을 타고나지 않은 이상 그것이 항상 폭력적인 흔적을 남길 수밖에 없다는 사실이다. 아이는 아무런 상처없이 그러한 보호를 받아들이기에는 너무나 미숙하며, 이와 동일한 맥락에서 아무리 사소한 성적 자극이라고 해도 아이의 입장에서는 수용하기에 너무나 과도하다.

하지만 이것은 라플랑슈의 핵심이 아니다. 그가 강조하는 핵심은 유아와 유아를 보살피는 최초의 타인 사이에서 일어나는 메시지의 불균형이다. 라플랑슈가 메시지에 주목하는 것은 프로이트가 전제로 하고 있는 환상과 현실의 이분법을 뛰어넘기 위해서인데, 라플랑슈의 설명에 따르면, 유아에게 있어 성욕의 탄생은 곧 메시지의 불균형, 더 정확히는 의미의 불균형에서 비롯된다. 주체의 성욕은 타인의 불가해한 시니피앙, 불가해한 메시지가 남긴 각인에 의해 추동된다는 것이다.

물론 타인의 이러한 메시지는 타인 자신에게도 불가해한 것이다. 이는 메시지 안에 억압이 내재해 있다는 의미로도 풀이될 수 있다. 메시지 자체에 내재한 불가해함은 발신인의 메시지에 항상 이해의 공백을 남겨놓는데, 이러한 불가해함은 구조적인 것이기 때문에, 발신인 자신에게도 해당된다.

이러한 구조적인 경험을 라플랑슈는 프로이트의 번역에 대한 자신의 경험에 비추어 '번역'과 '번역의 잔여물'이라는 용어로써 풀이한다. 번역은 어떤 메시지를 다른 메시지로 변환하는 과정이다. 물론 여기서 메시지란 단순히 언어적인 것에 국한되지 않는다. 예를 들어 아이에게 메시지란 단순히 엄마의 말, 엄마의 언어만을 뜻하는 것이 아니라 엄마의 몸짓, 표정, 동작 등을 모두 포함한 개념이다. 아이는 엄마에게서 받은 이러한 메시지를 자신이 이해할 수 있는 다른 메시지로 변화시킨다. 말하자면, 엄마를 번역하는 것이다. 그런데 이러한 번역의 과정에선 언제나 번역되지 않는 무언가가 남는다. 갓 태어난 유아가 어른들의 세계를 이해하지 못한다고도 말할 수 있겠지만, 보다 근본적으로는 메시지 자체에 이해의 암점이 포함되어 있다는 것이다. 바로 이것이 '원억압' 개념의 핵심이며, '무의식'이란 그 번역되지 않는 부분을 일컫는 말이다.

결국 유혹이란 타인(성인)의 무의식이 주체(유아)에게 끼치는 효과라고 할 수 있다. 타인에게 있어 번역되지 않는 부분, 즉 무의식이 주체에게 불가해한 메시지로 각인되고, 그러한 메시지는 유아에게 충동의 원천을 각인시킨다. 메시지가 남긴 불가해한 여분의 부분이 충동을 다시 추동시키는 것이다.

라플랑슈에게 있어 정신분석이란 이러한 근원의 유혹으로 되돌아가는 작업이다. 마음의 질병을 낳는 심적인 갈등은 바로 그러한 근원적인 장소로부터 연유한다. 정신분석은 그곳으로 되돌아감으로써 자신의 역사를 재구성하는 작업이다. 언어라는 실마리를 따라서 자신이 시작했던 그곳을 재구성해보는 것인데, 이때 주목해야 할 것은 이러한 재구성이 단순히 진리를 밝히거나 사실을 계시하는 것이 아니라 '재창조'하는 것이라는 사실이다. 왜냐하면 언어는 그 자체가 이미 번역이기 때문이다.

라플랑슈에게 있어 분석이란 번역되지 않는 것을, 즉 번역의 잔여물을 다시 번역해 삶의 원천으로 길어올리는 작업이다. 그리고 이러한 작업엔 무엇보다 자신의 기원에 대한 끊임없는 탐구가 선행되어야 한다. 이것이 바로 라플랑슈가 자신의 이론 속에서 끊임없이 기원으로 돌아가고자 하는 이유다.

이수련 파리 8대학 정신분석학과 박사 과정 중에 있다. 옮긴 책으로 『이데올로기라는 숭고한 대상』 등이 있다.

장 라플랑슈는 말한다

- '원초적인 유혹'이라는 용어로, 나는 성인이 유아에게 언어적이면서 또한 비언어적인, 심지어는 행태적이고, 무의식적인 성적인 의미들에 침윤되어 있는 시니피앙들을 제시하는 근본적인 상황을 지칭한다. 내가 '불가해한 시니피앙'이라고 명명한 것의 구체적인 예를 굳이 멀리에서 찾을 필요는 없다. 우리는 분석 이론 속에서, 자연적인 듯이 보이는 수유(授乳) 기관인 젖가슴 자체가 여자에 의해 이루어진 성적인, 무의식적인 투자임을 부정할 수 있을 것인가? 『성욕에 대한 세 편의 시론』에서와 같은 의미에서 도착적이라고 말할 수 있는 그 성적인 투자는 젖먹이에 의해서 다음과 같은 모호한 질문의 원천으로서 지각되고 의혹을 불러일으키지 않는가? 즉 그가 나에게 젖을 주면서, 나에게 원하는 것은 무엇일까? 결국, 왜 그는 나에게 젖을 먹이는 걸까?
  ―『정신분석을 위한 새로운 토대』 중에서

더 읽어야 할 책들

J. Laplanche, J. B. Pontalis, *Vocablaire de la psychanalyse*, PUF, 1967.

J. Laplanche, *Problematique I : L'angoisse*, PUF, 1980.

―――, *Problematique II : Castration*, symbolisation, PUF, 1980.

―――, *Problematique III : La sublimation*, PUF, 1980.

―――, *Problematique IV : L'inconscient et le Ca*, PUF, 1981.

―――, *Problematique V : Le baquet. Transcendance du transfert*, PUF, 1987.

―――, *Nouveau fondements pour la psychanalyse*, PUF, 1987.

―――, *La revolution copernicienne inachevee*, Aubier, 1992.

―――, *Le fourvoiement biologisant de la sexualite chez Freud*, Les Empcheurs de penseur en rond, 1993.

웬디 도니거 *Wendy Doniger*

신화 속에 위대한 진실이 있다

최화선 서울대 강사·종교학

신화의 교차문화적 비교연구

　오늘날 신화는 비단 학자들만의 관심사가 아니다. 세계 여러 신화의 이야기들이 베스트셀러 소설의 소재로 사용되고, 영화에서도 각종 신화적 모티프들이 수시로 등장한다. 심지어 잘 팔리는 컴퓨터 게임조차 여러 신화의 이야기와 신화의 주인공들을 바탕으로 만들어진다. 서점에서는 만화나 동화책으로 편집된 그리스·로마 신화를 열심히 읽는 어린이들을 쉽게 찾아볼 수 있다. 이들이 어린 시절부터 이름조차 생소한 그리스 신들의 이야기에 빠져드는 것을 보고 우려하는 목소리들도 들린다. 그러나 분명한 것은 현대문화 속에는 세계 여러 신화들이 뒤섞여 있으며, 우리는 이처럼 알게 모르게 여러 사람들의 신화 속에서 호흡하며 살아가고 있다는 사실이다. 그렇기 때문에 다양한 민족, 다양한 전통의 신화들에 대한 비교연구는 결코 포기할 수 없는 주제인지도 모른다.

　시카고대학 종교학과에서 20세기를 대표하는 종교학자 엘리아데 이름을 딴 교수직(Mircea Eliade Professor of History of Religions)을 맡고 있는 웬디 도니거는 이 같은 다양한 전통의 신화들을 서로 비교하는 작업에 몰두하고 있다. 원래 그녀의 전공 분야는 인도 신화다. 그녀는 1968년 하버드대학에서 산스크리트어-인도학(Sanskrit and Indian Studies)으로 박사학위를 받았으며, 1973년 옥스퍼드대학에서 다시 동양학(Oriental Studies)으로 박사학위를 받았다. 그러나 그녀의 관심은 단지 인도 신화에만 국한되어 있지 않다. 그녀는 인도 신화와 그리스 신화의 비교작업을 주축으로, 세계 여러

> **레비-스트로스는 신화의 본질은 그것이 시의 본질과는 달리 번역 가능하다고 말했다. 나는 여기에 덧붙여 신화는 교차 문화적으로 번역 가능하며, 따라서 서로 비교될 수 있고 공통된 요소에 따라 나뉠 수 있다고 말하고 싶다.**

종교전통과 문학, 예술, 심지어 현대영화 속에 등장하는 유사한 신화적 주제들에 대한 비교연구를 계속 추진해가고 있다.

도니거의 신화연구가 특히 주목받는 이유는 그녀가 최근 학계에서 제기되고 있는 비교방법론에 대한 비판을 견지하면서도 동시에 신화의 교차문화적 비교연구의 필요성을 역설하고, 또 이러한 연구를 직접 행하고 있기 때문이다. 세계 여러 전통의 다양한 신화들을 보편적인 틀 안에서 설명하고자 했던 융이나 엘리아데 등의 비교신화학은, 여러 신화들 간의 유사성, 다양한 신화들 속의 공통적인 요소를 찾는 데 특히 주력했다.

따라서 비교신화학은 각 전통, 시대, 지역에 따라 달라지는 신화의 차이들을 발견하고, 그 차이들 가운데서 각각의 신화가 놓인 맥락(context)을 짚어내는 데에는 소홀해질 수밖에 없었다. 그러나 최근 들어 이러한 보편적인 틀, 신화의 유사성만을 강조해온 비교연구가 강한 비판의 대상이 되면서 신화의 비교연구 자체에 대해 회의적인 분위기가 감돌게 되었다. 도니거는 이러한 상황에서 기존의 비교신화학에 대한 비판을 적극 수용하면서도, 그럼에도 불구하고 "비교란 가능하다"고 단언하고 있다.

비교신화학에 내재한 동일성의 폭력 비판

도니거는 그녀 자신이 비교신화학자임을 자처하면서도 이제까지의 비교연구, 다시 말해 비교신화학 연구 속에 내포된 위험성들을 간과하지 않는다. 그녀는 우선 비교연구 속에 암묵적으로 깔려 있는 동일성의 폭력에 대해서 지적한다. 도니거는 1998년에 출판한 『숨은 거미: 신화 속의 정치와 신학』(*Implied Spider: Politics and Theology in Myth*)에서 "어두운 곳에서는 모든 고양이가 회색이다"라는 서구사회의 오래된 속담을 제시하며, 성(性)차별에서 인종차별에 이르기까지 다양한 의미를 지닌 이 속담의 여러 변형태들이 서구사회의 문학과 철학에서 광범위하게 사용되어온 모습을 보여준다. 그리고 이를 통해 이 속담의 근저에 자리잡고 있는, '유사함'을 강조하는 담론의 정치적 편견을 밝혀낸다.

즉 한 집단에 속하는 모든 구성원이 서로 같다는 가정은, '타자'의 집단을 그저 동일한 개체물의 집합일 뿐이라고 무시하고, 나아

타자의 신화 속에는 우리를 위한 보물이 들어 있다. 결코 우리 자신의 신화로부터는 직접 들을 수 없는 것들을 이야기해준다.

가 그들을 통제하려는 태도와 이어진다는 것이다. 이 편견의 핵심은 미지의 개인은 그/그녀가 속한 집단의 특성을 그대로 갖고 있다는 가정이며, 이를 통해 구체적 개인의 차이점은 사라지고 인식과 제어가 가능한 동질적인 집단만이 남게 된다.

이러한 가정은 바로 미지의 타자를 제어 가능한 것으로 만들기 위한 정치적 전략에 사용되어왔다. 따라서 신화연구에 있어서도 개별성을 무시하고 유사성·동일성에만 주목해온 연구는 각 신화의 독특성과 가치를 무시한 채 특정 지역 중심의 신화 이론에서 타자의 신화를 재단하고 해석하는, 일종의 동일성의 폭력을 행사해왔음을 부인할 수 없다는 것이다.

아래로부터의 비교연구 방식

그러나 그렇다고 해서 도니거가 비교연구에 있어서 동일성의 원칙(the

신화 속의 여신과 남신이 허물을 벗거나 자신을 둘로 나누어 성적 혼동과 분열을 겪는 내용을 인도 신화와 그리스 신화의 비교를 통해 살피는 웬디 도니거의 최초작품.

doctrine of sameness) 자체를 포기해야 한다고 주장하는 것은 아니다. 위의 경우와 같은 잘못된 사용을 극복하고 이 전과는 다른 관점에서 이 원칙을 전개시켜야 한다는 것이 그녀의 주장이다. 이를 위해 그녀가 제시하는 것은 '위에서 아래로'(from the top down)의 접근방식이 아닌 '아래서 위로'(from the bottom up)의 접근방식이다.

이제까지 보편주의적 비교론자들의 이론은 '위에서 아래로'의 방식을 취하고 있었다. 즉 희생제의니 지고신이니 오이디푸스 콤플렉스와 같은 보편적인 개념들로부터 출발해서 이 개념의 그늘 아래서 각 신화들을 비교하고 해석해왔다. 이와 같이 보편적 개념으로부터 출발하는 연구는, 그 개념의 보편성에 대한 의문이 제기되는 순간 신랄한 비판의 대상이 될 수밖에 없다. 따라서 도니거는 이에 반대되는 '아래로부터 위로'의 방식을 추천한다.

즉 거대한 보편적 전제에서부터 출발하는 것이 아니라, 인간의 육체, 성적 욕망, 고통, 죽음 등과 관계된 특수한 개별적 내러티브―반드시 특정한 문화의 옷을 입고 나타날 수밖에 없는 구체적인 내러티브에서부터 출발해 그들 사이에 존재하는 연속성의 끈을 찾아가는 연구를 해야 한다는 것이다.

도니거는 이처럼 '아래로부터 위로'의 방식을 취한 비교연구를 위해서 비교신화학자는 최소한 두 문화권 이상의 신화 텍스트를 원어로 읽을 수 있는 능력을 기본적으로 갖추고 있어야 하고, 그 신화를 낳은 문화권의 역사에 대해서도 해박한 지식을 갖추고 있어야 함을 강조한다. 그리고 이런 방식의 연구가 진행될 때만이 기존의 비교연구 방식에 가해져온 '엄밀성의 결여'라든지 '환원주의' 등의 비판을 극복해나 갈 수 있다고 말한다. 나아가 비교연구에는 비교대상을 바라보는 비교자의 주관성이 항상 개입할 수밖에 없고, 그렇기 때문에 비교연구가 정치적인 문제와도 결코 무관할 수 없다는 것을 언제나 잊지 않고 있어야만 한다고 강조한다.

숨은 거미, 인류의 공통된 경험을 찾아서

그렇다면 비교연구를 결코 포기하지 않는 도니거의 비교에 대한 애착과 긍정적 믿음은 어디에서 나온 것일까. 그것은 세계 여러 곳에서 '서로

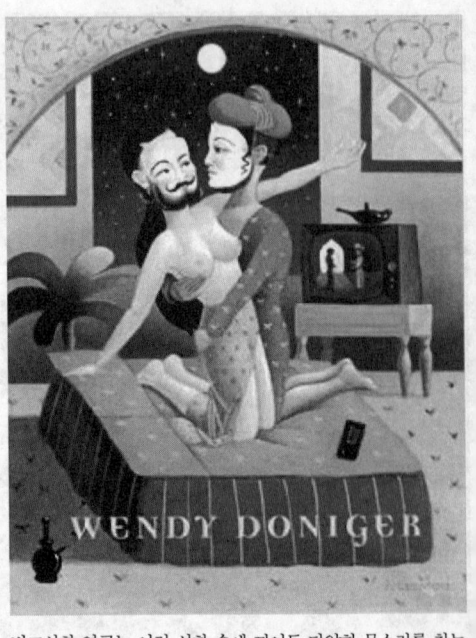

비교신화 연구는 여러 신화 속에 끼여든 다양한 목소리를 찾는 작업이다. 그것은 때로 남성의 텍스트에서 여성의 목소리를, 여성의 텍스트에서 남성의 목소리를 찾아낸다.

엇비슷한 이야기들'이 실제로 발견된다는 아주 단순하고 소박한 사실에서부터 출발한다. 그리고 도니거는 이 같은 엇비슷한 이야기들이 나타나는 이유가 인간이 때와 장소를 불문하고 비슷한 경험, 비슷한 질문을 던지며 살아온 삶 자체에 있다고 말한다. 그녀는 아무리 교차문화적인 비교에 대해 칼날을 세우고 있는 이들이라 할지라도, 인간이라면 누구나 공감할 수 있는 보편적 경험에서 비롯된 유사한 이야기들이 세계 곳곳에서 나타나고 있다는 사실 자체를 부인하지는 못할 것이라고 말한다.

도니거는 이처럼 신화의 뒤에 숨어 있는 인류의 공통된 경험을 '숨은 거미'(implied spider)에 비유한다. 비교신화학의 이론적 문제를 다룬 자신의 책제목이기도 한 '숨은 거미'는 자기 자신으로부터 뽑아낸 실로 세계를 방출해내는, 우파니샤드 속 신의 이미지와 연결된다. 도니거는 모든 신화의 뒤에 숨어 있는 보이지 않는 거미가 바로 인간 누구나 공유하는 본성과 경험으로서, 이야기꾼들은 이로부터 끊임없이 거미집을 짤 원료, 즉 계속해서 신화와 이야기를 만들어낼 원천을 공급받는다고 이야기한다. 비록 우리 눈에는 이들이 만들어낸 거미집만 보일 뿐 거미의 존재는 보이지 않는다 하더라도 이 거미집을 만들어낼 수 있게끔 한 숨은 거미의 존재, 즉 인류의 공통된 경험이

신화를 살아 있게 하는 것은 원형의 힘이 아니라 세부적이고 구체적인 표현의 다채로움이다.

존재하는 것 자체를 부인할 수는 없을 것이라는 말이다.

타자의 신화에서 새로운 사고의 문을 열다

하지만 공통된 경험이라 할지라도 그것이 이야기되는 방식은 시대와 장소에 따라 달라진다. 그리고 그렇기 때문에 세상에는 한 가지 이야기만이 아닌 비슷한 여러 가지 이야기들이 존재하게 된다. 도니거는 이렇게 서로 비슷하지만 조금씩 다른 신화들을 비교해보면 한 가지 신화만 읽었을 때는 보이지 않던 것이 보이게 된다고 말한다. 유사한 내용을 다룬 신화들이라 할지라도 한 신화 속에서는 이야기되지만 다른 신화 속에서는 이야기되지 않는 부분이 있게 마련이다. 우리는 구체적인 이야기, 구체적인 내러티브 속의 이 같은 세세한 차이들에 주목해볼 필요가 있다. 왜냐하면 각 신화들의 세부적인 차이를 음미해봄으로써, 나의 신화에서는 꿈꿀 수 있지만 다른 사람들의 신화 속에서는 꿈꿀 수 없는 것, 반대로 나의 신화에서는 꿈꿀 수 없지만 다른 사람들의 신화 속에서는 꿈꿀 수 있는 것들을 찾아낼 수 있고, 이를 통해 우리가 너무나 당연하고 익숙하게 여기고 있는 것들을 '낯선 것'으로 볼 수 있기 때문이다. 즉 나의 세계관 속에서는 지극히 당연시되기에 그것에 대해 전혀 의문을 품지 않았던 것을 다시 보게 되고, 이로써 새로운 사고의 문을 여는 계기가 마련된다. 사실 도니거의 이런 생각 뒤에는 유대계 미국인으로 태어났음에도 불구하고 어린 시절부터 인도 신화를 보며 상상력을 키워왔고, 또 인도 신화를 통해 서구의 신화를 새롭게 보게 된 자신의 자전적 경험이 자리잡고 있다.

원형과 다양한 문화적 표현

그런데 이렇게 서로 다른 신화 텍스트들을 비교하고 이를 통해 각 텍스트의 빈 공간, 각 텍스트가 침묵하고 있는 부분을 메우는 새로운 통찰력을 얻을 수 있기 위해서는 '원형'(archetype)이라는 중간역을 거치지 않으면 안 된다. 도니거는 이제까지 비교신화학에서 중심이 되어온 원형 개념의 중요성을 여전히 강조한다. 한 문화권의 신화를 그 문화의 사회적, 역사적 맥락 너머에서 해석하려는 작업에는, 신화의 구체적이고 드러난 의미 이면에 원형적이고 보편적인 의미의 층위가 존재한다는 가정이 함축될 수밖에 없기 때문이다.

그러나 우리는 결코 원형만을 따로 떼어서 볼 수는 없다. 원형은 언제나 구체적인 문화적 표현들(cultural manifestations)이라는 옷을 입었을 때만 감지될 수 있는 것이기 때문이다. 도니거는 원형은 단지 개인의 구체적 경험이 그것을 가시적인 것으로 만들어줄 때만 의식 위로 떠오르게 된다고 한 융의 말을 인용한다. 따라서 신화의 원형만이 아니라 그것이 다채로운 문화적 표현들을 띠고 나타난 모습에 주목해야 한다는 것이다.

그녀는 신화를 살아 있도록 만드는 것은 원형의 힘이 아니라 바로 이렇게 구체적이고 세부적인 표현들의 힘이라고 말한다. 그러므로 신화의 다채로운 색깔과 구체적인 묘사들을 지워버리고 이를 단지 무색의 보편적 형태로 축소시켜버리는 신화학, 원형만을 강조하는 신화학에서는 신화의 진정한 매력과 가치가 다 사라져버린다고 비판한다.

도니거는 신화가 번성하는 것은 원형이 구체적인 문화적 표현들의 총합으로 여겨질 때, 즉 모든 구체적인 서사와 묘사들이 그 안에 다 채워져 있을 때라고 말한다. 그녀의 표현을 빌리자면, 이러한 구체적인 서사와 묘사들이 제거된 신화는 모든 소리를 단지 하나의 태고의 절대음으로 환원시켜 되돌려주는 원형의 동굴 속 메아리처럼 그저 공허할 뿐이다.

따라서 신화의 비교작업에 있어서 원형의 동굴은 반드시 거쳐가야 할 지점이기는 하지만 그곳에 계속 머물러서는 안 될 곳이다. 그곳은 마치 모든 기차들이 통과해가는 중간 환승역과도 같다. 모든 노선들은 이곳을 거쳐가게끔 연결되어 있다. 그렇지만 그곳은 다른 노선으로 갈아타기 위해 들러야 하는 곳일 뿐 종착역은 아니다. 도니거는 레비-스트로스가 신화 속에서 찾아낸 '구조' 역시 이러한 중간 환승역과 같다고 말한다.

그렇기 때문에 설사 모든 신화 속에 레비-스트로스가 말한 이항 대립이라는 보편적 구조가 내재하는 것이 사실이라 할지라도, 우리는 신화의 구조를 이야기하는 것에만 머물러서는 안 된다고 말한다. 신화는 구조가 아니라 내러티브이기 때문이다. 신화는 구조에 사건들의 연접, 인과관계에 관한 사유를 덧붙인다. 그래서 신화는 "이 일은 무엇무엇 때문에 일어났다"고 직접 말해준다. 구조는 각각의 요소들을 연대기적으로, 시간적으로, 인과관계적으로 배열하지 않지만 내러티브는 그렇게 한다. 그리고 내러티브의 배열이 바뀔 때마다 이야기의 핵심도 변화하게 되며, 신화가 다루고 있는 삶의 문제에 대한 해답도 달라지게 된다.

이야기로서의 신화가 갖는 힘

여기서 도니거가 생각하는 신화란 무엇인가라는 것이 분명해진다. 그녀에게 있어서 신화는 다른 무엇보다도 우선 '이야기'이다. 물론 도니거는 "신화란 무엇이다"라고 분명하게 정의내리지 않는다. 그녀 자신의 말대로 그녀의 관심은 신화를 정의하는 것보다는 신화가 어떤 모습으로 어떤 일들을 해왔는지 살펴보는 데 있기 때문이다. 또한 정의란 기본적으로 경계를 짓고 장벽을 쌓아올리는 일을 요구하는데 도니거는 자신이 바로 이러한 경계짓기, 장벽쌓기에 도전하기 위해 글을 쓰고 있다고 말한다.

그럼에도 불구하고 신화란 무엇인가라는 질문에 대해 대답한다면, '신화는 그 속에서 자신에게 가장 중요한 의미를 발견한 사람들에 의해 신성시되고 공유되는 이야기'라고 할 수 있다는 것이다. 도니거는 신화가 수천 년 동안 수많은 사람들의 입에 오르내린 이야기라는 것을 강조한다. 그것은 이미 플라톤이 신화를 비판하던 시대에도 유모들이 아이들을 재우면서 잠자리에서 들려주던 옛 이야기였다. 그 이야기들은 입에서 입으로, 혹은 여러 텍스트들 사이를 떠돌면서 전해졌고 이제는 스크린 속에서도 떠돌고 있다. 도니거는 이야기가 갖고 있는 힘이 바로 신화를 오랜 세월 동안 잊혀지지 않게 한 힘이라고 생각한다. 그녀가 원형보다는 구체적인 표현들을, 구조보다는 내러티브를 더 강조하는 것도 이 같은 맥락에서 비롯된 것이다.

이야기로서의 신화는 서로 다른 시대와 문화에서 살았던 수많은 이야기꾼들을 거쳐오면서 그들의 다양한 목소리를 통해 조금씩 변형되고, 때로는 기존 내러티브와 정반대의 모습으로 변화되기도 한다. 도니거는 여러 신화들을 비교해봄으로써 이처럼 신화 속에 끼워넣어진 다양한 목소리들을 찾아내고

자 한다. 그것은 때로 남성의 텍스트에서 여성의 목소리를 찾아내는 작업이기도 하고, 반대로 여성의 텍스트에서 남성의 목소리를 찾아내는 작업이기도 하다. 또한 동일한 이야기가 전혀 다른 정치적 맥락에서 사용되어온 역사를 더듬어가는 작업이기도 하다. 이 같은 작업은 사실상 각 신화의 역사적 사회적 맥락을 무시하고서는 이루어질 수 없는 것이다.

그렇기 때문에 도니거는 새로운 비교신화학은 결코 구체적인 맥락을 무시하는 보편주의로의 환원이 아니라고 강조한다. 그녀가 제시하는 비교신화학자의 모습은 각 문화 간의 차이와 유사성 사이에 놓인, 이야기라는 팽팽한 줄위를 아슬아슬하게 걸어가고 있는 모습이다. 비교연구를 하는 사람이라면 누구나 이 줄타기의 긴장감을 즐길 줄 알아야 한다.

비유와 이야기로 엮어가다

그럼에도 불구하고 도니거의 비교연구 역시 역사적 맥락을 간과하고 있다는 비판을 받기도 한다. 인도 신화와 그리스 신화, 성서와 셰익스피어, 할리우드 영화를 넘나드는 도니거의 대담한 비교가 때로는 심각한 맥락의 혼동을 가져온다는 것이다. 또한 그녀의 비교작업이 어디까지나 서구 학자의 입장에서 서구인들에게 필요한 타자의 신화들만을 이야기하는 한계를 벗어나지 못하고 있다고 지적되기도 한다.

그러나 도니거는 이러한 비판에 대해 정교한 이론으로 대처하기보다는 자신이 처한 입장—즉 여성, 인도신화학자, 비교신화학자, 유대계 미국인, 60년대 대학을 다닌 세대 등—에서, 자신이 지금 관심을 갖고 있는 주제들과 관련된 다양한 이야기들을 실제적으로 어떻게 서로 비교할 수 있는지, 그리고 그 과정에서 각 텍스트에 숨겨진 목소리들을 어떻게 찾아낼 수 있는지 직접 보여주는 데 더 주력하고 있는 것 같다. 그녀의 소망은 맥락에 충실한 역사적 신화연구가 엄밀하게 이루어지는 동시에 자신과 같은 비교론자들도 자유롭게 비교연구를 진행시켜갈 수 있는 다원적 학문 공간을 확보하는 것이기 때문이다.

도니거는 최근, 인도 신화와 그리스 신화 속에서 여성과 남성 혹은 여신과 남신이 허물을 벗거나 자신을 둘로 나누어 성적인 혼동과 분열을 가져오는 내용을 찾아내어 이를 서로 비교한 책을 썼으며, 뒤이어 동침의 계략이라는 주제 아래 형제계승혼, 근친상간, 복장 도착과 관련된 여러 신화들을 비교한 책을 내놓기도 했다. 두 책 모두 특정한 문화적 상황에서 여성과 남성의 미묘한 권력 관계로 인해 발생되는 다양한 신화적 변이들을 다루고 있다. 그러나 그녀는 텍스트의 개별적 맥락을 중시하면서도 논의 중간 중간에 전혀 다른 역사적 맥락에서 나온 이야기들을 끼워넣는 것을 주저하지 않는다. 사실 도니거의 책을 읽으며 얻는 가장 큰 즐거움은 이렇게 텍스트를 넘나드는 독서가 주는 즐거움일 것이다.

도니거의 글을 읽다보면 그녀가 '이야기' 읽는 것, 혹은 듣는 것을 정말 좋아하며, 또 자신이 알고 있는 여러 이야기들을 서로 연결시켜 다른 사람들에게 말해주는 것을 무척 좋아한다는 생각이 든다. 마치 그녀 자신이 아득한 과거 우리에게 신화를 이야기해주던 이야기꾼이 된 것처럼, 이곳 저곳에서 보고 들은 새롭고 진기한 이야기들을 적절히 배합하여 들려주고 있기 때문이다.

그녀의 책은 딱딱한 문장이나 엄격한 분석의 틀을 사용하기보다는 재치 있는 문장과 자유로운 구성을 통해 그 자체로 한편의 재미있는 이야기를 읽는 것과 같은 흥미로움을 가져다준다. 도니거 스스로도 자신은 논증이 아닌 비유와 이야기들로 책을 써나간다고 고백한 바 있다. 따라서 그녀의 책을 정리해서 요약 재구성한다는 것은 결코 쉽지 않은 일이다. 그녀의 학문은 깔끔한 격자무늬가 아닌 복잡하게 얽힌 거미집의 형태를 취하고 있기 때문이다. 그러므로 도니거의 책들은 그녀 자신이 믿고 있는 신화의 힘, 이야기의 힘을 가장 잘 보여주는 예라고도 할 수 있다.

최화선 서울대 종교학과를 졸업하고 같은 학교 대학원 박사과정을 수료했다. 한신대, 한국외국어대 강사를 거쳐 현재 서울대에서 강사로 활동하고 있다. 논문으로 「신화의 변형과 재창조: 오이디푸스 신화를 중심으로」 등이 있으며 번역한 책으로 『마야: 삶, 신화, 그리고 예술』이 있다. 초기 그리스도교 순례기에 관한 학위논문을 준비하고 있다.

용어와 개념 풀이

미시신화/거시신화
micromyth/macromyth

신화는 실제로는 존재하지 않는 두 가지의 메타 신화, 즉 미시신화와 거시신화를 통해 분석될 수 있다. 미시신화는 한 신화의 가장 밑바닥에서 찾아낼 수 있는 내러티브 조각이다. 이는 특정한 관점이 들어 있지 않는 중립적 구조를 취하고 있으며 이야기 속의 가장 단순한 뼈대를 구축하는 문장이다. 예를 들어 아담과 하와의 이야기에서 발견되는, "한 여자와 뱀이 나무 아래서 한 남자에게 어떤 과일을 주었다"와 같은 문장을 말한다. 미시신화에 다양한 관점이 투영된 여러 이야기들이 겹쳐지면서 거시신화가 만들어진다. 거시신화는 미시신화의 기반 위에서 비교론자가 찾아낸, 다양한 관점을 가진 갖가지 이본(異本)의 총합이다. 앞의 예로 다시 돌아가자면, "한 여자와 뱀이 나무 아래서 한 남자에게 어떤 과일을 주었다"라는 문장에 대한 다양한 해석이 첨가된 여러 판본의 총합이 곧 거시신화라 할 수 있다. 도니거는 한 신화를 분석하기 위해서는 그 신화의 미시신화와 거시신화를 모두 검토해봐야만 한다고 말한다.

다성성 multivocality

하나의 신화, 하나의 이야기 속에는 다양한 화자의 목소리가 끼워넣어져 있다. 신화는 지우고 다시 쓰기를 여러 차례 거듭한 양피지, 팔림세스트(palimpsest)와도 같다. 신화학자는 이 지우고 다시 쓴 흔적들을 찾아내어 신화 속에 감춰진 여러 화자의 목소리를 읽어내야만 한다. 이는 특히 신화 속에 감춰진 여성의 목소리, 남성의 목소리를 찾아내는 작업에서 중요한 의미를 지닌다. 한 신화가 여러 관점의 목소리들을 흡수할 수 있기 때문에 표면적으로는 남성의 목소리로 쓰여진 텍스트에서도 여성의 목소리를 읽어낼 수 있고, 반대로 여성의 목소리로 쓰여진 텍스트에서도 남성의 목소리를 읽어낼 수 있다.

절충주의 eclecticism

신화의 내부에는 다양한 목소리, 다양한 관점이 존재하고 신화의 외부에도 이야기를 말하는 다양한 방식이 존재하며, 또 이러한 신화들을 다양한 문화권에 속한 학자들이 각자 자신의 관점에서 분석하는 상황에서, 절충주의는 비교론자의 본질적인 방법론일 수밖에 없다. 물론 절충주의는 관점의 부재라거나 방법론적 통제의 상실이라는 비판을 받을 위험이 있다. 그러나 도니거는 절충주의를 통해 '어떤 종류의 진실'에 좀더 다가가고 있다는 확신으로 그 위험이 상쇄될 수 있다고 믿는다. '이것이냐 저것이냐'(either/or)가 문제될 때 '둘 다'(both/and)를 선택하는 다원적 태도가 결코 타협이 아니라 다양한 관점들 사이에서 균형된 긴장을 유지하는, 좀더 진실에 다가서는 것이라고 말한다.

웬디 도니거는 말한다

- 타자의 신화 속에는 우리를 위한 보물이 들어 있다. 다른 문화권의 신화에서 느껴지는 타자성은 우리가 그 신화를 이해하는 데 심각한 장애가 되기도 하지만, 동시에 우리가 우리 자신의 신화를 이해하는 데 장애물이 되는 것들을 극복할 수 있게

끔 해준다.
 낯선 이국의 신화들은 누구도 알지 못하는 것들, 정말 생소한 것들, 우리의 신화는 결코 꿈꾸지 못하는 것들에 대해 말해준다. 그러나 동시에 그 낯선 신화들은 우리 자신의 신화 속에서, 심지어 우리의 사적인 꿈속에서도 너무나 낯설게 보였던 것들이, 사실상 우리가 두려워하는 만큼 낯선 것이 아닐 수도 있다고 말해준다. 그리고 마침내 그 신화들은 우리의 의식을 지키는 파수꾼을 슬쩍 비켜 지나가, 결코 우리 자신의 신화로부터는 직접 들을 수 없을 것들에 대해 우리에게 말해준다.
 우리는 낯선 이국 신화의 패턴 속에서 우리 자신의 삶의 패턴을 인식했을 때, 인식의 충격, 혹은 데자뷔(deja-vu)의 순간을 느낄 수 있다. 낯선 타자의 신화는 전혀 예상치 못한 각도에서 너무도 명백한 삶의 진실을 제시해줌으로써, 이 같은 인식의 충격을 완화해주는 동시에 강렬하게 해준다. ―『다른 민족의 신화: 메아리들의 동굴』중에서

- 모든 신화는 이야기다. 그러나 모든 이야기가 다 신화는 아니다. 나의 정의 속에서 신화는 종교적 질문을 불러일으키는 것이다……. 긍정적이고 지속적인 의미에서, 신화가 무엇인가라는 질문에 대한 답변은 그 속에서 자신에게 가장 중요한 의미를 발견한 사람들에게 신성시되고 공유되는 이야기라는 것이다.
 신화는 사람들이 과거의 어느 때 일어난 일에 관해 과거에 쓰여진 것이라고 믿고 있는 이야기이다. 또는 아주 드물게 그것이 미래에 관한 일이기도 하다. 그러나 중요한 것은 그것이 기억되기 때문에 현재 속에서 계속 의미를 갖는 사건이라는 점이다.
 우리가 무엇인가를 전혀 번역할 수 없다거나 또는 비교할 수 없다는 믿음은 내게 바보스럽게만 보인다…… 신화들의 교차문화적인 비교는 실제적으로 가능하며 지적으로 신뢰할 만하며 정치적으로 생산적이다…….
 레비-스트로스는 신화의 본질은 그것이 시의 본질과는 달리 번역 가능하다고 말했다. 나는 여기에 덧붙여 신화는 교차문화적으로 번역 가능하며, 따라서 서로 비교될 수 있고 공통된 요소에 따라 나뉠 수 있다고 말하고 싶다. 연속체의 양극단, 동일한 것과 서로 다른 것, 일반적인 것과 특수한 것, 이처럼 대립적인 쌍들이 동시에 맞물리는 것은 독특한 이중적 시각을 요청한다.
 신화는 모든 장르 중에서 유일하게 이러한 시각을 유지할 수 있다. 신화는 가장 쉽사리 경계를 넘나들 수 있는 내러티브다. ―『숨은 거미: 신화 속의 정치와 신학』중에서

더 읽어야 할 책들

〈인도 신화와 관련된 저작〉

Wendy Doniger, *Asceticism and Eroticism in the Mythology of Siva*, London; New York: Oxford University Press, 1973.

_____, *The Origins of Evil in Hindu Mythology*, Berkeley: University of California, 1976.

_____, *Karma and Rebirth in Classical Indian Traditions*, Berkeley: University of California Press, 1980.

_____, *Women, Androgynes, and Other Mythical Beasts*, Chicago: University of Chicago Press, 1980.

_____, *Dreams, Illusion, and Other Realities*, Chicago: University of Chicago Press, 1984.

_____, *Purana Perennis: Reciprocity and Transformation in Hindu and Jaina Texts*, Edited. SUNY Press, 1993.

산스크리트 텍스트 번역서

_____, *Hindu Myths: A Sourcebook translated from the Sanskrit*, Harmondsworth: Penguin Books, 1975.

_____, *The Rig Veda : an Anthology*, Harmondsworth: Penguin Books, 1981.

비교 신화학에 관한 저작

_____, *Other Peoples' Myths: The Cave of Echoes*, New York: Macmillan, 1988. Reprinted, Chicago: University of Chicago Press, 1995.

_____, *The Implied Spider: Politics and Theology in Myth*, New York: Columbia University Press, 1998.

_____, *Splitting the Difference: Gender and Myth in Ancient Greece and India*, Chicago: University of Chicago Press and University of London Press, 1999.

_____, *The Bedtrick: Tales of Sex and Masquerade*, Chicago: University of Chicago Press, 2000.

원래 도니거의 전공 분야는 인도 신화다. 2002년 그녀는 인도의 고전인 『카마수트라』를 영어로 번역했다.

마크 테일러 *Mark C. Taylor*

경계를 넘어 해체하자

배국원 침례신학대 교수·종교철학

21세기 신학적 상황, 신앙은 여전히 유효한가?

21세기의 신학이 과연 어떤 방향으로 전개될 것인가를 예측하는 일은 어렵다 못해 아예 한 치 앞도 가늠할 수 없을 정도로 난감하다는 생각이 들기도 한다. 서구사회에서 비롯된 포스트모던 문화 충격이 전세계에 걸쳐 점점 더 일상화되어가는 오늘날의 이른바 후기산업-후기식민주의 시대에서 신학적 상황은 날로 혼탁해지는 것처럼 느껴지기 때문이다. 역사의 종말, 철학의 종말, 소유의 종말, 이성의 종말, 주체의 종말 등 전통 근대가 자랑하던 거의 모든 주제들 앞에 'post'라는 수식어가 차압딱지처럼 붙여지고 파산선고가 내려지는 이 시점에서 '신학의 종말'이라는 개념은 더 이상 충격적이지 않고 오히려 당연하게 받아들여지는 듯하다. 유전자 조작과 로봇 공학을 통해서 사이보그 등 이른바 포스트휴먼(posthuman)이라는 새로운 종의 인간이 도래할지도 모른다는 21세기에도 기독교신학이 역설해왔던 창조주 하느님에 대한 피조물 인간의 순종과 신앙은 여전히 유효한 것인가? 일부 성급한 이들은 아예 '기독교-이후'(post-Christianity)를 거론하면서 2천 년 전통을 가진 기독교 자체의 몰락과 사망을 예언하기도 한다.

물론 아직 전세계 10억에 가까운 신자들이 굳건히 신앙을 유지하는 기독교 종교 자체의 종말을 거론한다는 것은 무모한 예측에 가까운 일인지 모른다. 그러나 기독교의 고유한 신학이라는 학문을 주도하고 있는 일군의 신학자들에게 '기독교-이후'라는 전망은 21세기의 가장 중요한 화두가 되고 있다. 과연 어떻게 이 새로운 신학적 상황을 극복할 수 있을 것인가? 흔히 신학

> "종교는 언제나 우리의 인식을 미끄럽게 빠져나가기 때문에 종교가 무엇에 관한 것인지를 파악하기란 불가능하며, 아마도 우리는 그 파악 불가능성만을 파악할 수 있을 뿐이다. 우리가 종교를 드디어 붙잡았다고 생각할 때에도 종교는 우리를 피해 도망가고 만다."

자란 한 손에 성경을, 다른 한 손에 신문을 펼쳐들고 동시에 읽을 줄 아는 사람이라야 한다고 말한다. 곧 절대자의 복음과 상대적 인간의 문화를 동시에 알고 중재하는 임무를 감당해야 한다는 뜻이다. 놀라운 속도로 급변하는 문화 상황 속에서 불변하는 복음진리를 가장 효과적으로 선포하기 위해 오늘날의 신학자들은 후기자유주의신학, 종교다원주의신학, 반기초주의신학, 해체신학, 급진정통신학, 후기보수주의신학 등 생소한 이름의 다양한 신학들을 선보이면서 전통적 신앙의 현대적 적응을 모색하고 있다.

오해를 두려워하지 않는 해체신학자

현재 서구신학계에서 여러 다양한 학파와 주장을 주도하고 있는 일군의 신학자들 가운데에서 가장 흥미로운 인물 가운데 한 사람이 바로 해체신학자인 마크 테일러(Mark C. Taylor) 교수다. 1982년, 해체신학의 선언문이라고 할 수 있는 『해체와 신학』의 일원으로 참가한 이후, 테일러는 해체신학의 기수로서 눈부신 활약을 보여주었다. 20세기 말의 흥미로운 이벤트에 불과할 수도 있었던 해체신학은 테일러의 지치지 않는 왕성한 저술활동을 통해 현대상황에 대한 심각한 신학적 성찰 가운데 하나라는 위상을 확보할 수 있었다.

현대의 대표적 신학자들 가운데 테일러를 특별히 주목하게 만드는 점은 그가 매우 창조적인 재능을 가진 신학자 가운데 하나라는 사실이다. 그는 전통적 신학 영역에 안주하지 않고 끊임없이 다른 학문들의 경계를 넘나들며 신학과 대화를 시도해왔다. 다시 말해 그는 전통 신학의 해체를 주도하면서 역

마크 테일러가 39세가 되던 해인 1984년에 발표한 『오류 범하기: 포스트 모던 반/신학』. 이 책은 발표된 이후 지금까지 해체신학을 가장 잘 설명하고 있는 해체신학의 정수로 평가되고 있다.

설적으로 미래 신학의 지평을 넓힌 공로를 자랑하는 신학자이기도 한 것이다. 테일러는 사진, 그림, 조각, 음악, 건축, 소설 등 현대문화 전반을 섭렵하며 문화 속에 감추어진 종교적 의미를 드러내는 작업에 몰두해왔다. 포스트 모던 문화를 텍스트로 삼고 그 속에 은폐된 신학적 함축을 해석해내는 탁월

테일러는 사진, 그림, 조각, 음악, 건축, 소설 등 현대문화 전반을 섭렵하며 문화 속에 감추어진 종교적 의미를 드러내는 작업에 몰두해왔다.

한 능력으로 인해 테일러는 '포스트모던 문화의 신학자'로 확실히 자리잡게 되었다.

문화신학자로 유명했던 폴 틸리히 이후로 현대문화와 신학을 연결시키는 데 테일러만큼 성공한 인물은 없다. 나아가 테일러는 틸리히의 명성뿐만 아니라 비난까지도 계승한 진정한 후계자로 꼽힌다. 즉 당시 '신학자들 가운데 가장 위험한 사람'이라던 틸리히의 악명이 어김없이 테일러에게도 적용되고 있는 것이다. 비판가들은 테일러가 포스트모던 문화를 창조적으로 읽는 데 탁월한 학자라는 점은 인정하면서도 그가 과연 '신학자'라고 불릴 수 있는지에 대해서는 강한 의구심을 넘어 불쾌감을 나타낸다. 끊임없이 신의 죽음과 신학의 종말을 역설하는 테일러를 더 이상 신학자라고 칭할 수 없다는 것이다. 비유적으로 말한다면 그의 두 손은 이미 신문뿐만 아니라 TV, 영화, 미술, 건축 등 온갖 문화상품들로 가득 차 있기 때문에 불행하게도 성경을 펼쳐볼 수 있는 손이 남아 있지 않다는 비판이다.

그렇다면 현대신학 가운데 가장 위험한 신학, 너무 위험해서 신학이라고 부를 수도 없을 만큼 해로운 해체신학이란 과연 무엇인가? 해체신학이란 한마디로 말해 해체철학의 신학적 적용을 모색하는 움직임이다. 여기서 '해체'의 의미를 분명히 할 필요가 있는데 해체란 흔히 생각하는 것처럼 일방적인 부정과 파괴(destruction)를 의미하는 것이 아니라 부정을 통한 새로운 건설(de-construction)을 뜻한다는 점에 주목할 필요가 있다. 즉 진정한 의미의 해체란 서구 지성사의 이면에 숨겨진 차별과 은폐를 드러내는 작업을 말하는 것으로서 기존의 사상을 파괴하고 부정하려는 작업에 그치지 않고 사상의 표면 밑에 감추어져 미처 생각되지 않았던 것을 새삼 생각할 수 있게 하는

(think the unthought) 작업이다. 따라서 해체신학은 신을 부정하는 단순한 무신론이라기보다 대신 기독교 교리에 대한 '해체'작업을 통해 정립된 교리들 이면에 은폐되어 아직 표현되지 못하고 있는 신학적 사실들을 밝혀내려는 시도라 할 수 있다. 보다 현학적으로 말한다면 해체신학이란 '비부정적 부정신학'(a non-negative negative theology)이라고 테일러는 말한다.

그가 39세가 되던 해인 1984년에 발표한 『오류 범하기: 포스트모던 반/신학』(Erring: A Postmodern A/Theology)은 해체신학의 정수로 평가되고 있다. 해체신학을 역설적으로 가장 체계적으로 잘 설명하고 있는 이 책이 크게 두 부분으로 구성되어 있음을 주목할 필요가 있다. 제1부, '신학을 해체하기'(Deconstructing Theology)는 신의 죽음, 자아의 증발, 역사의 종말, 도서(Book)의 종결 등의 항목을 통해 신학의 전통적 주제들이 감추고 있었던 문제들을 해체하는 작업이다. 제2부, '해체적 반/신학'(Deconstructive A/Theology)은 전통신학이 붕괴된 자리에 다시 세워야 하는 신학적 가건물의 윤곽을 그리려는 작업이다. 테일러에게 해체신학은 알 수 없는 신에 대한 인간의 생각을 계속 적어나가고(writing of God), 끊임없이 변하는 자아의 흔적을 지치지 않고 표시해나가며(markings), 역사 속에서 찾아지지 않는 섭리와 은총을 하염없이 찾아헤매며(mazing grace), 성서를 이해하기보다 오해하기를 언제나 두려워하지 않는(erring scripture) 신학으로 나타난다. 마치 폭격으로 폐허가 된 도시에서 피난민들이 정처없이 떠돌면서 무너진 건물 한쪽 구석에 그나마 하룻밤 쉴 수 있는 보금자리를 겨우 마련하는 것과 같은 상황이 바로 다름 아닌 오늘날 신학이 직면하고 있는 현실이라는 사실을 테일러는 역설하고 있다.

테일러의 해체신학에 끼친 데리다의 영향은 분명하게 드러난다. 산종(dissemination), 차연(differance), 흔적(trace) 등 여러 수사학적 기교와 재치를 통해 영원불변하다고 간주되어왔던 로고스의 신화를 폭로한 데리다를 본받아 테일러도 시대상황에 가장 정직한 신학이란 역시 '오류 범하기'의 흔적을 계속 남기며 그 이질적 의미를 계속 뒤로 미루면서도 끊임없이 새롭게 확산시키는 차연과 산종의 신학일 수밖에 없다고 강조한다.

간격을 좁히고 경계를 넘어

그러나 테일러는 데리다의 해체철학적 통찰력을 신학에 적용하는 단순 지적 중개인 역할에 만족하지 않고, 곧 자신만의 독자적인 영역을 탐색하게 된다. 그의 관심은 더 이상 신학과 해체철학에 머물지 않고 문화현상 전반으로 확대되는 것이다. 왕성한 탐구정신을 가지고 테일러는 문화비평, 문학, 영화, 미학, 미술, 건축학, 컴퓨터 공학 등 다양한 분야를 넘나들며 문화읽기를 시도한다. 어찌 보면 여러 학문간 "경계를 넘고 간극을 메우는" 포스트모던의 학제적 연구의 좋은 예가 바로 테일러 교수라는 생각도 든다. 새롭게 확대된 관심으로 인해 테일러 스스로도 이제 자신을 신학자라기보다 '문화철학자'라고 칭하기 원한다. 이러한 포괄적인 학문적 관심은 테일러가 문화철학자라는 이름으로 부르기 원하는 다른 한 사람, 헤겔을 떠올리게 한다. 즉 테일러는 백과사전적 방대한 지식과 예리한 통찰력을 자랑했던 근대철학의 거성 헤겔을 흠모하며 닮고 싶어한다. 그런 점에서 볼 때 신학생으로 학문의 여정을 시작했던 헤겔처럼 테일러가 신학도로서 출발했던 것도 우연이 아니라고 할 수 있을지 모른다.

그렇다면 신의 죽음과 신학의 종말을 최초로 예견했다는 헤겔을 본받아 테일러가 문화철학자의 길을 걷고자 하는 이유는 과연 무엇인가? 그것은 두 사람 모두 인간의 종교성이 문화 전반에 걸쳐 숨어 있다고 확신하기 때문이다. 테일러의 최근작 『종교에 관하여』(About Religion)라는 제목이 시사하는 바와 같이 문화의 모든 것은 종교에 관한 것이다. 반대로 종교란 다름 아닌 "인간 종교성에 관한 그 어떤 것에 관한 것"(Religion is about a certain about)으로 파악될 수 있을 따름이다. 카를 바르트를 위시한 많은 신학자들은 문화를 죄의 영역이라 규정하고 문화 속에서 구원을 찾는 것이 본질적으로 불가능하다고 말하였다. 그러나 테일러는 정반대로 문화 속에서만 진정한 신성함이 발견될 수 있다고 역설한다.

인간이 찾는 신의 참된 의미는 더 이상 성경과 교리의 텍스트에 국한될 수 없다. 인간의 문화 전체는 구원을 희구하는 기호들로 가득 차 있으며 그 무수한 기호들의 종교적 함축성을 해체해서 읽어낼 수 있는 사람이 곧 현대가 요구하는 신학자이다. 신학은 더 이상 성서학이 아니라 기호학이 되어야 한다고 테일러는 선언한다. 이제 신이라는 용어는 거룩함(the Sacred)으로, 신학은 종교학 또는 기호학으로 대체될 필요가 있다는 주장이다. 종교학자들이 잘 보여주듯 거룩함은 순결과 부정, 높음과 낮음, 초월과 내재 등의 이중적 동기를 공유하는 단어이다. 기존의 서구신학이 일방적으로 강조하던 차별적 가치를 지양하고 인간 존재의 통전적 가치를 지향할 수 있는 가능성을 위해서는 신이라는 전통적 언어보다 거룩함이라는 단어가 더욱 포용적인 구원의 기제를 현대인들에게 선물할 수 있다고 역설한다.

이 시점에서 다시 한번 문화신학자 폴 틸리히를 언급하는 것이 테일러의 문화철학을 이해하는 데 도움을 준다. 틸리히와 테일러 사이의 중요한 차이는 바로 '문화'에 대한 상반된 이해에서 비롯된다. 틸리히가 말하는 문화는 독일 관념론 전통에서 강조되었던, 고급문화에 국한되어 있으나 테일러가 주목하는 문화는 포스트모던 사회의 문화 전체, 곧 고급문화와 저급문화, 상층문화와 하층문화 모두를 포함한 총체적 문화다. 특히 포스트모던 문화의 다양성이 가장 잘 구현되고 있는 나라 가운데 하

테일러가 최근에 발표한 『복잡성의 순간: 떠오르는 네트워크 문화』에서 그는 사이버스페이스와 네트워크 문화에 대한 종교적 의미를 탐구했다.

나가 미국인 탓에 테일러는 그가 살고 있는 미국이라는 삶의 문맥에서 현란할 정도로 분출되는 여러 문화현상들 전체를 모두 기꺼이 신학적 텍스트로 받아들인다.

이런 문맥에서 테일러가 특별히 주목하는 장소는 포스트모던 문화의 상징으로 등장한 환락과 도박의 도시 라스베이거스이다. "라스베이거스는 신의 죽음이 이 지상에서 신의 왕국으로 장엄하게 연출되는 장소"라고 테일러는 말한다. 예수가 선포했던 천국은 훗날 저 세상에 완성될 것이 아니라 지금 여기에 이미 시작된 천국이라는 의미를 가지고 있다. 어쩌면 더 이상 높음과 낮음, 고상함과 천박함을 구별하지 않는 포스트모던 문화야말로 예수가 말했던 "근심하지 말라"는 기쁜 소식에 가장 충실한 문화일지 모른다. 그래서 라스베이거스는 모든 차별이 해체되고 융화된 천국, "사자와 양이 같이 뛰노는" 왕국에 대한 포스트모던적 상징이 된다. 앞으로 더욱 현란한 가상현실(VR) 테크놀로지로 장식될 라스베이거스는 심지어 신의 죽음과 신의 현존 사이의

차별도 극복될 수 있는 장소가 될 것이라고 테일러는 예언하고 있다.

테크놀로지의 발달이 이원론적 차별을 극복한다

해체신학으로 단련된 시각을 가지고 문화 전반을 읽어나가는 테일러의 시선이 최근 집중되는 곳은 당연히 사이버스페이스와 네트워크 문화에 대한 종교적 의미 탐구다. 그가 최근에 발표한 『복잡성의 순간: 떠오르는 네트워크 문화』는 바로 이 문제를 다루고 있는 저서이다. 이 책에서 테일러는 과거 그가 사숙했던 데리다의 한계를 지적하면서 해체철학은 마치 신화 속의 시시포스와 같이 자신의 수사학적 일상반복의 포로로 전락하고 말았다고 강하게 비판한다. 지금 우리시대는 급격히 언어중심주의(logo-centrism)로부터 그림중심주의(grapo-centrism)로 넘어가고 있는데 데리다와 푸코는 언어중심주의를 고발하는 또 하나의 언어해체 중심주의에 사로잡혀 있다는 것이다. 이에 반해 테일러는 영상, 인터넷, 영화, 멀티미디어 등 새로운 시각문화 시대로 옮겨가고 있는 이 시점에서 새로운 영상언어문법을 개발해야 할 필요성을 역설하고 있다.

그러나 새로운 영상언어문법의 필요성을 요청하는 것과 그러한 방법을 발견하고, 나아가 완성하는 것은 두 개의 전혀 다른 사항일 것이다. 그 스스로 인정하듯 테일러는 아직 새로운 필요성에 관한 관심을 환기시키는 데 머물고 있다. 그러나 신학자들 가운데, 나아가 인문학자들 가운데 테일러만큼 새로운 영상 시대의 언어를 개발하는 데 적극적으로 실험을 거듭하는 사람도 없다. 이를테면, 그는 인터넷을 통해서 핀란드에 있는 대학에 강의를 개설하고 주고받은 전자우편(e-mail)들을 묶어 『이미지론: 미디어 철학』(*Imagologies: Media Philosophy*)이라는 책을 출판한 바 있다. 당시엔 파격적이고 성공적인 기획이었음에도 불구하고 테일러는 이 책을 통해 아직도 텍스트 곧 언어가 영상과 이미지를 결정할 수밖에 없다는 한계에 고심하게 되었다.

그래서 시도한 작업이 이미지 디자이너와 함께 저술한 『숨기기』(*Hiding*)라는 작품이다. 이 책이 지니는 의미는 먼저 표현할 이미지를 결정하고 그 후 속으로 텍스트를 적어나간 새로운 시도에 있다고 테일러는 강조한다. 즉 보통 책의 경우 이미지가 텍스트를 보강하는데 그쳤던 것에 반해 『숨기기』는 이미지를 먼저 전하고 그 다음 텍스트로 보강하는 책이라는 것이다. 나아가 테일러는 매체(medium) 그 자체가 이미지라는 점에 착안하여 다양한 재질과 색깔의 종이로 이미지를 보강하는 효과도 이 책에서 시도하였다. 언어를 뛰어넘을 수 있는 멀티미디어 매체에 대한 관심은 테일러로 하여금 마치 전자게임 CD와 같은 「The Real: Las Vegas」를 실험적으로 제작하게 만들게도 하였다.

이러한 일련의 실험을 통하여 테일러가 확인하고자 하는 것은 우리의 존재양식이 이미 테크놀로지, 이미지, 매체 등을 통해 급속히 달라지기 시작했다는 사실이다. 예술의 예를 들어본다면 예전에는 예술이 세계와 사물을 모방하였지만 이제는 오히려 각종 테크놀로지를 이용한 예술이 세계를 만들어가고 있다. 보드리야르가 설파한 것처럼 '모방원칙'이 '실재원칙'을 대체하는 세상이 된 것이다. 가령 이전에는 지도(map)란 실제 지형(territory)을 모방한 것에 불과하다고 생각했기 때문에 "지도는 지형이 아니다"라는 격언이 갖는 의미가 막중했다. 그러나 각양각색의 모상(模像, simulacra)을 빚어내는 테크놀로지 축제가 계속되는 21세기는 반대로 지도가 지형을 창조하는 시대로 변하고 있다. 테크놀로지로 인해 우리의 삶은 이미 하나의 충만한 예술작품, 곧 시뮬라크르로 등장한 것이다.

테일러는 시뮬라크르의 행진이 이어질 21세기가 종교에게 심각한 위협인 동시에 기회가 될 것이라고 진단한다. 그 자신은 테크놀로지의 발달이 인류의 오랜 숙원인 이원론적 차별의 극복을 이룩할 가능성에 흥분되어 있다. 로봇 공학, 나노 공학, 유전자 공학 등이 더 발달되면 인간과 기계 사이의 구분도 무의미하게 될 것이다. 바로 그때 플라톤 이후 서양 인식론의 기본 공리로 군림해왔던 현상과 실재의 이분법도 퇴색할 수밖에 없을 것이고 이원론의 차별성을 줄곧 고발해왔던 해체철학의 임무도 완성될 수 있을 것이다. 나아가 사이버스페이스 네트워크의 디지털 테크놀로지를 통해 기독교의 핵심사상인 '성육신'(Incarnation)이 지상에서 구현될 때 해체신학자이자 문화철학자인 테일러 자신의 소명도 완성되리라고 확신하는 것이다.

문화현상 속에서 종교적 의미를

미국에서 인문학 학부대학으로 최고의 명성을 자랑하는 윌리엄스대학(Williams College)의 종교학 교수인 마크 테일러(Mark C. Taylor)를 한마디로 소개한다면 곧 우리 시대의 가장 위험하면서도 가장 창조적인 신학자라는 표현일 것이다. 1945년에 출생한 테일러는 웨슬리언대학을 거쳐 하버드대학 종교학과에서 철학적 신학을 전공하고 헤겔과 키에르케고르에 관한 논문을 써서 1973년 철학박사를 취득하였다. 1981년에는 덴마크 코펜하겐 대학에서 본격적인 키에르케고르 연구로 두번째 철학박사 학위를 취득하였다. 주로 헤겔과 키에르케고르에 관한 연구에 전념하던 테일러는 데리다의 해체철학을 접하면서 새로운 신학 가능성에 눈뜨게 되었다. 그 결과 테일러는 1982년 미국 해체신학의 효시가 된 『해체와 신학』에 참가하게 되고 이후 정력적인 저술활동을 통해 해체신학의 대변자로 자리잡게 되었다.

그러나 그는 신학적 비판과 해체에 만족하지 않고 문화현상 전반에 관한 폭넓은 반성을 시도하였다. 사진, 그림, 조각, 음악, 건축, 소설 등 현대문화 전체를 텍스트로 삼고 문화 속에 감추어진 종교적 의미를 드러내는 작업에 몰두한 것이다. 그가 저술 혹은 편집한 16권의 저서와 발표한 60여 편의 논문들은 이러한 왕성한 지적 탐구의 결과다. 그의 창조적 실험정신은 또한 각각 1개의 CD와 영화를 만들게 한 원동력이 되었다. 최근에는 '지구촌 온라인 대학'(Global Education Network : GEN) 및 인문학을 위한 테크놀로지 연구소를 만들어 『뉴욕 타임스』 등에서 인문학의 새로운 기수로 크게 소개되기도 하였다.

배국원 연세대학교 철학과 및 미국 남침례교 신학대학원을 졸업하고 하버드대학 종교학과에서 종교철학 전공으로 박사학위를 받았다. 현재 침례신학대학교에서 종교철학 교수로 재직하고 있으며 대학원장직을 맡고 있다. 『현대종교철학의 이해』와 『Homo Fidei』를 저술하였고, 『신의 역사』(카렌 암스트롱 지음), 『가톨릭 교회』(한스 큉 지음) 등을 번역하였다. 이외에도 「사이버스페이스의 기독교적 의미」, 「반기초주의와 신학」 등 다수의 논문이 있다.

용어와 개념 풀이

해체와 신학 Deconstruction & Theology

1982년 뉴욕의 크로스로드(Crossroad) 출판사에서 발행된 미국 해체신학자들의 논문모음집으로서 해체신학의 등장을 선포하는 저서이다. 과거 60년대에 『사신신학』(death-of-God theology)으로 악명을 떨쳤던 알티제(Thomas Altizer)를 위시하여 샤르레만(Robert Scharlemann), 라쉬케(Carl Raschke), 마이어(Max Myers), 윈퀴스트(Charles Winquist) 등이 참가하였는데 그 중에서도 마크 테일러가 계속해서 가장 왕성한 발표와 활동을 보여주고 있다.

폴 틸리히 Paul Tillich, 1886~1965

『문화의 신학』으로 유명한 20세기 개신교 자유주의신학의 거장이다. "종교는 문화의 실체이고 문화는 종교의 형식"이라는 그의 유명한 말처럼 틸리히는 종교와 문화를 연결 혹은 '상관'(correlate)시키려는 노력을 기울였다. 그는 신학의 여러 전통적 교리와 용어를 심층심리학, 실존철학, 예술의 도움을 빌려 현대인이 이해할 수 있도록 여러 독창적 주장과 용어를 개발하였던 철학적 신학자였다. 가령 '신'은 '존재의 기반'으로, '죄'는 '소외' 또는 '불안'으로, '구원'은 '새로운 창조'라고 틸리히에 의해 새롭게 해석되었다.

카를 바르트 Karl Barth, 1886~1968

'신정통주의 신학'을 창시하였던 바르트는 20세기의 가장 중요한 개신교 신학자라고 할 수 있다. 19세기 초부터 20세기 초까지 풍미했던 독일 자유주의신학은 그에 의해 결정적 타격을 받고 약화되었다. 그는 신학의 근본이 인간의 철학적, 문화적 반성이 아니라 오직 "하느님이 말씀하셨다"(Deus dixit!)라는 논리적 선행사건이라는 점을 강조하는 이른바 '하느님 말씀의 신학'을 주장하였다.

성육신 Incarnation

종교학에서 이 단어는 일반적으로 신들이 인간 혹은 동물의 모습으로 나타나는 여러 형태의 화신(化身), 체현(體現)을 일컫는다. 그러나 특별히 기독교의 경우에 이 단어는 대문자로 쓰일 수밖에 없는 단 한 번의 유일회적인 사건으로서 하느님의 독생자인 예수가 인간의 형태를 입고 세상에 출생하였음을 의미한다. "말씀이 육신이 되어 우리 가운데 거하시매"(「요한복음」 1:14)라는 성경구절이 기독교에서 이 단어의 의미를 한마디로 함축하고 있다.

마크 테일러는 말한다

- 사변신학의 경계 안에서 신의 죽음은 신을 평가절하하는 것이 아니라 사실상 신의 자기실현의 절정을 이룬다. 즉 자기를 완전히 비우는 과정을 통해 신의 초월성이 신적인 것을 지금 여기에서 완전히 구현하는 신의 내재성으로 변환하게 되기 때문이다. 초월적 기의(記意)의 죽음은 포스트모던 문화를 구성하고 있는 이미지와 시뮬라크르의 그물을 효과적으로 신격화한다. 기표(記標) 너머에 아무것도 존재하지 않는다면 결국 이미지가 그 모든 것이다. 높이, 깊이, 내면성 등의 상징은 겉표면의 무한한 놀이 속으로 붕괴되어 버리고 만다. 이러한 피상성의 와중에서 그 어떤 것도 심오하게 남

아 있을 수 없다. 이렇게 포스트모더니즘은 이미 구현된 종말론, 즉 사망한 신이 다시 매직 킹덤에서 부활하는 종말론과 연관된다. 우리가 오늘 여기서 내일의 세상(Tomorrowland)을 미리 즐긴다는 매직 킹덤은 곧 신이 약속한 천국인 것이다.

- 종교란 어떤 것에 관하는 그 어떤 것에 관한 것이다. 그러나 종교는 절대로 여기 확실히 있는 것도 아니고 또 없는 것도 아니기 때문에 과연 종교가 무엇에 관한 것인지는 여전히 불투명하게 남아 있다. 종교는 언제나 우리의 인식을 미끄럽게 빠져나가기 때문에 종교가 무엇에 관한 것인지를 파악하기란 불가능하며, 아마도 우리는 그 파악 불가능성만을 파악할 수 있을 뿐이다. 우리가 종교를 드디어 붙잡았다고 생각할 때에도 종교는 우리를 피해 도망가고 만다. 그러나 이처럼 미끄러운 회피는 단순한 인식의 실종이 아니라 새로운 인식의 출현을 가능케 하는 은퇴일 뿐이다. 종교가 무엇에 관한 것인지, 그 문제를 붙잡기에는 너무 미끄럽기 때문에 우리는 과연 어디에서 종교의 흔적을 찾아야 할지 알 수 없다. 언제나 깜짝 놀라게 자신을 드러내는 종교는 따라서 가장 덜 분명한 곳에서 가장 흥미로운 모습으로 나타난다. 그런 까닭에 나는 교회, 회당, 사원 등의 공간을 의도적으로 피하고 예술, 문학, 경제학, 과학, 테크놀로지 등에서 종교의 흔적을 살피는 것이다.

더 읽어야 할 책들

Mark Taylor, *Kierkegaard's Pseudonymous Authorship: A Study of Time & the Self*, Princeton, 1975.
_____, *Deconstructing Theology*, Scholars Press, 1982.
_____, *Journeys to Selfhood: Hegel & Kierkegaard*, Univ. of California, 1985.
_____, *Erring: A Postmodern A/Theology*, Univ. of Chicago, 1987.
_____, *Disfiguring*, Univ. of Chicago, 1992.
_____, *Nots*, Univ. of Chicago, 1993.
_____, *Imagologies: Media Philosophy*, Routledge, 1994.
_____, *Hiding*, Univ. of Chicago, 1997.
_____, *The Real, Las Vegas, NV*, CD-Rom, 1997.
_____, *About Religion: Economics of Faith in Virtual Culture*, Univ. of Chicago, 1999.
_____, *The Picture in Question: Mark Tansey & the Ends of Representation*, Univ. of Chicago, 1999.
_____, *The Moment of Complexity: Emerging Network Culture*, Univ. of Chicago, 2001.
_____, *Grave Matters*, Reaktion Books, 2002.
_____, *Deconstruction in Context: Literature & Philosophy*, Univ. of Chicago, 1986.

롤란트 포스너 Roland Posner

기호학은 21세기의 물리학이다

박여성 제주대 교수·독일학

기호학자, 사진작가, 피아니스트 - 코스모폴리탄 포스너

1942년 체코 프라하에서 태어난 롤란트 포스너(Roland Posner)는 당대의 논리언어학과 전산언어학(Computerlinguistik)의 대부인 헬무트 슈넬레(Helmut Schnelle) 교수를 사사하며, 본 대학교에서 텍스트 이론의 지평을 개척한 논문「주석행위의 이론」(Theorie des Kommentierens)으로 1969년에 박사학위를 받은 후, 형식논리학의 틀을 빌려 퍼스(Ch.S. Peirce)의 기호학적 구상을 구체화하고 향후 독일언어학의 화두인 화용론, 텍스트언어학 및 기호학의 정초에 매진해온 석학이다. 탁월한 피아노 연주가인 동시에 사진작가이기도 한 포스너는 부인 베셀라 포스너와 사진과 그림을 합성한 '다시 쓰기'(Palimpseste)라는 퍼포먼스를 비롯하여 유럽 각지에서 다채로운 전시회를 기획한 예술가이기도 하다.

움베르토 에코가 예술과 학문의 융합태로서 기호학을 20세기의 당당한 패러다임으로 확립했다면, 2002년 회갑을 맞은 포스너는 헤스-뤼티히(E. W. Hess-Lüttich), 트라반트(J. Trabant)를 위시한 베를린 기호학파, 코흐(W. Koch)와 뇌트(W. Noth) 등의 보쿰 기호학파와 함께 기호학의 연구지평을 총체적으로 확장한 선도적인 학자이다. 이에 필자는 포스너가 기호학이라는 거대담론을 분과영역으로 체계화하고 실증적 방법론을 개척한 것에 중점을 두어 그를 21세기 기호학의 프런티어로 매김하며, 그의 방대한 학문적 구상을 총괄한 프로젝트인 『베를린 동작사전』(Berliner Lexikon der Alltagsgesten)과 『기호학 백과사전』(HSK-Semiotik)을 소개하고자 한다.

" 생명체가 구사한 태초의 기호는 좁은 의미의 언어가 아니라 융합태로서의 무엇이다. 고대와 중세의 중요한 단초를 중심으로 출발한 기호학은 계몽주의를 거쳐서 근대에 들어서면서 개별과학으로 정립되었으며, 100년 전부터는 형식적인 이론망을 구축했다. 과학이 분화되면서 개별 학문체계에서 학자들이 인위적으로 갈라놓은 기호학적 질서들은 이제 융합과학으로서의 기호학 속에서 그 원초적 구조가 재구성되어야 하는 벅찬 과제 앞에 놓여 있다. "

베를린 기호학파

　베를린 자유대학교(FUB)와 베를린 공과대학교(TUB) 그리고 훔볼트 형제의 건학이념으로 설립되었고 통일 후에 바이마르 시대의 명성을 되찾은 훔볼트 대학교(HUB)가 자리잡은 독일의 수도 베를린에는 기호학의 프런티어 포스너, 구조의미론의 태두 코세리우(E. Coseriu)의 수제자인 트라반트 그리고 매체언어학의 영역을 개척한 석학 헤스-뤼티히 등 3인의 기호학자가 주도하는 이른바 베를린 기호학파가 유럽 기호학을 선도하고 있다. 1969년 에코에 의해 창립된 세계기호학회(IASS)의 정신을 이어 1976년 독일기호학회(DGS)를 결성한 포스너는 1976~1978년 그리고 1982~1984년 두 차례에 걸쳐 독일기호학회장을 역임하며 독일기호학의 토대를 세웠으며 1998년부터 현재까지 세계기호학회 회장을 연임하며 전세계의 유수 기호학자들과의 공동연구와 방대한 프로젝트를 실현하는 명실상부한 국제기호학계의 석학이다(2001년 10월에는 한국학술진흥재단[KRF] 및 독일과학재단[DFG] 초청으로 내한하여 이화여대, 고려대, 한남대, 동아대, 조선대, 제주대에서 강연을 한 바 있다).
　특히—청년기의 비트겐슈타인이 수학했던—베를린공대는 독립된 기호학 연구기관으로는 독일 내에서 유일한 "기호학 연구과정"(Arbeitsstelle fur Semiotik)을 설치하여 많은 신진 기호학자를 양성하며, 전산학(Informatik) 및 의학과의 연계 프로젝트, 유럽연합(EU)의 지원을 받아서 수행되는 동작사전(Gesturnary)을 비롯하여 방대한 연구성과가 나오고 있다.

베를린 동작사전

일상기호학을 구성하는 중요한 요소로서 다양한 화용론적 기능을 함의하는 동작(Geste)은 실제의 대면 커뮤니케이션에서 상당히 중요한 역할을 한다. 게슈탈트(Gestalt) 심리학이나 행태학(行態學: Ethologie) 분야에서는 일찍이 이 문제에 관심을 두었으나 그 현상을 기술하고 분석하는 정밀한 방법론을 토대로 하나의 체계 속에서 설명하려는 본격적인 프로젝트는 바로 롤란트 포스너 교수의 책임 아래 라인하르트 크뤼거, 토마스 놀, 마시모 세레나리 등 베를린 공대 기호학연구소 연구원들이 수행하는 '베를린 지역 독일인의 동작기호'의 연구, 즉 동작사전에서 최초로 시도된다(그림 참조).

『베를린 동작사전』의 표지.

이 동작사전 성과의 핵심은 일단 축약본(2003년 초 영어로 출간 예정)으로 간행될 예정이며, 2004년경에는 완성본(독일어)이 출판될 예정이다. 이 사전에서 동작기호를 서술하는 방식을 살펴보자. 일단 경험적 자료(사진, 만화, VTR 촬영 등)에서 추출한 동작목록(일종의 동작 형태부)을 분류한다. 이를테면,

A 06 콧등을 들기
A 07 손가락으로 옷깃을 퉁겨내기
A 08 양손을 벌리기
A 09 손가락을 약간 벌려서 측정하기
A 10 손가락으로 가리키기
A 12 어깨를 들썩이기
A 13 손바닥을 편 채 상대방에게 내밀기
A 15 두 손을 맞잡고 들어보이기
A 17 자기장식 또는 자기과시
A 18 가운뎃손가락을 내밀기
A 20 엄지손가락을 내밀기

빌헬름 부쉬(Wilhelm Busch)의 만화집 『막스와 모리츠』(Max und Moritz) 중에서.

A 21 손으로 목을 자르는 시늉하기
B 02 손가락으로 코를 움켜쥐기
B 05 손바닥으로 크기를 나타내기
B 12 양손으로 저지하기
B 20 엄지손가락을 위 또는 아래로 향하기
D 09 양손으로 얼굴을 감싸기
D 10 손으로 무엇을 막는 행위
D 17 손가락으로 한쪽 눈을 빠끔 여는 동작
D 20 손으로 전화모양의 시늉하기

그 다음 각 형태부에 대한 경험적인 인지통계가 뒤따르고, 각 단위들 사이의 결합가능성을 검색한다. 그것은 동작문법을 구성한다.

경험적인 자료에서 수집된 동작목록은 일단 다음의 절차를 거쳐 순차적으로 기술된다.

(1) 발화내용의 핵심(Lokutionskern): 물리적/심리적 역겨움
(2) 발화수반행위(Illokution): (역겨움을) 표출하기/드러내기
(3) 발화효과행위(Perlokution): 누군가에게 실내의 공기를 환기하라는 조치를 촉구
(4) 언어적으로 치환 가능한 감탄사(Interjektion): "에이(A)!"
(5) 일상언어적 표현(Umgangssprache): "냄새 지독하군!"

그러나 이러한 공시적(synchronisch) 기술에는 한계가 있으므로, 그런 의미를 정착시켜온 역사적 배경, 즉 일종의 통시적 근거가 필요하다. 예를 들면 문학작품 속의 묘사에서 일정한 동작역학을 발견할 수 있다. 찰스 디킨스(Ch. Dickens)의 『올리버 트위스트』(Oliver Twist)에는 "노아는 코를 찡그렸다"라는 구절이 나오는데, 이것은 '거만함'의 표시이다. 동작사전에서는 문학작품 외에도 영화, 스냅사진 등의 매체제공물(Medienangebot)에서 문

『타게스슈피겔』(Tagesspiegel)지에 실린 만평. 독일 기민당의 여자 당수인 앙겔라 메르켈에 대하여 남성 정치인들이 다양한 동작언어를 사용하여 빈정거리는 상황을 풍자한 만평으로 한꺼번에 무려 20개의 엠블렘(Emblem)이 동원되는 특이한 컷이다.

화적 기억이 침전된 역사적 연원을 찾아내는 작업도 병행한다.

21세기 기호학 연구의 이정-기호학 핸드북

1997년 베를린 공대의 롤란트 포스너와 클라우스 로버링(K. Robering), 인디애나 기호학파의 태두인 고(故) 토마스 시비억(Th. A. Sebeok) 교수가 장장 30년 이상에 걸쳐서 기획하고 편집한 노력이 드디어 결실을 맺었다. 그것이 바로 전세계의 기호학적 담론을 결집하여 1997년(제1책)과 1998년(제2책)에 출간된, 그리고 2003년에 제3책으로 완결될 기호학 백과사전(HSKS)이다.

세계적인 다국적 출판사 드 그루이터(Walter de Gruyter)에서 나온 HSK(Handbucher zur Sprach-und Kommuni-kationswissenschaft) 시리즈는 언어—커뮤니케이션 과학 분야 최고의 총서로서—학술잡지에서 시도되는 참신하지만 불안정한 이론적 단서들과는 달리 기호학 각 분야의 공인된 최고수준의 전문가들의 학문적 검증을 거친 묵직한 논고를 싣고 있다. 독일 언어학계의 원로인 슈테거(H. Steger) 교수와 비간트(H. Wiegand) 교수가 총괄 편집을 맡고 해당하는 주제별로 책임편집자를 두어 총 26권으로 기획된 'HSK 시리즈'는 2002년 4월 현재 『방언학』, 『언어사』, 『사회언어학』, 『컴퓨터언어학』, 『사전』, 『의미론』, 『언어철학』, 『언어병리학』, 『통사론』,『문자학』,『명칭론』,『접촉언어학』,『기호학』,『형태론』,『전문언어』,『언어학사』,『미디어과학』,『어휘론』,『언어유형학』,『텍스트언어학』,『번역학』,『외국어로서의 독일어』등이 출간되었으며, 앞으로『로망스 언어의 역사』,『발렌츠 이론 및 노르딕 언어』등에 대한 총서로 완결될 예정이다.

'HSK 시리즈' 제3책의 편집을 마치고 2001년 82세를 일기로 작고한 시비억 교수가 앞서 출간했던『기호학 백과사전』(Encyclopedic Dictionary of Semiotics, Mouton de Gruyter, 1986/1994, 1725쪽 제2개정판)과 뷔삭(P. Bouissac, 1998, ed.)의『기호학 백과사전』(Encyclopedia of Semiotics) 그리고 독일어(나중에 영어)로 출간된 뇌트(W. Noth, 1985/2000)의『기호학 편람』(Handbuch der Semiotik/Handbook of Semiotics) 또한 중요한 필독서이지만, 시비억이나 뷔삭의 사전은 영어로, 뇌트의 편람은 독일어로 집필되어 양자 사이에는 언어적으로나 이론적으로나 어느 정도 편향성이 남아 있었다. 그런 단점은 비로소 'HSK 시리즈'라는 최고의 기호학 백과사전의 출간을 통하여 극복되었다.

통합과학을 향한 기호학의 도전

모든 인간은 기호를 사용하며 기호생성과정(Semiose)에 참여한다. 개인이 속한 공동체는 환경 속에서 스스로를 정향하며, 의사소통과정에 개입하는 다양한 기호체계에 대한 구상을 나름대로 전개해왔다. 그래서 모든 언어에는 흔적과 지표, 징후, 표현과 암시, 해석과 모델, 메시지와 상호작용 및 커뮤니케이션에 대한 다양한 표현이 존재한다. 그런데 각 문화권에서 정립된 제반 과학은 다양한 기호유형을 격리해서 다루었지, 통일적인 이론 틀로 포괄하는 데 거부감을 가져왔다. 전통적인 의미의 인문학은 언어, 문학작품, 미술, 음악, 법률 및 종교에서 나타나는 다양한 기호체계들을 서로 무관한 것으로 주제화한 결과, 그들 사이의 공통성을 간과하였고 대부분의 문제를 언어중심주의(Logozentrismus)적으로 다루었다.

한편 공학과 자연과학은 기계주의적인 구상에 따라서 기존의 방법으로는 규명될 수 없는 (후기) 산업사회의 공동체, 나아가 자연과 생명을 위기에 빠뜨리고 말았다. 그러나 생명이 부여된 자연과 인간의 문화가 결합되었고, 생명이 없는 자연과 구분되는 모든 가능한 변이태로 된 기호과정들을 통일적 현상으로 고찰한다면, 인문과학, 사회과학, 공학 및 자연과학 등 학문분과들 사이의 협동을 위한 토대로 쓰일 이론적 틀을 확보하는 것이다. 이것은 마치 400년 전에 물리학과 화학이 연금술이나 우주론을 위한 도구과학에서 정밀한 핵심과학으로 등극하는 것에 견줄 만한 프로젝트이다. 기호학은 이른바 21세기 물리학의 지위를 넘보는 야심찬 기획을 실행에 옮기려는 것이다.

기호학적 관점에서 인간의 행동과 문화를 고찰한다면, 가정과 직장생활, 경제와 행정, 예술과 종교 등의 제반 사회체계의 메커니즘을 통일체로 파악하고 그것을 다시 다양한 분과학문에서 연구할 수 있다. 사회학에서는 이에 준하는 통합과학을 향한 구상이 고(故) 니클라스 루만(Niklas Luhmann)을 필두로 하는 독일 빌레펠트 대학의 체계이론(Systemtheorie)과 영국 에든버러 대학을 중심으로 전개되는 사회구성주의(Social Constructivism)를 통하여 추진되었다. 기호학도 체계이론에 못지 않게 자신의 담론을 자기생산한 결과, 기호학은 더 이상 언어학의 시녀가 아니라 오히려 거꾸로 언어학이 기호학의 하위 분야로 편입될 지점에 도달한 것이다. 생명체가 구사한 태초의 기호는 좁은 의미의 언어가 아니라 융합태(融合態)로서의 무엇이기 때문이다. 고대와 중세의 중요한 단초를 중심으로 출발한 기호학은 계몽주의를 거쳐서 근대에 들어서면서 개별과학으로 정립되었으며, 100년 전부터는 형식적인 이론망을 구축했다.

과학이 분화되면서 개별 학문체계에서 학자들이 인위적으로 갈라놓은 기호학적 질서들은 이제 융합과학으로서의 기호학 속에서 그 원초적 구조가 재구성되어야 하는 벅찬 과제 앞에 놓여 있다. 과학체계를 재편하려는 거대한 구상과 자연과 문화, 그리고 과학에 대한 분석을 위한 체계론으로서의 기호학, 그것이 바로 HSK 시리즈의 기획의도이자 도전과제인 것이다.

기호학을 물리학의 지위까지 끌어올리는 대장정의 설계도

25개국의 대표적인 175명의 전문학자가 기고한 최고의 학문적 수준으로 집필된 총 178개(총 16장)의 주옥 같은 논문으로 구성된 'HSK 시리즈'는 상위범주인 일반기호학, 기술(記述)기호학 및 응용기호학의 각 부문에서 철학, 미학, 논리학, 수학, 문법학, 문체론, 시학, 음악, 건축, 조형예술, 의학, 물리학, 화학, 생물학, 심리학, 사회학, 경제학, 종교 및 일상생활 등의 각론을 다루고 있다.

1부(I~IV장)에 기고한 31편의 논문은 기호학이라는 표제 아래에서 다룰 수 있는 영역들을 분류한 일종의 체계론이다. 이때 포스너는 기호와 다른 기호들 사이의 연결관계를 다루는 통사론(Syntaktik), 기호와 대상체 사이의 관계를 다루는 의미론(Semantik), 기호와 기호사용자 사이의 관계를 다루는 화용론(Pragmatik)이라는 모리스(Ch. Morris)의 삼원론(三元論)을 토대로 삼는다. 각론에서는 시각, 청각, 촉각, 후각, 미각, 전기와 자력, 온도, 눈길, 신체행동, 기술공학적 매체, 코드의 변천, 세미오시스의 진화, 생체 세미오시스(생명기호학: Biosemiotik), 마이크로 세미오시스(유전자의 기호작용), 동물기호학, 인류기호학, 기계기호학, 환경기호학 등을 다룬다. 방법론을 다루는 뒤의 논문들에서는 기호학의 자료를 집대성하고 가설을 세우는 방법에 대한 메타 이론이 시도된다.

2부(V~XI장)에 실린 68개의 논문에서는 1부의 체계론에 따라서 주요 문화권에서 관찰된 기호학 이론의 단서들을 서구의 정신사적 시대구분에 따라서 추적하며, 인류문화의 진화라는 측면에서 기호학의 역사기술론(Historiographie)을 시도한다.

이에 따라 각 문화권별로 켈트, 게르만 및 고대 슬라브의 기호학적 전통, 고대 그리스로마의 기호학적 전통이 추적되며, 동시에 시기적 특성과 철학, 수학, 문법학과 수사학 및 문체론과 시학, 음악, 건축과 조형예술, 의학, 자연사, 자연철학, 종교, 일상생활 등의 다양한 장르와 결부된 기호학적 특성이 규명된다.

중세의 기호학적 전통 및 르네상스에서 19세기 초반까지의 근대 기호학의 역사와 19세기 이후 현대 기호학의 역사에서도 위에서처럼 시대별 접근과 아울러 제반 영역(철학부터 일상생활까지)에 대한 기호학적 전통이 일일이 추적된다. 그러나 개별과학들의 학문체계로 분화되지 못했던 중세에 비하여, 근대의 개별과학들(경제학과 철학, 미학, 언어철학, 생물학, 종교)에서 제기되는 기호학적 문제는 훨씬 복잡하고 복합적인 양상으로 전개된다.

'HSK 시리즈'는 앞서 나온 다른 편람에 비하여 비서구권 기호학의 역사에도 관심을 보이고 있다. 근동(近東)과 이슬람, 아프리카, 인도와 중국, 한국과 일본, 필리핀과 인도네시아, 동남아시아, 오세아니아, 아메리카 원주민 등 다양한 지역의 기호학적 전통을 추적하는 시도는 비서구권-기호학이라는 구상 자체가 정립되지 못한 현황을 감안한다면 그 자체만으로도 고무적이다.

한편 중국과 일본의 기호학적 전통이 해당 국가의 학자들에 의해 소개된 반면에, 한국의 기호학적 전통을 독일학자가 논했다는 사실은 껄끄러운 일이다. 우리의 손을 거치지 않은 한국의 기호학적 전통이 국제학계에 유통되는 것은 불편한 일이다. 이런 이유에서 필자와 포스너 교수는 한국 기호학을 알릴 옥고 10편을 선별하여 국제학술지 Zeitschrift fur Semiotik(ZfS) 특집호『한국의 기호학』(Semiotik in Korea, 2004년 예정)을 준비하고 있다.

현대의 기호학적 관심을 다루는 3부(12장)에는 시사적인 조류를 다루는 23편의 논문이 퍼스와 소쉬르, 모리스, 프레게, 후설, 비트겐슈타인, 윅스퀼, 뷜러, 야콥손, 로트만, 유슬레우, 그레마스, 굿맨, 에코 등 기호학자별 접근 그리고 현상학, 경험주의, 구성주의, 일상언어철학, 환경철학, 러시아 형식주의, 프라하 기능주의, 구조주의, 모스크바/타르투 학파, 포스트구조주의, 포스트모더니즘 등 사조별로 제시된다.

13장 이후의 부분은 아직 출간되지 않은 제3책(2003년 출간 예정)의 내용이므로, 포스너 교수가 제공한 정보에 기대어 소개하고자 한다.

4부(13~14장)에서는 기호와 관련된 보편원리 및 기호학에 기초하여 제반 과학을 체계적으로 재구성하려는 가능성을 타진하는 36개의 논문이 실려 있다. 이에 따라 과학철학, 정보이론, 상승역학(Synergetik), 게슈탈트 이론, 정신분석, 해석학과의 관계와 더불어 수학, 물리학, 화학, 천문학과 우주론, 지리학, 생물학, 신경생리학, 의학, 사회학, 법학, 경제학, 정치학, 미디어과학, 역사학, 언어학, 문학, 연극학, 음악학, 영화학, 조형예술, 건축, 교육학, 종교학 등 인접과학과의 관계가 타진된다.

5부(15장)는 후기 산업사회에서 대두되는, 예를 들면 기호학적 공해(semiotic pollution) 등의 문제를 다루는 18편의 논문이 실려 있다. 각론에서는 응용기호학 분야의 주제로 커뮤니케이션 공학, 미래학, 노동, 스포츠, 종교학, 노인학(老人學), 이종간(異種間) 소통, 관광, 비즈니스, 이데올로기, 신체언어, 멀티미디어 커뮤니케이션, 픽토그램(Piktogramm), 공장 및 산업체의 기호표준화, 왜곡(Fake)과 표절(Plagiat), 암호기호학, 기호와 번역, 보편언어와 언어조정, 외계와의 소통 등이 논의된다.

마지막 6부(16장)에서는 구체적인 보기를 통하여 실용적인 분야(음식, 패션)에서 추진되는 작업을 소개한다. 맨 뒤에는 총 3,600여 쪽에 이르는 이 방대한 백과사전에 실린 각종 인명 및 항목, 기호학의 연구기관 및 대학, 참고문헌, 학회, 정기간행물, 편람, 서지목록 및 편람에 대한 정보가 일목요연하게 정돈된 색인이 달려 있다. 종이로 만든 서적이지만 독서의 전략은 하이퍼텍스트(Hypertext) 방식으로 입체화시킬 필요가 있다.

이를 위해서 부록(찾아보기)을 적절하게 활용해야 한다. 그 다음에는 독서 취향에 따라 다양한 방식의 읽기가 가능할 것이다. 예를 들어 서양철학과 관련하여 기호학의 역사를 추적하려는 사람은 시대별 읽기를, 독립과학으로서의 기호학을 이론적으로 개관하려면 이론별 또는 기호학자별 읽기, 그리고 현대 기호학을 주도하는 경향을 알려면 프랑스와 이탈리아, 러시아와 독일, 미국의 기호학 등으로 언어문화권별 읽기를 선호할 수 있다. 분과학문으로서의 기호학의 보편적 체계성에 관심을 가진 경우에는 일반기호학, 기호학적 현상을 기술하는 방법과 그 해석에 대해서는 기술기호학, 그리고 학문 분야와 경제적·문화적으로 응용될 수 있는 가능성을 점칠 경우에는 응용기호학으로 대별하여 접근할 수 있다.

그런 점에서 'HSK 시리즈'는 포스너의 표현을 빌리자면, 기호학을 21세기의—과학의 꽃인—'물리학'으로 추진하려는 대장정(大長征)의 설계도라고 말할 수 있다.

박여성 1961년 서울에서 출생했으며 고려대학교 및 대학원을 졸업했다. 독일 뮌스터대학에서 언어학 박사 학위를 받았다. 현재 제주대학교 인문대학 독일학과 교수로 있다.『몸 또는 욕망의 사다리』,『한국텍스트과학의 제과제』,『기호로 세상 읽기』 등의 저서와 『구성주의』,『미디어인식론』,『괴델-에셔-바흐, 상·하』,『생명의 황금나무야 푸르러라』,『궁정사회』 등의 역서가 있으며, 텍스트과학과 기호학 분야에 다수의 논문이 있다.

용어와 개념 풀이

엠블렘 Emblem
통상적으로 말하는 '그림을 통한 기호체'라는 정의 외에, 포스너는 그의 동작사전을 구축하는 시각에서 좁은 정의를 내린다. 즉 엠블렘은 발화의 일부나 전부를 대체할 수 있는 동작을 통칭한다. '어색함이나 부인을 나타내려고 어깨를 으쓱하는 동작', '무엇을 지령하기 위하여 검지손가락을 뻗는 동작' 등을 들 수 있다.

행태학 行態學 Ethologie
노벨 생리의학상을 수상한 콘라트 로렌츠 (K. Lorenz)의 행동연구의 연속선상에서 그의 학문적 후계자인 생물학자이자 행태학자인 아이베스펠트(I. E.-Eibesfeldt)가 정립한 인간 및 동물의 행동연구의 과학을 일컫는다. 생명체로서의 인간은 동물과 마찬가지로 인사, 위협, 화해, 투쟁, 교류, 위안, 축하 등의 일정한 행동역학을 전개해왔다. 언어학 및 기호학과 관련해서 헤셴(V. Heeschen)은 행태언어학(Etholinguistik)을 연구하고 있다. 이 분야의 핵심적인 저서는 아이베스펠트의 『인간행동의 생물학-인류행태학 총론』(*Biologie des menschlichen Verhaltens. Grundriß der Humanethologie*)이다.

동작학 Kinesik
몸을 통하여 표출되는 기호를 동작단위별로 분절하여 동작형태론, 그것의 의미적 속성과 그 단위들 사이의 결합관계를 연구하는 동작통사론 및 동작화용론을 연구한다. 각 민족 특유의 몸짓을 연구하는 민속학적 동작학과 인간 보편적인 동작학을 연구하는 일반동작학으로 구분할 수 있다. 특정 지역의 동작학적 코드를 연구하는 프로젝트로『베를린 동작사전』이 잘 알려져 있고, 최근에 이 분야를 집중적으로 로 다루는 국제학술지인『Gesture』(2001, John Benjamin Pub.)가 미국 펜실베이니아 대학의 애덤 켄든(Adam Kendon)과 독일 베를린 자유대학의 코르넬리아 뮐러(Cornelia Müller) 두 편집자에 의하여 창간되었다.

언어중심주의 Logozentrismus
통상 기호학에서는 성경의 첫 구절인 λογος에 따라 이성의 질서를 추구했다. 고로 이성이 가장 확립된 기호의 영역은 언어라는 입장에 따라서 기호의 제반 영역의 연구에서 언어를 중심 축으로 설정하고 연구를 진행하는 시각을 통칭한다. 그러나 언어는 그 자체로 완벽한 이성의 구현도 아닐 뿐더러, 기호의 제왕도 아니라는 기호학 자체의 반성도 일고 있다. 모든 기호적 경로의 동등성과 통합성을 추구하는 융합기호학의 구상에서는 언어중심주의가 견제당하고 있다.

체계이론 Systemtheorie
파슨즈(T. Parsons) 이래로 체계의 역학을 규명하려는 일반이론으로 추구된 사회학의 한 분파로서, 빌레펠트대학의 니클라스 루만에 의하여 집대성된 거대담론이다. 체계는 그것의 외부와 관련하여 고유가치를 유지하는 내적 속성을 가지는 범위를 일컫는다. 이때 각 체계는 스스로의 작동을 위한 고유역학(Eigendynamik), 이를테면 이윤을 추구하는 경제, 권력획득을 추구하는 정치, 섹스를 추구하는 사랑 등의 기초속성을 가진다. 그러나 하나의 체계는 항상성(동적평형성, Homoostase)을 상실하면 붕괴된다. 그 예로 소비에트 연방의 붕괴를 들 수 있다. 체계이론적 착상은 생물학과 키버네틱을 필두로 사회학, 문예학, 언어학, 기호학으로 확산되는데 포스너가 편집한 필생의 역작 『기호학 백과사전』은 기호학적 체계이론의 구상이라 할 수 있다.

역사기술론 Historiographie
역사는 그것을 기술하는 역사기술자의 서술이라는 사학자 골로 만(Golo Mann)의 입장을 보건대, 역사는 그 자체로 존재하는 연속체가 아니라 비로소 담론으로 구성되어야 형태를 가지는 구성체이다. 그렇다면 그 역사 자체를 기술하는 관찰의 원리가 필요하다. 역사기술론은 말하자면, 역사를 기술하는 시각을 논의하는 메타-담론이다.

롤란트 포스너는 말한다

- '촘스키 이후의 언어학'이란 그 제목의 직설적 의미인 '그의 이론이 끝난 다음에 추구할 언어학'이라는 뜻이 아니라 '그가 언어학에 제기한 물음에 대한 향후의 고민'을 의미한다. —『촘스키 이후의 언어학』의 서문에서.

- 핵공학, 유전공학 그리고 우주공학은 인류에게 예기치 못한 시각을 열어준다. 동시에 그 발전의 엄청난 파급이 서서히 드러나는 새로운 사회적인 문제도 제기한다. 그것은 동시에 기호학적 문제이기도 하다. —『커뮤니케이션의 문제로서의 핵폐기물』 중에서

- 언어는 특정한 상황을 제어할 수 있는 경우에만 쓸모 있다. 문학의 가치는 우리의 일상생활의 감성을 일깨우는 데 있다. 마지막으로 철학의 사명은 독자적인 사유를 북돋아주는 데 있다. —『이성적 담론과 미학적 커뮤니케이션 미학』 중에서

더 읽어야 할 책들

Rosand Posner, *Rational Discourse and Poetic Communication: Methods of Linguistic, Literary and Philosophical Analysis*, Berlin und New York: Mouton, 1982.

_____, *Theorie des Kommentierens: Eine Grundlagenstudie zur Semantik und Pragmatik*, Frankfurt am Main: Athenaum, Wiesbaden, 1972(1980).

_____, *Nach-Chomskysche Linguistik*, Walter de Gruyter, 1985.

_____, *Warungen an die ferne Zukunft. Atommull als Kommunikationsproblem*, Raben, 1990.

_____, *A Handbook on the Sign-Theoretic Foundations of Nature and Culture*, Vol. 1~3(1997/1998/2003: 독일어/영어; R. Posner/K. Robering/Th. A. Sebeok ed.), Walter de Gruyter(Berlin/New York).

_____, *Berliner Lexikon der Alltagsgesten*, Walter de Gruyter, 2003.

움베르토 에코 *Umberto Eco*

내가 쉴 곳은 책이 있는 구석방

박여성 제주대 교수 · 독일학

기호학의 오디세이아

2002년 1월 5일 70세가 된 에코는 20세기 전반에 소쉬르가 구상한 기호론(Semiologie)의 구상을 기호학(Semiotica)이라는 패러다임으로 확립한 금세기 최고의 석학으로 여전히 왕성한 활동을 하고 있다. 토리노(Torino)대학에서 파레이손(Luigi Pareyson) 교수를 사사하며 1954년에 '토마스 아퀴나스 미학의 문제'라는 주제로 철학박사학위를 취득한 에코는 1961년부터 토리노, 밀라노 그리고 플로렌치아대학에서 미학을 가르치며 교편생활을 시작한다. 1971년 볼로냐대학에서 기호학을 강의하면서 유럽 대학 최초의 기호학과를 창설했고 1975년 정교수가 된 후 1988년까지 동 대학의 '커뮤니케이션 사상 연구소'(Istituto de Discipline della Comminicazione e dello Spettacolo)를 이끌었다. 1989년 이후에는 산마리노에서 '국제 기호학-인지과학 센터'(International Center for Semiotic and Cognitive Studies)를 운영하고 있으며, 1999년 이후 현재까지 볼로냐대학 부설 '인문학 고등연구소'(Scuola Superiore di Studi Umanistici) 교수를 겸임하고 있다. 그는 콜레주 드 프랑스, 옥스퍼드와 케임브리지, 하버드와 예일을 비롯하여 30여 개 나라의 유수 대학에서 초빙교수를 역임했으며, 2002년도까지 세계 각국의 대학(가장 최근에 이스라엘 예루살렘대학)으로부터 무려 스물아홉 개에 이르는 명예박사 학위를 받았다.

학자로서 누리는 최고의 영광 못지않게 약자의 권리신장을 위해 사회운동가로서도 정력적인 활동을 하는 에코의 행보는 미국의 제국주의적 속성을

" 여기까지만 말할 터이니 독자 스스로가 아벨라르의 결론에 이르기 바란다. 화자는 자기 작품을 스스로 해석해서는 안 된다. 해석하고 싶다면 처음부터 소설을 쓰지 말라. 작품이 끝나면 작가는 죽어야 한다. 죽음으로써 그 작품의 해석을 가로막지 말라. "

맹렬히 비판하는 현대언어학의 석학 촘스키(Noam Chomsky)와도 곧잘 비견된다. 에코의 사회참여는 1954년 당시로서는 신-매체(New-Media)인 텔레비전에 주목하여 이탈리아 국영방송(RAI)에 근무하면서 시작한다. 1959년에는 봄피아니(Bompiani) 출판사에 취직하여 철학총서인 '신사상'(Idee nouve) 편집인으로 1975년까지 재직했는데, 그의 대표적인 저작들은 대부분 이 출판사에서 나왔다. 1962년부터는 이탈리아를 대표하는 『Il Giorno』, 『La Stampa』, 『Il Corriere della Serra』, 『La Repubblica』 등의 일간지에 수많은 논설을 기고했다.

그는 이미 고교 때부터—여전히 로마 가톨릭의 영향력을 행사하는— '이탈리아 천주교 청년활동연맹'(Gioventu Italiana di Azione Cattolica, GIAC)에 참여하였다. 1950~60년대의 이탈리아는 마리오 비토리오 로시의 영향 아래 신앙의 문제뿐 아니라 사회개혁에 대한 논란이 뜨거웠고 공산주의자 안토니오 그람시의 저작이 주목받던 시기였다. 비록 GIAC의 활동은 보수적인 비오 12세와의 갈등 끝에 와해되었지만, 종교와 형이상학에 대한 에코의 열정은 식을 줄 몰랐다.

알다시피 에코는 이미 1960년대 초반에 작가로서 두각을 나타낸다. 제2차대전 후 문학정신의 혁파를 기치로 내건 독일의 '47그룹'(Gruppe 47)의 정신을 본받아 네오 아방가르드 동인단체인 '63그룹'(Gruppo 63)을 결성한 에코와 그의 동료들은 당시 이탈리아를 풍미하던 부르주아적 소비문학과 결별하여 단순한 작품수용과 문학의 상업화 이데올로기를 극복하려는 새로운 문학운동을 시도했다. 그러나 당시 이탈리아의 정신적 분위기에서 생경

에코의 대표작 『장미의 이름』은 수도원의 연쇄살인 사건을 파헤치는 흥미진진한 스토리 속에 중세의 수도원과 성경에 대한 깊은 지식을 녹여넣어 전세계인의 베스트셀러가 되었다.

한 아방가르드(Avant garde) 운동의 한계를 감지한 에코는 1972년 문학은 이야기(敍事, Narratif)라는 전통양식으로 회귀해야 한다는 필연성을 역설한다. 바로 이때 포스트모던 정신에 따른—1980년에 출간된—그의 최대의 화제작 『장미의 이름』(Il nome della rosa)이 구상된다. 이 소설은 동시에 그의 기호학적 실천의 일환이다. 그래서 말한다. "나는 이론으로 형식화할 수 없는 것은 작품으로 구현하고자 한다."

적극적인 사회참여를 통하여 정치적 현실을 체득한 에코는 1967~69년 사이에 잡지 『Quindici』에서 "문화를 통해서 우회적으로 추구하는 계급투쟁"이라는 사상운동에 동참한다. 유럽을 휩쓸었던 학생혁명의 시기에 전임교수로 재직하던 그는 대학의 미래상을 놓고 학생들과 대화하며 그들을 대학과 중재시키는 노력도 기울였다. 구체적인 정치적 성향을 밝히는 데 신중한 에코이지만 중요한 사안에 대해서는 지식인의 책임을 강조하며 여론 앞에 명쾌한 입장을 밝힌다. 예를 들면 그는 2001년 5월 이탈리아 총선을 앞두고 출간한 『베를루스코니에 대한 호소』(Appello contro Berlusconi)에서 거대 미디어가 한 사람(즉 거대 미디어 그룹을 소유한 당시 베를루스코니 후보)에게 집중되어 야기될 위험을 경고하면서, 좌파 성향의 유권자들에게 끝까지 도덕적 통첩을 포기하지 말라고 호소한 바 있다(그의 희망과 달리 베를루스코니는 현재 이탈리아 총리로 집권 중이다).

1962년 독일 출신의 미술교사인 레나테 람게와 결혼하여 두 자녀를 둔 에코는 새 천년에 할아버지가 되었다. 학생들과 교류하면서 젊음을 유지하는 사상가이자 이 시대 최고의 익살맞은 재담가인 에코에게서 거만함이나 냉담함의 흔적이란 찾아볼 수 없다. 그가 추구하는 기호학 또한 현학적 거만함이나 건조한 형식화와는 거리가 멀다. 그의 책을 읽다 보면 지금은 사라진 유럽의 구슬란(Guslan)이나 아프리카의 그리오(Griot) 같은 구전시인의 담론의 전통이 되살아나는 듯하다.

이제 황혼기에 접어든 에코가 걸어온 학문적 행로는 대략 여섯 단계로 나눌 수 있겠다. 그는 오늘날 주로 기호학자로 알려져 있지만, 학문활동의 초창기에는 미학의 문제에 몰두했었다. 1955~63년 사이에 중세의 미학과 예술에 대한 논문을 많이 썼는데, 이 시기의 글들을 엮어서 『예술의 정의(定義)』(*La definizione dell' arte*, 1968)를 출간했다. 이 책에서는 향후의 관심사인 중세의 미학, 아방가르드 예술, 일상문화 및 통속문학 등에 대한 연구과제를 설정하고 있다. 그리고 기호학의 고전인 『존재하지 않는 구조』(*La struttura assente*, 1968)와 본격적인 일반기호학을 구상한 설계도인 『일반기호학 논고〔기호학개론〕』(*Trattato di Semiotica generale*, 1975)에서는 기호학적 시각에서 보편미학에 접근하고 있다. 『예술의 정의』의 서문에 기대어 최근에까지 이르는 활동을 아래처럼 나누어 연구사를 개괄해보자.

(1) 중세에 대한 역사기술론(Historiographie)과 미학(Asthetik)
(2) 『열린 작품』(*Opera aperta*)에서 개진된 기호학적 단초
(3) 대중매체에 대한 연구
(4) 기호학 연구로의 진입
(5) 텍스트기호학과 화용론
(6) 철학자 에코: 칸트와 오리너구리

제1기 중세 역사기술론과 미학

에코 미학의 첫번째 시기는 토마스 아퀴나스와 중세의 미학에 몰두한 시기로서, 그 구상은 중세의 미학에 대한 역저 『예술의 정의』 제1장에 집약되었다. 이 책을 다듬어서 1997년 하버드대학교에서 개정증보판으로 출간한 『토마스 아퀴나스의 미학』(*The Aesthetics of Thomas Aquinas*) 제1장에서는 '미학'의 개념에 대한 근본적 정의를 시도한다. 이때 정합적인 미학이론을 담고 있는 아퀴나스의 철학체계를 중세의 감각적 미, 자연적 대상과 인위적 대상의 미에 대한 의식을 기술하는 토대로 삼는다. 그러나 아퀴나스의

당시에는 형이상학적 미(美)를 예술작품과 직결시킬 개념도구가 아직 없었기 때문에, 에코는 그 관계를 당대의 예술적 감수성에서 찾고자 했다. 이를 위하여 심미적 의식의 증거로서, 특히 성당 건축과 관련된 문서, 예술의 문제를 토론한 서신교환, 예술가들의 작품계약서 등에서 미학과 예술에 대한 형이상학적 개념들을 포착한다. 그의 결론은 다음과 같다. "우리는 중세의 심미적 취향이 예술의 자율성 혹은 자연의 자율성, 그 어디에도 근거를 두지 않는다고 결론을 내릴 수 있다. 중세의 심미적 취향은 오히려 초자연적인 것과 모든 상상력의 공동작용의 결과로서 대상에 대한 인식과 초월을 지향한 우주 사이에 놓여 있다. 그것은 곧 구체적인 대상에 깃든 존재론적 반영과 신의 존재와 권능이 개입되어 있음을 인정하는 것이었다."

제2기 열린 예술작품

1962년 6월 예술작품의 개방성이라는 주제로 발표한 여러 논고들을 편집한 『열린 예술작품』을 통하여 미학자로서의 에코의 업적이 세계적으로 알려지게 되었다. 그는 여기에서 한편으로는 예술 일반의 특성을 다른 한편으로는 아마도 존경받지 못하는 현대 예술의 특징을 조명하고 있다. 현대기하학이 더 이상 유클리드의 기하학에 준거하지 않으며 물리학도 절대적 세계관을 포기하고 시공간의 상대성을 인정했듯이, 논리학은 다가(多價) 논리학을 수용했으며 현대심리학과 현상학은 중의적(重義的) 지각에 대한 구상을 전개해왔다. 이에 따라 예술도 독자나 수신자의 해석활동의 역할에서 드러나는 개방성이라는 측면을 수용하자는 것이다. 에코는『장미의 이름의 창작노트』에서 "……여기까지만 말할 터이니 독자 스스로 아벨라르의 결론에 이르기 바란다. 화자(話者)는 자기 작품을 스스로 해석해서는 안 된다. 해석하고 싶다면 처음부터 소설을 쓰지 말라"고 강조하며, "작품이 끝나면 작가는 죽어야 한다. 죽음으로써 그 작품의 해석을 가로막지 말라"고 선언한다. 물론 고전작품에서도 개방성은 본질적인 요소였다. 하지만 전통적인 의미의 (해석의) 개방성과는 달리, 현대의 예술가들은 개방성이 예술작품의 근본적 특징일 뿐만 아니라 그것 자체가 곧 시학적 과정(예술적 창조과정)의 속성이라고 생각한다.

『열린 예술작품』에는 세 가지 판본이 있으나 제2판에서 핵심적인 내용이 완성된다. 특히 야콥손(R. Jakobson)의 기호 모델에 따라 1965년의 불어판

문학가이자 기호학자이자 언어학자인 에코에게서 냉담함이나 거만함은 전혀 찾아볼 수 없다.

에서 도입한 '중의성'(重義性)과 '자기반영'(自己反影)의 개념에 따르면, 기호는 자기 자신을 지시하는 재귀준거성(再歸準據性, Selbstreferenz)을 가지며, 이로 말미암아 미학적 메시지에 중의성이 야기된다. 따라서 심미적 메시지는 수신자로 하여금 모든 시니피앙에 대하여 하나의 고정된 시니피에가 아니라 다수의 가능한 시니피앙들의 총체를 향유하게 한다. 자기반영과 중의성으로 현시되는 언어의 미적 기능의 가장 중요한 영향은 바로 예술작품의 중의적 개방성이다. 이를 통하여 한편으로 원본에 대한 일정한 충절과 다른 한편으로 해석의 자유 사이에 갈등이 생긴다.

"따라서 이런 점에서 예술작품은 한편으로는 균형이 잘 잡힌 유기체계의 완성된 완전히 닫힌 형식인 동시에, 다른 한편으로는 스스로에게 짐을 지우거나 비(非)모사적인 특성을 변경하지 않고도 수천 가지의 상이한 해석을 수용할 수 있는 열린 형식이기도 하다. 따라서 모든 심미적 체험은 하나의 해석이자 그것의 현시이다. 왜냐하면 예술작품은 그 어떤 심미적 체험에 있어서도 독창적인 원근법으로 새로운 생명을 불어넣기 때문이다."

제3기 미학과 대중매체

에코는 1962년에 쓴 논문 「사회적 책무로서의 형식」에서 지식인에 의한 일상문화의 수용이라는 새로운 연구영역을 구상하는데, 당시의 대표작으로는 『종말론자와 순응론자』(*Apocalittici e integrati*), 『아주 짧은 일기』(*Diario minmo*) 그리고 『대중의 슈퍼맨[우상]』(*Il superuomo di massa*)

을 들 수 있다. 『종말론자와 순응론자』의 서문에서 에코는 일상적인 문화현상의 미학, 특히 미국의 대중문화산업의 산출물(이를테면 슈퍼맨과 코카-콜라 등)을 집중적으로 연구하면서, 대중문화나 문화산업에 대한 비평가들의 입장을 두 가지로 대별한다. 종말론적 입장에서는 아리스토텔레스의 부르주아적·귀족주의적 문화관의 시각에서 대중의 입맛에 맞춘 시의적인 대중문화는 결국 반(反)문화라고 진단하는 반면에, 순응론적 입장에서는 이론적 논박보다는 일단 문화의 산업적·상업적 측면이 문화를 근본적으로 확장시킬 것이라는 낙관적 민중예술론을 주장한다. 에코는 자신의 입장

에코의 소설 『바우돌리노』. 바우돌리노가 전설의 왕국을 찾아떠나는 모험소설로 십자군 원정과 콘스탄티노플 전쟁 등의 역사와 영웅에 대한 신화적 풍자 등이 펼쳐진다.

을 명시적으로 밝히지는 않지만 순응론자의 편을 드는 것 같다. "인간의 척도에 따라 창출된 하나의 세계 속에서 그리고 그것에 대하여 연구한다면, 우리의 견해에 따라서 인간을 자신의 환경에 적응시키기 위하여 이런 척도를 지칭해서는 안 되고, 오히려 거꾸로 이런 명칭 자체가 주어진 현상들로부터 출발해야 한다. 대중매체의 우주는 우리가 인정하고 싶지 않더라도 이미 우리 자신의 우주이다."

제4기 기호미학

1968년 『예술의 정의』에서 에코는 『존재하지 않는 구조』(La struttura assente)의 출판 이후에 자신이 주로 커뮤니케이션의 문제에 몰두해왔다고

밝힌다. 어떤 점에서는 『예술의 정의』가 『기호학개론』의 서막이라고 주장한다. 어쨌든 에코는 1968년 기호미학의 이론을 구체적인 형태로 제시한다. 이제 그의 미학은 파레이손과 야콥슨의 이론적 틀을 넘어서 규칙일탈성과 사이버네틱이라는 패러다임을 원용하여 정보량의 시각에서 접근한다.

요컨대 미학적 메시지는 일상언어의 규칙을 벗어나기 때문에 다른 메시지와 달리 독창적이라는 것이다. 모든 미학적 과정이 독창성의 원리에 준거한다면, 그 심미적 과정은 메시지의 최고도의 정보량과 예측불가능성을 지향해야 한다. 그런데 심미적 체험은 계량적 척도나 하나의 구조적 체계역학으로 환원되지는 않기 때문에 모순을 낳는다. 심미적 체험은 오히려 그것이 없다면 어떤 커뮤니케이션도 존재하지 않기 때문이 아니라 오로지 우발적인 자극과 반응만이 존재하기 때문에 어떤 구조를 가져야 하고 그렇기 때문에 (심미적 체험이) 가능하다는 것이다. 이러한 표면상의 모순을 극복하기 위하여 에코는—격렬한 비판을 받기도 한—'심미적 개인방언'(Idiolekt)이라는 개념을 제안한다.

이 구상을 인정하려면 심미적 메시지는 코드의 기대구조와 관련하여 다의적이고 중의적으로 구조화되었다고 가정해야 한다. 이러한 중의성은 심미적 메시지가 언어 또는 코드와 상동적으로 구조화된 특정한 관련체계에 따라 분절됨으로써 다시 한번 재귀준거를 이룬다. 이와 같은 유일무이한 체계는 물리적 소재(구어에서의 음성적 발화, 시각언어의 색채와 재질), 계열체(파르디그마)에서의 변별적 단위들(음소, 리듬, 어순), 통합체의 관계구조(문법, 원근법), 외시(外示)적 의미(특수한 코드나 어휘), 공시(共示)적 의미(수사적 또는 문체론적 체계) 그리고 궁극적으로는 지식으로서의 메시지에 선행하는 정보들의 전국적 외시내용(Konnotate)으로서 이데올로기라는 기대의 층위를 전제한다.

『일반기호학 논고[기호학개론]』(*Trattato di semiotica generale*)에서는 『존재하지 않는 구조』에서 제시한 미학적 세계관과 상치되는 새로운 두 개념을 도입한다. 이제 심미적 메시지는 일차적으로 오히려 기호 산출의 이론이라는 맥락에서 정의되고, 두번째로 그의 기호학 이론 전체에서의 특별 사례로 기여한다. 윰슬레우(L. Hjelmslev)의 언리학(言理學, Glossematik)을 토대로 에코는 심미적 메시지가 기호의 표현 차원은 물론이고 내용 차원도 초월한다고 전제한다. 즉 기호의 구조는 기호의 재질이나 소재라는 실질적 층위까지 포괄한다. 특히 심미적 메시지에서 기호학적 의미를 획득하는 시니피앙이라는 표현 측면의 재질이 중요하다. 따라서 중의성과 재귀준거는 기호의 재질이 기호화되면서 생기는 효과인 것이다.

더욱이 심미적 메시지는 원래의 미적 기능 외에도 정표적 기능과 인지적 기능도 가진다. 이러한 기호 이전의(prasemiotisch) 층위들이 변할 경우에 다수의 해석을 야기하는 심미적 중의성이 야기된다. 왜냐하면 기호들의 시니피앙들은 더 이상 언어라는 보편 코드가 아닌 개인방언에서 유래하는 새로운 시니피에들을 수용할 수 있기 때문이다. 따라서 수신자는 특정한 시니피앙에 늘 새로운 상이한 시니피에들을 할당하는 자유를 누리며, 그 결과 외시가치는 공시가치로 변환된다.

이런 식으로 심미적 메시지는 우리로 하여금 지속적으로 새로운 어휘와 코드를 모색하게 만든다. 심미적 기호의 적극적인 해석과정을 통하여 수신자는 한편으로는 정표적이고 편안한 체험을, 다른 한편으로는 원래의 인식능력의 확장을 도모할 수 있다. 바로 이 기능을 다음과 같이 설명한다. "예술작품의 관조를 통하여, 우리는 크로체가 주장했던 정서적 풍요, 새롭고 심오한 인식의 인상, 즉 우주적인 것을 말할 수 있을 정도로 각성된다."

인식능력의 확장과 관련하여 볼 때, 모든 작품은 코드를 파괴할 뿐만 아니라 강화하는 가운데 코드 자체를 위기에 빠뜨릴 수 있다. 예술작품은 코드의 예기치 못한 특징을 노출하기도 하며, 코드가 붕괴됨으로써 통합되고 결국 코드에 대한 화자의 입장도 바뀌는 것이다. 이미 1971년 『내용의 형식』(Le forme del contenuto)에서 그 점을 암시한다. "중의성은 그렇지 않아도 메시지가 인정받을 코드의 가능성과 관련하여 언어의 은유적 용법을 창안하기 위한 전제이다. 더욱이 심미적 메시지에 존재하는 코드로부터 일탈하는 것은 언어의 확장일 뿐만 아니라, 종종 새로운 세계관을 귀결시킬 수도 있다."

제5기 기호미학과 화용론

기호학적 시기는 이미 『존재하지 않는 구조』가 출간된 1968년으로 소급되며 1975년에 나온 『일반기호학 논고(기호학개론)』로 확장된다. 그러나 1980년대 말과 1990년대 이후로는 텍스트기호학에 초점을 맞추어 『이야기(소설) 속의 독자』와 『해석의 한계』를 출간한다. 그는 여기에서 "미학의 역사는 해석의 역사 또는 작품수용자에 대한 작품의 영향에 대한 이론의 역사"가 될 것으로 보았다. 이것은 독일권에서는 이저(W. Iser)와 야우스(G. Jauss)의 수용미학(Rezeptionsasthetik)과 영향미학 그리고 슈미트(S. J. Schmidt)를 위시한 경험구성주의 문예학(Empirische Literaturwissenschaft)과 연속성을 가지는 시각으로 평가된다.

『일반기호학 논고』의 출간 이후 에코는 특히 퍼스의 기호학과 텍스트기호학에 주력하여 기호나 코드 개념 같은 기초개념을 정교하게 다듬었으며 인지과학과의 연계성도 추적하고 있다. 초기 저작들이 주로 코드의 의미론적 그리고 통사론적 구조에 대한 접근에 매진했다면, 『논고』 이후의 관심은 화용론과 일반적인 텍스트이론을 지향한다. 특히 『우화로 된 강의』(*Lector in fabula*, 1979)에서는 텍스트 산출과 해석의 화용론적 시각을 전개한다. 서문에서 이 책의 주제가 『열린 작품』과 마찬가지로 해석의 자유와 남용의 문제라고 밝힌다.

이를 통하여 예술작품에 이미 작가의 의도로서 장전된 의도와 경험적인 독자의 실제의 해석 사이의 긴장관계에 대한 규칙을 발견한다. 작가의 의도는 에코가 말하는 작가에 의하여 모범적인 독자, 이상적인 독자로 상정된 함축적(또는 명시적) 텍스트 구조를 인식하는 것이다. 이때 그 경험적 독자가 이상적인 독자와 일치할 경우 성공적인 해석이 생기는 것이고, 그렇지 않을 경우에는 과잉해석, 왜곡, 텍스트의 이용이나 오용이 생긴다는 것이다. 경험적 독자와 이상적 독자와의 일치의 과정은 무한한(그러나 통제될 수 있는) 세미오시스의 과정에서 텍스트의 명제들로 이루어진 가추(假推, Abduc-tion)와 추론의 도움으로 이루어진다. 따라서 에코에 의하면 독자에게는 텍스트를 해석하거나 그것을 사용하거나 하는 두 가지 가능성밖에 없다는 것이다.

이 맥락에서 문학텍스트의 심미적 체험은 독자의 집중적인 협동을 전제하는 시적·심미적 텍스트의 해석으로서 기술된다. 심미적 텍스트의 의미론적 공백을 메우기 위하여 독자는 한편으로 텍스트의 화용론적 구조를 존중해야 하며, 다른 한편으로 자신 고유의 해석의 경로를 밟아야 한다. 독자들은 상이한 해석의 가능성을 고려해야 하지만, 동시에 존재할 수 있는 의미들의 다양성도 축소해야 한다. 이런 힘겨운 과제는 동일한 텍스트를 여러 번 읽고 해석하도록 요구한다.

그렇다면 심미적 해석이 중의성과 다의성으로 규정된 경우 텍스트를 단순히 이용하는 것을 비난할 수 있는가? 『이야기(소설) 속의 독자』에서 에코는 보르헤스(J. L. Borges)의 아이디어를 획기적으로 평가하며 그것이 새로운 텍스트의 산출을 전제하기 때문에 창조적이고 자극적인 것으로 적극 수용한다. 『해석의 한계』에서는 좀더 신중하게, 텍스트의 비실재적이며 환상적인 이용을 야기할 유희라는 탁월한 제안을 언급한다. 그러나 동시에 이 유희가 의지적인 작동원리에 기인하는 것은 아니라고 지적한다. 그 결과 에코는 미학적 텍스트의 이용에 대한 이중적인 잣대를 대변한다. 하지만 독자의 너무 지나친 자유에는 반대하는 입장을 취하는 경향이다.

제6기 철학자 에코: 칸트와 오리너구리

1997년에 출간한 파격적인 제목의 『칸트와 오리너구리』(Kant e l'ornitorinco)에서 에코는 칸트와 하이데거, 율슬레우 및 퍼스의 견해를 대조하면서 언어적 범주화(Kategorisierung)와 존재(das Sein) 사이의 문제를 다룬다. 이 책은 플라톤에서부터 현대의 인지심리학에 이르기까지 늘 나타나는 난감한 철학적 문제—일상생활에서 늘 만나는 대상들인—인식의 방식, 즉 인식론을 기호학으로 정초하려는 가능성을 가늠한다. 그 보기로 에코는 만약에 '순수이성비판의 범주를 정립한 칸트가 동물분류학의 골칫거리인 호주대륙에서 처음 발견된 오리너구리(이: ornitorinco, 영: platypus, 독: Schnabeltier)를 보았다면 어떻게 했을까'라는 가상 시나리오를 기호철학자의 입장에서 제기하고 있다. 오리너구리는 은둔의 대륙 호주에서 200여 년 전 처음 발견되었을 당시에는 물두더지나 오리두더지, 즉 두더지의 아종(亞種)으로 분류되었다. 오리 주둥이에도 불구하고 몸에는 털이 나 있고, 비버와 비슷한 꼬리판이 달린 이 동물은 알을 낳는 네발동물이다. 난생(卵生)임에도 새끼들에게 수유하는 이 동물은 동물분류학과 범주론에 일대 혼란을 야기했다. 18세기의 영국의 박물학자들은 오리너구리의 박제를 보고 교묘하게 조작된 짜깁기 동물로 보았다.

이에 대하여 에코는 미지의 대상을 범주화하면서 명명하는 과정에서 개입되는 일종의 기호적 도상성(Iconicity)을 근거로 범주론과 연계하여 인지유형을 결정하는 핵 의미(nuclear meaning), 즉 기호학적 원소(semiotic primitives)의 추출을 시도한다. 서양신화에 나오는 네발 달린 타조나 낙타, 스페인 정복자가 탄 말이라는 동물을 처음 보았던 아즈텍의 원주민, 코뿔소를 처음 본 마르코 폴로와 서양신화의 유니콘(一角獸), 여기에서 우리는 잠정적으로 보편적인 것이라고 가정해온 언어사전 및 백과사전의 범주화의 원리가 실은 괴리를 가지고 있음을 알게 된다. 워프(B. L. Whorf)나 훔볼트(W. v. Humboldt)에게 시작하여 보아스(F. Boas)에 이르기까지 언어철학자와 인류학자들을 괴롭힌 범주화의 문제에 대하여, 에코는 그 특유의 익살을 버무려 새롭게 접하는 사물에 대한 지각의 역사와 분류의 과정을 치밀하게 이론화하고 있다. 그럼에도 불구하고 현란한 수사와 전문용어보다는 상식에 바탕을 두어 난해한 문제조차도 친절하고 쉽게 해설하는 석학 에코를 다시 만날 수 있다.

박여성 1961년 서울에서 출생했으며 고려대학교 및 대학원을 졸업했다. 독일 뮌스터대학에서 언어학 박사 학위를 받았다. 현재 제주대학교 인문대학 독일학과 교수로 있다. 『몸 또는 욕망의 사다리』, 『한국텍스트과학의 제과제』, 『기호로 세상 읽기』 등의 저서와 『구성주의』, 『미디어인식론』, 『괴델-에셔-바흐, 상·하』, 『생명의 황금나무야 푸르러라』, 『궁정사회』 등의 역서가 있으며, 텍스트과학과 기호학 분야에 다수의 논문이 있다.

매체, 대중매체
Mass-media, Massen-medien

흔히 미디어로 통칭하는데, 다음과 같은 구별이 필요하다. 매체란 소리나 빛 같은 물리적 현상, 기술적인 장치 및 도구, 이로부터 산출되어 유통되는 다양한 장르까지 아우르는 일반개념이기 때문에 구분할 필요가 있다. (1) 커뮤니케이션 수단: 기호로 쓸 수 있는 감관적 질료(문자, 그림, 음성), (2) 미디어 제공물: 그 수단을 사용한 결과 산출된 실현체(발화, 텍스트, 텔레비전 방송, 연극, 영화), (3) 미디어 제공물의 생산을 위해서 투입되는 장치 및 기술(카메라, 컴퓨터 시뮬레이션), (4) 미디어 제공물의 유통을 위해 필요한 제도/기관(방송국, 출판사): 경제, 예술, 정치, 법 등의 사회체계.

의미론 意味論 ― 통사론 統辭論 ― 화용론 話用論

퍼스와 더불어 미국 화용론의 태두인 모리스에 따르면 기호세계의 작동을 위해서는 적어도 대상, 기호 그리고 사용자라는 세 가지 요소가 필요하다. 이들 사이의 관계에 따라 기호학의 하위영역을 구분한다. 즉 대상과 기호 사이의 관계를 규명하는 의미론(Semantics), 기호들 사이의 관계를 다루는 통사론(Syntactics) 그리고 기호와 사용자 사이의 관계를 다루는 화용론(Pragmatics)으로 대별된다.

연역법 演繹法 ― 귀납법 歸納法 ― 가추법 假推法

서양철학의 기저를 이루는 논리적 추론은 수많은 현상들을 설명할 범주를 먼저 가정하고 실제의 현상에서 상응물을 통하여 증명하는 연역법(Deduction)과, 실제의 사례들을 경험적으로 분류하여 공통적인 속성을 기준으로 궁극적으로 범주를 추론하는 귀납법(Induction)으로 나뉜다. 즉 연역법은 사례와 결과를 통하여 법칙을 유도하고 귀납법은 가설과 법칙을 통하여 유추하는 반면, 가추법(Abduction)은 법칙과 결과를 통하여 사례를 입증한다. 에코는 그의 소설 『장미의 이름』(*Il nome della rosa*)에서 바스커빌 수도사가 범인을 가려내는 추리과정에 실제로 가추법을 적용하여 이야기를 구성하고 있다. 또한 『바스커빌의 개』나 『어셔 가의 몰락』 같은 탐정소설의 기법이 가추적인 추론에 있음을 밝혀냈다.

재귀준거 再歸準據 Selfreference

체계의 고유역학이 그 체계 자체의 구조에 근거하는 속성을 가리킨다. 이 경우 그 체계는 자기 스스로를 생산하는 자기생산(自己生産, Autopioesis)의 속성을 가진다. 예를 들면 피부는 자신을 만드는 조직인 동시에 그 체계작동의 결과물이기도 하다. 그러나 모든 체계가 다 재귀준거적-자기생산체계는 아니다. "크레타의 이율배반" 같은 사례가 보여주듯이, 괴델의 불완정성에 따르면 공리체계에 준거하는 체계로서의 수학에서도 재귀준거라는 체계속성은 피할 수 없는 고유역학이다.

움베르토 에코는 말한다

- 창조자가 마음을 바꾸기로 결심하는데, 그가 일찍이 우주에 부여했던 질서의 법칙이

여전히 유효할 수 있는가? 하느님은 처음부터 단일한 질서의 법칙을 부여한 것이 아니라 복수의 법칙을 부여한 것은 아닐까? 어쩌면, 질서와 외관을 끊임없이 바꾸는 또 하나의 신비에 가려진 질서가 있는지도 모른다. 우리 인간만 알지 못하고 있는지도 모른다. 끊임없이 새로운 경험을 창조하는 새 질서가 존재하는 줄도 모르는 채, 질서의 외관이 연출하는 현란한 놀이에 정신이 팔려 있는지도 모른다. ―『전날의 섬』 뒷말에서

- 이 세상에 이야기를 쓰는 작가가 하나뿐이라고 생각하지 말게나. 곧 누군가가, 바우돌리노보다 더한 거짓말쟁이가 그 이야기를 들려줄 걸세. ―『바우돌리노』 끝부분에서

- 내 이 세상 도처에서 쉴 곳을 찾아보았으되, 마침내 찾아낸, 책이 있는 구석방보다 나은 곳은 없더라. ―『장미의 이름』 서문에서

더 읽어야 할 책들

Umberto Eco, *Il problema estetico in San Tommaso*, Torino[Edizioni di Filosofia], 1956; *The Aesthetics of Thomas Aquinas*, Cambridge: Harvard University Press, 1997.

_____, *Opera aperta*, Bompiani, 1962.

_____, *Apolicatti e integrati*, Bompiani, 1964.

_____, *La struttura assente*, Bompiani, 1965.

_____, *Trattato di semiotica generale*, Bompiani, 1975.

_____, *Il superuomo di massa*, MIlano[Cooperativa Scrittori], 1976.

_____, *Lector in fabula. La Cooperazione interpretativa nei testi narrativi*, Bompiani, 1979.

_____, *Il nome della rosa*, Bompiani, 1980.

_____, *Semiotica e filosofia del linguaggio*, Torino[Einaudi], 1984.

_____, *Il pendolo di Foucault*, Bompiani, 1988.

_____, *Il limiti dell'interpretazione*, Bompiani, 1990.

_____, *Interpretation and Overinterpretation*, Cambridge[Cambridge University Press] 1992.

_____, *La ricerca della lingua perfetta nella cultura europea*, Bari[Laterza] 1993.

_____, *L'isola del giorno prima*, Bompiani, 1994.

_____, *Kant e l'ornitorinco*, Bompiani, 1997.

_____, *Baudolino*, Bompiani, 2000.

알프 뤼트케 *Alf Lüdtke*

거시 역사학을 해부하는 일상사 연구

최호근 부산교육대 연구교수·역사학

역사를 바라보는 눈을 바꿔야 한다

오늘날 독일 역사가들이 가장 많은 시간과 노력을 들여 연구하는 주제를 꼽으라고 한다면, 그것은 바로 나치의 지배와 유대인 대학살일 것이다. 히틀러의 권력장악(1933)에서 제2차 세계대전 패배(1945)에 이르는 나치의 지배 기간은 모두 13년에 불과했지만, 그것이 남긴 상처는 아직도 독일인들의 의식과 행동을 구속하는 멍에로 남아 있다. 이런 이유에서 독일사는 히틀러 등장 이전의 역사와 그 이후의 역사로 양분될 수 있다는 주장까지 제기되고 있다.

1980년대부터 메딕(Hans Medick)과 함께 독일에서 일상사 연구를 선도하고 있는 에어푸르트대학의 역사가 뤼트케의 관심도 바로 이 시기에 집중되어 있다. 그러나 그의 출발점은 현재 독일 역사학계의 주류를 형성하고 있는 사회사가들과는 사뭇 다르다. 사회사가들이 나치 지배의 원인을 '경제적 발전과 정치적 후진성의 공존'이라는 구조적 조건 속에서 찾는 데 반해, 뤼트케는 단순하게 거시적 구조로 환원될 수만은 없는 그 시대 사람들의 삶 자체에 대한 구체적 조명을 통해 답을 구하려 했다.

뤼트케가 역사학계에서 주목받는 이유는, 특정 시대에 국한되는 새로운 학설을 제기하는 데 그치지 않고 역사를 바라보는 눈 자체를 바꿔야 한다는 대담한 주장을 펼쳤기 때문이다. 1984년 베를린에서 열린 독일 역사학대회에서 정점에 도달했던 '일상사 논쟁'을 통해 그가 사회사가들에게 제기했던 것은 앞선 세대의 삶과 그 세대에 대해 후세대가 갖고 있는 '인상' 사이에는 심

> "유대인 대학살의 책임이 일부 지배층뿐 아니라 국민 전체에게 있었다는 연구결과는 시민사회 구성원들에게 엄청난 각성을 불러일으켰다. 결국 일상사 연구는 정치적 효과에 있어서 '역사를 통한 계몽'의 기치를 전면에 내걸었던 사회사가들보다 오히려 더 큰 역할을 수행했던 것이다."

각한 불일치가 있을 수 있다는 주장이었다. 이런 불일치는 역사가들이 앞선 세대의 삶을 '계급', '사회변동', '혁명' 같은 거대 개념의 창을 통해 들여다볼 때 특히 심각하게 발생한다는 것이다. 왜냐하면 이런 이론 지향적 접근은 현실을 지나칠 정도로 단순하게 파악하도록 만들기 때문이다. 이에 대한 대안으로 그가 내놓은 것은 일상생활에 대한 근접관찰이었다.

뤼트케의 이런 비주류적 안목은 1965년 독일 남부의 튀빙겐대학에 입학하면서부터 길러졌다. 블로흐(Ernst Bloch)의 철학강의에 매료되어 칸트와 헤겔의 저작에 푹 빠져 있던 그가 역사에 대한 관심을 갖게 되었던 계기는 바로 미국의 베트남 참전이었다. 당시 독일 대학가를 휩쓸었던 반전운동에 적극적으로 가담했던 그는 자신이 조직한 파시즘 세미나를 통해 독일 현대사회가 안고 있는 문제의 기원은 결국 독일의 과거 속에 있다는 생각에 이르게 되었다. 근대화의 지체, 민주주의의 결핍, 파시즘 지배로 이어지는 독일 역사의 특성을 규명하기 위한 그의 노력은 1848년 혁명을 다룬 박사학위 논문에서 일차적인 결실을 맺었다.

일상사 연구의 배후에는 강렬한 비판의식이 있다

학위 논문에서 뤼트케가 분석대상으로 삼은 것은 혁명 진압과정에서 혁혁한 공을 세운 프로이센 국가 경찰의 구조와 성격이었다. 세밀한 관찰을 통해 그가 얻은 결론은 경찰을 비롯한 프로이센의 관료기구 전체를 위에서 명령하면 아래에서 수행하는 식의 단순한 상명하복 조직으로 볼 수 없다는 것이었다. 그가 파악한 관료제의 일상적 모습은 오히려 아래에서 먼저 행위가 이루어지면 위에서는 이를 승인하거나 거부하는 식이었다.

뤼트케가 역설한 일상사 연구의 의미는 1974년 이후 바이마르 공화국과 나치 시기의 산업노동자 연구를 통해 결정적으로 입증되었다. 나치가 정권장악에 성공했던 1933년 1월 30일 이후 혁명가들이 장담했던 노동자들의 봉기가 일어나지 않았던 이유는 무엇이었을까? 노동자들이 오히려 나치의 재무장정책과 전쟁을 강력하게 지지하는 행태를 보였던 이유는 어디에 있었을까? 뤼트케의 설명에 따르면, 산업노동자들의 선택은 혁명에 대한 '배반'이 아니라, 정치보다는 사

괴팅겐 소재 막스-플랑크 역사학연구소 소속 동료 및 학생들과 함께.

생활을 중시하던 일상적 태도의 논리적 귀결이었을 뿐이다. 이 논리를 이해하기 위한 열쇠는 바로 그들의 '일상생활' 속에 담겨 있다. 일상생활을 여가와 노동으로 구분할 수 있다면, 산업노동자들의 여가에서 중요한 것은 목로주점과 화주(火酒)클럽에서 동료들과 함께 술을 들이키며 보내는 시간이었다. 이 공간에서 벌어지는 일은 주로 음주와 주정, 카드놀이, 그리고 일상의 잡다한 문제들에 대한 토론이었다.

그렇다면 노동현장의 일상생활은 어떠했을까? 뤼트케의 업적은 바로 이 문제를 명쾌하게 밝힌 데 있다. 현실정치가 어떻게 흘러가든 크게 상관하지 않았던 산업노동자들도 작업장에서는 자신들의 생활세계를 지키기 위해 정치권력의 통제에 집단적으로 저항했다. 그러나 그 방식은 어디까지나 소극적이었다. 그들이 사용했던 방식, 곧 작업시작 지연과 조기종료, 작업중단, 반복된 화장실 출입, 동료와의 잡담, 어슬렁거림, 불법적인 작업장 교체는 나치의 지배체제 자체를 겨냥한 것이 아니라, 1938년 이후 본격화된 나치의 공장 내 노동과 시간통제 정책을 무력화시키기 위한 것일 뿐이었다. 그들은 이제껏 누려오던 자신들만의 세계를 변화시키려는 나치의 시도를 '부당한' 요구로 해석하고, 자신들에게 유리한 시간과 공간을 확보하기 위해 그동안 불화관계에 있던 동료들과도 공조하며 온건하게, 그러나 모든 자존심을 걸고 투쟁하였다. 이런 사실에 바탕을 두고 뤼트케는 나치 시기 산업노동자들의 태도를 거시적 수준의 정치에 대한 유보적 회의와 미시적 수준의 정치에 대한

'고집적 일탈'로 요약했다.

뤼트케의 공헌은 결국 나치 시기 산업노동자들의 일상생활에서 사회사가들이 발견하지 못했던 그 무엇을 새롭게 지적한 데 있다고 하겠다. '고집적 전유'라고 이름 붙은 노동자들 특유의 태도는 체제에 대한 적극적 저항과 소극적 복종 사이에서, 앞으로의 삶에 대한 불안한 전망 속에서 변화를 거부함으로써 안정감을 찾으려는 그들만의 소박한 바람이 자기 삶의 터전에서 온건한 방식으로 표출된 것이었다. '고집적 전유'는 혹독한 정치적 테러 속에서도 쉽게 사그러들지 않았다.

뤼트케의 강점은 나치 시기 산업노동자들에 대한 경험적 연구를 통해 노동사 연구의 공백을 메우는 데 만족하지 않고, 자신의 경험적 가설을 일상사라고 하는 이론적 수준의 도전으로까지 끌어올렸다는 데 있다. 그는 노동자들을 노동계급의 일원이라는 이념형으로 파악하는 사회사가들의 태도를 비판하면서, 그들을 자기 나름대로의 생각과 감정, 생활양식을 가지고 살아가는 인간으로 파악할 것을 주장했다. 산업노동자들의 사고와 행동을 이해하려면 작은 몸짓이나 장난스러운 습관조차도 그들만의 자존적 행위가 상징적으로 표출된 것으로 분석하는 태도가 필요하다는 것이다.

이런 식의 미시적 접근을 통해 우리가 새롭게 얻을 수 있는 이점은 무엇인가? 혹시라도 뤼트케 식의 근접관찰이 숲 전체에 대한 조감도는 그리지 못한 채, 여기저기 흩어져 있는 몇 그루의 나무에 대한 세밀화만 제공하게 되는 것은 아닌가? 이런 질문에 적절하게 대답할 수 있을 때, 비로소 일상사는 기성 역사학에 대한 새로운 도전으로 인정될 수 있을 것이다.

우리가 먼저 지적할 수 있는 것은, 소박하게 보이는 뤼트케의 일상사 연구 배후에는 종전의 노동운동사와 노동운동 방식에 대한 강렬한 비판의식이 자리잡고 있다는 점이다. 그의 판단에 따르면, 나치 체제 아래서 노동운동이 실패했던 근본적 원인들 가운데 하나는 운동가들이 노동대중의 관심사와는 유리된 채 거대한 정치적 이슈만을 제기했다는 데 있다. 노동자들의 일상 문화 속에 녹아 있는 그들 특유의 연대의식과 '개김성'을 이해하는 경우에만, 결정적 순간이 도래했을 때 그들을 동원하고 결집시킬 수 있기 때문이다. 이와 같은 시각은 종전의 노동운동사 연구방식에 대한 비판까지 수반한다. 코민테른의 강령분석이나 노동운동 지도자들의 구호를 통해 이 시기의 노동운동을 설명하려는 태도는 지나치게 안이한 자세라는 것이다.

일상사 연구는 탈정치적인가

특히 마르크스주의 역사학에 대한 뤼트케의 비판적 시각은 영국의 역사가 톰슨에 대한 예리한 언급을 통해 가장 잘 드러난다. 개인과 집단의 '주체행위'(agency)를 재구성하려는 톰슨의 노력은 전폭적으로 수용할 필요가 있지만, 그 행위의 주체들을 인간과 사회 해방을 전진적으로 수행하는 개인과 집단으로 이해하는 방식은 적어도 독일 역사 해석에는 타당하지 않다고 그는 판단한다. 왜냐하면 독일 현대사에서는 착취와 억압, 전쟁과 폭력으로부터 해방을 추구하는 주체행위의 역동성이 별로 나타나지 않았기 때문이다. 이 지적을 통해

알프 뤼트케가 총괄지휘한 『일상사 연구』.

뤼트케는 해방의 기획과 실천이 실제에 있어서는 얼마나 어려운지를 보여준다. 이와 동시에 그는 노동자들이 갖고 있는 복합적 성격을 정확하게 파악하는 것만이 노동운동과 노동운동사 연구의 살길이라고 진단한다.

이런 점에서 보면, 뤼트케가 추구하는 일상사 연구가 탈정치적 성격을 갖고 있다는 독일 사회사가들의 비판은 일면적인 것으로 보인다. 오히려 그는 정치를 특정 지위와 제도에 속한 소집단의 행위로 파악하는 것을 지나치게 협소한 태도라고 비판하면서, 여기서 벗어날 수 있을 때 비로소 역사에 대한 새로운 이해가 가능할 것이라고 주장한다. 예컨대 나치 시기 정치의 특성은 히틀러의 국정장악 방식과 선전정책, 외무부의 대외정책에 대한 분석만으로는 파악하기 어렵다. 이보다 더 중요한 것은 그들이 어떻게 국민들의 일상생활을 통제하며 권력을 행사했던가 하는 점이다. 이 과정에서 등장한 1938년의 시간규칙은 나치 노동통제의 핵심수단이었다. 그런데 만일 노동자들이 이에 맞서 조직적으로 저항했다면, 이 저항 역시 정치적 행위의 일종으로 파악

뤼트케는 동독의 감시체제 아래서의 노동자들의 일상을 연구했다.

되어야 한다. 작업장에서 일어난 자존심을 건 불복종운동과 여가시간 목로주점에서 노동자들 사이에 오고간 잡담 속에도 정치의 계기는 존재한다는 것이 뤼트케의 지적이다.

이와 같이 미시적 수준에서 일어나는 정치적 행위의 의미 파악을 강조하는 일상사는 역사작업장(History Workshop) 운동을 통해 지역수준의 정치과정 형성에 상당한 역할을 행사해왔다. 1983년 나치의 권력장악 50주년을 맞아 지역 노동자와 학생들 간의 연계로 만들어진 자발적 단체들이 '당신의 아버지와 가족들은 히틀러 치하에서 무엇을 했는지'를 밝히는 활동을 전개했을 때, 각 지방의 명사들은 매우 불쾌한 반응을 보였다. 왜냐하면 그것은 결국 나치에 부역하거나 동조했던 자신들의 기성권력에 대한 비판을 의미했기 때문이다. 그러나 일부 엘리트 집단만이 아니라 평범한 독일인들까지 나치의 유대인 대학살에 동참했던 사실이 속속 밝혀짐에 따라 전혀 예상치 못한 결과가 발생했다. 역사작업장 활동을 이끌었던 역사가들 가운데 상당수가 뒷전으로 물러났던 것이다. 왜냐하면 자신들이 항상 옳고, 결국에는 역사의 승자 편에 서게 된다는 확신을 정치적으로 유지하는 것이 더이상 불가능하다고 판단했기 때문이다. 이로 인해 일상사 연구가 갖는 본래의 정치적 의도는 상당히 약화되었다. 그러나 유대인 대학살의 책임이 일부 지배층뿐 아니라 국민 전체에게 있었다는 연구결과는 시민사회 구성원들에게 엄청난 각성을 불러일으켰다. 결국 일상사는 정치적 효과에 있어서는 '역사를 통한 계몽'의 기치를 전면에 내걸었던 사회사가들보다 오히려 더 큰 역할을 수행했던 것이다.

이런 점에서 보면, 뤼트케가 지향하는 일상사의 방향은 1980년대에 치열하게 진행되었던 '일상사 논쟁'의 파트너였던 사회사가들이 추구하는 길에서 그리 멀지 않은 것처럼 보인다. 뤼트케가 추구하는 것 역시 궁극적으로는 사회사가들이 강조해온 '아래로부터의 역사'와 '역사를 통한 시민사회의 계몽'이기 때문이다. 그의 입장은 최근 영미학계에서 큰 주목을 받고 있는 신문화사에 대한 태도에서도 잘 드러난다. 사료를 일종의 텍스트로 치부하는 신문화사의 최대 결점은 바로 그 속에 담겨 있는 인간 삶의 실천적 측면을 놓치고야 마는 데 있다는 그의 비판은 바로 사회사가들의 주장과 크게 다르지 않기 때문이다.

실제로 사회사가들도 뤼트케의 일상사 연구가 갖는 의미를 부인하지는 못하고 있다. 역사연구를 하나의

뤼트케가 유명해진 대표작. 그는 이 책에서 나치 시대 동안 독일 노동자들이 체제에 어떻게 대응(또는 방관)했는지를 파헤친다.

집짓는 작업에 비유하자면, 사회사가들이 골조를 세우고 방을 구획하는 일을 담당한다면, 일상사가들은 그 집에 사람이 거주할 수 있도록 벽지를 바르고 가재도구를 들여놓는 섬세한 일을 맡는다는 것이다. 둘 사이의 차이가 있다면, 일상사가들이 자신들의 작업을 사회사를 대체할 수 있는 새로운 문제해석의 틀로 보고 싶어하는 데 반해, 사회사가들은 그 작업을 사회사 연구의 완성도를 높이기 위해 필요한 하나의 관점 정도로 여긴다는 데 있다.

일상사적 문제의식으로 한국의 식민지 시대를 들여다보면

일상사와 사회사 사이의 치열한 전선이 사라진 지금 우리가 뤼트케에게 기대하는 것은 새로운 주제 발굴과 심도 있는 해석을 통해 사회사에 지속적인 자극을 가함으로써 궁극적으로는 역사학 전체의 발전에 기여하는 것이다. 인간 생활에서 가정이 차지하는 역할의 변화, 정치발전에서 국가에 대한 사랑

이 갖는 의미 같은 참신한 주제에 대해 뤼트케가 현재 갖고 있는 관심에서 멀지 않은 장래에 탄탄한 연구서가 산출되기를 바란다.

이제 마지막으로 생각해볼 것은 뤼트케의 일상사적 문제의식을 우리가 어떻게 받아들여 우리 것으로 만들 수 있을까 하는 점이다. 그의 시각은 우리에게 먼저 유럽 중심주의와 서구적 근대화에 대한 반성의 계기를 제공해줄 수 있다. 더 나아가 우리는 그를 비롯한 독일의 일상사가들이 밝혀낸 나치 시기 산업노동자들과 구동독 시민들의 경험세계를 검토함으로써 이와 같은 일상사적 시각으로 우리의 식민지 시대를 새롭게 들여다볼 수 있다. 왜냐하면 일제치하 우리 선조들의 삶 역시 항일투쟁과 친일부역의 이분법으로는 포착할 수 없는 수많은 중간지대를 갖고 있는 복합적 실체였기 때문이다. 바로 이 점이 서구 역사학계뿐만 아니라 우리까지도 뤼트케를 주목하는 이유다.

최호근 고려대학교 사학과 학부와 대학원에서 서양사를 전공한 후 독일 빌레펠트대학에서 막스 베버 연구로 박사학위를 취득했다. 육군사관학교 사학과 전임강사를 역임한 후, 서울대학교 인문대학 박사후 과정을 거쳐 현재는 부산교육대학교 연구교수로 재직하고 있다. 베버, 짐멜, 마이네케에 관한 글을 다수 발표하였으며, 현재는 나치 독일의 유대인 대학살에 관한 연구를 진행하고 있다.

용어와 개념 풀이

일상 Alltag; everyday life

일반적으로 '일상'이란 말은 반복적이고 통상적인 것을 의미한다. '일상'은 또한 사적인 경험과 주로 관련되기 때문에, 공적 영역에서 핵심적 의미를 차지하는 정치가 배제된 상태를 지칭하기도 한다. 그러나 이런 뜻의 '일상'은 뤼트케의 용법과는 거리가 멀다. 뤼트케가 사용하는 '일상'이란 개념은 의식주 생활처럼 매일매일 아무런 성찰 없이 반복적으로 등장하는 행위의 연속이 아니라, 문화적으로 형성된 삶의 실천방식과 전략을 통해 현실을 변화시키고 재구성하려는 시도가 나타나는 세계이다. 그러나 '일상'은 복합적이고 불명료한 성격을 갖고 있기 때문에 몇 개의 개념들만 가지고는 그 모습을 온전히 파악할 수 없다. 오히려 탈(脫)개념적인 근접관찰을 통해서만 '일상'의 모습은 생생하게 드러날 수 있다.

고집 Eigen-Sinn; self-respect

노동계급을 계급투쟁의 주체로 상정하는 마르크스주의의 주장과는 달리 실제 역사에서는 저항이나 혁명 같은 노동자들의 주체적 행위가 항상 일관성 있게 나타나지는 않는다. 1차대전이 끝날 무렵 독일에서 혁명을 일으켰던 산업노동자들이 몇 년 뒤에는 민족주의적 선동 속에 부르주아 계급과 손잡고 그 다음에는 다시 히틀러를 지지했다고 한다면, 모순처럼 보이는 이런 현상을 일관되게 이해할 수 있게 해주는 해석들은 저항성이 아니라 노동자들 특유의 '고집'일 것이다. 이 '고집'은 특히 작업장 내에서 감독관과 동료들로부터 간섭받지 않는 자신만의 영역을 확보하기 위해 벌이는 여러 가지 일탈행위를 통해 잘 드러난다. 때로 아집으로 번역되기도 하는 '고집'은 우리 모두 속에 자리 잡고 있으면서, 우리로 하여금 외부로부터의 강요에서 벗어나 일정한 거리를 가질 수 있게 만들어준다. 바꿔 말하면 '고집'은 외부에 힘에 의해 완전히 통제되지 않는 영역과 시간, 그리고 기회들을 발견하려는 인간의 근본적 성향이다.

전유 Aneignung; appropriation

전유란 인간들이 자기가 놓여 있는 상황들의 경계 속에서 균형을 잡으려는 시도를 뜻한다. 이 의미를 보다 분명하게 파악하려면, 마르크스가 『브뤼메르 18일』에서 했던 말을 기억할 필요가 있다. "인간은 그 자신의 역사를 만든다. 하지만 그는 자발적으로, 또는 스스로 택한 조건들 아래서가 아니라 직접 존재하고, 주어지고 전승된 상황 아래서 그렇게 하는 것이다." 이 말은 결국 우리의 삶이란 영웅들과 같이 자신이 수립한 계획에 따라 세계를 파괴하고 또 새롭게 만들어내는 활동이 아니라, 주어진 조건들을 나름대로 해석하고 그에 맞게 나의 삶을 만들어가는 내면적 행위를 뜻한다. 뤼트케는 특히 이 전유 개념을 '고집적 전유'라는 복합어로 즐겨 사용한다.

알프 뤼트케는 말한다

- 일상사는 인간의 행위와 행동, 해석과 정서를 찬찬히 재구성하는 것을 목표로 삼는다. 이와 같은 작업은 학문적 정치적 기획으로 시작되었다. '아래로부터의 역사'는 이

름조차 없는 것처럼 보이는 사람들을 시야에 끌어들여 그들에게 그들의 역사를 보여주려는(그들에게 돌려주는 것이 아니라 '다른 사람들에게' 분명하게 보여주려는) 의도를 가지고 추진되었다. 일상사적 시각에서는 국가적으로 추진된 대량학살을 가능하게 만들었던 행동양식들이 중시된다. 특히 이 학살에 동참했던 형태는 그 다음 연구작업의 주대상이 된다. 엄청난 사건들에 대한 감내와 방관(또는 외면), 지배권력에의 동참과 조장은 독일 파시즘에 국한되어 나타난 현상만은 아니다.

다시 말하자면, 이 관점에서 보면 각 사람의 행동이나 이력에 어떤 일관된 모습이 나타나지 않는다. 실제 삶의 과정을 규정하는 것은 이거냐 저거냐 식의 택일적인 규범율이 아니라 다의성과 다층성이다. 그런 점에서 지배받는 사람 자신이 지배받는 상황을 만들어내는 정도를 규명하는 것이 특히 시급한 문제가 된다. ―『구체성, 권력욕과 표면적 현상의 매혹, 일상사의 시각들에 관하여』 중에서

더 읽어야 할 책들

이동기 외 옮김, 『일상사란 무엇인가』, 청년사, 2002.

Alf Lüdtke, Eigen-Sinn, "Fabrikalltag," *Arbeitererfahrungen und Politik vom Kaiserreich bis in den Faschismus*, Hamburg, 1993.

_____, "Polymorphous Synchrony: German Industrial Workers and the Politics of Everyday Life," *International Review of Social History* 38, pp. 39~89.

로제 샤르티에 *Roger Chartier*

디지털 텍스트, 독자를 해방시킨다

백종률 성균관대/한림대 강사 · 역사학

아날 학파의 선두주자 로제 샤르티에

아날(Annales) 학파의 현세대 선두주자 가운데 한 사람, 프랑스 역사가 로제 샤르티에는 1945년 리용(Lyons)에서 태어나 생-클루 고등사범학교(Ecole Normale Superieure de Saint-Cloud)를 졸업하고 파리 제1대학 조교수로 취임하였다. 1975년에 사회과학고등연구원(Ecole des Hautes Etudes en Sciences Sociales)으로 자리를 옮긴 그는 1977년 미국 프린스턴 대학교에서 한 학기 동안 객원연구원으로 있으면서 자신의 생각을 영어권 세계에 선보이게 된다. 80년대에 들어 그의 명성은 비로소 국제적이 되는데, 미국 서부의 버클리대학에서 동부 예일대학에까지 전국을 거의 순회하다시피 하였고, 유럽 각지의 대학과 오스트레일리아까지 진출하게 된다. 현재는 사회과학고등연구원의 연구 책임자이자 미국 펜실베이니아대학교의 애넌버그 객원교수로 활동하고 있다.

샤르티에의 활동폭이 이처럼 넓은 것은 그만큼 그의 지적 세계가 역사에만 그치지 않고 다양한 인접학문으로부터 영감을 끌어들여 형성한 호수와 같기 때문이다. 『벼랑 끝에서』란 책에서 그는 자신에게 영향을 준 여러 분야의 거장들을 소개하고 있는데, 여기에는 미셸 푸코(Michel Foucault)나 루이 마랑(Louis Marin) 같은 철학자에서부터, 서지학자(書誌學者) 맥켄지(D. F. McKenzie), 사회학자 노르베르트 엘리아스(Norbert Elias), 역사와 함께 비교문학을 전공한 미셸 드 세르토(Michel de Certeau) 등이 포함되어 있다.

따라서 프랑스 밖에서 아날 학파의 최근 동향이나 인접 학문과 역사학 사

> *전자 텍스트는 장소적 성격을 상실함과 동시에 그 물성 역시 상실하게 된다. 독자가 마음먹기에 따라 전자 텍스트가 임의로 쪼개지고 재배치되고 변형될 수 있음으로써, 이제 독자와 글 사이에는 새로운 관계가 수립된 것이다.*

이의 연계 가능성에 대해 궁금할 때, 혹은 (신)문화사의 현주소에 대해 알고자 한다면 그를 적임자로 여기는 것은 당연하다 할 수 있다. 그가 누리는 인기의 또 다른 이유는 연구 주제에서도 찾을 수 있다. 그는 '책의 역사'에 각별한 관심을 보이고 있는데, 이것은 연구 주제로서 지성사, 문화사, 사회사, 정치사가 교차하는 대단히 흥미로운 주제이다. 책과 지성사에 대해서야 새삼 설명할 필요도 없겠지만, 책은 하나의 문화적 상품임에 틀림없으므로 그 시대의 코드를 담고 있다. 아울러 서적은 생산과 함께 유통이라는 사회적 측면이 결코 간과될 수 없으며, 책 속에 담긴 사상의 보급은 당연히 정치적으로 중요성을 갖게 되고 당국의 감시와 통제 대상이 되는 것이다.

E-book과 종이책

책이 이토록 다양한 측면을 갖고 있다면 그 책을 소비하는 '독서' 역시 무궁무진한 연구 가능성을 내포하고 있는 주제이다. 그것은 지적 행위를 넘어, 책 속에 담긴 글을 독자가 나름대로 전유(專有, appropriate)하고, 표상(表象, represent)하고, 재생산하는 문화적 행위이다. 그리고 독서는 가정에서 식구들을 위해 책을 읽어주는 부모에서부터, 독서 클럽에서 책을 낭독하는 사람에 이르기까지 사회 집단 사이의 연대를 만들어내는 사회적 행위임에 틀림없다. 정치적 현안을 이해하고 비판적 사고를 키우며 여론을 형성하는 것 또한 독서를 통해서임은 굳이 강조할 필요가 없을 것이다.

우리가 책과 독서의 역사에 각별한 관심을 기울인 샤르티에 관련해 주목

이집트의 파피루스 두루마리(Scroll).

할 만한 것은, 디지털 시대를 맞이하여 서적조차 생산과 유통 그리고 소비(독서)가 코덱스(codex)에서 컴퓨터로 바뀐 변화를 그가 어떻게 보는가 하는 점이다. 이것이 특별히 흥미로운 이유가 있다. 아날학파의 상징이 되다시피 한 '장기 지속'(longue durée)의 역사관은 대체로 시간의 템포가 느린 중세부터 초기 근대 즉 프랑스 혁명(1789) 전까지 적용되어왔다. 조르주 뒤비(Georges Duby), 자크 르 고프(Jacques Le Goff), 엠마누엘 르 르와 라뒤리(Emmanuel Le Roy Ladurie) 등이 모두 중세사가들이고 필립 아리에스(Philippe Ariès)의 연구 지평 역시 19세기를 넘어가지 않는다. 따라서 '장기 중세'도 끝나고 근대적 가족과 어린이에 대한 애정이 탄생하며, 죽음에 대한 태도마저 변모한 20세기, 그것도 새로운 밀레니엄을 목전에 둔 세기말에 일어난 디지털 혁명에 대해 아날학파의 현 세대인 샤르티에가 무슨 말을 할 수 있는지는 관심거리가 아닐 수 없다.

'E-book'이란 용어가 더 이상 낯설지 않게 된 데서 알 수 있듯이, 지난 세기 말부터 책은 종이로부터 모니터로 그 거주지를 옮겨가고 있다. 그 이사 과정을 샤르티에는 두 입장에서 관찰한다. 하나는 종이로서 존재하는 책을 탐구해온 역사가의 입장이고, 다른 하나는 프랑스 국립도서관(Bibliothéque nationale de France)의 자료 전산화 프로젝트 참여자로서 책의 모니터화가 갖는 의미를 가늠하는 문화비평가의 입장이다.

책의 변화 첫째, '음독'에서 '묵독'으로

우선 그는 책의 역사 속에 일어난 세 가지 획기적 변화를 설명한다.
흔히들 책과 관련해 디지털 혁명의 충격파는 구텐베르크(Johannes Gutenberg)의 금속활판인쇄술 발명에 비교하므로, 샤르티에는 세 변화 가운데 우선 15세기를 검토한다. 15세기 중엽에 일어난 책 제작과 관련된 기술

두루마리를 펼쳐놓은 모습.

적 혁명, 즉 구텐베르크의 활자(活字)와 압축인쇄기(printing press)의 도입은 기존 서적 생산과 유통에서 유일한 방법이던 필사(筆寫)를 역사의 무대 뒤로 밀어내고 서양사의 결정적 전환점이 된 것으로 인식되어왔다. 하지만 샤르티에는 이 사건의 중요성을 몇 가지 점에서 재평가하고 있다. 우선 구텐베르크 이후에도 책의 기본 형태는 크게 바뀌지 않았다. 적어도 16세기 초까지 인쇄된 책은 필사본 시대의 레이아웃(layout), 글자체 그리고 외양을 그대로 유지했을 뿐더러, 제작과정에서 수작업의 중요성은 조금도 줄어들지 않았다는 것이다. 아울러 구텐베르크 이전이나 이후나 책은 여전히 표지 사이에 접힌 종이를 묶어놓은 형태였던 것이다. 이는 새로운 기술의 도입보다 약 12, 13세기 전에 결정된 모습이 그대로 유지되었음을 말한다.

  샤르티에는 15세기 서양의 기술 혁신이 갖는 의미를 재평가해야 할 또 다른 근거를 동아시아의 사례에서 찾는다. 그에 따르면 한중일(韓中日) 삼국은 일찍부터 발달된 인쇄술을 보유하고 있으면서도 수기(手記) 역시 쇠퇴하지 않았다는 것이다. 활자는 구텐베르크 훨씬 이전에 발명되어 중국에서는 11세기에 테라코타(terra cotta) 글자가 사용되었고, 우리나라는 13세기에 이미 금속활자인쇄술을 사용하고 있었다. 그러나 서양과 달리 동아시아에서 금속활자인쇄는 정부와 사찰에서만 주로 사용되었고, 8세기 한국에서 최초로 나타났고 9세기 들어 중국에서도 사용된 목판인쇄술(xylography)은 오랫동안 대량 인쇄의 주요 수단으로 기여하였던 것이다.

  이처럼 책의 역사에 있어서 구텐베르크가 갖는 의미를 재평가한 후 샤르티에는 현재의 기술 혁명이 15세기의 그것보다 훨씬 중요한 것이라는 결론을 내린다. 모니터가 코덱스를 대치함에 따라 텍스트의 (재)생산뿐 아니라 글을 모으고 구성하고 독자들에게 제시하고, 또 독자들이 그것을 소비하는 모든 방식에 있어서 획기적 전환을 가져온 것이다.

이어서 샤르티에는 책의 역사에 있어서 독서에 나타나는 두 가지 중요한 변화를 강조하고 있다. 하나는 신체와 관련된 변화로서 입으로 소리내어 읽는 음독(音讀, oralized reading)으로부터 눈으로 읽는 묵독(默讀, silent reading)으로의 전환인데, 이것은 소위 '장기 중세'(the long Middle Ages) 동안에 발생한 변화였다.

손으로 쐬어진 코덱스의 예. 현존하는 최고의 아랍어 성경(Mt. Sinai Arabic Codex 151, 867년).

7~9세기 동안에는 주로 수도사들이 성경을 읽을 때나 했던 묵독은 12세기에 이르면 대학을 포함한 학교로 확산되었고, 다시 두 세기가 지나는 동안 귀족들 사이에 유행하게 되었다. 그 결과 사람들은 훨씬 빨리, 따라서 보다 어려운 책들을 더 많이 읽을 수 있게 되었다. 달리 말하면, 12세기를 기점으로 독서가 하나의 지적 행위로 변모하였으며, 글쓰기는 이러한 독서의 변화에 부응하여 지식 보존과 암기가 아닌 읽히기 위한 행위로 바뀌게 된 것이다.

독서에 있어서의 또 다른 혁명은 바로 18세기 후반에 일어난 숙독(熟讀, intensive reading)으로부터 다독(多讀, extensive reading)으로의 전환이다. 숙독은 제한된 분량의 텍스트를 반복해 읽으면서 외우고 또 암송하게 된다. 반면 다독의 특징은 그것이 텍스트에 대한 비판적 행위라는 데 있다. 훨씬 많은 분량을 읽으면서도, 내용을 그대로 받아들이기보다 한 구절 한 구절을 따져보는 개인주의적 독서가 등장한 것이다. 그 결과 책의 생산은 증가하였고, 신문 역시 확산되었으며, 규격(format)들이 유행하였다. 가격은 하락하였고, 각종 독서 모임과 서적 대여점 역시 18세기 후반에 번창하게 된다.

샤르티에가 보기에 전자(electronic) 텍스트의 혁명은 또 다른 읽기의 혁명이다. 코덱스에서 모니터로의 전환과 함께 일어난 중요한 변화는 무엇보다도 텍스트의 지위가 변했다는 점이다. 텍스트가 책에 수록된 경우 그것은 물성(物性, materiality)을 갖고 있지만, 전자 텍스트는 장소적 성격을 상실함과 동시에 그 물성 역시 상실하게 된다. 독자가 마음먹기에 따라 전자 텍스트는 임의로 쪼개지고 재배치되고 변형될 수 있음으로써, 이제 독자와 글 사이에는 새로운 관계가 수립된 것이다. 따라서 이전의 독서 변화는 책의 형태 변화는 없었던 반면, 현재의 혁명은 글을 전달하는 매체와 형식을 바꾸어버린 것이다.

책의 변화 둘째, 코덱스로의 전환

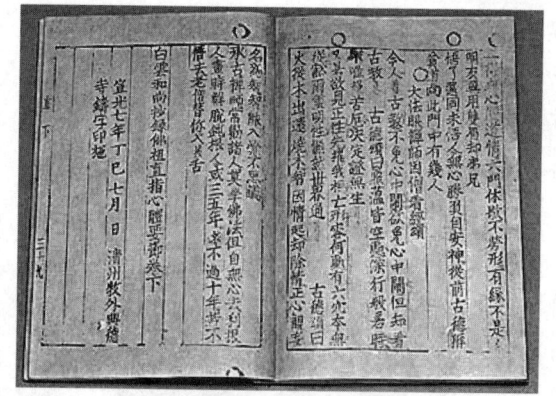

『백운화상초록불조직지심체요절』(白雲和尙抄錄佛祖直指心體要節). 세계 최고의 금속활자본으로서, 고려 말의 대선사 백운화상이 저술한 것을 1377년 그의 제자 석찬, 달잠이 금속활자로 제작했다. 현재 프랑스 국립도서관 소장.

책의 역사상 이에 비견할 만한 변화는 기원후 1세기에 기독교 서적에서부터 발생한 두루마리에서 코덱스로의 전환이었다. 두루마리와는 달리 코덱스는 양면을 이용함으로써 훨씬 경제적이라는 이점과 함께, 페이지 번호를 이용해 독자는 원하는 부분으로 훨씬 용이하게 접근할 수 있었다. 아울러 찾아보기가 등장하게 되었고, 책 속의 여러 구절들을 직접 비교하는 것이 가능해졌으며, 여백을 이용해 주석을 적어 넣을 수도 있게 된 것이다. 무엇보다 두루마리는 독자가 양손을 사용해야 한 반면, 코덱스는 훨씬 작아져 한 손으로도 충분히 다룰 수 있기 때문에 독자는 훨씬 다양하고 편안한 자세로 책을 대하고 읽기와 쓰기를 동시에 하며, 한 페이지에서 다른 페이지로 그리고 한 책에서 다른 책으로 자유로운 지적 섭렵을 할 수 있게 된 것이다.

책의 변화 셋째, 모든 텍스트를 언제 어디서나 만난다

그렇다면 코덱스의 등장에 비견되는 디지털 혁명의 결과는 무엇일까? 샤르티에는 두 가지 점에서 디지털 텍스트는 독자를 해방시킬 것이라고 주장한다. 그 하나는 이미 위에서 시사한 바와 같이 독자와 텍스트 사이의 관계에 있어서의 혁명이다. 독자는 전자 텍스트를 자유롭게 옮겨 놓고, 자르고, 군데군데 다른 내용을 삽입하고, 변형시키고, 또는 새롭게 씀으로써, 더 이상 저자에게 종속되지 않고 공(共)저자(coauthor)로 변신한다. 아울러 디지털 시대는 고대 이집트가 알렉산드리아 도서관을 통해 꿈꾸었던 존재하는 모든 텍스트의 보관을 실현하고, 독자와 텍스트 사이의 공간적 장벽을 완전히 해소함으로써 독자는 '모든' 텍스트에 '어디서나' 다가갈 수 있게 되는 것이다.

그러나 샤르티에가 놓치지 않는 것은 이러한 혁명의 역기능이다. 모든 출판된 책은 나름대로의 형식을 갖고 그 안에 내용 즉 텍스트를 담는다. 이때 형식과 내용 사이의 관계는 그 자체로 텍스트를 둘러싼 하나의 문화를 형성하게 되는데, 텍스트의 전자화는 이러한 문화를 박탈해버리는 것이다. 결국 과거의 자료들을 영구적 보관을 위해 전자 텍스트로 전환하는 작업은 이런 점에서 그 시대의 문자문화(written culture)를 지워버릴 위험성을 내포하고 있는 것이다. 따라서 샤르티에는 21세기에 도서관의 역할이 약화되기는커녕 어느 때보다 중요하다고 강조한다. 지금이야말로 대형

구텐베르크(Guttenberg) 당시의 인쇄기.

도서관이 책의 형태로 출판된 가능한 한 많은 텍스트들을 수집, 보관, 분류하고, 꼼꼼히 목록을 작성하여 과거를 연구·기억하고자 하는 이들에게 제공해야 할 의무가 있다는 것이다.

결론적으로 샤르티에는 책의 역사를 장기적 관점에서, 즉 아날학파의 시각으로 보았을 때 얻게 된 지식이 현재를 이해하는 데 대단히 유용함을 보여준다. 이것을 들어 아날이 중세의 감옥에 갇혀 있다는 비판에 대한 멋진 반격이라고 말한다면 샤르티에에 대한 과찬일까.

백종률 성균관대학교 사학과와 대학원을 졸업하고 미국 코넬대학교(Cornell University, 석사)와 아이오와대학교(University of Iowa, 박사)에서 서양사를 전공했다. 18세기 프랑스와 프랑스 혁명, 특히 혁명 전야의 정치문화(political culture)에 관심을 갖고 있다. 성균관대학교와 한림대학교에서 강의하고 있으며, 최근에는 전공서적 번역과 동아시아 학술원 영문 학술지의 번역을 맡고 있다.

용어와 개념 풀이

코덱스 codex
우리가 보통 책이라 부르는 것에는 다양한 형태가 있다. 낱장(tablet)에 쓰인 글을 모으는 방법으로 인류가 처음 고안한 것은 낱장들이 이어진, 혹은 문자 그대로 붙여진 두루마리(scroll) 형태였다. 이후 기원후 1세기에 출현한 것이 바로 오늘날까지 이어지고 있는 제본된 책, 즉 코덱스이다.

아날 학파 Annales
1929년 창간된 『경제사회사 연보』를 중심으로 형성된 역사학자들 집단을 말한다. 창시자 뤼시앙 페브르(Lucien Febvre)와 마르크 블로크(Marc Bloch)를 포함하여 페르낭 브로델(Fernand Braudel), 자크 르 고프(Jacques Le Goff), 조르주 뒤비(Georges Duby), 엠마누엘 르 르와 라뒤리(Emmanuel Le Roy Ladurie), 필립 아리에스(Philippe Ariès) 그리고 로제 샤르티에(Roger Chartier) 등이 속해 있으며, 1975년 이후 사회과학고등연구원이란 인문학 위주의 연구·교육기관을 중심으로 활동하고 있다.

장기 중세 long Moyen Âge
서양의 중세는 일반적으로 476년 로마제국의 멸망으로부터 14~15세기 르네상스(전)까지를 가리키는 것으로 알려져 있다. 그러나 장기지속의 시간을 강조하는 아날학파의 중세사가들은 4세기에서 18세기에 이르는 장기적 중세를 주장한다. 그 사이에 중세는 10~14세기의 번영과 비약의 시기, 그리고 14~16세기의 위기를 겪으면서도 시민혁명의 시대까지 완강하게 존속한다는 것이다.

로제 샤르티에는 말한다

- 객관적 진실의 추구를 부정적으로 바라보는 포스트-모더니즘 역사학에 대해 우리가 만약 진실의 추구를 포기한다면, 그것은 우리 학문을 지식을 배반하고 기억을 해치는 온갖 종류의 날조와 거짓말쟁이들에게 내주는 것이다. ―『On the Edge of the Cliff: History, Language, and Practice』 중에서

- 책의 역사가로서 역사가의 분석은 예언적인 것도 회고적인 것도 아니다. 그것은 이중적 목적을 갖고 있는 바, 한편으로는 지난 오백 년 동안 인쇄물의 유통으로 대변되어 온 문자 문화의 증거들을 보존하고 보호할 것을 촉구하며, 우리 시대의 [디지털] 혁명—책에 새로운 형식을 부여한 1700~1800년 전의 혁명만큼이나 급진적인—을 보다 잘 이해할 수 있게 만드는 것이다. ―『Forms and Meanings』 중에서

더 읽어야 할 책들

이영림 옮김, 『사생활의 역사 3-르네상스부터 계몽주의까지』, 새물결, 2002.
백인호 옮김, 『프랑스 혁명의 문화적 기원』, 일월서각, 1990.
김응종 옮김, 「아날학파의 역사세계」, 『표상으로서의 세계』, 아르케, 2001.

나탈리 데이비스 *Natalie Z. Davis*

역사학의 영역, 어디까지 넓힐 것인가

조한욱 한국교원대 교수·역사교육

유럽 근대사를 대표하는 역사가

구미의 학계는 그 층위가 대단히 두텁다. 역사학의 경우도 시대별, 나라별로 학자들이 즐비하며, 그 내부 또한 연구의 주제나 방법에 따라 다양하게 세분되어 있다. 이렇듯 잘게 가지를 친 영역마다 대가의 칭호를 받을 자격을 가진 권위자들이 있어 엄정한 학문적 성과물을 통해 학풍을 주도하며 존경을 받고 있다. 유명세를 탄 학자들의 저작만이 시장성을 검증받았다는 이유 때문에 거의 독점적으로 소개되어 대중의 독서 편식을 강요하는 우리의 풍토에 견주어 부러운 일이 아닐 수 없다. 학문의 폭과 깊이가 모두 보장되고 있기 때문이다.

학문의 분과가 자연스럽게 받아들여지고 있는 이 시대에 '유럽 근대사'와 같이 방대하면서도 모호한 영역을 대표하는 역사가가 존재할 수 있을까? 만일 그 대답이 긍정적일 수 있다면 그 이유는 나탈리 데이비스와 같은 인물이 있기 때문일 것이다. 물론 나탈리 데이비스에 비견될 만한 다른 역사가들이 없다는 이야기는 아니다. 그러나 그 누구보다도 그녀는 유럽 근대사에서 여러 분야를 새롭게 개척하며, 근대사를 넘어서 역사학 자체의 지형을 바꾸어 놓았다. 그런 연고로 많은 전문적 역사가들은 유럽 근대사를 대표하는 인물로 그녀를 꼽는 것을 주저하지 않는다. 오늘날 우리가 유럽 근대와 관련하여 '문화사', '여성사', '인류학적 역사' 등등의 개념을 어느 정도 친숙하게 받아들일 수 있는 까닭은 이미 오래 전부터 그녀가 닦아놓은 길이 열려 있기 때문이다.

> 그녀는 영화가 역사의 전망을 더 환하게 밝혀줄 수 있는 방안을 모색하는 것은 물론, 유럽사를 넘어 미국과 아프리카와 남아메리카로 연구 대상의 지리적인 확충까지 꾀하며 선구자의 면모를 유지하고 있다. 〃

그렇다면 나탈리 데이비스는 단지 예전에 이룩해놓은 업적 덕분에 명성을 유지하고 있는 것일까. 그것만은 아니다. 여든을 바라보는 나이에도 그녀는 영화가 역사의 전망을 더 환하게 밝혀줄 수 있는 방안을 모색하는 것은 물론, 유럽사를 넘어 미국과 아프리카와 남아메리카로 연구 대상의 지리적인 확충까지 꾀하며 선구자의 면모를 유지하고 있다.

그럼에도 불구하고 국내에서는 학자로서 그녀의 뛰어난 업적이 잘 알려져 있지 않다. 『마르탱 게르의 귀향』(The Return of Martin Guerre)이라는 영화와 같은 제목의 책이 번역 출간됨으로써 그녀의 역사적 혜안의 편린이 소개되긴 했지만, 역사가로서 그녀의 총체적인 역량을 음미할 수 있는 기회는 없었다. 따라서 이 글에서는 초기부터 최근에 이르기까지 그녀의 저서를 따라가며 선구적인 영역 개척의 의미를 되짚어볼 것이다.

유대인으로서, 여성으로서, 공산주의자라는 비난에 맞서

때로 이 글의 논조는 초연한 관찰자로서 나탈리 데이비스의 학문적 업적에 대해 객관적이고도 비판적으로 평가하는 것을 넘어서, 그녀의 삶 자체에 대해 존경심을 갖는 사람에게서 우러나오는 송사(頌辭)처럼 들리기도 할 것이다. 그것은 몇 가지 이유에서 불가피하다.

첫째로, 그녀는 유대인으로서 그리고 그와 동시에 가정을 꾸려나가는 여성으로서 학문을 한다는 것 자체가 지극히 어렵던 시기에 그 학문의 기준을 높여놓은 업적을 남겼기 때문이다. 둘째로, 그 과정에서 그녀는 매카시즘의 선풍이 불던 시기에 '미국 하원의 비미국적 활동조사위원회'(House Committee of Un-American Activities, 이하 HCUA로 약함)에 의해 내려진 '공산주의자'라는 비난에 맞서 학문과 양심의 자유를 위해 싸웠기 때문이다. 셋째로, 그녀의 학문적 진취성의 밑바탕에는 실제 삶에서 부딪치는 여러 장애물들을 단순하게 극복하는 것을 넘어, 오히려 그런 개인적 어려움을 많은 사람들이 보편적으로 공감할 수 있는 역사의 요인으로 파악하려는 태도가 깔려 있었기 때문이다.

예컨대, 유대인으로서 나탈리 데이비스가 비우호적인 기독교 사회 속에서 적응해야 한다는 실제적 문제는 그녀의 주요 연구 대상인 종교개혁과 관련된 시기에 있어 훨씬 더 현실적이면서도 미묘한 방식으로 종교와 사회와 문화 사이의 관련성을 검토할 계기를 마련해주었다. 또한 아내와 어머니의 역할을 담당함과 동시에 학자의 위치에 오르는 일이 거의 불가능하게 여겨졌던 시대에 그녀는 그 일을 해냈을 뿐 아니라, 여성 학자들에 대한 편견에 대항하며 여성사라는 분야를 실제로 확립시켰다. 실로 그녀의 삶은 그녀의 학문과 분리되지 않았다. 그녀의 인간적 삶에 대한 찬사는 그녀의 학문적 업적에 대한 적극적인 평가인 것이다.

나탈리 데이비스는 1928년 디트로이트에서 유대인인 아버지 줄리안 제먼(Julian Zemon)과 어머니 헬렌 램포트(Helen Lamport) 사이에서 태어났다. 제2차 세계대전 직후 여자 대학교인 스미스 칼리지에 입학한 그녀는 영국, 프랑스, 러시아의 문학에도 심취하고, 미국과 유럽의 위대한 시기를 다룬 역사 수업을 들으며 1차 사료를 읽어야 할 중요성에 대해 인식하는 등 인문학의 교양을 폭넓고 깊이 있게 쌓았다. 그런 한편 이상적 공동체를 형성하는 대안으로 마르크스주의에 물들며 토론회와 독서회를 조직하여 활발하게 활동하기도 하였다. 이런 경력은 훗날 그녀의 학문적 생애에 큰 영향을 미친다.

학문과 삶의 동반자 챈들러 데이비스와 만나다

그녀의 삶 전체에 가장 큰 의미를 갖게 되는 대학 시절의 사건은 3학년 당시 챈들러 데이비스(Chandler Davis)라는 수학 전공의 남학생을 만난 일이었다. 하버드대학에서 여름 학기를 수강하던 나탈리는 그곳에서 해군 출신의 복학생 챈들러를 만났다. 그는 수학 외에도 과학, 음악, 시에 조예가 깊었고 나탈리와 이념적 성향이 같았다. 만난 지 3주 만에 챈들러는 청혼했고, 6주만에 그들은 결혼했다. 나탈리 제먼은 비로소 나탈리 데이비스가 된 것이다. 그때 챈들러는 22세, 나탈리는 19세였다. 기독교도인 챈들러와 유대인인 나탈리의 만남은 스캔들로 여겨질 정도로 주위의 반대가 많았지만, 그들은 인생의 동반자이자 이념의 동지로서 평생의 고락을 같이했다.

나탈리가 학문의 길을 갈 수 있었던 것도 여성이 스스로 나아갈 길을 개척해야 한다는 명분에 찬동하던 챈들러의 적극적인 도움이 있었기 때문이다. 그녀가 출판한 여러 책의 머리말에는 남편인 수학자 챈들러에 대한 애정 어린 헌사가 실려 있다. 그것은 동반자에 대한 겉치레의 이야기가 아니라, 다른 학문의 길을 가면서도 비판적 제안과 논의를 통해 책의 수준을 높여준 사람에게 합당한 예우였다.

나탈리 데이비스는 역사학 박사학위 과정을 이수한 뒤 그와 관련된 자료를 다큐멘터리 영화로 만들려는 계획을 갖고 있었다. 그러나 챈들러와 결혼한 뒤 아이를 갖고 가정을 꾸려야 할 일을 고려할 경우, 챈들러를 따라 대학에서 가르치는 일이 더 수월하리라는 생각이 그녀의 인생 진로를 바꾸게 만들었다. 또한 하버드대학교와 미시간대학교의 대학원 생활은 역사학에 대한 그녀의 태도도 바꾸게 만들었다. 원래 사상사에 관심을 갖고 있던 그녀가 사회사에 눈을 뜨게 된 것이다.

리옹 연구, 근대사 연구의 초석

그녀는 특히 16세기의 리옹(Lyon)에 관심을 두게 되었다. 론(Rhone) 강과 사온(Saone) 강이 만나는 곳에 위치한 그 도시는 16세기에 곡물 폭동, 인쇄공들의 파업, 프로테스탄트 봉기 등 이른바 '작은 사람들'(menu peuple)의 소요가 자주 일어난 곳이었다. 리옹은 그녀의 학위 논문 주제가 되었다. 그곳은 물질적 경험이 종교와 같은 상부 구조의 변화를 좌우한다는 마르크스의 명제는 물론, 신교가 자본주의 정신을 배양하였다는 막스 베버의 명제를 역사적으로 증명하기에 적합한 장소였다.

나탈리는 1952년 리옹으로 연구 여행을 떠났다. 그녀는 6개월 동안 머물렀던 그곳의 풍광과 사람들을 사랑했지만, 그녀가 가장 큰 애정을 쏟아부은 곳은 문서보관소였다. 지금은 유럽사를 연구하는 미국 역사가들이 문서보관소를 찾는 것이 당연한 일로 여겨지고 있지만, 실제로 그것은 제2차 세계대전 이후에 생긴 새로운 현상이었다. 그 이전까지 미국의 역사가들은 유럽의 역사가들에 의해 이미 발굴되어 인쇄된 자료를 갖고 연구했다. 제2차 세계대전 직후 툴루즈(Toulouse)의 문서보관소를 뒤졌던 존 먼디(John Mundy)와 함께 나탈리 데이비스는 자료를 발굴하며 유럽사를 연구한 최초의 세대라고 말할 수 있다. 따라서 16세기 프랑스 공증인들의 글씨체를 읽는 법에 대한 어떤 실질적인 도움도 얻지 못한 채, 나탈리 데이비스는 리옹 주민들의 신분, 종교, 직업, 숙소, 세금 등등에 관한 자료를 어렵사리 수집하였다.

그렇게 수백 장의 카드에 빽빽하게 필사한 자료를 갖고 귀국한 그녀를 기다리고 있던 것은 FBI 요원들이었다. 왜냐하면 나탈리 데이비스는 프랑스로 떠나기 전 HCUA의 위헌적 행위를 공격하기 위하여 미시간대학교의 '인문학, 과학 평의회'에서 비밀리에 발간한 팸플릿을 작성하였고, 챈들러는 그 평의회의 총무를 담당하였기 때문이다. 매카시(Joseph McCarthy)의 선풍이 몰아치던 당시 그 팸플릿으로 말미암아 젊은 부부에게는 공산주의자라는 낙인이 찍히게 되었다.

챈들러는 미시간대학교의 교수직을 내놓는 것은 물론 6개월 동안 감옥에 갇히게 되었다. 나탈리 데이비스의 회상에 따르면, HCUA의 평결 과정과 근대 초 유럽의 사법 체계 사이에는 닮은 점이 있었다. 부부가 함께 기소되었다면 그들 모두는 남편에게만 책임이 있다고 간주하였다는 것이다. 어쨌든 그들의 남성중심주의적인 사고방식과는 상관없이, 그러한 평결이 나탈리 자신에게 도움이 된 것은 사실이다.

그러나 그것은 챈들러처럼 해임되고 옥고를 치르지 않았다는 이야기일 뿐, 나탈리의 삶 자체는 훨씬 고달퍼졌다. 가계를 꾸려나가는 것조차 어려운 때에 첫 아이를 임신했다. 더욱 나쁜 상황은 FBI에서 여권을 압수하여 리옹으로 연구 여행을 떠날 수도 없었다는 것이다. 그녀는 이 최악의 상황을 헤쳐나갈 새로운 길을 모색했다. 그녀는 당시 살고 있던 뉴욕 지역의 공공 도서관과 대학의 도서관을 모두 뒤져 16세기 리옹에서 출판된 모든 책을 섭렵했다. 책의 내용뿐 아니라 제본 방식에서부터 책 첫머리의 그림, 간행과 관련된 기록, 책장의 가장자리에 기록한 메모에 이르기까지 세심하게 검토했다. 그것은 책의 역사가 사회사를 위해 어떻게 이용될 수 있는지 생각해볼 계기를 그녀에게 제공해주었다.

나탈리 데이비스는 세 자녀를 키우며 1959년 박사학위 논문 「신교와 리옹의 인쇄공들」(Protestantism and Printing Workers of Lyon)을 완성시켰다. 이 논문은 몇 가지 점에서 근대 초 종교개혁의 연구에 신기원을 이룩하였다. 1950년대에 이르기까지 종교개혁 연구는 연구자들의 신앙 고백과 비슷했다. 이를테면 신교도들은 신교의, 가톨릭교도들은 가톨릭교의 편에 서서 연구를 진행시켰던 것이다. 따라서 그것은 객관적인 연구가 될 수 없었고, 교리와 관련하여 신학자들의 논쟁을 다루는 내용으로 그치기가 일쑤였다. 종교와 사회의 상관 관계에 대해서도 가톨릭 교회의 재산에 대한 불만 때문에 신교도들이 봉기를 일으켰다는 식으로 단순하게 논의되었을 뿐이다.

나탈리 데이비스가 유대인이었다는 사실은 최소한 이 문제에 있어서 유리한 고지를 점령하게 만들었다. 신교, 가톨릭 어느 측에도 충성을 보일 필요가 없었기 때문이다. 그녀는 오로지 리옹의 남성 신교도들의 직업과 사회적 위상에 관한 자료를 분석하였다. 그 결과 남성 신교도들은 어떤 사회 계급에도 존재하고 있음을 알게 되었다. 바꾸어 말하면 경제적인 적이 종교적으로는 동료일 수가 있다는 것이다. 오히려 신교도들은 특정의 직업과 선택적 친화력을 갖고 있었다. 그들은 새로운 기술 이용과 문자 해독의 능력을 필요로 하는 새로운 직종에 종사하는 경우가 많았다.

예컨대 인쇄공들은 글을 읽을 줄 알았고, 신의 말씀을 전파한다는 의식이 있었기 때문에, 평신도들이 성직자의 개입 없이 신앙만으로 신과 직접 접할 수 있다는 신교의 교리가 그들에게 더 호소력이 있었다는 것이다. 따라서 종교개혁의 사회적 차원을 고려할 때는 경제적 계급뿐 아니라 평신도와 성직자들 사이에서 벌어지는 영적 계급 사이의 투쟁도 그 배경으로 염두에 두어야 한다는 것이다. 이것은 마르크스의 경제적 결정론이라는 단선적인 축에서 벗어나 다양한 개념의 틀을 사회사 연구에 도입시킨 선례로서 가치를 인정받고 있다.

종교와 계급의 문제에 접근하다

1960년대는 나탈리 데이비스가 사회사가로서 역량을 키워나간 시기다. 이 시기에 그녀는 대법원의 최종 판결에 의해 FBI로부터 여권을 되돌려받아 리옹과 제네바로 여러 차례 연구 여행을 떠나 많은 자료를 축적하였다. 그녀는 이 당시에 모은 자료를 아직도 충분히 활용하지 못하고 있다고 술회한 바 있다. 또한 이 시기에 그녀는 대학의 강단에 서게 되었다. 컬럼비아대학교와 브라운대학교에서 강사생활을 하던 그녀는 챈들러가 교수직을 얻은 토론토대학교의 교수가 되었다. 그것은 생활의 안정뿐 아니라 학문 공동체 속에서 많은 조언과 교감을 주고받을 수 있는 동료들을 얻게 되었음을 의미한다.

「빈민 구제, 휴머니즘과 이단」(Poor Relief, Humanism and Heresy)과 「16세기 프랑스의 한 노동조합」(A Trade Union in Sixteenth-Century France)은 이 시기에 나탈리 데이비스가 추구하던 사회사의 모습을 보여주는 논문이다. 전자의 논문에서는 리옹의 자료를 이용하여 기업의 가치관과 기독교 휴머니즘의 신조와 프로테스탄티즘이 결합되어 복지 개혁이 이루어졌다는 결론을 내렸다. 후자의 논문에서는 제네바의 문서보관소에서 발견한 재판 기록을 이용하여 유럽 도제들의 비밀 결사가 운용되는 방식 및 그들의 의례와 전략을 밝혔다. 그녀는 비밀 결사에의 입문 의례와 처벌의 형식이 도제들을 결속시키는 데 기여하였고, 그러한 결속 아래 그 '작은 사람들'은 능동적으로 임금을 비교적 높게 유지할 수 있었음을 지적했다.

이렇듯 사회사를 실행하면서도 종교적 신조나 입문 의례 등을 다루는 그녀의 주제는 경제적 계급만을 분석의 틀로 사용하는 종래의 사회사로는 충족시킬 수 없는 내용을 담고 있었다. 아날 학파가 한 대안이 될 수는 있었지만, 당시까지 아날 학파는 주로 농촌 지역의 연구에 초점을 맞추고 있었기 때문에 도시의 노동자와 관련된 종교사를 다루는 그녀에게 큰 도움이 되지 못했다. 인구통계학과 물질문명의 발견에 치중하던 아날 학파의 '전체사'(histoire tatale) 대신 그녀가 찾은 다른 길은 인류학이었다. 그리고 그것은 '여성'을 하나의 변수로 역사에 포함시킬 수 있는 여유까지도 제공했다.

인류학적 대안의 모색은 1969년 「무질서의 이유」(The Reason of Misrule)라는 논문 집필을 시작하며 굳어진 생각이기도 하다. 성직자들이 후원하는 도시의 축제에서 벌어지는 청소년 집단의 요란스러운 소동을 다룬 이 논문에서 나탈리 데이비스는 관행적인 사회사의 방식으로는 도저히 의미를 캐낼 수 없는 그 무엇이 있음을 알았다. 그러한 관행들에 대해 역사가의 관심을 받을 자격이 없는 사소한 놀이로 치부해버릴 것인가? 이러한 문제에 대한 해답은 지방의 청소년 집단의 행태를 조사한 아놀드 반 헤넵(Arnold Van Gennep)의 『프랑스 민속 편람』(Manuel de folklore français)을 읽으며 해결되었다. 또한 이 당시 영어로 번역되었던 미하일 바흐친(Mikhail Bakhtin)의 『라블레와 그의 세계』(Rabelais and His World)에서 제시되고 있는 카니발레스크(carnivalesque)의 개념에서 도움을 얻기도 하였다. 즉 축제는 일상생활의 일시적인 전도라는 것이다.

인류학과 민속학 연구를 통한 역사학

1970년대에 나탈리 데이비스는 인류학과 민속학의 저서를 섭렵했다. 그녀는 에번스-프리처드(E. E. Evans-Pritchard), 빅터 터너(Victor Turner), 클리포드 기어츠(Clifford Geertz), 시드니 민츠(Sidney Mintz) 등등의 저서를 읽으며 인류학과 민속학의 성과를 역사학에 접합시킬 방안을 추구하였다.

이 시기는 역사가 키스 토머스(Keith Thomas)와 피터 브라운(Peter Brown)이 각기 인류학자 말리노프스키(Branislaw Malinowski)와 메리 더글라스(Mary Douglas)에게서 영감을 얻으며 선구적인 저작을 완성시켜 나가던 시기와 일치한다. 인류학의 저서에 익숙해진 결과 나탈리 데이비스의 역사 연구는 더욱 정교하게 다듬어지기 시작했다. 종교개혁 당시 신교도와 구교도의 사회적·경제적·종교적 배경을 구분시키는 범주에 '연령'을 포함시키기도 했고, 의례 행위가 갖는 상징적 의미를 캐려 시도하기도 하였으며, 구전 문화에도 더 큰 관심을 두게 되었다.

1975년 나탈리 데이비스는 이전에 발표된 논문들과 이러한 관심사에서 출발한 논문들을 『근대 초 프랑스의 사회와 문화』(Society and Culture in Early Modern France)라는 제목의 책으로 엮어냈다. 이 제목은 오늘날 진부하게 들릴지 모르지만, 당시로서는 인류학의 냄새가 풍기는 신선한 것이었다. 이 책에 포함된 논문 「폭력의 제의」(The Rites of Violence)는 16세기 프랑스의 종교 폭동에 뒤따르던 살인이나 신성모독과 같은 극단적인 형태의 폭력이 단지 악마성의 표출이 아니라 의례와 축제 행위의 연장선상에서 이해되어야 한다는 논지를 펼치고 있다.

그밖에도 이 책에는 특히 여성을 다룬 두 개의 논문 「도시 여성과 종교적 변화」(City Women and Religious Change)와 「위에 있는 여성」(Women on Top)이 들어 있다. 앞의 논문은 신교도가 된 여성들은 누구였는지를 밝히고 있고, 뒤의 논문은 축제 때 남성과 여성이 옷을 바꿔입으며 성별을 전도시키던 풍습이 갖는 의미를 추적하고 있다.

여성사에 대한 열정은 나탈리 데이비스가 역사학에 발을 담그기 시작한 순간부터 지금까지 끊임없이 이어져왔다. 그것은 교수가 된 이후에도 남성은 '아무개 교수'라고 불리지만 여성은 '아무개의 부인'이라고 불리던 학계의 관행에 대한 저항 의지 때문에 더욱 강렬하게 바뀐 열정이기도 하다. 그녀는 미국 여성사의 선구자인 콘웨이(Jill Ker Conway)를 만났다. 1971년 그들은 함께 캐나다 최초의 여성사 강좌를 개설하였다.

여성사를 개척한다는 것은 최소한 두 가지 점에서 실행에 옮기기 대단히 어려운 일이었다. 첫째, 여성사를 수행하려면 생물학에서 법학과 문학에 이르기까지 다양한 학문 분야에 대한 학과교류적 지식을 갖추어야 한다는 일이 큰 난관이었다. 둘째로 여러 시대와 장소에서 여성의 역할 및 남성과 여성 사이의 관계가 갖는 의미를 검토한다는 일은 종교개혁이나 프랑스 혁명과 같은 거대한 사건에 대해서도 재평가해야 한다는 어려움을 수반했다.

1971년부터 6년 동안 캘리포니아대학 버클리 분교에서 재직하였

16세기의 한 법관이 쓴 재판기록을 담은 책에 대한 그녀의 첫 반응은 "이것은 영화가 되어야 한다!"는 것이었다. 그렇게 해서 씌어진 『마르탱 게르의 귀향』.

던 기간에 나탈리 데이비스는 여러 동료들과 함께 여성학 연구 프로그램을 개발하는 한편 역사와 문학과 예술사의 학과교류 잡지인 『표상』(Representations)을 창간하였다.

마르탱 게르 이야기의 탄생

이 시기에 나탈리 데이비스는 학문의 생애에 있어서 또 다른 변신을 향해 나아가고 있었다. 그 계기는 버클리 시절 말년에 한 대학원생이 장 드 코라스(Jean de Coras)라는 16세기의 법관이 쓴 책을 보여준 것이었다. 피레네산맥의 한 마을에서 3년 이상에 걸쳐 다른 사람의 아내에게 남편으로 받아들여졌던 사람에 대한 잘 알려진 재판 기록을 담은 그 책에 대한 그녀의 첫 반응은 "이것은 영화가 되어야 한다!"는 것이었다. 그것은 다큐멘터리 영화를 제

작하려는 젊은 날 소망의 반영일 수 있다. 그러나 더 중요한 의미에서 그것은 오래도록 인류학적 역사를 실행해온 경험의 자연스러운 결말이기도 했다. 인류학의 세례를 받은 역사를 서술하면서 나탈리 데이비스는 서유럽 전역의 문서보관소에서 수집한 문서 자료를 사용하였다. 그러나 역사가들은 죽은 사람들을 다루기 때문에, 인류학자들처럼 현장 작업을 하면서 원주민들과 인종지학적인 의견 교환을 할 수 없다는 것이 그녀에게 못내 아쉬운 점이었다.

1978년 프린스턴대학교로 적을 옮긴 나탈리 데이비스는 코라스의 기록 『잊을 수 없는 판결』(Memorable Decree)을 읽으며 그 내용을 영화로 만든다면 인종지학적인 현장 조사 자체는 아니라 할지라도 그와 흡사한 경험을 할 수 있으리라는 가능성을 발견하였다. 이를테면, 피레네의 산간 마을에서 철저한 고증을 통해 16세기 초와 같은 환경을 만들어놓고 배우들로 하여금 감정이입을 통해 재판 당사자들의 처지에 서도록 한다면 역사를 파악할 수 있는 새로운 길이 열리지 않을 것인가 하는 생각이다.

1980년 나탈리 데이비스는 영화의 감독을 맡을 인물을 찾기 위해 파리에 있었다. 우연히도 바로 그때 저명한 시나리오 작가 장 클로드 카리에르(Jean-Claude Carriére)와 젊은 감독 다니엘 비뉴(Daniel Vigne)는 그 재판에 얽힌 사건을 영화화하기 위한 기획을 시작하고 있었다. 당연히 그들은 합류했고 1982년에 영화『마르탱 게르의 귀향』(Le Retour de Martin Guerre)이 나왔다.

그 영화는 영화 제작자들과 역사가의 협력이 빚어낸 훌륭한 결실이라는 평가를 받고 있다. 그렇지만 나탈리 데이비스는 그 영화의 제작 단계 초기부터 같은 주제에 대해 책을 써야 하리라는 생각을 하고 있었다. 왜냐하면 영화에서는 특히 여주인공 베르트랑드의 행동이 수동적으로 묘사되었고, 이야기의 여러 요소들이 생략되거나 변경이 되었기 때문이다. 영화는 어떤 면에서 표현력이 대단히 뛰어나긴 하지만, 2시간 이내에 모든 것을 담아내야 하기 때문에 그런 생략이나 왜곡이 불가피했다. 나탈리 데이비스는 그 마을의 생활과 관련하여 자신이 찾을 수 있던 모든 자료를 이용해서 마르탱 게르의 이야기가 독자들에게 납득이 갈 수 있도록 책을 쓰려 했다. 그녀가 그런 생각을 가질 수 있었던 간접적인 이유 가운데 하나는 이미 1975년 에마뉘엘 르 루아 라뒤리(Emmanuel Le Roy Ladurie)의 『몽타유』(Montaillou)와 1976년 카를로 긴즈부르그(Carlo Ginzburg)의 『치즈와 벌레』(Cheese and the Worms)라는 미시사의 걸작이 성공을 거두었기 때문이다.

그 책은 영화가 초연된 것과 같은 1982년에 최초로 프랑스에서 발간되었고 이듬해에 미국에서 선을 보였다. 나탈리 데이비스는 자신의 미시사적 기술을 '인종지학적 기술'(ethnography)이라고 말했다. 나탈리 데이비스는 그 놀라운 이야기를 이중적으로 서술하였다. 첫번째는 사건 자체가 전개되며 마을 사람들에게 비쳐진 단계에 따라 서술했고, 두번째는 법관 코라스와 몽테뉴(Montaigne)를 비롯한 기록자들이 이야기를 풀어나간 방식에 따라 서술했다. 그 의도는 사실과 기록 사이의 차이를 독자들에게 제시하려는 것이었다. 이러한 구성 방식은 당연히 역사 서술에 내재하는 문학성을 염두에 둔 것이었다.

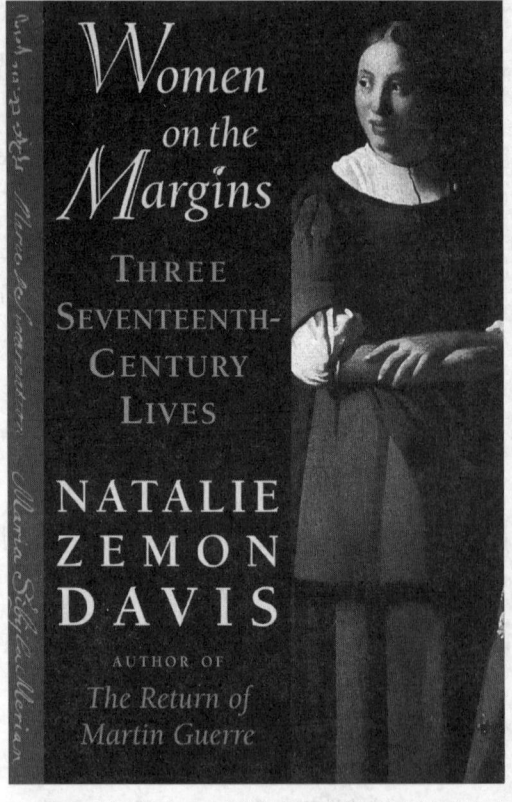

사회사, 인류학적 역사, 인종지학적 기술, 여성사, 역사의 문학성 등 등 나탈리 데이비스가 갖고 있던 다양한 관심사는 1995년에 출판된 『주변부의 여인들』이라는 저서로 결집되었다.

이렇듯 나탈리 데이비스는 영화를 통해 역사와 문학의 접점에 도달했다. 프린스턴대학교는 영화나 문학에 대한 관심을 구체화시키기에 적절한 장소였다. 이야기체 역사의 부활을 강조하던 노대가 로렌스 스톤(Lawrence Stone), 유럽의 문화 연구를 주도하던 칼 쇼스케(Carl Schorske)와의 만남으로 또다른 종류의 지적 자극을 얻은 것은 물론, 인류학자 클리포드 기어츠와 공동으로 강의를 개설하기도 하였다. 역사가 갖는 문학성에 대한 관심은 나탈리 데이비스가 미국 역사학회 회장을 역임하였던 1987년에 출간된 『문서보관소 속의 창작』(Fiction in the Archives)이라는 저서로 결실을 보았다. 이 책도 『마르탱 게르의 귀향』과 마찬가지로 법률에 관한 텍스트로부터 출발하였다. 그 텍스트는 살인에 대한 국왕의 용서를 탄원하는 수많은 편지였다. 그러한 진정서의 원작자는 모든 사회 계층 출신의 인물들이며, 여성들도 포함되어 있었다. 그들은 진정서가 갖추어야 할 법률의 요구 조건을 충족시킴과 동시에 국왕과 그의 대신들의 비위를 상하게 하지 않는 방식으로 편지를 써야 했다. 이러한 편지들은 서기관에 의해 씌어졌고, 그 편지의 내용을 구술하던 사람들은 글을 읽을 수 없는 경우가 많았다. 이러한 편지는 중세 말과 근대 초의 유럽의 사회상을 풍부하게 전해주는 자료이다.

그러나 이 책에서 나탈리 데이비스가 특히 초점을 맞추었던 것은 그 탄원자들이 여러 가지 다른 상황 속에서 용서를 탄원하며 이야기를 전개하는 방식이나, 그들이 구사하던 전략이었다. 그들은 모두 '진실'을 말하는 것처럼 이야기하며 구명 운동을 벌여야 했기 때문이다.

이 책의 제목에 '창작'(fiction)이라는 단어를 넣은 것은 그러한 진정서의 이야기가 지어낸 '허구'라는 의미가 아니다. 그것은 그 탄원자들이 말하고 행동할 때 고안해내 사용하는 '기지'나 '술책'을 가리킨다. 따라서 나탈리 데이비스는 『문서보관소 속의 창작』을 통해 그 편지들을 그 시대의 사람들이 말하는 방식에 대한 증거로 만들었을 뿐 아니라, 그 증거를 읽는 신뢰할 만한 방안까지도 제공하였던 것이다.

문화를 통찰하는 데이비스 연구의 영향력

사회사, 인류학적 역사, 인종지학적 기술, 여성사, 역사의 문학성 등등 나탈리 데이비스가 갖고 있던 다양한 관심사는 1995년에 출판된 『주변부의 여인들』(Women on the Margins)이라는 저서로 결집되었다. 이 책은 17세기를 살았던 세 명의 도시 출신 여인들의 특이한 삶을 주제로 하고 있다. 유대인 상인 글리클 바스 유다 라이프(Glikl bas Judah Leib)는 함부르크에서 메츠로, 가톨릭 장인이자 교사인 마리 귀아르(Marie Guyart de l'Incarnation)는 투르에서 퀘벡으로, 신교도 예술가이자 곤충학자인 마리아 지빌라 메리안(Maria Sibylla Merian)은 프랑크푸르트에서 뉘른베르크와 암스테르담을 거쳐 남미의 수리남으로 이주하며 삶의 기록을 남겼다.

프랑스어가 아닌 유럽의 언어로 연구의 영역을 확대한 이 책은 여러 모로 의미가 깊다. 이 책은 단일한 미시사가 아니라 여러 삶을 비교하며 그 속에서 성별에 따른 위계질서가 어떻게 작용하였는지를 보이고 있다. 퀘벡과 수리남으로 건너간 마리와 마리아는 신대륙에서 비유럽인들을 만난다. 그들과의 접촉은 유럽에서도 특히 프랑스에 초점을 맞춰 연구하였던 나탈리 데이비스에게 제국주의와 식민주의에 대해 생각할 계기를 만들어주었다.

이들의 삶은 다른 종류의 결혼 생활과, 다른 종교와 다른 직업에 의해 특징 지워진 이색적인 것이다. 그러한 삶들을 한 책에 묶을 수 있도록 엮어준 공통점은 무엇일까? 그것은 그들이 '주변부'에 있었다는 사실이다. 그들은 종교적, 사회적, 지리적으로 주변부에 살고 있었으며 그러한 상황을 극복하기 위하여 특히 더 큰 창의력을 갖고 살아가야 했다는 것이다. 그 주변부는 그들에게서 새로운 삶을 발견하기 위한 개척지가 되었다. 수녀원을 건설하기 위해 대서양을 건넜던 여인에게서, 애벌레와 나비를 찾기 위해 수리남의 강을 노 저어 탐사했던 여인에게서 나탈리 데이비스가 발견한 것은 자기 자신이었을 것이다. 여성으로, 유대인으로, 공산주의자라는 당시로서 치명적인 비난으로, 어머니로 온갖 불리한 여건을 극복하며 오히려 그것을 기회로 만든 자신의 모습이었을 것이다.

70세를 넘어 새로운 밀레니엄에 들어서도 나탈리 데이비스는 『16세기 프랑스의 선물』(The Gift in Sixteenth-Century France)과 『영화 속의 노예』(Slaves on Screen)라는 두 권의 저서를 집필하였다. 마르셀 모스(Marcel Mauss)가 1925년 『선물』(The Gift)이라는 대작을 발간한 이후 『선물』은 마셜 살린스(Marshall Sahlins), 레비-스트로스(Claude Lévi-Strauss), 말리노프스키 등등 많은 인류학자들의 관심사가 되었다. 『16세기 프랑스의 선물』에서 나탈리 데이비스는 선물을 주고받는 방식의 변천을 통해 16세기 프랑스에 대한 또 하나의 인종지학적 통찰을 제시하고 있다. 『영화 속의 노예』는 1980년대와 1990년대를 통해 '역사와 영화'라는 제목으로 펼쳐졌던 세미나에 바탕하여, 노예 수용소와 대농장과 반란과 해방에 관한 드라마를 펼치고 있다.

이 노역사가가 아직도 우리에게 어떤 놀라움을 남겨놓고 있을까 기다려볼 일이다.

조한욱 서강대학교 사학과에서 석사과정을 마친 뒤 미국 텍사스주립대학교에서 비코와 미슐레에 대한 논문으로 박사학위를 받았다. 현재 한국교원대학교 역사교육과에 재직하고 있는 그는 문화사학회의 회장을 맡고 있으며 이른바 신문화사를 소개하는 데 큰 힘을 쏟고 있다. 저서로는 『문화로 보면 역사가 달라진다』, 역서로는 『바이마르 문화』, 『고양이 대학살』, 『문화로 본 새로운 역사』, 『포르노그래피의 발명』, 『프랑스 혁명의 가족 로망스』 등이 있다.

용어와 개념 풀이

카니발레스크
미하일 바흐친이 『라블레와 그의 세계』에서 고안해낸 개념이다. 중세까지 만연하던 축제의 장터는 근대로 들어서며 사라졌지만, 그것은 완전히 사라진 것이 아니라 라블레의 소설과 같은 텍스트 속으로 들어갔다는 것이다. 그런 소설을 가리키기도 하는 이 용어는 축제에서 위와 아래, 남성과 여성 등등 모든 것이 전도된 상황을 가리키기도 한다. 이를테면 가상의 혁명과 같은 상황으로서, 민중의 불만을 해소시키는 안전판의 역할을 하기도 했다.

인종지학적 기술
인류학자들이 현장에서 원주민들을 만나 인터뷰를 하고 그것에 기초하여 서술하는 방식에 대해 나탈리 데이비스가 붙인 명칭이다. 본문에서 밝힌 것처럼, 나탈리 데이비스는 이른바 미시사의 기술이 인종지학적 기술과 흡사하다고 논한다.

주변부
왕권이든 시민권이든 정치적 권력의 중심부에서 벗어났고, 문화적으로도 학문과 제도의 중심부에서 벗어난 지역을 가리킨다. 주변부는 여성에게만 해당하는 것이 아니다. 유럽의 많은 남성들도 출신 성분, 재산, 직업, 종교 등등의 이유로 권력의 중심부에서 비켜나 있었다.

나탈리 데이비스는 말한다

- 아주 부유하고, 권력이 크고, 학식이 높고, 성직에 있는 사람들은 '소박한 사람들'의 삶과 관련될 때에만 기술하였다. —『근대 초 프랑스의 사회와 문화』 중에서

- 역설적으로 내가 영화 창조 작업을 음미하면 할수록, 그것을 넘어서는 무엇을 향한 나의 욕망은 더욱 날카로워졌다. —『마르탱 게르의 귀향』 중에서

- 과거의 연구는 도덕적 감수성과 비판적 이해를 위한 도구를 보상으로 제공합니다. 시절이 아무리 사악하고 냉혹함이 아무리 엄청나다 할지라도, 저항의 요인 혹은 친절과 선의의 요인이 나타납니다. 상황이 아무리 황량하고 억압적이라 할지라도, 어떤 형태의 임기응변적인 대응 방식이 생깁니다. 어떤 일이 일어난다 할지라도 사람들은 그 일에 대해 이야기하며 미래에 물려줄 것입니다. 현재가 아무리 정태적이고 절망적이라 할지라도, 과거는 변화가 일어날 수 있으리라는 것을 우리에게 상기시킵니다. 최소한 사태가 달라질 수는 있습니다. 과거는 끊임없는 흥미의 원천이며, 희망의 원천까지도 될 수 있습니다. —1997년 미국철학회 초청으로 필라델피아에서 행한 연설 중에서

- 역사 영화는 과거를 과거로 놔두어야 한다. —『영화 속의 노예』 중에서

더 읽어야 할 책들

Natalie I. Davis, *Society and Culture in Early Modern France*, Stanford University Press, 1975.

_____, *The Return of Martin Guerre*, Harvard University Press, 1983(『마르탱 게르의 귀향』, 양희영 옮김, 지식의풍경, 2000).

_____, *Fiction in the Archives*, Stanford University Press, 1987.

_____, *Women on the Margins*, Harvard University Press, 1995.

_____, *The Gift in Sixteenth-Century France*, The University of Wisconsin Press, 2000.

_____, *Slaves on Screen*, Harvard University Press, 2000.

나탈리 데이비스는 인류학과 민속학의 성과를 역사학에 접합시킬 방안을 추구하였다(왼쪽: 레비-스트로스, 오른쪽: 마셜 살린스).

안드레아 드워킨 *Andrea Dworkin*

나는 섹스한다, 고로 존재하지 않는다

정희진 경희대 강사·여성학

성기 노출과 스트립 쇼의 차이

두 명의 성인 여성이 남자 한 명에게 성폭행 당했다면 사람들은 믿을까? 바로 며칠 전 내가 상담한 사례이다. 피해 여성은 말한다. "남자의 벗은 몸을 본 순간 그냥 몸이 얼어붙어 움직일 수가 없었어요." 가부장제 혹은 성별 제도(gender system)는 여성과 남성의 몸에 대한 서로 다른 해석이라고 할 수 있다. 물론 그 '다른 해석'은 다름이 아니라 불평등이다. 외교적 수사를 걷어내고 보다 정확하게 말하면, 가부장제는 여성의 몸에 대한 남성중심적 시선, 해석, 필요, 기능, 또는 판타지다.

거의 모든 여학교 근처에는 소위 '슈퍼맨'(남성 성기 노출자를 가리키는 여성들 사이의 은어)들이 상주한다. '슈퍼맨'들은 자신의 성기가 여성을 통제할 수 있다는 것을 안다. 여성은 남성의 벗은 몸을 보고 공포를 느끼지만, 여성의 벗은 몸은 남성에게 쾌락의 대상이다. 남성은 돈을 지불하면서 여성의 몸을 즐길 수 있다. 이것이 성기 노출(flashing)과 스트립 쇼의 차이이다 (물론 일부 여성들도 '호스트 바' 등지에서 남성의 벗은 몸을 즐기고 산다. 그러나 산업 규모에서 볼 때 그것은 비교할 바가 못되며, 가장 중요한 차이는 여성이 '호스트 바'에 갈 때는 혼자 가는 경우가 드물다는 것이다. 여성이 남성의 몸을 돈을 내고 볼 때, 구매자인 여성은 판매자인 남성과의 개인적 젠더 위계를 상쇄하기 위해 집단을 이루어가는 경우가 많다).

근대 해부학의 발전으로 인간은 왕의 몸이나 노예의 몸이나 모두 똑같은 피와 살로 이루어졌다는 것을 알게 되었다. 같은 몸을 가진 인간은 평등하

> " 포르노그래피는 표현의 자유의 문제가 아니라 성별 권력 구조의 문제, 여성 인권 이슈이다. 포르노는 표현의 자유 또는 '예술이냐, 외설이냐'와는 아무런 상관이 없으며, 그러한 자유주의적 패러다임 자체가 문제의 본질을 왜곡시키는 것이다. "

고, 모든 인간에게는 인권이 있다. 하지만 이러한 인권 개념은 당위이고 희망이지 현실은 아니다.

현실에서는 장애, 나이, 성별, 인종 등 인간의 몸에 대한 차별적 해석에 따라 수많은 억압이 있다. 무엇이—어떤 사회 제도가, 인간의 어떤 사고 방식이—인간의 몸을 이토록 위계화했을까? 그리고 그 위계는 어떻게 지속 가능할까?

성기 노출과 스트립 쇼의 의미 차이는 우리 사회의 성폭력, 아내 구타, 포르노그래피, 여아 낙태, 성매매, 정신대 문제 또는 다른 사회에서 널리 행해지고 있는 음핵 절개(clitoridectomy), 전족(纏足, foot-binding), 황산 테러(acid attack), 신부 불태우기(bride burning), 지참금 살인(dowry death), 아내 순장 등 여성에 대한 폭력과 어떠한 관련이 있을까? 여성의 몸에 대한 폭력은 개인적인 문제일까, 정치적인 문제일까?

안드레아 드워킨(Andrea Dworkin, 1946~)을 비롯한 급진주의 페미니스트들은 이러한 질문 자체에 의문을 제기하기 시작했다. 어떤 여성이 남편이나 애인에게 구타당하고 강간당하면 그것은 개인적인 일이고, 경찰이나 일본 제국주의에 당하면 정치적 문제, 국가 폭력이 되는가?

가해 남성이 누구인가가 아니라 '피해 여성'(survivor)의 입장, 성(性)의 정치학의 관점에서 보면 그것은 모두 정치적 문제로서 성폭력이며 여성인권 침해다.

왜 언제나 여성과 관련된 이슈는 사적인 것(특수한 집단)의 문제로 할당되고, 남성의 일은 공적인 것(보편적인 인간)의 문제가 되는가? 인간의 역사와 사회적 행동을 공사 영역으로, 보편과 특수로, 미시적 차원과 거시적 차원으로, 정치적 문제와 개인적 문제로 분리한 것이 가능한가? 그러한 이분법은 누구에게 유리한 사고 방식인가?

포르노그래피―여자를 소유하는 남자들

서구에서 1960년대 말 급진주의 페미니즘(radical feminism)이 등장하기 전까지, 마르크스주의 페미니즘이나 자유주의 페미니즘의 패러다임에서는 가족, 사랑, 성애, 결혼, 연애 등 이른바 '사적인 문제'는 (정치적인 것이 아니라) 자연스런 것이라는 사고에서 벗어나지 못했다. 성기 노출과 스트립 쇼의 예처럼 남녀의 섹슈얼리티가 성별화(gendered)되어 있다는 것은, 이성(異性)의 몸에 대한 경험이 성별에 따라 여성에게는 폭력으로 남성에게는 쾌락으로 인식되는 바로 그 차이를 가능하게 하는 권력 관계를 의미한다. 많은 사회에서 남성성의 정의는 성적인 정복과 폭력으로 나타난다.

대부분의 남성 섹슈얼리티는 젠더를 구현하는 노력에('진정한 남자'라는 감정) 의한 것이며, 남녀 모두 젠더에 기반한 문화적 의미 없이는 에로틱한 감각을 갖기 어렵다.

이처럼 남성과 여성의 권력 관계는 다른 권력 관계와 다르게 성애화(eroticization of domination)되어 있기 때문에, '본능적인 것'으로 인식되어 이제까지 정치적 분석의 대상이 되지 못했다. 그래서 여성 억압 구조를 문제화하는 페미니스트들은 '무엇이 정치적인 문제인가, 그리고 그것은 누가 정하는가' 하는 문제 자체에 도전하기 시작했다. 급진주의 페미니스트들의 대표적 슬로건인 "개인적인 것은 정치적인 것이다"는 기존의 권력, 정치, 역사, 인권, 민주주의, 법 개념의 근본적 재정의와 확장을 요구하는 인류 역사상 획기적인 인식론적 사건이었다.

안드레아 드워킨의 대표적 저서인『포르노그래피―여자를 소유하는 남자들』의 한국어판 표지에는 '래디컬 페미니즘의 진수, 여성학의 종점'이라고 적혀 있으나, 사실은 '여성학의 종점'이 아니라 '여성학의 시작'이라고 하는 것이 더 적합하다.

케이트 밀렛, 슐라미스 파이어스톤, 아드리엔느 리치, 캐서린 맥키넌, 캐슬린 배리, 샤롯 번치, 마가렛 애트우드 등 급진주의 페미니스트들의 사상은 어느 한 가지로 아우르기에는 그 범주가 대단히 넓고 복잡하다. 급진주의 페

여성 억압구조를 문제화하는 페미니스트들은 무엇이 정치적인 문제인가, 누가 그것을 정하는가 하는 문제에 도전하기 시작했다.

미니즘은 여성의 출산이 여성 억압의 '본질'이라는 입장에서부터 해방의 원천이라는 입장에 이르기까지, 성에 대해 긍정적인 입장(pro positive sex feminism)에서 반성적인(anti sex feminism) 입장 등 다양하다.

안드레아 드워킨은 '급진주의 페미니스트들 중에서도 가장 급진적'이라는 평가를 받으며 매우 '전투적'이고 논쟁적인 동시에 대중적으로도 유명한 작가이자 철학자다. 그녀는 가부장제 사회에서 여성은 독자적인 개인이 아니라 남성의 섹슈얼리티를 실현하기 위한 대상이거나 국가, 민족, 가족 등 남성 중심적 공동체의 유지, 계승을 위해 사용되는 출산 도구('애 낳는 기계')라고 주장한다. 그러므로 현재의 성별 구조 아래서 여성의 출산 능력과 섹슈얼리티는 여성 자신을 위한 것이 아니라 여성 억압의 기원일 뿐이라는 것이다.

가부장제 사회에서 섹스(여기서는 성교를 의미함)는 그 자체로 남성 지배에 의해 구성되기 때문에 여성을 위한 성 활동 영역은 없다는 것이다. 그녀는 이 같은 입장 때문에 종종 캐서린 매키넌과 함께 '안티 섹스 페미니스트'로 분류된다(그러나 그녀의 이론이 페미니스트 사상가에 의해 분류될 때 안티 섹스의 의미와 일반 남성 대중들이 생각하는 안티 섹스는 그 함의가 다르기 때문에, 그녀는 홈페이지에서 자신을 안티 섹스주의자로 보는 것은 오해라고 해명하고 있다).

그녀는 모든 여성이 피지배자로서 근본적인 공통점을 가진다고 본다. 즉 여성의 몸이 여성 동질성의 최소 단위가 되는 것은 신체 구조가 같기 때문이 아니라, 성차별 사회가 여성의 몸에 부여하는 사회적 평가 때문이라는 것이다. 여성의 종속은 가부장제가 규정한 남녀 간의 신체적 성차(sex)에 근거하기 때문에 여성 억압의 원인은 여성의 출산과 성행위에 대한 남성의 통제이다. 이는 가부장제의 핵심 기제, 관계 유형, 방식, 표현이 된다. 따라서 여성의 몸에 대한 통제는 계급이나 인종에 따른 여성 억압보다 더 근원적인 억압의 형식, 모든 사회적 모순들의 마지막 원인이라는 것이다.

A.C.L.U.(American Civil Liberties Union)에서 판매하는 안티포르노 운동 배지와 티셔츠.

이처럼 보편적인 가부장제 개념은 보편적인 범주로서 여성 개념에 근거한다. 드워킨에 의하면 여성들이 당하는 성적인 폭력과 신체적 폭력을 구분하는 것은 의미가 없다. 흔히 성적인 폭력이라고 간주되는 강간과 신체적인 폭력이라고 인식되는 아내구타는 다른 종류의 폭력이 아니다. 실제 피해 여성들이 강간과 구타를 동시에 경험하기 때문이기도 하지만, 가부장제 사회에서 여성의 신체에 대한 시선은 그 자체로 성애화되어 있기 때문에 여성의 몸에 대한 폭력은 섹슈얼리티의 문제가 되고, 이는 곧 성차별 제도(젠더)의 결과라는 것이다. 그러므로 인간의 성활동(섹슈얼리티)이 성차별을 구성한다고 보는 드워킨에게는 섹슈얼리티와 젠더가 분리, 구별될 수 없다.

초기 페미니즘 이론은 육체적인 것(물리적인 힘) 대(對) 정신적인 것(이데올로기)의 구분으로부터 완전히 벗어나지 못했다. 폭력은 이성적인 지배에 비해서는 야만적인 것으로, 남성 권력이 위기에 처했을 때 부차적으로 동원되는 도구 또는 최후 수단으로 인식했다. 그러나 권력은 사용을 통해 영속화된다. 권력 관계로서 성별 체계는 한번 완성된 상태에서 고정되어 있는 것이 아니라 계속 실천되는 과정이다. 폭력은 권력의 창조를 위해서든 유지를 위해서든 필요하다. 폭력적인 지배와 이성적인 지배는 대립물이 아니라 오히려 동일한 것이라고 볼 수 있다.

근대사회의 특징인 집단 학살(genocide)과 여성 살해(gynocide)는 남성 중심의 이성주의, 합리주의의 동전의 양면이다. 폭력은 권력이 위기에 처했을 때 어쩔 수 없이 발생하는 것이 아니라 그 자체로 목적 의식적인 인간 활동, 계획된 실천이라는 것이다. 즉 이성을 잃었을 때 폭력이 발생한다기보다는 폭력에 의해 이성이 실현된다.

여성에 대한 폭력을 개인 인성의 문제가 아니라 인간의 권력 행동, 정치적 행동으로 파악할 때 폭력은 남성 지배의 핵심적인 영역이 된다. 여성폭력은 성별 권력 관계의 일환으로서 시대와 문화에 따라 각기 다른 형태로 나타나지만, 여성에 대한 통제라는 점에서 그 본질은 같다. 대부분의 사회에서 폭력은 남성성의 일차적 요소인데, 이것은 성별 관계로서 여성성과 대비를 통해서 의미를 갖는다.

성별 관계(젠더)의 맥락에서 인간의 섹슈얼리티와 여성에 대한 폭력을 개념화하면, 강간과 이성애 관계에서 '정상적인' 성교의 차이는 질적인 차이가 아니라 정도의 차이일 뿐이다. 여성폭력에 대한 드워킨의 가장 핵심적인 통찰은 폭력과 폭력을 통한 위협, 공포는 권력 관계의 부산물이 아니라 위계 관계의 구조적인 토대로서 남성 지배의 중요한 동인이라는 것이다. 즉 남성폭력은 그 자체로 독립적인 권력의 한 형태이다.

자본주의를 분석하는 마르크스주의의 주요 개념이 노동이라면, 급진주의 페미니즘은 가부장제를 설명하는 기본 범주를 섹슈얼리티라고 본다. 드워킨에 의하면 가부장제 사회에서 남성과 여성의 계급 관계(sex class)는 섹슈얼리티를 통해 조직화된다. 남성(male)이 남자다운—그러므로 진정한—남성(man)이 되는 것은 여성과의 섹스를 통해서이며, 여성은 섹스를 통해 인간에서 여성의 지위로 하락한다. 이는 곧 여성의 존재가 남성을 위한 몸(성 역할, 젠더)으로 환원되는 것을 의미한다. 성을 통한 남녀 관계의 불평등이 가부장제 사회의 '물적' 토대이다. 때문에 가부장제 사회에서 사랑과 강간, 사랑과 포르노, 사랑과 매춘은 대립되는 것이 아니라 남녀의 성별 권력 관계(젠더)의 연속선상에 있으며, 여성의 섹슈얼리티는 필연적으로 성별 위계 속에 존재한다. 현재 거의 모든 사회에서 발견되는 성의 이중 윤리, 여성에 대한 폭력은 바로 그 현상이다.

드워킨의 자전적 소설 『신에게는 딸이 없다』에 쓰여 있듯, 그녀 자신이 성폭력과 아내구타의 피해자였다. 여성에 대한 폭력은 계급 문제가 아니라 젠더 문제이기 때문에 지식인 여성, 백인 중산층 여성이라고 해서 예외가 아니다. 이제까지는 여성에 대한 폭력이 남성의 시각에서는 보이지 않는 문제(hidden crime)였기 때문에 드러나지 않았을 뿐, 대부분 여성들의 일상은 남성의 폭력과 그에 대한 공포(밤길 걷기, 혼자 여행하기의 두려움 등)로 점철되어 있다. 여성에게는 일상이 전쟁터이며 매일 대중매체에 보도되는 성폭력 사건을 모두 기억하고서는 '정상적인' 삶을 살 수 없으므로, 마치 홀로코스트에서 살아남은 사람들처럼 '기억상실증'(amnesia)을 통해서 가부장제 사회의 생존자가 된다.

페미니스트로서 그녀를 가장 주목하게 만든 것은 캐서린 맥키넌과 함께 70, 80년대 미국 전역을 논쟁으로 몰아넣었던 포르노그래피 반대 입법 활동이었다. 그녀는 포르노그래피가 표현의 자유의 문제가 아니라 성별 권력 구조의 문제, 여성 인권 이슈라고 주장했다. 포르노는 표현의 자유 혹은 '예술이냐, 외설이냐'와는 아무런 상관이 없으며, 그러한 자유주의적 패러다임 자체가 문제의 본질을 왜곡시키는 것이다. 포르노그래피는 여성에 대한 공격과 강간을 부추기고(포르노는 이론이고 강간은 실천이다), 여성을 모욕하는 성폭력이다. 또한 포르노그래피 생산 과정에서 여성들은 맞고, 죽고, 다치며, 경제적·성적으로 착취당한다. 포르노그래피는 그 자체로 남성의 권력, 그것의 크기, 사용, 의미라는 것이다.

이른바 소프트 포르노에서부터 하드 코어 포르노, 여성을 구타하고 살해하는 실제 장면을 찍은 스너프 필름에 이르기까지 포르노가 실천하고 있는 모든 성행위에서 남성은 성의 주체이다. 여성은 남성이 하고 싶어하는 모든 것을 실현하는 물(物), 대상일 뿐이다(대개의 포르노는 남성의 사정으로 한번의 성교가 끝난다). 포르노는 현실과 다른, 상상력을 펼친 예술이 아니라 또다른 형태의 현실이다. 포르노는 현실의 권력 관계를 그대로 재현한다. 현실에서 권력과 자원이 있는 자들은 포르노 화면의 대상으로 구성될 수 없고 이러한 재현물은 '흥행'에도 실패한다. 즉 현실 세계에서 인간성을 박탈당하고 열등한 자로 낙인찍힌 사람이 화면에서 고문당하는 경우와 현실에서 관객과 같은 인간이며 권력 있고 존경받는 사람이 고문당할 때 관객의 반응은 완전히 다르다. 전자의 경우 쾌락을 느낀다면 후자의 경우는 불쾌감을 느낀다는 것이다.

포르노그래피가 전파하는 이데올로기에서는, 남성이 페니스를 가지고 있기 때문에 여성보다 우월하며 여성의 신체를 소유하고 사용하는 것은 남성의 자연적인 권리이므로, 애초부터 성폭력이나 성매매는 성립할 수 없다. 다시 말해, 남성들에게는 성관계와 성폭력이 구분되지 않는다. 그러므로 드워킨은 포르노그래피를 분석하면서 타나토스(thanatos)와 에로스(eros)의 차이가 없다고 본다. 많은 페미니스트들이 여성 학대적 포르노(타나토스)와 에로스를 구별하면서 성활동에 있어서 남녀의 상호 동등성, 상호 교환성을 실현하려고 노력했다. 그러나 드워킨은 가부장제 사회에서 그러한 노력은 '미션 임파서블', 불가능한 임무라고 주장했고 그녀의 이러한 견해는 페미니스트들 사이에서도 격렬한 논쟁을 불러일으켰다.

가부장제 사회에서 여성의 성적 주체성은 가능한가?

드워킨의 사상은 80년대 들어 여성들 간의 차이와 여성의 주체성을 무시하는 '결정론'이라고 비판받기 시작했다. 여성은 계급, 인종, 종족, 문화, 성 정체성(이성애자/동성애자), 장애/비장애, 나이 등에 따라 개인이 가진 자원과 부(富)는 차이가 있으며 폭력도 다른 방식으로 경험한다는 것이다. 예를 들어 유색 인종 여성이 백인 남성에게 강간당했을 경우 그녀는 성 차별주의와 인종 차별주의를 동시에 경험한다. 남편으로부터 구타와 성적 학대에 시달리는 여성들에게 가정은 위험한 공간이지만, 노숙자 여성들은 그나마 그런 집도 없는 여성들이다. 레즈비언 커플 간 가정폭력의 경우 피해자는 동성애 혐오(homo phobia) 때문에 사회의 개입을 요청하기가 더욱 어려우며, 이때 가해자는 '생물학'적으로 여성이다.

니키 드 생 팔, 「검은 비너스」, 1967, 폴리에스테메 채색, 279×89×61cm. 뚱보 비너스는 현대 여성의 삶의 조건, 여성의 여러 다양한 이미지와 역할들이 예리하게 포착되어 있다.

또한 여성폭력을 성별 관계의 필연적 결과로 환원한다면 행위자로서 여성의 자율성을 인식하는 것에 실패하기 쉽다. 페미니스트가 강간에 대해 말해야 하는 것은 그것이 폭력이어서가 아니라 강간이 여성의 자발성과 즐거움을 침해하기 때문이다. '노'라고 말할 수 있는 권리는 어떤 의미에서 '예스'라고 말할 수 있을 때 가능하다는 것이다. 남성의 폭력은 그 자체로 여성에 대한 권력의 한 형태지만 다른 영역에서의 가부장제 통제 결과에 크게 영향받기 때문에 통제의 '기초'로 보는 것은 부적절하다는 비판도 있었다.

가부장제 사회에서는 섹스 그 자체가 여성에 대한 폭력이라는 드워킨의 견해는 근대, 서구, 남성 중심적 사고 방식인 이분법을 벗어나지 못한 것이라는 비판도 제기되었다. 여성의 섹슈얼리티와 남성의 섹슈얼리티는 뚜렷이 분리될 수 없으며 남녀 간의 섹스는 투쟁의 영역이지 고정된 권력 형태가 아니라는 것이다. 섹스는 새로운 성적 실천과 언어를 통해 변화 가능하다. 결국 드워킨은 여성을 주체로 보기보다는 모든 여성을 희생자화했다는 것이다.

드워킨에게 가장 뼈저린 경험은 그녀가 주도했던 포르노 반대 운동 실패의 부분적 이유 가운데 하나가 '포르노 반대를 반대하는' 자유주의 페미니스트들의 활동에 기인했다는 사실이다. 자유주의 페미니스트들은 드워킨을 비판하면서, 포르노가 여성을 비하하고 학대하기 때문에 반대해야 한다면 '할리퀸 로맨스'류의 대중소설이나 멜로드라마도 그 내용은 마찬가지라고 주장했다. 또한 그들은 인간의 성활동을 '아름다운' 섹스와 '좋은' 섹스, 그렇지 않은 섹스로 판단할 수 있는 권력을 국가가 가져서는 안 된다고 보았다. 포르노 반대법(검열)은 법적인 실행력이 없을 뿐 아니라 남성의 성적 표현 외에 여성과 동성애자 등 성적 소수자들의 성적 표현마저 제약할 우려가 있다는 것이다.

그러나 인간의 섹슈얼리티와 여성 폭력에 대한 드워킨의 분석과 이에 대한 페미니스트들의 비판은 상호 배타적인 것이 아니다. 여성의 현실은 두 가지 입장을 모두 필요로 하고 있다. 여성의 성적 자유와 주체성을 보장하면서도, 남성 폭력의 위험으로부터의 벗어나는 것은 여성주의 내부의 이론적 모순도 여성의 책임도 아니기 때문이다. 그 임무는 국가와 사회, 남성이 공동 부담했을 때만이 실현 가능하다.

정희진 서강대에서 종교학과를 졸업하고 이화여대에서 여성학으로 석사를 받은 후 현재 박사과정 중에 있다. 경희대 여성학과 강사로 출강하며, 서울시 지정 여성학 사회 교육 전문 강사, 한국여성의전화연합 전문위원, 기지촌 여성공동체 새움터 운영위원으로 활동하고 있다. 저서로는 『저는 오늘 꽃을 받았어요: 가정폭력과 여성인권』(2001), 『한국여성인권운동사』(1999)가 있다. 논문으로는 「죽어야 사는 여성의 인권 : 한국기지촌여성운동사」(1999), 「여성폭력에 관한 시민의식 조사」(1999), 「인권의 시각에서 본 여성폭력」(1999), 「김활란, 아무 것도 말할 수 없음에 대하여」(1999) 등이 있다.

용어와 개념 풀이

안드레아 드워킨 Andrea Dworkin
미국 급진주의 페미니즘의 대표적인 철학자, 작가, 여성운동가. 1946년 뉴저지 주에서 태어났으며 주로 섹슈얼리티와 여성에게 가해지는 폭력을 주제로 수많은 논문을 발표해왔다.

캐서린 맥키넌
Catharine A. MacKin-non
미국의 페미니스트 법학자. 미시간대학교 교수이며 성희롱과 성폭력, 성평등 사건 소송 관련에서 선구적 업적을 남겼다. 드워킨과 함께 급진주의 페미니즘의 대표적인 이론가로서 포르노그래피 반대 입법안을 만들었다. 현재는 전쟁 중 여성에 대한 잔학 행위 근절을 위한 국제 여성 인권 운동에 활발히 참여하고 있다. 대표적인 저서로『Sexual Harassment of Working Women』(New Haven, Yale University, 1979)과『Feminism Unmodified : Discourses on Life and the Law』(Cambridge, Mass., Harvard University, 1977)가 있으며『Only Words』(1994)가『포르노에 도전한다』(신은철 옮김, 도서출판 개마고원, 1997)로 번역되었다.

급진주의 페미니즘 radical feminism
기존의 마르크스주의나 자유주의적 입장과는 근본적으로 다른 방법과 사유로 여성 억압 구조를 밝혀 소위 여성운동 제2의 물결을 선도하였다. 여성 억압이 최초의, 가장 뿌리 깊은, 가장 보편적인 인간의 억압 형태라고 주장하였으며 이는 여성의 몸에 대한 폭력과 통제를 통해 가능하다고 보았다. 여성을 단일한 정치적 범주로서 설정하여 기존의 '하이픈(-) 페미니즘'으로 불리는 마르크스주의 페미니즘, 자유주의 페미니즘, 사회주의 페미니즘 등으로는 분석하지 못한 여성 폭력, 재생산(출산) 현실을 드러내면서 섹슈얼리티가 여성 억압의 주 원인이라고 주장했다.

섹스 sex
섹스, 젠더, 섹슈얼리티는 여성학 혹은 인류학 등에서 매우 중요하고 논쟁적인 용어이며 계속 변화, 발전하고 있는 개념이기 때문에 사전적으로 정의하기에는 어려움이 있다. 우리말로는 모두 성(性)으로 번역할 수 있으나 대개는 혼란을 피하기 위해 '섹스, 젠더, 섹슈얼리티'라고 한다. 섹스는 남녀의 생물학적 성차(male, female)를 말한다. 성교를 의미하기도 한다.

젠더 gender
생물학적 성차와 구분하여, 인간이 만든 정치적, 사회적, 역사적, 문화적 산물로서 성별 제도이다. 인종 차별이나 계급 제도, 민족 모순 등과 같이 하나의 사회적 모순으로서 성에 의한 구조화된 차별 체계를 말한다. 성역할, 남성다움/여성다움, 남성성/여성성, 성별 고정관념, 성별 정체성(gender identity), 성별 분업 등을 통해 합리화, 정상화되거나 그 자체를 의미한다. 보부아르의 유명한 테제, "여성은 태어나는 것이 아니라 만들어진다"는 생물학적 섹스가 젠더를 결정하는 것이 아님을, 즉 여성 억압은 자연적이거나 본질적인 것이 아님을 압축적으로 표현한 말이다.

여성에 대한 폭력 violence against women, gender violence
UN의 정의에 의하면 성별 제도(젠더)로 인해 여성에게 가해지는 물리적, 육체적 폭력은 물론 경제적, 심리적, 사회적인 모든 폭력을 의미한다. 남성 성기 중심의 성문화가 강한 우리 사회에서는 주로 성적인 폭력(sexual violence), 강간으로 축소되어 사용하는 경향이 있으나, 이는 협의의 의미의 성폭력일 뿐이다. 여성에 대한 차별을 성차별이라고 하듯이 여성에 대한 모든 폭력이 성폭력(gender violence)이다.

섹슈얼리티 sexuality
인간의 성활동, 성성(性性), 성적 욕망, 성관계, 성적인 관념, 성적 정체성(sexual orientation), 성과 관련된 감정과 관계들을 포괄하는 용어이다.

안드레아 드워킨은 말한다

- 편견은 나-그것의 관계이다. 증오나 인간을 한낱 먼지 취급하는 것도 나-그것의 관계이다.

- 남성들이 폭력을 꿈꾸고 계속 행하는 한, 그들은 영원히 고독할 것이다. 여성을 강간하려다 실패한 남성은 최종적으로 행복한 상태에 도달한다. 즉 그는 폭력에 실패했기 때문에 지금이야말로 행복을 얻을 수 있는 기회를 쥐고 있는 것이다.

- 강간과 성관계를 식별하는 것은, 괴로워할 수 있는 능력을 포함한 인간적 의식을 필요로 한다. 강간당한 여성의 고통은 남성이 자신에게 저지른 강간의 의미를 알고 있기 때문에 벌을 받는 것이다. 알고 느낄 수 있는 여성의 능력은 남성의 적이다.

- 성매매는 논쟁적인 이슈로서가 아니라 여성의 삶과 죽음을 결정하는 문제로서 논의되어야 한다. 서구사회에서 성산업에 종사하게 된 대부분의 여성은 근친 성폭력 피해자들로, 집에서 탈출했거나 이미 어렸을 때부터 강간당했거나 집도 없고, 부모로부터 버림받은 가난한 여성들이다. 우리는 자유주의에 기반한 온정적 관심으로서가 아니라 실제 현실 세계의 구체적인 의미에서 빈곤 문제를 다루어야 한다. 아무것도 가진 것이 없는 여성, 정말 아무것도 가진 것이 없는 여성—집도, 먹을 것도, 잠시나마 쉴 곳도, 종종 글자를 읽을 줄도 모르는 여성—에게 가해지는 상처와 모욕을 아무렇지도 않게 생각하는 것, 그것이 무엇을 의미하는지 심사숙고해야 한다.

- 성매매는 연속적인 강간이다. 강간당한 여성이 계속 매춘 지역에 머문다고 해서, 강간한 남성이 돈을 지불한다고 해서, 강간이 아니게 되는가? 많은 나라에서 여성과 어린이는 성노예를 목적으로 매매된다. 캐나다나 미국 같은 나라에서 매춘여성은 어린이 성학대 특히 근친 강간, 빈곤, 노숙자 문제를 통해 만들어진다. 자유시장 경제체제에서 구매자가 있는 한, 매춘여성은 지속적으로 공급되어야만 한다. 어린이들은 계속 강간당하고 가난한 노숙자가 되어야만 한다. 이것이 우리가 성매매를 수용할 수 없는 이유다.

- 아내에 대한 성폭력과 성매매는 남성이 여성을 소유하고 있다는, 그래서 사고팔 수 있다는, 같은 사고 방식에서 나오는 것이다.

- 남편에게 구타당한 여성, 지금도 구타당하고 있는 여성은 남편에게 구타당했기 때문

에 정치적으로 탄압받는 여성이다. 정치적 신념과 활동 때문에 국가 권력으로부터 고문당하는 것(정치적 문제)과 성차별이나 인종 차별 때문에 개인적 관계에서 고문당하는 것(사적인 문제)의 차이는, 어떤 억압은 의미 있고 존엄하지만 어떤 억압은 전혀 그렇지 않다는 것이다. 그게 차이다.

- 남자가 남자로 되기 위해서는 페니스가 남자의 폭력을 구현해야 한다. 폭력은 남성적이고, 남자는 페니스이다. 따라서 폭력은 페니스 자체, 그것으로부터 사출된 정자 자체이다.
- 남자의 제도에서 여자는 섹스이고, 섹스는 매춘 여성이다. 여자가 섹스하는 모습을 보는 것은 매춘 여성이 섹스하는 모습을 보는 것이다. 여자를 사용하는 것은 포르노그래피를 사용하는 것이다. 여자를 원하는 것은 포르노그래피를 원하는 것이다. 여자가 되는 것은 포르노그래피가 되는 것이다.
- 포르노그래피에 대해 말하는 것이 천박하다면, 도대체 깊이 있는 것은 무엇인가?

더 읽어야 할 저작들

Andrea Dworkin, *Intercourse*, New York: The Free Press, 1987(홍영의 옮김, 『여자는 무엇으로 사는가』, 도서출판 문학관, 1993).
_____, *Right-wing Women*, New York: Coward, McCann & Geoghegan/Perigee, 1983.
_____, *Pornography: Men Possessing Women*, New York: E. P. Dutton, 1989(유혜련 옮김, 『포르노그래피-여자를 소유하는 남자들』, 동문선, 1996).
_____, *Our Blood: Prophecies and Discourses on Sexual Politics*, New York: Harper & Row, 1976.
_____, *Woman Hating*, New York: Dutton, 1974.
_____, *Life and Death: Unapologetic Writings on the Continuing War Against Women*, New York: The Free Press, 1997.
_____, *Letters From a War Zone*, New York: Lawrence Hill Books, 1993.
_____, *HEARTBREAK: The Political Memoir of A Feminist Militant*, Perseus Book Group, 2002.
Catharine A. MacKinnon(Editor), Andrea Dworkin(Editor), *In Harm's Way: The Pornography Civil Rights Hearings*, Harvard University Press, 1998.
_____, *Ice and Fire*, New York: Weidenfeld & Nicolson, 1987.
_____, *Mercy*, New York: Four Walls Eight Windows, 1991(이혜경 옮김, 『신에게는 딸이 없다』, 고려원, 1993).

주디스 버틀러 *Judith Butler*

도대체, 누가 여성일까

정희진 경희대 강사·여성학

히즈라와 사방지는 여자일까, 남자일까

지금까지 사회 변화의 논리로서 페미니즘은 여성을 단일한 피억압 집단으로 상정해왔다. 여성은 보편적인 개념이었다. 여성들은 모두 여성으로서 공통적인 억압을 경험한다는 것이 페미니즘 정치학의 기본 인식이었다. 하지만 대부분의 여성들은 계급, 인종, 민족(ethnic), 나이, 장애 여부, 동성애자냐 이성애자냐 등의 성 정체성(sexual orientation)에 따라 각기 다른 차원의 억압을 경험한다. 예를 들어 흑인 여성이 경험하는 사회적 고통은 페미니즘만으로 설명할 수 없으며, 어떠한 맥락에서는 인종주의가 성 차별주의보다 더 우선한다. 일차적인 억압이 여성에 대한 남성의 억압이 아니라 흑인에 대한 백인의 억압이라면, 어떻게 백인 여성과 흑인 여성의 억압이 같은 방식으로 이론화될 수 있을까? 현재 우리가 페미니즘이라고 알고 있는 '페미니즘'은, 실상은 서구/중산층/백인/이성애자/비장애인 여성의 경험을 중심으로 이론화된 것이다. 물론, 이러한 언설은 한국사회에서 여성운동을 비난하는 주된 논리인 '페미니즘은 서구의 것'이라는 입장과는 구별되어야 한다. 그런 식의 논리대로라면 자본주의와 마르크스주의 역시 서구에서 온 것이다.

여성들 간의 차이는 단순한 다름이 아니라 여성이 여성을 억압하는, 여성들 사이의 모순과 배제, 차별을 의미한다. 이처럼 여성 집단 내부의 차이는 근대 페미니즘 사상의 계속적인 딜레마였다. 물론 이는 페미니즘 내부의 '모순' 뿐만이 아니라 현대 사회에서 나타나는 모든 정체성의 정치학들 간의 충돌과 갈등의 문제이기도 하다.

> "이성애 제도는 가부장제를 유지하는 강력한 기반이다. 젠더 정체성 담론은 이성애 제도와 인종주의를 전제로 작동한다. 따라서 젠더에 기반한 페미니즘은 이성애 중심주의와 인종 차별을 비판하지 못한다."

Judith Butler

can theorist, born 1956. Key figure in
due to book *Gender Trouble* (1990),
1 that idea of two 'biological' sexes is j
ly constructed as gender is. Feminist disc
n and women as separate groups — a
n as one coherent group — has only ser
in this problem. Butler calls for prolifera
l gender performances to subvert assump

내가 아는 어떤 레즈비언은 자신이 여성이라는 '사실'을 거부한다. 그(녀)는 자신이 우리 사회에서 여성이어서가 아니라 동성애자이기 때문에 더 차별받고 있다고 주장한다. 또한 자신은 여성과 남성의 구분 자체에 의문을 제기하는, 남성도 여성도 아닌 존재라는 것이다. 턱수염이 난 여성에 관한 이야기 『저글링 젠더』(*Juggling Gender*)라는 다큐멘터리에서 주인공 제니퍼 밀러는 "내가 턱수염을 기르는 것은 여자이기 때문"이라고 말한다. 젖가슴과 여성의 생식기를 가졌고 여성적인 외모를 하고 있지만, 수염이 난 그녀는 여성일까, 남성일까? 인도의 히즈라(Hijra) 집단은 양성구유(兩性具有, hermaphrodite)로 태어났거나, 남성으로 태어났지만 여성으로 살기 위해 거세한 후 질을 이식하지 않고 성기가 없는 상태로 살아가는 사람들이다. 조선 시대 실존 인물이었던 사방지(士方智)는 남성의 성기를 가지고 태어났으나 여성의 외모를 가지고 있었다. 그렇다면 히즈라와 사방지는 여자일까, 남자일까? 우리는 인간 신체의 어떤 '부위'를 보고 성별을 판단해야 할까? 트랜스 젠더의 수술 과정은 우리가 자연적인 것이라고 믿는 생물학적 성별이 사실은 인간의 의지에 의해 얼마든지 변화될 수 있음을 보여주는 명백한 예이다.

이러한 현실을 볼 때 우리는 과연 어떤 몸을 갖춘 인간을 여성이라고 해야 할까? 누가 여성일까? 한국 여성은 여성일까, 한국인일까? 레즈비언은 동성애자인가, 여성인가? 인종과 나이, 계급을 초월한 보편적인 여성이 있는가? 어떤 여성이 여성을 대표할 수 있는가? 또는 우리는 왜 특정한 여성이, 여성을 대표해야 한다고 생각할까?

젠더 개념은 여성 해방적인가?

"여성이 자궁이 있기 때문에 아이를 낳아야 한다면, 성대가 있는 사람은 모두 오페라 가수가 되어야 할 것"이라는 글로리아 스타이넘의 재치 있는 지적대로, 그간 페미니즘은 여성 억압이 '해부학적 사실'에서 오는 것이 아님을 주장하기 위해 생물학적인 성(섹스)과 사회적인 성 역할(젠더)을 구별해 왔다. 젠더 개념은 남성 지배의 근거인 생물학적 결정론——"해부학은 운명이다"——을 비판하고 여성 억압에 자연스런 토대가 존재하지 않는다는 것을 밝힘으로써, 페미니즘의 중요한 이론적 희망이었다. 젠더는 여아와 남아의 옷 색깔 같은 '별로 중요하지 않은 다름'에서부터, 노동시장의 성별 직종 분리, 차별 임금, 여성 혐오에 근거한 여성폭력과 살해, 여아 낙태에 이르기까지 성별에 따라 사회화된 모든 '다름'들을 의미한다.

그러나 "남성은 이렇고 여성은 저렇다", "남성성과 여성성은 다르다"라는 이분화된 젠더 개념은 남녀 간의 '실질적인' 불평등을 간과한다. 이는 모든 이분법적 잣대에 적용되는 것이기도 하다. 이분법은 평등한 분리가 아니라 주체가 대상을 규정하는 것에서부터 출발하는 사유 체계이기 때문이다. 이분법은 A-B의 구조가 아니라 A-not A의 논리를 따른다. 예컨대, 백인은 범주가 아니라 다른 것을 평가하는 기준이므로 자기 정의가 필요없다. 백인(a white) 대 유색 인종(colored races 또는 'non-white' people)의 담론 구도는, 기본적으로 흰색은 하나의 색깔이 아니라는 것을 전제한다. 흰색은 기준이 된다. 마찬가지로, 한국 여성이 미국에 가면 그녀는 여성이 아니라 한국인 혹은 한국 여성이 된다. 보편적인 여성은 백인 여성을 의미하기 때문이다. 백인이 인종 차별을 경험하지 않는 것처럼, 남성은 젠더를 경험하지 않는다. 젠더는 여성의 위치만을 설명한다. 남성들은 자신의 위치에 대해 궁금하지도 않고 자신을 설명할 필요도 없다. 이는 젠더 개념이 근대적 주체, 이분법 사고를 전제하고 있기 때문이다.

또한 생물학적 성과 사회문제적 성의 구분은 생물학적 성(섹스)을 이미 자연적인 것으로 상정한다는 문제가 있다. 섹스와 젠더의 구분은 사회가 섹스를 구성하는 방식 그 자체에는 질문하지 못하게 한다. 사실, 생물학——자연과학——도 결국은 인간의 작업이며 과학적 사실은 발견되는 것이 아니라 발명되는 것이다. 섹스 역시 사회적 구성물인 것이다. 즉, 섹스가 선재(先在)하기 때문에 젠더가 성립하는 것이 아니라 섹스 자체도 젠더의 결과물이라고

『젠더트러블-페미니즘과 정체성의 정복』은 젠더와 여성들 간의 차이를 둘러싼 페미니스트 논쟁을 퀴어 이론, 해체주의 관점에서 분석한 버틀러의 대표작이다.

할 수 있다. 여성도 남성도 아닌 양성구유자의 존재는, 인간을 남녀로 구분하는 것이 자연의 법칙이 아니라 성 차별주의를 위해 필요한 사회 제도(sexism)의 결과라는 것을 의미한다. 차이가 차별을 낳는 것이 아니라 권력이 차이를 낳는다. 권력이 무엇이 차이인지 그 자체를 규정하며, 차이들 간의 위계를 구성하는 것이다.

이처럼 섹스와 젠더의 구분을 의심하면서, 젠더 개념이 '보편적인 여성'을

왕가위 감독의 「해피 투게더」. 히즈라와 사방지, 저글링 젠더. 우리는 무엇을 보고 여성과 남성을 규정지을까? 과연 젠더에 기반한 정체성이란 존재하는가?

기획한다고 강하게 비판하는 반(反)본질주의 페미니스트 그룹의 대표적인 철학자가 주디스 버틀러(Judith Butler, 버클리대학 교수, 1956~)이다. 레즈비언인 그녀는 90년대 서구 아카데미아의 총아로 각광받으면서, 소위 포스트모던 페미니스트 사상가 가운데 여성 범주의 문제에 관한 가장 영향력 있는 이론가로 활동하고 있다. 서구 근대 사상을 관할하는 광범위하고 난해한 지적 편력을 자랑하며 급진적인 해체주의자로 평가받고 있지만, 팬클럽을 가지고 있을 만큼 대중적인 스타 철학자이기도 하다.

여성을 해체하라—골치 아픈 젠더

그녀를 세계적인 철학자로 널리 알린 대표적인 저서, 『젠더 트러블—페미니즘과 정체성의 전복』(Gender Trouble—feminism and the subversion of identity, 1990)은 학제를 초월하여 오늘날 가장 많이 인용되고 있는 페미니스트 저작 가운데 하나다. 이 책에서 그녀는 문제적 개념으로서 젠더와 여성들 간의 차이를 둘러싼 페미니스트 간의 논쟁을 퀴어 이론, 해체주의 관점에서 분석한다.

버틀러는 페미니즘 이론이 여성 개념을 전제할 필요는 없으며, 여성이라는 정체성이 여성주의 정치학의 기초가 되어서는 안 된다고 본다. 민족, 계급범주가 각기 다른 구성원들의 경험을 하나로 환원하듯이, 여성이라는 범주도 여성 공통의 자질이나 경험을 기초로 하는 보편적 정체성을 상정한다는 것이다. 그러나 모든 여성을 통과하는 공통의 경험은 존재하지 않는다는 것이 그녀의 입장이다. 흔히 여성성, 모성, 성폭력 등 섹슈얼리티의 초역사적 구조,

여성적 글쓰기 등을 여성의 공통된 경험으로 간주하는데, 이러한 작업은 오히려 여성에게 억압적이다. 뿐만 아니라 안정된 여성의 정체성을 개념화하는 것은 그 자체로 규범적·배제적이며 이는 필연적으로 특정 여성 집단의 경험을 간과할 수밖에 없다는 것이다.

그녀는 남성이 인간을 대표하지 않는 것과 마찬가지로 이성애자/백인/중산층 여성이 여성을 대표할 수 없다면서, 오히려 이러한 '중립적·보편적 여성'이 구성되는 방식 자체에 주목한다. 여성 주체의 문화적 구성—젠더—에 관심이 있기보다는 그러한 사회적 구성물이 형성되어 나온 재료에 더 많은 관심이 있는 것이다. 그녀는 인간의 섹슈얼리티가 충동이나 행동의 원인이 아니라 인간 존재의 한 양태로 본다. 섹슈얼리티는 우리가 이 세상에서 대면하고 행동하는 방식의 모든 측면과 상황에 스며들어 있는 중요한 사회적 모순이다. 버틀러에게 있어서 이성애 제도는 가부장제를 유지하는 강력한 기반이다. 젠더 정체성 담론은 이성애 제도와 인종주의를 전제로 작동한다. 따라서 젠더에 기반한 페미니즘은 이성애 중심주의와 인종 차별을 비판하지 못한다는 것이다.

젠더 개념이 상정하고 있는 남성적인 것과 여성적인 것의 이원론적 구성은 이성애 제도에서 나오는데, 이것은 강제적이지만 동시에 자연적인 것으로 간주된다. 이성애가 일상으로부터 강제되는 정치적 제도라는 사실은, 이분화된 젠더 규범에 도달하지 못한 사람들을 통해 드러난다. 동성애자, 트랜스 젠더, 복장 도착자, 퀴어 등 '성적 소수자'들이 그들이다. 흔히 '변태'라는 개념은 외모, 성 활동 등에서 통념적인 남성성과 여성성의 성별 규범을 벗어난 사람들을 가리킨다. 이처럼 이성애 중심 사회에서 문화적으로 인지 가능한 젠더는, 섹스와 젠더, 성적 실천과 욕망 사이에서 일관성과 연속성 관계를 유지하는 사람들이다. 그렇지 않은 사람들은 그녀의 책 제목대로, 젠더로 인한 곤란(젠더 트러블)을 겪게 된다.

드랙(drag, 남성이 여자 옷을 입고 또는 그 역을 실행함으로써 정체성과 욕망의 다양한 면을 보여주는 것)을 예로 들어 버틀러는 젠더를 수행(遂行, performance)의 개념으로 파악한다. 드랙은 가면극(masquerade), 복장 도착(服裝 倒錯, transvestism), 이성 옷 입기(cross-dressing) 등처럼 여성성과 남성성을 하나의 '역할'로 구성하는 것이다. 버틀러가 드랙에 주목한 것은 그것이 패러디를 통한 젠더 정체성의 전복을 주장할 수 있는 분명한 수행이기 때문이다. 젠더를 모방함으로써 드랙은, 젠더 자체가 지니는 우연성뿐만 아니라 모방적인 구조까지 드러낸다는 것이다. 버틀러는 드랙에 대한 분석을 통해 성별 사회(gendered society)에서 여성은 실재하는 실체적인 존재가 아니라고 주장한다. 여성은 재현된 것이 아니라 재현 또는 재현하는 것(representing)이다.

그녀는 남녀 간의 차이 혹은 여성들 간의 차이뿐만 아니라 '여성 주체 내부의 차이'를 고려하면서 고정된, 본질적인 여성 주체라는 인식을 거부한다. 버틀러는 니체를 인용하여, "행하는 것, 영향을 미치는 것, 형성되는 것 배후에 존재는 없으며, 행위자는 행위에 부과된 허구일 뿐, 행위가 모든 것"이라고 본다. 즉 젠더 표현 배후에 젠더 정체성은 존재하지 않는다는 것이다. 행위자는 행위를 통해서, 행위 안에서 가변적으로 구성된다. 정체성은 개인의 본질이 아니라 수행하면서 구성되는 하나의 극적(劇的) 효과일 뿐이다. 예를 들어, 한국인이 영어보다 한국어를 잘하는 것은 그가 '한국인이기 때문'이 아니라 매일 한국어를 사용하기 때문이다. 마찬가지로 젠더는 일상적으로 하는 것(doing)이다. 젠더는 시간을 두고 행위의 양식화된 반복을 통해 서서히 구성되는 것이다. 말, 행위, 몸의 제스처 반복은 영속적으로 젠더화된 자아라는 환상을 낳게 된다.

그녀는 근대적 토대주의를 비판하면서 모든 정체성은 일종의 위장(僞裝)과 근접성(proximity)으로, 어떠한 원본도 없는 일종의 모방이라고 주장한다. 그녀는 본질적인 고정된 주체는 없으며, 오히려 주체성이라는 형식 자체가 지배의 도구가 되기 쉽다고 본다. 여성이라는 젠더 정체성이든, 레즈비언이라는 성 정체성이든 정체성 담론의 대두는 억압적인 구조의 범주들을 규범화한 것일 뿐이다. 결국 억압하기 위한 정체성이든 이에 대한 투쟁의 거점으로서의 정체성이든, 정체성의 범주들은 억압의 도구로서 기능하는 경향이 있다는 것이다. 그녀는 이러한 해체적 양식 자체가 하나의 정치적 전략이라고 주장한다. 페미니즘이 정치학으로서 임무를 수행하기 위해 젠더 정체성에 머물러야 한다는 것은 더 이상 분명한 설득력이 없다. 오히려 그녀는 "정체성 범주에 대한 근본적인 비판이 어떠한 정치적 가능성을 낳을 것인가?"라는 질문에 더 집중한다.

요약하면, 후기구조주의 페미니스트로서 주디스 버틀러는 초기 페미니즘의 전제였던 젠더 정치학이 남녀의 구분 자체를 극복하지 못한 채 남성 이데올로기에 따라 상상 속의 여성만을 양산할 뿐이라고 본다. 버틀러의 작업은 개인이 정체성을 표현하고, 그에 근거하여 정치, 사회운동을 조직화하는 현대 정치학의 기본 개념에 대해 근본적인 의문을 제기하는 것이었다. 생물학적 성(섹스)과 양극화된 성별(젠더), 고정된 섹슈얼리티라는 기존 개념에 대한 전복을 시도한 것이다. 물질성(materiality)은 그 자체로 문화적·역사적 개념이다. 인간의 몸은 타고난 것도, 무감각하고 맹목적인 실체도 아니다. 인간의 몸은 문화적 담론의 각인을 통해 그 범위가 정해진다는 것이다.

젠더 정체성은 젠더화된 몸을 구성하고 강제적 이성애를 집행하는 훈육 과정일 뿐이다. 일련의 모방적 실천에 참여하면서 획득된 의미의 개인적 경험을 통해, 개인들은 자신이 본질적이고 뿌리 깊은 젠더 정체성을 가졌다고 생각하게 된다. 그러나 젠더는 추론적인 효과일 뿐, 생물학적 필연성도 심리학적 필연성도 아니다. 젠더화된 행동—미리 정해진, 유형적인(有形的) 스타일의 법(enactment)—은 일종의 '연행적', '수행적'인 행동이다. 그것은 우리에게 근원적이고 내면적인 젠더 정체성이라는 환상을 준다. 이러한 착각은 젠더 정체성의 받침대가 되는 남성 지배와 이성애 제도를 보이지 않게 한다.

젠더에 대한 버틀러의 논의는 페미니스트 정치학의 새 장을 열었을 뿐만 아니라 근대적 정체성 개념 자체를 반박하면서 다른 사회운동에도 큰 영향을 끼쳤다. 그녀가 분석한 드랙과 같은 패러디한 젠더 수행성은 정치적으로 매우 중요한 개념이다. 드랙은 모방적인 젠더 구조를 드러내고 그것이 자연적 또는 필연적이라는 주장을 전복시킨다. 이러한 수행성 개념은 정치적 주체에 대한 대안적 개념을 제기했다. 그녀에게 정치적 주체의 의미는, 정치적인 것으로의 변화하는 순간을 인식하고 비판하는 수행적 역할을 뜻한다. 정치적 주체는 정체성에 근거한 개념이 아니라 담론에 기반하는 개념이라는 것이다.

정희진 서강대에서 종교학과를 졸업하고 이화여대에서 여성학으로 석사를 받은 후 현재 박사 과정 중에 있다. 경희대 여성학과 강사로 출강하며, 서울시 지정 여성학 사회 교육 전문 강사, 한국여성의전화연합 전문위원, 기지촌 여성공동체 새움터 운영위원으로 활동하고 있다. 저서로는 『저는 오늘 꽃을 받았어요: 가정폭력과 여성인권』(2001), 『한국여성인권운동사』(1999)가 있다. 논문으로는 「죽어야 사는 여성의 인권: 한국기지촌여성운동사」(1999), 「여성폭력에 관한 시민 의식 조사」(1999), 「인권의 시각에서 본 여성폭력」(1999), 「김활란, 아무 것도 말할 수 없음에 대하여」(1999) 등이 있다.

용어와 개념 풀이

주디스 버틀러 Judith Butler
미국 캘리포니아대학교(버클리) 비교문학과 교수로 철학과 수사학을 가르치고 있다. 권력, 젠더, 섹슈얼리티, 정체성에 관한 연구로 유명하다. 1993년 그녀의 팬클럽 잡지 『주디!』에 소개된 대로, 미국 전역에서 수많은 대학원생들의 열렬한 지지를 받는 90년대 학계의 스타이자 대안문화의 상징적 존재이다. 젠더 개념이 여성에게 억압적이라는 주장으로 페미니즘 이론에 새 장을 열었으며, 여성/정체성/주체의 문제를 탈근대적 관점에서 연구하고 있다. 그녀의 대표적 저서, 『Gender Trouble』은 전세계 10여 개국에서 번역, 출판되었다.

퀴어 queer
1980년대 이후의 동성애 정치학을 표현하는 용어. 80년대 미국 레이건 정부 아래 보수 우익들이 에이즈 확산을 빌미로 동성애자를 탄압하자 오히려 동성애자들의 연대가 강화되었다. 이때부터 동성애자들은, 원래 '이상한, 기이한'이라는 뜻의 부정적인 동성애 정체성을 의미하던 '퀴어'라는 말을 재전유하기 시작했다. 동성애자를 비하하는 용어였던 퀴어를 동성애자 스스로 적대적인 자기표현으로 사용함으로써 기존의 문화적 맥락을 전복, 비판한 것이다. 이후 양성애자, 트랜스섹슈얼(이성전환주의자), 게이, 레즈비언, 양성구유자, 복장 도착자 등 성적 소수자를 정치적 의미로 일컫는 용어가 되었다.

트랜스 젠더 transgendered person
트랜스 젠더는 매우 포괄적이고 유동적인 용어이다. 트랜스 젠더에는 드랙 퀸, 드랙 킹, 바이젠더(bigenders), 교차 복장자(cross-dressers), 트랜스젠더리스트(transgenderists), 트랜스섹슈얼(transsexuals) 등이 포함된다. 일반적으로 트랜스 젠더는, 여성 또는 남성이라는 지각(젠더 정체성, gender identity)을 자신의 해부학적 성과 다르게 갖고 있는 이들을 말한다.

드랙 drag
이성에게 적합하다고 여겨지는 유별나거나 연극적인 복장을 하는 사람. 주로 여성처럼 차려입는 남성.

드랙 퀸 drag queen
드랙들이 모여 벌이는 경연대회에서 가장 여성적이거나 연극적인 복장, 분장, 자태를 보여준다고 평가받은 사람.

복장 도착자 transvestite
이성의 옷을 입는 데서 쾌락을 얻는 사람. 이때의 쾌락은 직접적으로 성애적인 것이라기보다는 권력을 부여받는 느낌이나 반항하려는 의도에서 나온다.

섹스 sex
섹스, 젠더, 섹슈얼리티는 여성학 혹은 인류학 등에서 매우 중요하고 논쟁적인 용어이며 계속 변화, 발전하고 있는 개념이기 때문에 사전적으로 정의하기에는 어려움이 있다. 우리말로는 모두 성(性)으로 번역할 수 있으나 대개는 혼란을 피하기 위해 '섹스, 젠더, 섹슈얼리티'라고 한다. 섹스는 남녀의 '생물학적' 성차(male, female)를 말한다. 성교를 의미하기도 한다.

젠더 gender
생물학적 성차와 구분하여, 인간이 만든 정치적, 사회적, 역사적, 문화적 산물로서 성별 제도이다. 인종 차별이나 계급 제도, 민족 모순 등과 같이 하나의 사회적 모순으로서 성에 의한 구조화된 차별 체계를 말한다. 성역할, 남성다움/여성다움, 남성성/여성성, 성별 고정 관념, 성별 정체성(gender identity), 성별 분업 등을 통해 합리화, 정상화되거나 그 자체를 의미한다. 보부아르의 유명한 테제, "여성은 태어나는 것이 아니라 만들어진다"는 생물학적 섹스가 젠더를 결정하는 것이 아님을, 즉 여성 억압은 자연적이거나 본질적인 것이 아님을 압축적으로 표현한 말이다.

섹슈얼리티 sexuality
인간의 성활동, 성성(性性), 성적 욕망, 성관계, 성적인 관념, 정체성 등 성과 관련된 감정과 관계들을 포괄하는 용어이다.

주디스 버틀러는 말한다

- 나는 레즈비언이라는 기호로 정치적 상황에 참여하지 않겠다는 것이 아니다. 레즈비언 기호의 정확한 의미를 영구히 불분명하게 남겨두고 싶다.

- 젠더적 표현 배후에 젠더 정체성은 없다. 정체성은 행위자가 수행하면서 구성된다. 젠더는 우리가 누구인가를 말해주는 보편적인 정체성이 아니라 특정한 시대에 우리가 행하는 것, 바로 그것이다.

- 사회적인 것과 상징적인 것을 모두 고려해야 한다고 주장하는 것, 사회적인 것과 상징적인 것의 동시성, 혹은 상호 관련성을 요구하는 것. 이러한 주장은 여전히 그것들의 구분 가능성을 가정하는 것이다.

- 말함으로써 담론을 통한 효과를 내는 '내가(I)' 있는 곳에, '나'를 우선하여 담론이 존재하고 있고, '나'는 담론에 의해 가능하게 된다. 담론의 배후에 있으면서 담론을 통해 그 자신의 결의와 의지를 관철시키는 '나'는 없다. 반대로 '나'는 이름 불리고, 명명되고, 호명됨으로써 비로소 존재하게 된다. 이러한 담론적 구성은 '나'에 우선하여 발생한다.

- '여성'의 범주를 누가 정하는가? 우리는 그것을 누가 정하는가를 어떻게 아는가? 우리는 이미 알고 있다. 여성의 범주는 언제나 남근 숭배적인(phallogocentric) 서구 담론이 만들어왔다는 것을, 여성은 항상 '남성'의 타자였다는 것을, 그리하여 문화 혹은 상징 질서에서 여성은 배제되어왔다는 것을. 마찬가지로 이제까지 페미니즘은 '여성'을 보편적인 존재로 상정함으로써 인종과 계급, 성적 정체성에 따른 여성들 간의 다름의 문제를 배제해왔다. 이러한 맥락에서 페미니즘과 정신분석학, 이 두 가지 이론은 모두 본질적인 '여성'을 하나의 사실로, 생물학적으로 주어진 것, 보편적인 것으로 상정했다는 점에서 다르지 않다.

- 남성이든 여성이든 하나의 성에 대한 확인 증명으로서 또는 하나의 대상(이를테면 어머니 같은)으로서 젠더는 일련의 내면화된 이미지다. 젠더는 몸이나 신체 내 기관 때문에 운영되는 특성이 아니다. 오히려 젠더는 내면화된 기호(signs)들이며, 개인의 몸

에 부여된 정체성이라는 심리적 느낌이다. 그러므로 젠더는 근원적인(primary) 범주가 아니다. 그것은 일종의 태도이며 일련의 후천적(secondary)인 서사 효과들이다.

▪ 젠더는 일종의 법(act)이며 퍼포먼스다. 젠더는 인간이 가진 본질적 정체성의 핵심이기보다는 일련의 조작된 코드와 복장들이다. 모든 젠더는 드랙의 형식을 취한다. 젠더와 관련된 '실제'는 없다.

더 읽어야 할 책들

임옥희, 「법과 권력이 생산한 주체―쥬디스 버틀러의 수행적 정체성」, 『여/성이론』 통권 제1호, 도서출판 여이연, 1999.
오수원 옮김, 「로지 브라이도티와 쥬디스 버틀러의 대담」, 『여/성이론』 통권 제1호, 도서출판 여이연, 1999.
Judith Butler, *Excitable Speech: A Politics of the Performative*, Routledge, 1997.
_____, *The Psychic Life of Power: Theories of Subjection*, Stanford University Press, 1997.
_____, Seyla Benhabib, Drucilla Cornell, and Nancy Fraser, *Feminist Contentions: A Philosophical Exchange*, Routledge, 1995.
_____, *Bodies that Matter: On the Discursive Limits of "Sex"*, Routledge, 1993.
_____, Joan W. Scott, *Feminists Theorize the Political*, Routledge, 1992.
_____, *Gender Trouble: Feminism and the Subversion of Identity*, Routledge, 1990.
_____, *Subjects of Desire: Hegelian Reflections in Twentieth Century France*, Columbia University Press, 1987.
_____, John Guillory, & Kendall Thomas, *What's Left of Theory? - New Work on the State and Politics of Literary Theory*, Routledge, 1999.

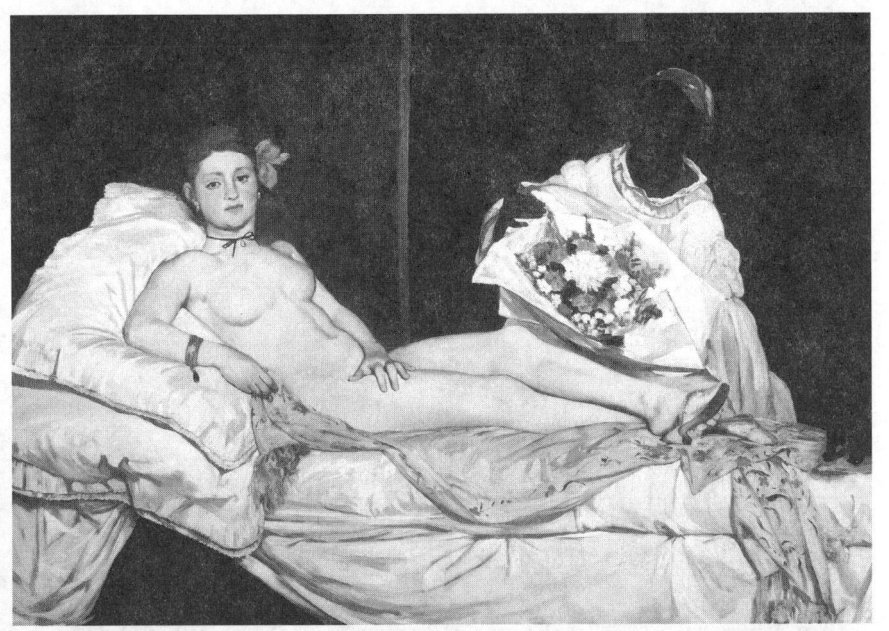

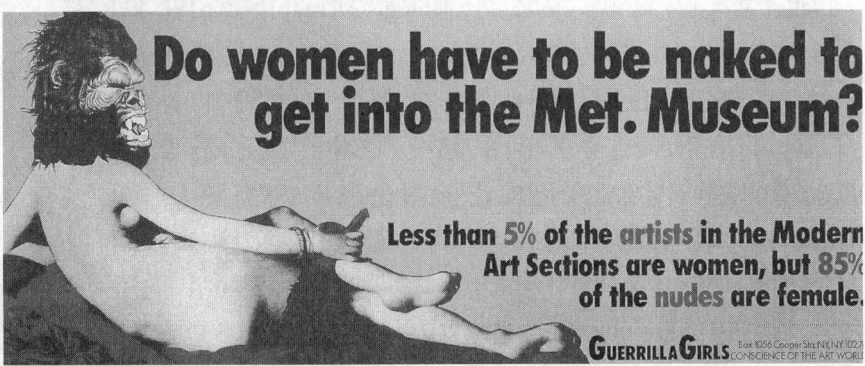

위 | 신비화되지 않은 여성의 나체, '볼 테면 봐라' 하는 식의 뻔뻔한 표정, 감히 남자를 평가하는 듯한 시선으로 혹독한 야유를 받았던 마네의 「올랭피아」.

아래 | 게릴라 걸스, 「여성이 메트로폴리탄 미술관에 들어가기 위해서는 벌거벗어야 하는가」.

레지스 드브레 Régis Debray

매체를 통해 사상은 존재한다

이재룡 숭실대 교수·불문학

혁명을 꿈꾸는 영원한 철학자

1940년 파리에서 태어난 레지스 드브레(Régis Debray)는 1961년 파리 고등사범학교를 나와 1965년 철학교수자격을 취득했다. 교수로 책상물림으로 살 수도 있었던 그는 쿠바 혁명에 매료되어 남미로 건너가 체 게바라 곁에서 그의 행적을 취재하던 중 볼리비아 정부에 체포되어 사형선고를 받았다. 프랑스를 비롯한 서방세계 지식인의 탄원에 힘입어 1967년부터 1971년까지 옥고를 치른 그는 1973년 프랑스로 돌아와 드골 정신에 입각한 프랑스식 국수주의와 좌익사상을 접합한 이채로운 혁명을 꿈꾸었고 1981년 정권을 잡은 사회당 정부에서 미테랑 대통령의 자문역을 맡았다. 남미를 떠돌고 귀국 후에도 지식과 체험을 겸비한 논객으로서 세간의 화제를 불러일으킨 레지스 드브레의 사상은 1979년에 발표된 「프랑스 지식인의 권력」에서 처음 제안한 '매체학'(mediologie)이란 학문으로 체계화되었다. 학위논문을 수정해서 펴낸 『매체학 선언』은 새로운 학문을 정초하려는 그의 의욕이 맺은 결실이다.

사상의 내용보다 그것의 전파, 전수과정으로 관심을 돌리고 심지어 사상 자체보다 그것의 전달방식이 사상을 좌우한다는 데에 생각이 이른 것은 레지스 드브레의 개인 체험과 무관하지 않다.

체 게바라의 사상과 이상은 별로 알려지지 않은 채 그의 삶이 작은 조각으로 편집되어 할리우드 스타일의 로드무비로 변하고, 그의 얼굴이 영화배우처럼 블로마이드나 티셔츠 무늬로 대중에게 영향력을 미치고 있는 현실을 목도

> 매체학의 연구 영역은 기술과 문화가 만나는 모호한 지점, 상호 영향력을 주고받는 접점에 있다. 매체학자의 역할은 인쇄술과 프로테스탄티즘, 건축과 책, 자전거와 페미니즘, 자전거와 방범제도 등과 같이 언뜻 무관해 보이는 두 영역, 물질과 정신, 기술과 제도를 한 고리로 연결시키는 데 있다. "

한 그는, 하나의 사상이 그것의 본질과 무관하게 세상에 영향력을 행사하는 현실을 분석할 수 있는 적절한 도구가 필요하다고 생각한다. 68혁명 때에 '청년 공산주의-마르크시스트-레니니스트 연합'이 내걸었던 "마르크스 이론은 힘이 아주 세다. 왜냐하면 그것은 진실이기 때문이다"라는 슬로건에서 레지스 드브레는 일단 이론의 진실성 여부는 괄호에 넣고 이론이 힘을 발휘한다는 현실을 인정한 뒤, 그 힘이 발생하는 과정에 주목한 셈이다.

생각이 세상을 움직인다고 하지만 심산 토굴에 은둔한 사람이 혼자 깨달은 진리로 세상을 움직일 수 없다. 밖으로 표현되고 남에게 전달된 사상만이 세상을 움직일 수 있다. 적어도 공기를 진동시켜 말로 표현되고 나아가 문자로 씌어진 뒤 가급적 많은 사람에게 전달될 수 있는 통로와 조직이 확보된 생각만이 비로소 세상을 움직일 기회를 가질 수 있다.

이데올로기 자체를 천착하던 그가 사상이 현실에 적용되는 과정을 체험하면서 사상, 지식, 정보와 같은 생각이 어떤 물질적 그릇에 담겨, 어떤 제도적 환경 속에서, 어떻게 전달되어 집단적 효과를 산출하는가, 그 과정으로 눈길을 돌린 결과 '메디올로지'라는 학문이 태어난 것이다.

따지고 보면 인간은 직접 만나본 적도 없는 사람이나 한 번도 읽어본 적 없는 책에 의해서 영향을 받는다. 예컨대 전세계의 기독교 인구 가운데 『성경』을 처음부터 끝까지 통독한 뒤 세례 받은 경우는 드물고 인류의 절반이 공산주의자였던 시절에도 『자본론』을 제대로 이해한 뒤 공산주의자가 된 것은 아니었다. 이렇듯 개개인의 일상사를 좌우하는 신념이나 가치관으로서 영향력을 행사하는 사상의 원본, 사상의 발원지는 우리의 관심사 바깥에 머무는 경우가 많다. 사상이나 교리의 참과 거짓을 진지하게 따지는 일은 소수의 학자나 이데올로그의 몫일 뿐이다.

매개학, 또는 매체학쯤으로 번역될 '메디올로지'는 하나의 사상이 많은 사람의 신뢰를 얻고 실천으로 연결되는 과정, 레지스 드브레의 표현을 따르자면 '사상의 신임화 과정'을 연구하는 학문이다.

1979년 처음 사용된 용어인 매체학은 정보의 전달 과정, 커뮤니케이션을 연구대상으로 한다는 점에서 기호학과 가깝고, 정보의 기술적 전달매체를 감안하기 때문에 과학사와 연결되며, 최종적으로 사상이 야기한 사회적 효과를 분석하는 대목에서 사회학과 겹친다. 매체학과 기존 학문의 연구대상이 겹치는 부분이 많다면 굳이 새로운 학문을 제안할 이유가 없을 것이다. 그러나 레지스 드브레는 학문은 대상이 아니라 접근방식에 따라 구분된다고 주장한다. 책상을 예로 든다면 물리학자가 대상의 재질, 부피, 무게 등에 관심을 갖는 반면 심리학자는 책상이 인간에게 환기시키는 복합심리를 분석할 테고 경제학에서는 그것의 공급과 유통 등이 관심대상이 된다.

매체학의 7명제

매체학이 '생각'이 세상에 미치는 효과를 연구하지만 매체학이 정의하는 '생각'이란 "매시대마다 그 생각의 사회적 존재를 기술적으로 보장하는 용기와 이송수단 및 관계의 총체"다. 생각이라는 똑같은 대상을 다루는 다른 인문학에 비한다면 '기술적 용기 및 이송수단'이란 대목이 덧붙여진 셈이다.

거칠게 말한다면 아무리 훌륭한 사상이라도 기술적 도움 없이는 존재할 수 없다는 '사상의 물질적 의존성'을 강조하는 유물론적 입장과 크게 다르지 않다. 매체학의 의미와 목표를 여러 저작물을 통해 설명한 바 있는 레지스 드브레는 일반 대중에게 쉽게 설명할 목적으로 1999년 8월 6일자『르몽드』지에 매체학의 7명제를 발표한 바 있다. 앞서 설명한 것과 중복을 무릅쓰고 이를 요약하고 설명을 덧붙이면 다음과 같다.

우선 이데올로기의 영향력은 이데올로기의 내부 용어로는 설명될 수 없으며 사상이 역사에 미친 역동적 힘은 그것의 전달매체와 전수과정에서 찾아야 한다는 것이 첫번째 명제이다. 앞서 설명했듯이 그는 사상 자체보다는 그것이 역사에 일으킨 반향, 효과에 초점을 맞춘다. 예컨대 기독교의 역동적 의미, 인류에게 미친 영향력은 성경책이나 신학교리가 아니라 선교방식, 교회

조직에서 찾아야 한다는 것이다.

두번째 명제는 사상이 남에게 전달되는 두 개의 방식인 전수와 소통을 엄밀하게 구별해야 한다는 것이다. 전수는 장시간에 걸쳐 후대에 사상이 집단적으로 축적, 전달되는 현상인 반면, 소통 즉 커뮤니케이션은 동시대적이며 개별적이란 점에서 두 양식이 구별된다. 후자가 기호학의 대상인 통시적 의사소통인 반면, 전자는 공시적 현상으로서 매체학의 연구영역에 속한다.

세번째 명제는 두번째 명제의 보완으로서 꿀벌과 같은 미미한 짐승도 일정한 커뮤니케이션은 하는 반면, 인간만이 지식을 축적하여 후대에 전수하는 역사적 동물이며 '문화란 소통보다는 전수의 결과'란 입장이다. 굳이 매체학의 관점을 취하지 않더라도 문명이란 인간의 자연적 기억력에 기록기술을 접합하여 지식을 축적한 것이란 점에 쉽게 동의할 수 있다. 레지스 드브레는 기록 기술을 중심으로 문자의 탄생, 인쇄기술의 발명, 영상매체의 대중화를 기점으로 인류역사를 문자기, 활자기, 시각매체기로 나누고 있다.

사상을 매개화하는 두 가지 조건

네번째, 사상을 매개화하는 방식에는 두 가지 조건이 있는 바, 하나는 물질·기술적 조건이며 다른 하나는 사회·조직적 조건이다. 전자가 종이나 펜, 컴퓨터, 사진술과 같은 기술적 조건이라면 후자는 사회 정치적 환경, 한 사회가 공유하는 해독 코드(공용어)와 같은 것이다. 매체학의 입장에서는 "어떤 메시지도 제 힘만으로는 시간과 공간을 통과할 수 없다." 언어가 기표와 기의로 나눠 고려될 수 있듯이 메시지는 정신적 부분과 물질적·제도적 부분으로 이루어져 있다. 매체학에서 주장하는 메시지의 지속은 물질적 매체의 경화에 비례한다는 법칙이나 매체의 재질이 각인의 방식을 좌우한다는 법칙도 지극히 물리적 현상에 주목해서 도출된 상식이다.

예컨대 돌로 만들어진 기념비가 종이에 쓴 것보다 오래 지속될 수밖에 없고 점토판을 이용한 글씨체는 설형문자가 되고 종이, 특히 한지에서는 흘림체가 허용되어 서체예술이 발전하게 되었다. 또한 서양에서는 이동식 금속활자에 이어 인쇄술의 발달이 휴대용 책의 대중화를 가속시켜 종교개혁을 낳았다면 서체에 의미를 두는 중국에서는 비록 금속활자를 먼저 발명했더라도 글자의 모양새를 살리기 용이한 목판인쇄에 만족했다는 사례 등이 똑같은 기술이 문화환경에 따라 그 사회적 효과가 달라질 수 있다는 증거가 된다.

기술은 국경과 인종을 초월하며 국제화, 표준화하는 경향이 있는 반면, 언어와 문화환경은 지역적 폐쇄성이 쉽게 극복되지 않는 속성을 지닌다. 기호학과 달리 기술적 측면과 정치·사회적 환경을 종합하는 관점을 중시하는 레지스 드브레는 기존 사회학과는 일정한 거리를 둔다. 기존 사회학의 결점을 지적하는 대목에서 레지스 드브레는 유럽 사회학이 정치적 측면에 치우쳐 기술적 문제를 외면하는 정치적 현실주의와 기술적 순진성의 결합인 반면, 미국 사회학은 기술적 현실주의와 정치적 순진성의 결합이라고 진단한다.

드브레는 기록기술을 중심으로, 인류역사를 문자기, 활자기, 시각매체기로 나누고 있다.

매체학의 연구 영역은 기술과 문화가 만나는 모호한 지점, 상호 영향력을 주고받는 접점에 있다. 매체학자의 역할은 인쇄술과 프로테스탄티즘, 건축과 책, 자전거와 페미니즘, 자전거와 방범제도 등과 같이 언뜻 무관해보이는 두 영역, 물질과 정신, 기술과 제도를 한 고리로 연결시키는 데 있다. 매체학의 매력은 이처럼 하나의 학문에서는 함께 다뤄지지 않았던 두 가지 대상을 한 고리로 연결시키는 데에 있으며 연결대상이 각기 어느 체계에 속하는지에 따라 내부 체계적 연결, 다른 체계 사이의 연결, 체계를 통괄하는 연결로 나누고 있다.

책과 인쇄술이 내부체계에 속한 반면, 전기와 건축의 연계가 상이 체계 분석이며 사막환경과 일신교, 인쇄술과 사회주의의 발흥과 같은 연구가 통괄체계 분석에 속한다. 서로 다른 체계에 속한 대상은 지금껏 각기 다른 학문 영역에서 다뤄졌지만 종합분석의 대상이 되지 못했다는 것이 매체학의 입장이다. 예컨대 일관된 방향을 제시하는 강력한 일신교와 척박한 사막환경은 서로 밀접한 관계가 있음에도 불구하고 신학과 지리학에서 따로 다뤄졌다. 매체학은 세분화된 학문세계에서 인문학과 자연과학을 연계하는 생태학적 역할을 할 수 있다고 자처한다.

매체학의 시선

다섯번째 명제는 전수의 대상은 전수 메커니즘에 선행하지 않는다는 주장으로 요약된다. 전수의 대상, 즉 사상이나 교조는 전수의 기술적, 사회적 환경에 의해 형성되며 심지어 사상의 하류가 상류를 구성한다는 점에 주목한다. 예컨대 기독교의 수원지는 필경 나사렛의 예수일 테지만 기독교 교리의 예수는 삼백 년에 걸쳐 유대교 교리, 그리스 문명, 로마제국의 조직에 의해 형성된 것이란 점이다. 여섯번째 명제는 "상징적 전수방식은 물리적 운송방식과 분리되지 않는다. 그 접점이 기술적으로 결정된 매체구간(시공간)을 형성한다. 매체학적 시선은 운송기계와 상징기계를 함께 보려고 노력한다"이다. 이 대목에서 레지스 드브레는 고층건물과 엘리베이터, 전신과 철도의 관계를 예로 든다. 주거공간으로서의 고층건물은 전력을 사용한 승강기가 가능하게 했으며 단선철도를 이용하기 위해서는 전신수단이 따라야 했다는 사례를 들고 있다. 예컨대 건축기술의 발달로 100층 건물은 만들 수 있어도 전기동력을 이용한 승강기가 없다면 주거공간으로서 그 건물은 무용지물이며 단선 철로를 건설했지만 역과 역 사이의 원활한 통신시설이 따라주지 않는다면 두 열차가 마주보고 달리는 사고를 피할 수 없었을 것이다.

'상징적'인 것이 '물리적'으로 형상화되어 전수, 전파되는 과정은 앞서 언급한 기독교의 예에서 찾을 수 있다. 예컨대 돌에 새겨졌던 글(모세의 십계명)이, 양피지에 옮겨지고 다시 필사로 종이에 썼다가 대량 인쇄되는 과정을 거치면서 기독교의 영향력이 달라졌다. 종교개혁, 신교의 탄생과 인쇄술의 발명 사이의 관계는 잘 알려진 사실이다. 즉 기록과 보존, 이동과 독해가 쉬운 매체 재료가 기독교 교리 자체에 변화를 일으키지 않았다고 하더라도 그것이 갖는 상징적 힘을 변화시켰다.

글자와 그것을 담는 기록 매체 간의 관계를 레지스 드브레는 다음과 같이 역사적 사례를 들어 해석하고 있다. "필기도구를 매개로 물질이 글자를 좌우했다. 뼈나 청동에는 철필, 돌에는 정, 메소포타미아의 유일한 재산인 진흙에는 끝을 삼각형으로 깎은 갈대가 쓰였다. 거기에서 각진 형태의 설형문자가 비롯되었다. 나일강의 파피루스가 단단하지만 깨지기 쉬운 구운 흙판을 대체하며 설형문자가 사라지고 붉은 색, 검은 색 잉크를 사용하는 섬유질 붓이 등장하면서 글자는 단순화되고 빨리 쓸 수 있게 되었다." 여기에서 레지스 드브레는 돌, 진흙, 파피루스, 양피지, 펄프 종이가 문자형태를 좌우했다는 점을 지적하고 있다.

문자형태뿐 아니라 메시지가 행사하는 영향력도 달라졌다. 값싸고 휴대 가능한 『성경』이 종교개혁, 신교를 낳게 한 원동력이란 점을 부인할 수 없다. "매체용기에 대한 상징의 의존성", 나아가 "물질에 대한 영혼의 의존성"을 강조하며 형식의 역사는 재료의 역사에서 분리될 수 없다는 것이 매체학의 기본 입장이다. 매체학의 중요 특징 중에서 기호 자체의 의미보다는 그것이 일으키는 힘, 즉 기호의 상징적 힘에 분석의 눈길을 돌린다는 점을 상기한다면 그 힘이 의존하는 물질적 매개에 관심을 기울이는 것은 당연하다고 볼 수 있다. 매체 구간의 3기에 따라 물리적 용기와 기록방식이 달라지는 것을 레지스 드브레는 "신의 법칙은 새겨지고, 교조는 인쇄되고 여론은 녹음된다"로 요약하고 있다. 신정시대, 이데올로기의 시대, 그리고 대중매체의 시대에 호응하는 매체의 변화가 정치권력의 자리바꿈과도 일치하는 셈이다.

또한 물질적 매개체가 가벼워질수록 일정한 기호에 담긴 메시지의 무게도 가벼워진다는, 매체와 메시지 경량화 법칙도 쉽게 이해될 수 있다. 무겁고 비싸며 오래 남아 있을 돌에 새기는 문장에 장광설이나 허언이 허용되지 않지만 양피지, 종이, 이제 사이버 공간에 흔적도 없이 사라질 수도 있는 매체에 이르기까지 물질적 매체가 가볍게 변하는 것에 비례해서 글에 담긴 내용도 경박해질 여지가 크다는 매체학의 주장은 정신의 물질의존성 법칙에 따른 것이다.

매개화 과정의 특성

일곱번째이자 마지막 명제는 매체학이 제기하는 문제를 우리가 쉽게 인식하지 못한다는 점을 환기시키고 있다. "매체, 또는 이송장치는 감각적 경험에 바로 주어지지 않는다. 이것은 지적 분석의 작용으로 구성되어야 한다. 그러면 매체의 개념은 필연적으로 환경으로, 환경이란 개념은 기술적 매개화란 개념으로 연결된다는 것을 알 수 있다." 하나의 매체구간에 속하면 그 구간의 매체환경에 익숙한 나머지 그 특징과 한계를 의식하지 못하고 자연의 일부로 받아들이기 때문에 매체구간의 조건을 인위적 재구성을 통해야만 그 특징을 포착할 수 있다는 뜻이다.

매개화 과정은 수원지와 갈증을 느끼는 인간을 연결하는 물길, 빨대와 같다. 갈증해소에 급급하고 빨대가 원활히 작동하여 유속이 빠르면 매개화 과정은 자연스레 인식되지 않는다. 욕망이 증대되고 그 욕망을 충족시키는 정보가 빠른 속도로 무한 공급될 때 우리는 욕망과 충족 사이의 매개화 과정 자체를 무심히 넘겨버리게 마련이다. 특히 매체 이면에서 작동하는 기술적, 정치적 장치는 쉽게 파악되지 않는다. 매체와 정치·사회적 조건, 기술의 발달상과 연관시키는 매체학의 시각은 기존의 접근방식보다 대상에 대한 종합적 시각을 갖게 하는 장점이 있다. "직선적으로 생각하지 않고 대각선을 긋는 것이 매체학자의 즐거움"이란 표현은 매체학이 매체에 초점을 맞추되 그것이 속한 환경과 제도, 매개화 과정을 아울러 고려하는 종합적 접근이란 특징을 잘 요약한다.

레지스 드브레는 매체학을 교조나 교리보다는 실용적, 도구적 학문으로 제안한다. 그가 창간한 잡지 『매체학 노트』는 이러한 도구를 다양한 대상에 적용한 사례를 보여준다. 종이, 도로, 자전거, 얼굴, 테러리즘, 바퀴 등 그가 다룬 주제는 하나의 학문 테두리 안에 가둘 수 없을 정도로 다양하고 이질적이다. 모든 대상, 모든 현상을 전수와 전파라는 매체학적 입장에서 해석하려는 노력은 얼핏 학문 제국주의로 비칠 수 있다. 또한 이데올로기에서 벗어났다고 주장하지만 사상의 매체의존성을 지나치게 강조한 나머지 쟁기가 봉건주의, 증기가 자본주의를 낳았다는 주장과 비슷하게 들리기도 한다.

그럼에도 불구하고 매체학이 문자와 이미지와 같은 전수매체에 초점을 맞추고 그 중에서도 이미지의 영향력에 주목하는 점은 현시대를 해석하는 유익한 도구가 될 가능성이 높다. 레지스 드브레에 따르면 인간의 기억력을 평균 100으로 수치화한다면 문자는 76, 이미지는 117이라는 기억 지속효과를 갖는다고 한다. 서구에서 누구보다도 이미지의 힘을 이해한 것은 기독교였다. 우상숭배라는 교리적 위험을 무릅쓰고 이미지의 위력, 나아가 이미지와 음악을 결합하여 인간의 총체적 감각에 호소했던 가톨릭은 지금의 영상 시대에 앞서 이미지의 영향력, 교리의 신임화 과정을 꿰뚫은 경우에 속한다. 비잔틴에서 미국에 이르기까지 역사상 모든 제국주의는 세계를 지배하기 위해서는 책보다 이미지를 제조해야 한다는 점을 알고 있었다고 한다. 할리우드가 무한 복제한 이미지가 범람하는 시대에서 이미지를 독해할 줄 모른다면 문맹이나 다름없으며 언어가 권력과 밀착되어 발언이 권력이었던 발언권의 시대를 지나 이미지의 정치학 시대에 접어들었다는 레지스 드브레의 주장에 귀기울여볼 만하다.

이재룡 숭실대 불문과 교수. 프랑스 소설, 특히 60년대 이후에서 현재에 이르는 동시대 소설에 관심을 갖고 틈틈이 이와 관련된 글도 쓰고 있다. 역서로 『참을 수 없는 존재의 가벼움』(밀란 쿤데라 지음), 『금발 머리의 여인들』(장 에슈노즈 지음) 등이 있다.

용어와 개념 풀이

걸림쇠 효과
기술발전의 불가역성. 신기술이 개발되면 이전 기술로 되돌아가지 않는 법칙. 화승총이 발명한 뒤부터 활을 사용하지 않고 열차 이후 우편마차가 사라지고 핸드폰의 출현 이후에는 호출기가 다시 사용되지 않는다.

우편마차 효과
새로운 발명품은 바로 이전 제품을 모방한다. 최초의 기관차는 마차의 외양을 띠었고 최초의 사진은 초상화, 최초의 영화는 연극을 흉내냈다.

므메노스페르 기억기
아버지에서 아들, 스승에서 제자로 지식이 구두만으로 전수되던 시기.

조깅효과
걸림쇠 효과의 역작용이자 보완효과. 새로운 것이 옛것을 새롭게 만드는 효과. 자동차가 대중화되면 사람들이 걷는 경우는 줄였지만 운동부족을 해소하기 위해 뛰기(조깅)는 더 한다는 법칙.

로고스페르 문자기
글자의 발명으로부터 시작된 기간. 신성화된 희귀 문서가 주로 구두로 전달되던 시기.

그라포스페르 활자기
인쇄술의 발명으로 지식과 신화가 주로 책을 통해 전수되던 시기.

비디오스페르 영상기
시청각 기술로 인해 시작된 시대. 데이터, 모델, 담론이 주로 스크린을 통해 전수되는 시기.

메디오크라시 매체계급, 매체 정치
여론의 대량 생산 수단을 소유한 엘리트 계층. 여론의 매개 수단에 의해 주도되는 사회 상태.

레지스 드브레는 말한다

- 이 세상의 모든 악을 미제국의 책임으로 돌릴 수 없다. 미국은 하나의 경제적 토대가 있지만 세기 초 마르크스 이론가들이 믿었던 것처럼 미국의 해외정책이 반드시 그들의 자본주의 구조에서 비롯되는 것은 아니다. 물론 세계 구석구석에 자국군을 주둔시키거나 보복의 목적으로 원정대를 파병하지 않고도 단지 제3세계의 원자재를 수입해서 산업 대국이 될 수 있다.
미합중국의 번영은 가난한 나라의 빈곤 위에 세워진 것이 아니다. 미국세력에 그 기원과 뿌리를 두지 않은 독재가 제3세계에 있는 것과 마찬가지이다. 앙드레 말로의 말처럼 "미합중국은 자신이 원하지도 않았는데 제국주의자가 된 유일한 강대국"이다. ―『뉴욕의 한 반미주의자』 중에서

- 우리의 관심은 하나의 대상, 또는 현실의 한 영역(말하자면 매스 미디어 같은 것)이 아니라 그 대상들, 혹은 영역들 간의 관계에 있다. 관념성과 물질성, 감정과 기계, 제도와 기관 같은 것 사이의 관계 말이다.

그래서 우리는 두 개의 항으로 된 도표를 그리기를 좋아한다. 자전거 자체를 연구하는 것은 매체학이 아니지만 자전거의 출현과 페미니즘, 혹은 키네틱 아트, 민주적 개인주의의 도래를 함께 연구하는 것은 매체학이라고 할 수 있다. 국가의 개념이 무엇인지 연구하는 것도 도로, 철도, 우편 전신제도, 전기와 국가의 관계를 파헤친다면 매체학적 연구가 된다. 불멸성에 대한 연구도 대환영이다. 이 은밀한 욕구가 그림, 사진, 영화, 텔레비전, 한 마디로 말해서 집단 상상력의 장치의 영향으로 어떻게 변하는가를 연구하는 것이 매체학이다. ―『매체학이란 무엇인가?』 중에서

- 기술적 운송수단, 기계만으로도 공간을 길들이는 데 족하다. 그러나 시간을 여행하려면 특별한 종류의 사회적 운송수단이 필요하다. ―『전수의 불편함』 중에서

- 문자가 뇌의 확장이듯 길은 다리의 확장이다. 두 바퀴는 페달에 의한 삶의 연장이다. ―『4개 M의 역사』 중에서

더 읽어야 할 책들

Régis Debray, *Critique de la raison politique ou l'inconscient religieux*, 1981.
_____, *La puissance et les rves*, 1984.
_____, *Le pouvoir intellectuel en Frace*, 1989.
_____, *A demain De Gaulle*, 1990.
_____, *Vie et mort de l'image, une histoire du regard en occident*, 1992.
_____, *L'etat seducteur*, 1993.
_____, *Manifestes mediologique*, 1994.
_____, *Cours de mediologie generale*, 1997.
_____, *Transmettre- elements de mediologie*, 1997.
_____, *Croire, voir, faire*, 1999.
_____, *Introduction a la mediologie*, 2000.
_____, *Enseignement du fait religieux dqns l'ecole laque*, 2002.

치누아 아체베 *Chinua Achebe*

흑인, 이 지혜롭고 당당한 존재를

이석호 아프리카문화연구소 소장

아프리카의 심오함과 인간적 위엄을 위한 소설 쓰기

21세기라는 새로운 천년왕국을 호명하는 이름은 여럿일 수 있다. 그 중 이 새로운 세기를 지난 시대와 가장 가파르게 변별하는 별칭 중 하나가 이른바 '탈식민주의'라는 한편으로는 낯익고 다른 한편으로는 다소 새로운 이름일 것이다. 따지고 보면, 탈식민주의라는 용어는 전혀 생소한 것이 아니다. 아프리카를 비롯한 제3세계의 경우, 그 용어는 멀게는 제2차 세계대전 이후 가깝게는 과거 유럽의 식민지들이 연쇄적으로 독립을 쟁취하기 시작한 20세기 중반부터 전방위적으로 상용되었다.

다만, 그것이 거의 반세기 가깝게 의도적인 망각에 파묻혀 있다가 20세기 후반, 구체적으로 말해 포스트모더니즘의 정치적인 시효가 효력을 다하고, 나아가 마침내 새로운 '형식'과의 조우가 이루어지게 된 21세기의 초입에 와서야 비로소 세인의 입에 다시금 회자되기 시작한 것은 그 자체로 이 용어가 얼마나 정치적 세뇌 내지는 희석의 과정을 거쳤는지를 미루어 짐작케 한다. 제3세계적인 용어에서 제1세계적인 용어로의 세뇌 또는 희석 말이다.

나이지리아의 소설가인 치누아 아체베(Chinua Achebe)는 탈식민주의라는 용어가 지닌 제3세계적인 본연의 의미를 아프리카인의 관점으로 추찰하는 대표적인 작가 중 하나다. 그는 한때 소설을 쓰는 이유를 "아프리카인들이 문화라는 말을 처음으로 접했던 것이 유럽인들을 통해서가 아니며, 아프리카인들이 사는 사회에도 심오한 철학과 도덕, 가치론, 아름다운 시와 인간

> 그의 문학은 탈식민주의로의 이행에 걸림돌이 되는 안팎의 모순에 공히 평등한 비판의 붓을 들이댄다. 아체베는 '글쓰기를 통해 역사적 모순을 발굴해 내고, 그 모순으로 인해 상처를 치유하는 것'이 아프리카 소설가들의 과제라고 말한다. "

적 위엄이 있음을 입증하기 위해서"라고 말한 바 있다. 다시 말해 "아프리카인의 손으로 아프리카인의 미학적 전형을 창조해내기 위해" 글을 쓰게 되었다는 것이다.

치누아 아체베의 문학은 그 모든 과정이 진정한 의미의 탈식민화로의 여정과 깊은 관련이 있다. 특기할 만한 점은 아체베 문학이 식민지 시기부터 독립에 이르기까지의 나이지리아를 문학적 성찰의 범주로 설정해놓고도 네그리튀드류의 작가들을 비롯한 그 밖의 아프리카 작가들과 달리 그 흔한 전통문화에 대한 낭만화 혹은 식민화 과정에 대한 무차별적인 비판의 유혹에 쉽게 빠지지 않았다는 점이다.

치누아 아체베는 1930년 동부 나이지리아의 오기디(Ogidi)라는 마을에서 태어났다. 본명은 알버트 치누아루모구 아체베(Albert Chinualumogu Achebe)였다. 1944년부터 1947년까지 우무아히아(Umuahia) 공립학교를 다녔으며, 1948년부터 1953년까지는 이바단대학교(University of Ibadan)에서 의학과 문학을 공부한다. 이바단대학교 재학 시절에는 나이지리아의 방송국에서 방송 일을 하기도 한다. 그리고는 영국으로 자리를 옮겨 1953년 런던대학에서 다시 학사학위를 수여한다. 그후 1956년까지 런던에 있는 영국방송공사에서 방송 일을 한다. 1961년부터 1966년까지는 「나이지리아의 소리」라는 라디오 방송 프로그램을 직접 만들어 연출까지 한다. 1967년 나이지리아 내전이 발발하자 비아프라(Biafra) 공화국의 정보국에 투신해 일을 하기도 한다.

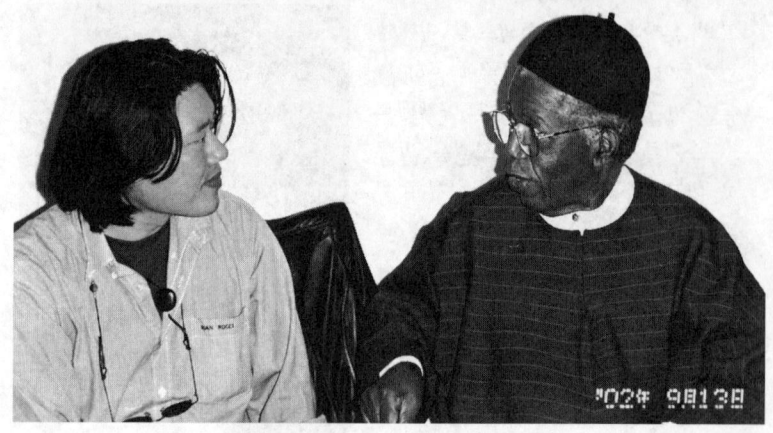
필자와 대담을 나누고 있는 치누아 아체베.

제1세계에 크나큰 충격을 던진 처녀작 『몰락』

아체베의 첫 소설은 그가 영국에 체류하던 기간 중에 발표된다. 프란츠 파농(Frantz Fanon)이 프랑스의 리옹대학을 다니던 스물다섯의 나이에 『검은 피부, 하얀 가면』(Black Skin, White Masks)을 상자하여 유럽인들을 놀라게 했던 것처럼, 아체베도 1958년 불과 스물여덟의 나이에 자신의 처녀작이자 문제작인 『몰락』(Things Fall Apart)을 발표하면서 일약 세계적인 작가군의 반열에 그 이름을 올린다.

『몰락』은 1890년대 유럽 열강들 사이에서 이른바 '아프리카 쟁탈전'(Scramble for Africa)이 한창이던 시기의 이보(Igbo) 마을을 중심으로 벌어진 기독교와 전통문화의 만남과 갈등을 그린 작품이다. 아체베는 이 작품에서 서구를 대표하는 기독교가 오콩코(Okongkwo)로 대표되는 이보인의 전통문화를 어떻게 식민화시켰는지를 아프리카인의 시각으로 핍진하게 묘사한다.

현재 50여 개 국어로 번역되어 약 천만 부 이상이 팔린 아체베의 대표작 『몰락』은 제3세계의 탈식민주의 논쟁과 관련해 미학적인 측면에서 몇 가지 중요한 쟁점을 제공한다.

먼저, 조이스 캐리(Joyce Cary)나 루드야드 키플링(Rudyard Kipling) 또는 라이더 해거드(Rider Haggard)나 존 부칸(John Buchan) 그리고 엘스피스 헉슬리(Elspeth Huxley) 등 아프리카를 소재로 글을 쓴 영국 작가들, 나아가 제1세계 작가들의 식민주의적인 아프리카관을 비판적으로 심문

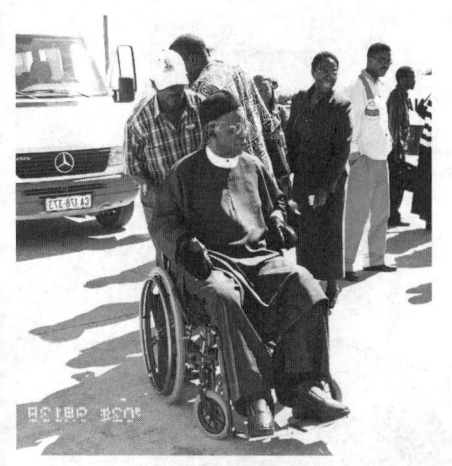

아체베는 "흑인이란 정체성이 먼저고 작가는 그 다음이다"라고 말할 만큼, 자기 뿌리에 대한 자긍심이 강하다.

해볼 수 있다.

아체베는 아프리카인을 '수다스런 천치'로 전형화한 조이스 캐리의 『미스터 존슨』(Mister Johnson)과 로데시아(짐바브웨)를 소재로 쓴 라이더 해거드의 『솔로몬 왕의 금광』(King Solomon's Mine) 등의 소설을 읽고 받았던 충격 때문에 『몰락』을 집필하게 되었다고 술회한 바 있다. 그는 1973년에 쓴 「빅토리아라는 이름의 여왕」이라는 글에서 『몰락』이 '내 자신의 과거에 대한 속죄의 행위이자 한 탕아의 제의적인 귀향'의 의미가 담긴 글이라고 고백한다. 글쓰기를 통한 주체의 회복을 선언한 것이다.

아프리카와 아프리카인들을 비인격화하거나 타자화한 유럽의 작가들은 부지기수지만, 아체베가 그 중 가장 혹독한 비판의 화살을 날린 작가는 콘래드이다. 아체베는 1975년 매사추세츠대학에서 행한 한 강연에서 소위 19세기 최고의 고전으로 손꼽히는 콘래드의 단편 『어둠의 속』(Heart of Darkness)을 비판적으로 검토하는 가운데, 콘래드를 '철두철미한 인종차별주의자'라고 신랄하게 꼬집는다.

콘래드의 소설 『어둠의 속』이 아프리카를 '인간다운 인간이 없는' 유럽의 '한 장식 혹은 배경' 정도로 환원하고 있기 때문이라는 것이다. 이렇게 '편벽한 오만함'을 가지고 있는 콘래드를 어떻게 '위대한 작가'로 명명할 수 있느냐고 반문한다. 동시에 그는 콘래드가 아프리카에서 벌어진 '사악한 제국주의의 착취를 맹렬하게 공격한 것은 사실'이지만, '신기할 정도로 그 제국주의적 착취의 기반이 되고 있는 인종차별주의에 대해서는 무관심하다'고 지적한다.

물론 아체베는 모더니스트 작가로서 콘래드가 지닌 놀라운 문장력과 복수화자 및 복수시점을 등장시켜 텍스트의 의미를 중층적으로 엮어낼 줄 아는 그의 기술적 특장을 아낌없이 상찬한다. 그러나 동시에 그는 '콘라드의 그런 놀라운 기교가 궁극적으로는 아프리카인의 야만성과 비인간성을 부각시키는 데 복무하고 있다'는 점을 놓치지 않는다.

따라서 그는 콘래드를 비롯해 일견 자유주의 전통을 수렴한 듯이 보이는 진보적인 작가들의 텍스트들도 '주의 깊게 읽을 것'을 주문한다. 그 예로 카리브해에 있는 트리니다드(Trinidad) 출신으로 그곳에 이주해 사는 인도인들의 처지를 주로 다루는 나이폴(V.S.Naipaul)의 글을 거론한다. 나이폴은 2001년『강의 만곡』(A Bend in the River)이라는 작품으로 노벨 문학상을 수상한 작가다. 아체베는 나이폴의 이 작품을 제2의『어둠의 속』이라고, 그리고 나이폴 그 자신은 "인종이라는 낡디낡은 신화를 재탕, 삼탕 우려먹는 제2의 콘래드"라고 명명한다.

영어를 쓸 것인가, 토착어를 쓸 것인가?

치누아 아체베는 흑인의 존재에 뚜렷한 믿음을 가지고 있다.

『몰락』이 제3세계 탈식민주의 논쟁과 관련해 던져주는 또 다른 쟁점 중 하나는 이 책의 창작 매개어로 영어가 사용되었다는 점이다. 아프리카 작가를 비롯한 제3세계 작가가 식민지 본국의 언어인 영어를 비롯해 프랑스어, 포르투갈어, 독일어 등 유럽어로 글을 쓸 것인가 아니면 이보어, 요루바어, 하우사어, 기쿠유어, 코사어 등 토착어로 글을 쓸 것인가의 문제는 제3세계 탈식민주의 논쟁에서 핵심적인 사안 가운데 하나다. 아체베는『몰락』,『안락의 종말』(No Longer at Ease),『신의 화살』(Arrow of God) 등을 비롯한 그의 모든 후기 소설들과,『조심하라, 영혼의 형제여』(Beware, Soul Brother, and Other Poems)와『비아프라의 크리스마스』(Chrismas at Biafra, and Other Poems) 등의 시집, 그리고『창조의 신새벽』(Morning Yet on Creation Day),『나이지리아의 문제』(The Trouble with Nigeria),『희망과 장애』 등의 에세이집에서 이보어가 아닌 영어를 창작의 매개어로 사용함으로써 아프리카의 탈식민주의 논쟁에서 창작의 매개어가 갖는 기능적 함의

치누아 아체베는 '흑인성의 부활'을 꿈꾸는 문화운동에 큰 영향을 받았다.

를 의도적으로 축소한다. 왜냐하면 그가 보기에 아프리카인들에게 유럽어는 기실 또 다른 이름의 토착어에 불과하기 때문이다.

아체베는 후에 아프리카에서 창작의 매개어 문제를 본격적으로 제기하면서 "언어는 단순한 매체가 아니라 정신"이므로 본인은 더 이상 "식민주의자의 언어인 영어를 창작의 매개어로 사용하지 않겠다"고 선언한 케냐의 응구기 와 씨옹오(Ngugi Wa Thiong'o)에 맞서 "오랜 식민화과정을 거치면서 아프리카식으로 전유된 유럽어는 아프리카어에 다름 아니라고 생각한다"는 주장을 피력한다.

그 예로 아체베는 자신보다 앞서 영어 또는 프랑스어로 글을 쓴 나이지리아의 아모스 투투올라(Amos Tutuola)와 사이프리안 에퀜시(Cyprian Ekwensi), 남아프리카의 피터 아브라함스(Peter Abrahams)와 세네갈의 셈빈 우스만(Sembene Ousmane) 등을 거론한다. 이들의 글이 식민지 본국의 언어인 영어 또는 불어로 쓰였지만, 아프리카인의 정신을 올곧게 담고 있다는 것이다.

아체베는 이후 『몰락』의 탈식민주의적 주제를 발전시켜 『안락의 종말』(1960)과 『신의 화살』(1964)에 이르는 3부작을 완성한다. 『안락의 종말』은 식민지에서 태어나 식민지 본국에 가서 유학을 마치고 돌아와 전통적인 가치와 갈등을 빚는 식민지 청년 오비(Obi)의 이야기를 담은 작품이다. 아체베는 식민지 본국의 근대를 이방인으로 경험한 이 청년을 통해 전통과 현대, 그리고 물질적인 것과 정신적인 것 사이에서 물리적이면서 동시에 형이상학적인 갈등을 겪는 신세대의 초상을 대변한다. 한편, 1920년대 식민지 나이지리아의 한 벽촌인 우무아로(Umuaro)라는 마을의 촌장인 에체울루(Ezeulu) 사제의 이야기를 다룬 『신의 화살』에서는 '권력의 병리학'에 초점을 맞춘다.

아프리카 소설가들의 임무, 글쓰기로 역사적 상처를 치유하기

독립 이후의 나이지리아로 글쓰기의 무대를 옮긴 아체베는 또 다른 문제작 『민중의 지도자』(A Man of the People, 1966)라는 계시적인 작품을 출간한다. 이 작품에서 아체베는 무능하고 부패한 한 독재자를 내세워 독립 후 정상적인 국민국가로 가는 길이 얼마나 험한 것인가를 예시한다. 아체베는 이 작품을 가리켜 "독립 이후의 아프리카의 시련"을 그린 것으로 "식민주의자들에 의해 파괴된 전통적인 공동체가 근대적인 의미의 국가체제로 이행해가는 과정에서 드러내는 힘의 공백"을 묘사했다고 말한다.

『민중의 지도자』는 특히 나이지리아에서 이보인들이 주축이 된 최초의 군사 쿠데타가 발발한 지 이틀 후에 출판되어 아체베가 이 쿠데타의 배후에 있었던 것이 아닌가라는 혐의를 받기도 한다.

독립 이후 나이지리아의 국민국가로의 이행이, 점철되는 쿠데타와 군사독재에 의해 좌절되어가는 상황을 아프리카의 전통적인 신화구조에 맞춰 쓴 『사바나의 개미둑』(Anthills of the Savannah, 1987)이라는 작품에서도 아체베의 정치적인 풍자는 날카롭게 빛을 발한다.

이 작품에서 그는 '사람들의 입에 온갖 재갈을 물려' 아무 말도 못하게 하는 '아기 괴물'의 이미지를 등장시켜 언론을 통제하고 민주주의를 짓밟는 한 독재자를 형상화한다. 이것이 동시대 아프리카에 있는 나이지리아라는 한 국민국가의 탈식민주의적 초상이라는 것이다.

아체베의 문학은 이처럼 탈식민주의로의 이행에 걸림돌이 되는 안팎의 모순에 공히 평등한 비판의 붓을 들이댄다. 식민지 시기에는 존재론적이고 인식론적인 가치를 식민주의자들에 맞추어놓고 그 기준을 중심으로 주변의 모든 존재들의 위상을 재편한 국외자의 권력에, 그리고 독립 이후에는 힘의 공백을 제대로 통제하지 못해 진정한 의미의 탈식민화로의 이행 기회를 독재의 제물로 넘겨버린 내부인들의 소치에 말이다. 아체베는 "글쓰기를 통해 이러한 역사적 모순을 발굴해내고, 그 모순으로 인해 얻은 상처들을 하나하나 치유해가는 것"이 아프리카 소설가들의 과제라고 말한다.

이석호 1963년 서울에서 태어나 1996년 한국외국어대학교 영어과에서 아체베에 관한 논문으로 첫 박사학위를 받는다. 그후 아프리카 문학을 본격적으로 공부할 요량으로 남아공의 케이프 타운 대학교(University of Cape Town)로 건너가 2002년 여름 응구기에 관한 논문으로 두번째 박사학위를 받는다. 쓴 글로는 「민족문학과 근대성」, 「파농의 민족문학론과 근대성」, 「영어 공용화론에 부치는 몇 가지 단상」, 「소잉카 연극의 탈주와 상상」, 「남아공의 탈식민주의 작가 루이스 응코시와의 대담」, 「문학과 영화의 상호텍스트성」 외 여러 편이 있다. 역서로는 프란츠 파농의 『검은 피부, 하얀 가면』, 응구기 와 씨옹오의 『탈식민주의와 아프리카 문학: 정신의 탈식민화』, 치누아 아체베의 『제3세계 문학과 식민주의 비평: 희망과 장애』, 『남아프리카 문학 단편선』, 『아프리카 탈식민주의 문화론과 근대성』 등이 있다. 현재 사단법인 아프리카문화연구소의 소장 및 국제게릴라극단의 대표로 일하고 있다.

용어와 개념 풀이

제3세계 탈식민주의
제3세계 탈식민주의란 아프리카, 중동, 라틴 아메리카 그리고 아시아 등지와 같은 과거 식민지 국가들이 독립 이후에도 남아 있는 과거 식민종주국의 전방위적인 흔적들을 탈식민화하는 총체적인 과업을 일컫는다. 특히, 동시대 탈식민주의가 지나치게 제1세계의 체제 내적 문제로 매몰되면서 그 담론사의 실천적 전통을 상실하자 현 세계체제의 주변부 내지는 반주변부 국가들이 그 전통의 복권을 주창하기위해서 부각시킨 탈식민주의 운동의 한 유형이다.

네그리튀드
1920년대 프랑스 파리에서 유학하던 마르티니크 출신의 시인 에이메 세자르와 세네갈 출신의 시인 레오폴드 셍고르가 '흑인성의 부활'을 꿈꾸며 공동으로 주창한 운동이다. 식민주의 시절 유럽 열강들에 의해 왜곡되고, 악마화되었으며, 타자화되었던 '흑인성의 원형'을 문화적으로 회복하자는 일련의 흑인문화부흥운동이다.

아프리카쟁탈전
1890년대부터 유럽 열강들 사이에 불기 시작한 아프리카 내에서의 영토전쟁을 일컫는 말이다. 1884년 독일의 비스마르크가 유럽의 재상들을 모아 놓고 아프리카 땅을 분할하기 시작하는데, 이후 유럽의 열강들은 조금이라도 더 많은 땅을 차지하기 위해 아프리카 대륙을 놓고 서로 쟁탈전을 벌였다.

치누아 아체베는 말한다

- 아프리카는 이런 운명을 타고난 적이 있다. '아프리카적'이라는 형용사만 들어도 괜한 거부반응을 불러일으키는 운명을. 따라서 차라리 고향 및 모든 책임감과 인연을 끊고 싶은, 그리하여 단 한 걸음에 보편인이 되고 싶은 운명을. 나 역시 이러한 분노를 이해한다.
  그러나 자신으로부터의 탈주가 내게는 이 분노를 벗어나는 온당한 방법으로 보이지는 않는다. 만약 작가라는 사람마저 이런 도피주의에 매몰되어버린다면 과연 누가 이 도전에 응전할 수 있겠는가? ―『창조의 신새벽』에 실린「아프리카와 그 작가들」중에서

- 나는 (막연한 작가가 아니라) 이보 작가이다. 왜냐하면 이보가 내 문화의 뿌리이기 때문이다. 나는 나이지리아인, 아프리카인 그리고 작가라는 정체성의 순서를 가지고 있다. 아니, 흑인이라는 정체성이 먼저고 작가가 그 다음이다. 이 각각의 아이덴티티는 내 경우 각각의 특별한 임무를 요구한다. 그 중 가장 각별한 것은 흑인이란 도대체 어떤 존재인가를 밝히는 것이다.
  내게 흑인이란 세계가 움직이는 방식을 명민하게 포착할 줄 아는 지혜로운 존재, 그리고 그 세계 속에서 주어진 일을 할 줄 아는 당당한 존재를 의미한다. 이것이 내게 흑인이 의미하는 것이다. 아프리카인의 의미도 마찬가지다. 아프리카가 이 세계에 의미하는 것이 무엇인가? 아프리카인이 백인에게 의미하는 바가 무엇인가? 이것을 모색

하는 것이 이보 작가로서의 내 임무다. ―앤소니 아피아와의 인터뷰 내용 중에서

더 읽어야 할 책들

Chinua Achebe, *Things Fall Apart*, 1958.
_____, *No Longer at Ease*, 1960.
_____, *Arrow of God*, 1964.
_____, *A Man of the People*, 1966.
_____, *Anthill of the Savannah*, 1988.
_____, *The Sacrificial Egg and Other Stories*, 1962.
_____, *Girls at War and Other Stories*, 1973.
_____, *Beware, Soul-Brother and Other Poems*, 1971.
_____, *Christmas at Biafra and Other Stories*, 1973.
_____, *The Flute*, 1975.
_____, *The Drum*, 1978.
_____, *Morning Yet on Creation Day*, 1975.
_____, *The Trouble with Nigeria*, 1984.
_____, *Hopes and Impediments*, 1988.
_____, *Home and Exile*, 2000.

응구기 와 씨옹오 Ngugi Wa Thiong'o

썩지 않는 언어, 기쿠유어의 수호자

이석호 아프리카문화연구소 소장

탈식민주의 소설가, 기쿠유족의 아들 응구기

서부 아프리카의 치누아 아체베와 더불어 아프리카 문학의 탈식민화를 주도하는 작가로는 응구기 와 씨옹오(Ngugi Wa Thiong'o)를 들 수 있다. 1938년 케냐의 카미리투(Kamiriithu) 지역에서 기쿠유(Kikuyu, 케냐의 한 부족) 농민의 아들로 태어난 응구기는 고등학교 재학 시절 영국의 식민지 정책에 대항해 케냐 민중들이 일으킨 마우마우(Mau Mau) 독립운동을 현장에서 목격한다.

실제로 그의 어머니는 그의 외삼촌이 마우마우 유격단원들과 관련이 있다는 혐의 때문에 온갖 고초를 겪기도 한다. 한편 벙어리인 그의 이복형은 영국 치안경찰의 말을 잘 못 알아듣는다는 이유로 총살을 당하기도 한다. 응구기는 이 시절의 경험들이 그의 '초기 소설의 알심'임을 고백한 바 있다. 응구기의 본격적인 문학수업은 우간다에 있는 마케레레(Makerere)대학에 진학해 영문학을 공부하면서 시작된다.

아프리카 문학의 탈식민화와 관련해 응구기의 문학적 여정은 크게 세 단계로 나누어 볼 수 있다. 첫번째 단계는 그가 마케레레대학에 입학해 영문학을 공부하면서 읽었던 콘래드(Joseph Conrad)라든가 포스터(E. M. Forster) 등속의 영국 작가들을 여과 없이 받아들인 초기 습작 단계이다. 두번째 단계로는 상기한 작가들의 기교를 기쿠유인 특유의 내러티브로 전유해 형식과 내용 면에서 기존의 것과 전혀 다른 소설을 써내기 시작하는 중기 단계를 들 수 있다. 그리고 창작의 매개어로서 영어를 폐기하고 자신의 토착어인 기쿠유어

> 영어라는 이름으로 환기되는 서구의 근대가 무조건적인 몰입의 대상은 아니다. 영어는 기쿠유어로 씌어진 작품을 대외적으로 알릴 필요가 있을 때 기능적으로 사용하면 그만이다.

로 소설 및 동화 그리고 희곡 등을 쓰기 시작하는 실험적 단계가 바로 마지막 단계에 속한다.

영미문학이란 그릇에 담은 초기 소설들

응구기는 1964년 『울지 말아라, 아이야』(Weep Not, Child) 라는 첫 소설을 상자하면서 문단에 등장한다. 이 소설은 마우마우 독립운동이 한창이던 시절 가족은 뿔뿔이 흩어지고 마을은 쑥대밭이 되어가는 와중에 서구식 학교에 다니면서 서구식 교육을 받는 한 식민지 아이의 정신적인 갈등을 그린 자전적인 작품이다. 이 작품에서 응구기는 아프리카인의 비극이 근본적으로는 토지의 상실에 있음을 주목한다.

'토지'는 응구기의 문학에서 끊임없이 회자되는 주제이다. 청년 시절 마르크스-레닌주의에 강하게 경도된 바 있는 응구기는 이 소설의 배경으로 등장하는 마우마우 운동의 본질도 케냐의 농민들이 조상신을 모시고 가족들을 부양할 땅을 상실한 데 있음을 지적한다. 응구기는 이 소설에서 '기쿠유와 뭄비'(Kikuyu and Mumbi)라는 창조신화를 동원해 '땅의 회복'이 문제의 핵심임을 강조한다.

1965년 응구기는 실제로는 『울지 말아라, 아이야』보다 먼저 탈고했지만, 출판은 일 년 늦게 이루어진 『샛강』(The River Between)이라는 소설을 발표한다. 『샛강』은 호니아(Honia)라 불리는 생명의 강을 사이에 두고 기독교도가 중심이 된 한 마을과 아프리카 전통신앙을 숭상하는 다른 마을 사이의 종교적이고 이념적인 갈등을 그린 작품이다.

이 작품에서 응구기는 기독교 교육을 받은 와이야키(Waiyaki)라는 청년을 통해 기독교와 토착 종교, 다시 말해 근대와 전통간의 화해를 시도한다.

"선교 학교에 가거라." "가서 백인들의 온갖 지혜와 비밀을 배워 오너라." "팡가(나무 막대기)를 가지고 나비를 잡을 수는 없지 않느냐?"

이러한 아버지의 뜻에 따라 선교학교에 다니게 된 와이야키는 굳은 신념을 가지고 갈등이 깊어진 두 마을을 화해시키려 하지만, 오히려 자신이 어이없이 그 갈등의 골에 빠지고 만다. 응구기는 기독교적인 가치에 일

기쿠유와 뭄비는 기쿠유 농민들의 창세설화로 마우마우 투쟁시 케냐 농민들의 정체성을 강화시키는 기제로 활용되기도 했다.

방적인 특권을 부여하는 식민지 체제하에서 근대와 전통은 상호 화해가 불가능한 대립쌍임을 분명히 한다.

서구 모더니즘을 아프리카의 확장된 리얼리즘으로

앞의 초기 두 소설들을 통해 형식과 내용 면에서 유럽작가들의 그것과 미학적 변별점을 구축하는 데 실패한 응구기는 아프리카인만의 독특한 내러티브에 눈을 뜨기 시작한다. 응구기는 이때부터 이른바 역작들을 생산해내기 시작한다. 『밀알』(*A Grain of Wheat*, 1967)이 그 중 하나다.

『밀알』은 1952년부터 1960년 계엄령이 공표된 한 마을에서 벌어진 살인사건을 다룬다. 응구기는 이 소설에 여러 인물들을 등장시켜 각자의 시선으로 본 사건의 전말을 구술하게 한다. 한 사건은 여러 등장인물들의 구술과 다양한 입장을 통해 다각적으로 교직되면서 그 사건에 연루된 사람들의 숨겨진

마우마우 투쟁의 중심에는 자신들의 얼이 서린 땅을 빼앗긴 케냐 농민들의 상실 의식이 놓여 있다.

사연들이 입체화된다. 응구기는 이 작품에서 콘래드가 즐겨 사용한 복수시점과 복수화자라는 장치를 아프리카 식으로 전유한다. 다시 말해 "유럽의 모더니즘을 아프리카의 확장된 리얼리즘으로 바꾸는 것이다."

"유럽의 모더니즘을 아프리카의 확장된 리얼리즘으로 바꾸는" 시도는 『핏

응구기는 기쿠유어로 쓴 최초의 소설 『십자가 위의 악마』에서 케냐 고위 공무원의 농민 착취를 적나라하게 고발했다.

빛 꽃잎』(Petals of Blood, 1977)이라는 작품에서도 계속된다. 이 작품은 응구기의 소설 중 최초로 독립 이후의 케냐를 다룬 것으로 신식민지 케냐에서 벌어지는 부패한 정권 및 자본과 기층 민중들의 싸움을 그린 것이다.

응구기는 이 작품을 통해 "케냐의 민중들이 목숨을 바쳐가며 이루어낸 독립"이 이후 부패한 엘리트들의 손아귀에 매몰되면서 "진정한 독립이 아닌 깃발만 펄럭이는 독립"이 되었다고 애석해한다.

영어를 버리고 기쿠유어로 글을 쓰기 시작하다

응구기는 『핏빛 꽃잎』을 마지막으로 더 이상 영어로 창작을 하지 않겠다고 선언한다. 그것은 두 가지 이유 때문이다.

하나는 다소 이념적인 이유로 언어가 '단순한 의사소통의 매개'일 뿐 아니라 그 언어를 사용하는 '집단의 정신'이기 때문이라는 것이다. 따라서 한 집단의 언어를 잃는 것은 소통의 도구를 잃는 것이 아니라 그 집단의 '존재론적 토대'를 잃는 것이라고 주장한다.

다른 하나는 보다 방법론적인 이유로 그의 탈식민주의적인 글쓰기와 실천적으로 맞닿아 있다. 응구기는 그를 소위 '세계적인 작가'의 반열에 오르게 한 『밀알』이나 『핏빛 꽃잎』 같은 소설들이 진정 그런 상찬을 받을 만한 자격이 있는가를 반문한다. 그는 실천적인 차원에서 이 소설들이 실존적 한계를 내포하고 있음을 깨닫는다. 그것은 무엇보다도 이 소설들이 영어로 쓰어졌기 때문이라는 것이다.

그는 그의 소설들이 영어로 집필되어 많은 수의 서구 독자들을 사로잡긴 했지만, 정작 그가 소설 쓰기를 통해 헌정의 대상으로 삼았던 케냐의 기층 민중들은 언어적인 장벽 때문에 그 소설을 감상도 할 수 없었음을 깨닫는다.

응구기는 영어라는 창작의 매개어를 통해 나아가 서구적 근대의 부정적 유산을 발본적으로 고민하기 시작한다. 과연 서구의 근대란 무조건적 수용의 대상인지를 진중하게 심문하게 되었다는 뜻이다.

그는 영어라는 이름으로 환기되는 서구의 근대가 기술적 타협 내지는 조건부 조율의 대상은 될지언정 무조건적 몰입의 대상은 아님을 분명하게 인식한다. 다시 말해, 영어는 기쿠유어로 쓰어진 자신의 작품을 대외적으로 알릴 필요가 있을 때 번역이라는 훌륭한 매개를 통해 기능적으로 사용하면 그만이라는 것이다. 이 생각은 응구기뿐만 아니라 많은 아프리카 작가들에게 서구의 근대 혹은 근대성에 대한 혁명적인 사고의 전환을 가져다준다.

이런 이유에서 응구기는 과감하게 영어로 창작하는 관행을 저버리고 자신의 토착어인 기쿠유어로 복귀하게 된다. 『십자가 위의 악마』(*Caitaani Mutharaba-ini*, 1982)와 『마티가리』(*Matigari ma Mjimruumgi*, 1987)라는 소설을 비롯해 『결혼하고 싶을 때 결혼할래요』(*Ngaahika ndeenda*, 1980)와 『어머니, 저를 위해 노래를 불러주세요』(*Maitu njugira*, 1981) 등의 희곡이 영어가 아닌 기쿠유어로 쓰인 대표적인 저작들이다.

사실 응구기의 모국어로의 회귀가 가장 빛을 발하는 장은 연극에서이다. 응구기는 아리스토텔레스류의 유럽 전통연극이 판을 치는 케냐 극장에서 영어를 몰아냄으로써 연극의 개념을 바꾸고, 춤과 노래를 가미한 아프리카 전통연극의 복권을 시도한다.

응구기에게 연극은 언어적인 차원에서 대단히 중요한 실천적 의미를 갖는다. 소설에 비해 연극은 현장성이 강조되는 장르다. 현장성이 강조되다보니 언어는 두말할 나위 없이 중요성을 갖게 된다. 응구기는 아프리카 연극을 현장의 언어, 즉 토착어로 공연함으로써 연극 자체의 밀도 및 완성도를 높임은 물론 관객 일반들로부터도 생동감 있는 유기적인 반응을 이끌어내는 데 성공한다.

기쿠유어로 쓴 최초의 소설 『십자가 위의 악마』는 응구기가 필화사건으로 인해 수형생활을 하면서 간수의 눈을 피해 화장지에 기록한 작품이다. 이 작품 역시 신식민지 케냐의 부패상을 다룬 것으로 알레고리 기법을 쓰고 있다. 응구기는 이 작품에서 '악마의 잔치'에 참가해 최고의 도적을 가리는 자리에 일곱 명의 도적들을 우의적으로 등장시켜 케냐 독립정부의 고위 공무원을 비롯한 정치인, 은행가, 사업가 등이 얼마나 교묘한 방법으로 민중들을 사취하고 있는가를 적나라하게 묘사한다.

이 작품은 한국문학과 관련해서도 주목을 요한다. 그 이유는 응구기가 이 작품을 집필할 때 김지하의 「오적」과 「비어」를 그 바탕글로 삼았기 때문이다. 이는 응구기가 『정신의 탈식민화』(Decolonising the Mind, 1986)라는 책에서 고백한 바이기도 하다.

소설 속의 인물이 실제로 현상수배되다

기쿠유어로 쓰였지만 정치적인 이유 때문에 정작 케냐에서는 판금조치를 당한 『마티가리』라는 소설은 1982년 응구기가 런던에 체류할 때 썼던 작품이다. 응구기는 당시 귀국하면 구금될 것이라는 소식을 듣고 그 길로 의도하지 않은 반영구적인 망명의 길에 나선다. 『마티가리』는 응구기가 포스트모더니즘적인 수법을 동원해 쓴 실험적인 작품이다.

이 작품은 마우마우 독립운동시 산속으로 들어갔던 투사 마티가리가 독립된 지 한참 후에 세속으로 돌아와서 독립 전이나 독립 후나 변한 것이 아무것도 없다는 판단하에 다시 새로운 투쟁을 결심하게 되는 과정을 다루고 있다. 응구기는 『마티가리』를 통해 케냐의 독립이 '깃발만의 독립'임을 새삼 확인한다.

『마티가리』는 흥미로운 일화를 하나 가지고 있다. 『마티가리』가 런던에서 출판된 후, '마티가리'라는 사람의 이름이 신식민지 치하에서 고통 받는 케냐인들의 입에 일종의 구세주 혹은 혁명가의 대리물로 수없이 회자되었다. 그러자 케냐 정부에서는 급기야 혁명을 운운하며 기층 민중을 동원해서 정부의 전복을 꾀하려는 반정부주의자 마티가리를 현상금을 내걸고 수소문을 했는데 알고 보니 마티가리는 실제로 현존하는 인물이 아니고 소설 속의 인물이었다는 것이다.

근래에 이루어지고 있는 기쿠유어 소설과 희곡 쓰기를 통해서 응구기가 실천하고 있는 '모국어로 창작하기'라는 신념은 표면적으로는 영어라는 언어를 사용하지 않고도 아프리카 문학 내지는 문화운동이 현실적 추동력을 갖출 수 있을까라는 실험정신의 표상으로 보이기도 하지만, 궁극적으로는 아프리카 문학 혹은 문화판에서 전일한 권력으로 삼투되어 있는 유럽의 근대(성) 혹은 근대정신에 대한 강력한 심문 내지는 도전의 의미를 담고 있다. 따라서 응구기의 성공은 아프리카를 비롯한 제3세계 내에서 서구 근대(성)을 어떻게 이해해야 하는가와 관련해 발전적인 고민거리를 던져주고 있다.

이석호 1963년 서울에서 태어나 1996년 한국외국어대학교 영어과에서 아체베에 관한 논문으로 첫 박사학위를 받는다. 그후 아프리카 문학을 본격적으로 공부할 요량으로 남아공의 케이프타운 대학교(University of Cape Town)로 건너가 2002년 여름 응구기에 관한 논문으로 두번째 박사학위를 받는다. 쓴 글로는 「민족문학과 근대성」, 「파농의 민족문학론과 근대성」, 「영어 공용화론에 부치는 몇 가지 단상」, 「소잉카 연극의 탈주와 상상」, 「남아공의 탈식민주 작가 루이스 응코시와의 대담」, 「문학과 영화의 상호텍스트성」 외 여러 편이 있다. 역서로는 프란츠 파농의 『검은 피부, 하얀 가면』, 응구기 와 씨옹오의 『탈식민주의와 아프리카 문학: 정신의 탈식민화』, 치누아 아체베의 『제3세계 문학과 식민주의 비평: 희망과 장애』, 『남아프리카 문학 단편선』, 『아프리카 탈식민주의 문화론과 근대성』 등이 있다. 현재 사단법인 아프리카문화연구소의 소장 및 국제게릴라극단의 대표로 일하고 있다.

용어와 개념 풀이

마우마우

1950년대부터 케냐가 독립을 쟁취할 때까지 기쿠유 농민들을 중심으로 한 케냐의 농민들이 영국의 식민주의자들을 대상으로 벌인 일종의 게릴라 투쟁이다. 마우마우 투쟁의 중심에는 자신들의 얼이 서려 있는 땅을 이방인들에게 빼앗긴 케냐 농민들의 상실 의식이 놓여 있다.

기쿠유와 뭄비

기쿠유와 뭄비는 기쿠유 농민들의 창세설화이다. 기쿠유는 하늘신 그리고 뭄비는 땅을 주관하는 모신, 즉 어머니 신을 상징한다. 기쿠유인들은 이 창세설화를 동요 형태의 노래로 만들어 부르기도 했다. 기쿠유와 뭄비 설화는 마우마우 투쟁시 케냐 농민들의 단일한 정체성을 강화시켜주는 기제로 활용되기도 했다.

응구기 와 씨옹오는 말한다

- 아프리카 문학의 언어정치학이라 이름붙인 이 책이 의도하는 바도 민족적, 민주적 그리고 인간적 해방 이것이다. 우리 언어의 재발견 및 재추정이 의미하는 것도 해방을 요구하는 아프리카 및 전세계에 걸친 수천, 수만의 혁명적인 언어와의 건강한 재결합이다. 인류의 실제어, 다시 말해 투쟁어의 재발견을 의미한다. 우리의 역사에 관한 모든 담화의 저변을 관통하는 언어는 보편어이다. 투쟁을 기록하고 있는 언어이기 때문이다. 투쟁만이 역사를 만든다. 투쟁만이 우리를 존재케 한다. 투쟁 속에서만이 우리의 역사가 숨을 쉬고, 우리의 언어와 존재가 살아난다. 투쟁은 우리가 서 있는 곳이면 그 어디서나 우리가 무엇을 하고 있든 상관없이 시작된다. 그 투쟁을 통해서 우리는 한때 마틴 카터가 수백만 민중 속에서 보았던 한 노도가 된다. 꿈꾸기 위해서 잠자는 민주의 노도가 아니라 세상을 변화시키기 위해서 꿈꾸는 민중의 노도 말이다. ―『정신의 탈식민화』중에서

- 그러나 이 투쟁은 국내의 매판자본가뿐만 아니라 국외의 호전주의자들 그리고 동시에 모든 피식민국가의 박정희 같은 인간과 그런 인간들을 배후에서 사주하는 해외 자본을 대상으로 동시다발적으로 진행되어야 한다. 민주주의와 통일을 쟁취하려는 대한민국 민중들의 투쟁이 전세계 피억압 민중들의 투쟁, 그것의 다른 이름으로 간주되어야 하는 이유도 이 때문이다.

    나는 제국주의가 완전히 청산되지 않고서는 그 어떤 평화도 기대할 수 없다고 믿는다. 따라서 민족 통일과 민주주의를 향한 투쟁이 필연적으로 제국주의와 그 지배 음모에 대한 투쟁으로 이행되어야 하는 것은 당연하다. 그러나 제국주의 세력들의 단결력도 만만치 않다. 그들이 서로 필요한 정보와 전략을 공유하는 것은 물론이다. 그러므로 전세계 모든 피억압 및 피착취 민중들도 서로 단결해 공공의 적을 무찔러야 한다. ―『정치적인 작가들』에 실린 「한국 민중들의 투쟁」중에서

더 읽어야 할 책들

Ngugi Wa Thiong'o, *Weep Not, Child*, 1964.
_____, *The River Between*, 1965.
_____, *A Grain of Wheat*, 1967.
_____, *Petals of Blood*, 1977.
_____, *Caitaani Mutharaba-ini*, 1982.
_____, *Matigari ma Mjimruumgi*, 1987.
_____, *The Black Hermit*, 1968.
_____, *The Trial of Dedan Kimathi*, 1976.
_____, *Ngaahika ndeenda*, 1980.
_____, *Maitu njugira*, 1982.
_____, *Homecoming*, 1972.
_____, *Detained: A Writer's Prison Diary*, 1981.
_____, *Writers in Politics*, 1981.
_____, *Decolonising the Mind*, 1986.
_____, *Moving the Centre: The Struggle for Cultural Freedom*, 1993.
_____, *Penpoints, Gunpoints and Dreams*, 1998.

칼 사우어 *Carl O. Sauer*

지리학은 본능적인 흥미에서 출발한다

홍금수 고려대 교수·지리교육학

'사우어'라는 이름의 의미

현대 지성사를 살찌운 많은 인물들 가운데에는 번득이는 아이디어 하나로 세계관을 180도 다른 방향으로 바꾼 학자가 있는가 하면 세월이 지나도 후학에게 오래도록 기억되는 이른바 영세불망의 학자도 있다. 미국의 지리학자인 칼 사우어(Carl Ortwin Sauer, 1889~1975)는 아마 후자에 속한다고 볼 수 있는데, 무엇보다도 산과 들을 누비고 다니며 묻혀 있던 지역의 실상을 파헤친 실천적인 연구태도와, 혹독할 정도로 제자를 철저히 훈련시켜 세계 지리학계의 헤게모니를 장악한 교육자로서의 역량을 모두가 기억하고 있다. 학자로서 사우어의 영향력은 인문·자연지리학의 울타리를 넘어 인접한 고고학, 역사학, 식물학, 인류학 등 인문·사회과학 전반에까지 미치고 있다.

사우어는 1889년 미주리주의 독일계 이민 가정에서 태어났다. 중서부의 명문 교육기관인 시카고대학에서 지리학을 전공하였으며, 1915년 오자크고원의 토지이용에 관한 연구논문으로 박사학위를 취득하였다. 그해 미시간대학 지질·지리학과에 임용되어 7년여 간 현지에서 강의와 연구를 수행하였다. 34세 되던 1923년 캘리포니아 대학으로부터 초빙을 받아 버클리대학 지리학과의 학과장으로 부임하여 1957년 명예교수로 퇴임할 때까지 재직하였다. 학과를 이끌어오는 동안 인적·학문적 역량을 키워 버클리학파(사우어학파)를 유산으로 남겼으며, 현직에서 물러나 1975년 7월 18일 85세의 일기로 생을 마감할 때까지 사우어는 학문에 대한 열정을 잃지 않고 많은 논저를 발표했다. 뉴욕타임스는 사망기사난에 미국 전역에서 활동하고 있는 많은 교

> 현상과 경관에 기초한 사우어의 지리학 방법론은 선험적인 구도를 부정하고 철저한 관찰 본위의 방법론을 수반했다. 현장 중심적이고 귀납적이며 현실적이었던 것이다. 도서관에 소장된 문헌만을 뒤적여 얽어내는 이른바 짜집기식 연구는 그의 성향에 맞지 않았다.

육자와 연구자에게 영향을 준 지리학계의 학장으로 사우어를 칭송하였다. 그것을 증명하듯 사우어는 생전에 미국지리학자회의 특별상, 미국지리학회의 데일리메달, 스웨덴 지리·인류학회의 베가메달, 베를린지리학회의 훔볼트메달, 영국 왕립지리학회의 빅토리아메달을 수상한 바 있다. 사후에는 버클리대학 지리학과에서 그의 업적을 기리기 위해 강연회(The Carl Sauer Memorial Lectures)를 갖고 있는데, 현재까지 레일리(J. Leighly, 1978), 잭슨(J. Jackson, 1979), 포스버그(R. Fosberg, 1980), 카터(G. Carter, 1981), 마이닉(D. Meinig, 1983), 헤거스트란드(T. Hagerstrand, 1984), 다비(H. Darby, 1985), 파슨스(J. Parsons, 1986), 스토달트(D. Stoddart, 1987), 보라(W. Borah, 1988), 부처(K. Butzer, 1989), 로웬탈(D. Lowenthal, 1990), 하겟(P. Haggett, 1992), 데네반(W. Denevan, 1994), 던킨(R. Donkin, 1995), 투안(Yi-Fu Tuan, 1996), 시몬스(I. Simmons, 1998), 모리스(J. Morris, 2000) 등 유명 학자가 다녀갔다.

사우어가 세상을 떠난 1970년대 중반 이후 소장 지리학자는 그 동안 묵혀두었던 불만의 목소리를 거침없이 쏟아내기 시작하였다. 사우어 개인은 물론 버클리학파 전체에 대한 도전으로까지 비쳐질 정도로 논쟁이 뜨겁게 전개되었는데, 비판진영에서는 사우어가 개척한 전통 문화지리학의 대안으로 신문화지리학을 들고 나왔다. 양 세력이 첨예한 대립각을 세운 지 어언 25년이라는 세월이 흘러 열기가 식을 만도 하지만 여열은 여러 곳에서 감지되고 있다. 한 가지 고무적인 사실은 지상논쟁을 거듭하면서 문화지리학의 판도는 이전에 경험하지 못한 복잡한 양상을 띠게 되었다는 점이다. 문화와 문화현상을 보는 시각이 입체화되고 그것을 설명하는 이론 또한 다양해졌다. 문화산업, 장소마케팅, 포스트모던경관, 문화정치, 문화전쟁 등의 용어가 유행하는 것을 보면 사우어의 지리학이 '창조적인 파괴'를 위한 단초를 마련했음을 알 수 있다. 20세기 최고지성의 한 사람으로 사우어를, 21세기를 이끌어갈 지리학연구로 사우어/반사우어의 지리학을 꼽지 않을 수 없는 이유다. 지리학에 대한 열정을 불태운 짧고 굵은 생애, 끊임없는 노력을 통해 이룩한 학문적 업적, 평범한 제자를 일류 학자로 양성한 교육자의 자질을 골고루 갖춘 사우어는 두 세기를 넘나들며 근대지리학의 체제를 다지는 중요한 역할을 수행하였다.

칼 사우어. 그는 인문, 자연지리학을 넘어 역사, 식물, 인류학 등 인문·사회과학 전반에까지 영향을 미치고 있다.

괴테와 사우어의 연결고리

철학적으로 사우어는 낭만주의의 영향을 받았다. 계몽사상의 결정론적 자연주의에 기초한 인류지리학(anthropo-geography)을 극구 반대하였던 것은 바로 그와 같은 철학적 신념에서 비롯되었다. 특히 사우어는 괴테(J. Goethe)의 발생학적 형태학에 깊은 호감을 표시하여 지리학 연구의 새로운 지평을 열었다. 괴테는 학문이란 곧 현상(現象)을 연구하는 것이고 현상을 떠난 그 무엇도 학문의 영역에 포함될 수 없다고 보았다.

현상은 지식 그 자체로서 추상화보다는 사실적인 접근을 통해 이해될 수 있는 대상이었다. 직관적인 상념(想念, 회상과 시각적인 경험의 결합)을 통해서 현상과 그들 사이에 내재한 힘을 알아낼 수 있다는 생각이었다. 현상의 구체적 존재양상인 형태는 변화와 발전을 수반한다. 따라서 관찰의 대상은 정태적인 결과물보다는 계속해서 성장하는 과정이었다. 사우어의 지리학은 지속적으로 변화하는 개체를 연구하는 학문으로 정의한 괴테의 형태학을 따르고 있지만 일반적인 의미의 '형태'(形態)를 '경관'(景觀)이라는 개념으로 대치하여 나름대로의 영역을 구축하였다.

괴테와 사우어의 연결고리는 이분법적 사고의 틀을 넘어선 종합적 일원론에서도 확인할 수 있다. 특히 유기체와 환경의 관계를 구조화된 전체로 파악하는 점에서 그러하다. 전체를 구성하는 각 부분은 상호의존적인데, 빛과 어둠, 주체와 객체, 육체와 마음처럼 인간과 자연도 양극에 서 있지만 공존하는 실체였다. 인간과 자연이 이원적으로 존재하는 가운데 일체가 되는 변증법의 표현이 다름 아닌 '경관'이었다.

기본적인 생각과 철학이 그러한 만큼 사우어의 현상과 경관에 기초한 지리학 방법론은 자연히 선험적인 구도를 부정하고 철저한 관찰 본위의 방법론을 수반하게 마련이었다. 현장 중심적이고 귀납적이며 현실적이었던 것이다. 도서관에 소장된 문헌만을 뒤적여 얽어내는 이른바 짜집기식 연구는 그의 성향에 맞지 않았다. 또한 통계수치를 맹신하는 지리학을 조롱하였다. 엄밀한 수치데이터는 계량지리학에 절실히 요구되지만 고도의 기법을 이용하여 숫자를 수단보다는 오히려 목적으로 활용하는 데에는 반대하였다. 얼마만한 작물을 심느냐 하는 것보다는 어떻게 심고 왜 그 작물을 심는지의 문제가 더 중요하다는 것이다. 특히 역사기록과 같이 이미 지나버린 시기의 자료는 불완전하고 사실 확인이 곤란하기 때문에 기법만으로 진실에 접근한다는 것은 애초부터 무리라는 것이 그의 일관된 주장이었다.

문서자료에 의미를 부여하기 전에 반드시 현장을 답사하고 대조하면서 신뢰도를 높여나가는 노동집약적인 지리학을 추구하게 된 것은 어쩌면 당연한 귀결인지 모른다. 한 지역에 대한 전문적인 식견은 친밀감에서 비롯되며, 장소에 대한 친밀감은 일상적인 경험과는 다른 신체적이고 영적인 체험, 즉 답사를 통해서 배양될 수 있다고 보았다. 물론 추론이 필요할 때면 그 자신도 연역적인 방법에 귀를 기울였다. 사우어가 다른 사람과 차이가 있다면 일차자료에 대한 철저한 분석, 치밀한 현장관찰, 기발한 상상력, 지리적 감성이 종합된 현실적이고 설득력 있는 가설과 모델을 만들어내는 탁월한 능력이라고 하겠다. 그의 모델은 가장 초보적인 수준의 분포도로 정리되곤 하였다. 자신은 지도를 잘 그리지 못한다고 고백하면서도 사물이 있고 없는 문제와 함께 그것이 연속적인지 단속적인지 지도상에서 확인하는 일은 문제의 본질을 깨칠 수 있는 첩경이라고 믿었기 때문이다.

역사와 문화를 관통하다

사우어가 머릿속에 구상하고 있던 지리적 세계관은 지역, 문화, 역사, 생태적인 틀 안에서 정리되어 여러 편의 논문과 단행본으로 발표되었다. 먼저, 사우어의 지역연구는 결정론적 사고로부터의 도피를 위한 포석이었다. 지리학 발달 초기를 돌아보면 자연환경이 인간의 모든 활동을 규정한다는 생각이 지배적이었다. 기후가 문명형성의 직접적인 원인이라는 헌팅턴(E. Huntington)의 극단적인 주장을 비롯해 셈플(E. Semple)의 환경영향론 등이 일세를 풍미하였는데, 이를 극복하지 않고서 지리학의 체계화를 도모한다는 것은 극히 어려운 일이었다. 1920년대와 30년대 지리학의 정체성 논의가 분분하였던 것도 따지고 보면 인과론적인 환경론에 종지부를 찍고 새로운 방향으로 나아가기 위한 몸부림이었다. 사우어 자신은 공허한 정체성 논의보다는 실질적인 측면에서 리히트호펜(F. Richthofen)의 지역지(chorology) 전통을 수용하여 강의와 저술에 활용하는 적극적인 대응으로 일관하였다. 지리학을 지역지리의 패턴과 프로세스를 연구하는 학문으로 재정립하였던 것이다.

사우어의 지역지리는 미주리주 오자크 고원의 토지이용에 관한 학위논문을 작성하면서 초석이 놓이고 미시간대학에서 보낸 1920년대에 틀이 잡혀가는데, 1924년에 발표한 「지역조사의 방법과 목적」이라는 논문을 통해 입장을 정리하였다. 여기서 사우어는 인간의 토지이용 방식에 대한 더 많은 관심이 필요하며, 통계는 복잡하지 않은 초보적인 선에서 활용되어야 하고 연구결과는 향후의 정책수립에 활용될 수 있어야 한다고 역설하였다. 자신을 시골에서 자란 촌뜨기라고 거리낌없이 말하는 사우어는 천성적으로 농민에 대한 강한 애착을 가지고 있었다. 서부를 대표하는 도시에 살고 있지만 캠퍼스 주변의 빌딩 숲보다는 농촌에 있을 때 편안하였다. 제자들에게도 될 수 있으면 캘리포니아 이외의 지역을 사례로 학위논문을 작성하도록 요청하였다. 다른 문화를 접하면서 지적인 탐험과 비교연구의 기회를 가질 수 있는 장점을 잘 알고 있었기 때문이다. 사우어 자신은 멕시코를 비롯한 중남미지역에 관심이 많아 학기가 끝난 뒤에는 항상 제자들을 이끌고 현지를 답사하였으며, 연구결과는 인류학과의 크뢰버(A. Kroeber)와 함께 창간한 중남미지역 전문 학회지(Ibero-Americana)에 발표하였다.

사우어의 두번째 관심분야는 1925년에 발표되어 현재 문화지리학의 고전으로 자리잡은 「경관의 형태학」이라는 논문으로 집약될 수 있다. 크뢰버 같은 저명한 인류학자와의 교류가 계기가 되었는지, 사우어 지리학의 키워드는 언제나 '문화'였다. 그는 인간과 자연의 관계에서 수동적이고 나약하게 묘사된 인간을 대신할 개념으로 문화를 선택하였던 것인데, 여기에 다양한 이론을 접목시켜 문화지리학 분야를 개척하였다. 실제 연구에서는 문화집단의 생활양식, 특히 지역문화의 물질적이고 가시적인 표현인 문화경관에 초점을 맞추었다. 사우어의 문화경관은 자연경관을 원료로 문화와 시간이라는 동인(動因)이 매개하여 이룩한 결과로 파악할 수 있다. 문화와 경관을 요체로 하는 사우어의 문화지리학은 언뜻 보기에 슐뤼터(O. Schluter)의 경관학과 유사한 측면이 있으나, 추가적으로 시간적인 틀이 중시된다는 점에서 차이가 있다. 정적인 문화경관보다는 시간과 공간의 행렬에서 파악한 문화경관의 변천이 중요한 연구대상이었던 것이다. 그런 의미에서 사우어의 문화지리학은 문화사(culture history)로 불리기도 한다.

『스페인의 초기 신대륙 식민지』를 비롯해 북미대륙과 관련된 세 편의 저술은 사우어의 또 다른 관심분야인 역사지리적 방법론에 입각해 쓰여졌다. 일찍이 칸트(I. Kant)는 시간과 공간을 역사학과 지리학의 독립적인 연구분야로 양분한 일이 있다. 가능하면 다른 학문의 영역을 침범하지 않는 양보의 관행이 한동안 계속되었고 결과적으로 양자는 각각 비공간적이고 비역사적인 학문으로 전락하여 침체의 늪에서 헤어날 수 없었다. 그로부터 오랜 시간이 지난 1940년 12월, 미국지리학회의 연례회의가 루이지애나주 배턴루지에서 열렸다. 사우어의 회장연설은 각 지역이 가진 개성과 지역 간의 차이를 연구하는 것이 '지리학의 본질'이라고 주장한 핫숀(R. Hartshorne)을 비판하는 데 많은 부분을 할애하였다. 미국 중서부대학과 버클리학파의 감정싸움으로까지 비화된 이 논쟁에서 사우어는 분분한 개념논의로 지리학의 혼란을 가중시키거나 칸트가 강조한 비역사적이고 무미건조한 지역연구를 지향해서는 안 된다는 논지를 폈다. 사우어의 원고는 다음해 「역사지리학 서설」이라는 제목의 논문으로 출간되었으며, 이를 계기로 과거의 지리를 복원하는 역사지리학이 제자리를 찾게 되었다.

야생식물의 작물화와 야생동물의 가축화를 일컬어 도메스티케이션이라고 부른다. 농업문화의 기원 및 전파와 관련된 문제이기 때문에 문화지리학의 주요 연구주제 가운데 하나이다. 사우어는 시카고대학 시절 콜스(H. Cowles) 교수에게 수강했던 생태학 강의를 통해 이 분야에 관심을 갖기 시작했으며, 앤더슨(E. Anderson) 같은 저명한 식물학자와 친분을 나누면서 전문적인 식견을 쌓을 수 있었다. 중남미 여러 지역을 돌아보면서 목격한 다양한 작물과 가축에 대한 호기심은 사우어를 더욱 자극하였다. 그가 평소에 품고 있던 생각은 1952년 컬럼비아대학에서 미국지리학회의 데일리상 수상자 자격으로 갖게 된 특별강연을 통해 구체화되었다. 당시 62세로 고령이었던 사우어의 강의는 농업의 기원과 전파에 관한 내용으로 채워졌다. 재미있는 사실은 제시된 모델이 연역적 방법론을 배격해온 사우어의 지론을 버리고 순수하게 추론과 가설에 입각해 수립되었다는 것이다.

구체적으로 도메스티케이션은 식량문제가 어느 정도 해결된 상태에서 여가활동으로 진행되었으며, 지형과 기후가 다양하여 유전자 풀이 풍부한 지역에서 발생하였고, 방수와 수리관개를 위한 설비를 축조하는 데 많은 에너지가 투여되는 범람원보다는 구릉지 혹은 산지에서 시작되었다고 사우어는 믿었다. 또한 기경이 어려운 초지보다는 삼림지대가 유리하며 식물의 순화에 대한 개념이 서 있지 않은 이주민이 주도한 것은 아니고, 대신 작물재배에 관심을 쏟을 수 있는 정착민에 의해 출발했을 것이라는 여섯 가지 가정을 토대로 동남아시아와 남미북서부의 내수면어업 사회를 각각 구대륙과 신대륙의 농경기원지로 지목하였다. 그러나 문화는 기원지에서 발생하여 주변으로 퍼져나간다고 믿는 사우어에게 지세와 생물체가 다양하고, 건기와 우기가 반복되는 온화한 몬순기후를 가지며, 하천이 많아 어로집단의 활동이 활발하고, 육로와 수로교통의 중심에 위치하여 여러 가지 유리한 조건을 갖추고 있는 동남아시아가 실질적인 농업문화의 요람이었다. 신대륙은 이로부터 영향을 받았다고 조심스럽게 추측하였다. 사우어의 강연원고는 『농업의 기원과 전파』라는 짧고 알찬 내용의 책자로 정리되었으며, 출간 직후부터 많은 논란을 불러 일으켰다.

인간에 의한 환경파괴의 실상은 일찍이 마쉬(G.P. Marsh)가 1864년에 출간한 『인간과 자연』이라는 책을 통해 적나라하게 고발되었다. 환경문제를 문화생태의 관점에서 재조명하는 일은 사우어의 몫으로 남았다. 사우어는 미시간대학에서 하계 답사캠프를 운영하고 토지이용에 관한 조사를 진행하면서 마주친 황폐한 삼림에서 인간에 의한 환경파괴의 심각성을 인식하게 되었다. 버클리로 이주한 뒤에도 농학과의 원트럽(S. von Wantrup) 교수와 자연자원의 보존에 관한 세미나를 5년간 공동으로 진행하면서 환경에 대한 관심을 계속 유지하였다. 때마침 1953년에는 워너그린재단 인류학연구소장의 자문으로 있던 토머스(W. Thomas)로부터 인간이 환경에 미친 영향에 관한 주제로 열릴 컨퍼런스의 조직위원장을 맡아달라는 제안이 날아들었다. 사우어는 평소부터 깊은 관심을 두고 있던 주제인 터라 흔쾌히 승낙하였고 1954년 열리기로 예정된 회의를 1년 뒤로 미루면서 준비를 철저히 하였다. 심포지엄은 1955년 6월 16일에서 22일까지 여러 분야의 학자가 참석한 가운데 뉴저지주 프린스턴에서 개최되었다. 인간에 의한 환경파괴의 문제를 지적한 마쉬를 추모하여 '마쉬축제'로도 불린 심포지엄은 성황리에 막을 내렸으며, 발표문은 두 권의 책으로 출간되어 환경사 분야의 필독서가 되었다. 사우어 자신도 환경변화의 동인(human agency)으로서 인간을 이해할 필요가 있다는 취지의 의미 있는 논문을 발표하였는데, 늘어나는 인구, 거주공간의 확대, 빠른 속도로 진행되는 기술발전이 환경에 미칠 엄청난 영향을 경고하고 있다.

철저한 분석과 글쓰기 훈련을 바탕으로

사우어가 미시간에서 캘리포니아로 이주할 때 동행한 레일리(J. Leighly)는 그가 공식적으로 배출한 첫 박사이다. 레일리를 필두로 사우어는 정년까지 모두 37명의 박사를 지도하였는데, 손스웨이트(W. Thornswaite, 1930), 니펜(F. Kniffen, 1930), 스펜서(J. Spencer, 1936), 케슬리(J. Kesseli, 1938), 카터(G. Carter, 1942), 클라크(A. Clark, 1944), 웨스트(R. West, 1946), 파슨스(J. Parsons, 1948), 프라이스(E. Price, 1950), 로스틀런드(E. Rostlund, 1951), 젤린스키(W. Zelinsky, 1953), 와그너(P. Wagner, 1953), 애쉬만(H. Aschmann, 1954), 소퍼(D. Sopher, 1954), 조한센(C. Johannessen, 1959), 마이크셀(M. Mikesell, 1959) 등 지리학자라면 이름만 들어도 고개를 끄덕이게 되는 무게 있는 인물 일색이다. 이들은 각 지역을 대표하는 명문대학으로 진출해 사우어의 지역지리, 역사지리, 문화지리, 환경 연구의 전통을 계승한 버클리학파의 구성원이었다.

사우어는 제자를 세미나에서 철저히 훈련시켰던 것으로 전해진다. 그의 생각으로 세미나는 교수와 학생이 참여한 가운데 이미 완료되었거나 진행중인 혹은 계획하고 있는 연구주제에 대해 의견을 나누는 즐거운 시간이다. 기존의 가설과 이론이 지닌 맹점을 발견하고 새로운 아이디어를 쏟아낼 수 있는 발전적인 토론의 장이기 때문이다. 세미나는 지식의 영역을 확대하는 실험실인 동시에 프로연구자로 지리학에 발을 내딛는 신참자의 흥미를 유발시키는 긍정적인 기능을 수행한다고 보았다. 참석자의 입장에서도 자신의 생각을 명료하게 정리하여 효과적으로 전달하는 방법을 훈련하고 나아가 독자적인 접근방법을 정립할 수 있는 절호의 기회라 하겠다. 사우어의 세미나는 토의내용에 대한 전체적인 윤곽을 소개하고, 관련된 문헌을 읽고 비판하여 새로운 해석을 이끌어내며, 연구주제를 정해 심층적으로 조사하는 세 단계로 이루어졌다.

사우어는 기존의 연구성과를 액면 그대로 받아들이지 말고 철저히 분석하여 취사선택하도록 주지시켰다. 학생들이 좀더 비판적으로 현상을 바라보기를 기대하였던 것이다. 그리고 해당 분야의 중요한 논문이라면 비록 외국어로 쓰여진 것이라 하더라도 분담시켜 요약·정리하도록 하였는데, 제자들에게는 상당한 중압감을 안겨다주었을 뿐만 아니라 강한 성취의욕을 함께 불러일으켰다. 제자들 사이에 사우어는 박사 중의 박사라는 뜻에서 붙인 'Doc(tor)'으로 통하였다. 교육자로서 사우어는 제자에게 필요한 것을 가져다 채워주기보다는 오히려 기다리는 사람을 암암리에 무시함으로써 교육적인 효과를 거둘 수 있었다. 적극적인 제자에 대해 호감을 보이고 격려하는 스타일이었던 것이다. 안일한 생각으로 세미나에 임했다가 사우어로부터 한 번의 주목도 받지 못하고 중도에서 포기하는 학생도 있었다. 그러나 문제의식을 갖고 접근하는 학생들은 그로부터 쏟아지는 질문에 행복해하고 때로는 자신이 생각하지 못한 문제해결 방안을 전해듣기도 하는 친밀한 관계를 이어갈 수 있었다. 교수와 제자 간의 교감은 이렇게 일상생활 속에서 학문에 대한 호기심을 매개로 성립되었던 것이다.

사우어는 자신의 방법론과 관심분야를 맹목적으로 따라오는 것을 달갑게 여기지 않았으며, 비판의식을 높이 샀다. 연구보고서를 작성하는 단계에서는 지적인 능력을 총동원하여 상식적인 해석을 넘어선 새로운 해결책을 찾아보도록 압력을 가했다. 철저한 훈련을 거친 제자라야 자기 앞길을 스스로 개척할 수 있고 그 분야에서 최고로 성장할 수 있을 것으로 믿었기 때문이다.

학생들은 세미나실에서 배우는 것 이상으로 사우어의 발로 뛰는 지리학을 직접 경험함으로써 얻는 것이 많았다. 사우어 자신도 지리학은 강의실보다는 야외에서 시작된다는 점을 항상 강조하였으며 실제로 한 해에 적어도 4~5주는 밖에서 보냈다. 학생들은 답사를 나가면 사우어의 입심 좋은 설명을 듣기 위해 그의 낡은 뷰익승용차에 동승하기를 바랐다. 현지에서는 그가 지역주민들로부터 원하는 정보를 능수능란하게 얻어내는 특유의 수완에 감탄하지 않을 수 없었다. 사우어는 제자들에게 강의를 배분하여 세미나와 현장답사에서 체득한 지리지식을 학생들에게 되돌려주도록 하는 한편, 연구결과를 학교의 저널(University of California Publications in Geography)에 발표하게 하여 글쓰는 학자로서의 훈련도 게을리하지 않았다.

정체성 논의는 고립을 부른다

한 개인의 업적을 평가한다는 것은 극히 어려운 문제이다. 당사자가 생애를 투자해 노력한 흔적은 이력서에 기록이 되고 행정업무의 처리과정은 일지에 남는다고 하더라도 수업시간에 일어나는 교수활동과 일상적인 대면을 통해 학생들에게 미친 영향력은 기록에 남거나 객관적으로 평가될 성질의 것이 아니기 때문이다. 그러나 사우어가 지리학의 발전을 위해 노력한 공적만큼은 뚜렷한 흔적으로 남아 있다. 무엇보다 사우어는 정체성 논의를 지리학의 고립을 자초하는 행태라 하여 강도 높게 비난하였다. 지리학은 곧 지리학자가 관심을 갖고 추구하는 분야로 인접 학문간 관련된 지식과 정보를 서로 주고받을 때 진정한 발전을 도모할 수 있다는 기본적인 생각을 갖고 있었기 때문이다. 인접분야를 개척하지 않고서 지리학의 지평을 확대한다는 것은 불가능하다는 것을 어느 누구보다도 잘 알고 있었던 것이다.

사우어는 지워지지 않는 흔적을 남기고 우리 곁을 떠났다. 그가 떠난 자리에는 지리학의 미래에 대한 많은 질문이 쏟아져나오고 있고 사우어식 해답은 그의 제자, 그 제자의 제자를 통해 계속해서 모색되고 있다. 프런티어는 이미 정복되었다기보다는 지금도 개척되고 있는 중인 모양이다.

지리학은 크게 지형, 기후, 식생, 토양 등 자연환경을 다루는 자연지리학과 도시, 경제, 취락, 문화, 역사, 인구 등 인문환경을 다루는 인문지리학으로 나뉜다. 현재 지리학의 전문화 경향은 대세로 굳어져가고 있다. 한 분야의 전문가는 많지만 인접한 분과의 연구동향을 소상히 알고 있는 지리학자는 찾아보기 힘들다. 지역지리의 종합을 궁극의 목표로 하고 있는 지리학에서는 자연과 인문 양 분야에 정통한 또 한 명의 사우어를 애타게 기다리고 있다.

홍금수 고려대학교 지리교육과를 졸업하고 같은 대학교 대학원에서 문학석사, 미국 루이지애나 주립대학교에서 철학박사 학위를 받았다. 경희대, 고려대, 동덕여대, 상명대, 성신여대, 이화여대 강사를 역임한 후, 현재 고려대학교 사범대학 지리교육과 조교수로 재직 중이다. 저서로는 『용인의 역사지리』(공저), 영역서로는 『Maps of Korea』, 논문으로는 「18, 19세기 줄포만의 자염」, 「18~20세기 교하지역의 토지이용」, 「일제강점기 경성의 공업」, 「Toward a New Historical Geography」, 「The Poetics and Politics of Culture」, 「American Towns on Latin Land」 등이 있다.

용어와 개념 풀이

도메스티케이션 domestication
농업의 기원을 논할 때 자주 언급되는 개념으로 경우에 따라 순화(馴化)로 번역하기도 하지만 정확하게는 '야생식물의 작물화'와 '야생동물의 가축화'를 동시에 의미한다. 수렵·어로·채집에 기초한 경제활동 단계에서 정착농경과 문명의 출현을 예고하는 하나의 사건이기 때문에 깊이 있는 연구가 진행되고 있는데, 원인과 전개과정을 둘러싸고 해석이 분분하다. 지리학에서는 작물과 가축의 기원지를 비정하고 이들의 전파경로를 파악하는 데 관심을 두고 접근한다.

문화산업 culture industry
문화산업은 현재 문화적 자원을 경제적인 목적을 위해 활용하는 마케팅분야의 활동으로 소개되고 있으나, 원래는 프랑크푸르트학파의 문화비판에서 파생된 용어로 음악, 영상, 방송 등 문화적 코드를 생산하여 대중의 문화인식을 좌우하는 고도의 산업을 지칭한다. 그들은 권력층이 정치적인 의도에서 문화산업을 선전의 도구로 활용하여 대중을 일차원적 인간으로 만들고자 한다고 공격하였다. 현재 문화산업은 사회·문화·경제적 가치는 분리될 수 없다는 기본적인 인식에서 문화적 표상과 의미의 생산, 유통, 소비를 책임지고 있다. 문화산업은 텍스트, 의미, 표상, 이미지를 조작하여 대중의 사고, 감정, 가치를 통제할 수 있는 문화적인 헤게모니를 장악하여 이를 경제적인 가치로 연결시키고자 한다. 사회적으로 표출되는 모순과 저항조차 문화적인 취향의 차이에 기인한 현상으로 바라보고 그와 같은 차별적인 성향을 만족시킬 수 있는 새로운 문화상품을 만들어낸다

문화전쟁 culture war
이념, 종교, 성, 계층, 인종, 민족 등 정체성과 사회적인 가치의 차이에 기인한 이해 당사자의 대립을 의미한다. 정치경제에 기초한 사회에서는 영토, 경제, 군사적 측면의 전선이 형성되지만, 문화적 전환의 시기에 접어들면서 문화해석을 놓고 강자와 약자, 우리(Us)와 타자(Other)가 문화정치의 현장에서 치열한 주도권 싸움을 벌이고 있다. 갈등이 증폭될 경우 문명 간의 충돌로 이어질 수 있다는 경고가 나오기도 하지만 다소 과장된 측면이 없지 않다.

문화지리학 cultural geography
문화속성을 지역의 관점에서 해석하고 설명하는 인문지리의 한 분야로 문화, 문화지역, 문화전파, 문화생태, 문화경관, 문화사의 6대 주제를 탐구의 대상으로 한다.

신문화지리학 new cultural geography
1970년대 중반 영국과 미국의 소장학자를 중심으로 일기 시작한 문화인식의 새로운 조류이자 '전통' 문화지리학에 대한 비판운동이다. 지리학의 독립된 연구분과를 지칭하는 것은 아니다. 비판그룹은 사우어의 버클리학파가 문화에 '초유기체'의 지위를 부여하여 결정론적 사고를 조장한 나머지 다분히 가치함의적이고 역동적일 수 있는 문화인식의 통로를 가로막았다고 지적하였다. 피상적인 문화현상에 집착하기보다는 문화를 둘러싼 가치, 상징, 이념, 기호, 권력, 표상, 의미의 문제를 심도 있게 천착하여 이들의 공간적인 표현양식을 지리적으로 해석하는 한편 그동안 관심 밖에 있던 약자의 입장도 고려해야 한다는 입장이다.

역사지리학 historical geography
역사학과 지리학의 접목을 지향하는 인문지리 분야로서 시간, 공간, 주제로 구성된 3차원의 매트릭스에서 과거의 경관을 복원하는 연구를 진행한다. 역사지리 연구는 문헌 및 야외답사에서 습득한 각종 1, 2차 자료를 토대로 하며, 자료의 양과 질에 근거하여 하나 이상의 시간단면을 정하고 이를 기준으로 과거에서 현재 혹은 현재에서 과거의 방향으로 시간 속에 묻혀진 지리를 복원해나간다. 최근에는 통계 프로그램과 지리정보시스템(GIS)을 폭넓게 활용하여 보다 입체적인 방식으로 연구를 진행하고 있다.

인류지리학 anthropogeography
독일의 지리학자인 라첼(F. Ratzel, 1844~1904)의 학문적 전통과 연결되는 초기 근대지리학의 유파로, 사회 혹은 문화와 자연의 관계를 과학적으로 분석했던 것으로 인정된다. 자연환경의 제약을 다소 강조한 나머지 결정론적 시각이 다분하다고 비판을 받았으며, 후에 국가를 유기체로 보고 생활공간의 확대를 정당화하여 나치 독일의 영토확장 정책을 뒷받침했다는 부정적인 평가를 받고 있다.

지역지 chorology
지역 연구의 한 전통으로 멀게는 로마의 스트라보(Strabo, 기원전 64~기원후 20)로까지 기원이 소급되며 독일의 지질학자인 리히트호펜(F. Richthofen, 1833~1905)에 의해 정립되었다. 특정 영역에 관계된 제반 현상을 평면적으로 기술하던 일반 지지(地誌)와 달리 지역지는 계통적인 지역연구를 지향하여 한 지역 안에서 인과관계의 고리를 찾고 해명하여 지역성을 규명하는 데 힘쓰고 있다.

포스트모던 경관 postmodern landscape
포스트모더니즘은 철학을 포함한 인문학은 물론 사회과학과 일반 예술분야에서 새롭게 제기되고 있는 인식체계로서 객관적인 실체를 부인하고 모든 사물과 현상을 상대적인 관점에서 파악하려는 태도이기도 하다. 무질서하고 단편적이며 차별적이고 이질적인 탈근대의 경관은 최근 지리학에서 문화의 '텍스트'로 인정되어 현상학, 기호학, 구조주의, 페미니즘, 탈식민주의의 관점에서 다각적으로 분석되고 있다.

환경론 environmentalism
환경과 인간의 관계에 대한 담론으로, 신의 질서정연한 천지창조의 연장선에서 양자가 조화롭게 공존한다는 목적론, 자연환경의 절대적인 영향을 강조하는 결정론, 인간을 자연 위에 군림하는 존재로 파악하는 환경변화의 동인론, 자연에 대한 인지와 태도에 의미를 부여하는 환경인식론 등의 이해 방식이 있다.

환경사 environmental history
자연환경과 관련된 제반 문제를 역사의 흐름 속에서 규명하는 학제 간 연구의 전통으로 특히 환경의 변화와 이용에 관심을 둔다. 역사시대 이래 진행된 환경변화의 증거는 삼림, 토양, 하천, 동식물, 해안, 기후, 대기 등에서 찾을 수 있으며 이를 소재로 한 밀도 있는 연구가 진행되고 있다. 제고된 관심의 결과 세계 각 지역의 사례가 속속 소개되고 있는데, 소지역 단위로 보면 도시와 농촌, 시간적으로는 고고학 유물과 유적이 남아 있는 선사시대, 인구증가와 농업발달이 뚜렷해지는 중세기, 세계 자본주의체제가 발을 내딛는 15세기 말 이후, 도시화와 공업화가 빠르게 진행되는 산업혁명 이후의 근대 및 현대에 걸쳐 연구가 진행되고 있다. 최근에는 환경이 자본축적의 수단으로 전락되어 인간사회가 심각한 파괴의 국면에 당면하고 있다는 인식이 커지면서 윤리·도덕적인 성찰의 바람이 불고 있다.

칼 사우어는 말한다

- 지리학이 좋아서 찾아온 모든 사람들이 공유하고 있는 한 가지를 든다면 그것은 지도를 좋아한다는 사실일 것이다. 다른 무엇보다도 바로 이 점이 중요하다고 생각하는데, 실제로 내가 훌륭한 지리학자로 기억하고 있는 사람은 모두 지도를 좋아하였고 그 지도를 언어로 표현할 수 있는 능력이 뛰어났다. 지도는 우리의 공통언어이다. 어린이들은 지도를 좋아한다. 그들은 진정으로 지도를 사랑한다. 지리학은 본능과도 같은 흥미에서 출발한다. ―『지리학의 특성』중에서

- 세미나와 야외조사는 지식을 교류하는 최상의 방법이다. 관찰하고 대안이 될 만한 가설을 주고받을 수 있으며 나아가 참신하고 설득력 있는 아이디어를 얻기도 한다. 진지한 토의과정에서 문제에 대한 이해가 빨라지고, 아무도 예상하지 못했던 번득이는 해답을 얻을 수 있으며, 제시된 증거를 기존의 방식과는 전혀 다르게 배열할 수 있는 안목도 생긴다. 지적으로 성숙한 젊은이들 속에서 그러한 기회를 누릴 수 있다는 것은 학자에게 희망과 기쁨이 함께 하는 최고의 순간일 것이다. 세미나는 젊은이들의 호기심을 자극하고 한데 모아야 한다. 세미나는 이미 알려진 것을 탐구하는 것은 아니다. 우리는 대학원 학생들을 지식의 변경까지 몰고가 경계를 뛰어넘어 계속 전진할 수 있는 방법을 생각해보라고 독려해야 한다. 세미나는 탐험가의 기질을 개발하고 알려지지 않은 것을 발견하는 대화의 장이다. ―『탐험으로서의 세미나』중에서

- 학생을 가르치는 것은 묘목을 심고 가꾸는 것과 같다. 가장 중요한 것은 나무가 곧게 자랄 수 있도록 바탕을 잘 다져주는 일이다. 이후에는 어린 나무가 마음껏 자랄 수 있도록 간섭하지 말고 옆에서 지켜보면 족하다. ―『사우어 교수를 회고하며』중에서

- 만약에 역사가 국경이라는 틀에 얽매어 고통을 받았다고 한다면 인간의 지성은 정치적 굴레에서 신음해야 했다. 우리가 생각하는 것과 달리 신대륙 인디언의 농업은 결코 낙후되지 않았다. 원주민들은 다양한 기후에 적합한 작물을 재배하였으며 백인들이 이주해왔다고 해서 상황이 비약적으로 좋아진 것은 결코 아니었다. 원주민의 농업체계는 상당히 효율적이었으며 토양에 전혀 무리를 주지 않는 건전한 것이었다. ―『농업의 신대륙 전파』중에서

- 인문지리학에서는 인간을 자신이 소유한 기술을 가지고 원하는 방향으로 환경을 이용하고 변화시킬 수 있는 동인으로 설명한다. 우리는 인간이 무한한 자연을 호령할 수 있는 주체가 아님을 너무도 잘 알고 있다. 과학기술의 힘을 믿고 자연에 개입함으로써 인간은 자신의 생존에 위기를 자초하고 있다.―『지리학의 네번째 차원』중에서

- 우리에게 지금 필요한 것은 후손들이 아름다운 지구를 유산으로 물려받을 수 있도록 배려하는 환경윤리이다. ―『환경변화의 동인』중에서

더 읽어야 할 책들

Carl Sauer, *The Early Spanish Main*, Berkeley: University of California Press, 1966.

_____, *Northern Mists*, Berkeley: University of California Press, 1968.

_____, *Seeds, Spades, Hearths, and Herds: The domestication of animals and foodstuffs*, Cambridge: MIT Press, 1969.

_____, *Sixteenth Century North America: The land and the people as seen by the Europeans*, Berkeley: University of California Press, 1971.

_____, "The Geography of the Ozark Highland of Missouri," *Bulletin of the Geographic Society of Chicago 7*, Chicago: University of Chicago Press, 1920.

_____, "The Survey Method in Geography and Its Objectives," *Annals of the Association of American Geographers 14*, pp.17~33, 1924.

_____, "The Morphology of Landscape," *University of California Publications in Geography 2*, pp.19~53, 1925.

_____, "Preliminary Report to the Land-Use Committee on Land Resource and Land Use in Relation to Public Policy," *Report of the Science Advisory Board*, 1933~34, pp.165~260, 1934.

_____, "Foreword to Historical Geography," *Annals of the Association of American Geographers 31*, pp.1~24, 1941.

_____, "A Geographic Sketch of Early Man in America," *Geographical Review 34*, pp.529~573, 1944.

_____, "Man's Dominance by Use of Fire," *Geoscience and Man 10*, pp.1~13. 1976: "The Seminar as Exploration," *Historical Geography Newsletter 6*, pp.31~34, 1975.

_____, "European Backgrounds of American Agricultural Settlement," *Historical Geography 6*, pp.35~57, 1976.

아르준 아파두라이 *Arjun Appadurai*

탈지역화가 새로운 지역화를 만든다

오명석 서울대 교수·문화인류학

세계화에 대한 아파두라이의 접근

인도 출신의 인류학자로 현재 시카고대학 교수인 아파두라이는 세계화 과정의 문화적 역동성에 주목하면서 탈국가론을 제시한 학자로 잘 알려져 있다. 그는 세계화 과정이 국제자본의 이동이나 국제기구의 형성과 같은 경제적, 정치적인 측면뿐 아니라, 이미지와 '상상'이 국가의 경계를 넘나들며 새로운 정체성을 형성하고 일상적 삶을 변화시키는 문화적 측면을 지니고 있음에 주목하였다.

그는 근대 이후 사람들의 삶에 막대한 영향을 미쳐왔던 국민국가(nation-state)라는 제도적, 관념적 틀이 현재 심각한 위기에 처해 있다고 진단하면서, 현대 세계의 특징을 '지구적 현대'(global modern)라는 개념을 통해 이해할 것을 제안한다.

세계화 과정에 대한 아파두라이의 접근방식은 문화적 또는 국가적 경계를 넘어서서 움직이는 다양한 흐름의 성격과 관계를 파악하는 것으로, 이러한 흐름을 다섯 가지의 영역으로 구분하여 제시하고 있다.

1) 민족지형(ethnoscapes), 2) 기술지형(technoscapes), 3) 금융지형(financescapes), 4) 미디어지형(mediascapes), 5) 이념지형(ideoscapes).

여기서 '-지형'(地形, -scape)이란 접미사가 사용된 의도는 이들 영역들이 고정된 모습을 띠는 것이 아니고, 다양한 주체들의 행위에 의해 변모하는 유동적인 양태를 갖고 있음을 지적하기 위한 것이다. 위에서 제시된 다섯 가지의 지형들은 각각 사람, 기술, 자본, 이미지와 정보, 정치적 이념들이 끊임

> 세계화를 중심국의 문화가 주변국으로 일방적으로 확산되는 과정이 아니고, 다양한 지역과 국가, 그리고 초국가적 조직 사이의 상호작용을 수반하는 과정으로 파악한다. 그는 초국가적인 연대와 거버넌스가 앞으로 보다 중요한 역할을 수행할 것으로 기대하고 있다.

없이 움직이며 그 관계가 변화하는 영역을 가리킨다. 예를 들어, 민족지형은 관광객, 이민자, 망명객, 피난민, 이주노동자들의 이동에 의해 인구의 구성과 관계가 변화하는 지형이다.

아파두라이는 오늘날의 지구적 흐름(global flow)이 이들 지형 간에 괴리가 심화되는 상황에서 이루어진다는 점에서 과거와는 구분되는 특징적인 모습을 찾고 있다. 이러한 괴리는 사람, 기술, 자본, 이미지와 이념의 흐름이 각각 서로 다른 속도와 상이한 기원과 종착점을 갖는 이질적인 궤적을 보이는 데에서 발생한다. 다양한 흐름들 간의 괴리와 착종을 수반하는 세계화는 따라서 일부 학자들이 주장하듯이 문화적 동질화의 과정이 아니며 매우 복잡한 양상으로 나타나게 된다.

아파두라이는 세계화 시대의 문화적 역동성과 관련하여 상상의 역할을 강조한다. 그에 의하면 상상은 현대 세계에서 중요한 사회적 힘으로 작동하며, 현대적 주체성을 구성하는 요소이다. 앤더슨(B. Anderson)이 현대 국가를 '상상의 정치공동체'로 규정하였던 논리를 확대하면서, 아파두라이는 상상이 현대적 국민국가에 대한 대안을 창출하는 새로운 통로가 되고 있음을 주장한다.

현대 사회에서의 상상은 대중매체를 통해 유통되는 이미지와 정보, 상품의 소비를 통해 체득되는 취향, 스타일, 정서를 통해 형성되며, 전세계 사람들의 일상적 삶의 일부가 되고 있다는 점에서 보다 광범위한 영향력을 갖는다.

대중문화는 실천적 기반이다

대중문화는 현실로부터의 탈출이라는 환상을 불러일으킨다고 주장하는 프랑크푸르트 학파를 위시한 마르크스주의 문화비판가의 입장과 거리를 두면서, 아파두라이는 대중문화에 의해 촉발된 대중적 상상이 환상과는 달리 구체적 일상을 변화시키는 새로운 실천을 가능케 하는 기반이 된다는 점에서 긍정적 평가를 내리고 있다. 또한 이러한 상상의 공유에 의해 형성되는 집단 의식은 초국가적 또는 탈국가적 성격을 갖는 것으로 국민국가의 구속을 벗어나서 보다 코스모폴리탄적인 세계를 만드는 데 기여할 수 있다는 것이다.

인제대학부설 국제올림픽문화교류연구소 학술대회에 참여한 아파두라이.

현대 세계에서 상상이 작동하는 방식과 관련하여 아파두라이가 특히 주목하고 있는 현상은 대중매체의 급격한 발전과 디아스포라(diaspora : 이민자, 망명객, 피난민, 이주노동자 등) 집단의 규모가 전세계적으로 확대되고 있다는 것이다. 앞에서 제시한 다섯 가지 지형 중 미디어지형과 민족지형에서 발생하는 변화라고 할 수 있는데, 그가 이 현상을 중요시하는 이유는 양자 모두 국가의 경계를 넘어서서 '탈지역화된 문화'(deterritorialized culture)를 유통시키고 매개하는 데 주요한 기제가 되고 있다는 점에서이다. 대중매체는 인쇄매체로부터 전자매체(텔레비전, 영화, 인터넷)에 이르기까지 다양한 방식에 의해서 전세계의 일반 대중에게 공통된 이미지와 이야기의 레퍼토리를 제공하며, 이들의 취향, 정서, 스타일, 꿈을 형성하고 변화시키는 데 주요한 수단이 되고 있다. 전자매체는 기존의 미디어 영역에 혁신적인 방법을 도입함으로써 시공간의 장벽을 뛰어넘어 사람들이 자신과 세계를 상상하는 방식에 강력한 영향력을 미치는 것으로 오늘날의 세계화 과정에서 특히 주목하여야 할 현상으로 다루고 있다.

아파두라이는 대중매체가 현대 세계에서 갖는 막강한 영향력을 인정하면서도, 그 효과는 단순지도 일방적이지도 않음을 강조한다. 즉 대중매체의 소비자인 일반 대중이 그것에 의해 전달되는 이미지를 그대로 받아들이는 수동적인 수용자가 아니라, 그러한 이미지와 현실 사이에 내재되어 있는 괴리와 모순을 읽고, 때론 이를 바탕으로 저항적 이미지를 창조하는 주체적인 수용자라는 것이다. 현대 세계에서 대중적 상상이 현실 세계를 변화시키는 데 긍정적인 역할을 수행할 수 있다는 아파두라이의 주장은 바로 이러한 가능성을 인정하는 데에서 비롯된다.

아파두라이에 의하면 경제적 또는 정치적 이유로 조국을 떠나 다른 나라에 정착한 디아스포라 집단은 대중매체의 발전과 상호연관되면서 세계화 시대의 문화적 역동성에 중요한 주체로 등장하고 있다. 이들은 대중매체에 의해 유통되는 이미지와 감각을 소비하는 탈지역화된 수용자들이라고 할 수 있다.

필라델피아의 한국인들이 위성중계를 통해 1988년 서울 올림픽을 시청하고, 시카고의 파키스탄 택시 운전사가 이란의 이슬람 사원에서 녹음된 설교 오디오 테이프를 듣는 현상은 대중매체에 의한 이미지와 정보의 유통이 중심국에서 주변국으로 일방적으로 움직이는 것이 아니고 그 역이 될 수도 있으며, 여기에 디아스포라 집단이 중요한 매개자의 역할을 하고 있음을 보여준다.

디아스포라 집단에 대한 기존의 연구들은 이들이 주재국의 사회와 문화에 어떻게 적응하느냐 하는 문제에 초점을 맞추었던 것에 반해, 아파두라이는 이들이 국가적 경계를 넘어서는 문화적 흐름에 개입하는 양상에 관심을 갖고 있다. 이들은 주재국에서 그들의 본국에 대해 갖는 이미지와 여론 형성에 영향을 미치는 압력 집단이 되기도 하고, 본국으로의 정기적 방문, 송금, 자신의 친척이나 친지와의 지속적인 교류, 인터넷을 통한 정보 교환 등을 통해 본국에서 발생하고 있는 문화적 변화에 직접적으로 개입하기도 한다. 디아스포라 집단의 이러한 활동을 아파두라이는 디아스포라 공적 영역(diaspora public sphere)이라고 지칭하면서, 오늘날의 탈국가적 정치질서의 중요한 축으로 인식하고 있다.

'지역성'에 대한 새로운 의미

아파두라이가 현대 세계의 문화 현상을 분석하는 데 활용하는 또 다른 중요한 개념은 '탈지역화된 문화'이다. 인류학의 전통적인 문화 정의에 의하면 문화란 지리적으로 구획된 특정한 공간에 사는 사람들이 공유하는 고유한 생활양식이며 의미체계이다. 탈지역화된 문화란 개념은 문화와 공간을 서로 분리할 수 없는 것으로 인식하는 기존의 관점과 대치되는 것이라고 할 수 있다. 그는 탈지역화를 현대 세계의 특징적인 측면의 하나로 인식하며, 전통적인 문화 개념은 탈지역화된 맥락 속에서의 문화 현상을 이해하는 데 부적절하며, 지역적 경계를 넘나드는 문화의 흐름이 현대 문화연구의 중요한 주제가 되어야 한다는 것을 강조한다. 대중매체는 탈지역화된 문화를 생산하고 유통시키는 주요한 기제이며, 디아스포라는 이러한 문화를 소비하고 매개하는 주요한 집단으로서 역할을 한다. 현대 세계의 문화는 더 이상 특정한 지역에 뿌리박은 고유한 전통과 관습으로 파악될 수 없으며, 공간적 기원을 달리하는 문화들이 혼재하며 끊임없이 변화하는 것으로 인식할 필요가 있다는 것이다.

영문이 아닌 한글로 간판을 한 미국의 커피 프랜차이즈.

하지만 아파두라이가 현대 세계에서 '지역성'(locality)이 아주 소멸되었다고 보는 것은 아니며, 지역성을 탈지역화된 맥락과의 관계 속에서 새롭게 파악할 것을 제안한다. 그는 지역성을 지리적으로 특정한 공간에 원래 주어진 속성들로 보는 기존의 관점을 거부하고, 지역성은 사람들의 실천적 행위에 의해 역사적으로 만들어지는 것이라는 구성주의적 입장을 취한다. 여기서 지역성이 구성되는 사회적 맥락이 중요시되는데, 그러한 맥락으로 '이웃집단'(neighborhoods: 특정한 공간에 위치하며, 성원들간에 긴밀한 사회적 상호작용을 갖는 실제적인 사회집단을 가리키는 독특한 의미로 사용됨), 국민국가, 그리고 지구적 네트워크를 제시하고 있다.

근대적 국가의 형성 시기에 국민국가가 법, 무력, 이데올로기 등의 수단을 통해 국가 내부에 존재하는 지역적 차이를 표준화하고 통합함으로써 새로운 국가적 정체성을 수립하려는 시도를 하였는데, 이 과정에서 지역성을 둘러싼 '이웃집단'과 국가 간의 갈등과 긴장이 발생하고 분리주의 운동에서 보듯이 현재까지 지속되고 있다.

한국의 전통 음식 불고기와 서구의 피자를 혼합하여 만든 불고기피자. '세계화 속의 지역화'라는 아파두라이의 논의에 대한 예로 생각해볼 수 있다.

아파두라이는 이러한 긴장관계에 더하여 현대의 세계화 시대에는 대중매체를 통한 '가상공동체'와 디아스포라 집단을 축으로 하는 지구적 네트워크가 '지역성'의 구성에 개입함으로써 보다 복잡한 양상이 전개되고 있음을 지적한다. '지역성'의 구성도 더 이상 특정한 지리적 공간이나 국가의 수준에서만 파악할 수 없으며, 탈지역화로 특징지어지는 현대의 지구적 맥락을 고려해야 한다는 아파두라이의 이러한 인식은 국민국가의 주권적 지배력이 약화되고 있다는 그의 주장과 일맥 상통하는 것이다.

민족지형, 기술지형, 금융지형, 미디어지형, 이념지형 사이에서의 괴리, 탈지역화된 문화의 유통과 지구적 네트워크의 형성, 국민국가의 경계를 넘어서서 작동하는 '상상'의 역할, 지구적 맥락에서의 '지역성'의 생산, 국민국가의 위기에서 현대의 세계화 과정의 특성을 찾는 아파두라이의 입장은 세계화를 문화의 동질화 또는 미국문화의 헤게모니화 과정으로 인식하는 입장과 큰 차이를 보인다. 그는 세계화를 중심국의 문화가 주변국으로 일방적으로 확산되는 과정이 아니고, 다양한 지역과 국가, 그리고 초국가적 조직 사이의 상호작용을 수반하는 과정으로 파악한다.

세계화는 문화적 동질화와 이질화의 양 측면을 동시에 수반하는데, 이러한 상반된 경향성이 상호 긴장관계에 있으며 그 구체적인 전개방식은 지역에 따라 매우 다양한 모습을 띠게 된다고 본다. 이러한 세계화의 양상에 대한 아파두라이의 평가는 다분히 긍정적이다. 그는 근대 이후 사람들의 삶을 규정해 온 국민국가의 족쇄를 푸는데 초국가적인 연대와 거버넌스(governance)가 앞으로 보다 중요한 역할을 수행할 것으로 기대하고 있다.

환경, 인권, 노동, 여성, 소수민족과 같은 문제에 대해 비정부기구(NGO), 국제기구, 디아스포라 집단들이 국제적으로 영향력을 행사하는 중요한 여론

집단으로 등장하는 것에 주목하며, 이러한 현상은 오늘날의 세계화 과정 그 자체에 의해 촉발된다고 본다.

지구적 현대에 의한 세계화의 이해

세계화에 대한 지금까지의 논의는 현대성(modernity)을 인식하는 아파두라이의 독특한 관점과 깊은 연관을 갖는다. 그는 근대화이론가들이 전통사회와 현대사회를 이분법적으로 분류하고, 근대화 과정을 단선적이고 보편적인 변화과정으로 인식하는 방식을 비판하고, 오늘날의 세계에서 현대성은 이러한 이론이 상정하는 것보다 훨씬 복잡하고 불균등하게 경험되고 있다고 주장한다. 또한 대부분의 제3세계에서 독립 이후 정치적 지도자들에 의해 현대화가 정치적 수사로 선전되고 국가가 현대화를 성취하는 데 규율적 힘을 행사함으로써 현대성과 국민국가는 서로 분리될 수 없는 것처럼 인식되었는데, 현재의 현대성은 탈지역화, 탈국가로 특징지어지는 세계화의 맥락 속에서 새로운 모습을 띠게 된다는 것이다. 그리고 그러한 현대성은 엘리트 중심의 국민국가의 규정에서 벗어나 대중적인 세계화(vernacular globalization)의 힘에 의해 주조되고 있음을 주장한다.

지구적인 것은 현대적인 것이며, 현대적인 것은 지구적인 것이라는 새로운 감각이 현대 세계의 문화적 역동성에 특징적으로 나타나며, 오늘날의 현대성을 이해하기 위해서 '지구적 현대'라는 개념에 의해 '국민국가적 현대'라는 기존의 관념을 극복할 필요가 있음을 역설한다.

오명석 호주 모나시대학에서 인류학 박사학위를 받고 말레이시아에서 현지조사를 했으며, 동남아시아의 문화, 종족관계, 소비문화, 역사인류학에 관심을 갖고 있다. 저서로 『동남아의 화인사회』(공저), 『처음 만나는 문화인류학』(공저), 논문으로 「이슬람 경제의 시각에서 본 말레이시아의 경제위기」, 「이슬람, 아닷, 근대화 속에서의 말레이 여성의 정체성 변화」 등이 있다. 현재 서울대 인류학과 교수로 재직 중이다.

용어와 개념 풀이

괴리 disjuncture
사람, 기술, 자본, 이미지, 이념의 세계적 흐름이 각각 다른 속도와 상이한 기원과 종착점을 갖는 이질적인 궤적을 보임으로써 이들 흐름 간에 모순과 긴장이 발생하는 현상을 가리키며, 아파두라이는 이를 세계화 과정의 특징적인 모습으로 제시하고 있다.

대중적 세계화 vernacular globalization
세계화 과정이 일반 대중의 일상과 의식을 변화시키는 한편, 새로운 상상력을 얻게 된 이들의 실천적 행위가 현대 세계를 변화시키는 사회적 힘으로 작동하는 현상을 가리키는 개념이다.

상상 imagination
대중매체나 상품의 소비를 통해 체득된 이미지, 담론, 취향 등이 구성하는 집단의식이며 정서의 구조를 가리키는데, 아파두라이는 세계화 시대에 이러한 상상이 국민국가의 경계를 넘어서서 새로운 현대적 주체성을 구성하는 주요한 요인이 되고 있음을 강조한다.

지구적 현대 global modern
현대적인 것은 지구적인 것이고 지구적인 것은 현대적이라는 의미로서, 국민국가가 현대성을 규정하던 것과 대비하여 오늘날의 현대성이 갖는 특성을 보여주는 개념이다.

지역성의 생산 production of locality
지역성은 공간적으로 구획된 집단이나 공동체에서 보이는 사회적 삶의 현상적 특질을 가리키는데, 아파두라이는 지역성이 지역집단, 국가, 그리고 지구적 네트워크가 복잡하게 개입하는 맥락 속에서 새롭게 구성되고 있는 측면에 주목하고 있다.

지형 地形, -scape
지구적 흐름의 상호 연관된 영역을 가리키는데, 아파두라이는 민족지형, 기술지형, 금융지형, 미디어지형, 이념지형을 다섯 가지의 핵심적인 영역으로 제시하였다. 지형이란 용어는 이들 영역들이 고정된 모습을 지니지 않고 끊임없이 변모하는 유동적인 양태임을 지시한다.

탈국가 post-national
국민국가의 주권적 지배력이 약화되고, 세계화 과정에 의해 촉발된 초국가적인 정치, 경제, 문화적 네트워크가 보다 결정적인 영향력을 갖게 된 현대의 상황을 가리키는 개념이다.

탈지역화된 문화 deterritorialized culture
지역적 또는 국가적 경계를 넘어서서 움직이는 문화로 세계화 시대의 문화적 역학을 보여주는 특징적인 측면이며, 문화와 특정한 지리적 공간 간의 기원적 연계나 동형(同形) 관계가 상실되어 있음을 가리키는 개념이다.

아르준 아파두라이는 말한다

- 현대적인 것은 시간과 관련된 것이고 지구적인 것은 공간과 관련된 것이라고 단순하게 상정할 수는 없다. 사회에서 지구적인 것은 그들이 현재 맞닥뜨려야 하는 시간적

물결이듯이. 현대성은 다른 곳에서 온 것이다. 세계화는 엘리트들 간의 거리를 축소시켰고 생산자와 소비자 간의 관계를 변화시켰으며, 노동과 가족생활 간의 연계를 파괴시켰고 일시적인 장소들과 국가에 대한 상상적 소속감 간의 경계를 모호하게 만들었다. 신생독립국들과 이들 국가의 위대한 지도자들의 정치적 선전도구를 통해 현대성이 주로 경험되었던 1950년대와 1960년대와 비교할 때, 오늘날의 현대성은 보다 실제적이고 덜 현학적이며, 보다 경험적이고 덜 훈육적인 성격을 갖는 것으로 보인다. 발전적 근대화(경제성장, 고급기술, 농업관련 산업, 교육, 군사화)라는 거대담론은 많은 나라에 있어 여전히 현존하는 것이 사실이다. 그러나 이들 담론은 영화, 텔레비전, 음악 그리고 다른 표현적 양식에 의해 유통되는 미시적 담론들에 의해 종종 단절되고 의문시되며 순화된다. 이러한 미시적 담론들은 현대성이 거창한 국가적 또는 국제적 정책에 대한 굴복이 아니라 대중적 세계화로 새롭게 쓰여지는 것을 가능케 한다. ―『Modernity at Large』 중에서

더 읽어야 할 책들

Arjun Appadurai, *Worship and Conflict Under Colonial Rule: A South Indian Case*, Cambridge: Cambridge University Press, 1981.

_____, (Ed.) *The Social Life of Things: Commodities in Cultural Perspective*, Cambridge: Cambridge University Press, 1986.

_____, (Ed.) *Gender, Genre, and Power in South Asian Expressive Traditions*, Philadelphia: University of Pennsylvania Press, 1991.

_____, *Modernity at Large: Cultural Dimension of Modernity*, London & Minneapolis: University of Minnesota Press, 1996.

현대 사회에서 탈지역화된 문화 형성을 주도하는 가장 거대한 매체 가운데 하나는 대중 스포츠이다. 세계인은 월드컵, 올림픽, 미국의 메이저리그 등을 통해 지구적 네트워크를 형성하고 있다.

마셜 살린스 *Marshall D. Sahlins*

유럽인의 신화만들기를 타파하라

한건수 강원대 교수 · 문화인류학

진화론, 마르크스주의를 넘어서

현대 인류학은 1960년을 지나면서 이론과 연구주제에서 급격한 변화를 거쳤다. 수많은 인류학자들이 이론적 관심의 변화에 따라 후세대 학자들의 관심에서 벗어나거나 인류학 전반에 영향력을 유지하지 못하고 잊혀지기도 했다. 그러나 마셜 살린스는 각 시기 인류학의 이론적 변혁기마다 주도적인 기여를 하면서 인류학 전체에 끊임없이 이론적 영향력을 행사하고 있는 드문 학자 가운데 한 명이다. 진화론에서 시작된 그의 학문적 역경은 경제현상에 대한 마르크스주의적 분석을 거쳐 최근 역사의 구조주의적 해석에 이르기까지 다양한 이론적 배경과 연구주제를 이끌어왔다.

1930년에 시카고에서 태어난 살린스는 앤 아버(Ann Arbor)의 미시간대학교(University of Michigan)에서 인류학으로 학사와 석사과정을 마쳤다. 이 시기 미시간대학은 미국 인류학의 아버지인 프란츠 보아스(Franz Boas)가 주도하는 주류 미국 인류학과는 전혀 다른 학풍을 갖고 있었다. 1946년부터 미시간대학에서 가르치던 줄리언 스튜어드(Julian Steward)가 1952년 컬럼비아대학으로 옮기면서 레슬리 화이트(Leslie White)가 후임으로 온 이래, 미시간대학과 컬럼비아대학은 두 거장의 영향 아래 신진화론자들의 학문적 본부가 되었다. 살린스가 학부와 대학원을 이 두 대학 캠퍼스에서 공부했고, 1957년에서 1973년까지 자신의 모교인 미시간대학의 교수로 활동한 것은 젊은 시절 살린스의 이론적 관심이 무엇이었는지를 보여준다.

살린스는 미시간대학에서 인류학 석사학위를 받은 후, 컬럼비아대학 인류

> 살린스는 문화를 실용논리에서 해석하는 것에 반대하며, 실제 자연이나 사회에 질서가 부여되는 상징체계, 의미의 재현체계를 통해 문화를 연구해야 한다고 주장한다. 인간은 상징행위와 같은 고유한 특징을 갖고 있기 때문에 의미를 부여하는 상징행위를 통해 각기 다른 삶의 양식, 문화를 만들어낸다는 것이다.

학과에서 1954년 「폴리네시아의 사회계층론」으로 박사학위를 받았다. 그의 박사학위 논문은 1958년 단행본으로 출간되었고, 살린스의 초기 연구를 특징짓는 저작이다.

새로운 진화론(Neoevolutionism)
『폴리네시아의 사회계층론』『진화와 문화』

그 당시 젊은 신진화론 이론가들은 부분적으로는 마르크스주의 이론에 대한 관심에서 진화론을 연구하기도 했는데, 살린스를 비롯한 신진화론 이론가들은 자신들을 미국 인류학내의 혁명가 그룹으로 여기기도 했다. 그러나 이 그룹의 이론적 리더들이었던 스튜어드와 화이트는 진화를 설명하는 구체적 내용에서 차이를 보였다. 화이트는 장기적 관점에서 인류 사회는 모두 동일한 노선의 진화적 발전을 한다고 보았다. 즉 진화하면 할수록 사회조직은 더욱 복합적이 되어가며, 이는 한 사회가 소모하는 에너지의 총합으로 측정될 수 있다고 보았다. 반면에 스튜어드는 모든 사회가 하나의 노선에서 진화한다는 고전적 진화론의 주장에 회의적이었다.

그는 비슷한 환경을 갖고 있는 사회들을 하나의 문화영역으로 묶고 문화영역별로 고유한 진화과정을 거쳐왔음을 주장했다. 살린스는 1960년에 출판된 진화와 문화에서 신진화론의 젊은 이론가들과 함께, 화이트와 스튜어드의 이론적 차이를 극복하려 했다. 그는 화이트의 일반진화론과 지역적 적응과정을 강조하는 스튜어드의 다선진화론을 변증법적으로 종합하려 했다. 즉 환경과 지역적 특색에 따라 진화의 과정은 다양하게 나타날 수 있으나, 장기적으로 보면 보다 보편적인 진화의 틀에 수용될 수 있다는 것이다.

살린스는 다양한 문화를 지닌 태평양의 많은 섬들을 문화 진화의 실험실로 간주했다. 그 자신이 1954년에서 55년 사이에 피지 군도의 한 섬에 살고 있는 모알라(Moala) 주민들과 지내면서 현지조사를 한 이유도 여기에 기인한다. 그는 모든 사회들을 친족 중심의 평등한 공동체에서 위계적 국가로 발전하는 연속체의 한 단계에 위치해 있다고 보았다. 태평양 도서 지역

세 차례에 걸친 태평양 항해로 남반구의 윤곽을 그려낸 모험가 제임스 쿡 선장. 그는 항로 개척 중, 하와이 원주민들에 의해 살해되었다.

에서는 멜라네시아의 친족 중심의 소규모 사회들이 이러한 진화단계의 가장 초보적인 사회이고, 피지는 친족 중심의 공동체를 추장제가 대체하기 시작한 과도적 단계, 폴리네시아의 소규모 왕국 단계를 거쳐 타이티, 통가, 하와이의 부족국가의 단계로 진화한다고 보았다.

1960년대 초에 쓴 많은 논문에서 살린스는 정치체계의 발전단계와 경제체계의 연관성을 규명하고자 했다.

문화결정론과 구조주의로의 전환
『석기시대의 경제』와 『문화와 실용논리』

살린스는 1960년대 말에 이르러 진화론적 주장을 포기한다. 1967년부터 1969년까지 파리에 체류한 경험이 중요한 영향을 주었는데 이 기간 동안 레비-스트로스를 비롯한 구조주의자들과 마르크스주의자들 간의 논쟁에서 많

1779년 1월, 쿡 선장 일행은 두번째로 하와이 섬에 도착했지만 처음과는 전혀 다른 상황에 처하게 된다.

은 영향을 받았다. 이후 미국으로 돌아온 살린스는 1973년에 신진화론의 본산이었던 미시간대학을 떠나 시카고대학 인류학과로 자리를 옮겼다. 진화론적 역사발전 모델을 떠난 살린스의 새로운 관점은 1972년의 『석기시대의 경제』와 1976년에 출간된 『문화와 실용논리』에 잘 드러나 있다.

『석기시대의 경제』에서 살린스는 쿵 부시맨과 같은 수렵채집경제 사회는 일반적 선입견과는 달리 노동시간에 비해 풍요로운 삶을 살았다며, 수렵채집 사회를 '최초의 풍요로운 사회'라고 불렀다. 또한 생산력이 발전할수록 개인의 여가시간은 오히려 줄어드는 것을 발견하고, 실제 생산력의 발전이 여가시간의 증가를 가져오고 결과적으로 사회조직이 더욱 복잡하게 발달한다는 자신의 신진화론적 발전 가설을 부정하게 된다.

생산력 수준이나 생태적 조건뿐만 아니라 종교나 의례를 포함하는 이데올로기적 요소들도 복잡한 사회조직의 출현이나 사회의 계층화에 독립변수로 작동할 수 있다는 것이다. 이 책에는 초기 살린스의 진화론적 견해를 드러내는 논문들도 수록되어 있지만, 전반적으로 살린스의 이론적 견해가 변하고 있음을 보여준다.

『문화와 실용논리』에서 살린스는 신진화론에서 벗어난 자신의 이론적 견해를 확고히 주장한다. 살린스는 인류학의 문화연구에서 대립되는 논점을 유물론적 결정론과 문화적 결정론으로 이해하면서, 환경과 물질적 토대를 중시하기보다는 상징체계와 의미를 중심으로 문화를 설명하는 관점을 강조하기 시작했다.

살린스에 따르면 마르크스를 비롯한 유물론자들은 문화를 일련의 도구체계로 설명한다고 한다. 즉 물질적 조건 속에서 자연을 활용하는 인간의 생산활동이 문화를 만들어내고 발전시킨다고 보는 것이다. 물질적 조건을 토대로 보고 그에 상응하는 문화의 형성을 실용론적 관점에서 설명하는 이러한 관점은 실제 인류학자들이 경험적으로 연구한 많은 소규모 사회들에 그대로 적용될 수 없다는 것이 살린스의 견해이다.

실제 한 사회의 경제, 정치, 의례, 이데올로기, 종교 등과 같은 여러 영역들은 각각 구별된 체계들로 나타나지 않으며, 또한 이들의 관계 역시 특정한 기능적 함수로 설명되지도 않는다는 것이다. 예를 들어 아프리카의 한 부족사회에서 친족체계는 경제, 정치, 종교 체계의 측면에서 각기 설명될 수 있다는 것이다.

살린스는 문화를 실용논리에서 해석하는 것에 반대하며, 실제 자연이나 사회에 질서가 부여되는 상징체계, 의미의 재현체계를 통해 문화를 연구해야 한다고 주장한다. 인간은 상징행위와 같은 고유한 특징을 갖고 있기 때문에 유사한 물질적 조건과 환경에서도 수동적으로 순응하는 것이 아니라, 의미를 부여하는 상징행위를 통해 각기 다른 삶의 양식, 문화를 만들어낸다는 것이다. 따라서 문화의 이해는 이러한 의미논리를 통해 가능한 것이며, 실용논리에서 말하는 효용성마저 문화적으로 규정되는 것이라고 설명한다. 이런 점에서 원시사회와 문명사회의 차이는 서로 다른 생산양식 때문이 아니라 상징체계의 차이에서 기인하는 것이라고 주장한다.

『역사의 구조주의적 설명: 역사적 은유와 신화적 실체』(1981)
『역사의 섬』(1985)

문화와 실용논리에서 제시된 살린스의 기본 아이디어는 역사에 대한 연구로 확장된다. 살린스는 문화와 역사가 서로를 어떻게 규정하면서 재생산하는지를 하와이 왕국의 역사를 통해 설명한다. 살린스가 주목한 것은 1778년에서 1779년에 하와이를 방문한 쿡 선장(Captain Cook)이 하와이 주민들의 환대를 받은 후 살해된 사건이다. 쿡 선장은 1778년 11월 말 마우이(Maui) 섬에 도착한 후, 시계방향으로 하와이의 여러 섬들을 항해했다. 그리고 1779년 1월 17일 다시 케알라케쿠아(Kealakekua) 만에 도착했다. 해안가에는 수많은 하와이 주민들이 노래와 춤을 추며 이들을 환영했고, 일부는 카누 가득 식량과 과일을 싣고 쿡 선장이 탄 배로 몰려들었다. 원주민 여성들은 노골적으로 선원들에게 친근감을 표했으며, 배에 오른 사제 한 명은 쿡 선장을 붉은색 타파(tapa)천으로 감싼 후, 돼지를 제물로 바쳤다. 사제와 사람들은 쿡 선장을 하이키아우(Hikiau) 사원으로 안내한 후 자신들의 신인 '로노'(Lono)로 숭배했다.

살린스는 쿡 선장과 일행이 하와이 주민들에 의해 신으로 섬김을 받은 이유를 하와이 주민들의 신년 축제인 마카히키(Makahiki) 축제의 일정과 신화의 내용이 쿡 선장의 항해와 맞물려 진행되었음을 설명한다. 쿡 선장 일행이 두번째 하와이 섬에 도착한 1779년 1월 17일은 신년 축제의 시작 무렵이었고, 배가 도착한 곳도 로노 신을 섬기는 사원 근처였다. 시계방향으로 섬을 일주한 항해도 이들의 신화에서 성스러운 장소로 알려진 곳들을 지나오는 길이었다. 하와이인들의 관점에서 쿡 선장과 그 일행은 자신들의 신화에서 로노 신을 태우고 오는 전설 속의 새 카우프가 수평선 너머에서 날아오는 때와 장소에 도착한 것이다. 하와이인들에게 풍요의 신 로노로 숭배 받은 쿡 선장은 주민들의 환송을 받고 섬을 떠났으나 배 한 척의 돛대가 부러지는 바람에 수리를 위해 2월 11일 케알라케구아 만으로 돌아왔다. 그러나 쿡 선장 일행은 하와이인들에게 전혀 다른 대우를 받게 된다. 주민들은 선원들의 물건을 약탈하기 시작했고, 이에 항의하러 상륙한 쿡 선장을 살해하게 된 것이다.

살린스는 이해할 수 없는 모순을 보인 하와이 주민들의 행동을 그들의 신화세계로 설명한다. 하와이인들의 신화에서 평화와 풍요의 신 로노는 평민들의 신으로 추수의 시작과 함께 하와이 주민들의 숭배를 받는다. 반면에 전쟁의 신 쿠(Ku)는 추장과 지배층의 신으로 평상시 하와이 주민들의 삶을 지배한다. 신년 축제에 평화의 신 로노가 도착하면 전쟁의 신 쿠는 기능을 정지하며, 이 기간 동안 하와이인들에게 전쟁은 금기로 여겨진다. 로노는 자신을 따르는 사제들과 함께 23일간 섬 주변을 시계방향으로 일주하며 사람들로부터 제물을 받으며 축제를 즐긴다. 마카히키 축제가 끝날 무렵, 로노는 하와이 왕과 대면하며 의례적인 전투를 벌인다. 며칠 뒤 로노는 의례적으로 죽임을 당하고 식량을 가득 채운 카누에 실려 이듬해까지 돌아오지 않을 먼 항해를 떠난다.

쿡 선장의 항해는 신화 속의 로노 신이 신년 축제에 움직이는 동선과 정확하게 일치하지는 않았으나, 하와이 주민들에게는 충분히 일치된 움직임으로 받아들여졌다. 결국 되돌아온 쿡 선장은 신년 축제의 절정인 하와이 왕과 의례적인 전투를 벌이고 죽임을 당해야 하는 로노 신의 화신이었다. 그가 (의례적으로) 죽임을 당한 후, 그의 시신은 하와이 주민들에 의해 수습되었다. 하와이 주민들은 자신들의 추장이나 전쟁에서 패한 적의 시신을 다루는 방식으로 쿡 선장의 시신을 수습했다. 그런 후 이들은 쿡 선장의 부하들에게 다시 예전과 같이 우호적으로 대했으며 다음해에도 쿡 선장이 일행을 이끌고 돌아올 것인지를 물었다.

살린스는 로노 신으로 숭배된 쿡 선장이 결국 하와이인들의 신화체계 안에서 부여받은 역할과 활동을 다한 후 살해된 것으로 설명한다. 그에 따르면 하와이에서의 쿡 선장의 삶과 죽음은 '신화적 실체의 역사적 은유'인 것이다.

살린스는 역사인류학의 진정한 목표는 역사적 사건들이 문화에 의해 어떻게 하나의 질서로 배열되거나 서사를 갖게 되었는가를 밝히는 것이 아니라, 그 과정에서 문화가 새로운 질서로 배열되는가를 찾아내는 것이라고 주장한다. 즉 기존의 구조가 이러한 재생산을 통해 어떻게 전환되는가를 설명해내야한다는 것이다. 이런 점에서 살린스는 구조주의적 접근이 역사의 변화를 규명해낼 수 있다고 본다. 즉 구조의 전환이 역사의 진행이라는 것이다.

살린스는 로노 신으로 오인된 쿡 선장의 죽음이 하와이의 모든 주민들에게 똑같이 받아들여지지 않았다는 점에서 하와이 왕국의 역사발전 과정을 설명한다. 쿡 선장을 패퇴시킨 하와이 왕은 백인 선장 쿡의 의례적 권력, 영적인 힘인 마나(mana)를 더했기에 자신의 권력을 강화시켰다. 왕을 비롯한 귀족층들은 점차 유럽의 절대권력을 행사하려 했으며 평민들은 쿡 선장 일행과의 교역을 통해 전통적인 금기를 깨트려본 후, 전통적인 남녀 간 그리고 추장과 평민들 간의 관계를 변화시키려 했다. 이러한 노력은 하와이 왕국의 전통적인 범주들에 새로운 질서를 부여하는 것이었고, 결과적으로 하와이의 사회구조를 전환시키게 되었다고 한다. 살린스는 이러한 구조의 전환이 이루어지는 과정을 분석함으로써 구조주의 시각도 역사의 발전, 즉 구조의 전환과 재생산을 통한 역사발전 과정을 분석할 수 있음을 주장했다.

서구 인류학자들에 대한 비판

쿡 선장의 죽음에 대한 살린스의 해석은 인도 출신의 인류학자인 오베이에스케르(Gananath Obeyesekere)에 의해 비판받는다. 오베이에스케르는 살린스가 하와이 사람들이 쿡 선장의 도착을 자신들의 신 로노의 도착으로 받아들인 신화적 사고 때문에 그를 살해한 것이라고 설명한 점을 반박한다.

그에 따르면, 쿡 선장은 추장으로 환영받았을 뿐이며 잠재적인 동맹세력으로서 환대받은 것이다. 쿡 선장이 거친 여러 의례들은 추장으로 취임하는 의

하와이 원주민들은 쿡 선장을 로노 신의 화신이라고 믿고 살해한 후 쿡 선장의 일행에게 내년에도 그가 하와이로 돌아올 것인지 물어보았다.

례였고, 추장들에게는 신의 이름이 칭호로 부여되었기 때문에 로노 신으로 불린 것뿐이라고 설명한다. 따라서 쿡 선장이 신으로 환대받다 살해된 것은 신화적 사고의 결과가 아니라 철저히 세속적인 논리와 이유에서 발생한 사건이다. 사소한 오해에서 비롯되었지만, 쿡 선장의 부하들이 자신들의 성소를 범하고 무력을 통해 적대적으로 침범하자 하와이 주민들은 이에 대해 대항했을 뿐이며, 쿡 선장을 살해한 후에는 여타의 다른 추장들이 죽은 뒤에 왕을 위한 신들의 반열에 오르듯이 쿡 선장 역시 신비화되었다는 것이다.

오베이에스케르는 결국 하와이 주민들은 살린스의 해석과는 달리 서구인들과 똑같이 합리적인 사고와 판단을 한 것이라고 주장했다. 결론적으로 오베이에스케르는 살린스를 비롯한 일부 서구 인류학자들이 비서구 사회를 신화적 사고와 같은 비합리적 사고를 중심으로 설명하는 인류학적 관행을 비판한 것이다.

이 논쟁은 쿡 선장과 하와이 주민들의 특정 사건을 설명하는 것을 넘어서 인류학 연구의 전반에 대한 문제제기와 토론으로 발전했다. 즉 다른 문화를 이해한다는 인류학 연구의 목적이 가능한 것인지 그리고 다른 문화에 속한 학자나 사람들이 또 다른 문화를 어느 정도까지 이해할 수 있는 것인지 묻고 있는 것이다. 1778년과 1779년에 하와이인들과 영국인들은 서로를 어떻게 이해한 것일까? 그리고 미국의 인류학자인 살린스와 하와이인, 스리랑카 출신의 인류학자인 오베이에스케르와 살린스, 하와이인들은 서로를 이해할 수 있는 것일까? 이런 질문에 살린스와 오베이에스케르는 상반된 견해를 밝힌 것이다.

이들의 논쟁은 오베이에스케르의 『쿡 선장의 신격화: 태평양에서 유럽인들의 신화 만들기』(1992), 살린스의 『원주민들은 어떻게 사고하는가: 쿡 선장의 예』(1995)와 같은 단행본으로 이어지고 있다.

마셜 살린스는 1960년대 이후 인류학의 이론적 논의 발전에서 항상 자기 몫의 기여를 해왔다. 신진화론에서 시작된 그의 이론적 여정은 마르크스주의와 구조주의를 거치면서 인류학의 근본적 질문을 늘 새로운 시각에서 던져왔다고 할 수 있다. 인류학자들의 역사 연구에 큰 기여를 한 살린스의 하와이 왕국 연구는 이제 인류학과 인문사회과학 전반에 인식론적 질문을 제기하고 있는 것이다.

한건수 서울대학교 인류학과를 졸업하고 미국 버클리대학에서 인류학 석사, 박사 학위를 받았다. 사회적 기억과 정체성에 관심을 두고 종족 및 민족 정체성, 역사인류학, 아프리카 지역학에 대한 연구를 수행하고 있다. 서아프리카의 나이지리아에서 장기간 현지조사를 통해 요루바 민족의 문화를 연구해왔다. 현재 국내의 아프리카 외국인 노동자 연구를 통해 이주노동과 디아스포라 연구를 수행하고 있다. 저서로 『처음 만나는 문화인류학』(공저), 『세계화와 사회변동』(공저)이 있고, 논문으로는 「기억의 공동체: 요루바 민족의 사회정체성 형성 과정에서 역사, 의례, 친족」(박사학위 논문), 「경합하는 역사: 사회적 기억과 차이의 정치학」, 「나이지리아에서의 언어사용과 종족 정체성」 등이 있다.

마셜 살린스는 말한다

- 사람들은 존재론적으로 고유한 것을 개념상 익숙한 것으로 둘러쌈으로써, 항상 자신의 과거 속에 현재를 끼워 넣는다. ―『역사의 섬』 중에서

- 역사는 각 사회들마다 상이한 방법으로 사물들의 의미 체계에 따라 문화적으로 질서 지워진 것이다. 그 반대의 경우도 또한 진실이다. 즉 문화적 체계는 역사적으로 질서 지워진 것이라 할 수 있다. 왜냐하면 어느 정도 의미는 그것들이 실제 실천될 때 재평가되기 때문이다. ―『역사의 섬』 중에서

더 읽어야 할 책들

Marshall Sahlins, *Social Stratification in Polynesia*, AMS press, Reprint edition, 1989.

_____, *Stone Age Economics*, Aldime de Gruyter, 1972.

_____, *Culture and Practical Reason*, University of chicago press, 1978.

_____, *Historical Metaphors and Mythical Realities: Structure in the Early History of the Sandwich Islands Kingdom*, University of Michigan press, 1981.

_____, *How Native Think: About Captain Cook, for Example*, University of Chicago press(Trd), 1996.

장-피에르 베르낭 *Jean-Pierre Vernant*

유물 연구를 넘어 상징이미지 분석으로

우성주 한양대 강사·문화인류학

고대 그리스 문화에 매료된 두 명의 이탈리아인

그리스 로마 고고미술사에 대한 연구는 18, 19세기부터 그 유물과 유적에 대한 조사나 자료 정리 등이 이루어지면서 프랑스와 영국, 독일 중심으로 펼쳐졌다. 초기엔 몇몇 여행가나 관심이 깊은 이들이 독자적으로 여행을 통하여 자료를 손수 수집하거나 권력이 있는 자산가들이 중간 도매상들을 거쳐 고대 유물을 사모으기도 하며 고대 문화의 면모가 일반인들에게 서서히 모습을 드러내기 시작했다.

땅 속 깊이 묻혀 있던 고대 그리스 문화를 재발견하는 데 앞장선 개척자는 14세기 이탈리아 사람인 크리스토포로 블온델몽티와 안코나의 시리아크(15세기에 두 차례에 걸쳐 그리스를 여행했던 인물)를 들 수 있다. 흩어져 있던 고문서를 읽고 그리스 땅에 매료되어 여행을 다녀온 후, 블온델몽티는 역사가적인 성격을 띤 글을 쓰게 되고 시리아크는 고고학에 관심을 가지게 되었다.

즉 고문서에 소개된 건축물과 조각상 등에 관한 기록상황과 눈으로 확인한 실제상황을, 제작된 시기의 역사적 배경 등을 고려해 서로 비교분석하여 그리스 여러 예술품을 제작 당시의 모습대로 복원할 수 있게 도왔던 것이다. 나아가 고대 그리스 사회의 문화적 배경에서 고대인들의 작품을 재조명하는 계기를 마련했다.

> 고고학 연구는 늘 발굴현장이 우선적 토대가 되었고 그 위에 역사와 문화를 연결시켜왔다. 이런 고전적 방법을 탈피해 베르낭은 역사나 문화 안에서 살아 숨쉬는 사건과 이야기를 끊임없이 다른 각도에서 해석해냈고 그 과정에서 지금까지 알려지지 않은 모습들을 재발견하여 발굴현장에서 밝혀내지 못한 문화인류학적 근거들을 이끌어냈다. "

고고미술학의 과학적 연구와 학문교류

자연적 조건 등이 아직은 고려되지 않은 상태였으나 16세기 의사였던 피에르 베롱(Pierre Belon)이나 앙드레 테레(Andree Theret)에 의하여 그리스 전반에 군집하고 있는 작은 섬들을 중심으로 식물학적·지리학적 접근이 시도되면서 문화적인 탐구가 본격화되어갔다.

그후 17세기에 접어들어 영국과 프랑스, 이탈리아 등지에서 고대 그리스 예술품을 수집하는 애호가들이 점차적으로 늘어나지만, 이때까지 아테네의 아크로폴리스조차도 본격적인 연구가 이루어지지 않고 있었다. 그러다가 1674년 프랑스 대사관에 파견된 카푸신(Capucins)과 바빈(Babin), 기루두스(Giaudous)에 의해 비로소 고대 아테네의 도시 설계도가 완성된다. 자콥 스폰(Jacob Spon)은 파르테논의 총지휘자가 피리다스였음을 판명하기도 했다. 또한 스폰은 그리스 전역을 돌아다니며 2,000개의 유물과 유적지에 대한 정밀화를 남겼으며, 그의 작업에 힘입어 고고학 연구가 그전보다 더욱 과학적인 접근을 통하여 역사와 종교, 정치, 예술 등에 접목시키는 시도가 이루어졌다.

18세기에 이르러 일반 여행자들의 발길이 그리스를 끊임없이 찾게 되었고, 1780년에는 유럽 각국 고고학자들의 고대 그리스 유물과 유적에 대한 관심이 본격화되었다. 그리고 러시아와 터키 정부에서도 오토만(Ottomam) 황제의 칙령에 의해 '헬레니즘 사업'이 전달되어 그리스의 주요도시가 희생되는 것을 최소화시켰다.

1738년 헤르쿨라네움(Herculanum)이, 1748년 폼페이(Pompei)가 발굴되면서 영국 화가인 제임스 스튜어트(James Stuart)와 건축가 니콜라스 레베트(Nicolas Revett) 등에 힘입어 고고학에 대한 관심이 한층 더 깊어져 고대 그리스 로마를 재인식하는 프로젝트를 주관하게 된다.

인류사의 잊지 못할 대발굴

그후 프랑스 아카데미(Academie de France)의 조각가 줄리앙 다비드 르-로이(Julien David le Roy)가 그리스 건축을 도리아 양식과 이오니아 양식으로 구분한 「폐허 속에 드러난 가장 아름다운 그리스 건축물들」이란 논문으로 발표를 하게 된다. 그리고 빙켈만(Winckelmann)는 『그리스 예술사』를 출판하여 최초로 미술사적인 이론을 만들어 그리스 예술품을 형식별(style)로 구분시킴으로써 19세기의 새로운 고고미술사의 해석이 도래될 것을 예시해주었다. 다시 말해, 초기 고고학 연구는 미술사에서부터 출발되었던 것이다.

19세기에는 인류사에 잊지 못할 대발굴이 두 곳에서 이루어진다. 먼저 독일인 하인리히 슐리만(Heinrich Schlimann)에 의하여 신화 속에 묻혀져 있던 미케네 문명이 고스란히 발굴되는 역사적인 이벤트가 연출되었다. 어린 시절 『일리아드』, 『오디세이』를 읽으면서 자신이 성장하면 반드시 트로이의 목마를 찾아낼 것이라는 믿음을 실재로 이루어낸 것이다.

또한 영국인 존 에반스(John Evans)는 크레타 문명의 전성기를 대표하는 크노소스 궁전을 발굴한다. 19세기의 거대한 이 두 성과에 의하여 그리스 문명이 탄생하기 이전의 에게 문명권에 대한 새로운 정보를 얻게 됨으로써 그리스 문명에 대한 다양한 측면의 재해석을 시도할 수 있었다.

고고학을 인류학·사회학과 접목시키다

제2차 세계대전을 겪으면서 독일이 방대한 고대 유물들을 수집함으로써 그리스 도자기의 유형 및 양식(style)에 대한 연구가 이 시기에 정리되었다. 특히 월터 리즐러(Walter Riezler)에 의해 조각난 그리스 도기화의 부분들이 원형 보존되는 방대한 작업이 이루어졌다. 두 번에 걸쳐 세계대전을 치른 유럽은 1940년대에 들어서야 여기저기 흩어져 있던 그리스 로마 유물과 유적

베르낭은 디오니소스의 인간적인 성향을 밝혀내, 그리스 문화의 정신적 기반을
파헤치고, 그리스 비극에 내재하는 긍정적 요인을 밝히는 데 큰 역할을 했다.

들을 정리 보존하는 문화 사업에 심혈을 기울이게 된다.

그러나 고대 문화사 연구의 가장 큰 어려움은 남겨진 고증서(texte)의 진실성과 다양한 자료들이 엄청나게 부족하다는 것이다. 예를 들면, 기원전 6세기경 아테네의 도기화가로 명성이 높았던 폴리지노트(Polygnote)의 작품은 다만 기원전 3세기~1세기경 역사가들의 기행문에서만 접할 수 있을 뿐, 실재로는 그의 작품을 전혀 찾을 수가 없었다. 그러므로 그의 작품에 대한 각 역사가들의 평을 어디까지 객관적으로 받아들일 수 있는지 모호한 점들이 많다. 고증서에 대한 부족도 역시 고대 문화사 연구에 늘 따라다니는 어려움이다. 이런 이유로 그리스인들이 도기화에 그려놓은 많은 그림을 통하여 그들의 생각과 종교, 철학, 풍습 등 문화생활 및 일반사를 연구하는 시도가 그리스 로마 미술 고고학의 한 기류를 차지하게 되었다.

20세기로 접어들면서 그리스 로마 고고미술사 연구는 이미 발굴된 유물과 유적 및 고증서 등을 시대, 형식, 장소 등 여러 형태로 분류한 후, 다시 역사적 현장과 실증에 대입하는 방법으로 변화된다. 이 방법론은 연구자에 따라 고고학에 대한 해석을 달리하게 되었고 이때부터 박물관도 특색을 갖추어 각기 다른 측면에서 특징을 보여주었다. 미술사적 측면에서의 고고학 연구가 인류학, 역사학의 범주로까지 확대된 것이다.

1964년부터는 과학적 기술과 접근방식으로 도기화 등의 유물을 밝혀냄과 동시에 고고학의 영역을 보다 폭넓게 인류학과 사회학에 접목시키기 시작했다. 이런 문화인류학적 비교분석 연구는 특히 파리 고대사회비교연구소인 루이 제르네 센터(Centre Louis Gernet)를 중심으로 이루어졌다. 루이 제르네 센터는 파리 사회과학고등연구소(Ecole des Hautes Etudes en Sciences Sociales)에 소속된 연구단체로서 연구목표는 고고학적, 철학적, 민족학적 관점을 통하여 고대사의 문화와 사회를 밝혀가는 것이다. 각 분야별 연구진들이 현장답사와 연구결과를 토대로 얻어진 다양한 정보와 의견을 수렴하여,

그 시대의 사상과 종교, 이미지에 관한 자료분석집을 편찬하고, 나아가 고대 오리엔트와 중국에까지 그 범위를 확대하였다.

예술적 가치로서의 그림에만 치중하였던 도기화에 담겨진 영상 및 이미지를 같은 테마 공간 안에서 각기 다른 혹은 같은 영상들을 수집 정리하여 하나의 분류집으로 만들고, 남겨진 고증서와 역사적 증거들을 대입시켜 동일하거나 또는 다른 현상들을 비교연구한 것이다. 이런 연구방향과 계획을 수렴한 사람이 바로 장-피에르 베르낭이다.

낮에는 교육가로, 밤에는 혁명가로

1985년 이래 현직 국립고등연구소의 명예교수인 장-피에르 베르낭은 '신화와 정치'라는 거대한 두 산맥을 사이에 두고 그리스 문화를 합리적이고 다양한 관점에 근거해 연구했고, 그의 새로운 연구들은 엄청난 저서들을 통해서도 증명된다.

그의 개인적 연보 또한 연구 업적만큼이나 화려하다. 1914년 프랑스의 프로방스에서 태어나 소르본대학을 졸업하고, 20세에 처음 그리스 땅을 밟은 그는 "그리스 문화는 동시대의 다양한 문화를 하나로 집결하여 연출시킨 동시에 특수한 하나의 문화에만 국한되지 않고 자유롭게 표현되었다"고 느끼며 자신의 미래를 그리스 연구에 전념할 것을 굳힌다.

그는 23세에 그리스 철학교수 자격증을 수여받았다. 1937년에서 1945년에 이르는 나치의 점령 시기에는 낮에는 고등학교 철학 선생님으로 밤에는 레지스탕스를 이끄는 대장으로 드골 장군과 함께 지하운동을 감행했다. 전쟁 이후 1948년에서 1957년까지 국제과학연구소(CNRS)의 연구원으로, 이후 1975년까지는 사회과학고등연구소(EHESS) 총장으로 활동했고 이어 고대사회비교연구소의 소장을 역임하였다.

그는 격동기의 세월을 보내며 정치인으로의 유혹을 뿌리치고 끝까지 역사가로 남기를 희망했으며, 그동안 흩어져 제각기 연구되어오던 고대사회 연구들을 '한자리의 여러 소리 묶음'으로 종합, 연결시키고자 전력을 다하였다.

위에 언급했듯이, 고대사 연구의 가장 큰 어려움은 남겨진 고문서의 진위 여부를 가르는 일과 다양한 자료들이 엄청나게 부족하다는 것이다. 이러한 난점을 해결하고자 베르낭은 루이 제르네 센터의 소장을 맡으면서 고고학의 영역을 보다 광범위하게 신화와 종교, 정치, 철학, 문학 등과 연결시켰으며 고고학과 인류학, 민족학, 미술사 분야의 전문연구진을 응집해 '고대 역사와 문화사'라는 하나의 주제로 담론을 부활시켰다.

그동안 고고학 연구는 늘 발굴현장이 우선적 토대가 되었고 그 위에 역사와 문화를 연결시켜왔다. 이런 고전적 방법을 탈피해 베르낭은 역사나 문화 안에서 살아 숨쉬는 사건과 이야기(예를 들어 그리스 신화)를 끊임없이 다른 각도에서 해석해냈고 그 과정에서 지금까지 알려지지 않은 모습들을 재발견하여 발굴현장에서 밝혀내지 못한 문화인류학적 근거들을 이끌어냈다. 그의 고대 그리스 연구는 '신화'와 '전설'에서부터 우주의 근원까지 폭넓게 이루어졌다. 그리스 신들의 전쟁과 변형, 그리고 인간의 걷잡을 수 없는 질투와 암투, 근친상간과 부모살해로 얼룩진 비극사들 이면에 내재된 또 다른 요인을 탐구한 것이다. 예컨대, 반인반신(半人半神)인 디오니소스의 신적 해석에서 벗어나 인간적인 디오니소스의 성향을 밝혀내 그리스 문화의 정신적 기반을 파헤쳤을 뿐 아니라 그리스 비극 내면에 숨겨진 긍정적 요인을 밝혀내는 데도 큰 역할을 해왔다.

그는 프랑스 국민이 가장 존경하는 정치가이자 문학가인 앙드레 말로처럼 현존하는 프랑스 학자들 가운데 모든 분야에서 칭송을 받고 있는 학자다. 시종일관 고대 문화와 역사에 대한 연구를 지속해온 학자로서, 전쟁 중에도 굴하지 않고 정의와 이념을 위해 현장에 뛰어든 용감한 개혁가로서, 과거 속에 묻힌 고대 문화를 통해 현재 우리 세계가 겪고 있는 분쟁의 실마리를 풀어나간 실천주의자로서 그는 세계인의 존경을 받는다.

고대의 역사를 현재로 연결시키고 현재의 문제점과 갈등을 통해 이전 학자들이 간과한 고대의 정신적 가치를 밝혀내는 일. 여든을 훌쩍 넘긴 장-피에르 베르낭은 여전히 쉬지 않고 이 길을 걷고 있다.

우성주 이화여대 미대 서양화과를 졸업하고 파리 4대학(Sorbonne, 소르본)에서 그리스 고고미술학 석사를, 폴 발레리대학에서 그리스 고고미술학 박사준비과정(D.E.A), 파리 사회과학고등연구소, 고대사회비교연구소(Center Louis Gernet), 그리스 고고미술사 박사. 현재 한양대를 비롯하여 여러 대학에 출강하고 있다.

용어와 개념 풀이

그리스 학자들의 구상
고대 그리스에 대한 연구는 그리스 고고학자, 역사학자, 철학자들의 특수한 전문적 지식을 보다 폭넓은 문화 공동체적인 지식으로 연결시켜 행해져야 한다. 모든 문화적 요소들 간에 긴밀한 상호보완 작업을 통해 잘려나간 고증서의 부분과 남겨진 자료들의 잔해를 끊임없이 구상하고 구체화시켜야 한다.

이미지 속에 나타난 그리스 도시문화
도기화에 나타난 여러 이미지들을 하나의 테마로 수집하고 다시 여러 그리스 고대 연구인들의 의견을 함께 하여 미처 그 동안 발견하지 못했던 고대인들의 평범한 하루를 읽어내는 작업이다. 우선 가장 많이 남겨진 신화에 대한 장면과 제례 의식 장면을 주제별로 선별하여 인류학적인 테마 재구성을 시도한다. 예를 들어, 젊은이, 전쟁 군인들, 여인, 애완동물들과 사냥 짐승들을 이끌고 있는 남자들, 종교 행사, 디오니소스 제전, 에로틱한 장면들. 이들 모두 삶의 역동적인 부분을 표현하고 있듯이, 그 양면에는 삶의 어두운 이야기도 함께 싣고 있음을 밝혀내야 한다. 그리하여 이미 밝혀진 고대 언어 및 용어 해석과 짝을 지어 분류시키고 도기화에 나타난 인물들의 행동과 표정의 내면적 논리의 타당성을 연구한다.

피에르 벨롱 Pierre Belon
16세기 그리스에 군집되어 있는 여러 섬들 안에서 관찰된 식물과 동물, 미생물에 관한 연구에 대해 책을 펴냈다.

앙드레 테레 Andree Theret
16세기 지리학자 · 델로스 섬을 비롯하여 여러 섬들을 지리학적 면에서 기술하였다.

카푸신 Capucins, 바빈 Babin, 기루두스 Giaudous
1670년경 전후에 세 사람은 아테네에 거주하며 아크로폴리스를 중심으로 고대 도시를 카푸신이 계획하고 신부인 바빈과 지방행정관이었던 기루두스 등에 의해 일반 여행객들에게 보다 친숙하고 이해하기 쉬운 안내서를 폈다.

제임스 스튜어트 James Stuart, 니콜라스 레네트 Nicolas Renett
영국인이었던 두 사람은 18세기, 로마에서 만나 서로의 공동 관심사였던 고고학을 위하여 아테네에 오래 거주하며 고대의 모습을 다시 측정하여 그림으로 남겼다.

장피에르 베르낭은 말한다

- 질문 1. 디오니소스 신의 다른 이면이란?
모든 그리스 남녀 신들은 사랑과 정치, 여러 다양한 기술획득 등 제각기 분담된 역할이 있었다. 그리스의 건장한 청년에 대한 관념적인 이미지는 '자유시민', '아름다워라-멋지다'(kalos-kagathos) 등이었지만 그 이면에는 사회에서 소외된 여성, 환상, 그리고 외국인 체류자 등이 비례적으로 깔려 있음을 우리는 발견할 수 있다. 디오니소스 신에 대한 관념도 그와 같은 일면을 가지고 있다.

- 질문 2. 그리스인들은 디오니소스 신을 왜 올림포스 신들과 다른 자리에 올려놓았는가?

  그리스 신들은 올림포스 신전에서 그들의 역할을 수행하였으나 디오니소스 신은 인간사 속에 같이 살아 숨쉰 신이기에 그들의 노천극장에서도 만날 수 있었다.

- 질문 3. '그리스 신화'가 현재 우리에게 주는 실질적 역할이 있다고 보는가?

  그리스 신화는 죽은 이야기가 아니라 예전부터 지금까지 우리의 사회관과 종교관 등에 내재되어 흐르고 있다. 마치 삶의 힘겨움 안에는 이미 그 속에 좋은 일이 기다리고 있음을, 또한 인생의 행복한 순간 속에는 이미 불행이 찾아오고 있음을 알려주는 신화 속 이야기처럼.

- 글은 두 손에 의해 쓰여지지만 다만 한 권의 책으로 표현된다. 나는 늘 장 비달-나케(Jean Vidal-Naquet), 프랑수아 리사하그(François Lissarrague), 프랑수아즈 퐁티지-듀수(Françoise Frontisi-Duceoux), 그 외에 다른 연구원들과 함께 한다. 제각기 다른 자신들의 전문분야를 공동 집필하지만, 그것은 결국 하나의 주제에 국한된 지식이 아니라 우리 모두를 위한 종합지식으로서 전달된다. 그렇게 쓰여진 고증서들을 근거로 다시 재평가하고 토론하여 서로 각기 다른 방법으로 관찰된 고대사가 하나의 이야기로 집대성된다. 나의 작업은 이러하다. —1999년 프랑스 국영 TV 방송과의 대담 중에서

더 읽어야 할 책들

Jean-Claude Schmitt, Jean-Pierre Vernant, Francois Lissarague, "Eve et Pandora," *La creation de la premiere femme*, Gallimard, 2002.

Jean-Pierre Vernant, "L'Univers, les dieux, les hommes," *Reits grecs des origines*, Seuil, 2002.

_____, *La mort dans les yeux*, Hachette, Pluriel Reference, 2002.

_____, *La mort honnere chez les grecs*, Pleins Feux Eds, 2001.

_____, *Entre mythe et politique*, Seuil, 2000.

_____, *L'univers les dieux les hommes*, Le Livre A, La Carte, 2000.

_____, *L'Homme grec*, Seuil, 2000; Jean-Pierre Vernant, Pierre Vidal-Naquet, *Mythe et tragedie en Grece Ancienne* (Tome I), La Decouverte, 2001.

Pierre Vidal-Naquet, Jean-Pierre Vernant, etude, *Citoyenn et hesitage greco-romain*, 2000.

Jacqueline De Romilly, Jean-Pierre Vernant, *Pour l'amour du grec*, Bayard Centurion, 2000.

Jean-Pierre Vernant, Pierre Vidal-Naquet, *Oedipe et ses mythes*, Complexe, Eds, 2000.

3 사회공동체, 열린 세계를 향하여

니클라스 루만 *Niklas Luhamann*

나는 하버마스로부터 얻은 것이 별로 없다

이남복 청주대 교수·사회학

사회현실을 직시하는 '이론 디자이너'

니클라스 루만(Niklas Luhmann)의 이론은 역설, 모순, 동어반복 등에 대한 탐색 프로그램이며, 모든 형식의 실천에 거리를 두는 포스트모던적 역설의 원형일지도 모른다. 무엇보다도 그는 자신의 이론에서 모순과 역설을 끄집어내는 '자기비판적 이성'을 지닌 학자이다. 특히 대화 학습을 통하여 학생들에게 무지의 공포를 불식시키는 비상한 능력을 소유한 교수이기도 하다. 1927년생인 루만은 학생운동권의 반대에도 불구하고 1968년 새롭게 설립된 개혁대학인 빌레펠트(Bielefeld)대학의 사회학 교수가 되었다.

당시 일부에서는 경이의 눈으로, 또 다른 일부에서는 적대적인 사회학자로 매도했던 루만의 실용주의는 미군 포로로서 당했던 체험에서 비롯되었다. 1945년 제2차 세계대전이 끝났을 때, 18세의 루만은 미군 포로였다. 미군을 해방군으로 보았으나 실제로는 미군으로부터 많은 구타를 당했던 니클라스 루만은 정치체계의 비교가 선악의 기준으로 구분할 수 있다는 환상을 접었다. 이러한 체험을 바탕으로 루만은 사회현실을 정확하게 관찰하면 할수록 사회현실이 그만큼 복합적이라는 사실을 깨닫게 되었다. 그가 즐겨 표현하는 '이론 디자인'은 바로 이러한 사회현실을 반드시 고려해야 한다는 것을 강조하고 있다.

본래 루만은 법률가였다. 매우 도식적이고 형식적인 법학교육에 매료되었던 루만은 변호사의 직업에 대해서는 흥미를 갖지 못했다. 무엇보다도 변호 의뢰인의 무모하리만치 불가능한 생각을 법정에서 관철시켜야 했기 때문이

" 우리 사회의 지적 분위기는 루만의 자동생산체계 이론에 대하여 다소 주저하는 태도를 보이기는 하지만 그래도 루만의 체계이론에 대한 관심을 지속적으로 성숙시켜나가고 있는 것처럼 보인다. 특히 루만의 기능분화 이론은 현대사회의 부정적·긍정적 측면을 정교하고 산뜻하게 설명할 수 있는 경제적 도구로 그 진가를 발휘하고 있다. "

었다. 그는 변호사를 휴직하고 미국 하버드대학으로 연수를 떠났다. 그곳에서 당시 주류 사회학의 대가였던 파슨스(Talcott Parsons)로부터 사회학을 배우면서 루만의 학문적 이력은 시작되었다. 니클라스 루만의 사회체계이론의 요체는 본질적으로 파슨스에게서 따온 것이다.

기능구조주의 체계이론의 발전

파슨스가 자신의 접근방식을 구조기능주의라고 말한 반면에, 루만은 자신의 이론을 기능구조주의 체계이론으로 부르고 있다. 파슨스가 구조개념을 우위에 두고 있다면 루만은 기능개념을 우위에 두고 있다. 루만에 따르면 현대사회는 모든 오래된 사회구성체와는 달리 기능적으로 분화된 체계로 기술되기 때문에, 이 체계는 사회적 서열에 따라 분류되는 것이 아니라 경제, 정치, 교육, 법, 과학, 종교 등과 같은 기능영역에 의해서만 분류된다는 것이다. 따라서 루만의 기능구조주의 체계이론은 파슨스의 구조기능주의 체계이론을 수정한 것이다. 이러한 루만의 자질을 간파한 독일의 사회학자는 뮌스터대학의 헬무트 쉘스키(Helmut Schelsky) 교수였다. 쉘스키 교수는 루만이 박사학위와 교수자격 취득시험을 동시에 통과하는 데 결정적인 기여를 했다.

독일의 학생운동이 최고조에 달했던 1968년 4월 마인 강변의 프랑크푸르트에서 제16회 사회학 대회가 열렸다. 사회학 대회의 대주제인 '후기자본주의인가 산업사회인가?'는 그 당시 사회정책과 사회이론의 논쟁을 반영한 것이었다.

여기서 발표된 논문들은 모두 거시 이론적 전망을
따르고 있었다. 특히 사회 비판적 접근방식이나 네
오마르크스의 접근방식이 주류를 이루고 있었다. 이
러한 접근방식의 핵심은 경제발전, 정치발전, 그리
고 이러한 발전에서 생기는 모순을 어떻게 전체 사
회의 상황에서 측정하며 혁신적 이론으로 분석할 수
있는가라는 문제였다. 비판이론, 정치경제학과 네오
마르크스주의는 후기자본주의라는 새로운 개념과
연결시켜 현대사회를 분석하였다. 이러한 이론적 시
각들은 현대사회를 후기자본주의로 특징짓고 전체
사회를 아주 비판적이고 위기적 상황으로 기술하였

루만은 사회현실을 관찰하면 할수록 그것
이 그만큼 복합적이라는 사실을 깨달았다.

다. 이러한 주류 사회학과는 어느 정도 동떨어진 곳에서 원대한 거시적 전망
이 소개되었다. 루만은 '전체사회의 분석형식으로서 근대체계이론'에 대해
언급하였다. 그 당시 루만은 41세로 빌레펠트대학에 새로 설립된 사회학과
교수로 초빙된 상태였다. 이곳에서 루만은 1992년 겨울학기까지 교수로 재
직하면서 거시이론적 접근방식의 하나인 기능구조주의 체계이론을 발전시
켰다.

하버마스와 루만의 논쟁

1971년 『사회이론인가 사회공학인가』라는 프로그램적 제목으로 출간된
하버마스(Jürgen Habermas)와 루만의 논쟁집을 통하여 루만은 하버마스
와 프랑크푸르트 학파의 최대 적수로 부상했다. 하버마스는 루만의 체계이론
이 "지배 동조적이라는 문제제기에 대해 책임을 지지 않는 이론"이며, "자신
의 기득권을 지키기 위한 기득권자들의 변호론"이라고 비판했다. 또한 그는
체계이론이 "이미 방법론의 자기 확신에 닻을 내려버리고", "사회적 재생산
의 강요 아래서 더이상 비판을 하지 못하는 사회이론의 굴복"을 드러내는 것
이라고 비난했다. 더 나아가 하버마스는 "체계이론은 이데올로기의 새로운
형식이며, 기술 관료적 의식의 기본 형식으로서 동원된 국민의 탈정치화에
의거한 정치 체계에서, 이제까지는 평범한 실증주의적 의식이 충족시켜왔던
지배를 정당화하는 기능을 물려받는 데 적절한 이론"이라고 혹평했다.

이러한 하버마스의 혹평은 그 당시 모든 토론을 지배했던 이데올로기 비판

하버마스는 루만의 체계이론을 '기득권자의 변호론'이라고 혹독하게 비판했다.

의 융단폭격이었다. 당시 학생운동권 내부 토론에서도 이러한 하버마스의 비판을 수용하면서 체계이론이 야기하는 이와 같은 보수적 함의를 비판했던 것이다. 특히 이러한 이데올로기 비판에 열광했던 학생들과 대학의 진보적인 중견학자들은 루만보다도 오히려 하버마스를 추종했다.

이에 대해 루만은 비판사회학을 아주 냉소적으로 관찰하고 있다. 오늘날의 문제는 미성숙으로부터 해방이 아니라 바로 삶의 생존과 직결되기 때문이다. 이러한 문제는 허위의식과 그릇된 정치에 의해 야기된 지나가는 위기가 아니라 현대사회 일반의 구조적 결과로서 나타나는 위기이다. 이러한 맥락에서 루만은 무엇보다도 사회적 동조, 긍정적, 보수적, 신보수주의적이라는 사회 정책적 상표를 붙인 하버마스의 연구가 단지 "독자적 이론발전의 정체성을 은폐할 뿐"이라고 비난했다. 루만이 하버마스와 프랑크푸르트 학파에 대해 이처럼 거부하고 있음에도 불구하고 수많은 좌파들은 언제나 루만 이론의 독특한 매력에 사로잡혔다. 1970년대 초 마르크스 분석틀과는 구별되는, 전체 사회에 대한 새로운 형태의 분석이 필요하다는 학문적 요구가 등장했기 때문이다.

1970년대 중반 학생운동이 마감된 이후 독자적인 마르크스 사상이 최후의 위기를 맞게 되면서 일련의 좌파 지식인들은 새로운 이론적 지향을 찾게 되었다. 이러한 과정에서 루만의 사상은 좌파 지식인들이 스스로 다른 어떤 이데올로기로 위장하지 않고서도 새로운 무엇인가를 수용할 수 있도록 해주었다. 오늘날 하버마스와 루만의 논쟁을 되돌아본다면, 독일 사회학이 이 두 거장의 패러다임을 자유롭게 구사할 수 있었다는 점에서 행운이었다고 말할 수 있을 것이다. 하버마스와 루만의 패러다임을 통하여 독일 사회학은 풍부한 이론적 생산을 거두었기 때문이다.

왕성한 생산성을 꽃피웠던 30년 간의 저술활동

빌레펠트대학에 교수로 초빙을 받은 니클라스 루만은 어떤 일정한 주제에 구애받지 않고 무엇이든지 연구할 수 있다는 이유에서 기꺼이 사회학과를 선택했다. 지난 30년 동안 그가 다룬 주제의 다양성과 저술의 생산성은 우리의 상상을 초월한다. 루만은 1984년까지 사회이론을 연구하면서 출판한 모든 논문을 '완결판'으로 생각하고 있다.

루만은 1984년 포괄적인 사회이론에 대한 '서론'으로서 675페이지에 달하는 『사회체계』를 발간했다. 그 뒤를 이어 루만은 사회이론의 각론

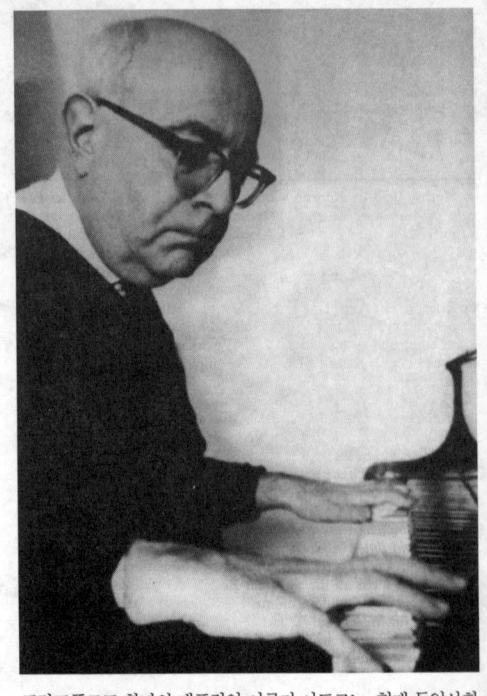

프랑크푸르트 학파의 대표적인 이론가 아도르노. 현대 독일사회학의 전통을 수립한 사람 가운데 하나다.

에 해당되는 저서로 『사회의 경제』(1988), 『사회의 과학』(1990), 『사회의 법』(1993), 『사회의 예술』(1994)을 발간했으며, 『사회의 종교』(2000)와 『사회의 정치』(2000)는 그의 사후에 출간되었다. 사회이론의 최종본이라 할 수 있는 『사회의 사회』(1997)에서는 이제까지 개별적인 사회체계를 고찰함에 있어 서로 분해되었던 것을 결합시키고 있다. 이 책에서 루만은 개별적으로 연구되었던 부분 사이의 구조적 연계를 제시하고 있다. 사회이론은 루만 전체 이론의 한 부분이다. 루만의 전체이론은 네 축으로 이루어져 있다.

사회이론 다음의 또 다른 축은 조직사회학이다. 이에 대한 저술은 1964년 『공식조직의 기능과 결과』라는 제목으로 출간되었으며 『조직과 의사결정』(2000)은 그의 사후에 출간되었다. 제3의 축으로 정치사회학적 분석을 들 수 있으며 『복지국가의 정치이론』(1981), 『생태학적 커뮤니케이션』(1985), 『위험의 사회학』(1991), 『근대성의 관찰』(1992), 『매스미디어의 현실』(1996) 등이 해당된다. 루만 이론의 제4의 축인 역사적, 의미론적 분석은 4권으로 구성된 『사회구조와 의미론』(1980~95), 『열정으로서 사랑』(1982)을 들 수 있다. 여기서 루만은 의미론과 사회변화의 상호작용을 연구했다. 이러한 구

베를린 장벽. 1970년대 중반, 학생운동과 마르크스주의가 위기를 맞자 일련의 좌파지식인들이 새로운 이론적 지향을 찾게 되었다.

분을 통하여 조감할 수 없을 정도로 농축된 이제까지 1만 쪽에 달하는 강력한 '거대이론'을 어느 정도 일별해볼 수 있을 것이다. 아마도 몇 천 쪽은 더 출간될지도 모른다. 루만은 책을 쓰다가 막히면 무엇인가 다른 책을 또 쓰기 때문이다. 비록 루만이 1998년에 타계했지만 아직도 몇 천 쪽의 원고가 최종 교열을 기다리고 있는지도 모른다.

루만의 메모상자, 또는 자동생산체계

어떻게 이처럼 많은 책을 출간할 수 있을까? 루만은 이미 1952년부터 저 유명한 메모상자를 구축해온 것으로 알려지고 있다. 루만은 고도의 작업능력과 감수성을 바탕으로 메모상자에 축적된 지식을 종횡무진한 이론가였기에 이처럼 무지막지한 이론적 생산이 가능했을 것이다. 메모상자에 저장된 지식은 마치 자료의 네트워크와 같은 기능을 한 셈이다. 루만의 메모상자는 바로 루만 이론의 핵심인 자동생산체계의 한 사례가 될 것이다. 언젠가 루만은 "하루에 몇 시간 저술합니까?"라는 질문을 받고 나서 다음과 같이 답변한 바 있다. "더이상 특별히 할 일이 없다면, 나는 하루 종일 글을 씁니다. 오전 8시 30분부터 정오까지 글을 쓰고 나서, 잠깐 개와 함께 산책을 합니다. 그리

제2차 세계대전 종전 당시, 루만은 미군 포로였다. 이때의 경험이 그의 실용주의에 큰 영향을 주었다.

고 다시 오후 2시부터 4시까지 글을 쓰지요. 그리고 다시 개와 함께 산책을 나갑니다. 때때로 나는 15분 동안 누워 있기도 합니다.

아주 집중해서 쉬는 것이 몸에 배어 있기 때문에 잠시 쉬고 난 다음에는 다시 작업을 할 수 있습니다. 일반적으로 저녁에도 11시경까지 글을 씁니다. 11시에는 침대에 누워 요즈음 소화할 수 있는 한도 내에서, 한두 권의 책을 읽습니다. 나는 무엇이든지 억지로 하지는 않습니다. 언제나 편안하게 생각되는 것만을 하지요. 나는 내가 관심을 두고 있는 대상이 어떻게 되고 있는가를 알게 될 때만 글을 씁니다. 그러다가 한순간 막히게 되면, 그 일을 제쳐놓고 다른 일을 하기도 합니다."

"그 경우에는 무엇을 하십니까?"

"다른 책을 쓰지요. 나는 언제나 여러 가지 텍스트를 동시에 씁니다. 늘 여러 가지 텍스트를 동시에 쓰는 이러한 저술 방법이 지금까지 우연적인 상황이나 제약 때문에 중단된 적은 한 번도 없습니다."

루만은 이러한 인상적인 작업 방식으로 범(凡)학과적인 다양성을 갖춘 정교한 사회이론을 완성할 수 있었다.

정년퇴직 후 빌레펠트 근교의 외어링하우젠(Oerlinghausen)에 있는 그의 사저로 돌아와서도 무엇인가 쓰지 않는 하루를 보낸 적이 없을 정도로 루만은 '사회학적 계몽'에 그의 열정을 불태웠다. 이처럼 생산적인 작업에 시간을 보내는 가운데서도 루만은 그의 장성한 자녀들과 여행을 즐겨했다. 그의 부인이 비교적 일찍 타계했기 때문에 자녀들과 함께 지내는 시간을 아주 중요하게 생각했던 것이다.

현실을 지나친 이상에 빗대지 않는 '방향적 지식'

오늘날 우리 사회의 지적 분위기는 루만의 자동생산체계 이론에 대하여 다소 주저하는 태도를 보이기는 하지만 그래도 루만의 체계이론에 대한 관심을 지속적으로 성숙시켜나가고 있는 것처럼 보인다. 특히 루만의 기능분화 이론은 현대사회의 부정적·긍정적 측면을 정교하고 산뜻하게 설명할 수 있는 경제적 도구로 그 진가를 발휘하고 있다. 기능적으로 분화된 현대사회에서는 부분적 이해관심만 표출되기 마련이며, 이러한 이해관심을 성취하기 위한 자극 패턴 역시 제도화된 규칙만을 따를 뿐이다. 커뮤니케이션의 규칙이 변하고 있는 지식사회에서는 이렇게 고정된 동기부여로서는 권력과 자원의 불평등한 문제를 해결할 수는 없을 것이다.

지식사회에서 권력과 자원의 불평등을 해소할 수 있는 방안은 무엇보다도 가장 중요한 자원인 전문성을 어떻게 분배할 수 있는가라는 제도적 전략을 수립하는 것이다. 사회적, 기술·경제적 대안이 부재한 탈분화된 현대사회에서 루만의 구성주의 체계이론은 현실의 적실성을 기록한 '인지 지도'를 제공해줄 것이다. 또한 루만의 저서 속에는 정치적 행동에 대한 '방향적 지식'이 담겨져 있다. 이러한 지식은 현실을 지나친 이상에 빗대지 않는다. 아마도 루만은 마르크스(Karl Marx)와 마찬가지로 지향할 만한 가치가 있는 사회를 연구했다고 말할 수 있다. 말하자면 있는 그대로의 사회 그리고 덜 고통스러운 상태로 이끌어가면서 변화 가능성을 찾는 그러한 사회를 연구했는지도 모른다.

이남복 이남복은 성균관대학교 독문과를 졸업한 뒤 독일의 보쿰 루르(Ruhr-Universitaet-Bochum) 대학에서 사회학 석사 및 박사학위를 취득하였다. 같은 대학 사회과학부 조교와 연구원을 지냈으며 1986년부터 현재까지 청주대학교 정치사회학부 교수로 재직하고 있다. 주요 저서로는 『한국사회의 가치관의 변화와 노동세계』(독일 브로크마이어 출판사, 1986), 『현대사회학 이론의 가능성과 한계』 등이 있고, 역서로는 『정치사상의 사회학』, 『현대사회는 생태학적 위협에 대처할 수 있는가』, 『니클라스 루만의 사회사상』 등이 있다.

용어와 개념 풀이

루만의 체계이론 용어

루만은 일상 언어와는 동떨어진 독자적인 개념을 사용하여 자신의 이론적 논의를 전개하고 있다. 또한 그는 다른 개념을 준거로 자신의 핵심이론을 정의하고 있다. 루만의 이론세계를 살펴보고자 한다면 우선 루만 이론의 핵심개념을 숙지해야 할 것이다. 루만 이론의 핵심개념을 설명하기 위해서는 해석학에 버금가는 의미론적 설명을 필요로 한다. 그러나 여기서는 루만 이론의 윤곽을 그려볼 수 있는 필요한 용어들을 아주 개괄적으로 설명하고자 한다.

가족 Familie

현대사회에서 가족은 커뮤니케이션 참여자의 전인성을 포함하는 기능을 지닌 부분체계를 이룬다. 이러한 기능을 대표하는 개별가족이 존재하지 않기 때문에 이 체계는 다수의 가족으로 구성된다.

가치 Werte

가치의 기능은 전체사회에서 재생산되는 커뮤니케이션의 공통적 기초를 제공하는 데 있다. 비록 의식체계가 서로 통하지 않고 사회형식이 이중의 우연성을 근거로 해서만 형성될 수 있다 하더라도, 가치는 모든 우연성의 피안에서 효력을 지니며, 가치지향에 문제를 제기할 동기가 존재하지 않으면서도 커뮤니케이션을 재생산한다.

갈등 Konflikt

갈등이란 모순적 관련성을 전제하며 발전하는 체계의 자원을 흡수하는 경향을 띠는 기생적 사회체계이다.

경제체계 Wirtschaftssytem

경제체계의 조작은 지불이다. 화폐와 관계를 맺는 모든 조작은 경제체계에 귀속된다. 화폐는 자율적인 경제체계로 탈분화하는 데 있어서 결정적인 커뮤니케이션 매체이다.

과정 Prozeß

이 개념은 시간적으로 비가역적인 사건의 연속을 의미한다.

과학 Wissenschaft

과학은 기능적으로 분화된 현대사회의 부분체계이며 과학체계의 재생산을 위해 진리라는 커뮤니케이션 매체를 사용한다. 과학의 사회적 기능은 새로운 인식을 증축하고 획득하는 데 있다. 과학적 진리는 실제세계에 부합되는 것으로 이해되는 것이 아니라 상징적으로 일반화된 매체로 파악된다. 진리가 조작의 생산을 위해 준거하는 코드는 진위의 차이이다.

구성주의 Konstruktivismus

구성주의는 생물학, 신경생리학, 사이버네틱스, 심리학 등과 같은 학문분야에서 비롯되는 매우 이질적인 이론적 접근방식의 집합이다. 그러나 이 접근방식들은 인식이 외부적 현실과 부합에 근거하는 것이 아니라 관찰자의 '구성'에 근거한다는 점에서는 동일한 입장을 취한다.

구조 Struktur

구조는 한 체계의 요소 간의 관계와 연관성이 임의적으로 변화하는 것이 아니라 일정한 제한과 한계에 놓여 있다는 것을 말해준다. 이 개념은 체계조작의 연결영역을 구획짓는 조건이다. 이 개념은 체계에서 허용된 요소 간의 관계의 선택을 의미한다.

구조적 연계 Strukturelle Kopplung
이 개념은 관찰자가 체계와 환경의 구분을 토대로 할 때, 관찰자가 볼 수 있는 체계와 환경의 상호의존성을 의미한다. 관찰자가 체계와 환경의 구분을 사용하여 자기 자신을 관찰할 경우, 관찰자 역시 체계 자체일 수 있기 때문이다.

권력 Macht
권력은 자아행위의 전제로서 타자의 행위를 받아들이는 상징적으로 일반화된 커뮤니케이션 매체이다.

교육 Erziehung
교육체계는 개별 심리체계에서 변화를 유발시키는 현대사회의 부분체계이다. 특히 심리체계도 다른 기능체계에서 일어나면서 사회를 재생산하는 비개연적인 커뮤니케이션에 참여할 수 있도록 함으로써 변화를 유발시킨다. 교육체계의 기능은 일차적으로 커뮤니케이션을 처리하거나 커뮤니케이션에 의한 동의를 창출하는 데 있는 것이 아니라, 사회의 심리적 환경을 변화시키는 데 있다. 교육의 파급효과는 사회 밖에서 나타난다.

기능분석 Funktionale Analyse
기능분석은 사회체계이론을 연상시키는 과학적 방법이다. 기능분석은 모든 현상을 우연적인 것으로 다루며 다른 현상과 비교할 수 있는 것으로 파악한다. 대안적 가능성을 지닌 주어진 것을 비교함으로써 인식이 이루어진다. 물론 비교는 관찰자에 의해 이루어진다. 기능분석에서 모든 현상은 서로 다른 연결가능성을 허용하는 문제가 된다. 따라서 분석은 문제 사이의 관계와 가능한 해결책을 기술한다. 자료는 제공된 해결책이 우연적이기 때문에 제외될 수도 있는 출발문제이다. 그러므로 기능은 기능적 관점에서 등가적으로 여겨지는 서로 다른 문제해결책을 비교하기 위한 도식이다. 결국 분석력은 해당 문제에 대한 기능 등가적 해결책을 고찰하는 데 있다.

기대 Erwartungen
기대는 특정한 상황이 어떠하며 어떤 전망을 지니는가를 보여주는 의미지시의 응축이다. 기대는 세계의 복합성과 우연성에도 불구하고 커뮤니케이션과 사유가 비교적 안정적으로 지향하게 하는 기능을 지닌다. 이러한 의미에서 기대는 사회체계와 심리체계의 구조를 이룬다. 기대는 이러한 체계의 선택을 안정화시키면서 가능성의 지평을 열어놓기 때문이다. 특히 기대의 기대는 사회체계의 구조로서 사용된다.

도덕 Moral
도덕적 커뮤니케이션은 선악을 구분하며 이러한 구분은 직접 인성에 관한 것이다. 도덕은 인간에 대해 존경과 멸시의 가능성으로 코드화된다. 존경과 멸시의 코드는 커뮤니케이션 파트너의 특정 능력에 관한 것이 아니라, 전인성에 관한 것이다. 따라서 도덕을 이용하는 자는 자기 자신을 존경한다는 암묵적인 전제조건에서 출발하면서 다른 사람을 존경하거나 멸시한다는 조건과 관련을 맺는다.

동일성/차이 Identitat/Differenz
루만의 체계이론은 구성주의와 차이이론의 접근방식을 취하고 있다. 이 접근방식의 출발점은 개인의 존재, 체계의 개념이 체계와 환경의 차이이다.

법 Recht
법은 기능적으로 분화된 현대사회의 부분체계로서 실망한 경우에도 안정적 기대를 유지시키는 기능을 지닌다.

복합성 Komplexitat
복합성이란 다수의 사건 가능성이 개방되어 있거나 다양한 사태가 제시될 때 나타난다. 총체적 복합성은 혼돈과 같다. 완전한 질서는 복합성의 결여를 의미한다. 한 체계의 상태가 지속되면서 다양한 가능성이 존재할 경우를 구조적 복합성이라 말한다. 다양한 사건의 가능성이 존재할 수 있을 때, 다양성과 복합성이 나타날 수 있다. 따라서 한 체계의 구조적 복합성의 정도는 그 질서의 정도와 반비례관계에 있다. 구조적으로 복합적인 체계는 결정 법칙에 의해 정확하게 기술될 수 없기 때문에 이러한 체계과정에 대해서는 개연적으로 진술할 수밖에 없다. 그러나 다양성이나 복합성이 무한히 크다면 이러한 진술도 가능하지 않을 것이다. 체계는 질서보다는 혼돈을 내보이면서 소멸되어간다. 체계는 그 환경에서 생존할 수 있을 만큼의 구조적 복합성을 허용하는 경향을 띤다.

본성 Attribution
본성은 의미 선택의 위치를 설정하는 기술이다. 관찰된 선택은 관찰자에게 그 책임을 전가하게 된다. 선택의 위치를 설정함으로써 본성은 의미차원에서 확실성을 창출한다. 선택의 책임을 관찰자에게 전가함으로써 관찰하는 체계는 모든 사건과 상황을 결정할 수 있다. 그러므로 본성은 관찰의 전제조건이다.

부정 Negation
체계이론에서 사회체계와 심리체계가 선택적으로 조작할 수밖에 없음에도 불구하고 부정은 세계로 통할 수 있기 때문에 우월적인 기능을 지닌다. 부정은 경우에 따라서 현실적인 것과 구분되는 다른 가능성을 지시하는 형식을 지닌다. 이러한 의미에서 부정은 사회체계와 심리체계의 세계준거를 기술해주며, 모든 사유와 커뮤니케이션의 의미를 구성해준다.

비대칭화 Asymmetrisierung
의미를 구성하는 체계는 자기준거 체계이다. 체계의 각 요소는 단지 체계의 다른 요소를 준거하고 이를 통하여 다시 자기 자신을 참조하기 때문이다. 체계가 그 조작에서 다른 체계를 참조하지 않고 직접 자기 자신에게 소급하는 것을 피할 수 있을 경우에만 이러한 순환성이 조작될 수 있다. 달리 말하자면 어떤 형식이든지 간에 비대칭성이 요구된다는 점이다. 예컨대 직접적이고 대칭적인 완결을 보여주는 'A는 A이다'라는 형식은 순수하게 자기준거의 동어 반복형인 것이다.

사건 Ereignis
이 개념은 의미를 구성하는 체계요소의 시간적 성질을 의미한다. 사회체계의 커뮤니케이션과 심리체계의 사유는 지속적인 상태가 아니라 영속성이 없는 사건이다. 따라서 이러한 체계의 자동생산성은 생기면서 사라지는 요소들을 끊임없이 재생산하지 않을 수 없는 것이다. 모든 사건(커뮤니케이션이나 사유)은 발생할 뿐만 아니라, 다른 가능성을 참조하여 전후(前後)의 차이를 만들어낸다.

사랑 Liebe
사회학적 시각은 사랑을 감정으로 고찰하는 것이 아니라 상징적으로 일반화된 커뮤니케이션 매체로 관찰한다.

사회체계 Soziales System
사회체계는 환경과의 차이에서 이루어지는 자동생산, 자기준거 체계이다. 사회체계는 의미를 구성하는 체계이며, 체계를 조작할 수 있는 최종 요소는 커뮤니케이션이다. 사회체계는 자기촉매작용을 통하여 커뮤니케이션에 의해 처리되는 이중의 우연성이라는 문제에서 생긴다. 따라서 사회체계는 인간이나 행위가 아니라 커뮤니케이션으로 이루어진다.

사회학적 계몽
Soziologische Aufklärung
사회학적 계몽은 루만 사회학의 일반 프로그램을 지칭하는 개념이다. 계몽은 관찰을 전제로 하며 모든 관찰은 차이 도식에 기초한다. 계몽적으로 조작한다는 것은 관찰에서 특별한 차이를 이용한다는 것을 의미한다. 심리체계에서는 의식과 무의식의 차이를, 사회체계에서는 현재적/잠재적 차이를 관찰한다. 현재적/잠재적 차이는 특별한 사회학적 계몽을 표현한다.

상징적으로 일반화된 커뮤니케이션 매체
Symbolisch generalisierte Kommunikationsmedien
상징적으로 일반화된 커뮤니케이션 매체는 커뮤니케이션의 성공 개연성을 보장해주는 특수한 구조이다. 이 매체는 자아가 타자의 행위를 수용함으로써 비개연성을 개연성으로 변형시키기 때문이다. 이러한 커뮤니케이션 매체로는 권력, 과학적 진리, 화폐, 사랑, 예술, 가치 등을 들 수 있다.

상호작용 Interaktion
상호작용이란 커뮤니케이션 파트너의 현장 임석을 요구하는 사회체계이다.

상호침투 Interpenetration
이 개념은 상호적으로 공동 진화를 이루는 체계가 구조적 연계를 맺는 특수한 방식을 의미한다. 이 경우 한 체계는 다른 체계가 없이 존재할 수 없다. 예컨대 의식체계와 뇌의 관계에서 상호침투를 관찰할 수 있다.

성찰 Reflexion
이 개념은 체계에 대한 자기관찰의 특수한 형식이다. 말하자면 체계와 환경의 구분을 이용하여 전체로서 체계단위를 관찰하는 형식을 말한다.

세계 Welt
관찰자의 시각에서 볼 때 세계는 체계와 환경의 차이의 단위이다. 일반적으로 세계는 관찰자에 의해 행해지는 모든 구분의 단위이다. 관찰자는 단위로서 세계를 관찰할 수 없다. 세계는 모든 관찰자의 사각지대이다.

시간 Zeit
시간은 과거와 미래의 차이를 근거로 현실의 관찰로서 결정된다. 모든 체계는 현재에서만 환경과 동시적으로 존재한다. 이러한 의미에서 과거는 출발점이 아니며 미래는 목적이 아니다. 과거와 미래는 가능성의 지평선으로서 의미를 지닌다.

심리체계 Psychisches System
심리체계나 의식체계는 사회체계와 살아 있는 체계 외에 자동생산체계를 구성하는 세 차원 중의 하나를 이룬다. 의식의 조작은 환경과 접촉이 없는 폐쇄적 네트워크에서 재귀적으로 재생산되는 사유이다.

언어 Sprache
언어는 커뮤니케이션을 이해할 수 있도록 하는 기능을 가진 매체이다. 언어는 감지 영역을 뛰어 넘어 부호의 형식이나 상징적으로 일반화함으로써 현재 참석하고 있지 않거나 다만 가능한 것에 대해 소통할 수 있게 하는 것이다.

역설 Paradoxie
역설은 조작이 가능한 조건이 동시에 이 조작을 불가능하게 하는 조건이 될 때 생겨난다. 부정의 가능성을 이용하는 모든 자기준거적 체계는 그 고유한 조작을 봉쇄하는 역설을 생산하기 때문에, 자기 준거적 체계는 탈역설화의 가능성을 마련함과 동시에 이에 필요한 조작을 은폐해야 한다.

예술 Kunst
예술은 화폐처럼 자아가 타자의 행위를 체험하는 본성적 상황에 상응하는 상징적으로 일반화된 커뮤니케이션 매체이다.

예술체계 Kunstsystem
예술체계의 조작은 예술작품에 대한 관찰이다. 예술의 커뮤니케이션은 오로지 예술을 위해 창조된 대상을 필요로 한다.

위험/위협 Risiko/Gefahr
위험은 현재 결정한 결과가 장차 피해로 나타날 수 있는 가능성에 관한 것이다. 현재의 결정은 이 결정이 어떤 방식으로 행사하게 될지 정확하게 알지도 못하면서 미래에 일어나게 될 것을 조건으로 한다. 따라서 미래에 대한 충분한 사전 지식이 없이 결정되기 마련이다.
위험이라는 개념은 이러한 부정적 결과의 가능성에도 불구하고 이렇게 결정하는 것이 의미 있다고 한다면, 위협은 이러한 가능한 피해를 두고 하는 말이다. 예를 들자면 비가 오면 젖게 되리라는 위험은 우산을 만들어냄으로써 우산을 휴대하지 않는 결정에 따라 비를 맞게 되리라는 위협으로 변하게 된다.

의료체계 Medizinsystem
의료체계는 기능적으로 분화된 전체사회의 부분체계 중 하나이다. 이 체계의 커뮤니케이션은 인간의 유기체나 정신적 조건에 관한 것이다.

의미 Sinn
이 용어는 모든 사회형태와 심리형태를 선택적으로 생산하는 매체를 의미한다. 실제로 '의미'는 특정한 사태(事態)를 표현해주는 개념이 아니라, 인간체험의 질서형태를 말한다. 우리의 체험은 일종의 '충만한 가능성'의 저장창고이기 때문에 선택을 조정하는 프로그램을 통해 구조화된다. 의미는 사회체계와 심리체계에서만 이루어진다. 의미를 통해서만 생각할 수 있고 의사를 소통할 수 있는 것이다.
그러나 의미를 구성하는 체계는 다른 가능성의 선택을 열어놓는 질서이지만, 의미는 체계를 관찰할 수 있는 가능성을 제한하기도 한다. 의미를 구성하는 체계는 의미를 기반으로 의사소통을 하기 때문에 모든 것이 의미를 지닌다고 말할 수 있다. 따라서 의미는 사회체계와 심리체계를 조작하기 위해 필수불가결한 매체인 것이다.
우리는 다만 의미를 매개로 해서 세계를 관찰할 수 있지만, 의미는 오로지 사회체계와 심리체계에서만 실현된다. 의미와 체계는 서로 전제하기 때문에 의미와 체계는 공존할 수밖에 없다. 의미가 없다면 사회, 모든 사회체계는 단순히 존재하길 멈출지도 모른다.

의미론 Semantik
의미론은 사회가 간직하고 있는 개념의 저장창고이다. 사회학적으로 이 개념은 의미와 커뮤니케이션을 참조하여 정의될 수 있다.

의미차원 Sinndimensionen
의미는 서로 다른 세 가지 의미차원에서 현실태와 가능태의 차이를 표현한다. 의미를 구성하는 체계는 각각의 차원에서 비교적 자율적인 방식으로 가능성을 현실화하거나 부정할 수 있다. 세 가지 의미차원은 대상차원, 사회차원과 시간차원으로 나뉜다.

대상차원에서는 이것과 저것의 차이에 따라—이것의 규정은 다른 것의 부정(否定)을 요구함으로—지시의 지평선이 구조화된다.

사회차원은 커뮤니케이션 파트너인 자아와 타자의 가능성의 지평선에서 이루어진다. 의미는 주제나 대상에 준거해 처리되는 것이 아니라, 자아와 타자 전망의 차이에서 결정된다. 사회차원은 커뮤니케이션 파트너의 비동일성에 기초하고 있으며, 이러한 비동일성을 이중적 지시의 지평선으로 다룬다.

시간차원은 언제나 현재에서만 이루어질 수 있는 과거와 미래의 지평선에서 표현된다. 시간의 경과를 파악할 수 있는 가능성은 특별히 복합적인 시간차원의 구성에 기초한다.

이중의 우연성 Doppelte Kontingenz

파슨스(Talcott Parsons)의 이론에서 비롯되는 이 개념은 자아나 타자가 각자의 선택을 서로 우연적인 것으로 관찰한다는 사실을 말한다. 논리학에서 우연성은 필연성과 불가능성을 동시에 배제한다는 것을 의미한다.

자기준거 Selbstreferenz

이 용어는 자기 자신이 타자와 그리고 자기 자신과 관계를 맺는 모든 조작을 염두에 둔 것이다. 타자를 통하여 간접적인 우회로를 통하지 않는 순수한 자기준거는 동어반복으로 끝나고 만다. 현실적 조작 내지 체계는 이러한 동어반복의 확충이나 탈동어 반복화에 의존한다. 왜냐하면 이것들은 현실적 환경에서 제한적이고 비임의적 방식으로서만 가능하고 또 그렇게만 파악될 수 있기 때문이다.

자동생산 Autopoiesis

이 개념은 인지생물학자인 마투라나(Humberto Maturana)가 그리스어의 '자기'(autos)와 '창작, 시작'(poiesis)을 합성하여 표현한 조어이다. 글자 그대로 번역한다면 '자기창작'이나 '자기생산'이 되겠지만, 역동적인 의미를 살려 자동생산으로 옮긴다.

예컨대 세포처럼 살아 있는 체계는 자동생산체계에 속한다. 하나의 세포는 분업적 그물망으로서 세포를 이루는 특수한 구성요소(복합적인 분자 유기체)를 생산한다. 동시에 세포의 구성요소들은 환경과의 경계(세포막)를 이루고 있는 생산의 그물망의 존속을 가능하게 한다.

세포 내부에서 일어나는 모든 과정은 자기생산과 세포의 유지, 즉 자동생산성의 지속을 위해 수행된다. 세포 내부에서 진행되는 과정은 요소들 간의 상호작용을 통하여 서로 제한하기 때문에(=재귀성), 세포는 강력한 자기역동성을 지니고 있다. 환경의 영향이 세포를 교란시키지만 균형의 반작용에 이르게 된다. 생물체는 영양분이나 에너지를 받아들이고 폐기물을 환경에 배출하기 위해서 환경을 필요로 하지만, 생물체가 환경에 순응하는 것은 아니다. 살아 있는 체계와 달리, 예컨대 기계는 자동생산체계가 아니다. 기계는 자신의 고유한 구조의 유지와 증축을 수행하는 것이 아니라, 어떤 다른 생산물의 제조를 수행하기 때문이다. 기계나 세포는 환경으로부터 투입하고 환경에 산출한다.

'자동생산'은 '자기창작'이라는 번역에서 쉽게 믿을 수 있는 바와 같이 무(無)에서 스스로 만들어내는 것을 의미하는 것은 아니다. 오히려 이 개념은 체계가 자신의 고유한 역동성으로부터 체계의 존속을 유지한다는 것을 기술(記述)하기 위해 이용되고 있다.

재등기 Re-entry

자기준거적 체계에서 체계 과정의 일반적

과정을 다시 학습하는 경우를 두고 재 등 기라 말한다. 단순하게 말하자면 체계 산출이 다시 체계 투입된다는 의미이다.

전체사회 Gesellschaft

전체사회는 사회체계의 특수한 유형이다. 전체사회는 모든 커뮤니케이션을 포함하는 사회체계이다. 따라서 전체사회 밖에서는 어떤 커뮤니케이션도 존재하지 않는다. 전체사회는 커뮤니케이션에서 파악되고 현실화될 수 있는 가능성을 제한하기 때문에 사회적 복합성과 경계를 긋는다. 특수한 사회체계의 분화는 전체사회에서 수행된다.

전통사회학의 정의와 달리 전체사회의 요소는 개인과 개인 사이의 관계나 사회적 역할이 아니라, 커뮤니케이션인 것이다. 전체사회의 경계도 영역의 경계가 아니라 커뮤니케이션의 경계인 것이다. 인간은 전체사회의 환경이기 때문에 전체사회는 환경 속의 체계처럼 인간을 다룬다. 전체사회는 상호작용과 조직 이외에 사회체계의 단지 하나의 유형이다.

전체사회의 속성은 복합성의 축소라는 특수한 능력으로서 관찰될 수 있다. 전체사회는 기본적인 복합성의 축소를 제도화함으로써 모든 다른 사회체계를 조작하기 위한 전제를 설정하는 그러한 사회체계이다. 전체사회의 선택은 모든 다른 사회체계의 선택을 가능하게 한다. 이러한 선택은 커뮤니케이션 영역이 계속적으로 분화하기 위한 토대이다.

전체사회의 분화 Gesellschaftsdifferenzierung

전체사회의 일차적 분화는 부분체계가 생기면서 체계/환경의 관계가 형성되는 것을 의미한다. 일차적 분화의 형식은 전체사회의 구조를 이룬다. 분화의 형식은 포괄적인 체계에서 부분체계 사이의 관계가 실현되는 방식을 결정한다.

전파매체 Verbreitungsmedien

전파매체는 커뮤니케이션이 수용자에게 도달한다는 비개연성을 처리하는 매체이다. 커뮤니케이션이 물리적으로 존재하지 않는 사람에게 도달하도록 하는 것은 비개연적이다. 상호작용의 경계를 벗어나는 전파를 위해서는 전파매체를 이용하는 특별한 기술공학을 필요로 한다. 이러한 매체는 언어를 토대로 진화적으로 발전해왔다.

정보 Information

정보는 체계의 상태를 선택하는 사건으로 정의된다. 즉 체계의 구조에 선택적 영향을 행사함으로써 변화를 불러일으키는 사건을 말한다. 정보를 처리하는 능력은 차이를 지향하는 능력에 달려 있다. 뉴스는 기대했던 것과의 차이를 토대로 정보로서 가치를 갖는다. 따라서 정보는 차이인 것이다.

정치 Politik

정치는 기능적으로 분화된 사회의 부분체계로서 집단구속적인 의사결정을 할 수 있는 능력을 유지시키는 기능을 지닌다. 정치는 권력의 소유와 사용과 밀접한 연관을 지닌다. 그러나 모든 정치적 커뮤니케이션이 권력의 사용이나 위협은 아닌 것이다. 권력이라는 코드는 정치적 커뮤니케이션을 재생산한다.

조작/관찰 Operation/Beobachtung

조작과 관찰의 구분은 루만의 구성주의적 접근방식으로서 생물학 체계의 자동생산 개념을 구성하는 체계로 확대하기 위한 토대이다. 관찰은 자동생산 개념을 추상화한 수준에서 정의된 것이다. 이 개념은 구분의 한 측면이나 다른 측면을 표현하기 위해 하나의 구분을 사용하는 조작의 단위를 말한다. 조작의 양식은 생명체, 의식이나 커뮤니케이션일 수 있다. 이러한 구분에서 출발할 경우 우리는 자동생산적 조작의 절대적 결정론과 관찰의 우연성을 조합시킬 수 있다.

조직 Organisation
조직은 상호작용과 전체사회와는 달리 회칙과 같은 승인규칙을 기초로 이루어지는 사회체계 유형이다.

종교 Religion
종교의 기능은 관찰할 수 있는 것과 관찰할 수 없는 것 사이의 구분을 소통적으로 다루는 데 있다.

중복/변이 Redundanz/Varietat
일반적으로 중복은 기능의 다중성을 말하며 변이와 대칭되는 개념이다. 중복의 포기란 다기능적 제도가 자동 생산적 자기 보장에 의지하는 특수한 기능제도로 교체되는 것을 의미한다.

진리 Wahrheit
진리는 상징적으로 일반화된 커뮤니케이션 매체이다. 이 매체는 과학적 이론과 방법을 토대로 검증된 새롭고, 놀랍고, 이탈한 지식의 가정을 개연성 있는 것으로 만든다.

진화 Evolution
진화이론은 구조결정적 체계가 체계조작을 통하여 체계구조를 변경시킬 수 있다는 것을 기술하고 설명한다. 진화적 구조 변화는 변이, 변이의 선택, 변이의 정체(停滯)나 안정화라는 세 가지 메커니즘의 차이를 기초로 기술될 수 있다. 이 세 가지 메커니즘이 구분되고 각각의 메커니즘이 진화하는 체계에 따라 각기 다르게 표현될 때, 진화라 말할 수 있다.

변이, 선택과 안정화의 관계는 선형적인 인과성이 아니라 순환적으로 생각된 것이다. 변화의 안정화가 변화의 선택을 보장해주는 메커니즘을 기초로 해서만 가능한 것처럼 변이의 가능성은 이미 안정된 선택을 요구한다.

체계/환경 System/Umwelt
체계와 환경의 차이는 루만 체계이론의 출발점이다. 체계개념은 언제나 현실적인 사태(事態)를 의미한다. 우리가 생각하는 체계는 결코 단순한 분석적 체계나 사유적 구성물 또는 순수한 모델이 아니다. 체계이론에서는 관찰의 과정도 사실로서 받아들여지고 기술될 수 있는 현실적 과정이다.

커뮤니케이션 Kommunikation
커뮤니케이션은 사회체계의 최종요소이거나 특수한 조작이다. 커뮤니케이션은 정보, 전달, 이해라는 세 개의 서로 다른 선택을 하나의 발현적 단위로 연결하는 것을 의미한다.

코드 Code
코드는 관찰영역의 각 단위와 이에 상응하는 체계 단위의 상관관계를 보여주는 중복의 규칙을 말한다. 예컨대 언어 코드의 경우, '오늘은 비가 온다'라는 긍정적 진술은 '오늘은 비가 오지 않는다'라는 부정적 진술과 상관관계를 이룬다는 말이다.

탈분화 Ausdifferenzierung
일반적으로 한 체계가 환경에 대해 분화되면서 환경과 경계를 긋게 될 때 탈분화라 말한다. 탈분화된 체계는 체계의 환경에서 나타나는 분화를 관찰할 수 있다. 사회의 환경으로는 심리체계와 살아 있는 체계(유기체)를 들 수 있다. 환경 분화가 체계에 달려 있는 것은 아니지만, 체계의 관찰을 이끄는 구분에 의존하는 특수한 형식을 가정한다.

포섭/배제 Inklusion/Exklusion

포섭과 배제의 차이는 전체 사회에서 개인이 전인(全人)적으로 커뮤니케이션에 참여하는 방식에 달려 있다.

프로그램 Programm

이 개념은 코드의 개념과 연관성이 있다. 일정한 코드의 긍정적 가치나 부정적 가치가 사태나 사건에 올바르게 귀속될 수 있는 조건을 말한다. 이것은 사회체계에서 진위, 합법과 불법 사이의 의사결정 문제로 다루어진다.

합리성 Rationalitat

이 개념은 가장 비개연적이며 전제가 풍부한 자기관찰의 형식을 의미한다.

형식/매체 Form/Medium

이 구분은 하이더(Fritz Heider)의 생각에서 유래한다. 하이더는 신체적으로 직접 접촉할 수 없는 대상의 감지, 예컨대 시각적 감지나 청각적 감지를 설명하기 위해 이러한 구분을 이용했다. 하이더에 의하면 이러한 감지는 자체로는 감지되지 않는 매체(빛이나 공기)를 통하여 가능하면서도 대상의 속성(형식)을 변경시키지 않고서도 전달할 수 있다는 것이다. 정상적인 조건에서 빛이나 공기가 감지되는 것이 아니라 빛이나 소리에 의해 전달된 형상이나 소리가 감지되는 것이다.

매체는 요소 사이를 느슨하게 연결하는 특징을 지니지만 외부로부터 오는 형식에 대해 어떤 내적 저항을 하지 않는다. 형식은 감지되는 강건한 연결 속에서 매체를 이루는 요소 사이의 결속을 강화한다. 예컨대 커뮤니케이션 매체는 어떤 연결을 찾지 못할 것 같은 커뮤니케이션을 결속한다. 이러한 커뮤니케이션 매체로 언어, 전파매체, 상징적으로 일반화된 커뮤니케이션 매체를 들 수 있다. 이러한 매체의 기능은 끊임없이 매체요소의 연결/분리—즉 끊임없이 형식의 생산을 가능하게 한다.

여기서 형식은 언어의 단어와 문장, 인쇄된 텍스트, 숫자, 과학이론, 법규범 등을 말한다. 그러므로 커뮤니케이션 매체는 약하고 형식이 없는 토대를 이룬다. 언어는 말하지 않으며, 인쇄된 책은 무엇이 쓰여질 것인가를 결정하지 않는다. 매체로서 진리는 어떤 인식을 이루는 것은 아니다.

화폐 Geld

화폐는 상징적으로 일반화된 커뮤니케이션 매체이다. 이 매체는 자아가 타자의 행위를 체험하는 본성적 상황에 상응한다.

니클라스 루만은 말한다

- 방법론은 스스로를 놀라게 하는 학문적 연구를 가능하게 한다. —『Die Gesellschaft der Gesellschaft』중에서

- 모든 인식하는 체계들은 현실세계에서 현실체계로서 조작한다. —『Merkur 42』중에서

- 의미는 특수한 체계, 즉 의식과 사회체계의 조작양식이며, 이 체계 밖에서는(……)

나타나지 않는다. —『Die Wissenschaft der Gesellschaft』 중에서

- 사회체계의 자동생산성에 대한 이론적 구상이 기대 이상으로 주목을 받고 있는 사실은 무엇보다도 현재 이러한 요구상황에서 경쟁적인 이론적 틀을 제공하지 못하고 있다는 데 있다. —『Autopoiesis als soziologischer Begriff』, 『Sinn, Kommunikation und soziale Differenzierung』 중에서

- 사랑하는 사람의 안내는 소설로부터 정신치료요법으로 향하고 있다. —『Liebe als Passion』 중에서

- 모순도, 역설도 의미를 지닌다. 다만 그렇다면 논리학은 도대체 가능하다. 그렇지 않다면 우리는 첫번째 최고의 모순의 경우 의미의 구멍에 빠져 사라질지도 모른다. —『Soziale Systeme』 중에서

- 그러므로 나는 인식의 나무에 달린 사과가 아닌 잘못된 사과를 깨물었다고 말할 수 있을지도 모른다. —『Soziale Systeme』 중에서

- 구름 위로 비행이 이루어지고 있으면 상당히 두꺼운 구름이불을 기대할지 모른다. 그러나 우리는 계기만을 믿어야 한다. —『Soziale Systeme』 중에서

- 그러므로 권력은 정치에서도 나타나는 어떤 무엇이 아니다. 권력은 오로지 정치의 핵심이다.
  —『Die Politik der Gesellschaft』 중에서

- 예술은 아마도 불합리한 것을 논증하기 위해서 새로운 것에 대한 사회적 추구를 모방하는 것일까? 그리고 이것은 포스트모더니즘의 개념을 반영하는 것인가? —『Die Ausdifferenzierung des Kunstsystems』 중에서

- 그 밖에도 우리가 장갑과 가능한 한 무균성의 도구를 지고 잡아야 하는 전염성이 높은 대상이 문제가 된다. 그렇지 않으면 우리는 도덕에 감염될 것이다……. —『Gesellschaftsstruktur und Semantik III』 중에서

- 우리가 좋은 논쟁에서 기대하는 바, 나는 하버마스의 작품에서 본래 많은 것을 얻지 못했다. —『Archimedes und wir』 중에서

- 자아비판적 이성은 역설적 이성이다. —『Die neuzeitlichen Wissenschaften und die Phünomenologie』 중에서

- 전기란 점차 덜 움직이게 되는 어떤 것을 조직하는 우연들의 연결고리 이상인 것이다. —『Archimedes und wir』 중에서

더 읽어야 할 책들

Niklas Luhmann, *Funktionen und Folgen formaler Organisation*, Berlin 1964(3. Aufl., 1976).

_____, *Zweckbegriff und Systemrationalität. über die Funktion von Zwecken in sozialen Systemen*, Tübingen 1968(개정판 Frankfurt/M. 1973).
_____, *Vertrauen: Ein Mechanismus der Reduktion sozialer Komplexität*, Stuttgart 1968(2. erw. Aufl. 1973).
_____, *Legitimation durch Verfahren*, Neuwied/Berlin 1969(2. Aufl. 1973; 개정판 Frankfurt/M. 1983).
_____, *Soziologische Aufklärung, Bd. 1: Aufsätze zur Theorie sozialer Systeme*, Käln/Opladen 1970.
_____, *Politische Planung. Aufsätze zur Soziologie von Politik und Verwaltung*, Opladen 1971(2. Aufl. 1975).
_____, *Theorie der Gesellschaft oder Sozialtechnologie-Was leistet die Systemforschung?* Frankfurt/M. 1971(zusammen mit Jürgen Habermas).
_____, *Rechtssoziologie*, 2 Bde., Reinbeck 1972(2. erw. Aufl. Opladen 1983; 3. Aufl. 1987).
_____, *Macht*, Stuttgart 1975(2. Aufl. 1988).
_____, *Soziologische Aufklärung, Bd. 2: Aufsätze zur Theorie der Gesellschaft*, Opladen 1975(2. Aufl. 1982).
_____, *Funktion der Religion*, Frankfurt/M. 1977.
_____, *Gesellschaftsstruktur und Semantik. Studien zur Wissenssoziologie der modernen Gesellschaft*, Bd. I, Frankfurt/M. 1980.
_____, *Ausdifferenzierung des Rechts. Beiträge zur Rechtssoziologie und Rechtstheorie*, Frankfurt/M. 1981.
_____, *Politische Theorie im Wohlfahrtsstaat*, München 1981(김종길 옮김, 『복지국가의 정치이론』, 일신사, 2001).
_____, *Soziologische Aufklärung, Bd. 3: Soziales System, Gesellschaft, Organisation*, Opladen 1981.
_____, *Gesellschaftsstruktur und Semantik. Studien zur Wissenssoziologie der modernen Gesellschaft*, Bd. II, Frankfurt/M. 1981.
_____, *Liebe als Passion. Zur Codierung von Intimität*, Frankfurt/M. 1982.
_____, *Soziale Systeme. Grundriß einer allgemeinen Theorie*, Frankfurt/M. 1984.
_____, *Ökologische Kommunikation. Kann die moderne Gesellschaft sich auf Ökologische Gefährdungen einstellen?* Opladen 1986(이남복 옮김, 『현대사회는 생태학적 위협에 대처할 수 있는가』, 백의, 2002).
_____, *Die soziologische Beobachtung des Rechts*, Frankfurt/M. 1986.
_____, *Soziologische Aufklärung, Bd. 4: Beiträge zur funktionalen Differenzierung der Gesellschaft*, Opladen 1987.
_____, *Die Wirtschaft der Gesellschaft*, Frankfurt/M. 1988(2. Aufl. 1989).
_____, *Gesellschaftsstruktur und Semantik. Studien zur Wissenssoziologie der modernen Gesellschaft*, Bd. 3, Frankfurt/M. 1989.
_____, *Soziologische Aufklärung, Bd. 5: Konstruktivistische Perspektiven*,

Opladen 1990.
_____, *Soziologie des Risikos*, Berlin/New York 1991.
_____, *Beobachtungen der Moderne*, Opladen 1992.
_____, *Das Recht der Gesellschaft*, Frankfurt/M. 1993.
_____, *Die Ausdifferenzierung des Kunstsystems*, Bern 1994.
_____, *Soziologische Aufklärung, Bd. 6: Die Soziologie und der Mensch*, Opladen 1995.
_____, *Gesellschaftsstruktur und Semantik. Studien zur Wissenssoziologie der modernen Gesellschaft*, Bd. 4, Frankfurt/M. 1995.
_____, *Die Kunst der Gesellschaft*, Frankfurt/M. 1995.
_____, *Die Realität der Massenmedien*, 2. erw. Aufl., Opladen 1996.
_____, *Die neuzeitlichen Wissenschaften und die Phänomenologie*, Wien 1996.
_____, *Protest. Systemtheorie und soziale Bewegungen*, hrsg. von Kai-Uwe Hellmann, Frankfurt/M. 1996.
_____, *Die Gesellschaft der Gesellschaft*, 2 Bde. Frankfurt/M. 1997.
_____, *Politik der Gesellschaft*, hrsg. von A. Kieserling, Frankfurt/M. 2000.
_____, *Organisation und Entscheidung*, Wiesbaden 2000.
_____, *Die Religion der Gesellschaft*, hrsg. von A. Kieserling, Frankfurt/M. 2000.

아이린 칸 *Irene Khan*

전장에서도 인권은 한사코 존중되어야 한다

조효제 성공회대학교 NGO대학원교수

칸, 희망의 촛불을 건네받다

대표적인 국제 인권 NGO인 앰네스티 인터내셔널(AI, 국제사면위원회)은 21세기를 여러 면에서 뜻깊게 열고 있다. 2001년 한 해 동안 앰네스티는 성찰과 새출발을 동시에 수행하는 활동을 벌였다. 앰네스티의 창설 40주년을 맞아 전세계의 회원들은 지나간 인권운동을 성찰하고, 규모로나 영향력으로나 세계적으로 성장한 이 단체의 미래에 대해 진지하게 고민해볼 기회를 가졌다. 또한 2001년은 앰네스티에게 새출발의 해였다.

앰네스티를 상징해온 양심수를 위한 운동이라는 범위를 넘어서서 넓은 의미의 인권을 다루기로 원칙적으로 합의한 원년이었기 때문이다. 그래서 대다수 인권운동 관측자들은 2001년을 분수령으로 국제인권운동이 질적으로 달라지고 있다는 데에 동의한다. 이같은 변화를 상징적으로 보여주는 인물이 바로 아이린 칸이다.

2001년 8월 세네갈의 다카에서 열린 앰네스티 국제대의원총회의 개막식에서는 작지만 인상적인 행사가 벌어졌다. 위임하는 사무총장이 신임 사무총장에게 촛불을 건네주는 행사였다. 철조망에 둘러싸인 촛불의 표시는 앰네스티 운동의 로고이기도 하다. 1961년 피터 베넨슨과 그의 친구들에 의해 만들어져 런던의 한 작은 사무실 구석에서 손으로 일일이 편지를 쓰면서 시작된 작은 움직임. 이 작은 움직임이 오늘날 전세계에 수백만의 지지자로 이루어진 인권운동으로 자라게 된 가장 큰 이유는 바로 억압(철조망) 속에서도 꺼지지 않는 인류연대의 희망(촛불)이었던 것이다. 이 희망의 촛불을 건네받은

> 개인의 인권보장 없이는 국가의 안전
> 보장도 없다. 이 표현은 9·11사태 이
> 후 점점 더 어려워진 인권활동과 인권
> 활동 자체를 불온시하는 각국 정부의
> 태도를 정면으로 반박한 것이다.

아이린 칸은 '21세기로 나아가는 희망과 도전'을 이야기하면서 앰네스티 운동이 전진을 하기 위해서는 집중을 해야 하며 집중의 대상은 바로 한사람 한 사람 개인이어야 한다는 포부를 밝혔다.

앰네스티 역사상 일곱번째 사무총장이 된 아이린 칸은 여러 면에서 특별한 의미를 갖고 있다. 최초의 여성 사무총장, 최초의 아시아인 사무총장, 또한 최초의 무슬림 사무총장인 것이다. 오늘날 국제정세가 비서구권 개발도상국의 빈곤, 서구와 이슬람의 갈등, 또한 여성을 포함한 약자집단의 만성적인 억압이라는 특징을 보인다고 할 때 아이린 칸만큼 이들 문제를 일차적으로 잘 이해할 수 있는 사람도 흔치 않을 것이다. 그만큼 그에게 요구되는 기대는 높다고 할 수 있다.

아이린 주바이다 칸(Irene Zubaida Khan)은 방글라데시 출신이다. 칸은 어릴 때부터 세상의 불의와 정의의 문제를 많이 생각하면서 자라났다. 그는 영국의 맨체스터대학과 미국의 하버드 법대에서 국제공법과 인권을 전공했는데, 포드재단 등의 장학금을 받아 학업을 계속할 수 있었던 총명한 학생이었다. 아이린은 이미 1977년에 '모든 이의 보살핌'(Concern Universal)이라는 개발 NGO를 결성했고 1979년부터는 국제법학자위원회(ICJ)의 활동가로 일했다.

그 이듬해 유엔 난민고등판무관실(UNHCR)에 들어간 아이린 칸은 앰네스티의 사무총장이 되기 전까지 고등판무관실의 본부와 현장을 오가며 20년이 넘게 전세계 난민의 고통을 덜어주기 위해 일했다. 1991~95년 사이에는 당시 난민고등판무관이었던 사다코 오가타의 전문행정관으로 일했고 1995년에는 인도주재 난민고등판무관실의 실장이 되었다. 그는 인도에 주재한 역대 난민 담당 책임자들 가운데 최연소 인물이었다. 그는 1998년 본부의 연구자료소장을 잠시 역임한 후 99년 코소보 사태 당시 유고슬라비아 난민 보호를 위한 현지팀의 지휘자로 일했다. 언제나 '현장의 민중'과 직접 대

인간에 대한 염려와 희망. 이 두 어휘보다 아이린 칸의 철학과 비전을 잘 나타내는 말도 없을 것이다.

면하기를 좋아하는 그녀의 업무 스타일과 철학이 코소보 사태와 같은 대규모 인권침해 상황에서 빛을 발했다. 그녀는 매일 난민촌을 방문하면서 난민들의 고통과 애환을 접했고 정치인들의 위선과 광기에 분노했다.

아이린 칸이 쓴 글이나 연설문에는 반드시 구체적인 인권 희생자들의 사례가 소개되곤 한다. 이런 태도를 통해 우리는 칸의 깊은 휴머니즘과 실천정신을 엿볼 수 있다.

코소보 사태 직후 국제난민보호 부국장으로 승진한 아이린 칸은 2001년 민간 NGO인 앰네스티의 사무총장직을 수락함으로써 오랜 유엔 관료생활을 청산하고 제2의 인생을 시작했다. 그의 앰네스티 사무총장 취임은 세계 인권운동계에 적지 않은 화제와 기대를 몰고왔다. 위에서 말한 대로 최초의 여성이자 아시아계 무슬림이라는 개인적 정체성 외에도 그녀의 인권운동 투신은 다음과 같은 의미가 있다.

첫째, 인도적 활동(humanitarian work)과 인권활동(human rights work)의 융합을 보여준다는 의미가 있다. 무력충돌, 비상사태, 재해 때의 구호와 조력에 힘써온 중립적 성향의 인도적 활동과 정치적으로 민감한 성격의 인권활동은 얼핏 비슷한 것처럼 보이지만 그 역사와 철학, 활동방식, 특히 국제법과 국제준칙의 발전과정이 상당히 다르다.

그러나 유고슬라비아 내전을 계기로 인도적 활동과 인권활동의 경계가 흐려지기 시작했다. 인도적 활동은 더욱 정치적 영역에서의 주창(advocacy)에 관심을 갖기 시작했고, 인권활동은 더욱 더 구체적인 도움의 제공(operational activity)에 관심을 기울이기 시작한 것이다. 아이린 칸이 이 두 영역의 융합에 이상적인 인물임은 두말할 나위가 없다.

둘째, 유엔과 같은 공식적 다자간 기구와 NGO의 상호 인적교류가 하나의 패턴으로 완전히 굳어졌다는 의미가 있다. 칸의 전임자인 피레르 사니 사무총장은 유네스코의 인권-사회권 국장으로 자리를 옮겼고 그 전의 이언 마틴 사무총장 역시 유엔의 아이티와 동티모르 특별행정관으로 일했었다. 아이린 칸은 유엔기구로부터 NGO로 옮긴 경우이다. 이렇게 국제 NGO와 유엔간의 활발한 인적교류는 지구시민사회가 유엔과의 긴밀한 협력 아래 발전하고 있음을 보여주는 증거라 하겠다.

21세기 국제인권 환경의 흐름과 변화

21세기의 인권환경은 어떤 의미로는 냉전시대보다 구조적으로 더 취약한 상황이다. 특히 아이린 칸이 취임하고 한 달도 되지 않아 발생한 9·11사태는 국제정세를 예측불가능하게 만들면서 새로운 종류의 인권침해를 양산하고 있다. 전세계적으로 반테러의 공안정국이 조성되었고 시민들의 인권에 통제와 감시가 가해지고 있다. 알 카에다와 연루된 혐의를 받고 있는 수많은 포로들이 지금도 쿠바의 관타나모 기지에 억류되어 있다. 또한 지구화의 여파이기도 한 난민과 망명신청자의 물결이 이어지고 있다.

현재 전세계적으로 약 1,700만 명이 넘는 난민들이 낯선 땅에서 하루하루를 연명하고 있다. 난민은 직접적인 무력충돌의 결과로 생기기도 하고 경제적 궁핍의 결과로 나타나기도 한다. 전쟁을 피해 난민이 된 사람들은 피난국에서 다시 차별과 인권침해를 받음으로써 이중적인 고통을 겪어야 한다. 중동지역, 특히 이스라엘과 팔레스타인 사이의 분쟁으로 인해 수많은 팔레스타인인들이 정치적·경제적 박해의 대상이 되고 있다. 한편 전통적 인권의 영역인 '고문'과 열악한 구금상황 역시 개선되는 기미가 보이지 않는다. 사형제도와 기타 잔인하고 비인도적인 처우는 계속되고 있다. 특히 여성과 약자, 소수자에게 가해지는 부당한 침해가 세계 도처에서 보고되고 있다.

또한 군과 경찰의 장비 및 기술이 나라들 사이에서 이전되면서 그것이 인권침해의 기술로 둔갑된다. 일례로 목축이 발달하지 않은 나라에서 왜 가축통제용 전기충격기를 구입하는가? 소형화기, 총기류는 왜 통제가 되지 않는가? 어째서 청소년들이 전쟁터에 내몰리고 있는가? 인종주의의 악습은 왜 더욱 기승을 부리고 있는가? 무슨 까닭에 노예와 인신매매는 국경을 넘어 더욱 악성적으로 번지고 있는가 등등. 이런 초국적 인권문제들이 현대 인권환경을 특징짓는 요소들이다.

그러나 국제인권 환경에서 고무적인 발전도 조금씩 나타나고 있다. 인권침해자에 대한 '불처벌'의 관행이 피노체트 사건 이래 조금씩 변하고 있다는 사실이 그것이다. 이제 어떤 독재자, 권력자도 자신의 재임 중 벌어진 인권침해에 관해 과거처럼 안심할 수 없게 되었다. 이와 관련해 국제형사재판소(ICC)의 창설은 인권을 위한 투쟁에 진일보한 것으로 평가된다.

앰네스티의 도전

앰네스티가 바라보는 21세기는 심대한 변화의 시대이다. 이 상황은 앰네스티에게 근본적인 전략의 변화와 변신을 강요하고 있다. 실제로 전세계 앰네스티 운동가들은 현재 21세기 인권운동의 과제에 관해서 대논쟁을 벌이고 있는 중이다. 아이린 칸 사무총장은 이러한 논쟁의 중심에서 앰네스티 운동의 재정립을 이끌어가고 있다. 그렇다면 이러한 논쟁을 앰네스티는 어떻게 이해하고 어떤 대안을 내놓고 있는가?

첫째, 인권운동의 성격이 급변하고 있다. 지난 10년 사이 국제 NGO의 수가 6천에서 2만6천으로 늘어났다. 국내 NGO들까지 치면 그 수는 집계가 어려울 정도이다. 그 결과 지방, 국내, 국제 NGO를 묶는 시민사회 네트워크가 엄청나게 늘어났다. 이른바 지구시민사회(Global Civil Society)의 도래를 알리는 징후가 여기저기서 발견된다.

이와 함께 전통적인 인권운동의 외연을 넓히는 단체들이 대단히 늘어났다. 여성, 환경, 개발, 노동 등 각종 NGO들이 점차 '인권' 개념으로써 그 활동의 정당성을 내세우고 있다. 이런 경향은 앰네스티로 하여금 지구적 인권 네트워크의 선두주자이자 전체 NGO 운동의 전위로서 새로운 자리매김을 요구하고 있다. 이 말은 앰네스티가 앞장서서 다른 운동들을 '견인'해야 한다는 주장이 아니다. 단체의 정체성과 전통적인 지지기반을 보존하면서 동시에 전체 인권운동의 일부로서 국제연대를 조화시켜야 한다고 앰네스티는 믿고 있다. 과거 앰네스티 수임사항의 효과적인 수행을 위해 연대활동에 신중을 기하던 상황과는 분명 달라진 모습인 것이다.

둘째, 원격통신기술 발전으로 정보교환과 의사소통의 분량과 간편성이 엄

보편적 인권과 모든 사람을 위한 정의는 일방주의적 국제질서로 움직이는 오늘날 인류에게 가장 절실한 메시지이다.

청나게 늘어났다. 지구화의 직접적인 결과로 국가중심적이던 국제관계가 변화되었고 지역 간 네트워크와 지구적 차원의 상호연결성이 늘어났다.

이것은 금융자본의 자유로운 이동을 위한 인프라를 제공해주지만 동시에 부의 불평등, 노동조건의 악화, 환경의 파괴를 동반한다. 현대의 지구화는 주로 경제적 신자유주의의 논리에 의해 추동되어 왔다. 즉 기술진보와 상호교류라는 문명사적 현상이 신자유주의적 지구화 논리에 의해 '하이재킹' 당한 것이다. 이것을 막아낼 방법은 무엇인가?

앰네스티는 국제인권법과 인권준칙이 준수되는 정치적 규범의 지구화와 '아래로부터의 지구화'를 주장한다. 전세계 인민들이 통제할 수 있고, 그들의 복리를 위해 쓰여질 때에만 지구화가 진정한 의미를 가질 수 있다는 것이다. 이것은 다시 '윤리적 지구화'라는 개념으로 이어진다. 인간의 상호연결성이 늘어나는 보편적 현상을 인류의 인권보장과 정의로운 세계건설을 위해 건설적으로 이용해야 한다는 논리인 것이다. 예를 들어 국제형사재판소는 과거 일국적 관할권으로만 이해되었던 사법적 정의를 지구적 관할권 개념으로 대체시킨 것이다. 이것은 주권과 통치의 의미를 지구화 상황 속에서 급진적으로 재정의하는 상황을 의미한다.

셋째, 지구화가 초래한 경제적 불평등의 결과는 곧바로 앰네스티의 주활동 영역인 시민적-정치적 권리조차 침해하곤 한다. 예를 들어, 경제위기 때문에 국민의 소요사태가 발생하여 집회 및 결사의 자유가 침해된다면 이는 경제적 권리와 정치적 권리가 직접적으로 연결되어 있는 가장 명백한 증거이다. 또한 한국도 경제위기에서 경험했듯이 최소한의 물질적 안정 없이 참다운 인권을 보장받기란 거의 불가능하다. 이와 같은 '인권의 불가분성', 즉 경제적-사회적 권리와 시민적-정치적 권리를 나눌 수 없다는 정신이 앰네스티 규약의 변화로 표출되었다.

2001년 국제대의원총회에서 채택된 앰네스티의 개정규약은 다음과 같이 선언하고 있다. "국제앰네스티의 비전은 모든 사람이 세계인권선언 및 기타 국제인권규정에 포함된 모든 인권을 누리는 세계를 만드는 데에 있다." 모든 사람의 모든 인권을 강조함으로써 앰네스티의 전통적 지지기반인 정치적 권리를 넘어선 넓은 의미의 인권개념을 인정한 것이다.

인간에 대한 염려 그리고 희망

아이린 칸이 취임한 지도 이제 2년이 다 되어간다. 이 기간 동안 칸은 전세계를 구석구석 다니면서 현장을 직접 점검하며 인권운동을 계속 실천하고 있다. 아프가니스탄에서 전쟁이 벌어지고 있을 때 그는 파키스탄으로 달려가 전쟁의 논리에 잊혀지고 있던 인권의 가치를 호소했고, 이스라엘 제닌에서 벌어진 집단학살 사건 직후 현장을 방문해서 이스라엘의 행동을 규탄했다. 그후 앰네스티는 면밀한 조사를 거쳐 제닌 사건을 '전쟁범죄'로 규정하고 국제사회의 조치를 요구했다. 아이린 칸은 앰네스티 연례보고서 2002년 판의 서문에서 안보와 인권의 상관관계를 지적하면서 '개인의 인권보장 없이는 국가의 안전보장도 없다'는 유명한 표현을 썼다. 9·11사태 이후 점점 더 어려워진 인권활동과 인권활동 자체를 불온시하는 각국 정부의 태도를 정면으로 반박한 것이다. 이같은 경고는 제네바의 제58차 유엔인권위원회 석상에서 행한 연설에서도 되풀이되었다. 2002년 말 러시아를 방문했을 때에도 체첸에 대한 러시아 당국의 행동을 비판하면서 잊지 않고 지적한 것이기도 하다. 보편적 인권과 모든 사람을 위한 정의는 사실 새로운 개념이 아니지만 오늘과 같이 현실주의-일방주의적 국제질서가 판치는 상황에서 인류에게 가장 필요한 메시지인지도 모른다.

아이린 칸이 취임 이후 지금까지 행한 각종 연설에서 빠지지 않고 등장하는 어휘를 꼽는다면 그것은 '인간에 대한 염려'와 '희망', 두 가지이다. 이 두 어휘보다 아이린 칸의 철학과 개인적 비전을 잘 나타내는 말도 없을 것이다. 2002년 아이린 칸은 필킹턴 여성상(Pilkington Women of the Year Award)을 수상했다. 이 수상식장의 수락연설에서도 그의 신념이 아낌없이 드러났다. 칸은 아프가니스탄의 한 난민촌에서 만난 젊은 여성의 이야기를 했다. 아이린 칸이 아이의 젖을 물리고 있던 지친 표정의 아낙네에게 장래의 꿈이 무엇이냐고 물었다. 칸은 이 여인이 전쟁없이 평화롭게 살기를 원한다는 상식적인 대답을 할 것이라고 예상했다. 그러나 뜻밖에 이 문맹의 아낙네는 다음과 같이 대답했다고 한다. "과학을 배워서 과학자가 되고 싶어요." 아이린 칸은 이 일화를 소개하면서 수상연설을 마무리지었다.

"이 여인은 자신만의 꿈을 갖고 있었습니다. 그녀가 희망을 가지는 한 우리도 희망을 버릴 수 없습니다. 세상의 이런 여성들이야말로 오늘 이 자리에 있는 저와 여러분에게 영감을 주는 사람들입니다."

아이린 칸이 이끄는 국제앰네스티는 이처럼 인간 한사람 한사람에 대한 관심의 끈을 놓지 않는 인권운동의 이상, 그리고 인간의 연대에 대한 희망을 잃지 않는 표상을 우리에게 제시할 것으로 보인다. 이는 비단 인권운동뿐 아니라 인류의 보편적 가치를 믿는 모든 사람에게 적절한 징표이기도 할 것이다.

조효제 영국 옥스퍼드대학에서 비교사회정책학으로 석사, 런던정경대학(LSE)에서 사회정책학으로 박사를 취득했다. 국제앰네스티 동아시아 조사과 연구위원과 LSE대학원의 강사를 지냈다. 2000년부터 성공회대학교 사회과학부 및 NGO대학원 교수로 있으면서 동대학 아시아 NGO정보센터의 소장을 겸하고 있다. 편·역서로 『전지구적 변환』, 『NGO의 시대』, 『사형제도의 이론과 실제』, 『앰네스티 정책편람』 등이 있으며 현재 인권에 관한 저서를 준비 중이다.

용어와 개념 풀이

시민적·정치적 권리
제1세대 인권이라고도 하며 자유주의적 전통에서 발전되어 온 기본권을 뜻한다. 인신의 자유, 사상과 양심의 자유, 참정권, 표현의 자유, 여러 종류의 법적 권리 등이 모두 포함된다.

인권 NGO
인권의 옹호와 향상을 목표로 하는 인권 전문 시민단체. 인권 NGO는 인권문제의 감시와 주창활동에 종사하며 국내·국제 인권문제의 공론화, 국제인권법의 발전과 준수, 인권현황의 기록 등에 지대한 공헌을 하고 있다.

인도적 활동
무력분쟁시 민간인과 전투원의 희생을 줄이기 위한 국제인도법 활동에서 비롯되었다. 현재는 재난과 비상사태 때에 인간생존에 필요한 모든 종류의 인도주의적 지원을 하는 것으로 이해된다.

국제형사재판소
1998년의 로마 선언에 의거하여 만들어진 국제법 기구. 국가의 통치자, 공직자, 일반인을 불문하고 국제법상 범죄로 인정되는 행위를 할 경우 상설 재판소에서 재판하는 것을 목적으로 한다. 국제적으로 2002년 발효되었으며 헤이그에 본부를 두고 있다.

아이린 칸은 말한다

- 우리는 이라크에서 어떤 형태로든 전쟁이 일어날 경우 무엇보다 인권이 먼저 희생되지 않을까 우려합니다. 이라크의 민간인, 난민, 병사 할 것 없이 모두에게 인권이 있으며 최근 코소보와 아프가니스탄에서 목격했듯이 이들의 권리가 전쟁 중에 유린될 가능성이 높습니다.
  우리는 귀국 정부가 국제인도법을 철저하게 준수하고 민간인 구금자를 공정하게 대우하며 전투원의 권리를 보호하기 위해서 구체적인 조치를 취할 것을 촉구합니다. 또한 이라크 국민들의 안전과 인도적 욕구를 확실하게 보장하고 난민과 유랑민들을 보호해야 합니다. 또한 유엔이 인도적 활동과 인권업무를 수행할 수 있도록 지원하는 것이 극히 중요합니다.
  앰네스티는 전쟁 중이라도 국제인권법과 국제인도법이 무시되어서는 절대 안 된다고 믿습니다. 특히 이라크를 공격하는 국가들은 이 점을 명심해야 할 것입니다. ― 2003년 3월 19일, 이라크전에 즈음하여 조지 부시 미대통령, 토니 블레어 영국수상, 호세 아즈나르 스페인수상, 사담 후세인 이라크 대통령에게 보낸 공개서한

더 읽어야 할 책들

조효제 편역, 『앰네스티 정책편람』, 국제앰네스티 한국지부, 1992.
조효제 외 옮김, 『앰네스티 정신 앰네스티 운동』, 국제앰네스티 한국지부, 1993.
조효제 편역, 「지구화와 사회운동」, 『NGO의 시대』, 창작과비평사, 2000, 348~369면.

Irene Khan, *Human Rights are Women's Rights*, London: AI(Amnesty International), 1995.

Irene Khan, Foreword, *Amnesty International Report 2002*, London: AI, 2002, 5~8쪽.

Irene Khan, Power, Jonathan, *Like Water on Stone: The Story of Amnesty International*, London: Allen Lane, 2001.

그로즈니의 한 시장에서 소지품 검사를 하는 군인들에 항의하는 체첸 여성. ⓒAP

헬무트 안하이어 Helmut Anhier

우리는 지구시민사회를 꿈꾼다

조효제 성공회대학교 NGO대학원교수

비영리섹터 연구의 새로운 차원

오늘날 전세계에서 시민사회와 NGO 영역의 뛰어난 이론가이자 가장 활발한 저술활동을 벌이고 있는 학자로서 레스터 샐러먼(Lester Salamon)과 헬무트 안하이어(Helmut Anheier)를 뽑는 데에 별다른 이론이 없을 것이다. 두 사람은 같은 영역에서 공동연구를 해온 동학(同學)이지만 안하이어는 북미와 유럽의 학풍을 넘나들고 지난 몇 년 간 관심영역을 꾸준히 넓혀왔다는 점에서 좀더 포괄적인 시민사회 연구자로 보는 사람들이 많다.

실제로 안하이어의 학문적 관심은 기부문화와 국제 NGO를 포함하고, 선진국과 개발도상국을 동시에 아우르는 전방위적 특징을 보여주고 있다. 지금까지 안하이어가 실증적인 연구를 한 나라가 30여 개국에 달하는 것만 보더라도 그의 안목이 얼마나 글로벌한지를 알 수 있을 것이다. 그는 사회학자이면서도 주로 조직론과 정책분석, 시민사회, 비영리섹터, 비교 사회연구방법론 등에 밝은 탓에 공공정책 영역에서도 큰 영향력을 발휘하고 있는 실천적 연구자이기도 하다.

1954년생인 헬무트 안하이어는 미국의 예일대학에서 사회학으로 박사학위를 받았다. 안하이어는 학계에 발을 들여놓기 전에 유엔의 사회문제 담당관을 지낸 경력이 있다. 이러한 국제 행정관료의 경험이 그를 지리적으로 넓은 관심분야와 구체적인 정책연구에 밝은 학자로 만들었다고 생각된다. 학위를 받은 후 예일대학에서 잠깐 교편을 잡았고 독일의 쾰른대학과 베를린의 사회과학연구소에서 연구활동을 벌였다. 안하이어는 그후 미국의 럿거스대

> " 안하이어는 시민사회는 구조, 공간, 가치, 영향력의 4가지 요소를 가진다고 본다. 이 4대 요소를 모두 고려해야 시민사회의 전모를 그려낼 수 있다고 보는 것이다. 시민사회지표의 중요성은 이것을 통해서 그 사회 내의 시민사회가 총체적으로 발달해 있는 양상을 확인할 수 있고, 그것을 시각적으로 좌표상에 드러낼 수 있다는 점이다. "

학에서 사회학을 강의하면서 동대학 사회조사센터 소장을 지냈다. 하지만 헬무트 안하이어의 학문적 명성이 전세계에 알려지게 된 것은 존스홉킨스대학의 정책학연구소 선임연구원으로서 레스터 샐러먼과 공동연구를 진행하면서부터이다. 이때 안하이어는 '존스홉킨스 비영리섹터 비교연구 프로젝트'(Johns Hopkins Comparative Nonprofit Sector Project)로 알려진 대규모 국제연구 사업을 진행하면서 그 전까지만 해도 거의 불모지에 가까웠던 비영리섹터의 실증적인 연구에서 새로운 차원을 개척하였다.

이 당시 샐러먼과 함께 존스홉킨스 프로젝트를 추진하면서 내놓은 연구실적 중 대표적인 것을 들어보면 1997년의 『비영리섹터의 국가간 분석』(Defining the Nonprofit Sector)과 1998년에 간행된 『개발도상권의 비영리섹터 비교연구』(The Nonprofit Sector in the Developing World)이다. 이때 개발된 비영리섹터 분석틀은 그후 여러 나라의 사례연구를 위한 시금석이 되었고 각국별 비영리섹터 연구의 자극제가 되었다.

또한 안하이어는 샐러먼, 제레미 캔덜(Jeremy Kendall) 등과 함께 비영리섹터 전문학술지인 『볼룬타스』(Voluntas)를 창간했다. 볼룬타스는 오늘날 비영리섹터, 시민사회, NGO 분야의 독보적인 학술지로 손꼽히고 있다. 학문적 절정기에서 명성을 떨치던 안하이어는 1998년 런던정경대학(LSE) 사회정책학과 부설 시민사회연구소(Centre for Civil Society)의 초대소장에 취임했다. 런던정경대학은 기존에 활동 중이던 자발조직연구소(Centre for Voluntary Organizations)를 시민사회연구소로 확대개편하면서 안하이어를 소장으로 초빙했던 것이다. 이것은 안하이어 개인적으로도 활동반경의 확장이라는 의미뿐만 아니라, 미국형 비영리섹터 담론과 유럽형 자발섹터 담론, 그리고 시민사회 담론의 조우라는 면에서 학계의 상징적인 사건이었다. 안하이어는 시민사회연구소에 재직하면서 동대학의 지구적 공치 연구소(Centre for the Study of Global Governance)와 함께 2001년부터 『지구시민사회 연감』(*Global Civil Society Yearbook*)을 펴내기 시작했다. 그는 2003년 현재 런던정경대학

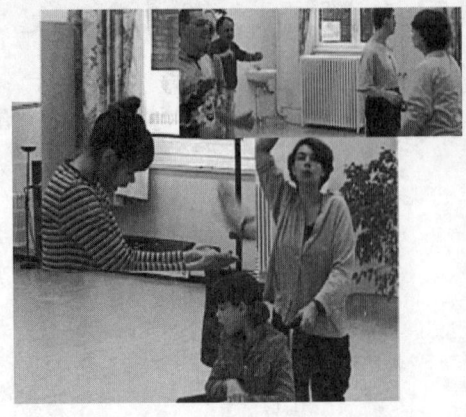

기본적 공공 인프라 제공부터, 구호제공과 인권증진에 이르기까지 비영리섹터의 역할은 다양하다.

사회정책학과 100주년 석좌교수 겸 캘리포니아대학 공공정책대학원 교수를 겸하면서 활발한 학술활동을 벌이고 있다. 아래에서는 헬무트 안하이어 교수의 학문적 관심을 크게 세 분야로 나누어 간략하게 소개하고자 한다.

비영리섹터란 무엇인가

비영리섹터란 무엇인가? 지난 30년 간 전세계적으로 비영리조직(Non-profit Organization)이 급증하였다. 그것의 형태가 자선단체이든, 공익단체이든, 재단이든, 비정부기구(NGO)이든 간에 비영리섹터를 이해하지 않고서는 현재 전지구적으로 일어나고 있는 거대한 정치적-사회적 변환의 의미를 제대로 포착할 수 없다. 한마디로 비영리섹터는 이제 정치 · 경제 · 사회적 변화과정에서 점점 더 핵심적 역할을 수행하고 있는 것이다.

비영리섹터의 역할은 실로 다양하다. 대의민주주의 정치의 활성화와 정상적 시장활동 기능의 수행을 위한 기본적 공공 인프라 제공부터, 구호제공과 인권증진에 이르기까지 비영리섹터가 수행하는 역할은 극히 다변화되어 있다. 이들 활동을 개념적으로 이해하면 우선 국가가 할 수 없는 일을 감시하고(monitoring), 국가가 하기 싫어하는 일을 주창하며(advocacy), 국가에게 미진한 부분을 혁신하고(innovation), 국가가 필요성을 인정하면서도 할 여력이 없는 부분에 서비스를 제공하며(service provision), 마지막으로 국가의 활동에 정당성을 부여하는(legitimation) 일을 한다.

비영리섹터가 이렇게 중요한 역할을 수행하고 있음에도 불구하고 그것

이제 비영리섹터를 이해하지 않고서는 전지구적인 정치적, 사회적 변환의 의미를 이해할 수 없다.

을 이해할 수 있는 정교한 이론틀은 개발되어 있지 않았고 그것에 대한 실증적인 연구도 전무한 형편이었다. 이런 배경 속에서 안하이어는 샐러먼과 함께 비영리섹터의 국제적 비교 연구에 착수했던 것이다. 그 결과 그들은 각국마다 비영리섹터의 고유한 특성 그리고 공통적 특성이 공존하고 있음을 밝혀냈다.

비영리섹터는 나라별 정치발전의 궤적, 사회적 참여의 유형, 종교의 역할, 복지국가의 발전양상, 신뢰를 포함한 사회적 자본의 형성 정도 등에 따라 다양한 모습을 보인다. 일례로 비영리섹터의 중요한 행위자인 재단(foundations)만 하더라도 프랑스에는 의료기관, 아일랜드에는 공공주택조합, 네덜란드에는 국제구호기관, 스페인에는 문화재단이 각각 발전하는 특징을 보인다.

안하이어는 비영리섹터의 특징을 확인하고 분류하는 데에서 그치지 않고 비영리섹터와 국가 및 시장과의 관계에서 다음과 같은 근본적인 질문을 제기한다.

첫째, 누가 자원의 사용을 결정할 것인가? 자원과 부의 활용과 분배를 개개인에게 허락할 수 있는가? 아니면 국가가 자원사용의 최종결정권을 가져야 하는가?

둘째, 누가 공공재의 생산과 수행을 맡아야 하는가? 사회보장이나 복지, 교육, 문화 등의 영역에서 정부가 더이상 공공재의 생산과 관리에 일차적인 책임을 지지 않는다면 공익을 위한 활동의 정당성을 누가 보장할 수 있는가?

셋째, 비영리섹터가 어느 정도나 정치적 의제에 영향력을 가할 수 있는가? 만일 비영리섹터의 공공정책 참여가 늘어난다면 그들이 정치적 책무성을 어느 정도나 질 수 있는가? 이같은 질문은 모든 시민사회 활동의 궁극적인 정당성을 묻는 질문으로서 현실적으로나 학술적으로 가치가 크다고 하겠다.

구조 · 공간 · 가치 · 영향력, 시민사회의 실증적 연구

비영리섹터 담론이 경제적 생산과정의 관점을 강조한다면 시민사회 담론은 정치적 관점에서 개인들의 자율적 영역에 더 초점을 두는 입장이다. 안하이어는 비영리섹터의 연구에서 한 걸음 더 나아가 시민사회(Civil society)의 발전을 직접 측정할 수 있는 실증적 연구에 전력하였다.

세계적인 NGO 시비쿠스는 시민사회지표 개념을 적극적으로 받아들여 전파하고 있다.

이 연구는 시민사회지표(Civil Society Index)라는 개념으로 집대성되었고, 시민사회 발전의 인프라를 지원하는 전문 NGO인 시비쿠스(CIVICUS)가 이 개념을 적극적으로 받아들여 각국에 활발하게 전파하게 되었다. 한국에서는 성공회대학교 NGO대학원이 아시아 5개국을 대상으로, 한양대학교 제3섹터연구소는 한국사회를 대상으로 시민사회지표 연구를 진행하고 있다. 그렇다면 어떻게 시민사회의 존재와 성숙도를 구체적으로 확인할 수 있는가?

안하이어는 시민사회는 구조(Structure), 공간(Space), 가치(Value), 영향력(Impact)의 4가지 요소를 가진다고 본다. 이 4대 요소를 모두 고려해야 시민사회의 전모를 그려낼 수 있다고 보는 것이다. 시민사회의 '구조'는 시민들이 시민사회단체에 가입하는 양상, 시민의 참여 정도, 시민사회단체의 분포, 시민사회단체의 연대체 구성, 그리고 시민사회단체의 물적자원 조달 등을 들 수 있다.

시민사회의 '공간'은 시민사회단체 활동을 다루는 법률과 규제, 정부와의 관계, 시민활동에 대한 사회문화적 규범 등으로 이루어진다. 시민사회의 '가치'는 시민사회가 지향하는 정신으로서 관용, 인권, 성적 평등, 지속가능한 발전, 사회정의에 대한 관심을 뜻한다. 더 나아가 시민사회단체의 투명성과 책무성, 내부민주주의 등도 시민사회의 가치가 시민사회단체 내에서 체현되고 있는지를 알아볼 수 있는 항목이다. 마지막으로 시민사회의 '영향력'은 공공정책 과정에 참여하는 정도, 소외계층의 대변능력, 시민사회단체 활동의 효과성 등으로 이루어진다.

시민사회지표의 중요성은 이것을 통해서 그 사회 내의 시민사회가 총체적으로 발달해 있는 양상을 확인할 수 있고, 그것을 시각적으로 좌표상에 드러낼 수 있다는 점이다. 4대 요소를 x, y축에 각각 표시하여 점수화하면 이른바 시민사회의 다이아몬드가 그려질 수 있다. 이 다이아몬드의 모양에 따라 어느 요소가 가장 발전했고 어느 요소가 가장 발육미달인지를 쉽게 찾을 수 있다. 그리고 다이아몬드의 형태와 유형에 따라 그 시민사회의 강점과 약점을 지적할 수 있고, 어느 요소를 발전시킬지에 관해 시민사회단체들의 토론과 행동계획(Action Plan) 작성이 가능하다. 시민사회지표는 지표작성 참여자들의 인지적-주관적 판단에 의한 수량화이므로 국가 간 단순비교가 어렵고, 참여자의 시민사회 관점에 따라 큰 차이가 날 수도 있다는 한계가 지적된다. 그러나 기존의 시민사회론이 시민사회를 규범적, 당위적으로 접근하는 방식이었다면, 시민사회지표 방식은 시민사회를 실증적으로 입증하고 구체적으로 발전시킬 수 있는 프로그램적 가치를 갖고 있다는 평가를 내릴 수 있다.

초국적 지구시민사회론으로의 발전

안하이어가 런던정경대학에 부임한 후 야심적으로 추진한 기획이 바로 지구시민사회 연감의 발행이었다. 이는 그의 연구범위가 진정한 의미에서 글로벌한 관점을 띠게 되었다고 볼 수 있고, 일국적(national) 시민사회론에서 초국적(transnational) 시민사회론으로 시민사회 담론이 발전해나가는 경향을 선도하고 있다는 의미를 부여할 수도 있다. 2001년부터 시작하여 매년 가을 출판되는 지구시민사회 연감은 이 방면의 필수자료로 이미 유엔의 인간개발보고서(Human Development Report)에 비견될 만한 반향을 얻고 있다. 지구시민사회(Global Civil Society)는 여러 가지 방식으로 이해된다. 이를 시애틀이나 프라하의 시위대 또는 초국적 기업에 대항하는 NGO들의 행동으로 해석하는 사람들이 있다.

즉 지구적 자본주의의 대항세력으로 보는 것이다. 또한 이 말을 여러 나라에 걸쳐 있는 전문직 결사체, 소비자 단체, 이익집단의 증가로 보는 입장도 있다. 아니면 지구시민사회 현상을 국제아동구호기금(Save the Children) 또는 국경없는의사회(Medecins sans Frontieres)와 같은 그룹이 인도적 지원을 하는 활동으로 파악하는 사람들도 있다. 마지막으로 지구시민사회를 그저 인터넷 채팅, 평화, 환경, 인권운동가 들의 네트워크, 유학생, 지구적 미디어와 같은 시민의 연결성 증가로 보는 관점도 있다.

그 관점이 무엇이든지 간에 지구시민사회 개념은 일국적, 지역적, 또는 지방적 사회를 초월한 사회적 영역 즉 지구적 차원에서의 시민사회의 존재를 가정한다. 그렇게 가정할 수 있는 근거가 있는가? 안하이어는 '지구시민사회'라는 용어의 확산이 사회 저변의 현실을 반영한다고 믿는다. 또한 지구시민사회는 지구화의 직접적 결과로서 출현한 안티테제이자 보완적 형태의 사회적 구성물이라는 것이다. 안하이어는 이 점을 입증하기 위해 지구적 차원의 데이터 소스를 다음과 같이 나누었다. 국제 NGO에 관한 데이터, 병행회의(Parallel conference)에 관한 데이터, 지구시민사회의 연대기, 그리고 질적인 정보 등이 그것이다.

안하이어는 지구시민사회라는 신개념을 입증하기 위한 과제로서 세 가지를 지적한다. 첫째, 지구시민사회의 분석단위는 무엇이며 그 중심적인 측면을 파악하고 측정하기 위해 개념적·경험적 한계를 어떻게 설정할 것인가? 지구시민사회 개념이 '전지구화·정보사회·사회자본·제3부문 및 사회운동'과 같이 사회과학에서 근접한 통념과 용어들에 어떻게 연결되어 있는가? 둘째, 지구시민사회의 중심적인 측면을 묘사하는 데 적합한 최상의 실제적 지표와 측정치들은 어떤 것인가? 셋째, 지구시민사회를 입증할 수 있는 자료 범위와 가용성은 무엇인가? 그리고 이 문제의 답변을 위해 안하이어는 네 가지 가정을 세운다. 지구시민사회에 대한 어떤 측정도 측정하고자 하는 개념의 풍부함, 다양성 및 복잡성보다 더 단순하고 덜 완전할 것이라는 것이 첫째 가정이다. 두번째 가정은 지구시민사회는 다면적으로 출현하는 현상이고 그것의 조작화에는 이러한 본질적 특성이 고려되어야 한다는 것이다. 다음, 지구시민사회는 본질적으로 규범적인 개념이라는 것이 세번째 가정이다. 즉 지구시민사회는 가치로부터 자유로운 개념이 아니라 좀더 인간적이고 포괄적인 세계에 대한 규범적인 기대와 윤리적 동의의 가능성에 의존한다. 마지막 가정은 지구시민사회의 조작화와 측정에는 전략적인 발전의 차원이 있다는 것이다.

이러한 가정설정을 통해 안하이어는 지구시민사회가 불균질하고 불완전하긴 하지만 현재 새롭게 떠오르고 있는 지구적 현실이라고 결론짓는다. 또한 이러한 지구시민사회는 그 과정에 참여하는 모든 행위자의 역량에 따라 그 윤곽과 궤적이 결정되는 가변적인 것이다. 지구시민사회의 형성을 통해 인류는 국민국가 시대를 초월하여 진정한 의미의 세계시민의 공간을 창조할 수 있을 것이다.

지금까지 본 것처럼 안하이어의 연구는 비영리섹터의 실증적 규명으로부터 출발하여, 시민사회의 연구로, 그리고 지구시민사회의 탐색으로 그 외연이 넓어져왔다. 최근 그는 국제 NGO의 활동을 지구적 문제의 사적 규제 경향으로 보면서 그것의 함의를 추적하고 있다. 안하이어의 연구는 점점 더 중요성을 더해가는 시민사회의 역할과 연관되어 많은 사람들의 주목을 받고 있다. 그가 제기한 문제의식은 이미 확실한 학문적 토대를 구축했고, 그가 설정한 분석틀은 시민사회의 연구에 있어 앞으로 최소한 한 세대 정도는 그 영향력이 지속될 것으로 보인다.

조효제 영국 옥스퍼드대학에서 비교사회정책학으로 석사, 런던정경대학(LSE)에서 사회정책학으로 박사를 취득했다. 국제앰네스티 동아시아 조사과 연구위원과 LSE대학원의 강사를 지냈다. 2000년부터 성공회대학교 사회과학부 및 NGO대학원 교수로 있으면서 같은 대학 아시아 NGO 정보센터의 소장을 겸하고 있다. 편·역서로 『전지구적 변환』, 『NGO의 시대』, 『사형제도의 이론과 실제』, 『앰네스티 정책편람』 등이 있으며 현재 인권에 관한 저서를 준비 중이다.

용어와 개념 풀이

비영리섹터

제3섹터라고도 하며 영리를 추구하지 않는 공공재 창출의 시민사회 공간을 뜻한다. 국가에 대한 자율성을 강조하는 비정부기구(NGO)와 시장에 대한 독립성을 강조하는 비영리조직(NPO)이 모두 비영리섹터의 중요한 행위자들이다.

사회적 자본

경제적 자본에 대응되는 말로서 사회 구성원 간의 신뢰와 결속과 같은 비물질적 자본을 뜻한다. 사회적 자본은 인간의 연대와 시민성에 그 기반을 두며 사회의 총체적 발전과 민주주의 심화에 반드시 필요한 요소로 간주된다.

시민사회

고전적 의미의 시민사회는 질서 있고 공공선이 고려되는 정치권력 형태를 뜻했고 개명된 정치문명의 이상을 가리켰다. 오늘날 시민사회는 보통 그람시 이후의 전통에 따라 국가를 이루는 3분 영역(공공부문, 시장, 시민사회)의 하나로 이해되며 민주주의, 인권, 사회적 자본, 공동선 등의 가치지향을 갖는다.

지구시민사회

국민국가의 한계를 넘어서 형성되고 있는 초국적 시민사회 네트워크를 뜻하며 국제 NGO가 가장 좋은 예이다. 지구화에 대한 시민사회의 대응으로 부상하고 있다.

헬무트 안하이어는 말한다

■ 지구시민사회라는 용어의 확산은 사회 저변의 현실을 반영한다. 1990년대 들어 우리는 시민단체, 사회운동, 개인들이 각종 정부 행위자 및 기업과 대화, 토론, 충돌, 협상하는 사회적·정치적 참여의 초국적 영역의 출현을 목격했다. 물론 역사적으로 초국적 비정부 영역이 존재해왔다. 가톨릭교나 이슬람교는 오랫동안 '지구적' 활동의 차원을 지니고 있었고 식민제국들은 부침을 거듭했다. 영연방이나 국제연합, 유럽연합과 같은 정치체들, 적십자와 같은 국제 NGO들은 오랫동안 국가 차원을 넘어서 활동해왔다. 사회주의 인터내셔널과 같은 정치조직 그리고 평화운동, 환경운동도 마찬가지이다.

그러나 이것이 새로운 점은, 최근 들어 이들 국제적·초국적 제도와 기구들의 수와 범위가 대단히 늘어났다는 점이다. 지구시민사회를 이루는 조직과 개인의 수가 오늘날만큼 큰 적이 없었다. 사회복지나 환경에 관한 국제연합 회의에서 코소보의 분쟁까지, 상호투자협정(MAI)에 대한 지구화된 저항에서 멕시코, 버마, 티모르의 현지 인권활동까지, 그리고 지구를 대상으로 하는 미디어기업들에서 인터넷상의 원주민 캠페인에 이르기까지, 이들이 활동하는 범위와 종류가 오늘날만큼 넓은 적이 없었다.
— 헬무트 안하이어 외,『지구시민사회』중에서

더 읽어야 할 책들

헬무트 안하이어, 슈테판 퇴플러, 재단연구회 지음, 이형진 옮김, 『재단이란 무엇인가』, 아르케, 2002.
헬무트 안하이어 외 지음, 노현희 옮김, 『제3섹터란 무엇인가』, 아르케, 2002.
헬무트 안하이어 외 지음, 조효제·진영종 옮김, 『지구시민사회』, 아르케, 2003.
Helmut Anheier, and Leat, D., *From Charity to Creativity*, COMEDIA, 2002.
Helmut Anheier, *The Emerging Sector-An Overview*, Manchester University Press, 1996.
―――, *When Things Go Wrong-Organizational Failures and Breakdowns*, Sage, 1999.
Helmut Anheier, Salamon, L., *Defining the Nonprofit Sector: A Cross-national Analysis*, Manchester University Press, 1997.
Helmut Anheier, Salamon, L., (Eds) *The Nonprofit Sector in Developing Countries*, Manchester University Press, 1998.

존 던 *John Dunn*

머릿속으로 정치적 유토피아를 그리지 말라

김비환 성균관대 · 정치외교학

구체적 역사적 맥락을 지닌 정치철학

던은 현대 지성계를 이끌고 있는 대표적인 영국학자들 중 한 사람이다. 그는 잉글랜드의 펄머(Fulemr)에서 태어나 케임브리지대학의 킹스 칼리지에서 학부를 마쳤다. 1964년부터 65년까지 하버드대학 대학원에서 수학한 다음 영국으로 돌아와 케임브리지대학 지저스 칼리지의 사학 분야 펠로우(fellow)를 지냈다. 그리고 1966년부터 지금까지는 킹스 칼리지의 펠로우로 지내고 있다.

던은 학문세계에 뛰어든 초기에는 주로 역사학부에서 활동했으나 1972년부터는 주로 정치학부에서 활동했다. 1977년까지는 정치학 전임강사(lecturer)로 그리고 1987년까지는 리더(reader, 교수와 조교수 사이의 지위)로 재직했으며, 1987년부터는 정교수로 재직하고 있다. 약 50여 명 중에서 2명만이 정교수 자격을 갖는 것이 케임브리지대학 정치사회학부(Faculty of Social and Political Sciences)의 관행임을 볼 때 47살에 정교수의 지위에 오른 던의 학문적 성취는 남다른 것이었음을 짐작할 수 있다.

던은 1987년 이후 사회학 분야의 세계적인 석학 기든스(A. Giddens, 현재 런던의 LSE의 학장임)와 더불어 케임브리지대학의 정치사회학부를 이끌어왔다. 그리고 동시에 '맥락주의'(Contextualism)라는 수정주의적 서구정치사상사 방법론을 창안 · 유포함으로써 정치사상사 연구에 새로운 이정표를 세웠다. 던은 1994년부터 97년까지 영국학술원의 회원으로 활동했으며, 1994년 이래 한국의 '아시아태평양 김대중 평화재단'의 자문위원 역을 맡고

> " 그의 사상은 실패의 가능성을 염두에 두지 않는 무책임한 유토피아 사상에 대해 경종을 울린다. 영국의 현실주의적 전통은 던의 현실주의 정치사상 속에서 인류의 생존과 안전에 기여할 수 있는 소중한 통찰로 표현되고 있다. "

있다. 그 덕에 그는 2년에 한 번 정도 한국을 방문하면서 한국학계와도 좋은 인연을 쌓아가고 있다.

1960년을 전후하여 케임브리지에서 시작된 던의 학문은 1970년을 전후한 케임브리지에서 최초의 의미심장한 결실을 거둔다. 1960년대 말, 그러니까 29세를 전후한 나이에 던은 존 로크(J. Locke)에 관한 연구를 통해 국제적인 명성을 얻게 된다. 그는 역사학 분야의 스키너(Q. Skinner, 케임브리지대학 역사학부의 석좌교수) 및 포콕(J. G. A. Pocock, 1994년까지 존스홉킨스대학 교수로 재직, 현재는 은퇴)과 함께 당시의 지배적인 정치사상사 연구방법론이었던 '문헌중심연구'와 마르크스주의적 '사회구조분석' 방법을 수정하여 이른바 '맥락주의' 또는 '의도중심적' 방법론을 개척했다.

이 방법론은 문헌중심주의와 달리 특정한 정치사상이 형성된 구체적인 역사적 배경 속에서 저자가 어떤 목적과 의도를 가지고, 그리고 어떤 이데올로기적 전통에 입각해서 자신의 정치사상을 제시했는가를 이해하려 한다. 그러므로 이 방법은 정치사상을 그 정치사상이 구성된 구체적인 역사적 맥락에 대한 저자의 정치적 대응이란 관점에서 풀이한다. 그렇게 이해할 경우, 어떠한 정치사상도 그 정치사상을 제시한 저자의 정치적 의도를 먼저 이해하지 않고서는 적절히 이해될 수 없는 것으로 간주된다. 그러므로 이 방법론은 정치사상이 형성된 역사적 상황——정치·경제적 상황과 이데올로기적 상황——을 가능한 한 정확히 재구성해내는 역사가적 노력을 필요로 한다.

던은 이 방법론을 적용하여 로크의 정치사상이 기독교 신학에 정초해 있음을 부각시킴으로써 그때까지 로크를 전형적인 부르주아 사상가로 이해했던 맥퍼슨(C. B. Macpherson)과 스트라우스(Leo Strauss) 류의 해석에 근본적인 수정을 가했다. 던과 스키너 및 포콕이 주도한 '맥락주의적' 정치사상사 연구방법론은 그들의 지도하에 배출된 많은 학자들에 의해 영미권 전체로 확산, 1970년대 이래 오늘에 이르기까지 가장 영향력 있는 연구방법론으로 인정받게 되었다. 그에 따라 던과 스키너 그리고 포콕은 '케임브리지 역사학파'라는 명예스러운 일가를 이룬 것으로 평가받게 되었다.

비판 이론의 대가 레이몬드 주스 교수(왼쪽에서 두번째)와 필자(가운데), 그리고 존 던(가장 오른쪽)과 함께.

현대사회의 복잡성을 있는 그대로 이해하라

던은 20대 후반에 로크 연구로 세계적인 석학의 반열에 오른 뒤 점차 관심영역을 넓혀가기 시작했다. 정치사상사 연구에 머무르지 않고 현대사회의 다양한 정치현상을 이해하고 그에 대한 대응책을 모색하기 위해 치열한 노력을 기울이기 시작했다.

『로크의 정치사상』(1969), 『혁명론』(1972), 『서아프리카 국가들: 실패와 약속』(1978), 『미래에 직면한 서구 정치이론』(1978), 『역사와 정치적 의무』(1980), 『사회주의 정치』(1984), 『현대정치이론의 재고』(1985), 『현대정치의 경제적 한계』(1990), 『정치적 책임의 해석』(1990), 『정치이론사와 다른 에세이들』(1997), 『간디』(1997), 『민권운동』(1998) 등의 책제목에서 알 수 있듯이 그의 관심사는 현대정치의 거의 모든 영역을 망라하고 있다.

던이 이처럼 광범위한 정치학적 주제들에 대해 관심을 표명한 것을 단순한 지적 사치로 오해해서는 안 된다. 그는 오늘날의 정치적 문제는 현대사회의 복잡하고 불투명한 구조적 맥락과 불가분의 관계를 맺고 있다고 본다. 현실은 다양한 요소들의 중층적이며 복합적인 구조이므로 현실에 대한 최선의 대응은 다양한 정치적 현상들에 대한 종합적인 이해로서만이 가능해질 수 있다. 따라서 현대정치의 다양한 이슈들에 대한 그의 관심은 맥락주의적이며

1993년 출간된 이 책에서 존 던은 현대서구정치사상의 오랜 전통이 위기에 빠져 있음을 분석한다.

역사적인 사상사 방법론의 당연한 귀결로 보는 것이 합당하다.

던은 특히 현상분석에 있어 역사적인 차원을 강조한다. 현재의 어떤 상황도 과거로부터 떨어져 독자적으로 존재하는 것이 아니다. 따라서 던의 초기 학문생활의 초점이었던 정치사상사 연구는 현대정치의 본질과 과제를 이해하기 위한 필수적인 과정으로서의 의미를 얻게 된다.

즉 현대사회의 정치를 이해하고 그에 적절히 대처해나가기 위해서는 그 현상을 역사적으로 해석하는 일이 선행되어야 하는데, 정치사상사 연구는 현대정치를 이해하고 그에 대처하기 위한 불가피한 절차로 긍정되는 것이다.

던은 그에 따라 『정치적 책임의 해석』에서 우리와 '문화적으로 먼 거리에 있다'는 의미에서 로크 정치사상의 모든 것이 '죽었다'(dead)고 본 자신의 초기 해석을 수정한다. 그리고 미래에 직면한 현대정치이론의 문제점들을 드러내는 데 로크의 정치사상을 적극적으로 활용하게 된다. 즉 로크의 정치사상에서 죽은 것은 버리되 현대정치와 현대정치이론의 문제점을 극복하는 데 활용될 수 있는 '살아 있는' 부분을 재조명한다. 던에 따르면 로크 사상의 기독교적 토대와 자연권사상, 재산과 관용에 대한 이론은 현재와 '문화적으로 먼 거리에 있다'는 의미에서 죽은 것이다. 그러나 단 한 가지 측면, 곧 정당한 정치적 권위에 대한 계약주의적 이해방식은 정치에 대한 현대인들의 이해 속에서 여전히 살아 숨쉬고 있다고 주장한다.

그러나 던은 정당한 정치적 권위에 대한 로크의 계약주의적 사고방식은 롤즈와 지워스(A. Gewirth)와 같은 현대의 계약주의자들과는 근본적인 차이가 있다는 것을 강조한다. 던에 의하면 로크의 계약주의적 정치사상은 역사

속에서의 인간의 역할을 세 가지 측면에서 이해했다. 첫째는 인격적 행위자의 측면에서이고, 둘째는 인간사회는 과거의 수많은 인간적 책략들의 의도치 않은 결과라는 측면에서이며, 셋째는 품위 있는 인간사회의 정치조직은 항상 어느 정도의 '신뢰'(trust)에 입각해 있으며 또 그래야만 한다는 측면에서이다. 이 세 가지 측면은 모두 중요하다.

그렇지만 던은 그 중에서도 '신뢰'야말로 로크의 계약사상을 독창적으로 만든 가장 중요한 요소라고 보았다. 던은 로크가 부각시킨 '신뢰'라는 요소는 현대의 계약주의자들이 간과하는 있는 현대정치의 가장 중요한 딜레마를 지적해준다고 한다.

존 던의 대표작으로 로크사상의 살아있는 부분을 재조명하여 정치적 책임의 문제를 규명한다.

주지하듯이 롤즈에 의해 주도된 현대 정치철학은 '정의'의 문제를 가장 중요한 정치철학적 문제로 설정하고 있다. 그러나 던은 일종의 '합리적 믿음'(rational dependence)인 '신뢰'야말로 정치·사회제도에서 으뜸가는 덕목이라고 이해한다. 신뢰는 인간의 양면적 본성에 뿌리를 내리고 있다. 즉 서로간에 약속을 주고받는 인식능력에 내포되어 있을 뿐만 아니라, 인간의 협력관계를 실질적으로 유지시켜줄 수 있는 따스한 감정적 능력에도 내포되어 있다. 정치의 과제는 이와 같이 인간의 양면성에 뿌리를 내리고 있는 신뢰를 활성화시킴으로써 도덕적 질서를 구축해가는 것이다.

이는 근본적인 불확실성에 직면하여 언제라도 무질서와 혼란으로 빠져 들어갈 수 있는 가능성에 대한 정치의 가장 궁극적인 목표이다. 정치는 때로는 자원을 공정하게 배분하고 때로는 강제적인 방법을 동원하면서 사회구성원들 사이의 신뢰관계를 유지해나가는 것이다. 그러나 던은 정치를 통한 신뢰의 구축과 유지는 지극히 불안정하며 위태로운 과제라는 것을 인정한다. 정치제도가 아무리 훌륭하게 고안될지라도 그것은 충분하고도 지속적인 신뢰를 구축하기에는 언제나 미흡할 수밖에 없기 때문이다.

던이 주목한 로크의 정치사상에서 부각된 '신뢰'라는 요소는 현대 정치질서에도 여전히 중요한 역할을 한다. 그것은 아직도 계속되고 있는 근대적인 정치질서의 속성이다. 때문에 로크의 정치사상은 오늘날의 정치적 딜레마를 인식하고 그에 대응하기 위한 중요한 통찰을 담고 있는 것이다. 그러므로 던의 정치이론적 목표는 현대의 정치적 딜레마를 성공적으로 인식·대처하지 못한 주요 현대 정치이론들을 비판하는 한편, 신뢰의 불씨를 되살리기 위한 대응책을 모색하는 것이다. 던에 따르면 정치란 본질적으로 '실용적인 기술' (practical skill)이다. 그런데 정치의 실용성은 냉정하고도 객관적인 현실인식으로부터 출발한다. 그래야만 그와 같은 불확실하고도 불안정한 상황 속에서 신뢰구축을 위한 최소한도의 실현 가능한 해결책을 모색할 수 있다. 냉정하고도 객관적인 현실분석에 입각하지 않은 초연한 이상적 해결책은 현대의 정치적 딜레마를 더욱 더 깊게 할 뿐이다.

던은 현대사회의 복잡성을 있는 그대로 이해하려 노력하지 않고 그 중 한 단면만을 분리해내어 간단명료한 해결책을 제시하고자 하는 오늘날의 주류 정치이론적 경향에 대단히 비판적이다. 롤즈(J. Rawls)의 『정의론』은 그의 비판의 중요한 한 가지 표적이다. 사회정의에 관한 현대의 이론들은 훌륭하긴 하지만 아슬아슬한 세계를 다루기에는 적합하지 않다. 그 이론들은 매우 위태로운 현실 위에 아주 가볍게 앉아 있을 뿐이다. 던은 오늘날의 주류 정치이론이 합리적이고 투명한 사고실험에 의해 복잡한 현실을 단숨에 바꿀 수 있는 것처럼 가정하고 있다고 비판한다. 그에 의하면 현대 정치이론은 "철학적으로 허약하며 정치적으로는 어리석다." 현대사회의 정치는 기술·경제적인 문제들과 복잡하게 얽혀 있으므로 그 문제들에 대한 냉정한 이해 없이는 도저히 이해할 수도 대처해나갈 수도 없다. 있는 그대로의 복잡한 현실을 이해하는 것이 어렵다고 해서 머릿속에 가공의 유토피아를 그리는 쉬운 방법을 택하는 것은 지적인 무책임의 소치라는 것이다.

실천적 지혜로 불투명한 현실사회를 밝힌다

이처럼 던의 현실인식은 불안감을 자극할 정도로 냉정하고 현실주의적이다. 그렇지만 그는 결코 패배주의나 비관주의로 빠지지 않는다. 그는 모든 개인들이 지닌 '실천적 지혜'(프루던스, prudence)의 능력에 기대를 건다. 정치질서에 대한 로크의 통찰을 재해석함으로써 던은 실용적 기술로서의 정치는 역사적 상황에 민감한 프루던스를 요구한다고 주장한다. 그는 '현대적 프루던스'(modern prudence)로 무장한 현대 정치는 '정념으로서의 신뢰'—국가, 정당과 같은 기성 정체제도의 효율성과 기품이 가지는 무반성적인 확신—보다는 '정책으로서의 신뢰'(trust as policy)를 필요로 한다고 주장한다. 여기서 정책으로서의 신뢰는 무반성적인 확신과 달리 '전략적으로 고려된 신뢰'를 의미하는 바, 기성의 정치제도들을 신뢰하면서도(완전한 불신은 오히려 불안정과 혼란을 조장할 수 있을 뿐이기 때문에) 적절히 회의적인 (properly sceptical) 태도를 견지하는 태도를 의미한다.

던에 따르면 '정책으로서의 신뢰'를 안내하는 프루던스는 오늘날 유행되고 있는 '도구적 합리성'이라는 개념과는 근본적으로 다르다. 도구적 합리성은 이미 주어진 목적이나 욕구를 성취하기 위한 가장 효율적인(최소비용의) 수단과 방법이란 관점에서 규정된다. 도구적 합리성은 이처럼 적극적으로, 형식적으로 그리고 선험적으로 규정되나, 프루던스는 그 내용에 의해 소극적으로만 규정될 수 있을 뿐이다. 다시 말해 실용적인 숙고(practical deliberation)가 담고 있는 교훈적인 가치에 의해 규정될 수 있을 뿐이다. 때문에 프루던스는 어떻게 행위해야 할 것인가에 대해 권위적이고 명확하며 간결한 형태의 처방을 내리는 것이 아니다(때로 그렇게 하는 것이 불가능하지는 않지만). 사람들이 삶을 영위하고 있는 상황을 우연한 현재로서가 아니라 일정한 방식으로 볼 필요(역사적 해석의 필요)를 인지하고, 삶의 배경을 이해하여 어떤 실천적인 함의를 끌어낼 수 있는가를 알 수 있게 해준다.

던은 프루던스의 중요성을 고전적 공화주의 정치사상과 현실주의적 정치이론가들로부터 차용했다. 하지만 그는 고전적 공화주의 전통이나 현실주의적 국제정치이론가들과는 달리 프루던스의 엘리트주의적 측면을 제거시키고자 한다. 다시 말해 프루던스를 민주화시키려 한다. 프루던스의 민주화야말로 복잡하고 불투명한 현대사회의 문제에 대응하는 유일한 희망이라고 보기 때문이다. 모든 성인들은 이런 능력을 훈련하고 발휘할 수 있어야 한다. 인류 파멸의 가능성과 대대적인 생태환경의 파괴와 같은 미증유의 위기에 대처할 수 있는 최상의 가능성이 열릴 수 있기 때문이다. 그러므로 그는 어느 정도는 낙관주의를 수용하고 있는 민주주의자라고 할 수 있다. 그러나 그는 이 과정이 결코 쉽거나 짧은 기간에 이루어질 수 있는 성질의 것이 아니라고 본다. 그런 점에서 그는 여전히 현실주의를 견지하고 있다. 그에 있어 현실은 항상 해결되어야 할 문제를 안고 있으며 향상될 필요가 있는 불완전한 것이다. 그는 그것을 조금씩 개선해나가는 가운데 안전하고 향상된 삶의 전망을 열어나가는 것이야말로 과거의 역사로부터 교훈을 배울 수 있는 모든 성인남녀들의 책임이라고 주장한다.

그러나 가능한 한 다수의 성인들이 오늘날과 같은 불확실성의 시대에 프루던스의 능력을 표출할 수 있기 위해서는 먼저 우리의 구체적인 정치적 상황이 어떠하며, 그 상황을 어떻게 해석할 필요가 있는가를 알아야만 한다. 바로 이것이 정치이론가로서의 임무가 정치사상사가로서의 또다른 임무와 만나게 되는 지점이다. 던은 현대의 정치적 상황을 이해하고 해석하는 데 정치사상사가 핵심적인 역할을 할 수 있다고 믿는다. 로크의 정치사상을 죽은 부분과 살아 있는 부분으로 구분·재평가하고, 현대정치를 이해하고 그에 대처하는 데 로크의 정치사상을 활용하려 한 던의 시도는 정치이론가로서의 던과 정치사상사가로서의 던이 통합되었음을 말해준다.

이상에서 개관해본 던의 정치사상은 하버마스나 롤즈와 같은 추상적인 거대이론가들의 사상과는 다르다. 때문에 그의 사상은 거대이론가들의 사상처럼 체계적이거나 명쾌하지 않다. 오히려 그래서 그의 정치사상은 음미하면 할수록 더 많은 통찰력을 제공해주는 미덕을 갖추고 있다.

요컨대, 그의 사상은 있는 그대로의 현실을 직시한 채 최상의 현명한 대안을 찾기 위해 모든 구조적·상황적 요인들을 치밀하게 검토하며 한걸음 한걸음 나아가는 신중한 현실주의자의 것이다. 그의 사상은 실패의 가능성을 염두에 두지 않는 무책임한 유토피아 사상에 대해 경종을 울린다. 영국의 현실주의적 전통은 던의 현실주의 정치사상 속에서 인류의 생존과 안전에 기여할 수 있는 소중한 통찰로 표현되고 있는 것이다.

김비환 1958년 여수에서 태어나 성균관대학교 정치외교학과와 같은 대학교 대학원을 졸업한 후 케임브리지대학에서 로크사상의 대가로 알려진 존 던 교수의 지도 아래 석사와 박사학위를 받았다. 저서로는 『데모크라토피아를 향하여: 민주주의, 정의, 그리고 행복』(2000), 『축복과 저주의 정치사상: 20세기와 한나 아렌트』(2001), 『맘몬의 지배: 사회적 가치분배의 철학』(2002) 등이 있다. 현재는 성균관대학교 정치외교학과 교수로 재직하면서 서구정치사상사와 현대정치이론을 강의하는 한편 부의 분배에 관한 원리 및 포르노그라피, 낙태와 같은 사회윤리 문제들에 대한 철학적 이해에 관심을 두고 있다.

용어와 개념 풀이

문헌중심연구 textualism
정치사상가가 남긴 문헌 속에 정치현상에 관한 참된 지식이 존재한다고 보고, 그 문헌을 중심으로 정치적 지식을 찾아내려는 가장 전통적인 정치사상사연구방법론이다.

사회구조분석
마르크스주의자들의 정치사상사 방법론으로 정치사상가가 속했던 시대의 사회구조적 특징과 그 안에서의 정치사상가의 특수한 위치를 밝히면 그의 정치사상의 특징을 이해할 수 있다고 보는 방법론이다.

계약주의
정치질서의 기원과 목적을 개인들 사이의 동의와 계약이라는 관점에서 이해하는 정치사상사의 한 흐름이다. 멀리는 홉스, 로크, 루소로부터 가까이는 존 롤즈에 이르기까지 오랜 전통을 지니고 있다.

프루던스 prudence
구체적인 현실 속에서 생존과 안전을 확보하는 데 필요한 실용적인 지혜를 찾는 인간의 능력이다. 일찍이 아리스토텔레스는 지식을 이론적 지식(theoria)과 실천적 지혜(phronesis)로 구분한 바 있는데 던은 아리스토텔레스의 프로네시스 개념을 현대화시켜 이해하려고 한다.

공화주의 republicanism
가정으로 대표되는 개인의 사적인 영역(res privata)과 대비되는 공적인 일의 영역을 의미하는 라틴어 res publica에 연원을 둔 사조이다. 근대에 들어 그 의미가 다소 변했지만 그 어원적 의미는 여전히 남아 있다. 고전적 의미로는 사적인 이익보다 공공선을 더 중요시하고, 공적인 일에 적극 참여하는 덕스러운 시민에 의해 유지되는 공화국을 지향하는 운동과 사조를 의미한다. 일각에서는 자유주의를 극복하거나 보완할 수 있는 가장 중요한 사상적 원천으로 이해하기도 한다. 그러나 미국에서는 대표자들에 의해 관리되는 정치질서라는 의미로, 다시 말해, 간접민주주의와 혼용되는 경향이 있다.

존 던은 말한다

- 정치이론의 목적은 현실적인 문제상황을 진단하고 그에 대처할 수 있는 최선의 방식을 보여주는 것이다. —『Interpreting Political Responsibility』 중에서

- 전체적으로 볼 때 해석학적 정치이해와 과학적 접근방법 사이의 대립은 동일한 대상에 대한 분석적 판단의 차이를 반영한 동시에 그 자체가 하나의 정치적 갈등이다. —『Interpreting Political Responsibility』 중에서

- 오늘날 민주주의는 우리가 가질 수 없지만 계속해서 원하지 않을 수 없는 것에 대한 이름이다. —『Western Political Theory in the Face of Future』 중에서

- 민주주의는 아마도 끝이 없는 여행은 아닐 테지만 확실히 미지의 목적지를 향하고 있는 여행이다. —『Democracy』 중에서

- 정치란 인간이 추구하는 목적들 사이의 갈등과 협력의 균형이다. —『The Cunning of Unreason: Making sense of Politics』중에서

- 오늘날 민중과 직업정치인들 사이에 만연하고 있는 상호 경멸은 장기간에 걸친 인간 번영을 침식하고 있다. 오래된 냉소를 불식시키기 위해서는 최선을 다해 우리의 통치자들을 교육시켜야 하지만 더욱 절박한 점은 아마도 우리 자신을 교육시켜야 할 때가 다가왔다는 사실일 것이다. —『The Economic Limits to Modern Politics』중에서

- 공동체주의 없는 자유주의는 문화적으로 공허하고, 자유주의 없는 공동체주의는 정치적으로 자멸적이다. —1990년대 초 아태재단초청 학술회의 발표논문 중에서

더 읽어야 할 책들

John Dunn, *The Political Thought of John Locke*, Cambridge, 1969.
_____, *Modern Revolutions: An Introduction to the Analysis of a Political Phenomenon*, Cambridge, 1972.
_____, *Western Political Theory in the Face of Future*, Cambridge, 1979.
_____, *Political Obligation in its Historical Context*, Cambridge, 1980.
_____, *The Politics of Socialism*, Cambridge, 1984.
_____, *Locke*, Oxford, 1984.
_____, *Rethinking Modern Political Theory*, Cambridge, 1985.
_____, *Interpreting Political Responsibility*, Cambridge, 1990.
_____, ed., *Democracy: The Unfinished Journey*, Oxford, 1992.
_____, ed., *Democracy: The Unfinished Journey*, Oxford, 1992.
_____, *Contemporary Crisis of the Nation State*, Oxford: Blackwell, 1995.
_____, *The History of Political Theory*, Cambridge, 1996.
_____, *The Cunning of Unreason: Making Sense of Politics*, London: Harper Collins Publishers, 2000.

로널드 드워킨 *Ronald Dworkin*

소수의 폭정이 다수의 폭정보다 낫다

김비환 성균관대 교수·정치외교학

현대 자유주의의 지도적 대변가

20세기 후반의 가장 영향력 있는 자유주의자들 중 한 사람으로 주목받고 있는 로널드 드워킨은 1931년 미국 매사추세츠주의 워세스터(Worcester)에서 태어났다. 그는 하버드대학에서 문학사 학위를 받은 다음 영국으로 건너가 옥스퍼드대학에서 고 크로스 경(Sir Rupert Cross)의 지도 아래 법률학 학사를 받았다. 옥스퍼드에서 법률학에 매료되었던 그는 다시 미국의 하버드 법학대학원에 진학하여 본격적으로 법학을 공부했다. 하버드 법학대학원을 졸업한 이후에는 당시 명성을 누리고 있었던 핸드 판사의 시보를 거쳐 뉴욕 변호사협회의 회원이 되었다. 그리고 1958년부터 62년까지는 뉴욕에 있는 설리반과 크롬웰 법률사무소에서 활동했다.

1962년에 예일대학 법학과 교수로 발탁된 그는 6년 뒤 호펠드(Wesley N. Hohfeld) 법률학 석좌교수로 지명되었다. 1969년에는 전격적으로 옥스퍼드대학의 법률학 석좌교수에 지명되었으며, 1975년부터는 뉴욕대학교 법학과 교수를 겸임하면서 오늘에 이르고 있다. 현재 미국학술원 정회원이자 영국학술원의 특별회원이기도 한 그는 법학, 철학, 정치학, 경제학 등 다방면에서 탁월한 업적을 쌓고 있다.

1963년 사법적 자유재량권을 주제로 첫번째 논문을 발표한 이래 드워킨은 법철학 및 정치이론 분야에서 수많은 역작을 남김으로써 존 롤즈(John Ralws)와 더불어 현대 자유주의의 지도적인 대변가로 평가받게 되었다. 그는 벤담과 존 스튜어트 밀 이후 서구의 지배적인 공공철학으로 군림해온 공

> **드워킨은 자원 개념을 폭넓게 이해한다. 롤즈가 '주요한 사회적 가치들'로 열거했던 것들을 포함하여 개인의 재능까지도 자원의 범주에 포함되는 것으로 이해한다. 그리하여 자원을 더 많이 소유할수록 개인은 더 많은 자유를 누릴 수 있으며 그 반대일 경우에는 더 적은 자유를 누리게 된다고 본다.**

리주의를 비판하는 한편으로, 개인 권리의 불가침성을 강조한 '의무론적'(deontological) 자유주의의 정립을 위해 지대한 공헌을 해오고 있다. 그의 자유주의 이론은 법의 적용과 해석에 일관성과 통일성을 부여할 수 있는 도덕적 근거를 찾는 과정에서 형성되었다. 그것은 실증주의 법철학보다 '더 매력적인' 법이론을 구성하고자 한 그의 집요한 노력의 소산이었다. 그의 자유주의는 특히 타인을 수단으로 삼지 말고 목적으로 삼으라는 칸트의 도덕철학적 명제와 롤즈의 '반성적 평형'(reflective equlibrium)의 방법으로부터 큰 영향을 받았다. 그러나 레웰린(K. Llewellin), 하트(H. Hart), 풀러(L. Fuller)와 같은 법이론가들은 물론, 윌리엄즈(B. Williams), 네이글(T. Nagel), 왈라스(M. S. L. Walras), 애로우(K. J. Arrow), 드브르(G. Debreu) 등 철학자들과 경제학자들로부터도 중요한 영향을 받았다.

법이론 비판에서 출발한 드워킨의 정치이론

드워킨의 자유주의는 전통적인 법이론에 내재된 약점과 한계에 대한 인식으로부터 출발한다. 그 중에서도 특히 법실증주의와 공리주의는 주된 비판의 대상들이다. 법실증주의는 사법판결에 도덕적 정당성을 부여할 수 있는 근거원리(background principles)를 갖추지 못함으로써 명확한 판결이 어려운 소송의 경우 지나치게 판사의 재량권에 의존하게 되는 한계가 있다고 비판한다. 그리고 공리주의는 개인의 권리를 진지하게 고려하지 못하는 한계가 있다고 비판한다. 드워킨은 정책과 도덕원리를 엄격히 구분할 것을 주장하고, 일정한 목표를 추구하는 정책들이 정치공동체의 성격에 대한 최선의 도덕적 이해로부터 도출된 도덕원리에 의해 정당화되어야 한다고 주장한다. 만일 어떤 정책들이 단순히 공동체 전체의 복지를 조금 더 증진시킬 수 있다는 명목 아래 공동체의 근본적 도덕원리를 무시하고 시행된다면 그 정책은 결코 정당화될 수 없는 것이다.

법실증주의와 공리주의에 대한 이상의 비판에서 알 수 있듯이, 드워킨의 주요한 법이론적 목표는 명확한 해결이 어려운 소송의 경우에도 판사의 자유재량에 좌우되지 않는, 옳은 해결책의 근거가 되는 도덕원리를 확인하는 것이다. 드워킨의 자유주의 정치이론은 바로 이와 같은 법이론적 목적으로부터 자연스럽게 확장된다. 입법과 법적 중재 그리고 합헌심사를 포함하는 모든 법실제(legal practices)의 일관된 토대로서 작용하는 도덕원리를 구성하고자 한다면, 정치공동체의 공적 생활을 일관되게 지도할 수 있는 도덕원리의 구성 또는 확인이 필수적이다. 특히 모든 법실제를 하나의 근본적인 도덕원리에 정초하고자 하는 드워킨에게는 법철학적 목표가 곧 정치공동체의 도덕적 성격을 탐색하는 정치철학의 목표와 다를 바 없다. 정치공동체의 도덕적 성격에 대한 이해는 정치공동체의 공공문화에 대한 해석을 매개로 해서만 가능하기 때문에, 자유주의 사회의 공공문화에 대한 드워킨의 해석학적 관심은 그의 법이론적 관심의 자연스런 확장이라 할 수 있다.

자유주의는 일관된 구성적 원리를 가진다

드워킨은 모든 시민들에 대한 '평등한 관심과 존중'(equal respect and concern)의 정신을 자유주의 정치공동체의 근본적 도덕원리로 전제하고 이에 기초하여 자유주의를 새롭게 정초시킨다. 아래에서는 자유주의에 대한 이해와 '자원의 평등' 개념을 중심으로 그의 자유주의를 개관해보기로 한다.

「자유주의」(1978)라는 논문에서 드워킨은 자유주의에 대한 독특한 해석을 제시한다. 먼저 그는 자유주의의 구성적 원리(constitutive principle)와 파생적 전략(derivative strategy)을 구분한다. 자유주의의 구성적 원리는 구체적인 사회·경제·정치적 이슈들에 대한 가장 중요한 견해들에 관류하고 있는 원리로서 비(非)자유주의적인 견해들로부터 자유주의적인 견해들을 구분시켜주는 근본적인 원리이다.

그에 의하면 역사적으로 자유주의에 대한 다양한 해석들이 존재했던 이유

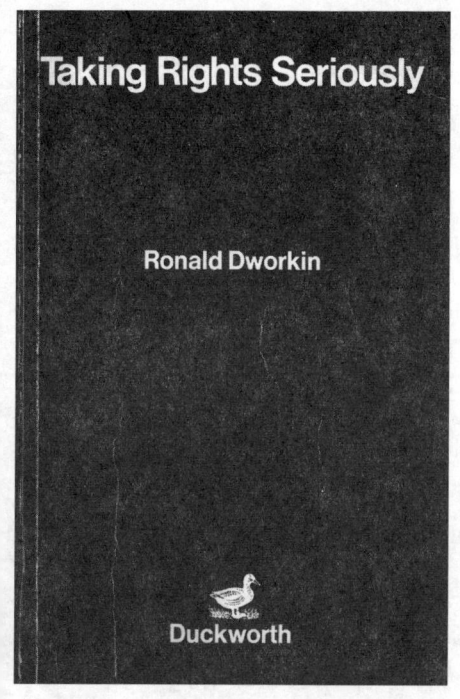

민권은 민주적인 다수의 선입견이 반영된 결정을 예방하기 위해 필요하다.

는 자유주의에 불변적인 구성적 원리가 없었기 때문이 아니라, "유일한 자유주의의 구성적 원리를 실행하기 위해 채택된 전략들의 적실성을 잃게 한 환경과 여론의 변화 때문이었다." 구체적인 프로그램(파생적 전략)의 유효성은 전적으로 실제적인 사회·경제적 조건들에 달려 있기 때문에, 중요한 사회·경제적 변화가 일어날 때마다 자유주의적인 견해들이 새롭게 결합하여 독특한 자유주의를 형성하게 되었다고 본다.

어떻게 평등이라는 자유주의적 구성원리를 성취할까?

드워킨은 이처럼 구성적 원리와 파생적 프로그램을 구분함으로써 자유주의와 경제시장 그리고 대의민주주의의 관계를 설명한다. 경제시장과 대의민주주의는 평등이라는 자유주의적 구성원리를 성취하기 위한 주요 제도들이다. "경제적 시장은 어떤 재화를 생산하여 어떻게 분배할 것인가를 결정하는 데, 그리고 대의민주주의는 어떤 행위를 금지하거나 규제함으로써 어떤 행위들을 가능하게 하거나 편리하게 할 것인가를 집단적으로 결정하는 데 가장 이상적으로 활용된다"는 것이다.

그러나 현실적으로는 심각한 불평등을 야기하는 다른 차이들이 존재한다. 재능과 가족적 배경, 필요와 장애의 정도에 있어서의 차이 등 다양한 차이들이 존재한다. 이와 같은 차이들은 선호에서의 차이와는 달리 자유주의적인 평등원리에 의해 옹호될 수 없다. 왜냐하면 그런 차이들은 개인의 선택과 노력을 반영한 것이 아닌 '냉엄한 운'(brutal luck)의 결과이기 때문이다. 그러므로, 자유주의적 입법가의 과제는 능력과 재능, 상속과 운의 차이로부터 발생하는 불평등들을 축소시키는 한편, 재화와 기회에 있어서의 비용을 반영하는 불평등은 용인될 수 있도록 하는 것이다.

따라서 드워킨은 "자유주의자는 재분배 제도를 통해 시장을 개혁하되 시장의 가격체계는 거의 손대지 않고 그대로 놓아두어야 한다. 하지만 최소한 자유주의적 구성원리가 금하는 복지에 있어서의 불평등을 대폭 제한할 수 있어야 한다"고 주장한다. 그러나 드워킨은 어떠한 해결책도 완벽하지 않을 것이기 때문에 자유주의자는 소득재분배 정책과 관례적인 상속세 제도를 기반으로 한 복지권 제도를 확립해야 한다고 주장한다. 드워킨은 분배의 정도에 관한 한 롤즈를 답습한다. 그리하여 부의 이전이 더 이뤄질 경우 최하위층 집단이 혜택을 입기보다는 해를 당하게 될 지점에까지 재분배가 이뤄져야 한다고 생각한다.

이와 유사한 논리로, 민권은 민주적인 다수의 선입견이 반영된 결정(외부적 선호, external preferences)을 예방하기 위해 필요하다. 민권체계는 강력한 외부적 선호를 반영할 가능성이 높은 정치결정들이 무엇인지를 미리 결정해서 다수결주의가 작동하는 정치제도의 영역에서 이런 결정들을 미리 배제해야만 한다. 이 권리들은 자유주의적인 구성원리를 침해할 수도 있는 민주적 다수의 편견을 반영한 외부적 선호에 대항적으로 작용할 것이다. 그러므로 이 권리들은 '정치도덕에 있어서의 무조건적인 향상'으로 이해되어야 한다고 주장한다. 드워킨은——연방대법원에 의해 해석된 바——미국헌법의 권리장전에 명시된 권리들을 상당수의 자유주의자들이 오늘날의 미국에 필요한 권리들이라고 생각할 것이라고 믿고 있다.

지금까지 개관한 드워킨의 자유주의적 평등론은 특히 중요한 두 가지 직관을 담고 있다.

첫째는 자유와 평등은 불가분적인 관계에 있다는 아이디어다. 그에 의하면 개인의 자유를 내포하지 않은 평등개념은 자유주의적이 아니며, 개인들 사이의 도덕적 평등을 전제하지 않은 자유 역시 진정한 자유주의적 평등관이 될 수 없다. 그런데 이 직관은 어떠한 경우라도 인간의 도덕적 평등은 침해되어서는 안 된다는 아이디어를 표현하고 있기 때문에 인격과 그 인격을 구성하고 있는 우연한 요소들을 구분해야 한다는 버나드 윌리엄스(B. Williams)의 직관을 반영하고 있다.

둘째 아이디어는 자유와 자원의 연관성에 대한 것이다. 드워킨은 자원 개념을 폭 넓게 이해한다. 즉 그는 롤즈가 '주요한 사회적 가치들'로 열거했던 것들을 포함하여 개인의 재능까지도 자원의 범주에 포함되는 것으로 이해한다. 그리하여 자원을 더 많이 소유할수록 개인은 더 많은 자유를 누릴 수 있으며 그 반대일 경우에는 더 적은 자유를 누리게 된다고 본다. 이 아이디어에 입각하여 그는 '전 생애에 걸쳐' 개인이 소유하고 있는 자원을 가능한 한 평등하게 분배할 것을 주장한다. 드워킨은 타인들이 향유하고 있는 자원의 총량에 대해서 개인들이 서로 시샘하지 않는 상황이 자원의 평등한 분배가 성취된 상황이라고 본다. 이 주장은 실현가능성을 고려하지 않은 이상론이기 때문에 드워킨은 이어서 완화된 이상론을 제시한다.

그는 개인의 자율성을 존중하여 개인이 선택한 결과로서 처하게 된 상황은 그 개인에게 책임이 있다고 보고, 개인의 자율적인 선택에 의해 초래된 불평등은 정당한 것으로 인정해야 한다고 강조한다.

자유주의적 평등론이 지닌 몇 가지 문제점

드워킨의 평등론이 노정하는 기본적인 난점은 정당한 불평등과 부당한 불평등의 구별 근거인 '냉엄한 운'과 '선택적 운'(option luck)의 엄밀한 구분이 거의 불가능하다는 것이다. 다시 말해, 엄격하게 개인의 선택의 결과인 것과 우연한 운의 결과인 것을 구분하기 어렵다는 것이다. 예컨대, 어떤 애주가가 간암에 걸린 경우 그것은 선택적 운——술을 많이 마셨기 때문에——의 결과인가 아니면 자신의 선택과는 전혀 상관이 없는 순전한 운——모든 애주가들이 다 간암에 걸리지는 않기 때문에 간암에 걸리는 것은 주로 순전한 운의 결과라고 볼 수 있다——의 결과인가?

그리고 이와 관련하여 개인의 자연적 능력의 결과와 선택의 결과를 어떻게 구분할 수 있느냐 하는 것도 중요한 난제이다. 예컨대, 타이거 우즈나 마이클 조던의 성공은 자연적 능력의 결과인가 아니면 골프선수나 농구선수가 되기로 결심한 그들의 선택의 결과인가? 이런 의문을 해결할 수 있는 타당한 기준이 없다면 드워킨의 제안은 구체적인 실천적 함의를 갖기 어렵다. 드워킨이 자연적인 능력의 결과와 선택(야망)의 결과를 객관적으로 구분해낼 수 있는 기준을 제시해주지 않는다면, 그의 분배론은 롤즈의 '차등의 원리'처럼 어느 정도는 유능한 사람의 능력에 더 많은 보상을 해줄 가능성도 있다. 왜냐하면 그 사람의 행위 결과를 평가함에 있어 자연적 능력의 역할과 선택의 역할을 구분하기 어려운 경우, 그의 선택행위에 상대적으로 높은 비중을 부여하는 방향에서 분배의 몫을 할당할 가능성도 있기 때문이다.

마지막으로 드워킨의 자유주의사상 전체에 걸쳐 전제되어 있는 고결성(integrity) 개념을 살펴볼 필요가 있다. 이 고결성 개념은 법체계와 정치체제가 하나의 일관된 도덕원리에 의해 통일적으로 수립·관리되어야 한다는 이상을 담고 있다. 이 도덕적 고결성은 상충하는 원리들을 절충하는 것에 만족하는 태도와는 근본적으로 다르다. 드워킨은 이 고결성 개념을 개인의 삶에까지 확대 적용한다. 예컨대, 그는 『생명의 지배―낙태와 안락사』(1993)에서 개인의 도덕적 고결성 개념을 토대로 낙태와 안락사에 대한 진보적인 입장을 정당화한다. 즉 생명의 인위적인 종결 행위인 낙태와 안락사는 만일 그것이 도덕적으로 일관되게 살아온 개인의 도덕적 고결성을 유지할 수 있는 유일한 길이라면 허용되어야 한다고 주장한다. 단순한 생명의 유지보다는 일정한 도덕적 원칙에 따라 일관되게 살아온 삶의 도덕적 고결성을 지키는 것이 더 중요하다고 보기 때문이다.

그렇지만 이 고결성 개념은 드워킨처럼 공·사 영역을 구분해야 하는 자유주의자의 도덕적 태도로서는 모순적인 측면이 있다. 왜냐하면, 공·사 영역의 이분법은 개인이 공적인 영역에서 따라야 할 원리와 사적인 삶의 영역에서 따라야 할 원리들이 별개일 수 있다는 생각을 전제하고 있어, 삶은 하나의 도덕적 원칙에 의해 영위되어야 한다는 완결성 관념과 잘 부합하지 않은 듯한 인상을 주기 때문이다.

드워킨이 제시한 '비판적 행복' 개념은 어느 정도 드워킨이 이러한 혐의로부터 벗어날 수 있는 알리바이를 제공해준다. '비판적 행복'은 개인이 자신이 원하는 것을 공동체 전체의 성공과 일치시킬 때 성취된다. 그러므로 '비판적 행복'을 추구하는 자유주의적 시민공화주의자는 이미 공·사 영역의 구분을 실질적인 의미에서 초월하고 있기 때문이다.

자유주의자들은 사적인 삶의 영역에서도 대체로 자율성이란 인본주의적 가치에 중요한 지위를 부여하고 있는데, 이는 개인의 자율성을 필수적인 구성요소로 내포하고 있는 자유주의적 정치도덕과 잘 부합한다. 드워킨은 「평등이란 무엇인가?―제3부 자유주의 지위」(1987)에서 자유를 다른 분배 대상들과 달리 자유시장(경매제도)의 전체 과정 속에 이미 전제되어 있는 특별한 가치임을 분명히 밝히고 있다.

그는 시장질서에 당연히 전제되어 있는 자유(자율성)라는 가치를 다른 가치들과 동등하게 생각하지 않는다. 그 이유는 그가 자율성이란 가치에 다른 가치들과는 다른 특별한 지위를 부여하는 자유주의자이기 때문이다. 그러므로 자유주의적인 시민공화주의자에게는 사적인 삶의 원리와 공적인 삶의 원리 사이에 심각한 긴장이 존재하기 어렵다. 공·사 영역 모두가 자율성이란 특별한 가치를 반영하고 있기 때문이다.

그러나 비자유주의자들 혹은 반자유주의자들에게는 사적인 삶의 원리와 공적인 정치도덕을 통합시켜주는 공통된 가치를 발견하기 어렵다. 그들의 경우 사적인 삶의 영역에서는 자율성이란 가치보다는 다른 가치들이 더 중심적인 지위를 차지하고 있을 가능성이 크다. 예컨대, 신실한 퀘이커 교도들에게는 자율성이나 독립과 같은 자유주의적 가치보다는 신에 대한 충성과 교우들에 대한 우애와 헌신이 훨씬 더 고귀한 가치일 수 있다. 그러므로 그들에게는 자녀들과 신도들의 자율적 선택권을 존중할 것을 명하는 자유주의 도덕이 삶의 도덕적 완결성을 위협하는 요인으로 인식될 수 있다. 만일 가능하다면, 그들은 정치도덕 역시 그들이 신봉하는 가치에 일치하도록 구성하기를 원할 것이다. 그럴 때만이 모든 삶의 영역에서 도덕적으로 일관된 삶을 살 수 있기 때문이다.

이와 같은 맥락에서 볼 때, 드워킨의 자유주의 정치이론은 자신의 의도와는 상관없이 냉정한 정치적 성격을 갖고 있음을 알 수 있다. 다시 말해 그의 정치이론은 은연중 자유주의적 헤게모니를 정당화하고 강화하는 기능을 수행하고 있다. 그가 이런 정치적 차원을 인지하고 있다면 그의 평등지향적인 이상적 자유주의는 냉정한 정치현실을 은폐함으로써 자유주의 질서를 강화시키는 공공 이데올로기의 성격을 띤다고 할 수 있으며, 그가 이런 사실을 인지하지 못하고 있다면 그의 자유주의 정치이론은 정치이론가로서 그의 한계를 드러내주는 증거가 될 수 있다.

그의 자유주의 정치이론은 그대로만 실현된다면 전체 사회에 대해 상당한 평등주의적 효과를 가져올 수 있을 것이다. 하지만 정치를 이상적인 도덕주의적 관점에서 규정하고자 하는 그의 접근방법은 가치다원주의 사회를 배경으로 전개되는 자유주의 정치현실의 역동적인 차원을 조명하는 데에는 상당한 한계가 있다.

김비환 1958년 여수에서 태어나 성균관대학교 정치외교학과와 같은 대학교 대학원을 졸업한 후 케임브리지대학에서 로크 사상의 대가로 알려진 존 던 교수의 지도 아래 석사와 박사학위를 받았다. 저서로는 『데모크라토피아를 향하여: 민주주의, 정의, 그리고 행복』(2000), 『축복과 저주의 정치사상: 20세기와 한나 아렌트』(2001), 『맘몬의 지배: 사회적 가치분배의 철학』(2002) 등이 있다. 현재는 성균관대학교 정치외교학과 교수로 재직하면서 서구정치사상사와 현대정치이론을 강의하는 한편 부의 분배에 관한 원리 및 포르노그래피, 낙태와 같은 사회윤리 문제들에 대한 철학적 이해에 관심을 두고 있다.

용어와 개념 풀이

공리주의 utilitarianism
도덕적 가치판단의 기준을 어떤 행위나 규칙의 효용성에서 찾는 철학적 사고이다. 행위의 옳고 그름을 동기가 아닌 결과에서 찾기 때문에 결과주의적 윤리설을 대표한다. 서구에서는 벤담 이래 가장 지배적인 공공철학으로 군림해왔으나 20세기 후반부터 칸트의 도덕철학에 입각한 '의무론적' 윤리설의 강력한 도전을 받고 있다.

의무론 deontology
의무와 허용(permission)에 중심적인 지위를 부여하는 윤리론으로 공리주의와 대립된다. 결과와는 상관없이 반드시 요청되는 의무가 있을 수 있다는 것을 인정하고 있다. 공리주의에 대한 롤즈의 공격 이후 가장 중요한 윤리적 입장으로 부상하고 있다.

법실증주의 legal positivism
법의 본질에 관한 이론으로서 다음과 같은 두 가지 내용이 핵심을 이룬다. 1)법과 도덕 사이에는 필연적인 연관성이 존재하지 않는다. 2)법적 타당성은 궁극적으로 주권자의 명령과 같이 확인할 수 있는 사회적 사실에 의거하여 결정된다. 자연법사상은 법실증주의의 가장 오래된 경쟁적 전통이다.

외부적 선호 external preferences
자기 자신의 처지나 상황에 관계되는 선호가 아니라 타인의 처지나 상황에 관계되는 선호를 의미한다. 예를 들어 "나는 여성들이 선거에 참여하는 것이 싫다"라고 말했다면 그것은 여성의 정치적 지위에 대한 나의 입장을 밝힌 것이기 때문에 외부적 선호로 간주된다. 그러나 내부적 선호와 외부적 선호의 구분이 모호한 경우가 많기 때문에 민주적 권리를 '외부적 선호'를 차단하기 위한 장치로 이해하는 것이 얼마나 유용할 지는 미지수다.

가치(문화)다원주의
드워킨의 자유주의에서 다원주의는 주로 문화다원주의 혹은 가치다원주의를 의미한다. 그것은 삶을 가치 있게 만드는 것, 혹은 살만한 가치가 있게 만드는 선(善)들이 다양하다는 것을 의미하며, 특히 궁극적인 선들이 다양하다는 것을 의미한다. 다원주의는 자유주의 국가의 중립성을 요구한다는 점에서 현대 자유주의의 중요한 사회학적·규범적 배경을 이룬다.

로널드 드워킨은 말한다

- 법은 각각의 행위 영역에서 지배력을 갖는 규칙들 혹은 원칙들의 목록이 전부가 아니다. ……법의 제국은 영역이나 권력 혹은 과정이 아닌 [논증적인] 태도에 의해 규정된다. —『Law's Empire』중에서

- 원칙은 권리를 명시해놓은 명제이며, 정책은 목적을 명시해놓은 명제들이다. —『Taking Right Seriously』중에서

- [사법적] 결정은 공정성과 정의에 대한 일관되고 엄격한 관점으로부터 옹호되어야

한다. 왜냐하면 그것이야말로 궁극적으로 법의 지배가 지닌 의미이기 때문이다.
—『A Matter of Principle』 중에서

- 정부는 모든 시민들을 동등한 관심과 존중을 가지고 대해야 한다는 원칙은 현대 정치의 광범위한 합의사항이다. —『A Matter of Principle』 중에서

- 개인은 일반이익이 훼손되더라도 다수로부터 보호받을 수 있는 자격이 있다는 것이 바로 권리주장의 요체이다. —『Taking Right Seriously』 중에서

- 정치도덕과 비판적 자기이익의 융합이야말로 시민적 공화주의의 참된 원리인 것처럼 생각된다. 그것은 개개 시민들이 자신의 사적인 이익과 인격을 정치공동체 속에 결합시키는 것이다. —『Liberal Community, communitarianism and Individualism』 중에서

더 읽어야 할 책들

Ronald Dworkin, *Taking Right Seriously*, Cambridge, MA: Harvard University Press, 1978.

_____, "Liberalism," in Dworkin, *A Matter of Principle*, Cambridge: Cambridge University Press, 1985. 1978년에 처음 발표되어 다음 책에 수록되었음. Hampshire, S., ed., *Public and Private Morality*, Cambridge University Press, 1978.

_____, "What is Equality? Part 1: Equality of Welfare," *Philosophy and Public Affairs*, vol. 10, pp.185~246, 1981.

_____, "What is Equality? Part 2: Equality of Resources," *Philosophy and Public Affairs*, vol. 10, pp.283~345, 1981.

_____, "What is Equality? Part 3: The Place of Liberty," *Iowa law Review*, vol 73, pp.1~54, 1987.

_____, "Liberal Community," in Avineri, S. and Avner, D., ed., *Communitarianism and Individualism*, Oxford: Oxford University Press, pp.205~23, 1992.

_____, *Life's Dominion: An Argument about Abortion and Euthanasia*, London: Harper CollinsPublishers, 1993.

_____, *Freedom's Law: The Moral Reading of the American Constitution*, Cambridge, MA: Harvard University Press, 1996.

Guest, S., *Ronald Dworkin*, Edinburgh: Edinburgh University Press, 1992.

조지프 나이 *Joseph S. Nye Jr.*

미국의 힘이 영속되리라는 보장은 없다

전재성 숙명여대 교수·국제정치학

미국패권주의에 대한 준엄한 비판자

국제정치학이 하나의 학문분과로 자리잡게 되는 것은 제1차 세계대전이 끝나는 20세기 초반과 그 시기를 같이한다. 이전까지는 지역별로 나뉘어 있던 국제정치가 유럽과 미국, 아시아, 중동, 아프리카가 참가하는 대전쟁을 계기로 명실공히 세계정치로 변화되고, 그러면서 국제정치학도 본격적인 학문분과로 자리잡게 된 것이다.

20세기 초기에는 유럽에 의해 주도되던 국제정치학이, 제2차 세계대전의 종식, 냉전의 시작, 초강대국 미국의 등장 등 큼지막한 사건들과 더불어 주무대를 미국으로 옮기게 된다. 이후 많은 미국의 국제정치학자들은 자국의 입장에서 국제정치학을 재조명하고 국제정치를 보는 거대이론들을 만들고 발전시키게 되는데, 그 가운데 중요한 역할을 해온 학자로서 조지프 나이 교수를 들 수 있다.

현재 하버드대학교 존 F. 케네디 정치학대학원 교수로 재임중인 나이 교수는 학자로서, 그리고 미 행정부의 대외정책에 참여한 고위관료로서 학계와 관계에서 많은 활동을 해왔다. 현재 65세인 그는 프린스턴대학교, 옥스퍼드대학교에서 학사와 석사과정을 마치고, 하버드대학교에서 정치학 박사학위를 받은 이후 1964년부터 현재까지 하버드대학교 정치학과 동대학교 국제문제연구소, 케네디대학원에 재직해왔으며 이런 교수로서의 활동과 더불어 미 연방정부에서 약 5년간의 관료생활을 겸한 경력을 보여주고 있다. 뿐만아니라 카터 행정부 당시 1977년부터 1979년까지 안보, 과학, 기술분야의 국

" 경제적으로는 다극체제이고, 민족주의가 성장하고, 상호의존주의도 증대되며, 초국가적 행위자의 삶이 더 중요해지면서 전세계에 걸쳐 권력에 대한 확산이 발생할 것이다. 신세계는 깔끔하지는 않겠지만, 거기서 당신은 살아야 한다. "

무부 차관보를 역임하면서, 핵확산금지 분야 국가안전보장위원회의 의장으로도 활동하였다. 이후 학교로 돌아왔다가 클린턴 행정부 당시인 1994년부터 1995년까지 국방부 국제안보담당차관보와 국가정보위원회의 의장의 업무를 수행하였다. 당시 일명 '나이 보고서'로 더 잘 알려져 있는 'EASR' (East Asia Strategic Report; United States Security for the East Asia Pacific Region, 아·태 지역에서의 미국의 안보전략)을 구상하여 동아시아의 안보정책 결정과정에 있어 중요한 역할을 수행하기도 하였다.

다시 말해 나이 교수는 다양하고도 선구적인 학문적 주제를 개발하고 연구하는 동시에 이를 정책연구와 연결시키고, 때로는 직접 정책결정과정에 참여하여 영향력을 발휘하는 등 학문과 실천의 양분야를 조화시킨 보기 드문 학자 가운데 한 명이라 할 수 있다.

그는 20여 권에 달하는 저서와 편저서 및 100편에 달하는 많은 논문들을 저술하였는데, 그의 주요 연구주제들을 대별하여 살펴보자면, 1970년대에는 복합적 상호의존론과 자유주의 국제정치이론, 1980년대에는 미국패권의 성격 및 쇠퇴에 관한 이론, 1990년대에는 동아시아국제정치 및 민주주의정부론, 2000년대에 들어서서는 정보화 및 세계화 시대의 국제정치 및 미국패권 등의 주제를 집중적으로 다루어왔다. 각각의 주제를 연구한 뒤에 내놓은 나이 교수의 저작들은 모두 각 시대의 문제들에 중요한 시각을 제공해준 중요한 업적들로, 1977년에 출간된 『권력과 상호의존: 변화하는 국제정치』 (*Power and Interdependence: World Politics in Transition*, 코헤인 교수와 공저)는 당시 구미의 국제정치학계를 풍미하던 현실주의 국제정치이

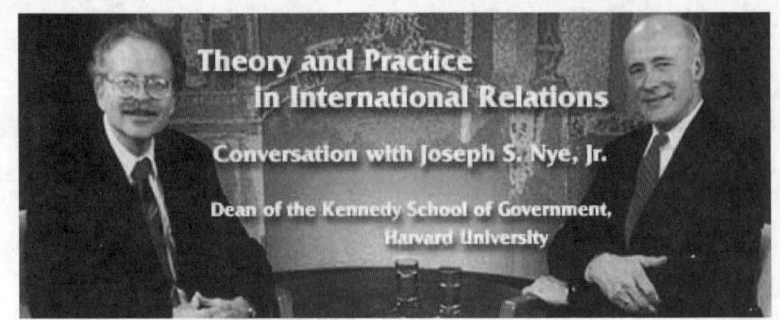

현재 하버드대학교 존 F. 케네디 정치학대학원 교수로 재임중인 나이 교수는 학자로서, 그리고 미 행정부의 대외정책에 참여한 고위관료로서 학계와 관계에서 많은 활동을 해왔다.

론을 비판한 역저로서, 이후 국제정치학도들에게 두루 읽히는 교과서가 되었다.

1990년에 출간된 『주도국일 수밖에 없는 미국: 미국 국력의 변화하는 본질』(Bound to Lead: The Changing Nature of American Power)은 1980년대 말 제기된 미국패권 쇠퇴론에 대한 중요한 시각을 제공해주었고, 1997년에는 『국민은 왜 정부를 믿지 않는가?』(Why People don't Trust Government)를 저술하여 현대세계에서의 정치불신을 학문적으로 분석하였으며, 이후 정보화 시대의 국내 및 국제정치에 대한 일련의 주요 편저들을 출간하는 한편, 최근 2002년에는 『미국의 힘의 역설: 왜 세계 유일의 초강대국은 홀로 지속될 수 없는가』(The Paradox of American Power: Why the World's Only Superpower Can't Go it Alone, 국내에는 『제국의 패러독스』로 번역, 출간됨)를 저술하여 21세기 미국패권의 나아갈 바에 대한 나름의 견해를 피력하고 있다.

미국과 냉전을 넘어선 실천적 연구

나이 교수의 국제정치학의 특징은 첫째, 미국이 당면한 주요 국제정치의 문제를 정확히 파악하여 이를 학문적으로 정리하고 나름의 해결책을 제시하고자 한다는 점, 둘째 대다수의 견해에 좌우되지 않고 독창적인 연구로 균형잡힌 결론을 도출하고자 시도한다는 점, 셋째 자신의 현실 정책결정과정에의 참여 경험을 바탕으로 실천적이고 현실적인 연구주제를 설정하여 이론과 현실 간의 끊임없는 연계를 시도한다는 점, 넷째 새롭게 다가오는 미래의 국제정치를 선도하고자 앞선 연구주제를 설정하여 공동작업을 통해 연구성과를

조지프 나이는 다양하고 선구적인 학문적 주제를 개발하고 연구하는 것은 물론, 이를 정책연구와 연결시키고 학문과 실천을 조화시키는 흔치않은 학자이다.

추구한다는 점 등을 들 수 있겠다.

나이 교수의 연구주제와 주요 저작들이 시기별로 변천해온 일련의 흐름을 살펴보면, 냉전기의 초강대국으로서 그리고 탈냉전기 세계유일의 패권국으로서 미국의 고민이 무엇인지, 미국이 당면하여 풀고자 하는 최우선 과제가 무엇인지 알 수 있다. 그만큼 나이 교수는 미국이 당면한 긴박한 문제와 세계정치가 풀어야 하는 숙제들을 정면으로 다루어 나가면서 자신의 연구성과에 기반하여 나름의 결론을 도출해내고 있다.

냉전이 한창 진행 중이던 1960년대에 박사학위를 받은 나이 교수는 아프리카 신생독립국들의 정치상황과 경제적 발전에 관한 연구주제를 선택하였는데, 이는 자신이 말하고 있는 바처럼 슘페터(Joseph A. Schumpeter)의 『자본주의, 사회주의, 민주주의』(*Capitalism, Socialism and Democracy*)에 영향을 받은 것으로, 정치와 경제를 통합적으로 보는 정치경제학적 시각에 입각한 본격적 연구의 첫 결과였다.

나중에 『범아프리카주의와 동아프리카 통합』(*Pan Africanism and East African Integration*)이라는 단행본으로 출간된 이 초기 연구는, 동아프리카 공동시장 즉 케냐, 탄자니아, 우간다가 공동시장을 형성하여 경제적 부흥을 추구하는 것이 옳은가, 그리고 신생독립국인 아프리카 국가들의 정치적 상황이 경제적 통합에 부정적 영향을 미칠 것인가에 관한 연구였다. 이후 과테말라에 거주하면서 중미의 공동시장에 대한 연구와, UNCTAD(국제연합

나이 교수는 이제 국제정치가 경제력, 자원, 국가간 협력, 지역 내 통합이 중시되는 새로운 시대의 국제정치에 진입했다고 논하고 있다.

무역개발회의)와 유럽 공동시장에 대한 연구를 진행하여 지역 내 국제제도, 경제통합, 국가 간 경제적 의존관계를 연구하게 된다.

1970년대의 국제정치는 그 이전의 세계와 구별되는 특징을 보인다. 미국과 중국 간의 데탕트로 냉전의 성격이 서서히 변화되었으며, 1973년에 발발한 중동의 석유위기와 중동국가들의 자원무기화, 이에 따른 미국의 난관은 안보와 군사문제를 중심으로 국제문제를 바라보던 기존의 시각에 대한 중대한 변화를 요구하였다. 이른바 '고위정치'의 분야라 하여 군사력이 국력의 제1지표이며 안보에 모든 자원을 집중하는 것이 당연시되던 당시의 국제정치에, 오히려 기존의 적대국 간의 안보협력의 가능성은 높아지고, 상대적으로 '저위정치'의 영역이라고 생각되어왔던 경제분야의 갈등과 협력이 국력을 좌지우지하는 중요한 이슈로 등장한 것이다.

나이 교수는 코헤인 교수(Robert Keohane)와 함께 『권력과 상호의존』이라는 저서를 발표하고, 이제 국제정치는 현실주의 국제정치학자들이 말하는 것처럼, 안보 위주, 군사력 위주, 개별국가 위주의 국제정치가 아니라, 경제력, 자원, 국가간 협력, 지역 내 통합이 중시되는 새로운 시대의 국제정치에 진입했다고 논하고 있다. 이른바 '복합적 상호의존'(complex interdependence)이라는 개념을 내세워 국가간 다차원적이고 상호적인 의존관계가 형성되었으며, 강대국이라 하여 모든 이슈 영역에서 일방적인 힘을 행사할 수는 없다는 것이다.

각 영역 내 고유하고 상이한 힘이 작동하고 있으므로, 때로는 강대국이라 해도 약소국에 의존하고 협상에서 열세에 처하는 일도 있을 수 있다는 것이다. 기존의 현실주의 국제정치학 이론이 국제정치를 논하면서 독립적인 국가들이 군사력을 매개로 하여 상호작용한다는 이른바 '당구공모델'을 제시한 데 비해, 나이 교수는 복합적 상호의존을 주요개념으로 한 '거미줄모델'을 제시했다고 볼 수 있다. 나이 교수와 코헤인 교수의 『권력과 상호의존』은 이후의 국제정치학도들에게 자유주의 국제정치학의 기본적인 필독서로 자리 잡게 된다.

1987년 역사학자인 폴 케네디(Paul Kennedy) 교수는 『강대국의 흥망』(The Rise and Fall of the Great Powers)이라는 저작을 내놓는다. 이 책은 16세기 이후 존재했던 패권국들이 어떻게 부흥하고, 이어 멸망하게 되었는가에 대한 원인과 패턴을 세세히 밝혀놓은 책으로, 제2차 세계대전 이후 미국이 누려왔던 패권의 지위도 결코 영속적일 수 없고 과거의 패턴을 따르게 될 것이라는 분석을 제시하였다. 1980년대 소련과의 신냉전을 거치면서 재정적자와 무역적자에 시달리는 등 경제적 어려움을 겪게 된 미국은 자국의 패권적 지위가 영속적이지 않을지도 모른다는 불안을 겪고 있었던 바, 케네디 교수의 저작과 여타 많은 국제정치학자들의 분석들은 이른바 '미국쇠퇴론'에 대한 격렬한 논쟁을 불러일으켰다.

미국이 세계의 경찰, 혹은 자유민주주의 세계의 수호국으로서 군사적 과대팽창을 하게 되고 이를 뒷받침하기 위해 필요한 비용을 지불하느라 허덕이는 한편, 경제적으로도 자유무역과 안정된 금융레짐 등 경제적 공공재를 제공하느라 국력을 소모하는 사이, 일본과 독일은 최소한의 안보비용만을 들이면서 강대국으로 서서히 성장하였으며, 네 마리 용이라고 불린 신흥공업국들(한국, 대만, 홍콩, 싱가포르)은 미국의 시장을 마음껏 공략하여 놀라운 발전을 보여왔다.

1980년대 후반부터 미국은 공정무역, 타국의 수입시장 개방, 금융자유화 등 자국의 경제발전에 필요한 공격적인 정책을 요구하는 한편, 북미자유무역지대(NAFTA)의 추진 등 지역주의적 성향도 보이게 된다. 이러한 미국의 정책전환은 미국패권의 쇠퇴라는 문제의식을 불러일으키고 많은 논자들은 그 증거들을 속속 제시하였다. 이즈음 이른바 쇠퇴론자들(declinists)의 논의를 정면으로 반박한 저서가 나이 교수의 『주도국일 수밖에 없는 미국』이었다.

미국은 지속될 수밖에 없는가

나이 교수는 케네디 교수의 저서 및 여타 쇠퇴론자들이 논하는 패권국의 국력개념을 비판하면서, 국력이란 단순히 상대방을 자신의 의지대로 강제하는 군사력과 경제력 등의 경성권력(hard power)뿐 아니라, 상대방을 문화적, 이념적, 제도적으로 설득하여 동의를 이끌어내는 연성권력(soft power)을 함께 고려하여 측정해야 하는데, 이들을 고려해 볼 때 미국의 패권적 지도력은 지속될 가능성이 훨씬 높다는 것이었다. 사실 1990년대에 들어서면서 미국은 경제 운영방식의 혁신과 정보기술의 발전에 힘입은 생산력의 증가로 패권적 지위를 공고히 지켜나가고 있다.

1994년 클린턴 행정부에 들어가면서, 나이 교수는 동아시아 안보에 대한 정책입안 과정과 이후 많은 논문들에서 자신의 구상을 피력한 바 있다. 클린턴 행정부의 세계전략 및 동북아전략은 '개입과 확대'(engagement and enlargement)로 표현되어왔다.

1977년 출간된 이래 국제정치학도들에게 두루 읽히는 교과서가 된 『권력과 상호의존』(로버트 코헤인 공저).

미국이 추구하는 인권외교, 민주주의, 시장자본주의를 확산하여 구공산권 국가들과 여타 국가들을 미국 주도의 제도 및 구조에 편입시킴으로써, 공고한 상호관계와 제도적 틀을 유지하는 전략이라고 볼 수 있다. 나이 교수는 동아시아 안보정책을 입안함에 있어 일본과 중국에 대해 어떠한 정책을 펴나갈 것인지, 동아시아에 주둔하는 미군의 병력을 탈냉전기에 어느 정도 유지할 것인지, 냉전기에 형성된 미일동맹 및 한미동맹을 어떻게 할 것인지에 대해, 연구와 실천을 병행하는 모습을 보여주었다.

나이 교수는 탈냉전기 안보상황이 냉전기의 안보상황보다 훨씬 복잡하며, 불명확하다는 전제 아래 미국이 세계의 경찰역할을 자임하거나 과도하게 팽창하여 모든 일에 개입하면 안 된다는 견해를 피력하는 한편, 미국은 유럽, 아시아, 걸프 지역에 핵심적인 안정자 혹은 균형자 역할을 하고 있으며, 이는 유럽과 아시아에 주둔하고 있는 각 10만의 군사, 걸프 지역에 주둔하고 있는 2만의 군사로 지탱되고 있다고 본다. 또한 이러한 지역적 안정은 역내 국가들에게 이익이 될 뿐 아니라 미국의 국익에도 도움이 되기 때문에 명확한 원칙에 입각한 개입이 필요하다고 본다. 동아시아의 경우, 새롭게 부상하고 있는 중국에 대해서 과거 미국이 사용했던 대소봉쇄정책과 같은 봉쇄정책은 사용하지 말아야 한다고 주장하고 있다.

중국은 1940년대의 소련처럼 팽창주의적 공산주의 이데올로기로 무장된 국가가 아니며 주변국들에게 명백한 위협을 가하는 국가도 아니며, 더구나 미래의 중국을 정확히 예측할 수 없는 상황에서 중국을 적대시하며 봉쇄해서는 안 된다는 것이다. 다만 중국이 일본과 연합하여 반미적 입장을 견지하지 못하도록 미일동맹을 강화하는 한편, 중국이 책임 있는 지역강국이 될 수 있도록 유도하는 정책을 추진해야 한다는 의견을 개진해왔다. 동아시아에 대한 이러한 견해는 '나이 보고서'로 알려져 있는 EASR(East Asia Strategic Report)을 통해 동아시아 내 개입과 확장 정책에 많은 영향을 미친 바 있다.

나이 교수는 한 인터뷰에서 국제정치학자인 자신이 국내정치, 혹은 국민과 정부와의 관계에 대해 관심을 가지게 된 계기에 대해 이렇게 말하고 있다. 즉, 정부에 있었던 5년 동안 민주화, 정보화, 세계화와 같은 중요한 사회·경제적 변화가 정부의 역할에 어떠한 영향을 미치는가, 정부에 대한 국민의 신뢰에 어떠한 영향을 미치는가에 관심을 가지게 되었다는 것이다.

『제국의 패러독스』라는 제목으로 국내에도 번역 소개된 이 책에서 조지프 나이는 21세기 미국패권의 나아갈 바에 대한 나름의 견해를 피력하고 있다.

국민은 왜 정부를 믿지 않는가

나이 교수는 현대정치에 있어 정부에 대한 국민의 신뢰가 상당히 저하되었다는 문제의식을 가지고 그 원인을 다각도로 분석하고자 공동연구를 수행하고, 그 결과 『국민은 왜 정부를 믿지 않는가?』(Why People don't Trust Government?)라는 저작을 내놓았다. 다양한 가설을 검토한 끝에, 나이 교수는 우선적으로 제도에 대한 일반 국민의 신뢰가 전반적으로 하락하였다는 점을 제시하고 있다. 민주주의는 개인주의와 공동체주의가 일정한 긴장관계와 보완관계를 유지하면서 지속되는 것인데, 상대적으로 개인주의가 강화되어 제도 및 정부에 대한 국민의 신뢰와 지지가 하락하는 특징을 보이고 있다는 것이다. 이와 더불어 정부의 국정수행에 대한 미디어의 비판적 관점이 정부에 대한 국민의 비판적 시각을 고착화시키는 역할을 한다고도 지적하고 있다.

냉전이 미국의 승리로 마무리되면서, 패권국으로서 세계를 이끌어가는 미국 앞에 실로 많은 장애들이 놓여 있다. 어떤 논자들은 미국이 역사상 존재했던 어떠한 제국이나 패권보다 강력하고, 이념적 정당성도 갖추고 있으므로, 미국패권의 쇠퇴는 당분간 오지 않을 것이라는 낙관적 견해를 피력하고 있다. 또 어떤 논자들은 미국패권의 쇠퇴를 막기 위해서는 미국의 사활적 이익이 걸리지 않은 이슈에 개입하는 것을 자제하고, 비록 일방주의적 위험이 있다 하더라도 미국의 국익을 위해선 강력한 정책을 추진해나가야 한다고 주장하기도 한다.

나이 교수는 『미국의 힘의 역설』 및 전후의 많은 논문들을 통해 미국이 세계를 주도하는 주도국의 지위를 유지하기 위해서는 타국과의 협조 및 설득에 기반해야 한다는 충고를 하고 있다.

미국은 군사적으로는 현재 타국의 추종을 불허하는 패권국의 지위를 누리고 있지만, 경제적으로는 유럽, 일본과 경제적 주도권을 분점하고 있으며, 더구나 문화적·이념적으로는 다원적이고 대립적이기도 한 복잡한 상황에 놓여 있다는 것이다. 또한 세계는 냉전기와 같이 단순한 대립구도에 의해 움직여나가는 것이 아니라, 정보화, 세계화, 민주화의 기류를 타고 한층 복잡해져 가고 있으며, 미국이 해결해야 하는 문제도, 환경, 난민, 테러, 마약 등과 같이 국경을 넘나들고, 일국이 해결하기도 어려운 문제들로 이루어져 있다는 것이다.

따라서 미국은 자국의 이익을 보다 광범위하게 정의하고 타국과의 협조를 모색하는 한편, 다자주의적인 외교정책을 통해 미국의 주도권을 유지해나가야 한다는 점을 강조한다. 이를 위해서는 자유주의적인 무역질서를 통해 세계경제를 안정시키고, 일방주의보다는 국제제도들에 대한 지지를 보여야 하며, 세계적으로 해결이 어려운 분쟁에 대한 평화조성자 혹은 중재자의 역할을 해나가야 주도국의 지위를 유지해갈 수 있다는 것이다.

탈냉전기 국제정치는 새로운 경향과 낯선 위협들에 직면해 있다. 국제정치학은 현재와 미래의 국제정치를 좌우할 중대한 흐름을 정확하게 파악하여 연구주제화하고, 이에 대한 명확한 해결책을 제시함과 동시에, 모든 국가들이 공감할 수 있는 다자주의적이고 협력적인 가치관을 제시할 책임도 가지고 있다. 나이 교수는 자신의 학문적, 실천적 역정을 통해 일면으로는 세계의 주요 흐름을 명확히 하여 국제정치학의 한 흐름을 주도하는 한편, 일면으로는 미국적 문제의식을 중심으로 타국과의 협력도 모색하는 실천적 지식인의 면모를 보여주었다고 할 수 있다.

전재성 서울대 외교학과를 졸업하고, 미국 일리노이주 노스웨스턴대학교에서 「Classical Realists as Skeptics: Reinhold Niebuh, E. H. Carr, Hans Morgenthau」로 정치학 박사학위를 취득하였다. 현재 숙명여자대학교 정치외교학 전공 조교수로 전공 분야는 국제정치 이론, 국제관계사, 외교정책론 등이다. 주요 연구논문으로는 「E. H. 카아의 비판적 현실주의 국제정치이론」, 「현실주의 국제제도론을 위한 시론」, 「19세기 유럽협조체제에 대한 국제제도론적 분석—현실주의와 구성주의 제도론의 시각에서」 등이 있고, 공저 『거버넌스의 정치학』(2002) 등이 있다.

용어와 개념 풀이

현실주의 realism
국제정치이론의 한 갈래로서, 무정부상태적 국제정치환경 속에서 합리적 이기주의자로서의 주권국가를 단위로 국제정치를 설명하는 이론.

자유주의 liberalism
국제정치이론의 한 갈래로서, 국가간 협력과 국제제도의 역할을 강조하고, 비국가행위자의 역할에 주의를 기울여 국제정치를 설명하는 이론.

상호의존 interdependence
체제의 다른 부분들에 있는 행위자나 사건이 서로에게 영향을 미치는 상황.

복합적 상호의존 complex interdependence
국가와 비국가 행위자들이 군사, 정치, 경제, 사회 등 다양한 이슈영역에서 서로에게 영향을 미치며 의존하는 상황.

연성권력 soft power
이념, 문화, 제도 등으로 표출되는 국력의 측면.

경성권력 hard power
군사력, 경제력 등으로 표출되는 국력의 측면.

국제레짐 international regime
국가 간에 존재하는 제도로서 원칙, 규범, 규칙, 공동의 의사결정과정 등을 일컬음.

조지프 나이는 말한다

- 미국의 힘이 영원히 지속되리라는 보장은 없다. 오만과 무관심이 어우러진 가운데 자신의 소프트 파워를 헛되이 낭비한다면 미국의 취약성은 커지고 기본가치는 경시되며 우월성은 급속히 잠식될 것이다. ─『제국의 패러독스』 중에서

- 21세기 파워는 서로 혼합된 하드와 소프트 자원에 기반을 두게 될 것이다. 군사력, 경제력, 소프트 파워 등 세 가지 차원에서 미국을 능가할 나라는 없다. 이런 새로운 상황에서 한 가지 차원의 분석에 매몰되어 가령, 군사력에 투자하는 것만이 미국의 힘을 확실하게 보장하는 것으로 믿는다면 이보다 큰 실책은 없는 것이다. ─『제국의 패러독스』 중에서

- 양극체제의 세계는 끝났지만, 그렇다고 미국패권의 일극체제의 세계로 대체되지도 않을 것이다. 경제적으로는 다극체제이고, 민족주의가 성장하고, 상호의존주의도 증대되며, 초국가적 행위자의 삶이 더 중요해지면서 전세계에 걸쳐 권력에 대한 확산이 발생할 것이다. 신세계는 깔끔하지는 않겠지만, 거기서 당신은 살아야 한다.
 ─『국제분쟁의 이해』 중에서

더 읽어야 할 책들

Joseph S. Nye, *The Paradox of American Power: Why the World's Only Superpower Can't Go It Alone*, New York: Oxford University Press, 2002.
_____, *Understanding International Conflicts: An Introduction to Theory and History*, 4th ed., New York: Longman, 2002.
_____, *Bound to Lead: The Changing Nature of American Power*, New York: Basic Books, 1990.
Joseph S. Nye, Robert O. Keohane, *Power and Interdependence: World Politics in Transition*, Boston: Little Brown and Company, 1977; 3d edition with additional materia, New York: Longman, 2000.
Joseph S. Nye, John D. Donahue, *Governance in a Globalizing World*, Washington, D.C.: Brookings Institution Press, 2000.
Joseph S. Nye, Philip D. Zelikow, Davic C. King, *Why People Don't Trust Government*, Cambridge: Harvard University Press, 1997.
Joseph S. Nye, Robert O. Keohane, *Transnational Relations and World Politics*, Cambridge: Harvard University Press, 1970.

배리 부잔 *Barry Buzan*

카멜레온처럼 변해야 살 수 있다

김태현 중앙대 교수·국제관계학

국제정치학계에 영국전통을 세우다

현대적 의미에서 국제정치학은 '미국의 학문'(an American social science)으로 불린다. 제2차 세계대전의 종식과 더불어 학과와 학회를 창설하고 학술지를 창간하여 학문의 한 분과로서 국제정치학의 체계를 만든 것은 미국에서였다. 이후로도 학자들의 수와 학문적 업적에서 국제정치학은 압도적으로 미국의 학문이었다. 이는 물론 초강대국으로서 미국의 지위와 직접적 관련이 있는 것으로 국제정치학의 실천적 성격을 반영하는 것이기도 하다.

그런 점에서 보면, 영국에서 국제정치학 전통이 강한 것도 우연이 아니다. 제2차 세계대전과 미국의 등장 이전까지 바로 영국이 세계적인 초강대국의 지위를 누리고 있었기 때문이다. 국제정치학이 하나의 학문 분야로 인식되기 시작하던 시절 국제정치학의 고전적 교과서를 쓴 역사학자 카(E. H. Carr)가 바로 영국 사람이다.

이후로도 영국의 국제정치학 전통은 매닝(C. A. W. Manning), 와이트(Martin Wight), 불(Hedley Bull), 왓슨(Adam Watson) 등을 통해 면면히 이어 왔지만 미국의 주류 국제정치학에서는 커다란 주목을 받지 못했다. 고도로 분석적이고 과학적인 접근법을 지향하는 미국 국제정치학의 입장에서 영국의 역사적이고 사변적인 접근법은 상당한 거부감을 주었기 때문이다.

국제정치학 연구의 영국적 전통을 '국제사회론'으로 정리하고 이른바 '영국학파'(the English School)라는 이름으로 주류 국제정치학계에 소개하고 인정을 받게 만든 것은 바로 배리 부잔의 공헌이다. 이 말은 약간 어폐가 있

> *세계화, 정보화의 시대에 변화의 속도는 갈수록 빨라지고 있다. 변화의 속도를 따라잡고 그 변화에 의미를 부여하기 위해서 학문을 하는 사람들의 순발력이 과거 어느 때보다 요청되는 시점이다. 부잔의 카멜레온식 변모를 비난하기보다는 오히려 그 뛰어난 재기와 유연성으로 인한 순발력을 본받아야 할 때인 것 같다.*

다. 그 의미와 내용에 대해서는 후술하겠지만, 국제사회론은 부잔이 독창적으로 주장한 것이 아닐 뿐더러 부잔의 전공 영역도 아니기 때문이다. 그럼에도 불구하고 그것이 부잔의 공헌이라고 한 것은 결코 과장이 아니다. 영국학파의 국제사회론을 주류 국제정치학의 담론으로 재정리하고 그 일체성을 구성한 것은 부잔의 학자적 식견과 주류 국제정치학계에서의 그의 위상이 아니었으면 거의 불가능했을 것이기 때문이다.

여기서 주류 국제정치학계에서의 부잔의 위상에 대해 약간의 부연설명이 필요하다. 그는 캐나다 태생으로 캐나다 서안 밴쿠버에 있는 브리티시컬럼비아대학교를 나와 영국의 런던 정경대학에서 1973년, 27세의 나이로 정치학 박사학위를 받았다. 그후 모교인 브리티시컬럼비아대학교에서 잠시 연구원으로 있은 후 영국의 워릭대학교(Warwick University)에서 20여 년 간 교수로 재직하였고 1995년 이후 웨스트민스터대학교에서 연구교수로 재직 중이다. 그 사이 코펜하겐대학교와도 관련을 맺어 올리 위버(Ole Waever) 등과 더불어 코펜하겐학파의 한 사람으로 불리기도 했다. 이처럼 그는 주류 국제정치학계에 소속되지 않았지만 국제정치학계에서 최고의 학술지로 인정받고 있는 『국제조직』(International Organization)의 편집위원과 미국학자들을 중심으로 한 국제정치학회(International Studies Association) 부회장을 역임하는 등 주류 국제정치학계에 영국을 대표하는 학자로 널리 인정을 받고 있는 것이다.

이처럼 주로 영국과 깊은 관련을 맺어온 그가 '미국의 학문'인 국제정치학계에서 이와 같은 위상을 쌓은 것은 무엇 때문일까?

우선 외형적으로 그는 다산성의 학자이다. 인터넷을 통해 찾은 그의 이력서에 따르면 1973년 학계에 입문한 이래 15권의 저서(편저 및 공저 포함)와 34편의 논문을 학술지에, 38편의 논문을 단행본으로 출판하였다. 평균 2년에 1권의 저서와 매년 2편 이상의 학술논문을 출판한 셈이다. 국제학계의 출판기준을 생각할 때 대단한 업적이다.

둘째, 연구분야의 광범함이다. 그는 해양 및 군사안보를 전문영역으로 출발하여 국제정치이론 일반, 나아가 미래학 분야까지 손대고 있다. 원래 좁은 분야에서 깊은 전문성을 지향하는 것이 학계의 본질인만큼 이처럼 넓은 관심분야는 학자적 위상에 득보다 오히려 실이 될 때가 많다. 그러나

이 책은 빙하기부터 현재까지 2만 년의 인간 역사를 개괄하고 있다.

그는 특유의 명민함과 유연함으로 넓은 관심분야에서 깊고 일관성 있는 업적을 남기고 있는 것이다.

부잔이 이와 같은 업적과 위상을 쌓을 수 있었던 비결을 따져보는 것도 같은 국제정치학자의 입장에서 해봄직한 작업이다. 필자가 보기에 그 비결은 두 가지이다. 첫째는 물론 학자에게 가장 필요한 명민함이다. 그의 글을 읽으면 번뜩이는 재기가 넘침을 알 수 있다. 다음 절에서는 그의 재기를 그가 쌓은 주요 업적과 개념을 통해 살펴볼 것이다. 둘째는 그의 사고의 유연함이다. 사고가 유연함으로써 그는 학파를 넘나드는 입장을 취할 수 있어 학문적 성과의 폭을 넓힐 수 있었고, 특히 그의 드러난 비결 가운데 하나인, 다른 학자와의 공저(共著)라는 쉽지 않은 일을 해낼 수 있었던 것이다.

무기체계는 국제정치를 꿰뚫는 핵심

부잔의 출세작은 1983년에 초판이 출판되고 1991년에 재판이 나온 『인간,

국가, 공포』와 1987년에 출간된 『전략연구서론』이다. 이 책은 1998년 에릭 헤링(Erick Herring)과의 공저로 『군비의 동학과 세계정치』라는 제목으로 전정판이 나왔다. 여기서 알 수 있듯이 부잔의 제1차 전공 분야는 군사 및 안보문제이다. 이들 연구에서 우리는 그의 명민함, 즉 번뜩이는 재기를 찾아볼 수 있다.

군비(軍備)와 전략, 나아가 안보문제는 국제정치 연구의 핵심영역이다. 하지만 그것이 갖는 전문성으로 인해 이에 대한 연구는 두 가지 제약성을 가지고 있었다. 첫째, 다수의 연구는 전문적 측면에 초점을 둔 나머지 그 국제정치적 의의를 따지지 못한다. 둘째, 이를 국제정치 일반의 입장에서 접근한 연구는 그 기술적 측면에 대한 피상적

위버, 와일즈와 함께 저술한 책. 부잔은 다른 학자와의 작업을 통해 입체적인 자신의 정치이론을 수립한다.

기술에 그치고 있다. 부잔의 연구는 이 두 가지 연구흐름이 가지는 허점을 절묘하게 메워주고 있다.

국가들이 신무기를 개발, 조달, 배치하는 과정을 그는 '군비의 동학'(arms dynamics)이라고 이름한다. 그 과정은 과학과 산업과 국내정치와 국제정치가 복합적으로 얽혀 있어 이를 단순히 과학발전이 가지는 자체의 추진력이나 군산복합체와 같은 국내의 정치경제적 접근, 혹은 국가 간의 군비경쟁과 같은 쌍무적 혹은 다자적 정치동학만으로는 설명할 수 없다. 그에 따르면 '군비의 동학'이야말로 근대, 나아가 현대의 국제정치의 핵심을 꿰뚫는 현상이다.

첫째, 인류역사를 통틀어 무기체계는 그 파괴력과 투사거리, 정밀성 등의 측면에서 혁신의 과정을 거쳐왔다. 군비란 이와 같은 하드웨어만이 아니라 이를 응용하는 전술과 전략, 즉 소프트웨어와 이를 사용하는 주체인 인적 자원 즉 웨트웨어(wetware)를 포괄하며, 군비의 모든 측면에서 이와 같은 현상이 일어났다. 그와 같은 혁신은 반드시 지속적이 아니라 단속적이지만 누

적적이며 특히 과학의 시대, 산업의 시대에 들어와 그 속도는 크게 빨라졌다.

둘째, 군사혁신이 누적적인 이유는 그 수평적 확산과정과 관련이 있다. 즉 국가의 생존을 다투는 전쟁수단인 군비는 그 파괴력 등 질적 수준에서, 즉 수직적으로 확산될 뿐만 아니라, 곧 다른 나라들이 이를 모방함으로써 지리적으로, 즉 수평적으로도 확산된다. 20세기 후반 핵무기의 수직적·수평적 확산과정이 이를 잘 보여준다. 이와 같은 수평적 확산과정은 특히 근대에 와서 두드러진다. 바로 근대 국민국가체계의 무정부(無政府)성 때문이다. 후술하는 월츠(Kenneth N. Waltz)가 강조하다시피, 나라의 생존을 보장해줄 상위의 권위가 없는 무정부적 국제체계에서 한 나라의 상대적 성공을 다른 나라가 빨리 모방하지 못하면 그 나라는 도태되고 만다. 이러한 고도의 동화현상이 근대 국제체계의 특징이다. 더욱이 이와 같은 근대 국제체계에서 군비의 수평적 확산은 특히 급격하게 일어날 수밖에 없는 것이다.

셋째, 무정부적 근대 국제체계에서 국가 간 군비의 수평적 확산은 흔히 말하는 군비경쟁(arms race)에 의해 특히 강화된다. 서로가 서로의 존재를 무시할 수 없는 둘 이상 복수국가 사이에서 흔히 나타나는 힘과 안보의 딜레마 속에서 종종 한 나라의 군비증강은 설사 그것이 방어적 목적을 위한 것이더라도 곧 다른 나라에 대해 위협을 구성하기 때문에, 서로는 경쟁에서 이기기 위해 수직적 군비증강을 추구하고, 경쟁에 지지 않기 위해 수평적 군비증강을 서두른다. 이것이 상호적으로 작동하여 적정수준 이상의 군비누적을 가져오는 군비경쟁으로 나타나는 것이다.

넷째, 대규모의 상비군이 상징하듯 근대국가는 군사국가로 특징지어지며, 이에 따라 국가의 큰 부분이 군비와 관련되어 조직된다. 이는 군대뿐만 아니라 이와 관련된 관·민의 여러 부문을 포괄한다. 흔히 군산복합체로 불리는 국가내부의 이 부분은 국내정치의 불가결한 요소가 되어 한편으로는 자체의 논리, 즉 존재이유에 따라, 다른 한편으로는 국내 여타 부문과의 경쟁에 따라 군비의 수직적·수평적 확산과정에 일조한다.

안보문제는 국가개념의 중요한 구성요소다

비판적 국제정치이론가인 애슐리(Richard K. Ashley)가 '근대안보문제'(modern security problematique)라고 이름한 오늘날의 안보문제에 이상과 같은 '군비의 동학'은 커다란 부분을 이룬다. 그러나 안보문제는 보다 복합적인 문제로 부잔은 『인간, 국가, 공포』에서 그 뛰어난 재기로 탈냉전 시대 안보연구의 새로운 지평을 개척한다.

오늘날 안보란 흔히 국가안보(national security)를 의미하며, 국가의 의미를 명백히 하지 않으면 국가안보란 정치적 목적에 따라 휘둘릴 수밖에 없는 애매한 개념이 되고 만다. 따라서 국가의 구성요소를 보다 분석적으로 따져볼 때 비로소 안보는 분석적으로 유용한 개념이 된다. 흔히 '영토', '국민', '주권'으로 정의되는 국가개념과 달리 부잔은 국가의 구성요소로 (1) 인구와 영토와 같은 물질적 기반 (2) 이를 통치하는 정부와 같은 국가제도 (3) 그 국가제도에 정통성을 부여하는 조직이념 등 세 가지를 들며, 이들 구성요소 가운데 무엇에 어떠한 형태로 위해가 가해지는가에 따라 (1) 군사안보 (2) 정치안보 (3) 경제안보 (4) 사회안보 (5) 환경안보 등을 따짐으로써 전통적으로 군사문제에 국한되어온 안보문제의 지평을 확대하고 있다.

첫째, 군사안보는 군사적 위협의 부재 내지 그 위협에 대한 견고한 방어를 의미하며, 군사적 위협은 그 나라의 물질적 기반을 파괴하거나, 심지어 그 국가제도를 파괴할 수 있기 때문에 가장 심대한 위협임이 틀림없다. 둘째, 그러나 그 국가의 조직이념을 부정함으로써 국가제도의 정통성을 위협하는 정치안보의 문제도 이에 못지 않게 심대하다. 이와 관련하여 남북관계에 대한 부잔의 관찰이 참으로 재미있다.

근대시대에 국가제도에 정통성을 부여하는 조직이념은 크게 민족주의와 그 정치경제적 이데올로기이다. 미·소 간의 냉전은 다원적 민주주의와 시장경제라는 이데올로기를 가진 미국과 공산당 일당독재와 계획경제라는 정반대의 이데올로기를 가진 소련이 그 체제의 활력과 심지어 존속을 놓고 다툰 총력전이었다. 이 경우 패자는 그 체제의 전복을 감수해야 한다. 반면 근대민족주의는 원심력과 구심력의 두 가지 힘으로 나타난다. 곧 다민족 국가를 분할시키는 원심력과 분단민족을 통합시키는 구심력을 이름이다. 민족이 문제시될 때 다민족 국가는 자칫 분열의 위기를 맞는다.

제1차 세계대전 직후 오스트리아-헝가리 제국과 터키 제국, 냉전종식 직후의 소련, 체코슬로바키아, 유고슬라비아 등이 좋은 예이며, 중국의 미래를 여기에 비추어 조망하기도 한다. 민족이 문제시될 때 분단민족으로 이뤄진 국가는 자칫 흡수 위기를 맞는다. 베트남, 예멘, 독일 등이 과거의 사례, 그리고 남북한이 미래의 사례이다. 오늘날 남북관계의 어려움을 여기서 찾을 수 있다.

셋째, 경제안보의 문제는 효율성과 자율성의 근본적 딜레마와 관련이 있다. 실로 시장경제 속에서 모든 경제주체는 퇴출의 위험을 안고 산다. 시장경제에서 안전한 경제안보란 존재하지 않는다는 말이다. 고도로 상호의존적인 오늘날의 국제경제체제 속에서 모든 나라, 특히 세계시장에 노출이 심한 나라는 그러한 위험을 피할 수 없으며, 그것이 현실로 나타났을 때 우리나라는 소위 IMF경제위기를 겪었다. 그러한 위험을 피하고자 자급자족 경제체제(autarky)를 지향할 때 그 경제는 효율성을 잃음으로써 자칫 도태의 위험을 안는다. 바로 오늘의 북한이 그 산 증인이다.

넷째, 사회안보란 한 사회를 구성하는 개인 혹은 집단들 간의 응집력과 관련이 있다. 종교, 인종, 지역 등으로 구성원들이 서로 갈등할 때 한 나라의 존폐가 위태롭기 때문이다. 이는 앞에서 말한 정치안보와 무관하지 않지만, 특히 주목할 것은 국가와 사회 간의 관계이다. 한 나라의 국가가 그 조직이념에서 정통성을 누리고 서로 갈등할 수밖에 없는 제반 사회세력의 압력에서 자유로울 때 그 나라는 강건한 국가이다. 그러한 나라의 정치과정은 갈등하는 사회이익을 조정하고 이를 국가이익의 차원에서 재정의하는 통합의 정치를 펼친다. 반면 정치과정을 구성하는 정치세력들이 갈등하는 사회세력에 편승하여 서로 다툴 때 그 나라는 연약한 국가이다. 정치과정에 따라 이익의 갈등이 조정되기는커녕 확대 재생산됨으로써 분열의 정치가 나타난다.

다섯째, 환경안보는 초국가적이다. 미국인들이 자동차를 운전하여 이산화탄소를 배출하고, 인도네시아와 브라질이 개발의 명분으로 열대우림을 훼손할 때 과다한 이산화탄소는 온실효과를 일으켜 지구온난화 현상을 가져온다. 일차적 피해자는 빙산의 용해에 따른 해수면 상승으로 수몰의 피해를 면치 못할 네덜란드와 방글라데시와 같은 저지대국가일 것이다. 그러나 장기적으로 미국중서부의 곡창지대가 사막이 되지 말란 법이 없다. 이처럼 국가안보는 상호의존적이다. 환경안보와 같은 새로운 현상만의 문제가 아니다. 한 나라의 안보추구가 다른 나라의 불안을 가져와 상호적인 안보 딜레마에 빠지는 것처럼 결국 안보문제는 상호의존적이다. 따라서 이에 대한 국제적 접근이 불가피하다.

그러나 유엔가맹국만 따져도 190개 국이 넘는 오늘날 국제체계에서 안보문제에 대한 국제적 접근은 어려울 수밖에 없다. 각국의 이해가 다르고 역학관계가 다르니 만큼 올슨(Mancur Olson)이 말한 집단행동의 딜레마가 나타나는 것도 당연하다. 따라서 안보적 상호의존의 정도가 보다 높은 지역 차원에서의 접근이 분석적으로, 그리고 실천적으로 필요하다. 바로 지역안보

복합체(regional security complex)의 개념이다. 다행히, 현실적으로 세계는 고도의 안보적 상호의존을 이루는 지역들과 그 사이에 경계를 이루는 무차별의 지역으로 이루어지고 있기 때문에 지역안보 복합체의 개념은 현실적으로 유용하기도 하다. 오늘날 우리가 동북아, 혹은 동아시아 안보질서를 운위하는 것도 이와 같은 현실을 반영한다.

안보문제와 관련하여, 마지막으로, 그러나 결코 무시할 수 없는 중대한 문제가 있다. 바로 군비의 동학과 안보의 논의는 고도의 정치적 과정이라는 점이다. 그 정치적 과정에서 안보문제는 정치화(politicization)되기도 하고, 특히 제반 정치, 사회, 경제적 문제가 안보화(securitization)되기도 한다(Buzan, Waever, Wilde, 1998). 즉 일견 안보와 관련이 없는 문제가 일상의 담론에서 안보의 문제로 채색, 혹은 정의됨으로써 고도의 정치적 색채를 띠게 되는 것이다(물론 기왕의 안보문제로 간주되던 문제가 탈안보화되기도 한다). 영토, 국민, 군사력, 국가 및 사회세력의 이익과 같이 물질적 기반을 위주로 한 논의가 담론과 관념(idea)의 문제로 전개될 때 이는 기왕의 신현실주의나 신자유주의의 존재론과 인식론을 뛰어넘는 문제로 된다. 곧 구성주의(constructivism)의 시각을 반영한다. 부잔 스스로는 이것이 주로 위버(Ole Waever)의 아이디어라고 하나, 이를 수용하는 부잔식 사고의 유연함을 잘 보여주는 점이다.

구조적 현실주의 이론과 국제사회론을 접합시키다

1962년 과학철학자 토마스 쿤(Thomas Kuhn)은 과학발전의 역사를 패러다임이라는 개념을 통해 분석한 책을 출판하여 큰 충격을 불러일으킨 적이 있다. 과학이란 여러 명의 학자들이 서로 보완하며, 여러 세대에 걸쳐 누적적이고 점진적으로, 그러나 합리적 과정을 통해 진보한다는 기왕의 믿음에 대해 도전을 제기했기 때문이다. 그에 따르면 여러 학자들이 서로 보완한다는 전제는 틀릴 때가 있다.

서로 다른 패러다임이란 존재론과 인식론에서 모두 양립 혹은 심지어 대화조차 불가능한 것으로, 패러다임을 달리하는 학자들 간에 보완이란 있을 수 없기 때문이다. 또한 하나의 패러다임이 지배하는 '정상과학'(normal science)에서 새로운 발견은 어렵다. 바로 패러다임이 고정된 존재론적, 인식론적 틀을 강요하기 때문이다. 그 과정에서 학문세계 속의 사회적 과정이 있다. 선생과 선배에 대한 맹종, 기왕의 틀을 벗어나려는 후배나 학생에 대한 따돌림 등 사회생활에서 흔히 볼 수 있는 현상이 한 패러다임 속의 학자들 세계에도 존재한다.

미국의 주류정치학 속에서 현실주의와 자유주의라는 존재론적 패러다임, 전통주의와 실증주의라는 인식론적 패러다임을 뛰어넘는 것은 커다란 용기와 능력을 요한다. 이를 뛰어넘을 때 학자들은 이를(냉소적으로) '개종'(改宗)했다고 부르기도 한다. 부잔이 바로 그와 같은 개종 또는 자기 변신을 거듭한, 좋게 말하면 용기와 능력을 겸비한, 나쁘게 말하면 지조가 없는 사람이다. 실로 부잔의 성공은 그가 미국학풍의 영향을 크게 받고 있는 캐나다에서 학부의 고된 훈련을 받은 덕분이라는 짐작이 간다. 그의 학부시절 지도교수인 홀스티(K J. Holsti) 교수가 고도로 분석적인 미국의 주류 학풍을 잇고 있기 때문이다. 그리고 부잔 스스로 고백하듯이 그의 학문적 편력에 가장 큰 영향을 미친 이는 바로 월츠이다. 월츠가 좋아하는 국제정치의 큰 이론에 대한 편향과 그를 추구하는 분석적 접근법을 바로 익힌 것이다.

그의 출세작인 1959년 저작 『인간, 국가, 전쟁』에서 월츠는 근대국제체제의 본질에 대한 매우 정치(精緻)한 서술을 하고 있다. 루소(J. J. Rousseau)의 『전쟁상태론』에 의존하여 월츠는 고도로 조직되고 무장된 독립단위, 즉 근대주권국가들이 상위의 권위를 부정하고, 따라서 상위의 권위가 존재하지 않는 무정부상태에서 서로 지배와 복종, 혹은 생존을 다툴 때 나타나는 제반 현상에 대한 매우 적절한 서술을 하고 있다. 설령 서로 총칼을 휘두르며 전쟁을 하지 않더라도, 사소한 이익의 갈등으로 언제, 누구에게든 그럴 수 있는 '전쟁상태'가 바로 근대 국제체계의 본질이라는 것이다.

1979년 저작 『국제정치이론』에서 월츠는 한발짝 더 나아가 하나의 설명이론을 추구한다. 근대 국제체계가 하나의 전쟁상태라는 서술은 근대국가들 사이의 관계가 유난히 전쟁으로 점철되어온 역사에 대한 설명은 될지 몰라도 그 기간 중 왜 때로는 전쟁이 많고 때로는 전쟁이 적었는지에 대한 설명은 제공하지 못하기 때문이다. 여기서 월츠는 이른바 『신현실주의』로 알려진 그의 국제정치체계이론을 전개한다.

그에 따르면 국제체계를 포함한 모든 체계는 구조와 단위로 구성된다. 그리고 모든 정치구조는 (1) 조직원리 (2) 단위 간의 기능적 분화 (3) 단위들 간의 힘의 분포상태로 나누어 볼 수 있다고 한다. 국제체계는 첫째, 그 조직원리에서 위계질서(hierarchy)를 특징으로 하는 국내정치체계와 달리 무정부적 질서(anarchy)를 특징으로 한다. 둘째, 단순한 예만 들어 입법, 행정, 사법 등 기능적으로 분화된 국내정치 단위와 달리 국제정치의 단위인 국가들은 무엇보다 치안과 국방을 우선으로 하는 기능적으로 동질의 단위이다. 셋째, 무정부적 질서라는 조직원리는 지난 300여 년 간 변함이 없었고, 단위들 간의 기능적 분화도 없었기 때문에 결국 국가들 간의 힘의 분포, 혹은 강대국들의 수를 의미하는 극구조(polarity)가 국제정치의 유일한 설명변수이다. 이를 통해 지난 역사에서 상대적 전쟁과 평화, 그리고 세력균형의 패턴을 설명할 수 있다는 것이 월츠의 신현실주의 이론이다.

부잔은 월츠의 이와 같은 '큰' 이론에 매료되어 신현실주의자로 출발한다. 그러나 월츠의 논의가 가지고 있는 한계를 인식하고, 이를 극복한 구조적 현실주의(strutural realism) 이론을 개발한다(무정부의 논리). 그리고 이를 영국학파의 국제사회론과 접합시킴으로써 스스로는 부인할지 몰라도 매우 자유주의적인 존재론을 채택하게 되며, 앞에서 언급한 바와 같이 위버와의 공저를 통해 구성주의적 인식론까지 이르게 되는 것이다.

국제정치를 역사적 맥락에서 고찰하라

아마 영국학파의 영향이겠지만, 부잔은 월츠 이론의 몰(沒)역사성이 불만이고, 러기(John G. Ruggie)와 마찬가지로 특히 단위들 간의 기능적 동화라는 월츠의 전제가 불만이다. 역사적으로 보아 로마제국이 멸망한 이후 서구사회는 무정부적 구조를 가졌다. 그러나 그 속에서 교황청, 신성로마제국, 왕국, 다양한 공국(公國)과 기사(騎士)단들처럼 많은 기능의 분화가 이루어진 많은 정치단위들이 활동한 시대가 있었다. 이러한 체계가 근대에 들어와 동질적인 주권국가체계로 변모한 것은 나름의 이유가 있겠지만, 이는 역사의 분석을 통해 검증할 일이지 주어진 것으로 간주해서는 안 된다.

또 설사 기능적으로 미분화된 정치단위, 즉 주권국가들이 서로 지배-복종 관계와 생존을 다투더라도 그들이 다투는 환경이 항상 동일하다고 전제하는 것도 몰역사적인 동시에 분석적 무리가 따른다. 중세와 근대 초기의 유럽국가들은 기독교공동체의 전통 위에서 서로를 인정하고 상호작용의 규칙과 규범을 적용하였다. 세속화가 크게 진행된 18~19세기 이후도 유럽국가들은 국제법이나 세력균형과 같은 법칙에 대한 상호주관적 인식수준이 높았고 그것이 그들 간의 관계를 크게 특징지었다.

다시 말해 근대 유럽의 국가들은 소위 동질적인 정체성을 서로 향유하고 서로의 존재를 인정한 일종의 공동사회(Gemeinshaft)적인 국제사회를 이루고 있었다. 이 국제사회에서 주민은 개인이 아니라 일종의 법인격(法人格)을 소유한 국가들이다. 정치단위들이 서로를 무시할 수 없는 일체성을 띨 때 이들의 총합을 국제체계라고 부름직하다. 이들 사이에 일종의 사회성이 가미되면 이것은 국제사회가 된다. 근대 유럽국제체계를 단순히 국제체계로 보지 않고 하나의 국제사회로 봐야 한다는 것은 불(Hedley Bull)이 특히 강조한 국제사회론의 핵심주장이다.

오늘날 국제정치현상을 분석할 때, 오늘의 세계는 단지 고대 로마에 기원을 둔 유럽국가들로만 구성된 국제사회가 아니다. 서유럽의 국가들은 동으로 러시아 등과 접촉하면서 이들과의 관계를 구축하고, 남으로 오스만 터키와 같은 이교도, 그리고 멀리 동양의 중국, 일본, 한국 등과 교류하면서 그들과의 관계를 정립해왔다. 물론 그 과정에서 아메리카 대륙의 원주민들은 무차별 학살되고, 아프리카의 원주민들은 노예로 팔려가기도 했다. 고도로 경쟁적인 서구문명 속에서 단련을 거듭한 이들은 전세계를 식민화하고, 이들 지역의 정치체제를 강제로 혹은 반강제로 동질적으로 만든 이후 전세계의 국제화를 이루었다.

카멜레온처럼 변모하는 배리 부잔의 학문세계

탈식민지화가 급속도로, 또 고도로 진행된 20세기 후반 이후 세계를 하나의 국제사회로 부를 수 있을까? 물론 로마제국의 유산이나 기독교공동체와 같은 동질적 정체성이 없다는 점에서 이를 공동사회적 국제사회로 부를 수는 없다. 그러나 이들 구성단위들이 서로의 존재를 인정하고 서로의 이익의 필요에 따라 규칙과 규범을 만들어 나갈 때 하나의 이익사회(Gemeinshaft)적인 국제사회는 논리적으로 가능하다. 오늘날 세계에 존재하는 많은 국가들은 그 객관적, 주관적 정체성에서 매우 다양하기 때문에 전체 국제체계 안에 복수의 국제사회가 존재한다고 볼 수 있다. 그 사회성이 고도로 진행된 유럽과 그 반대인 아프리카 대륙이 극단적 예를 이룬다.

하나의 국제체계 속에서 그 사회성의 수준을 달리하는 복수의 국제사회가 있을 수 있다는 것은 월츠 류의 단선적 국제체계관이 지나치게 단순하다는 것을 의미한다. 국가 상위의 권위체가 없다는 의미의 국제무정부 속에서 일군의 국가군들은 서로 다른 정도의 사회성을 계발해왔고, 따라서 국제무정부는 하나의 상수가 아니라 그 안에서 여러 가지 다른 값을 취할 수 있는 변수인 것이다. 고도로 조직되고 무장된 근대 주권국가들이 서로 맞부딪치는 『전쟁상태』속에서도 일종의 윤활유 역할을 하는 규칙과 규범들이 존재해온 것도 부인할 수 없는 역사적 현실이다.

근년에 들어 자유주의적 시각을 지닌 미국의 주류 국제정치학자들, 예컨대 코헤인(Robert Keohane)과 같은 학자들은 특정 분야에 있어 그와 같은 규칙과 규범들의 총체를 국제레짐이라고 부르며 분석의 대상으로 삼아왔다. 곧 국제레짐 이론의 등장이다.

부잔은 그러한 국제레짐의 존재 및 그 폭과 깊이가 특정 국제사회의 사회성의 존재를 측정하는 척도로 본다. 곧 미국의 주류 국제정치학과 영국학파의 국제사회론이 서로 수렴한 것이고 현실주의자로 출발한 부잔이 자유주의적 존재론으로 개종한 것이다. 그리고 미국 주류 국제정치학의 특징이었던 합리주의적 인식론에서 새로이 등장한 구성주의적 인식론으로 개종한 것이다.

한 학자가 그 학문적 시각에서 변모를 거듭하는 것이 터부시되면 그 학문 분야는 닫힌 패러다임이 되고 학자들은 일종의 수감자가 된다. 미국의 주류 국제정치학은 패러다임적 정상과학을 지향하기도 했었고, 결과적으로 그 함정에 빠지기도 하여 냉전의 평화적 종식이라는 대변혁을 예측은커녕 기대조차 못하는 큰 충격을 받았다. 구성주의라는 새로운 접근법이 각광을 받게 된 배경에는 그와 같은 현실의 변화가 있었다.

세계화, 정보화의 시대에 변화의 속도는 갈수록 빨라지고 있다. 변화의 속도를 따라잡고 그 변화에 의미를 부여하기 위해서 학문을 하는 사람들의 순발력이 과거 어느 때보다 요청되는 시점이다. 부잔의 카멜레온식 변모를 비난하기보다는 오히려 그 뛰어난 재기와 유연성으로 인한 순발력을 본받아야 할 때인 것 같다.

김태현 1958년 경북 영주에서 태어나, 서울대학교 외교학과와 같은 학교 대학원을 거쳐 1991년 미국 오하이오주립대학교에서 냉전기 제3세계지역에서의 미소의 경쟁에 관한 학위논문으로 박사학위를 받았다. 미국 플로리다대학교 정치학 조교수, 미국 일리노이대학교 미리암연구소 연구위원, 세종연구소 연구위원 등을 거쳐 1998년부터 중앙대학교 국제대학원 교수로 재직 중이다. 국제정치, 특히 외교안보 분야와 남북관계 분야에서 많은 논문을 썼으며, 대표적인 업적으로는 『외교와 정치』(편저서), 『신동아시아 안보질서』(편저서), 『세계화시대의 국가안보』(역서), 『20세기의 위기』(역서) 등 단행본과 최근의 논문으로 「동북아질서의 변동과 한반도」(2002), 「상호주의와 국제협력: 한반도 핵문제의 경우」(2002)를 들 수 있다.

용어와 개념 풀이

러기 John Gerard Ruggie
1974년 버클리대학에서 정치학 박사학위를 받고 하버드대학교 정치학교수를 거쳐 현재 컬럼비아대학교 국제대학원 교수 겸 대학원장으로 재직중이다. 코헤인을 잇고 뛰어넘을 자유주의 이론가로 촉망받고 있으며, 본문에서 언급한 저작은 「Continuity and Transformation in the World Polity: Toward a Neorealist Synthesis」, 『World Politics』 Vol. 35, No. 2 (1983)으로 이 논문은 그의 최근 논문집 『Constructing the World Polity』(1998)에 「Political Structure and Dynamic Density」라는 제목으로 수록되었다.

불 Hedley Bul
이른바 『국제사회론』의 영국학파를 대표하는 학자로 1984년에 비교적 젊은 나이로 타계했다. 런던정경대학 및 호주국립대학교에서 오래 강의했으며 대표적인 저작은 『The Anarchical Society』 (1977)이다.

애슐리 Richard K. Ashley
1977년 매사츄세츠공과대학에서 정치학 박사학위를 받고 1981년 이래 아리조나 주립대학교에서 재직 중이다. 비판적 국제정치이론가의 대표적인 인물로 본문에서 언급한 저작은 『The Political Economy of War and Peace: the Sino-Soviet-American Triangle and the Modern Security Problematique』(1981)이다.

월츠 Kenneth N. Waltz
1954년 컬럼비아대학교에서 정치학 박사학위를 받고 캘리포니아 대학교 버클리 캠퍼스 정치학과에서 오래 교편을 잡아왔다. 『Man, the State and War: A Theoretical Analysis』(1959)는 이미 고전이며, 『Theory of International Politics』(1979)는 현재 미국 정치학과 대학원과정에서 가장 널리 읽히는 교과서로 군림하고 있다.

카 E. H. Carr
영국의 외교관, 언론인, 역사학자, 정치학자. 소련혁명사에 대한 대작으로 유명하지만, 우리에겐 『역사란 무엇인가?』 (*What Is History*)로 친숙하다. 이 책에서 거론한 교과서는 『The Twenty Years' Crisis』이며 국내에 『20년의 위기』(2000)로 번역, 출판되어 있다.

코헤인 Robert O. Keohane
1966년 하버드대학교에서 정치학 박사학위를 받고 하버드대, 듀크대 등에서 교편을 잡아왔다. 월츠의 신현실주의 이론에 맞서 신자유주의적 제도론을 주창한 미국 국제정치학계의 거장이다. 대표작은 『Power and Interdependence』(1977, Joseph S. Nye와 공저)가 있다.

더 읽어야 할 책들

Barry Buzan, *An Introduction to Strategic Studies: Military Technology and International Relations*, London: Macmillan, 1987.

_____, *People, States, and Fear: An Agenda for International Security Studies in the Post-Cold War Era*, 2nd edition, Boulder: Lynne Rienner, 1991(김태현 옮김, 『세계화시대의 국가안보』, 나남, 1995).

Barry Buzan, Charles Jones, Richard Little, *The Logic of Anarchy: Neorealism to Structural Realism*, New York: Columbia University Press, 1993,

Barry Buzan, Eric Herring, *The Arms Dynamic in World Politics*, Boulder Co.: Lynne Rienner, 1998.

Barry Buzan, Ole Waever, Jaap de Wilde, *Security: A New Framework for Analysis*, Boulder Co.: Lynne Rienner, 1998.

Barry Buzan, Gerald Segal, *Anticipating the Future: Twenty Millennia of Human Progress*, London: Simon and Schuster, 1998.

Barry Buzan, Richard Little, *International Systems in World History: Remaking the Study of International Relations*, Oxford: Oxford University Press, 2000.

From International System to International Society: Structural Realism and Regime Theory Meet the English School, *International Organization Vol. 47*, No. 3, 1993, pp. 327~52.

스타인 로칸 Stein Rokkan

자기 언어를 가지는 정당만이 존립할 수 있다

강명세 세종연구소 연구위원

한국정치학계에서 조명받지 못했던 로칸

　스타인 로칸(1921~79)만큼 한국에서 '홀대' 받은 학자도 없다. 그가 이룩한 거대한 업적에도 불구하고 한국에는 거의 알려져 있지 않다. 로칸이 한국에 이처럼 소개되지 않은 것 자체가 하나의 수수께끼이다.

　로칸의 명성은 일일이 지적할 필요없이 그의 이름을 기리는 세계적 권위를 가진 상에서 잘 나타난다. 로칸이 회장(1970~73)을 역임했던 세계정치학회는 로칸기념상을 수여하고 있으며 마찬가지로 회장(1973~78)을 지냈던 국제사회과학연구협의회는 1981년부터 로칸상을 운영하고 있다. 로칸상 수상자에는 독일의 슈미트(G. Schmidt), 알버(Jens Alber), 레이진(C. Ragin), 스트롬(K. Strom), 바르톨리니(S. Bartolini) 등 중견 학자가 많다.

　한국 사회과학, 특히 정치학에서 로칸은 최근까지 학부는 물론 대학원 과정에서도 충분히 소개되지 않았다. 이러한 현실은 한국의 민주주의 발전과정 및 민주주의 연구의 수준과 편협성을 그대로 반영하는 것이다. 로칸과 비슷한 시기에 활동했던 알몬드(G. Almond)나 헌팅톤(S. Huntington)에 대한 인지도를 비교할 때 잘 알 수 있다. 로칸이 이처럼 알려지지 않은 것은 한국 정치학이 미국정치학의 압도적 영향 아래 있는 것과 관련이 있다. 로칸 자신이 북유럽의 변방에 있는 노르웨이 학자라는 사실과도 무관하지 않을 것이다. 그러나 보다 더 중요한 원인은 한국의 민주주의 발전과정 자체의 문제이다. 한국의 경우, 80년대 정치학 논의의 대부분은 민주화 과정이나 국가의 공공정책 특히 산업정책 분야에 밀집되었다. 학위논문이나 연구물은 군부권

" 한국정치학은 너무 지나치게 현실정치에 밀착된 나머지 역사적 연구에 대한 투자를 소홀히 해왔다. 이제 민주주의가 완전히 정착된 오늘날 정치사 연구를 본격화하기 위해서는 몇 가지 이론적 준거틀이 필요하다. 준거틀을 제공하는 점에서 로칸은 첫번째 후보로 손색없다. "

위주의 또는 관료권위주의 및 민주화과정과 산업정책을 포함한 국가론에 과잉투자되었던 만큼 정치학의 핵심영역인 정치과정, 그 중에서도 정당이나 의회에 대한 연구에는 지나치게 소극적이었다. 한국정치학 대학원생 가운데 제3세계의 현실에 '관료권위주의' 모델을 제시하고 적용한 오도넬(G. O'Donnell)을 모르는 학생은 없을 것이다. 당시로서는 잘못된 선택이 아닐지 모른다. 권위주의 체제에서 정치과정은 형식에 불과하다. 이처럼 한국의 현실에 따라 정치학의 논의가 이루어지다보니 이중의 문제에 봉착해 있다. 한편으로는 역사적 경험에 대한 연구가 빈약하다는 것과, 다른 한편으로는 절차적 민주주의가 확립된 다음에 오는 정당이나 정당체제에 대한 연구가 시급하고 필수적임에도 불구하고 아직 준비가 되지 못한 상황이라는 점이다.

대중민주주의의 기원과 변화, 로칸의 연구범위

정치학 연구는 대체로 세 가지 수준, 즉 거시적, 중위적(meso) 및 미시적 수준에서 추진된다. 한국정치학은 민주화과정을 겪으면서 거시역사적 변화에 대해서 지대한 관심을 기울였다. 지난 20년 동안 배링턴 무어(Barringtone Moore)나 테다 스카치폴(Theda Skocpol)의 국가와 혁명에 관한 논의들은 자못 풍부하게 이루어졌다. 찰스 틸리(Charles Tilly) 또한 거시사회적 변화의 연구에 동참하였다. 또한 아주 미시적 행태에 대해서도 지속적 발전이 있었다. 서베이가 시작되는 1987년 이후에 오면서 정치행위 특히 투표행태에 대해서는 통계적 접근을 위주로 한 연구가 다른 분야에 비해서는 상대적으로 많은 편에 속한다. 이렇듯, 거시적 및 미시적 수준에서의 연구는 비교적 적지 않다고 할 수 있지만 중범위 수준의 경험연구는 취약하다. 로칸은 바로 중범위 연구의 대표적 학자이다. 정당과 정당체제는 국가와 시민사회를 잇는 기본적 끈으로서 중범위 이론의 대표적 영역이다. 두베르제(Maurice Duverger, 1954)가 정확히 지적했듯이, 정당은 시민과 국가를 연결하는 정치적 통로로서 민주적 정당성을 부여한다. 로칸은 거시적 수준에 해당하는 대중정치 또는 대중민주주의의 변화에 절대적 관심을 가지면서 방법론으로는 거시적 또는 미시적인 것이 아니라 중범위 수준을 유지하였다.

로칸은 오늘날 우리들이 살고 있는 정치체제인 대중민주주의의 기원과 그 변화의 다이내믹스에 깊은 관심을 가졌다. 19세기 후반 이후 제1차 세계대전 이전까지의 대중민주주의의 출범과 발전에 관한 그의 연구는 가히 기념비적인 것이다. 로칸의 문제의식은 넓은 의미에서 민주주의의 전개 또는 정치변동이었다. 이러한 관심은 이미 1967년 립셋과의 공저에서 등장하는데 이후 이는 영미 학계에서 큰 반향을 불러일으켰다. 로칸의 주요 저술이 1967년에 처음으로 영어로 출판되었다. 지난 수십 년 동안 한국학계에 메가톤 급 영향을 미친 헌팅톤의 저술(*Political Order in Changing Societies*) 출판이 1968년이었던 것에서 알 수 있는 것처럼 헌팅톤과 같은 시기에 활동했던 학자이다. 민주주의의 발전과 관련, 로칸은 네 단계설을 제시하였는데 오늘날의 연구는 아직까지도 그의 영향 아래 있다. 로칸의 네 단계는 국가형성, 국민형성, 정치참여 그리고 복지국가의 단계로 이어진다.

정치변화의 첫번째 단계는 국가형성이다. 국가형성 단계는 엘리트 차원에서 이루어지는 정치적, 경제적 및 문화적 통합으로서 엘리트는 각종 자원동원에 필요한 국가기구를 만들어나간다. 즉 세제를 정비하고 영토에 대한 독점적 지배를 위해 군대를 조직하고, 내부적 통제를 강화하기 위해 관료제 및 경찰을 만든다. 관료제와 군대조직을 창설한 다음 단계는 국민국가의 심화로 발전한다.

두번째인 국민형성 단계는 엘리트만의 세계를 넘어서 민족이라는 신화를 창조함으로써 일반대중에 대한 통제를 강화해나가는 시기이다. 국가 엘리트는 징병제, 학교, 대중매체, 종교 및 언어 표준화를 실시함으로써 광대한 일반을 국민국가라는 하나의 체계로 묶는다.

세번째 단계는 일반대중에게 정치적 시민권이 부여되는 대중민주주의의 단계이다. 사회적 균열구조는 정치적 대표체계의 일차적 그물이다. 초기 대중정치의 출범은 대중의 다수를 차지하는 하층계급의 정치참여를 의미하며 이는 선거권 확대과정과 밀접하게 관련된다. 이처럼 대중정치는 새로운 투표자층이 선거시장에 대량 진입하는 것 그리고 그로 인해 나타난 근대적 정당체제의 성립을 의미한다. 선거권 확대과정은 재산, 연령 및 성별 등에 기반한 선거권 자격제한체제(regime censitaire) 또는 능력선거권제도(capacity principle)로부터 벗어나서 일정 연령 이상의 모든 시민에게 투표자격을 부여하는 보통선거(universal suffrage)체제로의 변화를 말한다. 선거권 자격제한체제는 사회적 균열이 정치적 균열로 바뀌는 작동체제이다. 사회균열은 지역적, 종교적 및 계층적 균열로 구성된다. 지역적, 종교적 균열구조의 형성은 국가형성 문제로부터 시작되었다. 국가형성은 중앙의 엘리트가 일정한 지역 내에서 지방의 세력에 대해 중앙의 표준을 강제하는 것을 의미하기 때문이다. 통일국가의 수립은 봉건시대의 분산적 권력구조를 해체하여 중간권력 없이 개별시민을 단일한 국민국가 밑으로 통합하는 것이다. 통일국가의 수립 이전에는 종교적, 인종적 및 언어적 차이로 인해 원초적 민족주의(proto-nationalism) 또는 지역감정이 자리잡고 있는 것은 자연스러운 일이다 (Hobsbawm, 1991). 이러한 원초적 지역정서는 국가형성과정에서 어느 지역이 패권을 장악하느냐에 따라 국가형성이 수립된 이후에 강고한 지역균열구조로 남게 된다.

이제 선거권이 주변부로까지 확산되어 시민권과 참정권이 제도화되며 이는 보편선거권의 확산과 대중정당의 등장으로 발전된다. 선거권의 확대가 정당정치에 미친 가장 중대한 정치적 결과는 사회주의 정당을 포함한 대중정당의 창출이었다. 보수 엘리트에 의해 정치적 참여가 금지되었던 농민과 노동자 등의 하층계급이 선거권을 부여받아 선거시장에 대량으로 진입함에 따라 이들의 사회적 이익을 대변하려는 정당이 생겨난 것이다. 영국의 정당과 대륙의 사회당 및 가톨릭 정당은 지역조직건설 및 당보를 통해 전국적 조직망을 구축하였다.

마지막으로 우리는 부의 재분배를 의미하는 복지국가의 등장을 보게 된다. 셋째 단계에서 확립된 참정권이 대중민주주의의 출범의 징표라면 넷째 단계에서 이루어지는 사회적 시민권의 확립은 복지국가의 등장을 알리는 것이다. 복지국가는 산업재해보험, 건강보험, 연금 및 실업보험을 만들고 진보적 세제정책을 통해 시장의 결과를 최대한 평등한 방향으로 나아가도록 한다. 로칸이 제시한 4단계 각각의 문제의식은 이후 사회과학의 발전에 막대한 영향을 주었다. 일찍이 로칸이 60년대에 제기한 국가형성문제는 이후 국가론 논쟁이 70년대 후반 이후 80년대 내내 사회과학의 지배적 언술을 형성했던 점을 생각할 때 실로 그의 선견지명을 엿볼 수 있다.

로칸은 국가형성에 관한 개념지도를 작성하고자 했다. 이러한 시도는 1967년 립셋과의 공동작업에서 시작되어, 1970년에는 자신의 영어저술『서민, 선거, 정당』(Citizens, Elections, Parties)에서 더욱 확장심화되었고 1972년에는 틸리(Charles Tilly)가 편집한 『서유럽 국가형성』(The Formation of States in Western Europe)에서 국가형성과 관련지어 정교히 다듬어졌다. 또한 개념지도는 1974년 로즈(Rose) 편 『Electoral Behavior』에 포함된 제7장 노르웨이에서 노르웨이를 대상으로 구체적으로 적용되었다. 개념지도는 문화적 및 경제적 차원 위에서 작성되며 국가형성의 기원을 16, 17세기에서 찾는다. 국민국가의 경제적 문화적 통합의 정도에 의해 서유럽 국가형성의 족적을 추적하는 것이다. 문화적 차원은 개신교와 가톨릭 등 종교와 국가와의 관계를 의미하는 것으로 개신교는 국가관료제에 의해 하부 파트너로 정착한 반면 가톨릭 국가에서 종교는 여전히 문화적 주도권을 장악하고 있었다. 다른 한편 국민국가의 경제적 차원은 지주, 도시 부르주아지 및 농민 간의 힘의 관계를 표현하는 것이다.

로칸의 연구 가운데 오랫동안 논쟁을 주도했으며 아직도 계속되는 것은 로칸이 제시한 3단계에 자리하고 있는 대중민주주의의 산물인 정당체제의 발전이다. 초기에 로칸은 립셋과 더불어 연구했지만 나중에는 단독으로 이 문제에 집중하였다. 보편선거권의 확립으로 형성된 대중정당의 등장과 그로 인한 대중민주주의의 발현은 현대 정당체제를 안정화시키는 데 기여했음을 보여주고자 했다. 대중정치체제에서 정당의 성격은 명사정당으로부터 대중정당으로 탈바꿈했으며 각 정당은 투표권자-시민을 상대로 득표경쟁을 하면서 자신들의 지지기반을 공고히 하였고 그 결과 정당체제는 안정적으로 구축되었다. 정당 간의 치열한 경쟁으로 인해 '지지시장'은 협소해졌고 새로운 정당이 설 자리는 거의 존재하지 않게 되었다. 시민들은 정당에 의해 정치적으로 포획되었고 정치적 일체감을 부여받았다. 정치적 일체감의 형성은 다시 정당체제의 안정에 기여하였던 것이다.

이처럼 로칸에 따르면 오늘날의 정당체제는 1920년대에 그 기원을 갖고 있으며 이는 오늘날까지도 계속되고 있다는 정당체제의 결빙이라는 유명한 명제를 제기했다. 서구 정당체제는 기본적으로 다양한 사회균열을 반영하는 정치적 연결망이다. 사회균열은 각국의 역사적 조건에 따라 차별적으로 발생하고 전개되었다. 다시 말해서 정당체제의 형태는 사회균열을 중심으로 이루어진 국민국가 형성과 밀접한 연관을 맺고 있는 것이다. 사회균열 가운데 가장 보편적 성격을 갖는 계급균열은 좌우의 이념적 대립으로 고착하면서 서구 정치체제의 기본적 대립축을 형성하였다. 지난 100여 년의 정치사의 핵심은 바로 이러한 좌우 대립이다. 20세기 초에 출발한 대중민주주의(mass democracy)의 제도화에 주목한 로칸은 프랑스혁명 이후의 서유럽 정치사에는 다음과 같은 공통 특징이 존재한다고 주장한 바 있다.

참정권의 범위가 보다 넓은 시민의 범주로 확대되고, 예외없이 남녀 모두의 보통선거권이 도입되며, 대중당원에 기초한 대중정당이 지역편차에도 불구하고 발전하며, 보통선거권과 더불어 대중정당 출현의 결과 지역정치가 쇠퇴하고 전통적 지역균열을 횡으로 연결하는 기능적 균열에 기초한 정치가 보다 중요해진다.

전후 정당체제에 대한 로칸의 결빙가설과 그 비판

시장민주주의의 황금기에 기초한 1960~70년대 시기에 가장 왕성하게 활동했던 로칸은 20세기 초에 원형이 형성된 대중정치체제는 전후 결빙(freezing)되어 서구정치체제의 기초를 구성하고 있다고 주장하였다. 이후 결빙명제는 갖가지 논쟁을 불러일으켰으며 아직도 진행 중이다. 결빙여부는 정당이 시민사회와 맺고 있는 접착 정도에 달려 있다. 논리적으로 무슨 이유로든 조직적 유대가 약화되면 정당체제는 풀어지게 되는 것이다.

정당체제의 완화는 이미 1966년 키르히하이머(Otto Kirchheimer)에 의해 지적된 바 있다. '캐치올'(Catch all)정당의 등장은 대중정당이 자신의 지지기반과 맺었던 끈끈한 유대를 부정하는 것이다. 캐치올 정당은 정당일체감이 아니라 조건부 지지에 기반하며 협애하게 확정된 지지기반을 고집하는 것이 아니라 선거경쟁을 통해 지지기반을 확충하려 한다.

1970년대 중반 이후 신좌파나 환경운동과 같은 새로운 사회운동의 출현과 때를 같이하는 문헌은 1968년 이후 선진민주주의 국가들에서 로칸의 결빙명제는 실효성을 상실하였으며, 새로운 균열구조가 파생하게 되었다고 주장하고 있다. 대중정당은 약화되었고, 전통적 균열구조는 붕괴하고 있으며 새로운 정당들이 등장하는 당시의 현실에 따른 논리였다.

잉글하트(Robert Inglehart)는 1977년 후기산업사회의 새로운 정치문화는 조용한 혁명으로 전통적 균열구조를 대체했다고 주장했다. 1979년 페더슨(M. N. Pederson)은 정당체제의 유동성 증가에서 정당체제의 붕괴를 강조했다. 정당체제의 변화에 대한 십자포화에도 불구하고 논쟁의 와중에서 일부는 립셋-로칸의 결빙가설을 새롭게 해석할 것을 제시하였다. 즉 로칸의 결빙가설은 사회균열 구조와 정당체제의 안정에 주목한 것이라면, 이후의 해빙론은 개별정당의 득표의 안정과 불안정에 기반한 것으로 양자는 서로 동일한 평면에서 비교될 수 없다고 주장했다. 해빙가설이 로칸의 결빙가설을 부정하기 위해서는 개별정당의 부침과 균열의 일대일 대응을 가정하는 것이 필요하다. 그러나 계급균열의 경우 기본적 대립축은 개별 정당 간이 아니라 사회주의계열 정당 대 비사회주의 정당이기 때문에 위의 가정은 온당치 못하다. 다시 말해서, 개별정당의 득표 변화에 기초한 안정/불안정은 로칸가설의 핵심 요소를 이루는 균열구조의 지속성을 대변한다고 할 수 없다. 예를 들어, 70~80년대의 선거유동성을 계급균열의 관점에서 보면 계급블록 내의 변동은 심각했지만 1920년대와 마찬가지로 블록 간의 이동이나 변화는 더 감소했다는 사실을 볼 때 외견처럼 그리 심각한 것이 아니라고 할 수 있다. 특히 장기적 관점에서 보면, 좌우 블록의 대립은 기본적 균열을 형성하였다는 점에서 로칸은 아직도 우리 곁에 살아 있다.

한국정치사 연구에서 로칸의 유효성

한국정치사 연구가 빈약하다는 것을 부정하기는 어렵다. 민주화 과정 가운데서 정치사 연구는 문제의 근원을 향했으며 이는 이른바 해방 3년 또는 7년사에 대한 막대한 투자(과잉투자)로 이어졌지만 10여 년이 지난 시점에서 보면 빈약한 출판성과를 볼 때 그 결실을 맺지 못했음을 지적할 수밖에 없다. 정치사 연구의 균형잡힌 발전을 위해서 최근의 정당연구는 물론이고 한국의 초기 국가형성 과정이나 정당체제의 형성과 발전에 대한 연구는 더없이 중요하고 시급한 과제다. 한국정치학은 너무 지나치게 현실정치에 밀착된 나머지 역사적 연구에 대한 투자를 소홀히 해왔기 때문이다. 이제 사소한 예외를 제외하고 심각한 부정선거에 대한 시비가 없다는 점에서 민주주의가 완전히 정착된 오늘날 정치사 연구를 본격화하기 위해서는 몇 가지 이론적 준거틀이 필요하다. 준거틀을 제공하는 점에서 로칸은 첫번째 후보로 손색없다.

로칸의 연구는 충분히 그리고 적절히 원용될 경우 한국정치사 연구에 훌륭한 준거를 제공할 것이다. 지역균열이 지배적 균열을 차지하는 한국적 현실에서 정당체제는 지역주의 정당체제가 될 수밖에 없다. 사회균열 이론에서 한국정치사를 조망하면 한국정치에는 사회적 균열이 존재하지 않았다. 더 정확히 말하면 존재하지 않는 것이 아니라 표출되지 않았다고 해야 할 것이다. 어느 시장사회에서든 생산물의 배분을 둘러싸고 사회적 갈등이 발생하게 마련이지만 계급균열이 정치적 균열로 전환되는 것은 역사적 조건에 달려 있다. 한국사회는 국가형성 초기에 좌우 대립에서 분명히 나타났던 것처럼 잠깐 동안 계급균열이 지배적 사회균열로 등장하였으나 한국전쟁과 분단 이후 계급균열은 정치적으로 표출될 수 없었다. 조봉암의 사형선고에서 알 수 있듯, 계급균열의 정치균열로의 전환은 털끝만치도 용인될 수 없었다. 민주주의가 극히 취약한 단계에서 정치균열은 민주화 대 독재를 중심으로 전개되었을 뿐 그것이 사회적 뿌리를 갖는 것은 아니었다. 그러나 1987년 민주화 과정이 촉발된 이후, 한국사회에는 해방 이후 처음으로 지역균열이 지배적 정치균열로 등장하여 현재까지도 한국정치를 특징짓고 있다.

정당체제의 변화는 다양한 각도에서 분석될 필요가 있다. 지역주의 정당체제는 언제 결빙되었는지 그리고 아직도 지역주의 정당체제는 해빙되지 않았는지에 대한 문제는 대단히 중대한 문제들이다. 분단으로 인한 민족문제는 한국의 정당체제를 어떻게 왜곡시키는가? 한국의 양대 보수정당은 대중정당으로 변신할 수 있는가? 한국 보수정당은 사회당이나 종교정당과의 경쟁이 없는 온실에서 자란 명사정당이다. 이 모든 중대한 의문들에 답하기 위해서는 우리는 로칸이 그랬던 것처럼, 초기 민주화과정에서 정치행위자들의 이합집산에 대한 보다 면밀한 이해를 구해야 한다. 이제 한국의 정치도 개념지도에 따른 보다 과학적 연구를 필요로 하는 때가 온 것이다.

강명세 1956년 서울에서 출생하여 고려대학교와 같은 대학원 졸업 후 미국 UCLA에서 정치학박사학위를 취득했다. 현재 세종연구소 연구위원으로 재직 중이다. 1995년 이후 선진국의 노동정치, 노동시장에 대한 관심을 가지고 이를 원용하여 한국문제를 분석하는 데 주력해왔다. 최근에는 복지국가와 체제의 기원과 변화에 대하여 연구하고 있다. 「한국복지국가의 형성, 확대와 재편」, 「한국복지국가의 기원: 비스마르크와 박정희」, 「지역주의는 언제 시작되었는가: 역대 대선을 중심으로」 등 다수의 논문과 『1780년 이후의 민족과 민족주의』(Nations and Nationalism since, 1780) 등의 역서를 펴냈다.

용어와 개념 풀이

대중정당 mass party
보편선거권 실시를 계기로 하여 정당은 많은 유권자를 대상으로 하여 득표경쟁을 하게 됨에 따라 대중정당으로 발전하였다. 사회주의 정당이 가장 먼저 대중정당으로 등장했으며 이후 보수정당들도 그 뒤를 이었다.

사회균열 social cleavage
사회구성원 간의 경제적, 지역적 및 종교적 차이와 갈등에 따른 발생하는 대립기반. 흔히 계급균열은 노동-자본 간의 갈등을 의미하며 근대사회의 보편적 기능적 균열이고 종교적 및 지역적 균열은 각 사회의 역사적 조건에 따라 그 강약이 차이가 난다.

정당체제의 결빙 freezing
역사의 한 시점에서 생긴 정당체제가 그 이후 새로운 정당의 진입이 없어 기성정당이 지속적 지지도를 유지할 때의 상황을 말하며 초기의 정당체제가 이후에도 큰 구조적 변화 없이 지속되는 것을 뜻함.

정당체제의 유동성
정당체제의 변화를 지시하는 용어. 새로운 정당이 생겨 선거에서 지지층을 확보한다면 유동성이 증가했음을 의미함. 유동성 증가로 인해 양당체제가 3당 체제로 바뀐다면 이는 새로운 정당체제로의 변화를 뜻함.

스타인 로칸은 말한다

- 각 정당의 배후에 있는 현재의 유권자 배열을 이해하기 위해서는 우리는 경쟁적 정치가 시작된 이후 각 체제 안에 있는 능동적 및 수동적 시민에게 주어진 대안순서의 편차를 지도로 작성해야 한다. 선거에서 정당은 시민에게 스스로를 매번 새로이 소개하지 않는다. 각 정당은 역사가 있으며 유권자에게 제시했던 대안들의 집합을 갖고 있다. ─『균열구조와 정당체제』중에서

- 초기 선거제도는 모두 한결같이 신생정당에 대해 높은 장벽을 쌓았다. 어느 나라에서나 노동자 운동은 스스로 대표권을 확보하기가 아주 어려웠으나, 새로운 계층으로부터의 압력에 대해 개방적인 정도는 나라마다 달랐다. 독일 2제국과 프랑스 3, 5 공화국부터 잘 알려진 2차 투표제는 절대다수의 최대 장벽을 설치하는 동시에 지방의 사회주의 반대세력이 연대하는 다양한 길을 허용했다. 영국과 미국의 단순다수제 또한 정치권에 신인의 진입에 대해 높은 장벽을 설치했다. ─『균열과 균열의 정치적 전환』중에서

- 언어는 단순히 소통의 수단만이 아니다. 언어는 소속과 정체성 기준으로 칼집과 같다. 다른 사람의 언어를 이해하고 사용하며 그리고 네가 주인이며 어느 집단에 속했는지를 말해주는 다양한 구별수단 즉 독특한 억양, 문법 및 어휘를 이용하는 것은 가능한 일이다. ─『주변부 정체성의 생존』중에서

Peter Flora, ed, *State Formation Nation-Building and Mass Politics in Europe: The Theory of Stein Rokkan*, Oxford.

S. M. Lipset and Stein Rokkan, "Cleavage Strucure, Party Systems and Voter Alignments: An Introduction", in Lipset and Rokkan, eds., *Party Systems and Voter Alignments*, New York: Free Press, 1967.

Henry Valen and Stein Rokkan, "Norway: Conflictg Structure and Mass Politics in a European Periphery", in Richard Rose, ed., *Electoral Behavior*, New York: Free Press, 1974.

C. Tilly, ed., "Dimensions of State Formation and Nation-Building", *The Formation of States in Western Europe*, Princeton: Princeton University Press, 1972.

Stein Rokkan, "Towards a Generalized Concept for Verzuiling", *Political Studies*, 25:4, 1977.

R. A. Dahl, ed., Stein Rokkan, "Norway: Numercial Democracy and Corporate Pluralsim", *Political Opposition in Western Democracies*, New Haven: Yale University Press.

에스핑-앤더슨 G. Esping-Anderson

복지국가는 탈상품화로부터

강명세 세종연구소 연구위원

복지체제론, 사회과학의 새로운 영역

전후 사회과학의 발전에 기여한 중요한 학자로서 에스핑-앤더슨을 빼놓을 수 없다. 에스핑-앤더슨은 북구 변방의 스웨덴 학자이다. 다른 사회과학자와 마찬가지로 에스핑-앤더슨의 작품이 사회과학의 서가에 놓여야 하는 중요한 저자로 선정되는 데는 몇 가지 기준이 있다.

첫째, 선택된 학자의 저술은 시간과 공간에 획을 그을만하다고 인정되어야 한다. 그의 저술이 다른 이들의 저술과 시간과 공간을 달리한다는 뜻은 새로운 영역을 개척했다는 의미이다. 새로운 영역의 개척은 동료나 후학들에게 그 분야의 보다 깊은 후속연구의 길을 열어주었다는 점에서 중요한 의미를 갖는다. 새로운 영역의 개척이라는 점을 고려할 때, 에스핑-앤더슨의 1990년 책『복지자본주의의 3가지 세계』(Three worlds of welfare capitalism)는 1958년 티트머스가 복지국가의 성격을 언급한 이후 복지연구의 영역에서 분수령을 이루는 중대한 작업으로 평가된다.

우선 복지체제에 대한 에스핑-앤더슨의 기여는 복지체제 자체를 새롭게 인식한 것이다. 기존의 이론이 국가만이 복지의 제공자로 인식하여 복지국가에 과도하게 집중함으로써 다양한 복지제공자의 역할에 주목하지 못했으며 이에 따라 복지체제에 대한 복합적 연구는 더이상 진전을 보지 못하였다. 에스핑-앤더슨은 시장 외에 개인, 공동체 또는 시민사회 및 국가 등 다양한 상호보완적 복지제공자에 착안하여 복지체제의 변화를 설명하고자 했다. 근대화 이전의 단계에서 복지의 일차적 담당자는 가족이나 공동체였던 반면, 근

> **에스핑-앤더슨은 연금, 질병 및 실업 보험 등에 기반한 복합적 탈상품화 지표를 통해 선진국들을 비교하고 그 등급에 따라 사민주의형, 보수주의형 및 자유주의 모델로 분류하였다. 이 분류는 복지국가나 체제연구 분야에서 가장 광범위하게 인용하는 표준으로 자리잡았다.**

대사회에서는 시장이 복지를 대체했다가 나중에는 사회보험이 제도화되어 국가의 제공자 역할이 시장을 대체하거나 시장과 경쟁하게 되었다.

에스핑-앤더슨은 복지체제의 연구를 관점에 따라 협의 또는 넓은 의미의 연구로 분류하였다. 협의의 시각은 복지국가의 문제를 사회적 지원정책의 전통적 영역인 소득 및 사회서비스 또는 주택 지원에 한정하여 복지체제 문제를 기술적 영역으로 제한하였다. 다른 한편 넓은 의미의 연구는 복지문제를 정치경제의 틀 속에 넣어 접근하는 방식으로 분석의 무게 중심은 '경제를 관리하고 조직하는 국가의 커다란 역할'에 두며 따라서 고용, 임금 및 전반적 경제운용의 문제를 분석한다. 에스핑-앤더슨은 넓은 의미의 접근법을 기존의 좁은 의미의 복지국가와 구분하여 '복지자본주의'(welfare capitalism) 또는 '복지국가체제'(welfare-state regimes) 접근법이라고 이름지었다. 복지국가체제는 에스핑-앤더슨 스스로가 주장하듯, 그의 저작을 관통하는 핵심 개념이다.

또한 그는 자신의 체제론을 기존의 복지국가와 두 가지 점에서 차별화했다. 첫째, 복지국가 이론은 사회적 문제의 예방이나 완화기제라는 기술적 개념에 머무른다고 비판했다. 둘째, 오늘날 선진국들은 전통적 복지정책의 형성에서 각각 다를 뿐 아니라 전통적 복지정책이 고용과 사회구조에 영향을 주는 방식에서도 차이가 난다. 따라서 복지국가가 아니라 복지체제를 말하는 것은 국가와 경제의 관계에는 법적 및 조직적 특성의 복합체가 존재함을 뜻하는 것이다.

에스핑-앤더슨 이전의 제1세대 연구, 즉 시기적으로 70~80년대의 문헌은 주로 기원과 전후의 확대 및 그 후유증을 분석 대상으로 하였다. 복지국가의 제1세대 연구는 1970년대의 경제위기에서 비롯된 '복지국가의 위기'로부터 출발하여 복지국가의 기원에 그 힘을 집중하였다. 기원에 대해서 다양한 관점이 적용되었다. 이에는 계급론, 국가론, 다원주의론 및 경제적 관점 등이 포함된다. 에스핑-앤더슨은 자신의 연구가 두 가지 면에서 중요하다고 강조한다.

첫째, 1970년대 이후 대대적으로 이루어진 제1세대 복지연구가 여전히 개념적으로 불충분하고 부정확하다고 보고 복지자본주의의 관점에서 재개념화의 필요성을 주장했다. 복지국가의 성격을 규명하기 위해서는 과거처럼 복지예산이나 프로그램의 특성을 분석하는 것이 아니라 과연 복지국가가 무엇을 하는가를 보아야 하여 이를 위해 탈상품화, 사회계층화 및 고용이 핵심개념이라고 보았다.

둘째, 에스핑-앤더슨은 다양하게 나타나는 현대복지국가의 기본적 속성을 밝히기 위해서는 비교적 경험연구밖에 없다는 입장에서 출발한다. 복지국가는 역사적 조건에 따라 서로 다르게 진행하기 때문에 오직 하나의 복지국가로의 귀결을 말하는 것은 몰역사적이며 이런 문제는 비교연구를 통해 극복되어야 하는 것이다. 에스핑-앤더슨의 기여는 복지국가의 패턴을 분류한 것으로 가장 빈번히 거론될 뿐 아니라 한국을 비교적 관점에서 분석하는 데 중요한 잣대를 제공한다. 그에 따르면, 서구의 복지국가는 19세기 후반부터 시작되어 세 가지 경로를 통해 발전해왔다. 이러한 경로는 시장경제와 민주주의를 혼합한 모든 체제를 분류하는 데 유용하다. 세 가지 경로는 자유주의 모형, 대륙형 및 사민주의 모델을 의미한다. 세 가지 복지자본주의의 성격은 복지가 얼마나 상품화되었나에 달려 있다.

복지체제론의 핵심개념, 탈상품화

두번째 고려할 점은 방법론적으로 한 단계 더 높은 수준을 보여주었는가이다. 수준향상은 새로운 개념의 도입이나 실증적 지표의 사용과 밀접한 관련을 갖는다. 새로운 개념의 도입이 후속연구의 이정표가 되는 경우 새로운 개념을 도입한 연구는 그만큼 선구자적 위치를 차지하는 것이다. 또한 사회과학이 실증적 방향을 지향하는 점에서 방법론적 엄밀성은 두말할 나위 없이 중요하다. 앞의 첫번째 기준이 주로 가설의 제시에 높은 비중을 두는 것이라면 이 가설을 실증적으로 추진하기 위해서는 가설을 설득력 있게 추구하는 데 필요한 과학적 증명이 요구되기 때문이다. 방법론적 개척에 대한 평가는 물론 향후 후속연구들이 얼마나 이에 의존하여 동일한 문제를 제기하고 실증하려 하였는가에 따라 달라진다.

1990년 저작에서 에스핑-앤더슨이 복지체제의 성격규정을 위해 제시한 '탈상품화'(de-commodification), 사회계층화, 및 고용개념은 새로운 개념이나 실증적 작업의 양면에서 선도적 위치를 차지한다. 탈상품화는 사회적 권리가 어떻게 보존되고 신장되는가를 말해주는 궁극적 척도이다. 에스핑-앤더슨의 탈상품화 이론은 칼 폴라니(Karl Polanyi)에 의존한다. 폴라니는 『대변혁』(Great Transformation)에서 시장사회는 노동의 상품으로 인해 그대로 놓아둘 경우 스스로 멸망할 운명이라고 주장했다. 시장사회가 존속하려면 따라서 탈상품화는 필수적이다. 상품화와 탈상품화는 일종의 변증법적 관계인 것이다. 순수한 상품화는 존재하지 않는 허구이며 역사는 탈상품화가 정도의 문제임을 보여준다. 탈상품화는 '개인 또는 가족이 시장에 참여하지 않고 사회적으로 수용할 만한 생활수준을 유지할 수 있는 정도'를 의미한다. 두번째 핵심개념인 사회계층화는 '복지국가의 부분이다'. 복지정책은 평등을 실현하기 위해 사용되지만 현실은 역으로 불평등을 재생산한다. 따라서 소홀히 다루어지거나 잊혀지기 쉬운 주제는 복지국가는 나름의 계층화기제라는 점이다. 에스핑-앤더슨은 1990년 책 3장에서 복지국가는 계급차별이나 지위신분을 줄이는가 아니면 늘이는가 하는 문제에 대해 본격적 논의를 제공한다.

자본주의 사회에서 복지국가 속에 실현되는 사회정책의 필요는 노동의 상품화에 대한 반작용으로서 탈상품화 방향으로 진행한다. 탈상품화 방향은 단일한 것이 아니라 복합적 기원을 갖고 있다. 우선 탈상품화는 시장체제의 유지를 위해 없어서는 안 된다. 극도의 상품화는 결국 인간의 저항에 직면하여 붕괴하기 때문이다. 둘째, 탈상품화는 개인의 복지와 안전의 인내할 만한 수준에 필요한 전제조건이다. 셋째, 노동자는 탈상품화가 없다면 집합행동을 할 수 없다. 극도의 상품화 체제에서는 개인은 원자로 분산되어 무력하며 단결하기 불가능하며 따라서 노동운동은 존재하지 못한다. 에스핑-앤더슨의 복지국가 분류는 바로 탈상품화 압력에 대한 근대국가가 대응한 다양한 양식들에 기반한다. 즉 복지국가의 성격은 시장으로부터 자유로울 수 있게 해주는 사회정책의 '강도, 범위, 질'에 의해 결정된다. 탈상품화의 양식은 시대에 따라 다르게 나타난다.

전자본제적 분위기가 여전히 잔존하던 19세기에는 탈상품화가 보수주의에 의해 추진되었다. 역사적으로 보수주의는 세 가지 방법으로 상품화에 대처하였다. 첫째, 보수주의는 봉건적 질서유지의 입장에서 노동의 상품화를 반대했다. 노동의 상품화 또는 임금은 곧 봉건경제의 붕괴를 의미하는 것이었기 때문이다. 이탈리아 기민당이 후견인 제도를 통해 봉건적 수혜관계의 복지체제를 구축한 것은 현대판 봉건질서와 유사하다.

보수주의의 두번째 대응양식은 코포라티즘(Coporatism)이다. 도시의 직장이나 장인 계급은 본격적 자본제적 생산 직전 상품화로 인한 사회적 해체를 막기 위해 스스로 입출을 규제하고 생산물 가격과 생산 자체를 조절하려 했다. 그로 인한 사회적 결과를 최소화하기 위해 길드와 친교조직이 생겨나 산업재해로 인해 노동력을 상실한 사람이나 그 가족의 복지를 돌보았던 것이다. 길드는 후에 상조회로 전환되었으며 사회보험법의 기원이 되기도 한다.

코포라티즘 복지체제는 장인을 핵으로 한 소수 노동귀족의 복지에 한정되었을 뿐 아니라 개인의 이해를 사회이익에 통합시키는 유기체적 논리를 갖는 점에서 지배계층의 이해와 일치하였다. 코포라티즘 복지는 후에 가톨릭과 파시즘 복지체제의 이론적 배경을 제공한다. 마지막으로 보수주의는 탈상품화의 압력에 국가주의를 통해 대응하였다. 국가주의는 사회통합을 목적으로 하며 이를 저해한다고 믿는 사회주의를 봉쇄하기 위해 복지를 제공한다. 비스마르크가 역사상 처음으로 복지국가를 건설했던 것은 우연이 아니다. 비스마르크 복지국가가 세워진 1870~90년대는 사회주의 운동이 가장 활발했던 시기로서 탈상품화의 압력이 처음으로 본격화되었던 시대이다.

탈상품화 압력에 가장 적극적으로 동원하고 나선 것은 사회주의이다. 특히 사민주의는 급진적 사회주의 노선과 달리 복지국가는 노동계급의 단결에 유리한 지형을 조성한다는 점에서 사회주의건설이라는 보다 큰 투쟁을 위한 전제조건이라고 인식하였다. 초기 사민주의는 그러나 탈상품화에 대해 분명한 청사진을 가진 것은 아니었다.

사민주의는 사회정책에 대해 두 가지 이유에서 혼동하였다. 첫번째 혼란은 고전 마르크스주의의 중심 테마인 능력과 필요의 관계에 대한 해석의 문제에서 야기되었다. 사민주의는 이 문제에서 능력이 아니라 필요에 중심을 두었다. 즉 복지정책이 필요의 함수라면 사회주의는 빈곤층의 생활수준에 부합하는 자격심사형 복지와 혜택을 제공하는 사회부조형 모델을 따라야 했다. 이후 사민주의는 사회부조의 급여수준을 높이고 사회적 낙인을 최소화하는 데 주력했다. 또 하나의 혼란은 탈상품화의 지지기반에서 온다. 19세기 노동운동은 노동계급만의 운동으로서 그들이 건설하려 했던 복지국가의 목적은 노동계급만을 위한 정책을 실현하는 것이다. 그러나 노동계급의 정치참여가 성숙함에 따라, 사회주의 정당은 노동계급만이 아니라 사회적 약자 모두를 포괄하지 않으면 안 되었다. 서민의 정당을 표방하면서 사민주의의 복지정책은 노동계급만이 아니라 보편주의적 방향을 강조하는 것으로 정리된다. 결국 사민주의 복지체제는 탈상품화 전략에서 보수주의 및 자유주의 체제와 다르다. 한편으로 보수주의와는 달리, 사민주의는 시장의존도가 가족, 도덕 및 권위에 대한 의존으로 벗어날 수 있는 것이 아니며 중요한 것은 개인의 독립임을 주장한다. 다른 한편 자유주의와는 대조적으로 사회적 권리를 최대화하여 제도화하는 것이다.

에스핑-앤더슨이 연금, 질병 및 실업보험 자료에서 구체화한 탈상품화 지표는 사회적 지출만이 아니라 현실의 복지 프로그램을 운용하는 규칙과 표준의 분석에 기반하며 몇 가지 중대한 차원의 복합체이다. 첫째 차원은 복지수혜에 접근 가능하게 하는 자격기준 및 수혜자격의 엄격성이다. 복지수혜가 쉬우면 그만큼 탈상품화 단계가 높다는 것을 의미한다. 두번째 차원은 소득대체이다. 급여수준이 정상소득보다 낮을수록 수혜자는 원래의 일자리로 복귀하기를 원한다는 점에서 소득대체는 탈상품화에서 중요한 부분을 차지한다. 세번째 차원은 수혜범위로서 이는 가장 중요하다. 탈상품화가 가장 높은 사회에서는 원인과 관계없이 사회보험의 보호를 받는다. 에스핑-앤더슨은 연금, 질병 및 실업보험 등에 기반한 복합적 탈상품화 지표를 통해 선진국 18개국을 비교하고 그 등급에 따라 사민주의형, 보수주의형 및 자유주의 모델로 분류하였다. 이 분류는 티트머스(Richard Titmus, 1958)가 복지국가를 잔여형과 제도형 국가로 분류한 이래 복지국가나 체제연구 분야에서 대부분의 연구들이 가장 광범위하게 인용하는 등 표준으로 자리잡았다.

복지국가는 민주주의의 최종 발전단계

마지막으로, 에스핑-앤더슨의 연구가 중요한 이유는 한국을 포함한 신흥 복지국가의 이해를 위해서 필요하다. 복지국가나 복지체제의 등장은 민주주의 발전의 최종적 표현이다. 서유럽 민주화 과정이 결집된 대중정치의 기원이나 발전은 경제적, 정치적 및 문화적 요인이 응축된 결과물이다. 이러한 복합적 응축은 다양한 요인들의 상호작용에 따라 역사적으로 민주주의제도로서 실현되었다. 마셜(T.H Marshall)은 이러한 민주주의제도의 발전을 세 가지 시민권(citizenship)의 순차적 성장과정으로 파악하였다. 선진민주주의 경험을 보면 민주주의의 발전은 법적 평등권(civil rights), 참정권(political rights) 및 복지권(socio-economic rights)의 확립과정이다. 마셜이 제기했던 위의 세 가지 시민권은 각각의 종류에 따라 시기적으로 다르게 발전하여 성립되었거나 아직도 진행 중이다. 개인권에 기초한 평등권은 일반적으로 프랑스 혁명으로 시작하여 19세기 후반에 확립되었으며, 오늘날 우리가 경험하고 있는 정치적 권리는 최소한 남성민주주의에 한정한다면 서유럽의 다수 국가들에서 제1차 세계대전 직후에 확립되었다. 복지권을 보장하는 사회복지는 아직도 많은 국가에서 미완의 상태 혹은 확대 과정에 있다.

경제위기 이후 한국사회에는 복지에 대한 수요가 급팽창하였다. 갑작스런 복지수요의 팽창에 비해 복지의 공급은 절대적으로 부족하였다. 그간 압축적 산업화를 거치면서 가구소득은 양적으로 크게 증가하였다. 성장제일주의가 팽배했기 때문에 복지문제는 단순히 재분배정책으로 인식되는 동시에 복지는 성장으로 증대된다는 사고가 지배적이었기 때문에 국가적 차원에서 사회적 권리는 무시되거나 소홀히 취급되었다. 정치적으로 보면, 복지는 계급갈등을 포함한 사회균열 구조의 산물이다. 남북분단 상태 아래에서, 노동의 이해를 대표하는 정당이 부재할 뿐 아니라 오랜 권위주의체제에서 복지정책 등 사회적 시민권은 인정되지 않았다. 민주화 이후에도 지역주의 정치체제가 지속되는 가운데 기능적 이해의 대립이 곡해되었기 때문에, 노동의 사회적 이해가 반영되는 사회정책의 획기적 변화는 없었다. 에스핑-앤더슨의 1990년 저작이 전례 없는 주목을 끌었던 것은 서구의 복지국가가 완숙기에 들어서 재편의 과정에 있었기 때문이다. 1990년대 후반 이후 서구학계의 연구동향은 재편의 정치경제 또는 노동복지 통합연구로 나아가고 있다. 그러나 한국은 어떠한가. 완숙기는 고사하고 이제 막 시작하고 있는 유아기에 불과하다.

복지체제의 이론이나 언술 역시 한국의 현실과 어긋나지 않았다. 서구에서 진행되고 있는 연구수준과 비교할 때, 한국의 복지연구 수준은 경제발전으로 치면 저개발국 수준이라고 해도 크게 틀리지 않는다. 급속한 산업화와 권위주의의 결합이 수십 년 지속되면서, 지난 수십 년 동안 한국 사회과학계의 주목은 권위주의체제 연구를 중심으로 한 민주화과정과 같은 정치적 시민권의 확대나 산업정책과 같은 산업화의 이해·갈등에 집중되었다. 반면 복지국가 또는 사회문제(Social Question, Arbeiterfrage)는 선진국의 정치경제 영역으로 제한되거나 복지정책의 기술적 영역으로 게토화되었다.

진보학계 역시 홉스봄(E. J. Hobsbawm)도 인정한 한국의 강렬한 민족주의를 벗어나지 못한 채 민족문제에는 과감하고 적극적인 연구활동을 보여주면서도 정작 사회문제에는 비슷한 이성을 보여주지 못했다. 이처럼, 한국과 같이 사회문제가 게토화된 상황에서 갑자기 터진 복지체제의 필요에 직면한 사실을 고려할 때 에스핑-앤더슨 이후 서구에서 다이내믹하게 전개되고 있는 최근의 복지연구는 한국의 현실에 중대한 준거를 제공하는 것이다. 복지국가의 발전이라는 보편적 이론에 기초해볼 때, 한국의 복지국가는 과연 언제 출범했는가? 출범 당시의 특성은 에스핑-앤더슨의 범주 중 어디에 속하는가? 한국전쟁이 복지국가에 미친 영향은 없는가? 있다면 무엇인가? 이러한 복지연구의 아젠다는 끝이 없다. 에스핑-앤더슨의 문제의식으로 표현하면, 탈상품화 압력에 대한 한국국가는 어떻게 대응했는가? 시장에 대한 정치는 두 가지, 보수주의와 진보주의가 있다. 한국의 보수주의는 시장의 폭력에 대해 전통적 질서의 지주인 유교를 어떻게 활용했는가? 한편 민족분단의 상황에서 한국의 진보주의는 상품화에 대해 어떤 대응을 했으며 했다면 무슨 진로를 남겼는가? 한국에서 모든 문제의 열쇠는 사회문제와 민족문제의 관계에 있는 것 같다. 이제 한국에서 복지연구는 에스핑-앤더슨으로부터 시작할 때이다.

강명세 1956년 서울에서 출생하여 고려대학교 및 대학원 졸업 후 미국 UCLA에서 정치학 박사학위를 취득했다. 현재 세종연구소 연구위원으로 재직 중이다. 1995년 이후 선진국의 노동정치, 노동시장에 대한 관심을 가지고 이를 원용하여 한국문제를 분석하는 데 주력해왔고, 최근에는 복지국가와 체제의 기원과 변화에 대하여 연구하고 있다. 「한국복지국가의 형성, 확대와 재편」, 「한국복지국가의 기원: 비스마르크와 박정희」, 「지역주의는 언제 시작되었는가: 역대 대선을 중심으로」 등 다수의 논문과 『1780년 이후의 민족과 민족주의』(Nations and Nationalism since, 1780) 등의 역서를 펴냈다.

용어와 개념 풀이

탈상품화

복지국가는 시민을 시장으로부터 보호하는 국가를 의미한다. 개인 또는 가족이 시장에 참여하지 않고 사회적으로 수용할 만한 생활수준을 유지할 수 있는 정도를 의미하는 것으로 복지국가가 발달할수록 상품화 정도는 낮아지고 탈상품화 수준은 높다.

잔여형 복지국가

복지국가를 처음으로 분류한 티트머스의 용어이며 시장기능이 강한 반면 공공복지의 수준이 낮은 영미형 자유주의 복지국가를 말한다.

에스핑-앤더슨은 말한다

- 복지체제의 차이를 결정짓는 역사적 요인들은 상호작용적이다. 이들은 첫째 노동계급의 정치적 형성패턴과 둘째, 농촌경제로부터 중간계급 사회로의 이행에서 이루어지는 정치적 연합의 형성과 관련된다. 정치적 연합형성은 결정적이다. 셋째, 과거의 개혁은 계급선호와 정치적 행위의 제도화에 결정적 영향을 주었다. 코포라티즘 복지국가에서 위계적 신분을 중심으로 하는 사회보장은 코포라티즘 복지국가에 대한 중간계급의 충성심을 확고히 하였다. 자유주의 복지체제에서 중간계급은 시장에 제도적으로 결착되었다. ―『The Three Worlds of Welfare Capitalism』 중에서

- 복지국가의 후퇴는 지출이 아니라 복지국가의 계급성에 달려 있다. 사회민주주의(스칸디나비아의) 또는 코포라티스트(독일처럼)이든 중간계급의 복지국가는 중간계급의 충성을 만든다. 이와 대조적으로 미국, 캐나다, 그리고 점점 영국에서 강화되는 자유주의, 잔여형 복지국가는 수적으로 약하며 정치적으로 잔여층인 사회계층의 충성심에 의존한다. ―『The Three Worlds of Welfare Capitalism』 중에서

- 대부분의 나라에서 우리가 본 것은 급진적 변화가 아니라 오히려 결빙된 복지국가의 풍경이다. 변화에 대한 저항이 예상된다. 오랫동안 시행되어온 정책은 제도화되었고 그 과정에서 기득권 이익을 만들어냈다. 주요 이익집단이 복지국가가 어떻게 작동되어야 하는가에 대해 자신들의 이익을 정의한다. ―『After the Golden Age?』 중에서

더 읽어야 할 책들

G. Esping-Anderson, *Politics Against Markets*, Princeton: Princeton University Press, 1985.

_____, *The Three Worlds of Welfare Capitalism*, Cambridge: Polity Press, 1990.

_____, "After the Golden Age? Welfare State Dilemmas in a Global Economy", in Esping-Anderson, ed., *Welfare States in Transition*, London:

Sage, 1996.

_____, *Social Foundations of Postindustrial Economies*, Oxford: Oxford University Press, 1999.

_____, "Who is harmed by Labour Market Regulations?: Quantative Evidence," in Esping-Anderson and Regini, eds., *Why Deregulate Labour Markets?*, Oxford: Oxford University Press, 2000.

G. Esping-Anderson ed., *Welfare States in Transition*, Sage, 1996.

G. Esping-Anderson and Marino Regini, eds., *Why Deregulate Labour Markets?*, Oxford: Oxford University Press, 2000.

로버트 루카스 Robert E. Lucas, Jr.

경제의 동력은 인간자본이다

조하현 연세대교수·경제학

미래변수들에 대한 예측 방법

미래는 언제나 불확실하다. 경제주체들의 의사결정 과정에서 중요한 문제는 재화의 가격이나 이자율 등의 미래값들을 어떻게 예측하느냐 하는 것이다. 만약 각 경제주체들이 미래의 상태를 정확히 안다면 가격에 대한 기대는 전혀 중요한 문제가 되지 않을 것이다. 하지만 일반적으로 경제주체들은 미래의 경제상태에 대해 정확히 알지 못하기 때문에 어떤 형태로든 이에 대한 예측을 해야 한다.

경제학에서 특히 중요하게 고려하는 것은 미래 물가의 움직임과 그에 대한 경제주체들의 예측이다. 기업은 물가변화에 대한 예측을 통해 현재 자신들이 생산하는 재화의 가격을 결정한다. 노동자들도 미래의 물가수준을 고려하여 자신들의 임금 요구수준을 결정하고 노동공급량을 결정한다. 미래의 물가수준을 고려하여 이루어지는 기업과 노동자의 현재시점의 의사결정을 통해 경기가 변동하기 때문에 경제주체들이 미래의 물가를 어떻게 예측하느냐 하는 문제는 경기안정화를 주요 과제로 삼는 정부에게도 매우 중요한 문제가 아닐 수 없다.

일찍이 고전 학파를 비롯한 많은 경제학자들은 암묵적으로 경제주체들이 완전예측(perfect foresight)을 한다고 가정하였다. 즉 어떤 변수들이 미래에 실현될 값들을 완벽하게 알고 있다거나, 경제주체들이 예측한 미래의 변수값들이 미래에 실현될 변수 값들과 정확히 일치한다고 가정하였던 것이다.

미래변수들에 대한 예측을 하는 방법에는 이러한 완전예측 외에도 적응적

> 루카스는 경제성장률에 영향을 미치는 중요한 생산요소는 인적자본의 크기이며 인적 자본량이 증가할수록 경제성장률이 증가한다고 했다. 그는 한국을 두 차례나 방문해「경제의 기적」을 통해 한국경제의 급속성장의 예를 언급하면서 교육에 의한 인적자본의 축적이 경제성장에 미치는 효과를 설명했다.

기대(adaptive expectation)가 있다. '적응적 기대'는 과거의 예측치와 실제치의 차이인 예측오차를 감안하여 여기에 임의의 가중치를 부여함으로써 현재의 예측치를 유도하려는 방법이다. 그러나 과거값에만 의존하는 적응적 기대는 잘못된 기대에 대한 수정을 제대로 할 수 없으며 그 결과로 체계적인 오류를 범한다는 구조적인 문제를 갖고 있었다.

'합리적 기대'(rational expectation)는 원래 1961년에 존 무스(John Muth) 교수가 기업의 재고관리방식의 모형화를 위해 소개한 전략적 개념이었다. 무스는 경제주체들이 완전한 정보를 얻지는 못하지만 그럼에도 불구하고 비단 과거의 자료들뿐 아니라 사용 가능한 모든 정보를 이용하여 자신의 기대를 형성한다고 주장하였다.

루카스 교수는 무스의 가설을 발전시켜 경제주체들이 미래 변수에 대한 모든 정보를 갖고 있지는 못하지만 사용 가능한 유용한 정보를 효율적으로 이용하여 가장 합리적이고 정확한 예측을 한다고 설명하였다. 정보를 효율적으로 사용한다는 것은 사용 가능한 모든 유용한 정보를 조건으로 미래 상황의 확률분포에 대한 경제주체의 인식(주관적 확률분포)이 실제의 확률분포(객관적 확률분포)와 일치하도록 기대를 형성한다는 것을 의미한다.

루카스 교수는 이러한 합리적 기대를 경제학의 오랜 논쟁 가운데 하나인 '산출과 인플레이션'의 문제에 적용함으로써 이른바 '합리적 기대 거시경제모형'을 제시하였다. 루카스 교수는 그 모형을 이용하여 정부의 불안정한 정책개입이 경제문제를 해결하지 못한다는 것을 보여주었으며 시장기능에 의한 경제문제의 해결을 역설하였고, 그것은 합리적 기대 학파

통화주의자의 본산인 시카고 학파를 낳은 시카고대학의 문장.

를 탄생시키는 고전학파를 부활시키는 결정적 계기를 마련하게 된다. 그 이후 정부의 재량적인 정책수행을 비판하고 시장기능을 부활시키려는 연구가 이어지게 되어 루카스 교수는 마침내 1995년에 노벨 경제학상을 수상하게 된다. 프린스턴대학의 폴 크루그만 교수는 루카스의 합리적 기대 거시경제모형은 경제 이론의 심장부에 나 있는 깊은 상처의 치료법을 제공했다고 평가한 바 있다. 케인즈 이래 경제학은 개별 기업과 가계 및 시장이 어떻게 행동하는가를 연구하는 미시경제학과 특수한 가정 하에서 경기순환, 인플레이션, 실업 등을 연구하는 거시경제학으로 양분되어 있었다.

루카스 교수가 제공한 치료법이란 바로 거시경제학의 여러 연구대상에 대한 미시경제학적 근거를 제공하는 '거시경제학의 미시경제적 기초'를 의미한다. 이러한 방법론은 후에 균형 경기변동이론과 내생적 성장이론 등으로 발전하여 경제학의 새로운 지평을 열게 된 것으로 평가받았다.

생산량 증가를 위한 정부의 통화정책은 무용하다

1973년 루카스 교수는 '실업과 인플레이션'에 대해 기존의 경제이론과는 완전히 다른 방법론을 사용한 획기적인 논문을 발표했다. 미국경제회보(American Economic Review)에 「산출-인플레이션 간 상충관계에 대한 몇 가지 국제적 증거」(Some International Evidence on Output-Inflation Tradeoffs)라는 제목으로 발표된 이 논문에서 루카스 교수는 사람들이 합리적 기대를 함에도 불구하고 일반 물가수준과 자신에게 고유한 상대적 가격변동을 혼동함으로써 경기변동이 발생한다고 보았다.

민간 경제주체들이 일반물가수준과 상대적 가격변동을 정확히 구분할 수 없다는 것은 현실과 상당히 부합하는 것으로 볼 수 있다. 실제로 개별 공급자들은 매출량과 가격추세를 주기적으로 관찰함으로써 자신이 생산하고 있는 상품에 대한 수요조건에 대해서는 상당히 정확히 알고 있지만 자신이 생산하는 다른 상품들의 가격을 모두 포함하는 일반 물가에 대해서는 정확한 정보를 갖기가 힘들다.

이러한 정보제약에 직면한 기업과 노동자가 자신들이 생산한 재화의 가격이 급히 상승하는 것을 목격했다고 가정해보자. 만약 재화가격의 상승이 총체적 수요증가에 의한 것이라면 기업의 입장에서는 생산량을 변화시킬 이유가 없다. 마찬가지로 노동자의 경우에도 명목임금이 물가와 동일하게 상승할 경우 실질임금 자체는 변화하지 않으므로 노동공급량을 변화시킬 이유가 없다. 따라서 이 경우에는 물가의 변화에도 불구하고 생산량은 변하지 않는다.

하지만 재화가격의 상승이 자신이 생산하는 제품에만 국한되는 경우에는 상황이 달라진다. 즉 자신의 제품에 대한 수요가 증가하여 제품가격이 상승할 경우 기업은 상대적 이점을 살려 이윤을 늘리기 위해 생산을 더욱 증가시킨다. 그리고 전과 동일한 노동투입량 아래에서 제품가격이 상승했으므로, 기업은 보다 높은 명목임금을 지불하고 고용을 확대하고자 한다.

일반 물가수준 자체는 변화하지 않았기 때문에 명목임금의 상승은 실질임금을 상승시키고 이는 노동자들로 하여금 노동공급을 증가시키게 한다. 정리하면, 상대적 수요교란이 발생할 경우에 재화의 가격이 상승하면 생산량이 증가한다는 것이다.

결국 통화정책이 충분히 예상가능하여 경제주체들이 재화가격의 상승을 보고 이를 일반물가 상승에 의한 것임을 알 수 있을 때는 생산을 증가시키지 않을 것이며 따라서 통화공급 증가는 단지 물가만 상승시키고 생산량은 변화시키지 못하게 되므로 그러한 정책은 해(害)만 될 것이다.

이에 반해 통화정책이 예기치 않게 수행되어 사람들이 일반 물가수준의 상승을 자기 상품의 가격상승으로 착각할 경우에는 통화공급 증가가 생산을 촉진시킬 수 있다. 루카스 교수는 현실에서 관찰되는 물가와 산출의 정(+)의 관계가 이처럼 예기치 못한 총수요 교란에 의한 것임을 밝힌 것이다. 이는 물가와 실업률의 역관계를 나타내는 '필립스 곡선'에 상응하는 것으로서 나중에 '루카스 공급함수'(Lucas supply curve)라고 불리게 되었다.

따라서 정부가 통화정책으로 산출량을 증가시키기 위해서는 사람들의 예상을 빗나가는 정책을 사용해야 한다. 하지만 정부가 이런 정책을 자꾸 사용하면 사람들은 점점 재화가격의 변동이 정부의 무작위적인 통화정책에 의한 것임을 깨닫고 재화가격이 변화하더라도 생산량을 증가시키지 않을 것이다.

이 경우 생산량 증가라는 좋은 목적으로 수행된 정부의 정책은 결국 물가만 증가시켜 사람들의 삶을 더욱 힘들게 만들 것이다. 합리적인 경제주체들이 통화량공급의 변화를 예측할 수 있다면 실질산출량이나 고용 등과 같은 실물변수는 경제정책의 영향을 받지 않는다는 루카스 교수의 이러한 주장을 '정책무용성 명제'(policy ineffectiveness proposition)라고 부른다.

이것은 이론적 주장에 그치지 않았다. 루카스, 사전트, 왈라스, 배로 교수 등은 이러한 명제를 뒷받침하기 위해 여러 나라의 사례를 제시하였고 이는 후에 많은 논쟁을 불러일으키게 된다.

루카스는 생산량 증가를 위한 정부의 통화정책은 무용하다는 주장을 폈다.

케인지안 계량경제모형에 대한 루카스 비판

케인즈(J.M. Keynes)의 『일반이론』이 출간되고 '필립스 곡선'이 발견된 이후 많은 경제학자들은 정부정책을 통해 실물경제의 성장을 촉진하고자 했다. 이를 위해서는 정부정책이 실물경제에 영향을 주는 메커니즘을 설명하는 이론적 틀과 정책의 실제적 효과를 평가하기 위한 계량경제모형이 필요했고 루카스 교수 이전까지 이는 대부분 힉스-한센, 틴버겐 등에 의해 발전된 케인지안 모형에 근거하고 있었다.

계량경제모형이란 모형 내에서 그 값이 결정되는 내생변수들과, 모형에 영향을 주지만 모형으로부터는 영향을 받지 않는 외생변수들을 포함하는 일종의 방정식 체계이다. 그리고 계량경제정책 평가라 함은 우선 계량경제모형을 설명하고 그것을 실증적 자료를 이용하여 추정한 뒤, 그 추정된 모형을 사용하여 정책의 변화에 따른 결과를 유추하려는 방법이다.

루카스는 거시경제모형을 통해 경제주체들의 최적화 행위가 야기하는 경기변동 현상에 대한 이론적 토대를 제공했다.

루카스 교수는 기존의 케인지안 계량경제정책모형들이 특별한 이론적 근거도 없이 변수들을 사전적으로 외생변수와 내생변수로 제약하는 점을 비판했다.

더욱이 그는 이러한 사전적 제약으로 인해 발생하는 문제점들을 무시하더라도 계량경제정책을 비교평가하기 위해서는 추정된 모형의 계수(모수)들이 안정적이어야 하는데, 이러한 모수들은 경제주체들이 정부정책을 예상하고 합리적으로 반응할 경우 계속적으로 변화하기 때문에 경제정책의 계량적인 평가는 불가능하다고 주장하였다.

결국 케인지안 계량경제모형 아래에서 수행된 정책당국의 새로운 정책은 원래 의도한 대로 결과가 나타나는 것이 아니라, 합리적인 민간 경제주체들의 최적화 행위를 통해 전혀 다른 결과를 초래할 수 있다. 이것이 유명한 '루카스 비판'(Lucas Critique)의 핵심이다.

예를 들어, 정부가 국민들의 소비를 증대시키기 위해 세금감면이나 통화량 증대를 통해 가처분 소득을 증대시키는 정책을 시행하는 경우를 살펴보자. 케인지안 모형에 의하면 통화량 증가는 이자율을 하락시키고 이는 투자를 증대시켜 국민소득이 증대하게 된다. 또한 증대된 국민소득은 소비함수의 형태를 통해 소비를 증가시킬 것이다.

그러나 경제주체들이 정부의 통화량 증가계획을 알고 이에 따라 물가수준이 상승할 것을 예상한다면 이는 총체적 수요교란에 해당하므로 실질효과가 없게 된다. 또한 세금감면의 경우에도 경제주체들이 미래의 세금증가를 충분히 인지한다면 그러한 정책은 실질효과가 없어진다.

경제주체들의 최적화 행위를 통해 경기변동 현상을 설명

자본주의 경제는 변동을 멈추지 않으며 이러한 경기변동의 원인을 규명하고자 하는 것은 경제학자들의 오랜 연구과제였다. 마르크스주의 경제학자들은 이를 잉여가치 착취과정 속에서 노동자 계급이 상대적으로 궁핍해지고 자본은 계속적으로 고도화되는 결과로 설명했으며 케인지안들은 이를 단기적으로 경제 내의 유효수요 부족에 따른 결과로 보았다.

루카스 교수는 합리적 기대가설과 기존의 시장균형 접근법을 이용하여 미시경제학적 기초를 강조한 거시경제모형을 통해 경제주체들의 최적화 행위가 어떻게 경기변동현상을 야기할 수 있는지를 설명하는 이론적 토대를 제공했다. 케인지안들의 경기변동이론과는 달리 균형 경기변동이론에서는 각 경제주체들이 주어진 여건 아래에서 최적선택을 하는 과정에서 경기변동이 발생한다고 본다. 즉 소비자들은 주어진 예산제약식 아래에서 효용극대화를 시도하며 기업들은 이윤극대화를 위한 적정고용량 및 적정투자량을 결정한다. 이와 같이 일반균형론적인 접근에 의해서 경기변동현상을 설명하려는 시도를 '균형 경기변동이론'이라고 한다.

구체적으로 루카스 교수는 민간 경제주체들의 예측을 벗어난 화폐의 급격한 변화가 실물경제에 영향을 주고 이것이 경기변동의 원인이라고 설명하였다. 이를 화폐적 균형 경기변동이론이라고 한다. 외부의 화폐충격이 경기변동을 야기한다는 루카스 교수의 주장은 이후 많은 논쟁을 불러일으켰고, 최근에는 이와 대조적으로 자본축적 과정에서 발생하는 기술충격이 경기변동을 야기한다는 실물적 경기변동이론도 제기되었다. 하지만 이러한 실물적 경기변동이론도 궁극적으로는 루카스 교수에 의해 발전한 균형 경기변동모형에 근거하고 있다는 점에서 두 이론의 공통점을 찾을 수 있다.

성장의 원동력은 인적자본의 크기에 달려 있다

80년대 후반 경제학에서는 후진국이 선진국을 추월할 수 있는지에 대한 문제, 즉 국가간 성장률의 격차가 좁혀질 수 있는지에 대한 문제가 중요한 쟁점으로 부각했다. 루카스 교수는 자신의 합리적 기대 거시경제모형을 내생적 성장모형으로 발전시켜 어떻게 선진국 경제의 지속적인 성장이 가능한지를 설명하고자 시도하였다. 내생적 성장모형은 이전까지 외생적으로 주어진 것으로 간주했던 기술변화를 경제에 대한 내생변수로 취급하면서 일국경제가 어떻게 정체상태에 이르지 않고 지속적으로 성장할 수 있는지를 설명한다.

이를 위해 루카스 교수가 도입한 것은 인적자본(human capital)이라는 개념이다. 인적자본이란 인간이 보유한 지식과 기술을 의미하며 기계, 공장 등 물적자본(physical capital)과는 차이가 있다. 교육과 학습에 의해 인적자본이 증가하며, 인적자본에 대한 투자는 노동의 생산성을 증가시키는 효과를 유발하게 된다.

루카스 교수는 경제성장률에 영향을 미치는 중요한 생산요소는 노동력의 크기가 아니라 인적자본의 크기이며 인적 자본량이 증가할수록 경제성장률이 증가한다고 설명했다. 1993년 및 96년에 한국을 두 차례나 방문하기도 했던 루카스 교수는 「경제의 기적」(Making a miracle)이라는 논문을 통해 한국경제의 급속성장의 예를 언급하면서 교육에 의한 인적자본의 축적이 경제성장에 미치는 효과를 설명하기도 하였다.

루카스 교수는 인적자본에 근거한 내생적 성장모형을 통해 국가간 성장률의 격차를 설명했을 뿐 아니라 자유무역을 통한 국제적 경제통합이 국가 간의 지식이전과 기술습득을 손쉽게 하여 경제성장을 촉진시킬 수 있음을 설명하였다. 이러한 내생적 성장이론은 현대적 경제성장이론을 크게 발전시킨 것으로 평가받고 있으며, 경제이론의 새로운 지평을 연 업적에 의해 루카스 교수는 사상 최초의 제2의 노벨 경제학상을 수상할 가능성도 있는 것으로 예견되기도 한다.

시카고 학파의 화려한 전통: 프리드만과 루카스

통화주의자의 본산인 시카고 학파는 정부의 자의적인 개입에 반대하며 시장기능에 의한 경제문제 해결이 최선임을 주장해왔고 신자유주의의 근거지라고 알려져 있다. 시카고 학파의 거두라고 평가받는 프리드만 교수는 1976년에 노벨 경제학상을 수상한 바 있고 95년 루카스 교수까지 여덟 번의 노벨 경제학상 수상자를 배출할 정도로 현대경제학에서 시카고 학파의 영향력은 지속되고 있다.

특히 1990년대에 들어서 시카고 학파의 위세는 더욱 높아졌다. 루카스 교수가 현재 재직하고 있는 시카고대학에서는 1990~93년 중에 밀러, 코즈,

베커, 포겔 교수 등이 연속 4년 노벨 경제학상을 수상한 바 있는데 1995년도에는 루카스 교수가 '합리적 기대 거시모형에 의한 거시정책효과 비판'의 업적으로 노벨 경제학상을 수상함으로써 시카고 학파의 화려한 전통을 견지하였던 것이다.

조하현 연세대 경제학과와 같은 학교 대학원 경제학과를 졸업하고 미국 시카고 대학교에서 노벨 경제학상 수상자인 루카스의 지도 아래 「Comovements of Business Cycles in Open Economies」라는 논문으로 경제학 박사학위를 받았다. 현재 연세대 경제학과 교수로 재직 중이며 거시경제정책, 경기변동이론, 금융리스크, 카오스와 금융시장의 연구에 관심을 가지고 있다. 주요 저서로는 『카오스와 금융시장』, 『금융리스크 측정과 관리』, 『거시경제이론』, 『고급거시경제이론』, 『한국경기변동의 원인』 등이 있다. 카오스와 경기변동에 관한 다수의 논문을 발표했다.

용어와 개념 풀이

계량경제모형 econometric model
모형 내에서 그 값이 결정되는 내생변수들과 모형에 영향을 주지만 모형으로부터는 영향을 받지 않는 외생변수들을 포함하는 일종의 방정식 체계.

균형 경기변동이론
equilibrium business cycle theory
합리적 기대가설과 시장균형접근법에 의해 경기변동현상을 설명하려는 이론체계. 균형 경기변동이론은 경기변동현상이 시장기능의 실패에 의한 것이 아니라 경제주체들이 합리적 기대 하에서 최적 경제행위를 하는 과정에서 어떠한 경제적 교란이 발생하는 경우 그러한 교란이 확산되어 가는 과정에서 경기변동현상이 발생한다고 보고 교란의 원인 및 확산경로를 설명하는 데 초점을 두고 있다.

내생적 성장이론
endogenous growth theory
경제성장을 추동하는 기술변화가 외생적으로 주어진다는 기존의 이론과 달리 지식이나 기술 등의 인적자본의 내생적 축적에 의해 경제성장이 촉진된다고 설명하는 경제성장이론.

루카스 공급함수 Lucas supply curve
공급함수가 추세변동 부분과 경기변동적인 부분으로 구분되며 경기변동적인 부분이 실제가격과 기대가격간 차이의 함수형태로 나타나는 것을 말함. 즉 실제가격이 기대가격보다 높을 경우 경제주체들은 산출공급을 증가시킨다. 가격변화에 대한 산출변화는 총체적 교란과 상대적 교란의 상대적 크기에 의존한다. 즉 총수요가 상대적으로 안정적인 국가에서는 가격의 변화가 거의 상대가격의 변화이므로 민간 경제주체는 가격교란에 반응하여 실질산출량을 증대시킨다. 반대로 총수요가 상대적으로 불안정한 국가에서는 가격의 변화가 거의 총체적 물가수준의 변화이므로 공급자는 가격변화에 거의 반응하지 않고 실질산출량은 불변이 된다.

시카고 학파 Chicago school
제2차 세계대전 이후 케인즈 학파의 정부개입주의 철학과 이론체계에 대해 전면적으로 도전하면서 최소정부론(theory of minimum state)과 개인적 자유의 중요성을 강조한 학파로, 프랭크 나이트, 헨리 사이먼, 밀튼 프리드만 등으로 대표된다.

실물적 경기변동이론
real business cycle theory
롱, 플롯서, 키들랜드, 프레스컷 등 화폐충격과 같은 총수요 측면의 교란요인이 아니라 기술충격과 같은 총공급측면의 교란요인을 경기변동의 주요 원인으로 보는 이론.

완전예측 perfect foresight
모든 사람들이 전지전능하여 미래변수들에 대한 모든 정보를 갖고 있고, 따라서 경제주체들이 예측한 미래의 변수값들이 미래에 실현된 변수값들과 정확히 일치함을 말함.

적응적 기대 adaptive expectation
과거의 예측치와 실제치와의 예측오차를 감안하여 여기에 임의의 가중치를 부여함으로써 현재의 예측치를 유도하려는 것을 말함.

정보제약 information constraints
경제주체들이 시간, 비용, 물리적 한계 등으로 인해 모든 정보를 이용하지 못하는 불완전 정보(imperfect information) 상황을 지칭함.

정책무성 명제
policy ineffective-ness proposition
경제주체들은 예측되지 못한 상대적 교란에만 반응하기 때문에 민간 경제주체들이 인지하고 있는 예측되어진 정부당국의 어떠한 경제정책도 산출증대의 효과가 없다는 합리적 기대학파의 주장을 말함.

케인즈학파 Keynesian school
케인즈의 일반균형에서 시작되어 힉스, 한센, 틴버겐 등에 의해 발전된 학파로 시장실패를 해결하고 유효수요를 증대시키기 위해 거시경제정책을 통한 정부의 개입이 필요하다고 주장했다.

필립스 곡선 Phillips curve
성장과 안정의 상충관계(trade-off relationship)를 나타내는 것으로 구체적으로 실업률과 명목임금상승률의 역(-)의 관계를 말한다. 명목임금상승률은 종종 물가상승률로 대체되기도 한다. 1861년부터 1957년 사이의 영국의 통계자료를 사용하여 이를 발견한 필립스의 이름을 붙였다. 케인지안의 한 명인 틴버겐은 3퍼센트의 물가성장률을 감수하면 5, 6퍼센트 대의 완전고용성장을 달성할 수 있다고 주장하였다. 이에 반해 프리드만 등 시장주의자들은 필립스곡선의 존재가 단기적인 현상에 불과하며 경제주체들이 경제분수들의 변화에 대한 예측이 가능해짐에 따라 단기 필립스곡선이 상향이동하게 되어 결국 통화정책이 산출은 변화시키지 못한 채 물가만 상승시키게 된다고 반박하였다. 루카스 교수는 합리적 기대이론에 근거해 특정한 조건이 만족되지 않으면 단기에서조차 필립스곡선의 상충관계가 존재하지 않는다고 주장하였다.

합리적 기대 거시경제모형 rational expectation macroeconomic model
경제주체들이 합리적 기대를 형성한다는 가정 하에서 물가와 산출 등의 거시경제변수들이 결정되는 과정을 모형화하는 것을 말함.

합리적 기대학파
rational expectation school
합리적 기대모형에 근거해 이론적으로는 거시경제학의 미시경제학적 기초를 강조하고 정책상으로는 시장기능의 중요성과 정책개입주의에 대해 반대하는 학파로 대표적인 학자로는 루카스, 사전트, 왈라스, 배로 등이 있다. 시장기능에 의한 자유경쟁균형을 강조하기 때문에 새고전학파(new classical school)로도 불린다. 또한 합리적 기대학파의 영향을 1930년대의 케인즈 혁명에 비교하여 합리적 기대혁명(rational expectation revolution)이라고 부르기도 한다.

화폐적 경기변동이론
monetary business cycle theory
프리드만, 슈바르츠, 루카스 등에 의해 제안된 것으로 화폐공급의 변화나 화폐승수의 변동과 같은 화폐적 교란을 경기변동의 주요원인으로 보는 이론. 특히 루카스 교수는 합리적 기대이론에 근거해 민간 경제주체들의 예측을 벗어난 화폐의 급격한 변화가 실물경제에 영향을 주게 되고 이것이 경기변동의 원인이 된다고 주장하였다.

더 읽어야 할 책들

Lucas, R. E. Jr., *Lectures on Economic Growth*, Harvard University Press: Cambridge, MA., 2002.
_____, *Studies in Business-Cycle Theory*, MIT Press: Cambridge, MA., 1983.
_____, "Expectations and the Neutrality of Money," *Journal of Economic Theory* 4, no.2 (April 1972): 103~24.
_____, "Some International Evidence on Output-Inflation Tradeoffs," *American Economic Review* 63, no.3 (June 1973): 326~34.
_____, "An Equilibrium Model of the Business Cycle," *Journal of Political Economy* 83, no.6 (December 1975): 1113~44.
_____, "Econometric Policy Evaluation: A Critique," *Journal of Monetary Economics 1*, no.2, Supplementary Series 1976: 19~46.
_____, "Understanding Business Cycles," in K. Brunner and A. A. Meltzer, eds., *Stabilization of the Domestic and International Economy*, Carnegie-Rochester Conference Series on Public Policy 5, 1977.
_____, "Methods and Problems in Business Cycles," *Journal of Money, Credit, and Banking*, November, 1980.
_____, "On the Mechanics of Economic Development," *Jorunal of Monetary Economics* 22, 1988, pp. 3~42.
Lucas, R. E. Jr. and N. L. Stokey, *Recursive Methods in Economic Dynamics*, Harvard University Press: Cambridge, MA., 1989.
Lucas, R. E. Jr. and L. A. Rapping, "Real Wages, Employment, and Inflation," *Journal of Political Economy* 77 no.5 (Sept./Oct. 1969): 721~54.
Lucas, R. E. Jr. and T. J. Sargent, "After Keynesian Macroeconomics," *FRB of Minneapolice Quarterly Review*, 1979.
Lucas, R. E. Jr. and N. Stokey, "Optimal Fiscal Policy and Monetary Policy in an Economy without Capital," *Journal of Political Economy*, 1983.

크리스 아지리스 *Chris Argyris*

나는 전문가들이 왜 실패하는가를 문제삼는다

황희영 영산대 교수 · 디지털경제무역학

조직 차원의 학습이 존재한다

조직학습에 관한 이론이 세간의 비상한 주목을 끈 것은 불과 지난 10여 년 사이에 일어난 일이다. 반면 조직학습 이론의 시작은 꽤나 오래 전인 1930년 대였다. 비행기 제조 현장의 관찰에서 경험에 의한 학습효과가 학습곡선(learning curve)으로 개념화되었고 학습이 평균비용을 줄인다는 것이었다. 기업에서 비용의 절감은 시대를 막론하고 대단히 보편적인 관심사였으나 학습과 관련된 논의는 그 사이 관심을 받지 못했다. 그런데 50년 이상의 시간을 뛰어 넘어 지금에 와서 새롭게 조명을 받는 것은 무슨 이유에서인가?

기업(조직)이 학습한다는 것은 본질적으로 외부 환경의 변화를 인지하며(perception, 인지의 영역) 적절하게 반응함으로써(reaction, 행동의 영역) 적응(adaptation) 또는 변화(change)하거나, 의도된 결과를 달성하는 과정이다. 이 점에서 최근의 급속한 정치 · 경제적 환경 변화, 그리고 국제적으로 기업간 경쟁이 심화된 상황에서 단순한 적응이 아니라 전략적으로 앞서고자 하는 노력이 학습에 대한 관심을 불러일으켰다고 볼 수 있다.

여기서 아지리스(Chris Argyris, 1923~)의 지식의 프런티어로서의 역할은 학습이 사람에게 한정된 것이 아니라 조직 차원의 학습이 존재한다는 것을 보이고 궁극적으로 조직학습이 개인 및 기업에 가지는 의미와 역할, 논리적 기반 등을 제시했다는 점이다. 생애 동안 가장 중요한 동료였던 쇤(Donald A. Schön)과 그의 공동 업적인 『조직학습』(*Organizational Learning: A Theory of Action Perspective*, 1978)은 이후의 모든 조직학

> **아지리스는 먼저 인간의 행위를 이론적 구조를 가진 것으로 파악했다. 이론은 현상을 일관되게 설명할 수 있어야 하며 예측할 수도 있어야 한다. 그는 인간의 행위가 주어진 상황에서, 만약 어떤 행위를 하게 되면, 어떤 결과를 얻게 될 것으로 예측하는, 이른바 *If A, then B*라는 이론적구조를 가지는 것으로 파악했다.**

습 논의가 통과해야 하는 문이 되었다.

아지리스의 학습모형

먼저 잠시 아지리스 이전의 혹은 그와 병행했던 주요한 다른 학습 논의를 살펴보자. 이의 대표적인 학자는 마치(James G. March)이며 행동주의 심리학과 맥락을 같이 하고 있다.

행동주의 심리학의 중심 아이디어는 환경의 변화로부터 지각되는 자극(S; stimulus)에 적절한 대응(R; response)을 하는 체계(S-R)이다. 변화에 대한 대응행위는 적응(adaptation)이 목적이며 기대수준과의 격차를 좁혀나가는 점진적인 접근을 지향한다. 이 과정을 그림으로 나타내면 다음과 같다.

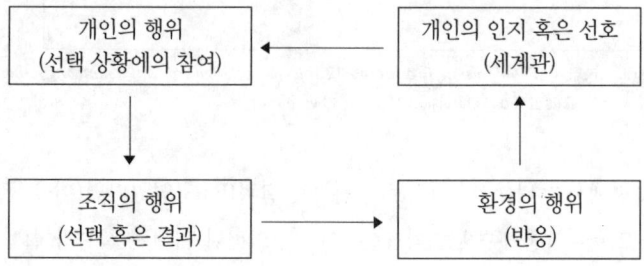

출처 James G. March & Johan P. Olsen, *The uncertainty of the past : organizational learning under ambiguity*, European Journal of Political Research, 1975, Vol. 3, p. 150.

마치에게 있어 학습과정은 문제해결과정과 같다. 변화하는 외부환경은 늘 새로운 문제를 제공한다. 학습의 유효성은 곧 문제해결과정의 효율성이다. 이때 사람의 인지능력은 제한되어 있으므로 즉각 문제를 해결하는 형태가 아니라 조금씩 기대수준과의 격차를 줄여나가는 절차적이며 점진적인 모습이 특징이다. 그리고 학습 자체가 늘 유효하지만은 않다. 왜냐하면 인간에게 외부환경 변화의 인식은 근본적으로 한계(예를 들면, 잘못된 해석, 없는 것을 있는 것으로 여기고 행동함 등)를 가지고 있기 때문이다.

이제 아지리스의 학습모형을 살펴보자. 아지리스는 먼저 인간의 행위(action)를 이론적 구조를 가진 것으로 파악했다(Argyris & Schön, *Theory in Practice*, 1974). 이론(theory)은 현상(행위)을 일관되게 설명할 수 있어야 하며 예측할 수도 있어야 한다. 그는 인간의 행위가 주어진 상황에서, 만약 어떤 행위를 하게 되면(if A), 어떤 결과를 얻게 될 것(then B)으로 예측하는, 이른바 If A, then B라는 (이론적) 구조를 가지는 것으로 파악했다. 바로 이때 기대하는 결과를 설정하고 그를 획득하기 위한 전략 생성, 기대수준과 실제결과 사이의 일치여부 판별 등이 개별 행위주체에게 드러난다. 이와 같은 행위이론(theory of action)을 출발점으로 하여 만들어진 학습모형은 다음과 같다.

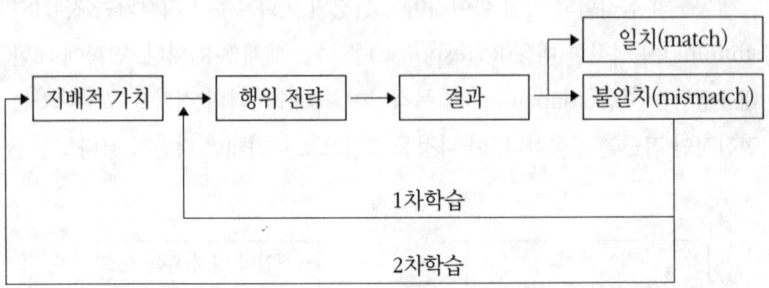

출처 Chris Argyris, *Problems in Producing Usable Knowledge for Implementing Liberating Alternatives*, in Bell et al (eds.), Decision Making, 1988, p. 541.

위 그림에서 행위(A)의 결과로서 원하는 결과(B)를 얻었다면(이를 '일치'되었다고 한다) 행위주체는 학습한 것이다. 그러나 기대된 결과가 실현되지 않았다면 어떻게 되는가? 행위주체는 자신의 (행위의) 전략을 수정하여 재시도할 것이다. 이러한 전략수정을 통해 '일치'(matching)되면 또한 학습한 것이다. 아지리스는 이를 1차 학습(single-loop learning; 단순고리학습)이라 부른다.

그런데 반복된 시도에도 불구하고 일치되지 못한다면(불일치; mismatch) 다른 사고과정을 거쳐야만 학습되는 것인지 의문을 제기해야 한다. 행위전략 형성과정에는 행위의 기본적인 가치를 제공하는 이른바 지배적 가치(governing values)가 밑바탕에 있다. 1차 학습과정은 이들 가치의 수정(modification)을 요구하지 않으므로 마치 존재하지 않는 것처럼 인식된다. 아지리스가 2차 학습(double-loop learning; 이중고리학습)이라고 부르는 학습은 위와 같이 반복된 전략 수정에도 불구하고 목표하는 결과를 획득하지 못할 때 지배적 가치의 수정을 필요로 하는 경우이다. 기업에서 2차 학습은 일상적인 문제해결이 아니라 기본적인 경영의 원리와 정책, 가치체계 등의 변화가 따라야 하는 경우를 포함한다.

아지리스 연구의 탁월성은 위 학습모형에서 보이는 인간 행위의 지배적 가치의 구명(究明)과 이로부터 연유되는 이론적, 실증적 결과물들이다. 이 가운데 몇 가지에 대해 알아보자.

지배적 가치의 식별

아지리스는 인간의 행위에 내재된 지배적 가치를 식별해냈다. 그것은 상황을 일방적으로 설정하여 자신을 승패(win/lose) 게임에서 이겨야만 하는 사람으로 만드는 목표를 가지게끔 한다. 또 정보를 통제하고 자신만이 판단하는 합리적 행동을 하도록 하는 것 등이다.

사람들은 자신을 당혹스럽게 만드는(embarrassing) 상황에서 행위전략을 방어적으로 생성한다. 이 작용은 마치 내재된 프로그램에 의한 것처럼 자동적으로 나타난다. 그것은 방어적 행위가 이미 고도로 학습되었기 때문이며, 사람들은 이 지배적 가치에 의해 자신의 행위전략이 그렇게 방어적으로 생성된 것을 알지 못한다. 즉 이들 가치의 존재에 대해서도 인식하지 못한 상태에 있는 것이다. 더 놀라운 사실은 아지리스는 이 지배적 가치의 존재와 유형은 성별·연령별·인종별 차이가 전혀 없이 보편적이라고 하며, 이에 대해서 실증적 검증으로 뒷받침하고 있다. 그리고 이 전체 체계를 'Model I'이라고 부른다.

방어적 행위의 가장 중요한 특성으로는 사람들이 타인에게 자신의 행위를 설명할 때의 이론(espoused theory)과 실제 취한 행위 내에 사용된 이론

(theory in use)이 서로 다르며, 또 다르다는 사실을 모른다는 점이다(이 또한 실증적으로 검증되어 있다). '설명 이론'(espoused theory)이란 '누가 자신에게 어떤 상황에서 어떻게 행동할 것인가를 묻는다면, 그때 어떻게 할 것이다'라고 설명할 때의 자신의 행위구조(if A, then B)를 보여주는 이론이다.

1차 학습과정은 가치의 수정을 요구하지 않으므로 마치 존재하지 않는 것처럼 느껴진다.

이에 반해 '사용 이론'(theory in use)이란 실제 그 상황에서 행동을 했을 때 행위 내에 실현된 이론이다. 아지리스는 사람들이 자신이 당혹감을 느끼는 상황에서는 앞서 말한 두 이론이 'a) 불일치한다, b) 스스로 말(설명된 이론)과 행동(실현된 이론)의 불일치를 모른다, c) 지배적 가치의 수정 없이는 이 불일치는 상존한다'라고 한다.

방어적 행위의 동태성은 개인 간 또는 그룹 내 상호방어적 행위의 강화이다. 방어적 상호작용은 학습, 즉 기대된 결과와 실제결과의 '일치'(matching)와는 오히려 거리가 멀어지게 하며 그 정도는 시간이 갈수록 심화된다.

사람들은 자신의 행위의 방어적 성격은 보지 못한 채 타인의 방어적 성격을 파악함으로써 다시 자신을 방어하게 되므로 이로부터 (방어의) 순환고리가 형성된다. 이러한 모습을 보이는 그룹이나 집단은 학습에서 멀어지므로 조직 행위의 효과성(effectiveness) 자체가 문제시된다. 이 사실은 또 다시 구성원 모두를 방어적으로 만들게 되며, 방어적 행동이 일상화되는(defensive routine) 결과를 낳는다.

조직의 유효성 문제는 어떤 개인 차원의 방어적 상호되먹임고리(feedback loop)가 존재하고 그 위에 다시 집단차원의 2차적인(이중의) 방어적 피드백 루프가 존재함을 나타낸다. 이 경우 조직은 그 자신의 지배적 가치의 수정 없이는 사실상 문제해결에 이르지 못하는 학습불능성에 빠지게 된다. 이것은 어떤 누구의 의도에 의해서 일어난 것이 아니며, 아지리스는 개인차원의 보편적 방어성이 집단적으로 기대하지 않은 결과를 낳는다는 역설적 성격, 즉 개인 차원의 합리성이 사회 차원의 비합리적 결과를 낳는 모순을 강조하고 있다.

조직학습 차원의 구별

행동주의 심리학에 바탕을 둔 조직학습 이론은 초기에 학습의 주체성에 대해 전혀 고려하지 않았다. 1980년대에 와서 레비트(Levitt)와 마치는 조직학습을 이전과 동일한 행동주의의 연장선상에서 다루었다(Levitt & March, *Organizational Learning*, Annual Review of Sociology, 1988). 그러나 조직의 학습주체는 조직을 대표하는 개인과 동일시되었으므로 본질적인 변화는 없었다.

'실제(in reality) 누가 인지와 행동의 주체인가'라는 질문에서 주체는 결국 조직이 아니라 인간(human being)이라는 데 대해서는 아지리스와 마치 사이에 차이는 없다. 그러나 조직 내에 개인과는 별도의 인지구조가 존재한다는 점에는 차이가 있다. 아지리스는 조직에 새로이 참여한 구성원이 그 조직의 고유한 인지도(認知圖, cognitive map)를 학습하며, 어떤 개인이 들어오고 나가더라도 이 인지도가 유지된다는 점을 강조한다.

아지리스의 견해에 따르면 어떤 조직(기업)이 가진 고유한 정책, 경영원리, 의사결정체계 등은 그 기업의 지배적 가치를 형성하며 그 위에 인지도가 존재하고, 이로부터 그 구성원들의 행위전략이 생성된다는 것이다.

이와 같은 배경에서 아지리스는 조직학습의 차원을 구별하였다. 조직에 있어 1차 학습은 앞서 본 학습모형에서와 같이 기본적인 정책 등의 수정을 필요치 않는 일상적인 학습을 뜻하며, 반복되는 오류가 지속적으로 해결되지 못해 기본 원칙들(underlying principles)에 대하여 의문이 제기될 때 이 과정의 학습이 2차 학습이 된다.

학습 차원의 구분은 애쉬비(Ashby)의 사이버네틱스(cybernetics) 연구(*Introduction to Cybernetics*, 1956)와 베이트슨(Bateson)의 연구(*Steps to an Ecology of Mind*, 1972) 등에서 왔다. 1차 학습은 외부환경을 인지하고 단순히 변화에 대응하는 학습시스템인 반면, 2차 학습은 변화의 흐름 그 자체의 학습에 주목한다. 이것은 마치 속도(speed)에 관해 속도의 변화의 속도, 즉 가속도를 찾는 것과 같다.

또 아지리스는 한 단계 더 나아가 '제2의 학습'(deutero learning)의 개념을 제시하는데 이것은 학습의 원리를 학습함을 말하며 이로써 행위 주체가 스스로 변화에 대응하여 학습할 수 있는 차원을 말한다. 따라서 1980년대와 90년대에 발표된 조직학습 관련 연구들은 한편으로는 학습의 주체 측면에서

Model I, Model II 사용이론의 지배적 가치 및 행위전략 비교

Model I 사용 이론

지배적 가치	행위 전략
1) 의도된 당신의 목표를 달성하라. 2) 최대한 이겨라. 져서는 안 된다. 3) 부정적인 감정을 눌러라. 4) 합리성을 강조하라.	1) 당신의 자리를 고수하라. 2) 타인의 생각과 행동을 판단하라. 3) 이해하고자 하는 무엇이든 이유를 붙여라.

Model II 사용 이론

지배적 가치	행위 전략
1) 유효한 정보를 주라. 2) 정보를 주고 자유롭게 선택하게 하라. 3) 선택에 충실하라. 그리고 실천에 옮겨지는 것을 지속적으로 챙겨라.	1) 참가자가 스스로 출발점이 되어 높은 인과관계를 경험할 수 있도록 상황과 환경을 조성하라. 2) 과제는 공동으로 통제하라. 3) 자기 보호라도 공동 과제로 삼고 성장을 지향하도록 하라. 4) 서로를 보호 하라.

행동주의적 접근과 행위이론적 접근으로, 또 다른 한편으로는 학습 차원의 구별에서 차원의 구분을 의미있게 수용하느냐 아니면 인정하지 않느냐에 따라 구분될 수 있다.

대안의 제시

Model I 사용 이론의 지배적 가치의 보편성, 그리고 사용 이론과 설명 이론 사이의 불일치가 상존한다면 집단적·사회적으로는 적지 않은 효율성 저하를 경험하게 된다. 기업과 사회에 편재된 방어적 행위기제와 전략의 일상성, 즉 방어적 루틴(defensive routine)은 결국 사회적으로 모든 사람들에게 실망과 불신을 경험케 한다.

Model II 사용 이론의 지배적 가치는 이에 대한 대안이다. 이것은 Model I 사용 이론의 일방성, 자기중심의 합리성 등에서 벗어나 기본적으로 유효한 정보가 주어진 상태에서 자율적인 의사결정을 존중하며 과제는 공동으로 통제된다. 그리고 상호 성장을 돕는 것이 목표이다.

Model II 사용 이론의 지배적 가치는 많은 사람들로부터 비현실적이라는, 혹은 불가능하다는 비판을 받아왔으나 이는 Model I 사용 이론의 지배적 가

치가 보편적이며 기존의 경험세계에서 유일한 가치체계였기 때문이다. 즉 경험하지 못하였으므로 알지 못하였고, 그러므로 부정한 것이다. 아지리스는 이를 입증하기 위하여 실제로 기업에서 많은 활동을 해왔다(*Overcoming Organizational Defenses*, 1990). 그러나 대안은 존재하되 이를 실천에 옮길 수 있는 사람을 충분히 길러내지 못한다면 아지리스 이후 누가 그 뒤를 이을 수 있을지 의문은 남는다.

아지리스의 조직학습 이론이 뛰어난 것은 우리 사회의 의식 밑바닥에 전혀 인지되지 않았던, 더구나 방어적인(그래서 인정하고 싶지 않은) 사고와 행동의 원리를 구명해내고 사회가 스스로 방어적인 틀 속에 갇히게 되어버리는 과정을 밝히면서 그로부터 더 나은 사회를 위하여 각자가 어떻게 해야 하는가의 방법론을 제시한 점에 있다. 다만 그의 Model II 사용 이론의 지배적 가치와 근본적인 조직의 가치 변화는 그에게는 현실이되, 다른 사람들에게는 무지개처럼 유토피아적으로 인식되어 있다는 점이 아쉬울 뿐이다.

황희영 서울대학교 국제경제학과를 졸업하고 같은 대학 대학원에서 석사학위를 받았다. 그후 프랑스 사회과학고등연구원(EHESS)에서 제도경제학으로 박사학위를 받았다. 주로 제도경제론, 디지털 경제에 관심을 갖고 있으며, 지금은 영산대학교 디지털경제무역학부 조교수로 재직하고 있다.

용어와 개념 풀이

오류와 일치 error and match

이 두 개념은 애쉬비(Ashby)의 사이버네틱스(Cybernetics)로부터 주로 영감을 받았다. '오류'란 잘못을 저질렀다는 의미가 아니라 어떤 한 시스템의 현재 작업 수준이 기대된 영역(desired area)을 벗어났다는 뜻이다. 예를 들면, 다리미에 부착된 온도조절장치를 들 수 있다. 다리미는 천의 종류에 따라 각각 적정 온도의 범위가 설정되어 있고 바이메탈은 과열되면 전기를 끊고, 허용 최저 온도를 내려가면 다시 전기를 통하도록 되어 있다. 이런 관점에서 보면 다리미는 매우 단순한 1차학습 시스템이다. 이 예에서 일치(match)는 곧 설정된 온도 영역 내로 들어오는 것을 말한다.

조직학습과 학습조직

최근 이 두 용어가 큰 구분 없이 사용되고 있으나 조직학습은 대체로 이론적인 배경에서 학습에 초점을, 그리고 학습조직은 실천적인 배경에서 조직에 초점을 두고 사용된다. 그러나 굳이 차별화해서 써야 할 필요까지는 없다고 본다. 현실적으로는 본문에서 언급한 연구 외에 현재 여러 흐름이 생겼다. 예를 들면, 조직의 개념에서 조직화(organizing)를 둘러싸고, 구성원들이 환경을 인식하는 대로 그것이 구조에 반영된다는, 즉 학습이 구조에 의미를 주는 바이크(Weick)의 'sensemaking'에 관한 논의가 있다 (Weick, *Sensemaking in organizations*, 1995). 또 다른 예로는 생계의 시스템적 사고(systemic thinking)에 관한 논의를 들 수 있다.
(Senge, *The Fifth Discipline*, 1990)

크리스 아지리스는 말한다

- 사람과 조직은 늘 효과적인 행위를 취하기 위해 노력한다. 특히 일상적이지 않으면서 중요한 문제에 대해서는 이들에게 폭넓은 조언과 충고가 기다리고 있다. 많은 경우 설득력 있으며 또 필요한 것들이다. 그런데 문제는 이들의 대부분이 실행될 수 없다는 것이다. ―『Flawed Advice and the Management Trap』 중에서

- 이것은 우연 또는 확률의 문제가 아니다. 조언의 맥락이 무엇이든 결과는 기껏해야 생명이 길지 않은 유행일 뿐이다. 나의 목표는 일상적이지 않은 문제들에 대한 전문가들의 조언이 왜 그리고 어떻게 실패하기만 하는가를 알아보는 것이다. ―『Flawed Advice and the Management Trap』 중에서

더 읽어야 할 책들

Argyris Chris, *Integrating the Individual and the Organization*, New York: John Wiley & Sons, 1964, p. 330.

Argyris Chris, "Single-Loop and Double-Loop Models in Research in Decision

Making," *Administrative Quarterly Review*, Vol. 21, pp.363~375, 1976.

_____, *Reasoning, Learning, and Action: Individual and Organizational*, San Francisco: Jossey-Bass, p.499, 1982.

_____, "Problems in Producing Usable Knowledge for Implementing Liberating Alternatives," *Decision Making*, pp.540~61, 1988.

_____, *Overcoming Organizational Defenses: Facilitating Organizational Learning*, Boston: Allyn & Bacon, p.169, 1990.

_____, "Teaching Smart People How to Learn," *Harvard Business Review*, May-June, pp.99~109, 1991.

_____, *On Organizational Learning*, Oxford: Blackwell, 1993a.

_____, *Knowledge for Action: A Guide to Overcoming Barriers to Organizational Change*, San Francisco: Jossey-Bass, p.309, 1993b.

_____, "Good Communication That Blocks Learning," *Harvard Business Review*, July-August, pp.77~85, 1994.

_____, *Flawed Advice and the Management Trap*, Oxford: Oxford University Press, p.262, 2000.

Argyris Chris et Sch n Donald A., *Theory in Practice: Increasing Professional Effectiveness*, San Francisco: Jossey-Bass, p.224, 1974.

Argyris Chris et Sch n Donald A., *Organizational Learning: A Theory of Action Perspective*, Reading (MA): Addison-Wesley, p.344. 1978.

Argyris Chris et Sch n Donald A., *Organizational Learning II: Theory, Method, and Practice*, Reading (MA): Addison Wesley, p.305, 1996.

윌리엄 브락 William A. Brock

시장을 움직이는 카오스를 읽어낸다

조하현 연세대 교수·경제학

브락의 금융시장이 카오스적 특성을 가진다면

경제학에서 비선형모형, 카오스, 진화론적 금융시장의 가격동학을 연구하는 학자들 네트워크의 중심에는 윌리엄 브락(William Brock)이 있다. 그는 1969년도에 캘리포니아 버클리대학에서 응용수학으로 박사학위를 받은 후, 뉴욕주 로체스터대학의 경제학과 수학과의 조교수로 겸직하게 된다.

브락은 경제성장이론에 있어서 균형의 안정성에 대한 연구성과를 경제학계에서 인정받으면서 1972년에 시카고대학의 경제학 부교수가 되었다. 그해에 발표한 논문「최적경제성장과 불확실성」(Optimal Economic Growth and Uncertainty)은 경제충격의 효과를 모형 내에 반영하는 방식으로 기존의 성장모형을 불확실성 하의 이론으로 일반화시킴으로써 경제성장이론 분야에서 매우 중요한 업적으로 평가를 받았다.

1980년대 중반부터 브락은 경제시계열에서 카오스의 존재여부를 판별하는 기법과 경제이론에 대한 비선형모형의 적용가능성에 대한 연구를 중점적으로 수행하였다. 그가 1987년 데세르투(Dechert), 슈아인크만(Scheinkman) 등과 함께 개발한 BDS검정법은 시계열에서 확률과정과 결정론적 카오스과정을 구분하는 대표적인 방법으로 알려져 있으며, 현재까지도 많은 연구자들에 의해 시계열에서 카오스 탐색을 위한 실증분석에 널리 이용되고 있다.

금융시장의 주요한 골격을 이루고 있는 효율적 시장가설(EMH)은 시장에서 사용가능한 정보들이 현재가격에 완전히 반영되어 있고 따라서 현재의 가

> 기존 경제이론이 가정하는 경제주체들의 완전 합리성과 대표적 경제주체에 기반한 균형이론들의 한계점이 점차 드러나고 있는 추세에 비추어 보면, 앞으로 브락 연구들의 중요성은 커져갈 것으로 보인다.

격변동은 예기치 못한 정보충격의 결과라고 해석한다. 그러나 카오스적 금융이론에 따르자면 현재 어떤 사건이 발생하더라도 이것이 즉각적으로 시장가격에 완전히 반영되지 않으며 시간을 두고 파급효과를 일으켜 미래가격에 영향을 미치게 된다. 따라서 만약 금융시장이 카오스적 특성을 가진다면 기존의 효율적 시장가설이 기각될 수 있고 경제주체들이 적절한 거래규칙의 활용에 의해 거래차익을 얻을 가능성이 존재하기 때문에 카오스의 존재여부를 검증하는 연구는 매우 중요한 것이다.

1990년대 이후 브락은 홈즈, 르 바론 등과 함께 이질적인 경제주체를 고려하는 비선형 금융시장모형에서 발생하는 진화론적 동학(evolutionary dynamics)에 대해 중요한 연구성과를 발표하였다.

브락은 이러한 접근법의 이론적인 틀을 형성하였으며 경제주체들의 적응적 기대를 고려하는 단순한 금융시장모형을 가지고 자산가격의 동학을 분석하였다.

이 연구에서 브락은 합리적 기대 및 적응적 기대를 가진 거미집모형(cob-web model)을 각각 분석하여 합리적 기대가 적응적 기대보다 훨씬 많은 비용을 필요로 할 때 주체의 적응적 기대를 고려하는 금융시장모형이 어떻게 불안정한 가격동학, 특히 카오스를 유도할 수 있는지를 보여주었다.

현재 브락은 산타페 연구소(SFI)의 외부교수, 인터넷 비선형 학회인 SNDE 등에서 활동 중이며 복잡계이론(complexity theory)을 경제이론과 금융시장분석에 적용하는 연구들을 지속적으로 수행하고 있다.

자연과학의 카오스 현상을 경제학에 접목하다

1975년에 시카고대학으로부터 위스콘신대학으로 자리를 옮긴 브락은 1980년대 중반 이후 연구의 관심분야를 경제성장 분야로부터 카오스의 탐색법와 경제이론에 있어서 비선형모형의 적용 가능성에 대한 연구로 전환하였다.

자연과학에서 이미 알려진 바 있는 카오스는 어떤 시계열이 겉으로 보기에는 불규칙하게 움직이는 것처럼 보이지만 실제로는 결정론적 비선형모형에 의해 설명될 수 있는 현상이다. 카오스의 주요 특성으로서는 초기조건에 대한 민감성(SDIC: sensitive dependence on initial condition)을 들 수 있다.

그는 이 책에서 자연과학 이론인 카오스 현상을 경제학에 도입한

이는 초기조건의 조그만 변화가 나중에는 커다란 변화를 초래한다는 것으로서 이러한 현상은 금융시장에서 나비효과(butterfly effect)라고 알려져 있다. 즉 북경에서 나비 한 마리가 날개짓하여 대기상태에 조그만 변화를 주게되면 다음 날 뉴욕에서 폭풍이 일어날 수 있다는 것처럼 초기값의 미세한 차이가 시간이 지남에 따라 증폭되어 미래의 상황을 예측할 수 없도록 만든다. 이러한 나비효과가 나타나는 이유는 시스템의 불안정성 때문이라고 볼 수 있다.

그리고 카오스의 또 다른 주요 특성으로서는 프랙탈 구조를 들 수 있는데 이는 금융 시계열의 자기유사성(self-similarity)을 의미한다. 보통 사물의 형태를 표현하기 위해 사용되는 유클리드 기하학에서는 점은 0차원, 선은 1차원, 면은 2차원, 공간은 3차원으로 오직 정수 차원만을 다루고 있다. 그러나 프랙탈 차원은 0, 1, 2 등의 정수차원이 아니라 비정수 차원(예: 0.63차원, 1.58차원)을 말하며 만약 어떤 시계열이 이러한 프랙탈 구조를 가지면 그 자료는 자기유사성을 나타낸다. 금융시장에서 자기유사성이란 단기의 가격움직임이 장기의 가격변화의 일부가 됨을 의미한다.

경제 시계열에서 초기조건에 대한 민감성(나비효과)과 자기유사성(프랙탈 구조)이 존재하면 그 시계열은 카오스의 특성을 갖는다고 본다. GDP, 실업률, 물가, 통화량 등의 거시경제 변수뿐만 아니라 주가, 이자율, 환율 등 주요한 금융 시계열 자료에 카오스가 존재하는가의 여부를 밝히는 작업은 경제시계열의 기본 특성파악, 거시경제정책의 운용 뿐 아니라 시계열자료의 예측에 커다란 중요성을 갖게 된다.

카오스와 비선형 구조를 어떻게 판별하나

브락은 경제동학이 본질적으로 비선형적 구조를 가지고 있을 가능성이 높다는 사실을 인식하여 시계열에서 이러한 구조를 탐색할 수 있는 BDS검정 통계량을 만들었다.

BDS통계량은 브락, 데세르투, 슈아인크만의 공동연구로 1987년에 만들어진 통계량으로 나중에 르 바론에 의해 시뮬레이션 실험결과가 더해진 것이다. BDS통계량은 독립적인 선형확률 과정에서 이탈한 시계열 과정에 대해서 높은 검정력(power)을 가지기 때문에 통상 카오스를 포함하는 비선형성 검정의 보조수단으로 이용된다.

BDS검정법 이전에 시계열에서 비선형성과 결정론적 카오스를 탐색하기 위해 사용된 방식은 상관차원(correlation dimension) 추정법이었다. 그러나 이 방식을 이용하여 결정론적 구조를 찾기 위해서는 막대한 분량의 자료가 필요하다. 물리학자들은 낮은 상관차원을 가지는 저차원 과정의 연구에서도 10만 개 이상의 자료를 사용하지만, 경제시계열에서 10만 개 이상의 자료는 현실적으로 불가능하다. 게다가 상관차원에 의한 방법은 근본적으로 그래프에 의한 판별방식이지 통계적인 방법이 아니라는 단점을 가지고 있다. 즉 상관차원에 의한 추정결과를 계량화할 방법이 없다는 것이다.

따라서 실제로 상관차원을 이용하여 경제 시계열에서 비선형성을 찾아내는 것은 매우 어렵고 정확한 결과를 얻기 힘들다는 단점을 가지고 있었다. 이에 비해 브락 교수가 만든 BDS통계량은 상관차원과 비슷하면서도 공식적인 검정통계량을 가지고 있다는 점에서 매우 유용한 기법으로 평가받고 있다. BDS검정법은 시계열에서 확률과정과 결정론적 카오스 과정을 구분하는 대표적인 방법으로 알려져 있으며, 현재까지도 많은 연구자들에 의해 시계열에서 카오스 탐색을 위한 실증분석에 이용되고 있다.
 BDS검정법은 텐트맵과 같은 비선형 과정뿐 아니라 자기회귀과정(Autoregressive process)과 같은 선형과정에 대해서도 높은 검정력을 가지고 있으므로, 브락은 BDS검정법을 적용하기 전에 적절한 선형필터(linear filter)를 사용하여 기본 선형구조를 제거하여 비선형 구조만을 검정하는 방식인 잔차검증법(residual based test)을 제기하였다.

비선형모형은 왜 중요한가

 브락은 BDS검정법을 사용하여 거시경제 시계열과 금융시계열에서 비선형 구조의 존재가능성을 실증분석하였으며, 많은 경제시계열에서 비선형성의 존재를 확인하였다. 특히, 주가와 같은 금융 시계열에서 비선형성의 존재는 기존 금융이론에서 상정하고 있는 효율적 시장가설(efficient market hypothesis)의 유효성에 심각한 의문을 제기하게 만들었다.
 시장이 효율적이라면 거래자들은 정보에 대해 즉각적으로 반응하여 가격에 반영시킨다. 그러나 시장이 비선형적 구조를 가지고 있다면 그렇지 않다. 즉 거래자들이 정보에 대해 비선형적인 반응을 보이게 된다면, 시장정보는 가격에 즉각적으로 반영되지 않고 일정한 임계수준까지 누적된 정보가 한번에 가격에 반영되어 가격은 급격한 변동을 나타내게 된다.
 따라서 브락은 경제시스템의 많은 측면들이 선형이 아닐 수 있으며 위험과 기대수익률에 대한 투자자들의 태도 또한 비선형적일 수 있다고 주장하였다. 옵션(option)과 같은 많은 금융계약의 조건들이 비선형적인 구조를 가지고 있으며 또한 시장 참가자들 사이의 전략적 상호작용, 자산가격에 정보가 결합되는 과정, 그리고 경제변동의 동학이 본질적으로 비선형일 수 있으므로 이러한 비선형 현상을 비선형 모형으로 연구하려는 시도는 당연한 것으로 이해된다.
 그럼에도 불구하고 임의보행모형과 같은 선형모형은 복잡한 현실경제를 부분적으로 근사화하는 데 유용한 수단이 될 뿐 아니라 비선형 모형에 비해 구조가 훨씬 단순하기 때문에 여러 자산가격에 대한 예측모형으로 널리 사용되어 왔다. 그러나 가격변동을 유발하는 현실 경제구조가 실제로 비선형적이라면 현실경제를 선형모형으로 접근하는 데 한계가 있으며, 이러한 설정오류(specification error)는 모형의 신뢰성을 크게 손상시키게 된다.

현실경제에서 관찰되는 수익률과 변동성 지속성(persistence)의 존재는 기존의 선형모형에서 가정하는 정규분포의 가정을 신뢰하기 어렵게 만들고 있으므로 이러한 현상을 올바로 파악하기 위해서 비선형 모형을 이용해야 할 필요성이 제기되었다. 이와 관련하여 금융 시계열에서 비선형성의 존재가능성에 주목한 브락의 연구는 현실의 자산가격에서 흔히 관찰되는 두터운 꼬리(fat tail) 특성과 변동성의 집중화(volatility clustring) 현상의 발생이유를 적절하게 설명할 수 있다는 점에서 폭넓은 지지를 받았다.

금융시장의 진화론적 동학

브락은 최근에는 홈, 르 바론 등과 함께 이질적인 경제주체를 고려하는 비선형 금융시장모형에서 발생하는 진화론적 동학(evolutionary dynamics)에 대해 중요한 연구성과를 발표하였다. 브락은 이러한 접근법의 이론적인 틀을 형성하였으며 경제주체들의 적응적 기대를 고려하는 단순한 금융시장 모형을 가지고 자산가격의 변화를 분석하였다. 이 연구에서 브락은 합리적 기대와 적응적 기대를 가진 거미집모형(cobweb model)을 각각 분석하여 합리적 기대가 적응적 기대보다 훨씬 많은 비용을 필요로 할 때 주체의 적응적 기대를 고려하는 금융시장모형이 어떻게 불안정한 가격동학, 특히 카오스를 유도할 수 있는지를 보여주었다.

경제학자들은 자산자격이 그 자산이 갖는 내재가치, 즉 펀더멘탈(fundamental value)을 반영한다고 생각한다. 자산가격은 그 자산을 소유함으로서 내가 미래에 얻을 수 있는 이익에 기반한다는 것이다. 경제주체들이 만일 합리적 기대(rational expectations)를 한다면, 개별 경제주체들은 자산의 미래 수익에 대해 동일한 기대를 하게 되고 이에 의해 자본이득을 얻을 수 있는 기회는 없어지게 되므로 결국 현시점의 자산가격은 우리가 미래에 얻으리라고 기대하는 자산으로부터의 배당(dividend)의 현재가치가 되는 것이다.

이렇게 자산의 가격이 미래에 얻는 배당의 현재가치가 된다는 결과는 경제주체의 기대가 합리적이라는 가정에 크게 의존한다. 그러나 우리가 자산시장의 현실을 조금이라도 직시한다면 이러한 가정이 반드시 만족된다고는 보기 힘들 것이다.

이제 보다 현실적으로, 자산가격이 다양한 투자전략들을 가진 경제주체들의 상호작용(interaction)에 의해 결정된다고 생각해보자. 한편으로는 현재

자산의 가격이나 배당, 이자율 등에 의해 미래자산의 가격을 예측하려 하는 기초분석가(fundamentalist)가 있다. 또 다른 한편으로는 과거의 자산가격의 시계열 자료를 바탕으로 미래의 자산가격을 예측하려고 시도하는 차티스트(chartist)가 있다. 이런 경우 이렇게 여러 가지 유형의 투자전략을 선택하는 이질적인 경제주체들이 시장에서 상호작용을 하여 자산가격이 결정될 때 경제주체들의 이질적인 행동이 서로 상쇄되어 자산가격이 합리적 기대이론이 설명하는 바와 같이 펀더멘탈에 의해 결정되는 양상을 보일 것인가, 아니면 다른 새로운 동학을 보일 것인가가 주요한 관심사인 것이다.

문제는 이러한 이질적인 경제주체들간의 상호작용에 의한 동학(dynamics)을 분석할 수 있는 기존의 경제학적 분석 도구가 없다는 것이다. 브락은 공동연구자인 홈즈 등과 함께 1990년대 중반부터 이러한 자산시장의 동학을 분석할 수 있는 모형을 만드는 데에 힘써왔다.

브락의 자산시장 모형에 의하면 각자 다른 방식으로 미래의 자산가격을 예측하는 이질적인 경제주체들에 의한 수요공급의 균형에 의해 자산가격이 결정된다. 이때 경제주체들은 자신의 가격예측 방법을 해당 예측기법의 과거의 수익률에 비추어 선택하게 된다. 즉 과거의 수익률이 높은 예측기법일수록 많은 경제주체들이 이를 이용해 자산을 수요하게 되고, 반대로 과거의 수익률이 낮은 예측기법일수록 적은 경제주체들이 이를 이용해 미래의 가격을 예측하게 된다. 브락은 이러한 다중-경제주체 시스템(multi-agent system)에서는 기존의 합리적 기대에 의한 패러다임과는 달리 펀더멘탈의 변동성에 비해 더 높은 가격의 변동성과 자산 수익률의 두터운 꼬리분포(fat-tailed distribution), 변동성의 집중성(clustered volatility), 자산가격의 시계열 자료에 존재하는 장기기억(long memory) 등 경험적으로 관찰되는 실제 자산가격의 동학과 비슷한 패턴을 모형으로 보일 수 있다는 것을 밝혔다.

경제주체들의 상호작용

1990년대 이후 브락은 위스콘신대학의 스티븐 듀로프(Steven Durlauf)와의 공동 연구로 경제적, 사회적 측면에서 경제주체들의 상호작용을 분석할 수 있는 상호작용 모형(interaction-based model)을 제안했다.

이 모형은 경제주체의 보상(payoff)이 주변 경제주체의 행동에 의해 영향을 받을 경우, 다시 말해 경제주체의 행동이 다른 경제주체들의 행동에 의해 영향을 받을 경우에 경제주체 각각의 의사결정과 경제주체들의 상호작용에 의해 발생되는 결과를 분석하기 위한 모형이다. 이런 의사결정 과정을 살펴볼 수 있는 예로 예로 학교의 능력별 학급편성(class tracking)과 같은 문제를 들 수 있다.

학급을 편성할 경우 무작위적으로 학생들을 추출해 편성하는 방법과 비슷한 학업능력을 가진 학생들을 따로 편성하는 방법이 있다. 이 경우 각 학생의 학업성취도는 학급 편성방법(자신과 비슷한 학업능력을 가진 학생들 사이에서 공부를 하는지 아닌지)에도 영향을 받게 될 것이다. 학생들의 보상은 다른 학생들의 학업성취도를 준거(reference)로 삼게 됨으로써 영향을 받게되는 것이다.

능력별 학급편성에 대한 연구 중 하나에 의하면 지능지수(IQ)에 의거해 동질적인 학생들로 반을 편성한 경우에 비해 무작위적으로 편성한 경우 학생들의 평균 학업성취도가 더 높은 결과를 보였다. 반면에 보다 높은 지능지수를 가진 평균 이상의 학생의 학업성취도의 경우는 무작위적으로 반을 편성한 경우가 능력별로 반을 편성한 경우에 비해 더 낮은 학업 성취도를 보였다는 경험적 연구 결과가 있는데, 이는 경제주체들의 상호작용 결과에 의해 경제주체 개개인의 행동이 결정되며, 더 나아가서 전체적 행동(aggregate behavior)이 결정될 수 있다는 것을 보여주는 좋은 예이다.

이러한 상황 아래 경제주체들의 의사결정에 대한 브락과 듀로프(Durlauf)의 주요한 연구결과는 다른 경제주체의 행동이 나의 보상에 충분히 큰 영향을 줄 수 있는 경우, 복수균형(multiple equilibrium)과 승수효과(multiplier effect)가 존재할 수 있다는 것이다. 여기에서 승수효과란 일반적으로 정(+)의 피드백 효과(positive feedback effect)를 의미한다. 앞에서와 같이 능력별 학급편성을 예로 들면, 무작위적으로 반을 편성한 경우 학생들 전체의 평균 학업성취도가 높아졌다는 결과를 설명할 수 있다. 즉, 보다 높은 지능지수를 가진 학생이 자신의 반에 편성됨으로써 학업성취도의 준거수준(reference level)이 높아지고, 이로 인해 반 전체의 학업성취도가 높아지고, 이것이 다시 학업성취도의 준거수준의 상향조정을 불러일으킨 정(+)의 피드백 효과로 해석할 수 있다.

우리들이 현실에서 관찰하는 사회-경제적 현상들은 모두 상호 이질적인(heterogeneous) 수많은 경제주체들의 복잡한 상호작용 하에서 발생하는 것이다. 경제학자들은 이들 현상을 설명하기 위해 모형을 만들고, 정부의 정책이나 환경의 변화 등 외생변수(exogenous variable)가 변화했을 경우, 경제-사회적 시스템이 어떻게 반응할 것인지를 예측하려고 노력한다.

이렇게 모형을 만드는 데에 있어서 경제학자들은 두 가지의 상충관계(trade-off)에 직면하게 된다. 그것은 모형을 만들려고 하는 경제학자의 목적에 비추어 어떤 모형이 충분히 많은 요인(factor)들을 반영하면서 동시에 모형의 시사점(implication)을 도출하기에 어려움이 없을 정도로 다루기 쉬워야(tractable) 한다는 것이다.

이를 좀더 쉽게 이해하기 위해 이번에는 지도(map)를 만드는 지질학자의 문제를 예로 생각해보자. 일반적으로 지도는 내용이 정확하면 정확할수록 바람직하다고 볼 수 있다. 그러나 현실적으로 1대 1의 비율의 지도를 만들기는 불가능할 뿐만 아니라 그럴 필요조차 없는 것이다. 이와 마찬가지로 되도록 다루기 쉬운 경제모형을 만들기 위해 경제학자들은 때때로 많은 단순화 가정(simplifying assumption)들을 도입해 모형을 간단하게 만든다. 즉 실제의 경제주체들은 기껏해야 제한적으로 합리적(boundedly rational)이지만 모형의 경제주체들은 완전 합리적(perfectly rational)이라고 가정하는 것이다. 또는 대표적 경제주체를 가정하고 그 행태를 이용하여 실제 거시경제의 집계치를 설명하도록 하는 것 등이 이러한 예에 속한다.

그러나 앞에서 말한 바와 같이 경제현상이 이질적인 경제주체들간의 매우 복잡한 상호작용 하에서 일어나는 결과임을 감안한다면, 더구나 이러한 상호작용이 매우 비선형적(nonlinear)일 가능성을 또한 인정한다면, 단순화된 틀(frame) 속에서만 경제현상을 다루는 방법에는 한계가 있을 수 있다는 것을 우리는 쉽게 이해할 수 있을 것이다.

최근 급속도로 부상하고 있는 행태적 금융이론(behavioral finance)은 경제학자 밀튼 프리드만(Milton Friedman)이 오래 전 주장한 바와 같이 금융시장에서 합리적인 경제주체들만이 살아남아야만 할 이유가 없다는 것을 보여주고 있다. 이 점은 브라이언 아서(Brian Arthur)와 블레이크 르바론(Blake Lebaron) 등의 학자들이 연구한 인공 주식시장(artificial stock market)에 관한 연구에서도 뒷받침되고 있다. 앞에서 살펴본 브락의 자산시장에 대한 연구 또한 이러한 점에서 경제주체들의 완전 합리성과 대표적 경제주체에 의한 경제모형을 이용해 실제 자산시장을 이해하는 데에 대한 문제점을 제기하고 있다.

만일 자산시장에 참여한 경제주체들이 충분히 이질적일 경우, 이들 경제주체들이 적자생존(survival of the fittest)의 원리에 따라 자신의 가격 기대형성 메커니즘(혹은 거래전략)을 진화시킬 때, 경제주체들이 시간이 지남에 따라 미래의 자산가격에 대해 모두 동일한 기대를 가지는 합리적 기대로 수렴하는 결과가 나타나는 것이 아니다. 오히려 이질적 경제주체들 간에 발생하는 복잡한 상호작용에 의해 일정 시점에서 다른 기대형성 메커니즘보다 더욱 우월한 기대형성 메커니즘 자체가 진화에 의해 끊임없이 바뀌게 되며 일종의 공진화(co-evolution) 현상이 나타나게 되는 것이다. 이러한 시장의 동학에 의해 발생하는 자산가격과 수익률 등의 시계열은 실제 자산시장의 시계열에서의 정성적(qualitative) 특성을 그대로 재현해내고 있다. 이러한 현상은 대표적 경제주체와 경제주체의 완전 합리성을 가정하는 기존 거시경제이론의 틀 속에서는 설명하기 매우 힘들다.

경제학자들은 어떠한 현상을 설명하려고 할 때, 그것이 합리적인 경제주체들의 상호작용에 의한 균형(equilibrium)임을 가정하되, '어떻게 경제주체들이 그러한 균형에 도달하게 되었는가'라는 문제에는 대답을 회피하는 경향이 있다. 그것은 균형에 도달하는 과정의 중요성, 즉 균형 밖에서의 경제주체들의 행태(out of equilibrium behavior)의 중요성을 경제학자들이 인식하지 못해서가 아니라, 그러한 과정을 모형화할 수 있는 만족스러운 방법론을 경제학자들이 아직 찾지 못했기 때문이다.

브락의 연구와 같이 이질적인 경제주체들의 상호작용을 직접적으로 모형화하는 모델들이 얼마나 성공적으로 실제 금융시장 등에서 일어나는 현상들을 설명하고 예측하는 데에 도움이 될 수 있는지는 아직 정확히 판단하기 힘들다. 그러나 기존 경제이론이 가정하는 경제주체들의 완전 합리성과 대표적 경제주체에 기반한 균형이론들의 한계점이 점차 드러나고 있는 추세에 비추어 보면, 앞으로 이러한 연구들의 중요성은 더욱 커져갈 것으로 보인다.

조하현 연세대 경제학과와 같은 학교 대학원 경제학과를 졸업하고 미국 시카고대학교에서 노벨경제학상 수상자인 루카스의 지도 아래 「Comovements of Business Cycles in Open Economies」라는 논문으로 경제학 박사학위를 받았다. 현재 연세대 경제학과 교수로 재직 중이며 거시경제정책, 경기변동이론, 금융리스크, 카오스와 금융시장의 연구에 관심을 가지고 있다. 주요 저서로는 『카오스와 금융시장』, 『금융리스크 측정과 관리』, 『거시경제이론』, 『고급거시경제이론』, 『한국경기변동의 원인』 등이 있다. 카오스와 경기변동에 관한 다수의 논문을 발표했다.

용어와 개념 풀이

BDS 검정법
표본의 수가 무한대로 감에 따라 BDS 통계량의 기대값이 0으로 수렴할 경우 시계열이 i.i.d.과정을 따른다고 간주한다. 반면 BDS 통계량이 0과 괴리를 보일 경우 시계열이 시계열적 의존성을 갖는다고 간주한다.

거미집 모형 cobweb model
수요량과 가격은 순간적인 반응이 가능하지만 공급량은 한 기간이 지난 다음에야 반응하는 경제에서 균형의 시간경로가 거미집과 같은 형태를 나타내는 모형.

결정론적 카오스 과정 deterministic chaotic process
어떤 외생적인 충격없이 몇 개의 결정론적인 힘들에 의해 생성되는 매우 복잡하고 변동성이 심한 시간경로. 외관상으로는 확률과정과 비슷하게 보이지만 내재된 확정적인 법칙을 따름. 카오스가 시스템에 확률적 요인이 없고 단지 몇 개의 결정론적 법칙에 의해 생성된다고 하지만 장기예측은 여전히 불가능한데, 그 이유는 카오스 동학에서 발생한 작은 오차는 초기조건의 민간성(SDIC)으로 인해 시간이 지날수록 증폭되기 때문이다.

경제주체들의 이질성 heterogeneity
시장참여자들이 서로 다른 거래전략, 투자계획기간, 기대형성방식을 갖고 있음을 나타냄. 특히 이질적 금융시장 모형에서는 투자자를 기초여건 분석가(fundamentalist)와 기술적 분석가(chartist)로 구분한다.

금융시장의 진화론적 동학
금융시장에서도 투자자들의 이질성, 거래전략 변경행위 등으로 인해 생물학에서와 유사한 진화론적 동학(evolutionary dynamics)이 나타남을 말함. 특히 브락 등이 제안한 적응적 기대 시스템 모형(ABS)에서 시장균형가격과 다양한 거래전략의 비율은 시간에 걸쳐서 공진화(co-evolution)를 하게 된다.

기술적 분석가 chartist
자산가격이 펀더멘탈 가치에 의해 결정되지 않고 추세나 순환과 같은 과거가격에서의 패턴에 기반하는 기술적 거래규칙으로 예측되어질 수 있다는 기대 하에 변수의 과거 움직임에 근거해 자신의 거래전략을 취하는 거래자.

기초여건 분석가 fundamentalist
가격이 펀더멘탈 가치로 회귀할 것이라는 기대하에 경제의 기초여건에 기반한 거래전략을 취하는 거래자.

나비효과 butterfly effect
초기조건에 대한 민감성을 나타내는 개념으로 나비 한 마리가 북경에서 날개짓하여 대기상태에 조그만 변화를 주게 되면 다음날 뉴욕에서 폭풍이 일어날 수 있다는 것을 말함. 이러한 나비효과에 의하여 국지적인 기상에 대한 어떠한 예측도 시간이 흐름에 따라 그 정확도가 급격히 떨어지게 된다.

변동성 집중화 volatility clustering
자산 수익률의 변동성(분산)에서 시계열적 의존성(지속성)이 나타나는 것을 말함.

내재가치 fundamental value
자산수익률과 배당률 등 자산가격 중 경제적 기초에 의해 결정되는 부분. 주식의 경우 배당수익의 현재가치가 주가의 내재가치이다.

두터운 꼬리 fat tail
주가와 환율 등 자산의 수익률 분포곡선에서 극단적인 수익이 발생할 확률이 정규분포의 경우보다 높게 나타나는 이상현상.

비선형성 non-linearity
어떤 변수의 작은 변화가 다른 변수에 비례하지 않고 전혀 새로운 상태로 발전되는 현상. 비선형적 과정에서는 사건이 진행됨에 따라 특정한 시점에서 일단의 분기점(bifurcation)을 지난 후 여러 가능성 중에 어느 쪽으로 진행할지 예측할 수 없게 되고 이러한 일련의 과정들을 통하여 시스템은 이전과는 다른 새로운 구조를 자발적으로 조직하게 된다.

상관차원 추정법 correlation dimension estimation
상관차원은 프랙탈 차원의 근사치를 말한다. 내재차원을 증가시킴에 따라 상관차원이 내재차원보다 작은 어떤 값으로 수렴하면 결정론적 구조를 가진 시계열로 간주하고, 내재차원이 증가함에 따라 상관차원이 계속해서 증가한다면 시계열이 확률과정을 따르는 것으로 간주한다.

상호작용모형 interaction-based model
자산가격이 경제적 기초뿐 아니라 다양한 투자전략을 가진 경제주체들의 상호작용에 의해 결정된다고 보고 그에 따른 자산가격 동학의 특징을 분석하는 모형.

임의보행모형 random walk
특정 시점의 변수값이 한 시점 전의 과거값과 확률적 오차항의 합으로 구성되는 모형. 확률적 오차항은 시계열적으로 독립적으로 발생하기 때문에 미래변수에 대한 최선의 예측치는 현재 시점의 변수값이 된다.

자기유사성 self-similarity
시스템의 일부를 확대시킬 경우 전체의 구조와 유사한 구조가 발견됨을 말한다. 금융시장에서 자기유사성의 존재는 단기의 가격움직임이 장기움직임의 일부가 됨을 의미하는 것이다. 즉, 금융시장에서 자산가격은 커다란 가격흐름에 대해 차원과 특징에서 대응되는 작은 가격 흐름들로 구성되어 있다는 것이다.

자기회귀과정 autoregressive process
시계열의 시차변수들이 선형적 의존성을 갖는 과정.

잔차검증법 residual based test
BDS 검정법을 적용하기 전에 적절한 선형필터(linear filter)를 사용하여 기본 선형구조를 제거한 후, BDS통계량이 비선형 구조만을 검정하는 방법.

장기기억 long memory
과거 충격의 효과가 곧바로 사라지지 않고 오랫동안 지속되는 것을 말함.

전략적 상호작용 strategic interaction
전략은 의사결정과 행동에 영향을 미치는 가이드라인들의 집합으로 이해될 수 있다. 전략적 상호작용은 경제주체들의 전략이 시스템의 구조와 다른 시장 참가자들의 전략변화에 대한 예측에 의존하는 것을 말한다.

긍정 피드백효과 positive feedback effect
발생한 한 사건이 원인이 되어 또 다른

사건이 연쇄적으로 발생하는 현상. 이러한 특성을 가진 시스템에서는 초기에 아주 작은 차이가 자기강화와 자기조직화를 통해 이후 커다란 차이로 귀결된다.

제한합리성 bounded rationality
경제주체의 기대형성 방식의 특성을 말하는 것으로 모든 주체들이 완전히 합리적이지는 않지만, 그렇다고 완전하게 비합리적이지도 않다는 것을 말함.

주체기반모형 agent based model
경제주체들의 완전합리성 등과 같은 특정 가정을 기반으로 논리적 연역과정을 통해 해를 도출하는 모형이 아니라 동태적 과정 속에서 시스템의 특성을 학습하고 적응하는 기업이나 개인을 대상으로 시뮬레이션을 통해 시스템의 진화과정을 귀납적으로 찾아가는 모형.

초기조건에 대한 민감성 SDIC
입력(input)의 미세한 차이가 출력(output)에서 급격하게 큰 차이로 나타나는 현상. 이러한 초기조건에 대해 민감한 의존성의 주된 원인은 시스템의 불안정성 때문으로 볼 수 있는데, 이러한 불안정성은 초기값의 극히 미세한 차이가 시간이 지남에 따라 그것의 영향이 기하급수적으로 증폭되어 먼 미래의 상태를 전혀 예측할 수 없게 만든다.

카오스 chaos
어떤 시스템이 결정론적 법칙에 의해 변화하고 있음에도 불구하고, 매우 복잡하고 불규칙하면서 동시에 불안정한 행태를 보이고 있어서 먼 미래의 상태를 전혀 예측할 수 없는 현상. 즉, 결정론적 시스템에서 발생하는 확률적 운동을 말함.

텐트맵 tent map
오퍼커브(offer curve)는 상대가격비율 또는 수익률이 변화함에 따라 선택가능한 1기 소비와 2기 소비의 배합점을 나타낸다. 텐트맵은 오퍼커브가 텐트와 같은 형태를 나타내는 것을 말한다.

프랙탈 fractal
프랙탈이란 자기유사성(self-similarity)을 갖는 전체의 일부분으로 프랙탈차원에서는 유클리드 기하학의 차원과는 달리 물질은 불연속적이라고 보며 1차원, 2차원 등의 정수차원 뿐 아니라 0.67차원, 1.58차원 등 분수차원을 가질 수 있다.

확률과정 stochastic process
어떤 변수가 외부의 충격에 의해 확률적으로 변화하는 과정을 따르는 것을 말함. 충격이 시계열적으로 독립적인 백색잡음 과정(white noise)을 따를 경우 다음 시점의 시계열에 대한 최적 예측은 시계열의 현재값과 일치하게 된다.

효율적 시장가설 EMH
자산가격의 수익률간에 아무런 상관관계가 존재하지 않으며 시장에서 이용가능한 모든 정보들이 현재가격에 완전히 반영되어 있다는 가설. 따라서 현재의 가격변동은 예기치 못한 정보충격의 결과라고 해석된다.

더 읽어야 할 책들

William A. Brock, David Gale, "Optimal Growth Under Factor Augmenting

Progress," *Journal of Economic Theory* 1, 1969.
William A. Brock, Leonard J. Mirman, "Optimal Economic Growth and Uncertainty : The Discounted Case," *Journal of Economic Theory* 4, 1972.
William A. Brock, Jose A. Scheinkman, "Global Asymptotic Stability of Optimal Control Systems with Applications to the Theory of Economic Growth," *Journal of Economic Theory* 12, 1976.
William A. Brock, "Distinguishing Random and Deterministic Systems," *Journal of Economic Theory* 40, 1986.
William A. Brock, L.Sayers, "Is the Business Cycle Characterized by Deterministic Chaos?," *Journal of Monetary Economics* 22, 1988.
William A. Brock, E. Back, "Some Theory of Statistical Inference for Nonlinear Science," *Review of Economic Studies* 58, 1991.
William A. Brock, Lakonishok, LeBaron, "Simple Technical Trading Rules and the Stochastic Properties of Stock Returns," *The Journal of Finance* 47, 1992.

허버트 사이먼 *Herbert A. Simon*

경제인은 결코 능수능란한 행위자가 아니다

황희영 영산대 교수·디지털경제무역학

신고전학파에 도전하라

경제학의 이론들을 구분함에 있어 가장 중요한 갈림길은 합리성(rationality)에 대한 인식에 있다. 이 문제는 인간이 합리적인가, 어느 정도로 합리적인가, 합리성이 경제활동에서 어떤 역할을 수행하는가, 합리적이지 않다면 어떤 이유로 그러한가, 이론적 틀에서는 어떻게 담아낼 것인가 등 수많은 논의를 포함한다. 인간이 합리적인 존재로 가정되는 것은 일반 경제학도들에게는 그다지 의문의 여지없이 당연하게 받아들여지고 있다. 그러나 경제학을 벗어나 인접한 여타 인문·사회과학과의 경계에서는 합리성이 그리 쉽게 받아들여지지는 않는다.

사이먼(Herbert A. Simon; 1916~2001) 연구의 학문적 공헌과 그의 프런티어 정신은 경제학 내에서 인간의 합리성 논의를 가정에 의하여 추상적이고 단순화된 공준(axiom)으로부터 벗어나 인간의 의식과 활동의 실체를 직시한 상태에서 그려내고 모델화해야 한다고 주장하며, 또 이를 뒷받침하기 위하여 다양한 인접 학문과의 교류를 직접 실천한 데 있다. 그는 정치학과 심리학, 수학, 물리학 및 컴퓨터 공학, 인공지능 및 인지과학 등 매우 다양한 분야에서 관심과 능력을 발휘했다. 이러한 그의 전체 인생 여정은 경제학에서 주류인 신고전학파 이론에 심대한 도전이었으며 이로써 노벨경제학상(1978)을 수상했던 것이다.

궁극적으로 사이먼 연구의 중심과제는 인간의 이성에 관한 것이었다. 이성은 합리성에 관한 것이었으며, 합리성 연구는 불확실하고 복잡한 환경 속

> "경제학의 주된 과제는 합리성에 관한 논의였기 때문에 사이먼의 공헌은 목표함수와 현재 모델 인식 사이의 괴리를 줄여나가는 적응과정에 초점을 둔 '적응적 합리성', 기대된 만족수준에 이르기까지 몇 번의 단계별 절차를 가지는 것에 초점을 두는 '절차적 합리성', 이 모든 것이 인간의 지식, 또는 인지능력이 제한되어 있음에 초점을 둔 '제한된 합리성'으로 표현되었다."

에서 어떻게 인간이 의사결정 하는가에 초점을 맞추고 있다. 기본적으로 심리학에서 인간의 정보처리와 학습에 관한 이론을 배경으로 지각 및 인지에 주의를 기울이고 있다. 또 이를 적용하고 검증하기 위해 직접 기업 내에서 일어나는 의사결정과정을 분석했다. 그는 이런 과정에서 심리학과 경영학을 넘나들고 있다. 더구나 인간이 복잡한 환경 속에서 어떻게 정보를 처리하는가에 관해서 그의 관심은 생물학 혹은 복잡성 과학으로 연장되고, 실제 인간의 의사결정과정을 묘사하고 기술하기 위하여 컴퓨터공학을 응용하고 있다.

사이먼의 이러한 폭넓은 관심과 적용영역의 확대는 산만함이라기보다는 의사결정을 둘러싼 인간의 의식과 그에 포함된 합리성의 개념을 정립하는 것이었으므로 그 누구보다도 정확하게 초점을 맞추고 있다고 할 수 있다. 다각적이고 실증적인 그의 방법론과 현실 관찰에 근거한 인식이 경제학 이론의 주류인 신고전 학파에 큰 도전이 되었다. 구체적으로 신고전 학파 이론의 세 가지 핵심 기반이 도전을 받았다. 그것은 먼저 고전 학파의 유산으로 물려받은 한계주의(marginalism), 극대화(maximization) 가정, 그리고 논리적 실증주의(positivism)이다.

한계주의 이론은 개별 행위주체가 의사결정을 내리는 시점은 추가로 한 단위 더 소비했을 때 발생하는 효용, 즉 한계효용(marginal utility)이 이로부터 발생하는 추가비용, 즉 한계비용(marginal cost)과 같아질 때라고 한다. 즉 추가적인 소비로부터 오는 만족감이 비용보다 높은 곳, 즉 한계효용이 정(正)인 영역에서는 계속 소비를 늘리고, 반대로 부(否)인 영역에서는 소비를 줄여야 하므로 최적(optimal) 선택은 한계효용과 한계비용이 같아지는 곳이다.

신고전학파에서 극대화 가정을 바탕으로 한다는 것은 개별 경제주체가 자신의 효용함수(utility function)의 구조를 완벽하게 알고 있다는 것을 의미한다. 즉 개인은 자신의 만족감에 영향을 주는 내·외부 변수들을 알고 있고, 이들 변수가 어떻게 효용에 영향을 주는지도 알고 있으므로 자신의 만족감(효용)을 측정하는 계산 능력을 가지고 있다는 것이다.

마지막으로 논리적 실증주의란 어떤 한 이론 모델의 유효성에 대하여 그 모델이 적절한 가정을 통해 복잡한 대상을 단순화하고 내적으로 정합성(整合性, consistency)을 가지며, 현상을 충분히 설명할 수 있을 뿐 아니라, 미래에 대한 예측 능력을 가지는 것이 검증된다면 그 모델은 타당하다는 견해를 유지하는 것이다.

그의 관심은 생물학·복잡성으로 연장되고, 실제 인간의 의사결정과정을 묘사하기 위해 컴퓨터공학을 응용한다.

신고전학파의 이와 같은 방법론 혹은 인식론적 태도는 비교적 상당한 기간을 두고 형성된 것이어서 이 패러다임은 너무나 견고한 나머지 결코 퇴색하지 않을 것 같은 인상을 주었는지 모른다. 이런 측면에서 사이먼의 연구는 정면 도전이었으며 아마도 초기에는 다윗과 골리앗처럼 보였을지도 모르겠다. 그의 선구적 연구의 접근방법을 신고전 학파의 이론과 대비하여 네 가지 점으로 정리해보았다.

주의란 희소자원이다

심리학에서, 특히 학습이나 지각 및 인지에 관한 분야에서 인간이 한 대상에 집중시킬 수 있는 주의(注意, attention)는 실질적으로 한정되어 있다는 사실은 매우 일상적인 명제이다. 또한 수시로 오류를 범할 수 있으며, 게다가 누구나 똑같이 능률적이지도 않다. 반면 신고전 학파 이론은 방법론적으로

사이먼의 합리성 연구는 불확실하고 복잡한 환경 속에서 어떻게 인간이 의사결정 하는가에 초점을 맞추고 있다.

개별 경제주체의 의사결정 환경을 모델화할 수 있는 인식과, 모델에 포함된 변수 값을 계산하는 연산능력에 대해 의문을 제기하지 않는다.

주의가 한정되어 있다는 것이 일반적인 사실이라면, 사람들이 의사결정 상황에서 많은 변수들을 한꺼번에 모두 다룰 수는 없을 것이므로 중요한 정보와 아닌 것을 거른 후에야 판단가능할 것이다. 즉 상황 자체가 매우 단순하여 충분할 정도로 계산하는 것이 가능하지 않은 경우라면, 의사결정 메커니즘은 선택적으로 취해진 일부의 정보에 근거하므로 정확한 의사결정 모델의 인식 여부와 최적화 여부를 알 수 없는 것이다.

의사결정 시에 주어진 상황을 객관적으로 타당한 합리적 모델에 근거하여 평가하기가 어렵다는 점은 카네만(Kahneman) 또는 츠버스키(Tversky)와 같은 실험심리학자들의 연구들로부터 많은 지원을 받았다. 예를 들면 손실의 위험이 있을 경우 사람들은 효용증가보다는 감소 쪽에 더 많은 비중을 두어 판단하는 경향이 있다는 것이나, 객관적으로 보면 확률 계산에 의해 합리적으로 선택할 수 있을 때에도 사람들은 사상들이 일어나는(주로 순서에 관련된) 패턴을 알아내기 위해 주의를 집중한다든지 하는 것 등이다.

또한 의사결정을 하기 위해서는 대상이 되는 경우의 사건들이 독립적인 사상으로서 평가되어야 하는데 실제 시장에서 일어나는 일 중에서 상대방의 결정이 나의 의사결정 메커니즘에 직접 영향을 주는 결합된 사건은 더욱 복잡성을 증대시킬 따름이다.

기대수준에 도달하면 멈춘다

의사결정 모델이 불완전하고, 인간의 연산능력이 한정되어 있다면 국지적(local)이 아닌 전체적(global) 극대화를 달성하는 것은 반드시 일어나는 일이라기보다는 예외적으로 경우에 따라 일어날 일일 가능성이 높다. 사이먼은 신고전 학파 이론이 가진 의사결정의 즉시적 관점, 즉 정보만 주어진다면 즉각적으로 전체적 극대화를 달성할 것이라는 점에 반기를 들고, 오히려 사람들은 자신이 기대하는 국지적 만족 수준에 이르기까지 점진적이며 적응적으로 반응한다고 한다.

흔히 '만족화의 원리'(satisficing principle)라고 불리는 이 주장은 사이먼의 의사결정 이론의 핵심으로 여겨지지만 이는 빙산의 드러난 부분에 불과하다. 먼저 그 뿌리는 심리학의 행동주의(behavioralism)에 닿아 있음을 알아야 한다. 행동주의는 원하는 행동 결과에 도달하기 위해 반복된 시도를 통해 현재의 결과를 기준으로 더 나은 결과를 얻기 위해 행동전략을 수정하며 단계별로 점진적으로 나아지는 것(점진주의; incrementalism)을 주된 접근방법으로 하며, 전반적으로 개체가 변화하는 환경에 적응하며 지속적으로 더 나은 성과를 내는 적응의 과제(적응주의; adaptivism)를 내포하고 있다. 사이먼의 연구 성과가 사이어트(Richard M. Cyert)나 마치(James G. March)와 같은 학자들과 함께 경영학 분야에서 보여준 업적들은 바로 이와 같은 행동주의 심리학의 기본 이념과 맥락을 같이 하고 있다.

경제학에서의 관심은 경영학과 달랐다. 경제학의 주된 과제는 합리성(rationality)에 관한 논의였기 때문에 사이먼의 공헌은 위에서 언급된 바에 의해 '적응적 합리성'(adaptive rationality, 즉 목표함수와 현재 모델 인식 사이의 괴리를 줄여나가는 적응과정에 초점을 둠), '절차적 합리성'(procedural rationality, 즉 즉시적으로 한 번에 완수되는 것이 아니라 기대된 만족 수준에 이르기까지 몇 번의 단계별 절차를 가지는 것에 초점을 둠), 그리고 이 모든 것이 인간의 지식, 또는 인지능력이 근본적으로 제한되어 있음에 초점을 둔 '제한된 합리성'(bounded rationality)으로 표현되었다.

이와 같이 전개된 모습은 행동주의 심리학에서 인간은 외부환경으로부터 오는 신호(특히 기대치와 현재값 사이의 격차(gap)가 주의의 초점이 됨)가 자극이 되어(작용, 또는 자극, stimulus) 개체의 행동을 유발하고(반작용, 또는 반응, response), 이 과정이 개체의 생존가(survival value)를 높이는 방향으로 작용한다고 생각한 것이 한편으로는 기업환경 배경의 의사결정과정(경영학), 또 다른 한편으로는 효용극대화를 배경으로 한 의사결정과정과 그 속에 내포된 본질로서의 합리성(경제학)으로 확장된 것이라고 볼 수 있겠다.

세계는 복잡하면서 동시에 열린 계이다

사이먼의 연구가 신고전 학파에 대한 도전으로 비친 것은 주의(注意)나 합리성(合理性)에 관한 방법론적 관점에 한정된 것은 아니다. 물론 앞에서 의사결정과정 자체에 대하여 인간의 인식과 인지를 어떻게 볼 것이냐의 대조가 됨을 보긴 했지만 보다 중요한 인식론적 관점의 차이는 좀더 큰 문제의식을 포함하고 있다.

사이먼의 연구에서 환경 및 세계에 관한 해석은 신고전 학파의 물리학적 세계, 즉 어떤 완전한 진공과도 같은 상태를 가정하고, 그때 "다른 조건이 변하지 않는다면"(ceteris paribus; other things being equal)이라는 전제 아래 전개되는 모델에서의 해석과 크게 다르다. 그는 우리가 일상적으로 느끼는 바와 같이 인간의 삶을 둘러싼 외부환경은 진화하고 경계가 불확실하며, 인간과 환경은 상호작용적이라는 관점을 취했다. 그러므로 뉴튼의 물리학 세계라기보다는 생물학 혹은 화학으로부터 배울 수 있는 것을 취했다.

따라서 사이먼에게 세계는 본질적으로 복잡계(複雜界)이다. 복잡한 시스템 속에서 인간이, 특히 의사결정에 관하여 어떤 모습을 보이는가가 그의 중심 주제였던 것이다. 그는 신고전 학파가 취하는 단순화된 세계가 아니라 빠르고 복잡하게 변화하는 외부 세계를 주목하였으며, 특히 컴퓨터의 발명 및 그에 따른 정보처리기술의 급속한 진보를 진지하게 다루었다. 컴퓨터 프로그래밍 기법으로 의사결정과정을 모델화할 뿐 아니라 진화하는 체계에서 나타날 가능한(안정된 패턴을 갖춘) 모습들을 예측하는 것이 가능한 것으로 인식되었다.

뉴엘(Newell)과의 공동연구들을 통해 나타나듯이 컴퓨터 시뮬레이션 기법을 인간의 인지 영역에 광범하게 적용하였다. 그는 인공지능 분야에 역시 큰 관심을 가졌다. 주된 관심은 문제해결과정(problem solving)에 있었고, 이는 결국 의사결정과정 연구 영역에 통합된다.

조직(기업)에 주목하다

사이먼이 인간의 인지과정, 특히 의사결정 과정에 초점을 맞추고 행동주의 심리학, 인지과학, 컴퓨터공학, 인공지능 등 매우 다양한 영역에서 실증적인 작업을 해왔음을 보았다. 그런데 의사결정에 있어 그의 관심은 신고전 학파와 같이 궁극적으로 개인에게 환원되는 것이 아니었다. 그는 늘 조직(기업)을 염두에 두었다. 사이먼에게 기업은 매우 중요한 실체(entity)였고 그는 경제에서 기업이 차지하는 역할을 중요하게 생각했다.

의사결정 주체에 대한 신고전학파의 인식은 기업과 개인을 구분하지 않는다. 여기서 기업은 한편으로는 암흑상자(black box)로 취급되어 내부의 구체적 과정이 무시되거나, 혹은 유의미하다 하더라도 기업의 결정은 원칙적으로 개인의 결정으로 환원된다. 그 이유는 신고전학파에 있어서는 궁극적으로 시장(market)의 문제가 중요하므로 시장에 초점을 맞추고 있기 때문이다.

이에 대해 사이먼의 연구는 기업을 시장보다 오히려 더 중요한 실체로 여긴다. 기업을 통한 거래와 교환이 시장에서보다 더 크게 나타나는 점에 주목하고 있다. 따라서 기업이 외부환경의 변화를 인지하고, 연속적인 적응과정에서 실현되는 의사결정과 새로운 전략의 형성 등을 매우 의미 있는 것으로 다루어왔다.

다만 환경변화에 따른 기업의 적응에서 조직이 문제를 해결하는 논리는 개인의 문제해결 방식과 동일한 원리를 취한다. 따라서 조직의 의사결정의 실체는 조직을 대표하는 개인 혹은 개인들로 귀속되며 이들의 결정은 조직행동을 표상(represent)한다. 이러한 인식의 기본 배경이 되는 행동주의 심리학은 조직 차원의 인지와 개인 차원의 인지를 구분하지 않기 때문이다.

사이먼 연구, 그 확장의 이후

사이먼의 맡은 바 한 주인공으로서 지식의 프런티어에서의 역할은 이미 그의 연구 초년인 1940년대 후반부터였으며 말년에 와서야 형성된 것이 아니다. 그의 연구의 영향력은 대단히 컸으며 신고전학파는 오랫동안 자신을 방어해야 했다. 스티글러(Stigler)류의 이론들이나 라너(Radner)와 마삭(Marschak)류의 팀이론 등은 불확실성 아래에서의 한계비용의 계산이나 복수의 개인들 간의 구체적인 의사결정과정을 정교하게 묘사함으로써 사이먼의 도전에 응전했다. 이들은 결코 신고전 학파의 근본, 즉 한계주의와 극대화를 벗어나지 않았다. 사이먼은 이들 경제학자들이 인간의 심리와 행동에 뭔가 착각하고 있었으나 주변의 '경제학자'들에게는 설득력이 있었다고 인정했다.

또한 복잡하고 빨리 변화하는 환경에서 어떻게 모델을 인식하며 극대화를 도모할 수 있겠는가라는 공격에 대해 신고전 학파는 '합리적 기대 가설'(rational expectations hypothesis)로써 기대(期待)는 미래 사상에 대해 정보를 가진 예측이기 때문에 적절한 경제이론에 의한 예측과 본질에 있어 동일하다는 주장으로 방어했다. 사이먼은 '제한된 합리성'이 뜻으로는 옳을지 모르나 신고전 학파의 대안으로서 단순명료한 방법틀을 제시하는 과제를 극복하지 못한 점을 받아들이고 있다.

사이먼의 연구는 신고전 학파가 방법론의 정교함과 우아함은 유지할지 모르나 경제주체가 현실(reality)에 접근하는 구체적 과정에는 눈을 감고 있음을 직시하게 만든다. 그리고 신고전 학파에 대한 대안을 모색하는 연구자들도 그 동안 사이먼 연구의 기여와 본질에 대해 너무 막연하게 받아들여졌음을 볼 때 뿌리가 어디에 있는지 보다 정확하게 인식되기를 요구하고 있다.

황희영 서울대학교 국제경제학과를 졸업하고 같은 대학 대학원에서 석사학위를 받았다. 그후 프랑스 사회과학고등연구원(EHESS)에서 제도경제학으로 박사학위를 받았다. 주로 제도경제론, 디지털 경제에 관심을 갖고 있으며, 지금은 영산대학교 디지털경제무역학부 조교수로 재직하고 있다.

용어와 개념 풀이

한계주의 marginalism

신고전 학파 이론에서 개별 경제주체의 합리성을 구성하는 중요한 개념으로서 극대화를 달성하는 방법을 알려주는 핵심 개념이다. 효용극대화의 예를 들면 목표함수가 있을 때 경제주체는 자신의 효용에 영향을 주는 변수가 무엇인지 알고 있다고 하자. 한 단위 추가적인 소비와 그에 의한 효용증가가 동시에 비용증가와 비교했을 때 효용의 순증가가 정(正)인 영역에서는 소비증가가 바람직하고, 부(否)의 영역에서는 소비를 줄여야 합리적이다. 따라서 순증가가 0이 되는 점이 최적점이 되는 것이다. 이 개념은 이윤극대화, 즉 생산에 따른 수익증가와 비용증가 사이에도 똑같이 적용된다. 소비자 혹은 생산자가 자신의 효용구조, 비용구조를 정확하게 알고 있다는 것이 전제 조건이지만 이를 만족하기는 쉽지 않을 것 같다. 한계주의는 경제체제를 힘의 균형을 통한 시스템의 안정성 측면에서 바라보는 물리학적 세계관에 닿아 있다.

허버트 사이먼은 말한다

- 만족화 행위(satisficing behavior) 모델은 극대화 행위 모델보다 더 풍성하다. 왜냐하면 만족화 행위 모델은 균형뿐 아니라 균형을 달성하는 방법을 아울러 다루기 때문이다. ─「Theories of decision making in economics and behavioral science」, 『American Economic Review』 중에서

- 경제학은 경제인의 합리성을 가정했기 때문에 경제인을 능수능란한 행위자로 생각했다. 그의 행동으로부터 환경이 그에게 부과하는 요구가 어떤 것인지 알아낼 수는 있지만 그 자신의 인식의 구성에 관해서는 아무것도 밝혀내줄 수 없다.
 ─「The Sciences of the Artificial」, 『MIT Press』 중에서

더 읽어야 할 책들

March, J. G., & Simon, H. A., *Organizations*, New York, NY: Wiley, 1958.
Newell, A., Shaw, J. C., & Simon, H. A., Chess-playing programs and the problem of complexity, *IBM Journal of Research and Development 2*, pp.320~335, 1958.
_____, "Computer science as empirical inquiry: Symbols and search," *Communications of the ACM*, 19(3), pp.113~126, 1976.
_____, *Human Problem Solving*, Englewood Cliffs, NJ: Prentice-Hall, 1972.
Simon, H. A., *Administrative Behavior*, New York, NY: Macmillan, 1947.
_____, "A behavioral model of rational choice," *Quarterly Journal of Economics*, 69, pp.99~118, 1955.
_____, "Bounded rationality and organizational learning," *Organization*

	Science 2, pp.125~134, 1991.
_____, "From substantive to procedural rationality." *Method and Appraisal in Economics* (pp.129~148), Cambridge: Cambridge University Press, 1976.
_____, *Models of Man*, New York, NY: Wiley, 1957.
_____, *Models of Bounded Rationality (Vols. 1 & 2)*, Cambridge, MA: The MIT Press, 1982.
_____, *Models of Bounded Rationality (Vol. 3)*, Cambridge, MA: The MIT Press, 1997.
_____, "Organizations and markets." *Journal of Economic Perspectives 5*, pp.25~44, 1991.
_____, "Rationality as process and as product of thought." *American Economic Review*, 68(2), pp.1~16, 1978.
_____, *Reason in Human Affairs*, Stanford, CA: Stanford University Press, 1983.
_____, *The Sciences of the Artificial (2nd ed.)*, Cambridge, MA: The MIT Press, 1981.
_____, "Theories of decision making in economics and behavioral science," *American Economic Review*, 49, pp.222~83, 1959.

첼라두라이 *Chelladurai*

스포츠를 마케팅하라

장경로 성균관대 교수·스포츠과학

스포츠 경영학의 새로운 흐름

경영에 관한 연구와 실행의 시작은 인류의 초창기로 거슬러 올라갈 수 있 겠지만, 보다 학문적인 경영의 연구와 보급은 20세기 초반에 시작되었다고 할 수 있다. 오늘날 전세계 대부분의 대학에서 경영학이라는 전공과정을 제 공하고 있으며, 그 밖에 많은 대학에서는 보다 전문화된 병원경영, 호텔경영 등의 전공과정을 개설하고 있다.

경영학 분야에 있어서 또 하나의 전문화된 분야로 최근에 출현한 것이 스 포츠 경영(Sport Management)이다. 현대사회에서 스포츠와 신체활동의 중 요성이 점차 부각됨에 따라 스포츠와 신체활동을 제공하는 조직들이 최근 20~30년 동안 급속도로 증가하고 있으며, 이러한 조직은 스포츠 용품과 기 구를 생산하고 판매하는 업체에서부터 헬스클럽, 올림픽조직위원회 등 실제 로 스포츠와 신체활동을 제공하는 조직에 이르기까지 매우 다양하다. 이렇듯 스포츠와 신체활동에 관련된 조직들의 수와 규모가 증가함에 따라 이러한 조 직들의 보다 효율적인 경영을 위해 스포츠 경영이라는 새로운 분야의 중요성 이 부각되었고, 마침내 독립적 분과 학문으로 자리잡게 되었다.

새로운 학문 분야로 평가되는 스포츠 경영은 과거 체육교육행정 (Administration of Physical Education)에 그 근원을 두고 있다. 그러나, 체육교육행정 분야는 주로 학교체육의 시설관리, 용품 및 장비의 구매관리, 교내·외 스포츠 대회의 운영관리 등에 초점을 둔 반면, 스포츠 경영은 스포 츠 마케팅, 스포츠 재무관리, 스포츠 조직의 인사관리, 스포츠 이벤트 기획

> 첼라두라이는 스포츠 경영학의 방향성에 있어서 보다 중요한 것은 참여스포츠와 관람스포츠라는 서로 다른 두 분야를 다루는 경영학의 방향을 확립하는 것이라고 주장하였다. 참여스포츠는 소비자에게 휴먼서비스를 제공하는 반면 관람스포츠는 스포츠를 통한 오락을 제공한다.

등 보다 광범위한 분야를 다루고 있다.

현재 우리가 지칭하는 스포츠 경영의 출현은 1960년대에 들어서 두 명의 학자에 의해 그 조류(潮流)가 형성되었다. 1966년 미국 오하이오 대학(Ohio University)의 제임스 메이슨(James G. Mason)은 프로야구 구단인 브루클린 다저스(Brooklyn Dogers)의 구단주인 월터 오멜리(Walter O'Malley)의 권유에 의해 프로스포츠 구단의 경영진을 위한 교과과정을 최초로 개설하였다. 또 다른 조류는 캐나다 웨스턴 온타리오 대학(University of Western Ontario)의 지글러(Earle F. Zeigler)에 의해 시작되었으며 지글러는 스포츠 경영의 학문적 연구를 시작하여 스포츠 경영학의 원조로 평가받고 있다. 현재 북미스포츠경영학회(NASSM: North American Society for Sport Management)는 지글러의 공로와 기여를 인정하고자 매년 스포츠 경영학 분야에서 뛰어난 업적을 올린 학자에게 그의 이름을 딴 지글러 상을 수여하고 있다.

스포츠 경영 이론을 현장에 적용시킨 최초의 인물

첼라두라이는 스포츠 경영학 분야에서 가장 뛰어난 석학 가운데 한 명으로 평가되고 있으며, 캐나다의 웨스턴 온타이로대학(1980~1991)과 미국의 오하이오주립대학(1991~현재)의 교수로 재직하면서 두 대학의 스포츠 경영학 전공 교수와 학생뿐 아니라 그의 저술과 연구, 조언 등을 통해 전세계의 스포츠 경영학 분야의 전공자들에게 많은 영향을 미쳤다. 그의 학문적 기여는 세계적으로 인정받고 있으며, 일본, 스페인, 프랑스, 영국 등 세계 여러 나라의 스포츠 경영 관련 세미나에 초청되고 있다. 첼라두라이는 스포츠 관련 전공에서 학사와 석사학위를 취득한 후 경영학과에서 경영학(Management Science) 석사와 박사학위를 취득하여 경영이론을 근거로 한 스포츠 조직의 경영이론을 확립하는 데 매우 탄탄한 학문적 배경을 가지고 있었다. 스포츠 경영학의 원조인 지글러는 첼라두라이를 스포츠 경영의 학문적인 이론들을 스포츠 조직 경영의 현장에 적용할 수 있는 스포츠 경영학 개념으로 확립한 최초의 인물로 평가하고 있다.

스포츠 마케팅에 대한 기본적 이론을 제시하고 있는 첼라두라이의 대표작.

첼라두라이는 1987년부터 현재까지 북미 스포츠경영학회지인 『Journal of Sport Management』의 편집위원으로 활동하고 있으며, 1991~93년에는 편집위원장을 역임하였고, 그 외에도 유럽 스포츠경영학회지인 『European Journal of Sport Management』의 편집위원으로 활동하고 있다. 아울러 5권의 스포츠 경영학 관련 교재를 저술하였으며, 4권의 스포츠 경영 관련 서적을 편집하였고, 17권의 서적에 집필자로 참여하였으며, 80여 편의 학술논문을 출판하였다.

관람스포츠가 참여스포츠로

약 30여 년의 짧은 역사를 갖고 있는 스포츠 경영학 분야의 미래에 대해 첼라두라이는 독립적인 분야로서 정체성을 확립하는 것도 중요하지만 이미 오래 전부터 학문적 기반을 확고히 한 다른 스포츠 학문 분야(스포츠 심리학, 스포츠 사회학, 스포츠 교육학 등)와의 학문적 제휴(interdisciplinary)도 중요하다고 주장한다. 예를 들면, 스포츠 심리학의 오랜 연구 분야인 스포츠 참여동기 이론은 스포츠 소비자의 구매 동기의 이해를 위해, 스포츠 교육학의 지도법은 스포츠 조직 고용인의 훈련과정 연구를 위해 적용될 수 있다는 것이다.

스포츠 경영학의 방향성에 대해 첼라두라이는 또한 실제/전문성 위주(practice/ professional oriented)와 학문/연구 위주(disciplinary/ research oriented)의 양론에 대해 스포츠 경영학의 이론과 연구가 실제의 상황에 적용될 수 없다면 스포츠 경영학이 학문으로서의 정당성을 얻을 수 없다고 하였다. 그러나 어떠한 전문직종도 그 분야의 학문적 지식을 기초로 하지 않으면 무의미하다는 것을 강조하고 있다.

첼라두라이는 스포츠 경영학의 방향성에 있어서 보다 중요한 것은 참여스포츠(participant sport)와 관람스포츠(spectator sport)라는 서로 다른 두 스포츠 분야를 다루는 경영학의 방향을 확립하는 것이라고 주장하였다. 참여스포츠 분야는 소비자에게 휴먼서비스를 제공하는 반면 관람스포츠 분야는 소비자에게 스포츠를 통한 오락을 제공한다. 다시 말하면, 참여스포츠 소비자는 스포츠 활동에 참여함으로써 육체적 건강이나 신체적 단련을 추구하는 반면 관람스포츠 소비자는 타인의 스포츠 활동을 관람함으로써 오락을 통한 유희를 추구한다는 것이다. 따라서 두 분야의 서로 다른 서비스를 제공하는 스포츠 조직들은 표적 소비자 시장이 다르고, 고용인의 요구 조건이 틀리기 때문에 서로 다른 경영 전략이 필요하다. 이에 대해 첼라두라이는 스포츠 경영학 분야의 학자들에게 이 두 분야의 학문적·실제적 통합, 혹은 필요하다면 분리가 필요하다고 지적하였다.

스포츠 경영이론을 정립하다

1985년에 출판된 첼라두라이의 저서인 『Sport Management: Macro Perspectives』는 경영 이론을 바탕으로 스포츠 경영 분야의 이론과 실제에 체계를 확고히 세운 첫 교재로 평가되고 있다. 이 교재에서 첼라두라이는 전통적이고 오랜 세월동안 인정받고 있는 경영기능의 네 요소(계획화(Planning), 조직화(Organizing), 지휘화(Leading), 평가화(Evaluating))를 바탕으로 스포츠 경영에서의 거시적인 주제를 다루었으며 효율적인 스포츠 조직의 경영을 위한 경영 기능과 기술, 그리고 스포츠 경영자의 역할 등을 설명하고 있다. 현재 첼라두라이는 스포츠 경영에서의 미시적인 주제를 다루는 『Sport Management: Micro Perspectives』를 집필하고 있다.

그는 또한 1999년 『Human Resource Management in Sport and Recreation』을 저술하였는데 이 책에서 그는 특히 스포츠 조직에서 인적자원(Human Resources)을 구성하는 세 그룹 '전문인력, 자원봉사자, 고객'의 서로 다른 특성들의 효과적인 조화를 위한 인사관리와 스포츠 조직 종사자들의 개인적 동기(Motivation)와 수행(Performance)의 연결에 초점을 두고 있다.

첼라두라이의 가장 최근 저서는 『Managing Organizations for Sport & Physical Activity』이다. 1985년 저서인 『Sport Management: Macro Perspectives』의 개정판의 성향을 띠고 있으나, 보다 최근의 자료를 바탕으로 스포츠 경영의 관점과 이론을 설명하고 있는 『Managing Organizations』에서 그는 스포츠 경영학의 출현에 관한 역사적인 관점에서부터 스포츠 조직의 정의, 스포츠 산업의 경제적 영향, 그리고 스포츠 경영 기능 등에 대해 설명하고 있다.

첼라두라이의 연구 분야 중에서 가장 주목할 만한 분야는 리더십 연구이다. 그가 개발한 다차원 리더십 모형은 스포츠 조직의 구성원을 직접 대상으로 하였다는 점에서 스포츠 경영의 리더십 연구를 위한 주춧돌을 놓은 것으로 평가되고 있다. 첼라두라이의 다차원 리더십 모형의 핵심 내용은 세 가지 경영자의 리더십 행동 유형이(규정행동[Required Behavior], 실제행동[Actual Behavior], 선호행동[Preferred Behavior])이 일치할수록 조직 구성원의 수행결과와 만족도에 긍정적인 영향을 미친다는 것이다.

즉 리더의 실제행동이 조직 구성원들이 선호하는 행동, 주어진 상황에서 요구되는 행동과 더욱 가까울수록 조직의 수행이 더 좋아지고 구성원의 만족도가 더 높아진다는 것이다. 다차원 리더십 모형을 검증하기 위하여 첼라두라이가 개발한 스포츠 리더십 척도(LSS: Leadership Scale for Sports)는 다섯 가지의 리더행동(지도, 민주적 행동, 권위적 행동, 사회적 지지, 긍정적 피드백)을 측정하며, 전세계적으로 약 10개 이상의 언어로 번역되어 세계 각국의 스포츠 경영 및 스포츠 심리학계와 스포츠 조직에서 이용되고 있다.

첼라두라이의 또 다른 연구 분야는 조직이론 분야이다. 특히 그의 1987년 논문인 「Multidimensionality and multiple perspectives of organizational effectiveness」, 허거티(Haggerty)와 함께 쓴 1991년 논문, 「Measures of organizational effectiveness of Canadian national sport organizations」 등은 스포츠 경영학 분야에서 조직 효율성에 대한 가장 우수

한 논문으로 평가되고 있다.

스포츠 조직의 효율성에 대해 첼라두라이는 목표모형, 시스템 자원모형, 과정모형, 그리고 다중 구성요소모형 등을 통합하여 스포츠 조직의 효율적 경영을 위한 다차원 조직효율성 모형을 개발하였다. 다차원 조직효율성 모형은 스포츠 조직에 있어서 시스템 개념과 조직의 주요 활동영역에 바탕을 두고 있다. 따라서 효율성의 특정 범주의 적합성은 스포츠 조직의 유형과 조직의 활동영역에 따라 다르게 적용될 수 있는 것으로 평가되고 있다.

첼라두라이는 1990년대 후반부터 스포츠 산업에서의 서비스 품질(Service Quality)과 TQM에 관련된 일련의 연구를 해오고 있다. 2000년 「Targets and standards of quality in sport services」에서는 스포츠 서비스에 있어 품질의 평가에 관해 (1) 품질의 표적, (2) 품질의 기준, 그리고 (3) 품질의 평가자의 관점에서 평가되어야 한다는 모형을 제시하였다. 즉 서비스 품질의 평가는 품질 평가의 표적(대상)을 판별함으로써 시작되어야 하고 품질의 표적에 대한 설정된 표준에 따라 평가되어야 한다는 것이다. 품질의 표적은 소비자에게 제공되는 핵심 서비스, 서비스가 제공되는 시설, 서비스 제공자 등이 될 수 있으며, 품질의 표준은 우월성으로서의 품질, 가치로서의 품질, 세부적 기준에 대한 일치, 소비자 기대에 대한 부응 등이 될 수 있다는 것이다. 마지막으로 논문에서는 품질의 평가자에 대해 설명하고 있다. 품질의 표적과 기준은 무엇(targets)을 어떻게(standards) 평가해야 하느냐에 대한 설명이었으며 품질의 평가자는 스포츠 조직이 설정한 서비스 품질의 기준에 따라 평가자가 소비자, 제공자, 또는 경영진이 될 수 있다는 것이다.

장경로 1968년 서울 출생. 서울대학교 사범대학 체육교육과 졸업. 뉴욕대학교 스포츠경영, 마케팅 석사. 오하이오주립대학교 스포츠 경영마케팅 박사를 취득했다. 미국 아이오아주립대학교 스포츠 경영학마케팅 교수를 역임했으며, 현재 성균관대학교 스포츠과학부 교수로 재직하고 있다 (스포츠마케팅 담당). 다수의 논문을 한국스포츠 산업경영학회지, 한국체육학회지, 한국마케팅저널, 체육과학연구, 『Sport Managment Review』, 『Journal of Professional Services Marketing』 등에 발표했다.

용어와 개념 풀이

다차원 리더십모형
Multidimensional Model of Leadership
이 모형은 리더십을 다양한 상호작용의 과정으로 설명한다. 그림에 제시된 바와 같이 상황요인, 리더특성, 성원특성이 리더행동에 미치는 영향과 리더행동이 수행결과와 선수의 만족에 미치는 영향이 모형에 포함되어 있다. 다차원 리더십 모형의 핵심 내용은 세 가지의 리더십 행동(규정행동: 조직 내에서 리더가 해야만 할 행동, 선호행동: 선수들이 선호하거나 바라는 리더행동, 실제행동: 리더가 실제로 행하는 행동)이 일치할수록 수행결과와 선수만족에 긍정적인 영향을 미친다는 것이다. 즉 리더의 실제행동이 선수들이 선호하는 행동, 주어진 상황에서 요구되는 행동과 더욱 가까울수록 팀의 수행이 더 좋아지고 선수들의 만족도가 더 높아진다.

휴먼서비스 Human Service
휴먼서비스 또는 인간서비스라고도 하며 사회복지 개념보다 포괄적인 의미를 갖고 있다. 공중보건, 정신건강, 사회서비스, 여가활동, 문화활동, 주택, 법적인 정의를 위한 사법활동 등을 포함한다. 따라서 휴먼서비스는 사회복지를 포함하여 인간의 복지증진을 위하여 행해지는 포괄적인 활동이라고 할 수 있다.

TQM Total Quality Management
최근의 기업환경 변화는 현장위주, 제품위주의 품질관리체제에서 product, process, person 등 총체적인 품질향상으로 고객만족, 인간성 존중, 사회에의 공헌을 추구해가는 품질경영체제를 절실히 필요로 하고 있다. 이러한 변화의 근본에는 패러다임의 변화가 내재되어 있다고 하겠다. 고객만족을 위하여 최고경영자의 적극적인 리더십 아래 모든 구성원의 참여와 교육훈련, 조직체계를 갖추고 과학적 기법을 통한 품질향상으로 기업의 장기적 성장을 추구하는 지속적인 개선활동 또는 경영체계라 할 수 있다. TQM적 사고와 전통적 사고의 근본적인 차이는 인적자원의 관리방식에 있다고 할 수 있다. 인적자원이라는 패러다임에 있어서 TQM적 관리와 전통적 관리의 차이는 다음과 같다.

더 읽어야 할 책들

Chelladurai, *Managing Organizations for Sport & Physical Activity: A Systems Perspective* 2001.

_____, *Human Resource Management in Sport and Recreation*, 1999.

_____, *Sport Management: Macro Perspectives*,1985.

_____, *The Volunteer Sport Administrator* ,1982.

_____, *Group Cohesion and sport*, 1978.

_____, *Leadership*, 1978.

_____, *Mentoring in intercollegiate athletic administration*, Journal of Sport Management, 2002.

_____, "Cascading transformation leadership, organizational commitment, and citizenship behavior: A case study in intercollegiate athletics", *Journal of Sport Management*, 2001.

_____, "Targets and standards of quality in sport services", *Sport Management Review*, 2000.

_____, "Perceptions of goals and processes of intercollegiate athletics: a case study", *Journal of Sport Management*, 2000.

_____, "Managing cultural diversity in sport organizations: a theoretical perspective", *Journal of Sport Management*, 1999.

_____, "Total quality management in sport industry", *Journal of Japan Society of Sports Industry*, 1995.

_____, "Dimensions of coaching performance: development of a scale", *Journal of Sport Management*, 1995.

로버트 슈츠 *Robert W. Schutz*

스포츠는 통계학이다

엄한주 성균관대 교수·스포츠과학

모든 시험에서 만점을 받은 학구파

인간운동에 관련된 체계적인 연구는 그 역사가 오래되지 않았다. 20세기 초기에 몇몇 관심 있는 의사들이 운동 중 인간의 심장과 폐의 기능을 측정하기 시작한 것이 현대 인간운동 연구의 시초라 할 수 있다. 이후 산발적으로 다양한 학자들에 의해 행해지던 인간운동에 관련된 연구는 대학에 체육교사를 양성하는 학과가 생겨나면서 체계화되기 시작하였다. 그러나, 20세기 초·중반의 연구는 매우 기초적이었으며 초·중등학교 등 교육현장에서 이용될 수 있는 연구가 주를 이루었고, 그 수준은 비교적 낮았다고 할 수 있다.

1970년대 이후 이러한 흐름은 몇몇 학자들의 주도로 변화하기 시작하였고 세계경제의 부흥과 함께 운동과 건강 그리고 스포츠 등에 대한 관심이 높아지면서 관련 연구는 북미를 중심으로 급속도로 발전했다. 초창기 인간운동에 대한 관심에서 출발한 이 분야의 연구는 다른 기초과학의 틀 위에 응용과학의 한 틀로 자리잡기 시작했다.

그러나 최근 들어 기초과학에 대한 관심의 부재와 실용적 연구를 추구하는 추세에 의하여 그 연구의 깊이가 다시 낮아지고 있다. 이러한 학계의 흐름에서 끊임없이 깊이 있는 연구를 추구해온 학자 중 한 사람이 슈츠 박사이다. 그는 캐나다 체육·스포츠학계의 거장이며 북미뿐 아니라 세계에서 그 이름이 가장 널리 알려진 운동 및 스포츠 측정, 통계학자 중 한 사람이다.

그는 캐나다에서 태어나 밴쿠버 앞의 조그만 섬에서 어린 시절을 보냈다.

> "슈츠는 학생들이 자신의 이름만 부르는 것을 좋아하지 않는다. 자신은 슈츠 교수님 또는 슈츠 박사님이라고 불릴 자격이 있을 만큼 학생들을 위해 열심히 준비하고 노력한다는 것이 그 이유다. 수업이 있는 전날이면 그는 최소한 한나절을 사무실 문을 걸어 잠그고 수업준비를 한다. 놀라운 것은 이 과목은 근 30년간 매년 가르쳐온 똑같은 과목이라는 점이다."

이웃의 인디언 친구들이 많았던 그는 지금도 백인사회 안에서의 인디언 문제와 인디언 예술 등에 특별한 관심을 가지고 있었다. 집이 조그만 반도의 깊숙한 곳에 자리잡고 있어서 카누를 타고 학교에 다녔다고 한다. 워낙 적은 인구의 지역이라 한 학년에 한 명 또는 두 명 정도의 학생만이 있는 후미진 학교에 다녔고, 어릴 때부터 명석했던 그는 학교에 다니기 시작한 지 얼마되지 않아 몇 차례 월반을 했다. 선생님이 가르칠 수 없었던 과학 과목 등은 우편을 통해 과제물을 받고 공부하여 보고서를 우편으로 제출하며 배웠다.

열다섯 살이 되던 해에 살고 있던 지역에 더 이상 진학할 학교가 없자 혼자서 학업을 위해 가장 가깝고 큰 도시인 밴쿠버로 이주했다. 고등학생 시절 특히 수학과 운동에 재능을 보인 그는 학교 테니스와 농구 대표팀에서 활동하였고 테니스는 시도 대항 단식 부분 3위에 오르는 등의 탁월한 실력을 보이기도 했다. 운동과 스포츠에 대한 관심으로 그는 대학에서 당시 체육학과에 진학하게 된다. 바로 옆 주에 있는 알버타대학에서 석사과정을 하던 그는 농구, 미식축구 등 여러 종목의 대학 팀 감독을 지냈다. 석사를 마친 후 박사과정 진학을 위해 돈을 마련해야 했던 그는 약 2년간 고등학교에서 체육과 수학을 가르치는 교사로 재직하였다.

박사학위 공부를 위하여 미국 메디슨 소재의 위스콘신대학에 진학한 그는 자신이 모은 돈과 캐나다 정부에서 주는 장학금으로 생활을 꾸려나가며 학업에 열중했다. 그와 같은 시절 같은 학과에서 공부를 했던 세프릿 박사는 그가 체육학과 학과목보다는 다른 학과 학과목의 공부에 더 관심이 많았다고 기억한다. 그는 심리학 분야가 측정과 측정자료의 분석에 관해서는 가장 앞서간다고 판단하고 심리학과 통계학과 등을 다니며 심리측정에 관한 연구들과 측정된 자료의 체계적인 분석에 대한 연구들을 공부하였다.

당시 위스콘신대학교에 교수로 재직하던 세계적인 심리측정·통계학자들을 만나며 그들의 강의를 들을 수 있었다. 그는 이 가운데 한 교수의 심리통계 강의가 유독 힘들었다고 회고한다. 특히 강의를 맡은 교수는 체육학과에서 온 학생들은 학업을 제대로 따라갈 수 있을지 의심스럽다며 부정적인 생각을 가지고 있었다. 당시 운동선수 출신의 학생이 대부분을 차지했던 체육학과에서 학생들의 전체적인 학업능력이 뒤떨어지는 것은 사실이었다. 다른 몇 명의 체육학과 학생들과 같이 강의를 듣던 슈츠는 세미나 그룹을 만들어 리드를 하였고 본인은 모든 과제물과 시험에서 만점을 받았다. 강의를 했던 교수는 20년 넘게 가르친 그 과목에서 만점을 받은 학생은 슈츠가 처음이었다고 하며 매우 불편한 심기를 드러냈다고 한다. 자신이 공을 들여 만들어낸 어려운 문제들을 그것도 체육과 학생이 다 풀어냈기 때문이었다.

휴가도 없이 공부 외에 다른 것은 거의 하지 않았던 그는 3년만에 박사학위를 마치게 된다. 경제 부흥기였던 당시 그는 박사학위를 채 마치기도 전에 북미의 여러 대학에서 이미 교수직 제의를 받았다. 고심 끝에 자신의 모교인 브리티시 컬럼비아대학에 가기로 결정한 그는 학위논문 저술에 더욱 박차를 가하였다. 박사학위를 거의 마칠 당시 미국의 각 대학에서는 미국의 베트남 참전에 반대하는 시위가 한창이었고 때로는 폭력사태까지 빚어지고 있었다. 위험을 느낀 그는 자신의 처와 네 아이들을 먼저 캐나다로 보내고 밤을 새워가며 논문작성에 매달렸다.

개인용 컴퓨터가 없던 그때에는 학교 내에 하나뿐인 대형 컴퓨터를 이용해 자료분석을 해야 했고 단말기가 단 몇 대뿐이어서 밤을 새워가며 일해야 했다고 한다. 그가 모든 일을 마치고 캐나다로 떠나던 날 자신이 밤을 새워가며 일하던 건물이 반전운동가들에 의해 폭탄 테러를 당했다. 대형 컴퓨터가 있던 그 건물에 ROTC 사무실과 같이 있었기 때문이다. 그는 자신이 논문을 이틀만 늦게 제출했어도 지금 이 세상 사람이 아닐지 모른다고 말한다.

그의 통계는 언제나 정확하다

브리티시컬럼비아대학에 조교수로 부임한 초창기에 그는 여러 분야의 연구에 몰두하였다. 1970년대 초, 이 대학 역시 전 대학에 걸쳐 컴퓨터가 단 한 대뿐이었고 동시에 이를 이용할 수 있는 인원은 두 명으로 제한되어 있었다. 컴퓨터를 이용하기 위해서는 미리 예약을 해야만 했고 슈츠는 좀더 오랜 시간 동안 이용하기 위해 컴퓨터 센터에서 밤을 새우기 일쑤였다. 박사학위 공부를 하는 동안 공부만 하는 슈츠를 뒷바라지하고 교수가 된 후에는 좀더 여유 있는 생활을 기대했던 슈츠의 부인은 더이상 이를 참지 못하고 이혼을 선언하게 된다. 슈츠는 당시 북미의 교수들 중 많은 수가 비슷한 경험을 했고 그래서 얻은 새로운 지식만큼 중요한 다른 것을 잃었다고 말한다. 그는 학생들에게 학위과정 중에도 가족에 충실하라는 개인적 체험에서 우러난 조언을 한다. 가정을 잃으며 열심히 연구와 학생지도에 열중한 그는 이러한 노력에 힘입어 대학 내에서 가장 빠른 시간 안에 정교수가 된다.

슈츠는 연구활동을 즐기며 평생 자신의 가장 중요한 일로 꼽는다. 그의 연구는 여러 부분으로 나눌 수 있는데 스포츠 자료분석과 스포츠 심리측정 분야에서 가장 많은 연구를 하였다. 특히 슈츠는 수학과 통계적 모델을 스포츠 현상의 설명과 예측에 이용한 최초의 학자 가운데 한 사람이다. 그는 자신의 연구 결과들을 스포츠 심리학회지, 체육학회지, 그리고 통계학회지 등에 주로 발표하였다.

여성들이 스포츠계에 등장하기 시작하면서 많은 세계 신기록이 쏟아져 나왔다. 이는 특히 육상경기에서 두드러지게 나타났고 신기록은 남성들이 세운 기록들과 급속도로 격차가 줄어들고 있었다. 1980년대 초, 스포츠 학계에서는 언제인가 가까운 미래에 여성들이 남성들을 따라잡을 거라는 의견이 지배적이었다. 슈츠는 이에 동의하지 않고 새로운 주장을 하였다. 즉 여성들의 기록이 점차 남성들의 기록에 근접하겠지만 영원히 따라잡을 수는 없다는 것이었다. 그는 지난 몇 십 년 간의 자료에 수학적 모델을 적용하여 앞으로 미래의 신기록 갱신을 예측했고, 1984년 LA 올림픽 직전 라디오 방송에서 다른 육상전문가들과 격론을 벌이기도 했다. 슈츠의 주장은 여성들이 남성들에 비해 스포츠를 늦게 시작했기 때문에 초반에는 남성의 기록과의 격차가 빠른 속도로 줄어들겠지만 나중에 가서는 격차가 줄어드는 속도가 점차 늦어질 것이라는 것이었다. 물론 그 당시에는 토론의 결론을 내지 못했지만 그가 1983년 유니버시아드 대회 학회에서 발표한 수학공식으로 예측한 2000년도의 육상 신기록들은 거의 정확히 들어맞았다.

슈츠는 테니스와 스쿼시 종목에서 어떤 점수 시스템 하에서, 실력이 더 좋은 선수가 가장 짧은 시간 안에 이기게 되는가를 연구하였다. 그는 이 연구에서 게임이나 세트 시스템보다 총 몇 점을 기록했는지, 즉 몇 번의 스트로크를 이겼는지로 승자를 결정하는 것이 훨씬 타당한 방법이라고 주장했다. 이 점수 시스템이 실력이 좋고 나쁜 선수를 좀더 잘 가려낸다는 것이다. 이 시스템 하에서는 아마추어 선수가 프로를 이기는 등의 이변이 적게 일어난다. 그러나 이러한 연구는 실제 테니스 경기에 적용되지는 못하였다.

그는 또 여러 프로 스포츠 선수들의 수행능력에 관한 분석 연구를 하였다. 아이스하키와 야구, 농구 등 프로 스포츠가 활발한 북미에서는 분석할 자료가 풍부하여 일찍부터 이 자료로 경기분석을 할 수 있었다. 몇 가지 예로 아이스하키 경기의 연장전에 관한 연구와 적절한 선수교체 시기에 대한 연구, 그리고 프로 야구와 농구 선수들의 기록과 실력의 안정성에 관한 연구 등이 있다. 특히 그는 '확인적 요인분석'이라는 기법을 이용해 북미 야구경기의 공격력은 홈런, 타점 그리고 타율로 대표되며 이 세 가지 기록이 사실상 한 선수의 공격력의 전부를 나타낸다는 것을 보여주었다. 특히 북미의 메이저 리그에서는 홈런이 가장 중요한 요소이며 타점과 타율은 비슷한 중요도를 가진다고 한다. 더 나아가 이 세 종류의 기록으로부터 요약된 프로 선수들의 잠재적인 공격력은 5년 이상 매우 안정된 패턴을 보이며 매우 오랜 기간 동안 잘 변화하지 않고 그 자리에 머문다는 것이다. 이와 비슷하게 농구경기에서는 공격력은 총득점, 도움(assist) 그리고 인터셉트에 의해 특징지어지며 수비력은 블록킹, 리바운드 그리고 개인 파울로 특징지어진다는 것을 밝혀냈다. 일반적인 생각과 틀린 점은 인터셉트가 수비력이 아닌 공격력에 더 가깝다는 것과 개인 파울이 다른 수비력과 실제로는 밀접한 관련이 있다는 사실이다. 프로 농구 선수들의 공격력과 수비력은 야구 선수들의 공격력 그리고 수비력보다도 더욱 안정적이며 한 선수의 이러한 운동수행 능력은 또한 5년 이상 장기간 동안 상대적으로 같은 위치에 머문다고 한다.

슈츠의 또 한 가지 흥미로운 연구 가운데 하나는 다트(dart) 경기에 관한 것이다. 이 경기는 침이 달린 조그만 화살 모양의 다트를 던져서 동그란 표적판 중앙에 맞추는 것으로 우리도 어릴 때 한 번쯤 해본, 놀이에 가까운 경기이다. 그는 표적의 모양에 관한 연구를 하였는데 정확한 원보다는 아래위로 긴 타원형을 표적으로 하면 좀더 신뢰성 있고 안정된 기록을 나타낸다는 것을 밝혀냈다. 즉 이런 타원형 모양의 표적이 잘하고 못하는 사람을 더욱 잘 구분해낸다는 것이었다. 이 연구를 위해서 슈츠는 몇 달 동안 친구들과 다트 경기를 실습했다고 한다.

슈츠 연구의 다른 한 주요 분야는 스포츠 심리측정에 관한 것이다. 신장이나 몸무게, 100미터 달리기 등은 쉽고 명확한 측정이 가능하지만 인간의 심리를 측정하고 들여다본다는 것은 매우 어렵다. 특히 심리의 측정은 다른 것들의 측정에 비해 오차가 크다는 점이 특징이라고 할 수 있다. 흔히 이를 극복하기 위하여 심리학에서는 여러 개의 조금씩 다른 질문들을 이용해 한 가지 개념의 심리를 측정한다. 슈츠는 스포츠에 관련된 인간심리 측정의 오차를 연구하여 오차를 줄이고 좀더 타당하고 적합한 그리고 신뢰할 수 있는 도구를 만들기 위해 노력하였다. 그가 개발한 대표적인 심리 측정도구 가운데 하나가 어린이들의 신체활동에 대한 태도를 측정하는 도구이다. 이 도구를 개발할 때 특히 어린이들의 심리적 질문과 답에 대한 이해도에 대해 고민했던 그는 이해하기 쉬우며 명확한 도구를 개발하는 데에 성공했다. 특히 글을 잘 이해하지 못하는 어린아이들을 대상으로 할 경우에는 질문을 질문자가 읽고 어린이들은 자신의 생각에 가장 가까운 그림을 선택하도록 하였다. 1980년대 초에 개발된 이 심리 측정도구는 지금도 북미와 한국을 포함하여 전세계적으로 이용되고 있다. 슈츠는 이 외에도 운동선수들의 불안 측정도구 등 다수의 심리 측정도구를 개발하였다.

한 시간 가르치기 위해 다섯 시간 공부한다

슈츠는 지식을 이용해 금전적 이익을 추구하거나 자신을 알리기 위한 연구를 하는 학자들을 좋아하지 않는다. 자신의 지식과 철학을 책으로 서술해내기보다는 좋은 연구를 하는 데 중점을 두었고, 학회지의 논문 등과 같은 매우 전문적이고 압축된 형태의 글쓰기를 더 즐겼다. 슈츠는 무슨 일이든지 대충 하는 법이 없었으며, 특히 연구에 있어서는 대충 한 연구나 별것 아닌 결과를 좋게 보이도록 치장한 연구, 이미 밝혀진 것을 답습하는 연구들을 엄격히 가려내어 신랄하게 비판하는 것을 주저하지 않았다. 또한 그는 실적만을 올리기 위해 이것저것 많은 연구를 한꺼번에 추진하는 것을 비판한다. 그렇게 되면 하나의 연구에 충실할 수 없고 결국 연구의 질이나 가치가 떨어진다는 것이다. 학회에서 발표자들에게 그는 항상 질문을 던졌고 틀린 것은 과감히 지적하고 토론하기를 원했다. 학회에서 슈츠는 발표자들이 가장 두려워하는 존재였고 이 때문에 그를 좋아하지 않는 학자들도 있었다. 그러나 자신의 분야

뿐 아니라 체육 및 스포츠의 다른 분야에도 널리 알려진 그는 매년 세계의 각 국으로부터 초청강연을 제의 받는다.

북미에서는 대학원생 정도가 되면 교수들의 이름을 부르는 경우가 많다. 우리의 정서로는 이해가 잘 가지 않지만 북미에서는 교수들도 흔히 이를 용인하고 어떤 교수는 그렇게 불러야 편하다고 종용하기도 한다. 그러나 슈츠는 학생들이 자신의 이름만 부르는 것을 좋아하지 않는다. 자신은 슈츠 교수님 또는 슈츠 박사님이라고 불릴 자격이 있을 만큼 학생들을 위해 열심히 준비하고 노력한다는 것이 그 이유다. 수업이 있는 전날이면 그는 최소한 한나절을 사무실 문을 걸어 잠그고 수업준비를 한다. 놀라운 것은 이 과목은 근 30년 간 매년 가르쳐온 똑같은 과목이라는 점이다. 본인에게나 학생들에게 자칫 지루할 수 있는 수업을 재미있게 만들고, 또 학생의 필요에 부응하기 위하여 항상 새로운 것을 공부하고 새로운 사례를 찾아내려 노력한다. 이 노력에서 비롯된 자신감은 그의 태도에 카리스마로 나타나고 학생들도 감히 그의 이름을 부를 생각조차 하지 못한다. 그는 자신이 지도하는 대학원생들이 방학 때 스키를 타러 간다거나 놀러다니는 것을 의아하게 생각한다. 이는 자신이 학생일 때 공부만 했기 때문이다. 그렇다고 놀러다니지 못하게 압력을 가하지도 않는다. 오래 전 자신의 한 석사 학생이 학기 중에도 놀러 다니는 것을 보고 고민하던 그가 내린 결론은 '아하! 이 학생이 석사학위를 하는 기간을 조금 길게 계획하고 있구나'였단다. 이 학생은 보통 2년에 마치는 석사학위를 3년이 넘도록 했다. 그리고 지금은 미국 오레곤주립대학의 교수로 재직하고 있다.

슈츠의 지도 아래 석사와 박사학위를 취득한 학생은 의외로 그 수가 적다. 이는 그가 의도적으로 한 번에 셋 이상의 대학원 학생을 지도하지 않으려고 했기 때문이다. 그 이상이 되면 학생 개개인에게 충분한 지도를 할 수 없다는 생각을 가지고 있다. 그는 학생들을 직접적으로 다그치지 않는다. 항상 간접적인 방법으로 공부나 연구의 방향을 제시해주고 학생 스스로 모든 것을 판단하고 결정하도록 내버려둔다. 그의 학생들은 대부분 학위과정 초에 방황을 하다가 결국 자신이 알아서 연구주제를 찾고 탐구해나가는 방법을 터득하게 된다. 자신은 자신의 아이들도 그렇게 키웠고, 절대로 싫어하는 것을 강요하지 않았다고 한다. 그러나 간혹 그 과정을 이해하지 못하고 계속 방황하는 학생도 있었다. 슈츠는 이러한 학생들을 보며 자신이 혹시 더 강하게 지도했어야 하는 것은 아닌지 하고 고민하기도 했다.

슈츠는 2002년도에 30년이 넘는 교수생활을 접고 63세의 나이에 정년을 채우지 않고 은퇴했다. 자신은 아직 하고픈 연구들이 많은데 학교생활을 계속하면 더 나이가 들 때까지 자신이 원하는 연구를 다 못할 수도 있다는 우려 때문이었다. 은퇴한 교수처럼 보이기 위하여 교수재직 기간 중 시간이 없어서 배우지 못했던 골프를 60세가 넘은 나이에 배우기 시작했다고 한다. 지금도 그는 자신이 재미있어 하는 연구활동에 전념하고 있다.

엄한주 1957년 부산 출생. 성균관대학교 체육학과 졸업. 캐나다 브리티시 컬럼비아대학에서 측정평가 석사와 동대학 교육통계학/체육통계 박사학위 취득. 국민체육진흥공단 체육과학연구원 선임연구원, 대한 배구협회 국제이사 등을 역임하였으며, 현 성균관대학교 스포츠과학부 교수 (스포츠통계/스포츠분석학 담당)로 재직 중이다. 대한민국 체육훈장 백마장을 수상하였으며, 미국체육학회에서 우수연구자로 선정되기도 하였다. 주요 연구분야는 체육측정평가와 스포츠 분석학 분야로 다수의 논문을 한국체육측정평가학회지, 한국체육학회지, 체육과학연구 등에 출판하였다.

더 읽어야 할 책들

Janssen, C. & Schutz, R., The Great Gretzky, *Chance*, 4, 16~21, 1991.

Eom, H.J., & Schutz, R.W., "Statistical Analysis of Volleyball Performance." *Research Quarterly for Exercise and Sport*, 63, 11~18, 1992.

_____, "Transition Play in Team Performance: A Log-linear analysis." *Research Quarterly for Exercise and Sport*, 63, 261~269, 1992.

Schutz, R.W., The systematic study of "Statistics in Sports": Do we need a framework? Proceedings of the Joint Statistical Meetings, *Alexandria*, VA: ASA, 16~20, 1995.

Liu, Y. & Schutz, R.W., "Overtime in the National Hockey League: Are Shootouts Needed? Proceedings of the Joint Statistical Meetings," *Alexandria*, VA: ASA, 1995.

McGarry, J.T. & Schutz, R.W., "Analysis of the World Cup Soccer Tournament Structure: Proceedings of the Joint Statistical Meetings," *Alexandria*, VA: ASA, 1995.

Schutz, R.W. "The Stability of Individual Performance in Baseball: An Examination of Four 5-year Periods," *1928~32, 1948~52, 1968~72, and 1988~92.* "Proceedings of the 1995 Joint Statistical Meetings: Statistics in Sports," *36~42, Alexandria*, VA: ASA, 1996.

McGarry, T. & Schutz, R.W., "Efficiency of Traditional Sport Tournament Structures." *Journal of the Operational Research Society*, 48, 65~74, 1997.

슈츠 연구의 주요 분야는 스포츠 심리측정에 관한 것이다. 이제 스포츠 심리 분야는 특정 운동 선수들뿐만 아니라 일반인에게도 확대 연구되고 있다.

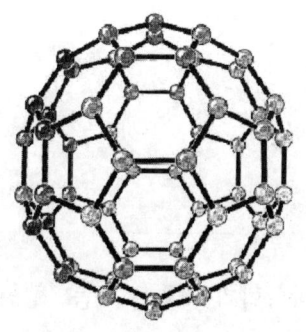

4 경계를 뛰어넘는 모험자들

미셸 칼롱 *Michel Callon*

나는 인간과 비인간이라는 이분법을 거부한다

김환석 국민대 교수·사회학

과학학의 새로운 흐름 '행위자-연결망 이론'

과학의 보편합리성을 신봉하는 논리실증주의 과학철학과 내부주의 과학사, 그리고 머튼의 기능주의 과학사회학은 1970년대 이후 토마스 쿤의 '과학혁명론'에 깊게 영향을 받은 새로운 과학학 이론들에 의해 비판을 받고 급속히 그 영향력을 상실하였다. 이 새로운 이론들 중에서 영국의 '에든버러 학파'와 '바스 학파' 등이 주도하여 일으킨 과학지식사회학(Sociology of Scientific Knowledge: 약칭 SSK)과 프랑스의 연구자들이 주도한 행위자-연결망 이론(Actor-Network Theory: 약칭 ANT)은 학계에서 큰 주목을 받으면서 점점 더 그 영향력을 넓혀왔다. SSK와 ANT는 모두 과학학의 이른바 '구성주의'(constructivism) 흐름 속에서 성장한 상이한 접근들이다. 하지만 이들은 과학이 사회적(또는 사회-물질적) 구성의 산물이라는 공통된 입장을 취하면서도 90년대 이후 치열한 상호 논쟁을 통하여 그 접근방식에 있어 심각한 차이를 드러냈고, 이 차이는 앞으로 과학학이 어느 방향으로 발전하느냐를 가름하는 중요한 분기점이 될 것이라고 많은 이가 지적하고 있다.

우선 이 분야에 생소한 독자들을 위하여 '과학학'(Science Studies)이 무엇인지에 대하여 간단히 설명할 필요가 있을 것 같다. 과학학이란 1970년대 중반부터 과학과 기술에 대한 새로운 이해를 형성하는 데 크게 기여를 하면서 성장한 학제적 연구분야로서, 사회학·철학·역사·인류학·정치학을 포함하는 다양한 접근들의 느슨한 결속으로 이루어져 있다. 서구에서 과학학이 짧은 기간에 급성장을 한 것은 그것이 갖는 이중적 중요성에 기인한다. 한

> " 연결망은 행위자만으로도 연결망만으로도 환원될 수 없다. 그것은 생물과 무생물의 이질적인 일련의 요소들로 구성되어 있다. 행위자-연결망이란 자신의 활동을 통해 이질적 요소들을 연결하는 행위자인 동시에, 자신의 구성 요소들을 재규정하고 변형할 수 있는 연결망이기도 하다. "

편으로 과학학은 과학과 기술이 현대사회의 가장 지배적이고 중요한 문화적 인공물이기 때문에 생기는 쟁점과 문제들을 본격적으로 다룬다는 점에서 중요하다. 다른 한편으로 과학학이 중요한 것은, 그것이 과학과 기술의 실천이 어떻게 이루어지느냐에 대한 새로운 개념화를 촉구하기 때문이다. 후자는 또한 '과학적 방법'이란 과연 무엇이냐에 대한 오래된 쟁점을 검토하는 데 특히 중요한 함의를 지닌다. 이러한 문제들을 다룸에 있어 과학학은 엄청나게 다양한 지적 흐름들—구성주의는 물론 상대주의, 페미니즘, 담론분석, 기호학, 문화연구 등등—에서 나온 아이디어들을 적극적으로 검토, 수용하고 있다. 과학학은 따라서 인식론적으로 논쟁적인 동시에 매우 역동적이고 풍부한 성과를 낳고 있다.

ANT는 과학학이 과학지식 생산의 사회적 과정을 연구하는, 단지 사회학의 많은 분과 가운데 하나(즉 협의의 '과학사회학')가 되어선 안 된다고 주장하고 있다. ANT는 SSK가 아직도 의존하고 있는 전통적 사회학의 개념들이나 방법론이 과학과 사회의 관계를 제대로 파악하는 데 오히려 방해가 된다고 단호히 비판하면서 기호학에 기초한 새로운 접근을 제창한다. SSK가 인간/비인간, 사회/자연, 사회적인 것/기술적인 것 사이의 구분을 아직 고수하는 데 반해, ANT는 이것이 근대세계의 이분법에 불과한 것이라고 지적하며 근대세계의 함정에서 벗어나려면 이제는 극복해야 할 것이 인간중심주의의 신화라고 주장한다. 이처럼 ANT가 기존의 과학학에 던지는 문제의식은 세계가 무엇으로 이루어져 있느냐 하는 존재론과 연관된 근본적인 사고의 전환이며, 그 지향점은 사회학 내지 학문('두 문화'로 나누어진) 전체의 쇄신

필자와 함께 한 미셸 칼롱 교수. 미셸 칼롱의 주된 연구관심은 과학기술의 인류학, 혁신의 사회 경제학, 과학기술과 민주주의, 과학통계분석, 경제사회학 및 환자조직의 사회학 등 다양한 분야에 걸쳐 있다.

이라고 할 수 있다. 그럼에도 불구하고 그들의 주장은 워낙 새로운 사고를 요청해서인지 그 내용이 종종 오해의 대상이 되곤 한다. 예컨대 소위 '과학전쟁'에서처럼 ANT를 반과학주의나 포스트모더니즘의 일종으로 간주하는 경우를 보는데, 이는 ANT가 오히려 과학의 가치를 옹호하는 편이며 포스트모더니즘에 대해서는 그것이 사회/자연의 이분법에 기반해 있다는 점에서 비판적이라는 점을 모르는 소치라고 보인다.

미셸 칼롱과 '번역'의 사회학

ANT는 파리의 국립고등광업대학교 혁신사회학센터에서 미셸 칼롱에 의해 1970년대 후반 처음 구상이 되었으며, 그의 작업에 브뤼노 라투르(Bruno Latour)와 영국의 존 로(John Law) 등이 가세하여 오늘날 ANT로 알려진 이론이 탄생되었다. 칼롱은 1945년생으로 국립고등광업대학교의 엔지니어 출신이다. 1969년에 혁신사회학센터 연구원이 되었으며, 1982년부터 94년까지 오랜 기간 소장직을 역임하였다.

그는 과학학 분야의 대표적 학회인 4S(The Society for Social Studies of Science)의 회장을 1998~99년에 지냈고, 『Research Policy』 등 관련 분야의 대표적 저널들에서 편집위원으로 참여하고 있다. 그의 주된 연구관심은 과학기술의 인류학, 혁신의 사회경제학, 과학기술과 민주주의, 과학통계분석, 경제사회학 및 환자조직의 사회학 등 다양한 분야에 걸쳐 있다. 특히 그는 최근 그의 ANT이론을 과학기술에 대한 분석만이 아니라, 시장의 분석 등 경제사회학에 확대 적용하는 시도를 하고 있어 학계의 큰 주목을 받고 있다.

예컨대 진보적인 성향의 학제적 사회과학 저널인 『Economy and Society』의 2002년 5월호에서는 그의 경제사회학을 특집 이슈로 전권을 구성하였다.

칼롱이 처음 제창한 ANT는 한마디로 과학(더 나아가서 모든 사회현상)을 인간행위자 및 자연적 혹은 기술적 요소들 간에 구축되는 연결망의 결과로서 파악하고자 하는 접근이다. 이 이론에서는 SSK에서 주장했던 '대칭성'의 원칙을 확장하여 인간/비인간에게 동일하게 적용하는 '급진적 또는 일반화된 대칭성'(radical or generalized symmetry) 원칙을 채택하고 있다. 이에 의하면 어떤 과학이 구성되는 데 참여한 이질적 실체들의 연결망에 속하는 어떤 요소들—사회적, 자연적, 기술적 등등—이나 동등한 설명적 역할을 부여해야 한다는 것이다. 기존의 SSK는 이 가운데 '사회적' 요소들에만 특권적, 즉 비대칭적 역할을 부여한다고 이들은 비판한다.

행위자-연결망이란 개념은 기존 사회학의 용어를 빌면 행위자와 구조(혹은 맥락) 간의 일정한 조합을 의미하며 이 양자가 서로 독립적으로 존재하지 않는다는 것을 강조한다. '연결망'은 그것을 구성하는 행위자들 없이 존재할 수 없으며, '행위자들' 역시 다양한 타 인간 및 비인간과의 연계—즉 행위자들의 사회적 존재과정 중에 그들이 창출하며, 따라서 그들 자신의 정체성과 기능을 규정해주는 연결망—가 없이는 존재할 수 없다. ANT에서는 새로운 행위자들을 '가입'(enrol)시킬 때 발생하는 연결망 구성의 힘든 노력이 종종 강조되는데, 이는 이해관계의 연결망이 확대되면서 점점 넓어지는 특징을 지니기 때문에 마치 연못 위의 파문 같은 소용돌이 과정으로 비유되곤 한다. 이 때 각 참여자는 하나 또는 그 이상의 다른 참여자들에 의해 유인되며, 그가 얼마나 해당 연결망에 헌신하느냐는 다른 참여자들 각각의 헌신도를 토대로 하게 된다. 상이한 이해관계를 지닌 다양한 개인들은 따라서 그들의 이해관계가 모두 연결된 어떤 공통된 목표의 성취에 의해 그들 제각각의 목적을 모두가 실현할 수 있는 것이다.

바로 이러한 특징을 가리키기 위해 이 이론에서는 '번역'(translation)이라는 독특한 개념을 특히 중요시한다. '번역'은 어떤 행위가 일어나기 위해서 반드시 필요한 매개를 해주는 다른 행위자들을 통한 모든 치환과 위임의 과정을 의미한다. 기존의 과학사나 과학사회학에선 과학의 '내용'(content)과 '맥락'(context) 사이의 엄격한 대립을 상정했지만, ANT에서는 그러한 대립 대신에 행위자들이 자신의 다양하고 모순적인 이해관계를 수정하면서 다른 행위자와 치환하며 위임하는 번역의 연쇄만이 존재한다고 생각한다.

그래서 칼롱은 ANT를 아예 '번역의 사회학'(sociology of translation)이라 부르기도 하였다.

보다 일반적으로 말해서 번역은, 어떤 행위자가 다른 행위자를 대신해서 말하거나 행동할 수 있는 권위를 갖게 만드는 모든 형태의 협상, 음모, 계산, 설득과 폭력 행동들을 지칭하는 것이라 할 수 있다. 따라서 번역은 권력을 창출하는 정치적 성격의 행위인 것이다. 어떤 행위자에 의해 번역이 성공적으로 이루어지면 그(그것)는 해당 연결망에서 '필수통과지점'(obligatory passage point: OPP)이라는 전략적 위치를 차지하게 된다. OPP는 다양한 행위자들 사이에 동맹의 형성을 가능하게 하고, 행위자가 자신의 목표를 성취하는 데 필요한 자원에 대해 통제권을 갖게 한다. 예컨대 19세기 말 프랑스에서 가축 탄저병이 큰 사회적 문제가 되어 축산농부와 위생학자 및 정부의 관심이 집중되었을 때 파스퇴르의 실험실은 바로 이 문제를 해결하는(또는 그렇게 주장하는) OPP가 되었던 것이다. 또는 현재 한국사회의 젊은 세대들에게 인터넷이나 휴대폰은 그것이 없어서는 일상생활을 영위하기조차 힘든 필수품이 되었는데, 따라서 이런 인터넷이나 휴대폰을 서비스하는 회사들은 젊은 세대들에게 OPP가 되었다고 할 수 있다. 성공적인 번역이 이루어지면, 해당 문제를 겪고 있는 다양한 행위자들은 자신들의 문제를 해결할 유일한 길은 OPP를 통과하는 것뿐이라고 확신을 하게 되며, 따라서 OPP에게 이른바 '권력'이 형성되는 것이다.

ANT를 통한 사회이론의 혁신

ANT는 '행위자'라는 개념이 기존의 사회이론에서처럼 인간만을 지칭하는 의미를 피하기 위해 종종 행위소(actant)라는 보다 보편적인 개념으로 대체되기도 한다. 행위소는 행위할(작동할) 수 있는 능력을 부여받은 모든 실체를 가리키는 개념이다. 행위소는 항암제 개발을 목표로 하고 있는 제약공장—이는 인간과 비인간의 혼성물(hybrid)—일 수도 있고, 핵무기를 지지하는 정당일 수도 있고, 기술자나 연구자, 또는 전자(electron)일 수도 있다.

이 모든 행위자들은 활동하게 되고 진술, 도구, 체현된 기술들 속에서 움직이게 된다. 각각의 새로운 번역은 이전의 번역을 변형하고 모순되게 하거나 또는 그것을 강화한다. 즉 각각의 번역은 행위소들의 세계를 변형하거나 안정화하는 것이다. 번역하는 것은 행위소들로 가득찬 세계 전체——행위소들의 정체성과 상호작용은 다시 이 세계에 의해 규정되는——를 조직하고 서술하는 것이다.

이러한 확장된 행위자 개념이 과학 활동의 연구에 있어서 중요한 이유는, 그것이 자연세계 및 사회세계를 구성하는 실체들의 목록은 이질적이며 끊임없이 변화한다는 것을 포착하게 해주기 때문이라고 칼롱은 주장한다. 인간은 칸트적인 의미에서처럼 본유의 능력을 소유하고 있는 특권적인 존재가 아니라 특정 연결망에 의해 구성되는 존재이고, 비인간 역시 이른바 '자연'(Nature)이라는 본질적인 성질을 지닌 채 수동적으로 작용을 받기만 하는 존재가 아니라 특정 연결망에 의해 구성된 속성들의 집합체로서의 존재라는 것이다. 행위자들의 정체성은 연결망의 상태와 진행 중인 번역, 즉 그들이 참여하고 있는 역사에 의존한다. 마찬가지로 자연과 사회라는 이분법도 그들을 질서짓는 연결망에 따라 동요한다. 따라서 ANT는 인간과 비인간, 자연과 사회라는 거대한 이분법을 거부한다. 하지만 이러한 입장이 차이의 존재를 거부하는 것은 아니며, 다만 분석자는 이분법에 기반하지 않고 차이를 파악하면서 차이의 변화를 추적해야 한다고 칼롱은 주장한다.

ANT는 인간 행위자의 동의와 반대를 기준으로, 즉 상이한 이해관계의 전가에 따른 동의 및 반대의 존재와 그들 사이의 협상으로 과학논쟁에서의 동의 창출을 설명하는 SSK의 방식에 반대한다. 그 대신 ANT는 행위자-연결망이 조밀하게 잘 정렬되어 있느냐 아니면 느슨하게 흩어져 있느냐 여부로 이를 설명한다. 과학에서 특정한 주제에 대한 논쟁이 이루어지기 위해서는 과학자의 진술과 이론뿐 아니라 이를 뒷받침하는 기술적 인공물과 같은 비가시적인 하부구조 전체가 필요하다. 따라서 과학적 활동에서 동의가 창출되는 것은 특정한 행위자-연결망이 잘 정렬되어 강력한 힘을 갖추게 될 때 그에 기반하여 이루어지는 것이다. 달리 말하면, 번역의 성공 여부, 즉 동의의 창출은 특정 행위자-연결망이 얼마나 스스로를 해당 과학에서 필수불가결한 존재(즉 OPP)로 만들 수 있느냐에 달려 있다. 이는 SSK의 견해와는 달리, 이미 확립된 과학적 동의에 대항하는 것이 얼마나 어려운 일인가, 그 결과 전체 과학사에 있어서 논쟁을 통해 이견이 드러나는 일이 왜 예외적인가를 보여준다. 즉 특정한 과학적 동의에 문제를 제기하는 시도는 바로 구성요소 모두가 서로를 지탱하고 있는 행위자들의 조밀한 연결망과 마주치게 되고, 이 조밀한 연결망에 대항하여 그와 대등한 힘을 가질 수 있는 연결망을 새로 구축해내는 것은 매우 어려운 일이기 때문이다.

이처럼 과학적 동의가 연결망을 견고하게 구축하는 것에 달려 있다는 ANT의 견해는 과학의 내부와 외부, 즉 미시와 거시의 이분법을 넘어서 실험실 내부와 외부 사이의 관계에 대한 새로운 이해를 가능하게 한다. 즉 실험실 혹은 과학 내부에서의 동의가 연결망의 구축에 달려 있는 것과 마찬가지로 실험실 외부에서의 동의 역시 이 연결망을 얼마나 튼튼하게 확장해내는가에 달려 있다는 것이다. 칼롱의 동료 라투르가 파스퇴르에 대한 사례연구에서 잘 보여주었듯이, 실험실의 과학은 이미 존재하고 있던 외부를 그대로 둔 상태에서 외부에 전달되어 효과를 발휘하는 것이 아니다. 실험실의 과학이 효과를 발휘하기 위해서는 먼저 그것이 적용될 곳들에 실험실과 동일한 조건들을 확장시켜야 한다. 따라서 ANT에 의하면 과학의 외부는 따로 존재하지 않는다. 단지 과학적 사실의 유통을 가능하게 하는 길고 좁은 네트워크가 존재할 뿐이다. 마치 철로가 없이는 기차가 달릴 수 없듯이….

이처럼 칼롱이 제창한 ANT는 과학학은 물론 기존의 사회이론을 근본적으로 혁신시킬 수 있는 풍부한 새로운 통찰을 담고 있다. 비인간까지 확장된 행위자의 개념, 미시/거시 및 구조/행위의 이분법을 넘어서는 설명 모델, 권력에 대한 새로운 개념화, 과학/사회 또는 내용/맥락의 구분 폐기, 그리고 자연/사회의 전통적 경계를 넘어섬으로써 자연과학/사회과학의 '두 문화'를 극복할 가능성을 함축하고 있는 점 등은 ANT가 그 어느 이론보다도 21세기에 필요한 지식의 새로운 지평을 보여주는 것이라고 평가할 수 있다.

김환석 서울대 사회학과 학부와 석사과정을 마치고 영국 런던대학교 임페리얼칼리지에서 과학기술사회학으로 박사학위를 받았다. 과학기술정책연구원의 책임연구원과 울산대학교 사회학과 교수를 역임하고 1996년부터 국민대학교 사회학과 교수로 재직하고 있다. 참여연대 시민과학센터 소장을 역임한 바 있으며, 현재 영국 랭커스터대학교 사회학과 및 과학학센터에서 방문교수로 연구 중이다. 저서로『진보의 패러독스』(공저, 1999), 역서로는『과학기술과 사회』(공역, 1998),『토머스 쿤과 과학전쟁』(공역, 2002) 등이 있다.

용어와 개념 풀이

행위자 actor 행위소 actant

'행위자'는 세계에 어떤 변화를 가져오는 모든 실체들을 가리킨다. ANT는 이미 세계의 안정된 구성요소들이 되어 있는 실체들로부터 출발하는 대신에, 한 행위자가 존재하기까지 겪는 복잡하고 논쟁적인 과정에 분석의 초점을 맞춘다. 어떤 행위자가 무엇이냐는 정의는 처음부터 존재하는 것이 아니라, 다양한 종류의 실험을 의미하는 이른바 '시험들'(trials)을 통해 그 행위자가 나타내는 성취 내지 수행들(performances)에 의해서 정의되며, 나중에 이로부터 그 행위자의 능력(competence) 또는 본질(essence)이 연역되는 것이다. 흔히 영어에서 '행위자'란 인간에만 국한되기 때문에, 기호학으로부터 빌려온 '행위소'라는 개념이 인간과 비인간을 함께 가리키기 위해서 쓰인다. 행위소는 행위할 수 있는 능력을 연결망에 의해 부여받은 인간 및 비인간의 모든 실체를 가리키는 개념이다.

연결망 network

'연결망'이란 용어는 그 성격이 아직 미결정된 실체들 사이의 비구체화된 관계들의 집합이라고 정의할 수 있다. 연결망은 크게 두 가지의 실체들을 함께 묶는 역할을 하는데, 그것은 인간(사람, 사회)과 비인간(사물, 자연 및 인공물)이다. 따라서 ANT에서는 연결망이 한 종류의 실체들이 아니라 인간-비인간의 이질적인 실체들로 구성된다는 점을 강조한다. 행위자와 연결망은 서로가 서로를 구성한다. 행위자는 연결망이 없이는 행위할 수 없고, 연결망은 행위자들로 이루어져 있다. 행위자와 연결망은 서로를 지속적으로 재규정하고, 하나가 다른 하나에 의존한다. 연결망의 측면에서 볼 때 거시적 행위자(예: 국가)와 미시적 행위자(예: 개인) 사이에, 또는 어떤 주요 사회제도나 평범한 사물 사이에 구조적 차이란 없다. 이는 그것들이 모두 동일하다는 말은 아니다. 단지 이는 미시적 행위자와 거시적 행위자 사이의 주된 차이는 어떤 특정한 목적을 위해 그 행위자가 만들어낼 수 있는 연결망의 규모, 즉 자신의 목표에 따라 그가 동원할 수 있는 행위자들의 수에 있다는 것이다.

매개자 intermediary/mediator

'매개자'는 행위자들을 연결망에 연계시키고 해당 연결망 자체를 규정하는 고리에 해당한다. 행위자들은 자신들 사이에서 매개자를 유통시킴으로써 연결망을 형성하는데, 매개자는 연결망 내에서 각 행위자의 위치를 규정하고 그렇게 함으로써 행위자들과 더불어 해당 연결망 자체를 구성하게 되는 것이다. 따라서 각 매개자는 그것이 매개 역할을 해주고 질서를 부여해주는 특정 연결망을 구체적으로 서술해주는 요소가 된다. 칼롱은 매개자를 크게 네 가지 유형으로 분류하고 있다. 첫째로 논문, 보고서, 저서, 특허, 연구노트, 매뉴얼 등의 텍스트들이 있다. 둘째로 과학장비, 기계, 로봇, 소비재 등의 기술적 인공물이 해당된다. 셋째, 인간과 그들이 체화하고 있는 숙련(지식, 노하우 등)도 이에 해당한다. 넷째, 모든 형태의 화폐가 역시 여기에 포함된다. 라투르는 수동적인 '중개자'(intermediary)와 능동적인 '매개자'(mediator)를 구분하면서 여기에 중요한 의미를 부여하고 있다. '매개'(mediation)란 투입과 산출로써만은 정확히 규정되지 않는 어떤 독창적인 '사건'(event)으로서, 매개의 대상인 실체들뿐 아니라 번역의 대상까지도 창조하는 행위이다. '중개자'는 그 자체가 아무런 존재론적 지위도 갖고 있지 않기 때문에 단지 '자연'과 '사회' 같은 실재 사이에 연계를 맺어주는 역할을 담당한다. 즉 중개자는 실재들의 힘을 운반하고 전달하며 이전하는 단순한 역할밖에 못하는 것이다. 이에 반해 '매개자'란 그것이 운반하는 것을 번역하고, 재규정하며, 재배치하고, 때로는 배반할 능력을 지니고 있는 생생한 행위자인 것이다. 따라서 중개자가 하인이라면, 매개자는 자유시민이라고 할 수 있다. 라투르는 주체/객체, 자연/사회의 근대적 이분법을 부정함으로써 '중개자'를 '매개자'로 만들어야 한다고 주장하고 있다.

번역 translation

번역은 어떤 행위가 일어나기 위해서 반드시 필요한 매개를 해주는 다른 행위자들을 통한 모든 치환(displacement)을 의미한다. 기존의 과학사나 과학사회학에선 '내용'(content)과 '맥락'(context)의 엄격한 대립을 상정했지만, ANT에서는 그러한 대립 대신에 행위자들이 자신의 다양하고 모순적인 이해관계를 수정하고 치환하며 위임하는 번역의 연쇄만이 존재한다고 생각한다. 그래서 ANT는 초기에 스스로를 '번역의 사회학'(sociology of translation)이라 부르기도 하였다.

보다 일반적으로 말해서 번역은, 어떤 행위자가 다른 행위자를 대신해서 말하거나 행동할 수 있는 권위를 갖게 만드는 모든 형태의 협상, 음모, 계산, 설득과 폭력 행동들을 지칭하는 것이라 할 수 있다. 따라서 번역은 권력을 창출하는 정치적 성격의 행위인 것이다.

미셸 칼롱은 말한다

- 행위란 언제나 집합적이고 이질적이다. ―필자와 칼롱과의 인터뷰에서

- (행위자란) 자신 주위로 공간을 구부리고, 자신에게 다른 요소들이 기대게 만들며, 이 다른 요소들의 의지를 자신의 언어로 번역하는 어떤 요소이다.

- 행위자-연결망은 행위자만으로도 연결망만으로도 환원될 수 없다. 그것은 생물과 무생물의 이질적인 일련의 요소들로 구성되어 있는데, 이 요소들은 일정한 기간 동안 서로 서로 연결되어 있다. 행위자-연결망이란 자신의 활동을 통해 이질적 요소들을 연결하는 행위자인 동시에, 자신의 구성 요소들을 재규정하고 변형할 수 있는 연결망이기도 하다.

- 번역이란 사회 세계 및 자연 세계가 점진적으로 형태를 갖추게 되는 메커니즘이다. 그 결과는 어떤 실체들이 다른 실체들을 통제하는 상황으로 나타난다. 일반적으로 사회학자들이 권력관계라고 부르는 것을 이해하려면, 행위자들이 어떻게 규정되고 결합되며 그러면서 동시에 자신의 동맹에 충성을 다 하는지 그 방식을 묘사해야 할 것이다. 번역이란 레퍼토리는 다양한 사회적 및 자연적 실체들을 계속 함께 섞는 복잡한 과정을 대칭적이고 유연하게 묘사하기 위해서만 고안된 것은 아니다. 그것은 또한 어떻게 소수가 자신이 동원한 사회적 및 자연적 세계의 말없는 많은 행위자들을 표현하고 대표할 권리를 얻는지에 대해 설명을 제공해주기도 하는 것이다.

- 타자들을 대신해 말한다는 것은 우리가 이름을 대신하는 그들을 먼저 침묵시키는 것이다.
- 한 행위자-연결망의 구성과 기능에서의 변화를 초래하는 작업들은 매우 복잡하다. 어떤 실체가 수정될 수 있는 정도는 해당 실체가 한 연결망을 다른 연결망 대신에 요약하고 단순화하는 방식의 함수이다.
- ANT는 행위자에 대한 안정된 이론에 기초하고 있지 않다. 오히려 그것은 행위자의 '급진적 비결정성'(radical indeterminacy)을 가정하고 있다. 예를 들면, 행위자의 규모, 그 심리적 조성, 그 행위 저변의 동기 등——이 모든 것들이 미리 결정되어 있지 않다. 이런 측면에서 ANT는 보다 정통적인 사회과학의 조류와 결별한 것이다. 이 가설은 잘 알려진 바대로 사회과학을 비인간에게 열어놓았다. 그것은 또한 사회과학을 개인주의/전일주의란 불모의 이분법으로부터 해방시켰으며, 대변자(spokesperson)란 개념을 통해 언어란 배분의 '효과'이지 내재적 속성이 아님을 상기시킨 바 있다.

더 읽어야 할 책들

Michel Callon, John Law, Arie Rip, "Mapping the Dynamics of Science and Technology," *Sociology of Science in the Real World*, London: Macmillan, 1986.

Michel Callon, John Law, "The Life and Death of an Aircraft: A Network Analysis of Technical Change," *In Shaping Technology Building Society*, ed. Wiebe Bijker and John Law, Cambridge, Massachusetts: The MIT Press, 1992.

Michel Callon, "Analysis of Strategic Relations between Firms and University Laboratories," in P. Mirowski and E.-M. Sent(ed.), *Science Bought and Sold: The Need for a New Economics of Science*, The University of Chicago Press: 2002.

Michel Callon, P. Mustar(ed.), *The Strategic Management of Research and Technology*, Paris: Economica International, 1998.

브뤼노 라투르 *Bruno Latour*

과학은 판도라의 희망인가

김환석 국민대 교수·사회학

과학의 인류학 분야를 개척하다

'행위자-연결망 이론'(ANT)의 창시자는 미셸 칼롱이지만, 그것을 전세계적으로 유명하게 만든 것은 그의 동료 브뤼노 라투르이다. 라투르는 1947년생으로 프랑스 와인의 유명한 생산지 중 하나인 부르고뉴(영어로 '버건디') 지방의 본에서 '루이 라투르'라는 와인제조업 집안 출신으로 태어났다. 그는 프랑스의 지식인들을 보통 배출하는 에콜노르말 출신이 아니라, 지방도시인 부르고뉴의 디종(Dijon)에서 대학을 다녔다. 대학에서는 철학 및 성경해석 분야로 학위를 받았고, 그후 군복무에 해당하는 프랑스평화봉사단의 일원으로 아프리카(아이보리코스트)에 건너가서 인류학적 현지조사 훈련을 통해 사회과학으로 학문적 관심을 돌렸다. 그러고 나서 1975년 아프리카와 대조되는 문화를 보기 위해서 미국으로 건너가 실험실에 대한 민속지 연구를 직접 수행함으로써 '과학의 인류학'이라 부를 수 있는 분야를 개척하였다.

캘리포니아에 있는 소크생물학연구소(Salk Institute for Biological Studies)에서 1975년 10월부터 1977년 8월까지 이루어진 이 참여관찰 연구 결과를, 라투르는 영국의 과학사회학자 스티브 울가(Steve Woolgar)와 함께 정리하여 1979년『실험실 생활: 과학적 사실의 사회적 구성』(*Laboratory Life: The Social Construction of Scientific Facts*)이란 책으로 펴냈다. 이 책은 사실상 실험실에서 과학자들이 행하는 일상적 활동에 대한 세부연구로서는 첫 시도였으며, 학계의 대단한 관심을 불러일으키면서 이후 '실험실연

> 라투르는 모든 과학이 야누스의 얼굴을 가지고 있다고 강조한다. 즉 공적으로는 과학이 모든 사람이 동의하는 확고하며 믿을 만한 지식으로 표현되지만, 동시에 사적으로 과학은 불확실성과 논쟁을 경험하는 것이 실제 모습이라는 것이다.

구'(laboratory studies)로 이름붙여진 과학학의 새로운 흐름을 주도하는 역할을 하였다. 라투르는 이때부터 특히 영미권 학자들에게 명성을 얻게 되었고 과학학뿐 아니라 여러 분야의 학자들이 그의 독특한 관점과 설명방식을 두고 열띤 논쟁을 벌였다.

그는 이후 파리 국립고등광업대학교 혁신사회학센터에 합류하여 미셸 칼롱과 더불어 ANT를 본격적으로 이론화하는 데 매진하였다. 특히 그는 ANT의 철학적 기초를 마련하고 방법론을 확립하는 데 크게 기여했는데, 그에게 가장 큰 영향을 준 것은 기존의 과학학 이론 외에 세르(Michel Serres)의 과학철학과 그레마스(A. J. Greimas)의 기호학이다. ANT는 실험실 내부의 분석에 머물던 그의 과학연구를 실험실 외부로 확장시키는 계기를 마련해주었는데, 그 결실로서 나온 저작이 『프랑스의 파스퇴르화』(The Pasteurization of France: 불어판 1984; 영어판 1988)와 『과학의 실천』(Science in Action, 1987)이다. 이 두 권의 책으로 과학학자로서 그의 명성은 국제적으로 확고해졌으며, ANT는 과학지식사회학(SSK) 이후 과학학의 새로운 흐름을 주도하는 이론으로 부상하였다.

탈냉전 시대인 1990년대 이후 그는 자신의 이론을 단지 과학과 기술만이 아닌 정치나 환경, 예술, 사법, 종교에 이르는 다양한 분야의 분석에 적용하는 시도를 해왔다. 그러면서 그는 과학학에서 출발한 ANT를 근대주의와 탈근대주의 모두를 넘어서는 '비근대주의'(non-modernism) 일반 이론으로 확대하려는 노력을 하고 있다. 짤막하지만 그의 비근대주의 사상을 잘 드러내는 것이 『우리는 결코 근대적이었던 적이 없다』(We Have Never Been

탈냉전 시대인 1990년대 이후 그는 자신의 이론을 단지 과학과 기술만이 아닌 정치나 환경, 예술, 사법, 종교에 이르는 다양한 분석에 적용하는 시도를 해왔다.

Modern: 불어판 1991; 영어판 1993)라는 저서이다. 이 책은 현재까지 15개국 이상의 언어로 번역되어 라투르의 저서 중에 가장 대중적으로 성공한 저서가 되었다. 그리고 일종의 추리소설 형식을 띤 파리 자동지하철 시스템의 사례분석서인 『아라미스 또는 기술 사랑』(Aramis or the Love of Technology: 불어판 1992; 영어판 1996)은 독특한 형식으로 주목을 끌었다. 이외에도 과학학에 대한 그의 가장 최근 생각을 보여주는 『판도라의 희망: 과학학의 현실에 대한 에세이』(Pandoras Hope: Essays on the Reality of Science Studies, 1999), 환경에 대한 정치철학서인 『자연의 정치학』(Politiques de la nature, 1999), 그리고 프랑스 최고행정재판소에 관한 민속지 연구서인 『법에 대해 쓰기』(Ecrire le droit: une ethnographie du Conseil d'Etat, 2002) 등 정력적인 저술을 계속하고 있다.

현재 그는 국립고등광업대학교의 정교수인 동시에, 영국의 런던정경대학교(London School of Economics)와 미국의 하버드대학교 과학사학과의 방문교수를 겸임하면서 활동하고 있다. 2002년 6월에는 홍콩대학교에서 주최한 '학문의 미래에 대한 탐색'이라는 주제의 국제컨퍼런스에 초빙연사로 아시아를 다녀간 바도 있다.

라투르 사상의 전개

라투르의 학문적·사상적 궤적은 굳이 나누자면 다음과 같은 3단계에 걸쳐 발전해왔다고 볼 수 있다. 첫째, 그가 인류학 연구를 처음 시작하여 결국 실험실에 대한 민속지 연구를 통해 과학학으로 접어들게 된 1970년대. 둘째, 칼롱과의 만남을 통해 ANT를 함께 이론화하면서 과학학을 심화시키는 데 주력한 1980년대. 마지막으로, ANT를 확대하여 과학만이 아닌 다른 분야에도 적용하고 이를 통해 '비근대주의' 이론 및 정치를 모색하고자 한 1990년대 이후 현재까지의 단계가 그것이다. 그러면 각 단계별로 그의 사상의 특징을 간략히 살펴보기로 하겠다.

종교적 언어 사용에 있어서 전통적으로 의사소통은 감정 표현(기쁨 또는 슬픔 등)에 많은 억압과 제약이 존재했다고 밝히는 라투르의 최근 저작.

1970년대

라투르는 1970년대 초반 아이보리코스트에 있는 한 프랑스 연구소에서 왜 아프리카인들이 산업사회의 생활방식에 적응하는 것이 그토록 어려운가 설명하는 연구를 수행하였다. 당시 지배적인 설명은 아프리카인들이 전과학적(prescientific) 사고방식을 지녔기 때문이라는 것이었는데, 라투르는 현장조사를 통해 그러한 설명이 근거가 없다는 판단을 하게 되었다. 그러면서 만일 동일한 민속지 연구방법을 이른바 '과학적' 사고를 하는 서구의 첨단과학자들에게 적용하면 어떤 결과가 나올까 하는 문제의식이 생기게 되었다.

마침 그와 같은 고향 출신으로서 미국의 소크생물학연구소에서 활동하고 있던 과학자 로제 기유맹(Roger Guillemin)으로부터 초청을 받아, 1975년 10월 라투르는 기유맹 실험실에 대한 민속지 연구를 위해 미국으로 건너갔다. 당시 기유맹은 두뇌에서 만들어지는 갑상선 자극 호르몬인 타이로트로핀의 방출인자(TRF에서 후에 TRH로 명칭 변화)를 연구하고 있는 중이었다. 라투르는 이 사례연구의 결과를 담은 저서 『실험실 생활』을 통해, 실험실의 사회적 세계가 어떻게 논문과 기타 텍스트를 생산해내며, 어떻게 실재에 대한 과학적 시각이 좀처럼 바꾸기 힘든 일련의 진술들로 변하는지 그 과정을 세밀히 추적하였다. 과학적 '사실'이 만들어지는 이러한 느리고 실천적인 장인작업을 '구성'(construction)이라 부르면서, 한 진술이 사실(fact)로 변형될 수 있는 것은 어떤 이상적인 과학적 방법을 통해서가 아니라 바로 이러한 실천적 작업을 통해서라고 주장하였다. 더 나아가 이런 구성과정을 관찰해보면, 이른바 '실재'(reality)란 과학적 논쟁의 원인이 아니라 그 해결의 결과이기—즉 실재는 사실구성에 선행하지 않기—때문에 사실의 설명에 실재가 사용될 수는 없다고 라투르는 주장하였고, 이는 이후로도 그의 일관된 입장이 되었다.

『우리는 결코 근대적이었던 적이 없다』. 라투르의 비근대주의 사상이 잘 드러나는 대표작이다.

1980년대

칼롱과 함께 ANT의 이론화에 나선 라투르는 파스퇴르에 대한 사례연구를 통해 과학이 단지 자연을 재현하는 지식이 아니라, 실험실의 안과 밖을 넘나들면서 과학자가 다양한 인간 및 비인간 행위자들을 조밀하게 묶어내는 연결망 구축의 실천이라는 점을 '프랑스의 파스퇴르화'에서 보여주고자 하였다. 아울러 '과학의 실천'에서는 다양한 시기와 분야에 걸친 수많은 일화와 사례들을 이용하여, 과학적 실천과 그것이 사회 다른 부분과 맺고 있는 연관을 새로이 조명하는 데 주력하였다. 그는 어떤 지식-주장이 '사실로 구성'되는 것은 그 주창자가 중요한 타자들과 동맹 또는 연결망을 맺는 것을 통해서라는 점을 보여주고자 하였다. 이때 연결망을 구성하는 타자들은 특정한 지식-주장에 권위를 부여하는 동시에 그것을 좀처럼 변경시키려 노력하지 않는다는 것이다.

『법의 제정』. 이 책에서 라투르는 각 나라마다 민족의 문화와 역사에 따라 그 나름의 법 적용 방식을 가진다는 관점으로 법의 일상사를 연구한다.

왜 우리가 흔히 알고 있는 과학이나 그에 연관된 기술은 이러한 설명과는 거리가 먼, 확실하고 견고한 어떤 것으로만 생각될까? 이에 대해 라투르는 모든 과학이 야누스의 얼굴을 가지고 있기 때문이라고 강조한다. 즉 공적으로는 과학이 모든 사람이 동의하는 확고하며 믿을 만한 지식으로 표현되지만, 동시에 사적으로 과학은 불확실성과 논쟁을 경험하는 것이 실제 모습이라는 것이다. 라투르는 과학문헌, 실험실, 기술에서 우리가 대면하는 견고한 '기성과학'이 지닌 불확실하고 협상적인 측면을 풀어 보이면서, 사실이나 기계의 구성이 설득, 수사, 자원할당을 포함하는 일종의 '집합적' 과정임을 보여주고 있다. 따라서 우리는 이미 블랙박스화된 '기성의 과학' (ready-made science)이 아니라, 그렇게 되기 전의 '만들어지고 있는 과학' (science-in-the-making)에 주목해야 한다는 것이다.

그러면 과학을 분석하는 사회학자들의 지식-주장은 이러한 연결망 구축의 운명에서 예외일까? 라투르는 과학에 대한 자신의 분석을 사회학 자체에도 적용시켜 성찰성의 요구에 응답하고자 한다. 사회학은 조사, 설문지, 문헌 등의 기술과학을 통해 '사회'라 불리는 또 다른 실재(즉 블랙박스)를 창출하려는 시도라고 그는 본다. 따라서 사회에 대한 사회학자의 해석이 '사실'로 받아들여지느냐 역시 자연과학과 마찬가지로 교과서, 대학의 자리, 정부에서의 위치, 군부와의 통합 등이 연루되는 연결망 구축의 투쟁에 의존한다고 그는 지적한다. 결국 라투르는 ANT를 통해 과학이 설명하는 '자연'이라는 실재나, 사회학이 설명하는 '사회'라는 실재가 모두 위와 같은 연결망 구축의 결과(원인이 아닌)라고 주장하는 대칭적(symmetrical) 입장을 피력함으로써 전통적인 과학사회학과는 거리를 두게 되었다.

1990년대 이후

탈냉전 이후 라투르는 자신의 위와 같은 대칭적 과학학을 보다 일반화하여 근대주의/탈근대주의의 이분법을 넘어서는 '비근대주의' 사상으로 전개시켜 왔다. 이에 대해 그는 자신이 미셸 세르에게서 영감을 얻었음을 누누이 강조하고 있는데, 세르는 근대를 전근대로부터 분리하는 혁명이란 있지 않았다고 생각하며 칸트의 비판철학으로부터 시작되어 오늘날 탈근대 사상가까지 이어지는 지식인의 비판(critique) 전통을 부정하는 독특한 철학자이다. 라투르는 이러한 생각을 이어받아 『우리는 결코 근대적이었던 적이 없었다』에서, 자연/사회의 이분법은 원래 있었던 것이 아니라 토머스 홉스와 로버트 보일 사이에 있었던 '진공펌프'를 둘러싼 17세기 논쟁의 결과로 생겨난 것임을 주장한다. 즉 그들은 인간의 '정치적' 재현과 비인간의 '과학적' 재현이라는 이분법을 만들어냄으로써 '진리에 관한 정치적 헌법'을 공동발명했으며, 바로 이런 구분이야말로 근대주의의 기초를 이루었다는 것이다.

더 나아가 라투르는 근대의 특징을 '번역'(translation)과 '정화'(purification)의 이중구조에서 찾고 있다. '번역'이 전혀 새로운 유형의 존재들—즉 자연과 사회간의 잡종들(hybrids)—을 창출하는 행위라면, '정화'란 두 가지의 완전히 구분되는 존재론적 영역인 인간들의 순수한 영역('사회')과 비인간의 순수한 영역('자연')을 만들어내는 행위이다. 그런데 근대인들은 이 두 가지를 분리해서 생각하고 있으며, 따라서 의식으로는 '정화'에 몰두하고 있으면서도 무의식적으로는 '번역'을 통해 점점 더 수많은 잡종들과 연결망들을 양산하고 있다. 라투르는 과학과 기술을 통해 만들어진 모든 사실(fact)과 인공물(artifact)이 이러한 잡종들에 해당한다고 보고 있는데, 이들은 순수한 의미의 '자연' 혹은 '사회' 그 어느 쪽에도 속하지 않기 때문이다. '정화'는 칸트 이후의 근대 비판철학부터 본격적으로 전개되었으며 아직까지 근대인들의 의식구조를 지배하고 있다. 그러나 이러한 의식구조는 지구가 견디지 못할 만큼의 잡종 인공물들을 무책임하게 양산함으로써 세계의 위기(생태적 위기 등 이른바 '위험사회')를 낳고 있는 장본인이기 때문에, 라투르는 이를 극복의 대상으로 보며 대신에 '번역' 행위에 대한 우리의 명시적인 의식이 필요하다고 본다. 비인간 행위자들에 대한 의식적이고 책임있는 '번역'이 잡종 인공물들의 무한정한 증식을 억제하고 인간과 비인간의 새로운 관계 즉 '공생'을 가능하게 할 것이라고 보기 때문이다.

위와 같은 입장은 최근에 나온 책 『판도라의 희망』과 『자연의 정치학』에서 보다 구체화되면서, 결국 라투르의 '비근대주의'는 일종의 새로운 생태정치학으로 발전하는 모습을 보이고 있다. 그는 '자연'이란 범주가 절대적인 것이 아니라 '사회'와 더불어 근대주의의 구성물이라면, 이런 '자연' 개념에 의존하고 있는 현재의 많은 녹색운동들은 근대주의 기획을 변혁하는 것이 아니라 오히려 수명을 연장시키는 것이라고 지적한다. 이러한 한계를 벗어나 생태적 위기를 해결하려면, 기술과학이 마땅히 논쟁과 타협의 정치적 과정을 거쳐 인간과 비인간이 지금과는 전혀 다른 방식으로 결합되는 새로운 제도의 실험―즉 벨기에의 과학철학자 이사벨 스텐저스(Isabelle Stengers)가 제창하는 '코스모폴리틱스'와 같은 것이 필요하다고 그는 역설하고 있다.

비근대주의와 탈근대주의는 전혀 다르다

라투르의 '비근대주의'를 적지 않은 사람들이 탈근대주의의 변형이거나 그 일종이라고 오해를 하고 있다. 이에 대해 라투르는 여러 글을 통해 자신의 입장은 탈근대주의와는 전혀 다르며, 오히려 그것에 대해 매우 비판적임을 뚜렷이 밝히고 있다. 우선 리오타르나 보드리야르 같은 탈근대 사상가들은 자연과학에 관한 한 완전히 과학주의적 입장을 취하고 있다고 비판한다. 그들은 과학을 빼놓곤 그 무엇이나 비판하는 데, 이는 그들이 아직도 자연/사회의 근대적 이분법에 갇혀 있기 때문이라는 것이다.

홉스-보일의 논쟁 이후 순수한 인간의 재현을 담당하는 사회과학과 순수한 비인간의 재현을 담당하는 자연과학의 이분법이 생겨났으며, 이를 받아들이면 두 가지의 비판적 임무가 지식인에게 생겨난다. 그것은 계몽주의가 그랬듯이 자연과학으로 과거의 몽매주의를 비판하는 것, 그리고 둘째로 사회과학으로 자연과학의 실수와 오만을 비판하는 것이 그것이다. 라투르는 유독 이렇게 서구의 근대주의에서 인간의 재현과 비인간의 재현을 분할한 것이 '우리'(서구)와 '그들'(비서구) 사이에 문화를 구분하는 것과 일맥상통한다고 지적한다.

오늘날 이러한 두 가지 비판이 점점 결합되고 있는데, 라투르에 의하면 탈근대주의란 바로 이 두 가지 비판의 '실망한'(disappointed) 버전이라는 것이다. 즉 자연/사회의 이분법은 그대로 둔 채, 단지 실망한 계몽주의에다가 실망한 사회과학적 비판을 더한 것이 탈근대주의라고 그는 신랄하게 지적한다. 그것은 아직도 비판하기를 원하지만, 그 자신이 더 이상 사회주의(사회과학이 약속했던)나 자연주의(자연과학이 약속했던)의 이상을 믿지 않기 때문에 어디에 근거해서 비판해야 할지를 모르게 되어버렸다. 탈근대 사상가들은 토대가 없이 어떻게 비판을 계속 수행해야 하는지 아무런 아이디어가 없다는 것이다. 따라서 탈근대주의는 근대주의의 실패를 나타내는 흥미로운 징후이자 완전한 지적 파산이라고 라투르는 생각한다. 한마디로 그것은 근대주의의 극복이 아니라, '실망한 근대주의' 즉 근대주의의 종착점이라고 그는 보는 것이다.

김환석 서울대 사회학과 학부와 석사과정을 마치고 영국 런던대학교 임페리얼칼리지에서 과학기술사회학으로 박사학위를 받았다. 과학기술정책연구원의 책임연구원과 울산대학교 사회학과 교수를 역임하고 1996년부터 국민대학교 사회학과 교수로 재직하고 있다. 참여연대 시민과학센터 소장을 역임한 바 있으며, 현재 영국 랭커스터대학교 사회학과 및 과학학센터에서 방문교수로 연구 중이다. 저서로『진보의 패러독스』(공저, 1999), 역서로는『과학기술과 사회』(공역, 1998),『토머스 쿤과 과학전쟁』(공역, 2002) 등이 있다.

용어와 개념 풀이

정화 purification
라투르는 근대의 특징을 '번역'과 '정화'가 동전의 양면처럼 결합되어 있다는 데서 찾고 있다. '번역'이 전혀 새로운 유형의 존재들, 즉 자연과 사회 간의 잡종들(hybrids)을 창출하는 행위라면, '정화'란 두 가지의 완전히 구분되는 존재론적 영역을 창출하는 행위다. 즉 '정화'는 한편으로는 인간들의 영역(순수한 '사회')을, 다른 한편으로는 비인간의 영역(순수한 '자연')을 만들어내는 것이다. 번역이 없다면 정화는 성과가 없거나 무의미할 것이다. 반면에 정화가 없다면 번역은 늦춰지거나 제한되고 아니면 심지어 제거될 것이다. 그런데 근대인들은 이 두 가지를 분리해서 생각하고 있으며, 따라서 의식으로는 '정화'에 몰두하고 있으면서 무의식적으로는 '번역'을 통해 점점 더 수많은 잡종들과 연결망들을 양산하고 있다. 라투르는 과학과 기술을 통해 만들어진 모든 사실(fact)과 인공물(artifact)이 이러한 잡종들에 해당한다고 보고 있는데, 이들은 순수한 의미의 '자연' 또는 '사회' 그 어느 쪽에도 속하지 않기 때문이다. 이러한 '정화'는 칸트 이후의 근대 비판철학부터 본격적으로 전개되었으며 아직까지 근대인들의 의식구조를 지배하고 있다.

기입 inscription
어떤 실체가 기호, 기록, 문서, 논문, 흔적 등으로 구현되면서 겪는 모든 종류의 변형들을 가리키는 일반적 용어가 바로 '기입'이다. 모든 행위자는 매개자에 '기입'을 함으로써 자신의 의지를 다른 행위자에게 번역하려고 시도한다. 대개(항상은 아니지만) 기입은 2차원이고 첨가나 결합이 가능하다. 기입은 새로운 번역을 허용한다는 의미에서 항상 유동적이지만, 또 한편 일부 관계유형은 건드리지 않고 남겨둔다. 따라서 기입의 수단은 또한 '불변적 동체'(immutable mobile)라고도 불리는데, 이는 치환 운동과 그에 따른 모순적 요구들을 표현하기 위한 용어다.

비인간 nonhuman
이 개념은 오직 '인간-비인간' 쌍과 주체-객체 이분법 사이의 차이에서만 의미를 지닌다. 인간과 비인간의 연합이란 주체와 객체 사이의 구분이 우리에게 강제하는 전쟁(즉 인간과 비인간의 분리와 대립)과는 다른 정치적 체제를 말하는 것이다. 따라서 비인간이란 객체의 평화시 버전이라 할 수 있다. 인간-비인간 쌍은 주체-객체 구분을 '극복하는 길이라기보다는 그것을 완전히 우회하는 길이라고 라투르는 주장한다.

실천 practice
ANT는 사회적 설명을 과학에 확장하는 것으로 정의되는 것이 아니라, 여러 과학이 실천되는 국지적, 물질적, 일상적 장소들을 강조하는 것으로 정의된다. 따라서 '실천'이란 말은 규범적인 과학철학의 접근은 물론이고 종래의 사회학 접근과도 크게 다른 연구 유형을 함축하고 있다. 실천에 대한 연구를 통해 드러난 바는, 비판적 사회학에서처럼 과학의 주장을 까발리는 데 이용되는 것이 아니라, 여러 과학을 집합적으로 생산하는 매개자들을 밝혀내는 데 이용된다.

근대주의, 탈근대주의, 비근대주의
modernism, postmodernism, nonmodernism
이 용어들은 느슨하게 사용되지만, 각각

이 수반하는 과학의 개념을 고려하면 좀 더 정확한 의미를 갖게 된다. '근대주의'란 자연에 준거하여 대부분의 정치적 활동이 스스로를 정당화하는 정치를 창출한 체제를 말한다. 따라서 과학 또는 이성이 정치질서에서 지배적 역할을 하는 미래를 구상하는 생각은 모두 근대주의에 해당한다. '탈근대주의'란 근대주의의 연장이지만, 단지 이성의 확장에 대한 확신이 포기된 것이다. 이와 상반되게 '비근대주의'란 절대적 자연의 관념을 이용하여 정당한 협상과 정치적 과정을 생략하는 것을 거부하고, 자연과 사회 사이의 근대적 및 탈근대적 이분법을 집합(즉 인간-비인간 연합)의 개념으로 대체하는 것이다.

브뤼노 라투르는 말한다

- 당신이 단지 권력— '잠재성'(in potentia)으로서의—을 가지고 있을 경우엔 아무 것도 일어나지 않고 당신은 무력할 뿐이다. 당신이 권력—'실제성'(in actu)으로서의—을 '행사'할 경우엔 당신이 아닌 타자들이 그 행위를 수행하게 된다.

- 우리는 동시에 말하는 두 모순적인 목소리와 더불어 사는 걸 배우지 않으면 안 되는데, 그건 '만들어지고 있는 과학'(science in the making)의 목소리와 '이미 만들어진 과학'(ready made science)의 목소리다. 후자는 사실(=과학)과 기계(=기술)가 항상 충분히 잘 결정된다고 간주한다. 전자는 만들어지고 있는 사실과 기계는 항상 과소결정된다고 주장한다. 즉 해당 블랙박스를 완전히 닫아버리기에는 어떤 작은 것이 항상 빠져 있다고 보는 것이다.

- 사실과 기계의 운명은 나중 사용자의 손에 달려 있다. 따라서 사실과 기계의 속성은 집합적 행위의 결과이지 결코 원인이 아니다.

- 우리가 대면하는 것은 결코 과학, 기술, 사회가 아니라, 약하거나 강한 '연합들'(associations)이다. 따라서 사실과 기계가 '무엇'이냐를 이해하는 일은 사람들이 '누구'이냐를 이해하는 것과 동일한 임무이다.

- 무엇이든 시험(trials)에 저항하는 것은 실재이다.

- '실재'와 '비실재', '실재'와 '가능성', '실재'와 '상상' 사이에는 아무 차이가 없다. 그보다 모든 차이는 오래 저항하는 것과 그렇지 않은 것, 용기있게 저항하는 것과 그렇지 못한 것, 어떻게 동맹을 맺거나 자신을 분리시키는 줄 아는 것과 그런 걸 모르는 것 사이에서 경험되는 것이다.

- 근대적이라는 것은 이중의 모순을 말하는데, 하나는 '자연'과 '사회'의 두 헌법적 보장 사이의 모순이요, 다른 하나는 '정화'의 실천과 '매개'의 실천 사이의 모순이다.

- 시간의 근대적 개념은 매우 이상하게도, '자연'의 사물들이 나타나고 사라지는 것을 억압하고 그들의 갑작스런 출현을 마치 기적인 양 제시하는 과학의 특정한 개념에 의존하고 있다.

- 우리는 우리의 설명을 객체 또는 주체(사회)로 알려진 두 순수 형태에 집착할 필요가 없는데, 왜냐면 이들은 우리의 유일한 관심사인 중심적 실천 형태의 부분적이고 정화된 결과일 뿐이기 때문이다. 우리가 추구하는 설명도 사실상 '자연'과 '사회'를 얻게 되지만, 이는 출발점이 아닌 최종 결과로서 그럴 뿐이다. '자연'은 돌지만 주체(사회)를 중심으로 도는 것은 아니다. 그것은 사물과 사람들을 만들어내는 집합을 중심으로 돈다. '주체'도 돌지만 '자연'을 중심으로 돌지는 않는다. 사람과 사물들이 창출되는 집합을 중심으로 도는 것이다. 그리하여 마침내 중간왕국이 재현된다. 자연들과 사회들은 그것의 위성들에 불과하다.
- 과학학의 기획은, 과학 전사들이 만인에게 믿게 하려는 바와는 정반대로, 과학과 사회 사이에 "어떤 연관"이 존재한다는 것을 '선험적으로' 주장하려는 것이 아니다. 왜냐면 이 연관의 존재 여부는 그것을 확립하기 위해 행위자들이 행한 것 또는 행하지 않은 것에 달려 있기 때문이다. 과학학은 단지 그런 연관이 '존재할 경우' 그것을 추적하는 수단을 제공하는 것이다.

더 읽어야 할 책들

Bruno Latour, *Science in Action: How to Follow Scientists and Engineers through Society*, Harvard University Press, Cambridge Mass, 1987.

_____, *Pandora's Hope: Essays on the Reality of Science Studies*, Harvard University Press, Cambridge, Mass, 1999.

_____, *Politiques de la nature: Comment faire entrer les sciences en democratie*, Paris: La Decouverte, 1999.

_____, *Jubiler ou les tourments de la parole religieuse*, Paris: Les Empecheurs-Le Seuil, Paris, Mars 2002.

_____, *La Fabrique du droit. Une ethnographie du Conseil d'Etat*, Paris: La Decouverte, septembre 2002.

Bruno Latour, Steve Woolgar, *Laboratory Life: the Social Construction of Scientific Facts*, Sage, Los Angeles, Londres, 1979.

Bruno Latour, Michel Callon, *La Science telle qu'elle se fait, une anthologie de la sociologie des sciences de langue anglaise Editions PANDORE*, Paris, 300 pages et preface, 1982.

이블린 폭스 켈러 *Evelyn Fox Keller*

과학 속에 페미니즘이 존재한다

정혜경 동의대 전자세라믹스연구센터 연구교수

현대 과학학의 동향과 페미니즘 과학학의 등장

　1970년대 이후 영국과 프랑스에서의 과학학(Science Studies : 과학과 연관된 총체적인 활동을 역사학, 철학, 사회학 등 다양한 방식을 통해 연구하는 학문)은 '과학은 사회적으로 구성된다'는 요지의 사회구성주의 이론에 토대를 두고 있다. 이러한 사회구성주의의 테제에 입각하여 과학의 이모저모를 해부하는 지적 활동은 국경을 초월하여 유럽 전역에서 광범위하게 행해졌으며, 그러한 활동을 편 일련의 학자들을 과학사회학자라 부른다.

　과학사회학자들에 대해 좀더 상세히 살펴보자면, 일부는 객관적이고 절대적이라고 알려진 과학지식 또는 과학적 신념이 과학 외적인 요인들이라 할 수 있는 정치, 사회, 경제, 철학 등 사회적 조건에 의해 구성되고 재편되는 사회화과정에 우선적으로 주목하는, 이른바 과학지식사회학(Sociology of Scientific Knowledge : 약칭 SSK)이라는 흐름을 형성하였다. 1970년대 에든버러대학에서 블루어(D. Bloor), 반스(B. Barnes), 세이펀(S. Shapin), 콜린스(H. Collins), 이어리(S. Yearley) 등 자연과학 전공 출신의 과학지식사회학자들이 소위 새로운 스트롱 프로그램(Strong Program)을 제창하면서 지식사회학의 범위에 자연과학을 포함시켰던 것이다.

　에든버러 학파라고 불리는 이 부류의 대표주자격인 블루어는 과학의 본질과 그 발전 메커니즘을 이해하기 위한 명제로 인과성(causality), 공평성(impartiality), 대칭(symmetry), 반성(reflexivity)의 네 가지를 제시했다. 인과성이란 과학지식과 과학적 신념의 변화에 대한 해석을 위해서는 사회적

> 켈러는 정신분석학을 도구 삼아 남성과 여성 간 인식론의 차이점을 규명한 후, 이를 확대하여 과학과 자연, 젠더, 섹스와 같은 용어상의 이분화된 구도가 설정된 조건에서 진행되는 과학연구과정에 내재한 문제점들에 대한 비판의 물꼬를 텄다. 〃

현상과 지식 사이의 인과적 관계에 대한 설명이 필수적임을, 공평성이란 과학지식의 설명은 진실과 허위, 합리성과 비합리성 등 서로 대립되는 이분적 항목들 각각에 대해 공평하게 가해져야 하는 것을 말한다. 그리고 이러한 공평성의 연장선에서, 동일한 원인과 잣대로서 참 믿음과 거짓 믿음과 같은 이분적 대립항목이 설명되어야 한다는 의미에서 대칭성이 요구되는 것이며, 마지막으로 스트롱 프로그램식의 사회적 설명의 패턴이 사회학 자체에도 확대, 적용되어야 한다는 점에서 반성적이어야 한다고 주장하고 있다.

이러한 명제들을 토대로 SSK주의자들은 방법론적 상대주의를 엄수하는 한편으로 객관성 역시 사회학적으로 구성되는 것이라는 대명제를 선언했다. 이를테면, SSK주의자들은 과학논쟁에서 경쟁 그룹들 간에 야기되는 믿음 및 지식의 다양한 변이를 역사적 사례들을 통해 분석, 설명함으로써 자연과학의 지식이 사회적으로 구성된 것임을 주장하고 있다.

이에 반해 또 다른 일군의 과학사회학자들은 과학의 본질이나 과학의 능동적인 실천이 과학지식을 형성한다는 점을 강조하고 있다. 과학지식의 사회적 구성이라는 입장을 표방한 SSK학자들과 차별화된, 구성주의를 표방하는 '행위자 네트워크 학파'(School of Actor Network)를 구축한 라투르(B. Latour)와 칼롱(M. Callon)은 사회적 요소에 의한 과학지식의 구성이 아닌, 역으로 과학에 의한 사회의 구성을 주장했다.

라투르는 블루어의 대칭(symmetry) 명제를 원용하여, 참 믿음과 거짓 믿음을 설명하고 분간하는 데 동일하고 일관성 있는 잣대를 적용할 수 있어야 할 논리적 당위성이 반드시 인간 대 비인간, 자연 대 사회, 주체 대 객체와 같은 이분법상의 대립항목을 수반하는 것은 아니라고 주장하고 나선 것이다.

라투르는 SSK주의자들이 애호하던 이분법적 구도인, 과학과 사회 간의 제관계들을 행위자(인간human과 비인간non-human)의 네트워크로 대체해버림으로써 자연세계와 사회의 경계를 무너뜨려 버렸다. 라투르의 분석에 따르면, 파스퇴르의 연구대상이었던 세균은 단순한 자연상의 발견의 의미만을 가져서도, 또는 세균 백신 개발에의 응용을 통해 사회적 영향과 성과를 창출하게 되는 사회적 구성의 맥락에서만 이해되어서도 안 된다는 것이다.

세균의 존재를 과학과 사회의 정의를 새롭게 규정하는 근거로서 이해하자면, 파스퇴르가 행한 세균의 발견은 결국 과학자인 인간과 세균이라는 비인간 행위자 간의 '동맹적 네트워크'의 결과이자, 동시에 백신을 통한 예방접종의 실시를 통해 실험실에서 이루어진 활동의 사회적 승인을 받아낸 정치적 기예의 산물이라는 것이다.

켈러는 정신분석학적, 사회학적 접근을 통해 남성 편향적인 과학관의 성격을 규명한다.

SSK 주류와 행위자 네트워크 학파의 주의주장이 보여주는 노선상의 미묘한 차이에도 불구하고 대부분의 과학사회학자들은 하나의 공통점을 보여주고 있는데, 그것은 과학지식의 산물을 이해하는 데 있어 과거 19세기에 팽배했던 실증주의의 경우처럼 박제화되고 객관화된 증거를 추구하기보다는 사회적 역동성의 중요성에 함께 공감하는 모습을 보여주고 있다는 것이다.

또 하나 이들 과학사회학자들에게 공통하는 것은 그들이 과학의 본질 자체에는 무비판적인 태도를 보여주는 한편으로 과학학의 인접분야에 대해서도 냉소적인 자세를 취하고 있다는 것이다. 1970년대 여성운동이 궤도에 달했을 때 등장한, 과학사회학과 평행으로 다소 독자적인 길을 걷고 있었던 페미니즘 과학학에 그러했다. 달리 말하자면, 페미니즘 과학학의 시작은 과학사회학의 비대칭적인 전개와 그로부터의 무관심 및 소외로 점철되어 있는

켈러는 여성 차별을 인정한 상대주의적 과학관의 위험성을 지적하고 여성성에 기반을 둔 과학의 객관성을 논증했다.

것이다.

많은 페미니스트 과학학자들은 과학지식사회학(SSK)의 접근방식을 활용하여 사회구성주의 테제의 여러 면모를 파헤쳤지만, 과학사회학자들은 페미니즘 과학학의 주장에 거의 무시로 일관하는 모습에 그들은 좌절을 느껴야만 했다. 그렇다면 과연 페미니즘 과학학의 입장이란 어떤 것인가? 과학사가인 슈빙거(L. Schiebinger)는 페미니즘 과학(기술)학의 동향을 다음의 네 가지로 분류하고 있다.

첫째, 역사적으로 무시됐던 여성과학자들의 위상의 복원.

둘째, 과학의 발달과정에서 여성이 배제되던 이유에 대한 다각적인 연구.

셋째, 여성에 관한 과학이론에 내재한 남성적 편견의 폭로와 '성과학'의 이데올로기를 규명하는 연구.

넷째, 과학실험과 실천의 규범 및 방법론에서 남성중심적 과학관에 대한 연구.

페미니즘 과학학자들은 과학지식사회학의 이론적 틀을 적절하게 이용하여 과학적 지식의 구성 및 방법론의 확립 과정에서의 성(性)이라는 개념이 가지는 중요성에 대해 조명했다. 페미니즘 이론가들은 과학이 기본적으로 오랜 기간 동안 남성의 독점적인 영역으로 남아 있었다고 보고, 기존의 과학방법론이 서구의 남성적 세계관에 충실한 지배욕, 착취욕, 기계화 추구 등의 가치들로 점철되어 있다고 주장한다.

과학인식론의 반란자들: 과학의 객관성 대 페미니즘 과학학

페미니즘 과학학에 대한 대부분의 논문들은 왜 과학지식사회학의 접근이 전적으로 채택될 수는 없는지를 설명하고 있다. 문제의 핵심은 과학지식사회학의 근간을 이루는 상대주의이론 즉, 사회구성주의는 과학의 본질을 이해하는 판단기준의 근거를 와해시킨다는 데 있다. 사실, 과학은 관찰과 실험을 통해 얻어지는 가치중립적이고 순수한 객관적 진리를 추구한다고 여겨져온 것이 전통적인 견해이지만, 일부 과학사회학자들은 이러한 객관성에 기초한 결과로서 남성중심적 과학지식과 연구 및 과학발전을 개진하고 있다.

객관적이고 보편적인 지식이란 어떻게 가능한 것인가라는 질문에 대한 대답을 추구하고 나선 페미니즘 과학학자들은 과학인식론에 대한 과학사회학자들과의 대립을 해결해보려는 모색을 보이고 있다. 이를테면, 과학방법에 대한 전통적인 인식론을 비판함으로써 페미니즘 과학학자들은 일종의 객관성(objectivity) 또는 경험론(empiricism) 유형의 개념을 재조명하고 있다. 하딩(S. Harding)의 '강한 객관성'(strong objectivity), 론지노(H. Longino)의 '맥락상에서 바라본 경험론'(contextual empiricism), 해러웨이(D. Haraway)의 '위치지어진 지식'(situated knowledge) 등이 선을 보였으며, 켈러(Evelyn Fox Keller)는 정신분석학의 대상관계이론에 입각하여 '동적 객관성'(dynamic objectivity)이라는 개념을 주장하고 나섰다.

이러한 이론적 틀에 근거하여 페미니스트 경험론(feminist empiricism), 켈러의 페미니스트 입장론(standpoint theory of feminism)이라는 접근방식이 확립되었다. 이들에 대해 간략히 살펴보기로 하자.

우선 페미니스트 경험론의 입장에 따르면, 세계에 대한 진리는 체계적인 실증주의적 관찰을 통해 얻을 수 있으며, 관찰자의 사회적 위치가 중립적인 절차를 엄격하게 엄수하였느냐 아니냐의 여부로 소위 좋은 과학과 나쁜 과학을 구별할 수 있다고 한다. 이를 근대과학에 적용시키자면, 페미니스트 경험론자들은 근대과학에 나타나고 있는 성차별적·남성중심주의적 과학관은 사회적 편견과 곡해가 과학의 연구과정에 개입한 결과이며, 나아가 근대과학이란 기본적으로 남성의 입장이 강조되고 여성이 권력에서 소외되어 지배당하는 상황에서 수행된 지식생산이었기에 결국 보편타당한 진리로 인정될 수 없다는 것이다.

한편 페미니스트 경험론에서 표방하는 연구의 객관성 개념을 문제삼아 등장한 페미니스트 입장론의 대표자인 하딩은 기존의 가치중립적 객관성의 개념을 '약한 객관성'(weak objectivity)으로 칭하면서, 약한 객관성의 개념에는 지배그룹의 편향적 가치가 빈번히 반영되는 오류가 내재하고 있다고 보고, 그에 대한 대안으로 '강한 객관성'(strong objectivity)이라는 개념을 제시했다.

모든 지식의 생산이나 신념의 형성이 특정한 사회적, 문화적 및 역사적 조건으로부터 자유롭기란 불가능하다는 전제 아래, 하딩은 남성중심적인 과학의 지식에 여성의 삶과 경험을 포함시킴으로써 더욱 더 객관적인 과학을 추구할 수 있다고 보았다. 전통적 실증주의에 근거한 엄밀한 과학방법에 더하여, 인식주체의 관점과 입장까지를 포괄하게 되면 과학과 자연을 바라보는 시각에 있어 매우 강한 객관성을 획득할 수 있다고 하딩은 주장한다.

하딩과 버금가는 페미니즘 입장론의 또 하나의 대표주자인 켈러는 정신분석학을 도구 삼아 남성과 여성간 인식론의 차이점을 규명한 후, 이를 확대하여 과학과 자연, 젠더, 섹스와 같은 용어상의 이분화된 구도가 설정된 조건에서 진행되는 과학연구과정에 내재한 문제점들에 대한 비판의 물꼬를 텄으며, 서구 문명과 문화 속의 과학에 대한 근본적 이해에 대한 문제를 제기하였다.

페미니즘 과학학의 여전사

켈러는 1936년 학력은 낮으나 근면성실한 러시아 출신의 유대인 이민자 부모 사이에서 태어났다. 그녀는 11세 이후 정신분석학자가 되겠다는 희망과 함께 무의식의 세계에 심취하였다. 고등학교 졸업에 즈음하여 여전히 정신분석학자라는 직업을 희망하는 그녀였지만, 아시모프와 가모프류의 대중과학책을 통해 과학에도 깊은 매력을 느끼게 되어 브랜다이스(Brandeis) 대학에서 물리학을 전공하게 되었다. 여기서 켈러는 여성은 과학분야에서 열등할 수밖에 없다는 편협한 고정관념의 폐해를 처절하게 경험하였다.

물리학자 리처드 파인만의 지도 아래 이론물리학에 매료되었던 켈러는 1957년 국립과학재단의 장학금을 받아 하버드대학 대학원에서 이론물리학에 입문하게 되었다. 그러나 이론물리학 연구실의 홍일점이었던 켈러의 과학에 대한 관심과 열정은 여성은 물리학에 걸맞지 않는다는 전통적인 편견으로 인해 도리어 흥미와 조소의 대상이 되고 말았다. 바로 이 무렵, 뉴욕의 롱 아일랜드 생물학실험실(콜드 스프링 하버 소재)의 생물학계 석학들과의 만남

속에서 그녀는 남성지배적이고 우월적인 하버드의 환경과는 전혀 다른 사회적 분위기를 만끽하였으며, 이때의 경험으로 인해 켈러는 이론물리학은 물론 분자생물학 실험에도 매진하여 이 두 분야의 박사학위를 취득하게 되었다. 1963년 학위를 마친 그녀는 뉴욕대에서 야간강의를 하며 지내던 중 한 수학자와 결혼하여 두 아이의 어머니가 되었다.

여성운동이 노도와 같이 전개되던 1970년대에, 켈러는 뉴욕대에서 첫 여성학 강좌를 개설함으로써 페미니즘 과학학의 선구자적인 역할을 담당했다. 하버드대학 대학원에서 겪었던 여성과학자로서의 자신의 경험과 여성에 대한 편견의 의미에 대해 고찰한 에세이집을 발표하였으며, 노벨상을 수상했던 유전학자 바버라 매클린턱의 전기를 집필하였다. 매클린턱의 삶을 조명함으로써 켈러는 여성과학자들의 고립된 삶의 스타일과 고독한 연구활동의 여정을 다루었다.

이후 켈러는 본격적으로 여성학 분야, 특히 정신분석학의 대상관계이론을 통하여 남성, 여성 및 과학의 의미를 재조명함으로써 과학과 젠더의 관계를 분석하기 시작했다.

물리학을 비롯한 '단단한 과학'(hard science) 대 생물학을 비롯한 '부드러운 과학'(soft science)이 남성과학 대 여성과학의 구분으로 통용되고 있는 점을 지적하면서, 켈러는 정신분석학적와 사회학적 접근을 통해 남성편향적인 과학관의 성격을 규명하는 한편으로 새로운 객관성에 기초한 과학방법론을 제시하고자 했다. 이는 단순히 과학분야에서 여성 소외의 현장을 고발하려는 것이 아니라 조직화된 제도 및 과학지식 생산의 구조에 나타난 남성주도적인 과학담론의 성격을 들춰내려는 것이었다.

켈러는 현재에도 페미니즘 과학학에 관한 저술활동을 활발하게 펼치고 있는데, 최근 들어 그녀의 관심사는 과학활동의 속성을 반영하고 있는 언어들에 대한 분석에 초점이 모아져 있다. 예를 들어 실험실에서의 제반활동의 경우 '경쟁'(competition)이라는 단어로 특징지어 설명될 수 있는데, 켈러는 제한된 환경의 실험실이라는 공간에서 인간 행위자간의 관계 또는 인간 행위자가 비인간 행위자에 대응하는 경쟁활동은 남성중심적 과학의 기원에 대한 이해뿐만 아니라 그 동안 여성의 진가가 배제된 채 편파적인 지식생산이 이루어져온 원인에 대한 설명 역시 제공해준다는 것이다.

또한 켈러는 최근 각광받고 있는 인간 게놈프로젝트에 대해 비판적 입장을 견지하면서, 그 기저에 깔린 견해, 즉 유전자가 인간발생의 모든 것을 통제한다는 유전자 결정론주의를 유전자뿐 아니라 환경의 영향 아래 있는 배의 성장이 개체의 발생과 형질에 작용한다는 생물학자들의 주장을 근거로 논박하고 있다.

90년대 초 출간된 『Refiguring Life Metaphors of Twentieth Century Biology』(1995)에서 켈러는 세포질이 세포핵 형성에 영향을 끼친다는 세포 내 피드백 시스템을 주경향으로 하는 분자생물학의 역사적 발전에 나타난 과학과 젠더 사이의 관계를 규명하고 있다. 저서 발행과 논문 집필 등을 통해 켈러는 과학기술과 젠더에 대한 새로운 패러다임과 전망을 제시하는 데 지속적으로 주력하고 있다.

차별을 넘어서: 켈러와 페미니즘 과학의 모델링

현재 미국 MIT 대학 페미니즘 과학학, 과학철학/과학사 분야의 교수로 재직 중인 켈러는 이미 고전의 반열에 오른 저작 『과학과 젠더: 성별과 과학에 대한 제반성』과 또 다른 기념비적인 저서 『생명의 느낌』을 통해 과학과 젠더와의 새로운 역학관계를 조명함으로써 페미니즘 과학학을 확립시키는 데 지대한 공헌을 한 석학이다.

켈러는 우선 정신분석학의 대상관계이론을 사용하여, 남녀 어린아이의 인식론적 기술이 각각 다르게 발달함을 설명하는 것으로 그의 이론을 시작한다. 일반적으로 어린아이는 어머니와의 분리를 통해 어머니를 객체화하고 독립함으로써 자신의 정체성을 확립한다. 이 과정에서 여아는 어머니의 여성성을 발견하고 주체와 객체 간의 친밀함을 확인하면서 여성이 되어가는 반면, 남아는 어머니의 여성성에 대하여 거리를 두면서 주체와 객체 간의 확연한 구분을 통해 남성이 되어간다는 것이다. 이때 남아는 어머니의 여성성에 대하여 거리를 둠으로써 객관적 인식에 유리하게 적응할 수 있으며, 이런 남아의 정체성의 본질로부터 과학과 지식의 객관성이 남성적인 것으로 역사적으로 각인되어 왔다는 것이다. 그러나 켈러는 인식주체와 사물과의 거리감에 기반하여 얻어지는 중립성 또는 객관성의 지식 대신, 그 둘 사이의 공감을 통해 얻어지는 지식의 동적 객관성을 표방한다.

유전학자인 바버라 매클린턱을 다룬 전기에서 켈러는 이러한 동적 객관성에 근거한 과학의 인식론의 사례로 바로 매클린턱의 연구방법을 들고 있다. 매클린턱의 연구방법은 연구자와 대상 사이의 구분과 거리를 두지 않고 그

둘 사이의 상호작용과 상호의존이라는 동감에 주목하는, 성차에 구애받지 않은 과학에 기반을 두고 있다는 것이다. 매클린턱은 남성들이 주도한, 유전자가 유기체를 결정한다는 유전학의 방법과 원리를 넘어 옥수수의 변이를 유기체와 유전자의 상호작용으로 설명하는 독특한 관찰방법에 기반하여 '점핑유전자'(jumping gene)라는 가설을 제창했으며, 비록 오랫동안 인정받지 못했지만 마침내 1983년 생의학 분야 노벨상의 영예를 안게 되었다. 매클린턱이 이러한 성공을 거둔 요인은 당시의 남성 주도적인 유전학자 집단이 주장한 편협한 방법을 넘어선 '여성적'(탈성적) 과학의 접근을 시도한 점에 있다고 켈러는 말하고 있다.

지난 20여 년 간에 걸친 켈러의 연구는 서구문화와 사회 속에서 개진되어 온 이른바 객관적 과학담론의 내부에 팽배한 남성지배적 편견에 대한 문제제기를 적극적으로 시도하고 있으며, 남성주도적 과학의 위상을 해체하기 위한 모색을 계속하고 있다. 그녀의 입장은 남성 대 여성의 성별 차이를 인정한 상대주의적 과학관(즉 사회구성주의)의 위험성을 지적하는 한편으로 여성성(탈성차)에 기반한 과학의 객관성을 논증함으로써, 페미니즘이 과학의 발달에 영향을 끼치게 되는 상호의존적 구도를 주장해왔던 것이다. 물론 켈러는 과학이 진리 또는 자연의 진가(value)의 추구로 인식되어야 함은 인정하지만, 과학 역시 인간의 여느 영역의 활동과 마찬가지로 인간에 의해 수행된다는 측면에서 절대적으로 옳다고 볼 수는 없다고 한다.

근대과학의 형성을 회고하면서 켈러는 베이컨을 위시한 17세기 이후의 남성주도적 과학담론에는 여성들의 삶의 관점이 철저하게 그리고 원천적으로 배제되어 있기 때문에 여성의 가치와 그들의 지식활동이 적극적으로 개입된 페미니즘 과학학이 필요함을 강조하였다. 이러한 켈러의 성차(또는 탈성)에 기반한 과학담론은 물론 다음과 같은 측면에서 비판의 소지는 있다.

역시 페미니스트 과학학자인 리처드(E. Richards)와 슈스터(J. Schuster)에 따르면, 켈러의 동적 객관성 개념은 단순한 이론상, 가설상의 유희에 불과하며, 또한 남성 또는 여성 특유의 과학방법이라는 것을 구분지어 논하는 것은 비합리적이라는 측면에서 사회구성주의는 여전히 과학과 젠더와의 관계를 고찰하기 위한 강력하고 유효한 이론적 틀이라는 것이다. 그들은 켈러가 매클린턱의 전기에서 보여준 것처럼 과학방법 및 개념의 논리적 발달에만 초점을 맞춘 채 과학지식의 주장이나 지식생산의 과정에 드러난 비과학적 요소들의 역동성에 대해서는 무시로 일관하고 있음에 대해 강하게 반박하고 나선 것이다. 켈러에 대한 리어드 및 슈스터의 비판과 이들 사이에 벌어진 공방에도 불구하고, 켈러는 지속적으로 페미니즘 과학학계의 주목을 받고 있으며 그녀의 역작들은 지속적으로 그 중요성을 인정받고 있다. 켈러는 자연과 과학을 이해하려는 노력 역시 사회적으로 구성된다는 주장이 지니는 타당성을 조심스럽게 인정하면서도, 동적 객관성에 입각한 페미니즘 과학의 인식론을 여전히 그녀의 지배적인 패러다임으로 고수하고 있다.

정혜경 1960년 부산 출생. 부산대학교 졸업. 미국 위스콘신대학교(매디슨 소재)에서 과학기술학 박사학위 취득. 동의대학교 전자세라믹스연구센터 연구교수. 「회고와 전망」(2000~2001), 「잡종 옥수수의 발달과 미국 과학 연구개발(R/D)의 단면」(1870~1940), 「국가별 스타일로 바라본 다윈 진화론의 수용과 발전」 이외에 다수의 논문이 있으며, 과학기술학 분야의 신문매체에 다수의 대중적인 글을 쓰고 있다.

용어와 개념 풀이

가족 계보에 비추어본 페미니즘 과학학

켈러의 페미니즘 이론은 과학사회학에 내재된 남성편향적 요소에 대한 반란의 기폭제가 되었다. 켈러와 하딩의 활동에 힘입어, 양분법적이고 위계적인 사고에 기반을 두면서도 이를 객관성으로 위장해온 기존의 과학관과 과학인식론에 대한 비판이 본격적으로 제기된 것이다. 당시 지배적 권위를 구사하고 있던 콜린스와 이얼리를 위시한 과학지식사회학을 가부장제의 정점에 자리한 아버지에 비유한다면, 기존 권위에 도전하는 혁명성으로 무장한 라튜어와 울가(S. Woolgar) 등의 행위자 네트워크 학파는 도망자 아들에 비견될 수 있을 것이다. 그러나 아들 역시 대신해 줄 수는 없는 어머니와 여형제(女兄弟)의 자리, 역사적으로 실종된 혹은 존재조차 무시되어 온 바로 그 자리에서, 가부장 체제 과학학의 개혁을 모색하고 있는 것이 바로 켈러를 필두로 한 페미니즘 과학학이라 하겠다.

젠더와 과학

켈러는 사회, 심리적 차원에서의 이해를 돕는 정신분석학의 대상관계이론을 사용하여, 남성지배적 담론이 넘치는 근대과학의 역사적 전개 과정을 고찰하였다. 이를 통해 그녀의 연구성과는 기존의 과학사회학자들이 주장해온 사회구성주의가 지니는 이론적 한계를 제기하는 한편으로 과학의 객관성을 재조명함으로써 과학인식론의 새로운 대안을 제안하였다. 즉 가치중립적·보편적 지식의 추구라는 객관성의 이름으로 남성중심적 과학발전만을 고찰하는 과학사회학자들의 편협한 태도에 반기를 들면서, 켈러는 성차를 뛰어넘는 과학인식론을 제기한 것이다. 여성의 경험과 실체를 배제한 채 논리와 이성으로 과학의 본질과 신념을 설명해온 전통적인 인식론에 비판적 입장을 가했던 켈러는 과학의 객관성 개념을 새롭게 수정하는 반란의 기수이자, 과학과 젠더와의 역동적인 역학관계를 새롭게 조명하는 페미니즘 과학학의 선구자격인 존재로 일컬어지고 있다.

이블린 폭스 켈러는 말한다

- 이 문제(남녀 성차에 따른 인식론의 차이에 대한 정신분석학의 대상관계이론을 통해 남성주도적 과학을 설명하려는 켈러의 시도—옮긴이)에 대한 사실상의 침묵(적어도 비-페미니스트 강단에서는 견지하고 있는)은 과학적 사고와 남성적 특성을 연관짓는 일이 심각하게 검토조차 될 수 없는 신화와 같은 견고한 위상을 지니고 있음을 반증하는 것이다(피지배 대상으로서의 자연과 지배주체로서의 과학적 사고가 이루는 관계에서). 말할 것도 없이 과학적 사고의 반대영역(complement)에 해당하는 것은 자연이며, 그것은 어디를 보나 여성적인 것으로 인식되고 있다.
  —"Gender and Science," 『Psychoanalysis and Contemporary Thought』 중에서

- 성별로부터 자유로운 과학에 대한 나의 관점이라는 것이 남성적 시각과 여성적 시각을 병렬적 또는 상호보충의 관계로 위치시킴을 뜻하는 것은 아니며, 그렇다고 한쪽의 편협함을 다른 한쪽의 편협성으로 대체하려는 것도 아니다. 오히려 그것은 남성

과 여성이라는 구분 그 자체, 나아가 정신과 자연이라는 구분에 변형을 가하는 것을 전제로 한다. 동시에 나는 매클린턱의 사례로부터, 차이(difference)의 철학에 관한 교훈을 진지하게 받아들인다. 그 철학이 내게 가르친 것은 남성 또는 여성의 이름으로 혹은 양성과학으로 부를 것이 아니라 여러 다른 방식으로 명명할 수 있는 과학을 추구하라는 것이다. 건전한 과학이란 정신과 자연에 대한 다양한 개념들, 그에 따른 다양한 방식들이 생산적으로 살아남을 여지가 있는 과학이다. 나의 과학관은 자연이 아니라 패권주의를 길들일 것을 추구한다. ―『Reflections on Gender and Science』 중에서

더 읽어야 할 책들

Evelyn Fox Keller, *Gender and Science. In Psychoanalysis and Contemporary Thought*, pp. 409~433, 1978.

_____, *A Feeling for the Organism: The Life and Work of Barbara McClintock*. San Francisco: W. H. Freeman, 1983(김재희 옮김, 『생명의 느낌: 유전학자 바버러 매클린턱의 전기』, 양문, 2001).

_____, *Reflections on Gender and Science*, New Haven: Yale University Press, 1985(민경숙, 이현주 옮김, 『과학과 젠더: 성별과 과학에 대한 제반성』, 1996).

_____, *Nature, Nurture, and the Human Genome Project*, In D. J. Kevles and L. Hood, The Code of Codes. Cambridge: Harvard University Press, 1991.

_____, *Secrets of Life/Secrets of Death: Essays on Language, Gender and Science*, New York: Routledge, 1992.

_____, *Making Gender Visible in the Pursuit of Nature's Secrets*, In Linda S. Kauffman, *American Feminist Thought at Century's End: A Reader*, Cambridge: Blackwell, 1993.

_____, *Refiguring Life: Metaphors of Twentieth Century Biology*, Irvine: Columbia University Press, 1995.

_____, *The Century of Gene*, Cambridge: Harvard Univ. Press, 2000.

Evelyn Fox Keller and Helen Longino, *Feminism and Science*, Oxford: Oxford University Press, 1996.

도나 해러웨이 *Donna J. Haraway*

나는 사이보그에서 인류의 희망을 본다

정혜경 동의대 전자세라믹스연구센터 연구교수

또 다른 페미니즘 과학학의 모색

1970년대에 태동한 페미니즘 과학학은 과학사회학과는 다소 평행적인 길을 걸었음을 언급하였지만, 과학사회학의 기반이 되는 명제, 즉 '과학은 사회적으로 구성된다'라는 요지의 사회구성주의는 페미니즘 과학학에 알게 모르게 적잖은 영향을 끼친 것이 사실이다. 근대과학의 성격 규명과 발달에 대한 역사적 연구에서 남성중심적 과학 이데올로기의 강화 및 여성 과학자 진출의 제도적인 봉쇄에 대한 연구는 사회적으로 구성된 젠더와 과학의 역학관계의 분석에서 시작되어야 한다는 페미니스트 학자들은 주장은 페미니즘 과학학에 녹아든 과학지식 사회학(SSK)의 영향을 잘 보여주고 있다. 그러나 SSK주의자들과 페미니즘 과학학자들은 이내 과학인식론, 특히 과학의 '객관성' 개념을 둘러싼 첨예한 견해의 차이로부터 비롯되는 대립의 양상을 보여주게 된다. 특히 과학에 대한 SSK주의자들의 무비판적인 성향과 인식에 일침을 가했던 페미니즘 과학학자들, 하딩(S. Harding)과 켈러(E. F. Keller)가 주장했던 '객관성' 이론에 바탕한 페미니즘 경험론 및 페미니즘 입장론은 이미 전장에서 소개된 바 있다.

그러나 페미니스트 경험론과 페미니스트 입장론은 과학과 젠더에 대한 새로운 시각과 전망을 제시해 주었음에도 불구하고, 과학의 객관성과 관련하여 남성 대 여성의 성별간 본질적 차이를 인정하는 다소 이분화된 구도에 빠져있는 것이 사실이다. 사실 이들 이론은 여성을 지나치게 통일된 집단으로 취급하는 보편주의적 인식하에 여성이라는 집단 내에 존재하는 다양성과 차이

> " 해러웨이가 주장하는 페미니즘 과학학은 다분히 급진적이다. 그녀는 반(反)과학의 입장을 주지하는 것이 아니라 오히려 비판적 과학, 객관성 과학에 기초한 시민과학의 조성을 주장한다. 과학기술이 지속가능한 삶의 질을 향상시킬 수 있다고 믿는 그녀는 테크노사이언스 사회야말로 미래 사이보그 사회로 나아가는 중요한 가교라고 보았다. "

들을 간과하고 있는 한계를 지니고 있다고 볼 수 있다. 이러한 여성 공통의 삶이라는 일률화된 범주에 대한 비판과 함께 과학기술과 여성, 인종 및 계급문제와의 상관관계를 복합적으로 고려하는 좀더 유연한 인식론의 대안으로서 등장한 것이 페미니스트 포스트모더니즘이다. 이 새로운 이론적 틀의 기수가 바로 '위치지어진 지식' 모델을 제안한 바 있는 해러웨이로, 그녀의 주장은 과학과 젠더에 대한 급진적 성향의 페미니즘 인식론으로 요약될 수 있다. 사이보그 이미지로부터 여성의 정체성을 규명한 해러웨이는 과거 남성과 여성, 자연과 문화라는 이분화에 내재했던 위계질서를 뛰어넘는 탈성, 탈구분에 근거한 과학의 인식론을 제창하고 있는 것이다.

도나 해러웨이는 현재 미국 캘리포니아 대학의 의식학과(History of Consciousness) 교수로 재직 중이다. 그녀는 기념비적인 저서 『영장류의 전망』(1989)과 고전의 반열에 이른 에세이 『사이보그 선언문』(1991)을 통해 지식의 형성과 과학 및 문화비평에 대해 독특한 사유방법을 제시하여, 현재 페미니즘 과학학자 및 사이보그 인류학자로서 명성을 날리고 있다.

과학지식의 형성에 반영되는 메타포를 도구삼아 지식 형성과정에 관여하는 경쟁그룹들이 이루는 세력관계의 네트워크를 설명하고 있는 해러웨이는 '위치지어진 지식'(situated knowledge)이라는 모델을 제안했다. 자연현상이나 세계를 설명하기 위한 방법으로 전망(vision)이라는 메타포를 이용하자면, 지식이란 어떤 장소에서 바라본 특정한 시각에 불과하므로 어떠한 견해와 주장이라도 결국은 특정 장소에서 바라본 부분적일 전망일 뿐 보편적인 타당성을 확보하고 있지는 못하기 때문에 인식주체인 행위자와 인식대상인 비행위자 간의 대화 및 협상이 필요한 것이며, 그러한 요건의 충족 하에서만 좋은 과학이 가능하다고 해러웨이는 보고 있다. 그녀의 '위치지어진 지식' 모델은 말하자면 객관성, 실재론, 사회구성주의 과학관의 절충안이라고 할 수 있다. 이 지식 모델에서 해러웨이는 자연의 실재는 발견되는 것이 아니라 '구성'되는 것이며, 좋은 과학과 나쁜 과학 사이의 구분은 가

하딩, 켈러, 해러웨이는 페미니즘 과학의 선구적 인물들이다.

능한 것이고, 이를 위해서는 자연현상의 물질적 분석과 이를 둘러싼 문화적 분석이 함께 어우러져야 한다고 말하고 있다. 이와 같은 해러웨이의 '위치지어진 지식' 모델은 그녀의 저술 전반에 흐르는 이론적 패러다임이다.

발생생물학자에서 페미니즘 과학학자로

해러웨이는 1944년 미국 콜로라도 주의 덴버에서 태어났다. 어머니는 아일랜드계 노동자 출신, 아버지는 『덴버포스트』(*The Denver Post*) 스포츠 기자였다. 가톨릭 신자인 어머니의 영향으로 인해 어린 시절 그녀는 독실한 가톨릭 수녀를 꿈꿨으나, 학창시절 과학, 의학, 진화, 젠더라는 키워드에 관심을 가지게 되어 동물학을 전공으로, 철학 및 문학을 부전공으로 대학과정을 마쳤다. 1966년 대학 졸업 후에는 풀 브라이트 장학금을 받아 프랑스의 파리에서 진화철학과 신학을 공부하기도 했다. 1960년대와 1970년대에 걸쳐 해러웨이는 사상적으로 반전, 반공산주의, 가톨릭 좌파를 표방하게 되었으며 베트남 전쟁과 민권운동의 영향을 깊게 받았다.

그녀는 정치적 영향력에 무관하게 지속가능한 양질의 삶을 가능케 하는 과학으로 생물학을 꼽고 장차 이에 헌신할 계획이었지만, 베트남 전쟁에서 과학과 생물학 지식을 무기개발에 응용한 일은 반전운동에 발을 담고 있던 해러웨이로 하여금 '무엇이 자연이고, 과학은 누구를 위한 것이며, 어떤 대가를 담보로 과학기술의 발달이 가능한지'를 규명하는 데 매진케 했다. 미국 예일 대학에서 발달생물학을 공부하였지만 해러웨이의 관심은 실험과학으로서의

니콜라스 구디브와의 인터뷰로 엮은 저작. 이 책에서 해러웨이는 개인적인 삶과 페미니즘 과학의 총체적 이론들을 소개한다.

생물학보다는 문화와 지식의 담론으로서의 생물학의 의미규명에 쏠리게 된다. 대학원에서 이론생태학자 허치슨(G. Evelyn Hutchison)의 지도하에 1972년에 박사학위를 취득했으며, 70년대 내내 하와이대학과 존스홉킨스대학에서 일반과학과 여성학 및 과학사를 강의했다. 1980년 이후로는 산타 크루즈에 소재한 캘리포니아대학의 의식학과에서 페미니즘 과학학을 강의하고 있다. 1980년대 들어 해러웨이는 영장류에 대한 연구에 착수하였으며 사이보그 연구를 고안하는가 하면 페미니즘, 인류학 및 과학사 전반에 대한 기념비적인 논문과 모노그래프의 집필, 대중강연 전개 등 활발한 활동을 폈다. 1984년에 캘리포니아 대학의 종신 정교수로 임명되어 과학과 정치, 페미니스트 이론, 공상과학 그리고 인종, 식민주의, 정체성 및 기술이론, 외계인 납치를 둘러싼 정치 · 역사 · 종교와의 관계에 대한 독특한 강의를 개설하였다. 현재 그녀는 다음과 같은 3가지 프로젝트를 수행하고 있다.

1) 범세계적인 차원에서의 대학 자유교양 교과과정 내에서의 생물학과 교육학의 역할 연구
2) 삼림 보존 노력에서의 토지에 대한 과학적 지식의 충족을 위한 연구
3) 교배, 행동, 및 유전학 담론에서 사람과 개의 연계성의 이론과 실제에 관한 연구 등이다.

해러웨이의 역작들은 이태리어, 스페인어, 독일어, 포르투갈어, 노르웨이어, 네덜란드어 및 일본어로 번역되고 있으며, 연구영역과 지적 관심사의 폭 또한 방대하다. 영장류학, 과학인식론, 정보기술, 페미니즘 SF의 다양한 토픽에 걸쳐 갖가지 급진적 주장을 다발적으로 피력하는 해러웨이의 저작들은

그 난해함으로도 유명하다. 페미니즘 과학학 학자, 사이보그 인류학자, 과학 및 문화비평가 등 다양한 이력을 지닌 해러웨이의 활동은 그러나 과학의 진보에 대한 낙관적인 희망의 실천으로 요약될 수 있다. 즉 과학지식의 형성에 사용될 수 있는 새로운 메타포를 제안하고, 과학의 방법론을 진작시키며, 과학기술의 발달과정에 모두가 동참할 수 있는 사회의 비전을 구현함으로써 해러웨이는 현재 우리가 살아가는 세계의 이미지를 규명하고자 노력하고 있는 것이다.

테크노사이언스의 여전사

『사이보그 선언문』은 포스트모더니즘과 사회주의 페미니즘을 결합한 풍자적 정치신화를 창안해낸 해러웨이의 역작으로서, 선언문에서 그녀는 탈성(脫性)에 기반한 과학인식론을 제시한다. 그녀는 현대 과학기술의 발달로 재편된 포스트모더니즘 시대를 살아갈 여성의 정체성을 모색하였고, 그 정체성의 핵심개념이자 대안으로 사이보그를 제시하고 있다. 기계와 유기체의 잡종인 사이보그야말로 생명과 기계, 인간과 동물의 경계가 없어져버리는 미래 우리들의 모습과 존재라는 것이다.

예를 들어, 유기체인 인간과 기계인 컴퓨터의 관계를 보자. 인간이 오퍼레이터로서 기계에 명령을 내리고 기계는 오퍼레이터의 일부처럼 그 명령을 수행하는 관계하에서는 만드는 자와 피조물의 경계가 모호해진다. 또한 우리는 독립적으로 동작하는 기계의 한계를 보완하기 위해 네트워크에 접속을 시도하게 되는데, 이 네트워크 안에서는 무엇이 정신이며 무엇이 육체인지 그 경계 역시 분명치 않다. 바꿔 말하면 기계와 유기체, 기술적인 것과 유기체적인 것 양자 사이에 근본적이고 존재론적인 분리는 없다. 따라서 과학기술 발전에 힘입은, 물리·비물리적인 경계를 무너뜨리는 새로운 존재로서 사이보그의 출현은 기존의 현실세계에서 부정적인 결과를 야기했던 인종, 젠더(性), 국가의 경계를 뛰어넘는 범인류적인 보편성을 지닌 이미지이며 미래 사회의 희망이라고 그녀는 주장한다.

그녀는 사이보그 이미지를 흑인 및 아시아계 여성을 포함한 비(非)백인 소수파 그룹의 유색 여성에게서 발견하였으며 그들이 전통적인 남성중심적 서구의 반식민주의적 담론의 근거를 해체할 세력이 될 수 있을 것으로 보았던 것이다. 그녀의 사이보그 이미지는 다분히 급진적이다. 노동의 특성을 성별 분업에 따른 기능주의적, 생물학적인 성과 섹스로만 이해했던 급진적 페미니즘, 말하자면 여성 억압의 역사적 근원에 대한 문화적 담론에 대해서는 물론, 노동력의 대상으로서 여성의 입장을 분석하고 있던 사회주의 페미니즘, 이를테면 계급제도 이전의 성별분업의 차별에 대한 사회적 담론에 대해서도 비판적 태도를 취한다. 미래의 사이보그는 특정한 누구를 선별적으로 소외하거나 포함하는 것이 아니라 사람과 사람을 연결하는 '탈성차사회'(脫性差社會)의 근간이 된다고 해러웨이는 강조한다.

현재 진행 중인 제2의 과학혁명(분자생물학, 양자역학, 상대성이론 등으로 대변되는 20세기 과학혁명)과 제3의 산업혁명(정보통신 혁명과 탈산업화 혁명)의 과정 속에서 태동된 신지식인과 노동계층은 사이보그 사회를 준비하고 있는 셈이다. 첨단기술을 중심으로 한 고도 산업사회에서는 비전문적 백인남성들이 소수 엘리트 전문여성보다 구조적 실업의 위기를 더욱 절실하게 겪을 가능성이 이전에 비해 현저하게 커지는 데서도 볼 수 있듯이, 성별에 근거한 대상의 고정적이고 도식적인 분석은 점차 그 효력을 상실하고 있다. 여성들의 경제뿐 아니라 정치적 이미지 역시 다양한 스펙트럼을 보여준다. 다국적 기업들이 제3세계의 여성 노동력을 노동자 수급의 대상으로 선호한 결과, 유색 여성과 소수파 여성들은 비전문 숙련직에서 고용의 기회를 갖게 되면서 생산, 문화, 소비의 주축이 되고 있다. 미래 기술력 시대의 여성의 역할은 과거 남성과 여성, 자연과 문화의 이분화에 내재했던 위계질서의 간극을 넘어 사이보그 사회의 정체성을 구축하는 것이다. 바로 이 점에서 해러웨이는 젠더, 소유권 및 기타의 모든 분석틀을 '고정된 당연한 것'으로 여기지 말 것을 경고한다.

해러웨이가 주장하는 페미니즘 과학학은 다분히 급진적이다. 그녀는 반(反)과학의 입장을 주지하는 것이 아니라 오히려 비판적 과학, 객관성 과학에 기초한 시민과학의 조성을 주장한다. 과학기술이 지속가능한 삶의 질을 향상시킬 수 있다고 믿는 그녀는 테크노사이언스(technoscience) 사회야말로 미래 사이보그 사회로 나아가는 중요한 가교라고 보았다. 테크노사이언스 사회의 비전은 인식 주체인 행위자와 객체인 비물질 행위자 사이에 연대감이 조성되는, 모든 성원에게 부합되는 보편적 가치를 추구하는 과학기술 테크노피아의 구현이라고 그녀는 강조한다. 한마디로 테크노사이언스 사회란 인간의 평등, 풍부한 물질세계 구현, 자기비판적 지식, 물질적 부의 분배, 환경친화적 세계, 생물다양성과 종의 보존 등이 어우러진 곳이다. 이를 위해 해러웨이는 과학기술의 발전과 평가에 시민사회의 여론과 과학자의 전문적 고견이 수렴되는 '합의회의'(consensus conference) 같은 모델을 도입할 것을 제안한다. 아울러 그녀는 테크노사이언스 사회에서는 자신이 고안한 위치지어진 지식 모델과 일군의 페미니스트 과학자들이 믿는 객관적 과학의 구현이 가능하다고 본다. 이를 위해 해러웨이는 복잡다단한 과학기술의 세계에서는 참지식의 획득과 자유와 정의를 구현하는 테크노사이언스 세계를 살아갈 돌연변이 같은 '진리의 증인'이 필요하다고 봤다. 반인종주의자, 페미니스트, 다문화주의자, 급진적 과학운동의 사도로서 해러웨이는 바로 이 돌연변이 같은 증인이 다름 아닌 사이보그라고 보았던 것이다.

페미니즘 과학학의 난제와 미래

최근 과학기술 경쟁력시대의 전개에 따라 또 학문영역으로서의 여성학 분야의 위상이 올라감에 따라 페미니즘 과학학은 학계와 여성운동계로부터 지대한 관심을 끌고 있다. 페미니즘 과학학은 그 태동 이래 줄곧 과학의 인식론 개혁과 불가분의 관계를 지니고 맞물려서 전개되어 왔으며, 켈러로부터 해러웨이에 이르기까지 페미니즘 과학학자들이 행한 다양한 시도와 노력이 있어 왔지만, 과학사회학의 지면은 여전히 페미니스트적 의식이 결여돼 있거나 남성우월주의의 수사로 넘쳐나고 있는 것이 사실이다. 그렇다면, 과학사회학자들과 단순히 노선상의 차이를 보일 뿐 아니라 고립의 양태마저 보이고 있는 페미니즘 과학학의 위상은 어떻게 설명 가능할까? 그러한 고립 역시 전통적으로 남성 주도의 과학의 세계에서 소외받아온 여성과학자의 전통과 관련이 있는 듯하다. 예를 들어, 물리학, 수학, 공학 등 소위 남성적 과학으로 취급되고 있는 분야에서 과학사회학자들은 여전히 남성중심적 과학관을 노골적으로 드러내고 있는 것이 그 단적인 예라고 할 수 있다.

그러나 최근 들어 페미니즘 과학학과 비슷한 노선을 걷고 있는 학문의 경향 역시 엿볼 수 있는데, 이는 페미니즘 과학학자들만이 과학의 인식론을 개혁하려는 유일한 그룹은 아님을 보여준다. 이와 관련한 최근의 경향을 소개하자면 다음과 같다. 과학사 및 과학철학자 최근의 경향으로는 우선 쿤(T. Kuhn)의 모델(과학지식은 정치적·사회적 요인들에 영향을 받는다는 과학기술과 사회의 상호작용 관계에 주목한 모델)을 지지하는 일군의 과학사학자 그룹을 들 수 있다. 또한, 과학사회학의 노선에 회의적인 많은 학자들은 실제 삶의 현장에서 일어나는 도덕적 부정과 인간의 고통을 해결하는 데 필요한 이론적 틀의 모색에 관심을 모으고 있다. 과학의 인식론을 둘러싼 이러한 노력들은 페미니스트들에게도 큰 자극을 주었다. 그리하여 페미니즘 과학학자 하딩은 포스트모더니즘 산업사회에서의 인간의 고통을 분석하는 과정에서, 지배자 대 피지배자의 양극화 모델이 종래의 남성 대 여성의 분석 틀보다도 훨씬 유용한 분석도구임을 주장하고 있는 것이다. 이는 페미니스트 과학학자들이 더 이상 외롭게 고전분투하지 않을 것이며, 오히려 과학비판의 중심부에 자리매김하게 될 것이라는 분석과 예상을 가능하게 한다.

지금까지 필자는 전장에서 소개한 과학학 분야 내 과학사회학과 페미니즘 과학학 그룹의 지적 계보를 그려봄으로써, 과학사회학자들의 주장과 페미니즘 과학학자들의 다양한 입장의 주의주장에 대해 간략히 살펴보았다. 양측 모두 과학의 본질과 발전을 이해하는 과학인식론과 과학학의 대안으로서 충분히 납득할 만한 근거를 제시하고 있지만, 그러나 필자는 보다 실용적, 비판적인 특성을 보여줄 뿐 아니라, 독단적이고 역설적인 특징이 배제된 이론의 확립과 탄생을 기대한다. 그러한 이론이라면 과학기술의 발전에 여성이 배제되지 않은 남성우월주의로부터 자유로운 사회문화의 제관계를 총체적으로 이해하는 데 도움을 줄 수 있을 뿐만 아니라, 과학학의 다양한 노선의 주장들의 조화가 아우러지고 교류를 가능케 하는 훌륭한 가교의 역할을 기대해 보아도 좋을 듯하다.

정혜경 1960년 부산 출생. 부산대학교 졸업. 미국 위스콘신대학교(매디슨 소재)에서 과학기술학 박사학위 취득. 동의대학교 전자세라믹스연구센터 연구교수. 「회고와 전망」(2000~2001), 「잡종 옥수수의 발달과 미국 과학 연구개발(R/D)의 단면」(1870~1940), 「국가별 스타일로 바라본 다윈 진화론의 수용과 발전」 이외의 다수의 논문이 있으며, 과학기술학 분야의 신문매체에 다수의 대중적인 글을 쓰고 있다.

용어와 개념 풀이

사이보그 페미니즘

해러웨이 페미니즘 이론의 시작은 1970년대와 80년대에 정점에 달한 여성운동, 특히 "여성이란 무엇인가"라는 정체성의 문제를 둘러싼 페미니스트들의 노력과 궤를 같이 하는 것이었다. 여성의 정체성에 대한 정의가 여성의 집단적·정치적 행동의 근거 확보로 이어질 수 있다는 가정 하에 해러웨이는 여성의 정체성 추구에 각별한 노력을 기울였다. 그러나 급진적 성향을 지닌 페미니스트로서 해러웨이는 인종, 젠더, 계급 또는 민족 그룹의 본질에 대한 이해와 정의 자체가 문제가 있다는 결론에 도달하였다. 즉 남성과 여성의 구분을 포함하여 기존의 수많은 개념들은 특별한 요건에 해당하는 누군가는 포함시키되 그와는 다른 누군가를 제외시킴으로써, 분쟁과 갈등을 유발하는 속성을 지니고 있다는 것이었다. 이로부터 해러웨이는 과거 남성과 여성, 자연과 문화라는 이분화에 내재했던 위계질서를 뛰어 넘는, 탈성과 탈구분에 근거한 과학의 인식론을 제창하고 있다. 그것이 바로 그녀가 현대 과학기술의 발달로 재편된 포스트모더니즘 시대를 살아갈 여성의 정체성의 핵심개념이자 대안으로 사이보그를 내세운 경위이다. 기계와 유기체의 잡종인 사이보그를 통해 생명과 기계, 인간과 동물의 경계를 허물으로써 해러웨이는 탈성은 물론 탈구분에 입각하여 미래의 우리들의 모습을 그려내고 있는 것이다.

해러웨이 과학학의 두 축 – 탈구분과 친(親)과학

영장류에 관한 그녀의 연구에서, 해러웨이는 기존의 영장류학 연구활동에 공통적으로 나타나는 뿌리깊은 편견을 고발하고 있다. 즉 인간과 동물 간의 차이점을 찾으려 애쓰는 영장류학자들에 대한 다양한 비판을 통해, 인간과 원숭이의 비교를 연구하면 할수록 둘 사이에 차이점이 존재한다는 가설이 문제를 드러내고 있음을 역설한 것이다. 이는 거시적인 관점에서 해러웨이의 과학학을 관통하고 있는 탈구분의 개념의 한 예이다. 또 하나 주목할 만한 사실은, 비록 해러웨이가 전통적인 남성주도적 과학의 형태를 비판하고 있다 할지라도 반과학의 신비주의에는 암묵적으로 반대하면서 과학기술의 지적인 헤게모니와 과학기술 만능에 가까운 패러다임을 옹호하고 있다는 점이다. 이분화의 논리와 경계구분을 넘어선 탈구분의 개념과 더불어, 해러웨이의 바로 이러한 친과학적인 성향이 바로 그녀가 사이보그라는 고도화된 과학사회의 아이콘에 인류의 미래를 투영시킨 근간이라 할 수 있다.

사이보그 선언의 정치적 함의

사이보그 선언의 작성은 1980년대 레이건 시대에 들어 소련과의 평화 공존, 성해방, 낙태권리의 자유, 환경보호, 빈곤퇴치 프로그램 등이 철퇴를 맞음으로써 시대적 진보가 퇴행하게 된 사회적 분위기 아래 이루어졌다. 결국 사이보그 선언은 우파들이 보여준 정치적 호전성의 위험을 인지한 좌파 사회주의 페미니스트 해러웨이가, 과거에 편협하게 전개되었던 여성의 정체성의 개념을 파기하고 새로운 형태의 여성의 정치적 활동을 가능케 하는 대안으로 제시한 것이라고도 할 수 있다. 해러웨이의 선언문은 인간의 평등, 물질적 풍요와 그 분배, 자기 비판적 지식, 환경친화적 세계, 생물다양성과 종의 보존 등이 어우러져 달성되는 미래 사회의 구현을 위한 이론적 기반이 되고 있다.

도나 해러웨이는 말한다

- 반인종주의자, 페미니스트, 다문화주의자 및 급진적 과학운동의 사도로서 나는 테크노사이언스 세계를 살아갈, 그리고 테크노사이언스가 야기해 낼 현실 속에서 지식과 자유, 정의를 갈망할 돌연변이적인 진리의 증인을 원한다.

- 과학 혁명과 진보에 대한 서술들을 보자면, 기술과 정치, 그리고 자연과 사회 사이의 경계가 사실에 바탕을 두고 실재하는 것이라는 믿음이 초래된다. 물질적으로 서술되는 테크노사이언스의 영역 내에 '위치지어진 지식'(situated knowledge)을 확립하는 의무의 일환으로, 기술과 정치 사이의 경계를 보다 영속적인 문제의 차원으로 환원시키는 데 일조하는 것이 나의 목표이다.

- 테크노사이언스가 그 안에서의 인간과 비인간 행위자의 어우러짐과 그에 따른 결과를 고려하는 객관적이고 보편타당한 지식체계를 구현하고자 한다면, 적어도 고용의 실태와 기회, 과학적 지식이라는 것의 강점, 과학자와 공학자 및 그들의 지지층에서의 문화적 스펙트럼, 부의 분배, 보건수준, 환경정의, 의사결정구조, 주권문제, 그리고 생물의 다양성 등에 대한 문제들이 과학자와 정치가들의 주목을 끌기 위해서 소위 '경쟁력'(competitiveness)이라는 개념과 투쟁을 벌여야 한다.

더 읽어야 할 책들

Donna Haraway, *Crystals, Fabrics, and Fields: Metaphors of Organicism in Twentieth Century Developmental Biology*, New Haven: Yale University Press, 1976.

_____, *A Manifesto for Cyborgs: Science, Technology, and Socialist Feminism in the 1980s. Socialist Review*. 80, pp. 65~108, Reprinted in *Simian, Cyborgs, and Women: The Reinvention of Nature*, New York: Routledge, 1985(홍성태 엮음, 『사이보그 사업 컬처』, 1996).

_____, *Primate Visions: Gender, Race and Nature in the World of Modern Science*, New York: Routledge, 1989.

_____, *Simians, Cyborgs, and Women: The Reinvention of Nature*, New York: Routledge, 1991.

_____, *Modest_Witness@Second_Millennium: Femaleman©_Meets OncomouseTM: Feminism and Technoscience*, New York: Routledge, 1997.

_____, *An Interview with Thyrza Nichols Goodeve, How Like A Leaf*. New York: Routledge, 2000.

에릭 칸델 *Eric R. Kandel*

기억의 물질적 원리를 밝혀낸다

강봉균 서울대 교수·생명과학

마음의 정체에 도전하다

인간의 정신활동으로 형성되는 마음의 정체를 과학적으로 규명하는 것은 인류가 21세기에 당면한 과학적 명제가 되고 있다. 인간의 두뇌를 이용하여 인간 두뇌의 작동원리를 이해하고자 하는 것이 과연 적절한 과학적인 접근이 될 수 있을까 하는 회의적인 의견도 대두되고 있다.

과학의 발전 역사를 돌이켜보건대 혁명적인 패러다임의 전환이 수차례 존재해왔다. 기존의 패러다임으로는 도저히 생각할 수 없는 놀라운 사고의 전환이 과학의 발전 역사를 일구어온 것이다. 인간의 정신활동에 대한 물질론적 접근은 고대 역사이래 과학의 발전과 함께 면면히 이어져왔으며 최근 현대 생물학의 발전에 의해 그 해결 가능성이 예측되고 있다. 인간의 두뇌는 신체 기관 중에서 가장 복잡한 구조로 되어 있다.

수천억 개의 신경세포(또는 뉴런, neuron)가 서로 그물처럼 연결되어 있다. 신경세포들이 연결되어 있는 구조를 시냅스(synapse)라고 하는데 그 수는 수천 조가 된다. 이렇듯 복잡한 해부학적 구조를 지닌 두뇌에서 수행되는 고차원적인 정신활동 즉 마음의 정체를 연구한다는 것은 언뜻 불가능한 과제처럼 보일 수 있다. 자연현상을 탐구하는 과학적 접근방법에는 통합주의(synthesism)와 환원주의(reductionism)가 있는데, 연구하고자 하는 현상에 따라 효과적인 접근 방법이 결정될 수도 있으며 두 접근 방법의 상호보완에 의하여 자연현상에 대한 이해를 더욱 고취할 수도 있다.

인간정체의 근본이 되는 두뇌정신작용을 환원적으로 풀어온 과학계의 정

> *뇌구조의 차이는 행위와 사고 패턴의 차이를 설명한다. 즉 인간 개체성, 인격은 뇌구조에서 비롯된다. 칸델은 정상적인 학습이든 병리적인 학습이든 간에 우리 뇌구조를 변화시키기 때문에 인간 개성의 차이 또는 정신질환을 만들어낸다고 주장하며 뇌구조에 수반되는 분자 수준의 물질적인 차이를 밝혀내기에 이르렀다.*

점에 에릭 칸델이 있다. 분자생물학의 혁신적인 방법론적 발전에 힘입어 복잡한 두뇌의 기능을 이해하는 것이 가능하다는 신념 속에서 자연현상 중에 신비의 영역으로 남아 있는 '마음'의 비밀을 풀기 위해 반세기를 도전해오고 있다.

생물학의 발전을 가져다준 분자생물학은 대장균과 박테리오파아지의 유전학적 연구에서 기인하였다. 생명현상의 이해를 물리·화학적 법칙으로 이루어낼 수 있을 것인가에 대해 고대로부터 많은 회의가 대두되어왔으나 단순한 생명체를 이용한 분자 유전학적인 접근으로 생명 현상의 많은 부분이 과학적으로 규명될 수 있었다.

이에 따라 인류는 인간 유전체(genome)의 염기서열을 완전히 파악하기에 이르렀다. 지극히 단순한 생명체라 하더라도 이 생명체를 존재하게 하는 생명현상을 이해하면 보다 복잡한 생명체도 결국은 이해할 수 있다는 환원주의적 신념이 바탕을 이루었던 것이다. 또한 동물의 복잡한 생리현상을 연구하는데 현상에 따라 적절한 동물연구 모델이 존재하고 있다는 믿음도 중요한 실마리를 제공해왔다.

예로 신경계의 언어라고 볼 수 있는 활동 전위(action potential)의 메커니즘 규명도 오징어의 거대 축삭이라는 매우 좋은 실험재료가 존재했기에 가능하였다. 두뇌의 인지기능에 핵심적인 요소인 학습과 기억의 생물학적 규명도 적절한 연구방법론과 동물 모델이 갖추어질 때 충분히 가능해지리라 본다. 칸델은 이러한 환원주의적 연구방식을 바탕으로 학습과 기억 연구의 동물모델로서 바다달팽이인 '군소'(Aplysia)를 선택하여 놀라운 발견을 이룩하게 되었다. 그의 연구 업적과 사상을 간단히 요약해보고자 한다.

기억과 시냅스

현재 신경과학의 거두인 칸델은 2000년에 칼슨과 그린가드와 함께 노벨 생리 의학상을 받는다. 칼슨은 신경전달물질인 도파민을 발견한 공로로, 그린가드는 신경전달물질인 도파민에 의해 신경세포 내에서 벌어지는 복잡한 분자들 간의 상호작용 과정을 밝힌 공로로, 칸델은 기억이 형성될 때 뇌세포에서 일어나는 변화를 이해한 공로가 수상 이유이다.

노벨상 업적이 말해주듯이 이들의 업적은 뇌를 분자수준에서 미시적으로 이해하게 된 것으로 특히 뉴런(신경세포)이 다른 뉴런으로부터 신호(정보)를 받았을 때 어떠한 변화가 뉴런 속에서 일어나는지를 찾아낸 것이다. 뉴런과 뉴런 간에 연결된 연결고리를 시냅스라고 한다. 시냅스는 뉴런 간의 정보 전달이 일어나는 핵심구조이다. 인간의 뇌에는 1,000억 개의 뉴런이 들어 있고 이들은 각각 1,000~10,000개의 시냅스를 가지고 있다. 따라서 우리 뇌에는 100조 이상의 시냅스가 존재하는 셈이다. 이 엄청난 수의 시냅스들이 각각 활동할 때마다 우리 뇌에서는 다양한 사고작용, 감정작용, 의식작용 등이 매순간 달라지게 되는 것이다.

컴퓨터에서는 소자들의 연결이 고정되어 있으나 뇌의 시냅스 연결은 항상 변할 수 있는 유연성(가소성, plasticity)을 지니고 있어 컴퓨터보다 뇌가 우월한 이유가 여기에 있다고 본다.

시냅스 연결능력이 변화하는 것 즉 시냅스 가소성 현상은 뇌의 기능이 장기적으로 변화하는 현상이며, 기억에 매우 중요한 것으로 밝혀졌다. 이는 이 분야를 꾸준히 평생 동안 연구해온 칸델의 주요 업적 가운데 하나이다. 최근에는 시냅스 가소성이 기억뿐 아니라 감정변화, 정신병, 약물 중독의 시냅스 메커니즘으로도 이해되고 있다.

칸델의 기억 연구활동

칸델은 1929년 오스트리아의 비엔나에서 태어나 9살 때 나치의 반유대인 정책을 피해 1939년 오스트리아에서 미국으로 이주하였다. 1948년 하버드 대학에서 영문학을 전공하였는데 정신분석학에 매료되었다. 마음(mind)을

두뇌정신작용을 환원적으로 풀어온 과학계의 정점에 에릭 칸델이 있다.

이해하는 것은 그의 궁극적인 학문 목표였기 때문이었다. 때문에 정신분석가가 되기 위해 1956년 의과대학(New York University)에 들어갔고 뇌가 작동하는 원리를 근본적으로 이해하기 위해 신경생리학(Neurophysiology)에 관심을 가지면서 본격적으로 실험연구를 하게 되었다. 이후 그는 기억 현상을 생물학적인 실험기법을 통해 이해하는 데 평생을 바치게 된다.

의과대학 졸업 후 1957~60년 사이에 칸델은 미국국립보건원(NIH) 신경생화학연구실에서 본격적인 연구생활을 시작한다.

기억에는 어떠한 장면이나 사실, 사건 등과 같이 서술 가능한 형태의 서술기억과 운동기술 습득, 습관 등과 같이 서술하기가 어려운 형태인 비서술 기억이 있다. 서술기억의 형성과정에 두뇌의 해마구조가 중요한 기능을 한다.

칸델은 해마구조에 기억의 신비가 들어 있을 것으로 예상하고 해마조직에 있는 신뉴런의 활동 양상을 초기에 연구한다. 전극에 뉴런을 꿰어서 전기활동을 처음 기록해낸 사람이 칸델이다. 그러나 해마구조의 복잡한 신경회로 구조상 기억의 정도를 찾기가 쉽지 않았으므로 그는 보다 간단한 신경회로를 가진 신경계를 찾기에 이른다. 그가 선택한 것은 바다달팽이인 군소(Aplysia)였다. 그의 선택은 과감하게 보였지만 매우 성공적인 결과를 가져다주게 되었다. 우선 군소의 신경계는 다른 고등동물과 마찬가지로 작동하는 신경회로망을 갖고 있으며 신경회로망의 기능이 학습에 의해 변화될 수 있음을 알게 되었다. 뉴런 간의 연결고리인 시냅스의 효율이 학습에 의해 변한다는 것을 찾아낸 것이다. 아울러 시냅스의 효율이 학습으로 변화하는 과정에서 일어나는 뉴런 내부의 복잡한 생화학적인 변화과정을 찾아낼 수가 있었다. 기억에는 지속되는 시간에 따라 몇 분 유지되는 단기 기억과 그 이상인 며칠, 몇 년이 유지되는 장기 기억이 있다.

칸델은 군소를 이용한 기억 연구를 통해 단기기억은 시냅스 기능의 순간적 변화 또는 변형에서 비롯되고, 장기기억은 구조적인 변화 즉 시냅스의 수가 증가하는 것임을 밝힐 수 있었다.

군소의 모습. 학습과 기억 연구의 동물 모델로서 칸델은 바다달팽이 군소를 선택한다.

아가미수축반사 학습

칸델은 아가미수축반사가 다양한 학습을 통해 변화하는 것에 주목하고 반사가 이뤄지는 신경회로(신경망, neural circuit)의 조직체계를 우선 분석하였다. 아가미수축에 관여하는 운동 뉴런, 감각 뉴런, 인터 뉴런들이 연결된 신경회로망을 찾아낸다. 호흡관 피부를 자극하면 감각 뉴런이 흥분하고 이 흥분은 운동 뉴런과 인터 뉴런에 전달되며 인터 뉴런은 다시 운동 뉴런을 활성화시킨다. 운동 뉴런에 흥분이 전달되면 운동 뉴런과 연결된 아가미의 근육이 수축한다.

아가미수축반사를 통해 연구된 기억의 형태는 습관화(habituation), 민감화(sensitization), 고전적 조건화(classical condition)가 있다. 수축 반사를 유발하는 무해한 자극을 호흡관에 반복적으로 주게 되면 아가미는 제대로 수축하지 않는다. 이는 가장 단순한 기억 형태로 분류되고 있는 습관화로 규정된다. 반면에 해로운 자극을 꼬리나 머리에 가하면 아가미수축반사가 향상되는데 이를 민감화 기억이라 한다. 두 자극이 동시에 주어지면 고전적 조건화가 나타난다. 습관화 기억은 민감화 기억에 의해 지워지기도 한다. 기본적인 기억 형태들이 군소의 아가미수축반사에서 그대로 재현되고 있는 것이다.

시냅스 촉진

아가미수축반사에서 보이는 다양한 기억들은 어디에 저장되는 것인가? 칸델이 밝힌 중요한 업적은 이러한 다양한 기억 형태의 저장위치가 아가미수축

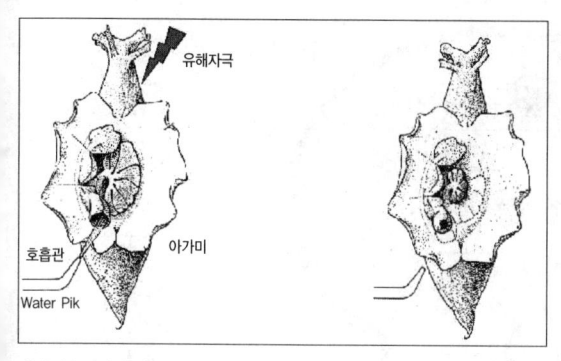
아가미수축반사 학습.

반사를 구성하는 신경회로망의 시냅스에 존재한다는 것이다. 습관화, 민감화, 고전적 조건화의 학습 결과는 감각 뉴런과 운동 뉴런 또는 감각 뉴런과 인터뉴런 사이에 형성되는 시냅스에 기록되고 기억화된다.

학습 형태에 따라 시냅스에 기록되는 양상이 다르다. 습관화의 경우 시냅스의 유효성이 감소한다. 따라서 호흡관의 자극을 감각 뉴런이 수용한 후 운동 뉴런에 이를 전달하는 효율성이 떨어지므로 운동 뉴런에 연결된 아가미 근육이 제대로 수축하지 못한다. 시냅스의 유효성이 떨어지는 세포학적 이유는 감각 뉴런의 시냅스 말단에 존재하는 칼슘 이온 채널의 기능이 저하되어 신경전달물질의 분비가 약화되기 때문이다.

민감화 자극은 또 다른 감각 뉴런을 자극하고 이는 촉진성 인터 뉴런을 활성화시켜 5-HT(세로토닌)을 분비시킨다. 분비된 5-HT는 아가미수축반사 회로를 구성하는 감각 뉴런의 신호전달체계를 흥분시켜 감각 뉴런의 다양한 전기적 특성들이 변화하게 되고 결과적으로 감각 뉴런에서 신경전달자의 분비가 촉진된다.

따라서 운동 뉴런으로의 신경전달이 효과적으로 일어나고 최종적으로 아가미 근육의 수축이 향상된다. 고전적 조건화의 경우 조건자극에 의해 감각 뉴런의 전기적 활성도가 증가할 때 무조건자극에 의한 시냅스 촉진이 동시에 일어나게 되면 감각 뉴런, 운동 뉴런 간의 신경 전달이 상승적으로 증가하게 된다. 이렇듯 시냅스의 유효성이 변화하는 현상을 시냅스 가소성(synaptic plasticity)이라 한다. 군소의 아가미수축반사에서 보이는 다양한 기억현상의 근원이 시냅스의 유효성이 조절되는 데서 찾아볼 수 있다는 것은 캐나다 심리학자인 헵(Donald Hebb)에 의해 예견된 바 있다. 그의 가설에 따르면 외부에서 주어지는 환경정보는 신경계의 적절한 회로에서 표상되어 처리되는 학습과정을 거치고, 이러한 과정이 반복될 때 담당회로를 구성하는 뉴런 간의 시냅스가 활성화된다. 학습 후에 주어지는 환경정보에 대한 단서에 의해 담당회로는 용이하게 재활성되므로 결국 온전한 환경정보가 재구성될 수

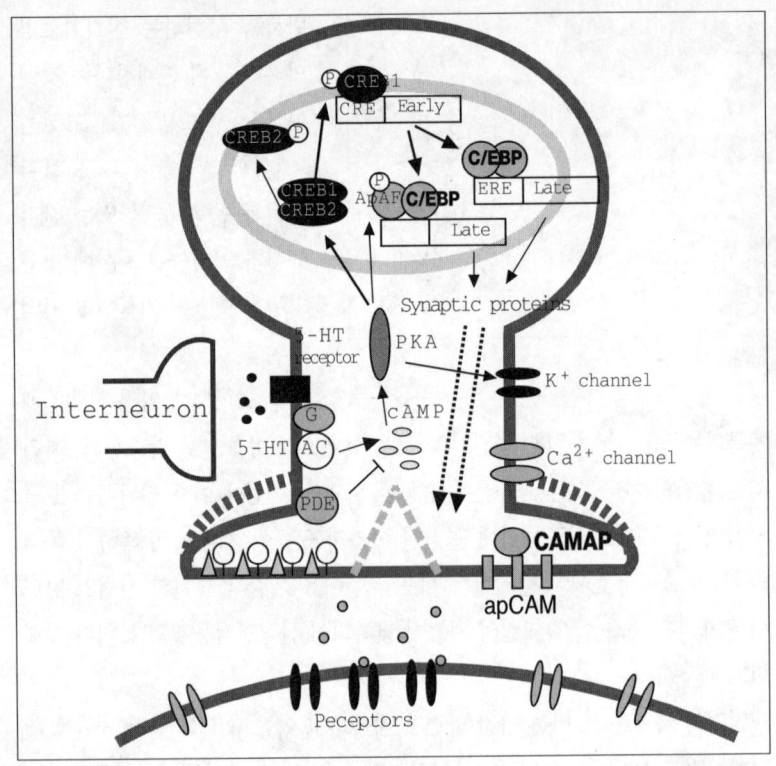

기억이 형성되는 분자적 원리.

있다는 것이 가설의 요지이다. 다양한 감각계를 통해 들어오는 외부 정보들은 신경계의 특정한 회로망들을 활동하게 되고 활동의 결과는 회로망을 구성하는 뉴런 또는 뉴런 간의 시냅스에 저장된다고 본 것이다. 군소의 신경계에서도 학습의 결과로 시냅스의 유효성이 변화한다는 것을 알아내게 되었다. 학습된 내용이 기억될 때 기억이 유지되는 지속성에 따라 수분에서 수시간 유지되는 단기 기억과 수일에서 수년간 지속되는 장기 기억으로 나눌 수 있다. 기억의 내용이 같다면 같은 신경회로망과 시냅스가 관련되어 있다고 보여지는데 같은 기억내용이 단기와 장기 기억으로 나뉘어진다면 신경회로망 또는 시냅스의 어떠한 특징이 단기와 장기 기억을 구분하여 줄 것인가? 이에 대한 해답도 칸델의 연구로 명쾌하게 해결된다.

장기 기억의 세포학적 모델

학습되는 내용이 단기적 또는 장기적으로 기억될 것이냐 하는 것은 학습 훈련의 강도에서 비롯된다. 반복적인 훈련은 장기 기억의 형성에 중요한 요인이 된다. 군소에 대한 습관화 또는 민감화 자극이 수차례 반복되면 장기 기억화된다. 민감화 자극이 5회 이상 2시간에 걸쳐 반복되면 촉진성 뉴런에서 5-HT 분비가 반복적으로 일어나게 된다. 감각 뉴런에서 5-HT에 의한 cAMP의 형성 역시 반복적으로 일어나게 되며 활성화되는 PKA의 활성 소단위는 세포핵의 핵공을 통과하여 핵으로 들어간다. 세포핵에서 활성 소단위는 유전자 발현에 관여하는 CREB이라는 전사 인자를 인산화시킨다. 인산화에 의해 활성화된 전사 인자는 염색사에 있는 다양한 기억 관련 유전자를 발현시킨다. 발현된 유전자의 산물에는 또 다른 유전자들의 발현에 관여하는 C/EBP 전사인자도 포함된다. 최종적으로 발현되는 유전자 산물, 즉 단백질들은 감각 뉴런의 시냅스 발달을 강화시키는 역할을 수행한다. 유전자 산물 중에는 단백질 분해효소도 있어 시냅스의 구조조정에 관여하고 PKA의 조절 소단위를 가수분해시켜 활성소단위가 지속적인 활성을 유지하는 데 기여할 수 있다. 장기 기억에 의한 시냅스 강화는 기존 시냅스의 유효성을 증가하는 데서 비롯될 수 있고 또 하나는 시냅스의 수를 늘리는 데서 일어나기도 한다. 시냅스의 수가 증가하기 위해선 감각 뉴런의 구조가 변화해야 하는 것인데 반복적인 장기학습에 의해 시냅스의 구조가 변화하는 것으로 알려지고 있다.

시냅스 가소성의 일반성

두뇌의 측두엽에 있는 해마는 서술 기억(declarative memory)에 중요한 역할을 하고 있는데 해마의 신경회로에서 시냅스의 가소성인 LTP를 관찰할 수 있다. 해마에 존재하는 시냅스들은 반복적인 전기적 자극을 수초간 받았을 때 시냅스 유효성이 강화된다. 이러한 강화를 장기 시냅스 강화(long-term potentiation, LTP)라 부른다.

해마에서 일어나는 장기 시냅스 강화(LTP)에 대한 세포·분자적 연구가 진행되면서 아가미/호흡관수축반사의 민감화 및 고전적 조건화를 만들어주는 메커니즘인 장기 시냅스 촉진(LTF)과 비교할 수 있게 되었으며 두 현상 사이의 매우 유사한 점이 발견되고 있다. 기억이 저장되는 분자수준에서의 원리가 동물에 구애되지 않고 일정하게 진화적으로 보존되어 있음을 나타내 준다. 단순한 동물의 신경계를 이용한 연구 결과가 인간에게도 적용될 수 있다는 환원주의적 가능성이 내포되어 있는 것이다.

인간 정체성에 대한 새로운 지평이 열리다

우리는 누구인가? 인간의 본성은 어디에서 어떻게 형성되는가?

이에 대한 해답을 얻는 데는 우리를 통제하고 표현하는 두뇌의 구조와 기능을 이해하는 것이 필요하다. 인간의 뇌는 다른 동물들과 같이 학습과 경험을 통해서 항상 가소적으로 변하고 있다. 우리의 뇌는 우리가 자궁 속에서 바깥세상으로 나오는 순간 시시각각으로 변하는 다양한 자극과 외부의 환경을 경험하게 된다. 어느 누구도 똑같은 삶과 환경을 살 수가 없으므로 각자 다양한 학습을 통해 뇌 신경망의 구조를 변화시키고 있다. 뇌구조의 차이는 행위와 사고 패턴의 차이를 설명한다. 즉 인간 개체성, 인격은 뇌구조에서 비롯된다. 칸델은 정상적인 학습이든 비정상적인, 즉 병리적인 학습이든 간에 우리 뇌구조를 변화시키기 때문에 인간 개성의 차이 또는 정신질환을 만들어낸다고 주장하며 뇌구조에 수반되는 분자 수준의 물질적인 차이를 밝혀내기에 이르렀다.

칸델이 이러한 연구성과를 이룩한 데에는, 끊임없이 새로운 연구동향을 분석하고 새로운 실험적 방법론을 과감하게 도입하는 능력이 뒷받침된 것이다. 그는 신경과학의 영역에 관한 한 누구보다 해박한 지식과 통찰력을 겸비하고 있다고 자타가 공인하고 있다. 그의 대표 저작인 『신경과학의 원리』는 세계에서 가장 많이 사용되고 있는 신경과학 교재가 되고 있다.

칸델은 군소 외에도 쥐를 이용한 기억의 분자생물학 연구에 현재 70세가 넘은 나이에도 정력적으로 세계 최첨단의 연구를 이끌어나가고 있다. 아마 뇌의 비밀을 생전에 풀겠다는 야망이 아직도 식지 않고 있는 모양이다. 그가 이룩해놓은 신경과학 업적의 위대성은 미국 뉴욕시가 5월 11일을 '칸델의 날'(Kandel' Day)로 선포한 데서도 찾아볼 수 있다.

강봉균 1961년 제주 낙천 출생. 서울대학교 미생물학과에서 학사와 석사를 받았다. 그후 미국 컬럼비아대학교 석사, 박사(지도교수 에릭 칸델)를 거쳐 컬럼비아대 신경생물학연구소 post-doc를 지냈다. 현재 서울대학교 생명과학부 신경생물학 교수로 재직 중이다. 저서로는 『인지과학』(공저), 『기억』(공저), 논문으로는 「Activation of cAMP-responsive genes by stimuli that produce long-term facilitation in Aplysia sensory neurons」 등이 있다.

용어와 개념 풀이

학습과 기억
학습이란 외부 세계에서 들어오는 정보를 신경계를 통해 받아들이는 과정이며 기억은 받아들여진 정보가 신경계에 저장되어 인출될 수 있는 상태를 말한다.

군소
군소는 온대기후의 해양 연안에 널리 분포하고 있는 바다달팽이로서 우리 나라에서도 남해와 동해 연안의 얕은 바다에서 자주 볼 수 있다. 군소가 신경생물학 연구의 좋은 재료가 되고 있는 이유는 뉴런이 매우 크고 동정하기가 쉬워 연구하기가 용이하며 신경계가 매우 단순하기 때문이다. 신경계의 단순성은 환원주의적 연구방식에 매우 적합하다.

아가미수축반사 학습
칸델이 연구해온 군소의 신경계를 이용한 학습과 기억 연구를 보자. 군소의 등쪽을 보면 아가미를 덮고 있는 막과 막에 연결되어 있는 호흡관구조를 볼 수 있다. 군소의 호흡관 또는 덮개막을 자극하면 이들은 물론 아가미까지 수축하는데 이를 아가미수축반사(gill-withdrawal reflex)라고 부르며 포식자로부터의 공격을 피하기 위한 방어 반사로 여겨진다. 군소의 머리나 꼬리에 해로운 자극을 가하여 민감화 학습을 시키면 군소의 아가미 수축 반사는 크게 향상된다.

시냅스 가소성
시냅스 기능이 변하는 현상으로 시냅스 효율이 증가하거나 감소할 수 있다. 군소에서 밝혀진 시냅스 촉진, 해마에서 밝혀진 시냅스 강화 등이 대표적인 예로서 학습된 정보가 기억으로 저장될 때 작용하는 메커니즘으로 알려지고 있다.

cAMP
학습된 정보가 신경세포에 저장될 때 세포 내에서 생산되는 작은 분자이며 인산화효소인 PKA를 활성화시키므로 2차 전령자라 불린다.

기억의 신호전달체계
시냅스 촉진성 인터뉴런의 시냅스 말단에서 감각 뉴런으로 분비되는 5-HT는 감각 뉴런의 세포막에 존재하는 5-HT 수용체에 결합하여 수용체의 구조를 변화시킨다. 변화된 수용체는 GTP 결합단백질을 자극하여 $\alpha\beta\gamma$의 복합체를 α와 $\beta\gamma$로 분리시킨다. 분리된 α 소단위는 adenylyl cyclase 효소를 활성화시켜 ATP로부터 cAMP라는 2차 전령자를 생산한다. cAMP는 단백질 인산화 효소 A(PKA)의 조절 소단위에 결합하여 촉매 소단위를 분리시킨다. 자유로워진 촉매 소단위는 확산에 의해 세포 안을 돌아다니면서 목표 단백질을 인산화시킨다. 이러한 목표물 중의 한 가지는 세포막에 있는 K^+ 이온 채널이다. 반면 학습이 반복되면 PKA는 세포핵으로 들어가서 CREB 전사 인자를 인산화시켜 장기 기억에 관여하는 유전자 산물들을 발현시킨다.

단기 기억 메커니즘
PKA에 의해 인산화된 K^+ 이온 채널은 기능을 소실하게 되므로 감각 뉴런의 흥분성이 증가되며 신경전달자 분비의 증가로 이어진다. 이러한 인산화 과정에 의한 시냅스 유효성의 촉진은 오랫동안 유지되지 못한다. 세포 내에는 탈인산화효소가 존재하므로 인산화된 목표 단백질들이 원래 상태로 탈인산화 될 수 있기 때문에 목표 단백질들의 생화학적 변형은 길어야 수시간을 지탱하지 못한다. 이러한 단기적 시냅스 촉진은 단기 기억의 세포학적 모델이 된다.

장기 기억 메커니즘

반복적인 학습은 인산화 효소인 PKA를 세포핵까지 이동시킬 수 있다. PKA는 기억 형성에 관련된 전사 인자인 CREB 단백질을 인산화하여 활성화시킨다. CREB의 활성화를 위해서는 CREB 억제 인자인 CREB-2의 불활성화도 필요하다. 활성화된 CREB은 유전자의 5' 프로모터 부위에 존재하는 cAMP 반응 인핸서(CRE)에 결합하여 유전자의 전사 과정을 활성화시킨다. 이들 CREB과 C/EBP 전사 인자뿐 아니라 ApAF도 기억과 관련된 유전자 발현에 중요한 역할을 한다. 발현되는 유전자중에 전사 인자인 C/EBP가 알려져 있으며 이 전사 인자는 또 다른 기억 관련 유전자의 5' 프로모터 부위에 결합하여 장기 기억에 관여하는 단백질들을 생산하는 것으로 알려진다. 따라서 장기 기억에는 새로운 단백질 합성 및 유전자의 발현이 동시에 필요하다.

에릭 칸델은 말한다

- 나는 1950년대에 다른 사람들처럼 정신분석학에 심취하였는데 이유는 과감한 호기심과 학문적 열정 때문이었다. 정신분석에서 제1의 관심사는 '마음'을 이해하는 것인데 나는 기억에 대한 신경생물학적 연구야말로 마음을 이해하는 데 가장 중요한 일이 될 것으로 보았다. —『American Journal of Psychiatry』 중에서

- 동물과 인간은 환경에 적응하는 두 가지 방법이 있다. 하나는 생물학적 진화이고 다른 하나는 학습이다. 생물학적 진화는 수천 년 이상 걸리는 느린 과정인데 반해 학습은 일생을 통해 번복되는 빠른 과정이다. 특히 인간은 학습능력이 뛰어나 문화적 진화를 가능하게 하였다. 학습을 통해 인류의 문화와 지식은 세대를 거치면서 진화하며 생물학적 진화를 대체하기에 이르렀다. 학습의 생물학적 원리를 탐구하는 것은 문화적 진화의 생물학적 속성을 이해하는 데 필요할 뿐 아니라 개인의 본성을 이해하고 마음의 근원을 이해하는 데 해답을 줄 것이다. —『Journal of Neuropsychiatry, vol. 1』 중에서

더 읽어야 할 책들

Kandel, E.R., *Cellular Basis of Behavior: An Introduction to Behavioral Neurobiology*, San Francisco: Freeman and Company, 1976.

_____, ed., "Handbook of Physiology," *The Nervous System*, Vol. 1, Cellular Biology of Neurons, Baltimore: Williams & Wilkins, 1977.

_____, "A Cell-Biological Approach to Learning," *Grass Lecture Monograph I*. Bethesda, Md.: Society for Neuroscience, 1978.

_____, *The Behavioral Biology of Aplysia: A Contribution to the Comparative Study of Opisthobranch Molluscs*, San Francisco: Freeman, 1979.

_____, ed., *Molecular Neurobiology in Neurology and Psychiatry*, New York: Raven Press, 1987.

Kandel, E.R., Schwartz, J.H., and Jessell, T.M., eds., *Essentials of Neural Science and Behavior*, Norwalk, Conn.: Appleton & Lange, 1995.

Squire, L. and Kandel, E.R., *Memory: From Mind to Molecules*, New York: Scientific American Books, 1999.

Kandel, E.R., Schwartz, J.H., and Jessell, T.M., eds., *Principles of Neural Science*, Fourth Edition, New York: McGraw-Hill, 2000.

Levi Montalcini, R., Calissano, P., Kandel, E.R., and Maggi, A., eds., *Molecular Aspects of Neurobiology*, Berlin: Springer-Verlag, 1986.

머레이 북친 *Murray Bookchin*

자유가 극대화된 자치공동체를 꿈꾼다

문순홍 대화문화아카데미 바람과물연구소 소장

사회생태학의 개척자, 머레이 북친

21세기 후반기는 인간생명을 담보로 하는 핵실험, 생물조작, 지구생태계의 파괴 및 인간 삶의 파괴 등 여러 가지 위기의 징후로 얼룩져 있다. 이는 기존 위기들과는 근본적으로 다른 것인데, 그 이유는 인간 삶의 조건이 달라졌음을 알리고 이 변화된 존재조건 속에서 "생명이란 무엇인가", "좋은 삶, 의미있는 삶이란 무엇인가"란 물음을 던지게 하기 때문이다. 생태사상은 이 위기의 징후들을 생태위기로 명명하고, 위기의 탈출구를 인간중심성에서 생태중심성 또는 생물중심성 또는 약한 인간중심성에 기반한 삶의 조건 창출에서 찾으려는 일련의 지적·실천적 시도들인 것이다. 이 가운데 사회생태학은 약한 인간중심성의 관점에서 좋고 의미있는 삶의 조건들을 풀어내려 한다.

사회생태학의 개척자인 머레이 북친은 1921년 뉴욕에서 유대계 러시아인 가정에서 태어났다. 그의 유년기는 러시아 차르체제 아래에서 사회주의 혁명운동가였으며 준무정부주의적 인민운동가였던 외할머니로부터 많은 영향을 받았다. 1930년대 미국이 공황으로 깊이 빠져들어가고 있을 때, 그는 주물공장 노동자로서 공산주의운동 청년조직에 가담하였고, 실업자들을 조직화하기도 하였다. 1935년 스탈린주의와 단절한 후 그는 트로츠키주의자로, 이후엔 자유극대화론적 사회주의자로 전향한다. 당시 북친의 저술들은 주로 이 집단들의 대변지인 『당대 이슈』에 발표되었다.

그의 생태위기에 대한 직감적 인식은 52년경에 비롯되는데, 이는 「음식물에 포함된 화학첨가제의 문제점」이란 논문의 발표로 구체화되었다(이것은

> " 자연에 대한 인간중심적 지배는 '지배가 만연되어 있는 사회'에 그 뿌리를 두고 있다. 그래서 생태학은 모든 지배에서 벗어나려는 자유의 생태학이어야만 한다. 자유 이념에 기반한 생태학을 정립하고, 사회 도처에 스며들어 있는 지배주의 문화를 고발하는 것, 이것이 북친 사회생태학 작업의 핵심이다. "

나중에 독일에서 책으로 발간되었다). 또한 1956년 영국의 핵폐기물처리 시설이 있는 윈저스케일에서 발생한 집단적인 암발생 및 기형가축 사건, 그리고 1963년 뉴욕 레이븐스우드 핵발전소 사고를 계기로 북친은 현재까지 핵발전소 반대운동에 꾸준히 가담하고 있다. 이후 뉴저지에 소재한 라마포대학(Ramapo College)에서 강의하였고, 현재 이 대학 환경학부 명예교수이며 버몬트(Vermont)에 있는 사회생태학 연구소의 명예연구소장이다.

그의 지적인 성숙과정에 영향을 미친 사상가들은 대략 세 부류로 나누어진다. 그 한 부류는 막스 베버, 호르크하이머, 아도르노, 칼 폴라니 등으로 이들은 지배의 문제와 이성·과학·기술로 인한 현대의 위기를 연결시키는 과정에서 북친에게 상당한 영향을 주었다.

다음으로 윌리엄 모리스, 피터 크로포트킨 등 무정부주의자들의 유토피아적인 전통과 자연적 호혜주의는 북친의 핵심 테제인 인간사회와 자연의 재타협에 대한 희망, 상부상조적인 관계로서의 자연에 대한 재조망, 위계질서에 대한 증오와 새로운 기술론 등에 영향을 주었다.

세번째로 그의 역사관, 이성관 그리고 자연관의 형성에는 아리스토텔레스에서 헤겔 그리고 요나스에 이르는 유기체론적 전통이 영향을 미친 것으로 보인다.

그의 저술에 일관되게 나타나고 있는 주제는 "인간에 의한 자연지배는 인간에 의한 인간지배로부터 비롯된다"는 것과 위계질서와 지배에 대한 비판 및 거부가 현 생태위기 해결의 첩경이란 것으로, 이러한 주장은 60년대 이후 특히 『우리의 종합적 환경』(63년)에서부터 나타났다. 이 즈음에 그는 사회생

21세기는 핵실험, 생물조작, 지구생태계의 파괴 및 인간 삶의 파괴 등 여러 가지 위기의 징후로 얼룩져 있다.

태학이란 용어를 처음 사용하기 시작하였다. 당시 미국의 사회는 반문화적인 히피이즘이 젊은 층의 반향을 얻고 있었고, 베트남 전쟁으로 인한 반전문화가 형성되어 있었다. 동일한 시기의 유럽을 살펴보면, 궁극적으로 1968년 전유럽에서의 학생운동 고양을 가능케 한 이론은 신좌파들의 것이었다. 이를 배경으로 그의 사회생태학은 일면 자연지배에서 인간지배가 출발하며 사회비판을 위한 분석의 초점을 자본주의, 국가 그리고 계급에 맞추어야 한다고 주장하는 신좌파와 대결하고, 다른 한편으론 반문화운동에 뿌리를 두고 있던 카프라 등을 정점으로 하는 근본생태학(생물중심주의), 가렛 하딘/파울 에러이히 등의 신맬서스주의, 그리고 허만 칸 등의 미래주의와 대결해야 했다.

사회생태학과 근본생태학의 결별, 자유의 생태학으로

이후 오늘에 이르기까지 이들과의 논쟁은 그의 사회생태학에 논리적인 치밀성을 부여하였다. 1971년 발간된 『탈빈곤의 무정부주의』는 1964년 이후 발표해온 글들을 모은 것으로, 현 생태위기의 연원을 역사적인 위계조직의 등장과정으로부터 설명하고, 조화로운 생태사회를 만들어낼 수 있는 수단으

자연에 대한 인간중심적 지배는 '지배가 만연되어 있는 사회'에 뿌리를 두고 있다. 그래서 생태학은 모든 지배에서 벗어나는 자유의 생태학이어야 한다.

로서의 이성, 감성 그리고 실천을 명료히 하려는 시도들로 점철되어 있다.

따라서 이 책이 지니는 의미는 마르크스주의자들과는 대조적으로 사회분석 및 논의의 강조점을 계급에서 위계질서로, 착취에서 지배로, 국가의 단순한 폐지보다는 해방을 위한 제도들로, 정의보다는 자유로, 그리고 행복보다는 즐거움으로 옮겼다는 데 있다.

1970년대는 생태학 시대라 불릴 정도로 생태문제가 인류의 미래와 관련된 이슈로 부각되던 시대이다. 1973년 노르웨이의 안 네스 등은 환경주의와 생태학을 대별시키고 생태위기를 그 근원성에서 접근하라고 요구한다. 그런데 이 요구가 사회로 수용된 모습은 기존사회의 구성, 즉 파편화·중심화된 지배적 위계질서 속에서 변형된 모습이었다. 예를 들면, 기술에 대한 논의는 기술의 제조처인 기업이나 대학으로만 포섭되고, 이의 실질적 영향 대상자들인 주민사회 속으로 침투해가지 못하였으며, 궁극적으로는 새로운 기술관료의 등장으로 이어졌다. 또한 근본생태학이 제기한 자연과의 일체화 체험은 생태학의 신흥종교화 및 보수종교와의 결탁을 가져왔고 환경교육과 명상용품의 상품화로 이어졌다.

왜 생태론자들이 던진 물음과 이의 사회적 수용형태는 다른 것인가? 이 물음은 생태적 사유와 운동에 '사회로의 전회'를 만들어주었고, 북친의 사회생태학이 근본생태학과 갈라서는 계기가 되었다. 이러한 결별은 1982년 『자유의 생태학』을 중심으로 뚜렷이 나타난다. 『자유의 생태학』은 위계질서와 지배의 등장뿐만 아니라 '자유의 유산'을 인류학적으로 역사적으로 설명한 책이다. 생태문제는 인간사회로 인해 발생한 문제이다. 자연에 대한 인간중심적 지배는 '지배가 만연되어 있는 사회'에 그 뿌리를 두고 있다. 그래서 생태학은 모든 지배에서 벗어나려는 자유의 생태학이어야만 한다. 자유 이념에 기반한 생태학을 정립하고, 사회 도처에 스며들어 있는 지배주의 문화를 고발하는 것, 이것이 북친 사회생태학 작업의 핵심이다. 때문에 사회생태학이 설정한 과제는 문화가 자연진화와 관련을 맺고 있음을 전제로 문화의 뿌리를 자연 속에서 탐구하고, 이를 통해 1차 자연에서 2차 자연에 이르는 진화과정을 확인하는 것, 그리고 자연 내 인간의 위치를 바라보는 방식이 사회세계를 조직하는 방식과 밀접히 관련되어 있음을 밝히는 것이다.

그러면 사회분석의 전제로서 자연은 무엇인가? 사회생태학이 설정한 자연개념은 오늘날의 위기를 자초한 경제학, 심리학, 사회학 등이 설정하고 있는 인간사회와는 분리된 단순한 '대상'이나 '자원의 저장고', 아니면 동물적 본능의 영역으로 전락하거나 적자생존의

윌리엄 모리스가 직접 디자인한 그 자신의 시집. 북친은 모리스의 자연적 호혜주의의 영향을 받았다.

경쟁으로 획일화된 다윈적인 자연 이미지가 아니다. 근본생태학의 '신성으로 얼어 붙은 자연' 개념이나 마르크스주의, 고전 역물리학이 설정한 필연영역으로서의 자연 개념도 아니다.

변증법적 자연주의 맥락에서 생태위기를 진단하다

그의 자연 개념은 그 안에 이전의 세계가 갈라놓은 존재와 관념, 육체와 정신, 자연 개물과 인간이 긴장 속에서 공존하는 것이다. 이 긴장이 자연을 변화·발전하게 하고 살아있게 한다. 그래서 그에게 자연은 자기선택에 의한 진화과정 그 자체이다.

이 진화과정은 발전적이고 변증법적이어서 단순한 것에서 복잡한 것으로, 추상적이고 동질적인 것에서 특수하고 분화된 것으로, 보다 큰 개체성과 주관성의 등장으로, 궁극적으로 1차 자연에서 2차 자연으로 움직여왔다. 이 과정은 처음부터 결정된 것이 아니다. 현재 우리 인류는 2차 자연에서 3차 자연으로의 분화·발전기에 놓여 있고, 그 징후가 생태위기다. 이러한 자연관

헤겔의 형이상학적 철학은 북친의 자연관 형성에 영향을 미쳤다.

은 1986년 출판된 『현대의 위기』와 1995년 개작되어 출판된 『사회생태학의 철학』에서 집중적으로 논의되고 있다. 특히 후자의 책에서 북친은 이 자연관을 변증법적 자연주의라 칭하였다.

이 변증법적 자연주의에서 인간은, 지력·도덕적 능력·도구조작 능력이란 관점에서, 자연진화가 생산해낸 가장 진화된 생명체로 이해된다. 그래서 인간의 자연세계 개입은 자연의 진화적 구성의 한 부분이면서 자연스러운 것이고, 인간의 역사는 자연사에서 별개화되는 것이 아니다. 역사는, 인간사든 자연사든, 자유라는 유산과 지배라는 유산이 얽히고 섞이면서 진보해온 과정이다. 그럼에도 불구하고 그 속엔 연속적인 어떤 것이 있다. 그것은 다름 아닌 자유에의 갈망이다.

이런 맥락에서 인간의 개입이 생태적으로 이로운 것인가 해로운 것인가는 결정되지 않은 물음으로, 인간이 어떤 종류의 사회를 창조하는가에 달려 있다. 동시에 생태위기란 현 역사적 상황에는 자유가 만개한 사회의 가능성이 내재해 있다. 이 인간, 역사, 문명에 대한 논의는 『사회생태학의 철학』1장과 5장에 집약되어 있다.

이 자유가 만개한 사회가 생태사회다. 이 사회는 인간사회의 발전을 생물적 발전과 재통합하고, 인간공동체를 생태공동체와 재통합한 사회다. 이 사회는 곧 진화하는 자연이 보여주는 다산성, 상보성 그리고 돌연변이에 의한 종의 풍요화가 사회윤리적으로 해석되고, 사회구성원리적으로 재해석된 사회이다. 전자의 생태사회가 윤리로서의 자유(자기선택)가 만개한 사회라면, 후자의 생태사회는 다름(차이)이 평등의 근거가 되고 모든 구성원들의 참여가 당연한 권리로 인정되는, 참여와 공생의 사회구성원리에 기초한 사회이다. 이 생태사회의 제도적 외형을 북친은 자유가 극대화된 자치주의(Libertarian Municipalism)라 부른다.

이 참여·공생의 원리와 자유의 윤리는 기존 사회에 만연해 있는 지배와 위계질서를 철저히 부정하도록 부추긴다. 연장선상에서 생태위기의 원인론과 관련된 그의 초기적 관심이 지속성을 갖게 되고, 앞에서 지적한 사회생태학의 두 가지 핵심 테제는 기타 다른 사회영역으로 확장된다. 그는 『생태사회를 향하여』, 『시장경제인가? 도덕경제인가?』, 『근대도시의 등장과 시민권의 몰락』 그리고 『재구성되는 사회』에서 가족, 경제, 정치 그리고 국가의 등장을 역사적으로 탐구하고 이를 통해 현재와 같은 '통치자들의 게임으로 전락'정치의 왜곡화 현상을 분석한다. 나아가 오늘의 도시위기를 도시화 과정의 출현과 고대도시의 의미 쇄락화에서 찾고, 대안적인 생태사회를 이끌 이념으로서의 자유에 대한 새로운 논의 필요성을 사회정의 개념의 역사적 변형과정을 들어 비판적으로 살핀다. 또한 자본주의시장의 익명성 강화와 윤리성 상실 등을 상품의 선성 상실에 초점을 맞추어 논구하고 있다.

기술의 측면에서 이 사회는 생태기술과 신중하게 적용된 기존 기술을 섬세히 조합한 탈결핍-기술의 바탕 위에 구성된 사회이다. 이 사회에 도달하기 위해 사회생태학은 생태감수성의 복원과 상호보완성의 윤리를 강력하게 강조하면서, 사회적·정치적인 활동에 참여하여 생태파괴적 현실에 저항하길 요구한다.

현재 21세기를 눈앞에 두고, 서로 고리지워진 세 가지 지배유형과 이로부터 벗어나려는 세 가지 저항이 표출되고 있다. 전자가 남성에 의한 여성지배, 인간에 의한 인간지배, 인간에 의한 자연지배라면, 후자는 가부장제에서 벗어나려는 여성해방운동이며, 억압적인 국가·종교·경제로부터 벗어나려는 민주화운동이고, 인간중심주의에서 벗어나려는 생태운동이다. 이 세 가지 운동은 우리들을 3차 자연 곧 '자유로운 자연'이 만개한 세계로 나아가게 한다.

문순홍 베이비붐 시대에 태어나 한강과 그 언저리 모래둑을 놀이터 삼아 자랐다. 성균관대학에서 정치학을 공부했지만, 동양철학, 자연과학 그리고 여성학 관련 서적에 더 흥미로워했다. 배우고자 하면 어디든지 가며 누구에게든지 배울 수 있다고 생각하는 그는, 결국 생태사상 분야로 학위를 받았다. 90년대 이후 김지하, 울리히 벡, 존 드라이젝과의 대화 캠프에 머물렀고, 현재 대화문화아카데미 바람과물연구소 소장으로 일하며, 대안 전문가의 양성을 고민하고 있다.

용어와 개념 풀이

근본생태학 deep ecology

1973년 아느 네스에 의해 주창된 생태사상 내 한 유파로, 생태위기의 원인을 근대 과학과 철학에서 기원하는 신념체계(이원론, 인간중심주의, 그리고 유물론)에서 찾는다. 이후 이 유파는 록키 산맥을 중심으로 하는 미국의 서부지역 그리고 호주 등에서 확산되고 있다. 미국 내에서 사회생태학과의 논쟁은 1987년에 폭발되어 나왔다.

자유를 극대화한 자치주의
libertairian municipalism

정치를 특성상 윤리적으로 만들고 조직상 민초지향적으로 만들려는 정치기획이다. 동시에 이 자치주의는 새로운 사회의 제도적 외형이면서 급진적으로 새로운 정치를 급진적으로 진작시키는 기제이기도 하다. 새로운 사회란 인간의 필요들을 충족시키는 것, 생태적으로 긴급한 과제들에 반응하는 것, 그리고 공유와 협력에 기반한 새로운 사회윤리를 발전시키는 것을 지향하는 공동체주의 사회이다.

변증법적 자연주의
dialectical naturalism

북친은 생태적 변증법이라 칭하기도 한다. 변증법적 자연주의는 아리스토텔레스와 헤겔의 변증법에 진화론과 생태학의 자연주의를 결합하면서 동시에 전자의 연역적인 사고방식을 추론적인 사고방식으로 대체한 것이다. 또한 전자로부터 그는 위계적인 존재의 사다리를 제거하고 이를 진화론의 수평적인 풍요의 연속체와 분화의 연속과정으로 채워넣은 것이다. 전자에서 자연을 살아있게 하는 것, 자연에 변화/발전을 부여하는 것으로서의 목적 (telos)이 자연의 위에 외재해 있는 것이라면, 북친의 변증법적 자연주의는 이를 생태학의 유기체 내적인 천이로서의 변화·발전 과정으로 대체시켜 목적론적인 성향을 제거한다.

머레이 북친은 말한다

- 생태학은 사회적으로 그 뿌리를 뽑는다는 의미에서 혁명적이어야 하고 근본적이어야 한다. 왜냐하면 (생태위기에서 벗어나려면) 자본주의 위계질서만이 아니라 인류역사 속의 모든 위계질서를 제거해야 하는데, 이 위계질서는 정치제도뿐만 아니라 우리의 의식, 경제제도, 생산양식, 그리고 삶의 의미에 대한 해석 등으로 확산되어 존재하기 때문이다. —『Toward Ecological Society』중에서

- 사회생태학의 힘은 사회와 생태계간 연합을 구축하려는 시도에, 사회적인 것을 적어도 자연 속에 잠재화된 자유의 완성으로 이해하려는 점에, 그리고 생태적인 것이 사회발전의 주요 조직원리라고 생각하는 점에 놓여 있다. —『The Philosophy of Social Ecology』중에서

- 생물권의 미래는 이차자연이 새로운 사회 또는 새로운 유기적인 협력체제로 이행해 갈 수 있는가의 여부에 전적으로 달려 있다. 이 새로운 체제를 3차 자연 혹은 '자유로운 자연'이라 부른다. 이 자유로운 자연은 의식적이고 윤리적인 자연이며 생태적 사

회이다. —『The Philosophy of Social Ecology』 중에서

■ 정치에서 윤리가 완전히 제거되어 정치는 실용적인 기술체로 윤리는 개인의 의견과 입맛에 근원을 두는 상대적인 가치체로 전락하였다. (정치세계가) 덕보다는 악, 정의보다는 불의의 세계가 되었으며, 이제는 더 이상 옳은 것, 선한 것, 정의로운 것을 추구하지 못하며, 정치의 영역은 이익이라는 관점에서 덜 악한 것의 영역이 되어버렸다. —『The Modern Crisis』 중에서

더 읽어야 할 책들

머레이 북친, 문순홍 편저, 『생태학의 담론』, 1999.
문순홍, 『생태위기와 녹색의 대안』, 1992.
Murray Bookchin, *Our Synthetic Environment*, 1963.
_____, *Crisis in our City*, 1965.
_____, *Post-Scarcity Anarchism*, 1971.
_____, *The Limit of the City*, 1973.
_____, *The Spanish Anarchists*, 1976.
_____, *Toward an Ecological Society*, 1980.
_____, *The Ecology of Freedom*, 1982.
_____, *The Modern Crisis*, 1986.
_____, *The Rise of Urbanization and the Decline of Citizenship*, 1987.
_____, *Remaking Society*, 1989(박홍규 옮김, 『사회생태주의자란 무엇인가』, 1998).
_____, *The Philosophy of Social Ecology*, 1990, 1995 개작.
_____, *Defending the Earth*, 1991.
_____, *Urbanization Without City*, 1992.
_____, *Reenchanting Humanity*, 1995.
_____, *The Spanish Anarchists: The Heroic Years 1868~1936*, 1997.
_____, *Social Anarchism or Lifestyle Anarchism: An Unbridgeable Chasm*, 1996.
_____, *The Third Revolution: Popular Movements in the Revolutionary Era I, II, III*, 1996.
_____, *To Remember Spain: The Anarchist and Syndicalist Revolution of 1936*(edited by Bookchin, 1996).
_____, *The Politics of Social Ecology: Libertarian Municipalism*(with Janet Biehl), 1997.
_____, *Anarchism, Marxism and the Future of the Left: Interviews and Essays, 1993~1998*, 1999.
Janet Biehl(Editor), with Murray Bookchin, *The Murray Bookchin Reader*, 1997.

Sam Dolgoff(Editor), *The Anarchist Collectives: Workers' Self-Management in the Spanish Revolution 1936~1939*, 1996.
Robyn Eckersley, *Environmentalism and Political Theory*, Ch.7, 1992.
Koula Mellos, *Perspecives on Ecology*, Ch.4, 1988.
David Pepper, *Eco-socialism*, Ch.4, 1993.
Andrew Light(Editor), *Social Ecology after Bookchin*, 1998.

앙드레 고르 *Andre Gorz*

노동기반사회로부터 탈출하라

문순홍 대화문화아카데미 바람과물연구소 소장

고르의 지적 발전과정

1924년 오스트리아 빈에서 태어난 고르는 10대 후반 사르트르, 헤겔, 마르크스의 저작들에 몰두하였다. 22세에 사르트르와 보부아르를 만나 프랑스로 이주하여, 『현대』(Les Tepms Moderne), 『르 누벨 옵세르바퇴르』(Le Nouvel Observateur) 등에서 미셸 보스케란 필명으로 일하였다.

1950년대와 60년대를 전후한 프랑스 사회주의 논쟁에서 명성을 얻기 시작하면서 프랑스 지식인 사회에 자신의 위치를 확고히 하였다. 그의 초기 사상은 사르트르의 실존주의 철학에 더해 마르크스와 헤겔을 받아들였다는 평을 받지만, 후기로 갈수록 사르트르 실존주의의 성향이 강해지면서 이를 생태학과 결합하고 있다.

고르의 모든 저작에서 살아 움직이는 관심은 개인의 자유와 자율 경험에 대한 사회적 부정이다. 초기 자본주의의 사회적 억압성과 독단적 마르크스주의의 정책들을 비판하였고, 중·후기 미시전자혁명 및 자동화로 대표되는 기술과 고용삭감 그리고 생태위기에 초점을 맞춰 자본주의에 보다 근본적으로 물음을 제기하고 시간의 정치를 전사회적으로 요구할 수 있었던 것도 다름 아닌 이 개인적 자유에의 참여적 관심 때문이다.

고르의 지적 발전과정의 변화는 자본주의 위기 유형과 혁명주체에 대한 논의를 중심으로 살펴볼 수 있다. 고르에게 자본주의 위기론은 다섯 유형들, 즉 '과잉축적의 위기', '재생산의 위기', '생태 위기', '국가경제체제의 위기' 그리고 '합리성의 위기'를 요체로 하는 근대성 위기로 진화한다. 그러나 후기

> 고르가 그리는 새로운 대안사회는 근대형 노동에 종말을 고함으로써 물질적 욕구를 충족시키기 위해 일해야만 하는 노동시간을 단축시키고, 창조적 잠재력을 실현하기 위한 자유시간을 늘리는 것이다. 이를 위해서는 본래적인 노동의 의미를 회복함으로써 '노동기반사회'를 넘어선 '다활동기반사회'의 미래를 열어가야 한다.

저작에 이르면 생태위기와 국가경제체제의 위기는 재생산 위기에 속하고, 이 재생산 위기는 과잉축적 위기가 생태·사회체제로 전이한 것이고, 이 과잉축적 위기는 근대성 위기의 핵심인 근대형 이성과 합리성 위기에 뿌리를 두고 있는 것으로 통합된다. 이것이 왜 고르가 개인의 자유 곧 자율과 자기결정성을 타율노동으로부터의 해방을 통해 회복하려 하는가를 이해하도록 한다. 또한 고르의 혁명주체에 대한 논의는 60년대 주목했던 노동계급에서 비계급으로 이동한다.

자본주의를 벗어나는 생태사회주의의 길

75년 『정치로서의 생태학』에서 고르는 자본주의 경제의 발전과정에서 등장하는 과잉성장의 위기가 물리적 한계와 결합하면서 재생산 위기와 생태 위기로 변형되는 과정을 밝히고, 위기에서 벗어나기 위해서는 야만적인 기술관료적 사회가 아닌 '탈산업적 사회주의'(Post-industrial Socialism)의 길을 택할 것을 주장하였다. 이런 논구는 이후 생태사회주의의 이념적 구체화와 생태마르크시즘의 형성·분화에 영향을 주었다.

80년에 출간된 『노동계급이여 안녕』에서는 자본주의의 과잉축적과 재생산 위기가 환경파괴와 실업문제를 양산시킴으로써 이것을 내재화하기 위한 사회적 비용을 나선형적으로 상승시키게 되는데, 여기서 벗어나기 위해 우파와 좌파 보수주의자들(노동조합과 사회민주주의자들)이 선택한 전략이 결과적으로 노동의 이원화 현상을 낳는다고 비판하고 있다.

다시 말해 미시전자혁명과 제3부문화 그리고 신케인스적인 사회민주 프로그램의 조합을 통한 일련의 시도들은 투자 증대와 자본생산성 향상을 가져오지만, 일자리는 오히려 축소되고 전문직 노동자와 주변화된 비숙련 노동자의 이원화 현상을 가져온다는 것이다.

여기서 노동의 이원화 현상이란 소수 엘리트 전문가들과 다수 일반노동자간 분리는 물론 전일제 직장에 다니는 노동자들과 실업상태 또는 부분고용 상태에 있는 노동자간 분리를 의미한다. 이 노동의 이원화 문제를 통해 고르가 주장하려는 것은 소수의 엘리트 노동자들이 다수의 노동자 대중 위에 군림한다는 것과 고소득 엘리트 노동자들이 자신의 여가시간

콘라드와 제레미가 저술한 『앙드레 고르』. 이 책에서 그들은 고르의 정치적·철학적 발전과정에 주목했다.

확보를 위해 실업상태의 노동자들을 경제합리성에서 벗어날 정도의 저임금으로 재고용함으로써 비계급 집단으로 새로운 프롤레타리아트 계급을 만들어낸다는 것이다.

이런 상황에서 노동 엘리트들은 고용이 보장해주는 권력과 사회적 위신을 포기하려 하지 않는다는 점에서 보수적이며, 동시에 노동조합과 사회주의 정당은 사라져가는 일자리를 복원하는 일에 노동운동의 일차적 목적을 맞춤으로써 신케인즈주의의 생산주의와 완전고용 이데올로기 그리고 노동윤리의 덫에 빠져버려 해방적 잠재력을 상실해버렸다. 이것이 고르가 지적하는 오늘날 좌파의 문제이자 구노동계급의 위기인 것이다.

따라서 자본주의의 사회적 억압성에서 벗어나는 길은 생산관계나 산업생산수단보다는 임금노동 자체의 축소·폐기가 필요하다고 주장한다. 또한 노동계급은 이미 자본주의적 지배질서 속으로 편입되어 자본의 복제품이 되었

기 때문에 더 이상 혁명주체로서 역할을 수행하지 못하는 만큼 노동계급과 결별을 고해야 하며, 대신 혁명주체로서의 역할은 비계급(Non-Class) 즉 비노동자, 노동시장 분화에 의해 주변화된 자, 노동할 수 없는 자, 자동화로 인해 직장을 잃은 자들에게서 찾아야 한다고 주장한다.

노동으로부터의 해방, 시간의 정치

고르는 1985년 『파라다이스로 가는 길』에서 탈산업적 사회주의에 대한 전망을 보다 구체화시키고 있다. 새로운 주체들이 타율영역 외곽에 자율영역을 창조·확대함으로써 자본주의를 넘어서는 대안체제가 가능해진다고 주장한다. 여기서 자율영역은 자율활동과 자활노동(Work for Oneself)의 영역으로 구성된다.

이 자율영역을 확대하기 위한 사회적 전제조건으로 임금노동의 축소와 사회소득 개념을 제시하고 있다.

이러한 논의는 『경제이성비판』(1989년), 『지금 어디로 가고 있는가』(1991년), 『자본주의, 사회주의 그리고 생태학』(1994년), 『노동교정하기: 노동기반사회를 넘어서』(1998년)로 이어지는 일련의 작업들을 통해 진화하고 보다 구체화된다. 자율영역, 사회소득, 혁명주체로서의 비계급과 이들에 의한 새로운 정치, 탈산업사회주의 혹은 생태사회주의를 통해 도달하려는 대안사회에 대한 그의 논의는 '다양한 활동', '기본소득', '시간의 정치', 그리고 '노동을 넘어선 사회'로 재개념화되고, 자본주의의 위기는 궁극적으로 합리성의 위기 즉 경제이성 및 경제합리성의 위기로 귀결된다. 고르에게 이 경제합리성에 대한 반제는 생태합리성이다. 후에 이는 사회주의적 합리성으로 사용되기도 한다.

그는 노동자 계급이 혁명주체가 될 수 없는 이유로 노동자들이 경제합리성에 따른 '근대형 노동개념'에 기반하여 경제성장과 완전고용의 믿음에서 벗어나지 못했기 때문이라고 본다.

따라서 대안사회는 '노동기반사회를 넘어선' 다활동기반사회여야 하며 이에 도달하기 위해선 '노동 안에서의 해방'이 아니라 '노동으로부터의 해방'의 정치와 시간의 정치가 필요하다. 노동으로부터의 해방의 정치는 새로운 합리성에 기반하여 노동을 새롭게 정의하고, 노동시간을 줄이며, 자유시간과 자기생산을 확대시키는 것을 내용으로 한다.

정보사회에서는 비현실 공간이 확장되어 의사소통적 공간이 넓어지는 반면, 현실공간은 점점 더 좁아진다. 지식·정보 생산자의 노동공간을 표현한 표트르 코발스키의 「타임머신」(1981~82).

또한 '노동으로부터의 해방'을 추구하고, 부(富)를 재정의·재분배하는 정치인 것이다. 즉 시간의 정치는 이 노동시간 지배사회에서 우리 삶을 해방시키고 시간을 다양한 활동들로 재분배하는 것을 목적으로 한다. 이 새로운 정치는 기존 좌파와 그 지지세력과의 단절을 통해서만 가능하다.

고르의 새로운 정치에서 자율영역의 확대와 그 전략적 거점으로 사적영역과 자활노동은 주요한 위치를 차지한다. 고르는 사회를 세 차원, 즉 전사회를 관통하여 조직화된 타율적인 '거시적 사회노동 영역', 지역차원에서 자기조직화 된 자발적 참여에 근거한 '미시적 사회노동 영역', 그리고 가족 등 작은 집단의 특수 욕구에 상응하는 '자율활동 영역' 등으로 나눈다.

여기서 두번째 수준인 미시사회노동 영역은 가족과 시민사회 간의 사회조직망을 구성해주는 곳이기도 하다. 따라서 사적 영역은 세번째 영역으로 함몰되지 않는다. 오히려 "사적 영역은 개인의 영역이 아니라 오히려 개인들이 협력하여 지식과 기술을 발견·발전시킬 수 있는 권역"이다.

자활노동은 고르가 구분하고 있는 인간활동의 세 가지 영역들, 즉 '타율노동', '자율활동', 그리고 '자활노동' 가운데 하나지만, 그 성질은 필요에 의해 강제되는 타율노동과 스스로 목적이 되는 자율활동이 결합한 것이며 동시에 개인적이면서도 미시사회적인 성격을 가지고 있다. 또한 자활노동은 경제적 이성에 의해 작동하기보다는 자기충족성의 원칙에 의해 지배되는 것이다.

산업사회의 전형적 노동공간에서 텔레비전을 조립하는 젊은이.

가사노동의 자율성에 주목하라

고르가 사적 영역에 속해 있는 가사영역의 자활노동에 주목하는 이유는 자활노동이 자율영역 확장의 원천이 되고 미시사회관계망 복원의 근간이 되기 때문이다.

다시 말해 이 영역이 경제적으로 합리적인 노동세계로부터 분리되어 있어서 경제적인 효율성에 따라 합리화되지 않고 자활활동을 재생산하고 보호할 수 있다는 것이다. 따라서 경제이성에 의한 식민화에 저항할 수 있는 영역이었지만, 노동기반사회의 '완전고용'이란 허구적 목표가 국가, 노조 그리고 기업 모두에 의해 정당한 현상으로 받아들여지고 나아가 여성해방론자들의 '가사노동의 사회화'라는 주장이 결합되면서 가사영역의 상업화, 합리화가 이루어지고 있다. 이로 인해 자활노동이 상업화된 서비스 부문으로 이전하고, 엘리트 노동자들이 시간을 절약하기 위해 가사영역 내 자기노동을 하층 노동자 고용으로 대체함으로써 이 자활노동이 자율활동으로 기능할 수 있는 가능성은 경제이성에 의해 식민화되었다.

이로써 자율을 위한 공간과 시간이 사라져버렸고, 자율·해방 등의 실존적 관심도 사라져버렸다. 대신 타율성이 사적영역으로까지 확장되어 개인의 자율적 자아정체성과 실존적 욕구를 도모할 공간이 사라지고 사회로부터 단절된 개인들은 고립된 가족이기주의나 경력쌓기를 통해 자신의 의미와 정체성을 추구하는 '사적 개인주의'로 후퇴하게 된다. 결국 사회의 경영은 자본과 국가의 힘에 의해 유지되는 엘리트 전문가들에게로 넘겨지고 개인들은 더 이상 사회의 정치현상에 관심을 가지지 않은 채 탈정치화되면서, 시민사회 속의 공공영역은 축소하거나 왜곡되는 것이다.

노동기반사회를 넘어 다활동기반사회를 향하여

이미 선진 자본주의사회는 차치하고 한국사회에서도 공공영역에서의 소통적 관심이 기능적 관심으로 대체되어버린 지 오래다. 고르는 이를 경제합리성에 의한 사회잠식으로 보고 있다. 이미 앞에서 지적한 바 있듯이 고르의 새로운 사회주의 프로젝트는 '노동으로부터의 해방'에 초점을 맞추어 타율노동을 자활노동으로 변형하는 것이다.

그 방법으로 "노동자 스스로 자신의 노동을 문화적으로 재정의하는" 문화 프로젝트에 초점을 맞추고, 사회와 사적 개인들의 영역 그 사이에 있어야 하지만 상실되어버린 필요영역을 회복할 수 있도록 우리들이 살고 노동하는 미시사회적 공동체를 강화할 것을 주장하고 있다. 이것은 사적생활영역의 후퇴로 노동과 사회가 타율성의 영역으로 넘겨진 현실사회에서 중요한 과제라 할 수 있다.

고르가 그리는 새로운 대안사회는 근대형 노동에 종말을 고함으로써 물질적 욕구를 충족시키기 위해 일해야만 하는 노동시간을 단축시키고, 창조적 잠재력을 실현하기 위한 자유시간을 늘리는 것이다. 이를 위해서는 모두에게 충분하면서도 무조건적인 기본소득을 보장해야 하며, 새로운 협력적 경제구조를 통해 본래적인 노동의 의미를 회복함으로써 '노동기반사회'를 넘어선 '다활동기반사회'의 미래를 열어가야 한다. 개인적 자율성과 다활동기반사회에 대한 고르의 주장은 오늘날 신좌파들에게 많은 영향을 주고 있다. 특히 '기본소득' 개념은 제3의 사회주의를 모색하는 좌파 학자와 실천가들에 의해 현장에서 실험되고 있다.

물론 이러한 새로운 사회를 열어갈 주체는 앞에서 언급한 바처럼, 자본주의적 합리성에 길든, 생산 자동화 사회에서 특권화된 기존의 프롤레타리아들이 아니라 새로운 탈산업사회의 신프롤레타리아인 비계급 집단이다. 자본주의 사회의 경제합리성으로부터 훨씬 자유로운, 새로운 주체들을 중심으로 하여 고르는 자본주의의 침투력에 대항하기 위한 다양한 범주의 개인 및 집단들을 포용하는 해방프로그램들을 구성하고자 노력하였다. 공장보다는 지역적이고 자율적인 새로운 사회운동집단, 문화단체, 공동체조직들 그리고 권리가 박탈되고 소외된 집단들에서 새로운 사회주의 정치의 가능성을 발견하고자 하였다.

문순홍 베이비붐 시대에 태어나 한강과 그 언저리 모래둑을 놀이터 삼아 자랐다. 성균관대학에서 정치학을 공부했지만, 동양철학, 자연과학 그리고 여성학 관련 서적에 더 흥미로워했다. 배우고자 하면 어디든지 가며 누구에게든지 배울 수 있다고 생각하는 그는, 결국 생태사상 분야로 학위를 받았다. 90년대 이후 김지하, 울리히 벡, 존 드라이젝과의 대화 캠프에 머물렀고, 현재 대화문화아카데미 바람과물연구소 소장으로 일하며, 대안 전문가의 양성을 고민하고 있다.

용어와 개념 풀이

생태합리성 ecological rationality
이것은 '보다 적게 그러나 보다 낫게'라는 표어로 축약될 수 있는데, 이 합리성은 보다 덜 노동하고 보다 덜 소비하는 반면, 우리가 보다 더 잘 살 수 있는 사회를 지향한다.

타율노동 heteronomous work
지불받음을 목적으로 하는 노동이다. 즉 이 노동은 일차적 목적이 경제적인 것(돈)에 있으므로 노동을 통해 기쁨이나 만족을 얻게 될 것인가는 부차적인 고려조건이다.

자활노동 work for oneself
이 노동은 필요노동이면서 동시에 자율활동의 성격을 가지고 있고, 그 목적 가운데 하나가 상호호혜성이다. 생활의 기본필요들을 보장하는 재생산노동, 즉 가사노동이 대표적인 예다.

자율활동 autonomous activity
자유롭게 수행되는 활동으로 그 자체가 목적이 된다. 이는 목적에 도달하려는 행동이 목적 그 자체의 달성뿐만 아니라 동시에 만족의 원천이다. 이 활동에는 예술, 철학, 과학, 교육, 자선, 호혜적 원조, 관계적 활동, 그리고 자기생산활동 등이 포함된다.

시간의 정치 politics of time
시간의 정치는 시간 위에 군림하는 권력을 사회의 다양한 활동들로 재분배하는 정치이다. 이 정치는 우리 삶 위에 군림·강제하는 노동시간으로부터 삶을 해방시키는 것을 목적으로 한다. 이를 통해 모든 개개인이 자신들이 시간에 대한 통제력(시간권력)을 다시 획득하고 처분할 능력을 재분배받는다.

다활동기반사회
multi-acitivity based society
노동기반사회의 반제다. 다활동사회는 시간의 정치를 통해 모든 개개인이 자신들이 시간에 대한 통제를 다시 획득하는 데서 출발한다. 이 사회는 자율적이고 풍요로운 인격체들이 그들의 생산적 기능을 초월하고 기능으로 환원되지 않으려는 열망에 의해 스스로 부과되는 사회이다. 이 사회의 시간과 공간은 모든 사람들이 다양한 활동들에 참여하도록 조직화되어야만 한다. 이 사회에서 규범은 모든 사람들이 자기공급적 협동조합, 서비스-교환 네트워크 등 다양한 활동에 속해야 하는 것이다. 그래서 이 사회는 문화기반사회이다

생태사회주의 ecosocialism
80년대 초를 전후하여 등장한 생태사상의 한 유파로 생태위기가 자본주의에서 기원하지만, 기존 사회주의와 달리, 자본주의의 핵심을 경제합리성에서 찾고 있다. 그래서 이들은 포스트마르크스주의 시각에서 생태학과 사회주의의 접합을 시도한다. 특히 고르게 생태학에 기반한 사회주의 운동은 경제적인 합리성이 스스로를 전개해나가는 영역에 대해 투쟁하는 가운데 형성되는 운동이며, 그 의미와 목적은 자본주의의 시장, 경쟁 그리고 이윤논리가 개인들로 하여금 스스로 활동할 가능성과 발전가능성을 몰수해내고 자신의 가치증식이라는 절대과제에 종속시키는 영역에서 개개인에게 해방과 자치결정권을 제기하는 것이다.

앙드레 고르는 말한다

- 생태학은 경제활동이 주위의 환경을 파괴하거나 교란시킴으로써 경제활동 그 자체의 수행이 위태롭게 되든가 활동의 조건을 현저하게 변화시키는 경우에 등장한다. 따라서 생태학은 경제활동이 예측할 수 있는 영역을 넘어서는 곳에서 자신의 성립조건을 갖게 되고 경제활동이 자신의 목적과 상반되는 결과를 가져오지 못하게 할 조건과 지켜야할 외적 한계 등을 다루어야 한다. —『Eecology as Politics』 중에서

- 자기결정성, 자율에 대한 요구는 오늘날 부정적으로 표현될 수밖에 없다. 가족과의 사적 생활의 퇴각으로 인해, 노동과 사회는 타율성의 영역에 남아 있다. 우리들이 살고 노동하는 미시사회적 공동체를 강화하는 것의 중요성은 이것들이 전체로서의 사회와 사적 개인들의 영역 그 사이에 있어야 할, 그러나 '잃어버린 필요영역으로서의 중개'를 제공하기 때문이다. 해방된 시간은 사람들이 사회관계를 틀지우고 협력양식을 형성하는 것에 사용될 때에만 의미 있다. —『Critique of Economic Rationality』 중에서

- 기존 노동운동과 달리, 생의 주체로서 체제에 도전하는 것이 아니라 노동과 자신을 동일시할 수 없는 민(民)으로서 도전해야 한다. 시민으로서, 특정지역의 주민으로서, 공적 서비스의 사용자로서, 결사체의 구성원으로서, 부모로서. 다양한 사회운동에서 민은 자신의 삶을 통제하고자 해야 한다. 본질적으로 이 투쟁은 자기결정에 대한 집단적·개인적 권리를 위한 투쟁이다. —『Capitalism Nature Socialism』 중에서

- 어떤 미래사회로 갈 것인가란 물음의 답은 다음의 선택에 달려 있다. 상품으로서의 노동이 다양한 활동으로 구성된 삶(multi-active life)의 한 구성요소로 통합될 것인가. 아니면 다양한 활동들이 노동의 한 유형으로 통합될 것인가? 노동하는 시간이 다차원적 삶의 분화된 일시성으로 통합될 것인가 아니면 삶의 리듬들이 수익가능성이란 자본의 필요 그리고 유연성이란 기업의 필요에 종속될 것인가? 한 마디로 살아 있는 다양한 활동들의 힘에 사회적 생산과정을 종속시킬 것인가 아니면 이 활동들을 생산기구와 과정에 더 철저히 노예화할 것인가? —『Reclaiming Work』 중에서

더 읽어야 할 책들

앙드레 고르, 「에콜로지스트 선언」, 조홍섭 편역, 『현대의 과학기술과 인간해방』, 1984.
앙드레 고르, 「노동사회에서 문화사회로의 이행」, 이병천·박형준 편저, 『후기자본주의와 사회운동의 전망』, 1993.
문순홍, 『생태위기와 녹색의 대안』, 1992.
_____, 「앙드레 고르: 현대자본주의 비판과 사적 영역의 재탈환 정치」, 『문화과학』 27, 2001.
김나희, 「앙드레 고르의 한국적 수용」, 『학회평론』 17호, 2000.
Gorz, Andre, *The Traitor*(*Le Traitre*, 1958), 1959[1989년에 개정판].
_____, *Strategy for labor: a radical proposal*(*Strategie ouvriere et*

        neocapitalisme, 1964), 1965.

_____, *Socialism and Revolution*(*Le Socialisme difficile*, 1967), 1975.

_____, *Division of Labour: The Labour Process and Class-Struggle in Modern Capitalism*, 1977.

_____, *Ecology As Politics*(*Ecologie et liberte*, 1975), 1979.

_____, *Farewell to the Working Class*(*Adieux au Proletariat*, 1980), 1982.

_____, *Paths to Paradise: On the Liberation from Work*(*La Chemins du Paradis: L'agonie du capital*, 1983), 1985.

_____, *Critique of Economic Reason*(*Metamorphoses du Travail. Quete du sens. Critique de la raison economique*, 1988), 1989.

_____, *Und Jetzt Wohin?*, 1991.

_____, *Capitalism Socialism Ecology*(*Capitalisme Socialisme Ecologie*, 1991), 1994.

_____, *Reclaiming Work: Beyond the Wage-Based Society*(*Miseres du present: richesse du possible*, 1997), 1999.

F. Bowring, *Andre Gorz and the Sartrean Legacy: Arguments for a Person-Centered Social Theory*, 2000.

B. Frankel, *Post-Industrial Utopianism Madison*, Uni, of Wisconsin Press, 1987.

D. Goldblatt, *Social Theory and the Environment*, London: Polity Press, 1996.

H. Kraemer & C.Leggwie, *Wege Ins Reich der Freiheit*, Berlin: Rotbuch Verlag, 1989.

A. Little, *The Political Thought of Andre Gorz*, London: Routledge, 1996.

C. Lodziak & J. Tatman, *Andre Gorz: A Critical Introduction*, London: Pluto, 1997.

P. Wehling, *Sozial-Okologische Orientierungen in der Okologiebewegung*, 1989.

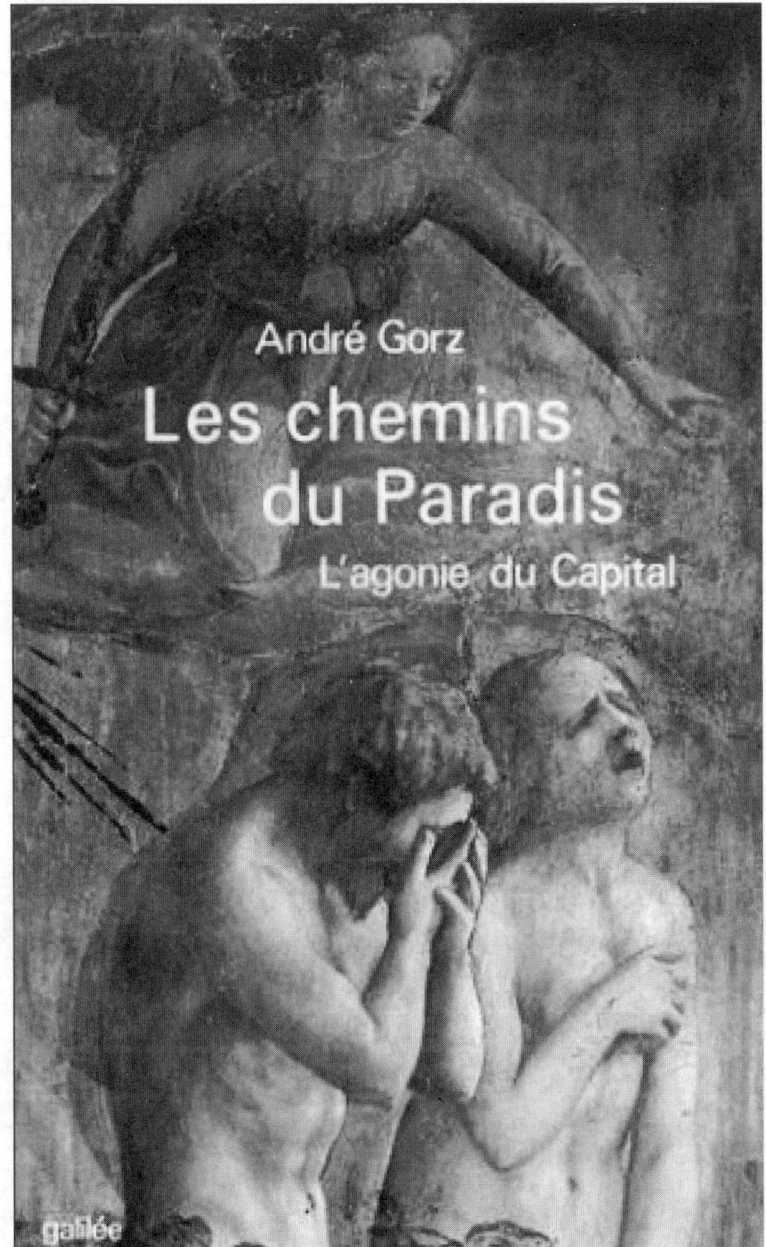

앙드레 고르의 『파라다이스로 가는 길』. 그는 이 책에서 탈산업적 사회주의에 대한 전망을 보다 구체화시키고 있다.

반다나 시바 Vandana Shiva

자본주의는 인간의 몸까지 정복하고 있다

문순홍 대화문화아카데미 바람과물연구소 소장

생물다양성 보호를 위한 여성적 원리의 회복

근대세계는 인간과 환경, 여성과 남성, 제1세계와 비1세계, 공(公)과 사(私) 등 여러 개로 조각나고 분열된 세계다. 이 분열된 세계에서 생태학이 인간과 '환경'으로 갈라진 세계 내의 인간중심주의에 물음을 제기했다면, 여성주의(페미니즘)는 남성과 여성으로 분리된 세계 내의 남성중심주의에 의문을 제기했다.

생태학과 여성주의가 만난 생태여성주의는 오랫동안 여성주의가 초월하고자 했던 여성성, 그것도 여성에게만 주어져 있다는 속성—생물학적 근거로 확인된 것이든 아니든—에 적극적인 의미와 역할을 부여한다는 점에서 새롭다. 왜냐하면 생태재난은 이성과 합리성(곧 남성성)에 대한 근대의 신념을 뒤흔들었고, 이의 반작용으로 새로운 사회는 여성성(또는 여성적 원리)을 사회구성의 원리로 포용해내야 하기 때문이다.

이 여성적 원리에 의거한 생태여성주의를 주창하고, 서구형 과학기술문명과 이에 기반한 서구 발전모델(근대화)을 가부장제적 기획이며 악개발이라고 비판한 이가 반다나 시바다.

시바의 생태여성주의는 다음과 같은 몇 가지를 배경으로 해서 형성된 것으로 보인다. 그 하나로 남녀평등적이고 전원적인 양육배경을 들 수 있다. 1952년 히말라야 산맥 자락에 위치해 있는 인도의 북부 도시 데라 둔(Dehra Dūn)에서 시바는 삼림관리원이었던 아버지와 여자전문대학의 감사였던 어머니 사이에서 태어났다. 그의 아버지는 어린 시절 그녀와 함께 말을 타고 히

> " 과학기술문명은 여성과 자연으로부터 창조성, 주체성, 생산성을 빼앗아 남성과 생산으로 귀속시켰다. 이 기획에서 자연과 여성은 과학과 남성성에 종속되고 타자, 즉 수동적인 비-자아로 제시된다. 구체적으로 '어머니 대지'인 자연은 기계와 생산원료로 전락하고 만 것이다. "

말라야 산 속을 돌아다녔으며 그의 어머니는 인도 여성들의 의무인 세탁 · 음식 같은 허드렛일에서 그녀를 면제시켜 주었다. 두번째로 지적할 수 있는 배경은 박사학위 분야가 과학철학이란 점이다. 박사과정에서 그녀는 머천트, 하딩 등 과학철학을 다루는 여성학자들의 책들을 접하였다. 그후 1978년 그녀는 캐나다 토론토에서 과학철학 분야의 박사학위를 취득한다. 세번째 배경은 80년대에 나무둥치를 껴안고 대규모 벌목에 저항한 가왈 지역 여성들의 시위를 목도하게 된 일이다. 칩코(Chipco) 운동으로 알려진 이 운동은 그녀를 전세계적으로 유명하게 만들었을 뿐 아니라 그녀 인생에 극적인 전환점을 만들어주었다. 아카데미 과학자에서 행동하는 지식인으로 사회적 위치를 바꾼 것이다. 1983년 그녀는 '과학, 기술, 그리고 자연자원 연구재단'을 뉴델리에 세운다. 이 재단은 산림, 농업 그리고 어업 내 중앙집권화된 단일경작 시스템로부터 주민들의 삶과 환경에 관한 권리를 보호하고 생물다양성을 보호하는 일을 하고 있다. 현재 시바는 이 재단의 이사장으로 재직하고 있다.

사상으로서 생태여성주의는 그녀의 저서 『살아남기』(1987)와 『에코페미니즘』(2000, 마리아 미즈와 공저)에 가장 잘 나타나 있다. 시바는 서구의 과학기술문명과 이에 기반한 서구발전모델(근대화)을 '가부장적 기획'으로 보는 데서 출발한다. 그녀의 눈에 유럽의 과학기술은 세계이해를 전일적 접근방식에서 환원주의적 방식으로 바꾼 것이다. 환원주의적 방식이란 선형적이고 목적-지배적인 사고양식과 행동양식을 의미하는데, 이는 남성지배적인 연구집단에서 지배적으로 자리잡고 있다.

이 과학기술문명은 여성과 자연으로부터 창조성, 주체성, 생산성을 빼앗아 남성과 인간사회(생산)로 귀속시켰다. 이 기획에서 자연과 여성(성)은 과학과 남성성에 종속되고, '타자' 즉 수동적인 비-자아로 제시된다. 구체적으로 '어머니 대지'인 자연은 기계와 생산원료로 전락한다. 이 과학기술문명에 기반한 발전모델은 자연, 여성, 그리고 제3세계 주민들에게서 창조와 생산의 능력을 박탈하고 이들을 인간, 남성, 그리고 제1세계의 자본에 부여한다.

그녀는 이런 생각들을 구체적인 사례에 적용해 설명하는데, 이 가운데 대표적인 것이 여성들의 토착지식과 문화에 관한 문제다. 그래서 서구발전모델에 대한 그녀의 비판은 바로 여성지식의 비전문화와 파괴에 대한 저항이기도 하다. 일례로 시바는 인도의 숲이 식민지화되는 과정에서 숲의 파괴와 더불어 임업에 관해 여성들이 갖고 있던 전문 지식도 파괴됐다고 본다. '과학적 임업'이란 실제로는 이윤 극대화를 위한 서구적 욕심에서 비롯된, 여성을 배제하는 임업에 불과한 것이다. 인도 가왈 지역 여성들의 칩코 운동은 이런 '배제'에 대한 저항이었다. 그래서 여성과 자연의 시각에서 이 발전모델은 악개발에 불과한 것이다. 악개발에서 벗어나는 유일한 길은 발전과 과학기술에서 여성성과 '여성적 원리'(프라크라티)를 회복하는 것으로, 이것이 1986년 출간된 『살아남기』의 내용이다.

자연친화적인 여성의 지식이 비전문적이라고 무시되는 것은 이뿐만이 아니다. 『에코페미니즘』은 남성 과학자·의학자들에 의한 모성(母性) 파괴를 다루고 있다. 시바는 제3세계의 산파술이 제1세계의 산과학으로 전환하면서 여성이 남성 과학자·의학자의 시술대상으로 전락했다고 주장한다. 예를 들어, 원래 아이에 대한 최고의 전문가는 어머니다. 그럼에도 불구하고 과학의 합리성을 내세운 의사들은 어머니의 지식을 무시하며 산모를 무지한 '몸뚱이'로 간주한다. 의사만이 지식을 갖춘 정신이다. 시바는 이런 이율배반적 과학을 거부하며 모성의 회복을 강조하였다.

1989년 탈고된 『녹색혁명의 폭력』에서 여성과 이들의 지식·문화는 토착주민과 이들의 지식·문화로 확장된다. 이 책은 과학기술이 제3세계의 자연과 주민들에 얼마나 폭력적·파괴적이었는가를 녹색혁명에 관한 경험적 자료들에 근거해 밝히고 있다. 녹색혁명은 60년대 이후 아시아에서 급증하고 식량부족이 일어나자, 다수확 품종을 개발하고 제초제와 화학비료 사용을 높힘으로써 식량생산을 증대시키려는 일련의 시도였다. 그런데 이 녹색혁명이 아시아 지역에서 초래한 것은 토양 및 식량 오염, 토착종 다양성의 상실, 전통적인 농경기술 및 토착지식의 상실이었고, 나아가 가난한 농민들을 값비싼

화학품에 의존토록 만들었다는 것이다. 시바의 시대인식에서 이러한 상황은 90년대를 넘어서며 더욱 악화되는 것으로 이해된다.

시바의 삶은 80년대 후반에서 90년대 전반기로 넘어가는 동안 두번째 전기를 맞는다. 이 시기 생명공학기술과 이 기술에 의거한 생명공학이 야기할 사회·경제·정치적 영향들이 새로운 사회문제로 부각되기 시작하였다. 다음으로 지난 20여 년 동안 대립해온 환경보호와 경제발전이 지탱가능한 발전이란 이념으로 타협되고 생물다양성 협약을 비롯한 다양한 협약협상이 진행되고 있었다. 끝으로 신자유주의적 세계화가 94년 WTO 발족을 기점으로 급속화되었다. 이 일련의 진행과정을 지켜보면서 시바는 가부장제적 기획에 대한 투쟁의 새로운 화두를 발견하게 된다. 생물다양성 보호, 생명공학기술과 생명특허, 생명체를 담보로 한 생명산업, 이들에 의한 제3세계·자연·여성·토착지식 및 문화의 파괴….

생물다양성을 위한 전쟁선언

1993년을 전후하여 WTO체제 아래 종자특허법(94년 통과)이 준비되기 시작하자, 시바는 이를 '신식민주의'라 부르고 "자유무역체제와 유전자조작 기술의 도움으로 국제적인 기업들이 종자시장에 대한 통제를 획득하려는 음모"라고 비판한다. "종자는 신성한 것이다. 종자는 공동체의 재산이며 자연의 선물이므로, 이윤을 목적으로 하는 상품이 될 수 없다." 이것이 그녀의 신념이다. 같은 해 시바는 이 신식민화에 저항하는 나브다냐(Navdanya) 운동을 인도 전역에서 일으켰다. 이 운동으로 인도 전역에서 16개 공동체 종자은행이 출발하였고, 토착농업기술(방식)에 대한 보전과 지탱가능한 농업방식에 대한 농민교육이 진행되었다.

이 활동으로 1993년 시바는 '정의로운 삶을 기리는 상'(Right Livelihood Award)을 수상하였다. 이 상은 1979년 노벨상에 생태학 부문을 도입하자는 제안이 거부당하자 그 해에 독일-스웨덴의 언론인인 야콥 폰 웩스퀼(Jakob von Uexkuell)이 이에 대응하여 처음 제정하였다.

시바가 이런 생명공학기술, 생명특허, 생명산업체의 등장 및 이들에 의한 종자시장의 독점화를 글쓰기로 고발한 것이 『생물다양성: 사회적 & 생태적 영향』(1992), 『자연과 지식의 약탈자들』(1997), 『도난당한 추수』(2000), 그리고 『내일의 생물다양성』(2000)이다. 특히 1997년 『자연과 지식의 약탈자들』은 『살아남기』와 『에코페미니즘』에서 주장하였던 것들을 여성의 몸만이 아니라 생물 하나 하나가 자기발생적이고 유기체적인 지식을 갖고 있다는 주장으로 확장하였다. 자연을 약탈한다 함은 자연의 몸을 무지한 것으로 간주하고 마음대로 침범하는 것을 의미한다. 이 책에서 시바가 주장하는 '생물해적질'은 이런 행위를 지칭한 것이다. 또한 시바는 특허라는 명목으로 생명체의 소유권을 갖는 이 생물해적질이 서구 자본의 새로운 식민지 '발견'에 불과할 뿐이라고 주장한다. "지리상의 대발견이 신대륙에 깃발을 꽂고 외부세계로 식민지 확대의 길을 열어주었다면, 생명공학기술의 발견은 유전자 지도 위에 깃발을 꽂고 인간 내부로 식민지를 확대했다."

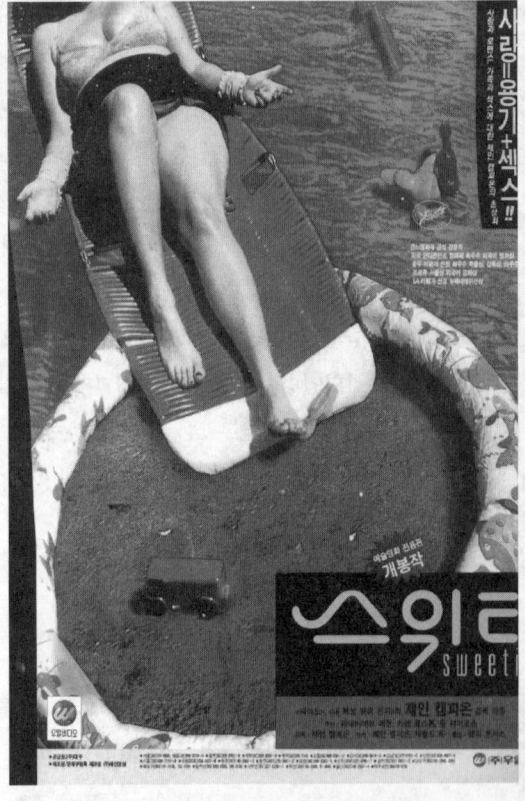

소외된 인간에 대한 애정과 해체되는 가족을 향한 안타까움을 그리는 제인 캠피언의 영화 『스위티』는 생명과 여성을 회복하려는 시바의 관점과 맥락이 닿는다.

그녀에 따르면, 서구의 자본은 이제 여성·식물·동물의 내부공간(즉 육체)이라는 새로운 식민지를 만들어 약탈하기까지 이르렀다. 서구의 발달된 유전공학은 모든 생명체가 지닌 유전자 코드를 식민화한 것이다. 일례로 미국의 미리어드 제약회사는 진단과 검사를 독점하기 위해 여성의 유방암 유전자에 대한 특허를 냈다. 여성의 몸의 일부를 제약회사가 사유화한 것이다. 파푸아 뉴기니의 하가하이 인디언의 세포주에 대한 특허는 미국 상무부가 가지고 있다. 이러한 저술은 2000년에 발간된 두 권의 책 『도난당한 추수』 그리고 『내일의 생물다양성』에서 더 논리화되고 구체화된다.

2002년에 출간된 『물전쟁: 사유화, 오염, 그리고 이윤』은 국가·지역·공동체 간의 물무역, 댐건설, 그리고 양식어장 등을 검토하면서 공동체의 물에 대한 권리가 역사적으로 어떻게 붕괴되어 왔는가, 지구의 파괴와 세계의 가난한 자들의 권리(공민권)가 어떻게 빼앗겨왔는가를 분석한다. 이 분석을 통해 그녀는 자원갈등이 정치갈등, 인종갈등, 종교갈등 등으로 위장되고 있지만 기실 패러다임과 문화갈등이라고 말한다. 특히 물과 관련하여 두 개의 패러다임, 즉 물을 신성한 것으로 간주하고 물제공을 생명보존을 위한 의무로 다루는 패러다임(예로 인도는 물론 우리나라에서도 물을 사먹는다는 것은 낯선 것이다)과 물소유 및 상거래를 기업의 기본권리로 생각하는 상품으로서의 물 패러다임이 충돌하고 있다고 주장한다. 이 책을 통해 시바는 『살아남기』에서 『도난당한 추수』에 이르기까지 논의해온 지식·문화의 획일화 과정과 가부장제 기획에 대한 저항을 이제, 지식·문화를 약탈하는 패러다임에 대항한 인간사회와 자연의 생물적·문화적 다양성 보호 패러다임의 전쟁으로 선언한 것이다.

생태여성주의자로서 시바의 중요성은 여성을 단순한 희생자로 부각하지 않는다는 점에 있다. 그녀는 여성 나아가 자연과 토착민 공동체가 높은 수준의 지식과 창조성과 생산성을 보여주었다고 평가받는다. 그러나 시바는 여성적 원리를 강조함으로써 여성을 다시 전통적인 대지(자연)인 어머니의 이미지로 묶어둘 위험을 남겨두었다. 또한 그녀의 지적·실천적 비판활동이 아직 인도 내부의 카스트 제도의 문제로 눈을 돌리지 않는다는 점에서 아쉽다.

문순홍 베이비붐 시대에 태어나 한강과 그 언저리 모래둑을 놀이터 삼아 자랐다. 성균관대학에서 정치학을 공부했지만, 동양철학, 자연과학 그리고 여성학 관련 서적에 더 흥미로워했다. 배우고자 하면 어디든지 가며 누구에게든지 배울 수 있다고 생각하는 그는, 결국 생태사상 분야로 학위를 받았다. 90년대 이후 김지하, 울리히 벡, 존 드라이젝과의 대화 캠프에 머물렀고, 현재 대화문화아카데미 바람과물연구소 소장으로 일하며, 대안 전문가의 양성을 고민하고 있다.

용어와 개념 풀이

여성적 원리로서의 프라크라티

시바의 여성적 원리는 마치 뫼비우스의 띠와 같다. 여성적 원리를 여성(성)으로만 국한시키는 설명을 따라가다보면 곧 남성성을 포함한 생태적 원리로 전치되고, 포괄적인 생태원리로 기술된 설명을 따라가다보면 곧 여성(성)이 강조되는 국면으로 접어든다. 생태원리로서의 여성적 원리에 대해 기술한 대목은 이렇다. "프라크라티는 창조성, 활동성, 생산성, 형태 및 형상의 다양성, 인간을 포함하는 모든 존재 사이의 연결성과 상호관련성, 인간적인 것과 자연적인 것 사이의 연속성, 그리고 자연 속의 생명의 신성함이다."

또한 여성성으로 국한된 프라크라티는 다음의 기술 속에서 찾아볼 수 있다. "자연은 샤크티 즉, 우주의 이성적이고 창조적인 원리의 표현인데 프라크라티는 남성적 원리(류샤)와 결합하여 이 세상을 창조하게 된다."

악개발

서구의 발전과정은 유기적이고 상호연관적이며 상호의존적인 체계들의 온전성을 파괴하였고 착취와 불평등, 불의와 폭력의 과정을 유발하였다. 자연에게서 스스로 재생하는 성질을 파괴하였고, 여성과 공동체에서 기본생명유지에 필요한 생계생산의 지식문화를 빼앗았다. 그래서 발전이라 불리는 것은 자연과 토착공동체와 여성을 서구문명과 남성지배에 종속시키는 악개발이다.

생물해적질

1993년 경 국제농업진흥기금(RAFI) 회장 무니(Par Mooney)가 맨 먼저 사용하기 시작했던 것이다. 그후 선진국과 다국적 기업에 반대하고 저항하는 세력들에 의해 주로 사용되는데, 특히 "부유한 자들에 의해 가난한 자들의 지식과 (생물)자원이 약탈되는 것"을 칭한다. 전통적으로 생물다양성과 민간지식은 공동체로부터 공동체로 자유롭게 교환되고, 이런 자유교환이 모두를 지적으로 물질적으로 부유하게 만들었다. 그런데 경제적 세계화는 '생물해적질' 현상을 증가시키면서 진행되고 있다. 생물해적질이란 토착적인 민간지식과 자원을 특허와 지적재산권으로 부유한 자들이 빼앗아가는 것을 말한다.

반다나 시바는 말한다

- 콜롬버스 시대에서 500년이 흐른 지금, 똑같은 식민화 프로젝트가 특허와 지적 재산권을 통해 훨씬 더 세속적으로 대체되었다. 지금도 서구의 권력은 모든 것을 발견하고 정복하고 자기 것으로 만들고 소유하고자 하는 식민화 충동에 의해 주도되고 있다. 특허와 유전공학을 통해 새로운 식민지들이 생겨나고 있다. 이제 자본의 새로운 식민지는 여성·식물·동물의 내부공간(육체)이다. ―『자연과 지식의 약탈자들』중에서

- 여성적 원리의 회복은 여성과 자연에 대한 지배와 파괴, 폭력과 종속, 강탈과 폐기라는 가부장적 악개발에 대한 지적·정치적 도전이다. ―『살아남기』중에서

- 생물다양성과 문화적 다양성은 긴밀히 연관되어 있고 상호의존적이다. 생물다양성은

사실 수세기 동안 진화해온 문화의 구체화이기도 하다. 왜냐하면 인간이 세계의 다양한 생태계 내 다른 종들과 공진화해왔기 때문이다. 생물다양성은 역으로 세계의 다양한 문화를 꼴지워왔다. 생물다양성의 붕괴는 문화적 다양성의 붕괴와 서로 연결되어 있다. ―『Tomorrow's Biodiversity』 중에서

- 만일 마하트마 간디가 영국 식민모국에 의한 인도의 섬유산업 잠식시도에 물레를 상징으로 식민화에 저항하도록 사람들을 동원하고 이를 통해 실질적인 변화를 야기할 수 있었다면, 왜 동일한 것이 종자에 대해 일어날 수 없단 말인가? ―『The Future』와의 인터뷰 중에서

더 읽어야 할 책들

Vandana Shiva, *Staying Alive: Women, Ecology, Developmet*, 1987(강수영 옮김, 『살아남기: 여성, 생태학, 개발』, 솔출판사, 1998).
_____, *Ecology and the Politics of Survival: Conflicts over Natural Resources in India*, 1991.
_____, *Biodiversity: Social & Ecological Consequences*, 1992.
_____, *The Violence of the Green Revolution: Third World Agriculture, Ecology and Politics*, 1992.
_____, *Close to Home: Women Reconnect Ecology, Health and Development Worldwide*, 1993.
_____, *Monocultures of the Mind: Perspectives on Biodiversity and Biotechnology*, 1993.
_____, *Biopolitics: A Feminist and Ecological Reader on Biotechnology*, 1995.
_____, *Biopiracy: The Plunder of Nature and Knowledge*, 1997(한재각 외 옮김, 『자연과 지식의 약탈자들』, 당대출판사, 2000).
_____, *The Internet Publicity Guide: How to Maximize Your Marketing and Promotion in Cyberspace*, 1997.
_____, *Stolen Harvest: The Hijacking of the Global Food Supply*, South End Press, 2000.
_____, *Tomorrow's Biodiversity. Prospects for Tomorrow*, Thames & Hudson, 2001.
_____, *Water Wars: Privatization, Pollution, and Profit*, South End Press, 2002.
_____, *Protect or Plunder?: Understanding Intellectual Property Rights* (Global Issues Series), Zed Books, 2002.
Vandana Shiva, Maria Mies, *Ecofeminism*, 1993(손덕수, 이난아 옮김, 『에코페미니즘』, 창작과비평사, 2000).

린 마굴리스 *Lynn Margulis*

성의 진화는 악마와의 거래인가

홍욱희 세민환경연구소소장·환경과학

다윈주의에 반기를 들다

찰스 다윈이 저 유명한 『종의 기원』을 발표했던 1859년부터 시작해서 극히 최근에 이르기까지 생물진화에 대한 이론이라고 한다면 그것은 곧 다윈의 자연선택 이론과 적자생존론을 의미했다. 20세기에 이르러서야 비로소 만개할 수 있었던 진화론의 신종합설이라고 해도 그것은 유전학과 분자생물학, 동물행동학에서 얻어진 지식들을 이용해서 다윈주의를 더욱 공고히하는 것에 불과했다고 할 수 있다.

그런데 자연선택이나 적자생존은 결국 동전의 앞뒤와 같은 논리로서 자연계에는 생물 개체들 사이에 항상 생존경쟁이 일어나는데 그 중에서 가장 환경에 잘 적응하는 개체만이 살아남아서 후대에 자손을 남긴다는 설명이 그 핵심이다. 자연선택이란 이렇게 최적자의 생존만을 유도하는 주체가 곧 자연임을 강조하기 위한 용어라고 하겠다.

따라서 다윈의 진화론은 발표 당시부터 여론의 맹렬한 반격을 받았다. 다윈 이론을 인간 사회에 적용하게 되면 부자가 가난한 자를 착취하는 것을 정당화할 수 있고, 또 노약자와 극빈자, 농민과 노동자 등 사회적 약자들이 겪는 삶의 고통을 국가가 외면할 수 있기 때문이다. 강대국이 약소국을 침략하고 속국으로 삼는 행위도 물론 당연시될 수 있다.

그러면 과연 생물진화의 과정은 이렇게 생물들 사이의 경쟁과 투쟁으로만 점철된 것이었을까? 마치 우리 인간 사회가 경쟁일변도로서만 유지된다고 설명할 수 없듯이 그렇게 생물들의 세계에서도 경쟁 이외의 다른 메커니즘이

> *성은 곧 죽음을 의미하며 성의 진화는 악마와의 거래였다. 미생물 진화의 과정에서 처음 나타난 성은 이후 모든 생물들로 하여금 번식을 위해서 본격적으로 성을 수행하는 대신 죽음이라는 숙명을 받아들이도록 강요했기 때문이다. 우리가 성을 통해서 쾌락을 얻는 만큼 희생 또한 처절하다는 점에서 성은 악마와의 거래다.*

작용하여 진화의 역사가 씌어질 수 있었던 것은 아닐까?

이처럼 다윈주의에 감히 반기를 드는 불손한 의문을 품은 생물학자의 가장 대표적인 인물이라고 한다면 우리는 주저없이 린 마굴리스(Lynn Margulis)를 들 수 있겠다. 이제 마굴리스가 이룩했던 과학적 성취를 먼저 살펴보기로 하자.

미생물 중심의 진화 역사

지금으로부터 약 46억 년 전 우주 공간에 처음 모습을 드러낸 행성 지구는 거대한 불덩어리에 불과했을 것이다. 지구는 열을 점차 소실하면서 서서히 겉껍질의 형태를 갖추게 되었고 그후 도처에서 진행된 화산 활동의 덕분으로 대기 중에 수증기를 포함하게 되었으리라. 수증기는 모여서 구름을 만들었고 구름은 모여서 비를 뿌렸으며 그 비는 다시 지표면에서 증발하여 구름이 되었을 것이다. 그리고 이런 기상현상에 의해서 지표면은 점차 식어지고 그런 과정에서 지표면의 어디에선가에서 자연스레 최초의 생물체가 탄생하였으리라.

원시지구에서 어떻게 생명체가 탄생할 수 있었는지에 대해서는 아직도 과학자들 사이에 논의가 분분하다. 그렇지만 지금으로부터 약 39억 년 전에 자가복제가 가능한 최초의 생명이 탄생했으며 그후 원생대가 시작되기까지 약 13억 년 동안 지상에는 오직 박테리아 형태의 미생물들만 존재했다는 것이 진화생물학자들의 일치된 견해이다. 다시 말해서, 전체 생물진화의 역사 40

억 년 중에서 정확하게 처음 3분의 1 기간 동안은 오직 박테리아들만의 세상이었던 것이다.

그런데 대부분의 박테리아는 단세포 생물이고 또 그 크기도 우리 몸을 이루는 세포들에 비교할 때 수백 분의 1, 또는 수천 분의 1 정도에 불과할 정도로 아주 미세하다. 그런가 하면 고등생물의 세포들이 막에 둘러싸인 세포핵을 갖는 데에 비해서 박테리아들은 그런 핵의 존재를 아예 갖지 않는다. 현대의 진화생물학은 비록 아직까지 최초 생명 탄생의 비밀을 파헤치지 못하고 있지만 그렇게 원시생명체에서 시작해서 박테리아들이 진화했고, 이후 원생대에 이르러 세포핵을 갖는 진핵세포의 시대가 열렸으며 다시 그런 진핵세포들이 모여서 다세포생물의 시대로 발전했던 그 과정을 낱낱이 규명하고 있다 (이런 진화의 역사를 아예 도외시하고 생물진화 자체를 부정하는 창조론자들이 아직 기승을 부리고 있는 것은 대단히 슬픈 일이다).

이렇게 바이러스 정도의 단순한 원시생명체에서 박테리아로, 또 박테리아로 대표되는 원핵생물들에서 진핵생물로, 다시 그런 현미경적 크기의 단세포 생물에서 우리가 맨눈으로 볼 수 있는 다세포생물로 생물진화의 역사가 이어질 수 있었다는 것은 사실상 그리 놀라운 일이 아니다. 보다 단순한 구조에서 보다 복잡한 구조로 변화하는 것이 바로 진화의 본질이기 때문이다.

그러면 이런 생물진화의 역사에 있어서 그 주역(主役)이라고 한다면 과연 어떤 생물을 들 수 있을까?

우리는 흔히 자기 자신을 과대평가하는 경향이 있다. 그래서 우리 인간을 진화의 정점에 두고서 그 주역이라도 되는 듯이 우쭐해하는가 하면, 생물학을 어느 정도 이해하는 사람이라고 해도 우리 주변의 동식물들 정도에 그 공(功)을 돌리는 것이 보통이다. 그렇지만 린 마굴리스는 이런 진핵생물 우선적 사고를 단연히 부정한다. 마굴리스에 의하면 지난 40억 년 동안 이룩된 생물진화의 주역은 바로 박테리아로 대표되는 미생물들이다. 박테리아들은 지상에 나타난 최초의 생물체였으며, 처음 13억 년 동안 지상에 머물렀던 유일한 생물체였다. 이후 박테리아들은 스스로 공생적 집합체를 형성해서 진핵세포를 구성했으며, 그 결과 오늘날 우리 몸을 이루는 모든 세포들은 바로 진핵세포들이다. 마굴리스의 입장에서 본다면 생물진화의 역사에서 박테리아는 바로 그 유일무이한 주체라고 할 수 있다.

세포공생 이론과 가이아 이론의 창시자

이처럼 마굴리스는 생물진화의 역사에서 박테리아의 중요성을 강조하였다. 그리고 그 연장선상에서 다윈주의에 대응하는 한 놀라운 이론을 발표했는데 그것이 바로 세포공생 이론(endosymbiosis)이다.

마굴리스는 1970년대 초엽에 진화생물학에 대한 연구를 본격적으로 시작하면서 이내 어떻게 박테리아로 대표되는 원핵세포들에서 오늘날 고등생물들의 몸체를 구성하는 진핵세포들이 진화할 수 있었는지에 관심을 가졌다. 먼저 그녀는 먼저 박테리아의 작고 단순한 구조와 진핵세포의 크고 복잡한 구조에 주목하였는데 진핵세포들 속에 존재하는 미토콘드리아, 엽록체, 핵, 편모 등의 세포 내 소기관들이 마치 하나의 박테리아에 유사하다는 점에 착안하였다.

세포 내 소기관들이 박테리아에 닮았다는 가장 대표적인 예로서 마굴리스는 고등생물의 세포 속에서 발전소의 역할을 하는 미토콘드리아가 호기성박테리아의 일종에서 발견되는 DNA의 상당 부분을 소유하고 있음을 밝혔다. 널리 알려져 있다시피 미토콘드리아 DNA는 세포핵 속의 염색체 DNA와는 별개의 존재로서 독자적으로 분열과 번식을 수행한다. 남성의 정자 속에는 미토콘드리아가 들어 있지 않아서 여성의 난자 속에 들어 있는 미토콘드리아만이 후세에 전달되기 때문에 우리는 이 미토콘드리아 DNA를 분석해서 인류의 족보를 캐낼 수가 있는데, 인류가 한 이브의 자손이라는 명제는 바로 이런 미토콘드리아 DNA 분석에서 기인하는 것이다.

마굴리스는 미토콘드리아가 고등생물의 세포 속에서 독자적인 분열과 번식을 수행한다는 사실을 직시하여 그것을 약 30억 년 전 한 박테리아 세포 속에 침투한 다른 박테리아가 공생에 성공한 증거로 제시하였다. 마찬가지의 논리로 식물세포 속의 엽록체는 오늘날 남조류(藍藻類)로 불리는 원시광합성박테리아에서 기원하였으며 세포에 운동성을 부여하는 섬모나 편모는 스피로헤타라고 하는 박테리아가 세포 속에 유입된 결과라고 주장하였다.

결국 오늘날 우리 인간을 포함해서 모든 고등동식물의 몸을 구성하고 있는 진핵세포들은 과거 30억 년 전 생존을 위해서 몸부림치던 박테리아들이 서로 연합해서 한 개의 거대세포로 재탄생한 결과물이라 할 수 있다. 마굴리스는 이런 자신의 세포공생 이론을 학계에 소개하고자 전문학술지에 논문을 보내었는데 무려 12차례나 게재를 거부당했다고 한다.

이렇게 1970년대 후반에 완성을 보게된 세포공생 이론은 다윈식 적자생존 이론과는 달리 생물들의 협력과 공생관계를 강조하며 이런 협조적 관계가 생물진화의 다른 한 거대한 축이었음을 인정하였다. 이런 새로운 진화 이론은 그녀로 하여금 제임스 러브록이라는 한 자유주의자 과학자를 만나는 결정적인 계기를 마련하였는데, 이 두 탁월한 과학자의 공동 노력의 결과 가이아 이론(Gaia Hypothesis)이 탄생하였다.

가이아 이론이란 지난 40억 년 동안의 지구 역사에서 생물들의 역할을 강조한 것에 다름아니다. 지난 수백 년 동안 과학자들은 지구 환경이 지속적으로 변화되어 왔음을 인정하고 있었는데 다만 이런 환경 변화의 원인을 지진이나 화산폭발, 또는 유성충돌 등의 지질학적 현상에서 찾는 것이 보통이었다. 그리고 생물진화라는 것은 이렇게 변화하는 환경 속에서 생물들이 살아남기 위한 방편으로 수행할 수밖에 없었던 상호경쟁의 결과라고 해석하였다. 다윈주의자들은 지속적으로 변화하는 환경의 추세를 따라잡는 데에 성공하는 생물종만이 도태를 면하고 살아남을 수 있었다고 믿었으며 이런 생물종들의 경쟁을 부추긴 동인(動因)을 자연선택으로 규정하였다.

가이아 이론은 이런 수동적인 생물진화관을 정면으로 부정하는 이론이다. 러브록은 과거 지구의 역사에서 생물들이 환경의 변화에 적응했던 것에 못지 않게 스스로 지구 환경을 자신들의 생존에 적합하도록 조성해왔다는 점을 지적하였다. 그는 생명체가 탄생한 이후 이산화탄소로 충만했던 대기가 산소를 20퍼센트 함유하는 공기층으로 바뀌었고, 지난 30여 억 년 동안 지구 기후가 줄곧 일정하게 유지되었으며 바닷물의 염분 농도 또한 변화가 없었다는 점 등을 그 증거로 제시하였다. 러브록은 이처럼 지구 환경을 생물의 생존에 적합하게 조성해 온 존재가 바로 생물들 자신이었음을 알아차렸던 바, 마굴리스가 주창했던 미생물 중심의 진화 이론이 러브록의 가정을 절묘하게 뒷받침할 수 있었다. 다시 말해서, 러브록이 가이아 이론을 완성시키는 데에는 미생물들이 생물진화 역사의 주역이었다는 점, 미생물들의 상호공생적 협력이 지구 기후와 기타 환경조건들을 변화시키는 데에 결정적인 기여를 할 수 있었다는 점, 그리고 이런 생물들 사이의 협력과 공생이 상호경쟁과 적자생존에 못지 않게 중요하다는 점 등의 전제가 필요했는데 바로 마굴리스의 미생물 진화이론이 이런 전제들을 모두 충족시켜줄 수 있었던 것이다. 러브록이 마굴리스를 가르켜서 가이아 이론의 공동창시자로 추켜세웠던 것은 결코 과장이 아니라고 하겠다.

과학이론가에서 과학저술가로

2000년 미국의 클린턴 대통령은 '세포의 진화 과정을 밝힌 탁월한 과학적 업적과 과학의 대중화에 크게 기여한 업적'을 기려서 린 마굴리스에게 그 해의 최고과학자 메달을 수상하였다. 마굴리스는 이처럼 과학의 대중화에도 많은 시간을 할애하고 있는데 특히 생물진화와 관련한 대중과학서의 출판에 심혈을 기울이고 있다는 점에서 굴드와 쌍벽을 이룬다고 할 수 있다.

마굴리스는 1986년에 최초의 대중과학서 『마이크로코스모스』를 발간하는 데에서 시작하여 1990년에는 『성의 기원』을 발표했고 이어서 1996년과 1997년에는 각각 『생명이란 무엇인가?』와 『성이란 무엇인가?』 등을 발간하는 등 이제까지 20여 권에 이르는 활발한 저술활동을 하고 있다. 특히 2002년 한 해 동안에는 『획득 게놈: 종의 기원에 관한 이론』과 『최초의 생물』 2권의 책을 동시에 발간하기도 하는 등 연구일선에서 벗어난 근래에는 더욱 과학대중서의 발간에 많은 노력을 기울이고 있다.

굴드가 고생물학자의 입장에서 거시적인 안목으로 진화이론을 설파하는데에 중점을 둔다고 한다면 마굴리스의 저술은 주로 생물학자의 입장에서 미생물의 진화와 성(sex)의 진화, 그리고 생명의 기원을 밝히고자 하는 데에 일차적인 관심을 둔다고 할 수 있다. 그만큼 그녀의 미생물 사랑은 각별한데, 미생물이 생물진화의 주역이자 현재도 우리 몸을 비롯한 모든 고등생물들의 세포 속에 세포내소기관으로 존재하고 있다는 점을 일깨워준 것은 전적으로 그녀의 일련의 저술들 덕분이라고 하겠다.

과학저술가로서의 마굴리스는 성(sex)이 생물진화의 과정에 있어서 어떤 역할을 했는지에 대해서도 많은 흥미를 보였는데, 이런 그녀의 관심은 1997년에 『성이란 무엇인가?』를 발간하기에 이르렀다. 이 책에서 그녀는 성(性)은 곧 죽음을 의미하며 성의 진화는 악마와의 거래였다고 단언한다. 미생물 진화의 과정에서 처음 나타난 성은 이후 모든 생물들로 하여금 번식을 위해서 본격적으로 성을 수행하는 대신 죽음이라는 숙명을 받아들이도록 강요했기 때문이다. 우리가 성을 통해서 쾌락을 얻는 만큼 그 반대급부로 따르는 희생 또한 그토록 처절하다는 점에서 성이 악마와의 거래라는 그녀의 지적은 절묘하다고 하겠다.

마굴리스의 대부분 저작들은 자신의 아들인 도리언 새이건(Dorian Sagan)과의 공동저술로 발표되고 있는데, 도리언은 저명한 우주과학자이자 과학저술가인 칼 새이건의 아들이기도 하다. 마굴리스가 칼 새이건의 첫번째 부인이었다는 점, 그의 아들 또한 과학저술가로서 탁월한 능력을 발휘하고 있다는 점, 그리고 이런 모자가 같이 힘을 모아서 십여 권의 과학서적을 잇달아 출간하고 있다는 점 등은 과학저술가로서 크게 성공한 한 가족의 이면(裏面)을 읽는 데에 참고가 될 수 있겠다.

홍욱희 1955년 경기도 오산 출생. 미국 미시간대학교(Ann Arbor)에서 환경학박사학위 취득(1986). KIST 연구원과 미시간대학교 연구원을 거쳐 한국전력공사 전력연구원에서 오랜 기간 근무. 현재 세민환경연구소 소장 겸 자연환경연구소 연구위원, 계간 『과학사상』 편집위원.

용어와 개념 풀이

진화론의 신종합설

다윈은 진화를 설명하는 데 있어서 상당한 어려움을 겪었다. 그 시대 사람들은 진화가 일어난다는 사실은 인정할 수 있었지만 어떻게 선대에서 얻어진 형질이 후대로 전달될 수 있는지 그 기적을 전혀 이해할 수 없었기 때문이었다. 그 돌파구는 멘델이 유전의 법칙을 발견함으로써 비로소 열리게 되었다. 이후 1930년대에 이르러 유전자와 자연선택과의 관계에 대한 전반적인 원리를 만들 수 있게 되었는데 이것이 바로 신종합설이다. 다윈의 자연선택과 멘델의 유전학을 결합한 진화의 종합설은 도브잔스키에 의해서 확립되었고 이로써 1950년대에 이르러 다윈 진화설은 신종합설로 변신하여 널리 받아들여지게 되었다.

원핵생물과 진핵생물

생물의 세계를 나누는 일차적인 방법은 생물체를 구성하는 세포가 그 내부에 핵이라는 중심적인 기관을 가지고 있느냐 없느냐의 여부로 원핵생물(原核生物) 세계와 진핵생물(眞核生物: eukaryote) 세계로 구분하는 것이다. 지구상에서 나타난 최초의 생명체는 우리 몸을 구성하는 세포들과는 달리 아주 단순한 형태를 지녔을 것으로 추정되는데, 핵산(DNA)이 막으로 둘러싸이지 않고 분자 상태로 세포질 내에 존재하며, 미토콘드리아 등의 구조체가 없었을 것이다. 진핵생물은 핵막으로 둘러싸인 핵을 가지며 유사분열을 하는 세포로 형성된 생물로서, 고생대에 이르러 처음 나타났다. 유글레나 등의 단세포 동물, 모든 다세포 동물, 남조류를 제외한 모든 식물, 그리고 진핵균류들이 여기에 해당된다.

린 마굴리스는 말한다

- 우리는 애당초 미생물들이 이 지구를 떠맡는 데서 오는 복잡한 네트워크의 한 부분이다. 인류가 갖고 있는 지성과 과학기술의 힘은 특별히 우리에게만 속하는 것이 아니라 모든 생명들에 속하는 것이다. 그것들은 우리가 상상할 수 없는 미래의 형태들로 인간 종을 초월해서 유지될 것이다. —『마이크로코스모스』 중에서

- 생명은 기묘하고 느린 파도처럼 물질 너머로 밀려드는 파도타기를 하는 물질적인 과정이다. 또한 그것은 지구의 풍요로움이며 지구의 대기와 물을 태양광선으로 바꾸는 천체의 변화이다. 생명은 성장과 죽음, 처치와 단축, 변환과 부패의 복잡한 형식으로 나타난다. —『생명이란 무엇인가?』 중에서

- 섹스는 청춘의 반란을 유발한다. 질투심 섞인 분노, 낭만적인 로맨스, 무분별한 모험 행위, 갓난아기 등은 모두 다 섹스의 산물이다. 왜 섹스는 우리 삶 속에서 그처럼 강력하고 신비로운 힘으로 작용하는 것일까? —『성이란 무엇인가?』 중에서

더 읽어야 할 책들

『마이크로코스모스』, 범양사출판부, 1987.
『생명이란 무엇인가?』, 지호, 1999.
『섹스란 무엇인가?』, 지호, 1999.

Lynn Margulis, *Dorion Sagan Gaia to Microcosm*, 1996.
_____, *Five Kingdoms: An Illustrated Guide to the Phyla of Life on Earth*, 1998.
Lynn Margulis, Reg Morrison, *The Spirit in the Gene: Humanity's Proud Illusion and the Laws of Nature*, 1999.
_____, *Symbiotic Planet: A New Look at Evolution*, Science Masters Series, 2000.

린 마굴리스는 다윈주의에 감히 반기를 드는 불손한 의문을 품은 생물학자 중 가장 대표적인 인물로 꼽힌다.

스티븐 굴드 Stephen J. Gould

철저히, 진화론을 수호하라

홍욱희 세민환경연구소 소장·환경과학

스티븐 굴드를 기억하며

한 외국 과학자의 부음을 국내 언론이 소상히 전달하는 경우는 참으로 드문 일이다. 그런데 2002년 5월 22일, 국내 대부분의 신문들은 '과학 대중화에 기여한 스티븐 굴드 별세', '인간복제 반대에 앞장섰던 석학, 굴드 교수 사망' 등의 굵직한 제목을 달아 스티븐 굴드(Stephen J. Gould)의 사망 소식을 보도하는 데 인색하지 않았다. 그만큼 그가 자신이 몸담고 있던 진화과학이라는 과학 분야에서는 물론 전세계적으로 과학계와 지성계에 널리 알려진 저명한 인사였음을 여실히 보여주는 증거라고 하겠다.

굴드의 사망에 즈음하여 세계적으로 저명한 과학주간지 『네이처』(*Nature*)는 다음과 같은 추모 기사를 실었다.

전세계적으로 가장 저명한 진화생물학자의 한 사람인 스티븐 굴드가 지병인 암으로 60세에 생을 끝마치다. 굴드의 친근하면서도 유려한 글들은 대중들에게 진화론을 전파하는 데에 지대한 공헌을 하였지만 그에 못지않게 그의 도발적인 사고는 적잖은 학문적 논쟁을 불러일으켰다.

굴드는 20권 이상의 저술을 남겼는데 그 가운데 9권은 시리즈로 이어진 에세이 모음집이다. 이 에세이들은 진화를 주제로 한 것이지만 그 속에는 그 주제에 못지않게 그가 일생동안 사랑했던 예술, 역사, 야구 등에 대한 열정 또한 가득하다……

> " 다윈은 윤리를 모르는 얼간이가 아니었다. 그는 서양 사상에 담겨 있는 온갖 뿌리깊은 편견들을 자연에 떠맡기려 하지 않았을 따름이었다. 사실 나는 서양인들이 즐겨 사용하는 오만스러운 사상들을 부정함으로써 황폐해진 이 세계를 되살릴 수 있지 않을까 생각하고 있다. "

새이건과 쌍벽을 이루었던 대중과학자

　스티븐 굴드는 미국식 실천적 과학자의 대표자로 간주할 만하다. 그는 우리가 흔히 위대한 과학자상으로 간주하는 연구실에 틀어박힌 은발의 고매한 인격자가 아니다. 또 뻔질나게 매스컴을 타거나 돈을 벌기 위해서 아무 책이나 써대는 그런 팔방미인식의 대학교수도 아니다. 그는 진화생물학을 연구하는 성실한 연구자로서 획기적인 새로운 진화이론을 제시하였는가 하면, 탁월한 글솜씨로 1970년대부터 줄곧, 가장 저명한 과학저술가의 한 사람으로 인정받아왔다. 이처럼 과학자로서의 커다란 업적과 일반대중에게 과학을 소개하는 놀라운 열정을 함께 지녔다는 점에서 굴드는 종종 칼 새이건(Carl sagan, 1934~1996)에 비교되기도 한다(새이건 역시 60을 갓 넘긴 나이에 암으로 타계하였다). 그러나 새이건의 저작이 과학적 지식의 산뜻한 나열로 폭넓은 독자층을 확보하는 데 성공했다면 굴드의 저작은 날카로운 지적주관(知的主觀)을 포함하고 있어서 주로 지식 수준이 높은 계층에서 보다 많은 호감을 샀다고 할 수 있다.

　굴드는 토박이 뉴욕 출신으로 가난한 이민자의 아들로 태어나 1967년 컬럼비아대학에서 고생물학으로 박사학위를 취득한 뒤 하버드대학에서 줄곧 진화학을 가르쳐왔다. 하버드대학 생물학과에는 굴드 이외에도 탁월한 과학저술가로서 필명을 날리는 에드워드 윌슨과 리처드 르원틴 등의 교수들이 재직하고 있는데, 이들은 각자의 전공 분야가 조금씩 다르기는 하지만 학문적으로나 대중적 과학저술가로서 서로 좋은 경쟁자이자 협력자였다.

과학저술가로서 굴드의 명성이 드높아지게 된 직접적인 계기는 1977년에 발간한 두 권의 저서 『개체발생과 계통발생』(Ontogeny and Phylogeny)과 『다윈 이후』(Ever Since Darwin)에서 비롯된다. 앞의 책은 당시까지만 해도 일반인들은 물론 최고 지식인들조차도 이해하기가 쉽지 않았던 진화 이론을 명쾌하게 소개한 책으로 커다란 성공을 거두었다. 그런가 하면 『다윈 이후』는 이후 2, 3년의 간격을 두고 연속적으로 발간된 과학 에세이집의 첫번째로서 새로운 과학적 글쓰기의 탄생을 알리는 신호탄으로서 지금까지도 지성인들의 대화에 오르내리는 명저라고 할 수 있다. 굴드의 마지막 에세이집은 그의 사망 직전에 발간된 『I Have Landed』인데 조만간 우리나라에서 번역본이 출간될 예정이다.

굴드는 암에 걸렸다는 선고를 받고 이 책을 서술하기 시작했다. 이 저술은 진화과학자론에 대한 그의 총체적 업적이다.

저술가로서 굴드의 진면목은 뉴욕에 소재하는 미국 자연사박물관이 발간하는 월간 잡지 『자연사』(Natural History)에 28년 동안 한 번도 빠지지 않고 에세이를 연재했다는 데에서 찾아볼 수 있다. 이처럼 오랜 세월에 걸쳐서 한 잡지에 에세이를 연재했다는 것도 전무후무한 기록이거니와 보통 원고지 수십 매에 이르는 그 에세이들 대부분에서 최고 수준의 지성을 감지할 수 있다는 점도 그가 과학저술가로서 어떤 존재인지를 새삼 깨닫게 한다.

한 굴드 연구가에 의하면 300편의 에세이 중에서 그는 성경 내용을 53차례나 인용했으며 자신이 애청하는 TV 쇼프로그램 길버트 설리반쇼를 21번, 셰익스피어를 19번, 영국의 시인 알렉산더 포프를 8번 언급했다고 한다. 이 밖에도 라틴어 구절을 16회, 프랑스어 구절을 9회, 독일어 구절 6회, 심지어 이태리어 구절까지도 인용했다고 하는데, 이처럼 유려한 문체로 인해서 굴드의 에세이들은 대학 인문학 강좌의 텍스트로도 널리 인용되고 있다. 요컨대, 최고 수준의 지성미를 갖춘 과학에세이 작가라는 것이 굴드에 대한 첫번째 평가라고 하겠다.

굴드는 1990년대에 들어서 저술활동의 범위를 더욱 넓혔는데 우리나라에서도 출간된 『풀 하우스』, 『새로운 천년에 대한 질문』, 『인간복제 무엇이 문제인가?』 등에서는 진화 문제를 넘어서는 과학과 인류 전반에 대한 굴드의 문제의식을 엿볼 수 있다. 이런 탁월한 저술들에 힘입어 굴드는 수많은 수상의 영예를 안았다. 그는 자신의 세번째 에세이집인 『판다의 엄지』로 1981년 미국출판협회가 수여하는 최고저술상을 받았으며, 이어서 1982년에는 미국 비평가상을, 1983년에는 최우수도서상을, 그리고 1990년에 다시 한번 최우수도서상을 수상하였다. 1991년에는 여섯번째 에세이집인 『경이로운 생명』으로 로

굴드는 이 책에서 진화의 문제를 넘어서 과학과 인류에 대한 심층적 문제를 제기한다.

엔-폴랭크 상의 영예를 안았고, 그 이듬해에는 고생물학회가 수여하는 최고 저술상을 받기도 하였다.

다윈 진화론을 보완한 탁월한 진화생물학자

다윈 이후 진화론에 대한 논쟁은 항상 일반 대중들의 관심을 유발하였다. 이렇게 진화론이 대중의 관심 대상이 된 이유에는 여러 가지가 있을 수 있겠지만, 진화론이 실험으로 증명이 어렵고 따라서 수많은 이론과 해석이 등장하는 거의 유일한 과학 분야라는 점이 주된 이유의 하나라고 할 수 있겠다. 진화생물학자로서 굴드의 업적을 살펴보기 위해서 먼저 최근의 진화 이론을 간단히 살펴보기로 하자.

다윈은 자연선택의 개념으로 진화를 설명함으로써 현대 진화학의 기초를 마련했지만 생물에 유전자가 존재한다는 사실을 죽을 때까지 알지 못했다. 그래서 무엇이든지 다른 것을 이용해서 자연선택의 메커니즘을 설명하려고

노력했다. 그 결과 다윈이 저지른 실수의 한 가지는 유익한 변이가 점진적으로 축적됨으로 해서 새로운 종이 생겨난다는, 현대 유전학의 개념과는 정반대되는 논리에 자신도 모르게 빠져들게 되었다는 점이다.

다윈의 진화론은 금세기 초엽, 멘델의 업적이 재발견됨으로 그 빛을 더욱 발하게 되었는데 유전자와 자연선택 사이의 관련성이 비로서 모색될 수 있었기 때문이다. 그렇지만 유전학적 지식이 처음부터 다윈의 자연선택설을 지지했던 것은 아니다. 일례로, 초기의 유전학에서 얻어진 결과들은 돌연변이가 대부분 개체에 해로우며 그 영향도 점진적인 것이 아닌 아주 대규모적으로 나타난다는 것 정도였고, 결과적으로 자연선택에서 요구되는 새롭고 유용한 변이들을 거의 발견할 수 없는 것이 보통이었다. 그러나 점차 유전학에 수학이 가미되면서 유전학에서 얻어진 결과들이 자연선택설을 뒷받침하는 방향으로 정리되기 시작하여 1930년대에 이르러서는 유전학과 자연선택의 관계에 대한 전반적인 원리가 종합되었는데, 이를 '신다윈주의'(neodarwinism)라고 부른다.

신다윈주의가 출현한 이후 얼마되지 않아서 도브잔스키(Theodosius Dobzhansky), 메이어(Ernst Mayr), 심프슨(George Gaylord Simpson) 등은 집단유전학, 계통학, 고생물학 등에서의 연구 결과들이 신다윈주의의 원리들과 모순되지 않음을 천명하였다. 이렇게 해서 '현대종합설'(The Modern Synthesis)이 마침내 완성을 보게 되었는데, 이는 진화의 주된 메커니즘으로 자연선택설이 타당하다는 점을 전세계 생물학자들이 인정한 쾌거였다.

그러나 진화의 메커니즘을 규명하는 작업이 신종합설의 제창으로 완료된 것은 아니었다. 신종합설이 대두되기까지 주로 고생물학, 계통분류학, 유전학 등에 의존해서 발전했던 진화생물학은 1950년대부터는 주로 분자생물학의 발전에 힘입어 현재까지 끊임없이 발전하고 있다. 이 과정에서 리처드 도킨스(Richard Dawkins)를 비롯한 일단의 신다윈주의자들은 다윈의 자연선택을 단순히 개체들이 더 많은 자손을 남기기 위한 투쟁으로 해석했다. 특히 도킨스는 실제로는 생물들 사이의 경쟁이 그다지 치열하게 전개되지 않는다는 많은 현장 생물학자들의 관찰을 근거로 정말로 중요한 진화의 메커니즘은 생식을 위한 개체들간의 경쟁이 아니라 유전자들 사이의 경쟁이라고 생각했다. 도킨스, 윌리암스(George Williams), 스미스(Maynard Smith) 등에 의하면 진화는 다음 세대에 가능한 한 더 많은 유전정보를 남기려는 유전자들의 투쟁으로 정의된다.

1970년대에 출현한 윌슨(Edward Wilson)의 사회생물학은 이러한 유전자 중심 진화론의 연장이다. 사회생물학자들은 다윈의 자연선택설이 생물들 사이의 경쟁과 투쟁을 부추기는, 본질적으로 이기적인 현상이라는 점에 대해서 의문을 표시한다. 만약 자연선택이 옳다면 어떻게 생물들 사이에서 다른 개체를 위해서 자신을 희생하는 이타적 현상이 빈번히 관찰될 수 있으며, 또 흰개미나 꿀벌의 집단들에서 볼 수 있는 것처럼 서로 협조하는 공생 체제가 구축될 수 있는가 하는 것이다. 실제로 새들에서는 자기 새끼가 아닌 다른 새끼에게 먹이를 준다든지, 또는 자기 새끼도 없는 새가 머리 위에서 배회하는 매를 보고 자신은 매에게 노출되는 위험을 감수하면서까지 다른 새들에게 경계음을 발하는 현상 등을 관찰하기가 그리 어렵지 않다.

이런 이타주의 현상들에 대해서 역시 같은 사회생물학자인 해밀턴(William Hamilton)은 어떤 상황에서는 그러한 이타주의적 행동이 가능한 한 자신의 유전자를 많이 남기려는 전략에 부합된다고 지적하였다. 해밀턴은 꿀벌의 무리에서 나타나는 극단적인 이타주의를 예로 들었다. 사회생활을 하는 꿀벌 무리에서 일벌은 불임이기 때문에 자신의 유전자형을 증식시키는 방법은 여왕의 배란을 극대화시키는 것뿐이다. 여왕벌은 단 한 번 수벌과 수정함으로 해서 수많은 일벌을 출산하기 때문에 벌집 속의 일벌들은 다 동기간이며 평균 4분의 3에 해당하는 유전자를 공유하고 있다(일벌은 암컷이다). 따라서 이와 같은 사회에서는 벌집이나 여왕벌에 대한 일벌의 어떠한 희생도 자신의 유전자 보전 차원에서는 가치 있는 일이 된다. 이처럼 동족의 번식을 위해서 자신이 희생하는 행위를 '근친선택'(kin selection)이라고 하는데, 이 개념은 특히 동물들에서 사회생활이 어떻게 진화될 수 있었는지를 설명하는 데에 아주 유용하다(이런 논의는 에드워드 윌슨의 장에서 다시 진행된다).

시기적으로 1970년대의 진화학계는 이렇게 유전자 이론으로 무장한 신다윈주의자들과 당시에 막 태동하기 시작한 사회생물학자들의 경연의 장이었다. 이런 현대 종합주의자들의 잔치 속에서, 굴드는 현장에서의 달팽이 연구에 기초한 새로운 진화이론을 들고 나왔다.

원래 고생물학자로서 교육을 받은 굴드는 같은 고생물학자인 닐스 엘드리지(Niles Eldredge)와 함께 수많은 화석기록들 속에서 달팽이들이 보이는 다양한 변이에 주목하였다. 그들의 관찰에 의하면 달팽이들은 오랜 기간 아무런 변화없이 세대를 계속하다가 갑자기 짧은 기간 동안에 획기적인 변화를 나타내곤 했다. 이런 식의 진화 양상은 다윈이 주장했던, 변이가 점진적으로 축적되어 종이 변화한다는 진화이론과는 전혀 상반된 것이었다. 굴드와 엘드리지는 이러한 자신들의 진화이론을 단속평형설(punctuated equilibria)이라고 지칭하였다.

단속평형설은 수세대에 걸쳐서 개체군 수준 이상에서 일어나는 생물의 대변화, 즉 대진화(macroevolution)를 설명하는 데에 특히 유용하다. 일례로, 인간 조상에 있어서 두뇌 용적의 크기는 과거 200만 년 동안 점진적으로 증가했던 것이 아니라 새로운 인간 종족이 출현할 때마다 급속히 증가했다고 알려져 있다. 이러한 두뇌 용적의 증가는 변이의 점진적인 축적에 의해서라기보다는 단속평형설로 설명하는 것이 훨씬 합리적이다. 보다 큰 두뇌를 가지고 출현한 후대의 우리 조상들이 그보다 두뇌 용적이 적었던 선대의 조상들보다 생존에 더 유리했을 것이므로 자연선택과 거의 유사한 이러한 '종족선택'(species selection)이 진화에 작용했었던 것임은 분명하다.

1980년 10월 시카고에서는 전세계의 진화과학자들이 집결하는 대규모 국제학회가 개최된 바 있다. 이 회의에서 굴드와 엘드리지의 단속평형설이 다윈의 점진적 진화이론을 보완할 수 있는 대체학설로서 대단한 각광을 받았는데, 이후 그들은 현대 진화학계를 대표하는 과학자로서 명성을 떨치게 되었다. 다윈 이후 거의 한 세기 반이 지난 지금까지 다윈의 점진적 진화론에 상대되는 새로운 진화이론이 제안된 경우는 굴드의 단속평형설이 유일하다.

진화과학자로서의 굴드는 평생에 걸친 진화학 연구를 마감하는 업적으로 자신이 사망하기 직전인 2002년 3월에 무려 1,500쪽에 달하는 『진화이론의 구조』(The Structure of Evolutionary Theory)라는 저작을 발간하였다. 굴드는 이 책의 발간을 기념하는 사인회장에서 1982년 자신이 희귀한 암에 걸렸다는 사실과 함께 의사로부터 사망선고를 받았을 때 이 책의 저술에 착수했다고 고백한 바 있다. 참으로 모든 과학자들의 귀감이 될 수 있는 놀라운 과학적 열정의 소유자라고 하겠다.

과학저술가로서와는 별도로 과학자로서도 그는 수많은 영예를 누렸는데, 1981년 과학잡지 『디스커버』(Discover)에서 '올해의 과학자'로 선정된 것을 필두로 해서 여러 대학과 학회로부터 각종 메달과 수상의 영광을 안았다. 그가 받은 명예박사 학위만 해도 무려 40여 개에 이른다고 한다.

진화론을 철저히 옹호한 불독

굴드는 진화론을 열렬히 신봉했던 과학자로 유명하다. 사실상 그의 저술 대부분이 다윈 진화론을 설명하고 옹호하는 데 바쳐졌지만, 여기에서 한걸음 더 나아가 그는 때로는 창조론자들을 공격하는 데 선봉을 서는가 하면, 같은 진화론 진영의 저명한 에드워드 윌슨이나 리처드 도킨스와 논쟁하는 것에도 망설이지 않았다.

먼저, 창조론자들에게 있어서 굴드는 언제나 가장 성가신 존재였다. 굴드는 동료 과학자들이 창조론자들과의 논쟁에 소극적이거나 아예 회피하는 자세를 보였던 것과는 달리 대담하게 이들을 공박하는 데 앞장섰다. 심지어 그는 1980년대 초엽 창조론을 진화론과 동등하게 공립학교에서 가르칠 것인가의 여부를 놓고 미국 아칸소 주에서 진행된 재판에 당당히 증인으로 나서서 창조론의 비과학성을 공격하였다. 이런 굴드의 증언에 힘입어 연방순회재판소는 이른바 과학적 창조론으로 불리는 창조론자들의 이론이 공공교육 현장에 수용되는 것을 거부하는 역사적인 판결을 내렸다.

1990년대에 이르러 창조론자들이 자신들의 새로운 무기로 '지적 설계론'(intelligent design theory)을 들고 나왔을 때에도 굴드는 그 어떤 진화과학자들보다 더 열성적으로 그들에 대항하여 자신의 예리한 필봉을 마음껏 휘둘렀다. 이런 굴드를 가리켜서 언론은 그에게 '진화론의 불독'이라는 별명을 선사하였다.

그렇지만 굴드의 활달한 성격과 유려한 글솜씨는 때로는 동료 진화과학자들과의 관계를 불편하게 이끌기도 하였다. 그는 같은 대학에 근무하는 저명한 사회생물학자이자 선배교수인 에드워드 윌슨의 논리를 공박하는 일에 전혀 거리낌이 없었다. 그런가 하면 가장 유명한 신다윈주의자의 한 사람인 리처드 도킨스의 이기적 유전자론도 그 공격의 대상에서 비켜날 수 없었다. 굴드와 도킨스 사이의 흥미로운 논쟁을 정리한 책 『도킨스 대 굴드』는 최근 우리나라에서 『유전자와 생명의 역사』라는 제목으로 번역되었다.

홍욱희 1955년 경기도 오산 출생. 미국 미시간대학교(Ann Arbor)에서 환경학박사학위 취득(1986). KIST 연구원과 미시간대학교 연구원을 거쳐 한국전력공사 전력연구원에서 오랜 기간 근무. 현재 세민환경연구소 소장 겸 자연환경연구소 연구위원, 계간 『과학사상』 편집위원.

용어와 개념 풀이

자연선택 natural selection

동종의 생물 개체 사이에 일어나는 생존경쟁에서 환경에 보다 잘 적응하는 개체가 다른 개체들보다 더 많은 자손을 번식시켜서 결국 진화의 주인공이 된다고 주장하는 이론으로 다윈 진화론의 가장 강력한 지지이론이다.

다윈은 자연선택을 생물진화의 주된 요인으로 제창하였는데 오늘날에도 진화요인론(進化要因論)과 관계가 깊은 집단유전학의 주요 개념이 되어 있다. 가축이나 농작물의 다양한 품종이 생기게 된 것은 인간이 자신의 목적에 적당한 형질을 가진 개체만을 선택해서 인위적인 번식을 시켜왔기 때문이다. 이런 선택은 인간의 판단에 따라 진행되기 때문에 인위적 선택 또는 인위도태라고 한다. 물론 인위적 선택의 토대를 이루는 것은 개체간의 변이(變異)이다. 마찬가지로 자연계에서도 이와 같은 선택작용이 행해져서 주변 환경조건에 적응하는 생물체는 생존하고 그렇지 못한 개체는 경쟁에서 도태되는 결과 오직 잘 적응하는 개체만이 자손을 남기게 된다. 즉, 적자(適者)만이 생존에 유리한 형질을 자손에게 전할 수 있고 그런 적응된 형질이 점차 누적되어서 결국에는 선조와는 다른 형질을 가진 새로운 종이 태어나게 된다는 것이다.

자연선택이 실제로 행해지는 예로 주목을 받았던 것이 나비에서 나타난 보호색이었다. 영국의 공업도시에서 흑색 나방이 증가하는 현상이 발견되었는데 이를 공업암화(工業暗化)라고 한다. 이것은 수목을 덮고 있던 밝은 색의 지의류(地衣類)가 매연에 의해 벗겨져서 암색의 수피(樹皮)를 닮은 흑색 나방이 보호색으로서의 적응성을 가지게 되었기 때문이다.

스티븐 굴드는 말한다

- 진화는 진보가 아니라 다양성의 증가다. ―『풀하우스』 중에서

- 다윈 이후 세상은 줄곧 바뀌어왔다. 그러나 과거에 못지 않은 흥분이 있고 교훈이 있으며, 인간 정신을 드높이는 무엇이 있다. 자연에서 목적을 찾을 수 없다면 우리들 스스로가 그 정의를 내려야 할 것이다. 다윈은 윤리를 모르는 얼간이가 아니었다. 그는 서양 사상에 담겨 있는 온갖 뿌리깊은 편견들을 자연에 떠맡기려 하지 않았을 따름이었다. 사실 나는 참된 다윈 정신은 서양인들이 즐겨 사용하는 오만스러운 사상들―우리들은 예정된 과정의 가장 위대한 산물이기 때문에 지구와 그 생물들을 지배하고 소유할 운명을 지닌 존재라는―을 부정함으로써 황폐해진 이 세계를 되살릴 수 있지 않을까 생각하고 있다. ―『다윈 이후』 중에서

- 다윈은 진화가 진보와 혼동되는 것을 두려워했다! 다윈 이론의 핵심은 수천 년 동안 서구를 지배해온 플라톤적 진보주의 사고 방식을 뒤엎는 것이다! ―『풀하우스』 중에서

더 읽어야 할 책들

『다윈 이후: 생물학 사상의 현대적 해석』, 범양사 출판부, 1987.
『판다의 엄지』, 세종서적, 1998.
『새로운 천년에 대한 질문』, 생각의나무, 1998.
『풀하우스』, 사이언스북스, 2002.
『인간복제 무엇이 문제인가?: 인간복제의 윤리학』, 그레고리 펜스 등과의 공저, 울력, 2002.
Stephen J. Gould, *Man's Place in Nature*, Modern Library Science Series, 2001.
_____, *I Have Landed: The End of a Beginning in Natural History*, 2002.
_____, *The Structure of Evolutionary Theory*, 2002.
_____, *Rocks of Ages: Science and Religion in the Fullness of Life*, 2002.
_____, *The Hedgehog, the Fox, and the Magister's Pox: Ending the False War Between Science and the Humanities*, 2003.

에드워드 윌슨 *Edward O. Wilson*

지식의 대통합을 열망한다

홍욱희 세민환경연구소 소장·환경과학

굴드와 윌슨

미국 하버드대학에는 그 명성에 걸맞게 세계적으로 명성을 떨치는 대학자들이 그득한데 그들의 학문적 우열을 가리는 일은 필경 부질없는 노릇일 것이다. 그렇지만 현재 재직하고 있는 가장 유명한 과학저술가 또는 일반 대중에게 가장 널리 알려진 과학자를 들라고 한다면 아마도 스티븐 굴드와 에드워드 윌슨(Edward Wilson) 두 사람을 첫손에 꼽을 수 있을지 모르겠다(굴드는 2002년 5월에 타계했다). 굴드와 윌슨은 수십 년 동안 비교동물학 박물관 건물에서 같이 근무했던 동료교수였지만 성격적인 면에 있어서나 글을 쓰는 방법에 있어서는 그야말로 천양지차를 보이는 어울리지 않는 두 사람이었다.

굴드는 하버드 대학에 재직한 이래 30년 동안 다윈 진화론을 가장 열렬히 옹호하고 전파한 전형적인 진화생물학자로서의 길을 걸었다. 이에 반해서 윌슨은 1950년대에 동물행동학을 연구하는 생물학자로서 연구자의 길로 들어섰지만 1970년대에는 사회생물학의 창시자로서, 그리고 1980년대에 들어서는 생물다양성 보전을 주창하는 자연주의자로서 명성을 떨쳤다.

뉴욕 출신의 굴드가 적극적이고 활달한 성격이었던 데에 반해서 앨라배마의 촌뜨기였던 윌슨은 자연을 관찰하고 그 속에서 사색을 즐기는 얌전한 성격이었다. 이런 판이한 성장 배경으로 말미암아 탁월한 지성의 소유자 두 사람은 같은 대학 같은 학과에 근무하면서도 별로 사이가 좋지 못했던 것이 아니었을까?

> 우리 인간을 비롯한 모든 동물들의 사회적 행동이 진화의 과정에서 자연선택을 통해서 자연스럽게 확립되었다. 그리고 이런 사회적 행동의 대부분은 각 개체들에 내장된 유전자들에 의해서 통제된다. 이렇듯 사회생물학은 생물 행동에 미치는 유전자의 영향력을 크게 강조하였기 때문에 어느새 유전자 결정론을 지지하는 중요한 인사로 여겨지고 있다.

개미연구가에서 사회생물학 창시자로

1929년에 태어난 에드워드 윌슨은 소년 시절부터 개미 탐구에 열심이었지만 본격적인 개미연구자의 길로 들어서게 된 계기는 1953년에 이루어졌다. 당시 하버드대학교의 대학원생이었던 윌슨은 그즈음 유행하던 동물행동학에 많은 관심을 가지고 있었는데 대다수 쟁쟁한 연구자들이 새와 포유동물들의 의사소통에 관심을 가졌던 점에 착안해서 자신은 개미들의 의사소통 방법을 밝혀보고자 노력했다고 자서전에서 밝힌 바 있다.

1955년 윌슨은 하버드대학에서 박사과정을 마치자마자 조교수로 발령을 받는다. 개미들에게서 여러 종류의 페로몬을 발견하고 그것들의 역할을 성실히 규명했던 학문적 업적이 높게 평가된 결과였다. 이후 10여 년 동안 윌슨은 개미 연구로, 또 원숭이와 기타 다른 동물들의 습성과 사회적 행동에 대한 연구를 위해서 전세계를 누비며 열정적인 탐구의 시간을 갖는다.

그런데 1960년대에 이르자 미국 생물학계의 분위기는 점점 더 분자생물학이 각광을 받게 되고 또 그만큼 동물행동학이나 진화생물학 등은 점차 홀대받는 쪽으로 흐르게 되었다. 하버드대학의 젊은 조교수 윌슨은 사회의 관심이 온통 분자생물학 쪽으로 모아지면서 세계 각자의 야외 현장에서 원숭이와 까마귀와 개미를 연구대상으로 삼는 자신의 연구 분야가 쇠퇴하는 것에 크게 자극을 받게 되는데 이런 와중에서 그간의 동물행동학적 연구결과들을 종합하고 다듬어서 새로운 이론으로 발전시켜보고자 하는 강력한 충동에 사로잡힌다.

타고난 종합가라고 할 수 있는 윌슨은 먼저 그때까지 동물행동학 연구가 동물행동의 직접적인 인과관계를 설명하는 데에 치중했던 나머지 그런 행동의 저변에 깔린 기본적인 요소들에 대해서는 별로 관심을 기울이지 않았다는 점에 주목하였다. 자연에서는 침팬지들이 사냥에서 획득한 먹이를 집단 내의 다른 침팬지들에게 나누어준다든지, 또는 적의 출현을 처음 발견한 어느 새 한 마리가 경고음을 발산해서 다른 새들을 보호하면서 자신은 희생의 재물이 된다든가 하는 이타적인 행동을 쉽게 찾아볼 수 있는데 동물행동학은 기껏해야 그런 행동이 전체 집단을 위한 개별 개체들의

사회생물학은 인간 본성에 대한 논쟁을 피해 갈 수 없었고 윌슨은 그 중심에 섰다. 그는 이 책으로 퓰리처 상을 수상했다.

희생이라는 점을 강조하는 것이 고작이었다. 하지만 윌슨은 이런 동물들의 이타적인 행동이야말로 오랜 진화의 과정에서 그들의 유전자 속에 각인된 본능적 행동에 불과하다고 해석하였다. 요컨대 동물의 행동을 결정하는 가장 중요한 요소로 진화와 유전자의 영향력에 주목했던 것이다.

윌슨은 동물의 행동을 진화와 유전자를 중심으로 해석하고자 하는 자신의 시도에 '사회생물학'(sociobiology)이라는 이름을 붙였다. 그리고 1971년부터 저술에 착수하여 4년 후인 1975년에 같은 제목의 책으로 발간하게 되는데 이 책으로 말미암아 윌슨은 타임지의 표지를 장식하게 되는 등 일약 세계적인 명사의 길로 들어서게 된다.

윌슨의 가장 주목할 만한 이론 중의 하나는 많은 동물집단에서 관찰할 수 있는 이타적 행위조차도 자연선택의 과정을 통해 진화되었을 것이라는 제안이었다. 다윈의 진화이론에 의하면 자연선택은 각각의 생물 개체에 작용하여 그 개체로 하여금 생식의 기회를 증가시키는 육체적·행동적 특징들을 발전시키도록 하는 원동력이다. 따라서 한 생물체가 자신이 속해 있는 집단을 구하기 위해서 스스로를 희생하는 이타적 행위는 자연선택과 양립할 수 없는 것으로 간주되었다. 그렇지만 윌슨은 그런 이타적 행위들이 사실상 서로 밀

접한 혈연관계를 맺고 있는 동물집단 속에서만 나타난다는 점에 주목하였다. 그래서 비록 자신은 죽지만 결과적으로 자신과 동일한 유전자를 공유하는 다른 개체들에게 보다 많은 생존의 기회를 부여한다는 점을 간파했다. 동물들의 이타적 행위도 진화적 입장에서 본다면 결국 후손들에게 더 많은 자신의 유전자를 전달하기 위한 고도의 전략적 행위라는 것이다. 윌슨은 진화의 전략이 개체 보존이 아닌 유전자 보존에 있다는 사실을 적시했다.

사회생물학에서는 우리 인간을 비롯한 모든 동물들의 사회적 행동이 진화의 과정에서 자연선택을 통해서 자연스럽게 확립되었다고 주장한다. 그리고 이런 사회적 행동의 대부분은 각 개체들에 내장된 유전자들에 의해서 통제된다고 설명한다. 다시 말해서, 개미들이 여왕개미를 중심으로 엄격한 위계질서를 구축하고 고도의 분업체제를 유지하는 것이나 대부분의 동물들이 자식을 끔찍이 사랑하는 행위나 최고의 배우자를 차지하기 위해서 수컷끼리 생명을 걸고 혈투를 하는 행동 등이 모두 그 내면에는 자신이 소유하는 유전자를 보다 많이 후대에 전달하기 위한 전략전술에 다름아니라는 것이다.

윌슨의 사회생물학은 생물 행동에 미치는 유전자의 영향력을 크게 강조하였기 때문에 그 자신도 어느새 유전자 결정론을 지지하는 중요한 인사로 간주되게 되었다. 그 결과 그는 공개강연회장에서 얼음물 세례를 받는 곤경에 처하기도 하는데, 이런 봉변에 대해서 윌슨은 과학자가 자신의 견해 때문에 물리적 공격을 받은 미국 초유의 사건이었다고 자신의 자서전에서 점잖게 해석하고 있다.

사회생물학이 등장한 이래 1970년대를 거치면서 사회적으로 커다란 물의를 일으켰던 이유는 분명하다. 1975년 이후 20년 동안 사회생물학을 주제로 해서 발간된 책만 해도 200권이 훨씬 넘는다. 우리 인간도 동물계의 일원임이 분명하므로, 인간이라고 해서 사회생물학이 제시하는 이론에서 자유로울 수는 결코 없을 것이기 때문이다. 따라서 사회생물학은 불가피하게 인간 본성에 대한 논쟁을 유발하게 되었다. 이런 논쟁의 중심에 선 연구자의 입장에서 윌슨은 1978년 다시 한번 화제의 책 『인간본성에 대하여』(On Human Nature)를 펴내어 전세계적으로 주목을 받았고, 퓰리처 상의 영예까지 안았다.

『사회생물학』과 『인간본성에 대하여』라는 두 책에서 윌슨은 일관된 입장을 피력한다. 인간은 행동과 사회 구조를 획득하는 성향을 유전에 의해서 조상으로부터 물려받는데 이런 성향은 말하자면 대개의 사람들이 공유하는 인간의 본성이라고 할 수 있다. 인간의 특성에는 남녀간의 분업, 부모자식간의 유대, 가까운 친척들에게 행하는 고도의 이타성, 근친상간 기피, 여러 다양한 윤리적 행동들, 이방인에 대한 의심, 부족주의, 집단내 순위제, 남성 지배 등이 포함된다. 사람들은 비록 자유의지를 가지고 자신의 행동을 결정하는 선택을 행사하지만 이런 결정에 관계하는 심리적 발달의 경로는 비록 우리 자신이 아무리 다른 길로 들어서고자 발버둥을 친다고 해도 우리 몸 속에 깃들어 있는 유전자들에 의해서 어떤 일정한 방향을 지향할 수밖에 없도록 한다는 것이 윌슨의 주장이다. 따라서 인류 문화가 제아무리 다양하다고 해도 결국은 이런 특성을 향해 부득이 수렴되는 것이 당연하다. 예를 들어서 서울 도심에 사는 사람이나 남태평양에 사는 원시부족을 막론하고 설령 그들이 수만 년을 격리되어 있었다고 해도 선조로부터 물려받은 공통적인 유전자들로 인해서 서로를 이해할 수 있게 된다.

인간본성에 대한 이런 윌슨의 관점은 1970년대의 시대조류에서 볼 때 대단히 예외적인 관점이었다. 사실상 서구사회에서는 20세기 내내 천성인가 양육인가 하는 논쟁이 끊이지 않았는데 당시에는 양육론이 승리를 거둔 것처럼 보였다. 그런 와중에 제기된 윌슨의 사회생물학은 천성론에 더할 수 없는 힘을 실어주게 되었는데, 이 논쟁은 지금까지도 심심치않게 재연되고 있다.

생물다양성과 바이오필리아

세계 최고의 개미전문가 윌슨은 1960년대와 70년대에 개미 연구의 연장선상에서 사회생물학을 확립하여 일약 유명인사가 되었는데, 1980년대에 들어와서는 다시 한번 개미 연구의 연장이라고 할 수 있는 새로운 연구에 빠져들게 된다. 바로 자연환경 보전의 중요성에 눈을 돌린 것이다.

사실상 윌슨은 1950년대 대학원 학생시절부터 중남미의 열대우림을 여행하면서 개미를 비롯하여 여러 사회성 곤충류들에 대한 연구에 몰두해왔기 때문에 그 누구보다도 야생생물의 서식처 파괴 참상을 많이 목격할 수 있었다. 그럼에도 불구하고 이런 서식처 훼손과 그에 따른 생물종 감소의 문제점들에 대해서 공개적인 의사표시를 자제해왔는데 1980년대에 이르러 사회생물학 논쟁이 어느 정도 자리를 잡게 되자 본격적으로 이 문제에 관심을 돌릴 수 있게 되었던 것이다.

물론 윌슨 이전부터 생물종의 감소라든지 열대우림을 비롯한 세계 각지의 생태계 파괴 현상들에 대해서 우려의 목소리가 아주 없었던 것은 아니다. 하지만 윌슨은 그 어떤 환경주의자들과도 궤를 달리하면서 자기만의 주장을 펼치기 시작했다. 윌슨은 이런 자신의 생물다양성 보전 사상을 '바이오필리아'(biophilia)라고 명명하였다. 우리 인간이 본원적으로 다른 모든 생명체들과 자연계의 과정에 어떻게 관련을 맺고 있는지를 설명하는 개념으로서 1984년에 처음으로 바이오필리아(bio 생물 + philia 사랑)라는 용어의 사용을 제안한 것이다.

먼저, 윌슨은 만약 우리가 생물 다양성의 훼손을 방치한다면 멀지 않은 장래에 새로운 과학적 정보를 얻을 수 있는 근원을 잃게 될 것이라고 경고하였다. 엄청난 잠재적 가치를 지닌 풍요로운 생물상이 파괴됨으로 해서 새로운 의약품, 농작물, 목재, 기호품 등이 발견될 수 있는 기회가 인류에게 결코 주어지지 않을 것이라고 지적하였던 것이다.

윌슨은 이런 지적에서 한 걸음 더 나아가서 생물 다양성의 파괴, 곧 생태계의 훼손이 우리 인류의 미래에 보다 심각한 영향을 미칠 수 있다고 강조하였다. 오랜 진화의 과정을 거치는 동안 우리 인간은 물질적·정신적으로 자연과 뗄레야 뗄 수 없는 깊은 연관을 맺게 되었기 때문에 건강한 자연과 함께 할 때에만 비로소 참된 인간성의 구현이 가능하다는 것이다.

바이오필리아란 다시 말해 우리 인간의 마음속에 자연계 모든 생물들에 대한 애착심(측은지심, 惻隱之心)을 지니고 있다는 사고이다. 윌슨에 따르면 인간이 타 생물종에 대해 측은지심을 갖게 된 것은 인간 종족의 발달사와 밀접한 관련이 있으며, 인류의 정신적·물질적 발전에 있어서 필연적인 과정이었다고 한다.

만약 우리에게 이상적인 거주의 장소를 선택할 수 있는 자유가 주어졌다고 할 때 우리는 과연 어떤 곳을 가장 선호할까? 윌슨에 따르면 대부분의 사람들은 약간 높직하면서 호수나 바다 또는 하천과 같은 큰 물에 가깝고 또 공원 같이 평평한 땅으로 둘러싸인 장소에 집을 갖기를 가장 원한다고 한다. 그리고 집 안에서 바라볼 수 있는 집 주위의 나무들로는 많은 가지들이 땅바닥 가까이까지 무성하게 뻗어 있는 크고 튼튼한 나무들과 가지에 작고 가늘게 분리된 잎들이 많이 나 있는 종류를 가장 좋아한다고 한다. 그러면 현대인이 가장 선호하는 이런 주택 주변의 경관이 우연히 머리에 떠오른 것일까? 윌슨은 원시 시대 인간의 집과 현대인의 주택지 선호 조건이 이처럼 비슷한 것은 결코 우연이 아니라고 지적한다. 이런 경관이야말로 바로 우리 인간이 과거 수

백만 년 동안 진화해왔던 아프리카의 열대 사바나 지역에서 가장 흔히 볼 수 있는 장면이라는 것이다. 우리 원시조상들은 필경 사방이 탁 트인 땅이 먹이를 찾거나 적을 감시하는 데 가장 용이하다는 사실을 잘 알고 있었을 것이다. 또 만약의 사태가 발생했을 때 몸을 숨기거나 적에게 쫓길 때 도망쳐 올라갈 수 있는 나무들이 필요했을 것이다.

인간을 비롯한 모든 동물들은 생존을 의지할 장소를 타고난 성향에 따라서 선택한다. 이 점에서 우리 조상들이 예외였다고 한다면 이상할 것이고, 또 인류가 문명생활을 누렸던 지난 수천 년 동안의 짧은 기간 동안에 우리 유전자에 내재된 그런 성향이 모두 지워졌다고 해도 이상할 것이다. 금전적으로 무엇이든 가

윌슨은 사전에도 존재하지 않는 이 단어 '컨실리언스'를 쓰는 등 인류의 역사에 대한 통합을 예고하며 화제를 불러일으켰다.

능한 뉴욕의 억만장자라면 호수가 바라보이고 센트럴 파크를 내려다 볼 수 있는 빌딩의 옥상에 널찍하게 자신의 주택을 마련한다. 그리고 집 둘레에 커다란 관목 화분을 세워놓는 것이 보통이다. 윌슨은 이런 억만장자의 행위는 자신도 모르는 새에 자신이 알고 있는 수준보다 훨씬 더 깊은 감각의 차원에서 인간의 뿌리로 돌아가고 있는 것이라고 설명한다.

만약 인간의 심성 깊숙한 곳에 바이오필리아의 감정이 그렇게 넓게 자리를 차지하고 있다면 현재와 같은 급속한 자연파괴와 환경오염의 심화는 인간의 정신과 행동에 어떤 영향을 미칠 수 있을까? 유감스럽게도 정신의학자들이나 사회과학자들은 아직 이 질문에 대한 대답을 회피하고 있다. 하지만 사정이 바로 그렇기 때문에 윌슨은 자연환경의 보전을 강력히 주장한다.

특히 윌슨은 자연보호의 상징으로 생물다양성의 보전을 크게 강조하고 있다. 유전자, 유전형질의 다양성에서 생물종 다양성에 이르기까지 생물의 다양성은 일단 한번 훼손되면 결코 다시 회복될 수 없다. 만약 지구의 일부 지

역만이라도 종다양성이 야생상태를 그대로 유지할 수만 있다면 언젠가는 생물권이 다시 회복될 것이며, 우리 후손들은 언젠가는 자연이 제공하는 모든 혜택을 누리게 될 것이다. 그렇지만 이와 반대로 현재와 같이 무분별하게 생물다양성의 감소가 지속된다면 인류의 본원적 인간성(humanity)은 점점 더 빈약해질 것이다.

바이오필리아 가설은 인간이 피상적으로 생존유지와 종족번식을 위해서 필요로 하는 물질자원의 공급원이라는 관념을 훨씬 넘어서서 인간의 심미적, 지성적, 인지적, 심지어 정신적 안정과 만족을 위해서 자연에 의지할 수밖에 없다고 선포한다. 1980년대 이후 윌슨은 『바이오필리아』(1984)와 『생물다양성』(1989), 『바이오필리아 가설』(1993), 『생명의 다양성』(1993), 『자연주의자』(1994), 『자연의 탐구』(1996) 등 일련의 저서들을 발표해서 자신의 바이오필리아 정신을 구현하는데 이 책들은 대부분 베스트셀러의 반열에 올라서 세계 최고의 과학저술가로서 윌슨의 명성을 더하게 하였다.

지식의 대통합, 컨실리언스

1990년대의 윌슨은 개미연구가로서, 사회생물학의 창시자로서, 그리고 바이오필리아 이론의 주창자로서 더할 수 없을 정도로 최고의 명예를 누렸다. 두 번의 퓰리처 상 수상은 물론 미국 국가과학메달, 크러포드 상 등 세계 각국의 저명한 과학상들을 거의 다 휩쓰는 영광을 누렸는데 이런 일은 일찍이 전례가 없었다. 이런 영예에도 불구하고 1998년 윌슨은 다시 한번 세상을 놀라게 하는데 『컨실리언스: 지식의 통합』이라는 저작의 발간이 바로 그것이었다. 『사회생물학』과 마찬가지로 발간되자마자 격렬한 논쟁의 대상이 되었던 이 책에 대해서 지지자들은 그 내용이 평소의 윌슨답게 대담하고 도발적인 저작이라고 칭찬을 아끼지 않았다. 하지만 그 반대자들은 지적으로 편중된, 단지 과학이라는 이름으로 위장된 우파적 주장에 불과하다고 혹평하기를 서슴지 않았다.

놀랍게도 '컨실리언스'(consilience)라는 단어는 웹스터 사전에도 나와 있지 않다. 그래서 더욱 호기심을 불러일으켰던 이 책에서 윌슨은 인류의 역사란 결국 이제까지 별개의 영역에서 독자적으로 추구되었던 미지에 대한 탐구가 어느 순간에 이르러서는 서로 통합되어 새로운 세계의 탐구를 도모하게 되는 과정이라고 설명한다. 화학과 유전학이 결합되어서 20세기 후반에 분자생물학이라는 놀라운 과학 분야가 새로 탄생되었던 것이 그 단적인 예라고 할 수 있다. 이제 윌슨의 주장을 잠시 들어보기로 하자.

윌슨은 지난 200년 동안 인류가 획득한 지식은 대부분 전문화 과정을 통해서 얻어졌다고 설명한다. 사람들은 인류의 지식을 굳이 사회과학과 인문과학, 순수과학, 예술 등으로 구분하고 또 그 속에서 무수히 많은 전문 분야들을 가지치기했던 나머지 이제는 지식의 통합은 꿈도 꾸지 못할 지경에 이르렀다고 말한다. 하지만 이런 답답한 현실 속에서 윌슨은 제반 지식의 통합 가능성을 엿보는데 특히 자연과학에서 물리학과 화학과 생물학의 통합이 현재 진행되고 있다고 설파한다. 생물학이 물리학과 화학의 지원없이는 더 이상 수행될 수 없으며 물리학 또한 생물학의 영역을 넘보는 것이 현실의 추세라는 것이다. 그렇다면 자연과학의 통합이 진행되고 있는 현실에서 어째서 자연과학과 인문학과 예술의 통합은 가능하지 않겠는가. 윌슨은 이미 자연과학이 심리학과 인류학, 사회학 등에 깊은 영향력을 행사하고 있고 또 예술에도 크게 기여하고 있음을 상기시킨다(과학의 예술에 대한 기여는 단적으로 백남준의 비디오 아트에서 엿볼 수 있을 것이다).

특히 윌슨은 진화생물학(evolutionary biology)이 지식의 통합에 중요한 역할을 할 것으로 기대하는데 그것은 우리의 문화와 종교가 제아무리 우월하고 우리의 심령이 제아무리 탁월하다고 해도 결국 우리는 생물학적 존재이기 때문이라고 주장한다. 우리 인간은 생물학적인 진화의 과정을 거쳐왔으며 우리 몸 역시 생물체에 불과하다. 따라서 우리 인간의 본성에 대해서 좀더 잘 이해하기 위해서는 과학적인 이해가 선행되어야 하며 바로 이 점에서 진화생물학은 사회과학에 보다 밀접하게 연결되어야 함을 설파한다.

우리는 우리 몸에서 두뇌의 역할이 무엇인지를 알기 위해서 두뇌과학을 발전시켰다. 그런데 우리의 마음이 어떻게 움직이고 우리가 사물을 어떻게 감각적으로 인식하고 어떻게 언어를 구사하는지 등에 대한 탐구는 곧 생물학의 영역이자 심리학과 인류학의 영역이기도 하다. 앞으로 과학은 점점 더 많이 인간 본성의 이해에 기여하게 될 것이고 결국은 인간 본성을 지배하는 법칙을 발견할 것이다. 윌슨은 윤리를 지배하고 통제하는 유전자는 있을 수 없지만 우리가 자신의 본성에 대해서 더 많은 이해를 하면 할수록 우리는 보다 현명한 입장에서 그런 윤리적 결정을 내릴 수 있을 것이라고 주장한다.

우리 말로는 '대통합' 쯤으로 해석될 수 있는 컨실리언스라는 단어를 사용하면서 윌슨은 인류 문명의 모든 업적들, 종교와 경제와 심지어 예술에 있어서까지의 모든 영광들은 모두 이제 과학으로서 설명될 수 있다고 설파한다. 다시 말해서, 윌슨은 이제까지의 인류 역사는 곧 과학과 인문학의 통합 과정이며 또 앞으로의 역사도 그럴 것이라고 단언하는 것이다.

금년에 73번째 생일을 맞는 노 생물학자의 오랜 탐구의 여정이 컨실리언스에서 그칠지, 아니면 또 한 권의 저작을 내어놓음으로써 세상을 다시 한번 놀라게 할지 아무도 알지 못한다. 하지만 앨라배마주의 한 시골뜨기 소년에서 시작해서 진지한 개미연구가로, 그리고 하버드대학의 생물학 교수로서 사회생물학의 창시자로, 생물다양성과 자연보호의 주창자로, 이어서 다시 지식의 대통합을 주장하고 예언하는 인류의 스승으로 정진하는 그의 진지한 탐구 자세는 자못 엄숙하기조차 하다.

홍욱희 1955년 경기도 오산 출생. 미국 미시간대학교(Ann Arbor)에서 환경학박사학위 취득 (1986). KIST 연구원과 미시간대학교 연구원을 거쳐 한국전력공사 전력연구원에서 오랜 기간 근무. 현재 세민환경연구소 소장 겸 자연환경연구소 연구위원, 계간 『과학사상』 편집위원.

용어와 개념 풀이

페로몬 pheromone

동물이 분비하는 내인성 화학물질들을 두루 일컫는 단어로 같은 종(種)에 속하는 한 개체가 다른 개체로부터 독특한 반응을 이끌어내기 위해 소량 분비하는 화학물질이 여기에 해당한다. 흰개미나 개미처럼 사회생활을 하는 곤충들에서는 몇 종류의 페로몬이 복합적인 군집 활동을 조정하는 데 필요한 여러 가지 정보를 전달한다. 어떤 개미들은 먹이가 있는 곳으로 가는 길에 냄새가 나는 페로몬을 분비하여 군집 내의 다른 구성원들이 먹이를 찾을 수 있도록 한다. 페로몬은 또한 위험신호를 보내는 데도 사용되어서 상처를 입은 어떤 물고기종에서는 분화된 상피세포에서 화학물질을 분비하여 집단이 흩어지도록 하는 것을 볼 수 있다. 페로몬은 성적 유인과 교미를 유도하는 역할을 하며, 흰개미와 메뚜기 같은 곤충들 뿐만 아니라 많은 포유동물들의 성적 발달에도 영향을 주는 것으로 알려져 있다.

동물행동학 animal behavior

모든 동물은 먹이를 찾고 배우자를 구하며 위험을 피하고 또 적을 공격하는 등 생존과 번식을 위해서 다양한 활동을 수행한다. 이처럼 자기보존과 종족유지를 위해서 행하는 모든 크고 작은 움직임과 활동 방식을 행동이라고 정의하고 그런 행동의 특성과 본질에 대해서 연구하는 생물학의 분과를 동물행동학이라고 부른다. 최근의 동물행동학 연구는 동물의 어떠한 행동이 어떻게 시작되고 진행되는가의 메커니즘에 대한 연구와 아울러 그러한 행동이 그 생물의 생활과 적응에 어떻게 공헌하는가를 밝히고 또 그러한 행동이 과거로부터 어떻게 진화되어왔는가를 탐구하는 데에 모아지고 있다.

동물행동학의 연구 방법은 다양한데 현대 동물행동학의 창시자이며 본능을 행동의 기초로서 중요시한 독일의 K.Z. 로렌츠, 네덜란드의 N. 틴베르헨 등은 야외관찰에 주로 의존하고 있는 반면 J.B. 윗슨, E.L. 손다이크 및 B.F. 스키너 등으로 대표되는 미국의 행동주의 심리학파들은 행동의 기초를 반사로 보아서 여러 가지 실험을 통해 얻은 지식을 중요시하고 모든 행동을 생리학적으로 설명하려 했다. 모든 행동을 조건반사로 보려 했던 러시아의 I.P. 파블로프도 후자의 방법론을 선호했다고 할 수 있다.

오늘날에는 동물의 신경생리·내분비·감각기관에 대한 이해가 더욱 깊어지고 또한 이러한 현상들의 분자 생물학적 기초가 차츰 밝혀짐에 따라서 동물행동학은 실험 생물학과의 경계가 분명하지 않을 만큼 생물학의 기타 전문분야들과 긴밀하게 있다. 그러나 어떤 동물이 어떤 조건에서 왜 그와 같은 반응을 나타내는가와 그러한 결과의 해석이 야외의 자연조건에서도 적용될 수 있는가에 대해서는 정확한 대답을 이끌어내기가 결코 쉽지 않다. 특히 인간과 동물 사이에 대화가 불가능하다는 점에서 더 그러하다고 하겠다.

천성론과 양육론

종종 결정론과 환경론으로 불려지기도 하는 이 서로 상반되는 주장은 인간을 비롯한 모든 고등동물들의 행동과 습관, 외모와 지능 등이 태어날 때에 이미 대부분 내재적으로 결정되어 있다는 논리와 그렇지 않고 태어난 이후 주변 환경 여건과 교육에 의해서 후천적으로 다듬어진다는 논리의 대결에 바탕을 두고 있다. 극단적인 천성론은 교육의 필요성과 중요성을 희석시키는 반면에 극단적인 양육론은 강도 높은 교육의 필요성을 요청하게 되기 때문에 역사적으로 꽤 오래 전부터 커다란 사회적 논란을 불러일으켰다.

생물학적으로 천성론은 유전자 결정론을 이끌었고 진화론도 생물의 모든 속성이 진화를 통해서 후대로 전해진다는 이론의 범주를 넘어서지 못하기 때문에 결국 현대 생물학에서는 결정론이 사실상 더 많은 영향력을 행사하고 있다고 말할 수 있다. 하지만 교육학 등의 사회과학 영역에 있어서는 환경론과 양육론이 여전히 강력한 위세를 발휘하고 있다.

에드워드 윌슨은 말한다

- 생명의 가장 경이로운 신비는 그처럼 한정된 물질로부터 그처럼 엄청난 다양성을 창조할 수 있었다는 데에서 찾을 수 있겠다. 지상의 모든 생물들의 집합체인 생물권은 지구 무게의 겨우 100분의 1에 불과하다. ―『생명의 다양성』 중에서

- 나는 우리가 생물학과 사회과학을 통합시켜 결국은 서구 지성이 이룩한 두 문화가 마침내 통합될 것이라고 주장한다. ―『인간 본성에 대하여』 중에서

- 금세기가 시작되었을 때만 해도 사람들은 지구가 인간에게 줄 선물을 무한정 가지고 있다고 믿었다. 그러나 이제 인류는 물리적인 지구의 자원을 대부분 소모했고 남아 있는 나머지를 저울질하고 있다. 생물종들은 지난 6500만 년 이래 가장 빠른 속도로 소멸되고 있다. 인류는 자신의 행위에서 비롯된 문제에 당혹한 나머지 이제 과거의 지역정복자에서 지구 수호자로 역할을 바꾸기 시작했다. ―『자연주의자』 중에서

더 읽어야 할 책들

『사회생물학』 1, 2, 민음사, 1992.
『생명의 다양성』, 까치글방, 1995.
『자연주의자』, 민음사, 1996.
『개미세계 여행』, 베르트 횔도와 공저, 범양사, 1996.
『인간 본성에 대하여』, 사이언스북스, 2000.
Edward Wilson, Stephen R. Kellert, *The Biophilia Hypothesis*, 1993.
_____, *In Search of Nature*, 1996.
_____, *Consilience, the Unity of Knowledge*, 1998.
_____, *Conserving Earth's Biodiversity*, Dan L. Perlman과 공저, 2000.

마틴 리즈 *Martin J. Rees*

은하들은 어떻게 생겨났는가

안상현 고등과학원·물리학

거대 망원경에 백억 개의 은하와 퀘이사를 담다

20세기 전반기 우주론의 가장 큰 발견은 외부 은하가 존재한다는 것과 우주가 팽창한다는 사실이다. 이 두 발견은 모두 1920년대 에드윈 허블(Edwin Hubble)에 의해 이루어졌다. 먼저 그 동안 별구름으로 알고 있었던 '안드로메다 성운'이 우리 은하에 속한 천체가 아니라 우리 은하와 같은 급의 또 다른 외부 은하'라는 사실이다. 그 후에 허블은 외부 은하의 모양에 대해 연구했고, 거기까지의 거리를 구하는 방법을 연구했다. 그것을 바탕으로 은하의 거리가 멀어질수록 은하가 더 빨리 달아난다는 사실을 알아냈다.

그 이후로 거대한 망원경들이 건설되면서 보다 멀리 내다보려는 인간의 도전이 계속되었다. 망원경이 커야 더 멀리 있는 희미한 천체를 볼 수 있는데, 멀리 있을수록 그것은 우주의 더 옛날 모습이다. 1950년대만 하더라도 캘리포니아에 있는 직경 5미터짜리 팔로마 망원경이 유일한 거대 망원경이었다. 그후에 1970년대와 1980년대에는 10개 이상의 4미터급 망원경들이 건설되었다. 그리고 빛을 감지하는 능력이 매우 좋아진 CCD소자가 천문관측에 도입되면서 우리의 눈은 더욱 밝아졌다. 1990년대 들어 작게 쪼갠 반사경들 여러 개를 정교하게 붙여서 하와이 마우나 케아 산 정상에 건설된 구경 10미터짜리 켁 망원경, 8.2미터 망원경 4개가 함께 움직이면서 대기의 요동에 의해 천체 영상이 흔들리는 효과를 보정하여 훨씬 섬세한 천체 영상을 얻는 적응 광학계를 구현한 초거대 망원경(VLT)이 칠레의 안데스 산맥에 건설되었다.

> "우주의 모습을 생각할 때, 우리의 마음속에 자연스럽게 품게 되는 의문은, '은하들은 어떻게 생겨났는가?' 하는 것이다. 이 문제를 풀기 위해서 수많은 천문학자들과 천체 물리학자들이 매달려 즐거운 노동을 하고 있다."

일본의 8미터급 망원경인 수바루는 반사경이 하나로 되어 있고 적응 광학계를 도입하였으며 또한 적외선에서 훌륭하게 작동하도록 설계된 망원경이다. 이와 함께 1990년 취역한 허블 우주 망원경은 그후 몇 차례에 걸친 성능 개선 사업을 통해 다채롭고 자세한 우주의 모습을 잘 보여주었다. 또한 우리가 볼 수 있는 빛뿐만이 아니라 자외선, 적외선과 엑스선 감마선에 이르는 빛띠 전체를 아우르는 관측이 지상은 물론이고 주로 우주에서 이루어지고 있다.

이러한 관측기술의 진보에 따라 수많은 천문학적 발견이 잇따랐는데, 예를 들어 1960년대에 퀘이사가 발견되었고, 1980년대 중반에 우주 거대구조를 발견하게 되었다. 최근의 '슬론 디지털 우주 탐사'(SDSS)는 아주 멀리 있는 천체까지 서베이하는 프로젝트이다. 은하들은 우리로부터 40억 광년, 퀘이사는 그보다 넓은 100억 광년 규모 안에 있는 백억 개의 은하와 퀘이사를 관측했다. 이러한 최첨단 천문관측의 결과, 우리 우주의 은하와 퀘이사들의 물질들은 제멋대로 퍼져 있거나 균질한 것이 아니라 떼를 지어 거미줄 같은 패턴을 이루고 있다는 것을 알아냈는데, 우리는 이것을 '우주 거대구조'라고 부른다.

우주 배경복사란

한편, '멀리 있는 은하일수록 우리로부터 빠르게 멀어져간다'는 허블의 법칙은 우주가 팽창하고 있음을 뜻한다. 팽창을 하면 물질과 빛이 식게 되므

로 시간을 거꾸로 거슬러
올라가면 우주가 뜨거운
상태에 있어야 할 것이
다. 그러다가 우주 속에
있는 빛과 물질의 온도가
3000도로 낮아지면, 그
전까지는 양성자와 전자
가 분리되어 있는 플라스
마 상태에서 양성자와 전
자가 결합하여 중성 수소
를 만들고 광자를 내놓게
된다.

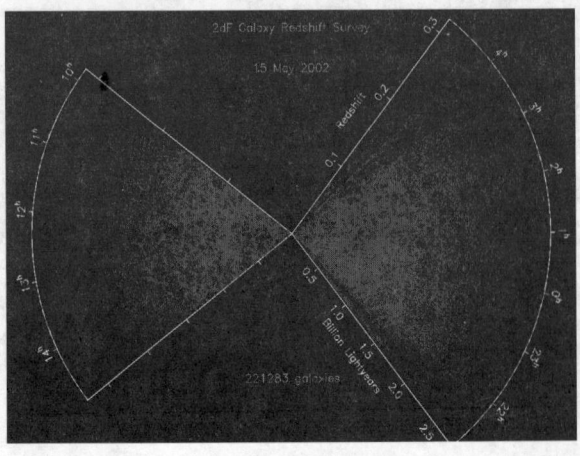

2df 은하 적색이동 조사 프로젝트로 관측된 106,688개의 은하들은 점으로 찍어 본 그림.

양성자 + 전자 → 중성수소 + 광자(13.6 전자볼트 이상)

이 시기를 우리는 재결합 시기라고 부른다. 우주가 지금보다 1000배쯤 작았을 때의 이야기다. 재결합 시기에 방출된 광자는 우주의 팽창 때문에 적색이동되어 우리에게 도달하면 1000배 낮은 온도로 관측된다. 또한 이때 나오는 광자는 발생한 곳의 중력장의 세기와 운동 속도 등에 따라서 빛의 파장이 길어진다. 이를 적색이동이라고 하며, 적색이동은 그 부분의 온도 차이로 나타난다.

이러한 우주 배경복사는 1965년에 미국의 펜지아스와 윌슨에 의해 우연히 발견되어 그들에게 노벨상을 안겨주었다. 우주에서 날아오는 우주 배경복사는 어느 방향으로든 똑같아 보였다. 그러나 태초에 우주가 정확하게 등방적이었다면, 물질이 뭉칠 중심이 존재하지 않으므로 은하와 같은 우주의 구조물들을 만들어낼 수가 없을 것이다. 태초에 우주의 물질들이 많이 모인 데도 있고 적게 모인 데도 있어야만, 많이 모인 물질들이 자체 중력 때문에 모여들어서 우주 구조물을 만들 수 있다. 이러한 태초의 덩어리는 앞서 말한 적색이동을 일으키고 이는 우주 배경복사의 온도 차이로 관측될 수 있을 것이다. 이러한 비등방성은 1992년 우주 배경복사 탐사선(COBE, 코비)이 비등방성을 재는 데 성공했다. 그러나 코비의 관측장비는 공간 분해능이 나빠서 미세한 요동을 보지는 못했다. 우주 배경복사가 생겨나던 재결합 시기에 우주의 크기는 1도 정도였는데, 코비의 분해능은 약 10도였다. 그러나 거꾸로 재결합 시기의 우주 크기를 넘어서는 두 영역이 열역학적인 평형상태에 있다는 사실

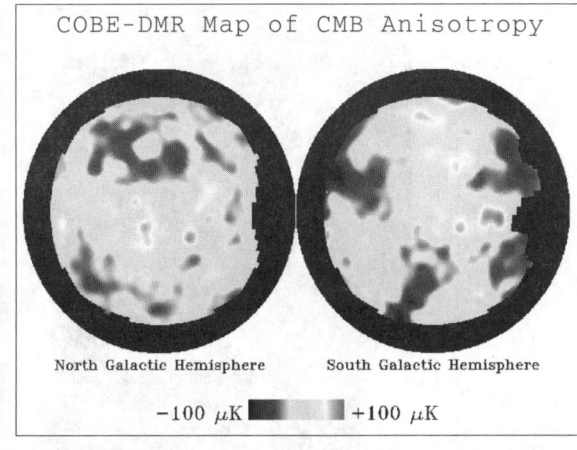

왼쪽은 코비 위성으로 관측한 우주 배경복사의 비등방성을 온도로 나타낸 것이고, 오른쪽은 부머랑 프로젝트로 관측한 우주 배경복사의 미세한 요동들을 보여준다.

은 그동안 천문학자들이 '우주의 지평선 문제'라 부르던 패러독스이다. 우주의 지평선 문제를 해결하기 위해 우주론자들은 그 이전의 어느 시기에 우주가 훨씬 작았는데 갑자기 아주 빠르게 커졌다는 인플레이션 이론을 제안했다. 즉 작았을 때 서로 열역학적 평형상태에 놓여 있던 영역들이 갑자기 너무 멀어져서 빛이 도달할 수 없는 우주 밖으로 나갔다는 것이다. 또한 인플레이션을 하는 동안에 자연스럽게 양자 요동이 밀도 요동으로 변화되어 오늘날의 우주구조를 만들 씨앗을 제공한다. 그러므로 재결합 시기에 우주의 크기인 1도 규모 이내에도 물질들의 얼룩을 볼 수 있어야 한다. 이러한 얼룩은 여러 관측연구 그룹의 연구를 통해 알려졌는데, 그 가운데 특히 최근에 부머랑(BOOMERanG) 프로젝트가 유명하다. 또한 우주 배경복사를 잘 연구하면 우리 우주를 묘사하는 상수들을 정밀하게 측정할 수 있음이 알려지면서 2003년 1월에 연구 결과가 발표될 비등방성 탐사 위성(MAP)과 같은 천문관측 위성이나 나아가서 플랑크(PLANCK)와 같은 천문관측 위성을 고안하기에 이르렀다.

은하들은 어떻게 생겨났는가?

이처럼 태초에 우주는 현재 우주의 은하들이나 퀘이사 등의 구조물로 성장할 씨앗이 있었으며, 그 물질은 대부분 암흑 물질이다. 또한 최근 Ia형 초신성 관측으로부터 우주가 가속 팽창한다는 사실이 발견되었다. 우주가 물질만으로 되어 있다면 우주는 감속 팽창을 해야 하니 우주가 가속 팽창을 한다는 사실은 따로 그러한 가속을 일으키는 원천이 되는 '그 무엇'이 있어야 함을 뜻한다. 천문학자들은 이것을 '암흑 에너지'(dark energy)라고 부르고 있다. 사람들은 이 두 가지가 무엇인지 알아내는 사람에게 분명히 노벨상이 돌아갈 것이라고도 말한다.

이러한 우주의 모습을 생각할 때, 우리의 마음속에 자연스럽게 품게 되는 의문은, "은하들은 어떻게 생겨났는가?" 하는 것이다. 이 문제를 풀기 위해서 수많은 천문학자들과 천체 물리학자들이 매달려 즐거운 노동을 하고 있다. 관측기술과 아이디어가 드디어 우주의 첫 천체들이 생겨나는 시기를 보게 해주는 시대가 오자, 이론 천문학자들은 그 모습을 설명하고 무엇을 발견하러 가야 하는지 길을 제시하기 위해 여러 이론적 결과들을 내놓고 있다. 다음에 소개

스티븐 호킹과 마틴 리즈.

할 은하 형성과정은 마틴 리즈를 비롯한 여러 천문학자들이 대체적으로 공감하고 있는 은하형성의 시나리오다.

현재 우리 주변 우주에 보이는 우주 거대구조물들은 우주 초기에 인플레이션 도중에 생겨난 밀도의 얼룩이 중력 불안정으로 수축하고 진화하여 자라나게 된 것이다. 우주의 물질은 암흑 물질이 대부분이어서 먼저 암흑 물질이 서로 모여들어서 은하와 퀘이사가 될 수 있는 터를 잡아준다. 거기에 우주의 물질 중 10~20퍼센트를 차지하는 중입자(Baryon)가 모여들게 되며, 분자 수소에 의해 식게 되면서 은하를 만들고 퀘이사의 모체가 되는 거대 블랙홀을 형성한다.

그 다음에는 어떤 일이 벌어질까? 여기에도 마틴 리즈의 공헌이 있다. 우주의 역사를 되짚어보면, 우주 배경복사가 물질에서 분리되는 재결합 시기를 생각해보자. 일단 양성자와 전자가 전부 재결합해버리면 우주에는 수소와 헬륨이 중성상태로 남게 된다. 그런데 현재 우리 주변 우주를 관찰해보면, 은하 속에 들어 있지 않은 수소는 전부 이온화되어 있다. 그러므로 재결합 시기 이후 언젠가는 우주의 물질이 이온화했어야 한다. 즉 어떤 원인이 있어서 중성 수소에서 전자를 떨구어내야 한다. 수소가 전자를 떨구어내려면 13.6전자볼트 이상의 에너지가 공급되어야 한다.

중성 수소 + 에너지(13.6전자볼트 이상) → 양성자 + 전자

이때 전자를 떨구어내는 데 쓸 에너지는 열운동하는 입자들이 충돌하거나 다른 강한 빛에 의해 공급될 수 있다. 그러나 열운동에 의해 13.6전자볼트 이

상의 에너지를 주기에는 너무 낮은 온도인 3,000도 이하로 이미 물질이 식었기 때문에 열운동은 수소를 이온화하지 못한다. 게다가 원자들 사이의 거리도 허블 팽창으로 인해 상당히 멀어져 있어서 두 원자가 충돌할 확률이 적다. 그때 당시에 존재하는 유일한 빛은 우주 배경복사인데, 이미 3,000도 이하로 식어 버렸으므로 이렇게 높은 에너지를 공급하지 못한다. 따라서 당시 우주에서 중성 수소를 이온화할 수 있는 자외선 빛을 제공할 수 있는 것은 아주 뜨거운 별이 많이 생겨난 별탄생 은하나 또는 검은구멍으로 물질이 빨려 들어가면서 아주 뜨거운 빛을 내놓는 퀘이사뿐이다.

그런데 우주의 첫 천체들이 생겨나려면 시간이 필요하므로, 우주 탄생 후 50만 년에서 우주의 첫 천체가 생겨나기까지는 천체가 있을 수 없다. 그러므로 당시의 우주의 모습을 알아낼 방법이 거의 없게 된다. 이 시기를 천문학자들은 암흑기(Dark Age)라고 한다.

암흑기를 끝내는 첫 천체들이 내놓는 강한 자외선 빛들은 주위의 중성 수소와 헬륨들을 이온화하여 이온화 거품을 형성한다. 이 거품들은 스스로 커지고 또한 우주의 팽창에 묻혀서 커지다가 결국 서로 하나로 연결될 것이다. 이러한 거품들이 모두 연결되어 우주의 모든 중성 원자들이 이온화하는 시기를 재이온화가 완료되었다고 한다. 이러한 재이온화 과정을 계산하고 관측해 보는 것은 아주 중요하다. 왜냐하면 재이온화는 은하형성 방식, 우주의 물질의 양, 팽창 속도의 변화율, 비균질성 정도 등에 따라 결정되기 때문이다.

우주형성론 · 우주구조론의 미래

현재 지상에 건설된 10미터급 망원경들로 관측한 결과, 최대 적색이동이 6, 7사이에서 퀘이사와 은하들이 관측된다. 특히 퀘이사의 빛띠를 살펴본 결과, 적어도 적색이동 6에서는 우주의 재이온화가 완료되었음을 알 수 있었다. 이때는 우주 탄생 후 약 8억 년이 지난 시점이다. 앞으로 천문학자들이 만들어야 할 이론들은 우주가 탄생한 이후 8억 년 동안에 퀘이사도 만들어져야 하고, 재이온화도 이룩해야 하게 생겼다. 더군다나 은하의 탄생과 퀘이사 블랙홀의 탄생은 밀접한 관계가 있어야 함이 최근의 연구에서 밝혀졌으므로 은하형성에 대한 천문학적 이론들은 이러한 모든 발견들을 설명하면서 자연스러운 물리법칙으로 은하들이 어떻게 생겨났는지 설명해야 한다. 이처럼 현대 천문학의 최첨단에서는 이미 정밀한 이론들을 바탕으로 인간이 우주에 나타나는 전과정을 연구하는 시대가 되었다. 이것은 우주형성론이나 우주구조론이 형이상학적인 학문적 대상이 아니라 사람들에게 구체적으로 영향을 줄 수 있는 학문으로 발전하고 있다는 것을 의미한다.

영국 왕실 천문학자 마틴 리즈

마틴 리즈는 1942년 영국의 시골 슈롭셔 태생. 케임브리지대학의 트리니지 칼리지에서 수학을 공부하여 1964년 학사 학위를 받았다. 곧이어 케임브리지에서 스티븐 호킹 박사의 지도 교수이기도 했던 데니스 사이아마 교수의 지도를 받았는데, 이때는 우주 배경복사, 퀘이사와 펄사와 X선 방출 천체들이 발견되는 때로서 상대론적 천체 물리학이라는 새로운 분야가 열리던 시기였다. 그의 창의적인 연구는 곧 이 새로운 분야에서 빛을 발하기 시작했고, 그후 수십 년에 걸쳐 그는 여러 다양한 천체 물리학 분야에서 꾸준한 연구 성과를 내왔다. 그는 케임브리지대학에서 박사학위를 받은 뒤 영국과 미국에서 연수를 했고, 서섹스대학의 교수가 되었다. 1973년부터 1991년까지 프레드 호일 박사의 뒤를 이어 천문학 및 실험철학을 연구하는 플러미안 교수직을 역임하였다. 그후 10년 동안 케임브리지 천문학 연구소(IoA)의 소장으로 봉사했다.

그는 우주 전파원, 검은구멍, 은하형성, 감마선 폭발 천체 등을 연구하고 있으며, 그의 이론적 연구들은 관측에 의해 증명되곤 했다. 그의 가장 유명한 연구는 퀘이사에 보이는 제트와 거기서 나오는 빛에너지의 근원이 회전하는 거대 블랙홀이 먼지와 가스를 빨아들이기 때문이라는 사실을 밝힌 것이다. 최근의 연구는 우주의 첫 천체들의 형성과 그에 따른 우주의 재이온화를 연구한 것이다. 1995년 15번째 영국 왕실 천문학자가 되었으며, 케임브리지대학의 킹스 칼리지에서 왕립학회의 연구교수직을 수행하고 있다. 그는 영국은 물론 세계 유수의 연구소에서 명예직을 갖고 있다. 현재 500편의 논문과 수 없이 많은 대중성 있는 글을 지었고, 대여섯 권의 책을 펴냈다.

안상현 1971년 충남 당진 출생. 서울대학교 천문학과에서 「은하단의 중력렌즈 현상이 우주배경복사에 미치는 영향」을 연구하여 석사 학위를 받았으며, 「별탄생 은하에서 라이만 알파의 전파」를 연구하여 박사 학위를 받았다. 현재 고등과학원 물리학부에서 은하의 형성에 관한 연구를 하고 있다. 저서로는 『우리가 정말 알아야할 우리 별자리』(2000)와 『(멀티동화) 어린이를 위한 우리 별자리』가 있다.

용어와 개념 풀이

우주배경복사탐사선
Cosmic Background Explorer
마이크로파 우주 배경복사를 조사하기 위해 미국에서 발사한 천문관측 위성으로 흔히 코비라고 부른다. 우주 배경복사가 2.726도짜리 흑체복사임을 밝혔고, 10도의 분해능에서 우주 배경복사의 비등방성을 탐지하였다. 또한 우리 은하 속에 들어 있는 먼지가 내는 빛을 정밀관측하여 우주 먼지의 연구에 기여하기도 했다.

외부 은하 extragalaxies
우리 은하의 밖에 있는 또 다른 은하를 말한다. 허블에 의해 발견되었다. 외부 은하들은 형태와 나이와 내놓는 빛에 따라 여러 종류로 나뉜다.

CCD소자
Charge Coupled Device Chip
CCD는 원래 TV방송용으로 제작되던 것인데 태양계 탐사를 위해 정교하게 성능이 개량되었다. 흔히 비디오 캠코더 겉에 CCD라고 적혀 있는 것을 보는데, 천문관측용 CCD는 가장 정교한 칩이며 이미지를 읽어내는 방식이 다르다.

반사경
반사 망원경에 들어가는 반사경은 볼록렌즈의 역할을 하게 된다. 렌즈는 크게 만들면 매우 두꺼워지므로 크게 만드는 데 한계가 있다. 그래서 거대 망원경은 반사식으로 만든다. 아이삭 뉴턴이 발명하였고, 그후 몇 사람의 노력에 의해 구조와 성능이 개선되어 몇 가지 형태가 널리 쓰이고 있다.

빛띠 Spectrum
아이삭 뉴턴은 햇빛을 프리즘에 통과시키면 빛띠로 퍼지는 것을 발견하였다. 무지개는 공기 속에 있는 물방울이 프리즘 역할을 하여 만들어 낸 것이다. 햇빛은 여러 파장으로 이루어진 전자기파가 섞여 있는 것을 알아낸 것인데, 우리 눈에 보이는 빨, 주, 노, 초, 파, 남, 보는 가시광선이라고 하고, 빨간색보다 파장이 더 긴 빛을 적외선이라고 하며, 보라색보다 파장이 더 짧은 빛을 자외선이라고 한다. 적외선보다 파장이 긴 빛은 원적외선과 마이크로파, 전파 등이 있다. 자외선의 바깥에는 원자외선, 엑스선, 감마선 순으로 파장이 짧아진다.

우주 거대구조
cosmic large scale structure
우주의 은하들과 퀘이사 등의 물질이 마치 거미줄을 옮아놓은 듯한 분포를 보이는 것을 말한다. 1980년대 중반 처음 알려지기 시작하였다.

적색이동 redshift
관측자로부터 달아나는 물체에서 나오는 빛의 파장이 원래 파장보다 길게 되어 보이는 것을 말한다. 원래 파장이 $\lambda 0$인 빛을 속도 v로 달아나는 물체가 내놓는다면, 관측자는 $\lambda=(1+v/c)\lambda 0$의 파장으로 관측하게 된다. 여기서 v/c를 적색이동이라 하고 흔히 z로 표시한다. 물론, 관측자에게 다가오는 물체가 내놓는 빛은 청색이동이 될 것이다.

슬론 디지털 우주조사
Sloan Digital Sky Survey
우주의 거대구조를 굉장히 멀리까지 조사하여 우주구조의 진화를 연구하려는 국제 공동 사업이다. 프린스턴대학 천문학과, 시카고대학 천체물리학과 등의 미국 대학들, 페르미 랩, 고등연구소 등의 미국 내 연구소들, 그리고 일본과 독일의 연구진이 참여하고 있다. 연구비는 주로 알프레드 슬론 재단과 참여 기관에서 지원되며, 미국 항공우주국, 에너지성, 일본 문부성, 막스 플랑크 학회 등등이다.

마이크로파 비등방성 탐사선
Microwave Anisotropy Probe

천문학자들이 흔히 맵(MAP)이라고 부르는 우주 배경복사 비등방성 탐사선이다. 이 천문관측 위성은 우주 배경 복사를 온 하늘에 걸쳐서 0.3°의 공간 분해능으로, 0.3°평방 픽셀당 20μK의 감도로 관측한다. 맵 위성은 지구와 해와 정삼각형을 이루는 L2점에 놓이게 되는데, 지구에서 150만 킬로미터 떨어진 곳이다. 현재 관측이 완료되어 2003년 1월에 분석 결과가 공개되었다.

플랭크 탐사선 PLANCK

독일의 물리학자인 막스 플랑크(Max Planck)의 이름을 딴 우주 배경복사 비등방성 탐사선으로, 플랑크라고 부른다. 유럽 우주기구(ESA)에서 추진중인 프로젝트인데, 2007년에 발사될 예정으로 MAP과 마찬가지로 L2 라그랑지 포인트에 놓일 예정이다.

Ia형 초신성 Type Ia Supernova

무거운 별들은 진화하여 마지막 단계에 폭발하며 일생을 마감한다. 아주 무거운 별의 경우는 별의 중심핵이 철이 되는 단계로 진화하여 마침내 폭발하게 된다. 이렇게 되면 은하의 밝기와 맞먹는 빛이 일시에 나오게 된다. 지구에서 보면 마치 보이지 않던 별이 갑자기 나타난 것으로 보이기 때문에 초신성이라고 부른다. 철핵의 붕괴로 생기는 초신성을 II형 초신성이라고 한다. 백색왜성 표면에 물질이 모여 쌓이다가 임계 질량을 넘어서서 폭발하는 경우를 I형 초신성이라고 하는데, 그 가운데 Ia형 초신성은 최대 광도에서의 밝기가 모두 비슷하다는 특성 때문에 거리를 재는데 쓰인다.

중성수소

양전하를 띤 양성자와 음전하를 띤 전자가 결합되어 전체적으로 중성을 띠기 때문에 중성이라는 말이 붙었다. 수소는 우주에서 가장 흔한 원소로서 별이 되어 핵융합 반응을 통해 탄소, 산소, 질소, 규소, 철 등의 중원소로 변하게 된다.

암흑기 Dark Age

우주 배경복사가 생긴 재결합 시기(우주 탄생 후 50만 년)와 재이온화가 완료된 적색이동 6, 7(우주탄생 후 10억 년) 사이에 관측할 천체가 없던 시기를 비유하여 일컫는 말이다. 서양의 중세 암흑기라는 용어를 빌어온 것이다.

부머랑 BOOMERanG

미국, 스페인, 캐나다의 몇 대학의 연구원들이 주축이 되어 남극에서 커다란 풍선에 우주 배경복사 관측 장비를 실어 작은 규모의 우주 배경복사 비등방성을 관측한 프로젝트이다. 그 결과는 매우 성공적이어서 재결합 시기 지평선의 존재를 검증하였다.

마틴 리즈는 말한다

- 천문학자들은 왜 대부분의 은하들 중심에 초거대 블랙홀이 있는지 아직도 대답하지

못하고 있습니다. 먼저 그 녀석들이 어떻게 만들어졌으며, 그 녀석들의 질량은 그것을 품고 있는 은하의 성질과는 어떤 관련이 있을까요? 또 둘째로, 이러한 블랙홀을 관측하면 일반상대론에 따라 중력장이 매우 강한 경우의 시공간의 기하학을 기술하는 메트릭(metric)을 조사해볼 수 있을까요? 즉 일반상대성 이론이 예측하는 바대로 초거대 검은구멍은 회전하고 전하를 띠지 않는 블랙홀, 즉 커(Kerr)블랙홀일까요?
— 독일 가킹에서 열린 유럽 천문우주기구 학술회의, 1999.

- 일반 대중은 항상 근원에 대한 심초적인 질문을 즐겨합니다. 공룡과 마찬가지로 그들은 우주론에도 관심이 많지요. 대중의 관심을 지속적으로 끌고 있는 우주론이라는 주제가 사실은 실생활과는 좀 멀리 떨어진 주제라는 점은 놀랍습니다. 어떤 사람들은 과학이 대중의 관심을 끌려면 좀더 일상생활과 관련이 있어야만 한다고 주장합니다만, 내 생각에는 그들이 잘못 생각하고 있는 것 같습니다. 왜냐, 공룡이나 우주론처럼 일상생활과 동떨어진 주제도 없을 테니까요. —『세번째 문화』 중에서

더 읽어야 할 책들

Martin J. Rees, *Cosmic Coincidences: Dark Matter, Mankind and Anthropic Cosmology*, Bantam New Age Books, 1989. (1995년 Penguin revised ed.)

_____, *New perspectives in astrophysical cosmology*, Cambridge Univ Pr (Trd); 2nd edition, 2000.

_____, *Just Six Numbers: The Deep Forces That Shape the Universe*, Basic Books, 2001.

_____, *Our Cosmic Habitat*, Princeton Univ Pr, 2003.

_____, *Our Final Hour: A Scientist's Warning: How Terror, Error, and Environmental Disaster Threaten Humankind's Future In This Century—On Earth and Beyond*, Basic Books, 2003.

Martin Rees, Martin J. Rees, Stephen Hawking, *Before the beginning: our universe and others*, Perseus Publishing; 1st edition,1997.

Martin J. Rees, Mitchell Begelman, *Gravity's Fatal Attraction: Black Holes in the Universe* (Scientific American Library Series, No 58), W H Freeman & Co, 1996.

조지 화이트사이즈 *George M. Whitesides*

나비는 이 꽃 저 꽃을 옮겨다닌다

최인성 한국과학기술원 교수·화학

과학계 전반을 아우르는 탁월한 이단자

하버드대 화학과의 조지 화이트사이즈 교수가 노벨화학상을 수상할 것인가에 대해서는 첨예하게 상반된 두 가지 견해가 존재한다. 첫번째 견해는 지금까지 그가 이룩한 화학계 전반에서의 업적은 노벨화학상을 수상하기 위한 조건을 훨씬 뛰어넘는다는 것이고, 두번째 견해는 지금까지 노벨상은 화학의 특정 분야에서 그 분야를 개척하고 확립한 화학자에게 수여되어온 것이 전례이기 때문에 화이트사이즈 교수는 수상하지 못할 것이라는 의견이다. 이렇게 상이한 두 견해가 존재한다는 것은 무슨 뜻일까.

일반적으로 노벨화학상을 수상했거나 현재 왕성한 활동을 보이고 있는 전 세계의 화학자를 살펴보면, 화학이라는(어쩌면 아주 광범위한 주제 속에서) 어느 한 부분의 미시적인(그렇지만 매우 중요한) 주제를 일생을 통해 연구하는 학자들이 주류를 이룬다고 할 수 있다. 실제로 평생을 한 분야에서 해결해야 할 문제를 찾아내고 이를 해결하기 위해 노력하는 화학자들을 보면서 존경심을 가질 수밖에 없다.

필자가 공부했던 하버드대 화학과에는 많은 노벨화학상 수상자들이 있는데, 70세 이상의 노구를 이끌고 도서관에서 논문을 찾아 읽고 세미나에 참가하여 활발한 토론을 벌이는 것을 보면서 그들에 대한 경외심을 가졌던 기억이 난다. 이러한 관점에서 보면 화이트사이즈 교수는 화학계 아니 과학계 전반에 있어 어쩌면 이단자일지도 모른다.

화이트사이즈 교수는 주변에 대한 끊임없는 관심으로 항상 새로운 영역에

> "나비가 꿀을 찾아 이 꽃 저 꽃으로 날아다니듯이 저의 연구실의 학생들과 연구원들은 해결해야 할 문제를 찾아 이 꽃 저 꽃으로 옮겨다닙니다. 한 곳에서 몇 년 동안 집중적으로 연구를 한 후에는 다른 분야로 이동합니다."

흥미를 가지고 새로운 분야를 생성시키고 개척하였으며 그 분야에서 대가가 되었다. 그는 화학의 여러 전공분야 및 과학의 여러 분야에서 탁월한 업적을 이룩하였고, 각 분야에서 수많은 상을 수상하였다. 그가 받은 대표적인 상 가운데 하나가 미국 클린턴 대통령으로부터 1999년에 수여받은 국립과학상(National Medal of Science)인데, 이는 미국 내 과학분야에서 가장 권위가 높은 상이다. 그가 국립과학상을 수상한 기준을 여기에 인용해보면, "미세전자학과 광학소자에 응용 가능성이 높은 미세구조 공정기술을 개발했으며, 생물학적 물질을 분석하는 기술을 개발했다. 또한 바이러스와 박테리아가 포유류의 세포 표면에 흡착되는 기작을 저해하는 새로운 방법과 감염된 숙주세포로부터 바이러스의 발아(budding)를 억제하는 방법을 연구했다"는 것이다. 여기에 인용된 분야만 보더라도 미세공학, 광학, 물리학, 생화학, 분석화학, 유기화학 등 다양한 분야들이 언급되었는데, 이 방대한 연구조차 지금까지의 연구업적에 비하면 빙산의 일각에 불과할 뿐이다.

한 주제로 5년 이상 연구하지 않는다

조지 화이트사이즈 교수는 1939년 켄터키주 루이빌에서 태어났다. 그는 10대 시절 아버지 회사의 화학실험실에서 다음날에 쓸 유리기구를 씻는 아르바이트를 하면서 과학에 대한 직접적인 경험을 했다. 1960년 하버드대학에서 화학을 전공으로 졸업한 그는 1964년 캘리포니아공대(California Institute of Technology) 화학과에서 박사를 취득한다. 박사 졸업 전에 이미 MIT 화학과에서 24세의 나이에 조교수로 자신의 독자적인 연구를 시작한 화이트사이즈 교수는 MIT에서 약 20년간 연구 활동을 한 후에 1982년에 하버드대학 화학과로 옮겨 현재까지 활발한 연구 활동을 하고 있다.

화이트사이즈 교수의 연구 업적에 대해서 한 주간지는 '첨단 분야의 각종 세탁물 리스트'(laundry list)라는 표현을 쓰고 있다. 그의 연구 업적

국립과학상의 시상 장면(1999).

은 상의 10벌로만 표현될 수 없고, 상의 10벌, 하의 3벌, 와이셔츠 2벌, 코트 5벌 등 과학이라는 학문 안에서 어쩌면 서로 관계가 없는 분야를 가로지르며 첨단의 연구를 하고 있다는 것이다. 화이트사이즈 교수는 언젠가의 만남에서 다음과 같은 말을 했다.

내 연구실에서는 일반적으로 한 가지 주제로 5년 이상 연구하지 않는다. 항상 새로운 분야를 개척하여 그 분야의 중요성과 인류의 삶에 끼칠 영향을 과학계에 인식시킨 후, 또 다시 새로운 문제를 찾아간다.

하버드대 화학과에서는 매년 9월에 입학하는 박사과정 학생들을 대상으로 11월 정도에 각 교수의 연구실에서 연구실 소개를 하고 학생들을 모집한다. 어느 해인가 새로 입학한 학생들에게 연구실 소개를 하는 자리에서 다음과 같은 말을 한 것이 아직도 기억에 남아 있다.

"제 연구실에서 박사를 취득했을 때 여러분은 두 가지를 배워나갈 것입니다. 첫째로 사람들과의 대인관계에 있어서 그들과 어떻게 협력하여 두 배 이상의 효과를 낼 수 있는지를 배우게 될 것이고, 두번째로 여러분은 문제를 찾아내고 그 문제를 해결하는 방법을 배울 것입니다. 제 실험실에서는 일반적으로 화학의 전공으로 세분화되어 있는 유기합성, 유기금속촉매, 무기화학, 분석화학, 생화학, 물리화학의 어느 한 분야만을 연구하지는 않습니다. 박사

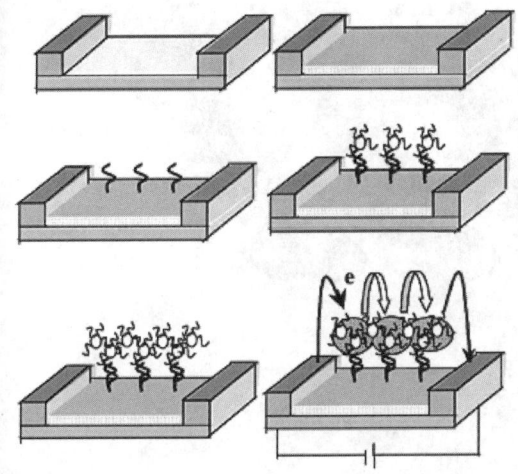

화합물의 자기조립 예로는 '비누'를 들 수 있다.

과정에서 이런 세부분야를 전공으로 연구하고 싶은 사람은 본 과에 계시는 다른 훌륭한 교수님 연구실에서 연구를 할 수 있습니다. 제 연구실에서는 화학을 도구로, 좀더 세밀하게 물리유기화학을 도구로, 여러 가지 다양한 분야의 문제를 해결하고자 하는 연구를 하고 있습니다. 그 분야가 때에 따라서 물리학이, 생물학도, 공학도 될 수 있을 것입니다."

필자가 화이트사이즈 교수에 대해서 이 말을 처음으로 들은 것은 아마도 학부 3학년 때인 것으로 기억된다. 그때 당시 유기화학 분야에서 새롭게 떠올랐던 첨단 분야는 기존의 합성방법으로 화합물을 합성하는 것이 아닌, 생체물질인 효소를 유기물질 합성에 사용하고자 하는 시도였다. 그 당시 박사과정을 하고 있던 선배가 이 첨단 분야에 관심이 많았고, 그 선배와의 대화 중에 화이트사이즈 교수가 이 분야를 개척한 교수라는 이야기를 들었다.

그후 미국에 유학을 와서 첫 학기에 무기화학 강의를 수강하던 중에 그때 사용한 교재에서 화이트사이즈 교수의 연구 결과가 중요하게 다루어지는 것을 발견하고 어떻게 한 사람이 유기화학과 무기화학이라고 하는 서로 상반된 전공에서 이런 업적을 낼 수 있는지 의아하게 생각했다.

자기조립 단분자막 연구

화이트사이즈 교수가 캘리포니아 공대 화학과의 로버츠(Roberts) 교수 연구실에서 박사과정 연구를 할 때의 주제 또한 지금 그가 연구하는 분야와는 전혀 관계가 없는 물리화학의 한 분야인 핵자기공명분광학(NMR spectroscopy)였다.

화이트사이즈 교수는 자신의 연구 방법을 나비에 비유해서 말한다.

"나비가 꿀을 찾아 이 꽃, 저 꽃으로 날아다니듯이 저의 연구실의 학생들과 연구원들은 해결해야 할 문제를 찾아 이 꽃 저 꽃으로 옮겨다닙니다. 한곳

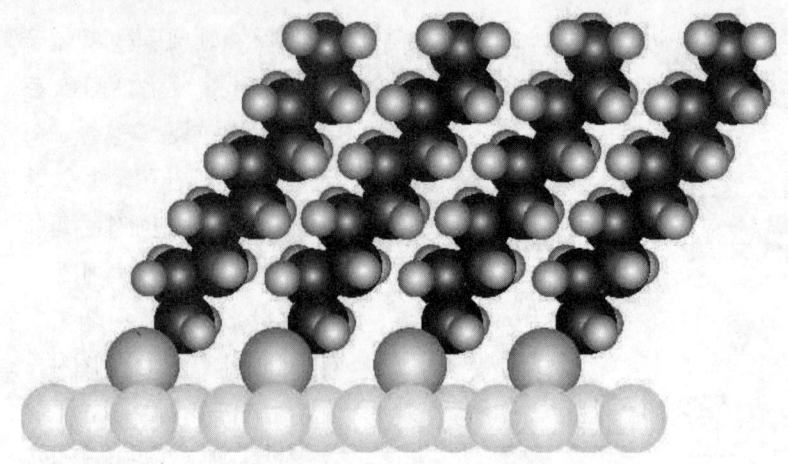
나노구의 화학적 자기조립의 예로 살펴볼 수 있는 계면활성제.

에서 몇 년 동안 집중적으로 연구를 한 후에는 다른 분야로 이동합니다."

현재 화이트사이즈 교수가 앉아 있는 꽃은 나노테크놀로지이다. 그 가운데에서도 그는 나노테크놀로지(NT)와 바이오테크놀로지(BT)가 접목되고 융합된 분야에 가장 관심을 가지고 연구를 수행하고 있다.

NT 분야 가운데 그가 관심을 가지고 있는 연구는 미세구조를 생성하는 방법으로서 '자기조립'(self-assembly)에 대한 것이다. 그가 자기조립에 대해서 관심을 가지고 연구를 시작한 것은 80년대로 거슬러 올라간다. 그 당시 그는 두 분야에서 활발한 연구를 시작했다. 첫번째는 자기조립 단분자막(self-assembled monolayer)으로 불리는 연구 분야이다. 유기화합물을 적절히 선택하면 금속표면에 자기조립적 방법에 따라 일정한 형태의 구조로 유기화합물이 흡착되는 것을 발견하고 이에 대한 연구를 시작했던 것이다. 현재 전세계의 화학자를 포함한 물리학자, 생물학자, 공학자가 그의 뒤를 이어 활발한 연구를 수행하고 있는 이 분야는 미세전자학, DNA칩, 단백질칩공정 등 다방면에 기본적인 연구 도구로서 사용되고 있다.

자연계에서 일어나고 있는 반응들은 대부분이 이러한 자기조립에 의해서 이루어짐을 알 수 있다. 자연의 신비라고도 말할 수 있는 이 기작을 통해서, 생체물질들은 내재된 정보에 따라 스스로 상호작용해 세포, 조직, 장기를 형성한다. 화이트사이즈 교수는 이와 같이 자연에서 일어나고 있는 자기조립을 생체물질이 아닌 물체에 적용하고자 하였다. 우리 생활에서 손쉽게 볼 수 있는 화합물의 자기조립의 예로는 '비누'를 들 수 있다.

세탁할 때 사용하는 비누(계면활성제)의 분자구조를 살펴보면, 막대처럼 길게 생긴 구조의 한쪽 끝에는 물을 좋아하는 부분이 있고, 나머지는 물을 싫어하는(다르게 표현하면, 기름을 좋아하는) 부분이 있다. 대부분의 옷감에 있는 또는 우리의 피부에 있는 때는 기름과 같은 성질을 가지고 있다. 따라서 비누분자의 구조 중에서 물을 싫어하는 부분이 때의 주위를 둘러싸게 되고 반대편 물을 좋아하는 부분은 물과 접하게 되면서 옷감의 얼룩과 때를 없애게 된다. 이렇게 형성되는 구조를 나노구(球)라고 표현할 수도 있는데, 비누 분자로부터 형성되는 나노구 형태는 분자의 구조에 내재되어 있는 화학적 정보에 의해서 자발적으로 일어나는 자기조립이다.

이와 같은 자기조립은 물을 싫어하는 성질을 가지는 공기와 고체표면 사이에서도 일어나게 되고 자기조립에 의해서 자기조립분자막이 형성된다. 두번째 그의 연구과제는 용액 속에서 자기조립을 이용해서 나노구조를 형성하는 것이었다. 분자의 구조와 분자간의 상호작용을 설계하고 설계된 분자를 합성한 후, 적절한 용매에 넣어주면 분자들이 스스로 화학자가 설계한 구조를 이루게 된다. 초분자화학이라고 불리는 이 분야 또한 자연계에 이미 존재하고 있다. 간단한 예로 DNA의 나선구조나 단백질의 삼차원 구조 등은 자기조립을 통해서 형성된 것이다.

미세유체학을 이용한 신약개발 연구

새로운 분자를 설계하고 새로운 구조를 형성해가는 화학자들의 모습은 흔히 예술가에 비유되기도 한다. 예술가가 자연에 존재하는 물질을 사용해 그 전에는 존재하지 않았던 것을 예술가의 상상력과 창의력으로 만들어낸다면, 화학자들은 자신의 상상력과 창의력으로 새로운 물질과 구조를 만들어서 인류복지 향상에 도움을 주고자 한다.

화이트사이즈 교수가 개척한 또 다른 새로운 분야로 고분자 미세유체학(microfluidics)을 들 수 있다. 미세유체학은 다양한 종류의 화학반응을 동시에 수행할 수 있을 뿐만 아니라 병의 진단과 치료에도 이용 가능성이 많은 최첨단 분야이다. 이 분야를 개척한 화이트사이즈 교수는 현재 미세유체학(넓게는 soft lithography)을 이용하여 신약개발 연구에 응용하고 있다. 제약회사에서 만들어진 신약 후보는 무수히 많기 때문에 직접 환자에게 시험하기 이전에, 가능한 빠른 시간 내에 적은 양으로 효율적인 테스트를 거쳐야 한다. 화이트사이즈 교수는 세포 센서(cell-based biosensor)를 사용하여 신속한 신약개발에 박차를 가하고 있다. 이와 동시에 그는 소프트 리소그래피 (soft lithography)방법을 이용해서 세포를 포함한 생체물질의 작용기작을 연구하고 있다. 일반적으로 바이오멤스(bioMEMS)라고 불리는 이 분야가 지속적으로 발전한다면, 생체물질과 인공물질 간의 자연스러운 융합이 이루어질 수 있을 것이다.

화이트사이즈 교수가 개척한 또 다른 분야는 polyvalency라고 불리는 분야이다. 현재 사용되고 있는 대부분의 약들은 크기가 작은 단분자로서, 병의 원인이 되는 단백질의 특정 부분의 구조(자물쇠)에 열쇠와 같은 역할로 작용한다. Polyvalency를 이용한 약은 여러 가지 다른 열쇠가 달려 있는 열쇠고리로 표현할 수 있는데, 한 개의 열쇠고리를 이용하여 동시다발적인 작용을 일으킬 수 있다. 이와 같은 동시다발적인 상호작용은 자연계에서는 쉽게 관찰할 수 있는 작용기작이지만, 화이트사이즈의 연구 전에는 제약업계에 그리 알려져 있지 않은 방법이었다.

한 명의 화학자가 핵자기공명분광학, 유기금속화학, 효소유기화학, 자기조립단분자막, 초분자화학, polyvalency, 미세유체학, 바이오센서, 나노테크놀로지 등 수많은 분야를 개척하고 그 분야들에 위대한 발자취를 남긴 것을 알게 되면 어떻게 그것이 가능한지 경외심을 가지게 된다.

그의 연구실 홈페이지에 있는 현재 그의 연구과제를 보면, 생체모방(biomimetics), 생체표면화학(biosurface chemistry), 복잡계(complexity/emergence), 신소재과학(material science), 미세공정(MEMS), 미세유체학(microfludics), 미세/나노공정(micro/nanofabrication), 포토닉스(photonics), polyvalency, 자기조립(self-assembly), 표면과학(surface science), 생물리학과 생물학을 위한 도구 개발(tools for biophysics and biology)로 다양하며, 중요한 것은 이 많은 첨단 분야를 연구한다는 것에 있는 것이 아니고, 그의 연구실이 이 연구 분야들을 개척하고 화학계 전반에서 그리고 NT와 BT가 융합된 분야에서 흐름을 이끌고 있다는 데 있다.

반드시 클립을 사용해야 한다

화이트사이즈 교수는 너무나도 바쁜 사람이다. 전세계를 돌아다니면서 초청강연을 하고 미국 과학자문위원으로 활동하며 수많은 회사의 자문위원으로 활동한다. 어느 해인가는 학교에 머문 날짜를 모두 헤아려보니 두 달도 채

안 되었다고 한다. 하지만 그는 연구실의 학생들과 연구원들과의 토론을 잊지 않는다. 세계 어느 곳을 가더라도 이메일을 통해서 서로 연락을 하고, 이메일이 가능하지 않은 곳을 가면 특급우편과 팩스로 의견을 교환하고 토론을 한다.

화이트사이즈 교수 실험실에는 불문율이 있다. 학생들과 연구원들이 작성한 논문 초고를 화이트사이즈 교수한테 교정을 위해서 전달할 경우에는 스테이플러가 아닌, 반드시 클립을 사용해야 한다는 것! 비행기 여행을 많이 하는 화이트사이즈 교수는 주로 논문 원고 교정을 공항이나 비행기 안에서 하는데 스테이플러로 철을 할 경우에는 앞의 내용을 다시 보기가 힘들고, 철이 안 돼 있으면 비행기가 흔들릴 경우 바닥에 쏟아지는 낭패를 당하기 때문이라고 한다.

이와 같은 불문율은 그가 얼마나 바쁜 삶을 사는지 대변해준다고 할 수 있을 것이다. 화이트사이즈 연구실에는 교수를 포함해서 각 학생들과 연구원들의 우편함이 있다. 교수가 주로 학교에 없기 때문에 그와의 토론은 이메일과 우편함을 통해서 이루어진다. 학생들과 연구원들에게 연구주제를 직접 정해주지 않고, 연구실 구성원들과의 대화와 토론을 통해서 자신의 연구주제를 찾도록 하기 때문에, 어떤 경우에는 교수 자신은 연구실의 구성원들이 어떠한 연구를 하고 있는지 모르는 경우도 간혹 생기곤 한다(교수는 1년에 한 번 학기가 시작될 때 연구실 전체의 모임에서 앞으로 1년 동안 연구실에서 수행할 큰 그림을 그려준다). 학생들과 연구원들은 이메일과 교수의 우편함을 통해 자신의 연구결과를 교수에게 알려주고, 교수는 그 결과의 중요성과 방향을 제시해준다.

거실, 복도, 화장실에 가득 쌓여 있는 논문들

이렇게 많은 분야에서 훌륭한 업적을 남기고 있는 화이트사이즈 교수는 단지 타고난 천재가 아니다. 오히려 노력하는 천재라고 해야 할 것이다. 그의 노력하는 모습은 폭넓은 지식에서도 찾아볼 수 있다. 그가 강의하는 과목은, 물리유기화학, 분자생물학 및 응용물리 및 신소재과학 등으로서 물리, 화학, 생물에 걸친 지식을 필요로 한다. 또한 화이트사이즈 교수는 최근의 중요한 논문을 관련 있는 연구실 구성원의 우편함에 넣어주는데, 그 논문의 종류와 범위가 당시 박사과정이었던 필자의 입장에서는 이해할 수 없을 정도로 광범위했다. 출장에서 돌아올 때 화이트사이즈 교수는 곧바로 귀가를 하지 않고 사무실로 오곤 한다. 이상하게도 그의 비행기 도착은 밤이어서 교수가 사무실에 오는 시간은 자정 무렵이었는데, 사무실에서 그는 새벽 2시나 3시까지 출장 동안 읽지 못한 논문을 읽고 생각을 정리하고 귀가를 한다. 그리고 다음날 아침 어김없이 학교 식당에서 도넛과 커피를 앞에 두고 8시부터 10시까지 책을 읽거나 강의를 준비한다. 크리스마스 즈음이 되면 화이트사이즈 교수는 연구실의 옛날 멤버들과 현 멤버들을 집으로 초대해서 파티를 한다. 처음에 초대되어 그의 집을 방문했을 때 거실, 복도, 화장실에 가득 쌓여 있는 논문들을 보고 가슴속에서 일었던 감동을 아직도 잊을 수 없다.

　세계적인 과학자인 그는 아주 검소한 사람이다. 겨울마다 연구실 구성원들을 초대하는 교수의 집은 교수가 MIT에 조교수로 일을 시작할 때 구입한 것으로, 40년 동안 한 번도 이사를 하지 않았으며(내부수리조차 하지 않은 것처럼 보였다), 그가 항상 가지고 다녔던 서류가방은 너무나도 오래되어, 여기저기 실밥이 터지고 찢어진 곳에 초록색 테이프를 부치고 다닐 정도였다. 그의 60세 생일 때 연구실 구성원들이 십시일반 돈을 모아 새 서류가방을 선물로 주었을 때 그는 다음과 같은 우스개 소리를 했다.

　"고맙다. 사실 아내가 몇 년 전부터 새 가방을 사지 않으면 이혼하겠다고 협박을 했는데, 여러분들이 내가 이혼당하는 것을 막아주었다. 난 어렸을 때부터 정말로 못쓸 때까지는 버리지 않고 사용하도록 교육받으며 자라왔다. 형이 입던 바지를 동생들이 물려 입고, 헐면 덧대어 입곤 했다. 내가 생각하기에 이 서류가방은 아직도 쓸 만하지만 여러분의 마음을 받아들여 새로운 가방을 잘 사용하도록 하겠다."

　'아름다움'에 대한 그의 애정 또한 남다르다. 그 아름다움에 대한 애정이 그를 과학에 심취하게 했는지도 모른다. 논문에 들어가는 그림 하나를 놓고 어떤 경우는 1년을 넘게 수정하고 또 수정하는 경우도 있다. 그는 과학에서 일어나는 아름다운 현상에 대해서 사진작가와 더불어 책을 출간하기도 했다. 또 한 가지 그에 대해서 빠뜨릴 수 없는 것은, 그가 대단한 언변가라는 것이다. 그의 강연은 항상 청중들로 가득 차 있으며, 청중을 빨아들이는 힘을 가지고 있다.

　화이트사이즈 교수는 후학들에게 다음과 같은 조언을 한다.

　"기존에 발표된 연구 결과를 단지 개선하고자 하는 연구를 하지 마라. 또한 한 분야에서 알려진 연구 결과와 다른 분야에서 알려진 연구 결과를 단지 통합해버리는 연구 또한 하지 마라. 앞으로의 5년 아니 10년을 내다보고 과연 그때 어떠한 연구 분야가 가장 중요할 것인가, 인류에게 가장 큰 영향을 미칠 것인가를 고민하고 그 분야에 대한 연구를 수행하라."

전세계에 실제로 그의 조언을 그대로 실행할 수 있는 과학자가 과연 몇이나 될지는 모른다. 하지만 앞으로 5년 뒤, 10년 뒤에 화이트사이즈 교수가 최첨단에 서서 개척하고 있을 연구분야는 지금 그가 연구하고 있는 분야는 아닐 것이라는 점은 확실하다.

최인성 서울대학교 화학과를 졸업하고 같은 학교 대학원 화학과에서 석사학위를 취득했다. 졸업 후 도미하여 하버드대학교 화학과에서 조지 화이트사이즈 교수의 지도 아래 박사학위를 취득한 후, MIT 화학공학과의 로버트 랭어 교수 연구실에서 박사후 연구원 과정을 밟았다. 2001년 봄학기부터 한국과학기술원(KAIST) 화학과에 교수로 재직하고 있다.

용어와 개념 풀이

핵자기공명분광학 nuclear magnetic resonance spectroscopy
자기장이 원자핵에 미치는 영향을 이용하여, 원자들로 이루어진 분자의 구조를 밝히는 화학의 한 분야로서, 1991년과 2002년에 노벨화학상을 받은 분야이기도 하다. 병원에서 사용하는 MRI(magnetic resonance imaging)가 핵자기공명학을 이용한 것이다.

소프트 리소그래피 soft lithography
화이트사이즈 교수가 개발하고 처음으로 사용한 용어로서, 고무같은 성질을 가지는 고분자를 사용해서 미세 구조를 형성하고, 이를 다양한 분야에 응용하는 기술이다. 응용분야로는 미세유체학(microfluidics), 광학 전자 소자, 바이오센서 등으로 다양하다.

바이오멤스 bioMEMS
멤스(microeletromechanical system)는 미세공정법을 사용하여 마이크로(마이크로는 보통 사람 머리카락의 100분의 1이다) 크기에서 전자기계부품 및 전자기계를 만드는 기술을 말한다. 이 분야는 현재 광학멤스(optical MEMS)와 바이오멤스(bioMEMS)분야에서 활발한 연구가 진행되고 있으며, 바이오멤스의 궁극적인 목표는 좀더 빠르고 정확한 병의 진단과 치료라고 할 수 있다. DNA칩이나 단백질 칩, 랩온어칩(lab-on-a-chip) 등을 바이오멤스의 예로 들 수 있다.

더 읽어야 할 책들

G. M., Whitesides, "Molecular-Level Control over Surface Order in Self-Assembled Monolayer Films of Thiols on Gold", Bain, C. D.; *Science*, 240, 62~63, 1988.

Laibinis, P. E.; Hickman, J. J.; Wrighton, M. S.; Whitesides, G. M. "Orthogonal Systems for Self-Assembled Monolayers: Alkanethiolates on Gold and Alkane Carboxylic Acids on Alumina", *Science*, 245, 845~847, 1989.

Hickman, J. J.; Ofer, D.; Laibinis, P. E.; Whitesides, G. M.; Wrighton, M. S. "Molecular Self-Assembly of Two-Terminal, Voltammetric Microsensors with an Internal Reference", *Science*, 252, 688~691, 1991.

Ferguson, G. S. Chaudhury, M. K., Sigal, G. B., Whitesides, G. M. "Contact Adhesion of Thin Gold Films on Elastomeric Supports: Cold Welding Under Ambient Conditions", *Science*, 253, 776~778, 1991.

Prime, K. L.; Whitesides, G. M. "Self-Assembled Organic Monolayers: Model Systems for Studying Adsorption of Proteins at Surfaces", *Science*, 252, 1164~1167, 1991.

Laibinis, P. E. Graham, R. L., Biebuyck, H. A.; Whitesides, G. M. "X-Ray Damage to CF3CO2-Terminated Organic Monolayers on Si/Au Supports is Due Primarily to X-Ray Induced Electrons", *Science*, 254, 981~983, 1991.

Chaudhury, M. K.; Whitesides, G. M. "Correlation between Surface Free Energy and Surface Constitution", *Science*, 255, 1230~1232, 1992.

Chaudhury, M. K., Whitesides, G. M. "How to Make Water Run Uphill" *Science*, 256, 1539~1541, 1992.

Abbott, N. L., Folkers, J. P.; Whitesides, G. M., "Manipulation of the Wettability of Surfaces on the 0.1 to 1-Micrometer Scale through Micromachining and Molecular Self-Assembly", *Science*, 257, 1380~1382, 1992.

Lopez, G. P., Biebuyck, H. A., Frisbie, C. D., Whitesides, G. M. "Imaging of Features on Surfaces by Condensation Figures", *Science*, 260, 647~649, 1993.

로버트 랭어 *Robert Langer*

사람의 몸속에 마이크로 칩을 심는다

최인성 한국과학기술원 교수·화학

나의 연구 분야는 화학, 공학, 생물학 전반이다

MIT 화학공학과의 로버트 랭어 교수를 소개할 때면 항상 따라다니는 수식어는, '미국 과학계의 대표적인 학술원 세 곳(국립과학원, 국립공학원, 의학회—National Academy of Sciences, National Academy of Engineering, Institute of Medicine)의 유일한 정회원'이라는 것이다. 2003년 현재 54세인 그의 경력은 다음과 같다. 700편 이상의 학술 논문을 발표, 13권의 저술도서, 600회 이상의 초청 강연과 100개 이상의 수상경력. 거기에 덧붙여 400개 이상의 특허를 받아 이 가운데 80개 이상을 회사에 기술 이전하여 현재 30개 이상이 상품화되었다는 것. 그의 특허 가운데 하나는 1988년에 매사추세츠주 최고의 특허로 선정됨과 동시에 미국 최고 20개 특허 중 하나로 선정되었다.

그는 또 2002년 타임지에서 뽑은 미국 최고 과학자(America's Best) 가운데 생의공학 분야에서 최고 과학자로 선정되었으며, 공학의 노벨상이라고 불리는 Draper Prize를 2002년에, 공학자로는 유일하게 Gairdner Foundation International Award를 1996년에 수상하였다(이 상을 수상한 과학자 가운데 56명이 후에 노벨상을 수상했다). 많은 기사들은 그를 아래와 같이 표현한다. 'Drug Deliveryman', 'Tissue Master', 'Plastic Man' 등. 그를 가장 적절하게 표현한 것은 단연, "현대 생체의료용 물질의 아버지"라고 할 수 있다.

랭어 교수의 연구 분야는 약물전달시스템(drug-delivery system)과 조직

> "약물전달용 마이크로칩 연구를 수행한 동기를 랭어 교수는 세미나에서 다음과 같이 말했다. 어느날 컴퓨터 칩을 만드는 공정과 인텔에 대한 텔레비전 프로그램을 보다가, '약물전달용으로 마이크로칩을 만든다면?' 하는 생각을 하게 되었습니다."

공학(tissue engineering)으로 나누어 이야기할 수 있다. 이는 한 마디로 말해 고분자를 포함한 인공물질과 생체물질(예를 들면, 단백질이나 세포) 간의 상호작용을 연구하고 이를 생의학 분야에 응용하는 것이다. 고분자공학에서부터 시작된 그의 연구는 pharmacy-on-a-chip, 줄기세포를 이용한 조직공학, 초음파를 이용한 약물전달, 나노테크놀로지 등으로 다양하게 전개되어 있다. 약물전달시스템에 대한 그의 연구 결과는 현재 미국에서 연간 200억 이상으로 추정되는 큰 시장의 서장을 여는 계기를 제공했다.

그는 새롭게 떠오르는 신기술인 조직공학의 골격을 만든 사람이기도 하다. 자신의 연구 분야에 대해서 랭어 교수는 다음과 같이 표현하고 있다. "제가 연구하고 있는 분야는 화학, 공학, 생물학이 함께 어우러진 분야로서, 저는 이런 학제 간 연구 분야에 관심이 많습니다. 이 분야는 계속 발전할 것이며, 앞으로 인류복지 향상에 도움을 주는 많은 결과들을 창출해낼 것입니다."

인류의 건강을 증진시키는 것이 나의 임무

로버트 랭어 교수는 1948년 뉴욕주 알바니에서 주류판매상을 하는 평범한 가정에서 태어났다. 똑똑한 아이들이 흔히 그렇듯이 학창시절에 수학과 과학에서 탁월한 실력을 보인 그는 코넬대학에 입학한다. 대학 입학 당시 그는 앞으로 하고 싶은 일이 무엇인지 전공을 무엇으로 선택해야 할 지 결정하지 못했으나, 1학년 과목 중에 화학을 제일 좋아했고 주위에서 공학자가 되라는 조언을 받았던 그는 화학공학을 전공으로 선택한다. 대학 졸업 후에도 앞으로의 진로에 대해서도 그는 어떻게 해야 할지 갈피를 잡지 못했다고 한다. 여러 군데의 화학공정 회사에서 채용 의사를 받기도 했지만, 고민 후에 MIT 화학공학과에 진학하여 1974년에 박사학위를 취득한다.

박사학위를 취득했을 때를 회상하며 랭어 교수는 다음과 같이 말했다. "MIT에서 질 높은 교육을 받기는 했지만, 인류의 삶을 윤택하게 하고 향상시키는 일을 했는지에 대해서는 회의가 들었습니다. 내 마음속의 한 부분에서, 내가 할 수 있고 없는 것을 찾아서 안일하게 할 수 있는 일만 하는 것이 아닌, 그보다 더 높은 그 무엇 즉, 내가 가진 것, 내가 배운 것을 이용해서 인류의 건강을 증진시키는 일을 하고 싶다는 욕망이 일었습니다."

랭어의 연구 분야는 크게 약물전달시스템과 조직공학으로 나누어 이야기할 수 있다.

이와 관련하여 랭어 교수는 다음과 같은 말도 했다. "많은 사람들이 과학에 대한 호기심에 이끌려 과학을 선택하고 과학의 아름다움 자체에 심취할지 모르지만, 저의 경우는 다릅니다. 제가 생각하기에 과학은 인류와 세상을 바람직한 방향으로 이끌고 변환시킬 수 있는 도구입니다."

그가 미국 과학계에 제일 먼저 일으킨 파문은 고분자를 이용한 약물전달시스템이었다. 이 연구는 그가 MIT에서 박사과정을 마치고, 하버드 의대의 포크만(Folkman) 교수 연구실에서 연구원으로 있었을 때로 거슬러 올라간다.

포크만 교수는 혈관생성(angiogenesis)을 저해함으로써 암을 치료할 수 있다는 연구 결과를 발표하여 그 당시에 이미 지명도가 있는 교수였다. 포크만 교수 연구실에서 랭어 교수가 수행한 연구 주제는 혈관생성 저해제를 연골로부터 추출하는 것과, 혈관생성을 저해하는 단백질을 몸속에서 장기간에 걸쳐서 전달하는 방법을 찾아내는 것이었다. 그때 당시 크기가 작은 스테로

랭어 교수가 개척하고 있는 생의공학과 조직공학 분야는 인류의 미래를 영화나 공상과학소설에서나 만날 수 있는 그런 가능성의 세계로 변화시키고 있다.

이드계 약물의 경우에는 실리콘이라는 고분자를 사용해서 약물전달을 하는 방법을 사용하고 있었는데, 전하를 띠고 있는 약물이나 단백질과 같이 크기가 큰 약물은 고분자 사이를 빠져나가는 속도가 느리므로 고분자를 이용해서는 약물전달이 용이하지 않다는 것이 당시 학계의 정설이었다.

랭어 교수는 고분자 중에서 소수성(물을 싫어하는 성질)을 가지는 고분자를 용매에 녹인 후에 단백질과 같은 고분자 약물을 혼합시키면 마이크로구 형태나 종이 형태로 만들 수 있음을 발견했고, 이와 같은 공정방법을 사용해서 단백질을 100일 이상에 걸쳐서 천천히 몸속에서 방출하는 방법을 개발했다. 박사후 과정 연구원 시절의 이 두 가지 연구 주제는 최고의 과학학술지인 『사이언스』와 『네이쳐』에 각각 발표가 되었다. 그 시절의 랭어 교수에 대해서 포크만 교수는 다음과 같이 말하고 있다.

"밥(로버트의 애칭)은 다른 사람들이 생각하는 것과는 다른 방향으로 문제를 바라보고 해결법을 찾는 특별한 능력과 창의력을 가지고 있다. 다른 사람이 풀지 못한 문제나 풀 수 없다고 생각한 문제를 그에게 주었을 때, 밥은 며칠 후에 해결점을 들고 나타나곤 했다."

포크만 교수의 랭어 교수에 대한 칭찬은 이것으로 끝나지 않는다.

"하버드에는 다양한 유형의 천재들이 있다. 대부분은 보통 천재로서 그들이 문제 해결 방법을 설명하였을 때, 그들이 해결한 방법은 이해가 가능하다.

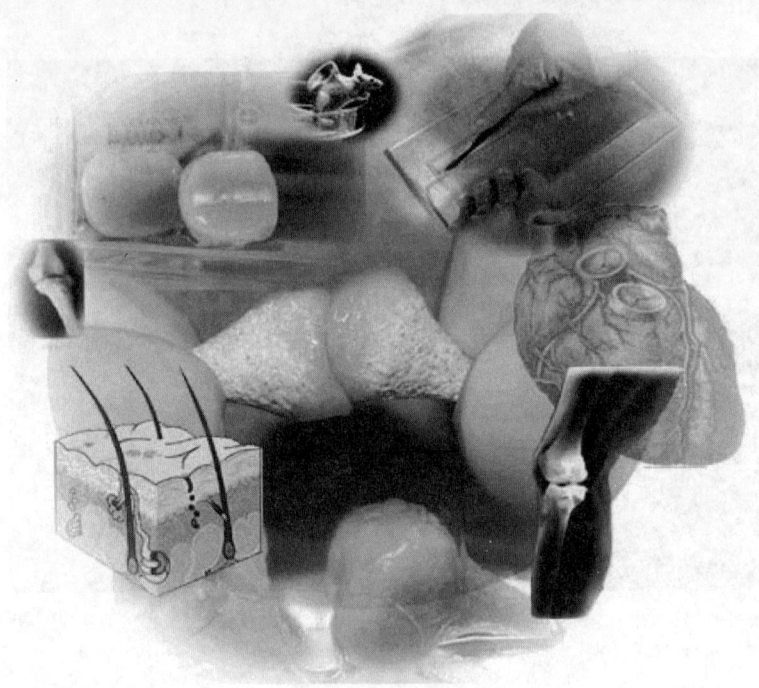

랭어는 고분자의 화학적 성질과 물성을 조절하면 피부세포, 신경세포 등의 고분자 표면에서 증식시킬 수 있다는 것을 발견했다.

그러나 마술사적 천재(magician genius)가 한 일은 도저히 그가 어떻게 해결점을 찾았는지 이해를 할 수가 없다. 아인슈타인과 파인만 교수를 포함해서 랭어 교수가 이 부류에 속하는 천재라고 할 수 있다."

그의 아이디어는 기존 연구방법을 반대로 접근하는 것이었다. 앞에서 언급했듯이 스테로이드계의 약물을 실리콘을 통해서 방출하는 방법은, 실리콘과 같은 고분자를 종이 형태의 막으로 만들었을 때 일반적으로 자연스럽게 생성되는 아주 미세한 구멍을 이용한 것이었다.

예를 들면, 멀미를 치료하기 위해서 예전에 귀 옆에 붙였던 접착형 밴드형태는 고분자막으로 이루어져 있다. 이 고분자막 밑에 약물이 있고, 그 약물이 고분자막의 미세한 구멍을 통해서 빠져나오게 된다. 하지만 덩치가 큰 단백질과 같은 약물은 그 작은 구멍을 통해서 빠져나갈 수가 없다.

이는 마치 커다란 조약돌을 모래를 거르는 체에 통과시키려고 하는 것과 똑같은 것으로서, 70년도 당시에는 풀지 못한 숙제로 남아 있었다. 랭어 교수는 이 문제를 거꾸로 접근하였다. 조약돌을 체에 통과시키려고 하지 않고 조약돌을 커다란 체로 보자기에 싸듯이 싼 것이다. 이렇게 함으로써 조약돌이 들어 있는 공간과 조약돌 간에 3차원의 길을 만들 수 있었고 조약돌은 그

길을 통해서 보자기 밖으로 빠져나갈 수 있게 된다. 랭어 교수는 이 현상에 대해 다음과 같은 비유를 들기도 한다. "이것은 마치 보스턴의 복잡하고 꾸불꾸불한 길을 자동차가 지나갈 때하고 같습니다. 길은 꾸불꾸불하고 앞에는 차가 막혀 있지만 서서히 소통이 되어 결국은 길을 통과할 수 있듯이, 고분자 길 안의 약물도 천천히 방출되게 됩니다."

지금의 관점으로 보면 너무나도 간단한 해결방법이지만 그 당시에는 누구도 생각하지 못한 방법이었다. 한 예로, 고분자 분야의 전문가이자 노벨상 수상자였던 플러리(Flory) 교수조차 포크만 교수에게 단백질은 너무 커서 고분자로부터는 절대로 방출할 수 없다고 했다고 한다. 그 당시 포크만 교수 연구실에서 이 문제를 해결하기 위해 5년 정도의 기간을 아무 소득이 없이 보냈으나 위에서 설명한 방법을 이용해서 랭어 교수는 단 6개월만에 이 문제를 해결하였다.

포크만 교수 연구실에서 3년을 보낸 랭어 교수는 MIT의 조교수로서 그의 독자적인 연구 활동을 수행하게 된다. 그의 주요 관심사는 현존하는 고분자를 사용하는 것이 아니라 생의공학의 각 분야에서 필요한 성질을 만족시키는 고분자를 화학적으로 설계하고 합성하는 것이었다.

뇌암을 치료하는 새로운 기술을 개발하다

랭어 교수는 다음과 같이 말한다.

"사람 몸속에 삽입되는 물질을 설계하는 일은 화학자와 화학공학자가 할 일입니다. 연구를 처음 수행했을 당시에 대부분의 생의공학 연구는 임상의사들에 의해 이루어지고 있었으며, 그들은 주위에서 쉽게 구할 수 있는 물질을 사용해 왔습니다."

랭어 교수가 항상 드는 예 가운데 하나가, 초창기의 인공심장에서 사용했던 고분자로서 이 물질은 여자속옷인 거들을 만들 때 사용하는 고분자였다. 그 당시에 보통의 연구자들이 기존에 있는 물질을 사용해서 그것을 응용하고자 한 반면, 랭어 교수는 고분자를 사용해서 응용하고자 하는 분야를 먼저 생각하고 그 목적에 맞는 생리학적 제한 조건과 성질을 연구한 다음 이에 따라 고분자를 설계한 것이었다. 누구도 생각하지 못했던 일, 그러나 결과를 놓고 보면 너무나 당연하고 누구나 생각할 수 있는 것처럼 보이는 일, 콜럼버스의 달걀 같은 일을 제일 먼저 제안했던 그의 창의력이 그를 현재의 위치에 있게 한 것이다.

하지만 그의 아이디어는 그 당시에는 너무나도 획기적인 것이었기 때문에 과학계에서조차 인정받을 수가 없었다. 1977년과 1978년, 2년 동안 그는 고분자를 이용한 항암제 전달 연구와 혈관생성 억제제 연구에 대한 9개의 연구계획서를 미국국립보건원을 포함한 연구비 지원기관에 제출하지만 어느 하나도 선정되지 못했다. 그가 제안한 연구 방법론은 교과서에 없는 내용이었기 때문에 평가위원들이 이해를 하지 못한 것이다.

어느 땐가 연구실 모임에서 옛날을 회상하며 랭어 교수가 다음과 같은 에피소드를 말한 적이 있다.

"제가 조교수를 할 당시에 MIT에서는 조교수에서 부교수 승진 심사가 없었고 심사는 정교수 승진시에 있었습니다. 하지만 부교수 승진을 몇 달 앞둔 어느 날 학과장 교수가 절 부르더니, '당신의 연구 주제는 미래가 없다. 전혀 성공할 수 없는 것을 연구하기보다는 다른 길을 찾아보는 것이 좋겠다'라고 말한 적도 있습니다."

하지만 랭어 교수는 이런 주위의 염려와 부정적인 시각에도 불구하고 자신의 신념대로 자신이 원하는 일을 추진했다.

각각의 목적에 맞는 고분자를 설계하고 합성하는 연구의 첫번째 결과로서, 랭어 교수는 원하는 물성을 가짐과 동시에 몸속에서 분해되는 고분자를 합성하였다. 이렇게 합성된 고분자는 분해속도와 형태 조절이 가능했으며, 또한 이 고분자로부터 분해된 물질은 생체에 전혀 유해하지 않은 물질이어서 사람의 몸을 다루는 생의공학 분야에 응용이 가능하였고, 이 고분자를 이용하여 그는 재발성 뇌암을 치료하는 방법을 개발하게 된다. 미국 식약청으로부터 판매 허가를 받은 이 방법은, 뇌암 치료 방법으로는 25년만에 새로운 방법으로 허가를 받은 방법임과 동시에 고분자를 이용한 항암제 전달 시스템 중에서 세계 최초로 상품화에 성공한 것이다. 그가 상품화한 방법은, 항암제를 포함한 생분해성 고분자를 1원짜리 크기 정도로 만든 후에 이를 종양제거수술을 한 자리에 삽입하여 종양의 번식을 막는 방법이다. 이렇게 하면 주사를 통해서 항암제를 몸에 주사했을 경우에 나타나는 부작용을 최대한 억제할 수 있으며, 또한 직접 종양이 있던 신체 부위(뇌)에서 작용하기 때문에 임상 실험결과 환자의 기대 생존율을 2배 이상 늘릴 수 있는 결과를 보였다. 이 방법은 최근에 미국 텔레비전 인기 의학드라마인 「ER」에서 주인공인 그린 박사의 뇌암을 치료하는 새로운 기술로 소개되기도 했다.

조직공학 분야에서의 연구

랭어 교수가 생분해성 고분자를 이용하여 수행하고 있는 생의공학의 또 다른 분야는 조직공학이다. 그는 고분자의 화학적 성질과 물성을 조절하면 원하는 종류의 세포(예를 들면, 피부세포, 간세포, 연골세포, 신경세포, 또는 줄기세포)를 고분자 표면에서 증식시킬 수 있다는 것을 발견했다. 하버드의대 소아과의 배칸티(Vacanti) 교수와의 공동 연구를 통해서, 생분해성 고분자로 원하는 3차원 구조(예를 들면, 코모양이나 연골 구조)를 만들고 형성한 고분자 구조위에 세포를 배양하면, 배양된 세포가 조직으로 바뀌고 조직의 구조는 원래의 고분자 구조를 가진다는 것을 발표했다.

기술의 가능성을 보여주기 위해서 랭어 교수는 쥐의 등에 사람의 귀 모양을 조직공학 방법을 통해 생성하기도 했다. 또한 최근에는 척추를 다쳐서 움직이지 못하는 쥐의 부러진 척추 사이에 신경 줄기세포가 증식된 고분자를 삽입한 후에 조직공학 방법을 이용하여 쥐의 몸속에서 척추를 생성하여 쥐가 다시 완벽하게 활동하는 결과를 발표하기도 했다. 그가 개발한 방법을 이용하여 인공피부를 만드는 방법은 미국 식약청의 허가를 받아 제품화되어 화상 환자나 당뇨병, 궤양 환자 치료에 이미 사용되고 있다. 조직공학 분야에서 랭어 교수의 꿈은 환자 자신의 세포를 가지고 인공 심장, 간, 신장 등의 장기를 생성해서 이를 환자에게 이식하는 방법을 개발하는 것이다. 즉 인공 물질을 사용하여 인공 장기를 만드는 것이 아니라, 환자 자신의 세포로 환자의 원래 장기와 똑같은 (인공)장기를 만드는 것이다.

약물전달용으로 마이크로칩을 만든다면

최근에 랭어 교수는 그의 연구 분야를 미세공정 및 나노테크놀로지와 접목하는 연구를 수행하고 있다. 약물이 들어 있는 마이크로칩을 몸속에 삽입한 후에, 필요에 따라 약물을 몸속에서 원하는 시간에 원하는 장소에서 원하는 양만큼 방출할 수 있는 방법을 발표하였으며, 바이오센서를 이용한 진단칩 등의 연구 또한 수행하고 있다.

약물전달용 마이크로칩 연구를 수행한 동기를 랭어 교수는 세미나에서 다음과 같이 말했다.

"어느날 컴퓨터칩을 만드는 공정과 인텔에 대한 텔레비전 프로그램을 보다가, '약물전달용으로 마이크로칩을 만든다면?' 하는 생각을 하게 되었습니다."

현재 동물 실험을 수행하고 있는 이 약물전달용 마이크로칩에 바이오센서 기술이 융합된다면 훨씬 효과적인 약물전달법이 될 것임에 틀림없다. 예를 들어, 당뇨병환자의 경우 혈당량을 마이크로칩에 장착된 센서로 진단하고, 혈당량이 높을 경우에만 필요한 양만큼의 인슐린을 전달하게 할 수 있을 것이다. 이뿐 아니라 그는 더 나아가 환자 한 사람 한 사람에게 필요한 칩을 개발하는 비전을 제시하고 있다. 즉, 환자의 병의 진단과 치료에 필요한 모든 종류의 약과 진단 기능을 하나의 칩에 포함한다는 것이다.

랭어 교수는 이 모든 결과를 그의 연구실에서 연구를 수행하고 있는 학생과 연구원들의 공으로 돌린다. 그의 연구실에는 학부연구생 20명 정도를 포함해서 약 60명 정도의 박사과정 학생과 박사후 연구원이 연구를 수행하고 있다. 2000년 『사이언스』에 표지로 소개되기도 했던 랭어 교수의 연구실은 하나의 큰 회사에 비유된다. 그의 연구실에서 일하고 있는 학생과 연구원들의 전공을 살펴보면, 물리학에서부터 화학, 임상의학, 생물학, 전자공학에 이르기까지 다양한 전공을 가지고 있음을 알 수 있다. 일년에 5~6명 정도의 박사학생과 박사후 연구원 모집에 2,000명 이상의 지원서가 해마다 도착한다. 그가 연구원을 선택하는 기준은 무엇일까. 그는 선택의 기준을 다음과 같이 말한다.

"나는 단지 똑똑하고 열심히 연구하는 사람을 찾지는 않습니다. 똑똑하고 열심히 일하는 것은 기본이며, 이와 함께 독립적으로 연구를 할 수 있으며 성취의욕이 높은 사람을 원합니다."

문제를 푸는 것이 우리가 할 일이다

랭어 교수 연구실의 학생과 연구원들은 자신이 공부하고 자신이 직접 자료를 수집해서 자신의 연구 주제를 선택하고 연구를 수행한다. 랭어 교수가 도움을 주는 것은 연구원들이 제안한 연구 주제가 얼마나 실현가능성이 있는지, 그리고 실현되었을 때 과학계와 인류의 삶에 어느 정도 영향을 줄 수 있는 것인지를 판단하여 알려주는 것이다. 필자가 박사후 연구원으로 랭어 교수 연구실에 있을 때, 첫 만남에서 그는 다음과 같은 말을 들려주었다.

"연구 주제에 대해서 난 별로 가지고 있는 생각이 없다. 앞으로 약 2달 정도 도서관에서 자료를 찾고 공부한 후 몇 개의 연구 주제를 제안해서 가져 와라."

이러한 연구실 운영방법에 대해 랭어 교수는 다음과 같이 설명한다. "연구실 운영에 있어서 저의 목표는 연구실 멤버 간의 교류와 창의력을 극대화하는 환경을 만드는 것입니다."

그의 연구실 실훈이 "어떠한 난관이 있더라도, 그 문제를 푸는 것이 우리가 할 일이다"(Whatever it takes to solve the problem, that's what we'll do)라는 것과, "겉으로 보기에 아무리 어려운 일이라도, 아무리 다른 사람들이 불가능하다고 생각한다 하더라도, 세상에 불가능한 일은 없다"인 이유는 쉽게 이해가 된다.

필자가 연구원으로 있었을 때 필자의 사무실이 랭어 교수 사무실의 바로 앞에 있어서 문을 통해서 교수의 하루 생활을 엿볼 수 있었다. 보통 10시쯤에 출근해서 6시쯤에 퇴근하는 그는 1분도 쉬지 않는 일과를 보낸다. 그의 일과표는 회의, 강의, 모임으로 빽빽하게 차 있으며 다른 사람과 같이 있지 않는 시간에는 항상 전화로 회의와 토론을 하는 소리가 들려왔다.

연구 분야는 최첨단을 달리고 있으면서도 그는 옛것을 좋아하는 사람이다. 일과표로 아직도 오래된 다이어리를 사용하고 있으며 이메일보다는 전화통화를 좋아한다. 랭어 교수에 대해서 놀랄 만한 사실은 일정이 바빠 일 년에 한 번도 실험실에 직접 와서 연구 수행 상황을 보는 적이 없음에도 불구하고, 누가 어떤 일을 하고 있는지 어느 정도 연구가 진행되고 있는지를 훤히 꿰뚫고 있다는 사실이다. 이는 그의 사무실이 언제나 개방되어 있다는 뜻이기도 하다. 일과표에 언제라도 빈 공간이 있으면 누구라도 교수를 만나서 이야기를 할 수 있다. 이메일을 그리 좋아하지 않지만 항상 PDA를 가지고 다니면서 'Yes', 'OK' 정도로 간단한 대답일지라도 즉시 답장을 보내준다.

끊임없는 도전의식을 가지고 큰 꿈을 꿈과 동시에, 자신의 연구실에서 일하는 연구원들에게 큰 꿈을 주고 그들의 창의성을 극대화시키고자 하는 그에게서, 진정한 과학자이자 후학을 가르치는 교수로서의 면면을 느낄 수 있다.

랭어 교수의 별장은 보스톤의 남쪽에 케이프코드(Cape Cod)라는 해변가에 있다. 전 미국 대통령의 여름 휴양지이기도 했던 그곳에서 랭어 교수는 여름 2달 동안을 가족과 함께 보내는 가정적인 모습도 가지고 있다. 여름 중 하루 연구실 모든 학생과 연구원들이 랭어 교수의 별장에서 파티를 하는데, 일광욕으로 검게 그을린 피부와 선그라스에 수영복을 입고 있는 그의 모습에서는 생의공학계 대부의 모습은 찾아볼 수 없고, 옆집 아저씨의 친밀함만을 느낄 수 있다. 포크만 교수는 랭어 교수에 대해서 다음과 같은 말을 남겼다.

"밥이 언짢은 얼굴을 하거나 생동감을 잃어버린 얼굴을 하고 있을 때를 본 적이 없다. 그는 항상 사람들에게 친절하고, 항상 새로운 아이디어를 가지고 있다."

사람들은 랭어 교수를 평가할 때, 랭어 교수가 만약에 과학을 선택하지 않았다면 아마도 라스베이거스의 길에서 사람들을 상대로 마술을 보여주면서 돈을 벌고 있을 것이라는 우스개 소리를 한다. 왜냐하면 그가 지금까지 보여준 연구 결과는 모자에서 살아 있는 토끼를 꺼내는 마술과도 같은 것이었기 때문이다.

최인성 서울대학교 화학과를 졸업하고 같은 학교 대학원 화학과에서 석사학위를 취득했다. 졸업 후 도미하여 하버드대학교 화학과에서 조지 화이트사이즈 교수의 지도 아래 박사학위를 취득한 후, MIT 화학공학과의 로버트 랭어 교수 연구실에서 박사후 연구원 과정을 밟았다. 2001년 봄 학기부터 한국과학기술원(KAIST) 화학과에 교수로 재직하고 있다.

용어와 개념 풀이

약물전달시스템 drug-delivery system
약물의 부작용을 최대한 억제함과 동시에 약물의 효능 및 효율을 유지하면서 한번의 투여로 수주에서 수년에 걸친 장기간 동안 약물을 전달하는 방법으로, 현재 단백질제와 핵산(DNA) 약물의 전달에 대한 연구와 신체의 원하는 부위(예를 들면, 암세포나 염증 부위)에서만 약물이 전달되는 연구가 활발히 진행되고 있다.

조직공학 tissue engineering
생체물질이나 인공고분자의 표면에서 세포를 배양하여, 조직을 재생하는 생의공학의 한 분야로서, 궁극적으로 손상된 조직(예를 들면, 간, 피부, 척추, 연골)을 자신의 세포로부터 재생된 조직으로 대치하는 데 목적을 두고 있다. 현재 피부 및 연골 재생은 성공적으로 연구가 수행되어 상품화가 되어 있으며, 줄기세포를 이용한 조직공학에 연구가 활발하다.

Pharmacy-on-a-chip
미세공정을 통해서 마이크로나 나노 단위에서 병을 진단하고 치료하고자 하는 목적으로 연구되고 있는 칩으로서, 컴퓨터 칩 공정법을 이용한 실리콘 칩과 간단한 미세공정을 이용한 고분자 칩으로 나눌 수 있다.

혈관 신생성 angeogenesis
주로 암세포가 자라기 위해서 암세포 주위에 혈관을 증식시키는 현상을 말하는 것으로서, 하버드 의대의 포크만 교수는 혈관 신생성을 억제함으로써 암을 치료할 수 있다는 이론을 발표했다.

로버트 랭어는 말한다

- 기존의 시각과는 다른 각도에서 문제를 바라보아라.

- 자신의 발전을 위해서는 큰 꿈을 가져야 하지만, 이를 위해 노력하는 동안 쉽게 좌절될 수 있다. 나 자신도 좌절된 적이 없다고는 말할 수 없다. 그러나 예를 들어 내가 도저히 무너질 것 같지 않은 벽에 머리를 부딪치고 있다면, 난 계속 그 벽을 향해 머리를 부딪칠 것이다. 이것을 고집이라고 말해도 좋다. 하지만 우리가 열심히 노력하고 끊임없이 고민한다면 풀지 못할 문제는 없다고 믿는다.

더 읽어야 할 책들

R., Brem, H., Falterman, K., Klein, M., Folkman, J. "Isolation of a Cartilage Factor that Inhibits Tumor Neovascularization," Langer, *Science* 1976, 193, 70.

Langer, R., Wise, D., (Eds.) *Medical Applications of Controlled Release*, CRC Press: Boca Raton, 1984.

Peppas, N., Langer, R., *Biopolymers II*, Springer-Verlag: Berlin, 1995.

Lanza, R., Chick, W., Langer, R., *Textbook of Tissue Engineering*. Springer-Verlag: Berlin, 1996.

피터 슐츠 *Peter G. Schultz*

생명과학의 난제를 퍼즐게임처럼 풀어낸다

신인재 연세대 교수·화학

새로운 단백질 연구 방법

21세기를 생명과학(life science)의 시대라 부른다. 인간을 포함한 생명체는 유전자의 정보를 받아 만들어진 단백질의 작용에 의해 살아간다고 해도 과언이 아니다. 따라서 단백질의 기능을 규명하는 연구는 생명체의 신비를 푸는 것과 직접적으로 연관이 있기 때문에 21세기는 이 분야에 대한 집중적인 연구가 이루어질 전망이다.

지난 세기말부터 시작된 게놈 프로젝트는 범국가적인 차원에서 이루어져 조만간 인간을 비롯한 유용생물의 유전자 서열이 완전히 밝혀지게 된다. 일차적으로 유전자 지도가 완성되면 그후 각 유전자의 기능(또는 유전자의 생성물인 단백질의 기능)을 밝히는 연구, 특히 질병 관련 유전자(또는 단백질)의 기능에 대한 연구가 대단히 중요한 분야로 자리잡게 될 것이다. 즉 단백질의 기능에 대한 연구는 생명현상의 규명이라는 측면에서도 중요하지만 질병 치료제 개발이라는 측면에서도 대단히 가치있는 연구이다.

지난 세기에는 생물학자가 중심이 되어 이 분야에 대한 많은 연구가 수행되었지만, 앞으로는 화학을 비롯한 여러 분야의 학문간 공동연구를 통해 단백질 기능에 대한 연구가 수행될 것이다. 최근 화학자인 미국 스크립스 연구소(Scripps Research Institute)의 슐츠 교수는 단백질 기능을 하나씩 연구하던 기존의 유전학적인 접근방식에서 벗어나 컴퓨터와 자동화를 통해 다수의 단백질 기능을 한꺼번에 조사하는 새로운 방법을 개발하면서 이 분야를 선도하고 있다. 따라서 슐츠 교수의 연구내용, 관심분야 그리고 문제 접근방

> *만약 카지노에서 도박을 한다면, 판돈이 크게 걸린 게임에 도전한다. 마찬가지로, 실패할 가능성은 크지만 상대적으로 성취도가 큰 분야에 대해 연구할 때 큰 흥미를 느낀다. 또한 나는 사람들이 논문을 읽고 난 후 쉽게 잊어버리는 그런 종류의 연구를 하고 싶지 않다.*

식 등을 알아보는 것은 이 분야에 종사하는 사람들뿐만 아니라 21세기 생명과학 시대를 살아가는 일반인에게도 대단히 흥미로운 일이 될 것이다.

최초의 촉매항체 개발

슐츠 교수는 1984년 미국 캘리포니아 공과대학 화학과에서 선택적으로 DNA 염기서열을 절단할 수 있는 화합물을 최초로 개발하여 박사학위를 받았다. 이 연구는 그후 작은 유기분자가 DNA의 어떤 염기서열에 결합하는지 알아보는 데 많이 이용된 중요한 연구로 평가받았다. MIT에서 일 년 동안 박사후 연구원으로 있으면서 생체내에 독성이 강한 수은 이온을 환원시키는 효소에 대해 연구한 후, 1985년 버클리대학에 조교수로 자리를 잡았다.

버클리대학 화학과에서 조교수로 재직하면서 그는 스크립스 연구소의 러너 교수와 더불어 최초로 촉매항체(catalytic antibody)를 개발하여 1986년 『사이언스』에 발표하였다. 고등동물의 몸에 외부 항원이 침입하면 면역계는 그 항원과 가장 잘 결합할 수 있는 항체를 선택하여 항원을 제거하도록 한다. 생물학적으로 항체는 화학반응에 관여하지 않는 단백질의 일종이지만 슐츠는 화학반응을 일으킬 수 있는 항체 즉 촉매항체를 개발한 것이다. 촉매항체가 처음으로 개발되었을 때 이를 이용하면 의약학적으로 중요한 유기분자를 간단히 합성할 수 있는 가능성이 있기 때문에 화학계가 흥분했었다. 결과적으로 오랜 세월에 걸쳐 진화에 의해 만들어진 효소(생체내에서 화학반응을 촉진시키는 단백질)와 같은 효율을 지닌 촉매항체를 만들지 못했으나, 유기분자를 얻는 데 생물체에 작동하는 시스템을 이용한 기본적인 아이디어는 화학계에 많은 영향을 미쳤다.

고속 약물검색법의 개발

이 시기에 그는 또한 처음으로 시험관 속에서 인공 아미노산을 단백질의 특정 위치에 넣을 수 있는 방법을 개발하여 1989년 사이언스 지에 발표하였다. 그동

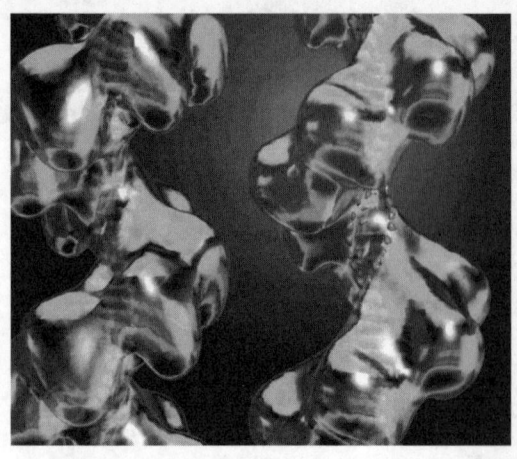

슐츠 교수는 DNA 염기서열을 절단할 수 있는 화합물을 최초로 개발하여 박사학위를 받는다.

안 생물·생화학자들은 단백질의 특정한 위치에 20개의 천연 아미노산을 삽입시키는 방법을 이용하여 단백질의 기능에 대해 조사해왔으나, 이용할 수 있는 아미노산이 20개로 제한되어 단백질 기능연구에 많은 어려움이 있었다. 이 문제를 해결할 획기적인 방법으로 그는 시험관 속에서 임의로 고안한 인공 아미노산을 단백질의 특정 위치에 삽입시킬 수 있는 방법을 개발하여 단백질의 생화학적, 생물리학적 기능에 대한 많은 중요한 정보를 얻었다. 이 연구는 수억 년 동안의 진화에 의해 선택된 20개의 천연 아미노산 이외에 인공 아미노산을 단백질에 삽입시킬 수 있게 하여 진화의 시간을 단축시켰다는 평과 함께 다시 한번 화학 및 생물학계에 큰 영향을 미쳤다.

다른 한편으로는 면역계로부터 중요한 힌트를 얻어 의약제 후보물질을 빠른 시간 내에 찾을 수 있는 방법을 개발하였다. 외부 항원이 몸에 침입하면 이미 존재하는 많은 종류의 항체에서 그 항원과 가장 잘 결합하는 항체가 선택되어 외부 항원을 제거한다. 그는 이와 같은 개념을 의약제 개발에 적용시켜 효과적이고 빠른 시간에 원하는 생리활성분자를 찾는 데 이용했다. 먼저 많은 종류의 화합물을 조합화학(combinatorial chemistry)을 통해 한꺼번에 합성하여 화합물 집단을 만들고, 이 집단에서부터 원하는 목적에 맞는 화합물을 고속 약물검색을 통해 찾아낸다. 그 동안 많이 이용되었던 의약제 개발 방법은 수명의 유기화학자가 오랜 시간에 걸쳐 수십 개의 화합물, 많게는 수백 개의 화합물을 합성한 후 그들의 생리활성을 하나씩 조사하여 목표 화합물을 찾는 것이었다. 이러한 고전적인 연구는 많은 인력과 시간이 소모되지만 조합화학과 고속 약

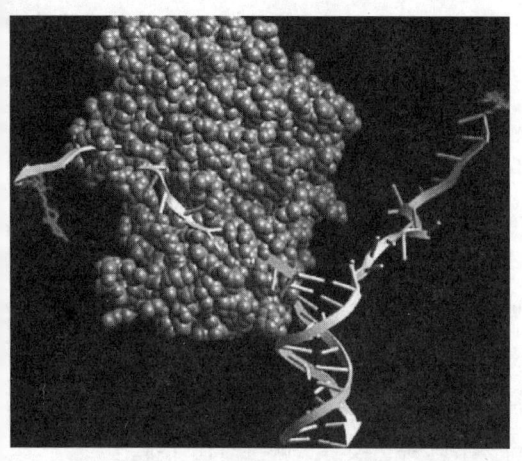

DNA, 단백질에 대한 새로운 연구 방법으로 슐츠 교수는 끊임없이 생명과학, 화학, 의학계에 파문을 일으키고 있다.

물검색법을 이용하면 한 사람이 단시간에 원하는 목표물을 찾을 수 있다는 장점이 있다.

슐츠 교수는 1988년 투자자 자파로니(Zaffaroni)와 함께 조합화학을 이용한 의약제 개발을 골자로 하는 애피맥스사(Affymax Research Institute)를 설립하였다. 이 회사가 추구하는 기본적인 접근방식은 대단히 성공적이어서 불과 7년만에 세계적 제약회사인 글락소 웰컴 (Glaxo Wellcome)에 5억 3천 3백만 달러를 받고 이 회사를 팔았다. 그러나 이것은 단지 다음 단계를 위한 워밍업 수준에 지나지 않았다. 1995년 그는 이 개념을 이용하여 의약제가 아닌 무기물로 이루어진 기능성 신물질을 개발하여 『사이언스』에 발표함으로써 또 한번 학계를 깜짝 놀라게 했다. 이 연구 결과를 바탕으로 같은 해 자파로니와 함께 시믹스사(Symyx Technologies)를 설립하였다. 이 회사는 조합화학을 이용하여 새로운 플라스틱, 촉매, 전자소자, 자기소자, 광학소자 등의 물질을 만들고 있으며, 2000년에 Dow, BASF 등의 세계적인 기업으로부터 9천만 달러에 팔 것을 제안받았다.

그는 이외에도 다른 여러 분야에서 새로운 연구를 수행하여 학계에 큰 영향을 주었다. 의약제로 많이 사용되는 펩타이드는 세포막 투과성이 낮고 세포 내로 운반되더라도 쉽게 분해되는 문제가 있어 의약제로서의 한계를 갖고 있다. 그는 이 문제를 해결할 새로운 의약제 후보물질로 펩타이드 모사체인 카바메이트를 개발하여 1993년 『사이언스』에 발표하여 펩타이드 모사체 개발에 활성을 불러 일으켰다. 또한 1996년 DNA를 이용하여 나노 크기(10~9 m)의 입자를 자유롭게 배열할 수 있는 새로운 방법을 개발하여 『네이처』에 발표함으로써 나노기술 개발에 새 장을 열었다.

한 손에는 다이어트 콜라를 들고

슐츠 교수는 1999년 안락한 삶이 보장된 버클리대학을 떠나 인생의 또 다른 큰 도박을 위해 샌디에고에 위치한 스크립스 연구소로 자리를 옮겼다. 그는 생물학의 벨 연구소를 만들기 위해 스크립스 연구소에 GNF(Genomics Institute of the Novartis Research Foundation)를 설립하여 연구소장을 맡았다. GNF는 노바티스 연구재단이 10년간 2억 5천만 달러라는 천문학적인 연구비를 약속하고 그의 연구를 위해 설립한 연구소이다. 이 연구소는 슐츠의 지도 아래 단백질 기능을 하나씩 조사하는 기존 접근방식에서 벗어나 컴퓨터와 자동화를 통해 다수의 단백질 기능을 한꺼번에 조사하는 새로운 방법을 개발하고 있다. 그는 이 연구를 위해 유전자칩을 이용한 유전자 분석, 빠른 단백질 분석을 위한 고속 질량분광기, 유기분자의 고속 합성기, 고속 단백질 구조 결정, 데이터 분석용 고속 컴퓨터 등을 갖추고 빠른 시간 내에 단백질 기능을 규명하는 한편 질병치료를 위한 의약제를 개발하고 있다. 이것과 관계되어 2000년에 시릭스(Syrrx), 2001년에 칼립시스(Kalypsys), 2002년에 페노믹스(Phenomix) 사를 설립하여 연구소장을 맡고 있다.

그는 스크립스 연구재단으로 옮긴 후 세포 내의 단백질에 인공 아미노산을 삽입시키는 방법을 개발하여 2001년 사이언스 지에 발표함으로써 생명과학계에 또 다시 큰 충격을 주었다. 이전에 이 연구팀이 개발한 시험관 속에서 단백질의 특정 위치에 인공 아미노산을 삽입시키는 방법은 분명히 창의적인 아이디어지만 세포를 이용한 방법에 비해 상대적으로 실용성이 떨어진다는 단점이 있다. 필자도 박사후 연구원으로 슐츠 교수와 함께 이 연구를 수행하였는데 시험관 속에서 단백질을 얻는 것은 대단히 어려운 작업이며, 또한 얻어진 단백질의 양도 충분치 못해 단백질 기능을 연구하는 데 어려움이 있었다. 이 문제를 해결하기 위해 그는 1996년부터 세포를 이용하여 단백질의 특정 위치에 인공 아미노산을 삽입시키는 방법을 개발하였다. 5년 동안 각고의 노력 끝에 그는 마침내 이 방법을 개발하여 인공 아미노산을 포함한 인공 세포 창조의 단계에까지 오게 되었다.

다른 한편으로 그는 좀더 파격적인 방법을 이용하여 인공 생명체 창조를 이룩하고 있다. 최근 그는 스크립스 연구소의 로메스버그와 함께 DNA를 구성하고 있는 4개의 염기 이외의 다른 인공염기도 효소에 의해 DNA 속에 삽입된다는 것을 밝혔다. 그는 인공염기를 이용하여 인공 아미노산의 정보를 포함하고 있는 새로운 코돈(아미노산에 대한 정보를 포함하고 있는 DNA의 3개의 염기를 말함)을 만들어 세포 내 단백질의 특정 위치에 인공 아미노산을 삽입시키고자 한다. 즉 인공 아미노산이 포함된 인공 세포를 만들기 위해 그는 인공염기를 이용하고자 한다. 이 연구는 오랜 진화에 의해 선택된 4개의 염기만이 생명체의 유전정보를 가질 수 있다는 가장 일반적인 상식을 송두리째 깨트릴 놀라운 연구라고 할 수 있다.

슐츠는 대개 새벽 5시에 연구실에 도착하여 한 손에는 다이어트 콜라를 들고 저녁 때까지 미팅을 하며 새로운 실험 및 아이디어를 연구원에게 제시한다. 그는 인공 생명체 창조와 같이 복합적인 문제를 한꺼번에 해결해야 풀 수 있는 그런 분야에 대해 연구하기를 원한다.

실제로 그는 생명과학 분야에서 일종의 퍼즐게임과 같이 하나씩 문제를 풀어 전체를 완성시키는 그런 종류의 연구를 수행하고 있다. 그의 연구의 기본적인 접근 방법은 조합화학을 이용하여 수많은 (생체)분자를 합성하고, 적합한 목적에 맞는 (생체)분자를 효과적이며 빠른 시간 내에 선택하는 것이다.

그는 이 방법을 이용하여 수억 년 동안 지구에 존재해온 생명체와는 화학적인 구성이 다른 인공 생명체(인공 DNA, 인공단백질, 인공세포 등)를 창조하고 있으며, 또한 단백질의 기능을 총체적으로 규명하고 있다. 즉 그는 창조적인 아이디어로 새로운 (생체)분자를 합성하여 화학과 생물학의 중요한 문제를 풀고자 한다. 그러나 그의 궁극적인 연구 목표는 질병과 관련된 단백질의 치료제를 고속으로 합성하고 검색할 수 있는 방법을 개발하여 빠르게 의약제를 개발하는 것이다.

결론적으로 그는 생명과학 분야의 관심사를 해결하는 데 화학적인 수단을 어떻게 이용하는지를 잘 보여주는 선도적인 화학자라고 할 수 있다.

신인재 1962년 대구 출생. 서울대학교 화학과 동대학원을 졸업한 후 미네소타대학교에서 생물유기화학 분야로 박사학위를 받았다. 그후 미국 버클리대학의 피터 슐츠 교수 연구실에서 박사후 연구원으로 연구경험을 쌓았다. 현재 연세대학교 화학과에서 유기분자를 이용한 생체분자 기능 연구를 수행하고 있다. 현재까지 약 30여 편의 국제적인 논문을 발표하였다.

용어와 개념 풀이

DNA
디옥시리보핵산. 생명체의 유전 정보를 간직하고 있는 생체 고분자의 하나.

단백질 protein
아미노산으로 이루어진 생체 고분자. DNA에서부터 유전 정보를 받아 세포 내에서 합성됨.

유전자 gene
특정 단백질의 정보를 갖고 있는 DNA의 한 부분을 말함.

게놈 genome
생물 유전 정보의 총체.

게놈 프로젝트 Genom Project
게놈의 염기 서열을 해독하는 연구.

촉매항체 catalytic antibody
효소와 같은 화학반응을 촉진시킬 수 있는 항체.

조합화학 combinatorial chemistry
한번에 많은 수의 서로 다른 화합물을 합성하여 원하는 화합물을 빠른 시간 내에 찾는 방법을 말함.

펩타이드 모사체
단백질을 구성하는 펩타이드가 아닌 인위적으로 합성된 펩타이드 유사체.

유전자칩 DNA Chip
고체기판에 유전자(또는 DNA)를 고정화시킨 마이크로칩. 수 제곱센티미터의 유리 위에 많은 수의 유전자를 붙여 놓았음.

코돈 codon
아미노산에 대한 정보를 포함하고 있는 DNA의 3개의 염기를 말함.

피터 슐츠는 말한다

- 만약 카지노에서 도박을 한다면, 판돈이 크게 걸린 도박을 한다. 마찬가지로, 실패할 가능성은 크지만 상대적으로 성취도가 큰 분야에 대해 연구할 때 큰 흥미를 느낀다. 또한 나는 사람들이 논문을 읽고 난 후 쉽게 잊어버리는 그런 종류의 연구를 하고 싶지 않다. 차라리 실패할 확률은 크지만 성공하면 파급효과가 큰 그런 종류의 연구를 하고 싶다. ─2000년 7월 14일자 『사이언스』와의 인터뷰 중에서

- 만약 신이 일곱번째 날에도 일을 했다면, 현재의 생명체는 어떤 모양을 하고 있을까? ─2000년 7월 14일자 『사이언스』와의 인터뷰 중에서

더 읽어야 할 책들

Scott J. Pollack, Jeffrey W. Jacobs, Peter G. Schultz, "Selective Chemical Catalysis by an Antibody", *Science*, Vol. 234, p.1570, 1986.

Christopher J. Noren, Spencer J. Anthony-Cahill, Michael C. Griffith, Peter G. Schultz, "A General Method for Site-Specific Incorporation of Unnatural Amino Acids into Proteins," *Science*, Vol. 244, p.182, 1989.

Charles Y. Cho, Edmund J. Moran, Sara R. Cherry, James C. Stephans, Stephen P. A. Fodor, Cynthia L. Adams, Arathi Sundaram, Jeffrey W. Jacobs, Peter G. Schultz, "An Unnatural Biopolymer" *Science*, Vol. 261, p.1303, 1993.

X.-D. Xiang, Xiaodong Sun, Gabriel Briceno, Yulin Lou, Kai-An Wang, Hauyee Chang, William G. Wallace-Freedman, Sung-Wei Chen, Peter G. Schultz, "A Combinatorial Approch to Materials Discovery" *Science*, Vol. 268, p.1738, 1995.

A. Paul Alivisatos, Kai P. Johnsson, Xiaogang Peng, Troy E. Wilson, Colin J. Loweth, Marcel P. Bruchez Jr, Peter G. Schultz, "Organization of nanocrystal molecules using DNA", *Nature*, Vol. 382, p.609, 1996.

Lei Wang, Ansgar Brock, Brad Herberich, Peter G. Schultz, "Expanding the Genetic Code of Escherichia coli", *Science*, Vol. 292, p.498, 2001.

제럴드 브라운 *Gerald E. Brown*

블랙홀을 향한 끝없는 도전

이창환 부산대 교수·물리학

블랙홀과의 첫 인연: 행운은 열심히 일하는 자들을 위한 것이다

    1987년 초신성의 폭발은 수많은 과학자들의 이목을 집중시켰다. 인간이 천체 현상을 관측하기 시작한 이래 지구와 가장 가까운 거리에서 별이 폭발한 것이다. 광학 망원경뿐 아니라 일본의 뉴트리노 검출 장치에서도 초신성 폭발의 증거가 잡혔다. 그런데 아인슈타인의 상대성 이론에 의하면 빛이 광속도로 여행을 하므로, 이 별은 17만 년 전에 이미 폭발하여 우주 공간을 지나 이제야 지구에 도달한 것이다. 행운의 여신이 바로 우리에게 다가온 것이다. 우연히 초신성을 발견한 천문학자들, 일본의 중성미자 검출장치를 위해 헌신한 사람들, 모두에게 일생일대의 행운이었다. 그리고 이 행운은 또 다른 두 이론 물리학자를 기다리고 있었다.

    브라운 박사가 초신성 연구를 시작한 것은 1978년 베테(Hans Bethe) 박사와 함께 공동 연구를 시작하면서였다. 이미 두 사람은 학계에서 인정을 받은 유명한 학자였다. 베테 박사는 1967년 태양에서의 핵반응에 대한 공로로 노벨상을 수상하였으며, 브라운 박사는 미국 물리학회의 보너상을 수상하는 등 화려한 경력을 가지고 있었다. 이미 은퇴를 생각할 나이였음에도 불구하고 이 둘의 만남은, 돌이켜 보건데, 현대 천체물리학의 새로운 장을 여는 계기가 된 것이다.

    연구를 시작한 바로 다음날, 베테 박사는 기존의 이론에 모순이 있음을 발견하여 초신성 폭발의 중심부에 중성자별이 형성됨을 예측하였고, 브라운 박사의 지식이 더해져 중성자별의 형성과 이에 따른 뉴트리노의 방출 및

" 브라운 박사는 베테 박사에게 초신성의 중심에 형성되었던 중성자별이 블랙홀로 진화되었을 것이라고 설명하였다. 그것은 기존의 천체 물리학 이론과 너무나 상반되는 이론이었다. 하지만 그 반대는 오래가지 않았다. 몇 시간 뒤에 브라운 박사는 자동응답기에 남겨진 베테 박사의 음성을 확인할 수 있었다. 'This is Hans. You're right. Good Bye.' "

초신성 폭발을 설명하는 새로운 이론을 1985년 학계에 제시하였다. 그리고 1987년 1월, 두 박사는 캘리포니아 공과대학(Caltech)에서의 공동 연구를 마치며 악수를 하였다. "이제 새로운 초신성이 발견될 때를 기다리는 일만 남았다"는 인사와 더불어 기약할 수 없는 미래를 아쉬워하며, 각자의 학교로 돌아왔다.

그 기다림은 오래가지 않았다. 1987년 2월 23일 새 초신성이 발견된 것이다. 이 초신성은 현대까지 관측된 초신성 중 지구에서 가장 가까운 거리에 있으며, 현대 관측 기술의 발달과 함께 초신성에 대한 가장 많은 데이터를 제공하고 있다. 많은 동료들의 축하 메시지에 브라운 박사는 "행운은 열심히 일하는 자들을 위한 것이다"라는 답변을 남겼다. 그러나 이 행운은 블랙홀을 향한 새로운 연구의 전주곡에 불과했다.

초신성과 함께 발견된 뉴트리노에 의해 초신성의 중심에 형성된 중성자별의 존재가 확인되었다. 그리고 학자들은 또 다른 중성자별의 신호인 펄사 신호를 기다리고 있었다. 초신성 폭발 후 수 년이 지나면 초신성 폭발의 잔재물들이 우주로 날아가버려, 펄사 신호를 관측할 수 있을 것으로 모든 학자들이 믿고 있었다. 어느 누구도 초신성이 블랙홀을 향한 단서를 제공하리고는 기대하지 않았다. 그러나 자연은 모든 사람의 기대를 져버리고 말았다. 아무것도 발견되지 않은 것이다. 과연 중성자별은 어디로 가버린 것일까?

어느날 브라운 박사는 베테 박사에게 전화를 걸어, 초신성의 중심에 형성되었던 중성자별이 블랙홀로 진화되었을 것이라고 설명하였다. 물론 통화 중에 베테 박사의 심한 반대에 부딪혔다. 기존의 천체 물리학 이론과 너무나 상반되는 이론이었기 때문이었다. 하지만 그 반대는 오래가지 않았다. 몇 시간 뒤에 브라운 박사는 자동응답기에 남겨진 베테 박사의 음성을 확인할 수 있었다. "This is Hans. You're right. Good Bye." 이렇게 하여 학계를 뒤흔든 블랙홀에 대한 새로운 이론이 탄생된 것이다.

블랙홀의 형성은 별의 전체 질량보다는 밀도에 좌우된다.

중성자별 내부의 고밀도 상태에서는 중성자별이란 이름과 달리, 중성자만 존재하는 것이 아니라 양성자 및 전자도 존재하는 것으로 알려져왔다. 그런데 이들 모두가 페르미온으로서 많이 모이면 모일수록 불안정한 상태가 된다. 이는 닫혀진 공간에 계속해서 많은 사람을 모으는 것에 비유될 수 있다. 이러한 불안정한 상태에서 야릇한 쿼크를 가지는 새로운 입자들이 등장하기 시작한다. 그 대표적인 것이 케이온이란 입자이다. 이 케이온 입자의 특징은 보존으로서 같은 상태에 여러 개의 입자를 동시에 쌓을 수 있다는 것이다. 즉 페르미온만으로 구성된 중성자별보다 압축이 용이한 부드러운 별이 되어버리는 것이다. 이때 케이온 입자가 형성되면서 중성미자도 동시에 형성되는데 이 중성미자는 다른 입자들과 거의 상호작용을 하지 않으므로, 중성자별을 쉽게 벗어나 우주로 사라져버리게 된다. 그런데 블랙홀의 형성은 별의 전체 질량보다는 밀도에 좌우하므로, 압축이 쉬워진 별의 중심부는 밀도가 높아져 블랙홀로 진화할 수가 있다. 즉 케이온이 축적된 중성자별은 태양의 1.5배의 질량만 가지고도 블랙홀로 진화할 수가 있게 된 것이다. 바로 이러한 현상이 1987년에 발견된 초신성의 중심부에 형성되었던 중성자별에서 일어났다는 가설을 제시한 것이다.

중력장 검출장치: 또 한번의 행운을 기다리며

1987년의 초신성과 함께 맺어진 브라운 박사와 블랙홀의 인연은 수년이 지난 1996년 중력장 검출장치라는 새로운 분야로 그 인연이 이어졌다.

베테 박사와 브라운 박사는 지난 10여 년간 매년 1월 캘리포니아 공과대학에서 공동 연구를 수행해왔다. 천체 물리학의 첨단을 달리는 많은 학자들이 그곳과 인연을 맺고 있으므로 그들에게 아주 좋은 정보를 제공해주었을 뿐 아니라, 미국의 동부에 살고 있는 그들에게는 겨울의 눈을 피할 수 있는 좋은 기회를 제공해주었다.

미국 캘리포니아 공과대학을 중심으로 한 천체물리학자들은 중력장의 검출을 위한 거대한 실험을 추진하고 있었다. 이론적으로 예언된 중력장의 존재는 두 중성자별로 이루어진 천체의 공전주기 변화로부터 간접적으로 이미 확인이 되었다. 1993년 헐스와 테일러에게 이 공로로 노벨상이 주어졌다. 그런데 이 두 중성자별이 충돌을 할 경우에 아주 강력한 중력장을 방출할 것으로 기대되며, 캘리포니아 공과대학을 중심으로 한 천체 물리학자들은 이 중력장을 레이저의 간섭현상을 통하여 직접 측정하는 실험을 추진하고 있었다. 그런데 그 당시 두 중성자별로 구성된 천체가 단 하나만 발견되었으므로 2006년 이후 예상되는 실제 측정이 이루어질 경우 1년에 한 번 정도의 중력장만이 검출될 것으로 예상되었다. 1996년 1월 그들이 미국의 캘리포니아 공과대학을 방문하고 있을 때, 중력장 측정실험을 이끌고 있는 토른(Kip Thorne) 교수로부터 새로운 질문을 받게 되었다. "두 박사님이 작은 질량의 블랙홀을 만드는 데 있어서 세계적 전문가임을 알고 있는데, 우리를 위해 블랙홀의 충돌에 의해 발생할 중력장의 빈도를 계산해주실 수 있겠습니까?" 이렇게 하여 학계를 뒤흔든 또 하나의 새로운 이론이 탄생한 것이다.

앞에서 언급했듯이 두 개의 중성자별로 구성된 천체가 단 하나만이 발견되었는데, 그럼 과연 중성자별과 블랙홀로 구성된 천체는 얼마나 존재할까? 초기 질량이 태양의 8배에서 20배에 이르는 별이 진화를 하여 초신성 폭발과 함께 중심부에 중성자별을 형성한다는 사실은 이미 알려져 있었다. 그리고 이 중성자별의 질량은 태양의 1.4배 가량이 된다는 것이 알려져왔다. 그런데 초기질량이 무거운 별일수록 수명이 짧으므로, 초기에 이러한 두 별이 짝을 이룬 경우 무거운 별이 진화하여 먼저 중성자별이 되고, 가벼운 별은 나중에 중성자별이 된다. 그런데 초기의 질량 차이가 클 경우에 먼저 형성된 중성자별이 아직 초신성 폭발을 하지 않은 짝별로부터 물질을 흡수하게 된다. 그런데 앞장에서 언급된 케이온 응축 현상의 경우 태양의 1.5배의 질량을 가진 중성자별은 블랙홀로 진화하므로, 먼저 형성된 중성자별이 짝별로부터 물질을 흡수할 경우 블랙홀로 진화를 하게 된다. 따라서 기존의 이론에서 예상되었던 두 중성자별로 구성된 천체 대신에 중성자별과 블랙홀로 구성된 새로운 천체가 탄생한 것이다. 이 새 이론에 의하면 두 중성자별로 구성된 천체는 탄생 초기의 별의 질량이 거의 비슷하여 초신성 폭발이 거의 동시에 일어난 경우에만 가능한 것이다. 결국 두 중성자별로 구성된 천체보

전갈 자리에서 발견된 엑스선 쌍성은 극초신성 폭발과 감마선 폭발 현상이라는 새로운 물리현상을 밝혀주었다.

다는 블랙홀과 중성자별로 구성된 천체가 훨씬 큰 확률로 존재하게 된 것이다. 이 새로운 이론에 의하면 2006년 이후에 이루어질 중력장 검출의 빈도가 당시의 예상치보다 20여 배 증가하게 된 것이다.

브라운 교수는 중력장 검출에 관한 이야기를 할 때마다 "중력장 검출에 의해 우리의 이론이 검증되는 것을 보기 위해, 저지방 다이어트 음식을 생활화하고 있습니다"라는 표현과 함께 앞으로 이루어질 관측에 대한 기대를 보여주고 있다.

블랙홀의 형성과 진화: 엑스선 블랙홀 쌍성과의 만남

필자는 1996년부터 뉴욕주립대 연구원으로서 브라운 박사와 새로운 인연을 가지게 되었다. 케이온 응축 현상에 관한 필자의 박사논문 연구에 의해 이미 오래 전부터 브라운 박사와 전자우편을 통한 인연을 가지고 있었고, 그 인연으로 박사학위를 마친 후에 브라운 박사와 뉴욕주립대에서 5년 여에 걸친 공동 연구를 수행할 수 있었다.

1998년 브라운 박사로부터 엑스선을 방출하고 있는 블랙홀 쌍성에 대한 연구를 하자는 새로운 제안을 받게 되었다. 이렇게 하여 우리 은하에 존재하는 엑스선 블랙홀 쌍성의 형성과 진화에 관한 새로운 이론이 탄생하는 계기가 되었다. 우리 은하 안에서 블랙홀을 찾는 가장 좋은 방법은 블랙홀과 다른 별이 짝별(쌍성)이 되어 서로 공전하는 경우를 찾는 것이다. 다른 별에서 나온 물질이 블랙홀로 빨려들어가면서 강한 X선을 내뿜기 때문이다. 과학자들은 X선 망원경을 우주에 띄워 블랙홀을 찾는다. 이 블랙홀은 앞장에서 언급된 블랙홀보다는 질량이 커서, 태양의 5배에서 10배에 이르는 질량을 가지는

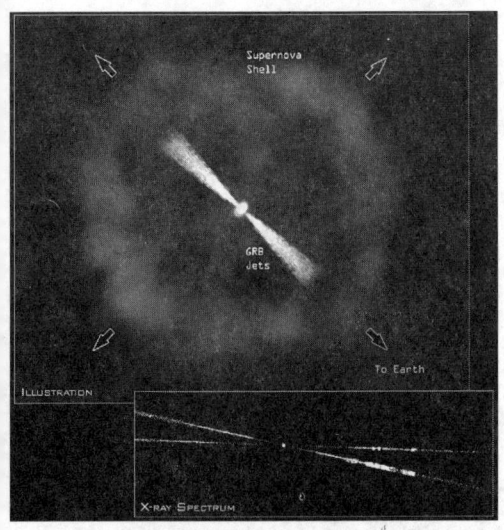

엑스선 관측 위성 찬드라. 2003년 3월 12일 촬영 모습.

것으로 관측되었다. 그런데 이 블랙홀들과 짝을 이루는 별들이 주계열항성의 분류상 K나 M형태로서 태양보다 작은 질량을 가지는 일정한 양상을 보이고 있었으며, 이들의 진화에 대한 정립된 이론이 없었다. 브라운 박사와의 연구에서 블랙홀의 모체가 초거성 단계를 지나면서 급속히 팽창을 할 때 짝을 이루는 별과 만나게 되어야만 태양의 5~10배의 블랙홀을 형성할 수 있다는 새로운 가설을 제시하였다. 그리고 이 블랙홀의 모체가 진화하여 블랙홀이 형성된 후 현재 관측되는 엑스선을 방출하려면 짝을 이루는 별의 질량이 일정한 범위에 있어야 함을 밝혔다. 짝을 이루는 주계열항성의 질량이 큰 경우에는 블랙홀과의 거리가 너무 멀어서 엑스선을 방출할 수가 없기 때문이다. 이 블랙홀의 형성에 관한 브라운 박사와의 첫 논문이 완성될 1999년 당시까지 우리 은하에서 확인된 블랙홀은 7, 8개에 불과했다. 그후 2002년에 현재 확인된 블랙홀 쌍성의 수가 15개로 새로 발견된 모든 블랙홀 쌍성이 우리의 이론을 뒷받침하고 있다.

관측된 블랙홀 쌍성 가운데 가장 대표적인 것으로 전갈 자리에서 발견된 엑스선 쌍성이 있는데, 이 블랙홀 쌍성이 극초신성 폭발과 감마선 폭발 현상이라는 새로운 천체 물리현상과의 인연을 엮어주는 계기가 될 줄은 당시에 짐작조차 못하고 있었다.

극초신성 폭발과 감마선 폭발 천체

엑스선 블랙홀에 관한 우리의 이론이 정립된 후, 1999년 어느 날 브라운 박사는 우연히 라디오 방송을 통해 전갈자리에서 발견된 엑스선 블랙홀에서 극초신성 폭발의 증거를 발견했다는 소식을 접하게 되었다. 앞 장에서의 연구를 통해 전갈자리에 있는 블랙홀에 대해 사전 지식이 있었음은 물론이었다. 또한 브라운 박사는 당시 감마선 폭발 천체에 대한 연구를 하고 있었으므로, 감마선 폭발에 필요한 에너지가 극초신성 폭발에 필요한 에너지와 같다는 사실을 곧바로 인식할 수 있었다. 이렇게 하여, 감마선 폭발 천체와 엑스선 블랙홀 쌍성의 상관관계에 대한 새로운 이론이 탄생하게 되었다.

전갈자리에서 발견된 블랙홀 쌍성은 태양 질량의 5배 이상인 블랙홀과 태양의 2배 정도의 질량을 가진 주계열 항성으로 구성되었는데, 1999년 유럽의 천문학자들은 스페인 남부의 카나리 섬에 있는 광학 망원경을 통하여 블랙홀과 짝을 이루는 별을 관측한 결과 아주 놀라운 사실을 발견했다. 산소, 실리콘 등의 원소 함량비가 태양보다 10여 배가 높게 나타난 것이다.

태양과 비슷한 주계열 항성이 정상적으로 진화를 했다면, 이러한 원소함량비를 형성하는 것은 불가능하므로, 이 물질들은 이 별의 밖에서 유입되어야만 한다. 그런데 이 별은 블랙홀과 짝을 이루고 있으므로 블랙홀의 모체에서 이러한 물질들이 형성되어 이 별에 흡수되어야만 한다.

그런데 이러한 함량비를 설명하기 위해서는 기존의 초신성보다 10여 배나 큰 폭발력을 가지는 극초신성(하이퍼노바)을 필요로 한다는 이론이 제기되었다. 1945년 일본 히로시마에 떨어진 원자폭탄 1000조 개가 30조 년 동안 매일같이 터진 양에 해당하는 대폭발이다. 많은 과학자들의 연구에도 그 원인은 그동안 수수께끼로 남아 있었다. 결국 빛조차 빨아들인다는 블랙홀이 아이러니컬하게도 빅뱅 이후 우주에서 가장 강력한 폭발을 일으킬 수 있다는 것이다.

본인과 브라운 박사는 자전 주기가 반나절 정도로 아주 짧고 무거운 별이 블랙홀이 되면 주위에서 극초신성 폭발이 일어날 수 있다는 사실을 밝혀냈다. 별이 연료를 다 태워 죽게 되면 무게에 따라 백색왜성, 중성자별, 블랙홀 등이 된다. 태양과 비슷하거나 8배 정도로 무거운 별은 백색왜성, 8~20배로 무거운 별은 중성자별, 20배 이상 되는 별은 블랙홀이 된다. 별은 내부에서 핵융합 반응이 일어나 빛을 낸다. 핵융합이 일어날수록 별의 중심부에 있는 수소는 점점 무거운 원소가 되고 핵융합 반응도 줄어든다. 마침내 핵융합 반응이 멈추면 자신의 무게를 견디지 못해 별의 중심부가 압축되어 블랙홀이 된다.

브라운 박사와 본인의 연구에서 '짝별 등에 영향을 받아 블랙홀의 자전 주기가 아주 빨라지면 별의 바깥 물질이 바로 빨려들어가지 못하고 외부에 남아 있다가 블랙홀에서 나온 회전 에너지와 충돌해 극초신성으로 폭발한다'는 사실을 밝혀냈다. 자전주기가 12시간인 큰 별이 나이를 먹어 아주 조그만 블랙홀이 되면 자전속도가 1초에 1000~10000번까지 빨라진다. 별의 바깥쪽 물질은 블랙홀의 자전 속도가 워낙 빨라 바로 빨려들어가지 않고 회오리바람을 타듯 빙글빙글 돌며 천천히 빨려들어간다. 물질이 다 빨려들어가기도 전에 블랙홀의 엄청난 회전에너지와 자기장이 방아쇠를 당겨 블랙홀 주변의 물질들을 폭발시키는 것이다. 그리고 이때 이 에너지의 일부가 감마선 폭발 현상을 일으킬 수 있는 것이다.

이 이론은 기존에 별도의 서로 다른 영역에서 연구되어오던 감마선 폭발 현상과 극초신성 폭발 현상, 그리고 엑스선 블랙홀들의 질량과 주기 상관관계에 대한 통합적인 이론을 제시하여 블랙홀의 형성과 진화에 대한 새로운 가능성을 제시하였다.

미래를 향한 기대: 고정 관념을 버린 열린 마음을 위하여

언젠가 브라운 박사의 새로운 아이디어가 물리현상과 맞지 않음을 보인 적이 있었다. 그때 브라운 박사는 "어제 배운 말도 안 되는 이론 때문에 왜 괴로워해야 하느냐?"(Why should I bother by the nonsense which I learned yesterday?)는 말과 함께 새로운 아이디어를 찾기 시작하였다.

지난 몇 년을 돌이켜보면 브라운 박사는 언제나 기존의 고정관념이나 기존의 지식에 메이지 않는 분이셨다. 언제나 새로운 이론이나 실험을 받아들일 준비가 되어 있는 열린 마음의 소유자였다. 브라운 박사의 새로운 이론의 검증은 앞으로 이루어질 관측 및 실험들에 의해 밝혀질 것이다. 새로운 자연 현상을 이해하고자 하는 그의 열정과 열린 마음은 미래의 과학도들을 통하여 끝없이 이어지리라 믿는다. 왜냐하면 열린 마음을 통해서만 숨겨진 자연의 비밀들을 밝혀낼 수 있기 때문일 것이다. 이는, 비단 자연 과학에 국한된 것만은 아닐 것이다. 이 사회의 어느 영역에서든 열린 마음의 소유자만이 새로운 미래를 개척해나갈 원동력이 되리라 믿는다.

이창환 1966년 경북 김천 출생. 서울대학교 물리학과 학사. 동 대학원 석사, 박사. 미국 스토니브룩 소재 뉴욕주립대 연구원으로 브라운 박사와 블랙홀에 관한 공동 연구 수행. 고등과학원 물리학부 조교수, 서울대 물리학부 BK21조교수. 현재 부산대 물리학과 조교수로 재직 중이다. 중성자별에서의 케이온 응축 현상을 연구한 박사학위 논문이 국제 학술지인 『Physics Reports』에 단독으로 초청 게재. 30여 편의 연구 논문과 20여 편의 국제학술대회 발표 논문. 노벨상 수상자인 베테 박사(Cornell University, USA), 이 글에서 소개된 브라운 박사와 함께, 블랙홀의 형성과 진화에 관한 연구 논문집 발간(World Scientific, 2003).

용어와 개념 풀이

초신성

초기의 질량이 태양보다 무거운 별의 마지막 진화 단계에서 거대한 폭발을 일으키는 현상. 태양 질량의 8배 미만의 별들인 경우, 그 중의 일부가 백색왜성 단계를 거쳐 폭발을 하는데 백색왜성 전체를 우주로 날려버린다. 태양질량의 8배에서 20배 사이의 별들은 진화의 마지막 단계에서 중성자별이 중심부에 만들어지면서 바깥쪽에 있는 물질을 폭발시킨다. 1987년에 발견된 초신성은 이 두번째 경우에 해당된다. 태양질량의 20배보다 큰 별들은 중심부에 블랙홀을 형성하고, 그 중 일부가 폭발을 일으키며 이때 폭발력이 보통의 초신성보다 10여 배 큰 극초신성 폭발을 일으킬 것으로 추정되고 있다.

뉴트리노: 중성미자

물질과 상호작용을 거의 하지 않는 가벼운 입자이다. 태양의 핵반응에서도 아주 많은 중성미자가 만들어져 지구로 날아오고 있으며, 대부분은 지구를 통과해 버린다. 중성자별을 수반한 초신성 폭발의 경우 대량의 중성미자가 형성되며, 일본의 카미오칸데에서는 1987년 광학 망원경으로 관측된 초신성에 수반된 중성미자를 관측하는데 성공하였으며, 그 공로로 2002년 일본의 코시바 교수에게 노벨물리학상이 수여되었다.

중성자별

초기 질량이 태양의 8배 이상 20배 미만의 별들이 수명을 다한 후에 그 중심부에 만들어지는 고밀도 별로서, 밀도가 서울의 모든 건물을 각 변의 길이가 1cm인 상자 속에 가두어 놓는 것에 해당한다.
이론적으로만 예측되었던 중성자별은 라디오 펄사의 발견으로 존재가 확인되었으며 이 공로로 1974년 영국의 헤위쉬 박사에게 노벨상이 수여되었고 1993년에는 두 중성자별로 이루어진 쌍성의 발견과 관련하여 다시 한번 헐스와 테일러에게 노벨상이 수여되었다.
2002년 노벨상이 중성자별의 형성에 수반된 중성미자의 관측에 대한 공로로 일본의 코시바 교수에게 주어진 것을 감안하면, 중성자별은 현대 노벨 물리학상의 산실이라고 할 수 있다.

블랙홀

아인슈타인의 이론에 의해 빛조차 빨아들이는 것으로 알려진 별. 현대 엑스선 관측기술의 발달로 그 존재가 확인되었으며, 이러한 우주의 엑스선 관측에 관한 공로로 2003년 미국의 지아코니 박사에게 노벨 물리학상이 수여되었다.
태양을 반경 3km로 압축하면 블랙홀이 되며, 지구의 경우는 반경 9mm로 압축하면 블랙홀이 된다. 초기 질량이 태양의 20배 이상인 무거운 별이 진화의 마지막 단계에서 블랙홀로 진화하게 된 것으로 추정된다. 이와는 별도로 은하들의 중심부에 태양의 수백만 배 이상의 질량을 가진 거대 블랙홀들이 발견되었는데, 그 형성과정에 대한 이해는 현대 천체물리학의 과제로 남아 있다.

제럴드 브라운은 말한다

- Luck is for those who work hard.

―브라운 박사는 여러번의 행운을 맞이하게 된다. 가장 대표적인 행운은, 브라운 박사의 이론이 1985년에 제시된 직후, 16만 년 전에 폭발한 초신성(SN1987A)에서 나온 빛이 1987년 2월 23일에 지구에 도달한 것이다. 브라운 박사의 이론이 초신성의 관측에 의해 확인되기까지의 2년은 초신성에서 나온 빛이 지구까지 여행을 해온 16만 년에 비하면 너무나 짧은 시간이다. 이후 초신성의 원리에 대한 강연에서 자신의 행운을 자신의 노력의 결과로 빗대어 유머러스하게 표현하여 청중을 사로잡곤 했다.

- Why should I bother by the nonsense which I learned yesterday?
―브라운 박사는 열린 마음의 소유자였다. 자신의 이론이 틀린 것으로 밝혀진 경우 이에 실망하거나 머물지 않고, 늘 새로운 연구를 찾아 한 걸음 더 나아가곤 했다. 브라운 박사는 자신의 새 모델이 현상과 맞지 않음을 확인한 직후 위와 같이 말했다.

- Prejudice saves time for thinking.
―브라운 박사는 물리현상에 대한 탁월한 직관을 가지고 있었다. 새로운 실험 현상을 자신의 직관으로 설명하는 강연 도중, 공격적인 질문을 위와 같이 유머럽게 받아넘기면서, 자신을 변호하였다.

더 읽어야 할 책들

Bethe, H.A. and Brown, G.E., "How a supernova explodes", *Scientific American*, 252, 60~68, 1985.

Brown, G.E, "How collapsing stars might hide their tracks in black holes", *Science* 261, 831~832, 1993.

_____, "Mystery of the missing star", *Discover*, December, 111~115, 1996.

Bethe, H.A. and Brown, G.E., "Observational constraints on the maximum neutron star mass", *Astrophysical Journal* 445, L129~L132, 1995.

Bethe, H.A. and Brown, G.E., "Evolution of binary compact objects that merge", *Astrophysical Journal* 506, 780~789, 1998.

Brown, G.E., A "theory of gamma-ray bursts", *New Astronomy* 5, 191~210, 2000.

Lee, C.-H., Brown, G.E., and Wijers, R.A.M.J., "Discovery of a black-hole mass-period correlation in soft X-ray transients and its implication for gamma-ray burst and hypernova mechanisms", *Astrophysical Journal* 575, 996~1006, 2002.

리처드 스몰리 *Richard E. Smalley*

제3의 탄소는 축구공이다

이성훈 서울대 교수·화학

우주를 구성하는 탄소 형태

탄소는 자연계에 크게 두 가지 형태로 존재하는 것으로 알려져왔다. 그 두 형태는 세상에서 제일 경도가 뛰어난 그물 구조의 다이아몬드 형태와 경도는 낮지만 판상 구조의 연필심으로 이용되는 흑연 형태이다.

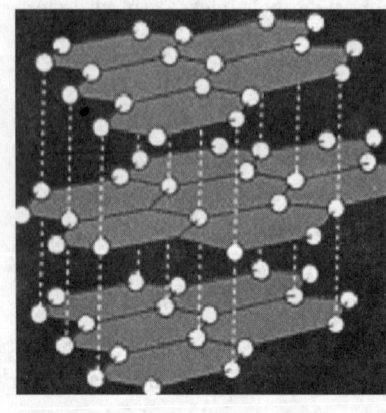
다이아몬드 구조

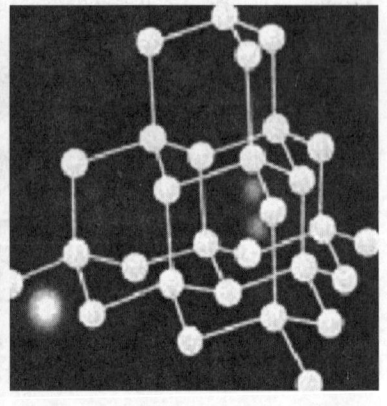
흑연 구조

우주에는 많은 별들이 있으며 별들 사이의 공간(interstellar medium)에는 풍부한 탄소 원소들이 존재한다. 밤하늘의 별들은 먼저 수소 원소를 연료로 사용하여 별빛을 발하며, 수소가 소진되고 나면 헬륨 원소를 연료로, 그후 탄소를 연료로 하여 빛을 발하게 된다. 우주와 우주에 존재하는 물질과의 의사소통은 이들이 발하는 전자기선, 특히 마이크로웨이브, 라디오웨이브 파장

> *21세기는 급격한 인구 증가와 화석 에너지 고갈에 직면할 것이며, 이에 획기적인 생산력의 증가를 가져올 새로운 물질의 개발과 기술이 요구되고 있다. 탄소 나노튜브는 이러한 문제를 해결할 하나의 새로운 물질이 될 것이다.*

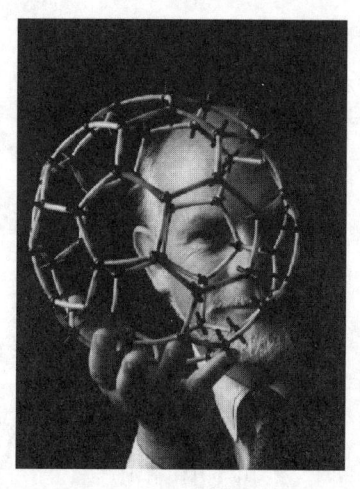

우주 성간에 존재하는 화학종을 구성하고 있는 원자의 수									
2	3	4	5	6	7	8	9	11	13
H_2	H_2O	NH_3	SiH_4	CH_3OH	CH_3CHO	$CHOOCH_3$	CH_3CH_2OH	$H(C\equiv C)_4CN$	$H(C\equiv C)_5CN$
OH	H_2S	H_3O^+	CH_4	NH_2CHO	CH_3NH_2		$(CH_3)_2O$		
SO	SO_2	H_2CO	CHOOH	CH_3CN	CH_3CCH		CH_3CH_2CN		
SO^+	HN_2^+	H_2CS	$HC\equiv CCN$	CH_3NC	CH_2CHCN		$H(C\equiv C)_3CN$		
SiO	HNO	HNCO	CH_2NH	CH_3SH	$H(C\equiv C)_2CN$		$H(C\equiv C)_2CH_3$		
SiS	H_2D^+	HNCS	NH_2CN	C5H	CH_3CCN				
NO	HCN	CCCN	H_2CCO	HC_2CHO	C_6H				
NS	HNC	HCO_2^+	C_4H	$CH_2=CH_2$					
HCl	HCO	SiCC	C_3H_2	H_2CCCC					
NaCl	HCO^+	CCCH	CH_2CN						
KCl	HOC^+	c-CCCH	C_5						
AlCl	OCS	CCCO	SiC_4						
AlF	CCH	CCCS	H_2CCC						
PN	HCS^+	HCCH	HCCCO						
SiN	CCO	$HCNH^+$	HCCNC						
CH	CCS	C_2H_2	HNCCC						
CH^+	C_3	HCCN							
CN	CCO								
CO									
CS									
C_2									
SiC									
CP									

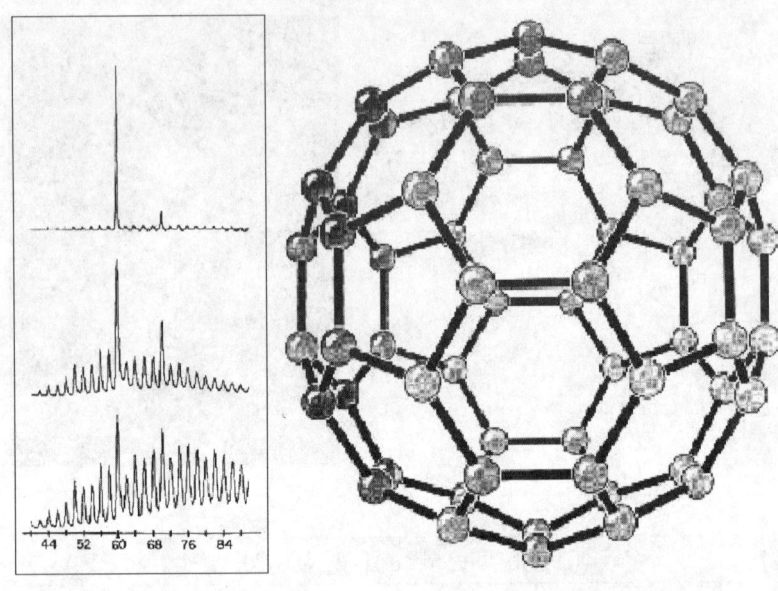

탄소 화학종의 질량 스펙트럼　　새로운 형태의 탄소 구조인 C_{60} 축구공.

영역의 전자기선을 탐지하여, 이 전자기선 스펙트럼을 분석하면, 이들에 관한 구조적 정보를 얻을 수 있다. 이 부분의 연구 분야를 라디오파 천문학(Radio Astronomy)이라 한다. 지금까지 우주 성간에 존재하는 것으로 밝혀진 물질은 앞 쪽의 표에 주어졌다.

앞의 표에서 보듯이 탄소 원소는 우주에 풍부하게 존재하며, 지금까지 알려진 가장 큰 화학종은 원자수가 13인 수소, 탄소, 질소로 구성된 화합물인 $H(C\equiv C)_5CN$이다.

제3의 탄소의 형태인 축구공 모양의 C_{60}의 발견

처음으로 선형 구조의 탄소화합물인 HC_5N 화학종을 발견한 바 있는 영국의 과학자 크로토 교수(H.W. Kroto)는 백색거성 주위 공간에는 탄소가 풍부하게 존재하고 있음으로, 긴 선형 구조의 여러 탄소화합물이 존재할 것이라 예측했다. 라이스대학교의 스몰리 교수 연구 그룹은 레이저의 특성 중 순간적으로 매우 높은 에너지를 방출할 수 있는 성질을 이용하여 어떤 물질이라도 쉽게 기체화시킬 수 있는 레이저 용발 실험장치를 가지고 있었다. 컬(Robert F. Curl) 교수의 권유로 크로토 교수는 라이스대학교를 방문하여 1985년 가을 스몰리 그룹의 대학원생인 히스(J. R. Heath)와 오브라이언(J.

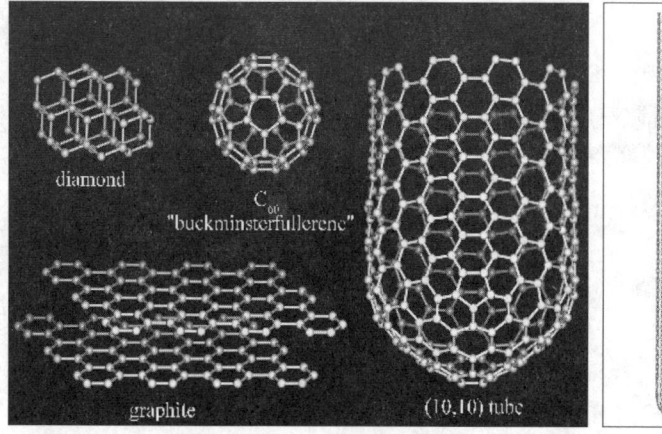 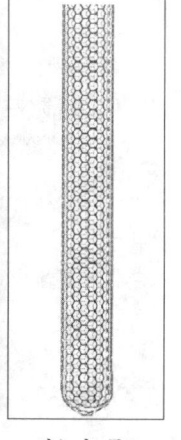

여러 형태의 탄소구조물: 흑연, 다이아몬드 풀러린, (10,10)탄소 나노튜브.   탄소 나노튜브.

C. O'Brien)과 함께 레이저 광을 흑연에 조사하여 형성된 탄소 증기를 헬륨 가스와 충돌시켜 여러 가지의 탄소화합물을 형성하였다. 질량 대 전하 비 (比)로 질량을 재는 질량분석기로 생성된 화학종에 관한 스펙트럼을 얻었으며, 이 질량 스펙트럼에서 탄소 원자의 갯수가 60개로 이루어진 화학종인 C_{60} 피크의 강도가 유독히 강하였다. 어떤 기하학적 구조가 이와 같이 강한 신호와 구조적 안정성을 제공할 것인가 하는 문제가 대두되었으며, 이에 대한 해답은 1987년 풀러(R. Buckminster Fuller)라는 건축가가 캐나다 몬트리올의 세계전시관을 정육각형과 정오각형을 사용하여 건축한 돔 양식의 건물에서 찾게 되었다. 이렇게 돔 양식의 기하학적 구조로부터 힌트를 얻어 C_{60} 축구공 모양을 할 것이라고 주장하였고, 실험적으로 핵자기공명법과 적외선 분광법을 통하여 축구공 구조가 확인되었다. C_{60} 축구공은 그 건축가의 이름을 따 벅민스터 풀러린이라 칭하기도 한다.

스몰리, 컬(Robert F. Curl), 크로토 교수(H.W. Kroto)는 제3의 탄소 형태인 축구공(12개의 정오각형과 20개의 정육각형이루어짐) 구조의 C_{60}를 발견한 공로로 1996년 노벨 화학상을 공동 수상하였다.

C_{60}는 옛날부터 존재하고 있었다. 굴뚝 속 숯검정으로, 촛불의 불연소화된 검정으로, 또는 원산지 천연고무로 만들어지거나 인공의 고분자 합성으로 만들어지는 자동차의 타이어는 본래 흰색인데 이것을 검게 만들기 위하여 카본 블랙이라는 탄소 화학종을 섞었다. 카본 블랙을 만드는 과정에서 C_{60}도 형성되었으며, 그 당시 카본 블랙을 추출하기 위하여 유기 용매인 톨루엔에 형성물을 녹였는데, 그때 유기 용매에 C_{60}는 잘 녹았으며 그 유기 용매를 버림으

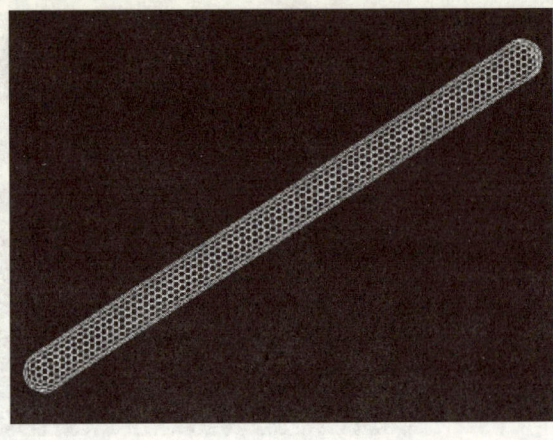

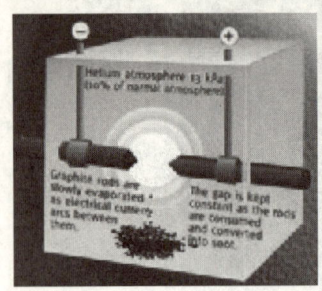

옆 | 죽부인 모양의 탄소 나노튜브.
아래 | C_{60} 제조용 아크 방전 장치.

로써, C_{60}는 쓸모없는 물질로 내버려졌다는 것이다. 지금 가격이 그램당 100달러를 웃돈다는 것을 생각하면 격세지감이 든다. 이와 같이 C_{60}는 세상에 널리 이미 존재하고 있었고, 그 가치를 알아본 사람들에 의하여 비로소 발견되었을 뿐이다.

C_{60}의 가치는 C_{60}가 발견된 5년 후에 천문학자인 허프만(D. R. Huffmann)과 크래스머(W. Kratschmer)에 의하여 흑연봉의 아크 방전으로부터 많은 양의 C_{60}의 제조가 가능해져 C_{60}의 여러 성질과 특성을 본격적으로 연구할 수 있게 되면서부터다. 알칼리 금속(Na, K, Rb, Cs)과 C_{60}가 결합하여 면심격자 결정을 이루면 어떤 임계온도 이하에서는 저항이 갑자기 없어지고, 자기장을 배척하는 초전도 성질을 보인다. C_{60} 자체는 직경이 7Å 되는 역학적 강도가 높은 나노베어링으로 서로 이동하는 물질 사이에서 윤활 작용을 하는 나노 소재로 응용 가능하다. C_{60}는 공동의 구조를 가지고 있어 그 빈 공간에 금속을 채워 메탈로풀러린(metallofullerene)을 만들 수 있다. 공 모양의 풀러린인 C_{60}의 발견은 1991년 일본의 이지마 박사의 TEM 분석에 의하여 길쭉한 대롱 모양의 풀러린, 또는 죽부인 모양의 풀러린인 탄소 나노튜브의 발견을 가져오게 된다.

21세기 신재료인 C_{60}와 탄소 나노튜브

인류 문명의 발달은 재료과학의 발달과 궤를 같이해오고 있다. 타제, 마제 석기, 토기에서 비롯한 구석기·신석기 문명, 구리, 구리에 아연이나 주석을 섞어 연성과 전성, 경도를 조절하여 새로운 성질의 합금인 청동 및 황동으로

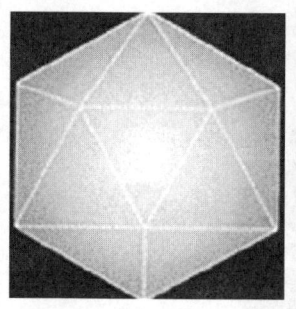
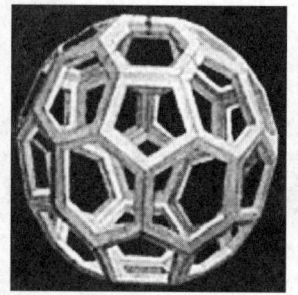

꼭지를 도려낸 정12면체.

이룩된 청동기 문명, 경도가 더 나은 철에 의한 철기 문명 시대를 거친다. 그 후 증기기관 발명에 따른 획기적인 생산력의 증가로 인하여 세계 인구의 증가와 새로운 동력원에 의한 기계와 교통의 발달은 각 나라들 간의 교류를 진전시키고 과학과 기술의 발전을 가져왔다.

실리콘 반도체 재료에 의한 트랜지스터 전자소자의 제작으로 시작되는 반도체 문명 시대는, 소형화, 저소비 전력화된 초집적소자(IC), 마이크로프로세서 등의 출현을 가능하게 하여 실생활의 편리화 및 정보 전달의 중요한 매체인 가전기기, TV, 음향기기, 영상기기, 전화·통신기기, 컴퓨터 등을 탄생 가능하게 하였다. 합성수지라 불리는 플라스틱은 가볍고 튼튼하고 성형이 자유로워 산업과 일상생활의 기본 소재가 되었으며, 고분자 시대를 선도하고 있다. 실리카 광섬유 재료의 개발은 더 한층 멀티미디어 정보통신망으로 범위를 확대하여 지역의 한계를 극복하는 데 기여하고 있으며, 세계 인류 간에 음성, 문자, 동화상 등 다양한 정보를 주고받는 것을 실현하고 있다. 이와 같이 인류의 탄생과 더불어 유사 이래부터 근대 및 현대에 이르기까지 재료과학은 인류 문명의 선도와 발전에 있어 중요한 역할을 해오고 있다. 현재는 이러한 세라믹, 고분자, 금속, 반도체 등의 재료가 서로 연계되어 소자를 구현하는 재료로 널리 사용되고 있다.

집적회로에 의한 전자소자의 혁명적 발전과 이 집적회로의 집적도를 높이기 위한 미세화 요구는 나노 과학 및 기술연구의 도래를 초래하였다. 우주 비행, 멀티미디어 정보교환, 가전기기, 컴퓨터, 로봇, 장난감에 이르기까지 집적회로(IC)의 세계적 시장규모는 2001년 현재 300억 달러 규모이다. 현재 반도체 집적도의 척도인 트랜지스터의 게이트 선폭은 0.13μ(제곱센티미터당 천만 개의 트랜지스터 포함)에 이른다. 실리콘 반도체 기술이 도달할 궁극적인 게이트 선폭은 $0.1\mu(10^{-7}m)$이며 이때 발생하는 열의 처리문제, stray 신

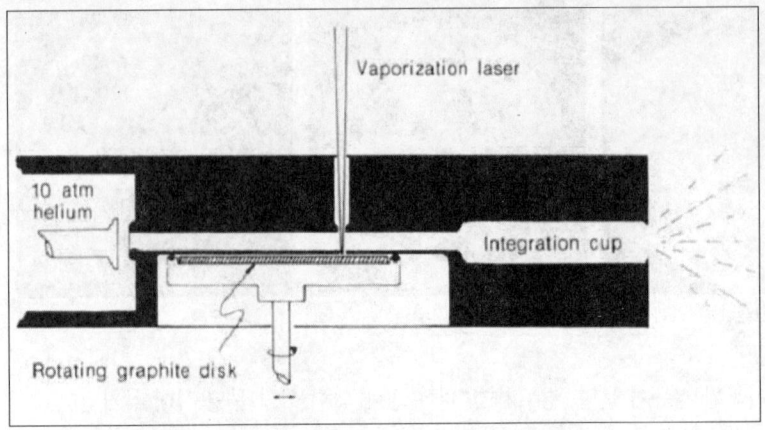

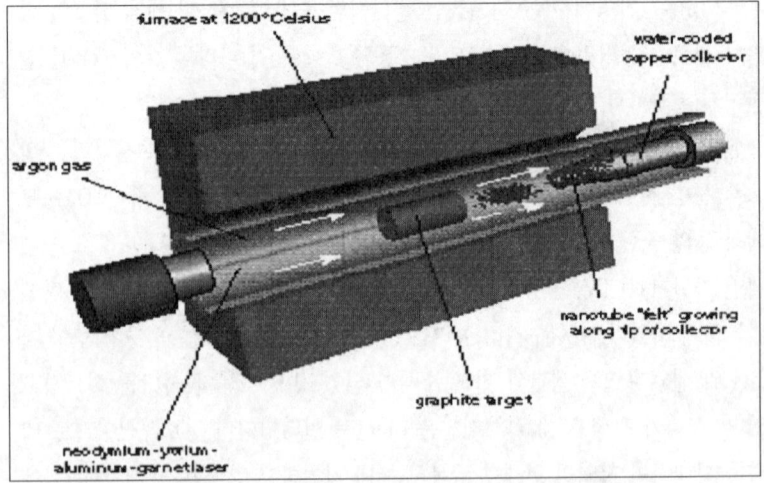

위 | C_{60} 풀러린 제조 실험장치.
아래 | 레이저 증기화를 이용한 탄소 나노튜브 제조장치.

호처리 문제, 회로연결 문제, 초미세 패턴 형성 문제 등으로 실리콘에 기인한 반도체 기술은 한계에 이를 것이다. 따라서 물질의 궁극적 크기 단위인 원자, 분자나 나노 소재를 이용한 전자소자의 개발이 요구된다. 또한 경제적 비용으로 최소 소자 크기(MFS: Minimum Feature Size)를 100nm(1nm는 머리카락 굵기의 5만분의 1) 이하로 구현하고자 하는 것이 나노 과학 및 기술 연구의 결정적 동기이다. 나노 과학 및 기술은 신재료의 개발을 절실히 필요로 하고 있다.

스몰리, 크로토, 컬 등에 의한 C_{60} 풀러린의 발견과 이지마에 의한 탄소 나노튜브의 발견은 나노 전자소자 구현을 위한 신재료 제공이라는 점에서 또한 중요성을 갖는다.

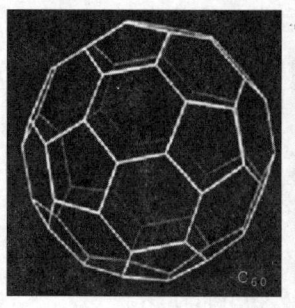
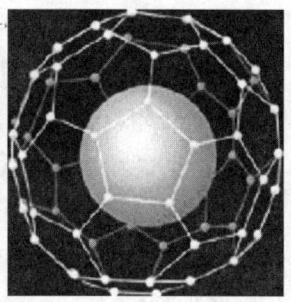
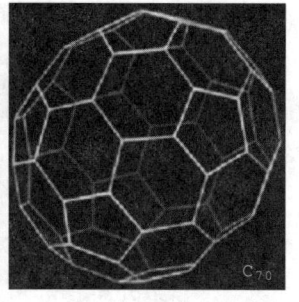

메탈로풀러린 Metallofullerene.

탄소 나노튜브는 죽부인 모양의 긴 대롱의 풀러린이다. 탄소 나노튜브 중에서 직경이 13Å 되는 (10,10) 탄소 나노튜브가 구조적으로 안정하고 많이 제조되는데, 이 직경은 C_{60} 축구공을 탄소나노튜브 대롱 안에 밀어넣으면 아주 잘 들어맞는 구조이다. 탄소 나노튜브는 전자소자로는 나노 전계트랜지스터(nano-FET)로, 넓은 표면적으로 인하여 수소 저장용 매질로서 연료 전지에, 역학적 성질 면에서 탄소 나노튜브는 탄소로만 이루어져 있어 강철에 비하여 6배 정도나 가볍지만 인장 강도는 강철에 비하여 10배나 강하여 고부가가치의 우주선, 방탄조끼 등의 역학 재료로 이용 가능하다. 탄소 나노튜브는 역학적 안정성과 높은 길이 대 구경 비로 인하여 전자를 쉽게 낮은 전압에서도 잘 방출하는 전계전자방출 특성을 가지고 있다. 탄소나노튜브에서의 전계 전자 방출은 열전자나 광전자 방출과 달리 에너지 장벽을 통한 양자역학적 터널링에 의한 현상이다. 탄소 나노튜브는 $3V/\mu m$의 전기장으로 100mA의 큰 전류를 방출할 수 있다. 이는 앞으로 많은 전류를 필요로 하는 무선통신 중계용 RF 증폭기뿐 아니라, 나노 영역에서 전자소자의 냉전자총으로, 반도체 집적소자에서는 나노 소자를 서로 연결하는 금속연결선으로, 또한 전계디스플레이 산업, 초집적 전자산업, 무선통신기기산업 등에 핵심 부품 재료로 무한한 응용 가능성을 가지고 있다. 이와 같이 탄소 재료는 산업과 문명에 미칠 파급효과가 매우 크다.

어머니와 함께 세포 관찰을

이제 이 글이 스몰리에 관한 글임에 충실하기 위하여 그가 한 인간으로서 걸어온 바와 풀러린 외에 과학자로서 공헌한 바를 적어보고자 한다. 스몰리는 미국 오하이오의 아크론에서 태어나 미주리의 캔사스에서 소년기, 청소년기를 화목한 중상류 가정에서 보내고 뉴저지주 프린스턴대학교 화학과에서 1973년 박사학위를 취득하였고, 그리고 1981년 이래 텍사스주 라이스대학교에서 화학과 교수로 재직해오고 있으며, 1990년부터는 동 대학교 물리학과 교수도 겸하고 있다.

어린시절 어머니와 함께 현미경으로 세포를 관찰하고, 산수와 화학 실험을 통하여 과학에 흥미를 갖기 시작한 스몰리는 근면한 아버지와 함께 기계와 여러 소품을 같이 만들며, 설계, 도안에 관한 지식을 가지게 되었다. 대학에서는 화학에 관심을 가지고 공부했고, 졸업 후 쉘 석유회사에 취직하여 현장 경험을 쌓은 후 프린스턴대학교 화학과에서 번스틴(Elliot R. Bernstein) 교수 밑에서 얀-텔러(Jahn-Teller) 현상에 관한 연구와 분자계와 응집계에 관한 연구로 박사과정을 이수하였다.

1973년 시카고대학교 레비(Donald H. Levy) 교수 밑에서 박사후 연구원으로 활동했다. 이 기간 분자분광학적 연구에 큰 도움이 되는 기술적 진보를 이룩하였다. 분자의 에너지 구조를 연구하기 위해서는 단순화된 스펙트럼을 얻는 것이 요구된다. 스몰리, 레비, 와튼은 분자를 불활성 기체인 아르곤이나 헬륨 기체에 섞어 등엔트로피하에 단열팽창시키면 이계의 온도가 수도 캘빈(~3K)으로 떨어지며 낮은 에너지 준위의 분자 회전운동 에너지 준위만이 차서 분자의 스펙트럼이 매우 간단해진다. 이 기술을 초음속 팽창기술이라 하는데 이 방법으로 NO_2, 테트라진, $He-I_2$ 반데어 콤플렉스, Na-Ar 등을 연구하였다. 분광학적 연구에 대한 스몰리 교수의 기여는 그 당시 막 이용하기 시작한 레이저와 더불어 초음속 팽창-레이저 분광학 기술을 개발하는 데 크게 이바지하였다. 이 기술은 지금도 유용하게, 중요한 분자계의 에너지 구조를 측정하는 데 널리 적용되고 있다. 1978년 텍사스의 휴스턴에 위치한 라이스대학교에서 조교수직을 얻어 연구를 시작하게 되었고, 이미 레이저 분광학으로 많은 일을 하고 있던 컬(Robert F. Curl) 교수와 함께 펄스 초음속 팽창-펄스 레이저 분광학적 연구를 진행하였다. 또한 분광분석뿐 아니라 미량분석에 있어서도 민감도가 뛰어난 질량분석법과 결합한 공명 이광자 이온화법(resonant two-photon ionization: R2PI)을 개발하기도 하였다.

1970년대에는 중동지역에서 파급된 석유파동으로 세계는 핵융합에 의한 에너지원에 관심을 갖게 되고, 스몰리는 미국의 석유회사인 엑슨(Exxon)의 칼도르(Andrew Kaldor) 그룹과 핵발전 원료가 되는 우라늄 분리추출 연구를 하게 되는데, 헥사프르오르 아세테이트 우라늄산화물 형태로 변형된 우라

늄화합물에서 핵발전에 유용한 원료인 U^{235} 동위 원소를 적외선 레이저를 사용하여 분리하는 연구를 수행하였다.

이후 엑슨 회사 결정으로 이 분야의 연구를 그만둠에 따라, 엑슨(Exxon)의 칼도르 그룹과의 연구는 1980년대 들어서 어떤 물질이라도 증기화할 수 있는 방법인 레이저 용발기술 개발에 착수하게 된다. 이 펄스 레이저 증기화 방법으로 금속과 반도체 타깃을 증기화하여 금속과 반도체 클러스터를 제조한다. 클러스터는 물질의 한 형태인데, 클러스터는 원자들이 하나씩 차곡차곡 쌓여 형성되는 물질로서, 크기에 있어서 원자와 벌크 물질의 교량 역할을 한다. 이 방법은 탄소, 금속, 반도체 클러스터 연구 활성화에 도움을 주었다. 이 펄스 레이저 증기화 방법은 후에 컬, 크로토 교수와 함께 흑연에 펄스 레이저를 조사하여 C_{60} 풀러린을 제조하는 데 사용된 방법이다. 클러스터는, 원자들이 쌓여 벌크 물질로 진전되어감에 따라, 다시 말해 물질의 성질이 크기가 변함에 따라 어떻게 발전·전개되는가에 대한 물음에 답을 제공할 수 있는 연구 대상이다.

현재 스몰리 그룹은 21세기 그 중요성을 더해가는 나노 연구에 전반적으로 관여하고 있으며, 특히 탄소 나노튜브 연구에 중점을 두고 있다. 단일막 탄소 나노튜브의 구조와 전기적 특성, 단일막 탄소 나노튜브의 효율적 제조 방법, 단일막 탄소 나노튜브 결정 형성방법, 단일막 탄소 나노튜브의 효율적 분리, 단일막 탄소 나노튜브의 엄밀한 분석을 위한 기판 위의 고정화 및 낱개로의 분산 방법, 단일막 탄소 나노튜브의 광학적 특성, 전자소자에의 응용방법 등을 연구하고 있다.

탄소 나노튜브가 미래를 연다

결론적으로 스몰리 교수의 과학에의 공헌을 다시 요약해보자. 초음속 단열팽창-레이저 분광학 기술의 개발로 복잡한 분자계의 분광 스펙트럼을 획기적으로 단순화시켜 매우 높은 정확도로 분광학적 연구가 가능하게 한 것을 꼽을 수 있다. 또한 질량분석법과 결합한 공명 이광자 이온화법을 개발하여 민감한 분광분석 및 미량 분석을 가능하게 한 것, 어떤 물질이라도 증기화할 수 있는 레이저 용발기술과 초음속 단열팽창기술을 이용하여 금속, 반도체 등의 클러스터 제조를 가능하게 하여 물질 형성과정과 응집계 형성에 관여하는 물리적 화학적 현상을 엄밀하게 연구하도록 하기도 했다. 1985년 가을, 탄소로 이루어지는 물질이 다이아몬드, 흑연 외에, 제3의 형태인 축구공 모양의 C_{60} 풀러린 형태로 존재한다는 것을 밝힌 것 역시 빼놓을 수 없을 것이다.

스몰리는 지금도 21세기에 중요성을 더해가고 있는 나노 연구 분야에서, 신재료로서 큰 파급효과가 있을 탄소 나노튜브의 제조, 분리, 응용 연구에 이바지하고 있다. 그는 또한 미국의회 증언 등을 통하여 앞으로 인류 문명의 미래에 중요한 연구과제와 연구방향을 제시함으로써 미국사회에 이바지하고 있다.

이성훈 서울대학교 자연과학대학 및 동 대학원 화학과 이학학사, 석사 후 미국 하버드대학교 이학박사를 취득하였다. 광주과학기술원 신소재공학과 교수 역임, 현재 서울대 자연과학대학 화학부 교수로 재직하고 있다. 엮은 책으로『물리화학 실험』, 『대학 교육: 21세기 재료과학의 동향 및 전망』, 『화학 세계: 나노 재료』, 『Science, Journal of Chemical Physics』, 『Journal of American Chemical Society』, 『Journal of Physical Chemistry, Applied Physics Letters』등을 비롯한 유명 과학전문 저널(SCI)에 수십 편의 논문 발표, 과학기술진흥 공로로 과학유공표창 등을 수여하였다.

용어와 개념 풀이

C₆₀ 풀러린 fullerene
탄소로 이루어진 다이아몬드, 흑연 외에 제3의 형태로 20개의 정육각형과 12개의 정오각형으로 이루어진 축구공 모양으로 건축가인 벅민스터 풀러의 이름을 따 풀러린이라 칭하기도 한다. 초전도성, 윤활용 나노베어링으로 응용 가능하다.

메탈로풀러린 Metallofullerene
금속과 풀러린 간의 화합물로, 크게 풀러린의 공동 내에 금속이 들어간 풀러린을 endo-fullerene, 풀러린의 외벽에 금속이 결합한 풀러린을 exo-fullerene이라 부른다.

탄소 나노튜브 carbon nanotube
긴 대롱 모양, 즉 죽부인 모양의 풀러린으로 한 층의 흑연면(graphene sheet)을 둥글게 말아 만들어진 형상. 자연적으로 (10,10) 탄소 나노튜브가 구조적으로 안정되고 많이 제조됨. 탄소 나노튜브는 직경과 헬리시티(helicity)에 따라 금속성과 반도체 성질을 나타낸다. 차세대 나노 전자소자 구현의 신재료로 연구가 진행되고 있다. 나노 전계트랜지스터, 나노 다이오드, 수소 저장용 연료전지, 나노 금속선, 슈퍼축전지, 역학재료로 우주선, 방탄조끼, 전계방출 디스플레이소자의 냉전자총, 무선통신용 RF 증폭기, 나노가스 감지소자 등 다양한 응용 분야로 인하여 현재 연구가 활발한 신나노 재료이다. 탄소나노튜브는 1991년 일본의 이지마 교수의 TEM 분석으로 알려지게 되었다.

송이체: 클러스터, cluster
클러스터는 원자들이 차곡차곡 쌓여, 즉 원자들이 뭉친 덩어리를 말하며, 송이체라고 칭한다. 수 개의 원자로부터 수천 수만 개의 원자로 이루어진 덩어리이다. 크기에 있어서 원자와 벌크 물질의 교량 역할을 하며 물질의 성질이 크기가 변함에 어떻게 진전, 전개되는지를 밝힐 수 있는 이상적인 연구 대상이다. 클러스터에 관한 연구는 궁극적으로 원하는 성질을 나타내는 물질을 최소 단위로 구현할 수 있는 방법을 제시할 수 있다는 점에서 중요한 연구 분야이다.

초음속단열 팽창
supersonic expansion
연구 대상이 되는 소량의 분자나 원자를 불활성 기체인 헬륨(He), 또는 아르곤(Ar), 또는 지논(Xe) 속에 섞어 총기압이 1~2기압이 되게 혼합한 후 진공 속으로 조그만 구멍(노즐), 즉 직경이 수십 마이크론 정도 되는 노즐을 통하여 팽창시킨다. 그러면, 이 조그만 구멍을 지나기 위하여 분자들은 수 백만의 충돌을 경험하면서 병진운동 에너지가 단일화되고, 분자 빔(molecular beam)을 이루며 단열팽창하여 온도가 급격히 떨어져 수 캘빈 정도 밖에 되지 않는다. 이 방법으로 분자들의 온도를 낮추면, 채워지는 에너지 준위가 감소하여 분광 스펙트럼이 매우 단순화된다.

공명 이광자 이온화법
resonance two photon ionization
분자의 에너지 준위와 공명을 이루는 레이저 파장을 이용하여 선택적으로 화학종을 이온화하여 질량분석기로 감지하여 선택적으로 화학종을 감지할 수 있는 매우 민감한 분석방법이다.

레이저 분광학 laser spectroscopy
레이저는 단파장(momochromatic), 높

은 출력(high power), 상의 결맞음 (coherent) 등의 특성으로 인하여 원자나 분자의 띄엄띄엄한 에너지 준위를 탐색할 수 있는 좋은 광원이며, 이를 이용하여 원자나 분자의 에너지 준위를 탐색 분석하는 연구 분야를 말한다.

리처드 스몰리는 말한다

- 앞으로 화석 에너지의 고갈에 직면하여 세계 평화와 번영을 위하여 2050년까지 적어도 10TW의 새로운 청정 에너지원 개발이 요구되며, 이를 위하여 스푸트닉호 발사 후 취한 과학 정책처럼 현재 과학 기술 기피 현상과 관련하여 청소년들의 과학 및 기술에의 지속적 관심과 진입을 위한 과학 기술 정책이 요구된다. ─미국 워싱톤 발표에서, 2003.

- 새로운 탄소 형태인 풀러린을 발견은 새로운 실험 장치 개발에 의한 것이다. 준비된 연구자의 새로운 기기의 사용은 자연에 관한 직관적 예측을 가능하며 나아가 새로운 자연 현상의 발견을 가능하게 한다. 새로운 기기 장치의 개발을 기초과학이라기보다 응용과학으로 폄하하는 것은 과학을 영구적인 무지라고 비난하는 것이다. ─노벨상 수상 강연에서

- 증기 기관의 발명은 산업 혁명을 야기하였으며, 그로 인한 급격한 생산력의 증가는 지구상의 인구의 증가를 가능하게 하였다. 또한 증가한 인구의 여러 생활적 요구를 가능하게 함에 따라 과거에 비하여 세계의 평화가 유지되었다. 21세기는 20세기에 비하여 급격한 인구 증가와 화석 에너지 고갈에 직면할 것이며, 이에 획기적인 생산력의 증가를 가져올 새로운 물질의 개발과 기술이 요구되고 있다. 탄소 나노튜브는 이러한 문제를 해결할 하나의 새로운 물질이 될 것이다. ─웰치 재단 강연에서

더 읽어야 할 책들

Richard Smalley, "Of chemistry, love and nanobots - How soon will we see the nanometer-scale robots envisaged by K. Eric Drexler and other molecular nanotechologists? The simple answer is never." R. E. Smalley, *Scientific American*, 285, 76~77, 2001.

_____, "Two-dimensional imaging of electronic wavefunctions in carbon nanotubes." S. G. Lemay, J. W. Janssen, M. van den Hout, M. Mooij, M. J. Bronikowski, P. A. Willis, R. E. Smalley, L. P. Kouwenhoven and C. Dekker. Nature, 412, 617~620, 2001.

_____, "Catalytic Growth of Single-Wall Carbon Nanotubes From Metal Particles." J. H. Hafner, M. J. Bronikowski, B. R. Azamian, P. Nikolaev, A. G. Rinzler, D. T. Colbert, K. A. Smith and R. E. Smalley, *Chemical Physics Letters*, 296, 195~202, 1998.

_____, "Electronic Structure of Atomically Resolved Carbon Nanotubes." J.

W. G. Wildoer, L. C. Venema, A. G. Rinzler, R. E. Smalley and C. Dekker. Nature, 391, 59~62, 1998.

_____, "Fullerene pipes." J. Liu, A. G. Rinzler, H. J. Dai, J. H. Hafner, R. K. Bradley, P. J. Boul, A. Lu, T. Iverson, K. Shelimov, C. B. Huffman, F. Rodriguez-Macias, Y. S. Shon, T. R. Lee, D. T. Colbert and R. E. Smalley, Science, 280, 1253~1256, 1998.

_____, "Autobiography." R. E. Smalley, Le Prix Nobel, 1997, 1997.

_____, "Discovering the Fullerenes, Nobel Lecture." R. E. Smalley, La Prix Nobel, 1997.

_____, "Fullerene Nanotubes: C1,000,000 and Beyond." B. I. Yakobson and R. E. Smalley, American Scientist, 85, 324~337, 1997.

_____, "From Fullerenes to Nanotubes." J. H. Hafner, A. Thess, P. Nikolaev, A. Rinzler, D. T. Colbert and R. E. Smalley, The Chemical Physics of Fullerenes 10 (and 5) Years Later, 316, 19~26, 1996.

_____, "Solar generation of the fullerenes." L. P. F. Chibante, A. Thess, J. M. Alford, M. D. Diener and R. E. Smalley, Journal of Physical Chemistry, 97, 8696~8700, 1993.

_____, "The Third Form of Carbon." L. P. F. Chibante and R. E. Smalley. On Clusters and Clustering, From Atoms to Fractals, 99~119, 1993.

_____, "Self-Assembly of the Fullerenes." R. E. Smalley, Accounts of Chemical Research, 25, 98~105 (1992).

_____, "Fullerenes with Metals Inside." Y. Chai, T. Guo, C. M. Jin, R. E. Haufler, L. P. F. Chibante, J. Fure, L. H. Wang, J. M. Alford and R. E. Smalley, Journal of Physical Chemistry, 95, 7564~7568, 1991.

_____, "C60- Buckminsterfullerene." H. W. Kroto, J. R. Heath, S. C. Obrien, R. F. Curl and R. E. Smalley, Nature, 318, 162~163, 1985.

_____, "Semiconductor cluster beams: One and two color ionization studies of Six and Gex." J. R. Heath, Y. Liu, S. C. Obrien, Q. L. Zhang, R. F. Curl, F. K. Tittel and R. E. Smalley, Journal of Chemical Physics, 83, 5520~5526, 1985.

_____, "Molecular Optical Spectroscopy with Supersonic Beams and Jets." R. E. Smalley, L. Wharton and D. H. Levy, Accounts of Chemical Research, 10, 139~145, 1977.

로버트 래플린 *Robert B. Laughlin*

전자들과 함께 춤을

문경순 연세대 교수·물리학

당신, 아직도 떠나지 않았소?

래플린은 가는 곳마다 많은 재미있는 에피소드를 남기는 창의력이 넘치는 물리학자다. 내가 미국 인디애나대학에서 대학원생으로 양자 홀 효과에 대한 연구를 할 때 공동연구자의 한 사람이 1994년 봄 미국물리학회에서 초청발표하게 되었다. 이때 청중으로 있던 래플린은 발표 중간에 연구결과에 대하여 연사와 논쟁을 벌이게 되었다. 좌장은 래플린에게 발표장에서 나가기를 익살스럽게 주문하였다. 연구발표가 끝난 후 넓은 강연장의 맨 뒷줄에서 한 사람이 다시 질문을 하였다. 그 역시 래플린이었다. 이때 좌장은 래플린에게 다음과 같은 한마디를 던졌다. "래플린, 당신 아직도 떠나지 않았소?" 래플린과의 두번째 만남은 1996년 겨울 스키 휴양지로 유명한 콜로라도의 아스펜 이론물리연구소(Aspen center for theoretical physics)에서였다. 이곳에서도 래플린은 특유의 학문적인 끼로 많은 의미있는 질문들을 던지곤 했다. 1998년에는 최근 이루어진 양자 홀 효과와 연관된 중요한 연구결과들을 한데 모아서 새로운 책이 집필되어 이 책의 서평을 래플린에게 부탁하였다. 래플린은 서평에서 필자의 연구를 포함한 몇 개의 주제를 제외하고는 혹평을 했고, 이것은 저자로부터 게재가 거절된 최초의 서평으로 기록에 남게 되었다. 래플린의 창의성을 가장 잘 나타내는 연구는 그의 '분수양자 홀 효과'에 대한 연구이다. 이제부터 양자 홀 효과의 세계로 빠져들어 보자.

고대 자연철학 시대부터 현대에 이르기까지 자연과학의 가장 큰 관심사 중 하나는 물질을 이루는 궁극적인 알갱이가 무엇인가 하는 것이다. 19세기 말

" 예시할 수 있는 날카로운 눈으로 관찰해 보면 이 세상에는 새로운 것들이 널려 있다. 우리가 미시세계를 지배하는 법칙을 안다고 해서 모든 것을 알고 있다고 생각한다면 그것은 오산이다. "

경부터 이러한 질문은 실험적으로 검증되기 시작하여 원자는 양전하를 가진 핵과 음전하의 전자로 이루어져 있음이 밝혀졌다. 입자가속기의 발달과 함께 단단한 알갱이로 믿겨졌던 핵은 양전하를 가진 양성자와 전하를 띠지 않는 중성자로 이루어져 있으며, 아울러 양성자와 중성자는 세 개의 쿼크라는 기본입자로 구성되어 있다는 사실이 밝혀지게 되었다. 백여 년에 걸친 수많은 세월의 검증에도 불구하고 전자는 여전히 궁극적인 알갱이로 굳게 자리잡고 있다. 전자는 요즘 우리가 실생활에서 사용하는 트랜지스터와 같은 전자소자들에서 전류의 운반자로서 매우 큰 역할을 하고 있으며, 전자들로 이루어진 복합 다체계에 대한 연구를 응집물리학이라고 부른다. 전자들로 이루어진 물리계에 존재할 수 있는 특정한 상태는 전자전하의 정수배에 해당하는 전하값들을 가지게 될 것이다.

츄이, 스퇴르머와 함께 노벨 물리학상을

1982년 벨연구소(Bell lab.)의 츄이(D.C. Tsui), 스퇴르머(H. Stormer), 고사드(A.C. Gossard)는 강한 자기장 하에서 반도체 이성구조에 존재하는 전자들의 전기전도특성을 연구하던 중 매우 특이한 사실을 발견하게 되었다. 기존의 실험 결과에 의하면 전기전도도는 특정한 값의 정수배만 존재해야 하는데, 그들의 실험결과는 3분의 1과 같은 분수값의 전기전도도 나타내는 것이었다. 이러한 물리현상을 '분수양자 홀 효과'라고 부르게 되었다. 그 실험 결과는 매우 많은 이론 물리학자들의 관심을 끌게 되었고, 이에 대한 분명하

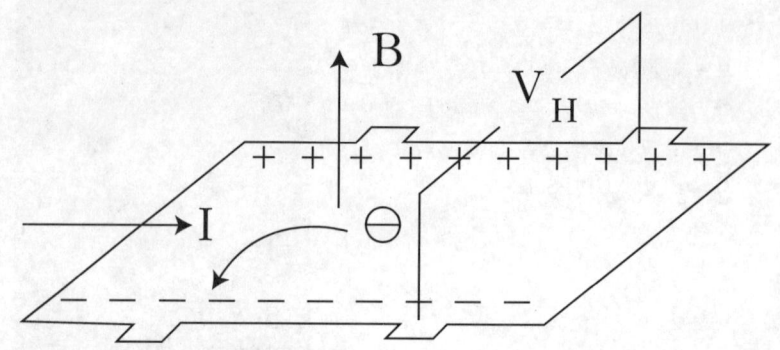

양자 홀 효과 실험 장치 개요도. 자기장 B 하에서 전류 I가 흐르면 전류의 방향에 수직한 홀 전압 A_H가 형성된다. 홀 저항은 $R_H = V_H/I$로 주어진다.

고 명쾌한 해석을 제시한 학자가 바로 래플린이었다. 그는 분수양자 홀 효과에서 전자들은 새로운 양자유체를 형성하며 이러한 유체에 존재하는 기본입자들은 분수전하, 즉, 전자전하의 3분의 1 또는 5분의 1을 가진다는 놀라운 사실을 밝혔다. 그 연구의 결과로 1998년 노벨 물리학상이 츄이, 스퇴르머, 래플린에게 공동수여되었다. 어떻게 기본 알갱이인 전자들로 이루어진 물리계에서 분수값을 가진 전하상태가 존재할 수 있을까? 전자전하가 분할된다는 것인가?

홀 효과는 1879년에 대학원생이었던 홀(Edwin H. Hall)에 의해 발견되었다. 자기장하에서 얇은 금박에 전류를 흘리면 전류와 자기장의 방향에 수직한 방향으로 전위차가 형성된다는 것을 발견한 것이다. 이 현상은 전하를 가진 입자, 즉 전자가 자기장하에서 구심력을 받아서 회전운동하기 때문에 발생하는 것이다. 그후로 홀 효과는 도체나 반도체 등에서 전하밀도와 전하의 종류를 결정하기 위해 사용되는 가장 표준적인 방법이 되었다. 홀은 상온에서 1 테슬라(Tesla) 이하의 적당한 자기장의 세기에서 실험을 수행하였다. 1970년대 말에는 연구자들이 섭씨 영하 272도의 초저온 상태에서 수십 테슬라 정도의 매우 강한 자기장하에서 실험을 수행할 수 있게 되었다. 그들이 주로 연구한 물리계는 저소음 트랜지스터를 제작하기 위하여 이용되는 반도체 이성구조였다. 반도체 이성구조는 양자우물구조라고도 불리는데 전자들의 운동이 평면에 수직한 방향으로는 제한되어 이상적인 이차원 전자계를 형성하게 된다. 전자운동의 이차원으로의 제한은 많은 예기치 않았던 효과를 보여 주게 하였다.

1980년 막스 플랑크 연구소(Max Planck institute)의 클리칭(K. von

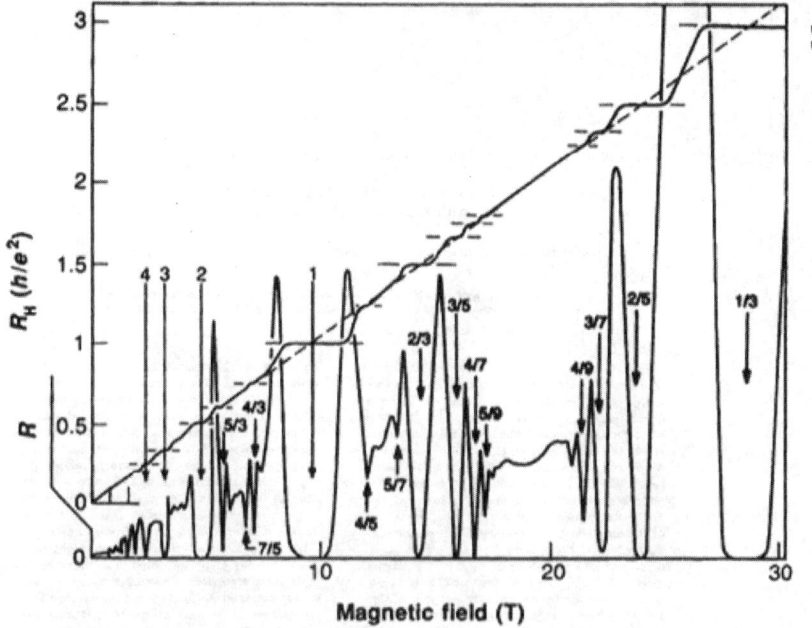

분수양자 홀 효과 실험결과. 점선은 고전적인 홀 저항을 나타내고 실선은 특정값에서 계단을 형성하는 실제 실험과과를 보여준다(J. P. Eisentiein et al., Science, 1990).

Klitzing)은 반도체 이성구조에서 홀 저항을 측정하게 되었고, 홀 저항이 자기장의 세기에 따라 직선으로 변하지 않고 어떤 특정한 값들만을 나타낸다는 사실을 발견하였다. 이 특정한 저항값은 실험물질 자체에는 의존하지 않고 물리학의 기본상수들과 정수의 곱으로 나타나는 것으로 밝혀졌다. 즉 저항이 양자화되었다는 것이다. 홀 저항이 양자화되었을 때 일반적인 전기저항은 사라졌으며 이차원 전자계는 마치 초전도체처럼 행동하였다.

정수양자 홀 효과의 발견으로 1985년 노벨 물리학상이 클리칭에게 수여되었다. 정수양자 홀 효과에 대한 이해는 강한 자기장하에서 개개의 전자들이 어떻게 양자역학적으로 운동하는지를 고찰해봄으로써 이해될 수 있었다. 1980년대 초까지 물리학자들은 이차원에서 전자가 불순물하에서 운동하면 전자의 운동이 불순물에 의해 구속되어 절대 영도에서 결국 전기전도를 할 수 없는 부도체가 된다고 믿어왔다. 래플린은 강한 자기장이 가해지면 전자는 특정한 전도띠들을 형성하기 때문에 전기전도를 할 수 있으며, 이를 통하여 홀 저항의 양자화를 적절히 설명할 수 있다는 것을 보여주었다.

몇 년 후 더욱 정교한 실험을 통하여 양자 홀 효과를 검증하던 과정에서 벨 연구소의 츄이, 스퇴르머, 고사드는 더욱 놀라운 실험 결과를 얻게 되었다.

VOLUME 50, NUMBER 18   PHYSICAL REVIEW LETTERS   2 MAY 1983

Anomalous Quantum Hall Effect: An Incompressible Quantum Fluid with Fractionally Charged Excitations

R. B. Laughlin

Lawrence Livermore National Laboratory, University of California, Livermore, California 94550

(Received 22 February 1983)

This Letter presents variational ground-state and excited-state wave functions which describe the condensation of a two-dimensional electron gas into a new state of matter.

PACS numbers: 71.45.Nt, 72.20.My, 73.40.Lq

The "$\tfrac{1}{3}$" effect, recently discovered by Tsui, Störmer, and Gossard,[1] results from the condensation of the two-dimensional electron gas in a GaAs-Ga$_x$Al$_{1-x}$As heterostructure into a new type of collective ground state. Important experimental facts are the following: (1) The electrons condense at a particular density, $\tfrac{1}{3}$ of a full Landau level. (2) They are capable of carrying electric current with little or no resistive loss and have a Hall conductance of $\tfrac{1}{3}e^2/h$. (3) Small deviations of the electron density do not affect either conductivity, but large ones do. (4) Condensation occurs at a temperature of ~ 1.0 K in a magnetic field of 150 kG. (5) The effect occurs in some samples but not in others. The purpose of this Letter is to report variational ground-state and excited-state wave functions that I feel are consistent with all the experimental facts and explain the effect. The ground state is a new state of matter, a quantum fluid the elementary excitations of which, the quasielectrons and quasiholes, are fractionally charged. I have verified the correctness of these wave functions for the case of small numbers of electrons, where direct numerical diagonalization of the many-body Hamiltonian is possible. I predict the existence of a sequence of these ground states, decreasing in density and terminating in a Wigner crystal.

Let us consider a two-dimensional electron gas in the x-y plane subjected to a magnetic field H_0 in the z direction. I adopt a symmetric gauge vector potential $\vec{A} = \tfrac{1}{2}H_0[x\hat{y} - y\hat{x}]$ and write the eigenstates of the ideal single-body Hamiltonian $H_{\rm sp} = |(\hbar/i)\nabla - (e/c)\vec{A}|^2$ in the manner

$$|m,n\rangle = (2^{m+n+1}\pi m! n!)^{-1/2} \exp[\tfrac{1}{4}(x^2+y^2)]\left(\frac{\partial}{\partial x} + i\frac{\partial}{\partial y}\right)^m \left(\frac{\partial}{\partial x} - i\frac{\partial}{\partial y}\right)^n \exp[-\tfrac{1}{2}(x^2+y^2)], \quad (1)$$

with the cyclotron energy $\hbar\omega_c = \hbar(eH_0/mc)$ and the magnetic length $a_0 = (\hbar/m\omega_c)^{1/2} = (\hbar c/eH_0)^{1/2}$ set to 1. We have

$$H_{\rm sp}|m,n\rangle = (n+\tfrac{1}{2})|m,n\rangle. \quad (2)$$

The manifold of states with energy $n+\tfrac{1}{2}$ constitutes the nth Landau level. I abbreviate the states of the lowest Landau level as

$$|m\rangle = (2^{m+1}\pi m!)^{-1/2} z^m \exp(-\tfrac{1}{4}|z|^2), \quad (3)$$

where $z = x + iy$. $|m\rangle$ is an eigenstate of angular momentum with eigenvalue m. The many-body Hamiltonian is

$$H = \sum_j \{|(\hbar/i)\nabla_j - (e/c)\vec{A}_j|^2 + V(z_j)\} + \sum_{j>k} e^2/|z_j - z_k|, \quad (4)$$

where j and k run over the N particles and V is a potential generated by a uniform neutralizing background.

I showed in a previous paper[2] that the $\tfrac{1}{3}$ effect could be understood in terms of the states in the lowest Landau level solely. With $e^2/a_0 \lesssim \hbar\omega_c$, the situation in the experiment, quantization of interelectronic spacing follows from quantization of angular momentum: The only wave functions composed of states in the lowest Landau level which describe orbiting with angular momentum m about the center of mass are of the form

$$\psi = (z_1 - z_2)^m (z_1 + z_2)^n \exp[-\tfrac{1}{4}(|z_1|^2 + |z_2|^2)]. \quad (5)$$

My present theory generalizes this observation to N particles.

I write the ground state as a product of Jastrow functions in the manner

$$\psi = \left\{\prod_{j<k} f(z_j - z_k)\right\} \exp(-\tfrac{1}{4}\sum_l |z_l|^2), \quad (6)$$

and minimize the energy with respect to f. We

© 1983 The American Physical Society   1395

『피지컬 리뷰 레터스』에 게재된 래플린의 논문. 이 논문에서 분수양자 홀 효과의 이론적 설명을 처음으로 게시하였다.

홀 저항이 기존의 실험에서는 볼 수 없었던 분수값들도 가질 수 있다는 사실을 발견하게 되었던 것이다. 실험을 거듭해감에 따라 다양한 종류의 새로운 분수값들을 얻을 수 있었다.

래플린과 실험 물리학자들인 츄이, 스퇴르머의 인연은 1980년대 초반으로

래플린이 참가한 APCTP/ICTP 국제제회 사진.

거슬러 올라간다. MIT 대학에서 박사학위를 취득한 후 래플린은 벨 연구소에서 박사후 연구원으로 일하게 되었다. 벨 연구소는 트랜지스터를 함께 발명한 윌리엄 쇼클리(W. Shockley)에 의해 1950년대에 설립된 이후 응집 물리학 연구의 중심지로 자리잡고 있었다. 많은 연구자들이 반도체 연구에 참여하고 있었는데, 츄이는 반도체 이성구조에 존재하는 이차원 전자계의 전기전도 특성의 정밀측정에 대한 전문가였다. 스퇴르머는 최첨단의 갈륨 비소(GaAs) 반도체 이성구조의 물리적 특성 연구에 능통하였다. 래플린이 분수양자 홀 효과의 발견 소식을 접하게 된 것은 그가 리버모어 국립연구소(Lawrence Rivermore) 의 박사후 연구원으로 일할 때였다. 츄이와 스퇴르머의 섬세하고 정교한 연구 방식에 대해 익히 잘 알고 있었던 래플린은 그들의 실험결과의 중요성을 더욱 잘 인식할 수 있었다. 분수양자 홀 효과에 대한 이해는 정수양자 홀 효과와는 차원이 다른 문제였다. 양자역학과 전자들 사이의 쿨롱 상호작용을 동시에 적절히 적용해야만 해결될 수 있는 난제였던 것이다. 이러한 물리계를 저차원 강상관 전자계라고 하며, 현대물리학의 가장 중요한 관심사 중 하나로 현재 활발하게 연구되고 있다.

실험결과가 발표되고 약 1년이 지나서 래플린은 자신의 이론을 제시하였다. 극저온에서 이차원 전자계에 강한 자기장이 가해지면 전자들은 새로운 양자유체를 형성한다는 것이었다. 액체 헬륨으로부터 고온 초전도체에 이르기까지 양자유체 발견의 역사는 현대 물리학의 발전과 아울러 노벨 물리학상의 역사와 함께 해왔다. 액체 헬륨의 발견으로 1962년, 1978년, 1996년, 초전도현상의 발견으로 1913년, 1972년, 1987년, 리튬이온에서 보제-아인슈타인 응축의 발견으로 2001년 노벨 물리학상이 수여되었다. 이러한 양자유체의 공통적인 특성은 초액체성을 띤다는 것이다. 초액체성이란 유체가 용기 표면을 아무 저항없이 흘러내리는 특성을 말한다. 이제 양자역학을 적용하여 양자유체를 이해해보기로 하자.

현대물리학은 양자역학을 기반으로 많은 발전을 이루어왔다. 우리가 보고 접하는 거시세계에서는 기존의 고전역학적인 사고의 틀을 통하여 다양한 자연현상들을 이해할 수 있었다. 그러나 미시세계로 관심을 돌리기 시작하면서 우리의 경험이 예시할 수 없었던 신비로운 양자현상들이 대두하게 되었다. 양자역학은 하이젠베르크(W. Heisenberg)의 불확정성 원리에 기반을 두고 있다. 불확정성 원리는 "주어진 입자의 위치와 속도를 동시에 정확히 측정하는 것은 불가능하다"라고 기술된다. 전자의 정확한 위치를 규정할 수 없기 때문에 전자의 존재는 확률적인 분포를 가지며 전자구름을 형성하게 된다. 원자나 나노 물리계와 같은 작은 단위의 물질계로 갈수록 미세한 불확정 물리량의 영향이 중요해지기 때문에 양자역학의 적용이 필수적이다.

불확정성의 정도는 플랑크 상수로 주어지는데 그 값은 매우 작지만 현대물리학에서 가장 중요한 상수이며, 절대 영도에서도 전자계에는 양자적 떨림이 있음을 의미한다. 대부분의 물질은 온도가 낮아지면 원자들의 열적 요동이 줄어들어 고체가 된다. 가장 가벼운 원소인 수소도 극저온에서는 고체가 된다. 그러나 헬륨의 경우 극저온에서 액체상태로 존재하며 절대 영도로 접근하면 초액체가 된다. 헬륨 원자들 사이에는 매우 약한 반발력이 작용하여 절대 영도에서는 이 반발력을 최소화하기 위하여 고체를 형성하려 할 것이다. 그러나 양자적 떨림은 결합력이 약한 고체를 녹여 액체 상태로 만들게 되며 이를 양자유체라고 한다.

전자는 페르미온(Fermion)이라고 분류되는 입자이다. 페르미온들은 파울리(W. Pauli)의 배타원리 때문에 서로 같은 상태에 한 개 이상 존재할 수 없으며 양자유체로의 응축이 불가능하다. 반면에 헬륨과 같은 보존(Boson)은 같은 상태에 무한히 많은 입자들을 수용할 수 있기 때문에 응축이 매우 용이하다. 페르미온인 전자가 보존으로 위장하는 방법 중 하나는 두 개의 전자가 쌍을 이루는 방법이 있다. 이를 쿠퍼쌍이라고 부르며 초전도현상을 매개하는 주요 전하운반자이다. 초전도체에서는 전자들 사이에 신비한 인력이 존재하여 전자들이 쌍을 이룰 수 있게 한다.

그렇다면 양자 홀 계에서는 전자가 어떻게 보존으로 위장하는가? 이에 대한 해답을 래플린이 제시하였다. 홀 저항이 3분의 1이란 분수값을 가지는 경우를 생각해보자. 본 물리계에는 전체 전자 갯수의 3배에 해당하는 양자 자기다발이 존재한다. 전자가 세 개의 자기다발과 결합하여 운동하게 되면 복합입자는 신비롭게도 보존의 특성을 띠게 되며 복합입자들은 극저온에서 양자유체를 형성하게 된다. 이러한 양자유체는 전기저항이 사라지는 초액체성을 띠게 되며 분수양자 홀 실험 결과를 잘 설명할 수 있었다. 래플린이 제안한 양자유체는 기존의 양자유체들과 매우 다른 특성을 보여주는데 예를 들면 다음과 같다. 양자유체에 한 개의 전자를 외부에서 유입하면 유체는 다음과 같은 반응을 보이게 된다. 전자는 세 개의 준입자로 나뉘게 되는데 각 준입자는 전자전하의 3분의 1을 띤다. 양자역학에 의하면 전자의 존재는 전자구름으로 표현할 수 있다. 양자유체 내에서 전자들은 상호반발력을 최소화하기 위하여 '양자 춤'이라고 불리는 조화로운 운동에 의해 공간에 퍼져 있는 전자구름을 적절히 분할함으로써 분수전하를 가지는 준입자를 형성하게 되는 것이다.

분수양자 홀 효과를 최초로 설명하다

분수양자 홀 효과에 대한 래플린의 성공적인 해석에는 많은 필연과 우연이 시기적절하게 작용했던 것 같다. 벨연구소에서 박사후 연구원으로 일하던 시기에 장차 분수양자 홀 효과를 발견하게 될 츄이와 스퇴르머와의 조우가 그 중 가장 중요할 것이다. 벨 연구소에서의 박사후 연구원 생활을 마치면서 영구직을 보장받을 수 없었던 래플린은 리버모어 연구소로 떠나게 되는데, 리버모어 연구소는 국립연구소로 주로 핵과 플라스마와 관련된 연구를 수행하는 곳이지 순수학문 연구와는 조금 거리가 있는 곳이었다. 이곳에서 분수양자 홀 실험결과를 접한 후 래플린은 바로 이론적인 발상을 얻어서 논문을 『피지컬 리뷰 레터』(Physical Review Letters)에 제출했으나, 다행히도 논문이 심사위원에 의해 거절되었다. 나중에 알려졌지만 당시 심사위원이었던 키블슨(S. A. Kivelson)이 논문의 오류를 발견했던 것이다.

그후 래플린은 새로운 시도로 컴퓨터를 이용한 전산적인 방법을 적용하였다. 총 전자 개수가 2개부터 6개의 경우까지 연구를 할 수 있었다. 이러한 연구를 통하여 개략적인 특성을 파악한 래플린은 변분 파동함수를 제안하게 되었다. 변분 파동함수의 물리적인 특성을 구하기 위하여 자료를 구하던 중 래플린은 파동함수의 특성이 고전적인 플라스마 통계와 밀접한 연관을 가진다는 사실을 알게 되었다. 마침 리버모어 연구소는 플라스마 연구의 전문가들이 대거 포진되어 있었기 때문에 그들로부터 계산방법을 터득한 래플린은 바로 파동함수의 물리적 성질들을 계산할 수 있었으며, 특히 전자전하의 3분의 1을 띠는 분수전하가 존재함을 명확히 밝혔다.

분수전하를 만드는 데 소요되는 에너지는 실험에서 저항측정을 통해 측정할 수 있는데 래플린의 계산값은 실험과 상당히 일치하였다. 이러한 사실을 확인한 후 래플린은 바로 논문을 『피지컬 리뷰 레터』에 제출했으며, 논문은 몇 달 뒤 잡지에 게재되었다. 논문이 게재된 후 많은 물리학자들이 그의 연구에 관심을 보였고, 래플린은 여러 대학으로부터 교수직을 제의받은 후 스탠포드대학의 교수로 부임하게 되었다.

내가 래플린을 근자에 만난 것은 2002년 가을 한국에서 거행된 국제 응집물리학회에서였다. 여전히 활발한 연구활동을 하고 있던 그는 수많은 연사들에게 특유의 학문적인 끼와 익살로 무장된 날카로운 총알들을 날리면서 청중들을 물리의 매력에 빠져들게 하고 있었다. 푸른별에 살고 있는 고에너지 물리학자들이 입자가속기 실험을 통하여 양성자나 중성자가 세 개의 쿼크로 이루어져 있다는 사실을 발견한 것처럼 극저온의 래플린 양자유체 내에서 활동하는 고에너지 물리학자는 다음과 같은 사실을 발견하게 될 것이다. 기본입자는 분수전하의 3배를 가진 전자로 이루어져 있다는 것을.

문경순 1963년 출생. 연세대학교 물리학과 학사. 동 대학원 석사. 미국 인디애나대학교 박사. 캘리포니아대학교(데이비스) 및 오클라호마대학교 박사후 연구원, 현재 연세대학교 이과대학 물리학과 교수(응집물리이론 전공), 이탈리아 국제이론물리연구소 객원연구원, 『피지컬 리뷰 레터』 등에 게재한 양자 홀 효과와 관련된 다수의 논문이 있다.

용어와 개념 풀이

로버트 래플린 Robert B. Laughlin
1950년에 미국 캘리포니아주의 비살리아에서 태어나서 버클리대학에서 학사학위를 취득하였고 MIT대학에서 박사학위를 취득하였다. 박사학위 취득 후 벨연구소와 리버모어연구소에서 박사후 연구원으로 일한 후, 1984년부터 스탠퍼드대학의 교수로 재직하고 있다. 1998년 노벨 물리학상을 수상하였다.

츄이 D.C. Tsui
현재 프린스턴대학 전자공학과 교수로 재직하고 있다. 반도체 이성구조에 존재하는 이차원 전자계의 전기전도 특성의 정밀측정에 대한 전문가이며, 도체-부도체 전이 특성에 대한 연구를 수행 중이다. 1984년 미국물리학회로부터 올리버 버클리 상을 수상하였고 1998년에는 프랭클린 연구소에서 분수양자 홀 연구에 대한 업적으로 메달을 받았다. 1998년 노벨 물리학상을 수상하였다.

스퇴르머 H. Stormer
현재 컬럼비아대학 물리학과 교수로 재직하고 있다. 최첨단의 갈륨 비소 반도체 이성구조의 물리적 특성연구에 대한 전문가이다. 1984년 미국물리학회로부터 올리버 버클리 상을 수상하였고 1998년에는 프랭클린 연구소에서 분수양자 홀 연구에 대한 업적으로 메달을 받았다. 1998년 노벨 물리학상을 수상하였다.

아스펜 이론물리연구소
Aspen center for theoretical physics
미국 콜로라도의 유명한 스키 휴양지인 아스펜에 위치한 이론물리연구소이다. 재미 물리학자인 이휘소 박사가 교통사고로 사망했을 당시, 박사는 아스펜연구소로 향하고 있던 중이었다.

막스 플랑크 연구소
Max Planck institute
독일에 위치한 연구소로 양자역학의 창시자 중 한 사람인 막스 플랑크를 기념하여 설립되었다. 정수양자 홀 효과를 발견한 클리칭이 본 연구소의 교수로 재직하고 있다.

「피지컬 리뷰 레터」
Physical Review Letters
물리학연구의 전문잡지로, 물리학 세부 연구 분야를 막론하고 많은 중요한 논문들이 실리는 학술잡지다.

절대 영도
절대 영도는 얻을 수 있는 가장 낮은 온도로 이 상태에서 원자들은 열적 요동을 멈추게 된다. 섭씨온도는 절대온도에 273도를 더하여 얻을 수 있다.

플랑크 상수
절대 영도에서도 존재하는 양자 떨림의 최소 단위를 나타내는 아주 작은 양이다. 현대물리학에서 가장 중요한 물리상수다.

테슬라 Tesla
자기장의 세기를 나타내는 단위로 일반적인 막대자석 등의 개략적인 세기는 1/100 테슬라 정도이다.

파울리의 배타원리
양자역학에 따르면 입자는 페르미온과 보존으로 나뉘게 된다. 전자는 페르미온이며 페르미온은 주어진 물리상태에 한 개 이상 존재할 수 없다. 즉, 전자는 서로 매우 배타적이다. 이와 달리 보존의 경우 많은 수의 입자가 같은 공간을 차지할 수 있다. 이런 성질로 인하여 두 물질계는 극저온에서 매우 다른 물리적 특성을 보여준다.

로버트 래플린은 말한다

- 저는 먼저 제 부모님 세대의 세납자들에게 감사의 말씀을 드립니다. 아울러 우리 세대가 다음 세대를 위한 기초과학 연구 지원에 대한 책임을 다하고 있지 않은 것에 대해 매우 유감스럽게 생각합니다. ─노벨상 수상 소식을 들은 날 아침, 스탠퍼드대학의 뉴스 기자 회견장에서

- 여기에 우리가 익히 이해하고 있고 양자 역학의 법칙을 따르는 일반적인 전자들이 전혀 예기치 않았던 방식으로 운동하고 있다. 예시할 수 있는 날카로운 눈으로 관찰해보면 이 세상에는 새로운 것들이 널려있다. 우리가 미시세계를 지배하는 법칙을 안다고 해서 모든 것을 알고 있다고 생각한다면 그것은 오산이다. ─분수 양자 홀 효과 발견의 중요성에 대한 기자들의 질문에 대하여

- 나는 지금까지 몇몇 발견들을 할 수 있었는데, 이는 결코 쉬운 일이 아니었다. 사실 실제 현상과 맞지 않은 틀린 발견을 하는 것이 훨씬 쉬운 일이다. ─노벨상의 영예를 받으며 익살스럽게 한마디

- 스퇴르머와 츄이의 실험 결과는 물리학에서 지금까지 나타난 적이 없는 새로운 양자 상태를 제시하였다. 내가 실험 결과를 처음 보았을 때, 그들이 분수 전하를 발견했다는 것을 바로 알았다. 실제로 본 실험에 대한 나의 첫번째 이론 연구 결과는 틀렸었다. 다행히도 논문 심사자가 논문을 나에게 돌려보냈다. 그후 좀더 깊이 생각한 후에 올바른 설명에 도달할 수 있었다. ─분수양자 홀 효과 실험 결과를 접하고 이론적으로 이해하기까지

- 관료들과 상대하는 것은 정말 힘들다. 연구 주제도 통제하려고 하고 있다. 오늘 노벨상을 수여 받은 이 연구도 그들이었다면 연구비를 지원하지 않았을 것이다. ─요즈음 심각해지고 있는 대학에서의 기초과학 연구 환경에 대한 날카로운 지적을 하며

더 읽어야 할 책들

B. Daviss, "Splitting the electron," *New Scientist*, p. 36, 1998.
G. P. Collins, "Fractionally charged quasiparticles signal their presence with noise," *Physics Today*, p. 17, 1997.
P.W. Anderson, "When the electron falls apart," *Physics Today*, p. 42, 1997.
S. Kivelson, D.H. Lee and S.C. Zhang, "Electrons in flatland," *Scientific American*, p.64 1996.
H. Stormer and D. Tsui, "Composite Fermions: New particles in the fractional

quantum Hall effect," *Physics News* in 1994, *American Institute of Physics* p. 33, 1995.

J.P. Eisenstein and H.L. Stormer, "The fractional quantum Hall effect," *Science*, p. 1510, 1990.

에드워드 위튼 *Edward Witten*

고전역학 이론에서 검은 구멍의 존재까지

이기명 고등과학원 교수·물리학

11차원 시공간에서 정의되는 M-이론

위튼(1951~)은 지난 30년 간 이론 물리학계를 주름잡으면서, 아인슈타인에 버금가는 천재적인 인물로 알려져 있다. 그는 입자물리현상론, 핵물리, 양자장론, 초끈 또는 M-이론, 수학 등의 분야에 대해 250여 편의 논문을 발표했고 이 논문들의 전체인용 회수는 56,000회 이상을 기록한다. 500회 이상 인용된 논문이 무려 33편이나 된다는 사실은 이론 물리학 분야에서의 그의 영향력을 보여준다.

수많은 아이디어와 심오한 통찰력을 갖춘 논문들로 이론 물리학계를 이끌어가는 위튼과 이에 필적할 만한 논문들을 발표하는 물리학계의 여러 다른 소영웅들은—아인슈타인의 상대론과 양자역학에 필적할 정도로—시공간의 구조와 물체의 구조에 대한 우리의 이해를 바꾸어놓았다. 위튼은 수학에서도 양자장론적 아이디어를 이용해 대수학과 기하학에 큰 영향을 미치고 있고 이러한 업적으로 1990년 수학 분야의 노벨상인 필드즈 메달을 수여받기도 했다.

위튼을 포함한 이론 물리학자들이 최근 십여 년 사이에 발견한 M-이론은 11차원 시공간에서 정의되고 세상의 모든 기본 소립자와 중력을 포함한 모든 상호작용 힘들을 양자역학적으로 통합한 유일한 이론적 후보로 알려져 있다. 자연계의 모든 물리현상을 묘사하고 설명할 수 있는 가능성이 있는 유일한 이론으로 각광받고 연구되는 M-이론은 현재 '모든 것의 이론'(the theory of everything)으로 알려져 있다.

> 위튼은 3차원 공간에서 특별한 비가환적 위상적인 양자장론인 천-사이먼스 이론을 써서, 이들 나트들을 분류하고 새로운 양들을 계산하는 방법을 제공하였다. 이 연구는 나트를 연구하는 수학 분야에 혁명적인 새로운 방법이었고, 위튼의 필드상 메달 수여에 많은 기여를 했다."

수많은 기적적인 아이디어에 바탕을 두고 M-이론이 발전했다. 그러나 상대론과 양자이론보다 훨씬 심오하고 수학적으로 어려운 M-이론은 정체를 쉽게 드러내지 않고 있다. 장님이 코끼리 다리를 만지듯, M-이론의 몇 부위는 잘 연구가 되어 있으나 몸통은 전혀 알려지지 않고 있다. 11차원 시공간에 살고 있는 2차원적 면체(membrane)와 5차원적 박막(5-brane)을 기본적인 물체로 갖고 있는 M-이론은 어떠한 표현 또는 진공의 선택으로 4차원인 우리 세계를 나타내는 것으로 여겨진다. 국내에도 20여 명의 학자들이 열심히 연구 중인 이 M-이론의 물리학적 기초를 설명하고 이 이론에 대한 위튼의 업적을 살펴보고자 한다.

생명체는 참으로 민감한 존재

우리가 살아가는 세상, 이 물리적 세계에 대한 인간들의 이해는 역사적으로 많은 변화를 겪어왔다. 인간을 비롯한 모든 물체에 신적인 존재를 인정하는 만신론에서부터 무신론에 이르기까지 여러 가지 이론들이 공존한다. 어떠한 관점을 취하느냐에 따라 우리가 우리 자신과 바깥세상을 이해하는 방법이 다르다. 그리스 언어의 세상을 보는 관점(spectator)에서 오늘날의 이론(theory)이라는 말이 시작했다.

인간의 문명은 세상을 보는 관점의 발전과 동일하다고 볼 수 있는 것이다. 근본적으로 어떠한 현상의 규칙성 내지 패턴에 대하여 우리 생명체들은 매우 민감하다. 우리가 동물들을 훈련시킬 수 있는 것 또한 이런 이유이다. 우리의 일상생활도 주변 환경의 규칙성을 근거로 한다. 예를 들어 언제 해가 뜨고 지는가에 대해 갖고 있는 확실한 느낌 또는 의견, 도구를 만들 때 갖는 활용도에 대한 기대, 의식적이든 무의식적이든 내재되어 있는 어떤 물체와 현상에 대한 가능성과 한계. 뿐만 아니라, 우리들이 사람을 사귈 때에도 '상대방을 파악한다'라고 느끼는 것은 보통 상대방 행동의 어떤 규칙성을 발견하는 것과 같다.

인간은 역사상 수많은 규칙성을 찾고 만들면서 문명을 발전시켰다. 도구와 수에 대한 개념의 발전으로 바빌로니아 문명은 일식과 월식을 예언할 수 있었고, 그리스 문명은 지구가 둥글다는 것을 발견할 수 있었다. 여러 도시에서 같은 크기의 막대기 그림자를 비교함으로써 지구의 크기도 10퍼센트의 오차 안에 계산해냈다. 모든 물질들이 나눌 수 없는 원자들로 구성되었다고 가설을 내기도 했다. 이렇듯 오늘날까지 대부분 자연의 규칙성은 수학적으로 표현된다. 물리적 세계는 시공간과 그 안에 존재하는 물질의 상호작용과 움직임으로 이루어져 있다. 갈릴레이와 뉴턴이 시작한 고전역학 이론에서는 물체들이 주어진 시공간의 배경에서 힘을 순간적으로 주고받으며 움직이는 것이라고 묘사한다.

뉴턴은 사과가 떨어지는 힘과 지구가 태양 부근을 공전하는 힘을 중력이라는 하나의 힘으로 설명하였다. 고무풍선을 문질러서 머리카락을 끌어올리는 정전기력이나, 자석들이 서로 밀고 당기는 힘, 하늘에서 번개를 치게 하는 힘들은 19세기에 맥스웰에 의하여 전자기력이라는 하나의 힘으로 통합되었다. 맥스웰은 전자기파의 존재도 예언하였고, 빛이 전자기파라고 주장하였다. 수많은 실험과 사고의 결실인 맥스웰의 전자기론은 20세기 전기 문화의 기초가 되었다. 이러한 전자기론의 발전은 전자기력의 근원인 전하 또는 자석에서 떨어진 곳에도 전자기장이라는 우리가 보고 느낄 수 있는 물체와는 완전히 다른 물리적인 힘이 존재함을 보여주었다.

예를 들어 자기장은 자석 부근에 철가루를 뿌려서 관측할 수 있다. 전자기파는 이러한 전자기장의 파동으로, 빛의 속도로 퍼져나간다. 전자기파의 주요 성질 가운데 하나는 주파수 또는 파장의 거리이다. 파장의 거리는 빛의 속도를 주파수로 나눈 값이다. 빛의 색깔 차이는 이들의 주파수로 결정된다. 우리가 사는 공간은 연속적이라서 전자기파 파장의 거리를 임의로 잡는다. 거꾸로 말해 전자기파의 주파수가 끝없이 클 수도 있는 것이다. 무한히 가능한 주파수로 나타나는 전자기파의 무한자유도는 고전 물리학 체계의 부조리를 보여주며 동시에 양자역학의 시작점이 된다.

우리가 화로 부근에서 느끼는 열은 그곳에서 발생하는 적외선이 우리 몸에 에너지를 운반해주기 때문이다. 고전역학은 주어진 온도의 화로에서 무한한 양의 열선이 순간적으로 배출된다고 예측한다. 열역학적 부조리는 전자기파의 주파수가 무한히 클 수 있다는 데 기인한다. 이러한 고전역학의 부조리를 피하기 위해 플랑크는 양자가설을 도입했다. 즉 물체에서 나오는 전자파들은 주파수에 비례한 에너지를 지닌 양자(quantum)들을 낱개로 방사한다는 것이다. 여기서 출발한 양자역학은 전자기파가 광자(photon)라는 입자들로 구성되어 있음을 증명했고, 또 전하를 갖고 있는 입자인 전자는 에너지에 비례한 주파수를 갖는 파동으로도 나타난다는 것을 입증했다.

인간 역사상 최고의 천재로 인정받는 아인슈타인은 맥스웰의 전자기론에서 출발하여 1905년 특수상대성 이론을 발표했다. 우리는 일정한 속도로 움직이는 차 안에 있을 때 밖을 보지 않고는 움직임을 느끼지 않는다. 물론 차가 가속하거나 구석을 돌아가는 때를 느낄 수는 있다. 일정한 속도로 움직이는 관성 좌표들에서의 빛의 속도의 불변성이라는 가정에서 출발한 특수상대론은 우리의 시간과 공간에 대한 개념을 완전히 뒤바꾸어놓았다. 시간의 흐름이나 공간에 두 점 사이의 거리는 관성좌표계의 변화에 따라 바뀌는 상대적인 양이라는 것이다.

아인슈타인은 특수상대론이 중력을 포함하도록 일반화하였다. 이 일반상대성 이론은 질량을 갖는 물체의 부근에 시공간이 휘어 있고, 휘어진 시공간의 배경에서 움직이는 물체는 똑바로 가지 않는다는 것이다. 이러한 휘어진 시공간은 중력장에 의해 기술되고, 중력장 그 자신의 움직임은 중력파로 나타난다. 휘어진 시공간의 파동인 중력파는 간접적으로 관측되었다. 일반상대론은 우주의 과거, 현재와 미래를 묘사하는 근본 이론이고 빛도 탈출할 수 없는 매우 무거운 검은 구멍(black hole)의 물리도 기술한다. 일반상대론과 함께 시공간 자체가 역동적인 존재가 되었다.

물리학에서 수학까지 경계를 넘나들며

우리가 마시는 물의 물분자들은 모두 똑같아서 번호표를 부칠 수 없다. 동위원소를 써서 번호표를 부치면 약간 다른 물분자가 된다. 마찬가지로 원자의 구성요소인 전자들은 모두 동일하다. 함께 뒤섞으면 하나하나를 물리적으로 추적하는 것이 근본적으로 불가능하다. 주기율표를 가능하게 하는 각 원자들의 동일성은 전자기장 광자들의 동일성과 유사하다. 전자기장의 양자역학적 운동 또는 들뜸이 비연속적인 광자라는 입자로 나타나듯이, 모든 전자들도 하나의 전자장(eletron field)의 양자적 들뜸이다. 그러므로 모든 전자는 구분을 할 수 없는 것이다.

원자가 전자와 원자핵으로 구성되어 있고 원자핵이 양성자와 중성자들로 되어 있으며 양성자와 중성자는 쿼크라는 입자들로 구성되어 있다. 쿼크나 전자들은 더 이상 나눌 수 없어서 소립자라고 불린다. 여러 가지 실험과 관측으로 알려진 물질 소립자들은 전자, 뮤온, 뉴트리노를 포함한 6가지 경입자들과 6가지 쿼크로 구성되어 있다.

이러한 소립자들은 모두 지구의 자전과 유사한 양자역학적 자전 또는 스핀을 갖고 있고, 각 운동량은 2분의 1이라는 양자량을 갖고 있다. 이들은 파울리의 배척원리(Pauli's exclusion principle)를 만족하는 페르미온(fermion)이란 그룹에 속하는 입자들이다. 우리가 관측하는 모든 물질들은 이러한 소립자들로 구성되어 있다. 파울리의 배척 원리는 우리가 알고 있는 원자의 전자구조를 가능하게 하고 따라서 화학에서 기본적인 원리다.

이러한 물질 소립자들은 서로 여러 가지 상호작용을 한다. 알려진 상호작용들에는 전자기력, 중력뿐만 아니라 중성자를 양성자, 전자, 반중성미자로 붕괴시키는 약력, 태양의 열의 근원인 핵융합 반응이나 쿼크들을 양성자나 중성자에 함께 묶는 강력 등이 있다. 전자기장처럼 이러한 힘에 해당하는 장들이 있고, 이들의 이론은 맥스웰 이론을 일반화한 양-밀스(Yang-Mills) 이론으로 쓰어진다. 광자가 전자기장의 양자 들뜸인 것처럼 이들 힘에 해당되는 양자 입자들이 있다. 이들은 스핀이 하나이고 정수이고, 입자들은 보손이라는 그룹에 속한다. 게이지 원리(gauge principle)라는 매우 심오한 대칭성을 갖는 이 이론은 자기 자신끼리 상호작용하기도 한다.

양-밀스 이론 연구로 물리 연구를 시작한 위튼은 양성자나 중성자 같은 핵입자들의 성질을 양자장론으로 이해하는 데 많은 기여를 했다. 강력의 이론인 양자색론(quantum chromodynamics)의 이해와 pi-중간자(pion)장을 써서 이들 핵입자들의 물리를 연구한 위튼의 기여는 지대하다. 그는 보손인 pi-중간자의 장론에서 위상적(topological)으로 안정된 고전장의 표현으로 나타나는 양성자들이 어떻게 페르미온으로 나타나는지 보여주었다. 위튼은 우리의 양성자나 중성자 같은 원자핵을 가능하게 하는 물리적인 역학의 이해에 지대한 공헌을 한 것이다.

중력을 제외한 물질과 힘 소립자들 사이의 모든 상호작용은 알려져 있다. 양자장론의 언어로 씌어진 표준 모형(standard model)이라 불리는 이 입자들의 이론은 30년 전에 어느 정도 확립되었고, 중력을 제외한 관측된 모든 자연 현상을 설명하다.

내적으로 일관성이 있고 실험 결과와 잘 일치됨에도 불구하고 이 이론에는 여러 의문점들이 남겨져 있다. 무엇보다도 이 이론에 포함된 독립상수들, 힘의 종류, 입자의 종류가 많다는 것이다. 그러나 이 이론자체에 이런 의문점들을 극복할 수 있는 힌트들이 숨겨져 있다. 원래 크기가 달랐던 힘들의 상호작용상수는 양자장론의 계산으로 보았을 때 아주 작은 거리에서 같아지는 듯하다. 전자기력, 약력, 강력이 아주 짧은 거리에서 하나의 힘으로 통일되는 듯했다. 이 세 힘들과 입자들을 한 묶음으로 하는 통일장 이론들이 많이 연구되었다.

통일장 이론의 연구는 자연스럽게 3개의 힘과 물질을 구분하지 않는 초대칭(supersymmetry) 이론으로 확장되었다. 30여 년 전 도입된 초대칭 이론은 페르미온과 보손들을 섞는 대칭성을 갖고 있고, 양자역학적인 교정이 상대적으로 적어서 여러 가지 질문에 정확한 답을 낼 경우가 많다. 이런 초대칭적 양자장론의 여러 분야에서 위튼의 기여는 매우 돋보인다.

이 이론들이 가지고 있는 수많은 성질들을 가장 많이 찾아낸 사람이 바로 위튼이다. 그는 초대칭 이론의 진공구조에 관한 연구 분야의 기초를 닦고, 그 위에 많은 새로운 통찰력을 더했다. 강하게 상호작용하는 초대칭적 양-밀스 이론에 아주 심오한 여러 편의 논문을 발표했다. 그의 연구는 이론뿐만 아니라 수학에도 깊은 영향을 주었다. 주어진 다면체의 기하학의 성질을 기술하는 매우 중요한 한 결과를 이 초대칭 이론을 써서 아주 쉽게 보여 주었던 것이다. 이에 관한 논문들은 이제 물리학자들보다는 수학자들에게 더 많이 읽히고 있다.

초대칭적 이론은 이론에 모든 소립자의 초대칭적 상대의 존재를 요구한다. 초대칭적인 전자기 이론은 전자의 초대칭적인 상대로 스핀이 영이고 전자와 모든 성질이 같은 성질의 새로운 입자의 존재를 요구한다. 그러한 초대칭적인 전자의 상대가 관측되지 않아서, 초대칭성은 존재한다면 자연에 어떠하게 붕괴되어진 모습으로 나타나리라 기대된다. 초대칭적 표준이론은 현재 가장 연구되고 있는 입자들의 현상론으로 앞으로 5년 안에 스위스 제네바에 있는

LHC라는 가속기 실험을 통해 탐구될 예정이다.

기본 소립자들의 초대칭적 상대는 LHC에서 관측이 기대되고, 천문학적으로 행성의 운동에서 추론된 은하계를 엷게 둘러싸고 있는 어두운 물질(dark matter)의 대부분을 이루는 것으로 생각된다. 초대칭적인 통일장 이론은 현재 실험결과와 훨씬 조화가 잘되고 있으나, 중력은 포함하지 않는다.

20세기의 대발견인 일반상대론적 중력이론과 양자이론은 조화롭게 융화될 수 없는 문제로 유명하다. 양자역학의 시작이 되었던 시공간의 연속성에서 나온 물질이나 힘장들의 무한자유도는 상호작용에 의하여 양자장론 계산에서 물리량들이 무한대로 발산하는 새로운 문제를 제기한다. 그러나 이 어려움은 재규격화(renormalization)라는 물리적으로 아주 자연스러운 기술을 써서 해결되었다.

일반상대성 이론을 양자화한 양자중력론은 재규격화 과정이 잘 적용되지 않는다. 초대칭적 이론은 무한대로 발산하는 것을 완화시킴에도 불구하고, 초대칭적 양자중력론 또한 일관성이 없는 이론으로 알려졌다. 즉 양자장론의 이론 체계에서는 양자역학과 일반상대성 이론을 일관성 있게 융합할 수가 없다. 그럼에도 이러한 초중력론(supergravity)은 고전적으로 쓸모가 많다. "4차원 시공간에서의 하나인 평탄한 배경에서 유한 공간의 일반상대론적인 변동의 질량은 양수다"라는 매우 어려운 해석학적 정리를 위튼은 초대칭적인 중력이론을 이용하여 아주 쉽게 증명해보였던 것이다.

다섯 가지의 초끈 이론

강력으로 상호작용하는 원자핵들과 중간자를 연구하면서 60년대 말 우연히 끈 이론(string theory)이 발견되었다. 위튼은 끈 이론의 발견을 21세기 물리학의 행운이라고 표현한 바 있다. 이 끈 이론에 기본 구성요소는 점입자가 아닌 끈이다. 양자역학적으로 이 이론은 시공간이 26차원일 때만 수학적으로 일관성이 있다. 끈 이론은 양자중력을 포함하고 양자장론적인 무한대로 발산하는 양들이 나타나지 않는 것으로 알려져, 수학적으로 일관성이 있는 양자중력 이론의 새로운 후보로 등장되었다.

끈의 에너지는 다른 수만 가지의 양자역학적인 진동이 가능하다. 이들은 매우 특별한 무한개 종류의 입자들로 표시할 수 있다. 그러나 26차원에서의 끈 이론은 진공이 불안하고 페르미온, 즉 우리 세상의 물질에 속하는 것들을 포함하지 않는다. 이들을 극복한 초대칭을 갖고 있는 초끈론(superstring theory)은 양자역학적인 일관성이 10차원 시공간에서만 존재한다. 80년대 초반부터 이론적으로 일관성 있는 초끈론은 5개뿐이라는 것이 알려져 있다. 각각의 이론들은 양자중력 이론으로 훌륭한 후보이지만 5개의 이론이 있다는 것은 약간 우스운 이야기였다.

이러한 초끈 이론의 다양한 성질을 연구하면서 위튼은 2차원직 시공간에서의 양자장론의 매우 심오한 결과를 얻었다. 비가환적(nonabelian)인 2차원 이론에서도 페르미온장들을 보손의 장들로 표현할 수 있다는 것이다. 물질입자인 페르미온과 힘입자의 보손들은 2차원 시공간에서 초대칭성과 관계없는 이론에서도 서로 연관지어질 수 있음이 70년대 중반부터 알려져왔다. 이러한 관계를 아주 심오하게 일반화한 위튼의 결과는 초끈 이론의 연구뿐만이 아니고, 2차원적인 물리계의 연구에도 깊은 영향을 미쳤다.

10차원 시공간에 정의되는 초끈 이론들이 4차원 시공간의 물리를 기술하기 위해서는 나머지 6차원 공간이 아주 조그만 크기로 작아서 관측이 될 수 없어야 한다. 현재의 가능한 여러 초대칭 통일장 이론을 주기 위해서는 6차원 공간은 아주 특별해야 한다. 위튼은 이러한 공간의 성격에 대해서 최초로 연구했고, 이 연구는 초끈론에서 시작하는 물리현상론의 발전에 지대한 영향을 주었다. 우리는 일상생활에서 끈들을 꼬고 끝을 묶어서 다양한 나트(knot)를 만들 수 있다. 이들을 분류하는 데 수학자들은 편리상 항상 2차원 공간에 투영하여 연구하였다. 이들은 주어진 나트의 모양에 존스다항식(Jones polynomial)을 연관시켜서 모든 나트의 분류를 연구하였다.

위튼은 3차원 공간에서 특별한 비가환적(nonabelian) 위상적인 양자장론인 천-사이몬스(Chern-Simons) 이론을 써서, 이들 나트들을 분류하고 새로운 양들을 계산하는 방법을 제공하였다. 이 연구는 나트를 연구하는 수학 분야에 혁명적인 새로운 방법이었고, 위튼의 필드스 메달 수여에 많은 기여를 했다.

초끈론의 이 5가지 이론들을 좀더 자세히 연구함에 따라서 이들 이론들에는 끈뿐만이 아니고 다양한 고차원적인 면체(brane)가 존재함이 알려지게 되었다. 이러한 고차원적인 면체의 연구는 이를 초끈론들이 서로 연결되었다는 것을 보였다. 특히 90년대 중반에 위튼은 10차원 공간에서 정의되는 이들 5개의 초끈론들이 11차원에 정의되는 M-이론으로 불리는 하나의 이론이 표현하는 여러 개의 다른 모습들이라는 것이다. 즉 양자역학적으로 일관성이 있는 중력이론은 M-이론이 유일하다는 것을 보였다.

그럼으로 M-이론은 양자중력 아니라 소립자론의 표준이론의 중요한 원리들을 모두 포함해서 소립자들의 3가지 힘과 중력을 망라한 물리계의 모든 현상을 기술할 수 있는 유일한 후보로 간주된다. 특히 위튼은 M-이론에서는 어떤 종류의 입자들이 매우 가까이 있을 때, 그들의 시공간에서의 위치는 보통의 직선 위에 있는 숫자들이 아닌, 입자숫자만큼 큰 직사각 행렬로 주어짐을 보였다. 이는 우리가 알고 있는 시공간의 개념에 대한 완전한 변화이다. M-이론에서는 아주 작은 거리에서의 물리적 현상과 매우 큰 거리에서의 물리적 현상이 동등하게 나오는 경우가 있다. 또한 사용하는 도구에 따라서 우리가 탐구할 수 있는 공간의 크기에 최소값이 있다.

초끈론과 M-이론의 연구의 발전은 여러 가지의 이중성(duality)이라는 개념의 발견과 응용에 바탕을 둔다. 한 초끈 이론의 정의된 공간 중 일부가 아주 작을 때의 초끈 이론이 실제로는 그 정의된 공간의 일부가 매우 클 때의 아주 다른 초끈 이론의 물리와 동일할 수 있다.

이와 같은 T-이중성(T-duality) 또는 이의 일반화인 거울대칭성(mirror symmetry)은 시공간의 크기나 위상적인 구조가 절대적이지 않고 현상론적으로 나타난다는 것을 잘 보여준다.

또한, 자기홀극(magnetic monopole)이 존재할 때 전자기학에서의 전기력과 자기력의 이중성은 양자역학에서는 강작용과 양작용을 뒤바꾼다. 입자와 솔리톤을 뒤섞고, 고전역학과 양자역학을 교환하는 이 S-이중성(S-duality)은 초대칭적 양-밀스 이론에 대한 이해를 깊게 하는 데 기여했다. 이 분야에서 위튼의 기여는 매우 깊고, 멀리 영향을 미쳤다. 특히 사이버그(Seiberg)와 함께 발견한 일부 초대칭성 이론의 정확한 양자 역학적인 성격의 규명은 4차원 공간의 수학적인 탐구에도 지대한 영향을 미쳤다.

자연의 모든 현상을 설명할 수 있는 유일한 가능성을 갖고 있는 양자역학적 M-이론은 11차원에서 질량과 시공간의 크기를 재는 기준점 이외는 어떠한 상수도 포함하지 않는다. 4차원 시공간에 나타날 우리 자연계에 얻기 위한 많은 노력이 현재에도 계속되고 있다. 사실 M-이론에 대한 이해는 아직 부분에 불과할 뿐 만족스럽지는 못하다. 그러나 이 부분적인 연구 결과가 이미 기존의 시공간과 물질의 구조에 대한 이해를 변화 발전시키는 데 큰 공헌을 했다는 것은 분명하다.

현재 위튼을 비롯하여 많은 물리학자들은 M-이론의 근본적인 원리를 찾고 물리현상을 설명하고자 노력하고 있다. 그리고 이 연구 결과는 분명히 우리가 자연을 보는 관점 또는 모든 것에 대한 이론을 완전히 바꿔놓을 것이다.

이기명 서울대학교 자연대 물리학과 학사, 컬럼비아대학교에서 박사를 받았다. 미국 페르미 국립가속기연구소 연구원, 보스턴대학 연구원, 컬럼비아대학 부교수를 거쳐 현재 한국과학기술원 부설 고등과학원 교수로 재직 중이다. 양자장론, 초끈론, 우주론 등에 대해 80여 편의 연구 논문을 발표해왔다.

용어와 개념 풀이

4차원 시공간
four dimensional spacetime
우리는 위-아래, 좌-우, 앞-뒤, 세 방향으로 움직일 수 있다. 시간은 과거와 미래가 있으나 우리는 미래만 움직일 수 있다. 시간과 공간은 아인슈타인이 발견한 특수상대론에 의하면 완전히 독립되지 않고 4차원의 시공간으로서 통합된다. 공간에 두 점 간의 거리, 또 시간의 두 점 간의 시간적인 차이는 이를 측정하는 사람의 두 점과의 상대적인 운동에 따라 변한다.

면체 brane
3차원 공간에 이상적으로 점, 선, 면, 부피로 나타낼 수 있는 물체를 상상해볼 수 있다. 마찬가지로 고차원 공간에는 큰 원의 물체를 상상해볼 수 있다. 11차원의 M 이론은 2차원적 M2 연체와 5차원적 M5 면체가 존재함이 알려져 있다. 10차원의 초끈 이론은 1차원적인 끈만이 아니고, p차원에서의 Dp면체, 오차원의 NS-5면체가 존재한다. 이들 다차원 면체들은 M-이론이나 초끈 이론의 양자역학적 이해에 주요 역할을 한다.

페르미온과 파울리의 배척원리
fermion & Pauli's exclusion principle
2분의 1 또는 2분의 3처럼 반정수의 스핀을 갖는 입자들을 페르미온이라 부른다. 모든 물체는 360도 회전하면 제자리로 돌아온다. 그러나 720도 회전에 양자역학적 상태가 제자리로 돌아오는 입자들이 있으니, 이들이 페르미온이다. 파울리 배척원리 때문에 원자핵 부근의 전자들은 각 양자궤도에 2개씩만 차지할 수 있다. 이러한 원리를 따라 전자의 원자위에서의 운동은 제한되고, 우리가 알고 있는 원자의 화학적인 반응이 가능하다.

보손 boson
0, 1, 2처럼 정수의 스핀을 갖는 입자들이다. 이들은 같은 양자 상태에 함께 있기를 좋아한다. 광자들이 레이저 빔을 만들거나, 두 개의 전자의 복합체들이 초전도체 현상을 보이는 것도 보손이기에 가능하다. 우리가 일상생활에서 쉽게 관측하는 전기장이나 자기장, 중력장 등은 해당되는 기본입자가 보손이라는 사실과 밀접한 관계를 갖는다.

자유도 degrees of freedom
입자의 성질은 그것의 질량, 스핀, 전하 등 불변의 성질과 주어진 순간에 임의로 가질 수 있는 물리량들을(예를 들어 위치와 속도) 갖고 있다. 초기 조건으로 임의로 값을 취할 수 있는 양의 전체 숫자를 자유도라 한다. 하나의 점입자는 6개의 자유도를 고전역학에서 갖고, 전자기파는 무한대의 자유도를 갖는다.

자기홀극 magnetic monopole
물체는 양전하나 음전하를 가질 수 있다. 그러자 자석은 항상 북극과 남극을 동반한다. 이론적으로는 자기극 또한 각각 따로 존재할 수 있다. 이들은 북 자기홀극, 남 자기홀극이라 불린다.

어두운 물질 dark matter
최근 천문학상의 관측에 추론한 우주론에 의하면 우주의 약 70퍼센트는 중력에 의해 뭉치지 않은 어두운 에너지(dark energy)이고 약 30퍼센트는 중력에 의해 모든 은하계를 얇게 싸고 있는 어두운 물질(dark matter)이라고 여겨진다. 이들의 정체는 불분명하다. 우리가 알고 있는 물질은 우주의 약 1퍼센트를 차지하고 있다.

에드워드 위튼은 말한다

- 초끈 이론은 우연히 20세기에 발견된 21세기 물리의 일부다.

- 물리학에 훈련이 되지 않은 대부분의 사람들은 물리학자들이 엄청난 계산을 하는 것으로 생각할지 모른다. 그러나 그것이 물리학의 본질이 아니다. 물리학의 본질은 개념에 관한 것이다. 물리학자들은 자연에 따라 움직이는 원리들, 그런 개념들을 이해하고 싶을 뿐이다.

더 읽어야 할 책들

스티븐 호킹, 김동광 역,『호두껍질 속 우주』, 까치글방, 2001.
브라이언 그린, 박병철 역,『엘러건트 유니버스』, 승산, 2002.
Edward Witten, "BARYONS IN THE 1/N EXPANSION", *Nucl.Phys.*, B160:57, 1979.
_____, DYNAMICAL BREAKING OF SUPERSYMMETRY, *Nucl.Phys.*, B188:513, 1981.
_____, GLOBAL ASPECTS OF CURRENT ALGEBRA, *Nucl. Phys.*, B223:422~432, 1983.
_____, "QUANTUM FIELD THEORY AND THE JONES POLYNOMIAL", *Commun. Math. Phys.*, 121:351, 1989.
_____, "NONABELIAN BOSONIZATION IN TWO-DIMENSIONS", *Commun. Math. Phys.*, 92:455~472, 1984.
_____, "ANTI-DE SITTER SPACE AND HOLOGRAPHY", *Adv. Theor. Math. Phys.*, 2:253~291, 1998.

앤드류 와일즈 *Andrew J. Wiles*

'페르마의 마지막 정리'를 정복한 사나이

김명환 서울대 교수·수리과학

놀라운 소식

1993년 6월 23일 영국 케임브리지대학교의 한 학술회의에 모인 수학자들은 수학사에 길이 남을 사건을 목격하고 있었다. 360여 년 동안 수많은 수학자들의 도전을 물리치고 수학역사상 가장 유명한 미해결문제로 남아 있던 '페르마의 마지막 정리'(Fermat's Last Theorem - 이후로는 FLT로 표기)가 미국 프린스턴대학교 수학과의 앤드류 와일즈(Andrew Wiles) 교수에 의하여 증명되는 순간이었다.

이 소식은 곧 『데일리 뉴스』, 『뉴욕 타임즈』, 『르 몽드』 등을 통하여 전세계로 퍼져 나갔고, 시사주간지 『타임』, 『뉴스위크』 등도 이 소식을 특집으로 다루었다. 그후로 와일즈의 증명에 오류가 발견되고 다시 증명이 보완되는 과정을 거쳐 마침내 1995년 5월에 세계최고의 권위를 자랑하는 수학전문학술지인 『수학연보』(*Annals of Mathematics*)에 장장 130쪽에 달하는 FLT의 완전한 증명이 활자화되기까지 약 2년 동안 세계 수학계는 놀라움과 감동으로 술렁이며 FLT의 정복 여부에 촉각을 곤두세웠고 이에 관한 소식들이 전자우편을 통하여 세계 각국의 수학자들 사이에 홍수처럼 흘러넘쳤다.

대부분의 권위 있는 수학전문학술지는 투고된 논문에 대하여 해당 분야의 전문가들에 의한 검증 단계를 거쳐 논문에 오류가 없음을 확인한 연후에 게재를 승인하고 활자화한다. 특히 『수학연보』와 같은 학술지는 세계 최고의 전문가들이 철저한 검증을 하기 때문에 와일즈의 증명을 의심하는 수학자는 거의 없다. 더구나 와일즈의 증명이 활자화된 후 2, 3년 동안 전세계 수학계

> 바로 그날부터 7년 동안 나는 집에서 아무에게도 알리지 않고 혼자서 연구에 몰두하였다. FLT에 도전하고 있다는 사실은 그와 아내만의 비밀이었다. 1993년 1월, 드디어 증명이 거의 완성되었다는 자신을 가질 수 있었다. 학술회의에서 이 역사적인 발표가 끝나자 전세계 수학계가 경악하였다.

의 주시 아래 많은 전문가들이 검증을 하였지만 아무도 오류를 찾을 수 없었으며 이제는 완벽한 증명으로 인정받고 있다.

FLT를 증명했다고 주장한 것은 와일즈가 처음은 아니다. 1847년에 라메(Lame)와 코시(Cauchy)가 증명했다고 주장하였으나 틀린 것이 발견되어 주장을 철회하였으며, 1988년에는 미야오카(Miyaoka)가 그들의 전철을 밟았다. 실은 그들도 모두 당대의 저명한 수학자들이었으나 그들이 FLT의 증명을 주장하였을 때 대다수 전문가들은 별로 믿는 분위기가 아니었다.

그러나 1993년에 와일즈의 FLT증명에 관한 소식이 처음 알려졌을 때에는 아직 그의 증명이 검증되지 않았음에도 불구하고—실제로 큰 오류가 있었음은 앞서 언급하였다—전세계가 놀라움과 감동으로 그를 주시하였다. 그 이유는 그가 FLT의 해결에 가장 가까이 있던 몇 안 되는 전문가 중 하나로 손꼽히고 있었고 그의 접근법에 많은 전문가들이 고개를 끄덕이고 있었기 때문이다.

피에르 데 페르마는 누구인가?

그러면 도대체 페르마는 누구이며 그의 마지막 정리란 어떤 것인가? 페르마(1601~1655)는 프랑스 툴루즈 지방의 의원이자 판사였다. 그는 여가시간에 수학을 공부한 아마추어 수학자였지만, 데카르트(Descartes)와 함께 해석기하와 미적분 분야의 개척자로, 파스칼(Pascal)과 함께 확률론의 창시자로, 그리고 특히 정수론 분야에서는 '현대 정수론의 아버지'로 불릴 만큼 위대한 업적을 남긴 17세기 최고의 수학자 중 한 사람으로 여겨지고 있다. 그는 그리스의 디오판투스(Diophantus)가 A.D. 250년경에 쓴 『산술』 (Arithmetika)의 라틴어 번역판을 가지고 다니며 짬이 날 때마다 그 책에 소개된 수많은 미해결문제들에 도전하여 많은 문제들을 해결하였고 또한 새로운 의문들을 제시하였다. 그는 이 모든 것을 그 책의 여백에 기록하거나, 다른 수학자들에게 보낸 편지에 기록하였다. 그가 죽은 후, 1670년에 그의 아들은 아버지가 들고 다니던 『산술』의 여백에 씌어진 내용들을 원문에 추가하여 『디오판투스』라는 제목의 첫번째 유고집을 출판하고, 1679년에는 다른 수학자들에게 보낸 편지에 기록된 내용들을 모아서 두번째 유고집(Varia Opera Mathematica)을 출판하였다.

19세기 초반에 이르러, 오일러(Euler), 라그랑쥐(Lagrange), 가우스(Gauss) 등에 의하여 페르마가 제기한 수많은 새로운 의문들은 하나만 남기고 모두 해결되었다. 마지막으로 남은 것이 바로 '페르마의 마지막 정리'이다. 마지막이란 수식어가 붙은 이유는 이 때문이다. 이제 이 정리의 내용을 알아보자. 페르마는 자신이 지니고 있던 『산술』의 한 여백에 다음과 같이 기록하고 있다.

'페르마의 마지막 정리' : "$n \geq 3$인 임의의 자연수 n에 대하여, 방정식 $x^n+y^n=z^n$ 은 0 아닌 정수해 x, y, z를 가질 수 없다."

물론 우리는 $n = 2$인 경우에는 무한히 많은 정수해가 존재함을 잘 알고 있다. 그의 기록은 다음과 같이 계속되고 있다.

"······나는 이러한 사실에 대한 아름다운 증명을 발견하였다. 그러나 이 책의 여백이 너무 좁아서 나의 증명을 다 담을 수가 없다······"

이것이 1630년에 쓴 것으로 알려진 유명한 '페르마의 여백기록'(marginal notes)이다. 그가 남긴 다른 위대한 업적들을 감안할 때, 그의 주장을 거짓이라고 일축할 수 없었던 후세 수학자들은 그가 주장하고 있는 명제를 '페르마의 마지막 예상'(Conjecture)이라고 부르는 대신 그가 증명하였음을 인정한다는 의미에서 '페르마의 마지막 정리'(Theorem)로 부르고 있다. 실제로 그는 n=3, 4인 경우의 증명을 다른 곳에 기록하고 있으며, 그가 이들 경우의 증명에서 사용한 방법이 일반적인 n=5, 6, 7, ……의 경우에도 항상 적용될 것으로 착각했던 것으로 추측하는 사람들도 있다. 그러나 그의 방법은 일반적인 경우에 적용되지 않는다.

'페르마의 마지막 정리'에 대한 도전사

먼저, 쉽게 관찰할 수 있는 다음의 두 가지 사실을 주목하자.

(1) 방정식에 나타난 지수 n이 3 이상의 소수 p인 경우에만 증명하면 된다. (소수 p와 0 아닌 정수해 x, y, z에 대하여, xyz가 p의 배수가 아닌 경우를 첫번째 경우, xyz가 p의 배수인 경우를 두번째 경우라고 한다. 두번째 경우가 훨씬 어려운 것으로 알려져 있다.)

(2) x, y, z가 서로 소인 0 아닌 정수해가 존재할 수 없음을 보이면 된다. (이제부터 정수해는 항상 0 아닌 정수해를 뜻하는 것으로 간주한다.)

이제 FLT에 대한 도전사에 대하여 연도별로 간략하게 알아보자.

1816: 프랑스 학술원이 FLT의 증명에 상금을 걸다.

1820: 게르마인(Germain)이 $(2p+1)$도 소수가 되는 소수 p에 대하여 FLT의 첫번째 경우를 증명하다.

1825: 디리클레(Dirichlet)와 르장드르(Legendre)가 n=5인 경우를 증명하다.

1832: 디리클레가 n=14인 경우를 증명하다.

1839: 라메가 n=7인 경우를 증명하다.

1847: 라메와 코시가 틀린 증명을 발표하다.

1847: 쿰머(Kummer)가 소수를 정규 소수와 비정규 소수로 분류한 후, n이 정규 소수인 경우를 증명하다. (예를 들어서, 100 이하의 소수 중에서 37, 59, 67만 빼고는 모두 정규 소수이다.)

1850: 프랑스 학술원이 FLT의 증명에 두번째 상금을 걸었다가 취소하고 쿰머에게 상금을 수여하다.

1908: FLT의 증명에 수여할 볼프스케엘(Wolfskehl) 상을 제정하다.

1909 : 비이페리히(Wieferich)가 $(2^{p-1}-1)/p$가 p의 배수가 아닌 p에 대하

여 FLT의 첫번째 경우를 증명하다.

1920: 반다이버(Vandiver)가 쿰머의 비정규 소수에 대한 연구를 발전시켰다. 특히 37, 59, 67의 비정규 소수의 경우를 증명하다. 따라서, 100 이하의 모든 소수에 대하여 FLT가 증명되다.

1953: 인케리(Inkeri)가 $x^p+y^p=z^p$, $x \langle y \langle z$ 이면 $x \rangle p^{3p-4}$ 임을 증명하다.

1971: 브릴라트(Brillhart), 토나시아(Tonascia), 바인버거(Weinburger)가 모든 $p \langle 3 \cdot 10^9$에 대하여 FLT의 첫번째 경우를 증명하다.

1976: 바그스타프(Wagstaff)가 125000 이하의 모든 소수에 대하여 증명하다. (최근에는 컴퓨터를 이용하여 4000000 이하의 모든 소수에 대하여 증명하였으며, 이것을 이용하면, FLT가 틀릴 확률은 $1/10^{24000000}$ 보다 작음을 보일 수 있다.)

1983: 폴팅스(Faltings)가 '모델(Mordell)의 예상'을 증명함으로서, n이 4이상인 경우 FLT에 x, y, z가 서로 소인 정수해가 존재한다면 그러한 해는 유한 개뿐임을 증명하다. (그는 이 업적으로 1986년 'Fields 메달'을 수상하였다.)

위에 나열한 것들 외에도 수많은 수학자들이 FLT에 도전하여 문제 해결에 크고 작은 기여를 하였으며 또한 수많은 수학자들이 FLT에 도전하여 아무런 성과도 거두지 못하였다. 한편 위에 나열한 업적들 가운데 쿰머와 폴팅스의 업적에 관하여는 약간의 언급이 추가될 필요가 있다.

쿰머와 폴팅스

쿰머(Kummer)는 독일의 수학자로 평생을 두고 FLT에 도전, 처음으로 모든 p에 대한 FLT의 증명에 접근한 수학자이다. 물론 와일즈의 증명은 그의 방법과는 전혀 다르며, 쿰머의 접근 방법으로 FLT를 완전히 해결하기에는 한계가 있을 것으로 보인다. 그럼에도 불구하고 쿰머가 FLT를 해결하기 위하여 평생을 두고 개발한 방법은 '대수적 정수론'이라는 정수의 개념을 확장한 새롭고 중요한 분야의 토대가 되어 수학의 발전에 크게 기여하게 된다.

한편, 1983년 약관 30세의 독일 수학자 폴팅스(Faltings)는 소위 "종의 수(genus)가 2 이상인 유리수 계수를 가지는 사영곡선은 유한 개의 유리수 해를 가진다"는 유명한 '모델의 예상'을 증명하였다. 이것이 무슨 뜻이건 간에 이 결과를 FLT에 적용하면 n>3인 모든 자연수 n에 대하여 곡선 $x^n+y^n=z^n$의 종 수는 언제나 3 이상인 것이 알려져 있으므로

$$x^n+y^n=z^n \text{ 와 } \gcd(x, y, z) = 1$$

를 동시에 만족시키는 정수해가 만약 존재한다면 그러한 정수해는 유한 개뿐이라는 결론을 얻게 된다. 이것은 놀라운 발견이며 이제 이러한 정수해 x, y, z 중에서 가장 큰 것의 상계를 구해내거나 혹은 하나의 정수해로부터 새로운 정수해를 계속해서 만들어낼 수 있는 방법을 찾아낸다면 FLT는 해결되는 것이다. 물론 와일즈의 증명은 이러한 방법과는 전혀 다르며, 아직은 아무도 이러한 방법으로 성공하지 못하였다.

한편 이러한 FLT에의 응용도 폴팅스의 결과의 무수히 많은 응용들 가운데 하나에 불과하다는 점에서, 폴팅스의 결과는 와일즈의 결과보다 더 높이 평가되기도 하는 중요한 업적이다.

결국 폴팅스는 1986년 '수학의 노벨상'이라고 할 수 있는 '필즈(Fields) 메달'을 수상하였다. '필즈 메달'은 노벨이 어떤 이유에서인지 수학 분야의 노벨상을 제정하지 않음으로써 1936년도부터 4년마다 한 번씩 개최되는 '세계수학자대회'(ICM - International Mathematical Congress)에서 지난 4년간 가장 우수한 논문을 발표한 40살 미만의 수학자(통상 2명 이상, 4명 이하)에게 수여하는 세계최고 권위의 수학상이다. 그러나 1998년에 개최된 IMC에서 와일즈는 '필즈 메달'을 수상하지 못했다. 업적으로 보면 와일즈가 당연히 받아야 하지만, 와일즈의 나이가 당시 40살을 갓 넘었기 때문이다. 예외를 좋아하지 않는 수학자들의 특성이 느껴진다.

와일즈의 증명은 어떻게 이루어졌는가?

그러면 와일즈의 증명이 탄생하기까지의 과정을 간략히 소개하자. 와일즈는 타원곡선을 연구하던 수학자로서, '시무라(Shimura)-타니야마(Taniyama) 예상'(이후로는 'S-T 예상'으로 표기)의 일부를 증명함으로써, 360여 년에 걸친 FLT의 역사에 종지부를 찍었다. 타원곡선은 $y^2=(x-a)(x-b)(x-c)$ 꼴의 곡선으로서 타원곡선 이론은 수학의 여러 분야에 걸쳐 다양하

게 응용되고 있으며 최근에는 암호이론에의 응용까지 발견되어 각광을 받고 있다.

'S-T 예상'은 1955년에 처음 제기된 예상으로 모든 타원곡선에 소위 보형형식(modular form)을 대응시킬 수 있다는 내용이다. 보형 형식에 대하여는 짧은 시간에 간단히 설명할 수 있는 성질의 것이 아니므로 이에 대한 자세한 설명은 생략하기로 한다. 다만 복소수 평면의 점 $(s+ti)$들 중에서 $t>0$인 부분에서 정의된 미분 가능한 함수로서 푸리에 급수로 표현되었을 때 그 푸리에 계수가 정수론에서 필요로 하는 많은 정보를 가지고 있는 매우 유용한 함수라는 정도로만 알아두자. 사족이지만 이 'S-T 예상'을 처음 발표한 시무라와 타니야마는 일본 수학자들이다. 시무라는 현재 프린스턴대학교 수학과의 교수로서 보형 형식에 관한 세계적인 대가로 명성을 날리고 있으나 타니야마는 1958년 자살하였다.

FLT와는 전혀 관련이 없어 보이는 이 예상이 FLT와 밀접한 관련이 있을 것으로 생각한 것은 프라이(Frey)였다. 그는 1980년대 초에, 3보다 큰 소수 p에 대하여, 방정식 $x^p+y^p=z^p$이 서로 소인 정수해 u, v, w를 가진다면 $u \equiv 3 \pmod 4$, v는 짝수라고 가정할 수 있으며, 이러한 정수해에 대하여, 프라이곡선이라고 불리는 타원곡선 $y^2=x(x-u^p)(x+v^p)$를 대응시켰고, 1985년에 또 다른 '필즈 메달' 수상자인 프랑스 수학자 세르(Serre)와 함께 'S-T 예상'과 소위 '세르의 ε-예상'을 둘 다 증명하면 FLT가 해결된다는 사실을 밝혀내었다. 그리고 다음해에 리벳(Ribet)이 '세르의 ε-예상'을 증명함으로써 프라이곡선에는 보형 형식을 대응시킬 수 없음을 알게 되었다.

이제, 'S-T 예상'을 증명하게 되면, 프라이 곡선도 타원곡선이므로 보형형식이 대응되어야 하는데, 이는 앞에서의 주장과 서로 모순이 되므로 프라이 곡선은 존재할 수 없게 된다. 그러므로, $x^p+y^p=z^p$이 서로 소인 정수해 u, v, w를 가질 수 없고, 따라서 FLT가 증명된다. (페르마가 발견했을지도 모르는 증명이 이 방법과 같은 것일 가능성은 매우 희박하다.) 와일즈는 바로 이 'S-T 예상'의 일부, 즉 FLT와 관련된 부분을 해결함으로써 FLT를 정복한 것이다.

타원곡선의 판별식(타원곡선의 y에 0을 대입하여 생기는 x의 서로 다른 세 근 a, b, c의 차이들의 제곱의 곱)을 나누는 각각의 3보다 큰 소수 q에 대하여, 타원곡선의 서로 다른 세 근 a, b, c 중 정확히 두 개가 (mod q)로 같아질 때, 이러한 타원곡선을 준-안정적(semi-stable)이라고 한다. 프라이 곡선의 경우 판별식은 $(uvw)^{2p}$이고 u, v, w가 서로 소이므로 프라이 곡선이 준-안정적임은 당연하다. q=2, 3일 때는 정의와 증명이 약간 더 복잡하지만 생략하기로 한다. 와일즈는 1986년 리벳의 결과가 나온 뒤부터 7년 동안 준-안정적인 타원곡선에는 항상 보형 형식을 대응시킬 수 있음을 보이는 연구에 몰두한 끝에 증명에 성공한 것이다. 이것은 'S-T 예상'의 부분적인 증명에 지나지 않으나, 문제가 되는 프라이 곡선이 준-안정적인 타원곡선이므로 FLT를 해결하기에는 충분한 결과인 것이다. 와일즈는 그 후에 'S-T 예상'의 나머지 부분도 해결함으로써 'S-T 예상'도 완전히 정복하였다.

와일즈의 증명은 이러한 배경 아래 메이저(Mazur), 콜리바긴(Kolyvagin), 루빈(Rubin), 투넬(Tunnel), 랭글랜즈(Langlands), 플락(Flack), 히다(Hida), 테일러(Taylor), 캇츠(Katz), 코오츠(Coates), 그리고 이와사와(Iwasawa) 등에 의하여 밝혀진 타원곡선에 관한 최신의 이론들을 총동원하여 이루어진 금세기 최고의 업적이라고 일컬을 만한 걸작이다.

앤드류 와일즈의 증명, 어떻게 태어났을까?

앞서 알아본 바와 같이 '페르마의 마지막 정리'에 대한 와일즈의 증명은 많은 수학자들의 합작품이라고 할 수 있다. 전세계의 수학자들은 와일즈를 비롯한 이들의 쾌거에 감동에 찬 찬사를 보냈다. 그러나 역시 모든 관심의 초점은 와일즈에게 맞추어졌다. 360여 년 동안 버티고 서서 모든 수학자들의 도전을 뿌리쳐오던 도저히 정복될 것 같지 않던 '페르마의 마지막 정리'라는 거대한 산을 정복한 것은 와일즈라고 역사에 기록될 것이기 때문이다. 그가 필즈 메달을 수상하지 못했다 하더라도 그는 이미 당대 최고의 수학자가 된 것이다.

앤드류 와일즈는 40대 후반의 매우 수줍음을 많이 타는 영국 출신의 수학자이다. 케임브리지대학교에서 코오츠 교수의 지도 아래 박사학위를 취득하였으며 1980년대 중반부터 프린스턴대학교 수학과 교수로 재직 중이다. 그가 부분적으로 해결함으로써 FLT를 증명할 수 있었던 'S-T 예상'을 처음 예상했던 시무라도 프린스턴의 교수이다. 10살 때 마을의 도서관에서 우연히 만나게 된 FLT에 매료된 그는 FLT를 풀기 위하여 본인의 표현에 의하면 '진이 빠질' 정도로 애를 썼다고 한다. 코오츠는 그런 와일즈에게 꿈에서 깨어나 '주류(mainstream) 수학'을 하도록 충고하였고 와일즈는 그때부터 코오츠의 지도하에 타원곡선을 연구하기 시작하였다. 박사학위를 취득하고 프린스턴의 교수가 된 와일즈는 타원곡선 분야의 전문가가 되었다. 물론 'S-T 예상'에도 관심을 가지고 있었다. 'S-T 예상'은 타원곡선 이론에서 가장 중요한 미해결 문제였으므로……

1986년 어느 날 와일즈는 친구의 집에서 차를 마시던 중에 그 친구로부터 리벳이 '세르의 ε-예상'을 해결하였다는 소식에 접한다. 와일즈는 본인의 표현으로 '전기에 감전된 듯한 느낌'으로 그날부터 FLT를 염두에 두고 'S-T 예상'에 도전했다고 한다. 이미 사라진 줄 알았던 10살 때의 꿈이 가슴 깊은 곳에 그대로 간직되어 있었다는 것도 와일즈로서는 새로운 발견이었다.

바로 그날부터 7년 동안 그는 집에서 아무에게도 알리지 않고 혼자서 연구에 몰두하였다. FLT에 도전하고 있다는 사실은 그와 아내만의 비밀이었다. 1993년 1월 그는 드디어 증명이 거의 완성되었다는 자신을 가질 수 있었다.

그는 프린스턴의 동료인 캇츠(Katz)에게 이 사실을 알리고 그에게 내용을 설명하기 위하여 강의를 개설하였다. 제목은 '타원곡선상의 계산'이라는 애매한 것이었다. 아무것도 모르고 수강신청을 했던 학생들은 2~3주가 지나자 모두 수강을 취소하고 강의실에는 와일즈와 캇츠뿐이었다. 한 학기의 강의가 끝나갈 즈음, 캇츠도 증명의 기본 줄거리에 오류가 없는 듯하다고 동의하였다. 와일즈는 또 다른 프린스턴의 동료인 사르낙(Sarnak)에게 이 사실을 알리고 검증을 의뢰하였다. 그리고 케임브리지로 날아갔다. 모교에서 열리는 학술회의에서 이 역사적인 발표를 하기 위해서였다. 역사적인 발표가 끝나자 전세계 수학계가 경악하였다. 어느 정도 예상은 했지만 그 반응은 예상을 훨씬 뛰어 넘는, 가히 폭발적인 것이었다.

사실 코오츠의 말처럼 'S-T 예상'의 일부분에 대한 증명으로부터 FLT가 증명될 수 있다는 소식을 접했을 때 타원곡선을 연구하는 대부분의 전문가들은 "FLT도 해결하지 못하고 있는 마당에 FLT를 함축적으로 포함하고 있는 것으로 판명된 'S-T 예상'의 증명은 거의 불가능할 것 같다"라는 반응을 보였다. 심지어는 'S-T 예상'을 연구하던 전문가들조차도 연구를 포기하는 분위기였다. 단 한 사람의 예외가 바로 와일즈였던 것이다.

전세계 수학계의 이목이 집중된 가운데 캇츠로부터 증명에 약간 미진한 부분이 있는 듯하다는 연락을 받았다. 쉽게 처리될 줄 알았던 그 부분은 결국 심각한 오류로 판정이 났고 와일즈는 세계의 수학자들에게 이러한 사실을 발표한 후 오류의 정정을 위하여 다시 두문불출했다. 수줍은 성격의 와일즈로서는 이때가 가장 고통스러운 시간이었다고 고백하고 있다.

처음엔 아무 것도 보이지 않는 깜깜한 방에 들어간 느낌이었다. 벽에, 가구에 부딪히고 넘어지고 하면서 눈이 어둠에 익숙해지기 시작했고, 가구의 위치들이 어렴풋이 파악되면서 어디쯤 스위치가 있을 것이라는 추측이 가능해지고, 결국 여기저기를 더듬던 끝에 스위치라고 생각되는 것을 건드렸을 때, 전등이 켜지면서 모든 것이 확연히 드러났다.

8년이 넘는 기간 동안의 경험이었다. 수학자뿐만 아니라 모든 연구자가 역사에 기록될 만한 가치 있는 연구결과를 낳기 위해서는 반드시 거쳐야 하는 고통스러운 과정을 잘 묘사하고 있다.

그것은 수학자로서의 내 일생에서 가장 중요한 순간이었고, 내가 앞으로 무엇을 하더라도 그만큼 중요한 순간은 다시는 없을 것이다.

아마도 바로 그러한 순간이 모든 연구자가 꿈꾸고 바랄 수 있는 최고의 축복이 아닐까? 와일즈는 한 TV 방송과의 인터뷰에서 이 대목을 이야기하면서 당시의 감동이 되살아나는 듯 말을 잇지 못하였다.

『수학연보』는 그후 1년 동안 철저한 검증과정을 거쳐 1995년 5월 그의 논문을 실은 통권 141권의 3호를 발간하였다. 그 목차를 보면 다음과 같다.

Andrew Wiles, Modular elliptic curves and Fermat's Last
　　　Theorem ──────────── 443~451
Richard Taylor and Andrew Wiles, Ring-theoretic properties
　　　of certain Hecke algebras ──────── 453~472

단 2편뿐이다. 앞의 논문은 와일즈의 FLT증명이고, 나중 것은 처음의 논문에서 발견되었던 잘못된 부분을 보다 일반적인 경우까지 확장하여 해결한 논문이다. 세계 최고의 권위를 자랑하는 『수학연보』가 매우 이례적으로 한 호 전체를 FLT의 증명만으로 장식함으로써 FLT의 정복을 기념한 것이다.

한편, 1955년에 타니야마와 함께 'S-T 예상'을 발표했던 시무라는 와일즈가 자신의 예상이 옳았음을 증명했다는 소식을 듣고는 "내가 그렇다고 했잖아!"(I said so!)라고 농담을 한다. 얼마나 멋진 농담인가? 물론 시무라나 타니야마도 처음에 'S-T 예상'을 발표할 때는 그것이 FLT까지 연결되리라고는 꿈에도 생각하지 못했을 것이다. 농담을 하면서도 그는 타니야마를 떠올리며 우울했으리라.

와일즈는 10살 때부터 간직해온 꿈을 성취하였다. 너무나 멋지게 해냈다. 와일즈 외에는 아무도 가능하다고 생각하지 않았다. 요즈음 같이 너나 없이 더 많은 논문을 경쟁적으로 발표하는 분위기 아래서 듣는 와일즈의 쾌거는 그래서 더욱더 신선한 충격이라 하겠다. 일반 사회에서도 마찬가지이겠지만 학계에서도 뭔가 의미 있는 연구결과를 생산해내기 위해서는 짧지 않은 고통의 과정이 뒤따르게 마련이다.

쉽고 빠르게 생산해낼 수 있는 연구결과를 선호하는 시각으로는 FLT와 같은 성공 가능성이 희박한 문제에의 도전은 무모한 만용으로 보일 수도 있을 것이다. 그러나 8년 동안 거의 아무 것도 하지 않고 한 문제에만 매달려 고독하고 고통스러운 싸움을 계속하는 대학교수가 있다는 것과 그러한 교수를 지원하는 대학이 있다는 것이 어쩌면 우리와 선진국의 차이가 아닐까?

인간의 지적 능력이 이룩한 또 하나의 금자탑을 바라보면서 앞으로 남은 '리만(Riemann) 가설', '포앵카레(Poincare) 예상', '골드바하(Goldbach) 예상' 등의 또 다른 거대한 산들이 정복될 즈음에 우리나라의 젊은이들이 끈기와 용기와 재능을 갖춘 훌륭한 수학자로 자라나서 당당한 역할을 감당하고, 또 그들이 그러한 커다란 산에 오를 수 있도록 격려하고 지원하는 연구 분위기가 우리나라에도 자리잡게 되기를 기대해본다.

끝으로 '리만 가설'이나 '포앵카레 예상'과는 달리 쉽게 설명할 수 있는 '골드바하 예상'을 소개하면서 이야기를 끝맺고자 한다.

'골드바하 예상 (1)': "모든 4 이상의 짝수는 두 개의 소수의 합이다."

이렇게 알기 쉬운 명제가 약 200년 동안 미해결의 상태로 남아 있음이 신기할 정도이다.

김명환 서울대학교 수학과를 거쳐 오하이오주립대학교 대학원에서 석사와 박사를 취득했다. 현재 서울대학교 수학과 교수로 재직 중이다. 연구 분야는 이차형식과 격자이론, 보형형식과 쎄타급수, 리대수와 표현론, 코딩이론과 암호론 등이며 대표논문은 「Representations of Positive Definite Senary Integral Quadratic Forms by a Sum of Squares」이다. 저서로는 김명환 외 30인, 『21세기와 자연과학』(공저), 『미적분학을 위한 벡터와 행렬』(공저), 『현대수학입문-Hilbert 문제를 중심으로』 등이 있다.

더 읽어야 할 책들

Andrew J.Wiles, "Twenty years of number theory", Mathematics: frontiers and perspectives, 329~342, Amer. Math. Soc., Providence, RI, 2000.

_____, "Ordinary representations and modular forms", Proc. Nat. Acad. Sci. U.S.A. 94 (1997), no. 20, 10520~10527.

_____, "Modular elliptic curves and Fermat's last theorem", Ann. of Math. (2) 141 (1995), no. 3, 443~551.

_____, "On a conjecture of Brumer", *Ann. of Math.(2)* 131 (1990), no. 3, 555~565.

_____, "The Iwasawa conjecture for totally real fields", Ann. of Math. (2) 131 (1990), no. 3, 493~540.

찾아보기

가부장적 기획 725, 727
가부키(歌舞伎) 170
가사노동의 사회화 717
가이아 이론 736
강한 객관성 672, 673
거미줄 모델 539
거버넌스 448
거울대칭성 850
게슈탈트 심리학 318
게이지 원리 846
결빙가설 566
경관(景觀) 432
경성권력(hard power) 540
계량경제 모형 584
고결성 529
고다르, 장 뤽 97
골드바하 예상 864
공기원근법 168
공동사회(Gemeinshaft) 556
공진화(co-evolution) 611
과학의 인류학 656
과학지식사회학 646
관람 스포츠 629
관료권위주의 모델 561
관리된 세계 211
광자(photon) 845
광주 비엔날레 65
구스 반 산트 96
구텐베르크 354
국경없는의사회 510

국제레짐 557
국제사회론 546
국제아동구호기금 510
국제정치학 534
군비경쟁 550
군비의 동학(arms dynamics) 549
군산복합체 550
균형 경기변동이론 586
그림중심주의 311
근본생태학 704~706
근친선택 747
급진주의 페미니즘 378
기능구조주의 체계이론 476
기어츠, 클리포드 367
기쿠유와 뭄비 421
기호학의 역사기술론 323
꿀, 에밀 26
끈 이론 848

나노테크놀로지 778
나브다냐 운동 727
나비효과 604
나이 보고서 535, 541
남성우월주의 687
냉엄한 운 527
네스, 안 705
노동기반사회 715
녹색혁명 726
녹사 259
뉴런 690

능력선거권제도 563

다선진화론 455
다중-경계주체 시스템 608
다활동기반사회 715
단단한 과학 674
단백질의 삼차원 구조 779
단속평형설 748
단순고리학습 594
당구공모델 539
『대변혁』(Great Transformation) 573
대상관계이론 675
대중민주주의 532, 565
대중적인 세계화 450
대진화(macroevolution) 748
더글라스, 메리 367
덩샤오핑 218
도그마 95 그룹 102
도브잔스키, 테오도시우스 746
도착증 285
도킨스, 리처드 746
『동물해방』 253
동물행동학 753
동성애 혐오 383
두베르제, 모리스 562
두터운 꼬리 607
드랙(drag) 393
디아스포라(diaspora) 446
뚜웨이밍 226

라스 폰 트리에 102
라쿠-라바르트 247
량치차오 223
러기, 존 555
러브록, 제임스 736
런지위 219
레비-스트로스, 클로드 296
로, 존 648
로노 신 460
로캉상 560
로키(ROCI) 92
롤즈, 존 519
루소, 장-자크 554
루쉰 219
루카스 공급함수 583
르누아르, 장 123
리만 가설 864
리오타르, 장 프랑수와 243

마나(mana) 460
마르쿠제 208
마쉬 축제 437
마우마우 독립운동 421
마카히키 축제 459
만들어지고 있는 과학 661
만족화의 원리 620
말리노프스키 367
매체학(mediologie) 400
매클린턱, 바버라 674
맥락주의 514
메딕, 한스 342
모든 것의 이론 842
모리스, 윌리엄 703
모성적 봉투 277
무어, 배링턴 561
무정부적 질서(anarchy) 554
『문화로서의 음악』 131
문화지리학 431
물적자본(physical capital) 587
미세유체학 779
미시전자혁명 712
미야다이쿠 185
미토콘드리아 DNA 분석 735
민츠, 시드니 367

바다달팽이 군소 691, 693

바르트, 롤랑 146
바이오테크놀로지 778
바이오필리아(biophilia) 757
바쟁, 앙드레 162
바흐친, 미하일 366
반성적 평형 523
반 헤넵, 아놀드 366
방어적 루틴 597
방향적 지식 481
백색 정신병 269
백색왜성 812
번역의 사회학 650
범성욕주의 284
베네치아 비엔날레 64
베르톨루치, 베르나르도 96
베이트슨, 그레고리 597
벤야민, 발터 97
변동성의 집중화 607
변증법적 자연주의 707
보르헤스, 호르헤 루이스 338
보이스, 요제프 61
보아스, 프란츠 339
보존(Boson) 836
복잡계(複雜界) 621
복장 도착(服裝倒錯, transvestism) 393
복지국가체제 571
복지권 576
부드러운 과학 674
부머랑 프로젝트 767
부정적 환각 269
북미스포츠경영학회 623
분수양자 홀 효과 830, 831
불확정성 원리 836
브라운, 피터 367
브래키지, 스탠 103
블로흐, 에른스트 343
비교신화학 291
비근대주의 657

비선형 금융시장모형 603
비영리섹터 504
비이성적 장치 211
비판이론 208
빙켈만 466

사이버네틱스 597
『사이보그 선언문』 681, 684
사회구성주의 322, 676
사회균열이론 567
사회생물학 754
사회생태학 703, 705
사회성 곤충류 756
산종(dissemination) 308
『살아있는 담화』 267
3차 자연 706
상상의 정치공동체 445
샐러먼, 레스터 504
생물다양성 725, 752
생물중심주의 704
생물해적질 728
생태마르크시즘 713
생태사회주의 713, 724
생활세계의 식민지화 211
서체중용 225
선거권 자격제한체제 533
선택적 운 529
성기 노출 376
성별화 378
성애화 378
성육신(Incarnation) 312
세르, 미셸 657
세르토, 미셸 드 352
세포공생 이론 735
손택, 수전 161
쇠퇴론자들 539
숨은 거미 294
스너프 필름 382

스트롱 프로그램 668
스포츠 경영 626
스포츠 심리측정 639
시각적 무의식 169
시간의 정치 715
시냅스 가소성 현상 692, 695
시냅스 690
시니피앙의 연쇄 265
시무라-타니야마 예상 859
시뮬라크르 312
시민권 576
시비쿠스 508
시카고 학파 587
신경생리학 693
신경세포 690
신다윈주의 746
신맬서스주의 704
신식민주의 727
신진화론 457
신케인즈주의 714
실망한 근대주의 664
『실천윤리학』 255
실험실연구 656
심미적 개인방언(Idiolekt) 335
쉰베르크, 아놀드 89

아가미수축반사 694
아날 학파 352
아도르노, 테오도르 208
아서, 브라이언 610
암흑 에너지 767
약물전달용 마이크로칩 793
약한 객관성 673
양자 춤 837
어두운 물질 848
언어중심주의(logo-centrism) 311
에로스(eros) 382
에반스, 존 466

에번스-프리처드 367
엔푸 225
엘리아데, 미르치아 291
엘리아스, 노르베르트 352
여성성(feminity) 177
여성적 원리 726
연성권력(soft power) 540
오리엔탈리즘 165
옥시덴탈리즘 165
온나가타(女形) 170
완전고용 이데올로기 714
왕궈웨이 223
외부적 선호 528
우주 거대구조 765
우주의 재이온화 769
울가, 스티브 656
워프, 벤자민 339
원억압 287
원초적 민족주의 563
원형 296
월트 디즈니 26
웨어러블 컴퓨터 57
웨트웨어(wetware) 549
위계질서(hierarchy) 554
위버, 올리 545
위치지어진 지식 672, 681
위험사회 662
윌슨, 에드워드 752
유전체(genome) 691
68혁명 401
윤리적 지구화 499
융, 카를 구스타프 291
의무론적 자유주의 523
의탁(依託) 이론 285
이론 디자인 474
이성 옷 입기 393
이온화 거품 769
이웃집단 448

이익사회(Gemeinshaft) 556
이중고리학습 595
이행평등 고려원칙 256
인공심장 791
인류지리학 432
인적자본(human capital) 587
인종지학적 기술 370
인터넷 비선형 학회 603
일반화된 유혹설 285
일상사 342

자기유사성 604, 605
자기홀극 850
자본주의 위기론 712
자연적 호혜주의 703
자연지배 210
자유로운 자연 708
자유주의의 구성적 원리 526
자율활동 715
자활노동 715
작은 사람들(menu peuple) 363
『잔다르크의 열정』 104
장기 지속 3554
재귀준거성 333
저위정치 538
적색이동 769, 766
적응적 합리성 620
적응적 기대 580
전과학적 사고방식 659
전족(纏足, foot-binding) 376
전체사 366
절차적 합리성 620
점진주의(incrementalism) 620
점핑유전자 가설 676
정동(effect) 265
『정의론』 519
정책무용성 명제 584
제2의 피부 44

제한된 합리성 620
젠더 72, 684
조봉암 567
조직행위의 효과성 596
조플린, 재니스 45
조합화학 800
종자시장의 독점화 727
종족선택 748
주콰치엔 220
「줄리앙: 동키-보이」 96
중입자(Baryon) 768
지구시민사회 510
지역안보복합체 553
지적 설계론 749
진화론 749
진화생물학 734, 753, 760
집단적 환영 276

차등의 원리 529
차연(differance) 308
차티스트(chartist) 608
참여 스포츠 629
체계이론 322
첼란, 파울 245
초대칭 이론 847
초중력론 848
촉배항체 799
침적설 221
칩코(Chipco) 운동 725

카니발레스크(carnivalesque) 366
카락스, 레오 98
카사베테스, 존 103
카셀 도쿠멘타 63
카오스 602
칸델의 날 698
캉유웨이 219
캐치올(catch all) 정치 565

캔델, 제레미 505
컨셉트카 193
컨실리언스 759
케네디, 폴 539
케이온 808
케이지, 존 87
케인즈 584
코스모폴리틱스 663
코치빌더 194
코포라티즘 574
코헤인, 로버트 538, 557
쿡 선장 458
큐브릭, 스탠리 108
크로포트킨, 피터 703
퀴크 808
퀴어 393

타자의 신화 295
탄소 나노튜브 820
탄쓰통 219
탈산업적 사회주의 713
탈상품화 572, 573
탈식민주의 410
탈지역화된 문화 446
터너, 빅터 367
테크노사이언스사회 685
토머스, 키스 367
통일장 이론 847
통합주의(syntheism) 690
트랜스 젠더 389
틸리, 찰스 561

파슨스, 탈코트 475
펄사 770
펑여우란 219
펑크 문화 49
페르마의 여백기록 856
페르미온(Fermion) 836

페미니즘 과학학 670, 685
페티시즘 49
포스트휴먼 73
폴라니, 칼 573
푸코, 미셸 352
프랑스의 파스퇴르화 660
프랙탈 구조 604
프루던스(prudence) 520
플럭서스 62
플루서, 빌렘 100
피부로서의 자아 277
페르마 855
픽토그램 324
필립스 곡선 583

하드코어 포르노 382
하드에지 40
하이퍼노바 812
하이퍼텍스트 324
슐리만, 하인리히 466
합리적 기대 581, 607
해체신학 305
핵자기공명분광학 777
행동주의 심리학 593
행위자-연결망 이론 646, 656
허블, 에드윈 764
허블 우주 망원경 765
헤어초크, 베르너 96
헨드릭스, 지미 45
헬레니즘 사업 465
혈관생성(angiogenesis) 788
형태(形態) 432
형태학 318
횔덜린 245
효율적 시장가설 606
흔적(trace) 308
히피이즘 704

글쓴이 소개

강대일 알랭 바디우의 지도 아래 파리 8대학 철학과 박사과정을 밟고 있으며 1995년 파리에서 열린 제1회 국제 마르크스 대회를 취재하여『이론』지 13호에 개재했다. 제이슨 바커(Jason Barker)가 저술한『Alain Badiou-Critical Introduction』을 번역 중이고 바디우의 대표작인『Conditions』과『L'etre et l'evenement』을 번역할 예정이다. 현재 파리에서 바디우가 소속된 l'Organisation Politique에서 활동 중이다.

강명세 1956년 서울에서 출생하여 고려대학교와 같은 대학원 졸업 후 미국 UCLA에서 정치학 박사학위를 취득했다. 현재 세종연구소 연구위원으로 재직 중이다. 1995년 이후 선진국의 노동정치, 노동시장에 대한 관심을 가지고 이를 원용하여 한국문제를 분석하는 데 주력해왔고, 최근에는 복지국가와 체제의 기원과 변화에 대하여 연구하고 있다.「한국복지국가의 형성, 확대와 재편」,「한국복지국가의 기원: 비스마르크와 박정희」,「지역주의는 언제 시작되었는가: 역대 대선을 중심으로」등 다수의 논문과『1780년 이후의 민족과 민족주의』(Nations and Nationalism since, 1780) 등의 역서를 펴냈다.

강봉균 1961년 제주 낙천 출생. 서울대학교 미생물학과에서 학사와 석사를 받았다. 그후 미국 컬럼비아대학교 석사, 박사(지도교수 에릭 칸델)를 거쳐 컬럼비아대 신경생물학연구소 post-doc를 지냈다. 현재 서울대학교 생명과학부 신경생물학 교수로 재직 중이다. 저서로는『인지과학』(공저),『기억』(공저), 논문으로는「Activation of cAMP-responsive genes by stimuli that produce long-term facilitation in Aplysia sensory neurons」등이 있다.

강태희 미국 플로리다주립대에서 서양미술사로 학위를 받고 현재 한국예술종합학교 미술원 교수로 재직 중이다. 저서로는『현대미술의 문맥 읽기』,『프랭크 스텔라』,『미술, 진리, 과학』(공저) 등이 있다.

김명환 서울대학교 수학과를 거쳐 오하이오주립대학교 대학원에서 석사와 박사를 취득했다. 현재 서울대학교 수학과 교수로 재직 중이다. 연구 분야는 이차형식과 격자이론, 보형형식과 쩨타급수, 리대수와 표현론, 코딩이론과 암호론 등이며 대표논문은「Representations of Positive Definite Senary Integral Quadratic Forms by a Sum of Squares」이다. 저서로는 김명환 외 30인, 『21세기와 자연과학』(공저), 『미적분학을 위한 벡터와 행렬』(공저), 『현대수학입문-Hilbert 문제를 중심으로』 등이 있다.

김봉석 대학 졸업 후 가극『금강』의 대본을 쓰는 등 잡다한 글을 쓰는 자유기고가로 활동. 이후 영화잡지『시네필』을 시작으로『씨네21』,『한겨레』의 기자로 일했다. 일본의 대중문화에 관심을 가져 공저로『클릭! 일본문화』,『18금의 세계』를 냈고, 현재 예스24의 웹진 '부키앙'과 '코믹플러스' 등에 일본만화 칼럼을 쓰고 있다. 일본의 영화, 애니메이션, 만화, 대중소설, 대중음악 등을 꾸준하게 즐기면서 지켜보고 있는 중이다. 현재『씨네21』,『스크린』 등에 기고중이며, 중앙일보에 영화음악 칼럼을, 시사저널에 영화 리뷰를 연재하고 있다. 주된 관심 분야는 대중문화 전반이고 특히 호러와 SF, 스릴러 등 대중 장르에 대해 연구하고 있다.

김비환 1958년 여수에서 태어나 성균관대학교 정치외교학과와 같은 대학교 대학원을 졸업한 후 케임브리지대학에서 로크사상의 대가로 알려진 존 던 교수의 지도 아래 석사와 박사학위를 받았다. 저서로는『데모크라토피아를 향하여: 민주주의, 정의, 그리고 행복』(2000),『축복과 저주의 정치사상: 20세기와 한나 아렌트』(2001),『맘몬의 지배: 사회적 가치분배의 철학』(2002) 등이 있다. 현재는 성균관대학교 정치외교학과 교수로 재직하면서 서구정치사상사와 현대 정치이론을 강의하는 한편 부의 분배에 관한 원리 및 포르노그라피, 낙태와 같은 사회윤리 문제들에 대한 철학적 이해에 관심을 두고 있다.

김지윤 한양대학교 응용미술학과와 같은 대학 대학원을 졸업했다. 로체스터공과대학 디자인대학원에서 멀티미디어디자인으로 석사학위를 받았으며, 정보기술대학원에서 인터렉티브 멀티미디어 전문자격증을 취득하였다. 현재 건국대학교 디자인문화대학 디자인학부 교수로 있다. 저서로는『웹디자인』,『디지털 영상편집』이 있다.

김태현 1958년 경북 영주에서 태어나, 서울대학교 외교학과와 같은 학교 대학원을 거쳐 1991년 미국 오하이오주립대학교에서 냉전기 제3세계지역에서의 미소의 경쟁에 관한 학위논문으로 박사학위를 받았다. 미국 플로리다대학교 정치학 조교수, 미국 일리노이대학교 미리암연구소 연구위원, 세종연구소 연구위원 등을 거쳐 1998년부터 중앙대학교 국제대학원 교수로 재직 중이다. 국제정치, 특히 외교안보 분야와 남북관계 분야에서 많은 논문을 썼으며, 대표적인 업적으로는『외교와 정치』(편저서),『신동아시아 안보질서』(편저서),『세계화 시대의 국가안보』(역서),『20세기의 위기』(역서) 등 단행본과 최근의 논문으로「동북아질서의 변동과 한반도」(2002),「상호주의와 국제협력: 한반도 핵문제의 경우」(2002)를 들 수 있다.

김환석 서울대 사회학과 학부와 석사과정을 마치고 영국 런던대학교 임페리얼칼리지에서 과학기술사회학으로 박사학위를 받았다. 과학기술정책연구원의 책임연구원과 울산대학교 사회학과 교수를 역임하고 1996년부터 국민대학교 사회학과 교수로 재직하고 있다. 참여연대 시민과학센터 소장을 역임한 바 있으며, 현재 영국 랭커스터대학교 사회학과 및 과학학센터에서 방문교수로 연구 중이다. 저서로 『진보의 패러독스』(공저, 1999), 역서로는 『과학기술과 사회』(공역, 1998), 『토머스 쿤과 과학전쟁』(공역, 2002) 등이 있다.

마정미 광고평론가·문학평론가로, 경희대학교 연구교수로 재직하고 있다. 주요 저서로『최진실 신드롬』,『광고, 거짓말쟁이』,『지루한 광고에 도시락을 던져라』등이 있다.

맹정현 파리 8대학 정신분석학과 박사 과정 중에 있다. 옮긴 책으로는『라캉과 정신의학』, 라캉의『세미나 I권: 프로이트의 기술에 관한 저술』,『세미나 XI권: 정신분석의 네 가지 기본 개념』등이 있다.

문경순 1963년 출생. 연세대학교 물리학과 학사. 동 대학원 석사. 미국 인디애나대학교 박사. 캘리포니아대학교(데이비스) 및 오클라호마대학교 박사후 연구원, 현재 연세대학교 이과대학 물리학과 교수(응집물리이론 전공), 이탈리아 국제이론물리연구소 객원연구원,『피지컬 리뷰 레터』등에 게재한 양자 홀 효과와 관련된 다수의 논문이 있다.

문순홍 베이비붐 시대에 태어나 한강과 그 언저리 모래둑을 놀이터 삼아 자랐다. 성균관대학에서 정치학을 공부했지만, 동양철학, 자연과학 그리고 여성학 관련 서적에 더 흥미로워했다. 배우고자 하면 어디든지 가며 누구에게든지 배울 수 있다고 생각하는 그는, 결국 생태사상 분야로 학위를 받았다. 90년대 이후 김지하, 울리히 벡, 존 드라이젝과의 대화 캠프에 머물렀고, 현재 대화문화아카데미 바람과물연구소 소장으로 일하며, 대안 전문가의 양성을 고민하고 있다.

박경미 이화여대 영문과와 같은 학교 대학원 순수미술학과를 졸업(M.F.A.)한 후 일리노이 주립대학원(UIC) 회화과 수학. 1989~99 국제 갤러리 디렉터. 제49회 베네치아 비엔날레 한국관 커미셔너(2001). 현재 PKM 갤러리 대표. '구림마을 프로젝트'(2000), '요제프 보이스 전'(1996), '세계의 환경 조각전'(1995) 등 국내외 작가 전시 70여 회 기획.

박선형 서울 출생. 숙명여자대학교 의류학과를 졸업하고, 연세대학교 대학원에서 석사를 받았다. 석사 논문은「웨어러블 컴퓨터 개념을 기반으로 한 의류상품 디자인의 가능성 탐색」. 현재는 연세대 의류환경학 박사과정 중에 있다.

박여성 1961년 서울에서 출생했으며 고려대학교 및 대학원을 졸업했다. 독일 뮌스터

대학에서 언어학 박사 학위를 받았다. 현재 제주대학교 인문대학 독일학과 교수로 있다. 『몸 또는 욕망의 사다리』, 『한국텍스트과학의 제과제』, 『기호로 세상 읽기』 등의 저서와 『구성주의』, 『미디어인식론』, 『괴델-에셔-바흐, 상·하』, 『생명의 황금나무야 푸르러라』, 『궁정사회』 등의 역서가 있으며, 텍스트과학과 기호학 분야에 다수의 논문이 있다.

배국원 연세대학교 철학과 및 미국 남침례교신학대학원을 졸업하고 하버드대학 종교학과에서 종교철학 전공으로 박사학위를 받았다. 현재 침례신학대학교에서 종교철학 교수로 재직하고 있으며 대학원장직을 맡고 있다. 『현대종교철학의 이해』와 『Homo Fidei』를 저술하였고, 『신의 역사』(카렌 암스트롱 지음), 『가톨릭 교회』(한스 큉 지음) 등을 번역하였다. 이외에도 「사이버스페이스의 기독교적 의미」, 「반기초주의와 신학」 등 다수의 논문이 있다.

백종률 성균관대학교 사학과와 대학원을 졸업하고 미국 코넬대학교(Cornell University, 석사)와 아이오와대학교(University of Iowa, 박사)에서 서양사를 전공했다. 18세기 프랑스와 프랑스 혁명, 특히 혁명 전야의 정치문화(political culture)에 관심을 갖고 있다. 성균관대학교와 한림대학교에서 강의하고 있으며, 최근에는 전공서적 번역과 동아시아 학술원 영문 학술지의 번역을 맡고 있다.

송미숙 한국외대 불어과를 졸업하고 오레곤대학교에서 미술사 석사(1971년), 펜실베이니아 주립대학교에서 미술사 박사학위(1980년)를 받았다. 석사논문에서는 20세기 초현실주의 계열의 신낭만주의작가 첼리체프(Tchelitchew)의 다중상 연구를, 박사논문에서는 19세기 미술행정가이자 비평가인 샤를 블랑(Charles Blanc)의 미술론을 연구했다. 1982년 성신여대에서 조교수로 시작해 현재에 이르고 있고, 2003년 3월부터 성신여대 박물관장을 맡고 있다. 공간, 계간미술, 월간미술, 가나아트, 미술세계 등에 상당수의 비평문을 게재해왔고 1987년에 문예진흥원과 서울신문사주최 문화예술평론가상을 수상했다. 또한 '바우하우스의 화가들', '암스텔담 스테델릭미술관 소장품', '사진예술 160년사', '한국현대미술—시간' 등 다수의 전시를 기획했다.

신인재 1962년 대구 출생. 서울대학교 화학과와 동대학원을 졸업한 후 미네소타대학교에서 생물유기화학 분야로 박사학위를 받았다. 그후 미국 버클리대학의 피터 슐츠 교수 연구실에서 박사후 연구원으로 연구경험을 쌓았다. 현재 연세대학교 화학과에서 유기분자를 이용한 생체분자 기능 연구를 수행하고 있다. 현재까지 약 30여 편의 국제적인 논문을 발표하였다.

안상현 1971년 충남 당진 출생. 서울대학교 천문학과에서 「은하단의 중력렌즈 현상이 우주배경복사에 미치는 영향」을 연구하여 석사 학위를 받았고, 「별탄생 은하에서 라이만 알파의 전파」를 연구하여 박사 학위를 받았다. 현재 고등과학원 물리학부에서 은하의 형성에 관한 연구를 하고 있다. 저서로는 『우리가 정말 알아야할 우리 별자리』(2000)와 『(멀티동화) 어린이를 위한 우리 별자리』가 있다.

엄한주 1957년 부산 출생. 성균관대학교 체육학과 졸업. 캐나다 브리티시 컬럼비아 대학에서 측정평가 석사와 동대학 교육통계학/체육통계 박사학위 취득. 국민체육진흥공단 체육과학연구원 선임연구원, 대한 배구협회 국제이사 등을 역임하였으며, 현 성균관대학교 스포츠과학부 교수(스포츠통계/스포츠분석학 담당)로 재직 중이다. 대한민국 체육훈장 백마장을 수상하였으며, 미국체육학회에서 우수연구자로 선정되기도 하였다. 주요 연구분야는 체육측정평가와 스포츠 분석학 분야로 다수의 논문을 한국체육측정평가학회지, 한국체육학회지, 체육과학연구 등에 출판하였다.

오명석 호주 모나시대학에서 인류학 박사학위를 받고 말레이시아에서 현지조사를 했으며, 동남아시아의 문화, 종족관계, 소비문화, 역사인류학에 관심을 갖고 있다. 저서로『동남아의 화인사회』(공저),『처음 만나는 문화인류학』(공저), 논문으로「이슬람 경제의 시각에서 본 말레이시아의 경제위기」,「이슬람, 아닷, 근대화 속에서의 말레이 여성의 정체성 변화」등이 있다. 현재 서울대 인류학과 교수로 재직 중이다.

우성주 이화여대 미대 서양화과를 졸업하고 파리 4대학(Sorbonne, 소르본느)에서 그리스 고고 미술학과 석사를, 폴 발레리대학에서 그리스 고고미술학 박사준비과정(D.E.A), 파리사회과학 고등연구소, 고대사회비교연구소(Center Louis Gernet), 그리스 고고미술사 박사. 현재 한양대를 비롯하여 여러 대학에 출강하고 있다.

유운성 서울대학교 물리교육과를 졸업했으며 재학시절 '영화연구회 얄라성'에서 활동했다. 2001년 제6회『씨네21』영화평론상 공모에서 당선된 후 영화평론가로 활동하고 있다. 현재는 한국예술종합학교 영상원 영상이론과에 재학 중이며 영화사 및 영화이론을 공부하고 있다.

윤준성 윤준성은 숭실대학교 정보과학대학 미디어학부 교수이다. 첨단 멀티미디어를 사용하는 현대예술매체의 비평/문화이론 적용과 사이버네틱스에 관한 공학적인 실험을 토대로 정보과학과 사진을 비롯한 현대예술의 유기적인 관계를 유도하기 위한 연구를 한다.

이기명 서울대학교 자연대 물리학과 학사, 컬럼비아대학교에서 박사를 받았다. 미국 페르미 국립가속기연구소 연구원, 보스턴대학 연구원, 컬럼비아대학 부교수를 거쳐 현재 한국과학기술원 부설 고등과학원 교수로 재직 중이다. 양자장론, 초끈론, 우주론 등에 대해 80여 편의 연구 논문을 발표해왔다.

이남복 이남복은 성균관대학교 독문과를 졸업한 뒤 독일의 보쿰 루르(Ruhr-Universitaet-Bochum) 대학에서 사회학 석사 및 박사학위를 취득하였다. 같은 대학 사회과학부 조교와 연구원을 지냈으며 1986년부터 현재까지 청주대학교 정치사회학부 교수로 재직하고 있다. 주요 저서로는 『한국사회의 가치관의 변화와 노동세계』(독일 브로크마이어 출판사, 1986), 『현대사회학 이론의 가능성과 한계』 등이 있고, 역서로는 『정치사상의 사회사』, 『현대사회는 생태학적 위협에 대처할 수 있는가』, 『니클라스 루만의 사회사상』 등이 있다.

이명기 1955년 출생. 서울대학교 미술대학 응용미술학과 공업디자인 전공 졸업(학사). 영국 런던 소재 왕립예술원(Royal College of Art) Industrial Design Department의 운송기기디자인(Vehicle Design Course) 전공 졸업 (석사). 쌍용자동차 디자인실 실장역임(무쏘, 뉴 코란도, 이스타나, 체어맨 및 모터쇼 컨셉트 모델 디자인 등 디자인 총괄). 「자동차 디자인의 미래트랜드 예측에 관한 연구」, 「Retro Design 동향고찰」, 「소형 SUV 컨셉트카 디자인연구」 등의 연구논문과 『디자인 원리』(도서출판국제)를 번역했다. 현재 세종대학교 예체능대학 디자인학과 교수로 몸담고 있으며, 한국디자인학회 및 한국디자이너협회 정회원으로 활동 중이다.

이석호 1963년 서울에서 태어나 1996년 한국외국어대학교 영어과에서 아체베에 관한 논문으로 첫 박사학위를 받는다. 그후 아프리카 문학을 본격적으로 공부할 요량으로 남아공의 케이프타운 대학교(University of Cape Town)로 건너가 2002년 여름 응구기에 관한 논문으로 두번째 박사학위를 받는다. 쓴 글로는 「민족문학과 근대성」, 「파농의 민족문학론과 근대성」, 「영어 공용화론에 부치는 몇 가지 단상」, 「소잉카 연극의 탈주와 상상」, 「남아공의 탈식민주 작가 루이스 응코시와의 대담」, 「문학과 영화의 상호텍스트성」 외 여러 편이 있다. 역서로는 프란츠 파농의 『검은 피부, 하얀 가면』, 응구기 와 씨옹오의 『탈식민주의와 아프리카 문학: 정신의 탈식민화』, 치누아 아체베의 『제3세계 문학과 식민주의 비평: 희망과 장애』, 『남아프리카 문학 단편선』, 『아프리카 탈식민주의 문화론과 근대성』 등이 있다. 현재 사단법인 아프리카문화연구소의 소장 및 국제게릴라극단의 대표로 일하고 있다.

이성훈 서울대학교 자연과학대학 및 동 대학원 화학과 이학학사, 석사 후 미국 하버드대학교 이학박사를 취득하였다. 광주과학기술원 신소재공학과 교수 역임, 현재 서울대 자연과학대학 화학부 교수로 재직하고 있다. 엮은 책으로 『물리화학 실험』, 『대학 교육: 21세기 재료과학의 동향 및 전망』, 『화학 세계: 나노 재료』, 『Science, Journal of Chemical Physics』, 『Journal of American Chemical Society』, 『Journal of Physical Chemistry, Applied Physics Letters』 등을 비롯한 유명 과학전문 저널(SCI)에 수십 편의 논문 발표, 과학기술진흥 공로로 과학유공표창 등을 수여하였다.

이수련   파리 8대학 정신분석학과 박사 과정 중에 있다. 옮긴 책으로 『이데올로기라는 숭고한 대상』 등이 있다.

이승종   연세대 철학과와 같은 학교 대학원을 졸업한 후, 미국 뉴욕주립대학(버팔로) 철학과에서 철학 박사학위를 받았다. 현재 연세대 철학과 교수로 있으며 저서로 『비트겐슈타인이 살아 있다면』(문학과 지성사, 2002), 뉴턴 가버와 같이 쓴 『데리다와 비트겐슈타인』(민음사, 1999)이 있다. 페리 논문상과 우수업적 교수상을 수상한 바 있다.

이재룡   숭실대 불문과 교수. 프랑스 소설, 특히 60년대 이후에서 현재에 이르는 동시대 소설에 관심을 갖고 틈틈이 이와 관련된 글도 쓰고 있다. 역서로 『참을 수 없는 존재의 가벼움』(밀란 쿤데라 지음), 『금발 머리의 여인들』(장 에슈노즈 지음) 등이 있다.

이주현   서울 출생. 뉴욕시 소재 He-Ro group 산하 Bill Blass사 등 디자인실 근무, 현 연세대학교 의류환경학과/인지과학 협동과정 부교수, 이학박사. 의류환경학과에서는 의류디자인 및 의류상품기획 분야를 담당하며, 인지과학 협동과정에서는 디자인과학 분야를 담당하고 있으며, 연세대학교 웨어러블 컴퓨터 리서치 콤플렉스에서 웨어러블 컴퓨터를 연구 개발하고 있다.

이진우   1956년생으로 연세대학교 독문과를 졸업했다. 1981년 독일 아우크스부루크 대학으로 유학을 떠나 독문학을 주전공으로, 철학과 사회학을 부전공으로 택하여 공부하던 중 '독문학자로서의 삶'에 회의를 느끼게 되었고, 주전공을 철학으로 바꾸게 된다. 1985년 '마키아벨리 정치 사상에 나타난 권력과 이성'으로 철학 석사학위를, 1988년 '허무주의의 정치철학: 정치학과 형이상학의 관계에 관한 니체의 재규정'이라는 논문으로 박사학위를 취득했다. 1989년부터 계명대학교 철학과 교수로 재직하고 있다. 지은 책으로는 독일어로 출판된 석사 및 박사학위 논문 외에 『탈이데올로기 시대의 정치철학』, 『탈현대의 사회철학』, 『도덕의 담론』, 『녹색 사유와 에코토피아』, 『이성은 죽었는가』, 『한국 인문학의 서양 콤플렉스』, 『이성정치와 문화민주주의』, 『도덕의 담론』 등이 있다. 옮긴 책으로는 『책임의 원칙』, 『현대성의 철학적 담론』, 『인간의 조건』, 『도덕의 상실』 등이 있다.

이창환   1966년 경북 김천 출생. 서울대학교 물리학과 학사. 동 대학원 석사, 박사. 미국 스토니브룩 소재 뉴욕주립대 연구원으로 브라운 박사와 블랙홀에 관한 공동연구 수행. 고등과학원 물리학부 조교수, 서울대 물리학부 BK21조교수. 현재 부산대 물리학과 조교수로 재직 중이다. 중성자별에서의 케이온 응축 현상을 연구한 박사학위 논문이 국제 학술지인 『Physics Reports』에 단독으로 초청 게재. 30여 편의 연구 논문과 20여 편의 국제학술대회 발표 논문. 노벨상 수상자인 베테 박사(Cornell University, USA), 이 글에서 소개된 브라운 박사와 함께, 블랙홀의 형성과 진화에 관한 연구 논문집 발간(*World Scientific*, 2003).

장경로 1968년 서울 출생. 서울대학교 사범대학 체육교육과 졸업. 뉴욕대학교 스포츠 경영, 마케팅 석사. 오하이오주립대학교 스포츠 경영마케팅 박사를 취득했다. 미국 아이오아주립대학교 스포츠 경영학마케팅 교수를 역임했으며, 현재 성균관대학교 스포츠과학부 교수로 재직하고 있다(스포츠마케팅 담당). 다수의 논문을 한국스포츠 산업경영학회지, 한국체육학회지, 한국마케팅저널, 체육과학연구, 『Sport Managment Review』, 『Journal of Professional Services Marketing』 등에 발표했다.

전재성 서울대 외교학과를 졸업하고, 미국 일리노이주 노스웨스턴대학교에서 「Classical Realists as Skeptics: Reinhold Niebuh, E. H. Carr, Hans Morgenthau」로 정치학 박사학위를 취득하였다. 현재 숙명여자대학교 정치외교학 전공 조교수로 전공 분야는 국제정치 이론, 국제관계사, 외교정책론 등이다. 주요 연구논문으로는 「E.H. 카아의 비판적 현실주의 국제정치이론」, 「현실주의 국제제도론을 위한 시론」, 「19세기 유럽협조체제에 대한 국제제도론적 분석—현실주의와 구성주의 제도론의 시각에서」 등이 있고, 공저 『거버넌스의 정치학』(2002) 등이 있다.

정혜경 1960년 부산 출생. 부산대학교 졸업. 미국 위스콘신대학교(매디슨 소재)에서 과학기술학 박사학위 취득. 동의대학교 전자세라믹스연구센터 연구교수. 「회고와 전망」(2000~2001), 「잡종 옥수수의 발달과 미국 과학 연구개발(R/D)의 단면」(1870~1940), 「국가별 스타일로 바라본 다윈 진화론의 수용과 발전」 이외에 다수의 논문이 있으며, 과학기술학 분야의 신문매체에 다수의 대중적인 글을 쓰고 있다.

정희진 서강대에서 종교학과를 졸업하고 이화여대에서 여성학으로 석사를 받은 후 현재 박사과정 중에 있다. 경희대 여성학과 강사로 출강하며, 서울시 지정 여성학 사회 교육 전문 강사, 한국여성의전화연합 전문위원, 기지촌 여성공동체 새움터 운영위원으로 활동하고 있다. 저서로는 『저는 오늘 꽃을 받았어요: 가정폭력과 여성인권』(2001), 『한국여성인권운동사』(1999)가 있다. 논문으로는 「죽어야 사는 여성의 인권 : 한국기지촌여성운동사」(1999), 「여성폭력에 관한 시민 의식 조사」(1999), 「인권의 시각에서 본 여성폭력」(1999), 「김활란, 아무 것도 말할 수 없음에 대하여」(1999) 등이 있다.

조하현 연세대 경제학과와 같은 학교 대학원 경제학과를 졸업하고 미국 시카고 대학교에서 노벨 경제학상 수상자인 루카스의 지도 아래 「Comovements of Business Cycles in Open Economies」라는 논문으로 경제학 박사학위를 받았다. 현재 연세대 경제학과 교수로 재직 중이며 거시경제정책, 경기변동이론,

금융리스크, 카오스와 금융시장의 연구에 관심을 가지고 있다. 주요 저서로는 『카오스와 금융시장』,『금융리스크 측정과 관리』,『거시경제이론』,『고급거시경제이론』,『한국경기변동의 원인』 등이 있다. 카오스와 경기변동에 관한 다수의 논문을 발표했다.

조한욱 서강대학교 사학과에서 석사과정을 마친 뒤 미국 텍사스주립대학교에서 비코와 미슐레에 대한 논문으로 박사학위를 받았다. 현재 한국교원대학교 역사교육과에 재직하고 있는 그는 문화사학회의 회장을 맡고 있으며 이른바 신문화사를 소개하는 데 큰 힘을 쏟고 있다. 저서로는『문화로 보면 역사가 달라진다』, 역서로는『바이마르 문화』,『고양이 대학살』,『문화로 본 새로운 역사』,『포르노그래피의 발명』,『프랑스 혁명의 가족 로망스』 등이 있다.

조효제 영국 옥스퍼드대학에서 비교사회정책학으로 석사, 런던정경대학(LSE)에서 사회정책학으로 박사를 취득했다. 국제앰네스티 동아시아 조사과 연구위원과 LSE대학원의 강사를 지냈다. 2000년부터 성공회대학교 사회과학부 및 NGO대학원 교수로 있으면서 같은 대학 아시아 NGO정보센터의 소장을 겸하고 있다. 편·역서로『전지구적 변환』,『NGO의 시대』,『사형제도의 이론과 실제』,『앰네스티 정책편람』 등이 있으며 현재 인권에 관한 저서를 준비 중이다.

주성혜 한국예술종합학교 음악원 음악학과 부교수. 1981년 서울대학교에 입학하면서부터 음악사 공부를 시작했다. 시대마다 사람들은 하필이면 왜 그런 음악을 좋아했는지 알고 싶어 서울대 대학원 석사·박사과정 동안 음악미학 공부에 관심을 쏟았다. 하지만 이 공부들을 통해 오늘의 한국 음악이 왜 이런 모습으로 내 앞에 있는지에 대해 답을 얻기는 어려웠다. 미국 메릴랜드대학에서 음악인류학 박사과정을 다시 밟았다.『음악읽기 세상읽기』,『음악원아이들의 한국문화읽기』라는 두 권의 책을 펴냈고「음악인류학의 동아시아 연구, '번역'을 넘어서」,「조수미, 김덕수, 서태지, 그리고 나」 등의 다수의 논문과 평문, 시론이 있다.

최인성 서울대학교 화학과를 졸업하고 같은 학교 대학원 화학과에서 석사학위를 취득했다. 졸업 후 도미하여 하버드대학교 화학과에서 조지 화이트사이즈 교수의 지도 아래 박사학위를 취득한 후, MIT 화학공학과의 로버트 랭어 교수 연구실에서 박사후 연구원 과정을 밟았다. 2001년 봄학기부터 한국과학기술원(KAIST) 화학과에 교수로 재직하고 있다.

최호근 고려대학교 사학과 학부와 대학원에서 서양사를 전공한 후 독일 빌레펠트대학에서 막스 베버 연구로 박사학위를 취득했다. 육군사관학교 사학과 전임강사를 역임한 후, 서울대학교 인문대학 박사후 과정을 거쳐 현재는 부산교육대학교 연구교수로 재직하고 있다. 베버, 짐멜, 마이네케에 관한 글을 다수 발표하였으며, 현재는 나치 독일의 유대인 대학살에 관한 연구를 진행하고 있다.

최화선 서울대 종교학과를 졸업하고 같은 학교 대학원 박사과정을 수료했다. 한신대, 한국외국어대 강사를 거쳐 현재 서울대에서 강사로 활동하고 있다. 논문으로 「신화의 변형과 재창조: 오이디푸스 신화를 중심으로」 등이 있으며 번역한 책으로 『마야: 삶, 신화, 그리고 예술』이 있다. 초기 그리스도교 순례기에 관한 학위논문을 준비하고 있다.

한건수 서울대학교 인류학과를 졸업하고 미국 버클리대학에서 인류학 석사, 박사 학위를 받았다. 사회적 기억과 정체성에 관심을 두고 종족 및 민족 정체성, 역사인류학, 아프리카 지역학에 대한 연구를 수행하고 있다. 서아프리카의 나이지리아에서 장기간 현지조사를 통해 요루바 민족의 문화를 연구해왔다. 현재 국내의 아프리카 외국인 노동자 연구를 통해 이주노동과 디아스포라 연구를 수행하고 있다. 저서로 『처음 만나는 문화인류학』(공저), 『세계화와 사회변동』(공저)이 있고, 논문으로는 「기억의 공동체: 요루바 민족의 사회정체성 형성 과정에서 역사, 의례, 친족」(박사학위 논문), 「경합하는 역사: 사회적 기억과 차이의 정치학」, 「나이지리아에서의 언어사용과 종족 정체성」 등이 있다.

한창완 서강대학교 신문방송학과를 졸업하고, 같은 대학 신문방송학과 대학원에서 석사·박사과정을 마쳤으며, 전공 분야는 미디어경제학 및 영상미학이다. 현재 세종대학교 만화애니메이션학과 교수로 있으면서, 게임애니메이션산업연구소 소장 및 학내 벤처기업인 (주)세종에듀테인먼트 대표이사도 맡고 있다. 관심연구 분야는 출판만화, 애니메이션, 게임, 캐릭터비즈니스 등의 산업구조 분석 및 기초이론 연구이며 주요 저서로는 『한국만화산업연구』, 『애니메이션 경제학』, 『저패니메이션과 디즈니메이션의 영상전략』 등이 있다.

홍금수 고려대학교 지리교육과를 졸업하고 같은 대학교 대학원에서 문학석사, 미국 루이지애나 주립대학교에서 철학박사 학위를 받았다. 경희대, 고려대, 동덕여대, 상명대, 성신여대, 이화여대 강사를 역임한 후, 현재 고려대학교 사범대학 지리교육과 조교수로 재직 중이다. 저서로는 『용인의 역사지리』(공저), 영역서로는 『Maps of Korea』, 논문으로는 「18, 19세기 줄포만의 자염」, 「18~20세기 교하지역의 토지이용」, 「일제강점기 경성의 공업」, 「Toward a New Historical Geography」, 「The Poetics and Politics of Culture」, 「American Towns on Latin Land」 등이 있다.

홍성남 연세대 신문방송학과와 중앙대 영화학과(석사)를 졸업했다. 현재 『씨네 21』을 비롯해 여러 매체에 영화 관련 글을 쓰고 있는 영화평론가이다. 엮은 책으로는 『로베르 브레송의 세계』와 『오슨 웰스』가 있고 그 밖에 『알랭 레네』, 『베르너 헤어조크』, 『장 르누아르』, 『구로사와 아키라』 등의 집필에도 참여했다. 영화의 역사에 특별한 관심과 애정을 갖고 있다.

홍욱희 1955년 경기도 오산 출생. 미국 미시간대학교(Ann Arbor)에서 환경학박사학위 취득(1986). KIST 연구원과 미시간대학교 연구원을 거쳐 한국전력공사 전력연구원에서 오랜 기간 근무. 현재 세민환경연구소 소장 겸 자연환경연구소 연구위원, 계간 『과학사상』 편집위원.

황희경 성균관대 유학과를 졸업하고 동 대학원에서 석사, 박사과정을 수료하였다. 한문 공부의 필요성을 절감하고 학부와 대학원을 다니는 중에 민족문화추진회의 국역연수원에서 연수부와 연구부를 마쳤다. 1980년대 말에 한국철학사상연구회에 가입하여 사회 철학적 분위기를 호흡한 것과 루쉰을 좋아하게 된 것을 계기로 중국 근현대 철학을 전공하기로 한다. 1992년 중국과 수교한 직후 중국으로 건너가 인민대학에서 고급진수과정을 다녔다. 귀국 후 대학따라 시간따라 강호를 떠돌다 현재 영산대 초빙교수로 부산에 우거(寓居)하고 있다. 중국철학의 정체성과 중국문화에 관심을 가지고 있다. 저서로는 『현대 중국의 모색』, 『우리들의 동양철학』, 『중국철학문답』, 『몸으로 본 중국철학』, 『삶에 집착한 사람과 함께 하는 논어』 등이 있다.

황희영 서울대학교 국제경제학과를 졸업하고 같은 대학 대학원에서 석사학위를 받았다. 그후 프랑스 사회과학고등연구원(EHESS)에서 제도경제학으로 박사학위를 받았다. 주로 제도경제론, 디지털 경제에 관심을 갖고 있으며, 지금은 영산대학교 디지털경제무역학부 조교수로 재직하고 있다.

한길사의 스테디셀러들

뜻으로 본 한국역사
함석헌 지음
살아 있는 역사정신 함석헌을 만난다

"역사를 아는 것은 지나간 날의 천만 가지 일을 뜻도 없이 그저 머릿속에 기억하는 것이 아니다. 값어치가 있는 일을 뜻이 있게 붙잡아내는 것이다."
· 신국판 | 반양장 | 504쪽 | 값 15,000원

간디 자서전
함석헌 옮김
영원한 고전, 간디의 진리실험 이야기

"당신도 나의 진리실험에 참여하기 바랍니다. 나에게 가능한 것이면 어린아이들에게도 가능하다는 확신이 날마다 당신의 마음속에 자라날 것입니다."
· 46판 | 양장본 | 648쪽 | 값 13,000원

마하트마 간디
요게시 차다 · 정영목 옮김
간디의 전 생애를 담아낸 최고의 평전

"이 고통받는 세계에 좁고 곧은 길 외에는 희망이 없다. 이 진리를 증명하는 데 실패할지라도 그것은 그들의 실패일 뿐, 이 영원한 법칙의 오류는 아니다."
· 46판 | 양장본 | 880쪽 | 값 22,000원

대서양 문명사
김명섭 지음
거친 바다를 건너 세계를 지배한 열강의 실체

"광대한 대서양을 배경으로 벌어진 제국들간의 치열한 경주. 팽창 · 침탈 · 헤게모니의 역사로 물든 문명의 빛과 어둠을 파헤친다."
· 신국판 | 양장본 | 760쪽 | 값 35,000원

온천의 문화사
설혜심 지음
건전한 스포츠로부터 퇴폐적인 향락에 이르기까지

"레저는 산업화의 산물이 아니라 인간의 본능이다. 단순한 재충전의 기회가 아니라 자유의 적극적인 경험형태다." · 2002 대한민국학술원 선정 우수학술도서
· 신국판 | 양장본 | 344쪽 | 값 20,000원

서양의 관상학 그 긴 그림자
설혜심 지음
고대부터 20세기까지 서구 관상학의 역사를 추적한다

"미신으로 폄하되는 관상이 오랫동안 서양역사에서 고급과학으로 대접받으며 살아남을 수 있었던 이유는 무엇인가?"
· 신국판 | 양장본 | 372쪽 | 값 22,000원

세계와 미국
이삼성 지음
20세기를 반성하고 21세기를 전망한다

"미국과 세계에 관한 연구가 단순히 정치사나 외교사적 서술로 끝날 수 없다. 그것은 우리의 존재양식, 우리의 사유양식, 우리 자신의 연구일 수밖에 없다."
· 신국판 | 양장본 | 836쪽 | 값 30,000원

중국인의 상술
강효백 지음
상상을 초월하는 중국상인들의 장사비법

"개방적인 자세로 상술을 펼쳐나가는 광둥사람, 신용 하나로 우직하게 밀고나가는 산둥사람. 이들이 바로 오늘의 중국을 움직이는 중국상인들이다."
· 신국판 | 반양장 | 360쪽 | 값 12,000원

그리스 비극에 대한 편지
김상봉 지음
슬픔의 미학을 통해 인간의 고귀함을 사유한다

"내가 타인의 고통으로 눈물 흘리고 우주적 비극성 앞에서 전율할 때 나의 사사로운 고통과 번민은 가벼워지고 나의 정신은 무한히 넓어집니다."
· 신국판 | 반양장 | 400쪽 | 값 15,000원

나르시스의 꿈
김상봉 지음
자기애에 빠진 서양정신을 넘어 우리 철학의 길로 걸어라

"자기도취에 뿌리박고 있는 서양정신은 영원한 처녀신 아테네처럼 품위와 단정함을 지킬 수는 있겠지만 아무것도 잉태할 수 없는 불임의 지혜다."
· 신국판 | 양장본 | 396쪽 | 값 20,000원

호모 에티쿠스

김상봉 지음
윤리적 인간의 탄생을 위하여

"참으로 선하게 살기 위해 우리는 희망 없이 인간을 사랑하는 법을, 보상에 대한 기대 없이 우리의 의무를 다하는 법을 배우지 않으면 안 됩니다."

· 신국판 | 반양장 | 356쪽 | 값 10,000원

자기의식과 존재사유

김상봉 지음
칸트철학과 근대적 주체성의 존재론

"모든 나는 비어 있는 가난함 속에서 하나의 우리가 된다. 참된 존재사유는 모든 나를 없음의 어둠 속으로 불러모음으로써 하나의 우리로 만드는 실천이다."

· 신국판 | 양장본 | 392쪽 | 값 18,000원

그림자

이부영 지음
분석심리학의 탐구 제1부…우리 마음속의 어두운 반려자

"인간의 내면, 그 어두운 측면을 성찰하는 시간을 갖는다는 것은 하나의 축복이다. 나는 융의 그림자 개념을 통해 우리의 마음과 사회현실을 비추어 본다."

· 신국판 | 반양장 | 336쪽 | 값 10,000원

아니마와 아니무스

이부영 지음
분석심리학의 탐구 제2부…남성 속의 여성, 여성 속의 남성

"당신은 첫눈에 반한 이성이 있는가? 가까워지고 싶은 조바심, 그리움과 안타까움. 이때 두 남녀는 상대방을 통해 자신의 아니마와 아니무스를 경험한다."

· 신국판 | 반양장 | 368쪽 | 값 12,000원

자기와 자기실현

이부영 지음
분석심리학의 탐구 제3부…하나의 경지, 하나가 되는 길

"우리는 인간의 본성을 좀더 이해할 필요가 있다. 다가오는 모든 재앙의 근원은 바로 우리 자신이기 때문이다."

· 신국판 | 반양장 | 356쪽 | 값 15,000원

로마인 이야기 10

시오노 나나미 · 김석희 옮김
인프라가 한 나라의 운명을 결정한다

"위대한 점은 건설한 길과 수도가 아니라 공을 사보다 우선시하는 공공심이다. 개인은 할 수 없기 때문에 국가가 대신하는 것, 그것이 시오노가 말한 '인프라' 다."

· 신국판 | 반양장 | 344쪽 | 값 11,000원

로마인 이야기 11

시오노 나나미 · 김석희 옮김
마침내 시오노 나나미판 로마제국 쇠망사가 시작된다

"강력한 권력을 부여받은 지도자의 존재이유는 언젠가 찾아올 비에 대비하여 사람들이 쓸 수 있는 우산을 미리 준비하는 데 있다."

· 신국판 | 반양장 | 440쪽 | 값 12,000원

바다의 도시 이야기 상 · 하

시오노 나나미 · 김석희 옮김
베네치아 공화국, 그 1천년의 메시지는 무엇인가

"천혜의 자원이라고는 아무것도 없었던 바다의 도시가, 어떻게 국체를 한 번도 바꾼 일 없이 그토록 오랫동안 나라를 이끌어갔는가?"

· 신국판 | 반양장 | 550쪽 내외 | 각권 값 15,000원

나의 인생은 영화관에서 시작되었다

시오노 나나미 · 양억관 옮김
시오노가 들려주는 고품격 영화에세이

"정의 · 관능 · 사랑 · 전쟁 · 죽음 · 품격 · 아름다움, 그리고 영원히 해결되지 않는 문제에 대하여 나는 말한다. 내가 사랑하는 모든 영화로."

· 46판 | 반양장 | 350쪽 | 값 12,000원

비평의 해부

노스럽 프라이 · 임철규 옮김
호메로스부터 제임스 조이스까지 서구의 고전을 해부한다

"비평은 과학적 객관성을 바탕으로 하는 독립된 학문이 되어야 한다. 재능 없는 문학도가 감탄과 질투를 배설하는 기생적인 문학 장르에서 벗어나야 한다."

· 신국판 | 양장본 | 706쪽 | 값 25,000원

낭만적 거짓과 소설적 진실

르네 지라르 · 김치수 송의경 옮김
문학 지망생의 필독서이자 문학 이론의 고전

"이 책은 오늘날 우리의 욕망체계를 소설 주인공의 욕망체계에서 발견하여 우리가 살고 있는 사회적 특성을 제시한 탁월한 고전이다."

· 신국판 | 양장본 | 430쪽 | 값 20,000원

한비자 I · II

한비 · 이운구 옮김
동양의 마키아벨리 한비자의 국가경영의 법

"인간의 애정이나 의리 자체를 경솔하게 부정하려는 것이 결코 아니다. 현실적으로 사랑보다는 힘(권력)의 논리가, 의(義)보다는 이(利)가 앞선다는 것이다."

· 신국판 | 양장본 | 968쪽(전2권) | 각권 값 25,000원

증여론

마르셀 모스 · 이상률 옮김 류정아 해제
선물주기와 답례로 풀어낸 인간사회의 실체

"주기와 받기, 답례로 이루어진 선물의 삼각구조가 총체적인 사회적 사실이 되어 생활의 모든 분야에 관여하며 사회구조를 작동시킨다."

· 신국판 | 양장본 | 308쪽 | 값 20,000원

신기관

프랜시스 베이컨 · 진석용 옮김
자연의 해석과 인간의 자연 지배에 관한 잠언

"참된 철학은 정신의 힘에만 기댈 것도 아니요, 기계적인 실험을 통해 얻은 재료를 비축만 할 것도 아니다. 오직 지성의 힘으로 변화시켜 소화해야 한다."

· 신국판 | 양장본 | 320쪽 | 값 22,000원

관용론

볼테르 · 송기형 임미경 옮김
18세기 전제정치에 맞서는 볼테르의 관용정신

"모든 사람들이 똑같은 방식으로 생각하기를 바라는 것은 터무니없는 욕심이다. 인간 세계의 사소한 차이들이 증오와 박해의 구실이 되지 않기를."

· 신국판 | 양장본 | 308쪽 | 값 22,000원

로마사 논고

니콜로 마키아벨리 · 강정인 안선재 옮김
마키아벨리 정치사상의 핵심 논저!

"잘 조직된 공화국은 시민에 대한 상벌제도가 분명하며, 공을 세웠다고 하여 잘못을 묵인하지 않는다. 군주는 은혜를 베푸는 일을 지체해서는 안 된다."

· 신국판 | 양장본 | 596쪽 | 값 30,000원

인류학의 거장들

제리 무어 · 김우영 옮김
인물로 읽는 인류학의 역사와 이론

"타일러와 모건의 시대로부터 레비-스트로스와 거츠, 포스트모더니즘에 이르는 인류학의 이론적 발달과정을, 21명의 '거장 인류학자'들을 통해 설명한다."

· 46판 | 양장본 | 456쪽 | 값 15,000원

금기의 수수께끼

최창모 지음
인류학으로 풀어내는 성서 속의 금기와 인간의 지혜

"금지된 지식에 대해 알고자 하는 인간의 욕망과 그것에 대해 안다는 것 사이의 관계는 무엇인가. 알고자 하는 욕망이 죄인가, 아는 것이 문제인가."

· 46판 | 양장본 | 352쪽 | 값 15,000원

르네상스 미술기행

앤드루 그레이엄 딕슨 · 김석희 옮김
BBC 방송이 기획하고 출판한 최고 권위의 미술체험

"우리가 보는 것은 미술관 속의 과거가 아니라, 우리가 살고 있는 지금 여기입니다. 그만큼 르네상스 시대의 예술작품은 우리의 현재와 연결되어 있습니다."

· 신국판 올컬러 | 양장본 | 488쪽 | 값 25,000원

동과 서의 차 이야기

이광주 지음
차 한잔의 여유가 놀이와 사교의 풍경을 이룬다

"나는 아직 차의 참맛을 모른다. 더욱이 다중선(茶中仙)의 경지란? 그러나 차와 찻잔이 놓인 자리에서 나는 매일 한(閑)을 즐기는 호모 루덴스가 된다."

· 46판 올컬러 | 양장본 | 396쪽 | 값 20,000원

보르도 와인 기다림의 지혜

고형욱 지음
맛 전문가 고형욱의 매혹적인 보르도 와인여행

"진홍빛 파도가 입 안에 가득 밀려온다. 와인 한 잔의 맛과 낭만을 말해 무엇하랴. 잘 숙성되어 원숙해진 와인은 변함없는 친구처럼 사람들을 감동시킨다."
· 46판 올컬러 | 양장본 | 300쪽 | 값 18,000원

베네치아에서 비발디를 추억하며

정태남 지음
건축가가 체험한 눈부신 이탈리아 음악여행

"벨칸토의 본고장 나폴리에서, '토스카'의 배경 로마, 롯시니를 성장시킨 볼로냐, 베르디의 도시 밀라노를 거쳐 찬란한 빛과 선율의 도시 베네치아까지."
· 신국판 올컬러 | 양장본 | 336쪽 | 값 15,000원

지중해의 영감

장 그르니에 · 함유선 옮김
시적 명상 · 철학적 반성 · 찬란한 지중해의 찬가

"알제의 구릉 위에서 맞이한 열기 가득한 밤들, 욕망처럼 입술을 바짝 마르게 하는 시로코 바람, 이탈리아의 눈부신 풍경들과 사람들의 열정."
· 46판 | 양장본 | 236쪽 | 값 12,000원

침묵의 언어

에드워드 홀 · 최효선 옮김
시간과 공간이 말을 한다

"홀은 사람들이 언어를 사용하지 않고 서로 '이야기를 나누는' 다양한 방식을 분석하고 있다. 부지간에 행하는 인간의 모든 몸짓과 행동들."
· 신국판 | 반양장 | 288쪽 | 값 10,000원

문화를 넘어서

에드워드 홀 · 최효선 옮김
문화의 숨겨진 차원을 초월하라

"사람들은 지금까지 자신의 생활방식만을 당연시해왔다. 이제 인류는 잃어버린 자아와 통찰력을 되찾기 위하여 문화를 넘어서는 힘든 여행을 떠나야 한다."
· 신국판 | 반양장 | 372쪽 | 값 12,000원

생명의 춤

에드워드 홀 · 최효선 옮김
시간의 문화적 성격에 관한 인류학적 보고서

"시간은 하나의 문화가 발달하는 방식뿐만 아니라 그 문화에 속한 사람들이 세계를 체험하는 방식과도 밀접한 관련을 맺고 있다."
· 신국판 | 반양장 | 354쪽 | 값 12,000원

숨겨진 차원

에드워드 홀 · 최효선 옮김
공간의 인류학을 위하여

"홀은 인간이 공간을 사용하는 방식이 어떻게 사적이고 업무적인 관계, 문화간의 상호작용, 건축, 등에 영향을 미칠 수 있는가를 날카롭게 관찰한다."
· 신국판 | 반양장 | 328쪽 | 값 12,000원

문화의 수수께끼

마빈 해리스 · 박종렬 옮김
문화의 기저에 흐르는 진실은 무엇인가

"힌두교는 왜 암소를 싫어하며, 남녀불평등은 무엇에서 비롯되었으며, 그 결과는 어떤 생활양식을 만드는가? 인류의 생활양식의 근거를 분석한 탁월한 명저."
· 신국판 | 반양장 | 232쪽 | 값 10,000원

음식문화의 수수께끼

마빈 해리스 · 서진영 옮김
기이한 음식문화에 관한 문화생태학적 보고서

"마빈 해리스의 해석을 따라 기이한 음식문화의 풍습을 하나씩 검토하다보면, 우리는 인간의 놀라운 적응력과 엄청난 다양성을 깨닫게 될 것이다."
· 신국판 | 반양장 | 328쪽 | 값 10,000원

식인과 제왕

마빈 해리스 · 정도영 옮김
문명인의 편견과 오만을 벗겨낸다

"문명인은 원시인을 야만인이라 부른다. 야만인들은 에덴동산에서 아이들을 살해했고, 인간을 먹기 위해 전쟁을 했다. 야만 속에 감추어진 그들의 합리성이란?"
· 신국판 | 반양장 | 312쪽 | 값 10,000원

NewThinking

세상을 변화시키는 더 새롭고 더 창조적인 발상들

지식의 최전선

30,000원   김호기·임경순·최혜실 등 52인 공동집필

"이 책 한권으로 당신의 미래를 새롭게 설계할 수 있다"

시사저널 2002 올해의 책
조선일보 2002 올해의 책
문광부 2002 우수학술도서
한국출판인회의 9월의 책
제43회 한국백상출판문화상

조선일보 지식의 역동성이 현장감 있게 느껴지도록 만든 독특한 구성 방식
매일경제 인문, 사회, 자연, 예술, 대중문화 등 각 분야의 최근 쟁점 소개, 그 현실과 미래의 비전 제시
경향신문 교수에서 영화감독에 이르기까지 각계 전문가들이 자신의 분야를 브리핑한다
동아일보 직업·전공 선택에 고민하는 학생, 지적 발상들에 관심 있는 일반인, 모두에게 유용한 책
중앙일보 전문가 52명 참여! 첨단과학을 포함한 29개 분야, 70여 편의 글이 자신있게 소개된다

한길사 전화 031-955-2000~3 팩스 031-955-2005 E-mail: hangilsa@hangilsa.co.kr **www.hangilsa.co.kr**